EUROPA LEHRMITTEL

EUROPA-FACHBUCHREIHE
für wirtschaftliche Bildung

Betriebswirtschaftslehre der Unternehmung

27. Auflage

Verfasst von Lehrern der wirtschaftswissenschaftlichen Fachrichtung

Lektorat: Jürgen Müller, Freiburg i. Br.

VERLAG EUROPA-LEHRMITTEL · Nourney, Vollmer GmbH & Co. KG
Düsselberger Straße 23 · 42781 Haan-Gruiten

Europa-Nr.: 92079
Europa-Nr.: 92206 (mit CD)

Mitarbeiter des Arbeitskreises:

Felsch, Stefan	Studienrat	Freiburg i. Br.
Frühbauer, Raimund	Studiendirektor	Bad Saulgau
Krohn, Johannes	Studienrat	Freiburg i. Br.
Kurtenbach, Stefan	Studiendirektor	Bad Saulgau
Müller, Jürgen	Studiendirektor	Freiburg i. Br.
Richtsteiger, Klaus-Jürgen	Oberstudienrat	Freiburg i. Br.
Rupp, Martin	Oberstudienrat	Reutlingen

Leiter des Arbeitskreises und Lektorat:

Jürgen Müller, Im Kapellenacker 4a, 79112 Freiburg i. Br.

Bildbearbeitung:

Verlag Europa-Lehrmittel, 42781 Haan-Gruiten

Bildnachweis

Der Arbeitskreis dankt folgenden Unternehmen und Institutionen für die Überlassung von Bildmaterial:
- Daimler AG, Stuttgart
- GIF – Gesellschaft für Ingenieurprojekte Freiburg GmbH, Freiburg
- Knoll Maschinenbau GmbH, Bad Saulgau
- Landesinstitut für Schulentwicklung, Stuttgart
- Microsoft Business Solutions, Hamburg
- Rieber GmbH & Co. KG, Reutlingen
- Adam Opel AG, Rüsselsheim
- Claas Saulgau GmbH, Bad Saulgau

Das vorliegende Buch wurde auf der **Grundlage der aktuellen amtlichen Rechtschreibregeln** erstellt.

ISBN 978-3-8085-9205-2
ISBN 978-3-8085-9239-7 (mit CD)

27. Auflage 2012

Druck 5 4 3 2 1
Alle Drucke derselben Auflage sind parallel einsetzbar, da sie bis auf die Behebung von Druckfehlern untereinander unverändert sind.

http://www.europa-lehrmittel.de

Umschlaggestaltung: Taff Stuff Media, 26629 Großefehn

Satz: Satz+Layout Werkstatt Kluth GmbH, 50374 Erftstadt

Druck: B.o.s.s Druck und Medien GmbH, 47574 Goch

Vorwort zur 1. Auflage

Dieses Buch eignet sich insbesondere für den einführenden und fortgeschrittenen Unterricht in der Sekundarstufe II an Wirtschaftsgymnasien und Wirtschaftsoberschulen, an Fachgymnasien und Fachoberschulen, an Berufskollegs, Berufsaufbauschulen und Fachschulen für Betriebswirtschaft, als propädeutisches Lehrwerk im tertiären Bildungsbereich an Akademien, beim berufspädagogischen und wirtschaftswissenschaftlichen Studium und für Lehrgänge von Betrieben und Verbänden.

Die Benutzer des Buches sollen eine klar umrissene Vorstellung gewinnen von

- den Erscheinungen des Wirtschaftslebens, wie sie sich aus der Sicht der **Betriebswirtschaft einer Unternehmung** darstellen;
- den allen Betriebswirtschaften gemeinsamen **Funktionen:** Beschaffung, Leistungserstellung, Absatz, Finanzierung, Rechnungsführung und Rechnungslegung und der Steuerleistung an die Gesellschaft;
- den für die Betriebswirtschaft wichtigen **Rechtsformen** von Unternehmungen und deren **Rechtsbeziehungen** untereinander sowie zu ihrer Umwelt.

Bei der Gestaltung des Stoffes wurde darauf geachtet, die elementaren Erscheinungen und Prozesse so darzustellen, dass sie Ausgangspunkt für die Lösung betriebswirtschaftlicher und auch volkswirtschaftlicher Probleme sein können.

Bei den vielseitigen Beziehungen der Stoffgebiete untereinander war es nicht zu vermeiden, Sachverhalte nachstehender Abschnitte teilweise vorwegzunehmen und Hinweise auf später folgende Abschnitte zu geben.

Zahlreiche farbige Skizzen, grafische Darstellungen und Tabellen sollen den Lernenden auch schwierige Zusammenhänge in anschaulicher Weise klar machen und die Übersicht über den Stoff erleichtern. Ein umfassendes Stichwörterverzeichnis macht das Lehrbuch auch als Nachschlagewerk verwendbar.

Das Verfasserteam setzt sich aus Lehrkräften zusammen, die über Unterrichtserfahrung an Wirtschaftsgymnasien und Wirtschaftsschulen verfügen und zum Teil auch Lehraufträge an Akademien und Hochschulen sowie an Lehrgängen für Erwachsenenbildung versehen.

Trotz aller Erfahrung und Bemühung werden dem Lehrbuch Unvollkommenheiten anhaften. Die Verfasser sind deshalb dankbar für jede Stellungnahme und Anregung, die einer Verbesserung dienen.

Stuttgart, im November 1970 **Die Verfasser**

Vorwort zur 27. Auflage

Die vorliegende 27. Auflage berücksichtigt Wünsche und Anregungen die an den Arbeitskreis herangetragen wurden, sowie Änderungen wirtschaftlicher Daten und gesetzlicher Rahmenbedingungen bis April 2012.

Die aktuellen **arbeits- und sozialrechtlichen Bestimmungen** wurden ebenso berücksichtigt wie die **steuerrechtlichen Änderungen 2012.**

Zur Beantwortung und Lösung der Fragen gibt es einen **Löser;** er ist unter der **Bestellnummer 94713** lieferbar.

Rottenburg, im Frühjahr 2012 **Die Verfasser**

Inhaltsverzeichnis

Gesetze und Verordnungen

AbfAblV	Verordnung über die umweltverträgliche Ablagerung von Siedlungsabfällen
AGG	**A**llgemeines Gleichbehandlungsgesetz
AktG	Aktiengesetz
AltTZG	Altersteilzeitgesetz 1996
AO	Abgabenordnung
ArbGG	Arbeitsgerichtsgesetz
ArbnErfG	Gesetz über Arbeitnehmererfindungen
ArbPlSchG	Arbeitsplatzschutzgesetz
ArbZG	Arbeitszeitgesetz
AVB	Allgemeine Versicherungsbedingungen
AWG	Außenwirtschaftsgesetz
BBankG	Gesetz über die Deutsche **B**undesbank (Bundesbankgesetz)
BBiG	Berufsbildungsgesetz
BDSG	Bundesdatenschutzgesetz
BEEG	Gesetz zum Elterngeld und zur Elternzeit
BetrVG	Betriebsverfassungsgesetz
BewG	Bewertungsgesetz
BGB	Bürgerliches Gesetzbuch
BImSchG	Gesetz zum Schutz vor schädlichen Umwelteinwirkungen durch Luftverunreinigungen, Geräusche, Erschütterungen und ähnliche Vorgänge
BKGG	Bundeskindergeldgesetz
BUrlG	Bundesurlaubsgesetz
BWaldG	Gesetz zur Erhaltung des Waldes und zur Förderung der Forstwirtschaft
DrittelbG	Gesetz über die **D**rittelbeteiligung der Arbeitnehmer im Aufsichtsrat (Drittelbeteiligungsgesetz)
EBRG	Gesetz über **E**uropäische Betriebsräte
EGV	Vertrag zur Gründung der Europäischen Gemeinschaft
EntgFG	Entgeltfortzahlungsgesetz
EStG	Einkommensteuergesetz
EStR	Einkommensteuer-Richtlinien
GastG	**G**aststättengesetz
GBO	Grundbuchordnung
GebrMG	Gebrauchsmustergesetz
GenG	Gesetz betreffend die Erwerbs- und Wirtschaftsgenossenschaften (Genossenschaftsgesetz)
GeschmMG	Gesetz über den rechtlichen Schutz von Mustern und Modellen (Geschmacksmustergesetz)
GewO	Gewerbeordnung
GewStG	Gewerbesteuergesetz
GG	Grundgesetz für die Bundesrepublik Deutschland
GmbHG	Gesetz betreffend die Gesellschaften mit beschränkter Haftung
GPSG	Gesetz über technische Arbeitsmittel und Verbraucherprodukte
GVG	Gerichtsverfassungsgesetz
GWB	Gesetz gegen Wettbewerbsbeschränkungen
HGB	**H**andelsgesetzbuch
InsO	**I**nsolvenzordnung
InvG	Investmentgesetz
JArbSchG	Gesetz zum Schutze der arbeitenden **J**ugend (Jugendarbeitsschutzgesetz)
KrWG	Gesetz zur Förderung der **K**reislaufwirtschaft und Sicherung der umweltverträglichen Beseitigung von Abfällen
KSchG	Kündigungsschutzgesetz
KStG	Körperschaftsteuergesetz
KWG	Gesetz über das Kreditwesen
MarkenG	Gesetz über den Schutz von **M**arken und sonstigen Kennzeichen (Markengesetz)
MitbestG	Gesetz über die Mitbestimmung der Arbeitnehmer (Mitbestimmungsgesetz)
MoMiG	Gesetz zur Modernisierung des GmbH-Rechts und zur Bekämpfung von Missbräuchen
MuSchG	Gesetz zum Schutze der erwerbstätigen Mutter (Mutterschutzgesetz)
NachwG	Gesetz über den **N**achweis der für ein Arbeitsverhältnis geltenden wesentlichen Bedingungen (Nachweisgesetz)
OWiG 1968	Gesetz über **O**rdnungswidrigkeiten
PAngV	**P**reisangabenverordnung
PartGG	Gesetz über Partnerschaftsgesellschaften Angehöriger Freier Berufe (Partnerschaftsgesellschaftsgesetz)
PatG	Patentgesetz
PfandBG	Pfandbriefgesetz
PflSchG 1986	Gesetz zum Schutz der Kulturpflanzen
ProdHaftG	Gesetz über die Haftung für fehlerhafte Produkte (Produkthaftungsgesetz)
PublG	Gesetz über die Rechnungslegung von bestimmten Unternehmen und Konzernen (Publizitätsgesetz)
ScheckG	**S**checkgesetz
SEEG	Gesetz zur Einführung der Europäischen Gesellschaft
SGB	Sozialgesetzbuch
SGG	Sozialgerichtsgesetz
SigG	Gesetz über Rahmenbedingungen für elektronische Signaturen (Signaturgesetz)
SolZG	Solidaritätszuschlagsgesetz
StabG	Gesetz zur Förderung der Stabilität und des Wachstums der Wirtschaft (Stabilitätsgesetz)
StGB	Strafgesetzbuch
TVG	**T**arifvertragsgesetz
UmweltHG	**U**mwelthaftungsgesetz
UStDV	Umsatzsteuer-Durchführungsverordnung
UStG	Umsatzsteuergesetz
UWG	Gesetz gegen den unlauteren Wettbewerb
VAG	Gesetz über die Beaufsichtigung der **V**ersicherungsunternehmen
VerpackV	Verordnung über die Vermeidung und Verwertung von Verpackungsabfällen (Verpackungsverordnung)
VwVfG	Verwaltungsverfahrensgesetz
WG	**W**echselgesetz
ZK	VO (EWG) Nr. 2913/92 des Rates zur Festlegung des Zollkodex der Gemeinschaften (Zollkodex)
ZollV	Zollverordnung
ZPO	Zivilprozessordnung

1 Grundlagen der Wirtschaft

Der Mensch braucht Güter, um existieren und ein menschenwürdiges Dasein führen zu können. Innerhalb der Wirtschaft werden Güter unterschiedlichster Art von Unternehmen und vom Staat produziert und bereitgestellt.

1.1 Bedarfsdeckung als Aufgabe der Wirtschaft

Ursache allen Wirtschaftens sind die Wünsche des Menschen, seine **Bedürfnisse.**

1.1.1 Bedürfnisse und Bedarf

»Ein jeder Wunsch, wenn er erfüllt, kriegt augenblicklich Junge.« (Wilhelm Busch).

Jeder Mensch hat eine Vielzahl von Bedürfnissen. Sie sind unbegrenzt, unterschiedlich, wandelbar, von verschiedenen Bedingungen abhängig und im Einzelnen mehr oder minder dringlich.

Der Mensch erlebt **Bedürfnisse** als **subjektives Mangelempfinden,** mit dem **Wunsch,** diesen **Mangel zu beseitigen.**

Bedürfnisse lassen sich nach unterschiedlichen Gesichtspunkten einteilen.

Nach der **Dringlichkeit der Bedürfnisse** unterscheidet man:

a) **Existenzbedürfnisse.** Ihre Befriedigung ist notwendig zur Erhaltung des Lebens.

   Beispiele: Bedürfnisse nach ausreichender Nahrung, Kleidung, Wohnung und Grundbildung, Bedürfnisse nach gesunder Umwelt, insbesondere nach reiner Luft und sauberem Trinkwasser.

b) **Kultur- und Luxusbedürfnisse.** Ihre Befriedigung erhöht den Lebensstandard und steigert das Lebensgefühl. Diese Bedürfnisse sind wandelbar und abhängig von der jeweiligen Kultur.

   Beispiele: Bedürfnisse nach hochwertiger Nahrung, anspruchsvoller Kleidung, gehobener Bildung, sozialer Geltung, Kunstgenuss und vielfältigen Möglichkeiten der Urlaubs- und Freizeitgestaltung.

Nach der **Fähigkeit der Bedürfnisbefriedigung** unterscheidet man:

a) **Individualbedürfnisse.** Ihre Befriedigung kann vom Einzelnen selbst vorgenommen werden.

   Beispiele: Bedürfnisse nach ausreichender Nahrung, Kleidung und Wohnung.

b) **Kollektivbedürfnisse.** Diese Bedürfnisse werden aus Einzelbedürfnissen abgeleitet und durch eine Gruppe oder die Gemeinschaft befriedigt.

   Beispiele: Bedürfnisse nach Schulbildung, nach umweltgerechter Abwasser- und Müllbeseitigung, nach Schaffung von Verkehrsverbindungen.

In welchem Maße die Menschen ihre Bedürfnisse befriedigen können, hängt ab von ihrer Leistungsfähigkeit, ihrer Leistungsbereitschaft, den verfügbaren Mitteln (Einkommen und Vermögen) sowie der vorhandenen Infrastruktur in einer Gesellschaft.

Bedarf im wirtschaftlichen Sinne ist nur der Teil der Bedürfnisse, den der Mensch **mit den ihm zur Verfügung stehenden Mitteln,** mit seiner Kaufkraft, **befriedigen** will und kann.

Der *am Markt auftretende Bedarf* stellt die **Nachfrage** nach Gütern dar.

Nicht alle Bedürfnisse können durch Kaufkraft befriedigt werden. So kann das Bedürfnis nach menschlicher Zuneigung nur durch Beziehungen befriedigt werden.

1.1.2 Güter

Güter sind diejenigen Mittel, die zur **Befriedigung der menschlichen Bedürfnisse** dienen.

Die Bedürfnisse der Menschen sind unbegrenzt. Die zu ihrer Befriedigung benötigten Güter sind jedoch meistens begrenzt.

Man unterscheidet deshalb freie und knappe Güter:

a) **Freie Güter** sind so häufig vorhanden, dass der Mensch seine Bedürfnisse nach ihnen ohne Mühe und Aufwand befriedigen kann. Nur wenige Güter sind freie Güter. Die Zunahme der Bedürfnisse und das Wachstum der Weltbevölkerung führen jedoch dazu, dass freie Güter zunehmend zu knappen Gütern werden.

Beispiele: Luft, Sonnenlicht, Meer- und Regenwasser.

b) **Knappe Güter** (Wirtschaftsgüter) sind solche Güter, die im Verhältnis zur Unbegrenztheit der menschlichen Bedürfnisse nicht in ausreichender Menge verfügbar sind. Die Gründe dafür sind:

1. Die meisten Rohstoffe kommen in der Natur nur in begrenzter Menge vor.
2. Der Mensch muss die benötigten Stoffe der Natur erst mühevoll abringen.
3. Die meisten Güter sind in den verschiedenen Wirtschaftsräumen in ungleicher Menge vorhanden.

Zu den Gütern gehören nicht nur **materielle Güter** (Sachen), sondern auch **immaterielle Güter** (Rechte, Dienstleistungen). Außerdem lassen sich Güter weiter unterscheiden.

Produktionsgüter werden zur Herstellung eines neuen Gutes benötigt, während **Konsumgüter** *unmittelbar der Befriedigung von Bedürfnissen* dienen.

Verbrauchsgüter können *nur einmal genutzt* werden, **Gebrauchsgüter** können *mehrmals verwendet* werden.

Die Knappheit der meisten Güter zwingt den Menschen zu **wirtschaften,** d. h. geistige und körperliche Kraft aufzuwenden, um die Knappheit weitgehend zu überwinden. Dabei sind

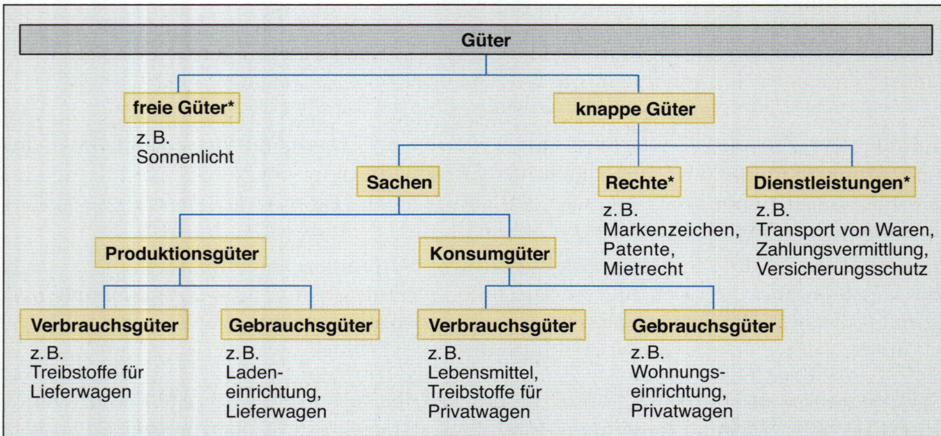

* Freie Güter, Rechte und Dienstleistungen können sowohl Produktions- als auch Konsumgüter sein.

die Güter sparsam zu verwenden und, soweit möglich, nach ihrer Nutzung wiederum in die Güterproduktion zurückzuführen **(Recycling).** Nur so kann nachhaltig und dauerhaft der Unbegrenztheit der Bedürfnisse eine ausreichende Gütermenge gegenübergestellt werden.

1.1.3 Wirtschaftliches (ökonomisches) Prinzip

Wirtschaftsgüter sind knapp. Deshalb bemühen sich die Menschen, sie sparsam und vernünftig einzusetzen. Sie handeln nach dem Vernunft- oder Rationalprinzip. Das wirtschaftliche Handeln wird als **wirtschaftliches** oder **ökonomisches Prinzip** bezeichnet. Es kommt bei den Handlungsweisen des Menschen in zwei Ausprägungen vor:

Maximalprinzip (Haushaltsprinzip). Es verlangt, dass mit **gegebenen Mitteln** ein **möglichst hoher Ertrag** erzielt wird.

Beispiel: Die Werbeabteilung einer Möbelfabrik verfügt über 100.000,00 EUR. Sie soll damit einen möglichst hohen Umsatz erwirtschaften.

Minimalprinzip (Sparprinzip). Es verlangt, dass eine **vorbestimmte Leistung** mit **möglichst geringen Mitteln** erzielt wird.

Beispiel: Eine Möbelfabrik beabsichtigt, in einer Sonderaktion 50 Küchen zu verkaufen. Der dafür erforderliche Werbeaufwand soll möglichst niedrig sein.

1.1.4 Methoden der Bedarfsdeckung

Je nachdem, ob der Bedarf durch den einzelnen Menschen oder durch die Gemeinschaft gedeckt wird, unterscheidet man:

a) **Individuelle Bedarfsdeckung.** Dabei trifft der einzelne Konsument im Rahmen der verfügbaren Mittel die Entscheidung, welche Güter er erwerben möchte. Er bezahlt sie mit seinem Geld.

   Beispiele: Jemand kauft einen Mantel, ein Paar Schuhe, ein Auto. Er wählt selbst, kauft und bezahlt.

b) **Kollektive Bedarfsdeckung.** Dabei wird der Bedarf einer größeren Gruppe von Menschen durch deren Körperschaft (Staat, Verein) gedeckt. Die Konsumentscheidungen treffen die zuständigen Organe dieser Körperschaft nach dem jeweiligen Haushaltsplan.

   Beispiel: Der Bedarf an Verkehrswegen, Schulen, Krankenhäusern, Sportplätzen, Umweltschutzanlagen wird durch den Staat oder durch Institutionen gedeckt.

Die *individuelle Bedarfsdeckung* ist die typische Form der Bedarfsdeckung in einer *marktwirtschaftlichen Ordnung.* Sie gewährt dem Einzelnen ein Höchstmaß an persönlicher Entscheidungsfreiheit beim Konsum und insgesamt ein Höchstmaß allgemeiner Güterversorgung.

Die *kollektive Bedarfsdeckung* geschieht überwiegend durch die *öffentliche Hand* (EU, Bund, Länder, Gemeinden). Die Entscheidungen durch Organe beruhen meist auf Schätzungen und Prognosen. Sie sind überwiegend zukunftsgerichtet. Es besteht die Gefahr, dass Planungsirrtümer und Fehlentscheidungen getroffen werden. Diese gehen zulasten der Allgemeinheit und können der Gesellschaft sehr hohe Kosten aufbürden.

1. a) Belegen Sie den zitierten Satz von Wilhelm Busch auf Seite 9 mit Beispielen aus Ihrem Leben.
   b) Auf welches Merkmal der menschlichen Bedürfnisse können Sie daraus schließen?
   c) Nennen Sie Beispiele dafür, dass Bedürfnisse
      – individuell verschieden,
      – wandelbar,
      – von unterschiedlichen Bedingungen
      abhängig sind.

2. Ordnen Sie den folgenden Gütern die entsprechenden Bedürfnisse nach der Dringlichkeit zu:
   a) Auto eines Schülers,
   b) Auto eines Handelsvertreters,
   c) Zigarette,
   d) Schönheitsoperation,
   e) Theaterbesuch.

   Begründen Sie Ihre Entscheidung.
3. a) Nennen Sie Beispiele für Existenz-, Kultur- und Luxusbedürfnisse
      – eines Menschen aus einem Industrieland und einem Entwicklungsland,
      – eines deutschen Industriearbeiters vor 60 Jahren und heute.
   b) Wodurch sind die wesentlichen Unterschiede erklärbar?
4. Sonnenlicht und Atemluft sind als Beispiele für freie Güter genannt. Prüfen Sie, unter welchen Umständen diese Beispiele nicht gelten.
5. a) Begründen Sie, weshalb die meisten Güter knappe Güter sind.
   b) Wie könnte man die Knappheit mindern?
6. Welche Dienstleistungsgüter nehmen Sie täglich in Anspruch?
7. Suchen Sie nach Beispielen dafür, dass dasselbe Gut sowohl als Konsumgut als auch als Produktionsgut verwendet werden kann.
8. Erläutern und unterscheiden Sie die Begriffe »Konsumgut« und »Verbrauchsgut«.
9. Stellen Sie dar, nach welchen Ausprägungen des ökonomischen Prinzips in den folgenden wirtschaftlichen Vorgängen gehandelt wird.
   – Sie wollen Ihren Urlaub in Spanien verbringen; dafür stehen Ihnen 1.500 EUR zur Verfügung.
   – Für den Bau eines Einfamilienhauses stehen 150.000 EUR Eigenkapital und 240.000 EUR Fremdkapital zur Verfügung.
   – Ein Wohnhaus ist zum Verkauf ausgeschrieben. Als »Verhandlungsbasis« ist ein Preis von 380.000 EUR genannt.
   – Der Logistikleiter eines Industriebetriebes koordiniert die Lkw-Einsätze für die Kundenauslieferung. Er stellt nicht mehr jeden Auftrag einzeln zu, sondern wartet, bis der Lkw ausgelastet ist. Dabei nimmt er in Kauf, dass einzelne Kunden länger auf die Lieferung warten müssen.
10. Begründen Sie, warum in der Wirtschaft in der Regel das ökonomische Prinzip angewandt wird.
11. Stellen Sie dar, welche Gründe für Abweichungen vom ökonomischen Prinzip in einem Unternehmen denkbar sind.
12. a) Erläutern Sie Beispiele für Bedarf, den Sie individuell nicht decken können.
    b) Nennen Sie Güter Ihres Bedarfs, die Ihnen vom Bund, vom Land, von der Gemeinde zur Verfügung gestellt werden.
    c) Wie werden diese Güter bezahlt?
13. Der Angestellte Peter Kleber hat einen Arbeitsweg von 20 km. Es besteht eine gute Busverbindung. Der Preis der Monatskarte beträgt 40 EUR. Trotzdem fährt er allein im eigenen Auto. Die Kosten betragen 0,50 EUR/km.
    a) In welcher Weise erfolgt die Bedarfsdeckung des Herrn Kleber?
    b) Erwägen Sie die Vor- und Nachteile seines Verhaltens für ihn und für die Gesellschaft.
14. a) Beschreiben Sie die für die Marktwirtschaft typische Form der Bedarfsdeckung.
    b) Nennen Sie die Vorteile dieser Form der Bedarfsdeckung.
    c) Auf welche Ursachen ist die zu beobachtende Zunahme kollektiver Bedarfsdeckung zurückzuführen?
15. Viele Menschen plädieren für einen Nulltarif bei den Straßenbahnentgelten und sind gleichzeitig gegen zu hohe Steuerbelastungen. Setzen Sie sich mit diesen Meinungen auseinander.

1.2 Unternehmen, Staat und private Haushalte als Wirtschaftseinheiten

Die Bedarfsdeckung wird durch Produktion und Konsum von Gütern erreicht.

Unternehmen und der Staat (öffentliche Gemeinwesen) erstellen das Güterangebot am Markt. Private Haushalte, Unternehmen und der Staat können als Nachfrager am Markt auftreten, um ihren Bedarf zu decken.

Die Wirtschaftseinheiten sind in unterschiedlicher Weise an der Produktion bzw. am Konsum der Güter beteiligt.

1.2.1 Unternehmen und Staat als Produzenten

Durch planmäßigen Einsatz von Arbeit und sachlichen Mitteln werden laufend Güter (Sachgüter, Rechte und Dienstleistungen) erzeugt, die mittelbar oder unmittelbar der Bedarfsdeckung dienen. Dieser Produktionsprozess vollzieht sich in Stufen von der Rohstoff- und Energiegewinnung bis zur Bereitstellung der Güter in Einzelhandels- oder sonstigen Dienstleistungsunternehmen.

In der Marktwirtschaft wird die Leistungserstellung hauptsächlich von **privaten Unternehmen** getragen. Sie bestimmen ihre *Produktionspläne selbst* und orientieren sich dabei über die Preise nach der Nachfrage am Markt.

Beispiel: In einem Unternehmen der Automobilindustrie geht der Pkw-Absatz wegen starker ausländischer Konkurrenz nachhaltig zurück. Um den geplanten Absatz zu halten, müssen beträchtliche Preisabschläge und kostspielige Sonderleistungen gewährt werden.

Wesentliche Merkmale der privaten Unternehmen sind die Absicht, maximalen Gewinn zu erzielen (erwerbswirtschaftliches Prinzip) und die Bereitschaft zur Übernahme des *Unternehmerrisikos.* Zu den privaten Unternehmen zählen auch Handwerksbetriebe, Freiberufler (z. B. Rechtsanwälte, Journalisten, Ärzte) und Unternehmen zur gewerblichen Wohnungsvermietung.

Neben den privaten Unternehmen treten auch die **öffentlichen Gemeinwesen** (EU, Bund, Länder, Gemeinden) als Produzenten von Gütern (insbesondere Dienstleistungen) auf. Die Produktionspläne können sich danach richten, dass die privaten Unternehmen kein ausreichendes Güterangebot zur Verfügung stellen *(Versorgungsprinzip).* Auch hier steht als wesentliches Merkmal die *Gewinnerzielung* im Vordergrund. Sofern kein Gewinn erzielt werden kann, versuchen diese Unternehmen, die *Kosten* zu *decken (Kostendeckungsprinzip)* bzw. die *Verluste* zu *minimieren.*

Beispiel: Größere Gemeinden betreiben gemeindeeigene Wasserwerke.

1.2.2 Private Haushalte als Konsumenten

Die von den Unternehmen und öffentlichen Gemeinwesen produzierten Konsumgüter werden unmittelbar zur Bedarfsdeckung privater Haushalte verwendet.

Private Haushalte treten daher auf den Märkten vorwiegend als Nachfrager nach Konsumgütern auf. Sie finanzieren die Deckung ihres Bedarfs hauptsächlich aus Einkommen, das sie durch die Bereitstellung von Arbeitsleistungen und sachlichen Mitteln zur Leistungserstellung bezogen haben.

1.2.3 Betrieb, Unternehmung und Unternehmen

> Der **Betrieb** ist die **Stätte,** in der die verschiedenen **Produktionsfaktoren** nach der Idee, Zielsetzung und Entscheidung des Unternehmers **zur Leistungserstellung kombiniert** werden.

Die Leistungserstellung kann in *unterschiedlichen Betriebsformen* erfolgen (Bergwerk, Industrieunternehmen, Laden, Bankhaus, Versicherungsunternehmen).

Der Prozess der Leistungserstellung, den sich die Unternehmen als wirtschaftliche Zielsetzung und Aufgabe gewählt haben, unterscheidet sich bei den verschiedenen Wirtschaftszweigen. Er kann in der Produktion von Sachleistungen oder von Dienstleistungen bestehen.

Die Verwirklichung unternehmerischer Ziele im Betrieb bedarf eines finanziellen Fundaments und einer rechtlichen Verfassung, die in der Firma und der Rechtsform zum Ausdruck kommt.

Art der Leistungserstellung	Wirtschaftszweig
a) Produktion von Sachleistungen	
1. Rohstoff- und Energiegewinnung	Land- und Forstwirtschaft, Bergbau, Energiewirtschaft
2. Rohstoffbe- und -verarbeitung	Verarbeitende Industrie, Handwerk
b) Produktion von Dienstleistungen	
1. Sammlung und Verteilung (Distribution) von Wirtschaftsgütern	Handel Absatzhelfer (Handelsvertreter, Kommissionäre, Makler)
2. Beförderung von Personen, Sachgütern und Nachrichten	Verkehrswirtschaft (Postdienste, Telekommunikationsdienste, Eisenbahnverkehr, Kraftverkehr, Luftverkehr, Schiffsverkehr, Logistikbetriebe)
3. Zahlungs-, Kredit- und Kapitalverkehr	Geld- und Kreditwirtschaft (Banken, Sparkassen)
4. Versicherungsschutz	Versicherungswirtschaft (Individual- und Sozialversicherungen)
5. Sonstige Dienstleistungen	Beratungsunternehmen, Reparatur- und Reinigungsgewerbe, Hotels und Restaurants, Bildungsvermittlung, Gesundheitsdienste, soziale Dienste, DV-Beratung und -Betreuung

Das **Unternehmen** tritt als **selbstständige, wirtschaftliche und rechtliche Einheit** auf. In diesem Sinn wird auch der Begriff **Unternehmung** verwendet.

Da die Leistungserstellung vornehmlich in Betrieben erfolgt, werden die Begriffe **Betrieb, Unternehmung** und **Unternehmen** oft gleichgesetzt.

1. Man kann sowohl in einem Gasthaus als auch in einem Familienhaushalt wohnen, essen und trinken. Stellen Sie die Unterschiede der beiden Wirtschaftseinheiten dar.
2. Inwiefern können private Haushalte auch als ein Sektor der Leistungserstellung betrachtet werden?
3. Inwiefern bietet das erwerbswirtschaftliche Prinzip eine gewisse Garantie für optimale Bedarfsdeckung in der Gesamtwirtschaft?
4. a) Wer trägt den Jahresverlust der Rhein-Mosel-Wasserwerke AG?
   b) Wer trägt den Jahresverlust der gemeindeeigenen Wasserwerke?
5. Nachdem ein Einzelunternehmer seine Erfolgsrechnung im Vorjahr mit 45.000 EUR Verlust abschließen musste, gelang es ihm, in diesem Jahre 160.000 EUR Gewinn zu erwirtschaften.
   Bei einem Eigenkapital von 400.000 EUR entspricht dieser Gewinn einer Kapitalverzinsung von 40%.
   Begründen Sie, ob der Unternehmer eine solche Gewinnspanne allein für sich beanspruchen darf.
6. Welche Arten von Unternehmen sind häufig in der Hand des Staates?
7. Diskutieren Sie, weshalb es zu einer Staatsbeteiligung an einem großen Industrieunternehmen kommen kann.
8. a) Nennen Sie Maßnahmen, die eine Gemeinde zur Förderung der Gewerbeansiedlung ergreifen kann.
   b) Begründen Sie, warum diese Maßnahmen ergriffen werden.
9. Welche Leistungen erstellt
   a) ein Industrieunternehmen,
   b) ein Handelsunternehmen,
   c) eine Bank,
   d) ein Versicherungsunternehmen,
   e) ein Speditionsbetrieb,
   f) ein Reisebüro,
   g) ein Hotel?
10. Begründen Sie, weshalb man von einem Behördenbetrieb, nicht aber von einer Behördenunternehmung spricht.

1.3 Betriebswirtschaftliche Produktionsfaktoren

Produktionsfaktoren sind die **Mittel und Kräfte,** mit denen **Sachgüter und Dienstleistungen erstellt** werden.

1.3.1 Elementarfaktoren und dispositiver Faktor

Bei der Leistungserstellung unterteilt man die Produktionsfaktoren in Elementarfaktoren und den dispositiven Faktor (Bild, S. 16).

Elementarfaktoren

▶ Arbeitsleistung

Darunter versteht die Betriebswirtschaftslehre hauptsächlich *körperliche* (ausführende) Arbeit.

Die geistige (schöpferisch-planende, organisatorisch-anordnende, kontrollierende und repräsentierende) Arbeit wird im dispositiven Faktor zusammengefasst. Eine scharfe Trennung ist jedoch nicht möglich, da jede Arbeit körperliche, geistige und seelische Kräfte beansprucht, wenn auch in unterschiedlicher Gewichtung.

▶ Betriebsmittel

Dies sind *Anlagen* und alle *Einrichtungen,* welche die *technische Voraussetzung* zur betrieblichen Leistungserstellung bilden. Dazu gehören

- Grundstücke und Gebäude für Erzeugung, Lagerung, Verwaltung und Vertrieb,
- Maschinen, maschinelle Anlagen und Werkzeuge,
- Anlagen zur Versorgung des Betriebes mit Wasser, Wärme, Gas, Strom, Frischluft,
- Transporteinrichtungen für Material, Erzeugnisse und Menschen,
- Vorrichtungen zur Lagerung von Material, Erzeugnissen, Werkzeugen, Schriftstücken, Zeichnungen, Büchern,
- Einrichtungen für die Betriebsangehörigen: Kantinen, Erholungsheime, Heime für jugendliche Arbeitnehmer, Wohnungen,
- Einrichtungen zur Weiterbildung der Arbeitskräfte: Ausbildungswerkstätten, Werkschulen, Büchereien,
- Vorrichtungen zur Sicherung der Menschen und Anlagen: Feuerschutzgeräte, Unfallverhütungseinrichtungen,
- Anlagen zur Entsorgung des Betriebes von Abfällen, Altmaterial, Chemikalien, Abwasser und Abgasen.

▶ Werkstoffe und Waren

Dies sind Güter, die verarbeitet oder unverarbeitet für den Fertigungs- bzw. Umsatzprozess verwendet werden. Dazu gehören

- **Rohstoffe.** Das sind Stoffe, die im Fertigungsprozess als Hauptbestandteile in das Erzeugnis eingehen (Holz in der Möbelfabrikation).
- **Hilfsstoffe.** Das sind Stoffe, die als Nebenbestandteile in das Produkt eingehen (Leim und Lack bei der Möbelherstellung).
- **Betriebsstoffe.** Das sind Stoffe, die nicht in das Erzeugnis eingehen, aber bei der Durchführung des Fertigungsprozesses verbraucht werden (Schmiermittel, Dieselöl).
- **bezogene Fertigteile.** Das sind Teile, die unverändert Bestandteile des Produkts werden (Beschläge, Schlösser).
- **Waren.** Das sind Güter, die unverarbeitet dem Umsatzprozess dienen.

▶ Rechte

Darunter versteht man insbesondere behördliche Betriebsgenehmigungen (Konzessionen) sowie gewerbliche Schutz- und Nutzungsrechte (Patente, Lizenzen, Gebrauchs- und Geschmacksmuster sowie Markenzeichen).

Dispositiver Faktor

Es handelt sich dabei um die Fähigkeit des Menschen, die Elementarfaktoren zum Zwecke der Leistungserstellung zu kombinieren, also darum, Leitungsfunktionen auszuüben. Man unterscheidet folgende Leitungsfunktionen: Zielsetzung, Planung, Organisation, Kontrolle, Rechenschaftslegung, Repräsentation (Bild, S. 16).

Das **Geld** spielt bei der Leistungserstellung eine bedeutende Rolle. Es ist aber kein unmittelbarer, eigenständiger Produktionsfaktor, sondern nur Hilfsmittel bei der Beschaffung der Produktionsfaktoren.

1.3.2 Kombination und Substitution der Produktionsfaktoren

In der modernen Wirtschaft werden zur Leistungserstellung immer mehrere Produktionsfaktoren kombiniert, die sich zweckmäßig ergänzen. Die Kombination kann je nach Ausstattung eines Betriebes mit Produktionsfaktoren unterschiedlich erfolgen.

Beispiele:

1. Um eine Tonne Weizen zu produzieren, genügt auf einer großen Bodenfläche ein verhältnismäßig geringer Einsatz an Düngemitteln, Maschinen und Arbeit. Steht aber wenig Bodenfläche zur Verfügung, kann der gleiche Ertrag erzielt werden, wenn der Boden unter reichlicher Verwendung von Dünger intensiv bearbeitet wird.
2. Durch Einsatz von automatisierten Anlagen in der Fertigung und von Datenverarbeitungsanlagen in der Verwaltung wurden in den vergangenen Jahrzehnten Arbeitsleistungen weitgehend durch Betriebsmittel (Kapital) ersetzt.
3. Zum Aushub einer Baugrube von 1.600 m^3 brauchten früher 20 mit Pickel, Schaufel und Schubkarren ausgerüstete Arbeiter 48 Stunden. Dies entspricht einer Leistung je Arbeiter und Stunde von 1,67 m^3. Heute leisten 2 Arbeiter mithilfe eines Baggers die gleiche Arbeit in 12 Stunden, was einer Leistung je Arbeiter und Stunde von 66,7 m^3 entspricht.

Seite 11

Nach dem ökonomischen Prinzip kommt es darauf an, die einzelnen Produktionsfaktoren in der Güte und Menge bei der Faktorkombination zu verwenden, dass der Aufwand für den Faktoreinsatz in einem möglichst günstigen Verhältnis zum Ertrag steht.

Unter dem Druck der Preiskonkurrenz werden dabei in den Betrieben teurer gewordene Produktionsfaktoren durch andere, verhältnismäßig kostengünstigere, ausgetauscht. Außerdem werden veraltete Produktionsfaktoren durch technisch verbesserte ersetzt.

Den **Austausch der Produktionsfaktoren** bei der Leistungserstellung nennt man **Substitution der Produktionsfaktoren.**

Bei der Substitution der Produktionsfaktoren sollten soziale Gesichtspunkte nicht außer Acht gelassen werden.

Beispiel: In der Fertigung wird eine vollautomatische Produktionsstraße eingeführt. Die dadurch freigesetzten Mitarbeiter werden an anderer Stelle im Betrieb weiterbeschäftigt.

Betrieb

Dispositiver Faktor → **kombiniert / substituiert** → **Elementarfaktoren**

Dispositiver Faktor	Elementarfaktoren
– Zielsetzung	– menschliche Arbeit
– Planung	– Betriebsmittel
– Organisation	– Werkstoffe
– Durchführung	– Rechte
– Kontrolle	
– Rechenschaftslegung	
– Repräsentation	

Ergebnis: Leistungserstellung unter wirtschaftlichen Gesichtspunkten

1. Erläutern Sie,
   a) auf welche Weise die Natur an der betrieblichen Leistungserstellung beteiligt ist,
   b) welche Personen und Personengruppen dem Unternehmen ihre Leistungskraft zur Verfügung stellen,
   c) welche Kosten dadurch dem Unternehmen jeweils entstehen.
2. Ordnen Sie die angegebenen Kosten nach folgendem Muster dem jeweiligen Faktoreinsatz zu:

Kostenart	**verursachender Produktionsfaktor**
a) Energiekosten	______________________
b) Miete für Lagerhalle	______________________
c) Sozialkosten	______________________
d) Instandhaltungskosten	______________________
e) Vertreterprovision	______________________
f) Fuhrparkkosten	______________________
g) Rohstoffverbrauch	______________________
h) Miete für Lagerplatz	______________________

3. Wodurch unterscheidet sich der Faktor Arbeitsleistung vom dispositiven Faktor?
4. Erklären Sie, weshalb die Roh- und Hilfsstoffe zu den Werkstoffen, Vorrichtungen zur Lagerung von Werkstoffen aber zu den Betriebsmitteln gehören.
5. Stellen Sie dar, an welchen Produktionsfaktoren es in Entwicklungsländern mangelt.
6. Nennen Sie Beispiele für
   a) unterschiedliche Faktorkombinationen bei der Produktion eines Gutes,
   b) die Substitution von Produktionsfaktoren in den vergangenen Jahren.
7. Die Auswirkungen der »schlanken Produktion« (Lean Production) in den Unternehmen ist deutlich erkennbar. Eine Maschinenfabrik veröffentlicht folgende Zahlen:

	Zahl der Beschäftigten	Strickmaschinen	Umsatz (Mio. EUR)
2000	805	1.241	176
2012	439	1.645	330

   a) Errechnen Sie den Umsatz je Mitarbeiter.
   b) Beschreiben Sie den Trend, den die vorliegenden Zahlen widerspiegeln.
   c) Erörtern Sie die möglichen wirtschaftlichen und gesellschaftlichen Folgen einer solchen Entwicklung.
8. a) Berechnen Sie die günstigste Faktorkombination in Geldeinheiten (GE):

	1 Mitarbeiter kostet 5 GE		1 Maschine kostet 20 GE		Ergebnis
Fall 1	12 Mitarbeiter	+	2 Maschinen	=	?
Fall 2	6 Mitarbeiter	+	4 Maschinen	=	?
Fall 3	4 Mitarbeiter	+	6 Maschinen	=	?
Fall 4	2 Mitarbeiter	+	12 Maschinen	=	?

   b) Wie verändert sich das Ergebnis, wenn die Kosten des Faktors Arbeit auf 30 GE steigen und die Kapitalkosten gleich bleiben?
   c) Welche Gründe können für eine
      – Substitution des Faktors Arbeit durch den Faktor Betriebsmittel sprechen,
      – Beibehaltung des Faktors Arbeit sprechen,

      wenn in beiden Fällen der Faktor Arbeit wesentlich höhere Kosten als der Faktor Betriebsmittel verursacht?
9. Welche Maßnahmen müssten ergriffen werden, um die Verknappung und damit Verteuerung des Werkstoffes Energie in den Betrieben aufzufangen?

1.4 Betriebliche Funktionen

Für den Betrieb sind die **Produktionsfaktoren** Güter, die auf den jeweiligen Beschaffungsmärkten gegen Geld erworben werden. Innerhalb der Betriebe erfolgt der Prozess der Leistungserstellung (Kombination der Produktionsfaktoren) nach festgelegten Abläufen. Diese sind auf die Erstellung der betrieblichen Leistung ausgerichtet. Sie werden in den betroffenen Funktionsbereichen des Unternehmens durchgeführt. Die **erstellten Leistungen** werden anschließend gegen Geld auf dem Absatzmarkt verkauft. Das für den Erwerb der Produktionsfaktoren notwendige Geld stammt aus den Verkaufserlösen, aber auch aus anderen Quellen (Einlagen des Unternehmers, Fremdkapital).

In jedem Unternehmen gibt es deshalb zwei gegenläufige Ströme:

- der **Güterstrom** in Richtung auf die *Absatzmärkte,*
- der **Geldstrom** in Richtung auf die *Beschaffungsmärkte.*

Sollen die Güter- und Geldströme reibungslos fließen, ist das einzelne Unternehmen laufend auf eine Vielzahl von Informationen angewiesen. Der **Informationsstrom** fließt zwischen allen betrieblichen Funktionsbereichen und zwischen Unternehmen und Absatz- bzw. Beschaffungsmärkten.

Funktionen im Güterstrom

a) Beschaffung. Sie umfasst alle vorbereitenden und ausführenden Tätigkeiten, die der **Bereitstellung** von *Sachgütern, Rechten und Dienstleistungen* für Betriebszwecke dienen (Bereitstellung von Grundstücken, Maschinen, Werkstoffen, Waren, Patenten, Lizenzen, Arbeitskräften, Transport- und Logistikleistungen, Geld und Kapital).

Bei der Beschaffung werden Kaufverträge sowie Dienstverträge und Werkverträge abgeschlossen.

b) Produktion. Sie ist die **Leistungserstellung** in den unterschiedlichen Wirtschaftszweigen.

c) Absatz. Darunter versteht man alle vorbereitenden und ausführenden Tätigkeiten, die der entgeltlichen **Verwertung** von *Betriebsleistungen* am Absatzmarkt dienen. Wenn auch die Leistungsverwertung zeitlich der Leistungserstellung (Beschaffung, Produktion) folgt, so wirkt sie doch nach Art und Umfang bestimmend auf die Leistungserstellung zurück.

d) Lagerhaltung. Sie dient der Überbrückung von Versorgungsschwankungen vor, während und nach der Produktion. Heute versucht man, durch logistische Maßnahmen die Lagerhaltung zu minimieren.

Funktionen im Geldstrom

Seite 436

a) Finanzierung. Sie umfasst alle Maßnahmen, die der **Beschaffung und Bereitstellung** von *Geld und Sachmitteln* für die betriebliche Leistungserstellung dienen. Sie ist nicht nur eine einmalige, bei der Gründung zu lösende Aufgabe, sondern eine laufende Tätigkeit des Beschaffens, Freisetzens und Rückerstattens von finanziellen Mitteln. Diese Finanzierungsmaßnahmen finden ihren Niederschlag in der Kapital- und Vermögensausstattung der Betriebe.

Seite 96

b) Zahlung. Sie hat vor allem die Aufgabe, den **Geldstrom** in Richtung auf die Beschaffungsmärkte **weiterzuleiten.** Außerdem dient sie zur Leistung von Abgaben (Steuern, Gebühren, Beiträge). Zahlungen werden mithilfe von Geldinstituten geleistet.

Finanzierung und Zahlung betreffen alle betrieblichen Funktionsbereiche. Deshalb werden sie als **übergreifende Funktionen** betrachtet, d. h., sie spielen eine Rolle bei der Beschaffung (Finanzierung und Zahlung von Roh-, Hilfs- und Betriebsstoffen), Fertigung (Finanzierung und Zahlung von Löhnen) und beim Vertrieb (Finanzierung und Zahlung von Werbemaßnahmen).

Leitungsfunktionen

Beschaffung, Produktion und Absatz müssen wirtschaftlich erfolgen. Es bedarf daher der **Lenkung** durch die Leitungsorgane (dispositiver Faktor). Die wichtigsten Aufgaben der Leitung sind *Zielsetzung, Planung, Organisation, Durchführung, Kontrolle, Rechenschaftslegung und Repräsentation.*

Zusammenwirken betrieblicher Funktionsbereiche

Die betrieblichen Funktionen Beschaffung, Produktion, Absatz, Lagerhaltung und Finanzierung sind auf ständige und aktuelle Informationen angewiesen. Die für sämtliche Prozesse im Unternehmen benötigten Informationen müssen beschafft, ausgewertet und weitergeleitet werden.

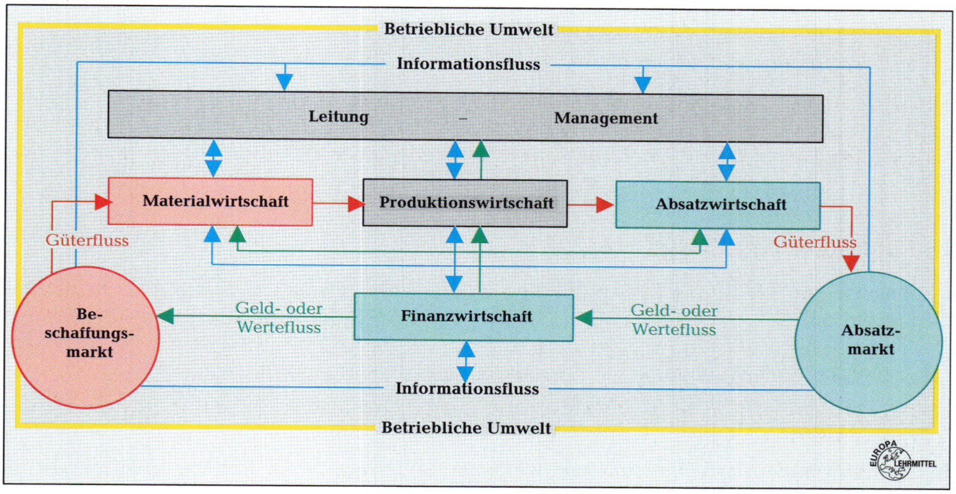

In den letzten Jahren hat der Informationsfluss in den Betrieben an Umfang und Bedeutung zugenommen. Dies hat zu der Erkenntnis geführt, dass es für die Leitungsebene unmöglich ist, alleine alle Informationen zu beschaffen und auszuwerten. Die **Datenverarbeitung** erlaubt eine Vernetzung der Informationsflüsse im Unternehmen, sodass die einzelnen Mitarbeiter betriebliche Abläufe ganzheitlich überblicken, auswerten und beeinflussen können.

Beispiel: In einem modernen Industriebetrieb wird die gesamte Auftragsabwicklung vom Kundenauftrag bis zur Auslieferung an den Kunden mithilfe einer integrierten Unternehmenssoftware (**ERP**-Software = **E**nterprise **R**essource **P**laning) durchgeführt. Sämtliche notwendigen Daten für die Materialwirtschaft, Produktion und Lagerhaltung sind erfasst und können von den zuständigen Mitarbeitern eingesehen und verwertet werden.

1.5 Vernetzung der Unternehmen – Supply Chain Management

Das Konzept des **S**upply **C**hain **M**anagement **(SCM)** hat in den letzten Jahren Einfluss auf Managemententscheidungen ausgeübt.

Unter **Supply Chain Management** versteht man die **Lenkung** und **Gestaltung** der **Versorgungskette.**

Dies gilt für den Güterfluss vom Rohstofflieferanten über das Unternehmen bis hin zum Endverbraucher. Ebenso gilt es in umgekehrter Richtung.

Beispiel: Hergestellte und verkaufte Kfz werden an den Endverbraucher ausgeliefert. Später müssen die ausgedienten Kfz vom Hersteller zurückgenommen und recycelt oder entsorgt werden.

Ein *vernetztes Denken* in den Beziehungen und der *Einsatz moderner IT-Systeme* sind notwendige Voraussetzungen für ein effektives Supply Chain Management. Nur dadurch ist gewährleistet, dass der Informationsfluss sämtliche Kunden-Lieferanten-Beziehungen optimal nutzt.

Beispiel: Ein Kfz-Händler bestellt im Zentrallager online 100 Scheibenwischer-Blätter. Kann dieser Bedarf nicht durch vorhandene Fertigprodukte gedeckt werden, so löst diese Information unmittelbare Aktivitäten beim Produzenten (Fertigung, Beschaffung von Fertigteilen), bei den verschiedenen Lieferanten (Metallbügel, Wischergummi, Verpackungsmaterial), deren Lieferanten (Papierfabrik) sowie deren Spediteuren aus.

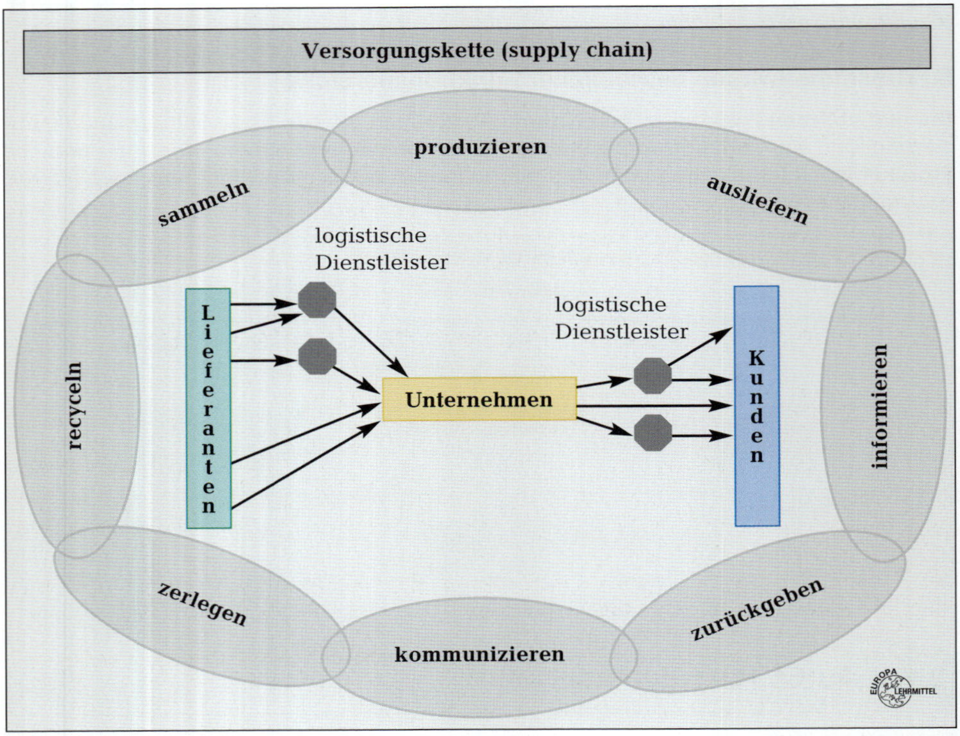

1. Erläutern Sie, welche Funktionen man
   – bei einem Industrieunternehmen,
   – bei einem Handelsunternehmen unterscheidet
   a) im Güterstrom,
   b) im Geldstrom,
   c) in der Leitung des Unternehmens.
2. Welche Auswirkungen hätte das Fehlen von Handelsbetrieben in einer Volkswirtschaft
   a) für die Industrie,
   b) für die Verbraucher?
3. Weshalb hat der Begriff Kommunikation mit Informationen zu tun?
4. Skizzieren Sie den Güter- und Informationsfluss von der Rohstoffbeschaffung bis zum Verbraucher bei der industriellen Fensterproduktion.
5. »Die Pelikan-AG verzeichnet eine erhebliche Gewinnsteigerung, seit sie die komplette Bewirtschaftung des Zentrallagers in Hannover-Anderten an ein anderes Unternehmen abgegeben hat«, betont Pelikan-Geschäftsführer Söhnke Boysen.

   Begründen Sie, welche betrieblichen Leistungsbereiche zur Gewinnsteigerung bei der Pelikan-AG beigetragen haben könnten
6. Nennen Sie die Voraussetzungen, die ein reibungsloses Zusammenwirken in der Versorgungskette (supply chain) des obigen Beispiels ermöglichen.
7. Im Konzept des Supply Chain Managements stehen logistische Aufgaben im Mittelpunkt. Sie lassen sich als Beschaffungslogistik, Produktionslogistik, Distributionslogistik und Entsorgungslogistik umschreiben.
   a) Klären Sie die Begriffe.
   b) Formulieren Sie einzelne Ziele, die in den Teilgebieten erreicht werden sollen.

2 Grundzüge der Rechtsordnung

Die Natur des Menschen verlangt nach individueller Freiheit

- in seiner persönlichen Entfaltung und
- in der Gestaltung seiner Beziehungen zu anderen Menschen.

Dass dennoch wirtschaftliches Handeln nicht zu einem zusammenhanglosen, chaotischen Geschehen wird, dafür sorgen zum einen **naturgesetzliche Zwänge;** darüber hinaus wird der Handlungsspielraum des Menschen durch **soziale Zwänge** begrenzt, die durch die **Rechtsordnung** einer Gesellschaft festgelegt werden.

2.1 Bedeutung und Grundstruktur der Rechtsordnung

Der Missbrauch der Freiheit durch den Menschen führt zu Ungerechtigkeit. Der Anspruch jeder Person auf Gerechtigkeit erfordert daher, dass die Freiheit des Einzelnen durch das Recht abgegrenzt und eingeschränkt wird.

Beispiel: Ein Achtzehnjähriger hat die Freiheit, sich ein Auto zu kaufen. Beim Fahren hat er sich aber »so zu verhalten, dass kein anderer geschädigt, gefährdet oder mehr als nach den Umständen unvermeidbar behindert oder belästigt wird«.

Die *Gesamtheit* des in einem Staate geltenden Rechts bezeichnet man als **Rechtsordnung,** die *einzelnen* Vorschriften als **Rechtsnormen.**

2.1.1 Aufbau der Rechtsordnung

Die Rechtsnormen wurzeln in allgemein gültigen Rechtsgedanken und in den herrschenden sittlichen Auffassungen, dem **Naturrecht.** Daraus werden die vom Menschen verfassten Rechtsnormen abgeleitet und schriftlich in Gesetzen, Verordnungen, Satzungen,

Stufen der Entstehung	Inhalt und Bedeutung	Beispiele	Quelle/Zuständigkeit
Positives Recht **Verfassung**	normativer **Rahmen** für die Gesetzgebung	Grundgesetz	Legislative (qualifizierte Mehrheit)
Gesetz	Rechtsregeln **allgemeinen** Charakters	Gewerbesteuergesetz	Legislative (einfache Mehrheit)
Verordnung	Ergänzungs- und Durchführungsbestimmungen **allgemeinen** Charakters	Gewerbesteuer-durchführungs-verordnung	Exekutive (oberste Instanz: Ministerium)
Satzung	Rechtsvorschrift **allgemeinen** Inhalts	Festlegung des Gewerbesteuer-hebesatzes	Selbstverwaltung der Kommunen (Gemeinde, Kreis)
Verwaltungsakt	Verfügungen und Entscheidungen zur Regelung des **Einzelfalles**	Gewerbe-steuerbescheid	Exekutive (untergeordnete Behörde)

Verwaltungs- und Justizakten niedergelegt; dies ergibt das **gesetzte (positive) Recht** (lat. positum = gesetzt, festgelegt, dargestellt).

Beispiel: Die Polizei stellt bei einer Streifenfahrt fest, dass ein Gastwirt nach Beginn der polizeilichen Sperrzeit noch Gäste bewirtet. Sie erstattet Anzeige. Der Gastwirt erhält daraufhin von der Stadtverwaltung einen Bußgeldbescheid über 100 EUR **(Verwaltungsakt).** Dieser Bußgeldbescheid wurde erlassen aufgrund einer **Verordnung** der Stadt über die Regelung der Sperrzeit. Diese Verordnung dient als Ergänzung des Gaststättengesetzes, in dem es heißt, dass ordnungswidrig handelt, wer »als Inhaber einer Schankwirtschaft, Speisewirtschaft oder öffentlichen Vergnügungsstätte duldet, dass ein Gast nach Beginn der Sperrzeit in den Betriebsräumen verweilt«.

GastG § 28

Das **Gewohnheitsrecht** ist der Teil des Rechts, der durch lang dauernde Ausübung zur Verkehrssitte geworden ist. Die Beteiligten können daraus Rechte und Pflichten ableiten. Es entsteht unmittelbar, d.h. ohne gesetzliche Festlegung, aus der Rechtsüberzeugung des Volkes.

HGB § 346

Beispiele: Handelsbrauch (Usance) im Handelsrecht (Drein- bzw. Draufgabe; 1 »Maß« Bier = 1 Liter Bier); Recht der Durchfahrt über ein fremdes Grundstück aufgrund langjähriger Praxis.

Gerichtsentscheide durch die Oberlandes- und Bundesgerichte ergänzen das geschriebene Recht vor allem dann, wenn durch die Verfassung oder ein Gesetz nur die Rahmenbedingungen geregelt sind oder wenn Lücken im Gesetz im Zusammenhang mit einem gegebenen Rechtsstreit auszufüllen sind.

2.1.2 Öffentliches Recht und Privatrecht

Je nachdem, ob durch Rechtsnormen die Beziehungen einzelner Menschen untereinander geregelt werden, oder ob Träger der öffentlichen Gewalt beteiligt sind, unterscheidet man in der Rechtsordnung die Gebiete des öffentlichen und privaten Rechts.

a) Das öffentliche Recht regelt

– die Rechtsverhältnisse der Träger der öffentlichen Gewalt zueinander,

Beispiele: Staatsaufbau und Verfassungsrecht, Gesetzgebung.

– das Verhältnis des Einzelnen zu den Trägern der öffentlichen Gewalt. Im Interesse der Allgemeinheit werden dem Einzelnen Verbote und Gebote auferlegt, d. h., es besteht *Über- und Unterordnung.*

Beispiele:

1. **Verbote:** Leben, Freiheit, Eigentum und Ehre des Mitmenschen zu verletzen; gegen die Regeln des Straßenverkehrs zu verstoßen.
2. **Pflichten:** Steuerpflicht, Wehrpflicht, Zeugenpflicht vor Gericht.

Das öffentliche Recht sichert auch das Recht und die Freiheit des Bürgers und schützt ihn vor Übergriffen des Staates.

Beispiele: Niederlassungsfreiheit, Freiheit der Meinungsäußerung, Verbot des Freiheitsentzugs ohne richterliche Anordnung.

Außerdem regelt das öffentliche Recht das Prozessverfahren bei Auseinandersetzungen zwischen dem Einzelnen und dem Staat und zwischen Personen untereinander.

b) Das Privatrecht regelt das Recht des Einzelnen für sich und in seinem Verhältnis zum Recht des Anderen nach dem Grundsatz der *Gleichberechtigung.*

Jeder Zweig des öffentlichen und privaten Rechts enthält ein Bündel von Gesetzen, die entweder grundlegender oder ergänzender spezifischer Natur sind.

Beispiele: Grundlegendes Gesetz für das bürgerliche Recht ist das Bürgerliche Gesetzbuch (BGB). Das Handelsgesetzbuch (HGB) ergänzt das BGB und gilt speziell für Kaufleute.

Im Steuerrecht, das in der Verfassung wurzelt, ist die Abgabenordnung (AO) das grundlegende Gesetz, auf dem die speziellen Steuergesetze wie das Einkommensteuergesetz (EStG), das Umsatzsteuergesetz (UStG), das Gewerbesteuergesetz (GewStG) u. a. aufbauen.

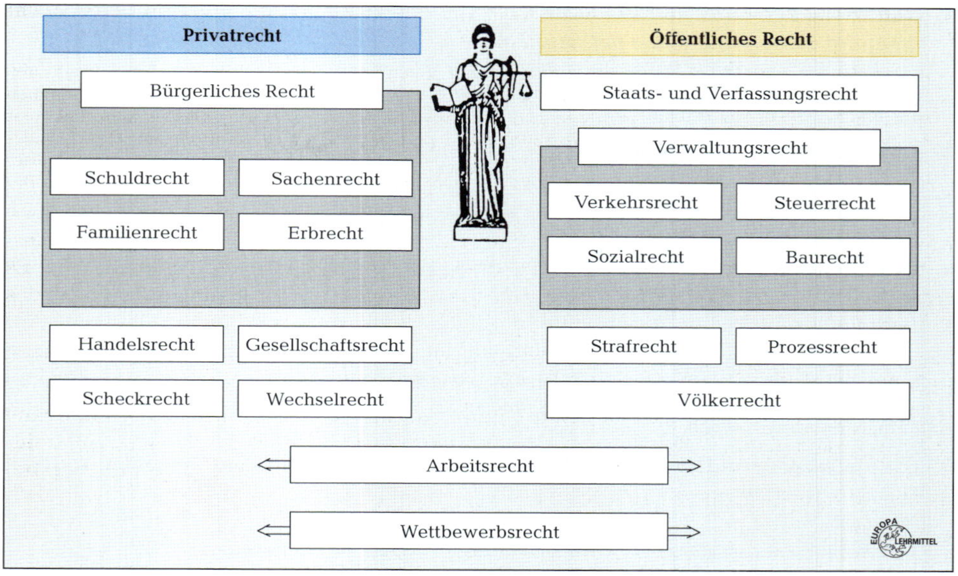

Während das öffentliche Recht **zwingendes** Recht ist, ist das Privatrecht weitgehend **nachgiebiges** Recht, d. h., es können durch Verträge andere Regelungen als die im Gesetz vorgesehenen vereinbart werden.

Beispiele:

1. Das Jugendarbeitsschutzgesetz verbietet Kinderarbeit.
2. Beim Kauf einer Ware muss nach § 448 BGB der Käufer die Verpackungskosten als Kosten der Abnahme bezahlen. Es kann aber vereinbart werden, dass der Verkäufer diese Kosten trägt.

1. Erklären Sie den Unterschied zwischen
   a) Gesetz und Satzung,
   b) Verordnung und Verwaltungsakt.
2. Wie entsteht Gewohnheitsrecht?
3. Welche Unterschiede bestehen zwischen dem Privatrecht und dem öffentlichen Recht?
4. Begründen Sie, ob es sich bei den folgenden Fällen um Vorgänge des öffentlichen Rechts oder des Privatrechts handelt:
   a) Ein Großhändler vereinbart mit einem Einzelhändler eine Warenlieferung.
   b) Eine Straße wird für den Durchgangsverkehr gesperrt.
   c) Sie erhalten den Einkommensteuerbescheid für das vergangene Jahr.
   d) Zwei Kaufleute gründen eine Offene Handelsgesellschaft.
   e) Bund und Länder beschließen eine Neuverteilung des Umsatzsteueraufkommens.

2.2 Rechtsfähigkeit und Geschäftsfähigkeit

2.2.1 Rechtsfähigkeit

Rechtsfähigkeit ist die Fähigkeit von Personen, Träger von Rechten und Pflichten zu sein.

Rechte können von natürlichen und juristischen Personen wahrgenommen werden. Diese sind also Rechtspersonen und damit rechtsfähig.

BGB § 1 **a) Natürliche Personen** sind alle Menschen. Ihre Rechtsfähigkeit beginnt *mit der Vollendung der Geburt und endet mit dem Tod.*

Beispiele: Ein zweijähriges Kind wird durch Erbfolge Eigentümer eines Hauses mit allen Rechten und Pflichten; jeder Jugendliche hat das Recht auf Schulbildung; bis zur Vollendung des 18. Lebenjahres ist der Jugendliche berufsschulpflichtig.

§§ 21–89 **b) Juristische Personen** (JP) sind *Personenvereinigungen* und *Vermögensmassen* mit eigener Rechtspersönlichkeit. Es gibt

1. JP des *öffentlichen* Rechts: Dazu gehören Körperschaften (Bund, Länder, Gemeinden) und Anstalten (Rundfunkanstalt, Sparkasse),
2. JP des *privaten* Rechts: Dazu gehören Vereine (eingetragener Verein, AG, GmbH, eG) und Stiftungen (VolkswagenStiftung, Kruppstiftung).

Jede juristische Person ist *von der Gründung bis zur Auflösung* rechtsfähig, eine Aktiengesellschaft z. B. ab der Eintragung ins Handelsregister bis zur Löschung.

Beispiel: Die Volkswagen AG hat einen rechtlich geschützten Namen, unter dem sie klagen und verklagt werden kann. Sie haftet mit ihrem eigenen Vermögen (Grundstücke, Fuhrpark usw.). Sie ist verpflichtet, Körperschaftsteuer zu zahlen.

Die Verleihung und Anerkennung der Rechtsfähigkeit juristischer Personen ist durch Gesetze geregelt.

Merkmale der JP:

1. JP handeln durch Organe, die sich aus natürlichen Personen zusammensetzen.
2. JP tragen einen rechtlich geschützten Namen, unter dem sie klagen und verklagt werden können.
3. JP haften mit dem eigenen Vermögen. Die der JP zugehörigen natürlichen Personen, z. B. die Aktionäre, haften nur ihr gegenüber (z. B. für die Leistung der Einlagen), nicht aber unmittelbar gegenüber den Gläubigern der JP.
4. Der Bestand der JP ist grundsätzlich von der Mitgliederbewegung unabhängig.

2.2.2 Geschäftsfähigkeit

Geschäftsfähigkeit ist die Fähigkeit, rechtsgeschäftliche Willenserklärungen abzugeben und entgegenzunehmen.

Diese Willenserklärungen sind dazu bestimmt und geeignet, Rechtsverhältnisse zu begründen, zu ändern oder aufzuheben.

Beispiele: Vertragsantrag, Vertragsannahme, Kündigung.

Man unterscheidet drei Stufen der Geschäftsfähigkeit:

- Geschäftsunfähigkeit,
- beschränkte Geschäftsfähigkeit,
- unbeschränkte Geschäftsfähigkeit.

§ 104 **a) Geschäftsunfähig** sind

- Personen bis zum vollendeten 7. Lebensjahr,
- dauernd Geisteskranke.

Die Willenserklärung eines Geschäftsunfähigen ist nichtig (Mangel der Geschäftsfähigkeit).

§ 105 **Beispiel:** Ein fünfjähriges Kind kann sein Kickboard nicht rechtsgültig verschenken. Die Eltern können die Rückgabe verlangen.

Für Geschäftsunfähige handelt in der Regel nur der gesetzliche Vertreter (Eltern, Vormund).

Geschäftsunfähige können aber als **Boten** (Übermittlung einer *fremden Willenserklärung*) handeln.

§ 105a Ein **volljähriger Geschäftsunfähiger** kann ein *Geschäft des täglichen Lebens*, das mit *geringwertigen Mitteln* bewirkt werden kann, tätigen.

b) Beschränkt geschäftsfähig sind Personen vom vollendeten 7. bis zum vollendeten 18. Lebensjahr. BGB § 106

Die Willenserklärung eines beschränkt Geschäftsfähigen bedarf in der Regel **der Zustimmung des gesetzlichen Vertreters.**

Beispiel: Ein 16-jähriger Schüler muss sich den Kauf eines Mofas genehmigen lassen.

Ein von einem beschränkt Geschäftsfähigen ohne Einwilligung (vorherige Zustimmung) des gesetzlichen Vertreters abgeschlossenes Rechtsgeschäft ist *bis zur Genehmigung (nachträgliche Zustimmung) schwebend unwirksam.* Durch die nachträgliche Zustimmung wird es voll wirksam. Bei Kredit- und Ratengeschäften ist die Genehmigung des Familiengerichtes erforderlich. §§ 108, 182 ff. § 1643

Folgende Rechtsgeschäfte eines beschränkt Geschäftsfähigen sind *ohne Zustimmung des gesetzlichen Vertreters rechtswirksam:*

1. Rechtsgeschäfte, durch die er *nur Vorteile* (in rechtlicher Hinsicht) erlangt (Annahme einer Geldschenkung). § 107
2. Verträge, die er mit Mitteln erfüllt, welche ihm vom gesetzlichen Vertreter *zu diesem Zweck* oder *zur freien Verfügung* überlassen wurden (»Taschengeldparagraf«). § 110
3. Erlaubt ihm der gesetzliche Vertreter, einen Dienstvertrag (Arbeitsvertrag) abzuschließen, so braucht er für solche Rechtsgeschäfte, die sich *aus dem genehmigten Dienstvertrag* ergeben (Lohn- und Gehaltsabsprachen, Kündigung), keine besondere Zustimmung mehr. Diese Bestimmung gilt nicht für Berufsausbildungsverhältnisse, da diese keine Dienst- oder Arbeitsverträge sind. § 113

c) Unbeschränkt geschäftsfähig sind Personen, die das 18. Lebensjahr vollendet haben, sofern sie nicht zu den Geschäftsunfähigen gehören.

Die Willenserklärungen eines unbeschränkt Geschäftsfähigen sind voll rechtswirksam.

Beispiel: Eine 19-jährige Auszubildende kann Verträge ohne Zustimmung der Eltern rechtsgültig abschließen.

Für einen Volljährigen, der körperlich, geistig oder seelisch behindert ist, kann das Vormundschaftsgericht einen **Betreuer** bestellen. Dieser wird beauftragt, in den Aufgabenkreisen für den Menschen mit Behinderung zu handeln, die der Behinderte nicht selbst regeln kann. Der **Betreute** bleibt dabei unbeschränkt geschäftsfähig. § 1896

1. Welche der folgenden Personen oder Institutionen sind juristische Personen?
   a) Sportclub Forchheim e.V.,
   b) Richter beim Landgericht,
   c) Kreissparkasse Ludwigsburg,
   d) Bundesrepublik Deutschland,
   e) Vorstandsvorsitzender einer AG.
2. Jemand behauptet: »Ein fünfjähriges Kind ist weder rechts- noch geschäftsfähig«. Überprüfen Sie diese Aussage.
3. Die 17-jährige Hildegard Gut macht eine Ausbildung zur Kauffrau im Groß- und Außenhandel.
   a) Von der Ausbildungsvergütung stehen ihr monatlich 300 EUR als Taschengeld zur Verfügung. Eines Tages schließt sie mit dem Media-Center e.K. einen Kaufvertrag über eine Stereo-Anlage im Wert von 1.800 EUR ab. Wie ist die Rechtslage?
   b) Ein Onkel hat ihr für diesen Zweck 2.000 EUR geschenkt. Wie ist die Rechtslage?
   c) Unter welchen Voraussetzungen könnte sie nach Beendigung des Ausbildungsverhältnisses den Betrieb wechseln?
4. In welchem Fall kann auch ein Erwachsener geschäftsunfähig sein?

2.3 Rechtsgeschäfte

Willenserklärungen (WE). Wer rechtswirksam tätig werden will, muss dazu *seinen Willen äußern.*

Arten von Willenserklärungen		
Mündliche Äußerung	**Schriftliche Erklärung**	**Schlüssiges Handeln,** d.h. durch eine Handlung, aus der man auf einen bestimmten Willen schließen muss.
Beispiel: Der Verkäufer in einem Ladengeschäft nennt dem Kunden den Preis eines Artikels.	**Beispiel:** Der Sachbearbeiter im Einkauf schickt ein ausgefülltes und unterschriebenes Angebotsformular an den Lieferanten.	**Beispiele:** – Hinzeigen auf ein Buch in einer Buchhandlung, – Handheben bei einer Versteigerung, – Einsteigen in einen Bus, – Verzehr eines aufliegenden Gebäcks im Restaurant.

Rechtsgeschäfte (RG). Dies sind *Geschäfte, aus denen sich Rechtsfolgen* ergeben.

Beispiel: Der Verkäufer hat sich durch den Kaufvertrag verpflichtet, dem Käufer die Kaufsache zu übergeben und ihm das Eigentum daran zu übertragen.

Rechtsgeschäfte entstehen durch Willenserklärungen, die darauf gerichtet sind, Rechtsverhältnisse zu *begründen,* zu *ändern* oder *aufzuheben.*

Beispiele: Abschluss eines Mietvertrages, Vereinbarung einer Mieterhöhung, Kündigung des Mietvertrages durch den Mieter.

2.3.1 Arten und Zustandekommen der Rechtsgeschäfte

Man unterscheidet:

a) Einseitige Rechtsgeschäfte. Sie entstehen durch die Willenserklärung *einer* Person.

1. **Empfangsbedürftige** Willenserklärungen müssen *in den Herrschaftsbereich des Empfängers* gelangen, um rechtswirksam zu werden.

   Beispiel: Eine Kündigung muss zum Kündigungstermin im Briefkasten oder auf dem Schreibtisch des Empfängers angekommen sein.

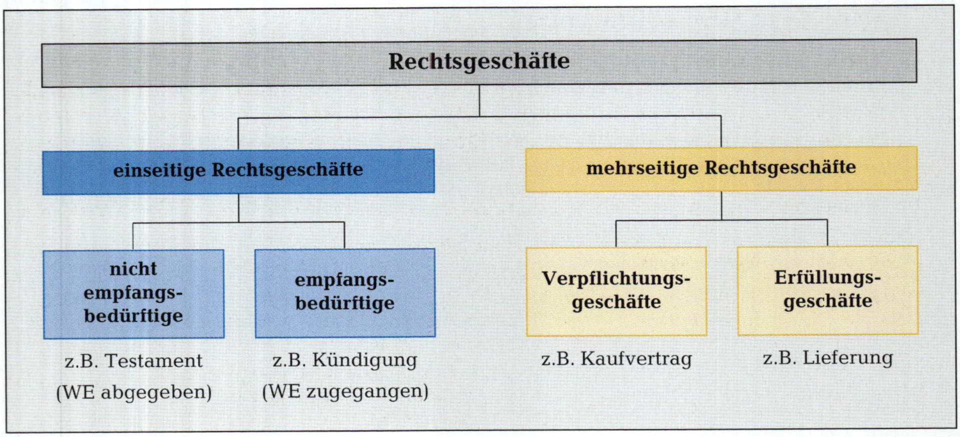

2. **Nicht empfangsbedürftige** Willenserklärungen werden bereits *mit ihrer Abgabe* rechtswirksam.

Beispiel: Ein formgerechtes Testament ist bereits mit der Erstellung rechtsgültig.

b) **Mehrseitige Rechtsgeschäfte.** Sie entstehen durch die Willenserklärungen von *zwei* oder *mehr* Personen.

Es können sein:

1. **Verpflichtungsgeschäfte (Verträge),** die den Vertragspartnern *Verpflichtungen zu Rechtsänderungen* auferlegen.

Beispiel beim Kaufvertrag:

Verpflichtung des Verkäufers zur Übergabe und Eigentumsübertragung, Verpflichtung des Käufers zur Annahme und Zahlung.

Verträge kommen durch *übereinstimmende* **Willenserklärungen** von zwei oder mehr Personen **zustande.**

Die zuerst abgegebene Willenserklärung heißt **Antrag.** Er kann von jedem Partner ausgehen. Die zustimmende Willenserklärung heißt **Annahme.** Ein Vertrag ist mit der Annahme des Antrages abgeschlossen.

Beispiel: Beim Verkauf eines PKW kann der Verkäufer durch Angabe des Preises das Auto »antragen«. Mit der Annahme des Antrages durch den Käufer ist der Kaufvertrag abgeschlossen. Der Käufer kann aber auch dem Verkäufer gegenüber den Kaufantrag stellen; dann wird durch die Annahme des Antrages seitens des Verkäufers der Kaufvertrag abgeschlossen.

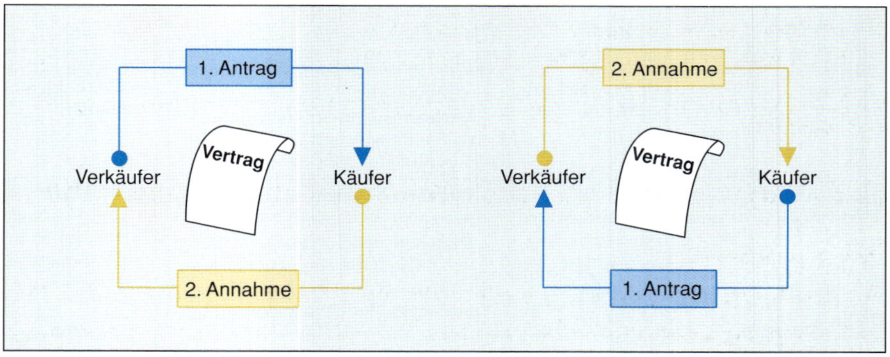

Je nachdem, ob sich aus einem Vertrag Leistungsverpflichtungen nur für eine der Parteien oder für beide ergeben, spricht man von *einseitig* verpflichtenden Verträgen (Bürgschaft, Schenkung) und *mehrseitig* verpflichtenden Verträgen (Kauf, Miete, Pacht, Gesellschaftsvertrag).

2. **Verfügungsgeschäfte,** durch die *unmittelbare Rechtsänderungen* an Gegenständen bewirkt werden (z. B. Eigentumsübertragungen). Sie kommen durch **Willenserklärungen** (Einigung) und **Handlungen** (Übergabe, Grundbucheintragung) zustande. Da Verfügungsgeschäfte häufig der Erfüllung von Verträgen dienen, werden sie auch **Erfüllungsgeschäfte** genannt.

Im Wirtschaftsleben spielen verschiedene Vertragsarten des BGB eine wichtige Rolle:

Vertragsart	Vertragsgegenstand	Pflichten der Vertragspartner	Beispiel
Kaufvertrag	Erwerb eines Gegenstandes gegen Entgelt.	**Verkäufer:** Übergabe des Gegenstandes und Verschaffung des Eigentums. **Käufer:** Annahme des Gegenstandes und Bezahlung des Kaufpreises.	Eine Familie kauf ein Auto

§§ BGB 433–479

§§ BGB	Vertragsart	Vertragsgegenstand	Pflichten der Vertragspartner	Beispiel
631–651	**Werkvertrag**	Herstellung eines Werkes gegen Entgelt.	**Unternehmer:** Zustandebringen eines bestimmten Arbeitserfolges. **Besteller:** Annahme des Werkes, Bezahlung der vereinbarten Vergütung.	Eine Familie lässt sich eine neue Duschkabine einbauen.
611–630	**Dienstvertrag**	Leistung von Diensten gegen Entgelt.	**Arbeitnehmer:** Verrichtung einer Arbeit. **Arbeitgeber:** Bezahlung der vereinbarten Vergütung.	Ein Industriekaufmann unterschreibt einen Arbeitsvertrag.
516–534	**Schenkungsvertrag**	Unentgeltliche Zuwendung von Sachen oder Rechten, durch die der Beschenkte bereichert wird.	**Schenker:** Übereignung der Sache. **Beschenkter:** Annahme der Sache	Ein Unternehmen spendet dem Roten Kreuz einen Notarztwagen.
535–580	**Mietvertrag**	Überlassung von Sachen zum Gebrauch gegen Entgelt.	**Vermieter:** Übergabe der Sache in vertragsgemäßem Zustand. **Mieter:** Bezahlung der Miete, Rückgabe *derselben* Sache.	Ein Auszubildender mietet ein Zimmer.
581–597	**Pachtvertrag**	Überlassung von Sachen und Rechten zum Gebrauch und Fruchtgenuss gegen Entgelt.	**Verpächter:** Übergabe der Sache in vertragsgemäßem Zustand. **Pächter:** Bezahlung der Pacht, Rückgabe *derselben* Sache.	Ein Koch übernimmt eine Gastwirtschaft.
598–606	**Leihvertrag**	Überlassung von Sachen zum Gebrauch ohne Entgelt.	**Verleiher:** Überlassung der Sache in vertragsgemäßem Zustand. **Entleiher:** Rückgabe *derselben* Sache.	Ein Schüler erhält von seiner Schule kostenlos die Lehrbücher.
488–498	**Darlehensvertrag**	Unentgeltliche oder entgeltliche Überlassung eines vereinbarten Geldbetrages.	**Darlehensgeber:** Geldbetrag zur Verfügung stellen. **Darlehensnehmer:** Rückzahlung des Darlehens und Zahlung der geschuldeten Zinsen.	Ein Kaufmann nimmt bei der Bank einen Kredit auf.
607–610	**Sachdarlehensvertrag**	Unentgeltliche oder entgeltliche Überlassung von vertretbaren Sachen.	**Darlehensgeber:** Überlassung einer vereinbarten vertretbaren Sache. **Darlehensnehmer:** Rückerstattung von Sachen gleicher Art, Güte und Menge und Zahlung des vereinbarten Darlehensentgelts	Ein Autofahrer erhält von seinem Nachbarn 5 Liter Benzin und gibt später den aufgefüllten Ersatzkanister wieder zurück.

2.3.2 Form der Rechtsgeschäfte

Die meisten Rechtsgeschäfte bedürfen bei ihrem Abschluss und für ihre Rechtsgültigkeit keiner besonderen Form.

a) **Formfreiheit** bedeutet, dass ein Rechtsgeschäft *in jeder beliebigen Form* abgeschlossen werden kann. Willenserklärungen können also mündlich, schriftlich oder durch schlüssige (konkludente) Handlungen abgegeben werden. Die Form ist also grundsätzlich für die Gültigkeit des Rechtsgeschäftes unerheblich.

§ 125 **b)** **Formzwang** bedeutet, dass ein Rechtsgeschäft in der *gesetzlich vorgeschriebenen* oder *vertraglich vereinbarten* Form vorgenommen werden muss. Vorteile: Erhöhte Sicherheit, leichte Beweisbarkeit, Schutz vor Übereilung und Leichtfertigkeit. Folgende Formen sind möglich:

§ 126 **1.** **Schriftliche Form.** Die Urkunde muss von dem Antragsteller eigenhändig durch Namensunterschrift unterzeichnet werden. Wird über einen Vertrag nur *eine* Urkunde ausgestellt, müssen beide Parteien unterzeichnen. Werden über einen Vertrag mehrere Urkunden ausgestellt, so genügt es, wenn jede Partei die Urkunde unterzeichnet, die für die andere Partei bestimmt ist. BGB §§ 766, 568 (1), 2247

Beispiele: Private Bürgschaftserklärungen; Privattestamente müssen sogar eigenhändig geschrieben und unterschrieben sein.

2. **Elektronische Form.** Die elektronische Form ersetzt die Schriftform, wenn das elektronische Dokument mit einer *qualifizierten elektronischen Signatur* versehen und der Name des Ausstellers hinzugefügt wird. § 126a SigG § 2

   Beispiel: Elektronische Steuererklärung.

3. **Textform.** Bei der Textform muss die Erklärung durch die Nachbildung einer Namensunterschrift oder anders erkennbar gemacht werden; dadurch wird die eigenhändige Unterschrift in bestimmten Fällen entbehrlich. BGB § 126b

   Beispiele: Gehaltsabrechnung, Bußgeldbescheid.

4. **Öffentliche Beglaubigung.** Die Erklärung muss schriftlich abgefasst und die Unterschrift des Erklärenden von einem Notar beglaubigt werden. Die Beglaubigung bestätigt nur die Echtheit der Unterschrift und bezieht sich nicht auf den Inhalt der Urkunde. § 129

   Beispiele: Schriftliche Anmeldungen und Anträge zum Handelsregister und zum Grundbuch.

5. **Notarielle Beurkundung.** Die Willenserklärungen werden von einem Notar protokollarisch aufgenommen. Seine Beurkundung bestätigt sowohl die Echtheit der *Unterschrift* als auch den *Inhalt* der Willenserklärung. § 128

   Beispiel: Beim **Kauf eines Grundstückes** ist ein *notariell beurkundeter Kaufvertrag* abzuschließen. Damit hat der Käufer den Anspruch auf Eigentumsübertragung erhalten. Diese erfolgt dann durch *notariell beurkundete Einigung (Auflassung)* und *Eintragung ins Grundbuch.* § 311b

> Wird die gesetzlich vorgeschriebene oder vertraglich vereinbarte **Form nicht beachtet,** so ist das **Rechtsgeschäft nichtig (Formnichtigkeit).**

§ 125

2.3.3 Nichtigkeit und Anfechtbarkeit von Rechtsgeschäften

Nichtigkeit von Willenserklärungen und Rechtsgeschäften

Folgende Willenserklärungen und Rechtsgeschäfte sind *von Anfang an* **nichtig (ungültig):**

a) Willenserklärungen von Geschäftsunfähigen. § 105 (1)

   Beispiel: Ein 6-jähriges Kind kann sein Dreirad nicht rechtswirksam seiner Freundin schenken. Die Eltern können die Herausgabe verlangen.

b) Willenserklärungen, die im Zustand der Bewusstlosigkeit oder der vorübergehenden Störung der Geistestätigkeit abgegeben wurden. § 105 (2)

   Beispiel: Jemand verschenkt »im Rausch« seine Armbanduhr.

c) Willenserklärungen, die zum Schein abgegeben wurden. § 117

   Beispiel: Der Käufer eines Hauses lässt beim Notar in den Kaufvertrag nicht die tatsächlich verabredete Kaufsumme von 450.000 EUR eintragen, sondern nur 300.000 EUR, um die Grunderwerbsteuer zu vermindern. Der Scheinvertrag über 300.000 EUR ist nichtig.

d) Rechtsgeschäfte, die gegen ein gesetzliches Verbot verstoßen. § 134

   Beispiel: Ein 19-jähriger Schüler vereinbart mit einem Dealer den Kauf von 10 g Haschisch. Er verweigert die Annahme und Bezahlung mit der Begründung, dass Drogenhandel verboten und der Kaufvertrag deshalb nichtig ist.

e) Rechtsgeschäfte, die gegen die guten Sitten verstoßen. § 138

   Beispiel: Ein Darlehensgeber verlangt für ein Darlehen in einer Notlage 35% Zinsen pro Jahr. Der Darlehensvertrag ist nichtig (Wucher).

BGB § 125 f) Rechtsgeschäfte, die gegen die gesetzlichen oder rechtsgeschäftlich bestimmten Formvorschriften verstoßen.

§ 311b § 873 **Beispiel:** Ein mündlich abgeschlossener Grundstückskaufvertrag ist nichtig, weil er der notariellen Beurkundung bedarf.

Anfechtbarkeit der Rechtsgeschäfte

Gültig zustande gekommene Rechtsgeschäfte werden **durch Anfechtung** mit *rückwirkender Kraft* **von Anfang an nichtig.**

§ 142 **Anfechtungsgründe** sind:

§§ 119–122 **a) Irrtum.**

Irrtum in der Erklärung	Irrtum in der Übermittlung	Irrtum über wesentliche Eigenschaften der Person oder Sache
Die Äußerung des Erklärenden entspricht nicht dem, was er äußern wollte.	Die Willenserklärung ist durch die mit der Übermittlung beauftragte Person oder Anstalt unrichtig weitergegeben worden.	Die Eigenschaften, über die man sich geirrt hat, müssen für die Abgabe der Willenserklärung wesentlich gewesen sein.
Beispiel: Bei einem Angebot wird durch Verschreiben als Preis 15 EUR statt 51 EUR angegeben.	**Beispiel:** Der Bote einer Autowerkstatt wird beauftragt im Zentrallager eine Auspuffanlage für den Autotyp A4 zu kaufen. Versehentlich verlangt er dort aber eine Auspuffanlage für den Typ A6.	**Beispiel:** Ein Geschäftsmann stellt einen Kassierer ein und erfährt nachträglich, dass dieser wegen Unterschlagung vorbestraft ist.

§ 121 Anfechtungsberechtigt ist, wer sich geirrt hat. Die Anfechtung muss *unverzüglich* nach Entdeckung des Irrtums erfolgen. Sie ist nicht mehr möglich, wenn seit der Abgabe der Willenserklärung 10 Jahre vergangen sind. Entsteht durch die Anfechtung ein Schaden, so ist der Anfechtende ersatzpflichtig.

Kein Anfechtungsrecht besteht bei *Irrtum im Beweggrund (Motiv)*, der zur Abgabe der Willenserklärung geführt hat sowie bei schuldhafter Unkenntnis.

Beispiel: Ein Anleger kauft Aktien in der irrtümlichen Annahme, dass der Kurs steigen werde.

b) Arglistige Täuschung oder widerrechtliche Drohung.

§ 123 § 124 Die Anfechtung hat binnen Jahresfrist ab Entdeckung der Täuschung oder seit Wegfall der Zwangslage zu erfolgen. Auch hier gilt die 10-Jahresfrist, in der die Anfechtung möglich ist.

Beispiele:

1. Ein Gebrauchtwagenhändler verkauft einen Unfallwagen als »garantiert unfallfrei«.
2. Ein Arbeitnehmer droht dem Arbeitgeber mit einer Anzeige wegen Steuerhinterziehung, falls er seine Forderung auf Gehaltserhöhung ablehnt.

2.3.4 Vertragsfreiheit und Allgemeine Geschäftsbedingungen

Wesen und Grenzen der Vertragsfreiheit

Das Leben in Freiheit schließt das Recht der Menschen mit ein, ihre Beziehungen zueinander durch Verträge frei und eigenverantwortlich zu regeln. Die Vertragsfreiheit ist ein wesentliches Merkmal der Marktwirtschaft.

Die Vertragsfreiheit hat dort ihre Grenzen, wo der Einzelne bzw. die Allgemeinheit schutzbedürftig ist. Deshalb enthält unsere Rechtsordnung Regelungen, die **zwingendes** Recht sind und durch die Vertragspartner nicht abgeändert werden können.

Beispiele:

1. Die Zustimmung des gesetzlichen Vertreters, ohne die ein Vertrag mit einem beschränkt Geschäftsfähigen nicht rechtswirksam ist, kann durch vertragliche Vereinbarung nicht ausgeschlossen werden.
2. Ein Vertrag, der Rauschgifthandel zum Inhalt hat, ist nichtig.
3. Beim Grundstückskauf wird zum Schutz der Vertragspartner die notarielle Beurkundung vorgeschrieben.

Gestaltung der Schuldverhältnisse durch Allgemeine Geschäftsbedingungen (AGB)

Unter **AGB** versteht man **Vertragsbedingungen,** die für eine **Vielzahl von Verträgen vorformuliert** und auf der Vertragsurkunde (Angebots-, Bestellformular) oder auf einem besonderen Blatt abgedruckt werden.

Die AGB sollen, ohne im Einzelnen ausgehandelt zu sein, Vertragsbestandteil werden. BGB § 305

Die Gefahr der AGB liegt darin, dass vor allem Verbraucher durch ungünstige AGB benachteiligt werden können. Kaufleute könnten, um zu einem möglichst reibungslosen Vertragsabschluss zu kommen, mit der Sorglosigkeit und Unkenntnis der Kunden rechnen, die das »Kleingedruckte« meistens nicht lesen.

Gesetzliche Regelung. Durch die Bestimmung des BGB soll eine Benachteiligung des wirtschaftlich Schwächeren durch vorformulierte Bedingungen verhindert werden.

a) Es gelten folgende allgemeine **Regelungen**:
   - Die Vorschriften über die AGB gelten grundsätzlich für Kaufverträge. § 310
   - Individuelle Vertragsabreden haben Vorrang vor den AGB. § 305b
   - Bestimmungen der AGB, die den Vertragspartner unangemessen benachteiligen würden, sind unwirksam. § 307

b) Zum **besonderen Schutz der Verbraucher** sind folgende Bestandteile unwirksam: §§ 309 f.
   - Die Möglichkeit der Preiserhöhung innerhalb von vier Monaten nach Vertragsabschluss,
   - die Vereinbarung einer Vertragsstrafe, die vom Verbraucher zu bezahlen wäre,
   - der Ausschluss des Rücktritts bzw. des Rechts auf Schadensersatz beim Lieferungsverzug,
   - die Verkürzung der gesetzlichen Gewährleistungsrechte.

1. Wie kommt ein Vertrag zustande?
2. Nennen Sie Beispiele für einseitige und mehrseitige Rechtsgeschäfte.
3. Ein Mieter kündigt den Mietvertrag. Er wirft den Kündigungsbrief in einen Briefkasten der Deutschen Post AG. Welche verschiedenen Rechtslagen können sich daraus ergeben?
4. Jemand verfasst ein handschriftliches Testament und legt es in die Schreibtischschublade.
   a) Begründen Sie, ob dieses Testament im Erbfall rechtswirksam ist.
   b) Warum ist es in jedem Fall besser, das Testament einem Notar zu übergeben?
5. Stellen Sie die Unterschiede folgender Verträge einander gegenüber:
   a) Mietvertrag – Leihvertrag,
   b) Mietvertrag – Pachtvertrag,
   c) Leihvertrag – Sachdarlehensvertrag,
   d) Werkvertrag – Dienstvertrag.
6. Begründen Sie, ob folgende Rechtsgeschäfte gültig sind:
   a) Ein maschinenschriftlich abgefasstes und eigenhändig unterschriebenes Testament,
   b) ein mündlich abgeschlossener Vertrag über den Verkauf eines Gebrauchtwagens,
   c) ein schriftlich abgefasster Vertrag über den Kauf eines Hauses,
   d) ein mündlich abgeschlossener Vertrag über die Vermietung eines Wohnhauses für die Dauer von 5 Jahren (vgl. § 550 BGB).

7. Wie ist die Rechtslage in folgenden Fällen:
   a) Ein Waffenschieber schließt einen Kaufvertrag über die Lieferung von Maschinenpistolen ab.
   b) Beim Schreiben eines Angebots vertippt sich die Sekretärin und gibt als Einzelpreis 58 EUR statt 85 EUR an. Der Kunde bestellt daraufhin 80 Stück der Ware zu je 58 EUR.
   c) Der Vorstand eines Kegelclubs hat vor 4 Wochen für eine Wochenend-Ausflugsfahrt einen Omnibus bestellt. Der Wetterbericht kündigt am Freitag vor dem Ausflug nasskaltes, regnerisches Wetter an. Der Vorstand möchte deshalb die Bestellung wegen Irrtums anfechten.
8. Entscheiden Sie, ob folgende Klauseln in den AGB eines Händlers gegenüber Verbrauchern Gültigkeit haben:
   a) Mängel an der Ware können nur innerhalb von 14 Tagen nach dem Kauf geltend gemacht werden.
   b) Rücktritt vom Kaufvertrag wird als Gewährleistungsanspruch ausgeschlossen.
9. Was kann ein Kaufmann gegenüber einem Verbraucher unternehmen, um Bestimmungen, die in AGB unwirksam wären, rechtswirksam zu vereinbaren?

2.4 Besitz und Eigentum

GG Art. 14 In der Bundesrepublik Deutschland wird privates Eigentum gewährleistet.

2.4.1 Abgrenzung von Besitz und Eigentum

Besitz ist die *tatsächliche*, **Eigentum** die *rechtliche* Herrschaft über eine Sache.

BGB § 903 Besitzer ist, wer eine Sache *hat*, Eigentümer ist der, dem sie *gehört*. Der Eigentümer kann mit der Sache nach Belieben verfahren, soweit nicht das Gesetz oder die Rechte Dritter entgegenstehen.

Besitzer und Eigentümer einer Sache sind normalerweise dieselbe Person. Jedoch kann jemand eine Sache im Besitz haben, ohne ihr Eigentümer zu sein, z. B. Mieter, Pächter und Entleiher, Kommissionäre, Lagerhalter, Frachtführer. Diebe sind widerrechtliche Besitzer.

Besitz und Eigentum unterstehen dem *Schutz des Gesetzes*. Wird dem **Besitzer** der Besitz
§ 859 widerrechtlich entzogen, so hat er das Recht der *Selbsthilfe*. Er darf dem auf frischer Tat angetroffenen Täter die Sachen abnehmen, wenn nötig mit Gewalt. Später hat er kein
§ 861 Selbsthilferecht mehr. Er hat jedoch *gerichtlichen Besitzschutz;* er kann auf Wiedereinräu-
§ 862 mung des Besitzes oder Beseitigung der Besitzstörung klagen.

Wird dem **Eigentümer** der Besitz einer Sache widerrechtlich entzogen, so kann er auf *Her-*
§ 985 *ausgabe* klagen. Wird ihm der Besitz in anderer Weise beeinträchtigt, so kann er die *Be-*
§ 1004 *seitigung der Störung* verlangen und im Weigerungsfalle auf *Unterlassung* klagen.

2.4.2 Eigentumsübertragung

Die Übertragung von Eigentum an beweglichen und unbeweglichen Gegenständen spielt im privaten und im geschäftlichen Leben eine bedeutsame Rolle.

a) An beweglichen Sachen erfolgt die Eigentumsübertragung durch

§ 929 **1. Einigung** zwischen Veräußerer und Erwerber, dass das Eigentum übergehen soll, und **Übergabe**, wenn sich der Gegenstand beim Veräußerer befindet. Die Einigung erfolgt meist stillschweigend. Durch Übergabe wird der Erwerber Besitzer, durch Einigung und Übergabe Eigentümer.

Beispiel: Der Buchhändler übergibt dem Käufer das gekaufte Buch. Buchhändler und Käufer sind sich einig über die beabsichtigte Eigentumsübertragung.

2. **Einigung und Abtretung** des Herausgabeanspruchs, wenn sich der Gegenstand bei einem Dritten befindet. Diese Abtretung kann erfolgen durch Zession oder Übergabe eines indossierten Orderpapieres (Orderlagerschein, -ladeschein, -konnossement). BGB § 931

Seite 467

Beispiel: Ein Lieferant verkauft Ware, die er in einem Lagerhaus eingelagert hat. Mit der Einigung und der Übergabe des Orderlagerscheines geht das Eigentum auf den Erwerber über.

3. **Einigung,** dass der Besitzer Eigentümer werden soll, wenn sich der Gegenstand bereits beim Erwerber befindet. § 929 S. 2

Beispiele: Kauf des bisher leihweise überlassenen Verpackungsmaterials, Kauf einer auf Probe überlassenen vollautomatischen Kaffeemaschine.

4. **Einigung,** dass der Erwerber Eigentümer werden soll, und Vereinbarung, dass der Veräußerer Besitzer bleibt *(Besitzkonstitut).* § 930

Beispiel: Kauf von Effekten bei der Bank und Verwahrung in deren Depot.

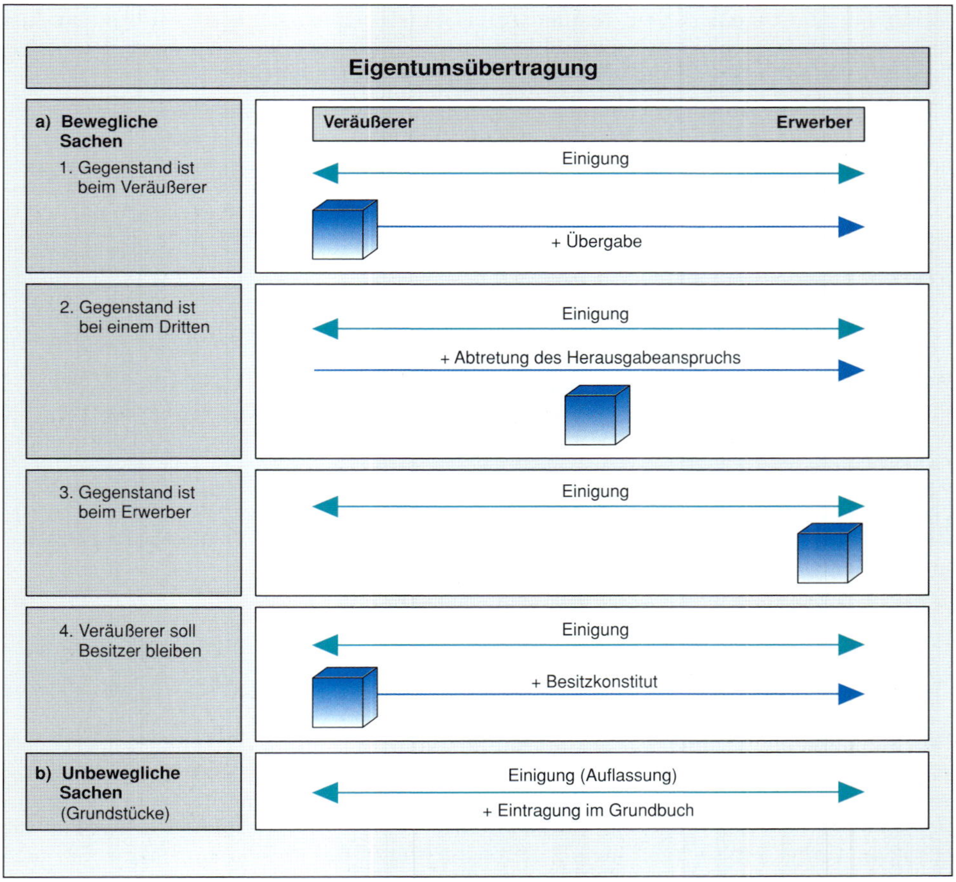

b) **An unbeweglichen Sachen** (Grundstücken) erfolgt die Eigentumsübertragung **durch Auflassung und Eintragung im Grundbuch.** Die Auflassung ist die Einigung zwischen Veräußerer und Erwerber, dass das Eigentum übergehen soll; sie muss bei gleichzeitiger Anwesenheit beider Teile vor einem Notar erklärt und durch ihn beurkundet werden. Die Eintragung ins Grundbuch ist bei Grundstücken das äußere Zeichen des Eigentumsübergangs. § 873 § 925

Seite 494

Die Eintragung erfolgt, wenn
- die Auflassung nachgewiesen ist,
- die Eintragung bewilligt und beantragt wird,
- eine Bestätigung des Finanzamtes über die Entrichtung der Grunderwerbsteuer vorliegt.

Um den Vertragsparteien den Weg zum Grundbuchamt zu ersparen, erfolgt häufig mit dem Abschluss des notariell beurkundeten Kaufvertrags zugleich die Auflassung in Verbindung mit der Eintragungsbewilligung und dem Eintragungsantrag. Die Akte geht dann an das Grundbuchamt.

BGB § 932 **Gutgläubiger Eigentumserwerb.** Verkauft jemand eine Ware, die ihm gar nicht gehört, so erwirbt der Käufer dennoch das Eigentum, wenn er im »*guten Glauben*« ist. Gutgläubig ist er, wenn er den Veräußerer nach den Umständen für den Eigentümer halten darf.

Beispiel: Ein Textilhändler verkauft ein Kleid, für das sich der Kleiderfabrikant das Eigentum noch vorbehalten hat, im Laden zum normalen Preis an eine Kundin. Die Kundin ist gutgläubig. Sie wird aus Gründen der Rechtssicherheit Eigentümerin des Kleides.

HGB § 366 Veräußert oder verpachtet ein *Kaufmann* im Betrieb seines Handelsgewerbes eine ihm nicht gehörende Sache, so ist gutgläubiger Erwerb auch dann möglich, wenn der Veräußerer für *verfügungsberechtigt* gehalten werden darf (Kommissionär).

BGB § 935 Gutgläubiger Erwerb ist nicht möglich an *gestohlenen, verloren gegangenen* oder sonst *abhanden gekommenen* Sachen. Der Eigentümer kann von jedem späteren Erwerber die Herausgabe seines Eigentums ohne Erstattung eines Entgelts verlangen. Auf Geld und Inhaberpapiere findet diese Bestimmung keine Anwendung.

?

1. Wie ist die jeweilige Rechtslage?
   a) Ihnen wird Ihr eigenes oder ein geliehenes Fahrrad entwendet. Sie haben den Dieb auf frischer Tat ertappt bzw. das Fahrrad nach zwei Tagen entdeckt.
   b) Der Mieter eines Lagerhauses gibt den Raum nicht frei, obwohl der Vermieter rechtzeitig gekündigt hat.
   c) Der Mieter macht ohne Erlaubnis des Vermieters bauliche Veränderungen.
2. Wann und wo geht in folgenden Fällen das Eigentum an einer Ware auf den Käufer über?
   a) Der Käufer kauft die Ware im Laden und nimmt sie mit (Handkauf).
   b) Der Verkäufer sendet die Ware dem Käufer am gleichen Ort zu (Platzkauf).
   c) Verkäufer und Käufer wohnen an verschiedenen Orten, und der Verkäufer sendet die Ware mit dem Paketdienst zu (Versendungskauf).

2.5 Rechtsschutz geistigen Eigentums

Das **Eigentum an geistigen Gütern** wie Erfindungen, Mustern, Modellen muss gesetzlich ebenso geschützt werden wie das Eigentum an materiellen Gütern. Verschiedene Gesetze sollen die missbräuchliche Verwendung geistiger Leistungen durch Unberechtigte verhindern. Indem sie den Urheber für eine begrenzte Zeit vor ungerechtfertigter Konkurrenz schützen, verbessern sie auch seine Stellung am Markt. Der Rechtsschutz kann also auch als absatzförderndes Instrument eingesetzt werden.

Patent

!

Das **Patent** ist der Rechtsschutz für die gewerbliche Verwertung von **Erfindungen,** die auf einer erfinderischen Tätigkeit beruhen.

PatG § 1

a) Erwerb des Patentschutzes. Das Recht auf ein Patent hat der Erfinder, der die Erfindung zuerst angemeldet hat. Ein Patent kann nicht erteilt werden, wenn die Erfindung gegen die öffentliche Ordnung oder gegen die guten Sitten verstoßen würde. PatG § 2

Das gilt auch, wenn es sich um biologische Verfahren zur Züchtung von Pflanzen und Tieren handelt.

Der Antrag auf Erteilung des Patents, der den Gegenstand genau bezeichnen und beschreiben muss (Zeichnungen, Modelle, Probestücke), ist schriftlich beim **Deutschen Patent- und Markenamt** in München oder über ein offizielles Patentinformationszentrum zu stellen. § 34

Wird die Erfindung bei der Prüfung als patentfähig anerkannt, so veröffentlicht das Patentamt die Erteilung des Patents im Patentblatt. Gleichzeitig wird die Patentschrift veröffentlicht. § 58 Das Patentamt führt das *Patentregister* (Patentrolle) mit den erteilten Patenten. § 30

Internationaler Rechtsschutz für Patente: Ein Erfinder, der sich nicht nur in Deutschland, sondern auch im Ausland patentrechtlichen Schutz verschaffen will, kann

- durch Anmeldung und Erteilung des Patents beim **Europäischen Patentamt in München** ein Europäisches Gemeinschaftspatent erlangen, das für die Vertragsstaaten Gültigkeit besitzt,
- die Anmeldung beim **Deutschen Patent- und Markenamt** vornehmen. Dieses leitet die Anmeldung zur Patenterteilung an das Europäische Patentamt weiter,
- durch Sammelanmeldung beim **Deutschen Patent- und Markenamt** das Patenterteilungsverfahren in mehreren vom Anmelder gewünschten Staaten in die Wege leiten.

b) Verwertung des Patents. Der Inhaber erhält das ausschließliche Recht, gewerbsmäßig den Gegenstand der Erfindung selbst herzustellen, in den Verkehr zu bringen, anzubieten und zu gebrauchen. § 9

Das Patent kann veräußert, verpfändet, vererbt oder in ein Unternehmen eingebracht werden. § 15

Überlässt der Eigentümer eines Patents einem anderen die Nutzung des Patents, so handelt es sich um eine **Lizenz.** § 23

c) Dauer und Umfang des Schutzes. Der Rechtsschutz für ein Patent dauert höchstens **20 Jahre.** Für den Rechtsschutz im Ausland müssen Auslandspatente erworben werden. Das Patent erlischt, wenn der Inhaber darauf verzichtet oder wenn die Jahresgebühr nicht bezahlt wird. §§ 16, 20

d) Patentverletzungen. Wer eine patentierte Erfindung widerrechtlich benutzt, kann vom Patentinhaber auf Unterlassung und Schadensersatz verklagt werden. § 139

Außerdem kann derjenige, der das Patent verletzt, auf Antrag des Patentinhabers mit einer Freiheitsstrafe bis zu drei Jahren oder mit Geldstrafe belegt werden. § 142

Gebrauchsmuster

Das **Gebrauchsmuster** ist der **Rechtsschutz zur alleinigen gewerblichen Nutzung** einer **neuen Gestaltung oder Anordnung** bei Modellen, Arbeitsgeräten und Gebrauchsgegenständen. GebrMG § 1

Beispiele: Bausatz für einen Klappstuhl, Unfallsicherung bei elektrischen Heckenscheren.

Die Abgrenzung gegenüber dem Patent ist manchmal schwer durchzuführen; das Gebrauchsmuster wird daher auch als »kleines Patent« bezeichnet.

Durch die Eintragung in das *Gebrauchsmusterregister (Gebrauchsmusterrolle)* beim *Deutschen Patent- und Markenamt* steht dem Eingetragenen das ausschließliche Recht zu, das Muster gewerbsmäßig nachzubilden, in den Verkehr zu bringen und als Gebrauchsmuster zu bezeichnen. §§ 8, 11

Die Dauer des Schutzes beträgt **zehn Jahre.** Dieser Schutz wird ab dem vierten Jahr für den restlichen Zeitraum durch Zahlung einer Aufrechterhaltungsgebühr für zunächst drei Jahre, dann jeweils für zwei weitere Jahre erhalten.

Geschmacksmuster

> Als **Geschmacksmuster** wird ein Muster geschützt, das **neu** ist und **Eigenart** besitzt. Es wird also damit das »**Design**« des Erzeugnisses geschützt.

GeschmMG §§ 1 f. Neue Muster müssen sich von bisherigen Mustern wesentlich unterscheiden. Eigenart besitzt ein Muster, wenn es sich im Gesamteindruck von anderen Mustern abhebt.

Beispiele: Tapetenmuster, Stoffmuster, Form der Coca-Cola-Flasche.

§§ 11, 27 f. Die Anmeldung und die Eintragung in das *Register* erfolgen beim *Deutschen Patent- und Markenamt* oder über ein offizielles Patentinformationszentrum. Die Dauer des Schutzes beträgt fünfundzwanzig Jahre; dieser Schutz wird ab dem sechsten Jahr für den restlichen Zeitraum durch Zahlung einer *Aufrechterhaltungsgebühr* für jeweils fünf Jahre erhalten.

Markenzeichen

> **Markenzeichen sind Schutzmarken** zur **Unterscheidung der eigenen von fremden Waren und Dienstleistungen.**

MarkenG § 3 Sie werden durch Eintragung in das *Markenregister* beim *Deutschen Patent- und Markenamt* geschützt. Der Schutz entsteht auch durch Benutzung eines Zeichens im geschäftlichen Verkehr, soweit das Zeichen als Marke einen bestimmten Bekanntheitsgrad erworben hat. Durch den Schutz steht dem Inhaber des Markenzeichens das ausschließliche Recht zu, Waren, Ver-
§ 1 packungen, Schriftstücke, Werbemittel usw. mit dem Markenzeichen zu versehen. Geschützt werden auch *geschäftliche Bezeichnungen* und *geografische Herkunftsangaben.*

§ 47 Die Schutzdauer einer eingetragenen Marke beträgt **10 Jahre;** sie kann um jeweils 10 Jahre gegen Gebühr verlängert werden.

Strebt man einen markenrechtlichen Schutz für den gesamten europäischen Binnenmarkt an, so ist dies zur Eintragung beim **Europäischen Markenamt** in Alicante (Spanien) anzumelden.

Waren, deren Herkunft mit Markenzeichen gekennzeichnet ist, nennt man **Markenwaren** bzw. **Markenartikel**.

Der Gestaltung nach kann das Marken- oder Gütezeichen bestehen aus

- *Worten:* Persil, Osram, Bayer, Coca-Cola
- *Buchstaben:* VW, Agfa, BMW
- *Zahlen:* 4711, 8x4
- *Bildern:* Mercedes-Stern, Audi-Ringe
- *Wortbildern:* Reebok, Windows, Deutsche Telekom
- *Hörzeichen:* Telekom-Rufzeichen
- *dreidimensionale Gestaltung:* Mercedes-Stern, Vedes-Würfel

Gütezeichen

Gütezeichen sind ein **Garantieausweis** für eine bestimmte **Warengüte**. Sie werden entweder von **Herstellern gleichartiger Erzeugnisse** aufgrund freiwilliger Vereinbarung gemeinschaftlich geschaffen (Kollektivmarken) oder vom Gesetzgeber festgelegt (gesetzliche Gütezeichen).

MarkenG §§ 97 ff.

Gütezeichen werden vom Deutschen Institut für Gütesicherung und Kennzeichnung e.V. (RAL) beim Deutschen Institut für Normung überwacht. Waren, die ein solches Gütezeichen tragen, müssen aus genau festgelegten Werkstoffen bestehen und nach bestimmten Arbeitsmethoden hergestellt oder behandelt worden sein.

Inzwischen gibt es eine Vielzahl von **Umweltsiegeln** (Umweltzeichen, Umweltlabel), die sich Unternehmen selbst ausstellen. Ihre große Anzahl kann die Konsumenten verwirren und gleichzeitig die Glaubhaftigkeit einzelner Zeichen vermindern.

Bestimmte Umweltsiegel garantieren einen hohen Umweltstandard. Unternehmen dürfen diese Zeichen nur dann für ihre Produkte verwenden, wenn sie umfangreiche Gütekriterien erfüllen. Deren Erreichung und Einhaltung wird durch unabhängige Prüf- und Gutachterkommissionen garantiert.

Kollektivmarken unterscheiden sich von Individualmarken dadurch, dass der Markeninhaber ein rechtsfähiger Verband ist.

Beispiel: Kollektivmarke »V« der europäischen Vegetarier-Union.

Marken- und Produktpiraterie

In immer größerem Ausmaß wird heute versucht, das unter meist erheblichem Aufwand und Mühen entstandene Wissen von Menschen oder Unternehmen illegal zu nutzen. Die internationale wirtschaftliche Verflechtung macht es beinahe unmöglich, Rechteverletzungen zu erfahren und anschließend zu verfolgen.

Bei der **Markenpiraterie** werden geschützte Zeichen, Logos und Marken unverändert oder abgewandelt auf ähnlichen oder imitierten Produkten angebracht. Bei der **Produktpiraterie** werden Produkte illegal nachgeahmt und vervielfältigt.

Beispiele: Raubkopien von Software, Musik-CDs, Computerspielen.

Um den auch volkswirtschaftlich entstehenden Kosten und Schaden zu begegnen, kämpfen Zollbehörden gegen den Missbrauch. Außerdem gibt es in der Zwischenzeit neue Techniken, um die Nachahmung zu erschweren.

Beispiele: Kopierschutz für CDs, Oberflächenbeschichtungen von Produkten.

Einen Überblick über die **Möglichkeiten des Rechtsschutzes der Erzeugnisse** zeigt die folgende Tabelle:

	Patentschutz	Musterschutz		Markenschutz	
	Patent	**Gebrauchsmuster**	**Geschmacksmuster**	**Markenzeichen**	**Gütezeichen**
Gegenstand	Erfindung neuer Erzeugnisse und Herstellungsverfahren	neue Gestaltung, neue Anordnung an Arbeitsgeräten und Gebrauchsgegenständen	neue Muster Hörzeichen	Wortzeichen Bildzeichen Hörzeichen	Wortzeichen Bildzeichen
Voraussetzung	Neuheit mit gewerblicher Verwertungsmöglichkeit	Neuheit mit gewerblicher Verwertungsmöglichkeit	Neuheit oder Eigenartigkeit der Gestaltung einschließlich Verpackung und Ausstattung	Unverwechselbarkeit gegenüber bereits bestehenden Markenzeichen	Nachweis festgelegter Qualitätsmerkmale
Berechtigter	Erfinder	Erfinder	Designer	Unternehmen	Wirtschaftsfachverband
Eintragung	Deutsches Patent- und Markenamt, Europäisches Patentamt, ausländische Patentämter (Patentrolle)	Deutsches Patent- und Markenamt (Musterregister, Gebrauchsmusterrolle)	Deutsches Patent- und Markenamt (Markenregister)	Deutsches Patent- und Markenamt (Markenregister), Europäisches Markenamt	Deutsches Institut für Gütesicherung und Kennzeichnung e.V. (RAL-Gütezeichenliste)
Schutzdauer	20 Jahre	10 Jahre (ab dem vierten Jahr nur durch Zahlung einer Aufrechterhaltungsgebühr)	25 Jahre (ab dem sechsten Jahr nur durch Zahlung einer Aufrechterhaltungsgebühr)	10 Jahre (Verlängerung um jeweils 10 Jahre durch Zahlung einer Verlängerungsgebühr)	unbegrenzt

Arbeitnehmererfindungen

ArbnErfG §§ 4 f. **Diensterfindungen** sind Erfindungen, die der Arbeitnehmer in Erfüllung seiner dienstlichen Verpflichtungen macht. Sie müssen dem Arbeitgeber schriftlich angezeigt werden. Dieser kann sie uneingeschränkt in Anspruch nehmen, muss sie aber im Inland schützen lassen
§ 9 und dem Erfinder eine angemessene Vergütung zahlen.

§§ 4 (3), 8 **Freie Erfindungen,** die im Betrieb des Arbeitgebers verwendet werden können, müssen dem Arbeitgeber unverzüglich angezeigt und angeboten werden. Er hat innerhalb von vier

Monaten zu erklären, ob er die Erfindung als freie Erfindung anerkennt. Später kann er sie nicht mehr als Diensterfindung in Anspruch nehmen, der Arbeitnehmer kann frei darüber verfügen.

Verbesserungsvorschläge müssen vom Arbeitgeber, falls er sie verwertet, ebenfalls vergütet werden, auch wenn sie nicht schutzfähig sind.

»Patentländer der Erde«

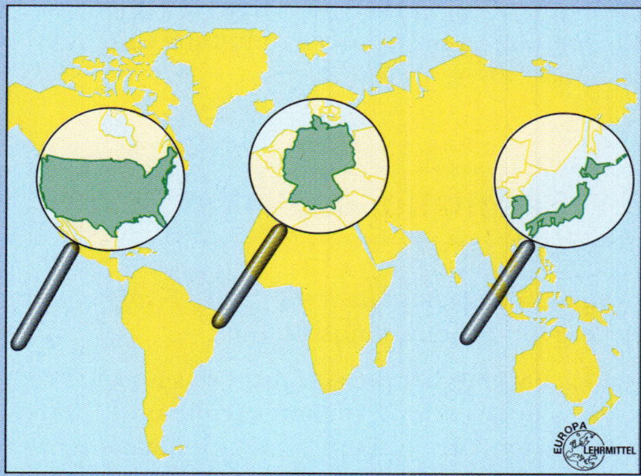

1. Wenn die Zahl der Patentanmeldungen den Erfindergeist und die Innovationskraft widerspiegeln, dann sind die Japaner das innovativste und kreativste Volk der Welt.

   Die Deutschen befinden sich in den meisten Technologiebereichen an vierter Stelle.

   In der Kfz-Technik, in der Laser- und in der Luft- und Raumfahrttechnik belegen die Deutschen den zweiten Rang hinter Japan.

   a) Suchen Sie Gründe, weshalb in den Ländern Japan, USA, Korea und Deutschland in den bedeutenden Technologiebereichen die meisten Erfindungen getätigt werden.

   b) Welche Bedeutung haben Schutzrechte für innovative Unternehmen?

   c) Stellen Sie die volkswirtschaftliche Bedeutung einer hohen Zahl von Patentanmeldungen und Patentgenehmigungen dar.

   d) Weshalb sind Unternehmen bereit, ihre gesicherten Patente an Lizenznehmer abzutreten?

2. Erklären Sie den rechtlichen Unterschied zwischen Patent und Gebrauchsmuster.
3. Welche Möglichkeiten für die Verwertung eines Patentes gibt es?
4. Stellen Sie den rechtlichen Unterschied zwischen einem Patenterwerber und einem Lizenznehmer dar.
5. Welche Überlegungen veranlassen einen Erfinder, seine Erfindung patentieren zu lassen?
6. Welche Vorteile ergeben sich aus eingeführten Marken- und Gütezeichen

   a) für den Hersteller,

   b) für die Verbraucher?

7. Aus welchen Branchen werden überwiegend Gebrauchsmuster, aus welchen Branchen werden überwiegend Geschmacksmuster angemeldet?
8. Nach Erhebungen werden gegenwärtig weltweit 35 % der Software als Raubkopien genutzt. Spitzenreiter sind China und Georgien, in denen ca. 80 % der Softwareprodukte als Raubkopien eingesetzt werden.

   a) Begründen Sie, weshalb gerade in diesem Wirtschaftszweig die Produktpiraterie solche Ausmaße annehmen kann.

   b) Stellen Sie Beispiele der Marken- und Produktpiraterie aus anderen Branchen dar.

3 Beschaffung

Seiten 15, 16

Am Beginn des betrieblichen Leistungsprozesses steht die **Beschaffung der Produktionsfaktoren.** Sie ist neben der Produktion und dem Absatz eine der Hauptfunktionen des Industriebetriebes.

3.1 Beschaffungsplanung

Im günstigen Einkauf liegt der halbe Erfolg. Dieser Satz beleuchtet schlagwortartig die Bedeutung der Beschaffungsfunktion.

Die Beschaffung hat die Aufgabe, das für die Produktion benötigte Material zum günstigsten Preis in der erforderlichen Menge und Qualität rechtzeitig vor Beginn des Fertigungsprozesses am Ort der Fertigung bereitzustellen.

Die schwierigsten Entscheidungen im Rahmen der Beschaffungsplanung sind hinsichtlich der **Menge,** dem **Zeitpunkt** und dem **Preis** der Beschaffung zu treffen.

3.1.1 Beschaffungsmarktforschung

Arten der Beschaffungsmarktforschung

Als **Beschaffungsmarktforschung** bezeichnet man die **systematische Untersuchung von Beschaffungsmärkten,** um Informationen zur Zielerreichung zu gewinnen.

Die Beschaffungsmarktforschung wird in die beiden Arten **Marktanalyse** und **Marktbeobachtung** unterteilt. Sie nutzt unterschiedliche Informationsquellen und erstreckt sich auf unterschiedliche Objekte.

Beschaffungsmarktforschung		
Arten	**Informationsquellen**	**Objekte**
a) Marktanalyse: *Einmalige* Untersuchung der *Struktur* von Teilmärkten zu einem bestimmten *Zeitpunkt*. **Beispiel:** Ermittlung der Anbieter eines bestimmten Rohstoffes unter Preis- und Qualitätsgesichtspunkten. **b) Marktbeobachtung:** *Fortlaufende* Überwachung der *Strukturveränderungen* von Teilmärkten. **Beispiel:** Feststellung von Preisentwicklungen für Rohstoffe.	**a) unternehmensintern:** – integrierte Unternehmenssoftware (z.B. Lieferantendatei, Einkaufsstatistik). **b) unternehmensextern:** – Messen, Ausstellungen, – Internet, – Branchenbücher (ABC der deutschen Wirtschaft), – Adressendateien gewerblicher Unternehmen, – Inserate in Fachzeitschriften, – Werbematerial von Anbietern (Werbebriefe, Prospekte, Kataloge), – Auskünfte von Geschäftspartnern, Auskunfteien, Banken, Marktforschungsinstituten.	**a) Beschaffungsgüter:** – Materialbestandteile und -zusammensetzung, – Materialqualität, – Benutzerfreundlichkeit, – Entsorgungsmöglichkeit. **b) Märkte:** – Verkaufsprogramme und Marktanteile der Anbieter, – Marktschwankungen. **c) Lieferanten:** – Leistungsfähigkeit, – Lieferungs- und Zahlungsbedingungen, – Serviceleistungen. **d) Preise:** – Preisvergleiche, – Preis-Leistungs-Verhältnis.

Sourcing-Strategien

Unter **Sourcing-Strategien** versteht man die **Art und Weise**, wie ein Unternehmen seine **Beschaffung gestaltet**.

▶ Sourcing-Strategien nach der Anzahl möglicher Lieferanten

Beim **Single Sourcing** wird die gesamte Beschaffungsmenge von einem Lieferanten geliefert. Um eine Versorgungssicherheit zu gewährleisten, wird beim **Double Scourcing** die Beschaffung auf zwei Lieferanten aufgeteilt. Beim **Multiple Sourcing** wird die zu beschaffende Menge auf mehrere Lieferanten verteilt.

▶ Sourcing-Strategien nach der räumlichen Ausdehnung

Beim **Local Sourcing** beschränkt sich die Beschaffung auf örtlich begrenzte Lieferanten, die meist nur auf nationalen oder regionalen Märkten tätig sind. **Global Sourcing** meint die Ausdehnung der Beschaffung auf internationale Märkte und damit die weltweite systematische Suche nach Lieferanten.

Zu den Voraussetzungen, die für ein erfolgreiches Global Sourcing gegeben sein müssen, gehören

- die Handels- und Rechtssicherheit sowie die politische Stabilität im Land des Lieferanten;
- die Bereitschaft und die Fähigkeit zur internationalen Zusammenarbeit, was Kenntnisse über und das Verständnis für andere Sitten, Gepflogenheiten und Kulturen und entsprechende Sprachkenntnisse bei den Beschaffungsmitarbeitern einschließt;
- die Entwicklung eines Anlieferkonzeptes (Logistikkonzept).

Global Sourcing	
Chancen	**Risiken**
– Senkung der Beschaffungskosten – bessere Marktübersicht – Sicherung von Lieferkapazitäten – geringere Abhängigkeit von Lieferanten – Technologiezufuhr	– Transportrisiken – Währungsrisiko – unterschiedliches Qualitätsverständnis und Qualitätsmängel – politische Risiken

Informationsbeschaffung über das Internet

E-Business (E-Commerce) bietet eine Vielzahl moderner Möglichkeiten zur Informationsbeschaffung:

▶ Virtuelle Marktplätze

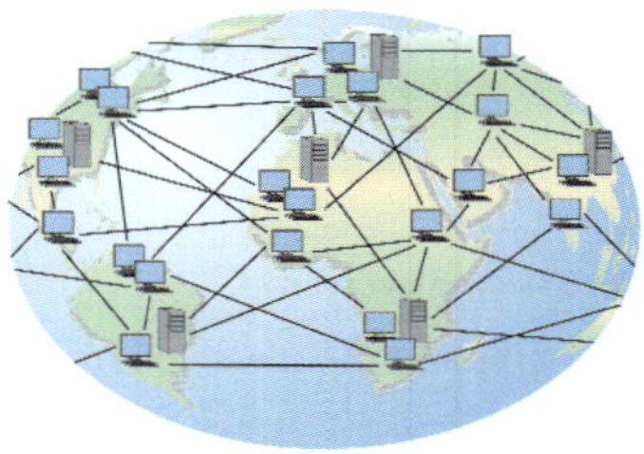

Über die virtuellen Marktplätze im Internet können Unternehmen kaufen und verkaufen. Es gibt *horizontale* und *vertikale* Marktplätze.

Horizontale Marktplätze bieten branchenübergreifende Lösungen an.

Beispiel: Atradapro.de; über diesen Marktplatz kaufen Unternehmen aller Branchen.

Vertikale Marktplätze konzentrieren sich auf eine Branche.

Beispiele: Covisint.com für die Autobranche; Transora.com für Konsumgüter.

Auf den virtuellen Marktplätzen gibt es **offene (öffentliche)** und **geschlossene (private)** Marktplätze. Bei den offenen Marktplätzen kann sich jeder Interessent einloggen, bei den geschlossenen muss sich der Teilnehmer erst legitimieren.

Beispiele	Stärken	Schwächen
VW Group Supply ist der Marktplatz von VW für die insgesamt zwölf Konzernmarken. Weil andere Kfz-Hersteller keinen Zugang haben, wird dieses Modell ein **privater Marktplatz** genannt.	• Maßgeschneiderte VW-Lösung • Schnelle Entscheidungsfindung, da von VW betrieben • Vermeidung von Know-how-Abfluss • Höhere Umsetzungsgeschwindigkeit durch geringeren Abstimmungsaufwand	• Hohe Investitionen • Keine Synergien durch Zusammenarbeit mit anderen Herstellern • Widerstand bei Lieferanten, die unter Umständen an anderen Marktplätzen beteiligt sind
SupplyOn ist ein **öffentlicher Marktplatz,** auf dem nur Automobilzulieferer miteinander handeln. Das unter anderem von Bosch initiierte Unternehmen ist bislang eine rein deutsche Veranstaltung geblieben.	• Positionierung als Kooperationsmodell der Lieferanten • Marktakzeptanz durch Teilnahme großer deutscher Zulieferer als Gründer und assoziierte Mitglieder • Solide finanzielle Basis durch Anschubfinanzierung der Anteilseigner • Standardisierungsbestrebungen durch Kooperationen mit anderen elektronischen Plattformen	• Keine internationalen Tier-1-Partner* • Geringe Verbreitung auf Lieferantenseite • Noch keine ausreichende Funktionalität (Supply Chain Management und Collaborative Engineering nicht integriert) • Mangelndes E-Business-Know-how und Interesse der Lieferanten
* Die Zulieferer werden je nach ihrer Bedeutung in der Zuliefererkette als Tier 1, Tier 2 usw. bezeichnet. Tier-1-Lieferanten sind die Systemlieferanten (zum Beispiel Bosch, Delphi, Valeo).		

▶ E-Commerce

Beziehungen zwischen den Akteuren im E-Commerce			
Akteure	**Business (Unternehmen)** 	**Consumer (Endverbraucher)** 	**Government (Staatliche Einrichtung)** 
Beziehungen	**B-to-B (B2B)** Aktivitäten und Transaktionen zwischen Unternehmen. **Beispiele:** Beschaffung, Zahlungsabwicklung, Kooperationen, virtuelle Marktplätze.	**B-to-C (B2C)** Vertriebsaktivitäten eines Unternehmens mit Endverbrauchern als Zielgruppe. **Beispiele:** Teleshopping, Tele-Service, Homebanking, Reisebuchung, virtuelle Jobbörsen.	**B-to-G (B2G)** Aktivitäten zwischen Unternehmen und staatlichen Einrichtungen. **Beispiele:** Umsatzsteuervoranmeldung, Nachfrage nach Gewerbeflächen.

▶ E-Procurement

Das sind alle elektronischen Formen des Einkaufs.

Beispiele: Beschaffung durch den Einsatz elektronischer Kataloge oder über Onlineauktionen.

▶ Collaborative Procurement

Collaborative Procurement geht über das herkömmliche, lediglich auf unternehmensinterne Prozesse bezogene E-Procurement hinaus. Es wird versucht, elektronische Kooperations- und Beschaffungsnetzwerke über die Unternehmensgrenzen hinweg zu organisieren. Mit diesem Kooperationsvorteil können Kosten eingespart werden.

3.1.2 ABC-Analyse

Um den Gesamtbereich der Beschaffung wirtschaftlicher zu getalten, muss besondere Sorgfalt auf den Einkauf bestimmter Materialsorten gelegt werden, da hier ein Einsparungseffekt am größten ist. Die **ABC-Analyse** ist in vielen Unternehmen zu einem wichtigen **Hilfsmittel der Beschaffungsplanung** geworden. Hierbei werden die regelmäßig zu beschaffenden Materialarten bzw. Artikel in Tabellenform aufgelistet und in mehrere Wertklassen (A, B, C usw.) eingeteilt. Kriterien für die Einteilung der Wertklassen können sein: die Menge, die Anzahl der benötigten Materialien oder der *kumulierte (angehäufte) Wertanteil* am Beschaffungsaufwand der Artikel. Die Wertklasse A ist bezogen auf das ausgewählte Kriterium am bedeutendsten. Bei der Beschaffung dieser Materialarten ist ganz besonders auf günstige Preise, Rabatte und Zahlungsbedingungen sowie auf niedrige Lagerbestände zu achten.

Vorgehensweise bei der Durchführung einer ABC-Analyse:

1. Erfassen der Preise und der Einkaufsmengen je Artikel (Materialart).
2. Ermittlung des Einkaufswertes je Artikel (Bezugspreis je Einheit · Menge).
3. Ermittlung des prozentualen Wertes am gesamten Einkaufswert.
4. Sortieren der Artikel vom höchsten bis zum niedrigsten prozentualen Wert.
5. Kumulieren der Werte und Vornahme einer Wertklassenzuordnung (A, B oder C).

	A	B	C	D	E	F	G
1	**ABC-Analyse bei Beschaffungsgütern**						
2	**Artikel-Nr.**	**Bezugspreis je Einheit (in EUR)**	**Menge (in Stück)**	**Wert (in EUR)**	**Wert (in %)**	**Kumulierter Wert (in %)**	**Wertklassenzuordnung: A, B oder C**
3	1	20,00	9.000	180.000,00	36,00	36,00	A
4	6	22,50	6.000	135.000,00	27,00	63,00	A
5	9	8,50	10.000	85.000,00	17,00	80,00	A
6	7	9,00	5.000	45.000,00	9,00	89,00	B
7	2	3,00	10.000	30.000,00	6,00	95,00	B
8	5	7,00	1.000	7.000,00	1,40	96,40	C
9	3	1,00	5.000	5.000,00	1,00	97,40	C
10	8	2,50	2.000	5.000,00	1,00	98,40	C
11	10	2,00	2.500	5.000,00	1,00	99,40	C
12	4	1,50	2.000	3.000,00	0,60	100,00	C
13		**Summe**	52.500	500.000,00	100,00		

Die Festlegung der Schranken liegt im Ermessen des jeweiligen Unternehmens. Üblich ist, für die Schranke der A-Güter die ersten 75–80 % der kumulierten Werte zu wählen. Die C-Güter haben einen kumulierten Wertanteil von unter 5 %, dazwischen liegen die B-Güter.

Wertklassenzuordnung	
Kumulierter Anteil am Gesamtwert	**Wertklasse**
ca. 75 % - 80 %	A-Güter
ca. 15 % - 20 %	B-Güter
ca. 5 %	C-Güter

Die Wertklasse A enthält im obigen Beispiel nur drei von zehn Artikeln, umfasst aber einen Beschaffungsaufwand von insgesamt 80 %. Besondere Planungs- und Kontrollmaßnahmen sollten sich auf diese Artikel beschränken, da sich Preis- und Kostensenkungen besonders stark auswirken. Bei den Artikeln der Wertklasse C ist dagegen eine vereinfachte Bedarfs- und Bestellabwicklung möglich. Bei der Wertklasse B ist zu prüfen, ob die Artikel eher der Wertklasse A oder C zuzuordnen sind, um dann geeignete Maßnahmen jeweils treffen zu können.

3.1.3 Bedarfsermittlung

Seite 131

Verfahren der Bedarfsermittlung:

a) **Stücklistenverfahren.** Es wird bei *Rohstoffen, anderen Fertigungsmaterialien und Bauteilen* angewandt, deren Bedarf sich **anhand von Stücklisten** *errechnen* lässt (Maschinen-, Geräte-, Möbel-, Textilfertigung).

Die Stückliste ist eine Zusammenstellung sämtlicher Bestandteile des zu fertigenden Erzeugnisses, wie sie sich aus den Konstruktionszeichnungen ergeben. Die Mengenangaben (Stückzahlen, Gewichte, Längen-, Flächen-, Raummaße) für die einzelnen aufgeführten Materialien und Teile beziehen sich dabei auf *eine* herzustellende Erzeugniseinheit.

Liegen für eine Planungsperiode die zu fertigenden Erzeugnismengen fest, so *errechnet* sich der anzufordernde Materialbedarf durch **Multiplikation des Materialbedarfs je Erzeugniseinheit mit der Zahl der herzustellenden Erzeugnisse.**

b) **Rezeptverfahren.** Damit wird analog dem Stücklistenverfahren der Bedarf an *Rohstoffen* ermittelt, der sich nach **Rezepten** anstelle von Stücklisten *errechnen* lässt (Fertigung chemischer Produkte).

c) **Schätzverfahren.** Es wird in aller Regel bei der Ermittlung des Bedarfs an *Hilfs- und Betriebsstoffen* **aufgrund von Erfahrungswerten früherer Fertigungsperioden** angewandt. Auch bei geringerwertigen Rohstoffen mit niedrigen Lagerhaltungskosten kann man sich mit Verbrauchsschätzungen begnügen.

Grundlage der Schätzungen sind die **durchschnittlichen Lagerentnahmen vorausgegangener vergleichbarer Zeitabschnitte.** Sie setzen daher eine kontinuierliche Lagerbuchführung voraus. Bei Änderungen der Beschäftigungslage müssen entsprechende Zu- oder Abschläge vorgenommen werden.

Das Unternehmen kann den Kundenauftrag nur erfüllen, wenn die bestellte und bestätigte Menge zum gewünschten Zeitpunkt an den Kunden ausgeliefert wird. Deshalb müssen einer Lieferzusage zunächst die *Mengen- und Terminplanung* vorausgehen.

Quantitative/temporäre Bedarfsermittlung

▶ Quantitative Bedarfsermittlung

Sind genügend Lagerbestände vorhanden, kann eine Lieferzusage erfolgen. Sind die Lagerbestände zu gering, muss eine Bedarfsermittlung klären, welche Mengen an Baugruppen, Einzelteilen und Rohstoffen benötigt werden, um die fehlenden Mengen bis zum benötigten Zeitpunkt herstellen zu können.

Beispiel: Aufgrund der Anfrage eines Kunden entsteht ein Bedarf von 500 verkaufsfähigen Montageböcken. Da aber im Lager zum geplanten Lieferzeitpunkt lediglich 300 Montageböcke disponierbar sein werden, sind 200 Querträger, 400 untere und obere Teleskopstangen, 400 Sterngriffe usw. zu produzieren bzw. zu beschaffen.

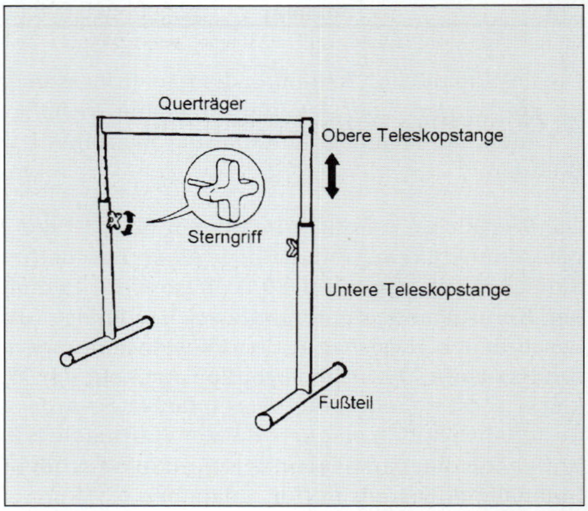

Grundlage der Bedarfsermittlung sind die folgenden Größen:

Berechnungsgröße	Zahlenbeispiel (in Stück)	Erklärung
Bruttobedarf	500	Bedarf ohne Berücksichtigung von Beständen
– disponierbarer Bestand*	300	Bestand, der eingeplant werden kann
Nettobedarf	200	die zu bestellende oder zu fertigende Menge
* Nebenrechnung zur Ermittlung des disponierbaren Bestandes:		
Bestellbestand	50	Menge, die noch als bestellte Menge oder unerledigter Fertigungsauftrag aussteht
+ verfügbarer Lagerbestand**	250	Bestand, über den frei verfügt werden kann
disponierbarer Bestand	300	
** Nebenrechnung zur Ermittlung des verfügbaren Lagerbestandes:		
effektiver Lagerbestand	430	körperlich am Lager vorhandener Bestand
– Reservierungen	150	bereits vorgemerkter Bestand (z. B. für andere Kundenaufträge)
– Sicherheitsbestand	30	dient der jederzeitigen Produktionsbereitschaft
verfügbarer Lagerbestand	250	

▶ Temporäre Bedarfsermittlung

Da dem Kunden ein Liefertermin zugesagt wird, gilt es zu klären, ob dieser Termin eingehalten werden kann. Es muss geprüft werden, wie lange die *Produktions- und Montagezeit* für die einzelnen Teile und Baugruppen dauert. Für die zu beschaffenden Fremdbezugsteile muss die *Wiederbeschaffungszeit* ermittelt werden.

Mithilfe der **Vorlaufverschiebung** werden diejenigen **Zeitpunkte** ermittelt, an denen mit der **Fertigung** der einzelnen Erzeugniskomponenten bzw. mit der **Beschaffung** der Fremdbezugsteile und Rohstoffe **begonnen werden muss**, um einen Auftragstermin einhalten zu können.

Beispiel: Die Querträger und die oberen Teleskopstangen müssen zusammengeschweißt werden, ebenso die unteren Teleskopstangen und die Fußteile. Dafür muss ein Zeitraum von vier Tagen veranschlagt werden. Die anschließende Verpackung in Versandkartons benötigt weitere zwei Tage. Mit den Schweißarbeiten muss deshalb bereits sechs Betriebskalendertage vor der Auslieferung begonnen werden. Entsprechend sind die Vorlaufverschiebung für die Zuschneidearbeiten und eventuelle Lieferfristen bei der Materialbeschaffung zu berücksichtigen.

■ Qualitative Bedarfsermittlung

Bei der qualitativen Bedarfsermittlung steht die Qualitätsprüfung der Stoffe im Mittelpunkt.

Seite 147

■ Preisstellungssysteme bei Beschaffungsgütern

Der Einkäufer muss darauf achten, dass die Beschaffung der Materialien zu Preisen erfolgt, die nicht höher sind als die kalkulatorischen Materialpreise. Er muss deshalb die bei den verschiedenen Beschaffungsgütern üblichen **Preissysteme** kennen und beherrschen:

▶ Börsenpreise

Zum börsenmäßigen Handel eignen sich vertretbare Waren, deren körperliche Anwesenheit nicht erforderlich ist, weil die Qualität durch Standardmuster gekennzeichnet wird.

Beispiele: An der Warenbörse werden insbesondere gehandelt

1. **Rohstoffe:** Getreide, Kaffee, Kakao, Zucker, Sojabohnen, Öle, Häute, Wolle, Baumwolle, Jute, Kautschuk.
2. **NE-Metalle:** Messing, Aluminium, Blei, Nickel, Zink, Zinn, Kupfer, Silber, Gold.

Die großen Börsenplätze, auf denen sich das Gesamtangebot und die Gesamtnachfrage der Welthandelsgüter konzentrieren, bieten die Möglichkeit der Markttransparenz und des Meinungsaustausches.

▶ Katalogpreise

Dies sind Preise, die von den Lieferanten zunächst einseitig festgesetzt werden. Der Käufer kann bei entsprechender Mengenabnahme gegebenenfalls Mengenrabatte erlangen.

▶ Preise für Spezialanfertigungen

Für Fremdbauteile, die vom Lieferanten nach den individuellen Anforderungen des Käufers angefertigt werden sollen, nennt in der Regel der Zulieferer einen Angebotspreis. Dieser ist aber nur Grundlage für die Verhandlungen zwischen Anbieter und Nachfrager. Die jeweilige Marktstellung entscheidet schließlich über die Höhe der Preisvereinbarung.

▶ Freie Preisvereinbarung

Anbieter und Nachfrager gehen zwar ohne Preisbenennung, aber sehr wohl mit Preisvorstellungen in die Vertragsverhandlungen. Die Preisvorstellung des Verkäufers ist in aller Regel durch eine kalkulierte Preisuntergrenze bestimmt, die nach der Auftragsgröße variabel sein kann. Die Preiserwartung des Einkäufers hingegen ist durch eine Preisobergrenze fixiert, die sich ebenfalls auf kalkulatorische Berechnungen stützt.

Seite 126

Umweltaspekte bei der Bedarfsermittlung

Werkstoffe sind alle Güter, aus denen *durch Umformung, Substanzveränderung oder Einbau neue Fertigprodukte* hergestellt werden. Fast alle diese Güter sind bereits von anderen Unternehmen bearbeitet oder erzeugt worden. Was für das eine Unternehmen Ausgangsstoff ist, war für ein Zulieferunternehmen Endprodukt. Zu den Werkstoffen zählt man Roh-, Hilfs- und Betriebsstoffe, sowie alle Güter, die als fertige Bestandteile in ein Produkt eingebaut werden (Fremdbauteile).

Immer weiter steigende Kosten bei der Entsorgung erfordern eine umweltgerechte Strategie bei der Bedarfsermittlung. Die »**Begin-of-Pipe-Strategie**« setzt nur solche Stoffe in den Produktionsprozess ein, die keine Entsorgungsproblematik entstehen lassen. Alle »**End-of-Pipe**«-Maßnahmen wie das Deponieren, das Filtern oder das Verbrennen von freigesetzten Stoffen sollen somit vermieden werden. Bei der »**Zero Emission Strategie**« werden alle Abfallprodukte einer Produktionsstufe als Input einer anderen hierfür speziell zugeschnittenen Stufe eingesetzt, sodass aus Abfallstoffen neue wertvolle Rohstoffe entstehen.

Das Verwerten von Werkstoffen und das Zurückbringen in den Produktionsprozess ist heute mit den Forderungen nach *Recycling* und *Abfallbeseitigung* gekennzeichnet.

Ein Ziel von Recyclingmaßnahmen ist die **Verminderung des zu entsorgenden Massenstroms** unerwünschter Güter und damit die Reduzierung der Abfallbeseitigungs- und -transportkosten.

Abfall ist gleichbedeutend mit einer unvollständigen und damit häufig auch unwirtschaftlichen Ausbeutung der eingesetzten Rohstoffe und Energien.

Rohstoffverknappung, Rohstoffpreisentwicklungen, Umweltbewusstsein und staatliche Umweltpolitik sind Gründe für die zunehmende Bedeutung von Recycling.

! **Recycling** ist die **Verwendung** und **Verwertung bereits genutzter Güter.**

Gründe für Recycling:

- Verwertung schont die Rohstoffvorräte der Erde.
- Verwertung macht eine Volkswirtschaft unabhängiger gegenüber außenwirtschaftlichen Faktoren.
- Verwertungstechnologien tragen wesentlich zur volkswirtschaftlichen Erneuerung eines rohstoffarmen Landes bei.
- Verwertungstechnologien finden außenwirtschaftlich wichtige Märkte, vor allem in rohstoffarmen Ländern.
- Verwertung von Rückständen entlastet unsere heimischen Böden von unnötiger Nutzung, indem sie ausgebeutet oder als Deponien gebraucht werden.
- Durch Verwertung können Umweltbelastungen, insbesondere der Luft und des Wassers, verringert werden.

Endprodukte werden nach Gebrauch entweder in den ursprünglichen oder in andere Produktionsprozesse wieder eingesetzt. Wiederholter Einsatz ist häufig mit zusätzlichen Aufbereitungsschritten verbunden.

Ziel ist es, die in den Betrieben oft praktizierte **Durchlaufwirtschaft in eine Kreislaufwirtschaft abzuändern.** Aus Abfällen werden **»sekundäre Rohstoffe«.** Dabei sind alle Vorgänge nur Mehrfachnutzungen, denn »echte« und dauerhafte Kreisläufe sind aus naturgesetzlichen Gründen nicht möglich. Insofern bedeutet der Kreislaufbegriff, dass Stoffe und Energien für eine begrenzte Dauer und teilweise innerhalb aufeinanderfolgender Produktionsprozesse gehalten und im Kreis geführt werden.

Entsorgung: Recycling und Abfallbeseitigung.

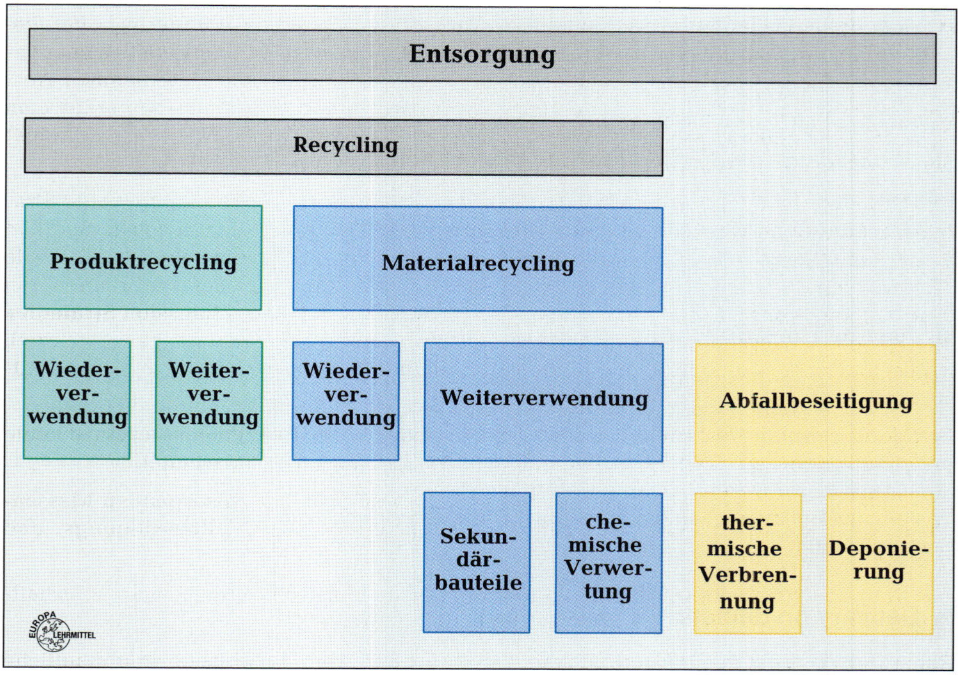

Auch beim Recycling fallen Abfälle an. Ausgehend vom Kreislaufwirtschafts- und Abfallgesetz, dem Kooperationsprinzip und den Abfallverordnungen gibt es deshalb Rücknahmepflichten durch Gesetze oder Selbstverpflichtungen.

3.1.4 Bereitstellungsprinzipien

Eine zu frühe Materialanlieferung verursacht unnötige Lagerhaltungskosten; eine verspätete Materialbereitstellung verhindert den rechtzeitigen Fertigungsbeginn, stört den Produktionsfluss durch Leerlauf und stellt die Lieferbereitschaft des Industriebetriebes infrage. Die Beschaffungsplanung sollte deshalb eine kostensparende und *termingerechte Materialbereitstellung* für die Fertigung gewährleisten.

Einzelbeschaffung (auftragsbezogene Beschaffung)

Bei **Spezialanfertigungen,** die durch Einzel- oder Kleinserienaufträge der Kunden veranlasst werden, fällt der Materialbedarf erst mit der Auftragserteilung an. Die benötigten Materialien werden also fallweise *nach Auftreten des Bedarfs* beschafft. Die Beschaffungsmengen und -zeitpunkte sind unmittelbar durch die Fertigungsplanung bestimmt. Die Beschaffungsplanung konzentriert sich im Wesentlichen auf die Auswahl der Bezugsquellen. Sind die Materialien sofort beschaffbar, erübrigt sich eine Lagerhaltung.

Vorratsbeschaffung

Die Beschaffung der Einsatzstoffe auf Vorrat setzt die Möglichkeit einer mehr oder minder umfangreichen **Lagerhaltung** voraus. Im Materiallager werden die Materialien für die Fertigung auf Anforderung bereitgehalten. Die Lagerorganisation und die Lagerbestandskontrolle besorgen durch Festlegung von

- **Meldebeständen** die Auslösung der Beschaffungsvorgänge, z. B. durch Meldung vom Lager an den Einkauf, und
- **Mindestbeständen** (Vorratspuffern) die Sicherung eines reibungslosen Fertigungsablaufs auch bei Störungen im Beschaffungsablauf, z. B. durch Streiks im Zulieferbereich oder bei den Verkehrsträgern oder durch witterungsbedingte Transportverzögerungen.

Vorratsbeschaffung ist der **Regelfall** der Materialbeschaffung.

Sie ist unabdingbar bei *jahreszeitlich* bedingtem Anfall der Fertigungsmaterialien.

Beispiele:

1. Erntebedingter Anfall von Gemüse und Obst in der Konservenindustrie.
2. Fangzeiten bei der Fischverwertung.

Just-In-Time-Beschaffung

Seite 117

Bei **J**ust-**I**n-**T**ime-Beschaffung **(JIT)** verzichtet das Unternehmen auf eine Lagerhaltung. Ziel ist es, dass die *benötigten Materialien und Betriebsmittel* rechtzeitig *zum geplanten Fertigungszeitpunkt* angeliefert werden. Dies erfordert aus betrieblicher Sicht eine genaue mengenmäßige und zeitgenaue Bedarfsprognose. Da die Verkehrsbedingungen zunehmend unsicherer werden, richten Unternehmen heute *kleine Lager mit Sicherheitsbeständen* ein, um bei möglichen Lieferverzögerungen kurzfristige Produktionsengpässe verhindern zu können.

Delivery on demand

Beim **Delivery on demand** erfolgt die *Lieferung auf Abruf.* Die Kunden können die notwendigen Informationen direkt bei der Datenbank des Herstellers online abrufen. Im Bedarfsfall erfolgt die Bestellung ebenfalls online.

Beispiel: Online-Anforderung von Scheibenwischern von einem Automobilproduzenten direkt beim Hersteller.

Bereitstellungsprinzipien im Überblick				
Bereitstellungsprinzip	**Einzelbeschaffung**	**Vorratsbeschaffung**	**Just-In-Time-Beschaffung**	**Delivery on demand**
Anwendung	bei Materialbeschaffung für spezielle Aufträge	Material, das regelmäßig gebraucht wird	bei Großserien- und Massenfertigung	
Bestellzeitpunkt	nach Auftragseingang und Auftreten des Bedarfs in der Fertigung	bei Erreichen des Meldebestandes im Materiallager	längerfristig vor Auftreten des geplanten Bedarfs in der Fertigung	kurzfristig bei Bedarf
Materialanlieferung	jeweils nach Liefermöglichkeiten des beauftragten Lieferanten	jeweils bei Erreichen des Mindestbestandes im Materiallager	Materialanlieferung zeitgleich mit geplantem Fertigungsbeginn	
Lagerhaltung	keine oder nur geringe Bestände	umfangreiche Bestände	nur Sicherheitsbestände	

3.1.5 Bestellplanung

Die Bestellung muss so koordiniert werden, dass

- die mögliche Beschaffungszeit überbrückt werden kann **(Zeitplanung),**
- der Mindestbestand (eiserne Reserve) nicht unterschritten wird **(Mengenplanung),**
- ein geeigneter Lieferant ausgewählt wird **(Lieferantenauswahl),**

um die Produktions- und Lieferbereitschaft zu sichern.

Zeitplanung

Bei der verbrauchsgesteuerten Disposition unterscheidet man zwischen dem **Bestellpunkt-** und dem **Bestellrhythmusverfahren.**

▶ Bestellpunktverfahren (Mengensteuerung)

Beim Bestellpunktverfahren erfolgt die Bestellung bei Erreichen des Meldebestandes **(Bestellpunkt).** Voraussetzung für die Durchführung des Verfahrens ist, dass der Lagerbestand kontinuierlich überprüft wird.

Die Grafik zeigt bei einem Einkaufssoll von 300 Stück den jeweiligen Bestand und den Zeitpunkt der Bestellung unter der Voraussetzung, dass der Lagerabgang kontinuierlich erfolgt und die Liefertermine eingehalten werden.

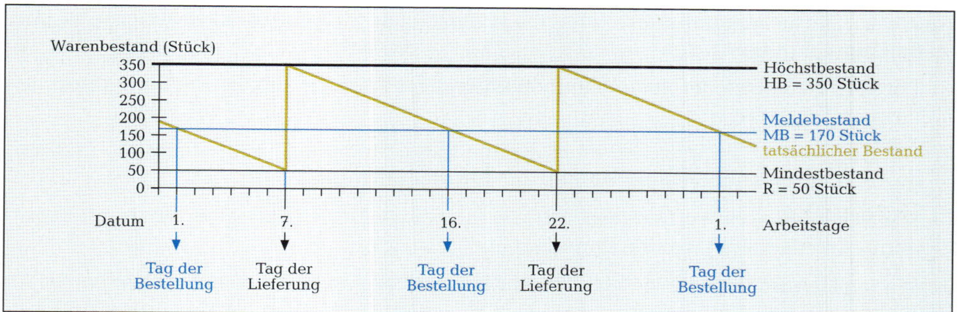

Der Verlauf der **gelben** Linie zeigt die Veränderung des Lagerbestandes an. Der Höchstbestand wird jeweils nach Eintreffen der bestellten Stoffe erreicht. Erfolgt die Bestellung der Stoffe zu dem Zeitpunkt, in dem der tatsächliche Bestand = (A · T) + R ist (blaue Senkrechte), so treffen die bestellten Stoffe gerade dann ein, wenn der Bestand auf R sinkt.

Der Meldebestand hängt auch davon ab, welche Fertigungslosgrößen festgelegt werden und welche Verpackungs- und Ladeeinheiten der Lieferant durchsetzen kann.

▶ Bestellrhythmusverfahren (Terminsteuerung)

Bei **kontinuierlicher Serien- oder Massenfertigung** gleichartiger Erzeugnisse kann die Bestellung der Materialien organisatorisch *zu periodisch wiederkehrenden Zeitpunkten* (wöchentlich, vierzehntäglich, monatlich) fest eingeplant werden. Die Bestellzeitpunkte sind von vornherein festgelegt, die jeweiligen Bestellmengen werden aus den eingetretenen Lagerbestandsminderungen errechnet. Sie richten sich damit nach den jeweiligen Fertigungsmengen.

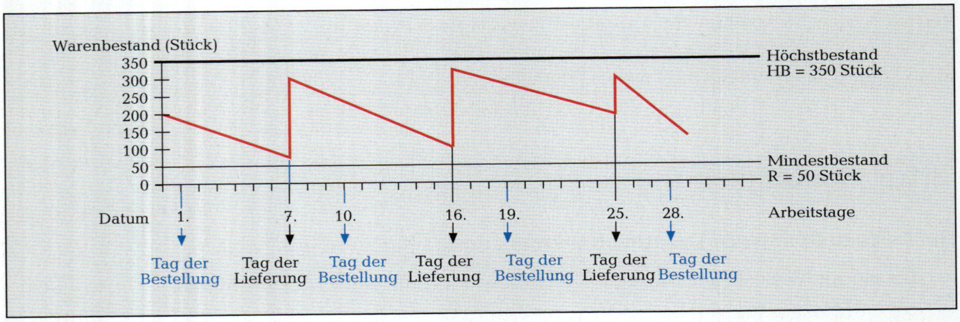

Der Verlauf der **roten** Linie zeigt die Veränderung des Lagerbestandes an. Die Bestellung der Stoffe erfolgt zu einem bestimmten Zeitpunkt, der vorher festgelegt wurde.

Der Mindestbestand sollte **nicht** unterschritten werden, um eine ständige Lieferbereitschaft zu sichern.

■ Mengenplanung

▶ Bedarfsmengen und Bestellmengen

Die bedarfsermittelnden Stellen, die Arbeitsvorbereitung oder die Lagerverwaltung, fordern die benötigten Materialmengen bei der **Einkaufsabteilung** an. Dort werden die Anforderungen nach Materialarten sortiert und Bedarfsmengen gleichen Materials zusammengefasst.

Der **Materialbedarf** für die Fertigung kann grundsätzlich

– ganz oder teilweise *durch Einkauf gedeckt* oder
– ganz oder teilweise *aus Lagerbeständen* entnommen werden.

Aus dieser Tatsache können sich folgende *Unterschiede zwischen* **Bedarfsmengen** und **Bestellmengen** ergeben:

– Bei der Festlegung der Bestellmengen können mehrere Bedarfsmengenanforderungen zusammengefasst werden.
– Die Bestellmengen umfassen nicht nur die Bedarfsmengen für die unmittelbare Fertigung, sondern auch Anforderungen zur Lagerergänzung.
– Die Bestellmengen vermindern sich um diejenigen Bedarfsmengen, die durch Lagerentnahmen gedeckt werden können.
– Wegen längerer Lieferfristen bei der Materialbeschaffung müssen außer dem Bedarf für das anlaufende Fertigungsprogramm auch schon Materialien für nachfolgende Fertigungsplanperioden bestellt werden (Phasenverschiebung zwischen Beschaffungs- und Fertigungsplanung).

► Optimale Bestellmenge

Bei der Bestellung großer Mengen werden von den Lieferanten in der Regel günstigere Lieferungs- und Zahlungsbedingungen, insbesondere höhere Mengenrabatte, eingeräumt als bei kleinen Bestellmengen. Außerdem erfordern größere Bestellmengen weniger Bestellvorgänge und damit weniger Bestellkosten.

Dies könnte zu der vordergründigen Annahme verleiten, möglichst große Bestellmengen für lange Zeiträume seien optimal. Man muss aber erkennen, dass den niedrigeren Beschaffungskosten höhere Lagerhaltungskosten gegenüberstehen, da sich die Lagerdauer verlängert und das Lagerrisiko steigt. Daraus folgt:

Optimal ist diejenige **Bestellmenge**, bei der die **Summe aus Beschaffungs- und Lagerhaltungskosten am geringsten ist.**

Beispiel: Bei der Beschaffung eines Rohstoffes wird bei der Metallwerke GmbH mit folgenden Bedingungen gerechnet.

a) **Tabellarische Ermittlung** der optimalen Bestellmenge:

	A	B	C	D	E	F
1	Jahresbedarf (M)				1.800	Stück
2	Beschaffungskosten je Bestellvorgang (Bk)				15,00	EUR
3	Einstandspreis je Stück (p)				5,00	EUR
4	Lagerhaltungskostensatz des durchschnittlichen Lagerbestandes (Lks)				5	%
5	Der durchschnittliche Lagerbestand beträgt die Hälfte der Bestellmenge.					
6						
7	Bestell-menge in Stück	Bestell-vorgänge	Beschaffungs-kosten in EUR	Durchschnittlicher Lagerbestand	Lagerhaltungs-kosten in EUR	Beschaffungs- und Lager-haltungskosten in EUR
8	x	M/x	M/x · Bk	x/2	x/2 · p · Lks/100	Spalte C+E
9	100	18	270,00	50	12,50	282,50
10	200	9	135,00	100	25,00	160,00
11	300	6	90,00	150	37,50	127,50
12	400	4,5	67,50	200	50,00	117,50
13	500	3,6	54,00	250	62,50	116,50*
14	600	3	45,00	300	75,00	120,00
15	700	2,57	38,55	350	87,50	126,05
16	800	2,25	33,75	400	100,00	133,75
17	900	2	30,00	450	112,50	142,50
18						
19	465	3,87	58,07	232,5	58,13	116,20
20						
21	**Ergebnis:** Die optimale Bestellmenge liegt laut Tabelle bei 500 Stück.					

* Die tabellarische Ermittlung kann wegen der Bestellmengenintervalle nur ein annäherndes Ergebnis liefern.

b) **Rechnerische Ermittlung** der optimalen Bestellmenge mithilfe der Bestellmengenformel:

$$\textbf{Optimale Bestellmenge} = \sqrt{\frac{200 \cdot \text{Jahresbedarf} \cdot \text{Beschaffungskosten je Bestellvorgang}}{\text{Einstandspreis je Stück} \cdot \text{Lagerhaltungskostensatz}}}$$

$$= \sqrt{\frac{200 \cdot 1.800 \cdot 15}{5 \cdot 5}}$$

$$= 464{,}75$$

Ergebnis: Die optimale Bestellmenge beträgt **465 Stück.**

c) **Grafische Ermittlung** der optimalen Bestellmenge:

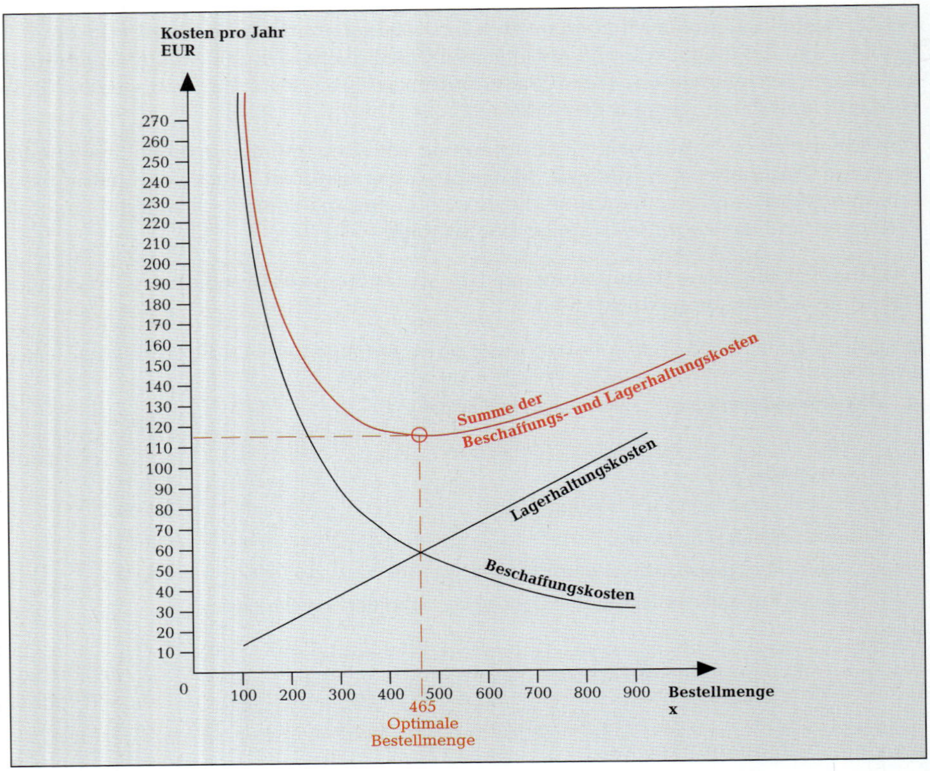

▶ Kriterien zur Festlegung der Bestellmengen

Zur Ermittlung der erforderlichen Bestellmengen muss die Einkaufsabteilung die angeforderten Bedarfsmengen *um mögliche Lagerbestandsentnahmen vermindern* bzw. *um erforderliche Lagerbestandsmehrungen*, etwa zur Ergänzung der Sicherheitsbestände, *erhöhen.*

Im Rahmen einer elastischen Beschaffungsplanung muss dem Einkäufer außerdem bei der Festlegung der Bestellmengen aus folgenden Gründen ein **Entscheidungsspielraum** eingeräumt werden:

a) **Bei kleinen Bestellmengen**

- gehen Mengenrabatte verloren,
- erhöhen sich wegen unzureichender Auslastung der Transportkapazitäten (Wagenladungen, Schiffsladungen, Fassungsvermögen von Containern) die Frachtkosten je Bestelleinheit.

b) **Lieferungsbedingungen der Lieferanten.** Auf Verkäufermärkten können die Zulieferer aufgrund ihrer stärkeren Marktstellung Mindestabnahmemengen und Mindermengenzuschläge erzwingen. Dadurch sollen Kleinaufträge vermieden werden.

c) **Handels- und branchenübliche Bestellmengen.** Manche Materialarten werden nicht in beliebig gewünschten Bedarfsmengen, sondern nur in bestimmten verpackungs- und transportgerechten Mindestmengen angeboten (Ballen, Palette, Wagenladung).

d) **Schwankende Lieferfristen.** Drohende Materialengpässe können Vorratskäufe erforderlich machen, welche höhere Materialpreise nach sich ziehen. Deshalb sollten die Einkaufsabteilungen Beschaffungsmarktforschung betreiben, um den Entwicklungen auf den Beschaffungsmärkten flexibel begegnen zu können.

Lieferantenauswahl

Es stellt sich die Aufgabe, ein möglichst objektives und umfassendes Bild der Lieferanten zu gewinnen. Jedes Unternehmen muss dazu auf der Grundlage der verfolgten Ziele einen Kriterienkatalog (Merkmalskatalog) erstellen, der für die Lieferantenauswahl die Grundlage bietet.

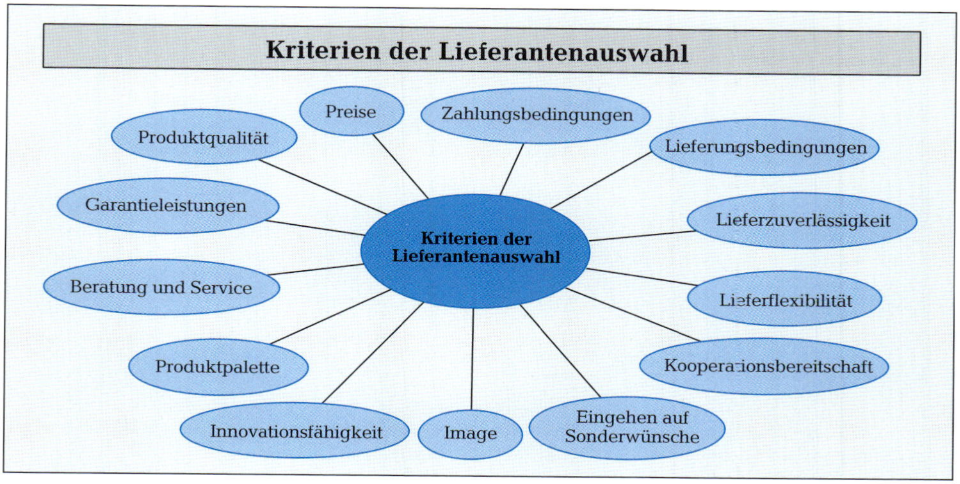

Diese Kriterien können noch weiter unterteilt und verfeinert werden. Bei der Lieferantenauswahl werden mithilfe der festgelegten Kriterien die möglichen Lieferanten bewertet, um ein objektives Urteil zu ermöglichen. Die **Lieferantenbewertung** kann dabei unterschiedlich vorgenommen werden. Sie bietet anhand der festgelegten Merkmale die Möglichkeit für eine qualifizierte, d. h. begründete und damit objektivierte, den Unternehmenszielen dienende Lieferantenauswahl.

Scoring-Modell (Entscheidungsbewertungstabelle)

Die Praxis vieler Unternehmen hat gezeigt, dass eine subjektive, meist gefühlsmäßige Auswahl eines Lieferanten aus mehreren möglichen Bezugsquellen nicht die optimale Entscheidung ist. Vielmehr sollten aus den vorhandenen und durch Anfragen gewonnenen Bezugsquelleninformationen alle wesentlichen Entscheidungskriterien herangezogen und mit Punkten nach ihrer Bedeutung für den beschaffenden Betrieb gewichtet werden. So entsteht ein **Scoring-Modell (Entscheidungsbewertungstabelle).**

	A	B	C	D	E	F	G	H
1			Mögliche Lieferanten					
2			A		B		C	
3/4	Entscheidungs-kriterien	Gewichtung (G)	Rang (R)	G * R	Rang (R)	G * R	Rang (R)	G * R
5	Materialeignung	25	2	50	1	25	3	75
6	Angebotspreis	25	2	50	3	75	1	25
7	Lieferungs- und Zahlungsbedingungen	20	3	60	1	20	2	40
8	Pünktlichkeit	20	1	20	2	40	3	60
9	Kundendienst	10	2	20	1	10	3	30
10	Summe	100		200		170		230
11								
12	Ergebnis: Lieferant C ist der geeignetste.							

?

1. Woher kann man Informationen über Bezugsquellen gewinnen?
2. Welche Vorteile für die Informationsgewinnung ergeben sich durch einen Besuch bei einem möglichen Lieferanten, anstatt die Informationen schriftlich dort einzuholen?
3. Nennen Sie Informationen, die für die Auswahl des Lieferanten besonders wichtig sind.
4. Welche Kriterien können zur Bevorzugung einer bestimmten Bezugsquelle veranlassen?
5. »Die deutsche Wirtschaft gehört seit Jahrzehnten zu den Exportweltmeistern … In der Beschaffung hingegen besteht in fast allen deutschen Unternehmen, die nicht Teil eines internationalen Produktionsverbundes sind, noch Nachholbedarf: Der Anteil der international beschafften Einsatzgüter am gesamten Beschaffungsvolumen erreicht nur selten 20 %, in aller Regel pendelt die Quote im 10-Prozent-Bereich und darunter.« (Quelle: Beschaffung aktuell)
   a) Welche Vorteile bietet ein international orientiertes Beschaffungswesen?
   b) Mit welchen Risiken ist zu rechnen?
6. In der Buchholz GmbH wurde ein neuer Automat zur Herstellung von Spezialschraubverschlüssen entwickelt. Nach der Erprobungsphase soll zunächst eine kleine Serie für den Testmarkt Berlin produziert werden. Der Einkaufsleiter wird beauftragt, die notwendigen Komponenten zur Produktion zu beschaffen.
   Welche Entscheidungen sind bei der Beschaffungsplanung zu treffen?
7. Recherchieren Sie im Internet nach virtuellen Marktplätzen. Strukturieren Sie Ihr Ergebnis.
8. Welchem Zweck dient die ABC-Analyse?
9. Die Revisionsabteilung eines Industrieunternehmens hat den Auftrag, den Aufwand für den Materialeinkauf eines Zweigwerks zu untersuchen. Dabei wurden für acht Materialsorten (A–H) im vergangenen Jahr folgende Werte ermittelt:

Materialsorte	Mengenmäßiger Wareneinsatz (Mengeneinheiten)	Bezugspreis je Einheit (EUR)
A	1.000	85,00
B	5.000	27,00
C	12.000	15,00
D	5.000	9,00
E	1.000	7,00
F	2.000	1,50
G	30.000	0,50
H	20.000	0,25

   a) Ermitteln Sie den mengen- und wertmäßigen Anteil der A-, B- und C-Güter.
   b) Wie viel Prozent des Materialaufwandes machen die A-Güter insgesamt mengen- und wertmäßig aus?
   c) Welche Anweisungen wird die Geschäftsleitung aufgrund des Revisionsergebnisses der Einkaufsabteilung erteilen?
   d) Für welche Wertklasse könnte, um Beschaffungskosten zu sparen, der gesamte Jahresbedarf am ehesten in einem Beschaffungsvorgang zusammengefasst werden (Begründung)?
10. Fertigteile werden von den Zulieferern überwiegend direkt angeliefert. Welche Vorteile und welche Risiken hat die Just-In-Time-Anlieferung?
11. Mit welchen Daten kann der Materialbedarf festgestellt werden
   a) durch die Arbeitsvorbereitung,
   b) durch die Lagerdisposition?
12. Zwischen Bedarfsmengen und Bestellmengen können sich Unterschiede ergeben. In welchen Fällen sind die Bestellmengen
   a) höher als die Bedarfsmengen,
   b) niedriger als die Bedarfsmengen?
13. Unter welchen Voraussetzungen kann der disponierbare Lagerbestand negativ werden?

14. Der Lagerdisponent soll einen Kundenauftrag über 350 Elektromotoren disponieren. Für einen Motor werden vier Pleuel benötigt. Gegenwärtig sind 400 Pleuel am Lager, der Sicherheitsbestand beträgt 100 Stück. 200 Pleuel sind bereits für andere Aufträge reserviert.
   a) Ermitteln Sie für diesen Auftrag den disponierbaren Bestand an Pleueln.
   b) Ermitteln Sie für diesen Auftrag den Nettobedarf an Pleueln.

15. Die MONI KG stellt u.a. Monitore für Personalcomputer (PC) her. Durch einen sehr hohen Qualitätsstandard bei marktgerechten Preisen konnte der Marktanteil in den letzten Jahren leicht ausgebaut werden. Sinkende Marktpreise zwingen die MONI KG jedoch zu weiteren Kostensenkungen.

   Bisher wurde die Materialposition »Monitorgehäuse M 21« nach dem Bestellrhythmusverfahren bestellt. Jetzt soll auf das Bestellpunktverfahren umgestellt werden.

   a) Erklären Sie den Unterschied zwischen diesen Bestellverfahren.

   Für die Materialposition »Monitorgehäuse M 21« sind am Fabrikkalendertag 181 (FKT) die folgenden Daten gespeichert *(Computerauszug):*

MONI KG, Mannheim KW 35/FKT 181
Materialbestand und -bewegungen

Teile-Nr.: 400.017	Gehäuse M 21
Bezeichnung: S 21-Zoll-Monitor	Teileart: F
Meldebestand: ?	Durchschnittsverbrauch/Tag: 75
Sicherheitsbestand: 900	Beschaffungszeit: 6 Tage

FKT	Zugang	Abgang	Wert	Lagerbestand	Dispo-Bestand
178	2.400		48.000	2.700	1.800
179		150	3.000	?	1.650
180		140	2.800	?	1.510
181		155	3.100	2.255	1.355

   b) Ermitteln Sie den »Meldebestand«. (Rechnerischer Nachweis)
   c) Weshalb führt die Änderung des Bestellverfahrens möglicherweise zu einer Kostenersparnis?
   d) Wie hoch ist der Lagerbestand (in Stück) an den Fabrikkalendertagen 179 und 180?

16. Die Metallbau GmbH hat für ein bestimmtes Fremdbauteil einen Jahresbedarf von 100.000 Stück. Der Einstandspreis beträgt 12,50 EUR je Stück. Unabhängig von der Bestellmenge fallen bei jeder Bestellung fixe Kosten in Höhe von 40,00 EUR an. Der Lagerhaltungskostensatz (Lagerhaltungskosten · 100/durchschnittlicher Lagerbestand) liegt bei 16 %.
   a) Bei welcher Bestellmenge ist für die genannten Daten die Summe aus Beschaffungskosten und Lagerhaltungskosten am niedrigsten?
   b) Wodurch sind die Mehrkosten bedingt
      – bei höheren Bestellmengen,
      – bei niedrigeren Bestellmengen?
   c) Für die Bestellmengen 400, 800, 1.200, 1.600, 2.000, 2.400, 2.800, 3.200, 3.600, 4.000 Stück sollen
      – die Beschaffungskosten,
      – die Lagerhaltungskosten,
      – die Gesamtkosten

      grafisch in einem Koordinatensystem dargestellt werden (Y-Achse: Kosten, X-Achse: Bestellmenge). Bestimmen Sie die optimale Bestellmenge grafisch.
   d) Wie ändert sich die optimale Bestellmenge jeweils gegenüber der Ausgangssituation, wenn
      – der Jahresbedarf auf 110.000 Stück steigt,
      – der Einstandspreis aufgrund eines Lieferantenrabatts auf 11,25 EUR sinkt,
      – die bestellfixen Kosten auf 55,00 EUR steigen,
      – der Lagerhaltungskostensatz auf 20 % steigt?

      Erläutern Sie diese Veränderungen. Hinweis: Verwenden Sie bei der Bestellmenge eine Intervallweite von 100 Stück.

3.2 Beschaffung durch Kaufvertrag

3.2.1 Anfrage

Durch eine **Anfrage** soll festgestellt werden, **ob und zu welchen Preisen und Bedingungen Werkstoffe, Waren, Betriebsmittel** oder **Dienstleistungen** von den Lieferanten **bezogen werden können. Anfragen** dienen der **Einholung von Angeboten.**

a) Inhalt der Anfrage.

Eine Anfrage kann **allgemein** oder **speziell** abgefasst sein.

- Eine **allgemeine Anfrage** richtet sich auf das *gesamte Lieferprogramm* eines Lieferanten. Dieser wird um Zusendung eines Kataloges, einer Preisliste oder um einen Vertreterbesuch gebeten. Der Kunde möchte sich über die zur Verfügung stehende Auswahl informieren oder er möchte sich vor der Anschaffung beraten lassen.
- Die **spezielle Anfrage** bezieht sich auf ein *bestimmtes Produkt* und dient der Feststellung, zu welchem Preis und zu welchen Bedingungen es geliefert werden kann.

b) Form der Anfrage.

Die Anfrage ist **formfrei.** Sie kann somit mündlich oder schriftlich erfolgen.

Beispiele: Anfragen mittels Telefongespräch, Brief, Fax oder online.

Rechtliche Wirkung der Anfrage.

Die **Anfrage** ist **unverbindlich**; der **Anfragende** wird durch die Anfrage **rechtlich nicht verpflichtet.**

Daher ist es möglich, gleichzeitig an mehrere Lieferanten Anfragen zu richten, um so die günstigste Bezugsquelle zu ermitteln.

c) Prüfung der Anfrage.

Der Lieferant wird nach dem Eingang einer Anfrage prüfen, ob er das Material zu den gewünschten Bedingungen liefern *kann* und überhaupt liefern *will.* Er kann es ablehnen, eine Geschäftsverbindung einzugehen.

3.2.2 Angebot

Die Materialbeschaffung setzt Entscheidungen über die Art, die Zusammensetzung, die Menge, den Zeitpunkt und den Preis des Bedarfs sowie über die Auswahl der Bezugsquellen voraus. Sie schlagen sich beim Vertragsabschluss im Inhalt von Angebot und Bestellung nieder.

Das **Angebot** ist **eine an eine bestimmte Person gerichtete Willenserklärung,** Waren, Werkstoffe, Betriebsmittel oder Dienstleistungen **zu den angegebenen Bedingungen liefern** zu wollen.

BGB § 145

Zu diesen Bedingungen gehören Angaben über die Art, die Beschaffenheit und Güte, die Menge, den Preis, die Lieferungs- und Zahlungsbedingungen, den Erfüllungsort und den Gerichtsstand.

Anpreisungen von Waren, die *nicht an eine bestimmte Person,* sondern **an die Allgemeinheit** gerichtet sind, *gelten nicht als Angebot* im rechtlichen Sinn. Sie sollen lediglich die Kunden anregen, ihrerseits einen Kaufantrag abzugeben, der jedoch noch der Annahme durch den Verkäufer bedarf. Solche Anpreisungen finden sich beispielsweise in Zeitungsanzeigen, Prospekten, Katalogen, Plakaten, im Internet oder auch in Schaufensterauslagen. Daher hat der Kunde *keinen Anspruch* auf die Aushändigung des Ausstellungsstückes. Auch das Aufstellen von Waren im Selbstbedienungsladen gilt noch nicht als Angebot. Hier macht der Käufer durch das Vorzeigen der Ware an der Kasse einen Kaufantrag.

Die Aufstellung eines *Automaten* gilt als Angebot an jeden, der die richtige Münze einwirft; dabei wird vorausgesetzt, dass der Automat technisch funktioniert und der enthaltene Warenvorrat ausreicht.

Form des Angebots

Für das Angebot gelten **keine Formvorschriften.** Es kann abgegeben werden

- **unter Anwesenden:** mündlich, schriftlich oder durch schlüssiges (konkludentes) Handeln der Geschäftsinhaber, Verkäufer, Handlungsreisenden oder Handelsvertreter;
- **unter Abwesenden:** schriftlich (durch Brief, online oder mittels Telefax).

Mündliche oder telefonische Angebote werden häufig schriftlich bestätigt, damit Irrtümer durch Verhören, Versprechen und Übermittlungsfehler vermieden werden und bei Rechtsstreitigkeiten schriftliche Unterlagen vorhanden sind.

Bindung an das Angebot

Wer einer **bestimmten Person ein Angebot ohne Einschränkung** abgibt, ist **an dieses Angebot gebunden.**

a) Einschränkungen der Bindung an das Angebot. BGB § 145

Gesetzliche Bindungsfrist unter Anwesenden	Gesetzliche Bindungsfrist unter Abwesenden	Vertragliche Bindungsfrist	Freizeichnung
Das Angebot wird sofort mit der Abgabe wirksam und bindet den Anbietenden, solange die Unterredung dauert (§ 147 (1) BGB).	Das Angebot wird erst wirksam, wenn es dem Abwesenden zugeht, und bindet den Anbietenden nur so lange, bis der Eingang der Antwort unter regelmäßigen Umständen erwartet werden darf (Beförderungsdauer und Überlegungsfrist; §§ 147 (2), 130 BGB).	Der Anbietende kann für die Annahme des Angebots eine Frist bestimmen **(befristetes Angebot).** Die Annahme kann nur innerhalb dieser Frist erfolgen. Die Bestellung muss bis zum angegebenen Zeitpunkt zugegangen sein (§ 148 BGB).	Der Anbietende kann die Bindung an das Angebot durch **Freizeichnungsklauseln** einschränken oder ganz ausschließen (§ 145 BGB).
Beispiele: Angebot – in einer Verkaufsstelle, – auf dem Markt, – durch das Telefon. Der zögernde und später wiederkehrende oder anrufende Kunde muss damit rechnen, dass der Gegenstand nicht mehr verfügbar oder nur zu anderen Bedingungen zu haben ist.	**Beispiele:** – Brief (ca. 1 Woche), – Telefax (ca. 3 Tage), – E-Mail (unverzüglich).	**Beispiel:** gültig bis 25. Mai d. J.	**Beispiele:** – solange der Vorrat reicht = Menge unverbindlich, Preis verbindlich, – Preis freibleibend = Menge verbindlich, Preis unverbindlich, – freibleibend, unverbindlich = völlig unverbindlich.

b) Erlöschen der Bindung an das Angebot. Die Bindung an das Angebot erlischt,

- wenn es vom Empfänger ausdrücklich oder stillschweigend *abgelehnt,* § 146
- wenn es von ihm *abgeändert,* § 150 (2)
- wenn es von ihm *nicht rechtzeitig angenommen* wird. § 146

Auch wenn die Verspätung der Annahme durch unverschuldete Zwischenfälle (Verkehrsunfall, Störung der Nachrichtenübermittlung) verursacht wird, ist der Anbietende nicht mehr an sein Angebot gebunden. Musste er allerdings erkennen, dass die Verspätung durch den Briefdienstleister verursacht wurde, so muss er den Besteller unverzüglich davon benachrichtigen, da dieser sonst mit der Lieferung rechnet. § 149

c) Widerruf des Angebots. Da ein Angebot erst wirksam wird, wenn es dem Empfänger zugegangen ist, kann es bis zum Eintreffen beim Kunden widerrufen werden. Der

BGB § 130

Widerruf muss möglichst vor, spätestens gleichzeitig mit dem Angebot beim Kunden eintreffen. Es empfiehlt sich also, ein briefliches Angebot mittels E-Mail, Telefon oder Telefax zu widerrufen.

Beurteilungskriterien für den Angebotsvergleich

Die Einkaufsabteilung hat in der Regel mehrere Angebote zur Auswahl. Der Einkäufer muss denjenigen Anbieter auswählen, bei dem das Material bestellt werden soll. Diesem Ziel dient ein Angebotsvergleich, dessen Ergebnisse bei Bedarf durch klärende Rückfragen bei den Anbietern oder durch ergänzende Verhandlungen untermauert werden können.

Seite 53

Beim **Angebotsvergleich** sind die Unterschiede der vorliegenden Angebote in folgender Hinsicht zu ermitteln:

a) Qualitätsvergleich. Nicht das billigste Angebot ist von vornherein das geeignetste, sondern das *preiswerteste;* dieses Merkmal schließt den Qualitätsvergleich ein. Zum Vergleich der Materialqualitäten sind verantwortliche technische Mitarbeiter aus dem Fertigungsbereich hinzuzuziehen, welche die Eignung des Materials für den vorgesehenen Produktionszweck am besten beurteilen können.

b) Preisvergleich. Bei gleicher Qualität des angebotenen Materials gibt in der Regel der günstigste Preis den Ausschlag für die Auswahl. Dabei müssen die angebotenen Preise auf eine **einheitliche Vergleichsbasis** umgerechnet werden: Gewährte Preisnachlässe sind abzuziehen (Rabatte, Boni, Skonti), selbst zu tragende Nebenkosten hinzuzurechnen (Verpackungs-, Transportkosten).

Beispiel: Zwei Angebote stehen zur Auswahl:
- Angebot 1: Lieferung zum Preis von 1.000 EUR frei Haus ohne Abzug.
- Angebot 2: Lieferung zum Preis von 950 EUR ab Werk mit 2 % Skonto. Die Kosten des Transports betragen 75 EUR.

Vordergründig erscheint das Angebot 2 günstiger; es ist aber selbst bei Skontoabzug höher, da der Kunde die Transportkosten tragen muss.

c) Terminvergleich. Die in den Angeboten angegebenen Lieferzeiten müssen mit den Anforderungen von Lager, Produktion und Verkauf übereinstimmen, damit die Lieferfähigkeit gewährleistet bleibt. Auch die Zahlungsziele müssen eingehalten werden können.

Neben diesen Vergleichen können auch **persönliche Kriterien** bei der Auswahl des geeigneten Lieferanten nicht unbeachtet bleiben. Langjährige gute Geschäftsbeziehungen, ein entgegenkommendes Verhalten bei Mängelrügen, begründetes Vertrauen in die Zuverlässigkeit eines Unternehmens sind nicht zu unterschätzende Gesichtspunkte. Vor allem darf man sich nicht durch ein einmaliges günstiges Angebot dazu verleiten lassen, langfristige Unternehmensziele beim Einkauf aufs Spiel zu setzen.

3.2.3 Bestellung (Auftrag)

Die **Bestellung** ist die **Willenserklärung des Käufers,** bestimmte Waren, Werkstoffe, Betriebsmittel oder Dienstleistungen **zu kaufen.**

Zu diesen Bedingungen gehören, wie beim Angebot, Angaben über Art, Beschaffenheit und Güte, Menge, Preis, Lieferungs- und Zahlungsbedingungen, Erfüllungsort und Gerichtsstand. Liegt der Bestellung ein ausführliches Angebot zugrunde, mit dessen Bedingungen der Käufer einverstanden ist, so genügt es, wenn er sich auf diese bezieht.

Die Bestellung wird häufig auch **Auftrag** genannt.

Form der Bestellung

Die Bestellung ist an **keine besondere Form** gebunden. *Schriftlich* kann sie durch Postkarte, Brief, Fax, online oder auf vorgedrucktem Bestellschein erfolgen.

Beispiele: Bestellung mittels Internet. Kunden mit PC und entsprechender Datenverbindung können über die Homepage Waren bestellen.

Mündliche oder *telefonische* Bestellungen sollten schriftlich wiederholt werden, wenn die Gefahr eines Irrtums besteht und ein Beweismittel erwünscht ist.

Rechtliche Bindung der Bestellung

Wie der Anbietende an sein Angebot, so ist der **Besteller an seine Bestellung gebunden.**

!

Die Bindung wird erst *wirksam,* wenn die Bestellung *dem Empfänger zugegangen* ist *(empfangsbedürftige Willenserklärung).* Ein Widerruf muss daher spätestens gleichzeitig mit der Bestellung beim Lieferanten eingehen.

Gibt der Besteller mit der Bestellung den Antrag (1. Willenserklärung) zum Abschluss eines Kaufvertrags ab, kann er für die Annahme der Bestellung eine Frist bestimmen **(befristeter Antrag).** Die Annahme kann nur innerhalb dieser Frist erfolgen. BGB § 148

Durch eine Bestellung (Auftrag), die auf ein verbindliches Angebot folgt, kommt ein Vertrag zustande. Ging der Bestellung kein Angebot oder nur ein unverbindliches Angebot voraus, bedarf sie noch der Bestellungsannahme (Auftragsbestätigung), damit ein Vertrag zustande kommt.

3.2.4 Bestellungsannahme (Auftragsbestätigung)

Die **Bestellungsannahme** ist eine **Willenserklärung des Verkäufers,** mit der er sich bereit erklärt, die bestellten Waren, Werkstoffe, Betriebsmittel oder Dienstleistungen **zu den angegebenen Bedingungen zu liefern.**

!

Die Bestellungsannahme ist rechtlich erforderlich, sofern der Kaufvertrag nicht bereits durch Angebot und Bestellung zustande gekommen war.

Die Bestellungsannahme wird häufig auch **Auftragsbestätigung** genannt.

Form der Bestellungsannahme. Die Bestellungsannahme kann mündlich, schriftlich bzw. durch schlüssiges Handeln (Lieferung) erfolgen. Häufig ist sie mit der Übergabe des Lieferscheins oder der Rechnung verbunden.

Kaufmännisches Bestätigungsschreiben. Es ist üblich, auch einen *bereits mündlich oder telefonisch vollzogenen Vertragsabschluss* im unmittelbaren Anschluss daran **schriftlich zu bestätigen.**

Ein solches Bestätigungsschreiben hat *Zusammenfassungs-, Festlegungs- und Beweisfunktion* für den Inhalt des zuvor geschlossenen Vertrags. Widerspricht der Empfänger diesem Schreiben nicht unverzüglich nach Erhalt, gilt sein Inhalt als beweiskräftiger Vertragsinhalt.

3.2.5 Abschluss des Kaufvertrages

Der Kaufvertrag dient dem Austausch von Gütern und Leistungen zwischen *Verkäufer* und *Käufer.* Wie alle Verträge kommt er zustande **durch wechselseitige übereinstimmende Willenserklärungen der Vertragspartner.**

Jeder **Vertrag** kommt zustande durch **Übereinstimmung** von
Antrag und **Annahme.**

!

Da der Antrag sowohl vom Verkäufer als auch vom Käufer ausgehen kann, kommt ein

Kaufvertrag
zustande durch
1. Angebot des Verkäufers und **2. Bestellung des Käufers**
oder durch
1. Bestellung des Käufers und **2. Bestellungsannahme des Verkäufers.**

!

Es ergeben sich somit für den **Abschluss eines Kaufvertrags** folgende *Möglichkeiten (Fälle):*

a) **Der Verkäufer macht ein verbindliches Angebot, der Käufer bestellt** rechtzeitig und ohne Änderungen. Damit ist der Kaufvertrag zustande gekommen.

b) **Der Verkäufer macht ein Angebot, der Käufer bestellt zu spät** oder **mit Abänderungen** (Erweiterungen und Einschränkungen). Die verspätete Annahme eines Antrags und/oder eine Annahme mit Änderungen gelten als neuer Antrag. Der Kaufvertrag kommt erst durch die Annahme des neuen Antrags zustande (schriftliche Bestätigung bzw. sofortige Lieferung).

Besonders bei großen und bedeutsamen Kaufabschlüssen sind oft längere Verhandlungen nötig. Dann ist der Vertrag erst abgeschlossen, wenn sich die Parteien über alle Punkte geeinigt haben.

c) **Der Verkäufer macht ein freibleibendes Angebot, der Käufer bestellt.** Der Vertrag kommt zustande, wenn der Lieferant den Auftrag bestätigt oder die Ware sofort ausliefert.

d) **Der Verkäufer sendet unbestellte Ware zu.** Die Warensendung stellt nur ein Angebot dar. Der Vertrag kommt zustande, wenn der Empfänger den Kaufpreis bezahlt, die Ware in Gebrauch nimmt oder erklärt, dass er die Ware annehme.

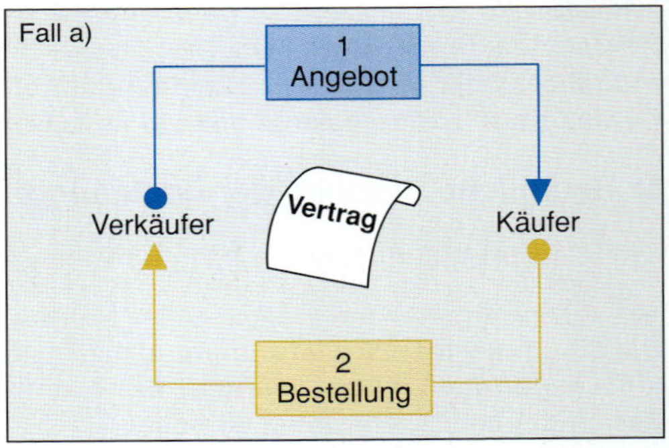

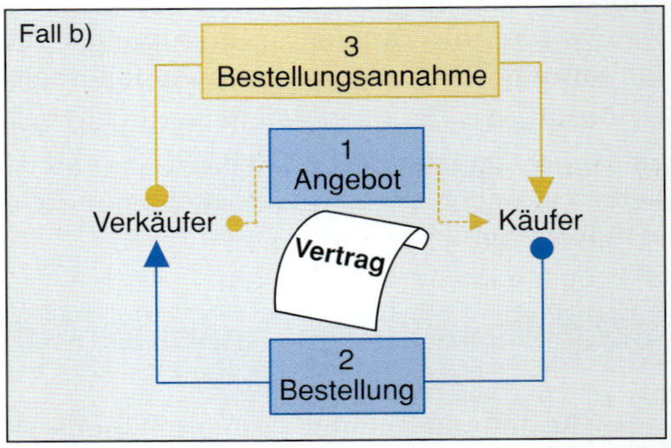

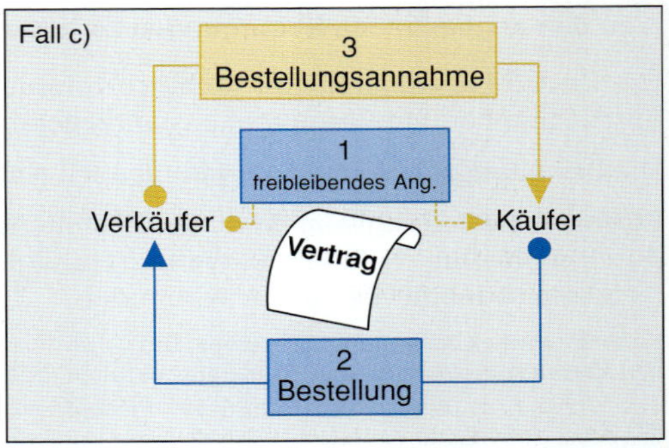

Fall d) **Zusendung unbestellter Waren** an

Empfänger:	**Kaufmann** mit bereits bestehender Geschäftsverbindung (übliche Lieferung)	**Kaufmann** ohne bisherige Geschäftsverbindung	**Verbraucher**
Wirkung bei Stillschweigen:	Annahme	Ablehnung	Ablehnung
Pflichten des Empfängers bei Ablehnung:	Mitteilung, Aufbewahrung, später Rücksendung	Aufbewahrung, keine Rücksendung	keine Aufbewahrung, keine Rücksendung

Ist der Empfänger ein *Kaufmann mit* bereits bestehender Geschäftsverbindung, so gilt sein *Stillschweigen* als *Annahme* des Angebots, sofern die Zusendung unbestellter Ware üblich ist. Nimmt er das Angebot nicht an, so ist er verpflichtet, unverzüglich zu antworten, die Ware aufzubewahren und sie später zurückzusenden. HGB § 362

Ist der Empfänger ein *Kaufmann ohne* bisherige Geschäftsverbindung, dann gilt sein *Stillschweigen* als *Ablehnung*. Er ist zur Aufbewahrung, aber nicht zur Rücksendung oder Bezahlung verpflichtet, auch dann nicht, wenn der Lieferant schreibt: »Wenn die Rücksendung nicht bis ... erfolgt, wird der Rechnungsbetrag durch Nachnahme erhoben«.

Liefert ein Unternehmer einem *Verbraucher* unbestellte Waren oder erbringt der Unternehmer unbestellte sonstige Leistungen, entsteht keine Verpflichtung. Der Verbraucher muss die Ware weder aufbewahren, noch bezahlen oder zurücksenden. BGB § 241a

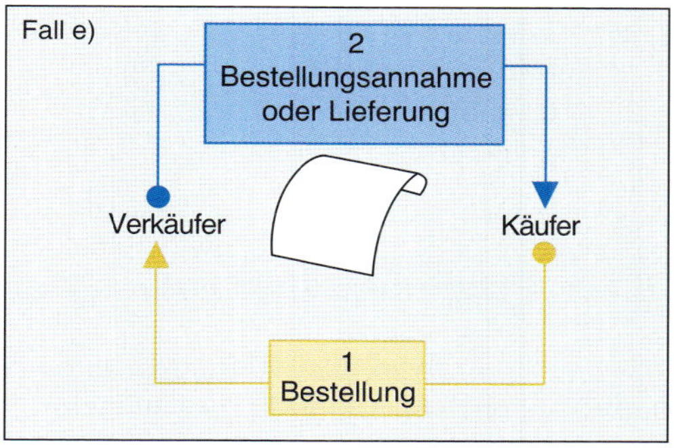

e) **Der Käufer bestellt ohne vorhergehendes Angebot, der Verkäufer nimmt die Bestellung an.** Der Vertrag kommt mit der Annahme der Bestellung zustande, und zwar
   - durch Bestätigung der Bestellung oder
   - durch sofortige Lieferung der Ware (schlüssiges Handeln).

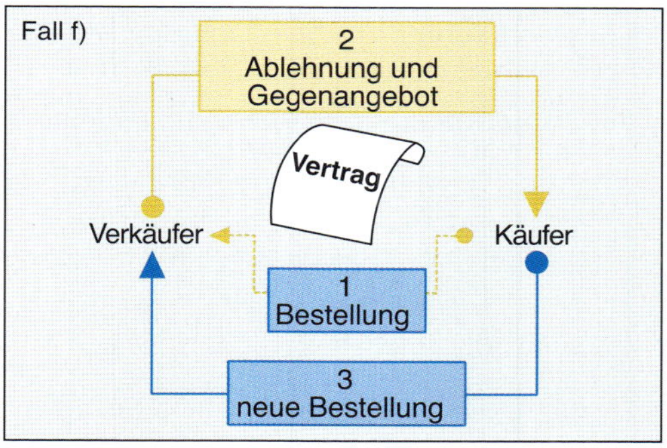

f) **Der Käufer bestellt, der Verkäufer lehnt die Bestellung ab.** Unter Umständen verknüpft er mit der Ablehnung ein Gegenangebot. Der Kaufvertrag kommt erst durch die neue Bestellung des Kunden zu den Bedingungen des Gegenangebotes zustande.

Partner des Kaufvertrages

Die Partner des Kaufvertrags sind Käufer und Verkäufer. Sie können ihrer rechtlichen Stellung nach **Unternehmer** oder **Verbraucher** sein.

Unter einem **Verbraucher** versteht man hierbei eine natürliche Person, die ein Rechtsgeschäft für private Zwecke abschließt. Demgegenüber versteht man unter einem **Unternehmer** eine natürliche oder juristische Person, die beim Abschluss eines Rechtsgeschäftes gewerblich oder selbstständig beruflich tätig handelt. § 13 § 14

Nach der **rechtlichen Stellung** des Vertragspartners sind zu unterscheiden:

Der **Verkäufer** ist / Der **Käufer** ist	**ein Unternehmer**	**ein Verbraucher**
ein Verbraucher	Verbrauchsgüterkauf (einseitiger Handelskauf)	Bürgerlicher Kauf (Privatkauf)
ein Unternehmer	Zweiseitiger Handelskauf	Sonstiger einseitiger Handelskauf

BGB § 241

Pflichten der Vertragspartner

Seite 27

Die Abgabe eines Antrages und dessen Annahme sind für Käufer und Verkäufer *freiwillig.* Durch den Abschluss des Vertrages aber werden beide Teile *verpflichtet,* den Vertrag zu erfüllen. Der Kaufvertrag ist ein **verpflichtendes Rechtsgeschäft**.

§ 433

Der Verkäufer ist verpflichtet:

1. dem Käufer den Kaufgegenstand mangelfrei und rechtzeitig zu übergeben,
2. dem Käufer das Eigentum daran zu verschaffen,
3. den Kaufpreis anzunehmen.

Der Käufer ist verpflichtet:

1. den vereinbarten Kaufpreis rechtzeitig zu zahlen,
2. den Kaufgegenstand anzunehmen.

3.2.6 Erfüllung des Kaufvertrages

§ 362 Das durch den Abschluss des Kaufvertrags **(Verpflichtungsgeschäft)** entstandene Schuldverhältnis **erlischt,** wenn die **geschuldeten Leistungen** an den Gläubiger **bewirkt** sind **(Erfüllungsgeschäft),** d. h., wenn

– der **Verkäufer** *Besitz und Eigentum* am Kaufgegenstand auf den Käufer *übertragen* und das *Entgelt angenommen,*

– der **Käufer** den *Kaufgegenstand angenommen* und das *Entgelt bezahlt* hat.

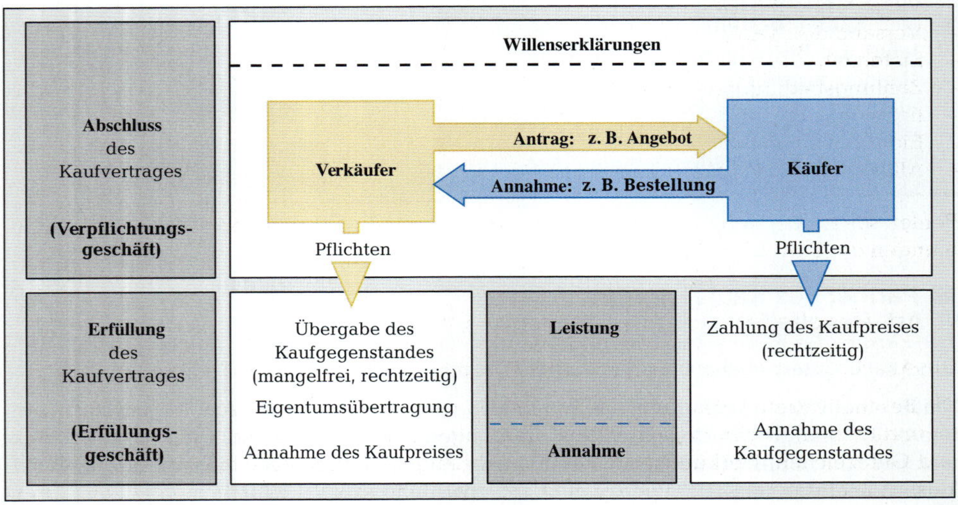

Erfüllungsweise

Maßgebend für die Art und Weise, wie der Vertrag zu erfüllen ist, sind die vertraglichen Abmachungen. Ist jedoch der Inhalt der Willenserklärung nicht eindeutig und klar, gelten folgende Auslegungsgrundsätze:

§ 157 § 242 § 133 **a)** **Alle Verträge** sind so auszulegen und zu erfüllen, wie *Treu* und *Glauben* mit Rücksicht auf die *Verkehrssitte* es erfordern. Es kommt dabei nicht auf den Buchstaben, sondern auf den Sinn der Willenserklärungen an, wie er dem Empfinden rechtlich denkender Menschen entspricht.

b) **Bei zweiseitigen Handelsgeschäften** haben die Kaufleute auf die im Handelsverkehr geltenden Gewohnheiten und Gebräuche Rücksicht zu nehmen. *Handelsbräuche* stellen die im *geschäftlichen* Verkehr übliche Handlungsweise dar. HGB § 346

Haftung für Verschulden

Grundsätzlich hat ein Schuldner eigenes Verschulden sowie das seines gesetzlichen Vertreters und seiner Erfüllungsgehilfen zu vertreten. **Verschulden** kann in *Fahrlässigkeit* oder *Vorsatz* bestehen. BGB § 276

1. **Fahrlässig** handelt, wer die im Verkehr erforderliche Sorgfalt außer Acht lässt.
2. **Vorsätzlich** schuldhaft handelt, wer sich der Rechtswidrigkeit seines Handelns bewusst ist und den Eintritt irgendeines Schadens voraussieht.

Beispiel: Ein Unternehmen kann nicht pünktlich liefern, da die Werkstätten durch ein Feuer zerstört wurden. Schadensursache:

1. Ein Angestellter drückte eine Zigarette unabsichtlich nicht vollständig aus (Fahrlässigkeit).
2. Ein Angestellter legte absichtlich Feuer (Vorsatz).

3.2.7 Inhalt des Kaufvertrages

Der Kaufvertrag enthält Vereinbarungen über
- Art, Beschaffenheit und Güte der Ware,
- Menge der Ware,
- Preis der Ware,
- Verpackung der Ware,
- Versand der Ware,
- Lieferzeit,
- Zahlungsbedingungen,
- Erfüllungsort,
- Eigentumsvorbehalt.
- Allgemeine Geschäftsbedingungen (AGB).

Fehlen solche Vereinbarungen, so treten an ihre Stelle die jeweiligen gesetzlichen Bestimmungen des BGB bzw. des HGB.

Art, Beschaffenheit und Güte der Ware

Die **Art** der Ware wird durch ihren handelsüblichen Namen gekennzeichnet.

Die **Beschaffenheit** und **Güte** können festgelegt werden durch Augenschein (Besicht), Muster und Proben, Abbildungen und Beschreibungen in Prospekten und Katalogen, Marken- und Gütezeichen, Herkunftsbezeichnung (Anbaugebiet oder Verschiffungshafen), Güteklassen (Handelsklassen, Typen oder Standards), Jahrgang, Gehalt (Alkohol- oder Fettgehalt, Reinheit) und Farbe.

Gesetzliche Regelung. Wird eine nur der Gattung nach bestimmte Ware geschuldet, so ist Ware *mittlerer Art und Güte* zu liefern. HGB § 360 BGB § 243 (1)

Menge der Ware

Sie kann angegeben sein

a) in *gesetzlichen* Maßeinheiten: m, m^2, m^3, g, kg, t, l, hl;

b) in *handelsüblichen* Bezeichnungen: Stück, Dutzend, Gros (bei Kurzwaren), Sack, Pack, Kiste, Ballen, Palette, Wagenladung, Gebinde.

Preis der Ware

Bei den **Preisangaben** in Kaufverträgen sind zu unterscheiden:

▶ Nettopreise

Der Anbieter erlaubt keinerlei Preisabzüge. Die Vertragsklauseln lauten z. B. »Zahlbar netto Kasse« oder »Zahlbar ohne jeden Abzug«.

▶ Bruttopreise

Der Anbieter erlaubt, dass vom Rechnungsbetrag je nach vertraglicher Vereinbarung prozentuale Abzüge vorgenommen werden.

Folgende **Preisminderungen** sind möglich:

a) Rabatt. Dies ist eine Preisvergünstigung, die *aus verschiedenen Anlässen ohne Rücksicht auf den Zeitpunkt der Zahlung* eingeräumt wird.

- *Mengenrabatt* wird Großabnehmern gewährt.
- *Treuerabatt* erhalten langjährige treue Kunden.
- *Wiederverkäuferrabatt* gewähren die Hersteller von Markenwaren, z. B. Fernsehgeräten, Tabakwaren und Büchern. Die Ware wird zum empfohlenen Endverkaufspreis berechnet, von dem der Wiederverkäufer aber einen hohen Prozentsatz (20 % bis 50 %) abziehen darf.
- *Personalrabatt* genießen die Mitarbeiter des Unternehmens.

b) Skonto. Dies ist eine Preisvergünstigung, die *bei Zahlung innerhalb einer vereinbarten Frist* vor Ablauf des Zieles eingeräumt wird. Skonto soll zu vorzeitiger Zahlung ermuntern.

Beispiel: »Ziel 2 Monate, bei Zahlung innerhalb 10 Tagen 2 % Skonto.«

VerpackV §§ 3–7

Verpackung der Ware

<table>
<tr><th>Verpackungsarten
VerpackV</th><th>Transportverpackung
§ 3 (1) Zi. 4</th><th>Verkaufsverpackung
§ 3 (1) Zi. 2</th><th>Umverpackung
§ 3 (1) Zi. 3</th></tr>
<tr><td>Verwendungszweck</td><td>Auf dem Weg vom Hersteller zum Handel
– zur Erleichterung des Warentransportes,
– zum Schutz der Ware vor Transportschäden oder
– zur Sicherheit des Transportes.</td><td>Serviceverpackung für den Endverbraucher
– als Verkaufseinheit oder
– zur Übergabe der Ware.</td><td>Zusätzliche Verpackungen zur Verkaufsverpackung
– zur Warenabgabe durch Selbstbedienung oder
– zum Diebstahlschutz oder
– überwiegend zur Werbung.</td></tr>
<tr><td>Verpackungsformen</td><td>Versandkartons, Versandkisten, Versandpaletten, Container, Fässer, Säcke, geschäumte Schalen, Schrumpffolien.</td><td>Tube für Zahncreme, Schachtel und Blister bei Pralinen, Dose für Getränke, Flaschen für Getränke oder Parfüme.</td><td>Schachtel um Zahncremetube, Geschenkpapier um Pralinenverpackung, Schweißfolie um mehrere Dosen, Kiste oder Schachtel um Getränke- oder Parfümflasche.</td></tr>
<tr><td>Entsorgung</td><td colspan="3">Zum Schutze der Umwelt sind Hersteller und Vertreiber grundsätzlich zur Rücknahme und zur Wiederverwendung oder zur stofflichen Verwertung verpflichtet.</td></tr>
<tr><td rowspan="3">Verpackungskosten</td><td rowspan="2">Meist vom Hersteller von den Herstellungskosten getrennt erfasst. Vertragliche Kostentragung durch Käufer oder Verkäufer.
Häufig gegen Pfandgebühr geliehen oder zu Selbstkosten übereignet.</td><td colspan="2">Meist im Kaufpreis inbegriffen, da der Verpackungsvorgang eng mit der Fertigung verbunden ist.</td></tr>
<tr><td>Mehrwegverpackung häufig gegen Pfandgebühr geliehen oder zu Selbstkosten übereignet.</td><td>Beutel und Tragetaschen häufig dem Endverbraucher in Rechnung gestellt. Kostenersparnis durch Verzicht auf Umverpackung.</td></tr>
<tr><td colspan="3">Die Vertragsklausel »brutto für netto« drückt aus, dass der Kaufpreis vom Bruttogewicht der Sendung, also ohne Abzug des Verpackungsgewichtes (der Tara) zu berechnen ist und die Verpackung damit ebenfalls dem Käufer überlassen wird.</td></tr>
</table>

BGB § 448 **Gesetzliche Regelung.** Die Verpackungskosten sind Kosten der Abnahme. Sie sind *vom Käufer* zu tragen.

HGB § 380 Ist der Kaufpreis nach dem Gewicht der Ware zu berechnen, so ist das Verpackungsgewicht abzuziehen.

Versand der Ware

▶ Versandart

Die Ware kann persönlich, durch Boten, mit eigenem Fahrzeug oder durch Vermittlung eines Transportunternehmens überbracht oder abgeholt werden.

▶ Versandkosten

An Versandkosten entstehen Rollgeld für die An- und Zufuhr, Fracht, Wiegegebühren und Verladekosten. Aus den Lieferungsbedingungen geht hervor, wer diese Kosten zu tragen hat.

Es kann vereinbart werden:	**Lieferungsbedingung**
1. Der **Käufer** trägt *alle* Versandkosten:	ab Werk, ab Lager
2. Der **Verkäufer** trägt *alle* Versandkosten:	frei Haus, frei Lager frei Werk
3. **Käufer** und **Verkäufer** *teilen sich* die Kosten; der **Verkäufer** trägt	
– die Kosten für die Anfuhr bis zum Versandunternehmen:	unfrei, ab hier
– die Kosten für die Anfuhr und Verladung:	frei Waggon, frei Binnenschiff
– die Kosten für die Anfuhr, Verladung und Fracht bis zum Bestimmungsort:	frei, frachtfrei, frei Bestimmungsort

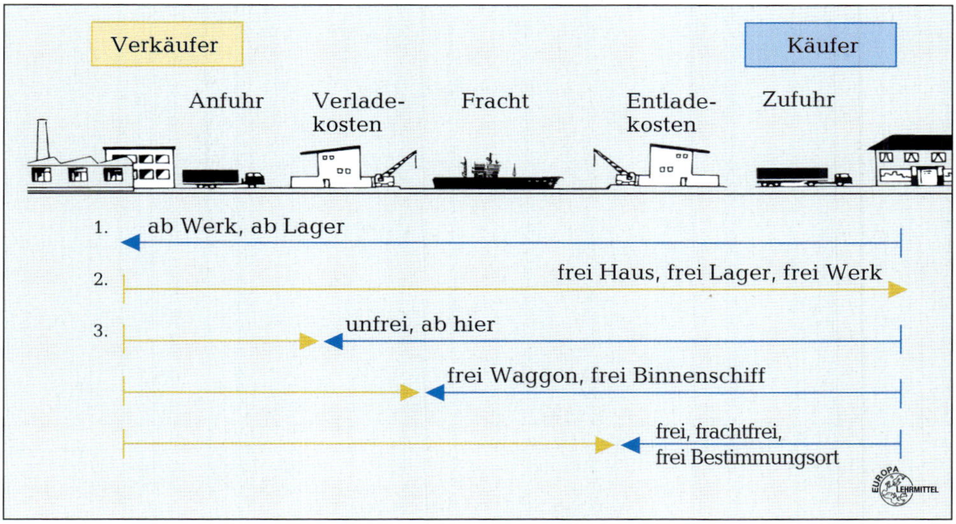

Üblicherweise übernimmt entweder der Käufer oder der Verkäufer die gesamten Versandkosten.

Gesetzliche Regelung: Ist *nichts vereinbart* und besteht kein besonderer Handelsbrauch, so sind BGB § 448

– die **Kosten der Übergabe,** insbesondere die Kosten des Messens und Wiegens vom *Verkäufer,*

– die **Kosten der Abnahme und der Versendung** nach einem anderen Ort als dem Erfüllungsort vom *Käufer* zu tragen.

Lieferungsbedingungen im internationalen Handel

Die Frage, wer die *Kosten* des meist sehr langen *Transportweges* und das *Transportrisiko* übernimmt, spielt im Überseegeschäft eine entscheidende Rolle. Die gebräuchlichsten **Lieferungsbedingungen** sind die **INCOTERMS** (**In**ternational **Co**mmercial **Terms**):

INCOTERMS® 2010		
Gruppe	**Klausel**	**Bedeutung**
Gruppe E **Abholklausel**	**EXW** = EX WORKS AB WERK	Der **Verkäufer hält die Ware** zum vereinbarten Liefertermin am vereinbarten Ort (Werk, Lager) transportgerecht verpackt **bereit.** Die **Kosten** und das **Risiko** trägt der **Käufer** ab dem Zeitpunkt, an dem die Ware abzunehmen ist.
Gruppe F **Haupttransport vom Verkäufer nicht bezahlt**	**FCA** = FREE CARRIER (… named place) FREI FRACHTFÜHRER (… benannter Ort)	Der **Verkäufer** muss Waggon, Lkw, Container oder Binnenschiff am benannten Ort **auf seine Kosten beladen.** Sobald die Ware vom Frachtführer übernommen ist, trägt der **Käufer** alle **Kosten** und das **Risiko.**
	FAS = FREE ALONGSIDE SHIP (… named port of shipment) FREI LÄNGSSEITE SCHIFF (… benannter Verschiffungshafen)	Der **Verkäufer** muss die Ware längsseits des Schiffes, d. h. **bis an die Verladeeinrichtung des Schiffes,** im vereinbarten Verschiffungshafen auf seine Kosten und Gefahr anliefern. Das **Verladerisiko** trägt der **Käufer**, der auch den **Schiffsraum** besorgen muss.
	FOB = FREE ON BOARD (… named port of shipment) FREI AN BORD (… benannter Verschiffungshafen)	Der **Verkäufer** trägt alle **Kosten und Gefahren** bis zum Zeitpunkt, an dem die Ware im vereinbarten Verschiffungshafen **an Bord des Schiffes** ist. Der **Käufer** muss den **Schiffsraum** besorgen.
Gruppe C **Haupttransport vom Verkäufer bezahlt**	**CFR** = COST AND FREIGHT (… named port of destination) KOSTEN UND FRACHT (… benannter Bestimmungshafen)	**Verladegebühren** und **Frachtkosten** bis zum benannten **Bestimmungshafen** trägt der **Verkäufer.** Das **Transportrisiko** trägt der **Käufer** ab dem Zeitpunkt, an dem die Ware im Verschiffungshafen an Bord des Schiffes ist. Der **Verkäufer** muss den **Schiffsraum** besorgen.
	CIF = COST, INSURANCE AND FREIGHT (… named port of destination) KOSTEN, VERSICHERUNG UND FRACHT (… benannter Bestimmungshafen)	Der **Verkäufer** bucht den Schiffsraum, schließt auf seine Kosten und zugunsten des Käufers den Versicherungsvertrag ab und trägt **alle Kosten bis zum** benannten **Bestimmungshafen.** Das **Transportrisiko** trägt der **Käufer** ab dem Zeitpunkt, an dem die Ware im Verschiffungshafen an Bord des Schiffes ist.
	CPT = CARRIAGE PAID TO (… named place of destination) FRACHTFREI (… benannter Bestimmungsort)	Der **Verkäufer** trägt die **Fracht** bis zum benannten **Bestimmungsort.** Er besorgt auch den Laderaum. Der Käufer trägt das **Transportrisiko,** sobald die Ware vom ersten Frachtführer übernommen wurde.
	CIP = CARRIAGE AND INSURANCE PAID TO (… named place of destination) FRACHTFREI VERSICHERT (… benannter Bestimmungsort)	Der **Verkäufer** trägt die **Fracht** und die **Versicherung** bis zum **Bestimmungsort.** Er besorgt auch den Laderaum. Der **Käufer** trägt das **Transportrisiko,** sobald die Ware vom ersten Frachtführer übernommen wurde.
Gruppe D **Ankunftsklauseln**	**DAT** = DELIVERED AT TERMINAL (… named terminal at port or place of destination) GELIEFERT TERMINAL (… benanntes Terminal im Bestimmungshafen/-ort)	Der **Verkäufer** trägt **alle Kosten** (auch die Entladekosten) und das **Transportrisiko** bis zum angegebenen Terminal im Bestimmungshafen oder Bestimmungsort.
	DAP = DELIVERED AT PLACE (… named place of destination) GELIEFERT BENANNTER ORT (… benannter Bestimmungsort)	Der **Verkäufer** trägt alle **Transportkosten** und das **Transportrisiko,** bis die Ware dem Käufer im benannten Bestimmungsort entladebereit zur Verfügung steht.
	DDP = DELIVERED DUTY PAID (… named place of destination) GELIEFERT VERZOLLT (… benannter Bestimmungsort)	Der **Verkäufer** trägt alle **Transportkosten** und das **Transportrisiko** bis zum **Bestimmungsort** sowie die **Zölle** und sonstige **Einfuhrabgaben.**

Lieferzeit

Der *optimale* Lieferzeitpunkt sollte die ständige Materialbereitstellung für die Fertigung gewährleisten, sodass die Materialbereitstellung einen rechtzeitigen Fertigungsbeginn ermöglicht. Unnötige Lagerhaltungskosten sollten bei einer zu frühen Materialanlieferung ebenso vermieden werden wie Leerlauf bei der Produktion infolge einer zu späten Materialanlieferung. Seite 48

Beispiele:

1. In der Konservenindustrie richtet sich die Anlieferung der Materialien nach dem Erntezeitpunkt und den Lagerungsmöglichkeiten (Gemüse, Obst).
2. In der Großserien- und Massenfertigung versucht der Hersteller, die Zulieferer zu einer arbeitstäglichen Anlieferung des Tagesbedarfs zu verpflichten, sodass eine Lagerung entfällt (fertigungssynchrone Lieferung in der Autoindustrie).

Für die Lieferung kann *ein bestimmter Termin oder eine Frist* gesetzt werden. Diese können sich ergeben aus einer vertraglichen Regelung oder durch stillschweigende Übernahme der bisher üblichen Gepflogenheit. Möglicherweise lassen sie sich auch aus den Umständen der Lieferung entnehmen, z. B. bei Lieferung von Heiratsanzeigen oder Saisonartikeln.

Gesetzliche Regelung. Ist eine Zeit für die Lieferung weder bestimmt, noch aus den Umständen zu entnehmen, so kann der Lieferant *sofort* liefern, der Käufer *sofortige* Lieferung verlangen. BGB § 271

Zahlungsbedingungen

Sie bestimmen die Art und Weise sowie die Kosten und den Zeitpunkt der Zahlung.

▶ Art und Weise der Zahlung

Im Kaufvertrag kann bare, halbbare, bargeldlose Zahlung oder Wechselzahlung vereinbart werden. Zahlungen können vereinbarungsgemäß in einem Betrag oder in Raten geleistet werden.

Für die **rechtzeitige Bezahlung** einer **Geldforderung** kommt es nicht auf die Rechtzeitigkeit der Zahlung, sondern auf die **Rechtzeitigkeit des Geldeingangs** beim Gläubiger an. Dies ergibt sich aus der **EU-Zahlungsverzugsrichtlinie**. Allerdings haftet ein Schuldner, der die Überweisung rechtzeitig veranlasst hatte, nicht für mögliche Verzögerungen im Bankverkehr.

Eine Zahlung mit dem Geldersatzmittel (Geldsurrogat) **Scheck** oder **Wechsel** gilt in der Regel erst dann als schuldtilgende Erfüllungshandlung, wenn dem Gläubiger Geld zufließt, d. h., wenn der Scheck bzw. Wechsel eingelöst wird. Die Annahme eines Schecks oder Wechsels erfolgt also erfüllungshalber und nicht an Erfüllungs statt. § 364 (2)

▶ Kosten der Zahlung

Die *Kosten* der *Zahlung* der Kaufsumme hat der *Schuldner* zu tragen. Er darf sie daher nicht vom Rechnungsbetrag abziehen. § 270

▶ Zeitpunkt der Zahlung

Die Zahlung kann erfolgen:

Zeitpunkt der Zahlung →

Vor der Lieferung	Bei der Lieferung	Nach der Lieferung
• »Zahlung bei Bestellung«	• »gegen bar«	• »zahlbar in 4 Monatsraten«
• »Anzahlung«	• »gegen Kasse«	• »Ziel 1 Monat«
• »Zahlung im Voraus«	• »gegen Nachnahme«	• »zahlbar innerhalb 30 Tagen«
		• »zahlbar in 1 Monat oder bar mit 2 % Skonto«

BGB § 271 **Gesetzliche Regelung:** Ist über den Zeitpunkt der Zahlung nichts vereinbart und auch aus den Umständen nichts zu entnehmen, so kann der Verkäufer *sofortige* Zahlung verlangen.

§ 193 Ist der Leistungstag ein Samstag, Sonntag oder gesetzlicher Feiertag, so braucht der Schuldner erst am nächsten Werktag zu leisten. Die Geldschuld gilt als rechtzeitig erfüllt, wenn der Schuldner das Geld am Fälligkeitstag abgeschickt hat.

Zahlungsbedingungen im internationalen Handel

Die große Entfernung zwischen den Handelspartnern, die Unsicherheit in der Politik, Wirtschaft und Währung sowie die Verschiedenheit der Rechtsordnungen verlangen besondere Maßnahmen zur Sicherung des Geldeingangs. Im Überseegeschäft wird allgemein nach dem Grundsatz verfahren, dass keine Ware den Verschiffungshafen verlässt, ohne dass eine entsprechende Gegenleistung seitens des ausländischen Importeurs erfolgt. Im Europageschäft wird häufig auch ein offenes Ziel eingeräumt.

Folgende **Zahlungsbedingungen** sind im Außenhandel üblich:

Zahlungsbedingungen im Außenhandel	
Vorauszahlung	Wird von unsicheren Kunden verlangt, über die keine zuverlässige Auskunft eingeholt werden konnte, oder von solchen, die ihre Handelsniederlassungen in Ländern mit unsicheren Währungs- und Wirtschaftsverhältnissen haben.
Anzahlung	Ist üblich bei Großaufträgen von Investitionsgütern, deren Fertigung längere Zeit beansprucht (Lokomotiven, Schiffe, Brauereianlagen, Turbinen). Der Lieferant hat in diesem Falle eine gewisse Garantie, dass der Käufer nicht ohne Weiteres vom Vertrag zurücktreten wird.
Zahlung gegen Dokumenten-Akkreditiv (**L**etter of **C**redit = **L/C**)	Der Rechnungsbetrag wird durch den Käufer bei seiner Bank bereitgestellt. Diese hat sich gegenüber dem Exporteur verpflichtet, bei der Vorlage einwandfreier Dokumente zu zahlen. Der Lieferant hat die unbedingte Sicherheit für den Zahlungseingang.
Dokumente gegen Akzept (**d**ocuments against **a**cceptance = **d/a**)	Der Exporteur erhält statt einer Zahlung aufgrund des Inkassoauftrags ein Akzept des Importeurs, das er durch Diskontierung bei seiner Bank verwerten kann.
Dokumente gegen Kasse (**d**ocuments against **p**ayment = **d/p**)	Der Exporteur reicht unmittelbar nach der Verladung die Dokumente bei seiner Bank mit einem Inkassoauftrag ein. Sie reisen mit Luftpost (2 Ausfertigungen im Abstand von 2 Tagen) an die vom Importeur benannte Bank, die diese gegen Zahlung des Rechnungsbetrages an den Käufer aushändigt. Der Exporteur hat das Risiko, dass der Importeur die Annahme verweigert und die Dokumente nicht abnimmt.
Zahlung bei Lieferung (**c**ash **o**n **d**elivery = **cod**)	Der Importeur erhält die Ware nur ausgeliefert, wenn er die Warenwertnachnahme bei der Übergabe der Ware bezahlt (Zug-um-Zug).
Zahlung gegen Rechnung	Die Zahlung erfolgt erst nach der Lieferung der Ware und Rechnungsstellung.
Offenes Zahlungsziel	Nach der Lieferung der Ware wird dem Kunden ein offenes Zahlungsziel (z. B. innerhalb drei Monaten) eingeräumt.
	Interesse des Importeurs / Interesse des Exporteurs

Erfüllungsort

Der **Erfüllungsort** ist der Ort, an dem der **Schuldner** seine **Leistung zu bewirken** hat.

▶ Arten des Erfüllungsortes

a) **Der vertragliche Erfüllungsort** ist vom Verkäufer und Käufer vereinbart. Eine solche Vereinbarung kommt zustande, wenn die in einem Angebot, einem Bestellschein oder in einem Bestätigungsbrief aufgenommenen Klauseln über den Erfüllungsort angenommen werden oder unwidersprochen bleiben. Die Aufnahme einer Klausel in einer Rechnung genügt nicht.

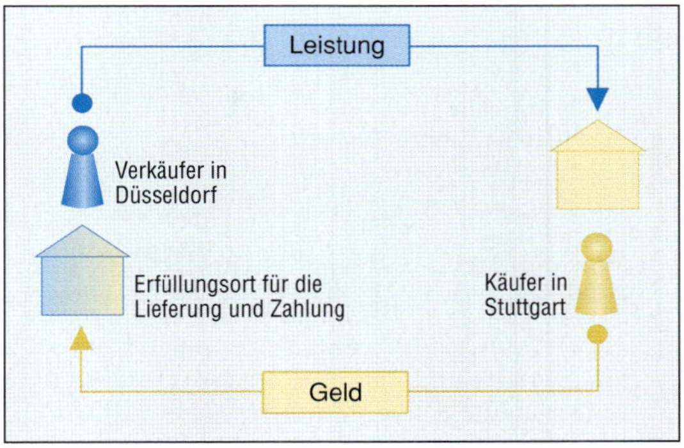

Beispiel: Der Verkäufer in Düsseldorf und der Käufer in Stuttgart vereinbaren »Erfüllungsort für beide Teile Düsseldorf«.

b) **Der natürliche Erfüllungsort** ist der Ort, an dem die Leistung ihrer Natur oder den Umständen nach zu bewirken ist.

Beispiele: Lieferung des Baumaterials für die Errichtung eines Gebäudes durch den Bauunternehmer; BGB
Durchführung von Reparaturarbeiten in einer Wohnung durch einen Handwerker; Rückgabe einer zur Verwahrung übergebenen Sache. § 697

c) **Der gesetzliche Erfüllungsort** ist der Wohnsitz bzw. die gewerbliche Niederlassung des **Schuldners** im Zeitpunkt des Vertragsabschlusses. Er gilt dann, wenn ein Ort für die Leistung weder vereinbart noch aus den Umständen zu entnehmen ist. § 269

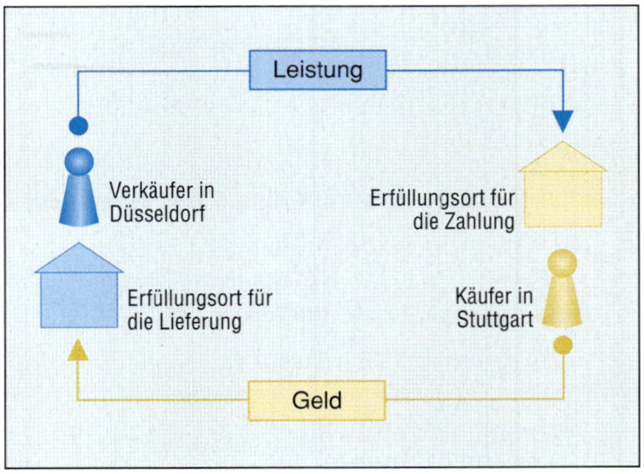

Gesetzlicher Erfüllungsort für die **Lieferung** der Leistung ist also der **Wohn- oder Geschäftssitz des Verkäufers** (der Verkäufer schuldet die Leistung).

Gesetzlicher Erfüllungsort für die **Zahlung** des Kaufpreises ist der **Wohn- oder Geschäftssitz des Käufers** (der Käufer schuldet das Geld).

▶ Bedeutung des Erfüllungsortes

Der **Erfüllungsort** ist der Ort, an dem der **Schuldner** durch rechtzeitige und mangelfreie Leistung **von seiner vertraglichen Verpflichtung** frei wird.

Beispiel: Ein Lieferant in München versendet Ware an einen Kunden in Hamburg. Als Liefertermin ist der 15. Februar vereinbart. Der Lieferant hat seine Verpflichtung erfüllt

- bei Erfüllungsort München, wenn er die Ware am 15. Februar mangelfrei dem Frachtführer in München übergibt,
- bei Erfüllungsort Hamburg, wenn die Ware am 15. Februar mangelfrei in Hamburg eintrifft.

Erfüllt er diese Verpflichtung nicht, so kommt er, gegebenenfalls nach einer Mahnung, in Lieferungsverzug (Nicht-Rechtzeitig-Lieferung). Seite 81

Neben dieser Grundbedeutung kann der Erfüllungsort auch *abgeleitete Bedeutung* für den **Gerichtsstand,** den **Gefahrübergang** und die **Übernahme der Kosten** haben, sofern hierfür keine Sonderregelungen bestehen.

a) Gerichtsstand. Ergeben sich Streitigkeiten über das Bestehen, über die Auslegung oder wegen der Erfüllung eines Vertragsverhältnisses, so können die Vertragspartner die Hilfe des zuständigen Gerichtes in Anspruch nehmen. Das **zuständige Gericht** wird bestimmt durch die sachliche und örtliche Zuständigkeit.

GVG § 23 VwVfG § 3

Zuständiges Gericht	
Sachliche Zuständigkeit	**Örtliche Zuständigkeit**
– Amtsgericht: bis 5.000 EUR Streitwert – Landgericht: über 5.000 EUR Streitwert	– vertraglich vereinbarter Ort – gesetzlich vorgegebener Ort

Die Durchführung eines Prozesses im eigenen Gerichtsbezirk bedeutet eine wesentliche Ersparnis an Zeit und Kosten. Durch den Gerichtsstand werden auch das anzuwendende Recht sowie Handelsbrauch und Verkehrssitte bestimmt.

Gesetzlicher Gerichtsstand. Hier muss zwischen dem **allgemeinen** und dem **besonderen** Gerichtsstand unterschieden werden.

ZPO §§ 12 ff.

Gesetzlicher Gerichtsstand	
Allgemeiner Gerichtsstand	**Besonderer Gerichtsstand**
ist der Sitz des Gerichtes, in dessen Bezirk der **Wohnsitz des Beklagten** liegt. Hier können Klagen erhoben werden, sofern vertraglich oder gesetzlich kein anderer Gerichtsstand bestimmt ist.	ist der Sitz des Gerichts, in dessen Bezirk der **vertragliche** oder **gesetzliche Erfüllungsort** fällt. Durch die Vereinbarung des Erfüllungsortes kann also der Gerichtsstand (stillschweigend) bestimmt sein.

Der Kläger hat jedoch die Wahl zwischen dem allgemeinen und dem besonderen Gerichtsstand. In Grundstücksangelegenheiten ist ausschließlich das Gericht zuständig, in dessen Bezirk das Grundstück liegt.

Vertraglicher Gerichtsstand. Kaufleute und juristische Personen des öffentlichen Rechts können für alle vermögensrechtlichen Streitigkeiten einen Gerichtsstand vereinbaren, sofern nicht durch Gesetz ein besonderer Gerichtsstand begründet ist (Grundstücksklagen).

BGB §§ 276, 278

b) Gefahrübergang. Geht durch **Verschulden** eines Vertragspartners der Kaufgegenstand verloren, zugrunde, oder wird er beschädigt, so hat der *schuldige Teil* den Schaden zu tragen. Der Verkäufer muss bei der Verpackung, der Auswahl des Beförderungspersonals und des Transportunternehmens die erforderliche Sorgfalt anwenden. Insbesondere (§ 447 (2)) muss er Anweisungen des Käufers über die Art des Versandes beachten. Weicht er ohne dringenden Grund davon ab, so ist er für den daraus entstehenden Schaden verantwortlich.

Beispiel: Dringende Ersatzteile werden entgegen der Weisung des Käufers nicht mit dem Flugzeug, sondern mit dem Lkw versandt. Die Reparatur kann nicht termingemäß durchgeführt werden.

Bei **zufälligem** Untergang oder **zufälliger** Verschlechterung trägt derjenige den Schaden, der die Gefahr trägt. Der Gefahrübergang auf den Käufer tritt ein

§ 446 (1)

- **mit der Übergabe der Ware an den Käufer** oder an seinen Erfüllungsgehilfen ohne Rücksicht auf den Erfüllungsort.

- **mit der Auslieferung der Ware an den Spediteur oder Frachtführer,** wenn die Ware auf Verlangen des Käufers nach einem anderen Ort als dem Erfüllungsort versandt wird *(Versendungskauf)*. BGB § 447 (1)

Führt der Verkäufer die Versendung üblicherweise durch eigene Mitarbeiter oder eigene Beförderungsmittel aus, so trägt er die Transportgefahr.

Um das Risiko des zufälligen Untergangs oder der Verschlechterung der Ware abzuwälzen, wird häufig eine Versicherung abgeschlossen (Transport-, Bruch-, Diebstahl-, Brandversicherung). Wenn nichts anderes vereinbart ist, sind die *Versicherungskosten* von dem zu tragen, der die Gefahr trägt.

Bei der **Übersendung von Geld** trägt der *Versender* die Gefahr, bis es in die Verfügungsgewalt des Empfängers gelangt (bare Auszahlung oder Gutschrift auf das Konto). § 270

Beispiele:

1. Ein Schuldner lässt einem Lieferanten die Kaufsumme durch einen Boten übermitteln. Dieser verliert das Geld. Der Lieferant kann auf der Zahlung bestehen.
2. Ein Schuldner zahlt durch Überweisung. Der Betrag geht dem Gläubiger nicht zu. Er kann weiterhin die Zahlung verlangen. Der Absender kann aber das Kreditinstitut haftbar machen.

c) **Übernahme der Kosten.** Der Erfüllungsort bestimmt auch, wer die **Kosten der Lieferung** zu tragen hat, sofern die Übernahme der Versandkosten nicht im Vertrag besonders geregelt ist. Umgekehrt hat aber eine vertragliche Versandkostenregelung keinen Einfluss auf den Erfüllungsort. § 269 (3)

Gesetzliche Regelung:

- Die **Kosten der Übergabe,** insbesondere die Kosten des Messens und Wiegens, fallen dem *Verkäufer,* die **Kosten der Abnahme und Versendung** nach einem anderen Ort als dem Erfüllungsort fallen dem *Käufer* zur Last. § 448
- Die **Kosten der Zahlung** richten sich jedoch nicht nach dem Erfüllungsort. Diese hat, sofern keine andere Regelung vereinbart wurde, in jedem Fall der *Käufer* zu tragen. § 270 (1)

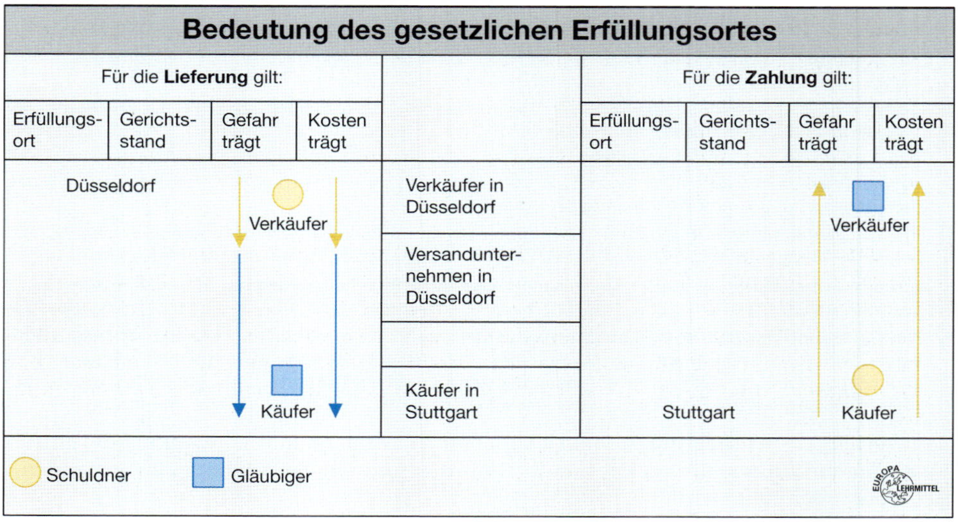

Aus der gesetzlichen Regelung des Gefahr- und Kostenübergangs, die bei Zahlungsschulden vom Erfüllungsort abweicht, lassen sich folgende **Grundsätze** ableiten:

BGB §§ 269 f.

1. **Warenschulden sind Holschulden.** Mit der Übergabe der Ware gehen Kosten und Gefahr auf den *Käufer* (Gläubiger) über.
2. **Geldschulden sind Bringschulden.** Zahlungen sind auf Kosten und Gefahr des *Käufers* (Schuldner) an den Verkäufer zu übermitteln.
(Ausnahme: Wechselschulden sind Holschulden)

Eigentumsvorbehalt

§ 449

Der **Eigentumsvorbehalt** ist eine **Vereinbarung** zwischen Verkäufer und Käufer, wonach **der Erwerber zunächst nur Besitzer werden** soll (Übergabe), während **der Veräußerer bis zur Bezahlung des Kaufpreises Eigentümer** bleibt.

Die Vorbehaltsklausel in einem Angebot lautet: »Die Ware bleibt bis zur vollständigen Bezahlung des Kaufpreises mein Eigentum.«

§ 448 (2) § 323 Der Verkäufer kann deshalb bei Pfändung Freigabe, im Insolvenzverfahren Aussonderung der Ware verlangen. Kommt der Käufer seiner Vertragsverpflichtung nicht nach, dann kann der Verkäufer sein Eigentum erst dann zurückverlangen, wenn er vom Vertrag zurückgetreten ist. Voraussetzung für den Rücktritt ist, dass eine gesetzte Nachfrist mit Ablehnungsandrohung erfolglos verstreicht.

Der Eigentumsvorbehalt muss, wenn er wirksam sein soll, beim Abschluss des Kaufvertrages ausdrücklich vereinbart sein.

Der Eigentumsvorbehalt *erlischt,* wenn der Kaufpreis vollständig bezahlt ist. Er wird *unwirksam,* wenn der Gegenstand

- § 932 – an einen gutgläubigen Dritten weiterveräußert oder verpfändet,
- § 950 – verarbeitet,
- § 947 – mit einer beweglichen Sache fest verbunden,
- § 946 – mit einer unbeweglichen Sache fest verbunden,
- verbraucht oder
- vernichtet wird.

Beispiele:

1. Ein Textilgroßhändler verkauft eine Outdoorjacke, die er unter Eigentumsvorbehalt erworben und noch nicht bezahlt hat. Mit der Übergabe wird der gutgläubige Einzelhändler Eigentümer.
2. Ein Bauunternehmer verarbeitet den unter Eigentumsvorbehalt gelieferten Zement und errichtet damit Mauern in einem Einfamilienhaus.
3. In der Werkstatt eines Kraftfahrzeughändlers wird ein Auspufftopf, den der Händler unter Eigentumsvorbehalt erworben und noch nicht bezahlt hat, in das Auto eines Kunden eingebaut. Der Kunde wird durch den Einbau in sein Auto Eigentümer des Auspufftopfes.
4. Ein Installateur baut eine Badewanne, die er unter Eigentumsvorbehalt erworben und noch nicht bezahlt hat, in das Haus eines Kunden ein. Mit dem Einbau wird der Kunde Eigentümer der Badewanne.
5. In einer Gaststätte werden Spirituosen, die unter Eigentumsvorbehalt geliefert worden sind, ausgeschenkt und verbraucht.
6. Der Eigentumsvorbehalt eines Kraftfahrzeughändlers auf einen gegen Raten verkauften Personenkraftwagen wird unwirksam, wenn das Auto bei einem Verkehrsunfall zerstört wird. Um diesen Schaden auszugleichen, veranlasst der Kraftfahrzeughändler seine Kreditkunden beim Kauf, eine Vollkaskoversicherung für das Auto abzuschließen. Im Schadensfall erhält der Händler Ersatz von der Versicherung.

Vom **verlängerten** Eigentumsvorbehalt spricht man, wenn beim Weiterverkauf die entstehende Forderung abgetreten ist, bei der Verarbeitung der hergestellte Gegenstand zur Sicherung übereignet wird.

Ein **erweiterter** Eigentumsvorbehalt liegt vor, wenn sich die Vorbehaltsrechte auch auf andere vom selben Verkäufer an denselben Käufer gelieferte Waren beziehen sollen.

Beim **Kontokorrenteigentumsvorbehalt** erwirbt der Käufer das Eigentum an einer bezogenen Ware erst, wenn er *alle Schulden gegenüber dem Verkäufer getilgt,* also den Kontokorrentsaldo ihm gegenüber ausgeglichen hat.

Allgemeine Geschäftsbedingungen (AGB)

Vertragsbedingungen werden häufig für eine Vielzahl von Verträgen vorformuliert und als »Allgemeine Geschäftsbedingungen« auf einem besonderen Blatt oder auf Vertragsurkunden (Angebots-, Bestellformular) abgedruckt. So können die AGB, ohne sie im Einzelnen aushandeln zu müssen, dem Vertrag zugrunde gelegt werden. Persönliche Vertragsabreden haben aber Vorrang vor den AGB. BGB §§ 305 ff.

Seite 30

Sollen AGB bei einem Vertrag mit einem Verbraucher zum Vertragsbestandteil werden, so muss der Verkäufer diesen ausdrücklich auf die AGB hinweisen; der Vertragspartner muss damit einverstanden sein.

Die *auf der Rechnung* angegebenen Geschäftsbedingungen sind *rechtlich ohne Bedeutung,* wenn sie nicht schon vor der Rechnungserteilung Bestandteil des Vertrages geworden sind.

3.2.8 Arten des Kaufvertrages

Nach den Bestimmungen des jeweiligen Vertragsinhalts sind verschiedene Arten des Kaufs zu unterscheiden.

▶ Nach der Bestimmung von Art, Beschaffenheit und Güte der Ware

a) **Gattungskauf.** Der Kaufgegenstand ist eine *vertretbare* Sache. Vertretbare Sachen sind bewegliche Sachen, die *in mehreren gleichen Ausfertigungen* hergestellt werden und wegen ihrer Gleichartigkeit durch andere Stücke der gleichen Gattung ersetzt werden können. § 243 HGB § 360

Beispiele: Kauf von Baumwolle, Kauf eines Kunstdruckes, Kauf von Serienmöbeln.

b) **Stückkauf.** Der Kaufgegenstand ist eine *nicht vertretbare,* also *einmalige* Sache, die in dieser Form nicht wiederbeschafft werden kann.

Beispiele: Kauf eines Grundstückes, eines Originalgemäldes, eines antiken Bauernschrankes.

c) **Kauf nach Probe** (nach Muster). Er ist ein Kauf *aufgrund früher bezogener Waren* (»wie gehabt«) oder *nach einer vom Verkäufer übergebenen Probe.*

Die zu liefernde Ware muss der Probe entsprechen; unwesentliche Abweichungen müssen jedoch geduldet werden. Die Eigenschaften der Probe oder des Musters sind als vereinbarte Beschaffenheit anzusehen. Fehlen sie, kann der Käufer seine Rechte aus mangelhafter Lieferung geltend machen. BGB §§ 437 ff.

Beispiele: Kauf von Kaffee, Tee, Tabak, Stahl, Metallen, Textilrohstoffen, Tapeten.

d) **Kauf auf Probe.** Er ist ein Kauf *mit Rückgaberecht* innerhalb einer vereinbarten Frist, falls der Gegenstand nicht den Erwartungen des Käufers entspricht. § 454

Der Verkäufer überlässt dem Käufer die Ware für eine bestimmte Zeit »auf Probe« oder »zur Ansicht«, damit er prüfen und ausprobieren kann. Lässt der Käufer die Probefrist ohne ausdrückliche Ablehnung der Ware verstreichen, so gilt sein Stillschweigen als Billigung und damit als Annahme des Angebotes. § 455

Beispiele: Kauf eines Kopiergerätes, eines Schreibtischstuhls, eines Musikinstrumentes.

e) **Kauf mit Umtauschrecht.** Der Käufer kann verlangen, dass *anstelle der gekauften eine andere Ware* gleichen Wertes geliefert wird, wenn die Ware nachträglich nicht zusagen sollte.

Beispiel: Beim Kauf eines Geschenkartikels hat der Verkäufer Umtauschmöglichkeit zugesagt.

Der Kauf auf Probe darf nicht verwechselt werden mit einem Kauf, bei dem das Recht auf Umtausch vereinbart ist.

f) **Bestimmungskauf (Spezifikationskauf).** Hier erfolgt ein Abschluss über eine genau festgelegte Gesamtmenge einer Gattungsware. Der Käufer hat aber *das Recht,* innerhalb einer festgesetzten Frist *die zu liefernden Waren nach Maß, Form oder Farbe näher zu bestimmen* (»je nach Käufers Wahl«). HGB § 375

Für die Gesamtmenge wird ein *Grundpreis* vereinbart. Dazu kommen die für die einzelnen Ausführungsarten vereinbarten *Zuschläge.*

Beispiele:

1. Ein Metallwerk schließt einen Kaufvertrag über 1.000 t Eisen mit dem Recht der Spezifikation für Flach-, Rund-, Stab-, Winkel- und T-Eisen in verschiedenen Längen und Stärken.
2. Ein Textilhändler kauft 10.000 Paar Strumpfhosen. Größen und Farben werden nachträglich bestimmt.

▶ Nach der Bestimmung der Lieferzeit

a) Sofortkauf. Die Lieferung hat *unmittelbar nach der Bestellung* zu erfolgen. Die Klausel lautet: »Lieferung sofort«.

Beispiel: Ein Unternehmen benötigt dringend Heizöl. Der Mineralölhändler verspricht die Lieferung am gleichen Tage.

b) Terminkauf. Die Lieferung hat *zu einem vereinbarten späteren Termin oder innerhalb einer vereinbarten Frist* zu erfolgen. Die Klauseln lauten: »Lieferung Ende August«, »Lieferung innerhalb zweier Monate«, »Lieferung 2 Monate nach Auftragseingang«.

c) Fixkauf. Die Lieferung hat *an oder bis zu einem* **genau** *bestimmten Zeitpunkt* zu erfolgen. Die Klauseln lauten: »Lieferung am 20. Mai fix«, »Lieferung bis 20. Dezember fest.«
BGB § 323 (2) Nr. 2 HGB § 376
Der Vertrag steht und fällt mit der Beachtung der Fixklausel.

Beispiele: Lieferung von Geschenken, von Wein oder Einladungskarten zu einem Betriebsjubiläum; Lieferung von Büromöbeln bis zur Eröffnung einer Filiale.

d) Kauf auf Abruf. Der *Zeitpunkt der Lieferung* ist in das *Ermessen des Käufers* gestellt. Er ruft die Ware ab.

Beispiel: Ein Bauherr kauft Möbel, die er erst nach der Fertigstellung des Hauses anliefern lässt.

e) Teillieferungskauf. Bei ihm erfolgt die *Lieferung in Teilmengen.* Er kann sein:

- ein Termin- oder Zeitkauf (lieferbar in monatlichen Teilmengen),
- ein Fixkauf (lieferbar am 1. Mittwoch eines jeden Monats fix),
- ein Kauf auf Abruf (lieferbar auf Abruf).

Der Käufer hat hierbei den Vorteil des Einkaufs in großen Mengen (Mengenrabatt, Schutz vor Preissteigerung) bei gleichzeitig niedriger Lagerhaltung.

▶ Nach der Bestimmung der Zahlungszeit

1. Kauf gegen Vorauszahlung. Die Zahlung ist vor der Lieferung zu leisten.
2. Barkauf. Der Käufer hat Zug um Zug mit der Lieferung zu zahlen.
3. Ziel- oder Kreditkauf. Die Zahlung ist einige Zeit nach der Lieferung zu leisten.

3.2.9 Überwachung der Vertragserfüllung

Die bestellten Werkstoffe und Betriebsmittel müssen mangelfrei und rechtzeitig geliefert werden. Daraus ergibt sich die Verpflichtung für den Käufer, die Zahlung zum vereinbarten Termin zu leisten. Es ist deshalb erforderlich, die Vertragserfüllung zu überwachen, um rechtzeitig Ansprüche aus Erfüllungsstörungen geltend zu machen.

Die **Beschaffung von Betriebsmitteln, Werkstoffen oder Waren** macht somit folgende **Kontrollen und Tätigkeiten** erforderlich:

▶ Terminliche Eingangskontrolle

Der geordnete Betriebsablauf erfordert, dass der Käufer die Einhaltung der vereinbarten Lieferzeit überwacht. Für diese **Terminkontrolle** werden verschiedene Hilfsmittel verwendet:

- Terminüberwachung *mittels DV.* Die gespeicherten Liefertermine können jederzeit und sofort abgerufen werden.

- Die Ablage der Bestelldurchschläge kann zeitlich nach Lieferungen erfolgen in *Terminmappen und Terminordnern* (mit Tageseinteilung), in *Terminkarteien* (mit Tages- und Monatskarteien) und *Terminschränken* (mit Tagesfächern).
- Bei der Führung eines *Bestellbuches* wird jede Bestellung unter laufender Nummer mit Angabe des Lieferanten und des vereinbarten Liefertermins eingetragen. Da in einer besonderen Überwachungsspalte der Eingang der bestellten Sache vermerkt ist, sind unerledigte Bestellungen deutlich erkennbar.

Wenn die Überwachung der Liefertermine ergibt, dass ein Lieferant nicht rechtzeitig liefert, muss dieser unter Umständen durch Mahnung in Verzug gesetzt werden.

▶ Sachliche Eingangskontrolle

Bei der Übernahme der Sendung ist zu prüfen:

- die Angabe von Empfänger und Absender,
- die Anzahl und Richtigkeit der Stücke durch Vergleich mit den Begleitpapieren (Stück, Aufschrift, Zeichen, Nummer, Gewicht),
- die Verpackung auf ihre Unversehrtheit,
- die Ware selbst, falls sie unverpackt ist.

Bei Beanstandungen kann die Annahme der Sendung verweigert oder vom Überbringer eine Bescheinigung des Mangels verlangt werden, damit die Rechte aus der Mängelrüge geltend gemacht werden können *(Tatbestandsaufnahme).*

Bei *zweiseitigen Handelskäufen* sind die eingegangenen Waren *unverzüglich* zu prüfen. Die Prüfung erstreckt sich auf die Menge, Art, Güte, Beschaffenheit und Aufmachung. HGB § 377

Unterlagen bilden: Packzettel und Lieferschein, Rechnung, Bestellscheindurchschlag, Auftragsbestätigung, aufbewahrte Proben und Muster. Bei Massenartikeln genügt es, Stichproben zu machen.

Vielfach sind besondere Prüfverfahren nötig, die in der Annahmestelle selbst oder in besonderen Materialprüfstellen durchgeführt werden.

Festgestellte Mängel sind genau zu beschreiben, damit beim Lieferanten Mängelrüge erhoben werden kann. Die beanstandete Ware darf nicht ohne Weiteres zurückgesandt werden, sondern ist zunächst aufzubewahren.

▶ Prüfung der Rechnung

Sie erstreckt sich

- auf die **sachliche** Richtigkeit, z. B. Übereinstimmung der Rechnung mit der Bestellung nach Menge, Art, Preis, Lieferungs- und Zahlungsbedingungen,
- auf die **rechnerische** Richtigkeit, z. B. des Netto- und Bruttopreises, der Fracht, der Nachlässe.

Erst nach durchgeführter Prüfung ist die Rechnung buchungs- und zahlungsreif.

▶ Überwachung der Zahlungstermine

Bei Eingangsrechnungen hat der Käufer zu entscheiden, ob er sie unter Abzug von Skonto bezahlen kann und will oder ob er das vom Lieferanten eingeräumte Zahlungsziel in Anspruch nehmen möchte. Danach richten sich die Zahlungstermine. Der Terminüberwachung dienen:

- mittels DV gespeicherte Zahlungstermine,
- Terminmappen, in welche die Rechnungen, nach den Zahlungsterminen geordnet, eingelegt werden.

?

1. Beschreiben Sie die wirtschaftliche und rechtliche Bedeutung einer Anfrage.
2. Nehmen Sie Stellung zu der Behauptung, durch die Anfrage eines Kunden und ein darauffolgendes Angebot des Lieferanten komme ein Kaufvertrag zustande.
3. Die Chemischen Werke Öhler GmbH in Jena ermittelte einen größeren Bedarf an Propangas in Druckflaschen. Sie erkundigt sich bei der Hydrierwerk AG in Dresden nach den derzeitigen Preisen ab Werk und den Lieferungs- und Zahlungsbedingungen. Voraussichtliche Abnahme etwa 500 Flaschen verschiedener Größen im Monat. Der Zeitpunkt und der Umfang der benötigten Teilmengen sind noch unbestimmt. Die Abholung ist mit eigenem Lkw möglich. Entwerfen Sie den Text der Anfrage.

4. Warum kann ein Anbieten von Waren durch Zeitungsanzeige kein Angebot im rechtlichen Sinne sein?
5. Warum gibt ein Kaufmann seinen Kunden häufig freibleibende Angebote ab?
6. Wie kann sich ein Lieferant verhalten, der kurz nach dem Versand seines brieflichen Angebotes erfährt, dass der Preis für die angebotene Ware gestiegen ist?
7. Lohnt sich bei der Zahlungsbedingung »Zahlung innerhalb 10 Tagen mit 3 % Skonto oder 60 Tage netto Kasse« die Aufnahme eines Bankkredits zu 12 %? Begründen Sie Ihre Entscheidung.
8. Karl Lang e.K., Mainz, macht dem Kunden Fritz Kaiser e.K., Kassel, ein schriftliches Angebot für Flaschenwein zu 6,00 EUR für 1 Flasche, bei Abnahme von mindestens 100 Flaschen zu 5,60 EUR. Der Brief wird am 20. Mai zur Post gegeben.
   a) Kaiser antwortet auf das Angebot überhaupt nicht. Welche rechtliche Wirkung ergibt sich daraus?
   b) Da am 30. Mai keine Bestellung vorliegt, verkauft Lang die Ware anderweitig. Am 31. Mai trifft von Kaiser eine Bestellung ein. Wie ist die Rechtslage?
   c) Aus dem Poststempel und dem Briefdatum ergibt sich, dass Kaiser seinen Bestellbrief am 23. Mai abends zur Post gegeben hatte. Die Zustellung ist offensichtlich durch die Post verzögert worden. Wie kann sich Lang verhalten?
   d) Am 22. Mai bestellt Kaiser 40 Flaschen Wein zu 5,60 EUR für 1 Flasche. Wie kann sich Lang dazu verhalten?
   e) Lang, dessen Angebot am 20. Mai versandt wurde, könnte noch am selben Tag die Ware günstiger an einen anderen Kunden verkaufen. Was kann er unternehmen?
9. Die Schäfer OHG, Kleiderfabrik, Zwickau, unterbreitet dem Bekleidungshaus Wilhelm Kaufmann e.K., Chemnitz, auf die vorausgegangene Anfrage vom ... ein Angebot nach beiliegendem Musterbuch und dazugehöriger Preisliste. Die Preise verstehen sich ab Werk einschließlich Verpackung, Lieferung innerhalb 6 Wochen nach Auftragseingang möglich. Zahlung 2 Monate nach Rechnungserteilung ohne Abzug, innerhalb 14 Tagen mit 3 % Skonto. Eine Auswahl von Stoffproben liegt bei.

   Verfassen Sie das Angebotsschreiben. Weisen Sie dabei besonders auf die Güte der Stoffe und der Verarbeitung hin.
10. Einem Kunden sind drei Angebote gemacht worden:
    - 4.160 EUR ab Werk, Ziel 2 Monate, bei Barzahlung 2 % Skonto,
    - 4.200 EUR frei Haus, Ziel 2 Monate netto Kasse oder innerhalb von 14 Tagen mit 1 % Skonto,
    - 4.128 EUR ab Station hier netto Kasse.

    Welches Angebot ist das günstigste Angebot, wenn für Fracht 96 EUR, für An- und Zufuhr je 32 EUR zu rechnen sind?
11. Aus welchen Gründen und unter welchen Voraussetzungen kann der Lieferant eine Bestellung ablehnen?
12. Was kann einen Kunden veranlassen, seine Bestellung zu widerrufen?
13. In welchen Fällen kommt durch eine Bestellung
    a) ein Kaufvertrag zustande,
    b) ein Kaufvertrag nicht zustande?
14. Ein Hobbygärtner erhält von einem Solinger Stahlwarenhändler unbestellt eine Heckenschere zugesandt. Im Begleitschreiben wird mitgeteilt, dass die Schere bezahlt werden müsse, falls sie nicht binnen 14 Tagen zurückgeschickt werde. Der Empfänger ist an der Heckenschere nicht interessiert, legt sie zu den übrigen Gartengeräten und vergisst sie. Nach 4 Wochen erhält er eine Mahnung.
    a) Ist der Empfänger mit der Heckenschere ordnungsgemäß verfahren (Begründung)?
    b) Muss er den Kaufpreis bezahlen oder die Ware zurücksenden?
    c) Wer hat den Schaden zu tragen, wenn die Schere wie die übrigen Gartengeräte durch Regenwasser infolge eines Unwetters verrostet ist?
15. Es wird Ihnen unbestellt eine Sendung Weihnachtspostkarten ins Haus geliefert. Auf dem Begleitschreiben steht: »Bitte zahlen Sie mit beiliegendem Zahlschein innerhalb 14 Tagen 20 EUR, oder senden Sie die Karten umgehend wieder zurück.« Wie verhalten Sie sich?
16. Welche grundsätzliche Bedeutung hat die Unterscheidung zwischen bürgerlichem Kauf und Handelskauf?
17. Stellen Sie bei folgenden Fällen fest, ob ein bürgerlicher Kauf, ein Verbrauchsgüterkauf oder ein zweiseitiger Handelskauf vorliegt:
    a) Ein Schüler verkauft seinen MP3-Player an einen Mitschüler.
    b) Ein Geschäftsmann kauft in der Apotheke für sich Beruhigungspillen.
    c) Ein Großhändler kauft in einem Schreibwarengeschäft einige Kartons Briefumschläge.
    d) Eine Bank kauft aus Privatbesitz eine Münzsammlung auf.
    e) Die Gemeindeverwaltung kauft bei einem Förster einen Weihnachtsbaum.

18. Wann ist der Kauf, den ein Geschäftsmann tätigt, kein Handelskauf?

19. Worin bestehen die Unterschiede zwischen dem Abschluss und der Erfüllung des Kaufvertrages?

20. Wofür haftet beim Kaufvertrag laut Gesetz
   a) der Verkäufer,
   b) der Käufer?

21. Zu welchem Preis muss ein Verkäufer eine Ware, die ab Lager 900,00 EUR kostet, anbieten, wenn die An- und Zufuhr je 30,00 EUR und die Fracht 65,85 EUR betragen und die Lieferungsbedingung
   a) ab hier,
   b) frei dort,
   c) frei Haus gelten soll?

22. Auf eine Bestellung vom 1. April erfolgt die Lieferung am 15. April. Wann ist bei den folgenden Zahlungsbedingungen der Rechnungsbetrag fällig?
   a) Zahlung bei Bestellung,
   b) Anzahlung,
   c) Zahlung im Voraus,
   d) netto Kasse gegen Rechnung,
   e) gegen bar,
   f) gegen Nachnahme,
   g) Abzahlung in 4 Monatsraten,
   h) Ziel 1 Monat, innerhalb von 30 Tagen,
   i) Ziel 2 Monate und 3 Monate Valuta,
   j) zahlbar in 2 Monaten mit 2% Skonto,
   k) Ziel 2 Monate oder Kasse innerhalb, 14 Tagen mit 1% Skonto,
   l) Ziel 3 Monate gegen Wechsel.

23. Ein Großhändler liefert mit Rechnung vom 15. September einem Einzelhändler vertragsgemäß 50 Spankörbe Pflaumen zu je 10 kg. Preis 60 EUR je 100 kg brutto für netto. Zahlungsbedingungen: in 10 Tagen 3 % Skonto, in 1 Monat netto Kasse.
   a) Der Kunde zahlt am 25. September mit Zahlschein 291 EUR. Wie beurteilen Sie diese Zahlung?
   b) Wie ist der Sachverhalt, wenn der Kunde von der Rechnung 15 EUR abzieht, da Stichproben ergeben haben, dass die Körbe bei 10 kg Gesamtgewicht nur 9,5 kg Pflaumen enthielten?

24. Auf dem Bahntransport vom Verkäufer in Frankfurt zum Käufer in Osnabrück kommt die Ware abhanden. Der Käufer verweigert die Zahlung des Kaufpreises mit der Begründung, dass im Kaufvertrag die Lieferung »frei Bahnhof Osnabrück« vereinbart war und demzufolge der Verkäufer für das Abhandenkommen hafte. Wie ist die Rechtslage?

25. Erstellen Sie eine der Seite 71 entsprechende Übersicht, wenn durch Kaufleute vertraglich »Erfüllungsort für beide Teile Stuttgart« vereinbart ist.

26. Warum ist auch beim Verkauf unter Eigentumsvorbehalt die Zuverlässigkeit des Käufers zu überprüfen?

27. Welche besonderen Vorteile erwachsen gegenüber der gesetzlichen Regelung dem Verkäufer oder dem Käufer, wenn sie ihren Wohnsitz als »Erfüllungsort und Gerichtsstand für beide Teile« vereinbaren?

28. Welche Bedeutung hat der Vermerk auf der Rechnung: »Ich sende Ihnen für Ihre Rechnung und auf Ihre Gefahr«?

29. Zwei Geschäftsleute schließen einen Kaufvertrag ohne besondere Angabe von Vertragsinhalten. Wie ist der Vertrag zu erfüllen bezüglich
   a) Warenqualität,
   b) Verpackungskosten,
   c) Versandkosten,
   d) Lieferzeit,
   e) Zahlungszeit,
   f) Erfüllungsort?

30. Unterscheiden Sie den Kauf auf Probe vom Kauf nach Probe.

31. Welche Vorteile bietet der Spezifikationskauf für Käufer und Verkäufer?

32. Wodurch unterscheiden sich der Kauf auf Abruf und der Bestimmungskauf?

33. Durch welche Vertragsvereinbarung wird ein Kauf zum Fixkauf?

34. Um welche Arten von Kaufverträgen handelt es sich in folgenden Fällen?
   a) Privatmann A hat mit Kunsthändler B einen Kaufvertrag über ein echtes Picasso-Gemälde abgeschlossen.
   b) Ein Lebensmittelgroßhändler hat mit der Campina AG einen Kaufvertrag über 500 kg Süßrahmbutter abgeschlossen, lieferbar in Teilmengen.
   c) Eine Elektrogroßhandlung hat mit einer Glühlampenfabrik einen Kaufvertrag über 10.000 Stück Energiesparlampen abgeschlossen, mit dem Zusatz, dass bis zum 15. des nächsten Monats die verschiedenen Wattstärken angegeben werden.

3.3 Störungen bei der Erfüllung des Kaufvertrages

Bei der Erfüllung des Kaufvertrages können folgende **Störungen** auftreten:

Bezeichnung	Art der Störung
Mangelhafte Lieferung (Schlechtleistung)	Der Verkäufer liefert fehlerhafte Produkte.
Lieferungsverzug (Nicht-Rechtzeitig-Lieferung)	Der Verkäufer liefert nicht rechtzeitig.
Annahmeverzug (Nicht-Rechtzeitig-Annahme)	Der Käufer nimmt die Lieferung des Verkäufers nicht oder nicht rechtzeitig an.
Zahlungsverzug (Nicht-Rechtzeitig-Zahlung)	Der Käufer bezahlt den vereinbarten Kaufpreis nicht oder nicht rechtzeitig.

3.3.1 Mangelhafte Lieferung (Schlechtleistung)

Der Verkäufer ist **verpflichtet,** die verkaufte Sache **frei von Sach- und Rechtsmängeln** zu liefern **(Gewährleistungspflicht).**

BGB § 433

Arten der Mängel

▶ Im Hinblick auf die Sache

Ein **Sachmangel** liegt vor, wenn die Kaufsache bei Übergabe an den Käufer nicht in Ordnung ist. Ob man im Einzelfall von Sachmangel sprechen kann, hängt von der Situation bei Vertragsabschluss ab. Ein Sachmangel liegt demnach vor, wenn

§ 434 (1) – die **tatsächliche Beschaffenheit** der Sache **von der vereinbarten Beschaffenheit abweicht.**

Beispiel: Eine digitale Kamera leistet nur eine Auflösung von 10 Mio. Pixel, obwohl 12 Mio. Pixel vereinbart waren.

§ 434 (1) S. 2 Nr. 1 – die **Beschaffenheit nicht vereinbart** wurde, der Käufer **die Kaufsache aber nicht zu dem Zweck verwenden kann,** zu dem er sie gekauft hat **und der Verkäufer diesen Zweck kannte.**

Beispiel: Ein Gastronom kauft 200 Dessertteller aus Glas. Nach mehrmaligem Waschen in der Geschirrspülmaschine beginnt das Glas trübe zu werden. Der Verkäufer hätte wissen müssen, dass sich die Glasteller für den Gastronomie-Bereich nicht eignen.

§ 434 (1) S. 2 Nr. 2 – die **Beschaffenheit** zwar **nicht vereinbart** wurde, die **Kaufsache aber nicht die Beschaffenheit aufweist,** die der **Käufer erwarten kann,** um **die Sache so zu verwenden, wie es bei solchen Sachen gewöhnlich ist.**

Beispiel: Lebensmittel sind verdorben.

§ 434 (1) S. 3 – die **gelieferte Sache nicht** den **Versprechungen** in der **Werbung entspricht.**

Beispiel: Das 5-Liter-Auto verbraucht tatsächlich 8 Liter Benzin auf 100 km.

§ 434 (1) S. 3 – die **Kennzeichnung der Ware auf der Verpackung** oder **auf der Ware selbst von der Kaufsache abweicht.**

Beispiel: Lachs wird auf der Folie als fangfrischer kanadischer Fluss-Wildlachs gekennzeichnet. In Wirklichkeit stellt sich heraus, dass er in Norwegen im Meer gezüchtet wurde.

§ 434 (2) S. 1 – eine **Montage durch den Verkäufer fehlerhaft durchgeführt** wurde.

Beispiel: Vereinbart wurde die Lieferung und Montage eines Geschirrspülers. Macht der Verkäufer dabei etwas falsch, ist dies ein Sachmangel.

- die **fehlerhafte Montageanleitung** des Verkäufers **dazu führt,** dass die **Sache nicht montiert** werden kann **oder fehlerhaft montiert** wird. BGB § 434 (2) S. 2

  Beispiel: Aufgrund einer fehlerhaften Montageanleitung kann eine Schrankwand nicht aufgebaut werden.

- eine **ganz andere Sache geliefert wurde.** § 434 (3)

  Beispiel: Der Verkäufer liefert 36 Kisten Mineralwasser ohne Kohlensäure, anstatt 36 Kisten Mineralwasser mit Kohlensäure.

- eine **zu geringe Menge geliefert wurde.** § 434 (3)

  Beispiel: Der Verkäufer liefert statt 36 Kisten nur 30 Kisten Mineralwasser.

▶ Im Hinblick auf die Rechte an einer Sache § 435

Rechtsmangel. Eine gelieferte Sache weist **Rechtsmängel** auf, wenn Dritte gegenüber dem Käufer Rechte geltend machen können.

Beispiel: Bezogene Sweatshirts werden mit einem Markenzeichen verkauft, ohne dass der Markeninhaber eine Lizenz erteilt hatte.

▶ Im Hinblick auf die Erkennbarkeit

- **Offene Mängel.** Sie sind bei der Prüfung der Kaufsache klar erkennbar.

  Beispiele: Webfehler, beschädigtes Furnier, Stempelaufdruck in einem Buch: »Eigentum der Stadtbibliothek«.

- **Versteckte Mängel.** Sie sind bei der Untersuchung der Kaufsache auf den ersten Blick nicht erkennbar.

  Beispiele: Nicht lichtechte Stoffe, Wein mit Korkgeschmack, gestohlenes Fahrrad.

- **Arglistig verschwiegene Mängel.** Sie sind versteckte Mängel, die der Lieferant dem Käufer absichtlich verheimlicht hat.

  Beispiele: Ein Unfallauto wird als »unfallfrei« gekauft. Ein Bodenleger verlegt 6 mm- statt 10 mm-Parkett.

Pflichten des Käufers

▶ Beim zweiseitigen Handelskauf

a) **Prüfungspflicht.** Eingegangene Waren sind **unverzüglich** auf Güte, Menge und Art zu untersuchen. HGB § 377

Unverzüglich heißt *ohne schuldhaftes Zögern.* Wenn z. B. beim Eingang der Ware das Lagerpersonal mit dringenden Inventurarbeiten beschäftigt ist, so reicht es noch, wenn die Ware unmittelbar nach der Beendigung dieser Arbeiten untersucht wird.

Stellt der Käufer bereits **bei der Übergabe** Mängel fest, so kann er die Abnahme verweigern; nimmt er sie trotzdem ab, so muss er sich die Rechte aus der Mängelrüge **sofort** vorbehalten.

b) **Rügepflicht und Einhaltung der Rügefristen.** Offene Mängel sind **unverzüglich nach der Prüfung** zu rügen, versteckte Mängel **unverzüglich nach der Entdeckung,** jedoch *innerhalb der Gewährleistungsfrist.* Diese beträgt *gesetzlich zwei Jahre* vom Zeitpunkt der Lieferung an, kann aber vertraglich verlängert (Garantie) werden. Für arglistig verschwiegene Mängel gilt die dreijährige Verjährungsfrist. BGB § 438, § 195

Der Käufer muss die Mängel in der Güte, Menge und Art genau bezeichnen. Ein allgemeiner Hinweis wie »Ware unverkäuflich«, »Ware schlecht«, »Ware nicht vertragsgemäß« genügt nicht.

Unterlässt ein Käufer die Rüge von **Quantitätsmängeln,** so kann er keine Nachlieferung verlangen, wenn zu *wenig* geliefert wurde, muss aber den Kaufpreis für die bestellte Menge bezahlen, sofern diese berechnet wird.

Wird ein **Mangel in der Art oder Güte** nicht gerügt, dann muss der Kaufmann die gelieferte Ware behalten und den vereinbarten Kaufpreis bezahlen.

c) **Aufbewahrungspflicht.** Beim *Platzkauf* kann die beanstandete Ware sofort zurückgeschickt werden, beim *Distanzkauf* dagegen nicht, um unnötige Transportkosten zu ver- HGB § 379 meiden. Sie muss dem Verkäufer zunächst **zur Verfügung** gestellt werden. Bis zu dessen Entscheidung muss sie der Käufer zulasten des Verkäufers ordnungsgemäß selbst aufbewahren oder bei einem Dritten einlagern. Ist die Ware dem Verderb ausgesetzt und ist Gefahr im Verzug, so kann sie der Käufer öffentlich versteigern lassen oder, sofern sie einen Börsen- oder Marktpreis hat, freihändig verkaufen *(Notverkauf).*

▶ **Beim Verbrauchsgüterkauf und bürgerlichen Kauf**

a) Der Käufer muss **nicht unverzüglich prüfen.**

b) Er muss Mängel **nicht unverzüglich rügen,** sondern kann die Rüge bei offenen und versteckten Mängeln innerhalb der Gewährleistungsfrist vornehmen.

Rechte des Käufers

Aufgrund der Mängelrüge kann der Käufer zunächst verlangen:

BGB §§ 437, 439 **a) Nacherfüllung** innerhalb einer angemessenen Frist. Dabei kann der Käufer wählen, ob er die *Beseitigung des Mangels* **(Nachbesserung)** durch Reparatur oder die *Lieferung einer mangelfreien Sache* **(Ersatzlieferung)** will. Der Verkäufer kann aber die gewünschte Form der **Nacherfüllung verweigern,** wenn sie unverhältnismäßig hohe Kosten verursachen würde, da er die Aufwendungen zum Zwecke der Nacherfüllung tragen muss. (§ 439)

Beispiel: Ein Kunde verlangt die zeitaufwendige Reparatur eines Weckers (Warenwert 5 EUR). Der Händler hat hier das Recht, das fehlerhafte Produkt durch ein neues, fehlerfreies Produkt zu ersetzen. Umgekehrt darf der Händler eine Uhr (Warenwert 500 EUR) reparieren und die Ersatzlieferung zunächst ablehnen.

§ 440 Im Normalfall gilt eine Nachbesserung nach dem erfolglosen zweiten Versuch als fehlgeschlagen.

Wird der Nacherfüllungsanspruch nicht erfüllt, dann kann der Käufer die weiteren Rechte geltend machen:

§§ 437 S. 1, Nr. 2, 440, 323, 326 **b) Rücktritt vom Kaufvertrag.** Der Kaufgegenstand ist zurückzugeben und der etwa schon bezahlte Kaufpreis zurückzuzahlen.

Beispiel: Die Nachbesserung bei einem MP3-Player ist fehlgeschlagen. Zwischenzeitlich hat der Käufer bei einem anderen Händler ein günstigeres Angebot erhalten und macht deshalb den Kaufvertrag rückgängig.

§ 441 **c) Minderung des Kaufpreises.** Der Kaufvertrag bleibt bestehen. Der Käufer kann jedoch eine Herabsetzung des Kaufpreises verlangen.

Beispiel: Die Nacherfüllung bei einem Herrenanzug mit kaum auffälligen Webfehlern wurde verweigert. Der Käufer will aber den Anzug wegen seiner topmodischen Form behalten und verlangt deshalb einen angemessenen Preisnachlass.

§§ 437 S. 1 Nr. 3, 280 **d) Schadensersatz.** Bei schuldhafter Pflichtverletzung durch den Verkäufer stehen dem Käufer zwei Möglichkeiten des Schadensersatzes zu:

1. **Schadensersatz neben der Erfüllung (kleiner Schadensersatz).** Der Käufer hat Anspruch auf die Erfüllung des Vertrags und den Ersatz der Kosten.

   Beispiel: Erstattung der Kosten für die Eigenleistung des Käufers, um den Mangel zu beheben.

2. **Schadensersatz statt Erfüllung (großer Schadensersatz).** Der Käufer kann vom Vertrag zurücktreten und Schadensersatz verlangen.

   Beispiel: Eine defekte Maschine wird geliefert. Zweimal wurde der Lieferant vergeblich aufgefordert, eine Nachbesserung durchzuführen. Infolge der defekten Maschine entsteht ein mehrtägiger Produktionsausfall. Der Käufer kann vom Kaufvertrag zurücktreten und Schadensersatz für den Produktionsausfall verlangen.

§ 284 **e) Ersatz vergeblicher Aufwendungen.** Anstelle des großen Schadensersatzes kann der Käufer den Ersatz der Aufwendungen verlangen, die er im Vertrauen auf den Erhalt der Leistung gemacht hat.

Beispiel: Zur Montage einer Maschine wurde ein Fundament gegossen. Zwei Reparaturversuche an der Maschine sind fehlgeschlagen und damit die Nacherfüllung gescheitert. Die Kosten für das Fundament hat der Verkäufer der Maschine zu übernehmen.

Die gesetzlichen Ansprüche des Käufers aufgrund der mangelhaften Lieferung verjähren in der Regel nach 2 Jahren. Die Frist beginnt bei beweglichen Sachen mit der Ablieferung. Bei arglistig verschwiegenen Mängeln verjährt der Anspruch erst nach drei Jahren. Die Frist beginnt am Ende des Jahres, in dem der Mangel entdeckt wurde; der Anspruch muss innerhalb von dreißig Jahren nach Vertragsabschluss geltend gemacht werden. BGB §§ 438, 195, 199

Verbrauchsgüterkauf

Tritt bei einem Verbrauchsgüterkauf innerhalb von sechs Monaten seit der Übergabe der Sache ein Sachmangel auf, so wird vermutet, dass der Mangel von Anfang an bestanden hat **(Rückwirkungsvermutung).** Der Verkäufer muss nun nachweisen, dass die Sache bei der Übergabe in Ordnung war **(Grundsatz der Beweislastumkehr).** §§ 474, 476

Beispiel: Bei einem neuen Pkw tritt nach vier Monaten ein Motorschaden auf. Kann der Hersteller nachweisen, dass der Pkw bei Autorennen eingesetzt wurde und der Schaden wegen dieser unsachgemäßen Behandlung aufgetreten ist, so muss er die Ansprüche des Käufers nicht erfüllen.

3.3.2 Lieferungsverzug (Nicht-Rechtzeitig-Lieferung)

Der Kaufvertrag verpflichtet den Lieferanten, rechtzeitig zu liefern.

Lieferungsverzug liegt vor, wenn der Verkäufer trotz Mahnung **schuldhaft nicht** oder **nicht rechtzeitig liefert** und die **Leistung noch möglich ist.**

Da der Lieferant eine Leistung schuldet, ist der Lieferungsverzug ein *Schuldnerverzug.*

Voraussetzungen des Lieferungsverzuges

a) **Nichtlieferung trotz Fälligkeit.** Wird im Kaufvertrag keine Lieferungszeit vereinbart, dann ist die Lieferung so zu bewirken, wie es Treu und Glauben mit Rücksicht auf die Verkehrssitte erfordern. Die Lieferung kann auch sofort verlangt werden. § 286 § 242 § 271

   Beispiel: »Lieferung innerhalb von 14 Tagen nach Bestellungseingang.«

b) **Mahnung.** Die Mahnung ist die Aufforderung, die Lieferung zu bewirken. Es ist keine bestimmte Form vorgeschrieben. § 286 (1)

   Die Mahnung ist nicht erforderlich, wenn die Lieferzeit kalendermäßig bestimmbar ist. § 286 (2)

   Beispiel: »Lieferung am 18. August 2012.«

c) **Verantwortlichkeit des Schuldners (Verschulden).** Der Lieferant handelt in seinem Verantwortungsbereich schuldhaft, wenn er vorsätzlich oder fahrlässig nicht rechtzeitig liefert. Der Schuldner kommt nicht in Verzug, wenn er die verspätete Lieferung nicht zu verantworten (zu vertreten) hat. § 286 (4) § 276

   Beispiel: Die Lagerhalle des Lieferanten wurde durch Blitzeinschlag vollständig zerstört.

Rechte des Käufers beim Lieferungsverzug

Kommt der Lieferant in *Verzug,* dann kann der Käufer *wahlweise* beanspruchen

a) Erfüllung des Vertrages, d.h. Lieferung der Ware.

   Beispiel: Eine Spezialmaschine kann von keinem anderen Hersteller bezogen werden; deshalb besteht der Käufer auf Lieferung.

b) Erfüllung und Schadensersatz wegen Verzögerung. §§ 280, 286

   Beispiel: Durch die verspätete Lieferung einer Maschine kann die Produktion nicht rechtzeitig aufgenommen werden. Der Lieferant muss liefern und den entstandenen Schaden ersetzen.

BGB § 323 (1) c) Rücktritt vom Vertrag und/oder

Beispiel: Eine Sendung Stahl kann bei einem anderen Lieferanten inzwischen preisgünstiger beschafft werden.

§ 281 d) Schadensersatz statt der Leistung.

Beispiel: Der Käufer muss die Ware kurzfristig bei einem anderen Lieferanten zu einem höheren Preis beschaffen.

§ 325 Die Rechte c) oder d) kann der Gläubiger wahlweise einzeln oder zusammen geltend machen, wenn er dem Schuldner eine **angemessene Nachfrist** gesetzt hat.

Eine Nachfrist ist angemessen, wenn der Lieferant noch die Möglichkeit hat, die Ware zu
§ 281 (2) liefern, ohne diese erst zu beschaffen oder anzufertigen. Eine Nachfrist ist nicht erforderlich, wenn der Schuldner erklärt, dass er auch später nicht liefern werde, oder wenn der
§ 323 (2) Gläubiger beweist, dass eine spätere Lieferung für ihn keinen Sinn mehr hat wie z. B. Lieferung von Blumen nach dem Hochzeitstag.

Ausnahmen beim Lieferungsverzug

§ 323 (4) Ist offensichtlich erkennbar, dass die Voraussetzungen des Rücktritts eintreten werden, kann der Gläubiger bereits vor dem Eintritt der Fälligkeit der Leistung zurücktreten.

Beispiel: Die Fabrikationshalle eines Möbelherstellers ist zwei Wochen vor der Auslieferung der Büromöbel abgebrannt.

§§ 305–310 Nicht selten werden in den Vertragsbedingungen die Rechte des Gläubigers eingeschränkt. Derartige Bestimmungen sind beim *Verbrauchsgüterkauf* unwirksam, wenn sie nicht im Einzelnen ausgehandelt sind, sondern durch »Allgemeine Geschäftsbedingungen« zum Vertragsbestandteil wurden.

Lieferungsverzug beim Fixkauf

HGB § 376 Erfolgt bei einem **Fixkauf** als **Handelskauf** die Lieferung nicht zum vereinbarten Termin, so kann der Käufer verlangen:

BGB § 323 (2) **a) Erfüllung** des Vertrages; er muss dies aber dem Verkäufer sofort ausdrücklich mitteilen.

b) Rücktritt vom Vertrag ohne Nachfrist und ohne Rücksicht auf Verschulden.

c) Schadensersatz wegen Nichterfüllung, wenn die Nichteinhaltung des Termins verschuldet ist.

Ermittlung des Schadens

§§ 249, 251 **a) Schadensersatz.** Der Lieferant hat den Käufer so zu stellen, als ob er seine Leistungspflicht erfüllt hätte. Die Entschädigung erfolgt meistens in Geld.

Der Schadenersatz beim Lieferungsverzug kann ermittelt werden:

1. **Nach dem konkreten Schaden.** Der Käufer nimmt für die nicht gelieferte Ware einen *Deckungskauf* vor. Der Schaden ergibt sich aus dem Mehrpreis zuzüglich der Kosten.
2. **Nach dem abstrakten Schaden.** Der zu ersetzende Schaden umfasst auch den entgangenen Gewinn. Als solcher gilt der Gewinn, der unter normalen Umständen erwartet werden konnte. Er besteht in der Regel im Unterschiedsbetrag zwischen dem vertraglichen Einkaufspreis und dem erzielbaren Verkaufspreis.

§ 339 **b) Vertragsstrafe.** Da die Ermittlung der Schadenshöhe, insbesondere des entgangenen Gewinns, Schwierigkeiten bereiten kann, vereinbaren die Vertragsparteien häufig eine Vertragsstrafe **(Konventionalstrafe).**

Besondere Haftung beim Lieferungsverzug

Die Haftung des Lieferanten erweitert sich auf den Zufall, denn bei rechtzeitiger Lieferung hätte der Zufall nicht wirksam werden können. BGB § 287

3.3.3 Zahlungsverzug (Nicht-Rechtzeitig-Zahlung)

Der Kaufvertrag verpflichtet den Käufer, den Kaufpreis fristgerecht zu zahlen.

> **Zahlungsverzug** liegt vor, wenn der Käufer den vereinbarten Kaufpreis trotz Mahnung **schuldhaft nicht oder nicht rechtzeitig bezahlt.**

Da der Käufer die Zahlung schuldet, ist der Zahlungsverzug auch ein **Schuldnerverzug.**

Voraussetzungen des Zahlungsverzugs

a) **Nichtzahlung trotz Fälligkeit.** Wird im Kaufvertrag kein Zahlungstermin vereinbart, dann ist die Leistung so zu bewirken, wie es Treu und Glauben mit Rücksicht auf die Verkehrssitte erfordern. Die Zahlung kann auch sofort bewirkt werden. § 286 § 242 § 272

Beispiel: Bei Rohstofflieferungen ist es üblich, die Rechung erst nach der Eingangsprüfung der Stoffe zu begleichen.

b) **Mahnung.** Die Mahnung ist die Aufforderung, die Rechnung zu bezahlen. Es ist keine bestimmte Form vorgeschrieben. § 286 (1)

Die Mahnung ist nicht erforderlich, wenn der Zahlungstermin **kalendermäßig bestimmbar** ist. § 286 (2)

Beispiel: »Zahlbar spätestens am 1. August 2012«; »zahlbar im Juli 2012«.

Der Schuldner kommt automatisch **30 Tage nach Fälligkeit und Zugang der Rechnung** in Verzug. Gegenüber einem Verbraucher muss auf diese Folge in der Rechnung hingewiesen werden. § 286 (3)

Beispiel: »Zahlungsverzug tritt ein, wenn Sie den Rechnungsbetrag nicht innerhalb von 30 Tagen nach Zugang dieser Rechnung beglichen haben.«

c) **Verantwortlichkeit des Schuldners (Verschulden).** Der Schuldner kommt nicht in Verzug, wenn er die verspätete Zahlung nicht zu verantworten (zu vertreten) hat. § 286 (4)

Beispiel: Wegen eines unverschuldeten Unfalls liegt der Schuldner auf der Intensivstation eines Krankenhauses und kann deshalb nicht bezahlen.

Rechte des Gläubigers aus dem Zahlungsverzug

Kommt der Schuldner in Zahlungsverzug, dann kann der Gläubiger *wahlweise* verlangen: §§ 323 ff.

a) Erfüllung des Vertrages, d. h. Bezahlen der Ware.

Beispiel: Der Verkäufer besteht weiterhin auf Zahlung des Kaufpreises, wenn er die Ware nicht mehr zurücknehmen will, z.B. bei Spezialanfertigungen.

b) Erfüllung und Schadensersatz wegen Verzögerung.

Beispiel: Der Verkäufer besteht auf Zahlung des Kaufpreises und fordert zusätzlich Verzugszinsen.

c) Rücktritt vom Vertrag und/oder

Beispiel: Der Verkäufer nimmt die Ware zurück, wenn eine Zahlung durch den Kunden nicht mehr zu erwarten ist.

d) Schadensersatz wegen Nichterfüllung.

Beispiel: Der Verkäufer nimmt die Ware zurück und verlangt die Rücknahmekosten und Verzugszinsen.

BGB § 325 Die Rechte aus c) oder d) kann der Gläubiger wahlweise einzeln oder zusammen geltend machen, wenn er dem Schuldner eine angemessene Nachfrist gesetzt hatte.

Ermittlung des Schadens

Wenn der Verkäufer wegen des ausstehenden Zahlungseinganges einen *Kredit* aufnehmen muss, so ergibt sich der Schaden aus den Kreditzinsen und den Kreditkosten.

§ 288 Der Gläubiger kann neben einem sonstigen Schaden **Verzugszinsen** geltend machen:

Der Zinssatz *liegt* in der Regel

- 5 % über dem Basiszinssatz der Deutschen Bundesbank (Stand: April 2012: 0,12 % = Basiszinssatz),
- 8 % über dem Basiszinssatz bei Rechtsgeschäften, bei denen ein *Verbraucher* nicht beteiligt ist.

Ein höherer Zinssatz kann vertraglich vereinbart werden.

3.3.4 Annahmeverzug (Nicht-Rechtzeitig-Annahme)

Durch den Kaufvertrag sind **beide Vertragsteile verpflichtet, die Leistung des anderen bei Fälligkeit anzunehmen.**

Annahmeverzug liegt vor, wenn der **Käufer die Ware** oder der **Verkäufer die Zahlung nicht oder nicht rechtzeitig annimmt.**

§§ 293 ff. Da der Käufer Gläubiger für die Warenlieferung und der Verkäufer Gläubiger für die Zahlung ist, ist der Annahmeverzug ein Gläubigerverzug.

Voraussetzungen des Annahmeverzuges

a) Fälligkeit der Leistung.

§ 294 § 295 **b) Tatsächliches Anbieten** der Leistung. Ein **wörtliches** Anbieten der Leistung genügt, wenn der Gläubiger erklärt hat, dass er die Leistung nicht annehmen werde, ferner wenn der Gläubiger die geschuldete Sache abzuholen hat.

Der Annahmeverzug setzt kein Verschulden voraus, weil der Käufer von der Lieferung wusste.

Wirkungen des Annahmeverzugs

§ 300 (2) a) Die **Gefahr** des zufälligen Untergangs geht mit dem Eintritt des Verzugs auf den Gläubiger über.

§ 300 (1) b) Die **Haftung** des Schuldners wird *eingeschränkt*. Sie erstreckt sich nur noch auf grobe Fahrlässigkeit und Vorsatz. Für leichte Fahrlässigkeit haftet er nicht.

Rechte des Schuldners

Der Schuldner kann

a) die Ware in eigene Verwahrung nehmen und **auf Annahme klagen.**

b) sich von der **Leistungspflicht befreien.**

1. Ein **Unternehmer** kann die Ware an *jedem* geeigneten Ort in *sicherer* Weise **einlagern.** HGB § 373 § 374
2. Er kann sie aber auch an jedem Ort **versteigern** lassen, Waren mit einem Börsen- oder Marktpreis freihändig verkaufen, den **Erlös** behalten und mit der Forderung aufrechnen **(Selbsthilfeverkauf).** Einen Mehrerlös hat er herauszugeben.

Alle **Kosten,** die durch die Einlagerung, den freihändigen Verkauf oder die öffentliche Versteigerung entstehen, kann er vom Käufer **verlangen.**

c) Er kann **Schadensersatz wegen Nichterfüllung** verlangen, wenn der Käufer die Ware *schuldhaft nicht entgegennimmt* (Annahmeverzug).

Öffentliche Versteigerung

Die öffentliche Versteigerung ist mit Fristsetzung für die Abnahme der Ware dem Käufer anzudrohen. Bei Gefahr des Verderbs der Ware kann die Androhung unterbleiben **(Notverkauf).** Der Ort und die Zeit der Versteigerung sind dem Käufer mitzuteilen. Käufer und Verkäufer können mitbieten. Das Ergebnis der durchgeführten Versteigerung ist dem Käufer bekannt zu geben. BGB § 384 HGB § 373

3.3.5 Überblick über die Störungen bei der Erfüllung des Kaufvertrages

Pflichten aus dem Kaufvertrag	Lieferung der Ware durch den **Verkäufer** mangelfrei	 rechtzeitig	Bezahlung des Kaufpreises durch den **Käufer**	Annahme der Ware durch den **Käufer**
Störung	**Mangelhafte Lieferung (Schlechtleistung)**	**Lieferungsverzug (Nicht-Rechtzeitig-Lieferung)**	**Zahlungsverzug (Nicht-Rechtzeitig-Zahlung)**	**Annahmeverzug (Nicht-Rechtzeitig-Annahme)**
gesetzliche Regelung	BGB §§ 433 ff.; HGB §§ 377 ff.	BGB §§ 286 ff.; §§ 323 ff.	BGB §§ 286 ff.; §§ 323 ff.	BGB §§ 293 ff.; HGB §§ 373 ff.
Voraussetzungen	– Sachmängel – Rechtsmängel	– Fälligkeit – Mahnung, wenn kein bestimmter Liefertermin vereinbart – Verantwortlichkeit des Schuldners (Verschulden)	– Fälligkeit – Mahnung, wenn kein bestimmter Zahlungstermin vereinbart ist – 30 Tage nach Zugang der Rechnung – Verantwortlichkeit des Schuldners (Verschulden)	– Fälligkeit – tatsächliches Anbieten der Ware (Annahmeverzug setzt kein Verschulden voraus)
Rechte des Partners nach seiner Wahl	Durch Mängelrüge sichert sich der Käufer folgende Gewährleistungsansprüche: – Nacherfüllung in Form von Nachbesserung oder Ersatzlieferung – Rücktritt vom Vertrag – Preisminderung – Schadensersatz neben oder statt der Erfüllung – Ersatz vergeblicher Aufwendungen	– Lieferung – Lieferung und Schadensersatz wegen Verzögerung – Rücktritt vom Vertrag (nach angemessener Nachfrist) und/oder – Schadensersatz wegen Nichterfüllung (nach angemessener Nachfrist)	– Zahlung – Zahlung und Schadensersatz wegen Verzögerung – Rücktritt vom Vertrag (nach angemessener Nachfrist) und/oder – Schadensersatz wegen Nichterfüllung (nach angemessener Nachfrist)	– Einlagerung der Ware und – Versteigerung oder Verkauf zum Markt- bzw. Börsenpreis (Selbsthilfeverkauf) – Klage auf Abnahme

1. Begründen Sie rechtlich und wirtschaftlich, welche Gewährleistungsansprüche Sie in folgenden Fällen geltend machen:
   a) Ein Reifenhändler liefert runderneuerte Reifen als fabrikneu. Nach einiger Zeit löst sich eine Reifendecke, und es entsteht ein Verkehrsunfall, bei dem das Fahrzeug stark beschädigt wird.
   b) Ein gelieferter Mantelstoff hat grobe Webfehler, sodass er für die Weiterverarbeitung nicht mehr verwendet werden kann. Ein anderer Lieferant könnte schnell und preisgünstig liefern.
   c) Die für die Werkskantine preisgünstig gelieferten Kochtöpfe weisen starke Kratzer auf.
   d) Zwei von fünf gelieferten Büroschränken haben leichte Kratzer im Furnier der Seitenwände.
2. Die Metallwerke Eberle KG, Cottbus, hat vor 10 Tagen auf ihre Bestellung vom ... von der Stahlhandel AG, Görlitz, eine Lieferung von 10 t Qualitätsstahl Gruppe St 50 erhalten. Eine inzwischen durchgeführte Gussprobe ergab, dass der gelieferte Stahl von geringerer Härte und Elastizität ist als das mit dem Angebot überreichte Muster. Er ist für die zu fertigenden Gussstücke unverwendbar. Ein schadhaftes Gussstück und ein Gutachten ihres Chemikers, in dem die Qualitätsabweichung festgestellt ist, wird mitgeschickt. Das ungeeignete Material wird zur Verfügung gestellt.
   a) Wie ist die Rechtslage?
   b) Auf welche Weise wird die Metallwerke Eberle KG ihre Rechte geltend machen?
3. Worin liegt die Besonderheit beim Lieferungsverzug, sofern es sich um einen Fixkauf unter Kaufleuten handelt?
4. Welches Recht würden Sie beim Lieferungsverzug in Anspruch nehmen, wenn
   a) inzwischen eine Preissenkung bei der bestellten Ware eingetreten ist,
   b) die Ware eine Sonderanfertigung für Sie ist,
   c) die Ware ein Saisonartikel ist,
   d) die Ware nach Ablauf der Nachfrist anderweitig beschafft werden musste?
5. Begründen Sie, warum die Erweiterung der Haftung beim Lieferungsverzug gerechtfertigt ist.
6. Die Fensterbau GmbH in Rostock bestellte am 5. Mai 20.. entsprechend einem Angebot bei der Metallbau Roller OHG, Warnemünde, Metallfensterrahmen, die für die Renovierung einer Schule verwendet werden sollen. Dem Auftraggeber gegenüber hat sich die Fensterbau GmbH verpflichtet, die Fenster während der Sommerferien einzusetzen und sich mit einer Konventionalstrafe einverstanden erklärt. Deshalb wurde der 20. Juni als spätester Liefertermin für die Fensterrahmen vereinbart. Am 25. Juni sind die Fensterrahmen immer noch nicht geliefert worden.
   a) Begründen Sie, ob sich die Metallbau Roller OHG in Lieferungsverzug befindet.
   b) Welche Rechte stehen der Fensterbau GmbH bei Lieferungsverzug nach dem Gesetz zu?
   c) Begründen Sie, von welchem Recht Sie als Sachbearbeiterin im vorliegenden Fall Gebrauch machen würden.
7. Eine Automobilfabrik hat mit einem Lieferanten bestimmte Termine für die Zulieferung von elektrischen Teilen (Spezialanfertigung) vereinbart. Bei Lieferstockung entsteht ein Schaden von täglich 300.000 EUR.
   a) Wie kann sich die Automobilfabrik gegen Schäden wegen Lieferungsverzögerung absichern?
   b) Wer muss den Schaden tragen, wenn die Anlieferung wegen einer witterungsbedingten Verkehrsstockung auf der Autobahn verspätet erfolgt?
8. Überprüfen Sie, wie im BGB die Rechte des jeweiligen Vertragspartners
   a) beim Lieferungsverzug und
   b) beim Zahlungsverzug

   geregelt sind.
9. Begründen Sie, warum der Lieferant beim Annahmeverzug nicht mehr für Fahrlässigkeit haftet.
10. Worin liegt die Besonderheit des Notverkaufs?
11. Die Hiebler & Stoll OHG, Wuppertal, hat sich auf den Innenausbau von Repräsentationsräumen spezialisiert. Am 2. Mai 20.. wird an die Gemeinschaftspraxis Dr. Rist und Dr. Weber, Solingen, eine maßgefertigte Einbauschrankwand termingerecht geliefert, Auftragswert 28.000 EUR. Dr. Rist verweigert die Annahme mit dem Hinweis, sein Kollege sei vor 10 Tagen bei einem Autounfall ums Leben gekommen. Er selbst beabsichtige einen Ortswechsel und sei deswegen an der Lieferung nicht mehr interessiert.
    a) Liegt in diesem Fall Annahmeverzug vor (Begründung)?
    b) Welche Rechte stehen der Hiebler & Stoll OHG im Falle eines Annahmeverzugs zu?
    c) Welches Recht würden Sie im vorliegenden Fall beanspruchen (Begründung)?
    d) Stoll schlägt vor, von dem Vertrag zurückzutreten und Dr. Rist auf Abnahme zu verklagen. Wie beurteilen Sie diesen Vorschlag?
    e) Hiebler möchte einen Selbsthilfeverkauf durchführen lassen.
       - Beschreiben Sie den Ablauf eines Selbsthilfeverkaufs.
       - Halten Sie einen Selbsthilfeverkauf in diesem Fall für sinnvoll (Begründung)?

3.4 Verjährung, Mahn- und Klageverfahren

3.4.1 Verjährung

Unter **Verjährung** versteht man den **Ablauf einer gesetzlich festgelegten Frist,** innerhalb derer ein Anspruch **gerichtlich durchgesetzt** werden kann.

Ein Anspruch ist das Recht, ein Tun oder Unterlassen zu verlangen. Der Anspruch bleibt zwar weiterhin bestehen, aber mit der Verjährung des Anspruchs erwirbt der Schuldner die »*Einrede der Verjährung*« (das Leistungsverweigerungsrecht). BGB §§ 194 ff.

Verjährung

Zeitablauf → Einrede der Verjährung → Verlust der Erzwingbarkeit → **Schuldner** kann **Leistung verweigern** / **Gläubiger** ist **rechtlich machtlos**

Hat der Schuldner aber eine verjährte Forderung erfüllt, so kann er das Geleistete nicht zurückfordern. Ist zur Sicherung des Anspruchs ein Pfandrecht bestellt, so kann sich der Gläubiger auch nach der Verjährung aus dem Pfandgegenstand befriedigen.

Der Zeitpunkt der Verjährung hängt vom Zeitpunkt der Entstehung des Anspruchs und von der Verjährungsfrist ab.

Beginn der Verjährung §§ 199 f.

Die regelmäßige Verjährungsfrist beginnt am Ende des Jahres, in dem der Anspruch entstanden ist. Bei Ansprüchen, die nicht der regelmäßigen Verjährungsfrist unterliegen, beginnt die Verjährung mit der Entstehung des Anspruchs.

Dauer der Verjährung

Verjährungsfristen

Die **regelmäßige Verjährung** beträgt **3 Jahre** und gilt für alle Forderungen der Privatleute und Gewerbetreibenden. § 195

In **10 Jahren** verjähren die Ansprüche auf bestimmte Rechte an einem Grundstück. § 196

In **30 Jahren** verjähren u.a. Ansprüche aus der Herausgabe des Eigentums, familien- und erbrechtliche Ansprüche, Ansprüche aus vollstreckbaren Urkunden sowie vollstreckbare Ansprüche aus Insolvenzverfahren. § 197

Verkürzte Verjährungsfristen gelten für Mängelrügen aus Kauf- oder Werkverträgen. § 438 § 634 a

BGB §§ 203 ff.

Hemmung der Verjährung

Bei der Hemmung wird die *Verjährungsfrist um die Zeitspanne der Hemmung verlängert.* Die Verjährung wird u. a. gehemmt,

a) bei **Verhandlungen** zwischen Schuldner und Gläubiger, ob der Anspruch berechtigt ist.

   Die Verjährung tritt **frühestens drei Monate** nach dem Ende der Verhandlungen ein.

b) durch **Rechtsverfolgung** wie
   - Erhebung der Klage auf Leistung oder Erlass des Vollstreckungsurteils,
   - Zustellung des Mahnbescheids,
   - Anmeldung des Anspruchs im Insolvenzverfahren.

   Die Hemmung endet **sechs Monate** nach der rechtskräftigen Entscheidung oder einer anderen Beendigung des eingeleiteten Verfahrens.

c) solange der Schuldner vorübergehend berechtigt ist, die Leistung zu verweigern.

d) solange der Gläubiger durch höhere Gewalt während der letzten sechs Monate der Verjährungsfrist daran gehindert ist, seine Rechte geltend zu machen.

§ 212

Neubeginn der Verjährung

Die Verjährung beginnt erneut, wenn

a) der *Schuldner* seine Schuld anerkennt,

   Beispiel: Der Schuldner leistet eine Abschlagszahlung.

b) der Gläubiger eine gerichtliche oder behördliche Vollstreckungshandlung beantragt oder vornehmen lässt.

   Beispiel: Der Gläubiger beantragt, einen Mahnbescheid zu erlassen.

Zusammenfassendes Beispiel

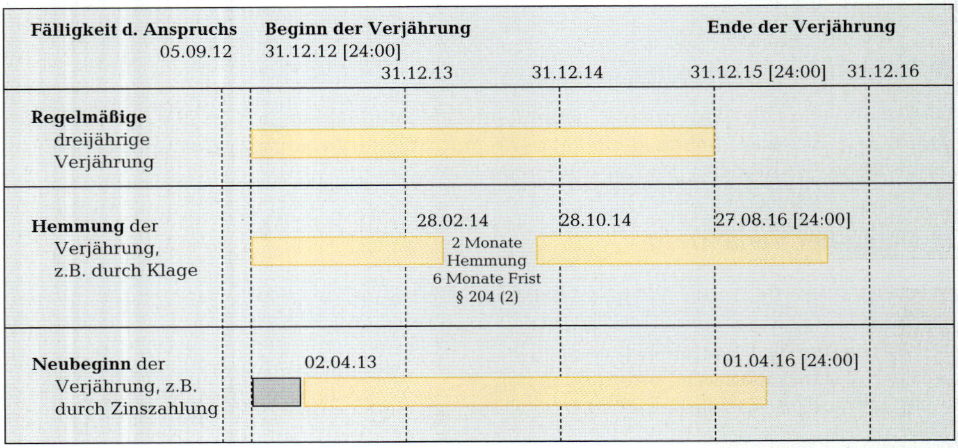

3.4.2 Außergerichtliches Mahnverfahren

Das außergerichtliche Mahnverfahren bezweckt, den Schuldner zur Erfüllung seiner Leistungen zu veranlassen, ohne dass der Gläubiger sich dabei gerichtlicher Hilfe bedient.

Durchführung des außergerichtlichen Mahnverfahrens. Die Mahnung kann in mündlicher oder schriftlicher Form erfolgen. Der Gläubiger beschreitet gewöhnlich folgenden Weg:

a) Erinnerung durch Zusendung einer Rechnungsabschrift oder eines Kontoauszuges,

b) Mahnbrief mit Hinweis auf die Fälligkeit der Schuld und die Aufforderung zur Zahlung,

c) Ankündigung des Einzugs durch ein Inkassoinstitut,

d) Abtretung der Forderung an ein Inkassoinstitut,

e) letzte Mahnung unter Androhung gerichtlicher Maßnahmen.

3.4.3 Gerichtliches Mahnverfahren

Das gerichtliche Mahnverfahren bezweckt, dem Gläubiger einer Geldforderung einen Vollstreckungsbescheid zu verschaffen, und zwar *schneller* und kostengünstiger als dies durch Klage möglich wäre. ZPO § 688

Es wird eingeleitet durch den Antrag auf *Erlass eines Mahnbescheides beim zuständigen Amtsgericht oder online unter www.online-mahnantrag.de.*

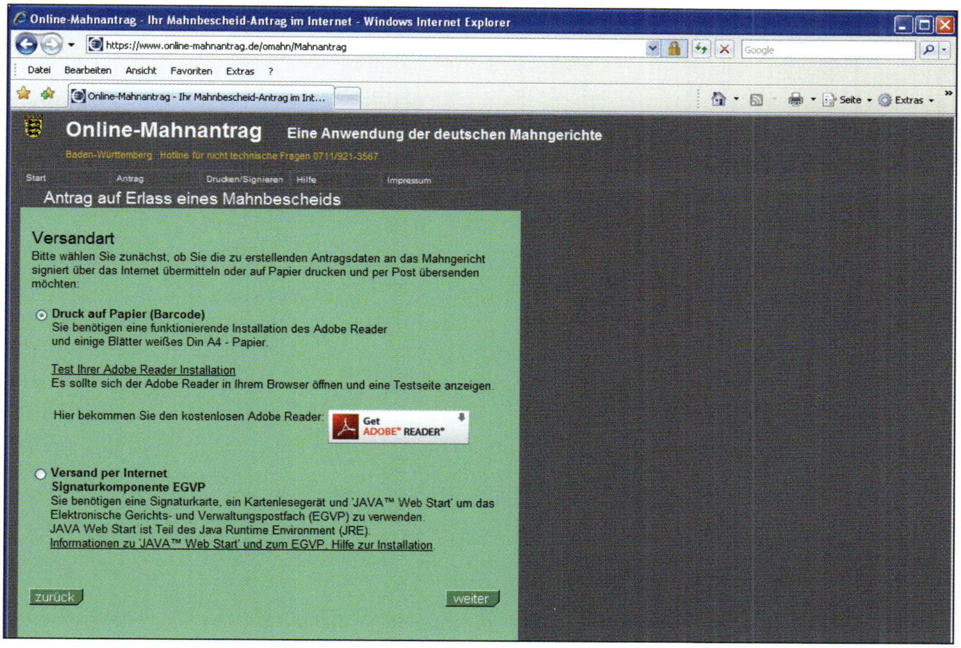

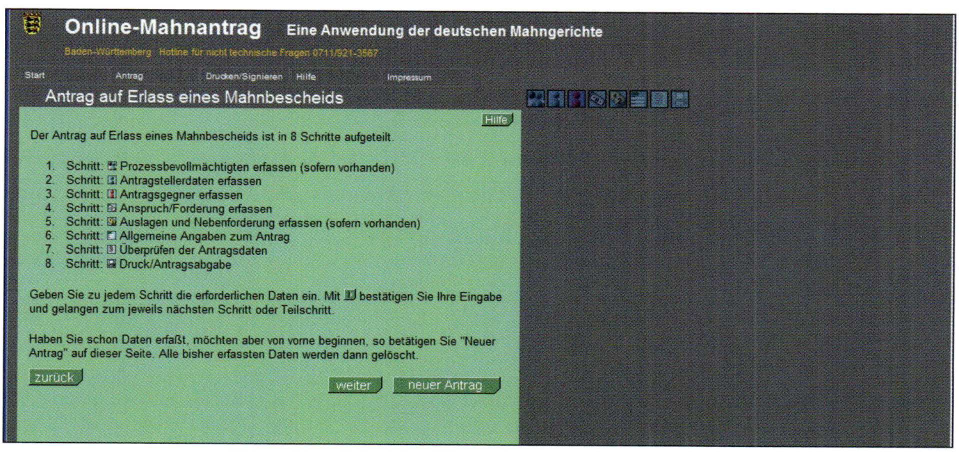

Mahnbescheid

> Der **Mahnbescheid** ist eine **Mahnung durch das Gericht.**

ZPO § 692 Der Schuldner wird aufgefordert, die Schuld samt Kosten und Zinsen binnen einer Frist von zwei Wochen zu bezahlen oder beim Amtsgericht Widerspruch zu erheben (Widerspruchsfrist).

§ 689 **Zuständigkeit.** Der Antrag auf Erlass eines Mahnbescheides ist ohne Rücksicht auf den Streitwert bei dem Amtsgericht zu stellen, in dessen Bezirk der Antragsteller (Gläubiger) seinen Wohnsitz bzw. seine geschäftliche Niederlassung hat. Die Landesregierungen können zur rationelleren Erledigung alle Mahnverfahren eines oder mehrerer Oberlandesgerichtsbezirke einem bestimmten Amtsgericht zuweisen.

Beispiel: Für alle Mahnbescheide der Oberlandesgerichtsbezirke Karlsruhe und Stuttgart ist das Amtsgericht Stuttgart zuständig.

Antrag. Der Antrag auf Erlass eines Mahnbescheides wird mit einem Formularsatz gestellt.

§ 690 (1), 5. § 696 Er muss die Bezeichnung des Gerichts des Schuldners enthalten, das für ein späteres Verfahren sachlich zuständig wäre. Außerdem kann der Gläubiger bereits im Antrag für den Fall, dass der Schuldner Widerspruch erheben sollte, die Durchführung eines Streitverfahrens beantragen.

§ 693 **Erlass und Zustellung.** Das Amtsgericht erlässt den Mahnbescheid und stellt ihn von Amts wegen zu. Der Schuldner kann sich folgendermaßen verhalten:

a) **Er zahlt** an den Gläubiger (nicht an das Gericht). Das Verfahren ist beendet.

§ 694 **b)** **Er erhebt Widerspruch** bei dem Gericht, das den Mahnbescheid erlassen hat. Der Gläubiger wird von dem rechtzeitig erhobenen Widerspruch benachrichtigt. Beantragt der
§§ 696 f. Gläubiger ein Streitverfahren, so gibt das Gericht, das den Mahnbescheid erlassen hat, den Rechtsstreit an das Gericht des Schuldners ab. Dieses fordert den Gläubiger auf, den Anspruch zu begründen und bestimmt nach dem Eingang der Begründung einen Termin zur mündlichen Verhandlung.

c) **Er unternimmt nichts.** Binnen 6 Monaten kann der Gläubiger nach Ablauf der Widerspruchsfrist den Antrag stellen, den Vollstreckungsbescheid zu erlassen.

Vollstreckungsbescheid

Auf der Grundlage des Mahnbescheides erlässt das Gericht den Vollstreckungsbescheid.

> Der **Vollstreckungsbescheid** ist ein **»vollstreckbarer Titel«**; er gestattet dem Gläubiger, gegen den Schuldner die **Zwangsvollstreckung zu betreiben.**

Der Vollstreckungsbescheid kann dem Schuldner zugestellt werden,

- von Amts wegen durch das Gericht, z. B. durch die Deutsche Post AG mit Postzustellungsurkunde,
- auf Antrag des Gläubigers durch einen Gerichtsvollzieher. Dieser kann auch gleichzeitig mit der Pfändung beauftragt werden.

Mit der Zustellung beginnt eine zweiwöchige Einspruchsfrist. Der Schuldner kann sich wie folgt verhalten:

a) **Er zahlt.** Das Verfahren ist beendet.

§ 700 **b)** **Er erhebt Einspruch** gegen den Vollstreckungsbescheid innerhalb der gesetzlichen Frist von 2 Wochen. Das Gericht gibt den Rechtsstreit an das im Mahnbescheid bezeichnete Gericht des Schuldners ab.

c) **Er unternimmt nichts.** Der Gerichtsvollzieher pfändet und kann nach Ablauf der Einspruchsfrist gepfändete Gegenstände versteigern (Abschnitt 3.4.5).

Gerichtliches Mahnverfahren im Überblick

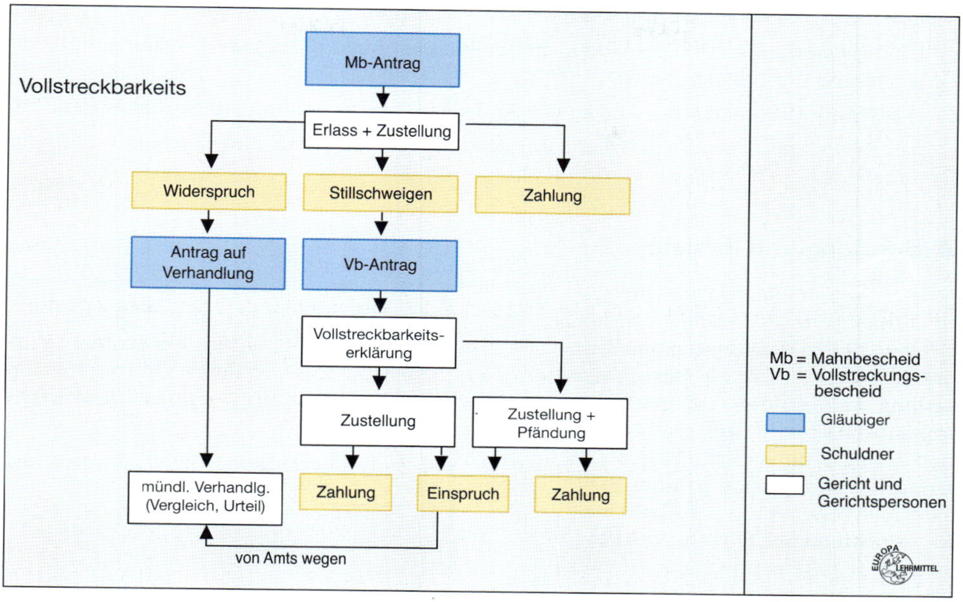

3.4.4 Klageverfahren

Das **Klageverfahren** bezweckt die **Erlangung des staatlichen Rechtsschutzes** durch ein *Prozessverfahren* und ein *gerichtliches Urteil.*

Erhebung der Klage

Befürchtet der Gläubiger, dass das gerichtliche Mahnverfahren nicht zum Ziele führt, dann sollte er sofort Klage erheben. Das Klageverfahren wird auch bei Widerspruch gegen einen Mahnbescheid oder bei Einspruch gegen einen Vollstreckungsbescheid eingeleitet.

Örtlich zuständig für die Erhebung der Klage ist das Gericht, in dessen Bezirk der Schuldner seinen Wohnsitz oder seine Geschäftsniederlassung hat. Kaufleute können vertraglich einen anderen Gerichtsstand vereinbaren. GVG §§ 12 f.

Sachlich zuständig ist bei einem Streitwert bis zu 5.000 EUR das Amtsgericht, in anderen Fällen das Landgericht (Zivilkammern oder Kammern für Handelssachen). §§ 23, 71

Durchführung des Klageverfahrens

ZPO § 496 § 274 (2)

Nach Prüfung der Klage, die schriftlich oder beim Amtsgericht auch mündlich erhoben werden kann, setzt das Gericht einen Termin zur mündlichen Verhandlung fest. Mit der amtlichen Zustellung der Klageschrift wird dem Beklagten ein Termin mitgeteilt. Er kann durch Gegenschriften und Beweismittel zu den Anklagepunkten Stellung nehmen.

Die **mündliche Verhandlung** dient zur Klärung des Tatbestandes (Parteivernehmung). Als Beweismittel kommen infrage: Sachverständigengutachten, Augenschein, Urkunden und Zeugenaussagen, u. U. unter Eid. §§ 371 ff.

Die **Beendigung des Verfahrens** erfolgt durch Urteil, Zurücknahme der Klage oder durch Vergleich.

ZPO §§ 592 ff. Der **Wechselprozess** weist folgende Besonderheiten auf:

a) Die Wechselurkunde muss der Klageschrift in Urschrift oder Abschrift beigefügt werden.
b) Die Ladungsfristen sind sehr kurz, u. U. nur 24 Stunden.
c) Die Einwendungen des Beklagten sind äußerst begrenzt (Fälschung, Formmangel, Unterlassung der Protestierung).
d) Das Urteil wird auch ohne Antrag des Antragstellers für vorläufig vollstreckbar erklärt.
e) Als Beweismittel sind nur Wechselurkunde, Protesturkunde und Parteivernehmung zugelassen.

Berufung und Revision

§ 566 Ist eine Partei mit dem Urteil des Gerichts nicht einverstanden, so kann sie den begonnenen Streit beim übergeordneten Gericht als **Berufungsinstanz** weiterführen. Bei der Berufungsinstanz wird der Tatbestand noch einmal untersucht. Gegen das Urteil dieses Gerichts ist eine Revision beim übergeordneten Gericht als
§§ 542 ff. **Revisionsinstanz** möglich. Das Revisionsgericht überprüft nur, ob das Gesetz richtig angewendet wurde.

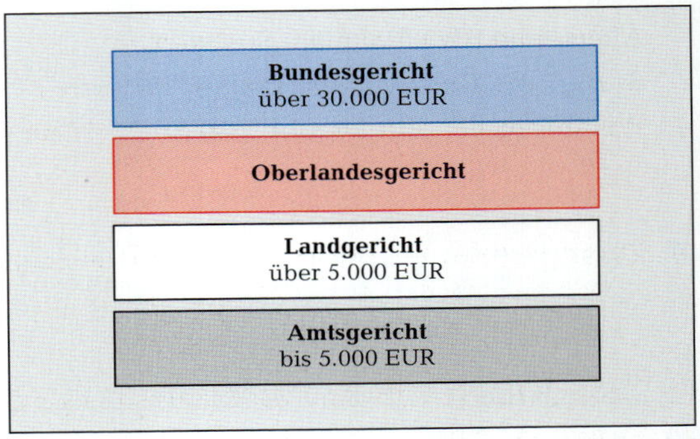

3.4.5 Zwangsvollstreckung

Die **Zwangsvollstreckung** ist ein Verfahren zur **zwangsweisen Eintreibung einer Geldforderung** mithilfe eines Gerichtsvollziehers oder des Gerichts.

§ 753 § 794 Voraussetzung für die Zwangsvollstreckung ist ein vollstreckbarer Titel (Urteil, Vollstreckungsbescheid, vollstreckbare Urkunde).

Zwangsvollstreckung in das bewegliche Vermögen

§§ 803 ff. Zum beweglichen Vermögen zählen körperliche Sachen sowie Forderungen und Rechte. Die Zwangsvollstreckung erfolgt durch Pfändung und Verwertung der Pfandstücke.

▶ Pfändung von körperlichen Sachen

Der Gerichtsvollzieher nimmt bei der Pfändung Geld, Kostbarkeiten und Wertpapiere in Besitz. Andere verwertbare Gegenstände des Schuldners bleiben zwar in dessen Besitz, werden aber durch Aufkleben von *Pfandsiegelmarken* als gepfändet gekennzeichnet.

§ 811 **Nicht pfändbar sind**

- die dem persönlichen Gebrauch oder dem Haushalt dienenden Sachen (Kleidung, Betten, Haus- und Küchengeräte),
- die für den Haushalt erforderlichen Nahrungsmittel und Heizmaterialien für 4 Wochen oder der zu ihrer Beschaffung notwendige Geldbetrag,
- die zur Fortsetzung der Erwerbstätigkeit notwendigen Sachen (Berufskleidung, Fachbücher, Handwerkszeug, PC, Auto beim Handelsvertreter bzw. beim Taxifahrer).

Wertvolle Gegenstände, die ihrem Gebrauch nach unpfändbar sind, können gegen geringwertige eingetauscht werden (*Austauschpfändung* bei Pelzmänteln und DVD-Geräten).

Die *Versteigerung* kann frühestens eine Woche nach dem Tage der Pfändung geschehen. Gläubiger und Schuldner dürfen mitbieten. Der Zuschlag wird dem Meistbietenden erteilt. Sobald der Erlös zur Befriedigung des Gläubigers und zur Deckung der Kosten der Zwangsvollstreckung ausreicht, wird die Versteigerung eingestellt. ZPO § 816

▶ Pfändung von Forderungen und anderen Rechten

Bei der Pfändung einer **Geldforderung** gebietet das Gericht durch einen Pfändungs- und Überweisungsbeschluss dem Drittschuldner, das Geld an den Gläubiger zu überweisen. Dem Schuldner wird verboten, die Forderung einzuziehen. §§ 828 ff.

Arbeitseinkommen und sonstige Bezüge können nur bis zu einem bestimmten Höchstbetrag gepfändet werden, um dem Arbeitnehmer ein Existenzminimum zu sichern. § 850

Nicht pfändbar sind

- Alters- und Erwerbsunfähigkeitsrenten,
- Bezüge aus Unterstützungskassen (Witwen-, Waisen- und Krankengeld),
- Weihnachtsvergütungen bis 500 EUR, Urlaubsgeld, Erziehungsbeihilfen, Kindergeld, Arbeitslosengeld, soweit diese den Rahmen des Üblichen nicht übersteigen.

Zwangsvollstreckung in das unbewegliche Vermögen

Die Zwangsvollstreckung *in ein Grundstück* kann auf folgende Weise vorgenommen werden: §§ 864 ff.

Seite 494

a) **Eintragung einer Sicherungshypothek** in das **Grundbuch**.

b) **Zwangsversteigerung.** Aus dem Erlös werden die Gläubiger befriedigt. Ein Überschuss gehört dem bisherigen Grundstückseigentümer. Droht ein Mindererlös, so können die Gläubiger das Grundstück selbst ersteigern, in der Hoffnung, es später günstiger zu verkaufen.

c) **Zwangsverwaltung.** Der Grundeigentümer behält sein Eigentumsrecht. Die Verfügung wird ihm aber so lange entzogen, bis die Gläubiger befriedigt sind. Das Gericht bestellt einen Verwalter, der aus den Mieterträgen die Aufwendungen bezahlt und einen Überschuss an die Gläubiger abführt.

Eidesstattliche Versicherung

Durch sie versichert der Schuldner eidesstattlich die Vollständigkeit eines von ihm aufgestellten Vermögensverzeichnisses. Der Schuldner ist zur Abgabe einer eidesstattlichen Versicherung verpflichtet, wenn die Pfändung fruchtlos oder unbefriedigend verlaufen ist und der Gläubiger den Antrag auf Abgabe der eidesstattlichen Versicherung gestellt hat. Dem Antrag ist der Bericht des Gerichtsvollziehers über die ganz oder teilweise fruchtlose Pfändung beizufügen. § 807

Zuständig ist das Prozessgericht. Der Gläubiger erhält auf Antrag eine Abschrift des Vermögensverzeichnisses. Aus ihr ist ersichtlich, ob weitere Vermögensteile gepfändet werden können. Eine eidesstattliche Versicherung darf innerhalb von 3 Jahren nur einmal abgegeben werden. Sie wird bei dem betreffenden Gericht in die Schuldnerliste eingetragen, die jedermann zur Einsicht offen steht.

Verhaftung

§§ 901 ff.

Erscheint der Schuldner nicht fristgerecht zur Abgabe einer eidesstattlichen Versicherung, oder verweigert er die Abgabe einer eidesstattlichen Versicherung, so kann beantragt werden, einen Haftbefehl gegen ihn zu erlassen. Der Antrag auf Erlass eines Haftbefehls kann bereits im Antrag auf Bestimmung eines Termins zur Abgabe einer eidesstattlichen Versicherung enthalten sein. Die Verhaftung erfolgt durch den Gerichtsvollzieher. Die Haft darf die Dauer von 6 Monaten nicht übersteigen.

?

1. Wann verjähren die Forderungen in folgenden Fällen?
   a) Herr Braun hat am 16. Mai 2011 von seinem Geschäftskollegen ein Mountain-Bike für 350 EUR gekauft.
   b) Frau Kaiser hat ein neues Fahrrad in dem Fahrradgeschäft ihres Wohnortes für 880 EUR gekauft. Die Rechnung war am 15. Dezember 2011 fällig.
   c) Die Fahrradhandlung hat in der Fabrik Fahrräder für 12.680 EUR gekauft. Die Rechnung war am 26. Mai 2011 fällig.
   d) Frau Kaiser (Fall b) erhält aus besonderen persönlichen Gründen am 30. Januar einen Zahlungsaufschub bis 30. Juni 2012.
   e) Die Fahrradfabrik aus Fall c) beantragt einen Mahnbescheid gegen die Fahrradhandlung, der am 11. Januar 2012 zugestellt wird.
2. Der Kunde Späth hat nach langer Zeit dem Lieferanten Schöller KG eine Schuld in Höhe von 2.500 EUR beglichen, die, wie er hinterher bemerkt, bereits verjährt war. Jetzt will er diesen Betrag mit einer neuen Verbindlichkeit gegenüber Schöller aufrechnen.
   Wie ist die Rechtslage?
3. Nennen Sie Gründe, warum ein gut funktionierendes außergerichtliches Mahnverfahren für ein Unternehmen wichtig ist.
4. In welchen Schritten vollzieht sich üblicherweise das außergerichtliche Mahnverfahren?
5. Die Lebensmittelgroßhandlung Gebr. Esser OHG, ..., hatte mit Rechnung vom ... an den Einzelhändler Max Groß e.K., ..., Ware über 1.235 EUR geliefert. Der Betrag ist seit über 2 Monaten zur Zahlung fällig. Zwei Mahnungen vom ... und ... waren ohne Wirkung geblieben.
   Verfassen Sie eine letzte außergerichtliche Mahnung. Anfang nächsten Monats hat die Gebr. Esser OHG selbst größeren Zahlungsverpflichtungen durch fällige Wechsel und infolge von Steuerterminen nachzukommen. Androhung eines Mahnbescheides.
6. Welche der folgenden Vermögensgegenstände des Schuldners Max Moldering, technischer Angestellter, kann der Gerichtsvollzieher pfänden: Schmuck 1.000 EUR, Anzug 200 EUR, Radio 250 EUR, HDTV-Fernseher 2.500 EUR, Bett 250 EUR, Armbanduhr 80 EUR, Waschmaschine 400 EUR, Klavier 2.500 EUR, Personalcomputer 800 EUR, Kaffeemaschine 80 EUR?
7. Begründen Sie, warum der Gesetzgeber vorsieht, dass gewisse Gegenstände aus dem Eigentum des Schuldners sowie Mindestbeträge seines Arbeitseinkommens nicht pfändbar sind.
8. Warum müssen gepfändete Gegenstände versteigert werden; warum bekommt sie der Gläubiger nicht einfach ausgehändigt?

3.5 Vorbeugende Maßnahmen zur Vermeidung von Forderungsausfällen

Seite 72

Unternehmen verkaufen ihre Leistungen an ihre Kunden meist auf Ziel. Die Sicherung der dabei entstehenden Forderungen erfolgt vor allem durch Einholung verlässlicher Auskünfte, durch die Vereinbarung eines Eigentumsvorbehalts und entsprechender Zahlungsbedingungen.

Häufig ist die Aufgabe der Forderungssicherung Teil eines umfassenden **Risikomanagements**. Dieses beinhaltet alle Risikoentscheidungen des Unternehmens einschließlich der Versicherung von Risiken.

Da die Kreditgewährung mit Gefahren verbunden ist, muss vor Abschluss von Kreditgeschäften die *Kreditwürdigkeit* des Schuldners geprüft werden. Die Zahlungsweise *alter* Kunden ist bekannt. Über *neue* Kunden sollte Auskunft eingeholt werden.

Auskunftstellen

Als Auskunftstellen kommen infrage: der Kunde selbst, Geschäftsfreunde des Kunden, Kreditinstitute, öffentliche Register, halbamtliche Stellen (Kammern, Konsulate) und gewerbsmäßige Auskunfteien.

Auskünfte über private Schuldner

Die Kreditwürdigkeit eines *privaten* Schuldners *(Verbraucher)* kann über die Auskunftsdatei der »**SCHUFA**« = »**Schu**tzgemeinschaft **f**ür **a**llgemeine Kreditsicherung« erfragt werden. Die Vertragspartner übermitteln der SCHUFA bestimmte Daten aus der jeweiligen Geschäftsbeziehung, z. B. bei einem Kreditvertrag die Daten über den Betrag und die Laufzeit *(»Positivmerkmale«).* Soweit ein Vertrag nicht vertragsgemäß erfüllt wurde, werden ebenfalls die Daten an die SCHUFA weitergegeben *(»Negativmerkmale«).* Außerdem bezieht die SCHUFA Informationen aus den bei den Amtsgerichten geführten Schuldnerverzeichnissen. Die Vertragspartner der SCHUFA sind *Wirtschaftsunternehmen.*

Beispiele: Geschäftsbanken, Sparkassen, Kreditkarten- und Leasinggesellschaften, Bausparkassen, Versicherungsunternehmen, Einzelhandels- und Versandhandelsunternehmen, Telekommunikationsunternehmen, Energieversorger, Unternehmen der Wohnungswirtschaft und E-Commerce-Unternehmen.

Die Vertragspartner erhalten nur dann Auskünfte über Personen, wenn sie in jedem Einzelfall ein *konkretes,* mit einem *Kreditrisiko verbundenes Geschäft,* das sie abschließen wollen, nachweisen können.

Auskünfte über gewerbliche Schuldner

Die **Creditreform**-Wirtschaftsauskunft informiert über die Bonität von *Unternehmen.* Die Angaben über ein Unternehmen werden nach Kriterien, z. B. Strukturrisiken der Branche oder Rechtsform, der Finanz- und Liquiditätsdaten und der Ertragsrisiken in verschiedene Risikogruppen eingeteilt. Als Bewertungsgrundlage zur Erstellung des Bonitätsindizes dienen auch nominative Kreditbeurteilungen wie Inkassoinformationen oder weitere Angaben zum jeweiligen Kreditgeschäft. Der *Bonitätsindex* fasst alle Daten und Fakten zusammen und liefert somit einen Beurteilungsmaßstab über die Zahlungsfähigkeit eines Schuldners.

Beispiel: www.creditreform.de

Haftung für Auskünfte

a) Haftung gegenüber dem Anfragenden. Bei *unentgeltlicher* Auskunft haftet der Auskunftgeber lediglich für *Vorsatz;* bei *entgeltlicher* Auskunft (Auskunfteien) erstreckt sich die Haftung auf *Vorsatz* und *Fahrlässigkeit.* BGB § 826 § 839 § 276

Die Auskunfteien pflegen ihre Auskünfte »ohne Verbindlichkeit« zu erteilen. Für vorsätzlich unrichtig erteilte Auskünfte kann die Haftung nicht ausgeschlossen werden.

b) Haftung gegenüber dem Angefragten. Wer vorsätzlich oder grob fahrlässig unwahre kreditgefährdende Tatsachen behauptet oder verbreitet, ist schadensersatzpflichtig.

Geheimhaltung der Auskünfte

Der Auskunftempfänger ist zur *Geheimhaltung* der Auskunft verpflichtet. Von Auskunfteien erhaltene Berichte darf er nur in seinem eigenen Geschäft benutzen, sie nicht weitergeben oder anderen zur Kenntnis bringen.

1. Warum kann Auskünften von Geschäftsfreunden des Kunden nicht blind vertraut werden?
2. Warum sollen Auskünfte vertraulich behandelt werden?
3. Nennen Sie drei Gesichtspunkte, die eine Auskunft unbedingt enthalten muss.

4 Zahlungsverkehr

4.1 Zahlungsverkehr im Inland

Für die Abwicklung von Zahlungsgeschäften stehen dem Schuldner mehrere Möglichkeiten zur Verfügung.

Zahlungsarten und Zahlungsinstrumente

Zahlungsarten

Barzahlung	**Halbbare Zahlung**	**Bargeldlose Zahlung**
Direkte oder indirekte Bargeldzahlung	Bareinzahlung auf ein Konto bzw. Barauszahlung von einem Konto	Belastung und Gutschrift auf dem Konto eines Geldinstituts

Zahlungsinstrumente

– Expressbrief der Post AG bis 500 EUR in bar – Postbankgeldversand nach vorheriger Kontobelastung zur Barauszahlung am Empfängerort unter Mithilfe der Western Union GmbH	– Einzahlungsschein – Zahlungsanweisung der Postbank zur Barauszahlung an Empfänger ohne Konto – Barscheck	– Überweisung – Lastschrift – Zahlungsanweisung der Postbank zur Verrechnung an Empfänger mit Konto – Verrechnungsscheck – Elektronische Zahlung

Zur Abwicklung des Zahlungsverkehrs bieten die Geldinstitute ihre zahlreichen Zahlungsinstrumente. Andere Zahlungsdienstleister wie PayPal oder Giropay können zwischengeschaltet werden. Sie ersetzen aber nicht das kontoführende Geldinstitut. Voraussetzung für die Abwicklung des Zahlungsverkehrs sind funktionierende **Gironetze.** In Deutschland gibt es fünf Gironetze, die untereinander in Verbindung stehen: Gironetz der Sparkassen, der Kreditgenossenschaften, der Postbank, der Großbanken, der Bundesbank. Jedes Geldinstitut hat eine **Bankleitzahl (BLZ).** Sie ist eine Kennziffer und dient zur Identifizierung und vereinfachten Weiterleitung der Daten in den Gironetzen.

4.1.1 Überweisung und Dauerauftrag

Bei der **Überweisung beauftragt der Schuldner sein Geldinstitut, sein Konto zu belasten** und den **Betrag einem anderen Konto gutzuschreiben.**

BGB § 676 a, f.

Voraussetzung für die Abwicklung eines Überweisungsauftrages ist das Bestehen eines Girovertrages zwischen Geldinstitut und Kunde. Bei Ausführung einer Überweisung muss das Geldinstitut den Kunden darüber informieren, an welchem Tag die Kontobelastung (Belastungswertstellung) bzw. die Kontogutschrift (Gutschriftwertstellung) erfolgt. Das Wertstellungsdatum ist die Grundlage für die Zinsberechnung.

Bei einem **Dauerauftrag** beauftragt der Schuldner sein Geldinstitut, regelmäßig wiederkehrende, gleichbleibende Beträge an denselben Empfänger zu überweisen (z. B. Miete). Der Schuldner erspart sich dadurch die Terminüberwachung und die wiederkehrende Auftragserteilung an das Geldinstitut.

4.1.2 Lastschrift

Bei der **Lastschrift beauftragt der Gläubiger das Geldinstitut,** ihm einen **Betrag gutzuschreiben und danach das Konto des Schuldners zu belasten.**

Der Datenfluss ist also genau umgekehrt wie bei der Überweisung. Die Geldinstitute bieten zwei Lastschriftverfahren.

Lastschriftarten

Einzugsermächtigungsauftrag	Abbuchungsauftrag
Er wird grundsätzlich im Massenverkehr eingesetzt.	Er ist eher unter Kaufleuten üblich.
	– Der Zahlungspflichtige muss die Zustimmung der Hausbank (Zahlstelle) einholen.
	– Die Zahlstelle muss den Abbuchungsauftrag genehmigen.
– Der Zahlungspflichtige ermächtigt den Zahlungsempfänger, den jeweiligen Forderungsbetrag mithilfe einer Lastschrift durch dessen Geldinstitut einziehen zu lassen.	– Der Zahlungspflichtige erlaubt dem Zahlungsempfänger, den jeweiligen Forderungsbetrag von seinem Konto abbuchen zu lassen.
– Das Geldinstitut des Zahlungspflichtigen weiß nichts von der vereinbarten Einzugsermächtigung.	– Das Geldinstitut des Zahlungspflichtigen weiß von dem Abbuchungsauftrag.
– Es belastet den Zahlungspflichtigen, ohne zu wissen, ob die Belastung berechtigt ist.	– Es belastet den Zahlungspflichtigen erst, wenn es den Abbuchungsauftrag geprüft hat.
– Wird der Zahlungspflichtige zu Unrecht belastet, kann er binnen sechs Wochen nach Rechnungsabschluss bei seinem Geldinstitut widersprechen.	– Belastungen kann nicht widersprochen werden.
Beispiele: Vereine, Energieversorger, Telefondienste ziehen den Jahresbeitrag oder die monatlich festen oder schwankenden Beträge ein.	**Beispiel:** Ein Autohaus muss monatlich Fahrzeuge im Wert von 150.000 EUR abnehmen. Der Hersteller liefert nur gegen Abbuchungsauftrag. Damit verhindert er Rückbelastungen.

Bedeutung des Lastschriftverfahrens für die Beteiligten

▶ Vorteile des Lastschriftverfahrens

a) Zahlungsempfänger.

– Die Zahlungseingänge erfolgen pünktlich, da er den Zahlungszeitpunkt bestimmt.

- Die Liquidität kann besser geplant werden.
- Das Mahnwesen wird entlastet.
- Das Abbuchungsverfahren lässt keine Rücklastschrift zu.

b) Zahlungspflichtiger.

- Die Zahlungstermine müssen nicht überwacht werden; er schützt sich vor Versäumnissen.
- Die Liquiditätsplanung wird erschwert.
- Mahngebühren entfallen.
- Die Einzugsermächtigung lässt eine Rücklastschrift zu.

▶ Nachteile des Lastschriftverfahrens

Sie liegen überwiegend beim Zahlungspflichtigen:

- Das Konto muss bei Vorlage der Lastschrift Deckung aufweisen.
- Der Zeitpunkt der Belastung kann nicht selbst gewählt werden.
- Die Liquiditätsplanung wird dadurch erschwert.
- Die Gefahr besteht, den Überblick zu verlieren.

4.1.3 Scheck

> Der **Scheck** ist eine **Urkunde,** in welcher der **Aussteller** des Schecks sein **Geldinstitut anweist, aus seinem Guthaben einen bestimmten Geldbetrag zu zahlen.**

Geldinstitute händigen nur dem Kontoinhaber oder dessen Bevollmächtigten Scheckformulare aus. Der Scheck ist ein **Geldersatzmittel,** d. h., der Scheckaussteller hat im rechtlichen Sinne erst dann bezahlt, wenn der Gläubiger das Geld empfangen hat und das Konto des Ausstellers belastet wurde.

Bestandteile des Schecks

	Gesetzliche Bestandteile	Kaufmännische Bestandteile
ScheckG Art. 1	– Die Bezeichnung **Scheck** im Text der Urkunde	– Schecknummer
	– die **Anweisung,** eine **bestimmte Geldsumme zu zahlen**	– Kontonummer des Ausstellers
Art. 3	– den Namen des **bezogenen Geldinstitutes**	– Bankleitzahl
	– den **Zahlungsort**	– Feld für die Summe in Ziffern
Art. 2 (4)	– **Ort und Datum der Ausstellung**	– Zeile für Angabe des Empfängers
	– **Unterschrift des Ausstellers**	

Scheckarten

▶ nach der Art der Weitergabe

a) Inhaberscheck.

Der Scheck trägt den Zusatz »oder Überbringer«. Diese Klausel macht den Scheck auch dann zum **Inhaberpapier,** wenn der Name des Scheckempfängers eingetragen ist. Die Übertragung der Scheckrechte erfolgt nur durch Einigung und Übergabe.

b) Orderscheck.

Er trägt im Gegensatz zum Inhaberscheck den Aufdruck ORDERSCHECK. Er ist durch Einigung, Indossament (Weitergabevermerk) und Übergabe übertragbar und deshalb ein **Orderpapier.**

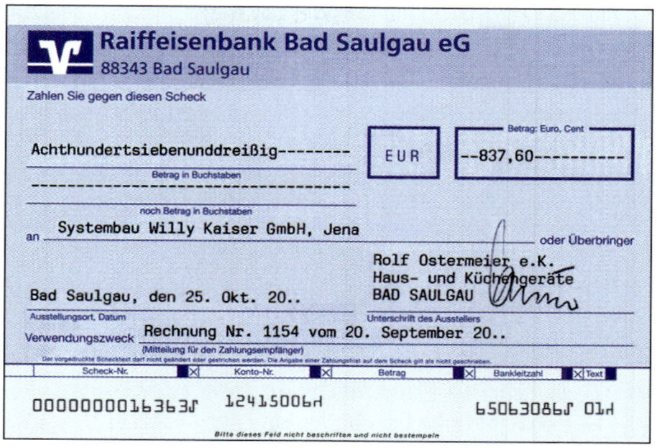
Raiffeisenbank Bad Saulgau eG
88343 Bad Saulgau
Zahlen Sie gegen diesen Scheck
Betrag: Euro, Cent
Achthundertsiebenunddreißig-------- EUR --837,60----------
Betrag in Buchstaben
----
noch Betrag in Buchstaben
an Systembau Willy Kaiser GmbH, Jena oder Überbringer
Bad Saulgau, den 25. Okt. 20..
Ausstellungsort, Datum
Rolf Ostermeier e.K.
Haus- und Küchengeräte
BAD SAULGAU
Unterschrift des Ausstellers
Verwendungszweck Rechnung Nr. 1154 vom 20. September 20..
(Mitteilung für den Zahlungsempfänger)
Scheck-Nr. | Konto-Nr. | Betrag | Bankleitzahl | Text
Bitte dieses Feld nicht beschriften und nicht bestempeln

▶ nach der Art der Einlösung

a) Barscheck.

Das bezogene Geldinstitut zahlt den Betrag an den Scheckvorleger in bar aus.

b) Verrechnungsscheck. ScheckG Art. 39

Er trägt auf der Vorderseite den Vermerk »Nur zur Verrechnung«. Der Scheckeinreicher erhält die Schecksumme auf seinem Konto gutgeschrieben.

Einlösung des Schecks

Der Scheck ist bei **Sicht** zahlbar. Dies gilt auch für einen **vordatierten Scheck.** Es gelten folgende Vorlegefristen:

Art. 29

Vorlegungsfristen ab Ausstellungsdatum		
8 Tage	**20 Tage**	**70 Tage**
für im Inland ausgestellte Schecks	für im europäischen Ausland oder in einem an das Mittelmeer angrenzenden Land ausgestellte Schecks	für in einem anderen Erdteil ausgestellte Schecks

Sperrt der Aussteller einen Scheck, darf er von seinem Geldinstitut nicht mehr eingelöst werden, andernfalls ist es schadensersatzpflichtig.

4.1.4 Wechsel

Der **Wechsel** ist eine **Urkunde,** in welcher der **Gläubiger (Aussteller)** den **Schuldner (Bezogener) auffordert,** eine **bestimmte Geldsumme an eine bestimmte Person** (Wechselnehmer) **zu bezahlen.**

Funktionen des Wechsels

Der Wechsel ist für die Beteiligten

a) Kreditmittel. Durch die Unterschrift auf einem Wechsel verpflichtet sich der Schuldner, seine Geldschuld später zu begleichen. Der Wechsel ist ein besonderer Schuldschein.

Beispiele:

1. Die Wagner KG schuldet der Kaiser GmbH Geld. Die Wagner KG verfügt aber zurzeit über keine flüssigen Mittel und bittet um Zahlungsaufschub. Daraufhin stellt die Kaiser GmbH auf die Wagner KG einen Wechsel aus, fällig in drei Monaten. Er wird von Wagner akzeptiert und der Kaiser GmbH übergeben (Bild, Seite 101).
2. Die Kaiser GmbH könnte den Wechsel anschließend an ihre Bank verkaufen und würde somit einen Kredit erhalten.

b) Zahlungsmittel. Der Wechselinhaber kann mit dem Wechsel eigene Verbindlichkeiten bezahlen.

Beispiel: Die Kaiser GmbH hat bei der Winter OHG Schulden und gibt den Wechsel als Zahlungsmittel weiter an die Winter OHG (Bild, Seite 101)

WG Art. 17 **c) Sicherungsmittel.** Wer auf einem Wechsel unterschreibt, gibt ein abstraktes, d. h. vom Grundgeschäft losgelöstes Schuldversprechen ab. Er haftet in jedem Falle für die Zahlung des Wechselbetrages.

Beispiel: Am Verfalltag kann die Wagner KG gegenüber dem Wechselvorleger nicht einwenden, die Ware oder Dienstleistung hätte erhebliche Mängel aufgewiesen und deswegen werde man 10 % weniger bezahlen. Eine solche Einrede der Minderung ist nicht statthaft. Im Ernstfalle würde die Wagner KG im Wechselprozess (Urkundenprozess) verurteilt. In einem Zivilprozess könnte sie aber ihre Rechte geltend machen.

Gesetzliche Bestandteile des Wechsels

- Art. 1 – **Ort und Datum der Ausstellung** (Monat in Buchstaben).
- – **Bezeichnung als Wechsel** im Text der Urkunde.
- Art. 33 – **Verfallszeit,** z. B. fällig »am 14. November 20 ..«.
- Art. 3 – **Name des Wechselnehmers.** Man unterscheidet
  - a) Wechsel **an fremde Order.** Der Aussteller bezeichnet eine dritte Person als Wechselnehmer, z. B. »Zahlen Sie an Winter OHG oder deren Order«.
  - b) Wechsel **an eigene Order.** Der Aussteller bezeichnet sich selbst als Wechselnehmer, z. B. »Zahlen Sie an mich«, »an eigene Order«.
- – **Unbedingte Anweisung,** eine bestimmte **Geldsumme zu zahlen.**
- – **Name des Bezogenen.**
- Art. 4 – **Zahlungsort.** Diese Angabe ist notwendig, da die Wechselschuld eine **Holschuld** ist.
- Art. 9 (1) – **Unterschrift des Ausstellers.** Unter die Unterschrift setzt der Aussteller seine Anschrift, damit er bei Nichteinlösung des Wechsels benachrichtigt werden kann.

Annahme des Wechsels

Aus der Zahlungsaufforderung **(Tratte)** »Gegen diesen Wechsel zahlen Sie am ...« wird durch die Unterschrift des Bezogenen quer zum Text ein akzeptierter Wechsel **(Akzept).** Der Bezogene verpflichtet sich durch die Annahme, den Wechsel am Fälligkeitstag einzulösen.

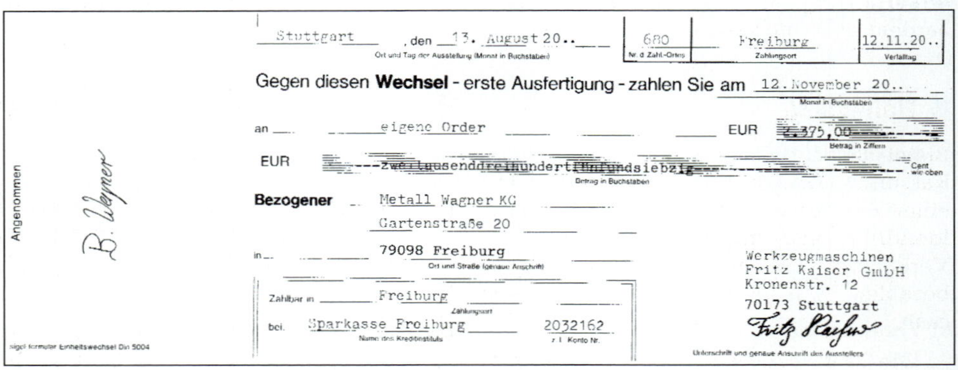

Angenommen B. Wagner

Stuttgart, den 13. August 20..
Ort und Tag der Ausstellung (Monat in Buchstaben)

680 — Nr. d. Zahl-Ortes | Freiburg — Zahlungsort | 12.11.20.. — Verfalltag

Gegen diesen **Wechsel** - erste Ausfertigung - zahlen Sie am 12. November 20..
Monat in Buchstaben

an eigene Order EUR 2.375,00
Betrag in Ziffern

EUR zweitausenddreihundertfünfundsiebzig Cent wie oben
Betrag in Buchstaben

Bezogener Metall Wagner KG
Gartenstraße 20
in 79098 Freiburg
Ort und Straße (genaue Anschrift)

Zahlbar in Freiburg
Zahlungsort
bei Sparkasse Freiburg 2032162
Name des Kreditinstituts — z. I. Konto Nr.

Werkzeugmaschinen
Fritz Kaiser GmbH
Kronenstr. 12
70173 Stuttgart
Fritz Kaiser
Unterschrift und genaue Anschrift des Ausstellers

sigel formular Einheitswechsel Din 5004

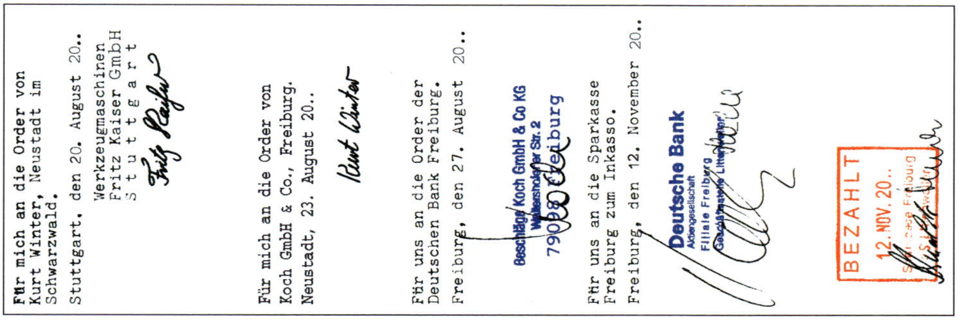
Für mich an die Order von
Kurt Winter, Neustadt im
Schwarzwald.
Stuttgart, den 20. August 20..
Werkzeugmaschinen
Fritz Kaiser GmbH
S t u t t g a r t

Für mich an die Order von
Koch GmbH & Co., Freiburg.
Neustadt, 23. August 20..

Für uns an die Order der
Deutschen Bank Freiburg.
Freiburg, den 27. August 20..
Beschläge Koch GmbH & Co KG
79098 Freiburg

Für uns an die Sparkasse
Freiburg zum Inkasso.
Freiburg, den 12. November 20..
Deutsche Bank
Aktiengesellschaft
Filiale Freiburg

BEZAHLT
12. NOV. 20..

Weitergabe und Einlösung des Wechsels

▶ Weitergabe

a) Zahlungshalber: Der Aussteller gibt an seinen Gläubiger weiter. WG Art. 11 ff.

Bei der Weitergabe des Wechsels ist eine Übertragungserklärung auf dessen Rückseite zu setzen. Man nennt sie **Indossament.**

- Das Vollindossament enthält mindestens den Namen des Empfängers (Indossatar) und die Unterschrift des Weitergebenden (Indossant).
- Das Inkasso- oder Einzugsindossament ermächtigt den Beauftragten (Banken) zur Wahrnehmung aller Rechte aus dem Wechsel.

b) Zum Diskont: Der Aussteller verkauft seinen Wechsel an sein Geldinstitut, d. h., das Geldinstitut kauft den Wechel an und zieht dann von der Wechselsumme die tagegenauen Zinsen für die Zeit vom Einreichungs- bis zum Verfallstag ab. Der Barwert wird mit »Wert Einreichungstag« gutgeschrieben.

▶ Einlösung

Der Wechsel wird am Verfallstag oder den beiden folgenden Werktagen dem Bezogenen direkt oder der Zahlstelle (Hausbank des Bezogenen) zur **Einlösung** vorgelegt. Nach Prüfung der Ordnungsmäßigkeit des Wechsels wird er eingelöst. Der Bezogene erhält den Wechsel als Quittung Art. 38

4.1.5 Elektronischer Zahlungsverkehr

Wer elektronische Zahlungssysteme nutzen will, muss über eine **Bankkarte** oder eine **Kreditkarte** verfügen. Die **Geldkarte** ist als aufladbarer Chip in der Bankkarte integriert. Außerdem sind **Online-Zahlungen** möglich.

Bankkarte

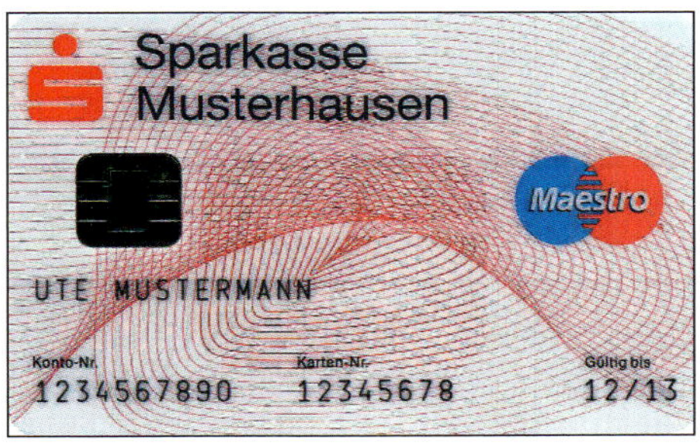

Bietet der Verkäufer ein kartentaugliches Kassenterminal an, kann der Käufer mit einer **Bankkarte** und seiner persönlichen Identifikationsnummer **(PIN)** am Ort des Verkaufsgeschehens **(Point of Sale = POS)** bezahlen. Man spricht auch von **Electronic cash.**

- Die Kaufsumme wird in die Kasse getippt.

- Der Kunde kontrolliert sie und bezahlt mit der Karte mittels Eingabe seiner PIN.
- Das Kassenterminal autorisiert den Kunden, d. h., in Sekundenschnelle wird die PIN, die Echtheit der Karte, eine mögliche Sperre sowie das Kreditlimit geprüft. Dies gilt auch weltweit, wenn das Kassenterminal die Bankkarte (mit »**Maestro**« oder »**VISA**«-Logo) akzeptiert.
- Die Summe wird gespeichert.
- Der Kassenbon mit Artikelname, Preis, Händlername, Datum, Uhrzeit wird herausgegeben.
- Die Kontobelastung und die Gutschrift erfolgen vollautomatisch.

Seite 97

Eine Variante von POS ist die Bezahlung mit der Bankkarte ohne PIN. In diesem Fall verzichten die Händler auf die absolute Zahlungssicherheit, indem sie nur eine Lastschrifteinzugsermächtigung unterschreiben lassen. Die Zahlung erfolgt damit ohne Zahlungsgarantie. Bei diesem **Elektronischen Lastschriftverfahren (ELV)** hat die Bankkarte also keine Garantie-, sondern lediglich Legitimationsfunktion.

Mit der Bankkarte lässt sich auch Bargeld vom Geldautomaten abheben. Der tägliche Verfügungsrahmen wird mit der Bank vereinbart.

Geldkarte

KWG § 1 (14)

Die **Geldkarte** ist als Mikrochip in der Bankkarte integriert. Sie ist eine **prepaid card,** d. h., um damit bezahlen zu können, muss sie erst am Geldautomat mittels PIN zulasten des eigenen Kontos aufgeladen werden. Aus Buchgeld wird **elektronisches Geld.** Der Höchstbetrag liegt bei 200 EUR. Eine Entladung auf das Bankkonto ist möglich. Der **Vorteil** der Geldkarte liegt in der schnellen Zahlungsabwicklung. Der **Nachteil** besteht darin, dass der Verlust der Geldkarte Bargeldverlust bedeutet.

Vorteile des Electronic cash	
für den Käufer:	**für den Verkäufer:**
– unabhängig von Bargeld	– verringerte Arbeit mit Bargeld
– erhöhter finanzieller Spielraum	– niedrigerer Bargeldbestand
– geringeres Verlustrisiko von Bargeld	– geringeres Betrugs- und Raubrisiko von Bargeld
– teilweise weltweite Nutzung	– große Zahlungssicherheit
– ausführliche Informationen auf dem Kontoauszug (Händlername, Datum, Uhrzeit)	– absolute Sicherheit bei Einsatz der PIN

Kreditkarte

Privat- und Geschäftskunden mit einwandfreier Bonität erhalten von ihren Hausbanken das Angebot, Kreditkarten als Zahlungsmittel zu verwenden. Die Karten werden von Kreditkartenorganisationen (Mastercard, VISA) herausgegeben. Gegen Vorlage der Kreditkarte kann der Karteninhaber bei allen der Kartenorganisation angeschlossenen Vertragsunternehmen (Händler, Hotels, Restaurants) bargeldlos bezahlen. Die Karte ermöglicht auch das (teure) Abheben von Bargeld bis zu festgelegten Höchstgrenzen. Bei allen Zahlungsvorgängen sind die gleichen Schritte zu beachten wie bei der Bankkarte.

Die Kreditkartenorganisation hat vor Ausgabe der Karte die Bonität des Antragstellers durch dessen Hausbank prüfen lassen. Deswegen bedeutet die Vorlage der Karte für den Gläubiger **absolute Zahlungssicherung.** D. h., er erhält per Lastschrifteinzug immer sein Geld von der Kartenorganisation.

Diese Risikoübernahme kostet den Gläubiger je nach Branche und Geltungsbereich (weltweit) allerdings 3–10 % Gebühren jedes Lastschriftbetrages. Gegenüber dem Kartenbenutzer rechnet die Organisation monatlich ab, sodass der Kunde eine Art zinslosen Kredit erhält. Demgegenüber steht eine Jahresgebühr von beispielsweise 20 EUR. Bei Kartenverlust liegt die Haftungsgrenze des Kunden bei höchstens 150 EUR.

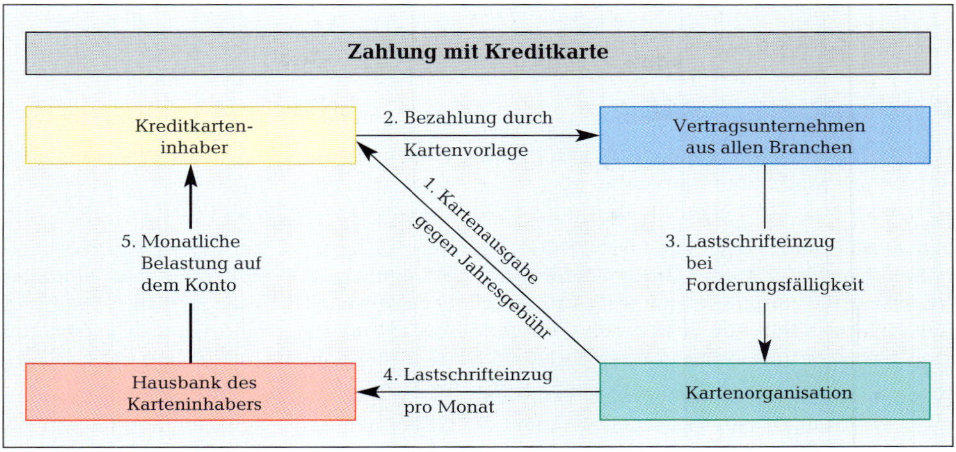

Die Kreditkarten bieten folgenden **Standardnutzen:**

- bargeldlos zahlen bei Vertragsunternehmen,
- Bargeld beschaffen an Geldautomaten und bei Geldinstituten,
- Zahlung im Internet,
- Fahrzeuge mieten ohne Kaution,
- Hotelzimmer reservieren,
- Zahlungsaufschub durch monatliche Abrechnung sowie
- Auflistung von Betrag, Datum, Einsatzort in zeitlicher Reihenfolge,
- Ersatzkartenservice bei Diebstahl und Verlust innerhalb von 24 Stunden.

Gute Bankkunden erhalten eine sogenannte Goldkarte mit **Zusatznutzen:**

- umfangreiche Versicherungen wie Reiserücktrittsversicherung, Auslandsreisekrankenversicherung,
- telefonische Rechtsberatung.

Die **Gefahren bzw. Nachteile** jeder **Bank- oder Kreditkartennutzung** liegen in unüberlegten Spontankäufen, zunehmender Verschuldung, manipulierten Lesegeräten oder Internetseiten bis hin zum fehlenden Strom. Auch ist jeder Karte nur ein bestimmtes Konto zugeordnet.

Onlinebanking

Beim Onlinebanking hat der Bankkunde direkten Zugriff auf den Rechner der Bank. Er kann seine Bankgeschäfte rund um die Uhr, an den Wochenenden und Feiertagen abwickeln. Überweisungen tätigen, das Einrichten und Löschen von Daueraufträgen, Wertpapiere kaufen oder verkaufen erfolgen computerunterstützt.

Darüber hinaus kann der Bankkunde seinen Kontostand und Bankkonditionen (Zinssätze, Börsenkurse) abfragen. Die Absicherung vor unberechtigtem Zugriff erfolgt über eine **PIN.** Für jede Verfügung benötigt man eine **TAN** (Transaktionsnummer). Die Banken unterstützen unterschiedliche PIN-TAN-Systeme:

- **iTAN:** Die TAN oder iTAN (indiziert = angezeigt) wird nur einmal verwendet und entspricht einer elektronischen Unterschrift.
- **chipTAN:** Ein TAN-Generator errechnet in Verbindung mit der Bankkarte die TAN.
- **smsTAN:** Die TAN wird per SMS auf die hinterlegte Mobilnummer des Nutzers gesandt.

Online-Zahlungsdienste

Wer im Internet online einkauft, kann auch im Netz bezahlen (B2C-Geschäfte): Entweder durch Preisgabe seiner Bankdaten oder seiner Kreditkartendaten gegenüber dem Verkäufer. Dieser lässt dann über sein Geldinstitut per Einzugsermächtigung den Betrag einziehen.

Will der Käufer nicht jedes Mal seine Daten (Name, Kartennummer, Verfallsdatum) preisgeben, kann er sich eines **Online-Zahlungsdienstleisters** (z. B. PayPal) bedienen, wenn der Verkäufer dies anbietet. In diesem Fall kennt nur der Dienstleister die sensiblen Daten. Er holt sich das Geld von dem bei ihm eingerichteten Kundenaccount, leitet es in Echtzeit weiter an den Verkäufer und bestätigt dem Käufer die Zahlungsausführung per E-Mail.

Andere Online-Shop-Verkäufer bieten einen für sie garantierten Überweisungsvorgang an (z. B. Giropay). Voraussetzung ist ein für das Onlinebanking freigeschaltetes Girokonto. Durch Eingabe seiner Bankleitzahl wird der Käufer zu seiner Bank geführt. Dort wird ihm eine bereits vollständig ausgefüllte und nicht mehr veränderbare Überweisung angeboten. Durch Eingabe der TAN wird die Überweisung autorisiert und gleichzeitig erhält der Verkäufer die Zahlungsgarantie des Geldinstituts.

4.2 Zahlungsverkehr mit dem Ausland

Banken in der ganzen Welt sind an die gemeinsame Computerzentrale SWIFT in Brüssel angeschlossen (**SWIFT** = **S**ociety for **W**orld Wide **I**nterbank **F**inancial **T**elecommunication). Alle Kontoübertragungen erfolgen vollautomatisiert und belegfrei binnen weniger Minuten.

Die Banken tauschen aus Exportgeschäften hereinkommende fremde Währungen (CHF, USD) in Euro um. Umgekehrt beschaffen sie fremde Währungen zur Bezahlung von Importen. Fremde Währungen gibt es in Form von Sorten und Devisen.

Sorten

Sorten sind Münzen und Banknoten in ausländischer Währung. Bisweilen werden die Sorten in den Begriff Devisen eingeschlossen, z. B. in der Devisenbilanz.

Devisen

Devisen sind alle Buchgelder in ausländischer Währung. Dazu zählen Guthaben und Schulden in ausländischer Währung sowie Schecks und Wechsel.

Überweisungen

Hier ist zu trennen zwischen Überweisungen innerhalb und Überweisungen außerhalb des Euro-Zahlungsverkehrsraumes **SEPA** (**S**ingle **E**uro **P**ayments **A**rea). Dieser »Euro-Raum« umfasst die EU und weitere Vertragsländer (z. B. Norwegen, Schweiz).

► Überweisung im Außenwirtschaftsverkehr

Sitzt der Empfänger im »Euro-Raum«, wünscht aber eine andere Währung als Euro (z. B. CHF), benötigt der Schuldner einen »Zahlungsauftrag im Außenwirtschaftsverkehr«. Dieses auch »Z1« genannte Formular wird außerdem für jede Währung außerhalb des »Euro-Raumes« verwandt.

▶ SEPA-Überweisung

Für grenzüberschreitende Zahlungen im »Euro-Raum« gilt ein spezieller Überweisungsvordruck. Er enthält statt der Kontonummer und Bankleitzahl eine **IBAN** (**Inter**national **B**ank **A**ccount **N**umber) des Schuldners und des Begünstigten sowie den **BIC** (**B**ank **I**dentifier **C**ode) des Empfängerinstituts. Die Auftragswährung lautet immer auf Euro.

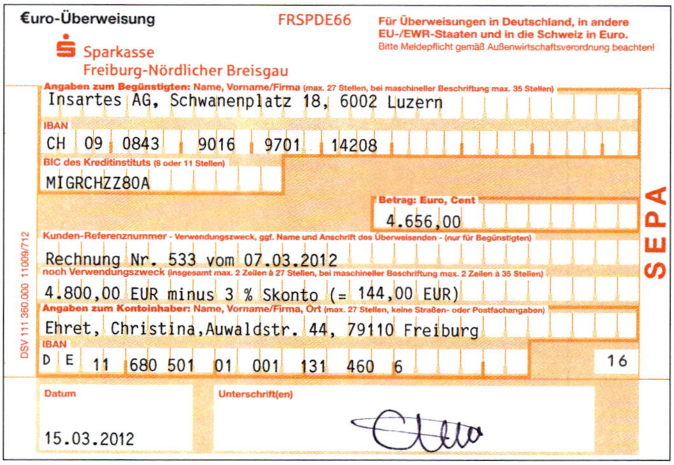
€uro-Überweisung
FRSPDE66
Für Überweisungen in Deutschland, in andere EU-/EWR-Staaten und in die Schweiz in Euro.
Bitte Meldepflicht gemäß Außenwirtschaftsverordnung beachten!
Sparkasse Freiburg-Nördlicher Breisgau
Angaben zum Begünstigten: Name, Vorname/Firma (max. 27 Stellen, bei maschineller Beschriftung max. 35 Stellen)
Insartes AG, Schwanenplatz 18, 6002 Luzern
IBAN
CH 09 0843 9016 9701 14208
BIC des Kreditinstituts (8 oder 11 Stellen)
MIGRCHZZ80A
Betrag: Euro, Cent
4.656,00
Kunden-Referenznummer - Verwendungszweck, ggf. Name und Anschrift des Überweisenden - (nur für Begünstigten)
Rechnung Nr. 533 vom 07.03.2012
noch Verwendungszweck (insgesamt max. 2 Zeilen à 27 Stellen, bei maschineller Beschriftung max. 2 Zeilen à 35 Stellen)
4.800,00 EUR minus 3 % Skonto (= 144,00 EUR)
Angaben zum Kontoinhaber: Name, Vorname/Firma, Ort (max. 27 Stellen, keine Straßen- oder Postfachangaben)
Ehret, Christina,Auwaldstr. 44, 79110 Freiburg
IBAN
DE 11 680 501 01 001 131 460 6
16
SEPA
DSV 111 360.000 11009/712
Datum
15.03.2012
Unterschrift(en)

ZAG (Zahlungsdiensteaufsichtsgesetz)

SEPA-Lastschrift

Im SEPA-Euro-Zahlungsverkehrsraum kann auch mit Lastschriften bezahlt werden.

– Der Schuldner erteilt seinem Gläubiger ein SEPA-Lastschriftmandat (Mandat = Vollmacht).
– Das Mandat umfasst die Zustimmung des Zahlungspflichtigen zum Einzug der Zahlung per Lastschrift, sowie den Auftrag an die eigene Bank, die Lastschrift einzulösen.
– Das Mandat muss neben der Unterschrift des Schuldners vom Gläubiger mit einer **Mandatsreferenznummer (MRN)** sowie einer **Identifikationsnummer (Unique Creditor Identifier = UCI)** versehen werden. Die UCI muss bei der Deutschen Bundesbank elektronisch beantragt werden.
– Bei jedem Lastschrifteinzug müssen beide Nummern zur Kennung und Sicherheit mitgeliefert werden.
– Der Gläubiger muss mit dem Endkunden ein Fälligkeitsdatum vereinbaren und ihn 14 Tage vorher daran erinnern.
– Bei der Abwicklung einer Lastschrift unterscheiden die Banken zwischen ihren Firmenkunden und Privatkunden.

SEPA-Firmenkunden	SEPA-Basislastschrift für Privatkunden
– Der Gläubiger kann die Lastschrift 1 Tag vor Verfall einreichen. – Der Schuldner muss das Mandat seiner Bank vorlegen. – Die Bank prüft vor Einlösung einer Lastschrift das Mandat. – Der Schuldner hat deswegen keine Möglichkeit, die Lastschrift zurückzugeben.	– Die Einreichung muss 5–2 Tage vorher erfolgen. – Die Mandatsvorlage entfällt. – Die Prüfung entfällt. – Der Schuldner kann die Lastschrift bis acht Wochen nach Fälligkeit zurückgeben. – Bei unautorisierten Lastschriften beträgt die Frist 13 Monate.
Beispiel: Bezahlung einer Ferienwohnung, die in Spanien für monatlich 400 EUR auf fünf Jahre von einer IMMO-Gesellschaft mit Sitz in Malaga von einem deutschen Reisebüro gemietet wurde.	**Beispiel:** Bezahlung einer Ferienwohnung, die in Frankreich für 14 Tage von einer deutschen Privatperson gemietet wurde.

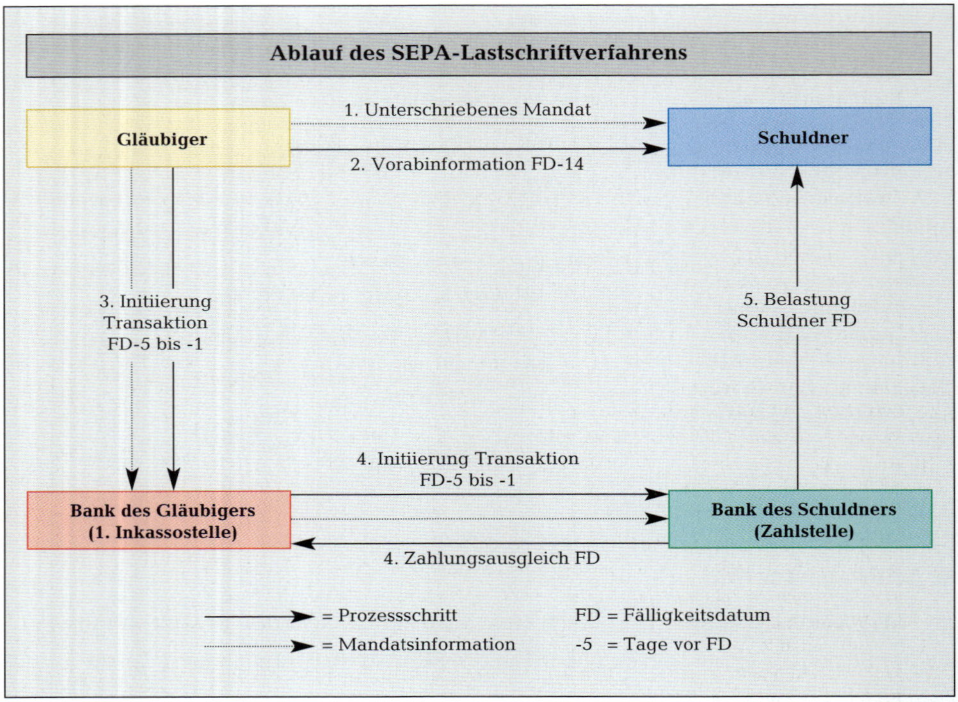

Vorteile des SEPA-Lastschriftverfahrens:

1. verbesserte Steuerung der Zahlungsströme,
2. europaweiter Geldeinzug von einem Konto,
3. festgelegtes Fälligkeitsdatum,
4. zeitnahe Dispositionsmöglichkeit,
5. exakte Liquiditätsplanung.

Scheck

Der deutsche Importeur stellt den Scheck in ausländischer Währung aus und übersendet ihn dem Lieferanten. Bei Vorlage des Schecks beim Geldinstitut des Importeurs wird der Währungsbetrag zum Briefkurs in Euro umgerechnet und dem Importeur belastet.

Der deutsche Exporteur reicht einen Scheck auf ausländische Währung ein. Der Betrag wird zum Geldkurs in Euro umgerechnet und dem Exporteur gutgeschrieben.

?

1. An der Kasse eines Modehauses werden die Laufkunden gefragt: »Zahlen Sie bar oder mit Karte?« Das gleiche Modehaus schickt einem Stammkunden eine Rechnung mit dem Text: »Bei Zahlung netto Kasse innerhalb von acht Tagen 2 % Skonto oder 30 Tage netto«.
   a) Erklären Sie den Begriff Barzahlung.
   b) Berechnen Sie den Jahreszinssatz dieses Skontoangebotes.
2. Nennen Sie Gründe, warum Gläubiger ihren Schuldnern mit der Rechnung einen ausgefüllten Überweisungsauftrag/Zahlschein zusenden.
3. Prüfen Sie bei Ihrer Bank, ob Sie Daueraufträge zu jedem Termin in Auftrag geben können oder nur zu bestimmten Stichtagen.
4. Ein Mieter überlegt, ob er sich im Mietvertrag bezüglich der Bezahlung der monatlichen Miete für einen Dauerauftrag oder eine Einzugsermächtigung entscheiden soll. Beraten Sie ihn.

5. Ein Unternehmer beantragt bei seinem Kreditinstitut, im Einzugsermächtigungsverfahren seine Kundenforderungen in monatlicher Höhe von 65.000 EUR einziehen zu dürfen. Daraufhin wird er gebeten, in der Kreditabteilung vorzusprechen und die letzten beiden Jahresbilanzen mitzubringen. Begründen Sie das Verhalten der Bank.
6. Ein Kaufmann hat monatlich folgende Zahlungsvorgänge zu erledigen: Leasingraten, Umsatzsteuer, Postwertzeichen, Gehälter, Telefonrechnungen, Lieferantenrechnungen. Stellen Sie in einer Matrix dar, welche Zahlungsmöglichkeiten für ihn im jeweiligen Fall sinnvoll sind.
7. Ordnen Sie die Scheckarten Orderscheck, Barscheck, Inhaberscheck, Verrechnungsscheck der Tabelle zu.

Unterscheidung nach Art der	**Arten des Schecks**	
Einlösung		
Übertragung		

8. Ein Jugendlicher behauptet, die Geldkarte sei unnütz, denn sie würde ja nur zum Geldausgeben verführen. Nehmen Sie dazu Stellung.
9. Warum spricht man bei den Bank- und Kreditkarten von »Plastikgeld«?
10. Auch große Kaufhäuser und Einkaufszentren bieten »Kreditkarten« in Form von Kundenkarten an. Suchen Sie Gründe dafür.
11. Worin bestehen die Unterschiede der Bankkarte gegenüber der Kreditkarte?
12. Nennen Sie Vor- und Nachteile der Kreditkarte für den Kartennutzer.
13. In den letzten Jahren wurde das Angebot im elektronischen Zahlungsverkehr erheblich ausgebaut.
    a) Wie stehen Sie als Verbraucher zu dieser Zahlungsmöglichkeit?
    b) Warum haben Geldinstitute sowie Handels- und Dienstleistungsunternehmen ein Interesse an der Nutzung dieser Zahlungsmöglichkeit?
14. Welche Zugangsdaten müssen Sie auf einer Homepage für Onlinebanking eingeben?
15. Erklären Sie die Abkürzung TAN.
16. Rufen Sie im Internet die Homepage der Postbank auf (www.postbank.de). Im Menüpunkt Onlinebanking können Sie ein Demokonto öffnen. Lesen Sie die Informationen sorgfältig durch und erkunden Sie die Möglichkeiten des Onlinebankings.
    a) Welchen Betrag haben Sie zuletzt an das Finanzamt Köln überwiesen?
    b) Wie hoch ist Ihr aktueller Kontostand?
    c) Welche Funktionen stehen den Kunden beim Onlinebanking zur Verfügung?
    d) Welche Funktionen beinhaltet der Menüpunkt »Einstellungen«?
    e) Nennen Sie die notwendigen Schritte zur Vornahme einer Überweisung.
17. Welche Vor- bzw. Nachteile hat das Onlinebanking für ein Unternehmen?
18. Wie kann man sich gegen die Gefahren beim Onlinebanking schützen?

5 Bestandsmanagement

Aufgabe des **Bestandsmanagements** ist es, den Zielkonflikt zwischen minimalen Beständen und sicherer Verfügbarkeit von Werkstoffen und Fertigteilen zu überwinden. Die Lagerhaltung spielt also im Rahmen des Materialflusses nach wie vor eine bedeutende Rolle.

Zur Erfüllung der Aufgabe kann die Lagerlogistik als ein wichtiger, selbstständiger Teilbereich des Logistikkonzepts ihren Beitrag dazu leisten.

Die **Lagerlogistik** hat dafür zu sorgen, dass **die für die Produktion benötigten Materialien** zur richtigen Zeit, am richtigen Ort, in der richtigen Güte und Menge zu möglichst geringen Kosten **bereitgestellt** werden.

Im Idealfall kann mithilfe der Lagerlogistik auf eine Lagerhaltung vollständig verzichtet werden (Just-In-Time-Verfahren). Ist dies nicht erreichbar, so bewirkt die Logistik, dass die Lagerfunktionen möglichst optimal ausgeübt werden.

5.1 Lagerhaltung

Der Lagerhaltung kommt auch heute noch eine beträchtliche Bedeutung zu, obwohl die ständige Verbesserung der Verkehrsverhältnisse einen Abbau ermöglicht und die **Lagerfunktionen** auf selbstständige Lagerhalter übertragen werden können. Die unternehmungseigene Lagerhaltung kann sein:

- Teilfunktion der *Beschaffung* (bei Stoffen, bezogenen Teilen),
- Teilfunktion der *Leistungserstellung* (bei unfertigen Erzeugnissen, Ersatzteilen, Werkzeugen),
- Teilfunktion des *Absatzes* (bei fertigen Erzeugnissen, Waren).

Lagerhaltung ist notwendig, weil sich Warenbeschaffung, Erzeugung und Warenabsatz zeitlich und mengenmäßig nicht immer aufeinander abstimmen lassen. Im Einzelnen dient sie daher

a) der **Überbrückung von Unregelmäßigkeiten** auf dem Beschaffungsmarkt: saisonale Schwankungen in der Gütererzeugung (Ernten), Lieferschwierigkeiten, Verkehrsstörungen, Preisschwankungen der Beschaffungsgüter,

b) der **Ausnutzung von Vorteilen** des Großeinkaufs: Mengenrabatte, Verbilligung des Transports durch stärkere Auslastung des Laderaums, Einsparung von Verpackungskosten durch Großverpackung,

c) einer **notwendigen Bearbeitung oder Ausreifung** während der Lagerzeit,

d) der **Bereithaltung eines** ausreichend breiten und tiefen **Sortiments** für die Abnehmer,

e) der **Sicherung einer gleichmäßigen Beschäftigung** trotz Schwankungen beim Absatz.

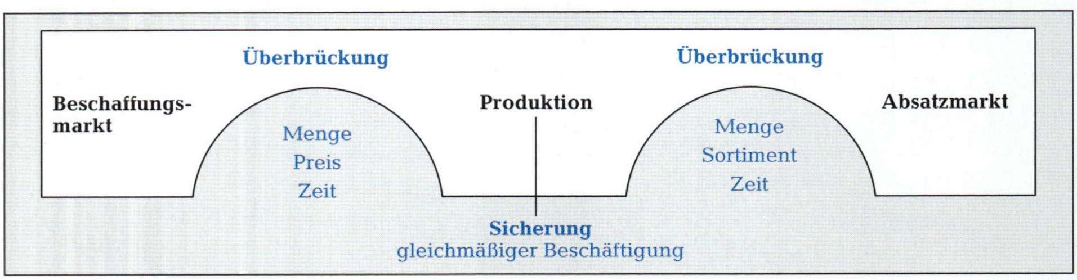

5.1.1 Lagerarten

Die Lager lassen sich nach folgenden Gesichtspunkten einteilen:

Einteilung nach	Arten der Lager	Kennzeichen
Eigentums- und Besitz-verhältnis	**Eigenlager**	Räume und Einrichtungen gehören dem **Eigentümer** der Lagergüter; Ein- und Auslagerung sowie Überwachung geschieht durch eigenes Personal.
	Fremdlager	Die Lagergüter befinden sich in der Obhut eines **gewerblichen Lagerhalters**, der für die sorgfältige Behandlung während der Lagerung und beim Ein- und Auslagern sorgt.
Lagerstandort	**Zentrales Lager**	Alle Lagergüter befinden sich an **einem Ort.**
	Dezentrales Lager	Die Lagergüter sind an **verschiedenen Orten** untergebracht. Das Lager wird **in der Nähe der Abnehmer** zu deren schnellen Belieferung eingerichtet.
Baulichkeit	**Offenes Lager**	Witterungsunempfindliche Lagergüter werden **im Freien** mit und ohne Abdeckung gelagert, z.B. Kies, Furnierholz, Fahrzeuge.
	Geschlossenes Lager	Lagergüter, die durch Sonnenlicht, Wärme, Kälte, Feuchtigkeit gefährdet sind und/oder einen hohen Wert darstellen, werden **in geschlossenen Räumen** gelagert.
	Eingeschossiges Lager	Alle Lagergüter sind **auf einer Ebene** untergebracht; besonders geeignet für schwere und unhandliche Güter, z.B. Baumaterial, Eisen, Maschinen.
	Mehrgeschossiges Lager	Die Lagergüter sind **in mehreren Etagen** abgestellt. Dem Vorteil der geringeren Grundstücksfläche stehen die aufwendigeren technischen Einrichtungen (Aufzüge) und stabileren Bauausführungen gegenüber.
	Stapellager	Stapelbare Güter werden in mehreren Schichten übereinander gesetzt. Hohe Lagerhallen, entsprechende Stapler und stabile Verpackungen sind erforderlich.
	Hochregallager	In den meist eingeschossigen Lagern werden die nicht stapelbaren Lagergüter in Hochregalen gelagert. Entsprechende Hubeinrichtungen sind erforderlich.
Wirtschaftszweig – Einzelhandel	**Verkaufslager**	Im **Verkaufsraum** werden die Waren zur Kundenbedienung und Selbstbedienung griffbereit in Regalen, Vitrinen, Theken und sonstigen Behältern bereitgestellt.
– Großhandel	**Ausstellungslager**	Aus dem Sortiment wird jeweils ein Stück zur Besichtigung durch den Kunden aufgehängt (Leuchten) oder aufgestellt (Möbel). Die Lieferung der bestellten Waren erfolgt direkt durch den Hersteller, soweit sie beim Großhändler nicht vorrätig sind.
	Verkaufslager	Vorratslager des Großhändlers, aus dem der Kunde in Selbstbedienung die gelagerte Ware nach Besichtigung entnehmen kann.
	Kommissions-lager	Der Handel erhält vom Hersteller Waren geliefert, die erst nach dem Verkauf mit dem Hersteller abgerechnet werden, z.B. im Buchhandel.

Seite 275

Einteilung nach	Arten der Lager	Kennzeichen
– Industrie	**Materiallager**	Roh-, Hilfs- und Betriebsstoffe, bezogene Fertigteile, Ersatzteile, Modelle werden für die Produktion bereitgehalten.
	Zwischenlager	Produktionsbedingte Lagerung unfertiger Erzeugnisse und die vorübergehende Sammlung von Abfall und Ausschuss vor dem Abtransport zur Entsorgung (Recycling, Mülldeponie).
	Handlager	Bereitstellung von Material und Werkzeugen am Arbeitsplatz (in der Werkstatt).
	Versandlager	Aufbewahrung fertiger Erzeugnisse, soweit sie nicht sofort an den Kunden ausgeliefert werden. Vorratshaltung für Verpackungsmaterial.
– Verkehrsbetrieb	**Sammellager**	Lager des Sammelspediteurs zur Vorbereitung eines rationellen Transports durch optimale Auslastung der eingesetzten Fahrzeuge und Container.
	Umschlagslager	Lager eines Verkehrsunternehmens zur vorübergehenden Aufbewahrung von Gütern im Zusammenhang mit dem Wechsel des Transportmittels, z.B. Lkw – Bahn, Bahn – Schiff usw.
	Zolllager	Importierte Ware wird bis zur zollamtlichen Abfertigung unter Verschluss gehalten.

5.1.2 Lagerrisiken und Lagerhaltungskosten

Lagerrisiken

Mit der Lagerung von Industriegütern ist das Risiko *mengen- und wertmäßiger* Minderung verbunden.

Beispiele: Eisen rostet, Steinzeug zerbricht, Flüssigkeiten trocknen ein, Güter werden gestohlen oder veruntreut, Rohstoffe werden von Schädlingen befallen.

Diese Risiken lassen sich wie folgt einteilen:

Wirtschaftliche (allgemeine) Risiken	Sonstige (spezielle) Risiken
Schwund, Verderb	Feuer, Wassereinbruch
Qualitätseinbußen	Einbruchdiebstahl, Diebstahl
Preisverfall, Konjunkturrückgang	Veruntreuung
Änderung der Verbrauchergewohnheiten	

Die **wirtschaftlichen Risiken** lassen sich *nicht versichern.* Um sie möglichst klein zu halten, sind die ein- und ausgehenden sowie gelagerten Güter durch geeignete Maßnahmen und Einrichtungen zu kontrollieren. Dazu dienen

- eine *pflegliche Behandlung* der Lagergüter entsprechend ihrer besonderen Eigenschaften: Empfindlichkeit gegen Staub, Wärme, Feuchtigkeit, Trockenheit, Licht, Gerüche, Gefährdung durch Schädlinge;
- die *Arbeiten im Fertigerzeugnislager,* um die Erzeugnisse in einen transportfähigen Zustand zu bringen (Wachsüberzug bei Personenkraftwagen) oder verkaufsfähig zu machen (Polieren von Möbeln);
- die *Ausgabe* der gelagerten Güter nur *gegen einen Entnahmebeleg* (Materialentnahmeschein);
- die *abwägende Mengen- und Wertentscheidung* bei der Beschaffung und Markterkundung.

Die **sonstigen Risiken** lassen sich *versichern.*

Lagerhaltungskosten

Zu den **Lagerhaltungskosten** zählen Aufwendungen, die im Zusammenhang mit der Vorratshaltung entstehen. Im Einzelnen handelt es sich um:

a) Kosten der **Lagereinrichtungen** für Instandhaltung, Abschreibung, Heizung, Kühlung, Beleuchtung, Reinigung, Bewachung, Verzinsung des in den Lagereinrichtungen investierten Kapitals.

b) Kosten der **Lagerverwaltung für Löhne, Gehälter, Büromaterial.**

c) Kosten des **Lagerrisikos** (kalkulatorische Wagnisse) durch

- **Mengenverluste,** z. B. Schwund, Diebstahl, Verderb,
- **Wertverluste,** z. B. Preisverfall, Beschädigung, Verderb,
- **Risikovorsorge,** z. B. Sicherheitseinrichtungen, Schulung der Mitarbeiter, Versicherungsprämien.

d) Kosten des in den **Lagerbeständen gebundenen Kapitals:** Lagerzinsen.

Diese **Kosten** können **fix oder variabel** sein:

- **Fixe Lagerhaltungskosten** fallen *unabhängig von der Menge oder dem Wert* der eingelagerten Güter an.

  Beispiele: Gebäudeversicherung, Abschreibung, Personalkosten.

- **Variable Lagerhaltungskosten** *verändern sich mit der Menge oder dem Wert* der eingelagerten Güter.

  Beispiele: Treibstoff für die im Lager eingesetzten Fahrzeuge, Zinsen für das in den Vorräten investierte Kapital, Personalkosten für Aushilfspersonal.

5.1.3 Bestandsoptimierung aufgrund von Lagerkennziffern

Die Lagervorräte müssen so groß sein, dass der Betrieb stets produzieren und liefern kann. Sie sollten aber nicht höher sein, als es der wirtschaftliche Ablauf des Betriebes erfordert. **Zu große Lagerbestände** entziehen dem Betrieb bei den damit verbundenen größeren Beschaffungsvorgängen flüssige Mittel, binden Kapital und verursachen Kosten. **Zu kleine Lagerbestände** gefährden die Produktions- und Absatzbereitschaft. Sie erfordern u. U. kurzfristige Bestellungen kleinerer Mengen und können dadurch zu höheren Transportkosten führen.

Die kostenbewusste und produktionsgemäße Lagerhaltung wird deshalb dafür sorgen, dass die Bestände mengen- und wertmäßig überwacht werden (Lagerhaltungscontrolling). Das geschieht durch die Bildung und Berechnung von **Kennziffern.** Die wichtigsten sind die *Lagerbestände,* der *Lagerumschlag,* die *Lagerdauer,* der *Lagerkostensatz* und der *Lagerzinssatz.*

Lagerbestand

Die Lagervorräte richten sich nach den Erfordernissen des Industriebetriebes. Eingänge und Entnahmen verändern laufend die Bestände und damit die **Kapitalbindung.**

a) Der Mindestbestand (Eiserne Reserve, Sicherheitsbestand) ist der Bestand, der *dauernd am Lager* sein muss, um auch bei unvorhergesehenen Fällen die Produktions- und Lieferbereitschaft zu sichern.

b) Der Meldebestand ist der Lagerbestand, bei dem das Auffüllen des Lagers durch Meldung zu veranlassen ist. Er bestimmt also den *Bestellzeitpunkt. Die Höhe des Meldebestandes hängt ab von*

- Produktions- und Absatzmengen,
- Fertigungslosgrößen,
- Verpackungs- und Ladeeinheiten,
- dem betrieblichem Bestelldurchlauf,
- der Lieferzeit.

Die Höhe des Meldebestandes liegt über dem Mindestbestand, damit dieser bis zum voraussichtlichen Eintreffen der Güter nicht unterschritten wird.

Durch Veränderung der Lieferzeiten und der Mindestmengen ist es möglich, die Kapitalbindung und die Liquiditätsanpassung zu beeinflussen. Dadurch kann der Forderung nach Optimierung der Lagerhaltung Rechnung getragen werden.

Beispiele:

1. **Kapitalbedarf bei Änderung der Lieferzeit.** Die bisherige Lieferzeit von 20 Tagen kann durch Absprache mit dem Lieferanten um 5 Tage verkürzt werden. Der Kapitalbedarf wird dadurch um 5/20 = 1/4 kleiner.
2. **Kapitalbedarf bei Änderung der Mindestbestände.** Die bisherigen Mindestbestände werden von 50 auf 40 Stück herabgesetzt. Damit verringert sich der Kapitalbedarf um 20 %.

c) **Der Höchstbestand** wird immer nach Eintreffen der bestellten Güter erreicht. Er hängt von der Bestellmenge ab, die nach dem tatsächlichen Bedarf und den finanziellen Möglichkeiten als Einkaufs-Soll festgelegt wird. Aus dem Höchstbestand erkennt man die *Liquiditätsanspannung* des Betriebes. Nach dem möglichen Höchstbestand muss auch die Größe (Kapazität) des Lagers ausgerichtet sein; sonst kommt es zu Aufbewahrungsproblemen, wie z. B. Zwischenlagerung in Gängen bis die Regale leer sind; Ware muss mehrmals in die Hand genommen werden.

d) **Der durchschnittliche Lagerbestand** ist der Durchschnitt der im Laufe einer Geschäftsperiode vorhandenen tatsächlichen Lagerbestände oder Lagerwerte. Er kann auf das Kalenderjahr oder den Kalendermonat bezogen werden.

$$\text{Durchschnittlicher Lagerbestand pro Jahr} = \frac{\text{Jahresanfangsbestand} + \text{Jahresendbestand}}{2}$$

$$\text{Durchschnittlicher Lagerbestand pro Monat} = \frac{\text{Jahresanfangsbestand} + 12 \text{ Monatsendbestände}}{13}$$

Der Wert des *durchschnittlichen Lagerbestandes* stellt den **Kapitaleinsatz** dar.

Lagerumschlag

Unter dem **Lagerumschlag** versteht man die wert- oder mengenmäßige Bewegung eines Lagerbestandes im Zusammenhang mit der Entnahme und dem Wiederauffüllen. Man berechnet hierzu die **Umschlagshäufigkeit.** Sie gibt an, wie oft die *Menge* oder der *Wert* des durchschnittlichen Lagerbestandes in einem Jahr oder in einem Monat aus dem Lager entnommen wurde.

$$\text{Umschlagshäufigkeit} = \frac{\text{Lagerabgang}}{\text{durchschnittlicher Lagerbestand}}$$

Sie kann für einzelne Vorräte, ein ganzes Lager, einen ganzen Betrieb oder einen ganzen Geschäftszweig errechnet werden.

Beispiele:

1. Für einen bestimmten Vorrat ist

der Jahresverbrauch	der durchschnittliche Lagerbestand	die Umschlagshäufigkeit
1.800 Stück	200 Stück	1.800 Stück : 200 Stück = 9

2. In einem Betrieb ist

der Lagerabgang	der durchschnittliche Lagerbestand	die Umschlagshäufigkeit
240.000 EUR	30.000 EUR	240.000 EUR : 30.000 EUR = 8

Lagerdauer

Die Lagerdauer in Tagen ist die Zeit zwischen dem Ein- und Ausgang der Lagergüter.

$$\textbf{Durchschnittliche Lagerdauer (in Tagen)} = \frac{\textbf{360 Tage}}{\textbf{Umschlagshäufigkeit}}$$

Beispiel: Bei einer Umschlagshäufigkeit von 9 ist die durchschnittliche Lagerdauer 360 Tage : 9 = 40 Tage.

Lagerhaltungskostensatz

Aus dem Verhältnis der effektiven Lagerhaltungskosten zum Wert des Lagerbestands einer Periode wird der Lagerhaltungskostensatz errechnet. Er zeigt den prozentualen Anteil der Lagerhaltungskosten (Kapitalintensität) am Wert der gelagerten Stoffe (Materialeinsatz).

$$\textbf{Lagerhaltungskostensatz} = \frac{\textbf{effektive Lagerhaltungskosten} \cdot \textbf{100}}{\textbf{Materialeinsatz}}$$

Beispiel: Effektive Lagerhaltungskosten: 30.000 EUR; Materialeinsatz: 360.000 EUR.

$$\text{Lagerhaltungskostensatz} = \frac{30.000 \text{ EUR} \cdot 100}{360.000 \text{ EUR}} = 8\,^1/_3\,\%$$

Lagerzinssatz

Mithilfe des Lagerzinssatzes werden die kalkulatorischen Kosten des in den Lagerbeständen gebundenen Kapitals ermittelt.

$$\textbf{Lagerzinssatz} = \frac{\textbf{Jahreszinssatz} \cdot \textbf{durchschnittliche Lagerdauer in Tagen}}{\textbf{360 Tage}}$$

Beispiel: Bei durchschnittlichem Lagerbestand von 30.000 EUR, Lagerabgang von 240.000 EUR und Zinssatz von 10 % ist die Lagerdauer = 360 Tage : 8 = 45 Tage, somit beträgt der Lagerzinssatz 10 % · 45 Tage/360 Tage = 1,25 %.

Sofern sich die Ausgangsdaten nicht ändern, kann der Lagerzinssatz zum **Branchen- und Periodenvergleich** der kalkulatorischen Kosten des im Lager gebundenen Kapitals verwendet werden.

Beispiel: In der Geschäftsperiode I sind durchschnittlich 300.000 EUR in den Vorräten gebunden; in der Geschäftsperiode II sind es ca. 400.000 EUR. Bei einem Lagerzinssatz von 0,5 % steigt die kalkulatorische Zinsbelastung von 1.500 EUR auf 2.000 EUR (Periodenvergleich).

Die Betriebspraxis zeigt jedoch, dass sich die Ausgangsdaten ständig ändern. Auch in diesen Fällen ist der Lagerzinssatz ein Mittel zur Beurteilung der Lagerhaltung eines Betriebes.

Beispiel: Bei gleichem Marktzinssatz und sonst gleichen Bedingungen ermittelt Industriebetrieb I einen Lagerzinssatz von 0,6 %, Industriebetrieb II einen Lagerzinssatz von 1,2 %. Die Lagerdauer in Betrieb II ist doppelt so lang wie in Betrieb I.

Wirtschaftlichkeitskriterien

Kriterien für die **Wirtschaftlichkeit der Lagerhaltung** können sein:

- der Kapitaleinsatz,
- der Lagerhaltungskostensatz und
- die Auswirkung auf den Gewinn.

► Kapitaleinsatz

Das Ziel ist eine **möglichst geringe Kapitalbindung** in den Vorräten, aber auch in den Lagergebäuden und Lagereinrichtungen. Weniger Kapital wird benötigt, wenn weniger Güter gelagert werden. Das erfordert ein häufigeres Auffüllen des Lagers, also einen höheren Umschlag, und bedeutet eine Verkürzung der Lagerdauer. Die Anlagen können entsprechend klein gehalten werden.

Beispiel:

	Periode 1	Periode 2
Materialeinsatz (AB + Zugänge – EB)	30.000 EUR	30.000 EUR
Durchschnittliche Lagerdauer	24 Tage	12 Tage
Umschlagshäufigkeit	15	30
Wert des durchschnittlichen Lagerbestandes (= Kapitaleinsatz)	**2.000 EUR**	**1.000 EUR**

Der **Kapitaleinsatz** ist umso **geringer,** je **kürzer die Lagerdauer** bzw. je **höher die Umschlagshäufigkeit** ist.

► Lagerhaltungskostensatz

Das Ziel ist die **Minimierung der Lagerhaltungskosten** je Einheit der gelagerten Stoffe. Dies kann erreicht werden, wenn **möglichst große Mengen das Lager durchlaufen.** Da die Kapazität des Lagers nicht erhöht werden soll, weil dann wieder ein höherer Kapitaleinsatz nötig wäre und damit höhere Kapitalkosten anfallen würden, kann nur durch eine Verkürzung der Lagerdauer bzw. Erhöhung der Umschlagshäufigkeit die Minderung des Lagerhaltungskostensatzes erreicht werden.

Beispiel:

	Periode 1	Periode 2	Periode 3
Gesamtkosten	18.000 EUR	18.000 EUR	18.000 EUR
Wert des durchschnittlichen Lagerbestandes (= Kapitaleinsatz)	30.000 EUR	30.000 EUR	30.000 EUR
Umschlagshäufigkeit	6	8	10
Materialeinsatz	180.000 EUR	240.000 EUR	300.000 EUR
Lagerhaltungskostensatz	**10,0 %**	**7,5 %**	**6,0 %**

Der **Lagerhaltungskostensatz** ist umso **niedriger,** je **kürzer die Lagerdauer** bzw. je **höher die Umschlagshäufigkeit** ist.

► Auswirkung auf den Gewinn

Ziel ist ein höherer Gewinn. Da das **Lager des Industriebetriebs** nicht zu den operativen Bereichen zählt, kann nur über die Minimierung der Kosten ein höherer Gewinn erreicht werden.

Beispiel: Das Fertigerzeugnislager im Wert von 30.000 EUR wurde im Vorjahr 7-mal, in diesem Jahr 10-mal umgeschlagen. Dabei stiegen die Geschäftskosten von 90.000 EUR auf 100.000 EUR. Der Gewinnzuschlag wurde von 6 % auf 5 % herabgesetzt.

	Vorjahr	Berichtsjahr
Durchschnittlicher Lagerbestand	30.000 EUR	30.000 EUR
Umschlagshäufigkeit	7	10
Materialeinsatz	210.000 EUR	300.000 EUR
Geschäftskosten	90.000 EUR	100.000 EUR
Selbstkosten	300.000 EUR	400.000 EUR
Gewinnzuschlag	6 %	5 %
Gesamtgewinn	**18.000 EUR**	**20.000 EUR**

Durch **Steigerung der Umschlagshäufigkeit** kann mit dem gleichen Kapital trotz **kleineren Stückgewinnes** ein **höherer Gesamtgewinn** erzielt werden.

5.2 Logistikkonzepte

Die Wirtschaftlichkeit der Lagerhaltung wird davon beeinflusst, wie schnell die vom Lager zu verwaltenden Lagergüter von der Annahmestelle zum Aufbewahrungsort bzw. von dort zum Einsatzort in der Fertigung befördert werden. Dieser Materialfluss sollte optimiert ablaufen. Dazu sind je nach Art, Beschaffung und Verwendung der Güter die entsprechenden technischen und organisatorischen Voraussetzungen zu schaffen.

Bei entsprechender Logistik ist es möglich, auf eine Lagerhaltung weitgehend zu verzichten. In diesem Fall erfolgt die Anlieferung der Werkstoffe und Betriebsmittel direkt an der Produktionsstätte (Werkhalle, Montagehalle) in der benötigten Menge zur richtigen Zeit.

Moderne Logistikkonzepte unterstützen dabei, die folgenden Unternehmensziele zu erreichen:

- Minimierung der Durchlaufzeiten,
- Verbesserung des Lieferservicegrades,
- Minimierung der Bestände in allen Bereichen des Unternehmens,
- Optimierung der inner- und außerbetrieblichen Abläufe in der Supply Chain einschließlich der Kommunikationswege,
- Minimierung der Kosten im Logistikbereich.

Dadurch werden hohe Einsparungen im Unternehmen erzielt. Unternehmen verstärken deshalb gegenwärtig ihre Rationalisierungsanstrengungen in diesem Bereich.

5.2.1 Logistik als Steuerungssystem

Um die vielschichtigen *Güter-, Werte- und Informationsflüsse* sowohl bei den Kernprozessen als auch bei den unterstützenden Prozessen *zu optimieren,* wird die Logistik herangezogen.

Logistik schafft Lösungen für eine **optimale Planung, Gestaltung und Steuerung** des Güter-, Werte- und Informationsflusssystems in und zwischen Unternehmen.

Dabei darf die Logistik aber nicht ein Aneinanderreihen von Maßnahmen und Instrumenten sein, vielmehr muss ein integriertes Konzept entwickelt werden.

Die **Aufgabe der Logistik** berührt nahezu alle Unternehmensbereiche und zwingt somit dazu, logistische Funktionen nicht isoliert, sondern als integriertes Konzept zu betrachten.

Dadurch werden die einzelnen Bereiche zu einer **Prozesskette** verknüpft und die Abläufe von der Beschaffung bis zum Vertrieb optimiert.

Das Logistikkonzept erfordert dazu auch, dass die logistischen Aktivitäten so ausgerichtet werden, dass mit den Lieferanten optimal kooperiert und die Kundenwünsche voll berücksichtigt werden.

Integrierte Logistik ist die **Verknüpfung aller betrieblichen Abläufe** zu einem kundenorientierten Gesamtsystem.

Logistische Leistungen umfassen *die Anlieferung der gewünschten Produkte*

- in der geeigneten Menge,
- mit der erforderlichen Qualität,
- zur rechten Zeit,
- am richtigen Ort,
- an den richtigen Empfänger,
- zu möglichst geringen Kosten.

Diese Güter-, Werte- und Informationsflüsse treten allerdings nicht nur in der Richtung von der Rohstoffgewinnung bis zum Verbraucher auf, sondern können auch entgegengesetzt vorhanden sein.

Beispiel: Altautos werden vom Händler an den Hersteller zurückgeführt, um dort verwertet und entsorgt zu werden.

Die steigende Bedeutung der Logistik liegt vor allem im weltweit zunehmenden Wettbewerb und dem damit verbundenen Kostenbewusstsein. So betragen die Kosten für logistische Leistungen in der Industrie etwa 15 %, im Handel bis zu 25 % der Gesamtkosten.

Mithilfe sinnvoller Logistikkonzepte wird versucht, Kosten zu reduzieren, indem **Verbesserungen in betrieblichen Leistungsbereichen** angestrebt werden wie zum Beispiel

- Verkürzung der Lieferzeiten,
- Erhöhung der Lieferbereitschaft und der Lieferzuverlässigkeit,
- Reduzierung der Durchlaufzeiten,
- Abbau der Lagerbestände im Beschaffungs- und Absatzbereich,
- bessere Abstimmung innerbetrieblicher Abläufe,
- Standardisierung von Verpackungen und Transportmitteln,
- Vermeidung von Leerfahrten,
- Aufbau von Informationsnetzen.

Gleichzeitig wird durch diese Verbesserungen auch die Konkurrenzfähigkeit gesteigert.

5.2.2 Teilbereiche der Logistik

Die logistischen Aufgaben sind äußerst vielfältig und die zwischen ihnen bestehenden gegenseitigen Abhängigkeiten kaum überschaubar. Deshalb ist es notwendig, das logistische Gesamtsystem in Teilsysteme zu zerlegen. Man orientiert sich dabei an den betrieblichen Grundfunktionen und spricht von **Beschaffungslogistik, Produktionslogistik, Distributionslogistik.**

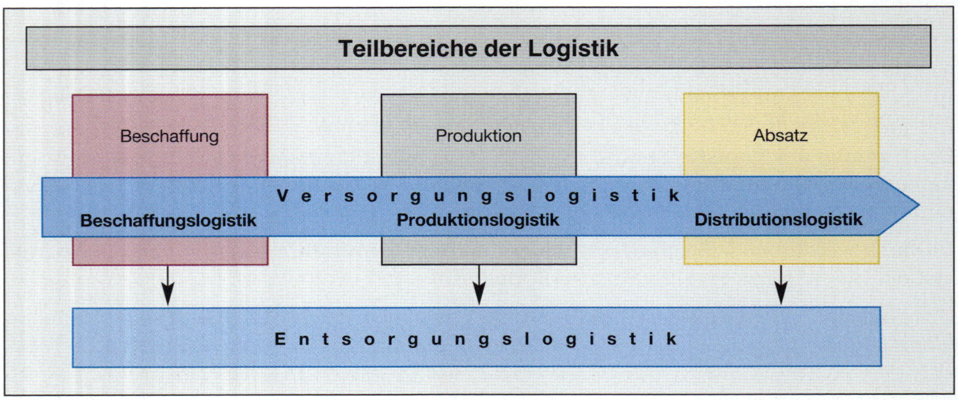

Zu diesen Bereichen, die sich mit der *Versorgung* der Betriebsabteilungen und der Kunden (Bedarfsträger) befassen, kommt der Bereich der **Entsorgungslogistik** hinzu.

Beschaffungslogistik

Die **Beschaffungslogistik** hat dafür zu sorgen, dass die für die Produktion benötigten Materialien zur richtigen Zeit, am richtigen Ort und in der richtigen Menge und Güte bereitgestellt werden. Dies geschieht entweder aus dem Lager (mit Vorratshaltung) und/oder fertigungssynchron (ohne Vorratshaltung im Just-In-Time-Verfahren).

Beim System der *fertigungssynchronen Anlieferung* (**J**ust-**I**n-**T**ime, **JIT**) wird versucht, den Transport so zu organisieren, dass auf eine Lagerhaltung weitgehend verzichtet werden kann. In diesem Fall erfolgt die Anlieferung der Werkstoffe, Teile und Betriebsmittel direkt an die Produktionsstätte (Werkhalle, Montagehalle).

Organisatorische Voraussetzungen für den fertigungssynchronen Zufluss der benötigten Stoffe sind

- ein gut funktionierendes Informations- und Kommunikationssystem,
- eine Pipeline für flüssige und gasförmige Roh- und Betriebsstoffe,
- garantierte Zuliefertermine,
- garantierte Beförderungszeiten,
- ausreichend große innerbetriebliche Abfertigungsanlagen, Abfertigungseinrichtungen und Transportwege,
- ein umfassendes Qualitätsmanagement, das bereits bei den Zulieferern ansetzt.

Vorteile der fertigungssynchronen Anlieferung	Nachteile der fertigungssynchronen Anlieferung
– Die Feststellung der Bedarfsmengen und der Bedarfszeitpunkte ist unmittelbar durch die Fertigungsplanung bestimmt. – Die Lagerhaltung beschränkt sich auf Sicherheitsbestände (eiserne Reserve); die Lagerhaltungskosten werden dem Zulieferer aufgebürdet. – Längerfristige Lieferverträge ermöglichen trotz schubweiser Anlieferung in Teilmengen mengenmäßige Preisvorteile wie beim Großbezug.	– Verkehrs- oder streikbedingte Zulieferschwierigkeiten und Produktionsausfälle beim Zulieferer wegen technischer Gründe oder höherer Gewalt führen zu Produktionsengpässen beim Hersteller (Abhängigkeit des Herstellers vom Zulieferer). – Der Zulieferer ist oftmals vertraglich durch die vorgegebenen Bedingungen des Herstellers eingeschränkt (Abhängigkeit des Zulieferers vom Hersteller).

Um die Nachteile des JIT-Konzeptes zu vermeiden, werden neue Ansätze gesucht, um zeitgenau und kostengünstig anzuliefern. So werden im Bereich der Automobilproduktion heute schon vom Zulieferer *vorsortierte Systemeinheiten* unmittelbar im Werk auf Montagewagen zusammengebaut und anschließend in die Fahrzeuge eingebaut. In Ausnahmefällen erfolgt selbst der *Einbau durch den* **Systemlieferanten**. Für diese Form der Zusammenarbeit zwischen Zulieferer und Abnehmer sind Online-Datenverbindungen und eine einheitliche Softwareausstattung unabdingbare Voraussetzung. Seite 143

In **Modulfabriken** oder **Industrieparks** sind die Zulieferer unmittelbar am Standort angesiedelt. Die auf der folgenden Seite stehende Abbildung verdeutlicht am Beispiel eines Zulieferers von Kompletträdern die Einbindung in den Produktionsprozess des Automobilherstellers.

Die Erweiterung des Konzeptes des JIT wird bei Herstellern großer Serien angewandt. Es wird deshalb erforderlich, weil die unterschiedlichsten Kundenwünsche berücksichtigt werden müssen. **Just-In-Sequence** verlangt nicht nur die *termingenaue Anlieferung*, sondern auch *die Einhaltung der vorbestimmten Reihenfolge*, um einen anschließenden Einbau ohne Reibungsverluste durchführen zu können. Zulieferer und Hersteller arbeiten also gleichzeitig in derselben Sequenz.

Beispiel: Der Komponentenzulieferer für Autositze erhält per Online-Datenverbindung den Auftrag, die Komponente in der vom Kunden gewünschten technischen Ausstattung und Farbe einbaugerecht zu liefern. Zwischen Online-Auftrag und Einbau in der Fertigung liegt ein Zeitraum von vier Stunden.

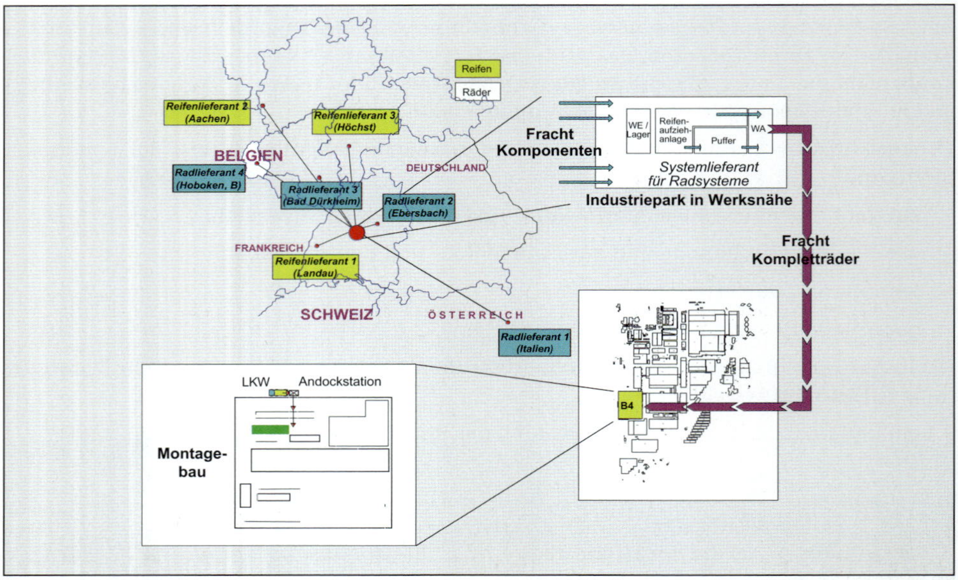

Produktionslogistik

Die **Produktionslogistik** stellt das Bindeglied zwischen der Beschaffungs- und Distributionslogistik dar und hat die Aufgabe, die art- und mengenmäßig, räumlich und zeitlich abgestimmte Versorgung der Produktionsprozesse mit den benötigten Produktionsfaktoren sowie der Entsorgung zu gewährleisten. Es werden alle Güterbestände und Güterbewegungen innerhalb der Fertigungsstandorte gesteuert und kontrolliert.

Distributions-/Versandlogistik

Die **Distributionslogistik** hat dafür zu sorgen, die produzierten Güter art- und mengenmäßig, räumlich und zeitlich abgestimmt bereitzustellen, und zwar in der Weise, dass

- bei *Auftragsfertigung* die vorgegebenen Lieferzusagen eingehalten bzw.
- bei *Vorratsfertigung* die erwartete Nachfrage befriedigt

werden können.

► Distributions-/Versandlogistik bei Auftragsfertigung

Auftragsfertigung kommt vor allem bei der Investitionsgüterproduktion vor. Dabei kann es sich um Einzel- oder Mehrfachfertigung handeln. Bereits vor der Auftragsannahme muss die Versandlogistik mit einbezogen werden, damit sie ihre Aufgaben optimal erfüllen kann. Entsprechende Vereinbarungen bei der Vertragsgestaltung legen die Transportmittel und den Transportweg weitgehend fest:

- Zusagen über die **Lieferart:** Lieferung eines Gutes komplett oder zerlegt.

  Beispiel: Zur Montage in ausländischen Werken werden jeweils zwei komplette Lkw zerlegt in einem 40-Fuß-Container zum Versand gebracht (Bild unten).

- Zusagen über die **Liefermenge:** Gesamtlieferung oder Teillieferungen.

  Beispiel: Ein Industriebetrieb kann pro Tag 200 Formteile produzieren. Ein Auftrag über 20.000 Formteile erfordert bei vereinbarter Gesamtlieferung zusätzlichen Lagerraum, der angemietet werden müsste. Der eigene Fuhrpark, der eine Ladekapazität von einer Tagesproduktion hat, wäre bei vereinbarter Teillieferung sinnvoll ausgelastet.

- Zusagen über den **Lieferort:** Lage und Struktur des Lieferorts wie Zufahrts- und Umschlagsmöglichkeiten müssen abgeklärt werden.

  Beispiele: Straßenbreite, Durchfahrtshöhe, Hebebühne, Laderampe, Lastenaufzug.

- Zusagen über die **Lieferzeit:**

  Beispiel: Für einen Exportauftrag nach Japan stehen vier Tage für den Transport zur Verfügung. Die Lieferzeit ist nur bei Einsatz des Flugzeugs einzuhalten.

- Zusagen über **Zusatzleistungen:**

  Beispiel: Ein Großauftrag wird nur erteilt, wenn der Hersteller seine Produkte »verkaufsfertig« in spezieller Verpackung und mit Preisschildern versehen liefert.

Bei den logistischen Entscheidungen sind Kundenwunsch und Wirtschaftlichkeit des Auftrags in Einklang zu bringen.

▶ Distributions-/Versandlogistik bei Vorratsfertigung

Bei der *Vorratsfertigung* muss die Distributions-/Versandlogistik gewährleisten, dass die Produkte rechtzeitig in der gewünschten Art und Menge am richtigen Ort bereitgestellt werden, damit sowohl der zu erwartenden als auch der unerwarteten Nachfrage möglichst genau entsprochen werden kann. Dabei wirkt die Logistik an der zielgerichteten Gestaltung des Marktes und der Kauffaktoren mit, indem sie Unternehmensentscheidungen beeinflusst:

- **Bestimmung von Absatzgebieten** unter dem Aspekt der Verkehrsanbindung. Das Absatzgebiet darf nur so groß gewählt werden, wie die einsetzbaren Verkehrsträger die nachgefragten Erzeugnisse termingetreu zustellen können.

Beispiel: Können die Produkte nur mit 7,5-t-Lkw zugestellt werden, so muss bei gleicher Anlieferungsmenge das Absatzgebiet kleiner gewählt werden, als wenn mit 40-t-Lkw angeliefert werden könnte.

- **Entscheidung über die Größe von Lagern.** Der reibungslose Absatz erfordert eine entsprechende Kapazität des Lagers. Sie ist abhängig von den Produktionsmengen, den Mengen und Zeitabständen der Abnahme sowie von der Größe des Absatzgebietes. Kann die termingetreue Belieferung der Kunden vom Fertigerzeugnislager am Produktionsstandort nicht gewährleistet werden, so müssen dezentrale Lager eingerichtet werden.

  Beispiel: Beträgt die Tagesproduktion eines Industriebetriebs 2.000 Stück pro Tag, die die Abnehmer durchschnittlich alle 10 Tage ordern, so muss die Lagerkapazität für mindestens 20.000 Stück ausreichen.

- **Entscheidung über das Verteilsystem.**

  Beispiel: Werden dezentrale Bestände abgebaut, so erhöhen sich die Transportmengen. Dadurch nimmt der Auslastungsgrad des Fuhrparks zu und die Logistikkosten werden gesenkt.

- **Entscheidung über Versandverpackung.** Die Verpackung sollte so gestaltet sein, dass der Transport sicher durchgeführt werden kann. Darüber hinaus muss sie platz- und kostensparend sowie wieder verwend- und verwertbar sein. Auch die Auftragsgrößen sind zu berücksichtigen, da die Produkte zu Auftrags- und Versandeinheiten zusammengepackt (kommissioniert) werden müssen.

Beispiel: Hier erfolgt die Kommissionierung aus einem Hochregallager in Euro-Fix-Kästen, die mit Deckeln verschlossen als Mehrweg-Transport-Verpackungen auf Reise gehen.

Eine sinnvolle Mitwirkung der Versandlogistik an der Gestaltung des Marktes setzt voraus, dass **Informationen ohne Verzögerung** fließen, um auf mengen- oder artmäßige *Nachfrageveränderungen sofort reagieren* zu können. Gerade bei Produkten, die auch beim Konkurrenten bezogen werden können, ist die Lieferbereitschaft von zentraler Bedeutung. Die Lieferbereitschaft ist optimal, wenn sich Lieferbereitschaftskosten (Sicherheitsbestände) und Fehlmengenkosten (Verlust von Kunden) ausgleichen.

Entsorgungslogistik

Seite 47

Die Entsorgungslogistik befasst sich mit dem Sammeln, Sortieren, Lagern und Transportieren von Leergut, Reststoffen und Abfall. Zum *Leergut* zählen wieder verwendbare Verpackungen und Transporthilfsmittel; *Reststoffe* sind anfallende Rückstände, deren Beseitigung Kosten verursacht. Als *Abfall* werden die Reststoffe entsorgt, für die sich eine Wiederverwertung und -verwendung nicht lohnt. Durch die Erhöhung der Umweltkosten (z. B. Müllgebühren) und durch eine erfolgreiche Entsorgungslogistik wird das Abfallaufkommen reduziert.

Die Entscheidung, inwieweit Logistikleistungen aus dem eigenen Unternehmen ausgelagert und fremden Unternehmen, sogenannten Logistik-Dienstleistern, übertragen werden sollen (Outsourcing), sind strategische Unternehmensentscheidungen, die nicht nur unter Kostengesichtspunkten getroffen werden dürfen. Vielmehr sind qualitative Kriterien mit einzubeziehen wie Unternehmensidentität, Prestige, Abhängigkeit, Know-how.

5.2.3 Moderne Logistikkonzepte

Materialfluss im Unternehmen

Der **Materialfluss innerhalb des Unternehmens** wird mit **innerbetrieblichen Transportsystemen** durchgeführt.

Der Einsatz und die Art dieser Transportsysteme werden von folgenden Zielen bestimmt:

- Eine **optimale Nutzung** der Transportsysteme minimiert die Transportkosten und die Leerwege. Außerdem können eine hohe funktionale und zeitliche Auslastung erreicht werden. Dieses Ziel wird weitestgehend mit dem **Bringsystem** erreicht, bei dem der innerbetriebliche Transport auf Anforderung der betreffenden Betriebsabteilung durchgeführt wird.
- Ein **hoher Servicegrad** durch schnelle Auftragserledigung führt zu kurzen Auftragswartezeiten und niedrigen Transportzeiten.
- **Hohe Flexibilität** ist notwendig, um eine Vielzahl verschiedenartiger Materialien transportieren zu können. Ebenso lässt sich eine leichte Anpassung an betriebliche Umstellungen erreichen.
- Eine **hohe Transparenz** erhält man durch Informationen über die aktuelle Situation. Dies führt auch zu einer *verursachungsgerechten Kostenverteilung.*

Damit die innerbetrieblichen Transportprobleme bewältigt werden können, gibt es eine Vielzahl von **Fördermitteln,** die dem *innerbetrieblichen Transport* der Materialien dienen.

Fördermittel	
Stetigförderer	**Unstetigförderer**
werden verwendet, wenn *feste Transportstrecken* vorhanden sind und der *Materialfluss kontinuierlich* ist.	werden verwendet, wenn *Unterbrechungen im Materialfluss* bzw. *Änderungen in der Transportrichtung* möglich sein sollen.
Beispiele: Rollenbahnen, Gurtförderer, Unterflurförderanlagen, Rutschen, Wendelförderer, Becherwerke.	**Beispiele:** ortsfeste Hebezeuge, fahrbare Hebezeuge, Flurförderzeuge, fahrerlose Transportsysteme.

Folgende Faktoren bestimmen das eingesetzte Fördermittel:

- Unternehmensgröße,
- innerbetriebliche Standorte,
- Art der Fertigungsverfahren,
- Förderstrecken,
- Fördergeschwindigkeit,
- Förderintensität,
- Art und Größe der zu befördernden Materialien,
- Automatisierungsgrad des Betriebes.

Zur Sicherung und rationelleren Gestaltung der **innerbetrieblichen Transporte** kommen **Förderhilfsmittel** zum Einsatz. Dadurch können Güter und Materialien zu größeren Transporteinheiten zusammengefasst werden.

Beispiele: Flachpaletten, Gitterboxpaletten, Kisten, Kartons, Fässer, Flaschen, Säcke, Beutel, Kanister, Rollen.

Bei der Auswahl der Förderhilfsmittel ist darauf zu achten, dass ein hoher Zielerreichungsgrad erreicht wird. Deshalb sollten möglichst genormte, mehrfach verwendbare, umweltschonende bzw. leicht entsorgbare Förderhilfsmittel zum Einsatz kommen.

Im Rahmen des Logistikkonzepts übernimmt die **Terminplanung** die Aufgabe, rechtzeitig die notwendigen Flächen für die einzulagernden Stoffe bereitzustellen und die entsprechenden Materialien termingerecht an die anfordernden Stellen abzugeben.

Um diese Aufgabe planmäßig erfüllen zu können, ist eine enge Verzahnung mit der Beschaffungslogistik (Mengen- und Zeitplanung) und der Produktionsplanung (Fertigungsplanung und -steuerung) notwendig. Nur so können eine wirtschaftliche Lagerhaltung und ein reibungsloser Produktionsablauf gewährleistet werden.

Für die **Belegung leerer Lagerplätze** können folgende Gesichtspunkte gelten:

a) Feste Lagerplatzordnung (Festplatzlagerung). Die **gleiche Materialart** wird im **gleichen Regal** untergebracht. Dies wird dann notwendig sein, wenn die Abmessungen der verschiedenen Materialarten unterschiedlich sind (sortimentsgerechte, systematische Lagerung).

b) Variable Lagerplatzordnung (Freiplatzlagerung). Die Belegung eines beliebigen leeren Regals erfolgt **mit der nächsten Partie.** Allerdings müssen die Stoffe bzw. Förderhilfsmittel die gleichen Abmessungen haben. Diese sogenannte **chaotische Lagerung** ist insbesondere bei **automatisierten Lagern üblich,** weil bei der Auslagerung einer Partie das leere Regal an die Markierungsstelle zur erneuten Belegung gemeldet wird (optimierte Lagerplatzvergabe). Jeder Einlagerungsgegenstand bekommt ein Markierungsetikett mit einer Code-Nummer. Diese Code-Nummer dient als Steuerungsmittel für das Ein- und Auslagern.

```
LE-Nummer/Refer. :      *200010040089* / 105992
Einlagerungsmenge:         599,00
Artikel-Nr. / ME :       0270332 / QM
                         Holzpl.eins.Duranyl BN
Beleg-Nr./BW-Sch.:       1910     / 11
Lagerplatzvorgabe:       W19999
```

Prozessoptimierungsmöglichkeiten auf der logistischen Kette

Seite 19

Unternehmen werden durch den globalen Wettbewerb gezwungen, sich auf das für sie wesentliche Geschäft zu konzentrieren. Sie gehen deshalb dazu über, nur noch die für sie entscheidenden Prozesse (Kernprozesse) selbst zu »bearbeiten« und die restlichen auszugliedern **(Outsourcing).** Es wird versucht, die Leistungsfähigkeit der Gesamtprozesskette zu optimieren.

Wesentliche Bausteine hierfür sind:

- ganzheitliche Betrachtung der Lieferkette **(supply chain)** durch ein integriertes Logistikmanagement.
- gemeinsame Planung und zusammenhängender Informationsaustausch aller Partner der Lieferkette.
- vertragliche Regelung und vertrauensvolle Beziehung zwischen den Partnern der Lieferkette.

?

1. Entscheiden Sie, ob folgende Lagerhaltungskosten fix oder variabel sind:
   a) Abschreibung auf Lagergebäude,
   b) Abschreibung auf Förderbänder,
   c) Wartung der Gabelstapler,
   d) Treibstoff für Gabelstapler,
   e) Energie für Kranmotoren,
   f) elektrische Beleuchtung des Lagers,
   g) Entgelte für Aushilfsarbeiter,

h) Entgelte für Gabelstaplerfahrer,
i) Entgelte für Mitarbeiter im Büro.

2. Folgendes Zahlenmaterial liegt vor:

Monat / Berechnungsgröße	April	Mai	Juni
Fixe Kosten	156.000 EUR	156.000 EUR	156.000 EUR
Variable Kosten	190.000 EUR	140.000 EUR	150.000 EUR
Lagermitarbeiter	3	3	4
Verfügbare Fläche	144.000 m²	144.000 m²	144.000 m²
Genutzte Fläche	120.000 m²	138.000 m²	90.000 m²
Gelagerte Menge	320 t	440 t	380 t
Ein- und Auslagerungen	6.000 Vorgänge	7.500 Vorgänge	7.200 Vorgänge

Berechnen Sie
a) die Kosten je m² der genutzten Fläche,
b) die Kosten je t der gelagerten Menge,
c) die Anzahl der Ein- und Auslagerungen je Mitarbeiter.

3. Welche Nachteile hat ein zu großer Lagerbestand?

4. Prüfen Sie, auf welche Weise die Wirtschaftlichkeit
a) der Lagerhaltung und
b) des Beschaffungsbereichs
durch den Bezug großer Mengen beeinflusst wird.

5. In einem Industriebetrieb wurden folgende Zahlen ermittelt:

	Berichtsjahr	Vorjahr
Lageranfangsbestand	80.000 Stück	20.000 Stück
Lagerendbestand	40.000 Stück	80.000 Stück
Lagerabgang	200.000 Stück	250.000 Stück
Lagerhaltungskosten	33.600 EUR	28.000 EUR

Berechnen Sie
- die Mengen, die im Berichtsjahr und im Vorjahr eingekauft wurden,
- den durchschnittlichen Lagerbestand,
- die durchschnittliche Lagerdauer,
- den Kostensatz für beide Jahre, wenn der durchschnittliche Stückpreis im Berichtsjahr 2,50 EUR und im Vorjahr 2,20 EUR betrug,
- den Lagerzinssatz für beide Jahre bei einem Jahreszinssatz von 12 % im Berichtsjahr und 10 % im Vorjahr,
- die kalkulatorischen Zinsen für das Berichtsjahr und das Vorjahr.

6. Beschreiben Sie die Auswirkungen einer Erhöhung der Umschlagshäufigkeit.

7. Erläutern Sie die Notwendigkeit der engen Zusammenarbeit bei der Terminplanung zwischen der Lagerlogistik, der Beschaffungsplanung und der Fertigungsplanung.

8. Wägen Sie Vor- und Nachteile der »chaotischen« Lagerung ab.

9. Neben dem »Bringsystem« ist in manchen Industriebetrieben auch das Abholen des benötigten Materials durch die verwendende Abteilung im »Holsystem« üblich. Worin sehen Sie Vor- und Nachteile der beiden Systeme?

10. Eine Wirtschaftlichkeitsprüfung ergab, dass im Beschaffungs- und Lagerhaltungsbereich die Kosten zu hoch sind. Als Konsequenz soll das Lagerwesen effektiver organisiert werden.
a) Nennen Sie sechs Kostenarten, die im Lager entstehen.
b) Aus der Lagerbuchhaltung liegen folgende Informationen vor:

Anfangsbestand:	320.000 EUR
12 Monatsendbestände:	4.360.000 EUR
Umsätze zu Einstandspreisen:	1.296.000 EUR

Berechnen Sie folgende Lagerkennzahlen:
- durchschnittlicher Lagerbestand,
- Umschlagshäufigkeit,
- durchschnittliche Lagerdauer,
- Lagerzinssatz bei einem Jahreszinssatz von 12,6 %.

c) Für die Umorganisation des Lagerwesens liegen folgende Empfehlungen vor:
- Das System der chaotischen Lagerhaltung soll eingeführt werden.
- Ein Teil der Güter soll fremdgelagert werden. Hierfür sind folgende Daten bekannt:
  - Kosten bei Fremdlagerung: 3,50 EUR/Stück,
  - Kosten bei Eigenlagerung: 64.000,00 EUR fix + 1,50 EUR pro Stück.

Beurteilen Sie die einzelnen Empfehlungen.

11. Die Abbildung zeigt den Aufbau eines Industrieparks.

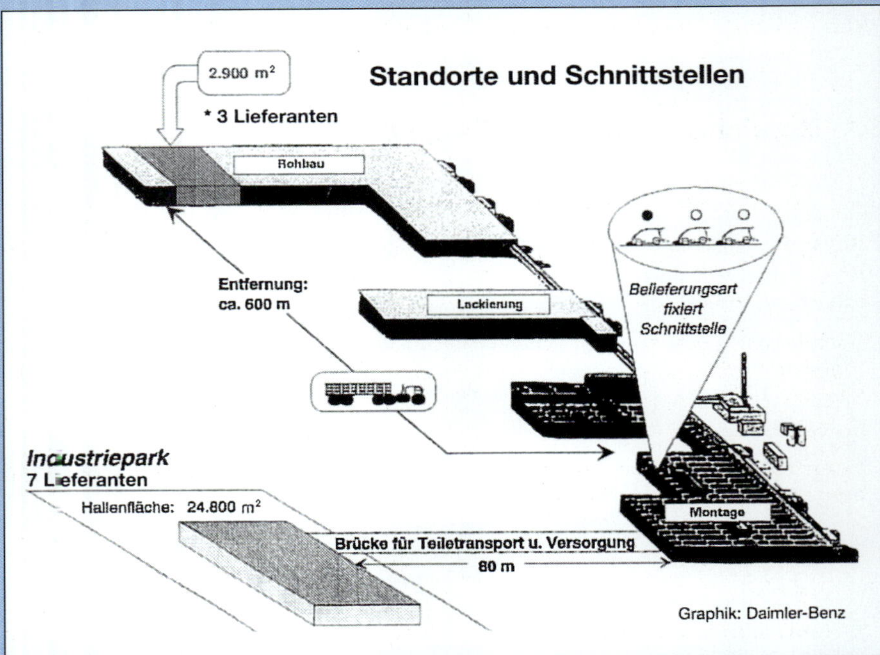

a) Stellen Sie das Konzept des Industrieparks dar.

b) Diskutieren Sie Vor- und Nachteile, die dieses Logistikkonzept sowohl für den Hersteller als auch für die Zulieferbetriebe bringt.

6 Leistungserstellung im Industriebetrieb

Industriebetriebe haben als wirtschaftliche Zielsetzung und Aufgabe die Leistungserstellung und -verwertung. Diese besteht in der Produktion von Sachgütern oder Dienstleistungen und unterscheidet sich bei den verschiedenen Wirtschaftszweigen.

6.1 Bereiche industrieller Tätigkeit

Man unterscheidet folgende **Bereiche der industriellen Tätigkeit:**

a) **Rohstoff- und Energiegewinnung (Urproduktion).** Hierbei wird das *Urprodukt* gewonnen.

   Beispiele: Kohleförderung im Bergbau, Rohölförderung in der Mineralölwirtschaft.

b) **Veredelung der Rohstoffe (Grundstoffgewinnung).** Das Urprodukt wird zum *verarbeitungsfertigen Grundstoff* verbessert (Hüttenwerke, chemische Industrie, Raffinerien, Sägewerke, Spinnereien).

   Beispiele: Stahlerzeugung in Hüttenwerken, Benzinproduktion in Raffinerien.

c) **Verarbeitung.** Aus den Grundstoffen wird das *ge- oder verbrauchsfähige Endprodukt* hergestellt. Man unterscheidet

   1. **Produktionsgüterindustrie.** Sie stellt Produktionsmittel her, mit deren Hilfe man wiederum Güter produziert.

      Beispiele: Kraft- und Werkzeugmaschinen, elektronische Datenverarbeitungsanlagen.

   2. **Konsumgüterindustrie.** Sie erzeugt Wirtschaftsgüter, die unmittelbar der Bedarfsdeckung der privaten Haushalte dienen.

      Beispiele: Nahrungsmittel, Bekleidung.

d) **Dienstleistung.** Neben die Sachgüterproduktion treten zunehmend Dienstleistungen, die als technische oder kaufmännische Ergänzungsleistung die eigentliche Sachgütererstellung unterstützen. Sie können je nach Produkt einen größeren Anteil an der betrieblichen Leistungserstellung ausmachen oder als ausschließliches Produkt angeboten werden.

   Beispiel: In der Automobilindustrie gibt es neben der Produktion von Kfz den Finanzierungsbereich oder den Bereich der Entsorgung der aus dem Verkehr gezogenen Fahrzeuge.

6.2 Bestimmungsfaktoren des Produktionsprogramms

6.2.1 Forschung und Entwicklung

Die Existenz eines Industriebetriebes hängt heute vor allem davon ab, ob die richtige Entscheidung bei der Innovation oder Verbesserung der Erzeugnisse getroffen wird. Produktideen müssen aufgrund von Forschungsergebnissen getroffen werden.

Forschung ist das nachprüfbare **Suchen, Formulieren** und **Lösen von Grundproblemen** nach wissenschaftlichen Methoden.

Man unterscheidet Grundlagenforschung und angewandte Forschung.

Ziel der **Grundlagenforschung** ist es, den Stand des technischen Wissens ohne Rücksicht auf die spätere betriebliche Verwendbarkeit auszuweiten. Die Forschungstätigkeit erfolgt überwiegend an Hochschulen und wissenschaftlichen Instituten. Zunehmend leisten sich auch Großbetriebe einen Forschungsbereich, weil durch entsprechenden Rechtsschutz zukünftige Gewinne erhofft werden. Von staatlicher Seite werden »High-Tech-Parks«, in denen Institutionen gemeinsam forschen, mit finanziellen Mitteln unterstützt.

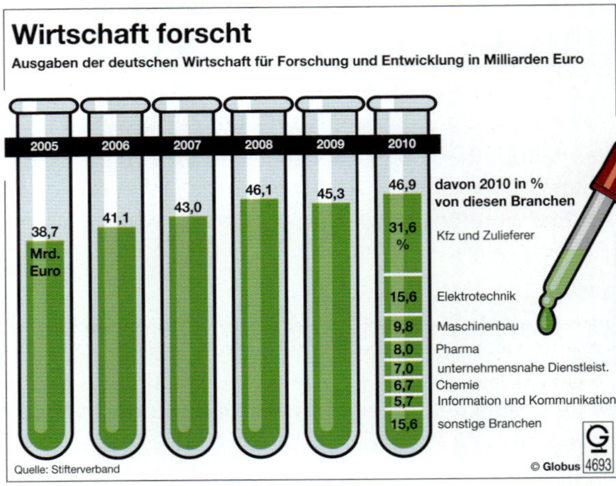

Beispiel: Erforschung des menschlichen Erbgutes (Human Genom Projekt – HGP).

Ziel der **angewandten Forschung** ist es, unter Anwendung bereits vorhandener Forschungsergebnisse neue technische Lösungen hervorzubringen.

Beispiel: Erforschung von Medikamenten auf der Grundlage der Gentechnologie.

Entwicklung ist darauf gerichtet, **Erzeugnisse zur Produktionsreife zu führen.**

Im Einzelnen hat die Entwicklung dabei folgende Aufgaben:

– *Neuentwicklung* eines Erzeugnisses.

  Beispiel: Entwicklung eines neuen Automotors auf Wasserstoffbasis.

– *Weiterentwicklung* bereits hergestellter Erzeugnisse, die aufgrund des technischen Fortschritts oder zur Erschließung neuer Märkte erforderlich wird.

  Beispiel: Entwicklung eines Diesel-Motors, der die E4-Norm erfüllt..

– *Entwicklung neuer Betriebsmittel* für die Herstellung von Erzeugnissen.

  Beispiel: Entwicklung einer neuen Prüfvorrichtung zum Motor-Abgastest.

6.2.2 Umweltverträglichkeit der Produkte

Es setzt sich zunehmend die Erkenntnis durch, dass heutiges Handeln nicht die Lebensgrundlage nachfolgender Generationen gefährden oder sogar vernichten darf. Der Schutz der Umwelt wird damit zum vorrangigen Ziel. **Umwelt** ist dabei die Gesamtheit von Menschen, Tieren und Pflanzen, Boden, Wasser, Luft, Klima und Landschaft sowie Kultur und sonstigen Sachgütern.

Produkte sind umweltverträglich, wenn bei deren Herstellung und Gebrauch das Entstehen von **Abfällen vermindert** sowie **schädliche Auswirkungen** auf die Umwelt **vermieden** werden und die **umweltverträgliche Verwertung und Beseitigung** der nach deren Gebrauch entstandenen Abfälle sichergestellt ist.

Umweltschutz muss im Sinne des Verursachungsprinzips vor allem im industriellen Bereich ansetzen. Das wachsende Umweltbewusstsein in der Gesellschaft führt aber auch bei den Konsumenten immer stärker zur Forderung nach umweltgerechten Produkten. Viele Unternehmen streben deshalb zunehmend offensiv die Umweltverträglichkeit ihrer Produkte an und propagieren sie als alleiniges Merkmal, um daraus Wettbewerbsvorteile ziehen zu können.

Das Kriterium der Umweltverträglichkeit verlangt eine ganzheitliche Betrachtung des Produktes. Dabei geht es um die technisch-wirtschaftliche Optimierung des Produktes unter Einbeziehung der umweltbedeutsamen Auswirkungen auf dem gesamten Lebensweg, von der Gewinnung der Rohstoffe, der Fertigung des Produktes, dem Betrieb und der Wartung beim Kunden bis zur Rücknahme und Verwertung des Produktes.

Jedes Endprodukt besitzt somit einen »**Ökologischen Rucksack**«, der in die Betrachtung mit einbezogen werden muss.

Beispiel:

Mit dem Bild des ökologischen Rucksacks soll verdeutlicht werden, wie viel „Natur" in den von den Menschen produzierten Gütern steckt. Dazu benutzt man die Kennzahl des Rucksack-Faktors.

Der Rucksack-Faktor gibt an, wie viele Rohstoffe und Energiestoffe benötigt werden, um ein Kilogramm eines Produktes herzustellen.

Da für die meisten Produkte derartige Messgrößen vorhanden sind, kann die Veränderung der Kennzahl des Rucksack-Faktors auch dazu verwendet werden, um Rohstoff- und Energieeinsparungen erkennen zu können.

Produkt	Rucksack-Faktor
Kunststoff	5
Papier	15
CD	40
Aluminium	85
Kupfer	500
Gold	350.000

Für die ganzheitliche Betrachtung eines Produktes haben sich vor allem zwei Instrumente herausgebildet, welche die Ursachen der Gefährdung unserer Umwelt untersuchen, messen und bewerten: die **Lebensweg-** oder **Produktlinienanalyse** eines Produktes und die **Öko-** oder **Input-Output-Bilanz.**

Öko- oder Input-Output-Bilanz

Alle Stoff- und Energieströme eines Unternehmens werden in einer Input-Output-Tabelle festgehalten. Mit einer solchen Ökobilanzierung soll ein Überblick über die ökologischen Auswirkungen des Unternehmens gewonnen werden. Die Ökobilanz liefert Informationen, um Anlagen, Verfahren und Produkte unter ökologischen Gesichtspunkten verbessern zu können.

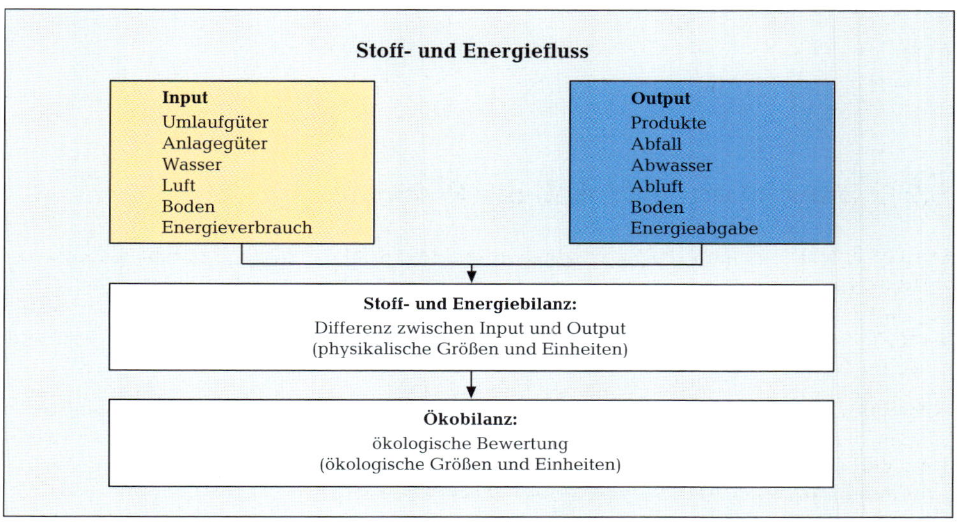

Beispiel: Allgemeiner Lebensweg eines technischen Produktes

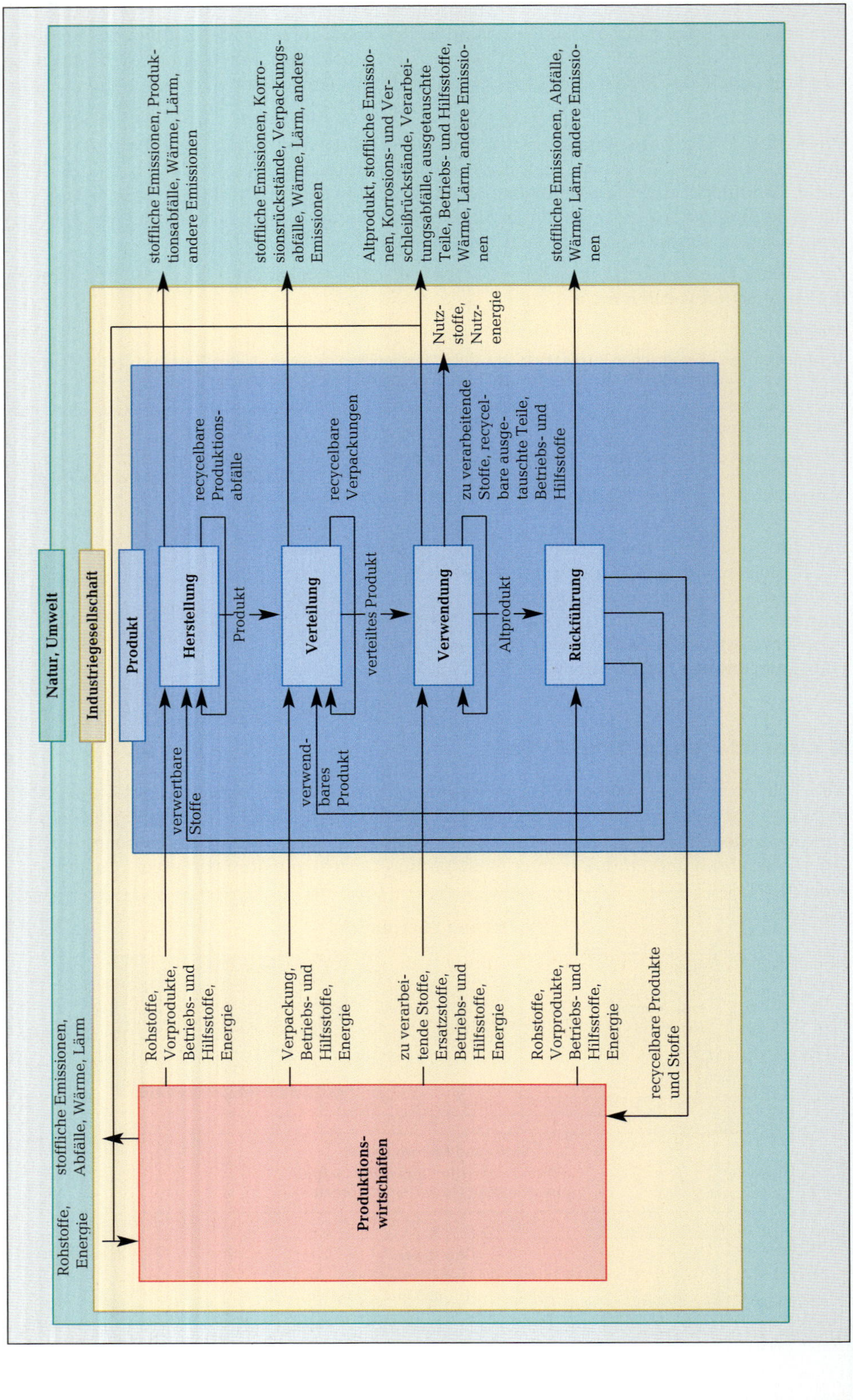

Ökobilanz: Sie ist ein möglichst umfassender Vergleich der Umweltauswirkungen des gesamten Lebensweges zweier oder mehrerer unterschiedlicher Produkte oder Produktgruppen, Systeme, Verfahren oder Verhaltensweisen.	
Umfang:	Gesamter Produktlebenszyklus, d. h. Entnahme und Aufbereitung von Rohstoffen, Herstellung, Distribution und Transport, Gebrauch, Verbrauch und Entsorgung bzw. Recycling.
Analyse und Bewertung von:	– ökologischen Wirkungen, – Stoff- und Energieumsätzen, die während des Produktlebensweges auftreten, – aus der Produktion resultierenden Umweltbelastungen.
Ziele:	– Analyse von umweltbedeutsamen Stärken und Schwächen, – Verbesserung der Umwelteigenschaften der Produkte, – Entscheidungsfindung in der Beschaffung und im Einkauf, – Förderung umweltfreundlicher Produkte und Verfahren, – Vergleich alternativer Verhaltensweisen, – Entwicklung und Begründung von Handlungsempfehlungen.

Umweltverträgliches Konstruieren und Gestalten der Produkte

Die ganzheitliche Betrachtung für umweltfreundliches Wirtschaften muss alle an der Entscheidung eines Produktes beteiligten Bereiche umfassen.

► Umweltverträgliches Konstruieren

Da die schädlichen Wirkungen des technischen Produktes auf die natürliche Umwelt durch den Stoff- und Energieverbrauch verursacht werden, ist es das Ziel des umweltverträglichen Konstruierens, diese schädlichen Wirkungen durch die Beeinflussung der Stoff- und Energieströme zwischen dem technischen Produkt und der natürlichen Umwelt zu minimieren.

Der Konstrukteur kann die Zusammenhänge des von ihm zu konstruierenden Produktes in allen Lebensphasen beeinflussen. Der Konstrukteur sollte sich stets an dem bekannten Lehrsatz orientieren, dass das gesamte Leistungs- und Kostenprofil eines Produktes zu mehr als zwei Drittel durch die Konstruktion bereits festgelegt werde.

Unternehmen richten sogenannte Wertanalyse-Gruppen ein, die sich ständig mit den eigenen Produkten ausgiebig beschäftigen, um dann unter dem Gesichtspunkt der Umweltverträglichkeit Vorschläge zur Verbesserung bzw. Änderung der Produkte zu machen. Dabei können folgende Merkmale entwickelt werden:

- die FCKW-Freiheit beim Produkt und bei der Produktion muss gewährleistet sein,
- die Entsorgungssituation in der eigenen Produktion sowie bei der Verarbeitung und Entsorgung beim Endabnehmer muss eindeutig geklärt sein,
- Verpackungen sind umweltverträglich zu gestalten,
- der Materialeinsatz ist zu optimieren,
- der Energieeinsatz ist zu reduzieren.

► Umweltverträgliche Produktgestaltung

Es ist heute schon möglich, Geräte so herzustellen, dass kaum bzw. kein Sondermüll anfällt. Dazu dienen folgende Gesichtspunkte:

a) Die *ökologische Produktgestaltung* sieht vor, dass die Werkstoffe eines Produktes am Ende des Lebenszyklus entweder als Sekundärrohstoffe wieder in die Produktion einfließen oder biologisch abbaubar sind oder, falls vertretbar, unbedenklich verbrannt werden können.

b) *Abfallreduzierung* durch Verkleinerung der Geräte, *Lebensdauererhöhung* und *Demontagefreundlichkeit,* was eine Mehrfachverwendung einzelner Bauteile ermöglicht.

c) *Abfallverwertung* wird ermöglicht durch Verkleinerung der Bauteile, Vermeidung von Press- und Klebeverbindungen, Werkstoff- und Bauteilekennzeichnung, Werkstoffverträglichkeit bezüglich der Umwelt, Vermeidung von Beschichtungen, welche die Werkstoffvielfalt minimiert.

d) *Umweltgerechte Entsorgung* durch schadstoffarme Werkstoffauswahl.

6.3 Fertigungsplanung

Der Produktionsprozess bedarf einer Planung und Vorbereitung. Dies ist die Aufgabe der Fertigungsplanung.

Die **Fertigungsplanung** hat die Aufgabe der **vorausschauenden Gestaltung** der **Leistungserstellung.**

Die Teilbereiche der Fertigungsplanung sind die Konstruktion, die Arbeitsplanung, die Fertigungssteuerung sowie die Termin- und Reihenfolgeplanung. Die Aufgaben daraus werden häufig der Abteilung Arbeitsvorbereitung zugeordnet.

In modernen Industriebetrieben wird die Fertigungsplanung mit einem informationstechnischen Gesamtkonzept durchgeführt. (**CIM** = **C**omputer **I**ntegrated **M**anufacturing – Anwendung des Computers in allen mit der Fertigung zusammenhängenden Bereichen).

Wesentlicher Bestandteil von CIM ist das Produktionsplanungs- und Steuerungssystem **PPS** (**P**roduction **P**lanning and **S**cheduling), das die Datenerfassung und -verwaltung sowie den Datenfluss zwischen den Systemkomponenten organisiert.

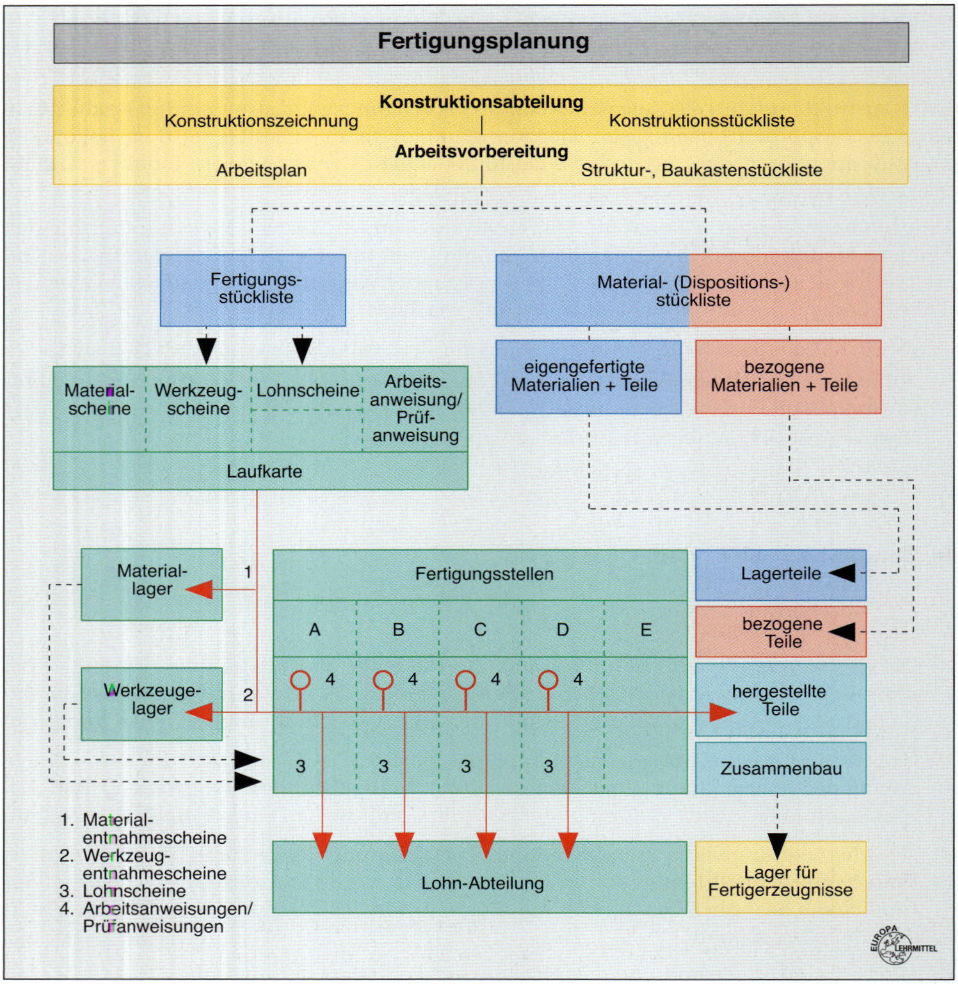

6.3.1 Konstruktion und Stücklistenerstellung

Konstruktion

Aufgabe der Konstruktion ist es, die Ergebnisse der Forschung und Entwicklung zu verwirklichen. Dabei muss vor allem beachtet werden, dass

- die Fertigung der Produkte rationell erfolgen kann,
- der Absatz durch die Gebrauchsfähigkeit und eine entsprechende Formgebung *(Design)* gefördert wird.

In Industriebetrieben wird mithilfe von Computern und DV-Programmen konstruiert und gezeichnet: **CAD** = **C**omputer **A**ided **D**esign = **Computerunterstütztes Zeichnen und Konstruieren**. Dabei ist es jederzeit möglich, Konstruktionsobjekte zu verändern. Dies kann durch Einfügen, Entfernen, Verschieben, Spiegeln, Schattieren und Beleuchten aus verschiedenen Winkeln erfolgen. Es lassen sich außerdem Berechnungen von Oberflächen- und Rauminhalten durchführen. Mit entsprechender Software ist sogar die Simulation von Einwirkungen auf das Konstruktionsobjekt möglich, wodurch lange Versuchsreihen verkürzt werden können.

Wichtig bei der Entwicklung und der Konstruktion eines Erzeugnisses ist die frühzeitige Einbeziehung aller Beteiligten, vom Kunden und Vertrieb über alle Fertigungsstellen bis zu den Teile- und System-Lieferanten **(Simultaneous Engineering, integrierte Produktentwicklung).** Nur durch Teamarbeit aller dieser Stellen ist gewährleistet, dass bei möglichst kurzer Konstruktionszeit ein kunden- und fertigungsgerechtes Erzeugnis entsteht.

Die Ergebnisse der Konstruktion werden in der *Erzeugnisbeschreibung* in allen Einzelheiten festgehalten. Die Erzeugnisbeschreibung besteht aus den verschiedenen Konstruktionszeichnungen und der Konstruktionsstückliste.

a) **Die Gesamtzeichnung** ist die maßgebende grafische Darstellung des Erzeugnisses. Sie wird vom Konstruktionsbüro entworfen, von den verschiedenen Abteilungen eingehend besprochen und auf die Wirtschaftlichkeit ihrer Durchführung untersucht.

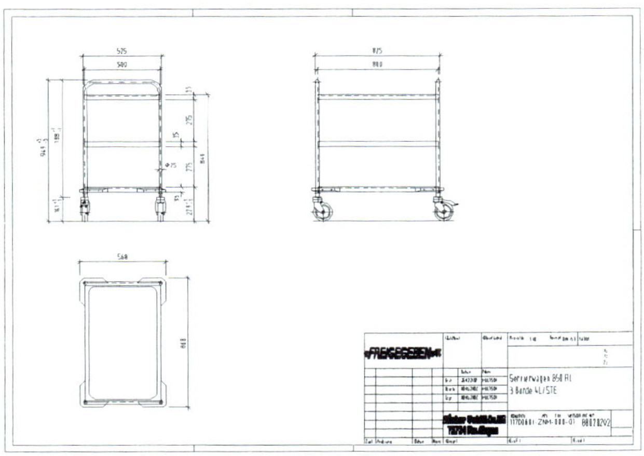

b) **Zeichnungen über Baugruppen und Einzelteile.** Sie enthalten auch Angaben über die zu verwendenden Werkstoffe und die Art ihrer Bearbeitung.

c) **Konstruktionsstückliste (Gesamt-** oder **Urstückliste).** Die in der Gesamtzeichnung enthaltenen Einzelteile werden in der Konstruktionsstückliste aufgeführt. Sie ist nach den einzelnen technischen Funktionen des Erzeugnisses gegliedert.

Stücklistenerstellung

Für die Auftragsvorbereitung muss die Konstruktionsstückliste umgearbeitet werden. Dies geschieht durch die **Stücklistenauflösung.** Darunter versteht man das schrittweise Zerlegen und Aufgliedern des Erzeugnisses in Baugruppen, Einzelteile und Rohstoffe.

a) Nach dem **Umfang der enthaltenen Fertigungsstufen** unterscheidet man

Stücklistenauflösung: Baukasten mehrstufig — *Rieber* GmbH & Co. KG

Material 88020202 — Alt. 1 — Verw. 3
Servierwagen 850 RL; 3 Borde; 4L/STE — Gült. 31.05.2012
EinsatzMge 1,000 ST — Basismenge 1,000 ST

Komponenten-Nr. / Bezeichnung	Menge	ME
10010304 Coil 1.4301 IIID 0,9 x 600 MM T	10,287	*KG
13020402 Rundrohr 1.4301 DM 25x1.5 geschw geschl	3,780	M
31270707 PE Schutzfolie SPV 9205 1220 MM blau	1,530	*M2
32290204 Lenkrolle Kst. Ø125 Zapfenbef. Steinco	2,000	ST
32291204 Lenkstoppr. Kst. Ø125 Zapfenbef. Steinco	2,000	ST
36023005 Aufkleber für mobile Geräte	1,000	ST
36114401 Stanzstülp "Servierwagen" 870x597x150	2,000	ST
37130703 Stoßecke m. Aussparung Ø25mm f. Rundrohr	4,000	ST
37130801 Verschluss-Stopfen Ø10,5mm H=7mm	16,000	ST
37131102 Hülse rund Kst. Zapfenbef. ab 97 Steinco	4,000	ST
37270304 Antidröhnmaterial 200x400x1,2mm schwarz	3,000	ST
38240106 MLF-Schraube Innen-6-Kt. M6x20 besch.	4,000	ST
38780902 Blindniete Alu 5x12 FP M ZCF Dorn 85 A2	16,000	ST

- **Baukastenstücklisten,** die jeweils nur die Baugruppen und Teile *einer Fertigungsstufe* enthalten. Sie sind vor allem dann zweckmäßig, wenn bestimmte Teile und Baugruppen in mehrere Erzeugnisse eingebaut werden. Sie müssen nur einmal erstellt und können für die verschiedenen Verwendungen abgerufen werden.
- **Strukturstückliste,** die den Bedarf an Baugruppen, Einzelteilen und Stoffen in der Reihenfolge *aller Fertigungsstufen* eines Erzeugnisses enthält. Sie stellt den fertigungstechnischen Aufbau des Erzeugnisses dar.

b) Nach dem **Verwendungszweck** unterscheidet man

- **Fertigungsstückliste** für die Fertigung und Montage der Einzelteile und Baugruppen,
- **Materialstückliste (Dispositions-** oder **Mengenübersichtsstückliste)** für die Ermittlung des Materialbedarfs, bei der eine Trennung zwischen den Positionen mit Eigenfertigung und Fremdbezug vorgenommen ist.

6.3.2 Arbeitsplanung

Die Arbeitsplanung erfolgt in der Abteilung »Arbeitsvorbereitung«. Die Aufgabe dieser Abteilung umfasst alle Maßnahmen der *Planung, Steuerung und Überwachung der Fertigung.* Sie ist somit das Bindeglied zwischen der gestaltenden Arbeit (Entwicklung, Konstruktion) und der ausführenden Arbeit der Fertigungsabteilungen.

Im Einzelnen wird festgelegt,

- auf welche Art,
- in welcher Reihenfolge,
- an welchem Arbeitsplatz,
- in welcher Zeit und
- mit welchen Hilfsmitteln

ein Teil, eine Baugruppe oder ein Erzeugnis gefertigt wird.

Die Ergebnisse der Arbeitsplanung werden im **Arbeitsplan** festgehalten. Er enthält die Arbeitsgänge und deren Reihenfolge, die Arbeitsplatzbezeichnung, die Arbeitszeiten als Sollzeiten sowie die benötigten Werkzeuge und Materialien.

Seite 227

Der **Basisarbeitsplan** führt sämtliche Daten als **auftragsunabhängige Daten** auf.

Beispiel: Für einen Arbeitsvorgang an einer Drehspindelvorrichtung sind folgende Zeiten vorgesehen: Rüstzeit: 2 Minuten, Stückzeit: 4 Minuten.

Der **Auftragsarbeitsplan** enthält als ergänzende Informationen den *Fertigstellungstermin* und die **Auftragsmenge,** aus der sich die **Auftragszeit** ermitteln lässt.

Beispiel: Für einen Kundenauftrag von 100 Werkstücken ergeben sich folgende Zeiten: Rüstzeit: 2 Minuten, Stückzeit: 4 Minuten, Belegungszeit: 402 Minuten.

Nach der Erstellung der Arbeitspläne schließt sich die *Programmierung* von *Maschinen, Anlagen, Robotern und Transport- und Lagersystemen* an.

Druckliste Arbeitsplan — *Rieber* GmbH & Co. KG

```
Material 58010207                                             Werk   1
         Rohrrahmen leichte Ausf. 500MM 2+3 Borde
Plangr.  58010207          PlGrZ. 1    Rohrrahmen leichte Ausf. 500MM 2+3 Borde
         LGr. von             1,000    LGr. bis    99.999.999,000       ST
         Verwendung 3                  Status    4          Werk 1

Folge        0      Flg.Art     Stammfolge

Vorgang 0100 010    ArbPlatz    532124    Sägen und entgraten
                    SteuSchl.   PP01
                    Basismenge              1,000  ST
                    Lohn-Rüst          15   MIN  Lohn-Ausf          1,440   MIN
                    Masch-Rüst         15   MIN  Masch-Ausf         1,440   MIN
                    Z.Kalk-Rüst             MIN  Z.Kalk-Ausf                MIN

Vorgang 0200        ArbPlatz    530500    Transport Werk III Serie
                    SteuSchl.   PP05
                    Basismenge              1,000  ST
                    Lohn-Rüst               MIN  Lohn-Ausf                  MIN
                    Masch-Rüst              MIN  Masch-Ausf                 MIN
                    Z.Kalk-Rüst             MIN  Z.Kalk-Ausf                MIN
```

Arbeitsplankopf: enthält allgemeine Informationen

Arbeitsvorgangsdaten: enthalten die Informationen zum Arbeitsgang

6.3.3 Fertigungssteuerung

Die Fertigungssteuerung hat die Aufgabe, die Fertigungsplanung zu realisieren. Sie beginnt mit der Festlegung der günstigsten Produktionsmengen und der Reihenfolge des Durchlaufs der einzelnen Arbeitsaufträge. Damit steuert sie die Bereitstellung und den Einsatz der betrieblichen Leistungsfaktoren.

Steuerung des Fertigungsablaufs

a) **Festlegung der Auftragsgrößen.** Eine wichtige Rolle spielt die *Erzeugnismenge, die in einem Durchgang zusammenhängend hergestellt wird* (Los- oder Auftragsgröße). Dabei strebt die Fertigungssteuerung die niedrigste Summe der Rüst- und Lagerhaltungskosten an (**optimale Losgröße;** das Berechnungsverfahren entspricht der Berechnung der optimalen Bestellmenge).

Seite 51

b) **Arbeitsverteilung.** Sie bestimmt, in welcher *Reihenfolge* die einzelnen Arbeitsaufträge auf die Fertigungsstellen verteilt werden. Dabei sollen Durchlaufzeiten möglichst gering, Umrüstungen und Leerlauf möglichst vermieden werden.

Bereitstellung und Einsatz der betrieblichen Produktionsfaktoren

Unmittelbar vor Fertigungsbeginn sind bereitzustellen:

a) **Betriebsmittel.** Werkzeuge und Vorrichtungen, die bereits bei früheren Aufträgen verwendet wurden, müssen vom Lager abgerufen und auf Funktionstüchtigkeit überprüft werden. Bereits vorhandene Maschinen müssen, wenn notwendig, instandgesetzt und auf das zu fertigende Erzeugnis umgestellt werden. Bei neuen Maschinen und Werkzeugen muss die rechtzeitige Fertigstellung zum Produktionsbeginn gesichert werden.

b) **Arbeitskräfte.** Im Zusammenhang mit der Bereitstellung der Maschinen und Anlagen müssen auch die entsprechenden Stellenbesetzungen überprüft werden. Soweit zusätzliche Arbeitskräfte erforderlich sind, müssen umgesetzte und neueingestellte Arbeitskräfte angelernt werden.

c) **Material.** Vor Fertigungsbeginn muss sichergestellt werden, dass die erforderlichen Werkstoffe, Einzelteile und Baugruppen rechtzeitig vom Lager abgerufen bzw. direkt vom Zulieferer fertigungssynchron angeliefert werden.

VIRTUELLE FERTIGUNGSLINIE: Künftige Produktion bis ins Detail durchgespielt

Immer häufiger entstehen gleichzeitig mit der Entwicklung der Produkte komplette **virtuelle Fertigungs- und Montagelinien** in den Computern der Fertigungsplaner.

Damit können die Produktionsabläufe bereits vor Produktionsbeginn geprobt und mögliche Fehlerquellen frühzeitig erkannt werden.

Organisationsmittel

Aufgabe der Fertigungssteuerung ist es auch, die für die Fertigungsdurchführung ergriffenen Maßnahmen auf entsprechenden Belegen festzuhalten und den Belegfluss zu planen.

Diese Unterlagen dienen in der Produktion zur konkreten Umsetzung des Produktionsauftrages. Sie sind auf die Bedürfnisse der Unternehmen abgestimmt und sind inhaltlich oft sehr ähnlich aufgebaut.

a) **Belegarten.**

- **Auftragsarbeitspläne** enthalten die konkreten Angaben zu einem nach Menge und Terminen festgelegten Fertigungsauftrag.
- **Laufkarten** (Fertigungsbegleitkarte) gehen mit dem Erzeugnis von Arbeitsplatz zu Arbeitsplatz. Sie enthalten die ausführenden Stellen und die dazugehörenden Arbeitsgänge in der Reihenfolge des Durchlaufs sowie den Termin der Fertigstellung.
- **Werkzeugentnahmescheine** und **Werkzeugwechselpläne** bilden die Unterlage für eine geordnete Werkzeugverwaltung.
- **Prüfanweisungen** sind die Grundlage dafür, dass die vorgesehenen Qualitätskontrollen während der Fertigung vorgenommen werden.
- **Materialentnahmescheine** dienen als Belege bei der Ausgabe der Werkstoffe.
- **Materialbegleitscheine** kennzeichnen das für einen Auftrag bereitgestellte Material und begleiten es von Arbeitsplatz zu Arbeitsplatz.
- **Lohnscheine** enthalten die Namen der Arbeitskraft, die Bezeichnung des Fertigungsgegenstandes, die ausgeführte Arbeit, die Fertigungszeit, die bearbeitete Menge und die Lohngruppe. Sie dienen als Grundlage für die Lohnabrechnung.

b) **Belegarchivierung.** Das Problem, die in großen Mengen anfallenden Fertigungsbelege und Zeichnungen aufzubewahren, wird häufig durch Mikroverfilmung gelöst. Diese Art der Belegarchivierung kann kostengünstiger sein als die Aufbewahrung der Originalbelege.

Die Fertigungsunterlagen werden meist unmittelbar über die DV erstellt (CIM) und ausgegeben. Somit sind die Unterlagen immer auch als Datenbestände vorhanden.

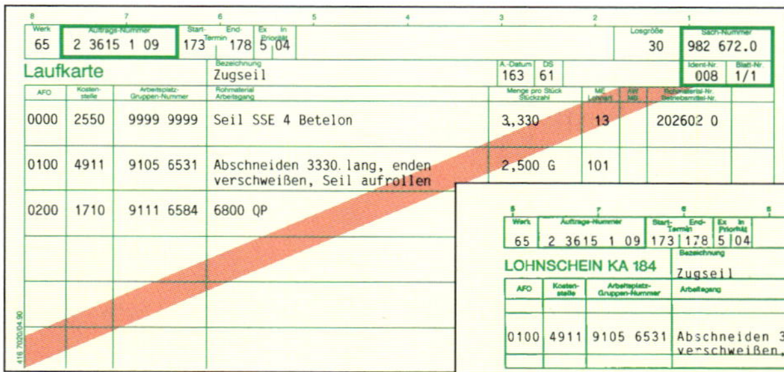

Beispiel:
Laufkarte

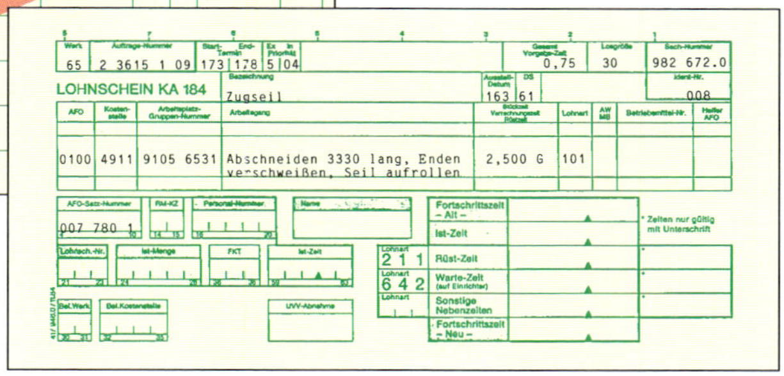

Beispiel:
Lohnschein

6.3.4 Termin- und Reihenfolgeplanung

Die Termin- und Reihenfolgeplanung hat das Ziel, die innerhalb einer bestimmten Zeit anfallenden Aufträge fristgerecht zu erledigen.

Bei Kundenaufträgen ohne festen Liefertermin und bei Lageraufträgen wird die **progressive Terminbestimmung** (Vorwärtsterminierung) angewandt. Dabei wird der *Fertigstel-*

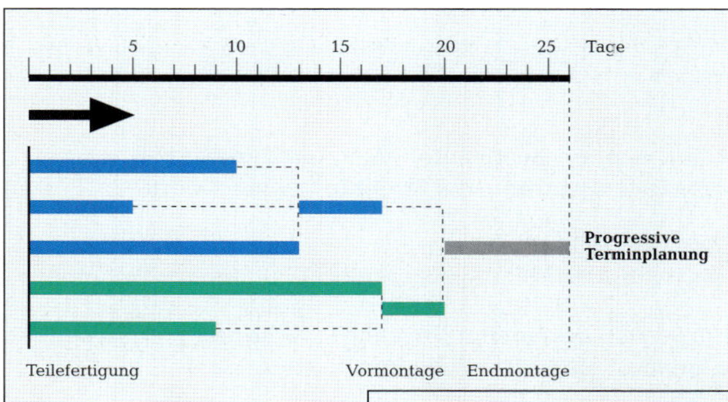

Ergebnis:

Frühester Fertigstellungstermin:
26 Tage *nach* Fertigungsbeginn.

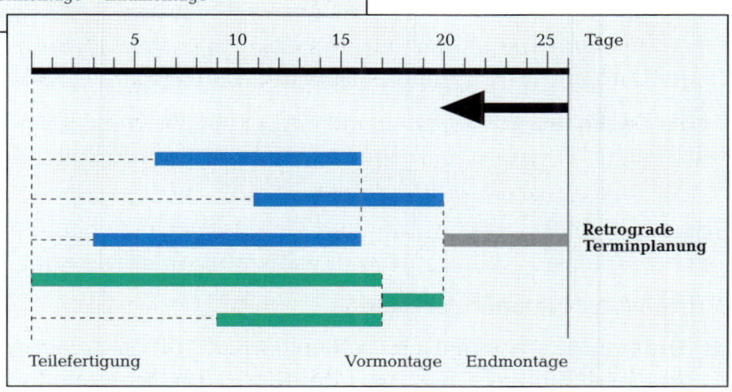

Ergebnis:

Spätester Beginn der Fertigung:
26 Tage *vor dem* Liefertermin.

lungstermin eines Auftrags errechnet, indem man vom Fertigungsbeginn des ersten Arbeitsganges ausgeht und die Zeiten aller geplanten Arbeitsgänge addiert.

Bei Kundenaufträgen mit festem Liefertermin wird die Terminplanung durch **retrograde Terminbestimmung** (Rückwärtsterminierung) durchgeführt. Ausgangszeitpunkt ist der vorgegebene Liefertermin. Durch den Abzug der geplanten Durchführungszeiten wird der *Fertigungsbeginn* errechnet.

Terminplanung mit der Netzplantechnik

Die **Netzplantechnik** eignet sich zur Darstellung der Terminplanung *für Großprojekte bei Einzelfertigung* (Schiffsbau, Großmaschinenbau, Fertighausbau). Mit diesem grafischen Verfahren werden Arbeitsabläufe geplant, die der Verwirklichung eines **Projektes** dienen.

! **Projekte** sind einmalige Vorhaben, für die **Anfangs- und Endzeitpunkt feststehen** oder **bestimmt werden können.**

Mit Netzplänen werden die folgerichtigen (logischen) und zeitlichen Verknüpfungen von Tätigkeiten, die voneinander abhängen und sich gegenseitig beeinflussen, aufeinander abgestimmt und bildlich dargestellt.

Beispiele: Fertigungsingenieure richten eine neue Produktionsabteilung ein. Werbekaufleute bereiten die Einführung eines neuen Markenartikels auf dem Markt vor.

Die Auswertung des Netzplanes erfolgt bei sehr umfangreichen Projekten durch Datenverarbeitungsanlagen. Es stehen dafür vorbereitete Rechnerprogramme zur Verfügung, die in der Regel neben der **Zeitplanung** auch eine **Kosten- und Kapazitätsplanung** enthalten.

Es gibt mehrere Methoden für die Aufstellung von Netzplänen. Die „**C**ritical **P**ath **M**ethod" (**CPM**) ist weit verbreitet.

Seite 137

Beispiel für einen Netzplan:

Ein Industriebetrieb plant den Bau einer Lagerhalle aus vorgefertigten Betonteilen. Die Teilarbeiten für das Projekt werden in einer *Strukturanalyse,* der jeweilige Zeitbedarf in einer *Zeitanalyse* nach Arbeitstagen (ATg) beschrieben. Aus den Angaben der Struktur- und Zeitanalyse ergibt sich der Netzplan.

Ergebnis: Die Lagerhalle kann nach 44 Arbeitstagen betriebsbereit sein, wenn bei den Vorgängen des kritischen Weges keine unvorhergesehenen Verzögerungen eintreten. Eine Verkürzung des Gesamtzeitaufwandes wäre nur möglich, wenn die Zeit für die Vorgänge des kritischen Weges verkürzt werden könnte. Neben dem kritischen Weg können die Vorgänge B sowie F und G parallel verlaufen. Sie haben jeweils Pufferzeiten von drei bzw. sechs Tagen. Man unterscheidet dabei den Gesamtpuffer und den freien Puffer.

! **Gesamtpuffer:** Zeitabschnitt, um den ein **bestimmter Vorgang verschoben** werden kann, **ohne** dadurch den **Fertigstellungstermin des Projektes zu verzögern.**

Die Gesamtpufferzeit eines Knotens errechnet sich aus der Differenz zwischen dem spätesten Anfangszeitpunkt und dem frühesten Anfangszeitpunkt der laufenden Tätigkeit.

! **Freier Puffer:** Zeitabschnitt, um den ein **bestimmter Vorgang verschoben** werden kann, **ohne** dass die **unmittelbar folgende Tätigkeit verschoben** werden muss.

Die freie Pufferzeit ist die Differenz zwischen dem frühesten Anfangszeitpunkt der nachfolgenden Tätigkeit und dem frühesten Endzeitpunkt der laufenden Tätigkeit.

Teilarbeiten mit Pufferzeiten wird man innerhalb ihres zeitlichen Spielraumes im kostengünstigsten Zeitpunkt ausführen lassen. Mit der Festlegung eines Kalendertages für den Vorgang A ergibt sich die Möglichkeit der Terminkontrolle im Rahmen des Kalenders.

Jeder Knoten ist ein Kontrollpunkt, von dem aus ein neuer Netzplan bei notwendigen Veränderungen des Ablaufprozesses entworfen werden kann.

Vorteile der Netzplantechnik:

a) Der Projektablauf wird gründlich vorbereitet. Gezielte Maßnahmen zur *Vermeidung von Engpässen* beim Einsatz der Produktionsfaktoren sind möglich.

Beispiel: Terminplanung nach der Netzplantechnik.

Vor-gang	Strukturanalyse		Zeitanalyse						
	Beschreibung	Folge-tätigkeit	Arbeitstage	FAZ	FEZ	SAZ	SEZ	GP	FP
A	Entwurf, Planung	B, F, G	20	0	20	0	20	0	0
B	Erdaushub Fundamente	C	3	20	23	20	23	0	0
C	Ausgießen Fundamente	D	2	23	25	23	25	0	0
D	Verschalung Betonsockel	E	5	25	30	25	30	0	0
E	Betonierung Betonsockel	I	3	30	33	30	33	0	0
F	Bestellung und Auslieferung Betonteile	I	10	20	30	23	33	3	3
G	Aushub Ver- und Entsorgungsleitungen	H	2	20	22	26	28	6	0
H	Leitungsverlegung	I	5	22	27	28	33	6	6
I	Montage Lagerhalle	J	7	33	40	33	40	0	0
J	Installationsarbeiten	–	4	40	44	40	44	0	0

Erläuterungen:

FAZ = frühester Anfangszeitpunkt
FEZ = frühester Endzeitpunkt
SAZ = spätester Anfangszeitpunkt
SEZ = spätester Endzeitpunkt
GP = Gesamtpuffer
FP = Freier Puffer
GP = SAZ – FAZ
FP = FAZ (Nachf.) – FEZ (Vorgang)

Beispiele: Puffer für Vorgang G
GP = 26 – 20 = 6 Arbeitstage
FP = 22 – 22 = 0 Arbeitstage

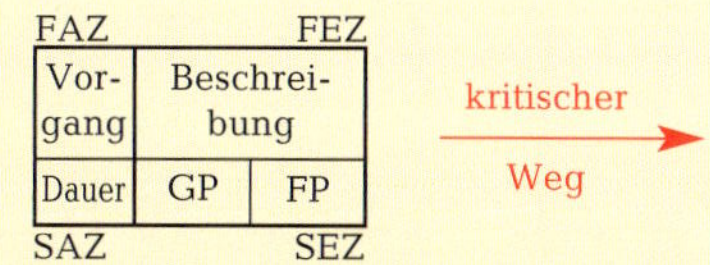

Aus den Angaben der Struktur- und Zeitanalyse ergibt sich der **Netzplan:**

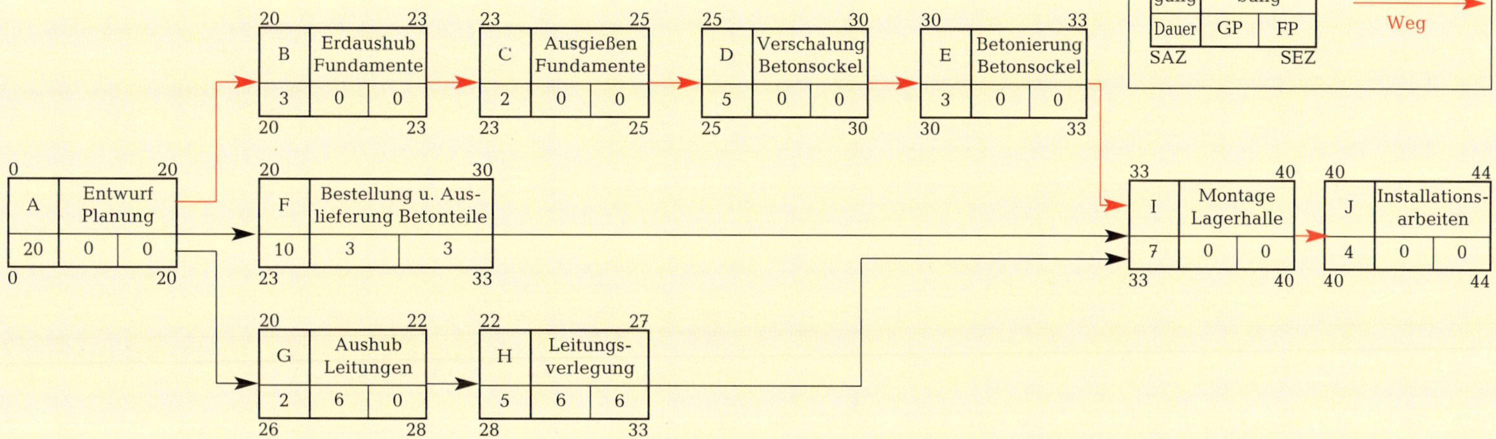

b) Sie erleichtert die *Terminverfolgung,* weil sie den Beginn und das Ende der angegebenen Arbeitsvorgänge ausweist.

c) Sie erlaubt Aussagen, in welchem Zeitraum mit der Fertigstellung des gesamten Projekts gerechnet werden kann und schafft die Voraussetzungen *für zukünftige Terminplanungen.*

Reihenfolgeplanung mittels Maschinenbelegungsplan

Sie dient der zeitlichen Einordnung *einzelner* Arbeitsgänge in den laufenden Fertigungsprozess.

Der Maschinenbelegungsplan zeigt, zu welchen Zeiten die einzelnen Maschinen für die verschiedenen Fertigungsaufträge beansprucht werden. Dabei wird ersichtlich, ob die einzelnen Maschinen optimal ausgelastet, d. h. nicht unterbelastet (Leerlauf, Brachzeiten) und nicht überbelastet (erhöhte Abnutzung) sind.

Die Darstellung kann z. B. in einer Schautafel in Form eines **Balkendiagramms (Gantt-Diagramm)** erfolgen. Auf der senkrechten Achse sind die verschiedenen Maschinen, auf der waagerechten Achse ist die Zeiteinteilung eingetragen. Viele Betriebe rechnen dabei mit *Kalenderwochen* oder *Betriebskalendertagen.*

Beispiel: Belegungsplan für 4 maschinelle Anlagen. Der Maschinenbelegungsplan ist mithilfe eines Projekt-Planungs-Systems erstellt worden.

Die Planungsperiode eines Betriebs beträgt 21 Tage. Zur Erledigung von 5 Aufträgen stehen 4 maschinelle Anlagen zur Verfügung, die dabei folgendermaßen beansprucht werden:

Auftrag 1: 2 Tage MA 1; 5 Tage MA 4; 4 Tage MA 2; 5 Tage MA 3

Auftrag 2: 7 Tage MA 2; 5 Tage MA 3; 6 Tage MA 1

Auftrag 3: 5 Tage MA 4; 4 Tage MA 1; 3 Tage MA 3; 4 Tage MA 2

Auftrag 4: 4 Tage MA 3; 3 Tage MA 2; 2 Tage MA 1; 4 Tage MA 4

Auftrag 5: 4 Tage MA 1, 4 Tage MA 3; 5 Tage MA 4

	Vorgangsname	Dauer	Anfang	Ende
1	**Maschine 1**	**19 Tage**	**Mo 23.01.12**	**Do 16.02.12**
2	Auftrag 5	4 Tage	Mo 23.01.12	Do 26.01.12
3	Auftrag 1	2 Tage	Fr 27.01.12	Mo 30.01.12
4	Auftrag 3	4 Tage	Di 31.01.12	Fr 03.02.12
5	Auftrag 4	2 Tage	Mo 06.02.12	Di 07.02.12
6	Auftrag 2	6 Tage	Do 09.02.12	Do 16.02.12
7	**Maschine 2**	**20 Tage**	**Mo 23.01.12**	**Fr 17.02.12**
8	Auftrag 2	7 Tage	Mo 23.01.12	Di 31.01.12
9	Auftrag 4	3 Tage	Mi 01.02.12	Fr 03.02.12
10	Auftrag 1	4 Tage	Di 07.02.12	Fr 10.02.12
11	Auftrag 3	4 Tage	Di 14.02.12	Fr 17.02.12
12	**Maschine 3**	**21 Tage**	**Mo 23.01.12**	**Mo 20.02.12**
13	Auftrag 4	4 Tage	Mo 23.01.12	Do 26.01.12
14	Auftrag 5	4 Tage	Fr 27.01.12	Mi 01.02.12
15	Auftrag 2	5 Tage	Do 02.02.12	Mi 08.02.12
16	Auftrag 3	3 Tage	Do 09.02.12	Mo 13.02.12
17	Auftrag 1	5 Tage	Di 14.02.12	Mo 20.02.12
18	**Maschine 4**	**21 Tage**	**Mo 23.01.12**	**Mo 20.02.12**
19	Auftrag 3	5 Tage	Mo 23.01.12	Fr 27.01.12
20	Auftrag 1	5 Tage	Di 31.01.12	Mo 06.02.12
21	Auftrag 4	4 Tage	Mi 08.02.12	Mo 13.02.12
22	Auftrag 5	5 Tage	Di 14.02.12	Mo 20.02.12

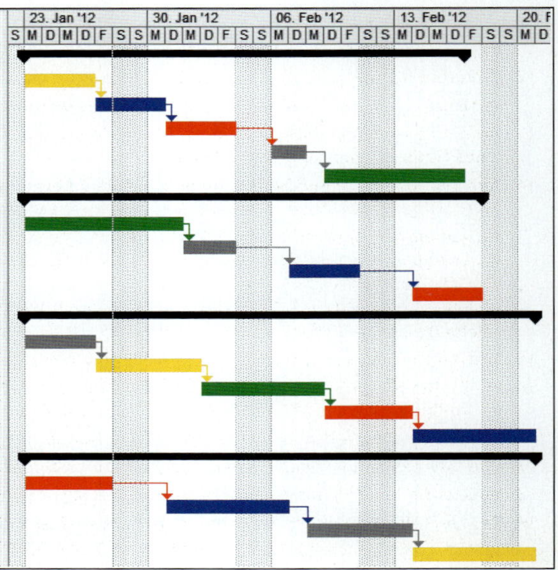

1. »Wer an der Forschung und Entwicklung spart, verliert auch den wirtschaftlichen Anschluss«. Begründen Sie die Richtigkeit dieser Aussage.
2. Der Staat gibt große Summen für Forschung und Entwicklung aus. Warum unterstützt er zusätzlich noch Forschung und Entwicklung im Unternehmensbereich?
3. Welche Gründe sprechen für eine enge Zusammenarbeit zwischen den Unternehmensbereichen Forschung und Entwicklung?
4. a) Erläutern Sie den Begriff des Simultaneous Engineering.
   b) Finden Sie Produktbeispiele aus der Industrie, bei denen Simultaneous Engineering eine schnelle und bedarfsgerechte Produktion ermöglicht.
5. Die Konstruktionsabteilung erhält aufgrund eines Kundenauftrages zur Herstellung von 1.000 Gartentischen die Aufgabe, eine Gesamtzeichnung und die dazugehörige Konstruktionsstückliste zu erstellen. Die Konstruktionsstückliste sollte nach folgendem Schema aufgebaut sein:

lfd. Nr.	Menge	Teile-Nr.	Benennung	Material	Hinweise

   Folgende Angaben sind vorhanden:
   - Vier Tischbeine, 70 cm hoch, Stahlrohr, durch Quer- und Längsstreben verbunden.
   - Eine Tischplatte, 60 cm × 120 cm × 3 cm, Holz.
   - Die Tischplatte wird mit 6 Winkeleisen an der Stahlrohrkonstruktion befestigt (jeweils zwei Schrauben).
   - Die Tischbeine erhalten als Sockel Kunststoffabdeckungen.
6. Stellen Sie einen vereinfachten Arbeitsplan auf, um den von Ihnen konstruierten Gartentisch (vgl. Aufgabe 5) in der Abteilung Endmontage zusammenbauen zu können.
7. Auf welche Unterlagen kann bei der Erstellung des Arbeitsplanes zurückgegriffen werden?
8. Der vereinfachte Basisarbeitsplan der KÜHLsys GmbH zur Herstellung eines Kühlgehäuses enthält folgende Angaben (Zeitangaben in Minuten):

Arbeitsvorgang	Beschreibung	Rüstzeit	Stückzeit	Transportzeit
010	Formen Blech	30	3	25 (für 50 St.)
020	Stanzen Blech	40	4	20 (für 50 St.)
021	Stanzvorgang für 2 Teile gleichzeitig			

   Ermitteln Sie die Auftragszeit für einen Auftrag von 200 Kühlgehäusen.
9. Begründen Sie, weshalb Konstruktionsdaten (z.B. Stücklisten) in modernen Industriebetrieben unmittelbar in der zentralen Datenbank gespeichert werden.
10. Stücklisten sind im Unternehmen von zentraler Bedeutung. Klären Sie, welche Bedeutung Stücklisten haben für
    - die Fertigung,
    - die Bedarfsermittlung und die Materialdisposition,
    - das Ersatzteilwesen,
    - die Kalkulation.
11. Beschreiben Sie den »ökologischen Rucksack« einer industriell gefertigten Küche.
12. Erläutern Sie das Bild, Seite 128, anhand des Produktes
    a) Pkw, b) Tageszeitung, c) Tetra-Pak.
13. Nennen Sie Maßnahmen, durch welche die Materialbeschaffung, die Produktion und der Vertrieb eines Unternehmens umweltverträglich werden.
14. Aus dem Umweltschutzbericht eines Chemie-Unternehmens:
    »Wir arbeiten ständig an der Verbesserung der Umweltverträglichkeit unserer Produkte...«
    Aus einem Werbeprospekt eines Herstellers von Kühlaggregaten:
    »... Daneben zeichnet sich unser Produkt durch eine konsequente und bis ins Detail gewährleistete Umweltverträglichkeit aus.«
    Welche Eigenschaften müssen die genannten Produkte erfüllen, damit sie als umweltverträglich bezeichnet werden dürfen?
15. Welche Kostenarten spielen bei der Festlegung der optimalen Losgröße eine wesentliche Rolle?
16. a) Bilden Sie Beispiele für Betriebe und deren Produkte, in denen der Schwerpunkt der Bereitstellungsplanung bei den Betriebsmitteln, den Arbeitskräften, den Materialien liegt.
    b) Stellen Sie die besonderen Probleme der Planung für diese Betriebe dar.
17. Wie unterscheiden sich die progressive und die retrograde Terminbestimmung?
18. Welche Bedeutung hat der Maschinenbelegungsplan bei der Terminplanung?
19. Bei der Herstellung eines neuen Getriebes entsteht für die einzelnen Arbeitsvorgänge folgender Zeitbedarf (Atg = Arbeitstage; Ft = Folgetätigkeit):

Vorgang	Beschreibung	Atg	Ft	Vorgang	Beschreibung	Atg	Ft
A	Projektierung	3,0		F	Bestückung	3,0	
B	Beschaffung Installationsmaterial	10,0		G	Verdrahtung	5,0	
C	Gehäusebau	3,0		H	Funktionsprüfung	1,0	
D	Grundinstallation	1,5		I	Einbau Auftraggeber	2,0	
E	Erstellung Montageplatten	3,0		K	Abnahme	0,5	

Ermitteln Sie die Folgetätigkeiten, zeichnen Sie für das Projekt den Netzplan, und benennen Sie den kritischen Weg sowie die Pufferzeiten.

20. Welche Wirkungen haben
    a) Pufferzeiten,
    b) Verzögerungen auf dem kritischen Weg?
21. Warum kann man die Netzplantechnik nicht bei routinemäßigen Daueraufgaben einsetzen?
22. Ein Industriebetrieb hat bei einer Investitionsmaßnahme seine Planung nach den Ergebnissen der Netzplantechnik ausgerichtet. Aufgrund unvorhergesehener Ereignisse konnte diese Planung nicht eingehalten werden. Welche Konsequenzen können entstehen
    a) bei progressiver Terminierung,
    b) bei retrograder Terminierung?
23. In einem Stahlwerk werden die Bereiche Gießen (Werk I), Walzen (Werk II) und Formen (Werk III) betrieben.

    Mehrere Teilaufträge eines Großkunden gilt es auf die Werke zu verteilen. Die Teilaufträge durchlaufen die Werke jeweils tageweise. Eine Trennung in Losgrößen ist nicht möglich. Aufgrund der Arbeitspläne ergeben sich folgende zeitliche Abläufe (in Tagen).

Teilauftrag	I (Gießen)	II (Walzen)	III (Formen)
A	2	2	2
B	3	1	2
C	1	2	1
D	2	2	1

a) Stellen Sie zwei Belegungsalternativen für die einzelnen Werke dar. Verwenden Sie für Ihre Lösung jeweils ein Balkendiagramm.
b) Ermitteln Sie für eine Belegungsalternative den Auslastungsgrad der Anlagen in den Werken.
c) Entscheiden Sie begründet, welche Belegungsalternative das Stahlwerk wählen sollte.
d) Der Fertigungsablauf steht unter Termindruck. Welche Faktoren können dabei stören?
e) Planen Sie entsprechende Maßnahmen
   - zur Behebung aufgetretener Störungen,
   - zur Vermeidung möglicher Störungen.

6.4 Fertigungsdurchführung

Bei der Festlegung des Fertigungsablaufs muss sich die Betriebsleitung für die jeweils geeignete Fertigungsart entscheiden.

Fertigungsarten		
nach der **Menge** der Erzeugnisse	nach der **Fertigungsorganisation**	nach der **Produktionstechnik**

– Einzelfertigung
– Mehrfachfertigung
  – Serienfertigung
  – Sortenfertigung
  – Partiefertigung
  – Chargenfertigung
– Massenfertigung
	– Werkstattfertigung
	– Werkstättenfertigung
	– Reihenfertigung
	– Fließfertigung
	– Gruppenfertigung
	– Baugruppenfertigung (Modulefertigung)
	– Baustellenfertigung
		– manuelle Fertigung
		– maschinelle Fertigung
		– automatisierte Fertigung
		– flexible Fertigungssysteme

6.4.1 Fertigungsarten nach der Menge gleichartiger Erzeugnisse

Die *Anzahl der Produkte*, die *in einem Fertigungsprozess* hergestellt werden, hängt von der Art der Erzeugnisse ab.

Einzelfertigung

Jedes Stück ist ein Erzeugnis eigener Art. Es wird nur in *einer* Ausführung hergestellt.

Beispiele: Seeschiff, Turbine, Krananlage, Papiermaschine, Maßkleid, Einbauschrank.

Der Fertigungsprozess muss für jedes Erzeugnis von Neuem geplant und durchgeführt werden. Da das Personal vielseitige Aufgaben zu erfüllen hat, sollte es sich aus gut ausgebildeten Fachkräften zusammensetzen. Dadurch steigen jedoch die Kosten für die Arbeit.

In aller Regel erfolgt die Einzelfertigung auf Bestellung; sie ist **Auftragsfertigung.**

Innerhalb der Einzelfertigung gewinnt das **Rapid Manufacturing** zunehmend an Bedeutung. Dabei wird mittels Lasertechnologie ein bestimmtes Material (Kunststoff, Papier, Metall) schichtweise zu Formen oder Endprodukten erzeugt (»gebacken«). Es werden keine Formteile mehr benötigt, in denen Teile oder Produkte gegossen werden müssen. Bei diesem Produktionsverfahren können individuelle Aufträge und auch kleine Serien rasch ausgeführt werden. Kundenwünsche können unmittelbar in der Produktgestaltung berücksichtigt werden.

Beispiele: Herstellung von Spezialwerkzeugen im Automobilbau, Herstellung von medizintechnischer Ausrüstung oder von Implantaten.

Mehrfachfertigung

Wenn die Absatzlage und die Kapazität es erlauben, werden aus Kostengründen **größere Erzeugnismengen** produziert. Die Mehrfachfertigung erfolgt meistens nicht auf Bestellung, sondern für den anonymen Markt.

a) Serienfertigung: *Gleiche Erzeugnisse* werden in *begrenzter* Stückzahl (Auflage) hergestellt.

Beispiele: Flugzeugtypen, Möbeltypen, Sportwagentypen.

Für die Fertigungs- und Kostenplanung spielt die jeweilige Auflage- bzw. Losgröße eine wichtige Rolle. Seite 133

b) Sortenfertigung: Aus dem *gleichen Grundstoff* werden *verschiedene Ausführungen* des gleichen Erzeugnisses hergestellt. Die Erzeugnisse unterscheiden sich lediglich in der Güte, Farbe, Form oder Größe.

Beispiele: Seifen, Biere, Papiere.

c) Partiefertigung: Das Entstehen *unterschiedlicher Endprodukte* ergibt sich aus dem Einsatz *qualitativ verschiedener Rohstoffe.* Dies kommt vor allem bei der Verarbeitung von pflanzlichen, mineralischen oder tierischen Rohstoffen vor.

Beispiele: Garnherstellung aus unterschiedlichen Baumwollpartien, Zigarrenherstellung aus verschiedenen Tabakernten.

d) Chargenfertigung: Eine Charge (Ladung, Beschickung) bezeichnet diejenige Menge, die *in einem Behälter* während eines Produktionsvorganges be- oder verarbeitet wird. Jede Ladung weicht dabei geringfügig von einer weiteren ab.

Beispiele: Schmelzprozesse in der Stahlindustrie, Herstellung von Farbe, Medikamentenproduktion.

Massenfertigung

Gleiche Erzeugnisse werden auf unbestimmte Zeit in theoretisch *unbegrenzten* Mengen hergestellt.

Beispiele: Schrauben, Zement, Flaschen, Zigaretten, Glühlampen, Bleistifte, Heizöl.

Massenfertigung erfolgt ausschließlich für den anonymen Markt. Meist erfolgt der Einsatz automatischer und teurer Spezialmaschinen. Dafür sind die Lohnkosten durch die Anstellung angelernter Kräfte niedriger.

6.4.2 Fertigungsarten nach der Fertigungsorganisation

Durch die *Anordnung der Betriebsmittel* soll eine rationelle Produktion erreicht werden. Die für die Verrichtung der Arbeitsgänge erforderlichen Betriebsmittel werden *räumlich zusammengefasst.* Man unterscheidet:

Fertigung nach dem Verrichtungsprinzip

a) **Werkstattfertigung (Werkbankfertigung).** Alle Arbeitsvorgänge vollziehen sich in **einer** Werkstatt in Einzelplatzarbeit durch vielseitig ausgebildete Arbeitskräfte (Kleinbetrieb).

b) **Werkstättenfertigung.** Die einzelnen Werkstücke durchlaufen **mehrere** Werkstätten zur Durchführung der aufeinanderfolgenden Arbeitsgänge. In einer Werkstatt stehen nur jeweils gleichartige Maschinen (Dreherei, Fräserei, Bohrerei).

Fertigung nach dem Flussprinzip

a) **Reihenfertigung.** Die Betriebsmittel werden in der Reihenfolge der vorzunehmenden Arbeiten angeordnet, sodass Fertigungsstraßen entstehen. Der Arbeitsfluss ist *zeitlich ungebunden.*

Um mögliche Verzögerungen ausgleichen zu können, werden meist kleinere Zwischenlager eingerichtet. Dadurch können Unterschiede in der Produktionsdauer einzelner Arbeitsvorgänge ausgeglichen werden.

b) **Fließfertigung.** Sie ist eine Reihenfertigung mit *zeitlich gebundenem* Arbeitsablauf (mit vorgegebenem »Takt«) zur Herstellung größerer Mengen gleichartiger Erzeugnisse. Dabei sind Arbeitsplätze und Maschinen entsprechend der Arbeitsfolge angeordnet; die Werkstücke werden automatisch zum nächsten Arbeitsplatz befördert (Fließband).

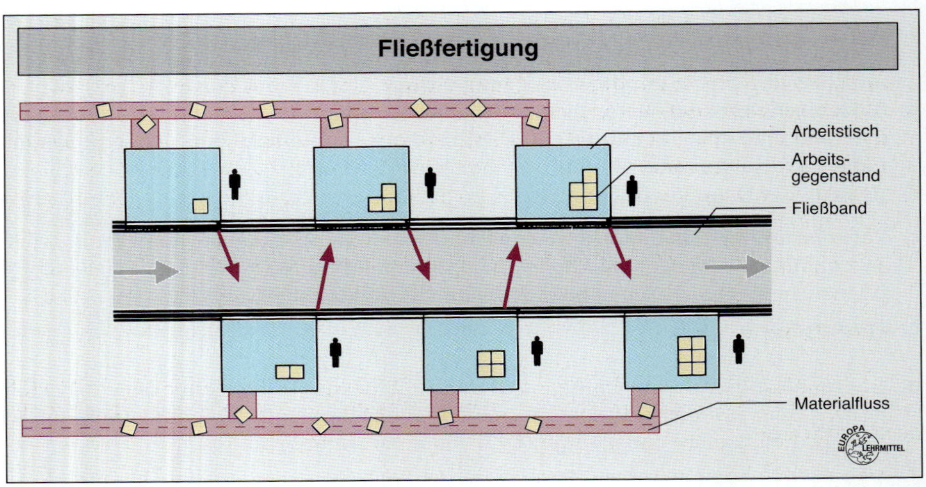

Herkömmlicherweise werden dabei Teile und Werkstücke nach zentralem Plan an die jeweiligen nachfolgenden Fertigungsstellen weitergeleitet und dort je nach Bearbeitungsfluss zwischengelagert (Bring-System). Im Gegensatz dazu werden beim **Kanban-System** die Teile und Werkstücke von *den Fertigungsstellen* entsprechend ihrem Bedarf bei der vorangegangenen Fertigungsstufe abgerufen (Hol-Prinzip).

Seite 156

Gruppenfertigung

Die Gruppenfertigung erlaubt eine Kombination unterschiedlichster Fertigungsarten, die vom Fließband bis hin zum Arbeiten am stehenden Fertigungsobjekt **(Boxenlösung)** reichen. Die zur Fertigung eines Erzeugnisses notwendigen Arbeitsplätze und Maschinen werden zu Gruppen zusammengefasst **(Fertigungsinseln).** Jede Gruppe umfasst also so viele verschiedene Betriebsmittel, wie zur Herstellung des Werkstückes bzw. Erzeugnisteils notwendig sind. Der Weitertransport erfolgt häufig unter Einsatz von flurgesteuerten fahrerlosen Transportsystemen (Robomat, Robo Carrier).

Beispiele:

1. Automobilwerk: Die Fertigung von Türen wird aus dem Fließband herausgenommen und in Gruppenfertigung vorgenommen.
2. Sitzmöbelfabrik: Es werden die Gruppen »Gestellbau« und »Polsterei« gebildet.

Diese Fertigung kommt den Vorstellungen über einen humanen Arbeitsplatz entgegen, weil die einzelnen Mitarbeiter den Überblick über den gesamten Fertigungsablauf behalten. Die Motivation der Arbeitskräfte wird durch den Einsatz in mehreren wechselnden Funktionen erhöht. Außerdem stärkt diese Art der Fertigung die Selbstverantwortung und führt dadurch zur Qualitätssteigerung. Sie erfordert von den Arbeitnehmern neben hoher fachlicher Qualifikation vor allem auch Kommunikations- und Teamfähigkeit. Problematisch kann jedoch die Frage nach der gerechten Entlohnung innerhalb der Gruppe werden sowie der psychologische Druck auf einzelne Gruppenmitglieder.

Baugruppen-(Module-)Fertigung

Die Tendenz zur »schlanken Fabrik« erfordert oft eine Verringerung der Anzahl der Fertigungsstufen. Die Zulieferer stellen komplette montagefertige **Baugruppen (Module)** her, die bisher vom Erzeugnishersteller selbst gefertigt wurden **(Outsourcing, Modular Sourcing);** die Zulieferer werden zu **Systemlieferanten.**

Seite 117

Beispiele:

1. Automobilindustrie: Klimaanlagen, Kühlsysteme, Automatikgetriebe, komplette Armaturenbretter, Kabelbäume.
2. Bauwirtschaft: komplette Nasszellen, Küchensysteme.

Mit solchen Systemlieferanten wird schon während der Entwicklung eines Produktes eng zusammengearbeitet **(Simultaneous Engineering).** Vor Beginn der Erzeugnisproduktion wird dann ein **Just-In-Time-Konzept** für die reibungslose Anlieferung der Module direkt an die Montagestraßen erarbeitet. Dies erübrigt sich, wenn der Systemlieferant seine Produktionsstätte auf demselben Werksgelände wie der Abnehmer hat. Inzwischen ermöglicht der Einsatz der Datenverarbeitung, dass Logistikunternehmen die termingenaue Anlieferung kompletter Module auch über weite Entfernungen bewältigen.

Seiten 117, 131

Beispiel: Bau eines Hotels: komplette Zimmer mit Einrichtung werden in den Rohbau eingefügt.

Baustellenfertigung

Der Arbeitsgegenstand ist infolge seines Gewichtes, seiner Größe oder des vorgegebenen Standortes *ortsgebunden;* die Betriebsmittel, Werkstoffe und Arbeitskräfte müssen herangeschafft werden.

Beispiele: Herstellung von Gebäuden, Straßen, Brücken.

6.4.3 Fertigungsarten nach der Produktionstechnik

Nach dem *Grad der Beteiligung menschlicher Arbeitskraft* unterscheidet man:

Manuelle Fertigung

Die Arbeit wird **von Hand durchgeführt,** wie z. B. beim Modellbau oder beim Zusammenbau von Baugruppen und Einzelteilen zum fertigen Erzeugnis. Mit fortschreitender Arbeitsteilung und dem Einsatz von Maschinen besteht die Handarbeit in der Produktion oft nur noch aus wenigen Handgriffen.

Maschinelle Fertigung

Bei der Fertigung werden **Maschinen verwendet,** die selbst die Führung des Werkstückes und des Werkzeuges übernehmen.

Die Maschine übernimmt heute meist nicht nur die Arbeitsverrichtungen, die Bewegung des Werkstückes und des Werkzeuges. Sie führt oft auch die *Steuerung* aus, d. h. die Aufgabe, Schaltimpulse für die einzelnen mechanischen Bewegungen in der notwendigen Größe und Reihenfolge zu geben. In diesem Fall spricht man von Halbautomaten *(teilautomatisierte Fertigung).* Der Anteil körperlichen Arbeitsaufwandes ist bei heutiger maschineller Fertigung zurückgegangen, während gleichzeitig die geistige Leistung im Fertigungsprozess selbst und bei der Erstellung der Vorleistung (Konstruktion der Maschine und Programmierung) stark zugenommen hat.

Beispiel: Schraubendrehautomaten mit mechanischer Steuerung.

Automatisierte Fertigung

Man versteht darunter die technische Einrichtung mit *vollautomatischen Anlagen.* Der gesamte Arbeitsablauf wird von Maschinen **nach vorgegebenem Programm gesteuert, kontrolliert und korrigiert.** Im Idealfall regelt sich die Maschine selbst.

► Arten vollautomatischer Anlagen

a) Einsatz von **CNC-Maschinen** in der Fertigung, d. h. durch Computer numerisch gesteuerte (codierte) Werkzeugmaschinen (**C**omputer **N**umerical **C**ontrol). Hierbei erfolgt die Steuerung durch zahlenmäßig eingegebene Maßgrößen eines Arbeitsgegenstandes auf Informationsträger oder direkte Verbindung mit Datenverarbeitungsanlagen (Online-Betrieb).

b) Verwendung von »**Industrierobotern**« (Handhabungsautomaten): Der Roboter ist *frei programmierbar* und mit *mehreren Bewegungsachsen* versehen. Industrieroboter können mit Greifern oder Werkzeugen ausgerüstet sein. Während herkömmliche Automaten nur bestimmte, immer wiederkehrende Verrichtungen ausführen können, zeichnen sich die Industrieroboter durch größere Beweglichkeit und »Lernfähigkeit« aus. Sie können zusätzlich mit »sehenden« und »fühlenden« Sensoren ausgestattet sein und sind damit in der Lage, Erkennungs- und Kontrollfunktionen auszuüben, die bisher nur dem Menschen vorbehalten waren.

c) Durch Kupplung mehrerer Einzelautomaten mit selbsttätigen Fördereinrichtungen entstehen Verbundautomaten. Werden dabei noch selbsttätige Kontroll- und Steuereinrichtungen verwendet, so entstehen **Transferstraßen** (werkstückgebundene Einzweckanlagen), z. B. in der Automobilindustrie.

► Auswirkungen und Probleme der Automatisierung

Die Automatisierung erfordert hohe Investitionen, die nur bei Großserien- oder Massenfertigung rentabel sind. Außerdem werden durch Automatisierung herkömmliche Arbeitsplätze überflüssig und neue Arbeitsplätze geschaffen. Dabei können folgende Probleme auftreten:

- **Soziale Probleme.** Automatisierung schafft Berufswandel und damit die Erfordernis zur laufenden Weiterqualifizierung. Eventuell freigesetzte Mitarbeiter müssen flexibel auf die beruflichen Veränderungen reagieren. Diese Anforderungen können auch auf die Familie Rückwirkungen haben.
- **Kostenproblem.** Hohe Investitionen verursachen hohe Fixkostenanteile an den Gesamtkosten, die nur durch laufend hohe Produktionszahlen gedeckt werden können.
- **Arbeitsrechtliche Probleme.** Freigesetzte Mitarbeiter müssen anderweitig eingesetzt werden, unter Umständen zu schlechteren Bedingungen. Außerdem müssen Arbeitsverträge flexibler gestaltet werden.
- **Absatzproblem.** Automatisierung erfordert Großserien- oder Massenfertigung. Dies wiederum erfordert einen gleichmäßig hohen Absatz, der durch die Globalisierung der Märkte und damit durch steigende Konkurrenz gefährdet sein kann.

6.4.4 Flexible Fertigungssysteme

Die herkömmlichen Fertigungssysteme sind häufig starr auf ein bestimmtes Erzeugnis ausgerichtet und können nur schwer an die Veränderung des Absatzmarktes angepasst werden. Man ist deshalb bemüht, **flexible (anpassungsfähige) Fertigungssysteme** zu finden, die *für die Herstellung unterschiedlicher Erzeugnisse geeignet* sind.

Flexible Fertigungssysteme bestehen aus mehreren Einzelmaschinen an verschiedenen Bearbeitungsstationen, die durch ein gemeinsames Informations- und Materialflusssystem miteinander verknüpft werden. Es besteht die Möglichkeit, verschiedene Produkte in kleinen bis mittleren Fertigungslosen gleichzeitig oder in zeitlicher Folge nacheinander zu bearbeiten.

Flexible Fertigungssysteme setzen heute nicht nur unmittelbar beim Produktionsablauf an, sondern umfassen auch die komplette Betriebsdatenerfassung (BDE) und die Einbindung der Kunden- und Lieferantendaten. Dadurch wird es möglich, auf unvorhergesehene Änderungen kurzfristig zu reagieren.

Beispiel: Wenn ein Spediteur per Mobiltelefon meldet, dass er im Stau steht, kann das PPS-System unmittelbare Produktionsalternativen an die Fertigung weitergeben.

Die höhere Anpassungsfähigkeit zielt in verschiedene Richtungen:

Art der Flexibilität	Kennzeichen	Beispiel
Varianten-flexibilität	Produkte des *gleichen Grundtyps mit gewissen Abweichungen* werden auf der gleichen Fertigungseinrichtung hergestellt.	Gleiche Pkw-Typen in zwei- und viertüriger Ausführung
Typflexibilität	*Verschiedene Typen* können auf der gleichen Fertigungseinrichtung hergestellt werden.	Autos der mittleren und oberen Klasse
Produktflexibilität	*Verschiedene Produkte* werden auf der gleichen Fertigungseinrichtung hergestellt.	Pkw und Transporter

1. Wodurch unterscheiden sich
   a) Einzel- und Serienfertigung,
   b) Serien- und Sortenfertigung,
   c) Serien- und Massenfertigung?
2. Welche Maßnahmen auf dem Gebiet des Absatzes werden durch Massenproduktion notwendig?
3. Das Wort »Massenproduktion« erweckt oft die Vorstellung minderer Qualität.
   Nehmen Sie dazu Stellung.
4. Bei einem Rundgang durch verschiedene Abteilungen eines Industriebetriebes stellen Sie verschiedene Anordnungen der Betriebsmittel fest. Welches Fertigungsverfahren (nach Fertigungsorganisation) liegt vor?
   a) Stanzmaschinen einerseits und Drehbänke andererseits sind räumlich getrennt untergebracht.
   b) Fertigteile werden von Arbeitskräften montiert und das unfertige Erzeugnis im Zeittakt weitertransportiert.
   c) Maschinen und Arbeitsplätze sind hintereinander geschaltet, die Werkstücke werden durch Elektrokarren je nach Bedarf weiterbefördert.
   d) Die Motoren werden von einem bestimmten Arbeitsteam montiert. Die dazu notwendigen verschiedenartigen Betriebsmittel werden von den Mitgliedern des Teams bedient.
   e) Die Mitarbeiter montieren die Auspuffanlage entsprechend der internen Bestellvorgänge, sodass beim Passieren der Karosserie die Baugruppe unmittelbar eingebaut werden kann.
5. Die Elektro GmbH, Calw, stellt Mikrowellengeräte her. Der Betriebsleiter prüft, ob von der Werkstättenfertigung auf Fließfertigung übergegangen werden soll.
   a) Stellen Sie die Unterschiede der beiden Fertigungsarten anhand folgender Merkmale dar:
      – Anordnung der Betriebsmittel,
      – Menge der in einem Arbeitsgang zu fertigenden Werkstücke,
      – Flexibiltät,
      – Transportwege.
   b) Welche Gründe sprechen für die Beibehaltung der Werkstättenfertigung bzw. für die Einführung der Fließfertigung?
6. Im Rahmen der Diskussion zur „Humanisierung" der Arbeitswelt spricht man bei der Gruppenfertigung im Vergleich zur Fließfertigung von der humaneren Arbeitsform.
   Nehmen Sie Stellung.
7. Stellen Sie in einer Matrix Vor- und Nachteile einzelner Fertigungsarten dar:
   a) aus Sicht des produzierenden Unternehmens,
   b) aus Sicht der Beschäftigten.
8. Neuerdings spricht man von „Serieneinzelfertigung". Klären Sie diesen Begriff.
9. Industrieroboter werden in Teilen der industriellen Produktion zunehmend eingesetzt. In welchen Bereichen der Automobilproduktion werden Ihrer Meinung nach Roboter sinnvoll eingesetzt?
10. Welche Vor- und Nachteile ergeben sich bei der Automation
    a) für den Arbeitgeber,
    b) für den Arbeitnehmer?
11. Wodurch unterscheiden sich Industrieroboter von Halbautomaten?
12. Nennen Sie Beispiele für Varianten-, Typ- und Produktflexibilität aus dem Bereich der Möbelherstellung.
13. Welche Schwierigkeiten stellen sich der Einführung flexibler Fertigungssysteme entgegen?

6.5 Fertigungsüberwachung und Qualitätsmanagement

Für das Qualitätsmanagement eines Unternehmens setzt Qualität nicht nur beim Produkt an. Qualität ist auch zunehmend im Produktionsablauf, bei Service-Leistungen sowie bei Kontakten und Beratungen mit den Kunden zu bieten.

Für die umfassende Einbindung des Qualitätsmanagements in die unternehmerischen Entscheidungen gibt es mehrere Ursachen:

- Der ständig wachsende **Wettbewerbsdruck** verlangt eine Abgrenzung von der Konkurrenz. Über den Preis allein ist dies nicht mehr möglich.
- Die **Kunden** erwarten heute eine 100 %ige Qualität der Güter und Dienstleistungen.
- Entstandene Fehlerkosten können zu hohen **Folgekosten** führen.
- Qualitätsmängel können zu **Kundenverlusten** führen.
- Die hohen Anforderungen an die **Zertifikate** verlangen entsprechende unternehmensinterne Standards.
- Qualitätsmängel und daraus entstandene Schäden können zu hohen Kosten durch die **Produkthaftung** der Hersteller führen.

6.5.1 Fertigungsüberwachung

Die Fertigungsüberwachung hat die Aufgabe, auf einen einwandfreien Ablauf des Fertigungsprozesses zu achten (Qualitätskontrolle), damit Störungen vermieden werden und Fehler an den Fertigteilen oder am Erzeugnis nicht entstehen können.

Voraussetzung für die Fertigungssteuerung ist eine gut funktionierende **Qualitätsprüfung.** Dabei sind folgende Formen möglich:

Qualitätsprüfung nach der Menge

a) **Vollprüfung** (100 %-Kontrolle). Sie ist die sicherste Kontrollmethode, da *sämtliche* Erzeugnisteile und Erzeugnisse geprüft werden. Sie wird vor allem bei Serienfertigung angewandt (Motoren, Fernsehgeräte).

b) **Stichprobenkontrolle.** Es wird nach statistischen Stichprobenprüfplänen nur ein *Teil* der Erzeugnisse geprüft. Dies genügt bei Erzeugnissen der Großserien- und Massenfertigung (Schrauben, Glühlampen, Chip-Produktion) vor allem dann, wenn schon über längere Zeit gute Qualität festgestellt wurde. Bei bestimmten Arten von Erzeugnissen können nur Stichprobenkontrollen durchgeführt werden, da die geprüften Stücke nicht mehr verwertet werden können (Analyse von Lebensmitteln, Festigkeitsprüfung bei Metallen).

Qualitätsprüfung nach dem Zeitpunkt

a) **Eingangskontrolle.** Werkstoffe und bezogene Teile werden bereits beim Materialeingang geprüft.

b) **Zwischenkontrolle.** Sie wird während der Fertigung vorgenommen. Mit dem Produktionsfortschritt werden die Einzelteile, die Baugruppen und das Erzeugnis laufend auf die entsprechenden Qualitätsmerkmale geprüft.

c) **Endkontrolle.** Sie wird am fertigen Erzeugnis durchgeführt. Es wird dabei entschieden, ob das Produkt zum Verkauf freigegeben wird.

Nachdem die Prüfungsergebnisse feststehen, ist es Aufgabe der **Qualitätssicherung,** die *Fehlerursachen* zu ermitteln und Maßnahmen zur **Fehlerbehebung** zu ergreifen. Solche Maßnahmen können sein:

- Änderung des Fertigungsverfahrens,
- Korrektur der Maschineneinstellung,
- Schulung der Mitarbeiter,
- Änderung der Versandart oder der Versandverpackung.

Seite 280

Die **Qualitässicherung** ist auch wegen der gesetzlichen **Produkthaftung der Hersteller** von großer Bedeutung.

6.5.2 Qualitätsmanagement

Kontinuierlicher Verbesserungsprozess (KVP)

Unter **KVP** werden alle Aktivitäten zur Weiterentwicklung von Produkten und Prozessen verstanden. Dabei wird vom Grundgedanken ausgegangen, dass *ständige Veränderungen* erfolgen. Sämtliche *Abläufe und Handlungen* sind deshalb *dauernd infrage zu stellen.*

Während bisher in größeren Abständen neue Produkte und neue Verfahren entwickelt wurden, gilt es nun, laufend Veränderungen in kleinen Schritten herbeizuführen. Diese Veränderungen wurden bisher in den Führungsbereichen des Unternehmens erarbeitet und in den Forschungsabteilungen umgesetzt. Lediglich durch das betriebliche Vorschlagswesen hat man auf die Potenziale der Mitarbeiter zurückgegriffen. Heute sollen nun die Möglichkeiten der Mitarbeiter in einem kontinuierlichen »*Prozess der kleinen Schritte mit großer Wirkung*« herangezogen werden.

Für alle Mitarbeiter hat zu gelten, dass die kostengünstigste Lösung im Vordergrund steht. Das Problem oder die Ursache gilt es nur zu erkennen.

Die Mitarbeiter haben von folgenden Erkenntnissen auszugehen:

- Fehler stellen ein Verbesserungspotenzial dar.
- Die Verbesserung kann nur stetig und in kleinen Schritten erfolgen.
- Alle Ebenen des Unternehmens sind in den Prozess einzubinden.

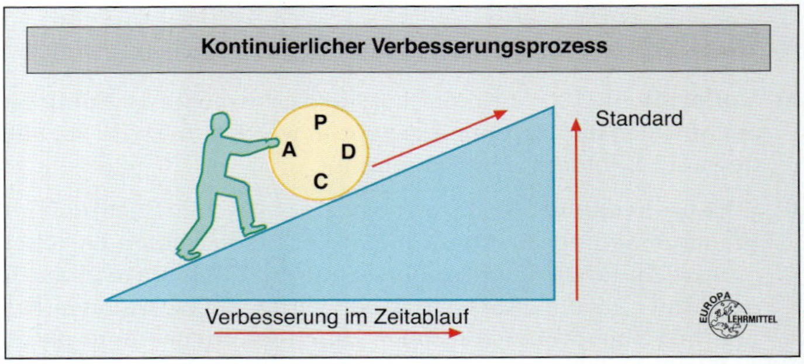

- KVP ist Bestandteil der täglichen Arbeitsaufgabe.
- Als Kunde ist jeder Arbeitsplatz im Unternehmen zu sehen, der auf die eigenen Arbeitsergebnisse aufbaut.
- Die Qualität der Ergebnisse hat Vorrang.

Der Prozess der ständigen Verbesserung kann nach dem **PDCA-Zyklus** erfolgen:

Dabei stehen die Abkürzungen für die folgenden Aktivitäten:

- **P = Planning** (5 Fragen zur Veränderung: Wer? Was? Warum? Wann? Wie?)
- **D = Do** (Durchführung der Änderung, z. B. durch konkretisierte Aktionspläne)
- **C = Check** (Überprüfung, ob die Veränderung erreicht wurde)
- **A = Action** (Festlegung von Standards, um Fehlern vorzubeugen; Einleitung eines neuen PDCA-Zyklus)

Qualitätsmanagement nach DIN EN ISO 9000 ff.

Ein Qualitätsmanagementsystem kann nicht von heute auf morgen erreicht werden. Eine Möglichkeit, dem Ziel näher zu kommen, sind die Maßnahmen der Qualitätssicherung nach der **DIN EN ISO-Normenreihe 9000 ff.** Die Maßnahmen sind in einem **Qualitätsmanagement-Handbuch** zu beschreiben. Dieses Handbuch ist dann eine wichtige Grundlage für die **Zertifizierung** des Qualitätsmanagement-Systems im Unternehmen, welche durch neutrale Institutionen erfolgt.

Beispiele: TÜV-Cert e.V., Dekra AG, IQNet – International Certification network; DQS GmbH – Deutsche Gesellschaft zur Zertifizierung von Managementsystemen; EQ-Zert – Europäisches Institut zur Zertifizierung von Managementsystemen und Personal.

► Grundsätze

Qualitätsmanagement nach der Normenreihe DIN EN ISO 9000 ff. geht von *8 Grundsätzen* aus, die Voraussetzung für ein erfolgreiches Zusammenwirken aller Beteiligten sind.

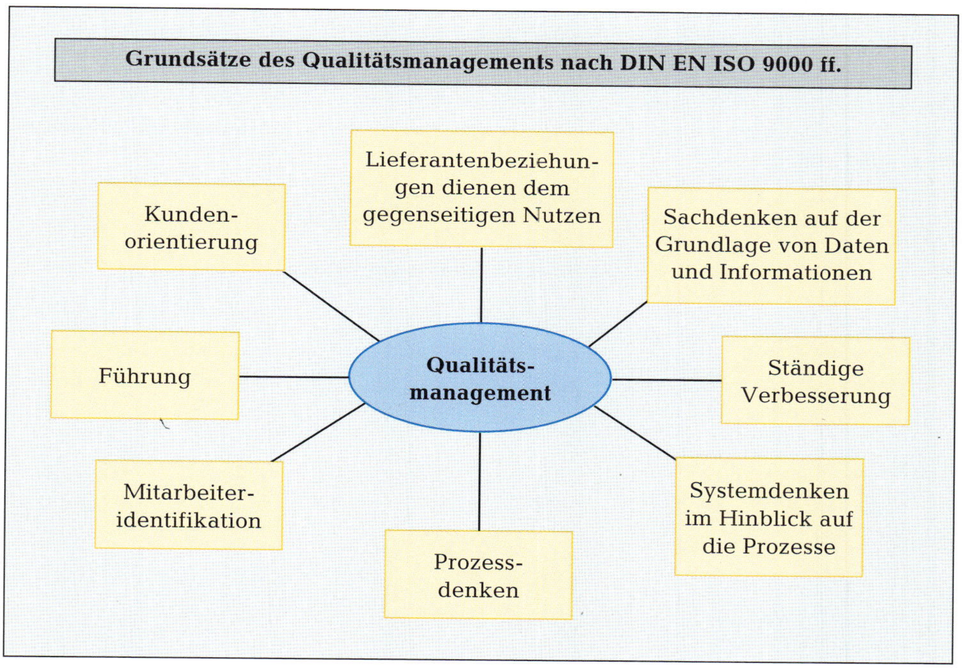

► Auditierung

Der sichtbare Nachweis für den Aufbau und die Fortführung eines Qualitätsmanagements im Unternehmen ist die **Zertifizierung** durch neutrale Institutionen. Grundlage für die Zertifizierung ist ein Audit.

Ein **Audit** ist eine **systematische unabhängige Untersuchung,** um festzustellen, ob die **qualitätsbezogenen Tätigkeiten** und die damit zusammenhängenden **Ergebnisse** den **geplanten Anforderungen entsprechen,** und ob diese Anforderungen tatsächlich verwirklicht und geeignet sind, die Ziele zu erreichen.

▶ Normen

Für die Auditierung und anschließende Zertifizierung werden *4 Normen* zugrunde gelegt:

Bezeichnung der Norm	Merkmal
DIN EN ISO 9000:2005 Qualitätsmanagementsystem – Grundlagen und Begriffe	– »Basisnorm«; – grundlegende Gedanken zum Qualitätsmanagement; – Begriffsdefinitionen, um mit der Normenreihe arbeiten zu können; – Angaben zur Notwendigkeit statistischer Methoden.
DIN EN ISO 9001:2008 Qualitätsmanagementsystem – Forderungen	Regelt – die Verantwortung der Unternehmensleitung; – die Forderungen nach Prozessorientierung und die Kommunikation mit den Kunden; – den Prozess der Produktion und der Erbringung von Dienstleistungen und – deren Messung, Auswertung und Verbesserung.
DIN EN ISO 9004:2000 Qualitätsmanagementsystem – Leitfaden zur Leistungsverbesserung	– Anleitung zur Verbesserung der Leistung der Organisation.
DIN EN ISO 19011	– Stellt einen Leitfaden für den Ablauf der Auditierung dar und – nennt die Qualifikationsmerkmale der Auditoren.

Das *Kernstück der Normenreihe* stellt die Norm *DIN EN ISO 9001:2008* dar. Sie ist *Grundlage für alle Zertifizierungen.* Ihre *Gültigkeit* erstreckt sich auf **Unternehmen aller Branchen und Größen.**

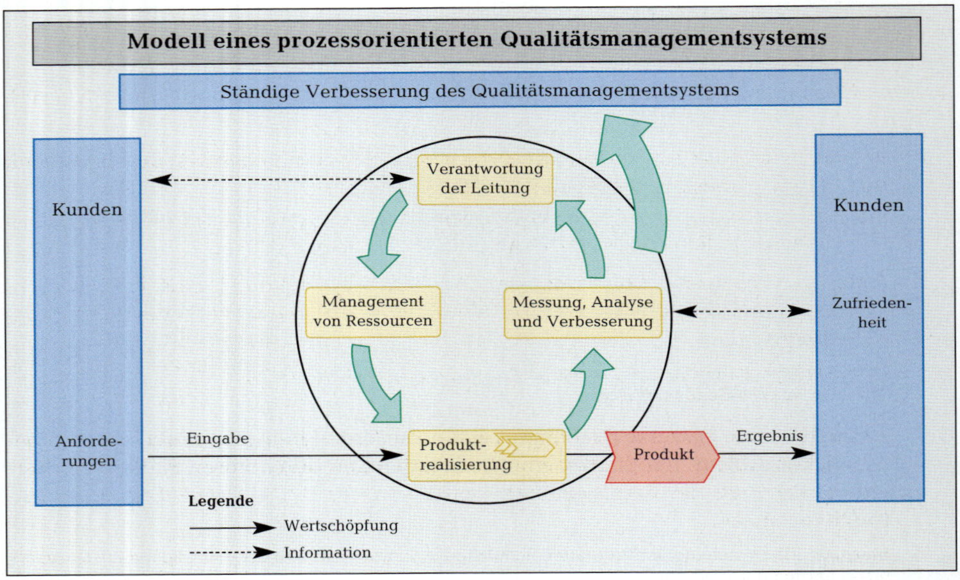

▶ Ausgewählte Maßnahmen des Qualitätsmanagements

a) **Zuweisung der Qualitätsverantwortung an die oberste Geschäftsleitung.** Für ein effizientes Qualitätsmanagement-System ist die Geschäftsleitung verantwortlich. Sie muss für das entsprechende Bewusstsein im Unternehmen sowie für die Formulierung der Qualitätspolitik und -ziele sorgen. Dabei sind besonders die Kundenwünsche zu ermitteln und zu dokumentieren.

b) **Einrichtung eines Qualitätsmanagement-Systems.** Es muss ein dokumentiertes Qualitätsmanagement-System zur Erfüllung der festgelegten Qualitätsanforderungen eingerichtet werden. Dieses System muss mit allen Prozessen und Anweisungen und den formulierten Qualitätszielen dokumentiert werden **(Qualitätsmanagement-Handbuch).** Dabei werden alle Phasen von der Ermittlung des Kundenwunsches bis zur abschließenden Auslieferung des Produktes festgehalten.

c) **Schulungen.** Schulungen des Personals sollen dazu beitragen, dass die Fähigkeiten und Erfahrungen von Mitarbeitern ständig erweitert werden. Die Wirksamkeit von Schulungsmaßnahmen soll vom jeweiligen Vorgesetzten überwacht und schriftlich bewertet werden. Um die Schulungen systematisch vornehmen zu können, sind Schulungspläne zu erstellen, die auch dokumentiert werden.

d) **Prozessorientierung als verbindliche Vorschrift.** Die Abläufe in einem Unternehmen müssen als Prozesse erfasst und dokumentiert werden. Dabei wird zwischen verschiedenen Prozessen unterschieden:

Beispiel: TÜV-Zertifikat für ein Unternehmen, das gewerbliche Lüftungsdecken plant, produziert und installiert.

TÜV CERT

ZERTIFIKAT

Die TÜV CERT-Zertifizierungsstelle
des TÜV Südwest für Management-Systeme

bescheinigt gemäß
TÜV CERT-Verfahren, dass das Unternehmen

GIF - Gesellschaft für Ingenieurprojekte
Freiburg mbH
Brühlstraße 7
D - 79112 Freiburg

für den Geltungsbereich

Planung und Realisierung
von GIF-Lüftungsdecken

ein Qualitätsmanagementsystem eingeführt hat
und anwendet.

Durch ein Audit, Bericht-Nr. QM-M-96/2019
wurde der Nachweis erbracht, dass die Forderungen der
DIN EN ISO 9001-2008
erfüllt sind. Dieses Zertifikat ist gültig bis Oktober 2013

Zertifikat-Registrier-Nr. 70 100 M 2019

TGA-ZM-29-96-00

Mannheim, den 17. November 2010
Erstzertifizierung 1998

TÜV SÜDWEST

TÜV CERT-Zertifizierungsstelle
des TÜV Südwest für Management-Systeme

– **Führungsprozesse:** Sie sind verantwortlich bei der Unternehmensleitung angesiedelt und klären grundsätzliche Abläufe im Unternehmen.

  Beispiele: Maßnahmen der Qualitätssicherung, Durchführung interner Qualitätsaudits und Anpassung an Veränderungen, Schulung der Mitarbeiter.

– **Operative Prozesse (Hauptprozesse):** Sie bilden die unmittelbaren betrieblichen Leistungserstellungsprozesse ab. Die Verantwortung liegt bei den einzelnen Fachabteilungen.

  Beispiele: Angebote erstellen, Beschaffung von Material, Verkauf von Standard-Produkten, Bearbeitung von Kunden-Sonderaufträgen.

– **Unterstützende Prozesse (Nebenprozesse):** Sie garantieren einen reibungslosen betrieblichen Ablauf, um die betrieblichen Aktivitäten durchführen zu können. Verantwortlich sind die Fachabteilungen oder von der Unternehmensleitung beauftragte Instanzen.

  Beispiele: Überwachung der Prüfmittel, Schutzkennzeichnung der Produkte, Maßnahmen der Qualitätssicherung der Produkte.

e) **Messung, Analyse und Verbesserung.** Im Qualitätsmanagement-Handbuch muss dokumentiert werden, dass im Unternehmen Prozesse zur Messung, Analyse und Verbesserung mit dem Ziel der ständigen Verbesserung stattfinden. Diese beziehen sich auf die Produkte, auf die Beziehungen zu den Vertragspartnern (Lieferanten, Kunden) und auf die Prozesse im Unternehmen. Außerdem müssen die dafür eingesetzten statistischen Methoden festgelegt und angewendet werden. Interne Audits haben diesen ständigen Prozess zu garantieren. Dabei dürfen nur unabhängige Auditoren eingesetzt werden. Die Messsung der Kundenzufriedenheit muss durch geeignete Verfahren nachgewiesen werden.

Benchmarking

Ein wichtiges Instrument des Qualitätsmanagements ist das **Benchmarking.** Dies ist ein kontinuierlicher Prozess, bei dem die *eigenen Produkte, Strukturen und/oder betrieblichen Abläufe* mit einem erfolgreicheren Produkt oder Unternehmen bzw. mit einer erfolgreicheren Abteilung im Unternehmen verglichen werden. Die Zielvorgabe ist dabei, die *Qualität des »Klassenbesten«* zu erreichen oder noch zu übertreffen. Man unterscheidet:

- *unternehmensinternes Benchmarking*: Es werden die betrieblichen Prozesse verschiedener Abteilungen oder Bereiche zum Vergleich herangezogen;
- *unternehmensexternes Benchmarking:* Es werden die Produkte und/oder die betrieblichen Prozesse anderer Unternehmen der gleichen oder anderer Branchen zum Vergleich herangezogen.

Das Benchmarking erfolgt üblicherweise in *mehreren Phasen:*

- Auswahl des Untersuchungsobjektes *(Benchmarking-Objekt);*

  Beispiel: Kostenstruktur für die betriebliche Logistik.
- Auswahl und Festlegung der zu erreichenden Ziele *(Benchmarks);*

  Beispiel: Festlegung von Kostenobergrenzen für die betriebliche Logistik.
- Durchführung der Studie mithilfe eines Partners *(Benchmarking-Partner);*

  Beispiel: Vereinbarung mit einem Konkurrenzunternehmen oder mit einem Unternehmensberater.
- Umsetzung der Ergebnisse *(Anwendung der Best-Practices).*

  Beispiel: Durchführung der Kostensenkungsmaßnahmen entsprechend der gewonnenen Ergebnisse.

Total Quality Management (TQM)

Industrieunternehmen werden durch die notwendige Kundenorientierung und den starken Wettbewerb immer mehr gezwungen, ein **umfassendes Qualitätsmanagement** anzustreben. Nur ein alle Bereiche umfassendes Qualitätsdenken garantiert auf Dauer den Erfolg des Unternehmens.

Totales Qualitätsmanagement (TQM) nach **DIN EN ISO 8402** ist eine auf die Mitwirkung aller Mitarbeiter basierende **Führungsmethode,** welche
- **Qualität** in den Mittelpunkt stellt, um
- **Zufriedenheit** der **Kunden,** dadurch
- langfristigen **Geschäftserfolg** sowie
- **Nutzen für die Arbeitnehmer** und für die **Gesellschaft** zu erreichen.

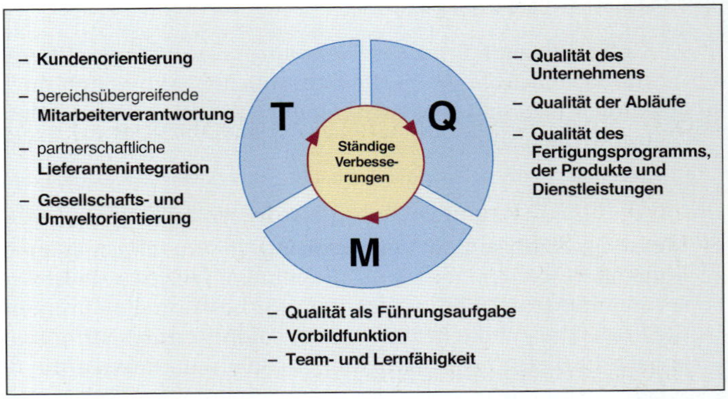

Damit ist Total Quality Management das umfassendste Qualitätssicherungssystem, das für ein Unternehmen denkbar ist. Vom **Kunden über die eigenen Mitarbeiter und Lieferanten bis hin zur Gesellschaft und Umwelt** werden alle Bereiche erfasst. Um dies zu leisten, muss TQM Teil einer Unternehmenskultur werden, welche die Kundenzufriedenheit in den Mittelpunkt stellt. Das Ziel dabei ist, eine erhöhte Wettbewerbsfähigkeit zu erreichen. Die DIN EN ISO 9001:2008 ist sehr stark in diese Richtung ausgeprägt.

In Europa fanden sich Unternehmen zur Gründung der **E**uropean **F**oundation for **Q**uality **M**anagement **(EFQM)** zusammen, die für ein umfassendes Qualtätsmanagement-System den **Europäischen Qualitätspreis (European Quality Award)** verleiht.

1. Welchen Vorteil hat eine Qualitätskontrolle schon während der Fertigung?
2. Welche Fertigungsunterlagen können bei der Qualitätskontrolle herangezogen werden?
3. Welche Formen der Qualitätsprüfung unterscheidet man
   a) nach der Menge der zu kontrollierenden Erzeugnisse,
   b) nach dem Zeitpunkt der Kontrolle?
4. a) Welche Schlussfolgerungen ziehen Sie aus den folgenden Aussagen?
   „Wenn Produkte nur zu 99 % korrekt sind, dann
   ... haben Sie an 4 Tagen im Jahr kein Trinkwasser,
   ... haben Sie an 4 Tagen im Jahr keine Tageszeitung,
   ... funktioniert bei jedem 100. Bremsvorgang das ABS-System nicht,
   ... versagt bei jeder 100. Operation das Beatmungssystem."
   b) Stellen Sie dar, welche Bedeutung dem Begriff Qualität zukommt.
5. Begründen Sie, dass die Qualitätskontrolle im Unternehmen einen Zielkonflikt darstellt und deshalb nach wirtschaftlichen Gesichtspunkten vorgenommen werden muss.
6. Die Metabau GmbH hat festgestellt, dass der Papierverbrauch in den vergangenen drei Jahren um 50 % gestiegen ist. Stellen Sie in einem PDCA-Zyklus die Aktivitäten zur Verbesserung dieses Missstandes dar.
7. Es heißt immer wieder, dass Elemente der DIN EN ISO 9000 ff.-Normenreihe in den meisten Unternehmen schon vorhanden und nur nicht dokumentiert sind. Welche Richtlinien können im Hinblick auf die folgenden Qualitätssicherungsmaßnahmen erlassen werden:
   - Lieferantenauswahl,
   - Auftragsprüfung,
   - Kennzeichnung des Prüfstatus,
   - Lenkung fehlerhafter Waren?
8. Warum ist es vorteilhaft, wenn schon der Zulieferer eine Zertifizierung nach DIN EN ISO 9000 ff. vorgenommen hat?
9. Ein Gruppenleiter in der Fertigung sagt zu einem seiner Mitarbeiter: „Während der Auditierung läuft bei mir alles vorbildlich. Was im Fertigungsalltag praktikabel ist, ist häufig eine andere Sache."
   Nehmen Sie zu dieser Aussage Stellung.

6.6 Rationalisierung

6.6.1 Ziele, Anlässe und Ansatzpunkte der Rationalisierung

Unter **Rationalisierung** versteht man die wohlüberlegte (rationale) **Anwendung von wissenschaftlichen, technischen und organisatorischen Mitteln,** um die **Erstellung von Gütern und Dienstleistungen** zu *steigern, zu verbessern und zu verbilligen.*

Ziele der Rationalisierung

Die Forderung nach Rationalisierung der betrieblichen Abläufe ist durch das ökonomische Prinzip begründet. Es ist wirtschaftlich vernünftig, den Einsatz der Produktionsfaktoren zur Leistungserstellung rational zu gestalten, also zu rationalisieren.

Dabei können für ein Unternehmen mehrere Ziele im Vordergrund stehen:

- Steigerung des Ertrages, Senkung der Kosten,
- Gewinnerzielung und Gewinnsteigerung,
- Erhöhung der Ausbringungsmenge von Erzeugnissen,
- Humanisierung der Bedingungen für den arbeitenden Menschen.

Anlässe der Rationalisierung

Ursprünglich war das Ziel, die Ausbringungsmenge zu steigern, der Anlass für den Einsatz moderner Maschinen.

Beispiel: Die handwerkliche Montage des Ford-Modells „T“ benötigte 728 Minuten; nach Einführung des Fließbandes im Jahre 1915 wurde ein Modell in 93 Minuten hergestellt.

Heute sind die Anlässe zur Rationalisierung in den Betrieben vielfältiger geworden:

- Die *Konkurrenzfähigkeit* der eigenen Produkte verlangt eine kostengünstige Produktion.

  Beispiel: Um die Preissenkungen der Konkurrenz auch den eigenen Kunden zu gewähren, müssen Kosteneinsparungen durch die verbesserte Organisation der Verwaltungsabläufe erzielt werden.

- *Veränderte Qualitätsansprüche* der Kunden, die sowohl das Produkt als auch die Beratungsleistungen beim Kauf, die Serviceleistungen nach dem Kauf und ökologische Leistungen bei der Entsorgung nach dem Gebrauch betreffen.

  Beispiel: Der Kauf eines Neuwagens umfasst die Finanzierungsberatung ebenso wie die Entsorgungsverpflichtung durch den Hersteller.

- Zwang zur Rationalisierung aufgrund der internationalen Öffnung der Märkte.

  Beispiel: Die deutsche Automobilindustrie war zu Beginn der 1990er Jahre durch die japanische Konkurrenz gezwungen, kostengünstiger und schneller zu produzieren.

Ansatzpunkte der Rationalisierung

Die **Ansatzpunkte der Rationalisierung** sind vielfältig. Neben der Arbeitsleistung beziehen sie sich auf die Erzeugnisse oder Erzeugnisteile (Normung, Typung, Baukastensystem, Teilefamilien). Sie umfassen auch die Fertigungsverfahren und die Fertigungsorganisation. Wenn man heute von Rationalisierung spricht, denkt man an den Ersatz von Menschen durch Maschinen, an den Ersatz von Anlagen oder an die Überlegung, Teile oder Baugruppen selbst zu fertigen bzw. fremd zu beziehen.

Man geht dabei grundsätzlich von der Überlegung aus, dass die zu erledigende Arbeit nicht von einer Person bewältigt werden kann. Deshalb sind die im Unternehmen *anfallenden Aufgaben aufzuteilen* und anschließend zu einer *Gesamtleistung zusammenzufassen.* Die **Arbeitsteilung** im Betrieb kann dabei in zwei Grundformen erfolgen:

Grundformen der Arbeitsteilung	
Mengenteilung (Arbeitsteilung i.e.S.)	**Artteilung**
Die anfallende Arbeit wird in *gleichen Teilaufgaben* auf *mehrere Personen* verteilt. Eine Gesamtaufgabe kann deshalb schneller erledigt werden.	Die anfallende Arbeit wird in *verschiedene Teilaufgaben* zerlegt, die *zeitlich hintereinander* anfallen. Mit dieser Form der Arbeitsteilung geht meist auch eine Spezialisierung der Mitarbeiter einher.
Beispiel: Um einen zugesagten Liefertermin einhalten zu können, wird ein Großauftrag über 500 Stahlrohrtische von fünf Mitarbeitern gleichzeitig bewältigt.	**Beispiel:** Bei der Herstellung von Stahlrohrtischen sind zwei Mitarbeiter für das Zuschneiden der Stahlrohre zuständig, zwei schweißen und entgraten die Teile und Baugruppen und ein Mitarbeiter lackiert und verpackt die Tische.

6.6.2 Rationalisierungskonzepte

Rationalisierung bei den Erzeugnissen

Normung und Typung der Wirtschaftsgüter sowie die Spezialisierung der Betriebe und das Baukastensystem wurden durch die praktische Nutzanwendung der systematischen Arbeitsstudien weiter vorangetrieben. Das **RKW** (**R**ationalisierungs**k**uratorium der deutschen **W**irtschaft) hat auf diesem Gebiet große Bedeutung für die Wirtschaft erlangt.

▶ Normung

Normung ist die Vereinheitlichung von Maßen, Formen, Bestandteilen, Herstellungsverfahren, Begriffen, Bezeichnungen usw. für **Einzelteile** (Schrauben) und für **einteilige Fertigwaren** (Flaschen). Die Normen werden nach gründlicher Überlegung und Erprobung festgelegt. Vielfach führt die Normung eines Erzeugnisses zur Normung anderer Erzeugnisse, mit denen ein Verwendungszusammenhang besteht (Papier – Ordner – Büromöbel).

Nach dem *Geltungsbereich* unterscheidet man Werknormen, Fachnormen, Normen des **D**eutschen **I**nstituts für **N**ormung **(DIN)**, internationale Normen (**EN**-Normen = Normen des **E**uropäischen Komitees für **N**ormung; **ISO**-Normen = Normen der **I**nternational **O**rganization for **S**tandardization). Als Ergebnis der internationalen Verflechtung werden die Normen heute vereinheitlicht. Eine Vielzahl der bei uns geltenden Normen wird deshalb als »**DIN EN ISO-Norm**« veröffentlicht.

▶ Typung

Typung bezweckt die Vereinheitlichung von **zusammengesetzten** (mehrteiligen) **Fertigungsgegenständen.** Sie kann aus Gründen der **Herstellung** oder des **Absatzes** erfolgen (Kraftfahrzeugtypen). Eine Typung erfolgt überwiegend in den Unternehmen selbst. Sie unterliegt keinen Vorschriften. Überbetrieblich können Unternehmen die Herstellung unterschiedlicher Typen in einem Kartell regeln.

Seite 411

▶ Baukastensystem

Beim **Baukastensystem** werden einheitliche Baugruppen und Einzelteile zu verschiedenen Typen zusammengesetzt. Die einzelnen genormten Bauelemente können dann in Großserien kostengünstig hergestellt werden (z. B. Fertighausbau, Kraftfahrzeug-, Maschinen- und Möbelherstellung). Der Kunde erhält dadurch die Möglichkeit, seine Planungswünsche in begrenztem Umfang zu verwirklichen (Zusammenstellung von Regalen nach den eigenen Wünschen in einem Möbelgeschäft).

▶ Spezialisierung

Spezialisierung bedeutet die Vereinheitlichung des **Produktionsprogramms** in einem Betrieb durch Beschränkung auf die Herstellung weniger Fabrikate oder eines einzigen Erzeugnisses. Sie führt zu einer erweiterten Arbeitsteilung zwischen den Betrieben und zur Entstehung von Zulieferbetrieben und Spezialwerkstätten. Dadurch kann sich das einzelne Unternehmen zu einem qualitätsorientierten und kostengünstigen Hersteller entwickeln (Spezialisierung bei den Zulieferern der Automobilindustrie).

▶ Teilefamilien

Teilefamilien werden gebildet, um die Erfahrungen der Konstruktion bei früheren Erzeugnissen zu nutzen. Vorhandene **Basiskomponenten** bestehender Erzeugnisse werden ergänzt oder in Abwandlungen weiterentwickelt (Schrauben, Plattformtechnologie in der Automobilproduktion). Man spricht von **Varianten,** wenn lediglich ein Ursprungsteil in einem Detail abgewandelt wird. Dies spart Kosten bei der Konstruktion durch bereits vorhandene Zeichnungen. Dies spart aber auch Kosten bei der Verwendung vorhandener Arbeitspläne und NC-Programme zur Herstellung der Varianten.

Beispiel: Aufbauend auf einen einheitlichen Unterbau produziert ein Automobilhersteller unterschiedliche Modelle mit unterschiedlichen Karosserien.

Die Grundlage eines systematischen Aufbaus von Teilefamilien ist die Einrichtung und *Verknüpfung einer Datenbank mit der CAD-Konstruktion.*

Vor- und Nachteile der Rationalisierungsmaßnahmen bei den Erzeugnissen	
Vorteile	**Nachteile**
– Senkung der Kosten durch Herstellung größerer Mengen, – vereinfachte Lagerhaltung durch Beschränkung auf wenige genormte Teile, – rationellere Anfertigung durch Wegfall von Sonderausführungen, – Verringerung des Absatzrisikos durch Wegfall von Ladenhütern, – Verkürzung der Lieferzeiten bei gleichbleibender Betriebsgröße, – Austauschbarkeit der genormten Teile von verschiedenen Herstellern, – Kauf und Verkauf werden durch einheitliche Bezeichnungen erleichtert.	– Die Arbeiten an gleichbleibenden Erzeugnissen beschränken die schöpferische Fantasie und das handwerkliche Können der Arbeitskraft, – die Auswahlmöglichkeit des Käufers wird beschränkt, – erhöhte Krisenanfälligkeit bei Wandlung der Verbraucherwünsche.

Arbeitsteilige Fertigung

Arbeitsteilung ist möglich, wenn eine Arbeitsaufgabe in mehrere verschiedenartige Teilarbeiten zerlegt werden kann, die meist zeitlich voneinander abhängen und deshalb nacheinander durchzuführen sind. Die Zerlegung kann durch Gliederung in verschiedene Arbeitsstufen oder aber in verschiedene Teilarbeiten innerhalb der gleichen Stufe erfolgen.

Beispiele: Spinnen, Weben, Ausrüsten eines Stoffes (verschiedene Arbeitsstufen); am Rückenteil einer Jacke muss der Abnäher genäht, die Rückenlasche angenäht und das Futter eingenäht werden (gleiche Arbeitsstufe).

Für den Einsatz von Maschinen und Automaten, die nur für die Verrichtung von Teilarbeiten konstruiert sind, ist die Arbeitsteilung unerlässliche Voraussetzung.

Für die Mitarbeiter führt die arbeitsteilige Fertigung aber zu **Nachteilen.** Es wurde nämlich ein unmittelbarer Zusammenhang zwischen dem Grad der Aufteilung einer Arbeitsaufgabe und dem Grad der Unzufriedenheit der Betriebsangehörigen festgestellt. Dies kann eine Folge der einseitigen Beanspruchung und der mangelnden Übersicht über den Herstellungsvorgang sein. Um die Mitarbeiter besser zu motivieren und die Produktivität zu steigern, hat man deshalb neue humanere Formen der Arbeitsorganisation geschaffen.

Ganzheitliche Rationalisierungskonzepte

Seite 117

▶ Just-In-Time-Konzept

▶ Kanban

Die Kanban-Methode ist ein Verfahren zur **Steuerung des Materialflusses.** Das benötigte Material wird jeweils von der verbrauchenden Stufe im Produktionsprozess bei der vorgelagerten Stufe angefordert oder abgeholt. Der Materialnachschub wird mithilfe der **Kanbans** (Karten) gesteuert.

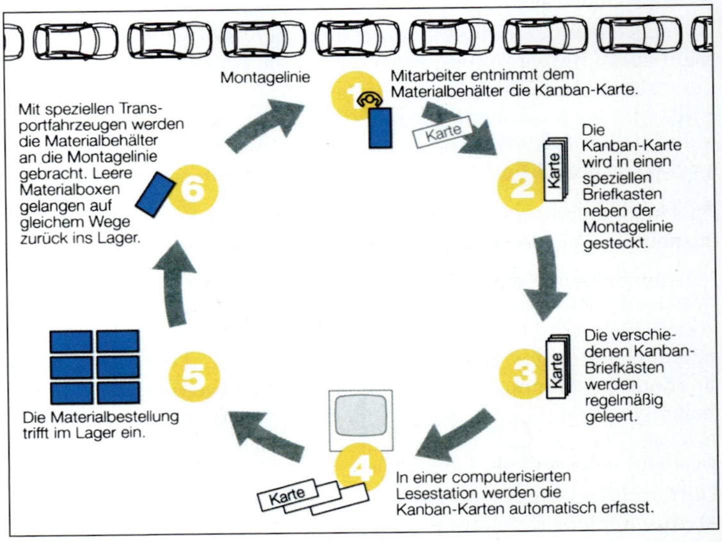

Das Kanban-Prinzip bietet mehrere **Vorteile:**

- Die Materialmenge, die im Umlauf ist, bleibt gering und ist überschaubar.
- Der Materialfluss erfolgt gleichmäßig und zuverlässig.
- Das Material kann in kleine, überschaubare Behälter verpackt werden, die sich neben den Arbeitsstationen aufstellen lassen. Dadurch verringern sich auch die Wegezeiten der Mitarbeiter.
- Mitarbeiter und Betriebsmittel können zum Ausgleich von Bedarfsschwankungen flexibel eingesetzt werden.

Eine Weiterführung dieser Methode für große Werkstücke ist der *Abruf über Lichtsignale.* Mittels Knopfdruck leuchten an Anzeigetafeln in der Werkhalle bestimmte Kontrolllampen auf und signalisieren eine entsprechende Materialanforderung.

► Lean Production

Für Lean Production in der **Fertigung** werden Teamarbeit und die Vergabe von Mitverantwortung für das Produkt und seine Qualität in den Vordergrund gestellt. Ausgangspunkt ist die Annahme, dass der Mensch den Sinn seiner Arbeit erkennt und für die Arbeitsaufgabe motiviert wird. Darüber hinaus geht es jedoch auch um den **Abbau von Hierarchien** und von Kontrolle, um die Vereinfachung von betrieblichen Abläufen, um die Beschleunigung der Produktionszeiten und um die Einsparung von Kosten.

Vor- und Nachteile von Lean Production	
Vorteile	**Nachteile**
– Die Produktivität wird gesteigert. Die höhere Motivation führt zu niedrigen Fehlzeiten und zur Zunahme von Verbesserungsvorschlägen. – Die Qualität wird verbessert. Es wird weniger Ausschuss produziert. – Die Kosten werden gesenkt. Es fallen weniger Nachbesserungen an. Lagerkapazitäten werden eingespart. Meist erfolgt auch ein Personalabbau.	– Viele Mitarbeiter fühlen sich bei der Übertragung von Verantwortung überfordert. – Aus gesamtwirtschaftlicher Sicht führt ein Personalabbau zu Arbeitslosigkeit und damit zu Folgekosten für die Gesellschaft.

Ursprünglich in der japanischen Automobilindustrie angewandt, brachte diese Strategie den Unternehmen große wirtschaftliche Erfolge. Während das Konzept teilweise nur auf die Produktion bezogen wird, gehen andere Überlegungen weiter. Danach sind alle Funktionen vom Top-Management über die Arbeitskräfte bis zu den Zulieferern zu einem geschlossenen System verschmolzen.

► Kaizen

»*Nichts ist so gut, dass es nicht noch verbessert werden kann.*« (Redewendung)

Kaizen meint im Japanischen **kontinuierliche Verbesserung.** Im Unternehmensbereich steht die ständige Verbesserung der Produkte und der betrieblichen Abläufe im Vordergrund.

Für Kaizen gelten deshalb bestimmte Schwerpunkte der betrieblichen Aktivitäten:

- Der Verbesserungsprozess erfolgt kontinuierlich und langfristig.
- Die Erfüllung der Kundenwünsche steht im Vordergrund.
- Unnötige Abläufe im Betrieb werden beseitigt.
- Es erfolgt eine ständige Fehlersuche und -beseitigung, um Folgekosten zu vermeiden.
- Alle Mitarbeiter sind zur ständigen Verbesserung aufgerufen, wenn sie einen Fehler erkennen.
- Aus- und Weiterbildung stellen Investitionen in die Zukunft dar.

▶ Fraktale Fabrik

Die fraktale Fabrik soll den Wirkungsgrad durch organisatorische Maßnahmen verbessern. Dieses Konzept beruht auf dem Gedanken der *»Selbstähnlichkeit«*. Das Unternehmen als Ganzes findet sich in jeder organisatorischen Einheit wieder.

Beispiel: Der Lagerarbeiter ist sich bewusst, dass seine Leistung zum Erfolg des Unternehmens beiträgt.

Die Qualität der Leistung und die Zufriedenheit des Kunden stehen an erster Stelle. Der *Mitarbeiter* im Unternehmen steht in einer *Vielzahl von Kunden- und Lieferantenbeziehungen,* die es zu optimieren und zu gestalten gilt.

Die Fraktale (Mitarbeiter, Bereich, Team) eines Unternehmens sind »Unternehmen im Unternehmen«. Für sämtliche Fraktale gelten die folgenden Eigenschaften:

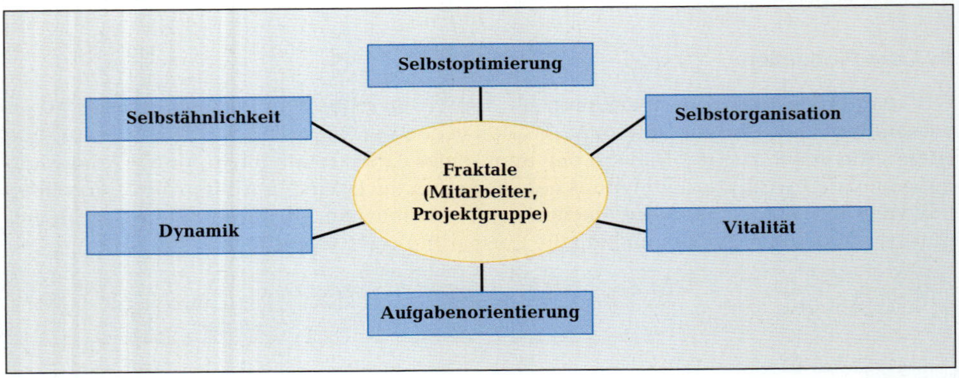

▶ Computer Integrated Manufacturing (CIM)

CIM stellt die *Anwendung des Computers in allen mit der Fertigung zusammenhängenden Bereichen* dar. Es handelt sich dabei um ein informationstechnisches Gesamtkonzept, das den Computer von der Konstruktion über die Materialbeschaffung und -verarbeitung bis hin zur Rechnungserstellung nutzt.

Das Konzept von **CIM** (**C**omputer **I**ntegrated **M**anufacturing) beruht auf einer Vielzahl feststehender Begriffe und Abkürzungen:

Abkürzung	Bezeichnung	Bedeutung
CAD	Computer Aided Design	rechnergestützte Konstruktion, Zeichnungserstellung und Dokumentation
CAE	Computer Aided Engineering	rechnergestütztes Ingenieurwesen durch Simulation am Bildschirm
CAP	Computer Aided Planning	rechnergestützte Arbeitsvorbereitung und -planung
CAM	Computer Aided Manufacturing	rechnergestützte Fertigungsdurchführung
CAQ	Computer Aided Quality Assurance	rechnergestützte Qualitätssicherung
PPS	Production Planning and Scheduling (Produktionsplanung und -steuerung)	rechnergestützte Planung, Steuerung und Überwachung der Produktionsabläufe von der Angebotsbearbeitung bis hin zum Versand
BDE	Betriebsdatenerfassung	rechnergestützte Erfassung und Ausgabe der Auftrags-, Betriebsmittel-, Personendaten
CNC	Computerized Numerical Control	rechnergesteuerte Maschinen

Das folgende Bild veranschaulicht die einzelnen „Bausteine" von CIM, in deren Mittelpunkt die **zentrale Datenbank** steht.

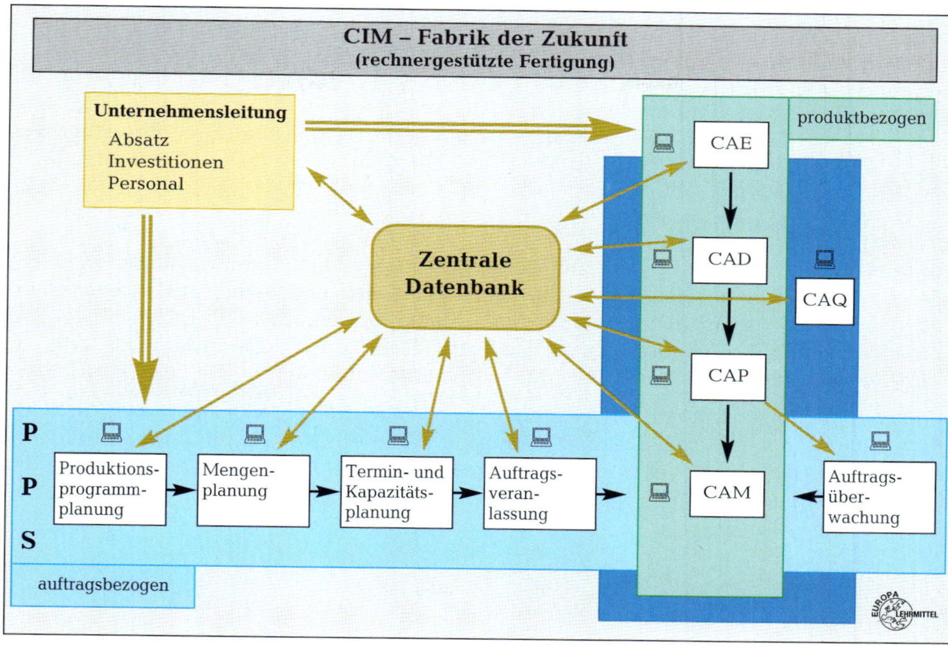

Mithilfe von CIM sollen folgende **Ziele** erreicht werden:

- Verringerung von Lagerbeständen,
- Verkürzung der Durchlaufzeiten,
- Reduzierung von Fehlern bei der Datenerfassung und -weitergabe,
- Erhöhung der Auslastung von Maschinen,
- Verbesserung der Termintreue.

► **Supply Chain Management (SCM)**

Seite 19

► **Total Quality Management**

Seite 152

6.6.3 Produktivität als Messzahl der Rationalisierung

Produktivität ist die **mengenmäßige Ergiebigkeit** der Leistungserstellung *(Arbeitsproduktivität)*. Sie wird gemessen an der Leistung (Ausbringung) je Tag, je Stunde, je Arbeiter, je Maschine.

Bezieht man die *Produktionsleistung* auf das *eingesetzte Kapital*, spricht man von *Kapitalproduktivität.*

$$\textbf{Produktivität} = \frac{\textbf{Produktionsleistung (Ausbringung in Stück, m, kg)}}{\textbf{Einsatz von Materialmenge, Arbeitszeit, Produktionsmitteln}}$$

Beispiele: Eine Automobilfabrik beschäftigt 10.000 Arbeiter. Es werden jährlich an 250 Arbeitstagen 300.000 Pkw produziert. Der Umsatz beträgt 3 Mrd. EUR, das eingesetzte Kapital 1 Mrd. EUR. Folgende Produktivitätszahlen sind unter anderem möglich:

1. Jahresproduktion je Arbeiter $= \frac{300.000 \text{ Pkw}}{10.000 \text{ Arbeiter}} = 30$ Pkw/Arbeiter

2. Tagesproduktion $= \frac{300.000 \text{ Pkw}}{250 \text{ Arbeitstage}} = 1.200$ Pkw/Arbeitstag

3. Jahresproduktion je eingesetztem EUR $= \frac{300.000 \text{ Pkw}}{1.000.000.000} = 0{,}0003$ Pkw/EUR

Seite 500

Die Produktivität ist von der *Wirtschaftlichkeit* und *Rentabilität* zu unterscheiden. Ausschlaggebend allein ist die **mengenmäßige Leistung.** Ein Betrieb kann außerordentlich produktiv sein, ohne wirtschaftlich und ohne rentabel zu arbeiten; dies ist auch umgekehrt möglich.

Von besonderer Bedeutung ist der Begriff Produktivität in der politischen Diskussion.

Für die *Gewerkschaften* ist es ein Ziel, den Anstieg der Arbeitsproduktivität innerhalb der gesamten Wirtschaft dazu zu nutzen, entsprechende Lohn- und Gehaltserhöhungen zu erzielen. Mit einem *Anstieg der Produktivität* können die *Reallöhne* und in der Folge der *Wohlstand in der Gesellschaft zunehmen*. Begründet wird diese Position damit, dass die Arbeitnehmer auch die gesteigerte Leistung erwirtschaftet haben.

Die *Arbeitgeberseite* argumentiert dagegen, dass insbesondere in Zeiten hoher Arbeitslosigkeit Produktivitätsfortschritte nicht oder nur reduziert an die Arbeitnehmer weitergegeben werden sollen. Es gilt vielmehr, das *eingesparte Kapital für Investitionen* und in der Folge für die *Schaffung neuer Arbeitsplätze einzusetzen.*

6.6.4 Probleme der Rationalisierung – Veränderung, Abbau und Entstehung von Arbeitsplätzen

Für viele Menschen bringen Rationalisierungsmaßnahmen eine Veränderung des Arbeitsplatzes und damit eine Berufswandlung mit sich. Der Schwerpunkt menschlicher Tätigkeit im Industriebetrieb wird von der Fertigung auf die Fertigungsplanung und Arbeitsvorbereitung, den Vertrieb und den Kundendienst verlagert. Es entstehen mehr Arbeitsplätze, die Denkvermögen, Ideenreichtum und Phantasie als typische menschliche Eigenschaften verlangen. Dafür fallen Arbeitsplätze mit eintönigen Teilarbeiten und einseitiger Beanspruchung weg.

Ein großer Teil der betroffenen Arbeitskräfte muss durch Umschulung für andere Arbeitsplätze vorbereitet werden. Dies stellt erhöhte Anforderungen an die Qualifikation der Erwerbstätigen. Dabei wird die Chance, einen Arbeitsplatz zu finden, für Unqualifizierte immer geringer.

Der mit der *Rationalisierung einhergehende Zwang zur Kostensenkung* führt in manchen Wirtschaftsbereichen entweder zur Ausschaltung nicht mehr konkurrenzfähiger Kleinbetriebe oder zur Zusammenlegung der Fertigung mehrerer Konkurrenzbetriebe in Großbetrieben. Dadurch wird in diesen Bereichen die wirtschaftliche Konzentration gefördert und die gesamtwirtschaftliche Struktur geändert.

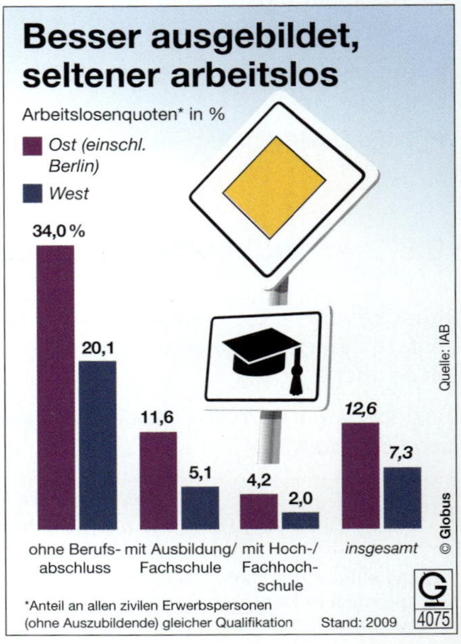

Kommunikation und Information treten als Produktionsfaktoren neben die klassischen Produktionsfaktoren Arbeit, Boden, Kapital. Die dafür notwendigen technischen Voraussetzungen verändern in schnellem Maße die Produktionsabläufe, erfordern neue Berufe und neue Wirtschaftsbereiche. Damit wird die Struktur der Wirtschaft in sehr kurzer Zeit großen Veränderungen unterworfen.

Eine Vielzahl von Arbeitsplätzen geht dadurch verloren, dass Industriebetriebe aus Kosten- und Wettbewerbsgründen zunehmend Zulieferteile aus sogenannten Billiglohnländern beziehen. Oftmals werden ganze Betriebsteile in solche Länder ausgelagert **(Outsourcing).**

Die durch Rationalisierung freigesetzten Arbeitskräfte müssen dann mit schlechteren Arbeitsbedingungen in anderen Fertigungsbereichen untergebracht werden. Andernfalls üben sie an ihrem ehemaligen Arbeitsplatz nur noch Resttätigkeiten aus, die nicht so hoch entlohnt werden. Der Zwang zur Anpassung des Mitarbeiters an die Maschinenlaufzeiten verlangt eine größere **Flexibilität** bei der Gestaltung von Arbeitsverträgen (z. B. flexible Arbeitszeiten).

Der Dienstleistungsbereich (Tertiärsektor) wird in den nächsten Jahren stark zunehmen, weil sowohl Industriebetriebe Dienstleistungsfunktionen auslagern als auch private Haushalte vermehrt fremde Dienste in Anspruch nehmen werden. So entstehen z. B. neue Arbeitsplätze im DV-Bereich, in Restaurants und in Fremdenverkehrsbetrieben.

1. Inwieweit können gesetzliche Vorschriften im Bereich des Umweltschutzes als technologische Herausforderung und als Möglichkeit zur Verbesserung der zukünftigen Wettbewerbschancen der deutschen Industrie gesehen werden?
2. Stellen Sie die Mengenteilung und die Artteilung als die Grundformen der Arbeitsteilung an zwei selbstgewählten Beispielen dar.
3. a) Welche genormten Teile befinden sich an einem Fahrrad?
   b) Welche Vorteile ergeben sich aus der Normung?
   c) Nennen Sie weitere genormte Gegenstände aus Haushalt und Betrieb.
4. Welche Normen unterscheidet man nach dem Geltungsbereich?
5. Welche Vorteile hat die Einführung von DIN-Maßen und DIN-Regeln im Schriftverkehr gebracht?
6. Geben Sie Beispiele aus dem Gebiet der industriellen Spezialisierung und Typung an.
7. Warum beschränken sich manche Betriebe nicht auf wenige Erzeugnistypen, obwohl dies eine rationellere Fertigung erbrächte?
8. Welche Vor- und Nachteile ergeben sich aus der Arbeitsteilung
   a) für den Arbeitnehmer, b) für das Unternehmen?
9. Trotz wirtschaftlicher Krise nannten im Jahre 2009 die Unternehmen für 26 % der Investitionen den Ersatz alter Anlagen als Ziel. Begründen Sie, weshalb es für Unternehmen in Zeiten angespannter Auftrags- und Liquiditätslage wichtig sein kann, alte Anlagen zu ersetzen.
10. Stellen Sie das Just-In-Time-Konzept dar. Berücksichtigen Sie dabei auch neuere Entwicklungen im Automobilbereich.

11. a) Klären Sie den Begriff Innovation.
    b) Grenzen Sie anschließend Innovation und Kaizen gegeneinander ab, indem Sie die folgenden Begriffspaare zuordnen:

Wirkung:	dramatisch, kurzfristig	–	langfristig, andauernd
Vorgehensweise:	Kollektivgeist	–	individuelle Ideen, Anstrengungen
Ziel:	Abbruch, Neuaufbau	–	Erhaltung, Verbesserung
Ausrichtung:	Technik, Produkt	–	Mensch
Erfolgsrezept:	technologische Errungenschaft	–	jeweiliger Stand der Technik

12. Welches Rationalisierungskonzept könnte dieser Karikatur zugrunde liegen? Nehmen Sie kritisch Stellung.

13. »Rationalisierungsmaßnahmen erhöhen die Arbeitslosigkeit.« Nehmen Sie zu dieser Behauptung Stellung.
14. Nennen Sie Beispiele für Arbeitsplätze, die durch Rationalisierung überflüssig werden können.
15. In welchen Bereichen werden neue Arbeitsplätze geschaffen
    a) innerhalb des Unternehmens,
    b) außerhalb des Unternehmens?
16. Warum wird es für unqualifizierte Arbeitskräfte immer schwieriger, einen Arbeitsplatz zu finden?
17. a) Begründen Sie die Forderung nach »lifelong learning«.
    b) Nehmen Sie Stellung zu der Aussage des früheren Bundespräsidenten Roman Herzog: »Lebenslanges Lernen ist nötiger denn je – aber bitte im Beruf, nicht als Beruf.«
18. Durch welche Maßnahmen kann dem Konkurrenzdruck aus dem Ausland begegnet werden?
19. Aus welchen Gründen gibt es im Dienstleistungsbereich einen starken Zuwachs an Arbeitsplätzen?

7 Organisation der Unternehmung

Bevor man eine Entscheidung über den Einsatz von menschlicher Arbeitskraft, Betriebsmitteln und Werkstoffen treffen kann, müssen die Zielvorgaben aufgestellt und der Weg zur Verwirklichung der Ziele geplant werden.

7.1 Unternehmensziele

Die Festlegung der Unternehmensziele ist Gegenstand eines **Zielentscheidungsprozesses.** An diesem sind neben der Unternehmensleitung, den Kapitalgebern und den Arbeitnehmern auch Gruppen außerhalb des Unternehmens beteiligt. Zu diesen Gruppen gehören z. B. Lieferanten und Kunden, gesellschaftliche Gruppen und die öffentliche Hand. Die Zielentscheidungen fallen aber letztlich in der *Unternehmensleitung*.

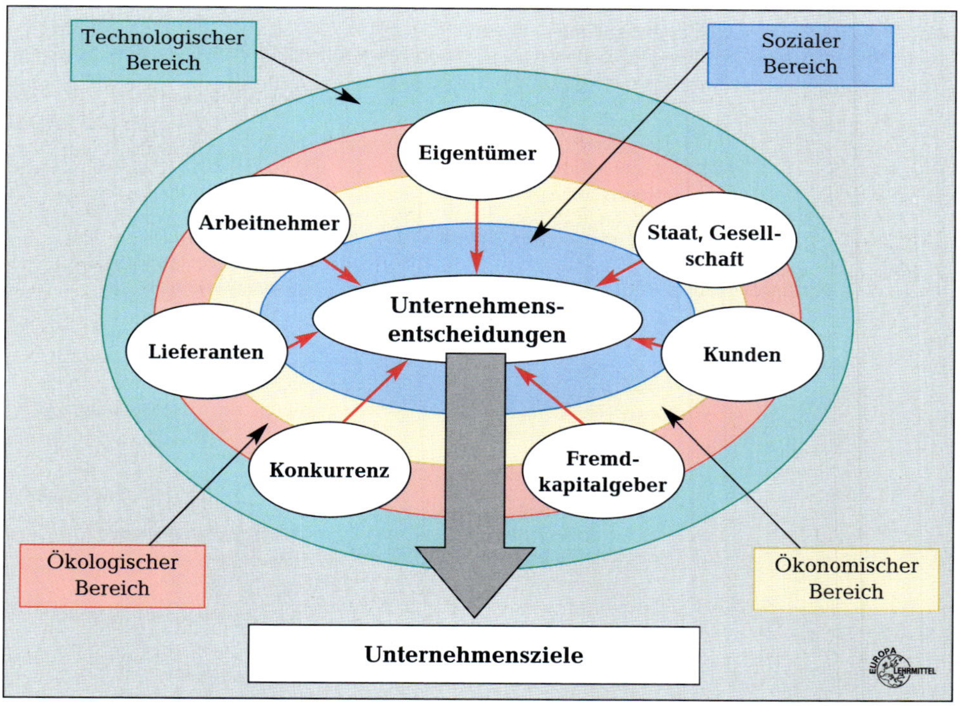

7.1.1 Unternehmenskultur und Unternehmensidentität

Viele Unternehmen formulieren als Grundlage für die Zielfindung ihre Unternehmenskultur.

Die **Unternehmenskultur** ist ein **Gefüge von Normen, Werten, Verhaltens- und Arbeitsweisen** eines Unternehmens.

Daraus erwächst die **Unternehmensidentität (Corporate Identity).** Sie zeigt sich unmittelbar in der Form der Selbstdarstellung gegenüber der Öffentlichkeit, so z. B. bei der Beratung der Kunden, bei den Verhandlungen mit Lieferanten oder der öffentlichen Hand.

7.1.2 Zielsystem des Unternehmens

»Das Ziel muss man früher kennen als die Bahn« (Jean Paul).

Zwischen **Unternehmenskultur** und **Unternehmenszielen** besteht ein unmittelbarer Zusammenhang. Aus der Unternehmenskultur werden verbindliche Ziele formuliert, die eine bestimmte *Verhaltensweise* des Unternehmens festlegen. Aus der großen Zahl von *Zielalternativen* bündelt die Unternehmensleitung ihr **Zielsystem.** Die folgende Übersicht fasst die Vielzahl der Unternehmensziele zusammen. Alle Ziele sind dem Oberziel der Gewinnerzielung/Gewinnmaximierung untergeordnet.

Entscheidungsalternativen für das Zielsystem des Unternehmens		
Unternehmensziele	**Zielpunkte**	**Zielbeispiele**
Wirtschaftliche Ziele – *Leistungsziele*	– Marktanteil – Produktions- und Absatzprogramm – Faktor- und Produktqualitäten – Absatzwege	Erhaltung oder Ausdehnung des Marktanteils Verwirklichung neuer technischer Ideen Verarbeitung hochwertiger Stoffe Ausweitung des Vertriebsnetzes
– *Erfolgsziele*	– Umsatzvolumen – Kostenstruktur – Wirtschaftlichkeit – Rentabilität	Verkauf in großen Stückzahlen Senkung der Fixkosten Rationalisierung der Fertigung Erzielung eines hohen Gewinns
– *Finanzziele*	– Zahlungsfähigkeit – Liquiditätsreserve – finanzielle Struktur – Gewinnreservierung	Ausnutzung gewährter Skontoabzüge Kassen- und Kreditreservenhaltung Sicherung der Eigenkapitalbasis Bildung von Rücklagen
Soziale Ziele	– gerechte Entlohnung – menschenwürdige Arbeitsbedingungen – Arbeitsplatzsicherung – Mitspracherecht – Gewinnbeteiligung der Mitarbeiter – Aufstiegschancen	Einführung der Arbeitsplatzbewertung Anwendung humaner Arbeitsformen Bereitstellung und Erhaltung von Arbeitsplätzen Delegation von Arbeitsaufgaben Ausschüttung von Gewinnanteilen, Gratifikationen Innerbetriebliche Fortbildung
Ökologische Ziele	– Einhaltung der Umweltschutzgesetze – Entwicklung und Verwendung umweltfreundlicher Produkte, Produktions- und Verpackungsverfahren – Sammelaktionen für Problemabfälle – Schonung der natürlichen Ressourcen – Verwendung energiesparender Einrichtungen	Einsatz von Abgasentschwefelungsanlagen Einbau von Katalysatoren, Staub- und Spanabsaugung, Verwendung verrottbarer Materialien für Produkte und Verpackungen, Konstruktion problemlos recycelbarer Produkte Entsorgung von Altöl und Säuren Verwendung von Stoffen aus Recyclingverfahren Einbau von Sparreglern, Zeitschaltern, Drosselventilen in die Produkte

Beispiel: Die Gebrüder Bauer OHG ist ein mittelständischer Familienbetrieb, der Mountainbikes fertigt. Die OHG definiert ihre Unternehmenskultur im folgenden Zielsystem mit den entsprechenden Maßnahmen:

1. **Wirtschaftliche Ziele:**
   - Leistungsziele: Ausdehnung des Marktanteils von 10 % auf 12,5 % des Marktvolumens.
     Verarbeitung hochwertigen Stahls, Vorbeugung gegen Unfälle wegen Materialfehlern.
   - Erfolgsziele: Erzielung eines möglichst hohen Gewinns. Gleichmäßige Auslastung der Kapazität zur Fixkostendegression.
   - Finanzziele: Sicherung der Eigenkapitalbasis, Bildung von Rücklagen, Unabhängigkeit von Fremdkapital ist anzustreben. Kreditaufnahmen sollen 200.000 EUR nicht übersteigen.
2. **Soziale Ziele:** Erhaltung von Arbeitsplätzen, Absicherung der Mitarbeiter durch eine Betriebsrente, Förderung und Weiterbildung der Arbeitnehmer, leistungsgerechte Entlohnung, Beschäftigung von Familienangehörigen.
3. **Ökologische Ziele:** Energieeinsparung, Verwendung von Stoffen aus Recyclingverfahren, Sammlung und umweltfreundliche Beseitigung von Problemabfällen (Lackreste, Altöle).

Unternehmensziele können unabhängig voneinander verwirklicht werden (*indifferente* Ziele).

Beispiel: Ein erwerbswirtschaftliches Unternehmen kann trotz Absatzrückgangs Arbeitsplätze erhalten, solange es Gewinn erzielt.

Ziele können sich gegenseitig ergänzen (*komplementäre* Ziele).

Beispiel: Durch Umsatzsteigerung kann der Mitarbeiterkreis erweitert werden.

Manche Ziele konkurrieren miteinander oder schließen sich sogar gegenseitig aus (*konkurrierende* Ziele).

Beispiel: Die Erhaltung von Arbeitsplätzen kann für das Unternehmen existenzbedrohend werden, wenn nachhaltig Verluste eintreten.

Dies kann zu einem **Zielkonflikt** führen, der durch Kompromisse beseitigt werden muss.

Beispiel: Ein existenzbedrohtes Unternehmen kann nur durch Einführung von Kurzarbeit und Personalverminderung erhalten werden, indem ausscheidende Arbeitskräfte nicht ersetzt werden.

7.1.3 Phasen des Zielerreichungsprozesses

Es ist die Aufgabe aller Arbeitskräfte im Unternehmen, die Zielvorgabe der Leitung zu verwirklichen. Sie löst weitere Entscheidungsprozesse aus, die nach den folgenden Phasen verlaufen:

- **Zielsetzung:** Festlegung des zukünftigen Zustandes des Unternehmens.
- **Planung:** vorausschauende Gestaltung der Leistungserstellung.
- **Organisation:** Festlegung des Betriebsaufbaus und Regelung der Arbeitsabläufe.
- **Durchführung:** Verwirklichung (Realisation) der Zielsetzung.
- **Kontrolle:** Überwachung der Durchführung und Prüfung des Ergebnisses. Bei Abweichungen des Ist- vom Sollzustand wird eine Korrektur veranlasst.

Die Entscheidungsprozesse der Führung können in einem Regelkreissystem übersichtlich dargestellt werden. Die Zusammenhänge bei den Prozessen der

- Willensbildung,
- Willensdurchsetzung und
- Willenssicherung

werden sichtbar. Außerdem werden die Aufgabenfülle und Bedeutung für den Prozessablauf deutlich. Die Steuerung innerhalb des Regelsystems wird ständig überprüft und damit die Stabilität des Systems gewährleistet.

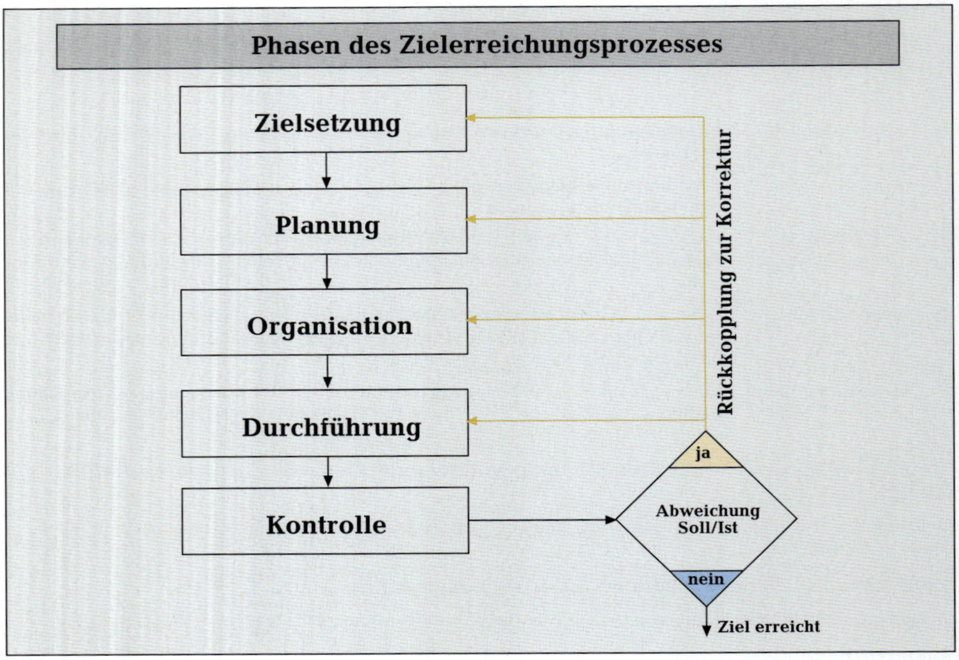

In Anlehnung an die Regeltechnik, z. B. bei der Temperatursteuerung durch Thermostate, soll auch im Führungsregelkreissystem der Gesamtablauf der Tätigkeiten selbstgesteuert (automatisch) erfolgen.

Beispiel für Maßnahmen im Zusammenhang mit Führungsentscheidungen auf dem Sektor Absatz:

Phasen	Absichten/Maßnahmen	
Zielsetzung	Den Marktanteil von 25 % auf 30 % erhöhen	Rückkopplung
Planung	Absatzplan (Absatzmenge, Absatzgebiet) erstellen	
Organisation	Beschaffung von Rohstoffen festlegen Fertigungsmenge festlegen Werbemaßnahmen auswählen Absatzorganisation auswählen	
Durchführung	Anordnungen an die betreffenden Stellen geben	
Kontrolle	Vollzug prüfen, Abweichungen festlegen, Abweichungen von der Zielsetzung analysieren, Korrekturen an Zielsetzung, Planung und Entscheidungen veranlassen	

Die Verwirklichung der Unternehmensziele erfordert eine Fülle von **Informationen** aus allen betrieblichen und außerbetrieblichen Quellen. Sie sind zu beschaffen, zu verarbeiten und weiterzugeben. Informationssysteme erleichtern die Führungsaufgabe. Man nennt sie **Managementinformationssysteme** (MIS). Der Aufbau dieser Systeme verlangt eine enge organisatorische Verknüpfung der Datenverarbeitung in den betrieblichen Teilbereichen. Man spricht von *integrierter* Datenverarbeitung.

Bei der Schaffung von solchen Informationssystemen stehen Organisationsfachleute mit den DV-Abteilungen in ständigem Gedankenaustausch. Deshalb sind die DV-Abteilungen auch meistens in die Organisationsabteilung eingegliedert.

Beispiel: Ein Verkaufsleiter bereitet sich auf einen Kundenbesuch vor.

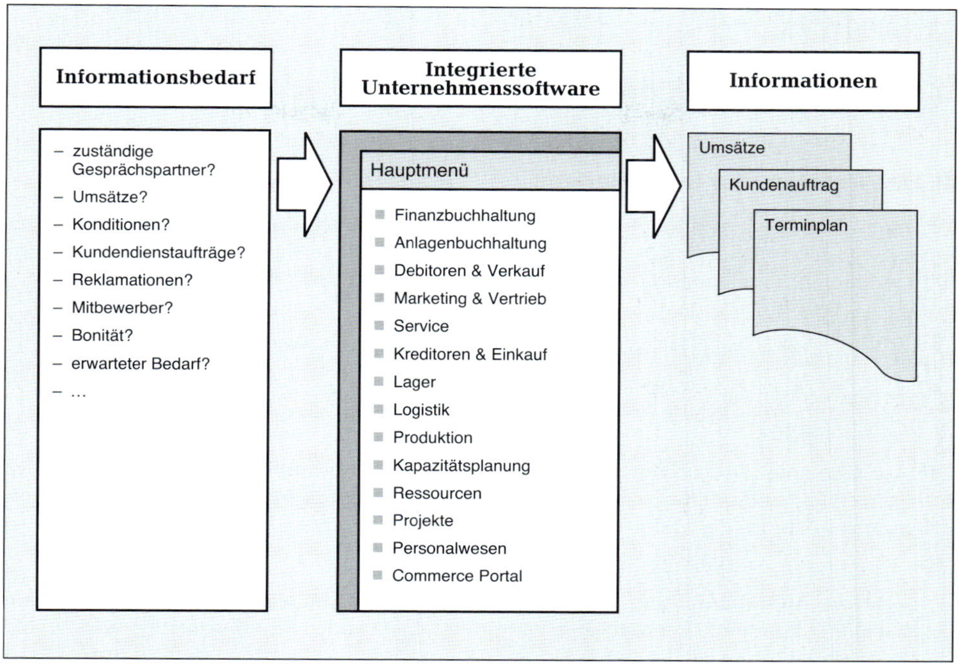

1. a) Nennen Sie unterschiedliche Interessengruppen, die am Zielerreichungsprozess beteiligt sind.
   b) Stellen Sie deren unterschiedliche Interessenlagen dar.
   c) Zeigen Sie beispielhaft Interessenkonflikte.
2. Weshalb ist der Staat (die Gemeinde) an der Erhaltung und Erweiterung von Unternehmen interessiert?
3. Erstellen Sie in Gruppenarbeit jeweils ein Zielsystem für folgende Unternehmen:
   a) Der Küchenmeister Grün beabsichtigt, sich selbstständig zu machen. Seine Überlegungen zielen darauf ab, ein Speiserestaurant in Citylage zu gründen. Kulinarische Spezialitäten: Vegetarische Gerichte.
   b) Der IT-Fachmann Charly Braun gründet einen Computershop als Einzelunternehmer. Der Standort ist in der Nähe eines großen beruflichen Schulzentrums.
   c) Nach Ablegung der Meisterprüfung beabsichtigen zwei Möbelschreiner eine Möbelfertigung aufzunehmen, bei der Wohnmöbel aus natürlichen Rohstoffen (einheimisches Holz, organisches Polstermaterial) hergestellt werden sollen.
4. In einer Jugendgruppe werden Sie beauftragt, ein Ferienlager zu leiten. Beschreiben Sie anhand dieses Falles die Führungsaufgaben Zielsetzung, Planung und Organisation.
5. Welche Abteilungen in einem Industriebetrieb müssen Informationen über einen eingehenden Auftrag erhalten?
6. Welche Abteilungen im Betrieb können Informationen geben über die
   a) Verkaufsumsätze,
   b) Maschinenbelegung,
   c) Rohstoffpreise?
7. Welche Auswirkungen hat die Anwendung des Regelkreissystems auf den Führungsstil eines Unternehmens?

7.2 Begriff und Grundsätze der Organisation

7.2.1 Organisationsbegriff

Das Problem der Organisation

Wenn eine Aufgabe mit dem dazugehörigen betriebswirtschaftlichen Ziel in die Tat umgesetzt werden soll, handelt es sich oftmals um eine komplexe Aufgabenstellung. Die Möglichkeiten einer einzelnen Person sind aber begrenzt, und zwar was

- das Wissen,
- die Kapazität der Informationsverarbeitung,
- die finanziellen Mittel und
- die Zeit betrifft.

Die Aufgabe muss also zerlegt und aufgeteilt werden, um sie den Anforderungen gerecht durchführen zu können. Die Teilung oder auch Differenzierung der Aufgabe und die zielorientierte Abstimmung bilden den Ausgangspunkt des Organisationsproblems.

Drei Formen der Aufgabenteilung werden unterschieden:

- **sachliche Aufgabenteilung.** Die Komplexität der Aufgabe wird durch die Aufspaltung in weniger komplexe Teilaufgaben vermindert. Damit wird dem begrenzten Wissen und der begrenzten Kapazität der Informationsverarbeitung des einzelnen Menschen entgegengewirkt.
- **zeitliche Aufgabenteilung.** Dadurch soll das Problem der knappen Zeit behoben werden.
- **personelle Aufgabenteilung.** Die Aufgabe wird auf mehrere Personen aufgeteilt. Dabei wird die Knappheit der Faktoren Zeit, finanzielle Mittel, Wissen und Kapazität der Informationsverarbeitung einzelner Personen vermindert.

Was auf der einen Seite zuerst zergliedert wurde, muss später über Koordination wieder zusammengeführt werden. Das bedeutet, je stärker differenziert wird, desto aufwendiger ist die Koordination. In diesem Spannungsfeld – zwischen Aufgabenteilung und Koordination – steht die Organisation.

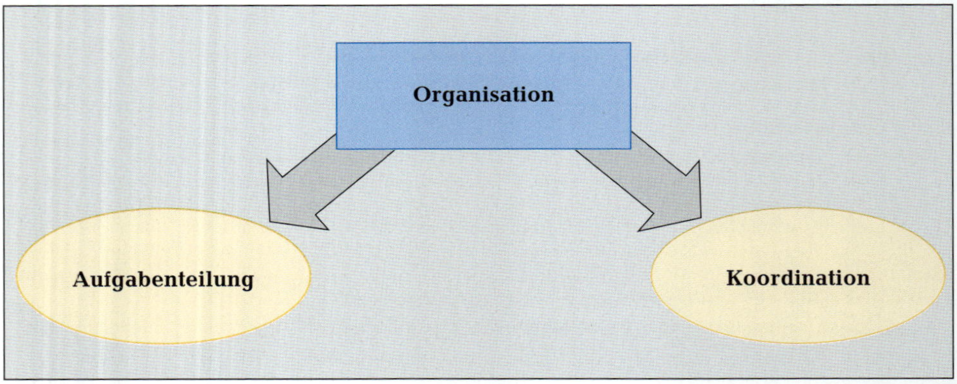

> Die **Aufgabe der Organisation** besteht in einem ersten Schritt darin, eine komplexe Problemstellung in sinnvolle **Teilaufgaben zu gliedern** und diese einzeln zu lösen. Im zweiten Schritt werden die **Teilergebnisse koordiniert.**

Somit kann auch eine komplexe Problemstellung reibungslos gelöst werden.

Der Begriff der Organisation

In der Umgangssprache, aber auch in der Wissenschaft, wird der Begriff der »Organisation« in unterschiedlicher Weise verwendet. Unabhängig davon, welche Inhalte dem Begriff zugeordnet werden, können drei Kategorien gebildet werden.

Organisation

Funktionaler Organisationsbegriff	**Instrumentaler Organisationsbegriff**	**Institutionaler Organisationsbegriff**
Das Unternehmen *schafft sich* eine Organisation.	Das Unternehmen *hat* eine Organisation.	Das Unternehmen *ist* eine Organisation.
Tätigkeiten des Organisierens: – Planung, – Einführung und – Durchsetzung organisatorischer Regelungen.	System von dauerhaften Regelungen und Maßnahmen, um ein gemeinsames Ziel zu erreichen.	Zielgerichtetes, offenes, soziales System mit – genauer Mitgliederzahl, – spezifischem Zweck, – arbeitsteiligen Aktivitäten, – relativ dauerhaftem Bestand.

Bei den Organisationsbegriffen ist zwar eine klare Trennung möglich, aber sie ist nicht eindeutig, weil die Inhalte der Begriffe vernetzt und zum Teil aufbauend sind.

Um das Organisationsproblem zu lösen, unterscheidet man innerhalb der Organisation des Unternehmens zwischen Aufbau- und Ablauforganisation, deren Bedeutung das nachfolgende Bild zeigt.

Seiten 172, 181

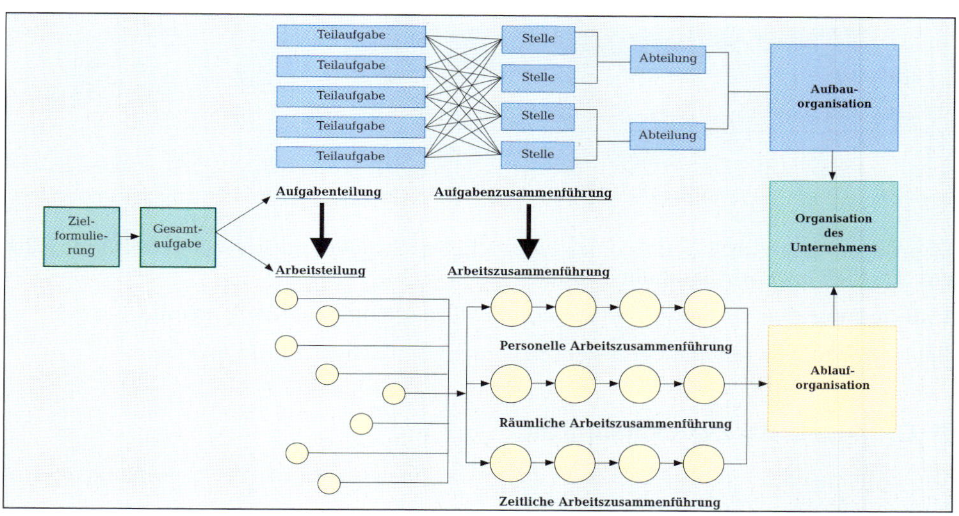

7.2.2 Organisationsgrundsätze

Grundsatz des organisatorischen Gleichgewichts

a) **Organisationsplanung** ist die Festlegung **allgemeiner, dauerhafter Regelungen** *für viele gleichartige Vorgänge.*

Beispiel: Es besteht die Anweisung, dass Anfragen von Kunden in der Reihenfolge ihres Eingangs bearbeitet werden.

Die Organisationsplanung legt auch den Entscheidungsspielraum für die Disposition fest.

b) **Disposition** ist eine **planmäßige Regelung** im Rahmen des Entscheidungsspielraumes eines Mitarbeiters *für Einzelvorgänge.*

Beispiel: Ausnahmsweise wird eine Anfrage, die an einem Tag erst an zehnter Stelle eingegangen ist, zuerst bearbeitet. Dies liegt in Einzelfällen im Ermessen des Sachbearbeiters.

c) **Improvisation** ist eine **außerplanmäßige Regelung** *für Einzelvorgänge.*

Ursachen für Improvisationen können sein:

- Unvorhersehbare Ereignisse, z. B. Streiks verursachen Transportprobleme,
- dauerhafte Lösungen sind wegen ständig veränderter Bedingungen unmöglich,
- man wählt ein Provisorium, weil man eine endgültige Regelung zurzeit nicht verwirklichen kann, z. B. wegen finanzieller Engpässe.

Organisationsplanung sorgt für *Stabilität* im Betriebsgeschehen.

Disposition und **Improvisation** erhöhen die *Elastizität,* der Betrieb reagiert flexibel.

Ein **ausgewogenes Verhältnis** zwischen **Stabilität und Elastizität** im Betriebsablauf nennt man **organisatorisches Gleichgewicht.**

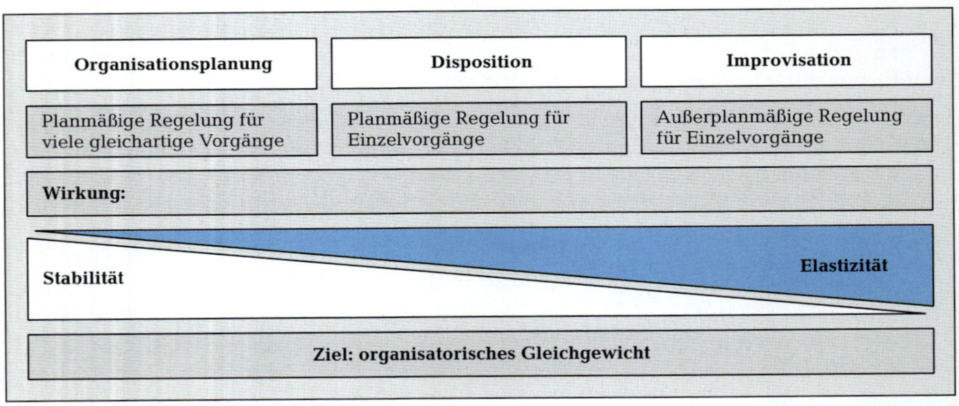

Überorganisation als Ergebnis eines übertriebenen Strebens nach Vereinheitlichung führt zur *Starrheit* bei der Aufgabenerfüllung.

Unterorganisation dagegen lässt *unbegrenzte Handlungsspielräume* offen.

Beides verstößt gegen den Grundsatz des organisatorischen Gleichgewichts.

Grundsatz der Zweckmäßigkeit

Organisatorische Regelungen sind nur dann zweckmäßig, wenn sie der Zielsetzung des Unternehmens gerecht werden.

Organisatorische Regelungen werden in Form von Beschreibungen, Anweisungen, Richtlinien und grafischen Darstellungen getroffen.

Grundsatz der Koordination

Alle organisatorischen Maßnahmen müssen aufeinander abgestimmt (koordiniert) sein. Dies bezieht sich auf die

- **zeitliche Koordination:** Arbeiten müssen in einer ganz bestimmten Zeit (Zeitpunkt, Zeitraum, Zeitfolge) ausgeführt werden. Besonders wichtig ist die zeitliche Abstimmung im Fertigungsbereich, weil hier viele voneinander abhängige Leistungen in ungestörtem Fluss miteinander vereinigt werden müssen.
- **räumliche Koordination:** Räume und Arbeitsplätze müssen so angeordnet werden, dass ein reibungsloser Durchfluss von Material, Werkstücken sowie Schriftgut gewährleistet ist,
- **personelle Koordination:** Fähigkeiten, Temperamente und Charaktere der Beschäftigten müssen bei der Stellenbesetzung berücksichtigt werden. Diese Eigenschaften der Mitarbeiter spielen auch eine Rolle bei der Entscheidung über den Instanzenaufbau (Über-, Gleich- und Unterordnung der Mitarbeiter).

Grundsatz der Wirtschaftlichkeit

Die Organisation muss wirtschaftlich sein, d.h., die zu bewältigenden Aufgaben müssen durch eine möglichst optimale Ausnutzung von

a) **Kraft** | b) **Material** | c) **Zeit** | d) **Weg**

mit möglichst hoher

e) **Genauigkeit**

ihrer **Lösung** zugeführt

werden.

Die fünf Komponenten a) bis e) müssen in günstiger Weise zusammenwirken, um das Optimum der Organisation zu bilden. Sie stehen in engem Zusammenhang. Der Organisator kann nicht eine Komponente beeinflussen, ohne dass andere in Mitleidenschaft gezogen werden.

Beispiele:

1. Eine Buchhalterin ist freiwillig ausgeschieden. Die Geschäftsleitung will diese Arbeitskraft einsparen und verteilt das Aufgabengebiet der Ausgeschiedenen auf die verbliebenen Buchhalterinnen, die dadurch überlastet werden und nicht mehr genau arbeiten.
2. Der Transportleiter eines Industriebetriebes, der mit eigenen Wagen die Abnehmer beliefert, lässt, um Zeit zu sparen, Fahrzeuge nach einem ausgeklügelten Fahrplan pausenlos fahren. Folge: höherer Wagenverschleiß und Übermüdung der Fahrer.

1. Worin unterscheiden sich Organisationsplanung, Disposition und Improvisation?
2. Warum werden auch bei zweckmäßigster Organisation eines Betriebes Improvisationen notwendig sein?
3. Gegen welche Grundsätze der Organisation wird in folgenden Fällen verstoßen?
   a) Ein leitender Angestellter verlangt von seinen Mitarbeitern monatlich statistische Erhebungen, die völlig unzureichend ausgewertet werden.
   b) In der Fertigungsabteilung eines Industriebetriebes kommt es wegen mangelnder Materialbereitstellung zu Betriebsunterbrechungen.
   c) Ein Abteilungsleiter entwirft ständig neue Vordrucke, mit deren Einsatz er glaubt, die Arbeit seiner Abteilung rationalisieren zu können.
4. Warum sind die Teilbarkeit und ständige Wiederholung einer Aufgabe Voraussetzungen der Organisation?
5. Bestimmen und begründen Sie, welcher Organisationsbegriff zutrifft:
   a) Kindergarten,
   b) Demonstration gegen die Verwendung von Tropenhölzern,
   c) Deutsche Bahn AG,
   d) Daimler AG.

7.3 Aufbauorganisation

In einem funktionierenden Unternehmen müssen die richtigen Stellen und Abteilungen vorhanden sein.

Die Festlegung von **Stellen** und **Abteilungen** und die **Gliederung von Aufgaben** in Aufgabenbereiche nennt man **Aufbauorganisation.**

7.3.1 Aufgabengliederung (Aufgabenanalyse)

Die Gesamtaufgabe eines Betriebes lässt sich in Teilaufgaben zerlegen. Eine **Aufgabenanalyse** macht die Teilaufgaben sichtbar und ermöglicht eine Gliederung der Gesamtaufgabe. Eine **Aufgabengliederung** ist möglich nach

a) *Objekten*, z. B. müssen Arbeiten an stofflichen Objekten (Produktgruppen) als auch an nicht stofflichen Objekten (Informationsverarbeitung im Büro) ausgeführt werden;

b) *Verrichtungen*, z. B. transportieren, lagern, montieren, verpacken, Daten erfassen;

c) *Phasen*, z. B. planen, verwirklichen, kontrollieren;

d) *Rangstufen*, z. B. anordnen, ausführen.

Beispiel einer Aufgabengliederung im Bereich Materialbeschaffung:

Gliederungsmerkmale	Gliederungsbeispiele
Objekte	Rohstoffe, Hilfsstoffe, Betriebsstoffe
Verrichtungen	Bedarfsermittlung, Bestellung, Lieferungsüberwachung
Phasen	Einkaufsplanung, Einkaufsdurchführung, Einkaufskontrolle
Rangstufen	Einkaufsleiterin, Einkäufer, Lagerverwalter, Lagerarbeiterin

Aus den Ergebnissen der Analyse entstehen Aufgabengliederungspläne.

Beispiele: Teilplan Verrichtungen: Materialbeschaffung

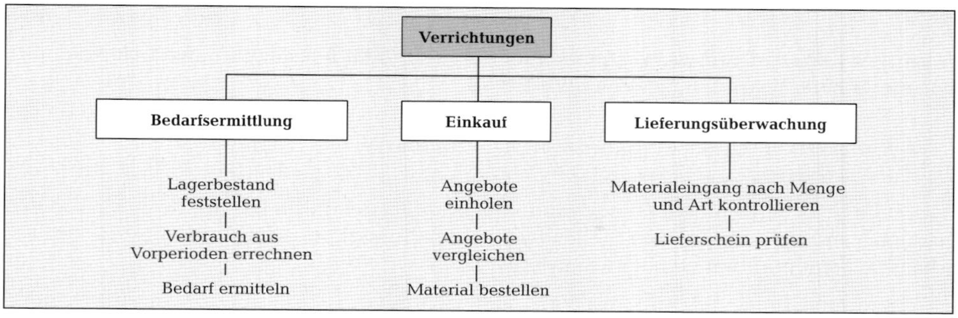

Die in solchen Aufgabengliederungsplänen dargestellten Teilaufgaben werden dann in einem **Funktionendiagramm** nach den Merkmalen *Rangstufe* und *Phase* weiter untergliedert. Dabei werden die Teilaufgaben gleichzeitig auf die Aufgabenträger verteilt. Das Funktionendiagramm enthält somit auch Aspekte der **Aufgabensynthese,** d. h. der **Stellenbildung.**

Die *Zeilen* eines Funktionendiagramms zeigen einem Aufgabenträger, wie die einzelnen Stellen an der Aufgabenerfüllung beteiligt sind. Die *Spalten* zeigen die Funktionen einer Stelle.

Funktionendiagramm: Materialbeschaffung

Einkauf	Material	Aufgaben (Phasen) ↓			Aufgabenträger (Rangstufen) →	Geschäftsführer/in	Einkaufsleiter/in	Einkäufer/in Kantholz	Einkäufer/in Spanplatten	Einkäufer/in bezogene Teile	Lagerverwalter/in	Lagerfachkraft Kantholz	Lagerfachkraft Spanplatten	Lagerfachkraft bezogene Teile	Betriebsleiter/in
Einkauf	Material	Einkaufsplanung			Lagerbestandskontrolle		E				O	A	A	A	
Einkauf	Material	Einkaufsplanung			Verbrauch in Vorperiode		O	A	A	A					
Einkauf	Material	Einkaufsplanung			Bedarfsermittlung	E_g	E_n A_w	A	A	A					M
Einkauf	Material	Einkaufsdurchführung			Angebote einholen	E_g	A_w	A	A	A					I
Einkauf	Material	Einkaufsdurchführung			Angebotsvergleich		A_w	A	A	A					
Einkauf	Material	Einkaufsdurchführung			Materialbestellung		E								M
Einkauf	Material	Einkaufskontrolle	Wareneingangskontrolle	Mengen	Kantholz						O	A			
Einkauf	Material	Einkaufskontrolle	Wareneingangskontrolle	Mengen	Spanplatten und Furniere						O		A		
Einkauf	Material	Einkaufskontrolle	Wareneingangskontrolle	Mengen	bezogene Teile						O			A	
Einkauf	Material	Einkaufskontrolle	Wareneingangskontrolle	Qualität	Kantholz										A
Einkauf	Material	Einkaufskontrolle	Wareneingangskontrolle	Qualität	Spanplatten und Furniere										A
Einkauf	Material	Einkaufskontrolle	Wareneingangskontrolle	Qualität	bezogene Teile										A
Einkauf	Material	Einkaufskontrolle			Lieferscheinprüfung		A_w	A	A	A					

Zeichenerklärung:

A	= Ausführung (umfassend)	E_n	= Entscheidung (im Normalfall)
A_w	= Ausführung (wichtige Einzelfälle)	I	= Initiative
E	= Entscheidung (umfassend)	M	= Mitsprache
E_g	= Entscheidung (in Grundsatzfragen)	O	= Anordnung

7.3.2 Stellenbildung (Aufgabensynthese)

Wenn Teilaufgaben zum *Arbeitsbereich für einen Aufgabenträger* (Arbeiter, Angestellter) zusammengefasst werden, entsteht eine **Stelle.**

> Die **Stelle** ist die **kleinste organisatorische Einheit** im Unternehmen.

Die Stelle wird in der Regel personenunabhängig festgelegt. Sie ist von der Aufgabe her bestimmt und sie ist bei einem Stellenwechsel unabhängig bezüglich der Person. Außerdem ist sie weder räumlich noch zeitlich festgelegt.

Es gibt Stellen, deren Bildung gesetzlich vorgeschrieben ist. Sie sind kraft Gesetzes oder Verordnung einzurichten und mit geeigneten Bewerbern (Beauftragten) zu besetzen.

Beispiele:

1. Vorstandsmitglieder einer AG (§ 76 AktG),
2. Geschäftsführer einer GmbH (§ 6 GmbHG),
3. Betriebsratsmitglieder (§ 1 BetrVG),
4. Jugendvertreter (§ 60 BetrVG),
5. Datenschutzbeauftragter (§§ 28 ff. BDSG),
6. Beauftragter für schwerbehinderte Menschen (§ 98 SGB IX),
7. Betriebsbeauftragter für Abfall (§ 1 AbfAblV).

7.3.3 Stellenbeschreibung und Stellenbesetzung

Stellenbeschreibung

Beispiel:

Möbelfabrik Maute & Söhne OHG Düsseldorf	**Stellenbeschreibung**	Stelleninhaberin: Frau Weier Hauptabteilung: Materialwirtschaft

I.	**Bezeichnung der Stelle:**	Leiterin/Leiter der Abteilung Einkauf – Rohstoffe
II.	**Dienstrang:**	Abteilungsleiterin/-leiter
III.	**Vorgesetzte(r):**	Leiterin/Leiter der Hauptabteilung Materialwirtschaft
IV.	**Stellvertreter(in):**	Leiterin/Leiter der Abteilung Einkauf – Hilfsstoffe
V.	**Unmittelbar untergeordnete Stellen:**	Sekretärin/Sekretär, Leiterin/Leiter des Einkaufs der Rohstoffgruppen 1, 2, 3

VI. Ziele der Stelle:

Der Stelleninhaber/die Stelleninhaberin sorgt durch ständige Marktbeobachtung für eine sichere und wirtschaftliche Materialbeschaffung. Er/sie plant zusammen mit den Bedarfsstellen die Beschaffung der Rohstoffe.

VII. Aufgaben, Kompetenzen:

1. Überwachung der Preis- und Lohnentwicklung auf dem Markt. Beobachtung der technischen Entwicklung und der Konjunkturlage.
2. Besichtigung der Fertigungsstätten der Lieferanten zum Zwecke der Qualitätskontrolle.
3. Besuch von Messen und Ausstellungen, worüber er/sie selbst entscheidet, jedoch unter Abstimmung mit den Gruppenleitern/-leiterinnen und dem/der Hauptabteilungsleiter/-leiterin.
4. Verhandlungsführung bei Bestellungen über 100.000 EUR.
5. Entscheidungsbefugnis bei Bestellungen bis 100.000 EUR.

VIII. Anforderungen:

Fachkenntnisse (Ausbildung, Erfahrung): Abitur, Fachschule; Kenntnisse in Englisch;
5–7 Jahre kaufmännische Tätigkeiten, dabei 4 Jahre im Einkauf einer Möbelfabrik, davon 2 Jahre als Vorgesetzte/Vorgesetzter, Controllingerfahrung, DV-Kenntnisse.
Sonstige Anforderungen: Verhandlungsgeschick, Fähigkeit zur Menschenführung.

Die Stellenbeschreibung ist eine verbindliche und in einheitlicher Form gefasste Beschreibung einer Stelle mit folgendem Inhalt:

a) Eingliederung einer Stelle in den Betriebsaufbau,
b) Ziele der Stelle,
c) Aufgaben, Kompetenzen (Zuständigkeiten), Befugnisse und Verantwortung der Stelleninhaberin oder des -inhabers,
d) Anforderungen an die Stelleninhaberin oder den Stelleninhaber.

Vorteile der Stellenbeschreibung	
Der **Mitarbeiter**/die **Mitarbeiterin** kennt – die Erwartungen, die an ihn/sie gestellt werden, – die Arbeitsaufgabe, – die anweisungsberechtigten Personen, – die weisungsgebundenen Mitarbeiter, – die Stellenbewertung und kann im Vergleich mit den Kollegen prüfen, ob seine/ihre Vergütung angemessen ist.	Die **Unternehmensleitung** erreicht – einen Überblick über die Aufgaben jeder Stelle, – einen geringeren Mitarbeiterwechsel, – ein besseres Betriebsklima, – eine bessere Leistungskontrolle, – eine Grundlage für die Stellenbewertung (Lohn- und Gehaltsgefüge).

Stellenbesetzung (Aufgabenverteilung)

Aus der Stellenbeschreibung ergeben sich die Anforderungen an den Mitarbeiter, der die Stelle besetzen soll. Die Auswahl und Einstellung von Arbeitskräften übernimmt meistens die Personalabteilung. Die Stelle kann aber auch durch einen Mitarbeiter, der bereits im Betrieb an einer anderen Stelle arbeitet, besetzt werden. Man ist bemüht, Stellen auf längere Zeit zu besetzen, weil für den Betrieb durch die Einarbeitung Kosten entstehen. Fehlt ein Mitarbeiter auf einer Stelle wegen Krankheit, Urlaubs oder infolge einer längeren Geschäftsreise, ist für eine vorübergehende Besetzung der Stelle zu sorgen. Deshalb muss eine Stellvertretung verbindlich geregelt und in jeder Stellenbeschreibung enthalten sein.

7.3.4 Abteilungsbildung

Mehrere Stellen mit gleichartigen Aufgabenbereichen werden zu **Abteilungen** zusammengefasst. Ein **Betriebsgliederungsplan** zeigt die Abteilungen eines Betriebes und ihre Zuordnung:

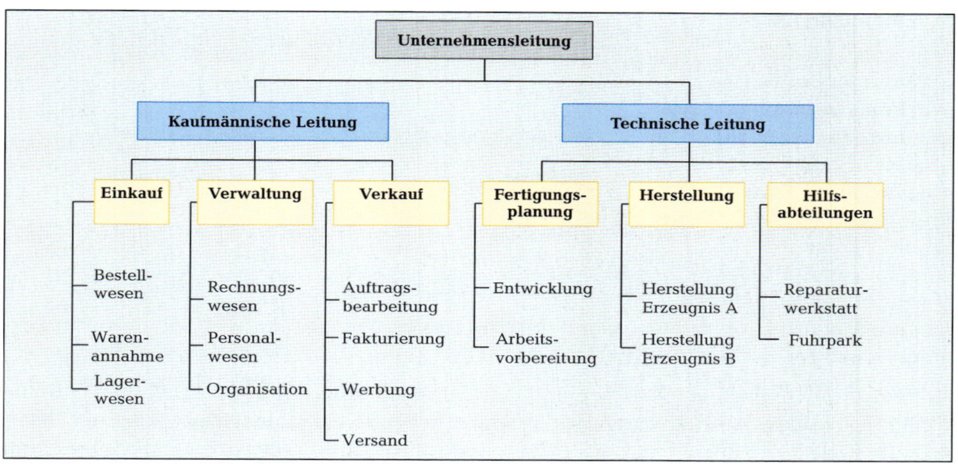

7.3.5 Entscheidungs- und Weisungssysteme

Die unterschiedlichen Befugnisse der Stelleninhaber im Betrieb ergeben sich bei der Aufgabenanalyse aus dem Merkmal der Rangstufe. Wenn ein Stelleninhaber Führungs- und Weisungsbefugnis besitzt, so erfüllt er im Gegensatz zu dem Mitarbeiter, der nur Anweisungen auszuführen hat, eine **Leitungsaufgabe.** *Stellen mit Leitungsaufgaben* nennt man **Instanzen.** Das *System von über- und untergeordneten Stellen* ergibt die **Betriebshierarchie (Rangordnung).** *Gleichrangige Stellen* bilden in der Betriebshierarchie eine **Ebene.**

Leitungsebenen

Der Aufbau des betrieblichen Leitungssystems kann sich auf eine oder mehrere Leitungsebenen erstrecken. Sowohl die Zuordnung von Leitungsfunktionen zu einer Leitungsebene als auch die Gliederung der Leitungsebenen ist von der Größe eines Unternehmens und seiner Rechtsform abhängig. Man unterscheidet folgende Leitungsebenen eines Unternehmens:

▶ Obere Leitungsebene (Top Management)

Sie ist grundsätzlich mit Leitungsaufgaben befasst. Dabei handelt es sich um Planungs-, Organisations- und Kontrolltätigkeiten im Unternehmen.

Beispiele: Eigentümerunternehmerin oder -unternehmer bei Personengesellschaften oder Auftragsunternehmerin oder -unternehmer bei Kapitalgesellschaften.

▶ Mittlere Leitungsebene (Middle Management)

Einerseits ist sie höheren Instanzen unterstellt, andererseits hat sie Anordnungsbefugnisse gegenüber nachgeordneten Instanzen. Hauptsächlich geht es bei den Entscheidungen um die Konkretisierung der Unternehmensziele und der Verwirklichung verschiedener Unternehmenspläne.

Beispiele: Leiter der Einkaufsabteilung oder des Rechnungswesens.

▶ Untere Leitungsebene (Lower Management)

Sie hat nur noch gegenüber den rein ausführenden Stellen Anordnungsbefugnisse. Sie ist selbst bereits in erheblichem Maße ausführend tätig. Es geht in erster Linie um die Konkretisierung der kurzfristig auszuführenden Pläne, die Übermittlung und Verdeutlichung dieser Pläne zur Ausführung, dem Vorführen oder Anlernen bestimmter Tätigkeiten sowie der unmittelbaren Beaufsichtigung.

Beispiele: Lagerleiter, Werkmeister, Leiterin der DV-Abteilung.

Allgemeine Organisationsformen (Instanzenbildung)

▶ Einliniensystem

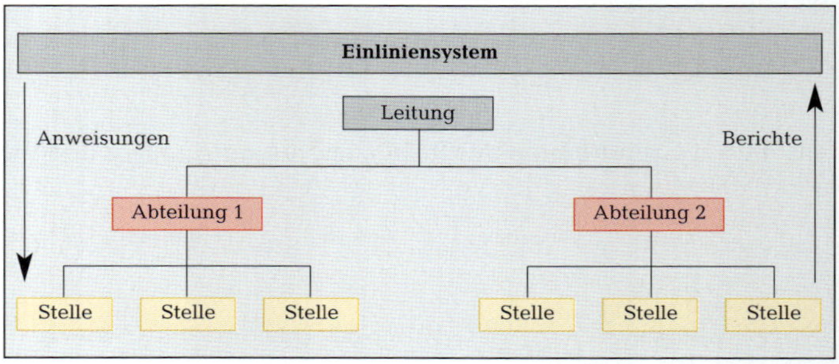

Alle Personen sind in einen einheitlichen Weisungsweg eingegliedert, der von der oberen Instanz bis zur ausführenden Arbeitskraft reicht. Jeder Mitarbeiter erhält nur von seinem unmittelbaren Vorgesetzten Anweisungen. Ebenso kann er Meldungen und Vorschläge nur bei ihm vorbringen (Instanzenweg, Dienstweg).

Vorteile: Klare und eindeutige Regelung von Unterstellungsverhältnissen, straffe Disziplin, Einheitlichkeit des Auftragsempfangs, Vermeidung von Kompetenzschwierigkeiten, Überschaubarkeit und Einfachheit der Beziehungsstruktur, straffe und übersichtliche Organisation, eindeutige Dienstwege und Verantwortungsbereiche, kein Kompetenzgerangel, gute Kontrollmöglichkeiten für die Vorgesetzten.

Nachteile: Der Weisungs- und Informationsweg ist oft zu lang und zu umständlich; Meldungen gelangen nicht schnell genug nach oben. Die Arbeitsfülle steigt mit der Rangstufe. Die obere Leitung wird dadurch stark belastet und deshalb schwerfällig. Es kommt zu personaler Abhängigkeit zwischen Vorgesetzten und Mitarbeitern. Informationsverfälschung auf langen Dienstwegen ist möglich. Starke Belastung der Vorgesetzten, weil alle Informationen und Entscheidungen von ihnen bearbeitet werden müssen. Es besteht die Gefahr der Bürokratisierung (Überorganisation). Ein Motivationsverlust ist bei den untergeordneten Stellen möglich.

▶ Mehrlinien- oder Funktionensystem

Bei diesem System werden die Zuständigkeiten nach Funktionen aufgeteilt und für sie Abteilungen mit selbstständig handelnden Leitern/Leiterinnen (Prokuristen, Bevollmächtigten) gebildet. Die obere Leitung gibt nur allgemeine Richtlinien und entscheidet in wichtigen Fällen, während die Routinearbeit in den Abteilungen selbstständig erledigt wird.

Im Gegensatz zum Liniensystem kann eine Abteilung in die andere »hineinregieren«.

Beispiel: Die Vertriebsleiterin gibt unmittelbar dem Sachbearbeiter in der Personalverwaltung Anweisung, einen Lagerarbeiter einzustellen.

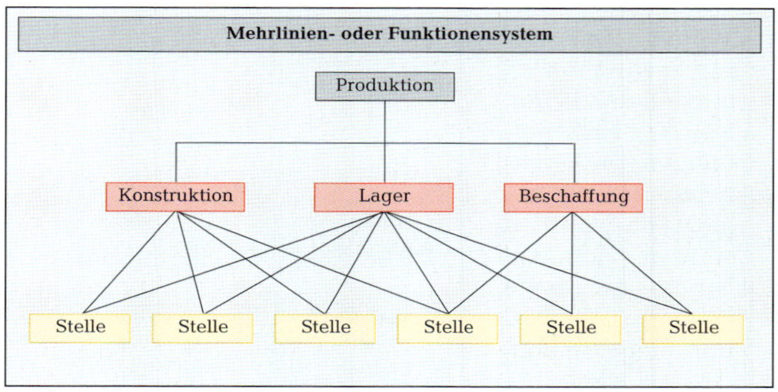

Vorteile: Die obere Leitung wird entlastet. Die Routinearbeit wird rasch nach Daueranweisungen erledigt. Sonderfälle werden ausgegliedert und einer besonderen Arbeitskraft übertragen. Die Abteilungsleiter und -leiterinnen und ihre Mitarbeiter/Mitarbeiterinnen entwickeln sich zu Spezialisten. Es bestehen kurze Dienstwege.

Nachteile: Die Funktionsträger (Abteilungsleiter/-leiterinnen) müssen zu regelmäßiger Berichterstattung nach oben verpflichtet werden. Die Anweisungsbefugnis eines Funktionsträgers gegenüber Untergebenen anderer Funktionsträger muss genau abgegrenzt werden. Sonst entstehen bei den ausführenden Arbeitskräften leicht Unsicherheiten über die Dringlichkeit der angewiesenen Arbeiten und über die Reihenfolge ihrer Erledigung. Dies könnte zu Reibereien zwischen Funktionsträgern führen. Bei auftretenden Fehlern kann es schwierig sein, diese eindeutig den Funktionen zuzuordnen.

Aus diesen Grundformen der Instanzenbildung sind Mischformen entwickelt worden, die aber keine eigenständigen Leitungssysteme sind, weil sie in Verbindung mit dem Ein- oder Mehrliniensystem auftreten können.

▶ Mischformen

a) Stabliniensystem. Dabei umgibt sich die Führungsspitze mit einem *Stab* von Spezialisten (Finanzfachmann, Betriebswirt, Jurist, Organisator, Revisor). Sie sind *Berater,* aber keine Instanzen mit Anweisungsbefugnissen. Notwendige Anweisungen werden durch die Führungsspitze erteilt. Wenn die Stabmitglieder dennoch Anordnungen treffen, tun sie es »im Auftrag«. Im Übrigen aber herrscht das Liniensystem.

Vorteile: Der eindeutige Dienstweg und die straffe, übersichtliche Organisation des Einliniensystems bleiben erhalten. Die Geschäftsleitung wird entlastet. Es gibt weniger

Fehlentscheidungen der Geschäftsleitung, weil spezialisierte Mitarbeiter sie beraten. Die Einarbeitung von Nachwuchskräften ist leichter möglich.

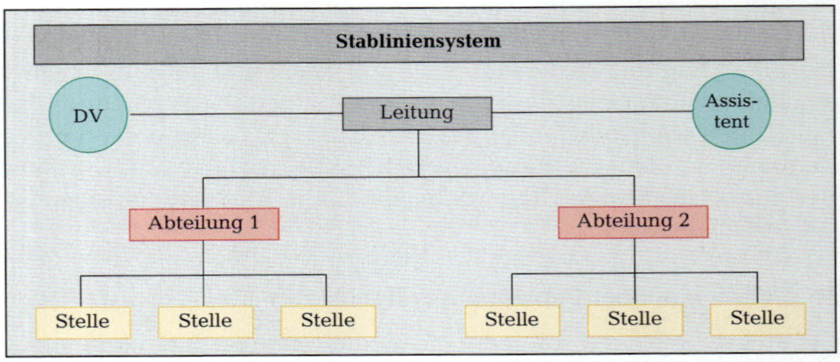

Nachteile: Langer Instanzenweg und schwerfällige Leitung. Die Nachteile des Einliniensystems bleiben erhalten. Höhere Personalkosten für qualifizierte Mitarbeiter fallen an. Es besteht die Gefahr, dass der Einfluss der Stabstelle auf die Geschäftsleitung zu groß wird. Entscheidungen werden zu einseitig aus der Sicht der Spezialisten gefällt.

b) Matrixorganisation. Sie schafft eine verbindliche Zuordnung von Entscheidungs- und Weisungsbefugnissen für das Zusammenwirken verschiedenartiger Funktionsträger in Form einer Matrix. Unter einer Matrix versteht man ein rechteckiges Zuordnungsschema.

Unternehmensleitung			
	Produkt 1	**Produkt 2**	**Produkt 3**
Produktion und Beschaffung	Entwicklung Einkauf Fertigung	Entwicklung Einkauf Fertigung	Entwicklung Einkauf Fertigung
Finanzen und Vertrieb	Buchhaltung Controlling Marketing	Buchhaltung Controlling Marketing	Buchhaltung Controlling Marketing
Personal und Information	Personalwesen DV Recht	Personalwesen DV Recht	Personalwesen DV Recht

Vorteile: Die Matrixorganisation gibt eindeutig an, welche Entscheidungen von Aufgabenträgern nur gemeinsam getroffen werden können. Die übergeordnete Leitungsstelle wird nur eingeschaltet, wenn die betroffenen Funktionsträger keine Übereinstimmung erzielen. Sie zwingt zur Teamarbeit. Die Problemlösung wird verbessert, weil Spezialisten aus verschiedenen Abteilungen zusammenarbeiten. Die Leitungs- und Führungsebene wird entlastet.

Nachteile: Die hierarchische Gliederung kommt nicht zum Ausdruck. Entscheidungen und Weisungen hängen von der Verständigungsbereitschaft der Beteiligten ab. Kompetenzprobleme treten auf, wenn sich Aufgabenbereiche überschneiden. Längere Entscheidungszeiträume sind notwendig, weil ein Team sich einigen muss. Die Gefahr nicht optimaler Entscheidungen ist gegeben, weil zu viele Kompromisse bei der Einigung im Team notwendig sind. Es besteht ein hoher Kommunikationsbedarf.

▶ Projektorganisation

Es gibt mehrere Möglichkeiten, eine projektspezifische Organisation in ein Unternehmen zu integrieren. Abhängig von der jeweiligen Organisationsform besitzt der Projektleiter mehr oder weniger Verantwortung und Kompetenzbefugnisse. Ebenso hat das Projektteam einen größeren oder geringeren Freiheitsgrad.

a) Stab-Projektorganisation. Sie ist eine Minimalausstattung einer Projektorganisation, die lediglich durch eine Stabstelle, den Projektkoordinator, entsteht. Der Projektleiter hat keine Entscheidungs- und Weisungsbefugnis, sondern nur Koordinierungsfunktion. Die Projektmitarbeiter sind nur nebenamtlich eingesetzt.

Einsatzmöglichkeiten:

– Kleine Projekte.

  Beispiel: Abwicklung spezieller Kundenaufträge.

– Projekte mit geringem Koordinationsbedarf.

  Beispiele: Informationen sammeln, Vorschläge entwickeln, Termine überwachen.

b) Reine Projektorganisation. Für ein Projekt wird praktisch eine eigenständige, zeitlich befristete Organisation gebildet. Der Projektleiter hat volle Weisungsbefugnis und ihm werden alle personellen und sachlichen Ressourcen zur Verfügung gestellt.

Die reine Projektorganisation eignet sich für

– umfangreiche und wichtige Aufgaben.

  Beispiel: Entwicklung einer völlig neuen Produktlinie oder Dienstleistung.

– Vollzeitaufgabe mit anschließender Auflösung der Projektgruppe.

  Beispiel: Neugestaltung der Außenanlagen des Unternehmens.

– ausgliederbare Projekte, ohne Berührung zu den herkömmlichen Aufgaben.

  Beispiel: Vorbereitung eines Messestandes und Aufenthalt auf der Messe.

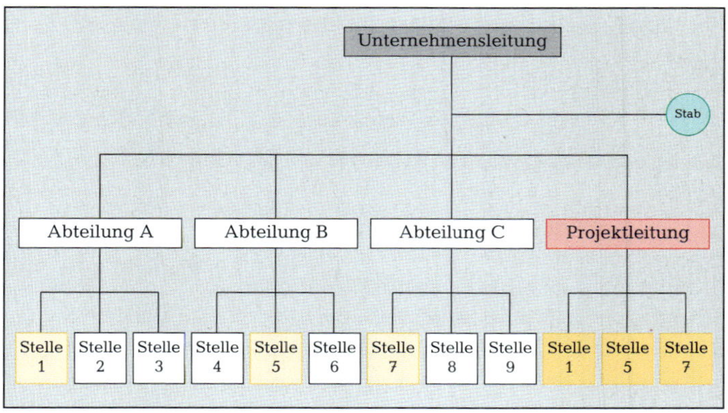

Vorteile: Der Projektleitung werden die Aufgaben und Kompetenzen eindeutig zugeordnet. Alle Beteiligten können sich vollkommen auf das Projekt konzentrieren. Die Projektmitarbeiter identifizieren sich in hohem Maße mit der Aufgabe. Es findet eine rasche projektbezogene Entscheidungsfindung statt. Auf veränderte Situationen kann flexibel eingegangen werden.

Nachteile: Es können Mitarbeiter für das Projekt abgestellt werden,

– die ihre Abteilung qualitativ und quantitativ schwächen.

– die in der Abteilung am wenigsten fehlen, damit aber nicht unbedingt für das Projekt geeignet sind. Dies hat zur Folge, dass die in den Abteilungen verbleibenden Mitarbeiter stärker belastet werden.

– die nach Projektende wieder in die Abteilungen eingegliedert werden müssen.

– deren Auslastung in den einzelnen Phasen der Projekte unterschiedlich ist.

?

1. a) Analysieren Sie den folgenden Artikel und beschreiben Sie die aufgetretenen Probleme.

> **Tag der offenen Tür – Chaos im »verschlossenen« Betrieb**
>
> **(aw) – Wendlingsburg –** Es sollte ein wichtiger Tag mit großer Auswirkung werden. Beim erstmals durchgeführten Tag der offenen Tür der Handtmeyer Maschinenfabrik GmbH am vergangenen Sonntag waren interessierte Mitbürger, aber vor allem auch zukünftige Auszubildende für den gewerblichen und kaufmännischen Bereich, eingeladen, um sich zu informieren, ins Gespräch zu kommen und den größten Arbeitgeber im Umkreis kennen zu lernen.
>
> »So etwas habe ich noch nie erlebt«, so das zerknirschte Urteil des Geschäftsführers Rolf Luderköhl. Seine Aussage bezieht sich auf eine Veranstaltung, bei der nichts geklappt hat. Nur 40% der Ausbilder waren anwesend, die Ausbildungsstätten wie Werkstatt oder Büros nicht alle zugänglich, fehlende Informationsschilder ließen viele Besucher irritiert im Betrieb herumirren, aufgrund von Lieferproblemen der Druckerei waren die Informationsbroschüren nicht auslegbar und der von außen angeheuerte Küchenmeister musste in der Kantine nach zwei Stunden schließen, weil zu wenige Mittagessensportionen bereitgestellt waren.

Bei der Nachbesprechung macht der Geschäftsführer seiner Sekretärin und dem Werkstattleiter den Hauptvorwurf für das Misslingen. Schließlich seien sie ihm direkt unterstellt. Beide wehren ab und erklären, dass sie überhaupt nicht zuständig gewesen seien.

b) Machen Sie Lösungsvorschläge, damit sich dieses Chaos nicht wiederholt.

c) Schildern Sie anhand persönlicher Erlebnisse aus dem privaten und beruflichen Alltag, wie Vorhaben wegen mangelhafter Organisation gescheitert sind.

2. Aussagen über zwei Mitarbeiter in einem Unternehmen:
   - »Herr Nusser ist ein reines Organisationsgenie, aber ihm fehlt jegliches Improvisationstalent.«
   - »Herr Nassal ist ein Improvisationsgenie, aber von Organisation versteht er gar nichts.«

   Begründen Sie, welcher Mitarbeiter für eine Organisationsabteilung geeigneter erscheint.

3. Bei der Gliederung nach Rangstufen können Teilaufgaben Ausführungs- oder Entscheidungscharakter haben. Zeigen Sie am Beispiel der Einstellung eines leitenden Angestellten,
   a) welche Entscheidungen dabei zu treffen sind,
   b) welche ausführenden Arbeiten dabei anfallen.

4. Beschreiben Sie die einzelnen Arbeitsabschnitte der Organisation, die bis zur Erstellung einer Stellenbeschreibung zu erledigen sind.

5. Organisatoren empfehlen die Verwendung sowohl von Funktionendiagrammen als auch von Stellenbeschreibungen. Vergleichen Sie beide Organisationsmittel.

6. Entwerfen Sie die Stellenbeschreibung für den Leiter der Organisationsabteilung nach folgenden Angaben:

   Der Stelleninhaber ist dem Leiter der Hauptabteilung Kaufmännische Verwaltung unterstellt. Ihm unterstehen die Leiter der Abteilungen Aufbau- und Ablauforganisation und zwei Sekretärinnen. Der Abteilungsleiter Aufbauorganisation vertritt ihn.

   Der Stelleninhaber erarbeitet mit allen zuständigen Stellen eine mittelfristige Planung der Aufbau- und Ablauforganisation. Er erlässt Organisationsrichtlinien. Gemeinsam mit der DV-Abteilung arbeitet er Projekte aus, die auf DV-Anlagen erstellt werden sollen.

   Zielsetzung der Stelle ist eine zweckmäßige Organisations- und Informationsstruktur des Unternehmens in Aufbau und Ablauf.

   Der Inhaber der Stelle sollte eine wirtschaftswissenschaftliche Hochschulausbildung, außerdem praktische Erfahrungen auf den Gebieten Organisation und Datenverarbeitung besitzen. Wesentliche Eigenschaften sind Kooperationsfähigkeit und der Wille, im Team zu arbeiten.

7. Begründen Sie, warum sowohl die Besetzung von Stellen als auch die Festlegung von Stellvertretungen auf Dauer anzulegen sind.

8. Erstellen Sie einen Betriebsgliederungsplan eines typischen Industriebetriebes.

9. a) Welche organisatorischen Vor- und Nachteile sind beim Einliniensystem mit der Anweisung »der Dienstweg ist einzuhalten« verbunden?
   b) Beurteilen Sie diese Vorschrift aus der Sicht des »Vorgesetzten« und des »Untergebenen«.

10. Entscheiden Sie, ob es sich bei den folgenden Beispielen um Aufgaben oder nicht um Aufgaben der Aufbauorganisation handelt.
    a) Einstellung von Verkaufspersonal durch die Personalabteilung,
    b) Zuordnung des Bereichs »Haushaltswaren« zur Abteilung »Non-Food-Artikel«,
    c) Bestimmung der Vertretungsbefugnis eines Abteilungsleiters,
    d) Erstellen eines neuen Finanzplans,
    e) Bildung mehrerer neuer Stellen infolge der Erweiterung der Verkaufsgebiete,
    f) Erstellen eines Organisationsdiagramms des Betriebes.
11. Entscheiden Sie, ob die folgenden Aussagen über die Stellenbeschreibung richtig oder falsch sind. Die Stellenbeschreibung ist
    a) die schriftliche Fixierung der Tätigkeit, Eingliederung und Anforderung der Stelle,
    b) die Formulierung einer Stellenanzeige in einer Tageszeitung,
    c) Ausdruck der durch die Betriebsorganisation getroffenen Regelungen für eine Stelle,
    d) die Beschreibung des Informationsflusses zwischen den verschiedenen Stellen eines Betriebes.
12. Das Leitungs- bzw. Weisungssystem eines Betriebes kann als
    a) Einliniensystem,
    b) Mehrliniensystem,
    c) Stabliniensystem

    aufgebaut sein. Ordnen Sie die folgenden Aussagen diesen Systemen zu.
    1. Ein Mitarbeiter bekommt seine Arbeitsanweisungen nicht nur von seinem Vorgesetzten.
    2. Anordnungen erfolgen durch die Geschäftsführung und werden bis zur untersten Stelle weitergegeben. Die Anordnungen sind mithilfe von Informationen getroffen worden, die eine beratende Stelle zur Verfügung gestellt hat.
    3. Spezialisten wirken beratend bei betrieblichen Entscheidungen mit, haben aber keine Weisungsbefugnis.
    4. Es bestehen klare Anweisungsverhältnisse mit wenig Möglichkeiten für Kompetenzstreitigkeiten.
    5. Durch eine nicht einheitliche Auftragserteilung können Abstimmungsprobleme auftreten.
13. Die KTB Werkzeugbau AG fertigt und vertreibt folgende Produktgruppen:
    - Schraubendreher in 35 verschiedenen Arten,
    - Zangen in 20 verschiedenen Ausprägungen,
    - Hämmer in verschiedenen Preisklassen.

    Der Umsatz des Betriebes betrug im letzten Jahr 500.000 EUR und ist stark steigend. Der Sitz des Unternehmens ist in Tübingen, Zweigniederlassungen sind nicht vorhanden.

    Der Vertrieb der Produkte erfolgt durch Handlungsreisende, die jeweils eine Produktgruppe vertreiben.

    Die derzeitige Aufbauorganisation ist unbefriedigend. Bei einer Änderung besteht die Geschäftsleitung darauf, dass in jedem Fall die folgenden Abteilungen im organisatorischen Aufbau vertreten sein sollen: Einkauf, Lager, Marktforschung, Organisation, Personal, Fertigung, Rechnungswesen, Verkauf, Verkaufsförderung, Qualitätsmanagement.

    Da momentan neben dem Vorstandsvorsitzenden drei vielseitig verwendbare Vorstandsmitglieder vorhanden sind, sollte die oberste Leitungsebene so gegliedert sein, dass keine personalen Veränderungen bei den Vorstandsmitgliedern erforderlich sind.
    a) Arbeiten Sie für dieses Unternehmen ein Einliniensystem aus.
    b) Erstellen Sie für dieses Unternehmen ein Stabliniensystem, wenn Organisation und Marktforschung als Stabstellen eingerichtet werden sollen.
    c) Verändern Sie die bisherigen Entwürfe zu einer Matrixorganisation.

7.4 Ablauforganisation

Die Arbeitsvorgänge im Betrieb müssen geordnet ablaufen. Unter einem **Arbeitsablauf** versteht man die *Vorgänge zur Erfüllung betrieblicher Teilaufgaben,* die zeitlich und räumlich hinter- oder nebeneinander verlaufen.

Aufgabe der **Ablauforganisation** ist die **rationelle Gestaltung der Arbeitsabläufe** im Betrieb.

7.4.1 Ziele der Ablauforganisation

Mit der Ablauforganisation können unterschiedliche Ziele erreicht werden:

a) **Optimale Durchlaufzeiten** der zu bearbeitenden Objekte. Es soll ein reibungsloser Ablauf erzielt werden, d.h., Engpässe, Stauungen, Leerläufe sollen vermieden oder beseitigt werden.

Beispiel: Sicherung des ununterbrochenen Materialflusses, der vollen Ausnutzung der Maschinen und der gleichmäßigen Beschäftigung der Arbeitskräfte.

b) **Optimale Auslastung** der Betriebsmittel und Arbeitskräfte.

Beispiel: Eine Buchdruckerei stellt rechtzeitig einen Terminplan für den Nachdruck von Neuauflagen auf. Bei ungenügender Auslastung werden Werbedruckaufträge ausgeführt.

c) **Qualitätssicherung.** Die Güte der geleisteten Arbeit muss durch Kontrollen überwacht werden.

Beispiele: Fertigungskontrollen, Laboruntersuchungen der Teil- und Endprodukte.

d) **Terminsicherung.** Terminpläne müssen aufgestellt und ihre Einhaltung überwacht werden.

Beispiele: Terminplanung für die Produktion der Einzelteile, für die Montage und den Versand des Fertigerzeugnisses.

e) **Optimaler Informationsfluss.** Informationen müssen möglichst schnell und präzise an die zuständigen Stellen gelangen.

Beispiel: Es wird festgelegt, dass durch Vernetzung die zuständige Einkaufsstelle informiert wird, wenn im Lager der Meldebestand einer bestimmten Ware erreicht ist.

Seite 222

f) **Pflege der Arbeitswilligkeit.** Durch Einhaltung arbeitsrechtlicher Bestimmungen und Anwendung der Erkenntnisse der Arbeitswissenschaft soll ein angenehmes Betriebsklima geschaffen werden (Humanität am Arbeitsplatz).

Beispiele: Untersuchungen der körperlichen und seelischen Belastung an den verschiedenen Arbeitsplätzen zum Schutz der Gesundheit der Mitarbeiter und zur Verhütung von Unfällen, Einrichtung und Einhaltung von Pausen, mehr Selbstverantwortung bei der Gestaltung der Arbeitsaufgabe.

7.4.2 Gliederungsmerkmale des Arbeitsablaufes

Die Ablauforganisation vollzieht sich in folgenden Phasen:

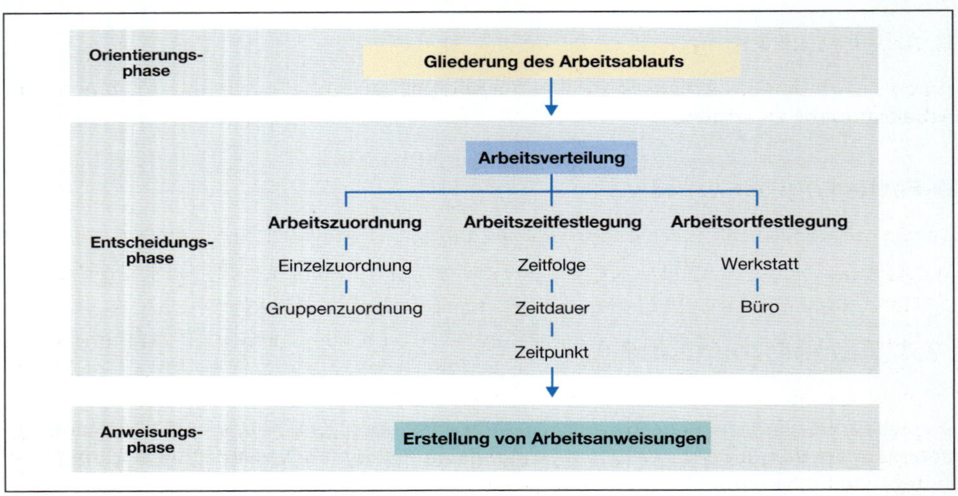

Für den Organisator ist nur das geforderte Endergebnis des gesamten Arbeitsprozesses vorgegeben. Zunächst muss festgestellt werden, in welchen **Teilprozessen** dies erreicht werden kann. Dabei können sich verschiedene Wahlmöglichkeiten ergeben.

Die Teilprozesse werden meistens in verschiedenen **Prozessschritten** vollzogen, die ihrerseits aus mehreren **Programmschritten** bestehen.

Mit der Festlegung des erwarteten Arbeitsergebnisses und der Gliederung des Arbeitsablaufes ist der **Arbeitsinhalt** gegeben.

Beispiel: Abwicklung einer Warenlieferung.

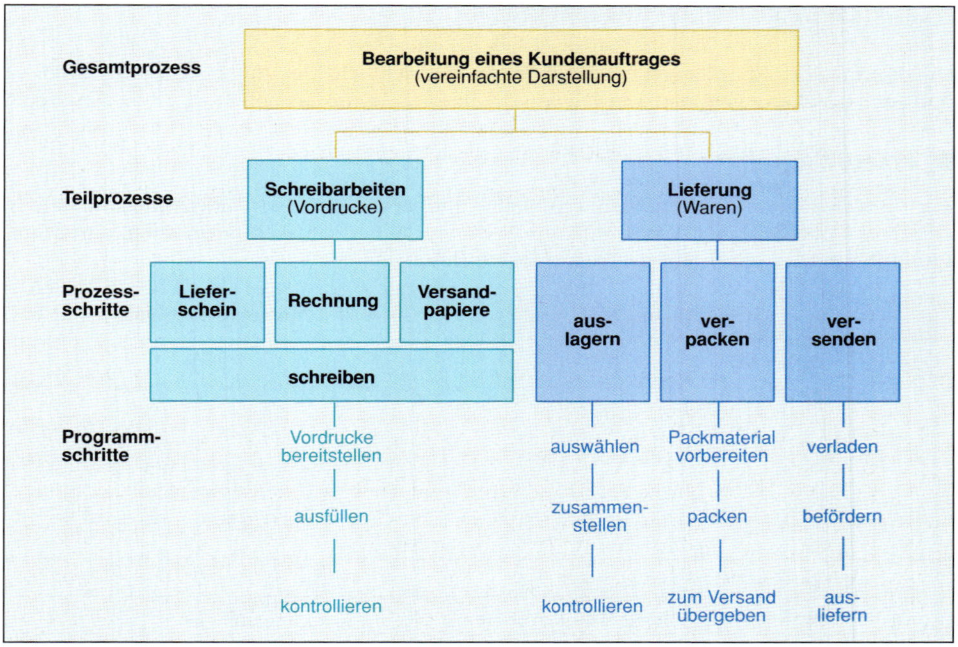

Die durch die Programmschritte entstandenen Arbeiten müssen verteilt werden. Dies erfolgt durch die **Arbeitszuordnung,** außerdem sind die **Arbeitszeit** und der **Arbeitsort** festzulegen. Diese Festlegungen führen zu *Arbeitsanweisungen.*

Arbeitszuordnung

Durch sie werden die Arbeitskräfte und die nötigen Sachmittel bestimmt, mit denen eine Arbeitsaufgabe zu erfüllen ist.

Festlegung der Arbeitszeit

Der Begriff Arbeitszeit tritt in der Ablauforganisation in drei Wortverbindungen auf.

a) Die Bestimmung der **Zeitfolge,** in der Teilarbeiten im Rahmen des Gesamtablaufes vorzunehmen sind, sagt nur etwas über die *Reihenfolge* der Teilarbeiten aus.

b) Mit der **Zeitdauer** wird der Zeitbedarf für die Teilarbeiten angegeben. Die Summe dieser Arbeitszeiten lässt Schlüsse auf die Zeitdauer des Gesamtprozesses zu. Zur Festlegung der Zeitdauer von Teilarbeiten sind Arbeitszeitstudien nötig. Seite 227

c) Mit der Festlegung von **Zeitpunkten** wird der Arbeitsablauf in den Rahmen des Kalenders gestellt, weil damit der Anfangs- und Endzeitpunkt der Arbeit bestimmt wird. Diese Daten werden vor allem von der *Terminplanung* vorgegeben. Seite 135

Festlegung des Arbeitsortes

Die räumliche Anordnung der Arbeitsplätze soll

a) dem Arbeitsablauf entsprechen und die Reihenfolge der Teilarbeiten erkennen lassen,
b) zusammengehörige Arbeitsplätze überschaubar machen,
c) geringe Durchlaufzeiten durch kurze Transportwege ergeben,
d) die Anpassung des Arbeitsplatzes an den Arbeitsgegenstand ermöglichen.

7.4.3 Grafische Darstellungsformen

Um die einzelnen Schritte von Arbeitsabläufen übersichtlich, klar und anschaulich umsetzen und verwirklichen zu können, werden verschiedene grafische Darstellungsformen eingesetzt.

Ablaufdiagramm

Für einfache Arbeitsvorgänge, die zeitlich aufeinanderfolgende Tätigkeiten darstellen, verwendet man lineare Darstellungen in Form von **Arbeitsablaufdiagrammen,** eine **Kombination tabellarischer** und **grafischer Darstellung:**

ARBEITSABLAUF		Inhalt: **Auftragsbearbeitung**			
Lfd. Nr.	**Ablaufstufen**	**Stellen**			
		Sachbearbeiterin Poststelle	Sachbearbeiterin Versand	Sachbearbeiter Rechnungswesen	Sachbearbeiter Lager
1	Eingang Bestellschein (BS)	Tätigkeit			
2	BS an Sachbearbeiterin Versand		Transport		
3	Ablage, wenn Lieferschein (LS) fehlt		Wartezeit, Stillstand		
4	2 LS-Kopien erstellen	Tätigkeit			
5	LS-Kopien an Sachbearbeiterin Versand		Transport		
6	Kopien trennen		Tätigkeit		
7	1. Kopie an Sachbearbeiter Lager				Transport
8	Lieferung buchen				Tätigkeit
9	Kopie ablegen				Ablage
10	Zusammenfügen von BS + 2. Kopie LS		Tätigkeit		
11	Konditionen prüfen		Kontrolle		
12	LS und BS an Sachbearbeiter Rechnungswesen			Transport	
13	Rechnung schreiben, LS, BS			Tätigkeit	
14	Kontrolle von Menge, Preis, Konditionen, Adresse			Kontrolle	
15	Kopien verteilen an Sachbearbeiter(in) Versand und Lager		Transport		Transport
16	Ablage Rechnung, LS, BS			Ablage	

Symbolerklärung: = Tätigkeit; = Wartezeit, Stillstand; = Transport; = Ablage; = Kontrolle

Arbeitsanweisung

Sie beschreibt die Verfahrensweise für die Arbeitsaufgaben und lenkt diese damit in bestimmte Bahnen. Arbeitsanweisungen werden für Routinearbeiten in der Regel schriftlich und ausführlich, für Sonderfälle in schriftlicher Kurzform (Randnotizen auf Schriftstücken) oder mündlich erteilt.

Beispiel:

Arbeitsanweisung	
Stelle: Q2	**Arbeitsanweisung 123**
Qualitätssicherung: Wareneingangsprüfung Blockmaterial (Metalllegierung)	
Zur analytischen Sicherstellung unserer Qualitätsprodukte ist bereits eine konsequente Wareneingangsprüfung am Blockmaterial erforderlich. Daher ist der Arbeitsablauf nach folgendem Ablaufplan unbedingt einzuhalten:	

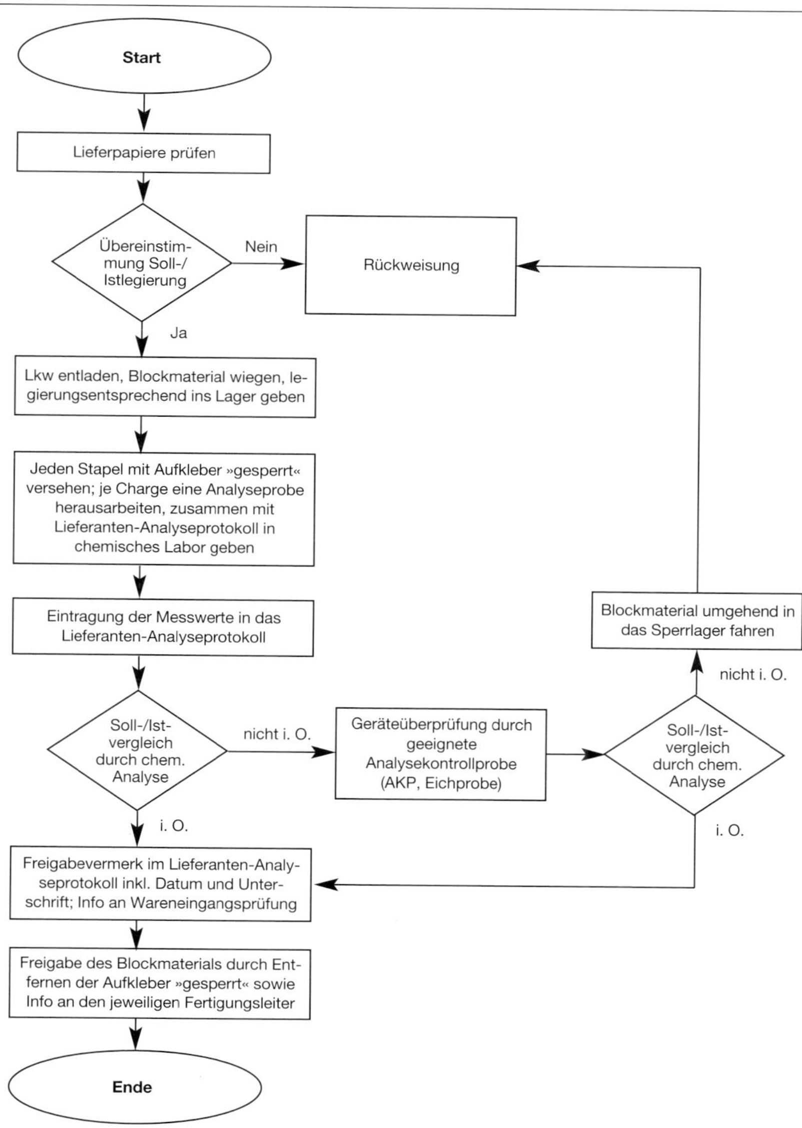

Seite 138

Balkendiagramme (Gantt-Diagramme)

Diese grafische Darstellungsform findet im Bereich von Wirtschaft und Verwaltung Anwendung.

Seite 136

Netzplantechnik

Diese grafische Darstellung von Arbeitsabläufen ist grundsätzlich nur bei Großprojekten sinnvoll.

Seite 596

Geschäftsprozesse

Sie stellen kaufmännische und technische Abläufe dar.

1. Stellen Sie Beispiele der Aufgabengliederung dar
   a) aus dem Vertriebsbereich,
   b) aus dem Personalbereich.
2. Gliedern Sie den Arbeitsablauf für den Gesamtprozess »Bearbeitung eingehender Materiallieferungen«.
   Anleitung: Teilprozesse sind die Bearbeitung des Schriftgutes (Lieferschein, Frachtbrief, Rechnung) und die Materialannahme (auspacken, prüfen, einlagern).
3. Ordnen Sie die Begriffe Arbeitszeitstudie, Arbeitsreihenfolge, Terminüberwachung, Zeitmessung und Verkettung von Teilarbeiten den Tätigkeitsbereichen Zeitfolge-, Zeitdauer- und Zeitpunktbestimmung zu.
4. Entwerfen Sie ein Arbeitsablaufdiagramm für die Bearbeitung einer Eingangsrechnung.
5. »Wer plant, handelt zielstrebiger. Wer nicht plant, ist ein Verschwender.« Suchen Sie nach Beispielen aus Ihrem Erfahrungsbereich, um diese Behauptung zu begründen.
6. Warum bemüht man sich, die Planung berechenbar zu machen?
7. Um organisatorische Lösungen der Ablauforganisation grafisch festzuhalten, nutzt man
   a) Arbeitsablaufdiagramme,
   b) Balkendiagramme,
   c) die Netzplantechnik.

   Ordnen Sie die grafischen Darstellungsmöglichkeiten den nachfolgenden Beschreibungen zu:
   1. Die Urlaubszeit der Mitarbeiter soll aufeinander abgestimmt und grafisch dargestellt werden.
   2. Bei einem Bauprojekt sind die einzelnen Vorgänge gleichzeitig und nacheinander aufzuführen und mit ihren zeitlichen Abhängigkeiten darzustellen.
   3. Der Arbeitsplatz einer Sekretärin ist neu zu organisieren. Die bisherigen Arbeitsabläufe sind zunächst zu erfassen.
   4. Die einzelnen Tätigkeiten eines Arbeitsprozesses werden durch unterschiedliche Symbole gekennzeichnet.
   5. Mit dieser Darstellung lässt sich die Auslastung von Maschinen und anderen Betriebsmitteln planen.
   6. Ein Kreuzfahrtschiff soll in einer Werft in Hamburg generalüberholt werden. Es sind 4.500 Einzelvorgänge aufeinander abzustimmen.

8 Arbeits- und Sozialwelt der Unternehmung

8.1 Personalwesen

8.1.1 Personalplanung, Personalbeschaffung, Personalauswahl

Personalplanung

Unter dem **Personalbedarf** eines Unternehmens ist die Gesamtheit an Arbeitskräften zu verstehen, die zur Wahrnehmung aller Aufgaben in dem betreffenden Unternehmen benötigt werden.

Die **Personalplanung** hat die Aufgabe, den Personalbedarf nach dem **zeitlichen Einsatz,** der **Eignung und der Zahl der Mitarbeiter** sowie dem **örtlichen Einsatz** langfristig festzulegen.

Aus dieser Definition ergibt sich die **Grundfrage der Personalplanung:**

- Wie viele Mitarbeiter **(quantitative Personalplanung),**
- mit welchen Qualifikationen **(qualitative Personalplanung),**
- an welchen Orten **(örtliche Personalplanung),**
- wann und wie lange **(zeitliche Personalplanung)**

werden voraussichtlich benötigt, damit die Unternehmensaufgaben effizient bewältigt werden können? Hierbei hat das Unternehmen u.a. Änderungen der Produktionsprogrammpolitik, des Umsatzes, der Arbeitszeit sowie Rationalisierungsmaßnahmen zu berücksichtigen.

► Quantitative Personalplanung

Hierbei unterscheidet man:

a) Neubedarf, z. B. bei Errichtung eines Zweigwerkes,

b) Zusatzbedarf, z. B. bei Produktionsausweitung,

c) Ersatzbedarf, z. B. bei Kündigung, Erreichen der Altersgrenze, innerbetriebliche Versetzung.

► Qualitative Personalplanung

Hierbei unterscheidet man, ob

a) ungelernte Arbeitskräfte, z. B. Kräfte für Gelegenheitsarbeiten,

b) angelernte Arbeitskräfte, z. B. kurzfristig ausgebildete Hilfskräfte für das Lager,

c) ausgebildete Arbeitskräfte, z. B. Industriekauffrau, Industriekaufmann,

d) hochqualifizierte Arbeitskräfte, z. B. Spezialisten für Informationstechnik

eingestellt werden.

▶ Örtliche Personalplanung

Beim örtlichen Einsatz kann man unterscheiden nach

a) innerbetrieblichen Mitarbeitern, z. B. in der Verwaltung oder in der Fertigung,

b) außerbetrieblichen Mitarbeitern, z. B. Angestellter im Außendienst.

▶ Zeitliche Personalplanung

Hierbei unterscheidet man

a) Stellenausbau, z. B. Errichtung eines Zweigwerkes zum 1. August,

b) Stellenabbau, z. B. Auslagerung der Buchführung,

c) Fluktuation, z. B. Kündigung durch einen Mitarbeiter,

d) Ausfallzeit, z. B. Elternzeit.

BetrVG § 92

Der Arbeitgeber muss den Betriebsrat über die Personalplanung umfassend informieren und mit ihm die Art und den Umfang der erforderlichen Maßnahmen besprechen. Dabei kann der Betriebsrat dem Arbeitgeber Vorschläge machen.

Personalbeschaffung

Die **Personalbeschaffung** hat die Aufgabe, die vom Unternehmen **benötigten Arbeitskräfte** in *qualitativer, quantitativer, örtlicher und zeitlicher Hinsicht* **rechtzeitig bereitzustellen.**

Seite 174

▶ Stellenbeschreibung

▶ Personalbeschaffungswege

Die Personalbeschaffungswege lassen sich in **interne** (innerbetriebliche) Personalbeschaffung und **externe** (außerbetriebliche) Personalbeschaffung unterscheiden.

a) Interne Personalbeschaffung. Für alle Stellen, die mit **Betriebsangehörigen** besetzt werden können, müssen Arbeitskräfte im Unternehmen ausgebildet werden. Wenn mit der Besetzung einer neuen Stelle ein Aufstieg verbunden ist, werden solche Stellen innerbetrieblich ausgeschrieben, um qualifizierte Mitarbeiter anzusprechen und zu gewinnen.

Mit der Beförderung eines Arbeitnehmers zeigt die Unternehmensleitung an, dass sie mit der Arbeit ihres Mitarbeiters zufrieden ist und ihm erweiterte Aufgaben zutraut. Haben Arbeitnehmer die Aussicht, im Unternehmen befördert zu werden, sind sie in der Regel bereit, langfristig ihren beruflichen Werdegang mit den Interessen des Unternehmens bzw. der Unternehmensleitung zu koppeln.

Dies tun sie deshalb, weil eine Beförderung ihre materiellen Interessen befriedigt (höheres Gehalt, Gewinnbeteiligung). Bei vielen Arbeitnehmern fallen die immateriellen Interessen aber viel stärker ins Gewicht, denn eine Beförderung trägt dem Streben nach Selbstverwirklichung Rechnung (privates und berufliches Prestige).

Meist werden die Beförderung von Betriebsangehörigen und die Besetzung freier Stellen mit neuen Arbeitnehmern in einem angemessenen Verhältnis kombiniert, wobei in vielen Betrieben dem innerbetrieblichen Aufstieg der Vorzug eingeräumt wird (Nachwuchsschulung, interne Karriereplanung).

b) Externe Personalbeschaffung. Für alle Stellen, die nicht mit Betriebsangehörigen besetzt werden können oder sollen, müssen **Arbeitskräfte von außen** geworben werden.

Stellen können beispielsweise nicht besetzt werden, wenn es sich um Arbeiten handelt, die die Betriebsangehörigen nicht übernehmen wollen (Hilfsarbeitertätigkeit) oder nicht übernehmen können, weil es keine geeigneten Mitarbeiter gibt (Administration des Netzwerkes).

Stellen sollen nicht mit Betriebsangehörigen besetzt werden, weil diese für nicht geeignet gehalten werden oder weil befürchtet wird, dass infolge von »Betriebsblindheit« der Arbeitsvorgang nicht nach neuesten Erkenntnissen durchgeführt wird.

Instrumente der externen Personalbeschaffung: Personalanzeige (z. B. in Printmedien, im Internet), Personalleasing, Personalberater (Head Hunter), Agenturen für Arbeit, Anschläge am Werkstor, Kontaktpflege (Hochschulen, Kammern, Mitarbeiter), Beschäftigung von Praktikanten bzw. Diplomanden.

Personalauswahl

> Die **Personalauswahl** hat die Aufgabe, aus den eingehenden Bewerbungen zum **richtigen Zeitpunkt** die **richtige Anzahl qualifizierter Mitarbeiter** auszuwählen.

Um nicht in der Flut von eingehenden Bewerbungsunterlagen unterzugehen oder den Überblick zu verlieren, empfiehlt sich bei der Personalauswahl eine strukturierte Vorgehensweise:

1. Schritt: Erstellen eines Anforderungsprofils

Das Anforderungsprofil ist Grundlage für die Ausschreibung, strukturiert die Auswertung der Bewerbungsunterlagen, ist Leitfaden für das Bewerbungsgespräch und letztendlich der zu treffenden Personalentscheidung. Ziel ist es, durch einen Vergleich zwischen den Erwartungen an die Bewerber und der tatsächlichen Bewerberqualifikation eine höchstmögliche Übereinstimmung zu erreichen.

2. Schritt: Bewerbungsunterlagen auswerten

Auf der Basis der vorher festgelegten Anforderungen an den neuen Mitarbeiter und dessen zukünftigen Aufgaben werden die schriftlichen Bewerbungen ausgewertet, Lebensläufe studiert und Zeugnisse interpretiert. Ziel hierbei ist es, eine Vorauswahl zu treffen, um die Anzahl der Vorstellungsgespräche in Grenzen zu halten.

3. Schritt: Das Vorstellungsgespräch

In dem Vorstellungsgespräch geht es darum, im persönlichen Kontakt Eindrücke über die Persönlichkeit, die Kenntnisse und Fähigkeiten, die Vorstellungen des Bewerbers über seine berufliche Tätigkeit und Entwicklung und über dessen Motivation im unmittelbaren Kontakt zu erhalten.

4. Schritt: Testverfahren

Viele Unternehmen führen neben dem Vorstellungsgespräch unterschiedliche Typen von Testverfahren durch. Diese Tests sind aber nie allein ausschlaggebend für die Einstellung, sondern sie sollen in Zusammenhang mit den anderen Informationen über den Bewerber die Personalauswahl untermauern. Drei der häufigsten Verfahren sind:

- **Assessment-Center.** Ein Assessment-Center ist eine vielschichtige, gleichzeitige Beurteilung mehrerer Kandidaten (Teilnehmer) durch verschiedene Beobachter unter Einsatz unterschiedlicher Beurteilungsmethoden.
- **Intelligenztests.** Hier wird versucht, die intellektuelle Leistungsfähigkeit (sprachliches und praktisch-rechnerisches Denkvermögen, Kombinations-, Abstraktions- und Vorstellungsfähigkeit) zu bestimmen.
- **Persönlichkeitstests.** Sie werden eingesetzt, um Informationen über verschiedene Persönlichkeitsmerkmale erfassbar zu machen.

  Die Persönlichkeitsmerkmale, die erfasst werden, sind je nach Test durchaus unterschiedlich. Möglich sind z.B. die Verhaltensdimensionen Aggressivität, Interessen, Depressivität, Dominanzstreben oder Kontaktverhalten.

5. Schritt: Auswahl der geeigneten Mitarbeiter/in

Für die Auswertung des Gesprächs bzw. der Testverfahren sollte sich der Einstellende angemessen Zeit lassen. Je gründlicher die definierten Anforderungen mit den Auswertungen der Bewerbungsunterlagen und den Eindrücken des Vorstellungsgesprächs abgeglichen werden, desto geringer ist die Gefahr einer personellen Fehlentscheidung.

Die freie Auswahl des geeigneten Mitarbeiters durch die Unternehmensführung wird durch die **Rechte des Betriebsrates** eingeschränkt. Er kann verlangen, dass Arbeitsplätze, die besetzt werden sollen, innerhalb des Betriebes ausgeschrieben werden. Der Betriebsrat kann seine Zustimmung zu einer Einstellung verweigern, wenn keine innerbetriebliche Ausschreibung stattgefunden hat. Der Arbeitgeber ist jedoch nicht verpflichtet, den innerbetrieblichen Bewerber vorzuziehen.

BetrVG §§ 93 ff.

8.1.2 Mitarbeiterbeurteilung

Sie hat besondere Bedeutung bei der Einstellung bzw. Beförderung von Arbeitnehmern. Auch bei Umbesetzung und Entlassung ist die richtige Personalbeurteilung wichtig.

Bei der Beurteilung sind folgende **Verfahren** möglich:

a) Freie Beurteilung. Hier wird die *allgemeine* Leistungsfähigkeit und die Persönlichkeit des Beurteilten aufgrund des Gesamteindrucks beurteilt. Dieses Verfahren hat den Nachteil, dass allein der persönliche Eindruck des Beurteilers entscheidend ist.

Leistungsbeurteilung für Angestellte – Beurteilungsbogen

(bitte entsprechende Bewertungsstufe kennzeichnen)

Name: *Wendt, Erika* Abteilung: *Finanzbuchhaltung*

Beurteilungsmerkmale	Gewichtung	Bewertungsstufen				
		1 entspricht selten	2 entspricht im Allgem.	3 entspricht voll	4 liegt über	5 liegt weit über
		der Erwartung				
1. Anwendung von Kenntnissen Beweglichkeit im Denken, Erkennen des Wesentlichen, gezeigte Selbstständigkeit	1	1	(2)	3	4	5
2. Arbeitseinsatz Eigeninitiative, Ausdauer, Zuverlässigkeit	1	1	2	3	(4)	5
3. Quantität der Arbeit Umfang bzw. Menge der erzielten Arbeitsergebnisse	1	1	(2)	3	4	5
4. Arbeitsqualität Arbeitsgenauigkeit und Fehlerfreiheit des Arbeitsergebnisses	2	2	4	6	(8)	10
5. Zusammenarbeit Zusammenarbeit mit Mitarbeitern, Vorgesetzten und Untergebenen	2	2	4	(6)	8	10

Datum: *27. März 2012*
Beurteilter: *E. Wendt*

Summe der Punkte (max. 35 P.): *22*
Datum: *26. März 2012*
Abteilungsleiter: *Schmieder*

b) Kennzeichnungs- und Einstufungsverfahren. Durch dieses Verfahren versucht man, die Beurteilung in der Weise zu objektivieren, dass man Material verwendet, das sich auf Arbeitsergebnisse stützt.

Der *Vorteil* hierbei ist, dass der Beurteiler für alle Mitarbeiter genau vorgegebene Beurteilungskriterien kennzeichnet (Checkliste) bzw. den Beurteilten einstufen oder benoten muss. Solche Beurteilungskriterien sind u.a. Vorbildung, berufliche Ausbildung, fachliche Kenntnisse und Erfahrungen, Aufgabenerfüllung, Durchsetzungsvermögen, Zuverlässigkeit, Fähigkeit zur Führung von Mitarbeitern, Verhandlungsgeschick, Bereitschaft zur Fortbildung, Verhalten zu Vorgesetzten und Mitarbeitern. Dadurch wird die Beurteilung nachprüfbar.

Der *Nachteil* ist, dass es generell anerkannte Merkmale nicht gibt und dass sich das gleiche Beurteilungsschema nicht für alle Leitungsebenen eignet.

Bei Beurteilungen treten meist folgende Fehler auf:

1. Vorurteile bezüglich eines Bewertungsmerkmals werden auf alle anderen Merkmale übertragen (ein unpünktlicher Mitarbeiter kann nicht gut sein).
2. Die Tendenz zum mittleren bzw. nachsichtigen Urteil, weil der Bewerter unsicher ist und sich nicht zur Rechenschaft ziehen lassen will.

Da der Arbeitnehmer das Recht hat, eine Erörterung seiner Leistungsbeurteilung zu verlangen, wird sich daraus ein **Beurteilungsgespräch** ergeben. In ihm werden die Ergebnisse besprochen und ausgewertet. BetrVG § 82

8.1.3 Führungsstile und Führungstechniken

Führungsstile

Der Führungsstil ist die Art und Weise, wie der Vorgesetzte seine Mitarbeiter anhält, im Rahmen ihrer Zuständigkeit für das Unternehmen zu arbeiten.

Die Wahl des Führungsstils ist eine Grundsatzentscheidung der Unternehmensleitung. Sie hat ausschlaggebende Bedeutung für die optimale Kombination aller Produktionsfaktoren.

► Autoritärer Führungsstil

Der Unternehmer oder sein Stellvertreter (obere Leitung) *trifft alle Entscheidungen in eigener Verantwortung und aus eigener Machtvollkommenheit.* Die Ausführung dieser Entscheidungen veranlasst er in Form von detaillierten Anweisungen an alle nachgeordneten Leitungsebenen. Um die Durchführung seiner Weisungen zu überwachen, muss der Vorgesetzte die Tätigkeit seiner Mitarbeiter lückenlos kontrollieren und jeweils die Vollzugsmeldung seiner Weisungen verlangen. Jede Abweichung von den Weisungen bedarf seiner Zustimmung.

Die **Zentralisation** der Entscheidung und Anweisungen auf die obere Leitungsinstanz lähmt das Verantwortungsbewusstsein, die Entscheidungsfreude und die schöpferischen Kräfte der Mitarbeiter. Damit wird aber auch die Förderung geeigneter Führungskräfte vernachlässigt.

Eine zentralisierte Führung ist einerseits zwar in der Lage, dringende Entscheidungen in kritischen Situationen sehr rasch zu treffen; die Überlastung der oberen Leitungsebene mit Routinearbeiten führt jedoch andererseits zu einem schwerfälligen Betriebsablauf.

Beim **bürokratischen Führungsstil** beruht die autoritäre Führung auf dem Grundsatz der Gleichbehandlung aller Geführten (»ohne Ansehen der Person«). Durch ein System von Vorschriften, Dienstanweisungen und Formularen werden sowohl die Geführten als auch die Führenden reglementiert. Dieser Führungsstil ist nicht nur in der öffentlichen Verwaltung, sondern auch in Großbetrieben anzutreffen.

► Kooperativer Führungsstil

Im Gegensatz zum autoritären Führungsstil *trifft die obere Leitung die Entscheidungen im »Zusammenwirken« mit den Mitarbeitern* (Partnerschaft). Die Aufgabenerfüllung wird dezentralisiert und den Mitarbeitern eigenverantwortlich zur Durchführung übertragen. Der kooperative Führungsstil weist folgende Hauptmerkmale auf:

- Die **Dezentralisation** auf alle Leitungsebenen fördert das Verantwortungsbewusstsein und die Entscheidungsfreude. Sie begünstigt den Arbeitseinsatz und die Entfaltung der Persönlichkeit der Mitarbeiter.
- Die obere Leitung wird von untergeordneten Leitungsaufgaben und von Routinearbeiten entlastet; sie kann sich auf die eigentliche Führungsaufgabe konzentrieren.
- Die Mitarbeiter müssen außer Eigeninitiative auch die Bereitschaft zur Selbstkontrolle entwickeln.

Führungstechniken

Gesellschaftliche und wirtschaftliche Entwicklungen führen dazu, dass der kooperative Führungsstil ständig an Bedeutung gewinnt. Auf diesem Führungsstil beruhen verschiedene Führungstechniken.

▶ Führen nach dem Ausnahmeprinzip

Wenn die übergeordneten Führungsorgane die Erledigung von Routinefällen den zuständigen Mitarbeitern zur eigenverantwortlichen Entscheidung überlassen und sich nur die eigene Entscheidung in Ausnahmefällen vorbehalten, spricht man von **Management by Exception** (engl. exception = Ausnahme). Die Mitarbeiter erhalten Vorgabewerte.

Beispiel: Die Verkaufsmanagerin erhält Vollmacht zur Verhandlungsführung bis zu 100.000 EUR.

▶ Führen durch Zielvereinbarung

Im Rahmen *gemeinsam* festgelegter Ziele wird den nachgeordneten Mitarbeitern Entscheidungsspielraum gelassen, wie sie die Ziele verwirklichen wollen. Von der oberen Leitungsebene wird durch **Management by Objectives** (engl. objectives = Ziele) nicht die Entscheidung der Mitarbeiter, sondern nur das Ergebnis ihrer Arbeit überwacht.

Beispiel: Der Verkaufsmanager hat einen Jahresumsatz von 5 Millionen EUR zu erreichen.

▶ Führen durch Delegieren

Management by Delegation (engl. delegation = Übertragung) führt zur eigenverantwortlichen Erledigung von Aufgaben durch die Mitarbeiter. Dies erfordert eine eindeutige Zuteilung der Aufgabe und eine klare Abgrenzung der Kompetenzen.

Beispiel: Der Personalsachbearbeiter hat Einstellungsbefugnis für Mitarbeiter bis 3.000 EUR monatliches Bruttogehalt.

Seiten 148, 157

Eine Sonderform des Managements by Delegation ist das **Lean Management.** Hierbei wird durch *Vereinfachung von Arbeitsabläufen und durch Delegation von Verantwortung* in die unteren Führungsebenen eine Verflachung von Hierarchien (Verringerung von Führungsebenen) angestrebt. Durch die *Verschlankung von Strukturen, eine Beschleunigung von Arbeitsabläufen* und durch Teamarbeit soll eine fortwährende Verbesserung für alle Bereiche und Funktionen eines Betriebes erreicht werden. Dieser Begriff des **Kontinuierlichen Verbesserungsprozesses** (KVP) kommt aus dem Japanischen, wo er als **Kaizen** (Kai = Weg, Zen = zum Guten) bezeichnet wird.

8.1.4 Grundsätze der Menschenführung

Ein Unternehmen ist nicht nur ein wirtschaftliches, sondern auch ein soziales Gebilde. Wie bei der Leistungserstellung die wirtschaftlichen Grundsätze beachtet werden müssen, so gelten für die menschlichen Beziehungen die gesellschaftlichen Grundsätze und Umgangsformen, wie Achtung der Menschenwürde und der Privatsphäre, gerechte Behandlung, kollegiales Verhalten, Hilfsbereitschaft.

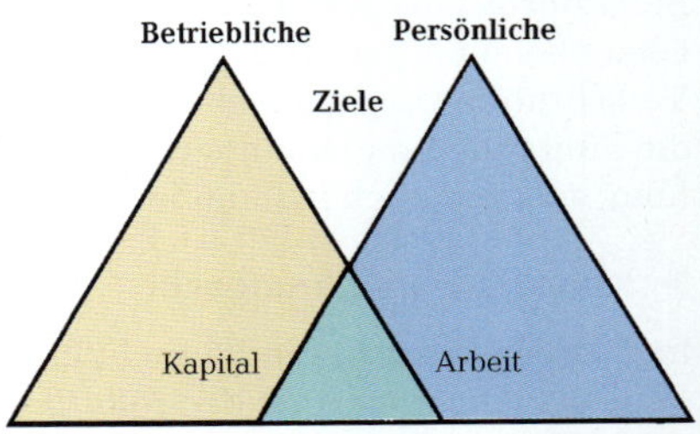

Da die Mitarbeiterinnen und Mitarbeiter das größte Vermögen sind, das ein Unternehmen besitzt, muss die Unternehmensleitung versuchen, die persönlichen Ziele der Arbeitnehmer mit den betrieblichen Zielen in Einklang zu bringen.

Der Erfolg eines Unternehmens ist umso größer, je mehr es gelingt, die persönlichen Ziele mit den betrieblichen Zielen in Einklang zu bringen **(Corporate Identity).**

Betriebsklima

Als Betriebsklima bezeichnet man die Gesamtheit aller betrieblichen Faktoren, die auf den arbeitenden Menschen fördernd oder hemmend wirken.

Optimale Arbeitsbedingungen werden vor allen Dingen geschaffen

- durch gute zwischenmenschliche Beziehungen bei Vorgesetzten und Mitarbeitern sowie bei Mitarbeitern untereinander,
- durch gerechte Arbeitsbewertung und damit gerechte Entlohnung, durch gute Arbeitsplatzgestaltung, Pausenregelung und Festlegung der Arbeitszeit in Zusammenarbeit mit dem Betriebsrat.

Pflege der menschlichen Beziehungen

Der Personalverwaltung fällt die Aufgabe zu, die menschlichen Beziehungen **(Human Relations)** zwischen den Vorgesetzten und Mitarbeitern, zwischen den Arbeitnehmern untereinander sowie zwischen dem Betrieb und anderen sozialen Gebilden zu beachten und zu pflegen.

a) **Pflege der menschlichen Beziehungen zwischen Mitarbeitern und Vorgesetzten.** Das soziale Klima im Betrieb ist entscheidend davon abhängig, inwieweit die gegenseitigen Erwartungen von den Mitarbeitern und Vorgesetzten erfüllt werden.

1. **Die Mitarbeiter erwarten vom Vorgesetzten** einen kooperativen Führungsstil. Hierzu zählen Achtung der Persönlichkeit, Beachtung und Anerkennung ihrer Leistung, angemessene Unterrichtung, Mitwirkung und Mitbestimmung in wirtschaftlichen, personalen und sozialen Angelegenheiten, Sicherung der Existenz durch angemessene Einkommen und soziale Leistungen, zweckmäßige und angenehme Arbeitsbedingungen. Die Haltung des Vorgesetzten bestimmt auch meist das Verhalten der Mitarbeiter und den Umgangston im Betrieb.
2. **Der Vorgesetzte erwartet von seinen Mitarbeitern** sorgfältige Arbeitserfüllung, denn der Betrieb als wirtschaftliches Gebilde kann nur durch Leistung bestehen. Weiterhin erwartet er Bereitschaft zur Übernahme von Verantwortung gegenüber Mitarbeitern und Betriebsmitteln sowie die Wahrung von berechtigten Interessen des Unternehmens gegenüber der Öffentlichkeit.

Mittel der Menschenführung im Betrieb sind genaue Anweisungen sowie die vertrauensvolle und sachliche Zusammenarbeit in den partnerschaftlichen Organen des Unternehmens.

b) **Pflege der menschlichen Beziehungen unter den Arbeitnehmern.** Das gegenseitige Verständnis und Vertrauen unter den Arbeitnehmern ist ebenfalls eine wichtige Voraussetzung für ein gutes Betriebsklima. Die Personalabteilung darf deshalb bei der Zusammenstellung von Arbeitsgruppen **(formelle Gruppen)** oder bei der Besetzung von Arbeitsplätzen nicht nur auf die Leistungsfähigkeit sehen, sondern sollte auch Gruppierungen berücksichtigen, die durch menschliche Beziehungen bestehen **(informelle Gruppen).** Hier spielen z. B. gegenseitige Sympathie, gemeinsame Interessen, gleiche Herkunft, gleiche Arbeit, politische Überzeugungen eine wesentliche Rolle.

Weitere Möglichkeiten der Vertiefung bilden Betriebsausflüge, gemeinsame Theaterbesuche, Betriebsfeiern, Betriebssport, Ferienheime, Betriebszeitschriften.

c) **Pflege der menschlichen Beziehungen zu anderen sozialen Gebilden und zur Öffentlichkeit (Public Relations).** Möglichkeiten, diese Beziehungen zu pflegen, sind

- Verteilung von Betriebszeitschriften, gegenseitige Betriebsbesichtigungen, Betriebssport;
- Spenden und Errichtung von Stiftungen für öffentliche, wissenschaftliche und soziale Zwecke;
- Übernahme von öffentlichen Ämtern, Mitarbeit in Vereinen, Berichte über Betriebsveranstaltungen in Zeitungen und Zeitschriften;
- Maßnahmen zum Umweltschutz.

Seite 270

8.1.5 Personalentwicklung

Trotz verstärkten Einsatzes technischer Mittel ist der Mensch der wichtigste Leistungsfaktor im Unternehmen. Ohne tüchtige Mitarbeiterinnen und Mitarbeiter kann kein Unternehmen aufgebaut und ausgebaut werden. Qualifiziertes Personal ist die treibende Kraft des betrieblichen Erfolges. Deshalb ist die **Personalentwicklung** wesentliche Voraussetzung für die unternehmerische Leistungsfähigkeit. Die Personalabteilung hat entsprechende Maßnahmen zu planen, damit die individuellen Kenntnisse und Fertigkeiten aller Mitarbeiter entwickelt bzw. eingesetzt werden können.

Bei der **Personalentwicklung** werden alle Maßnahmen **geplant,** damit

- der qualitative und quantitative Bestand des Personals gesichert wird,
- Nachwuchskräfte ausgebildet werden,
- die Mitarbeiterqualifikation erhalten und verbessert wird.

Personalentwicklungsinstrumente sind z. B.

- Unterweisung am Arbeitsplatz (Training on the Job),
- Vortrag, Fallstudie, Rollenspiel (Training off the Job).

Personalentwicklung durch betriebliche Maßnahmen

Dazu zählen die **Berufsausbildung** und die **betriebliche Fortbildung.**

Seite 196

▶ Berufsausbildung

▶ Fortbildung

Bildungsmaßnahmen, die erforderlich werden, um die **Qualifikation** von Mitarbeitern an die **veränderten Anforderungen im Beruf anzupassen,** nennt man **Fortbildung.**

Viele Unternehmen beschaffen sich höher qualifizierte Arbeitskräfte durch Aus- und Fortbildung im Betrieb. Hierbei werden Aus- und Fortbildungsmaßnahmen so kombiniert, dass diese zum Teil in der Arbeitszeit, zum Teil aber auch in der Freizeit durchgeführt werden. Dadurch wird vom Mitarbeiter die Bereitschaft zur Fortbildung demonstriert, und das Unternehmen kann aus diesem Kreis Mitarbeiter für Führungsfunktionen gewinnen.

Personalentwicklung durch außerbetriebliche Maßnahmen

Bildungsmaßnahmen, die erforderlich werden, um die Mitarbeiter **für eine andere Berufstätigkeit zu qualifizieren,** nennt man **Umschulung (Weiterbildung).**

Umschulung kann notwendig sein, wenn

- eine Arbeitsstelle wegen der Einschränkung oder Auslagerung einer betrieblichen Aufgabe wegfällt.

  Beispiel: Die Buchhaltung eines kleineren Betriebes wird einem Steuerberater übertragen.

- Mitarbeiter den Anforderungen des Berufes nicht mehr genügen.

  Beispiel: Die Lohnbuchhaltung wird auf DV umgestellt. Die bisherigen Mitarbeiter besitzen nicht die erforderlichen DV-Kenntnisse.

Die Umschulung kann durch Kurse außerhalb des Betriebes erfolgen (IHK, Volkshochschule, REFA-Verband, Gewerkschaft, private Schulungsträger).

Die **Umschulungsförderung** soll Arbeitsuchenden die Teilnahme an solchen Maßnahmen ermöglichen, die den Übergang in eine andere geeignete berufliche Tätigkeit vorbereiten oder verwirklichen helfen und damit die berufliche Beweglichkeit sichern und verbessern. Gewährt werden Zuschüsse und Darlehen während der Umschulung und Einarbeitungszuschüsse, wenn die volle Leistung am neuen Arbeitsplatz erst nach einer gewissen Einarbeitungszeit erreicht werden kann und die Arbeitnehmer vor Beginn der Einarbeitung arbeitslos werden oder von Arbeitslosigkeit bedroht sind.

1. Warum ist es für das Unternehmen sehr wichtig, den Personalbedarf langfristig zu planen?
2. Im neuen Tarifvertrag wird die Arbeitszeit verkürzt. Diskutieren Sie die Auswirkungen für die Personalplanung.
3. Erläutern Sie die Vorgehensweise bei der quantitativen bzw. qualitativen Personalplanung in einem Unternehmen.
4. Ermitteln Sie den Personalbedarf eines Unternehmens nach folgenden Daten: Bestand: 21 Mitarbeiter; dieser soll auf 25 Mitarbeiter aufgestockt werden. Vier Auszubildende machen im Laufe des nächsten Vierteljahres ihre Abschlussprüfung; drei Mitarbeiter gehen in den Ruhestand; es liegen von zwei Sachbearbeiterinnen ärztliche Atteste vor, dass sie schwanger sind; zwei Mitarbeiterinnen kommen in den nächsten Wochen aus der Elternzeit zurück.

   Wie viele Mitarbeiterinnen und Mitarbeiter werden zusätzlich noch gebraucht?
5. Die IT-Consult GmbH entwickelt Softwarelösungen für mittelständische Unternehmen. Für das nächste Geschäftsjahr ist in verschiedenen Abteilungen eine Kapazitätsausweitung geplant. Die Personalbedarfsplanung hat ergeben, dass folgende Arbeitskräfte beschafft werden müssen: 1 Softwareentwickler, 2 Fachinformatiker zur Programmierung, 1 kaufmännische Angestellte für die Lohn- und Gehaltsabrechnung, 4 Informatikkaufleute.

   Alle offenen Stellen werden ins Internet gestellt. Der Softwareentwickler und die Fachinformatiker werden zusätzlich mithilfe einer Stellenanzeige in der regionalen Presse gesucht.
   a) Erläutern Sie Gründe, warum für die gesuchten Arbeitskräfte unterschiedliche Personalbeschaffungswege beschritten werden.
   b) Nennen Sie weitere Möglichkeiten der Personalbeschaffung.
   c) Erläutern Sie Gründe, warum ein Unternehmen versucht, eine offene Stelle häufig mit Mitarbeitern aus dem eigenen Unternehmen zu besetzen.
   d) Entwerfen Sie eine Stellenbeschreibung für kaufmännische Angestellte im Bereich Lohn- und Gehaltsabrechnung.
   e) Für die Softwareentwicklerstelle gehen mehrere Bewerbungen ein. Sammeln Sie Informationsgrundlagen, die bei der Personalauswahl zu berücksichtigen sind.
6. Worin besteht der Unterschied zwischen der freien Beurteilung und dem Einstufungsverfahren?
7. Ordnen Sie die Beurteilungskriterien des Einstufungsverfahrens in der Reihenfolge, wie sie Ihnen am wichtigsten erscheinen.
8. Bei welchen Anlässen erscheint Ihnen eine Beurteilung besonders wichtig? Begründen Sie Ihre Entscheidung.
9. Welche Vor- und Nachteile ergeben sich, wenn der Beurteiler mit dem Mitarbeiter die Ergebnisse der Leistungsbeurteilung besprechen muss?
10. In einem Restaurant hängt ein Schild: »Wenn Sie zufrieden sind, sagen Sie es den anderen; wenn Sie unzufrieden sind, sagen Sie es uns!« Hat dieser Spruch auch bei der Personalbeurteilung seine Bedeutung?
11. Nennen Sie die Vor- und Nachteile des
    a) autoritären Führungsstils,
    b) kooperativen Führungsstils.
12. Warum ist bei Großbetrieben oft der bürokratische Führungsstil anzutreffen?
13. Welchen Vorteil haben die drei Führungstechniken für die Unternehmensleitung?
14. Der Filialleiter eines Computervertriebsunternehmens erhält die Zusage, einen zusätzlichen Mitarbeiter einstellen zu dürfen, wenn seine Filiale einen Jahresumsatz von 10 Mio. EUR erreicht.

    Stellen Sie fest, um welche Führungstechnik es sich handelt.
15. Manchen Menschen sind Anerkennung und Verständnis wichtiger als eine Gehaltserhöhung. Erläutern Sie diese These.
16. Warum hängt das Betriebsklima entscheidend von den Erwartungen der Vorgesetzten und Mitarbeiter ab?

8.2 Rechtsstellung der Mitarbeiter

8.2.1 Ausbildungsvertrag

Auszubildender im kaufmännischen Beruf ist, wer im Geschäftsbetrieb eines **kaufmännischen Unternehmens zur Erlernung kaufmännischer Dienste** tätig ist.

Abschluss des Berufsausbildungsvertrages

BBiG §§ 10 f. Der Berufsausbildungsvertrag wird zwischen dem *Ausbildenden* und dem *Auszubildenden* und seinem *gesetzlichen Vertreter* abgeschlossen. Er wird von diesen vor Beginn der Ausbildung unterzeichnet. Zur Genehmigung und Eintragung in das Verzeichnis der Berufsausbildungsverhältnisse ist der Berufsausbildungsvertrag vom Ausbildenden unmittelbar §§ 34 ff. nach Abschluss der Industrie- und Handelskammer vorzulegen. Nur wer in dieses Verzeichnis eingetragen ist, wird zur Zwischen- und Abschlussprüfung der IHK zugelassen.

§§ 14 ff. Pflichten des Ausbildenden (= Rechte des Auszubildenden)

a) **Ausbildung.** Der Ausbildende hat den Auszubildenden in allen beim Betrieb des Geschäftes vorkommenden kaufmännischen Arbeiten selbst oder durch einen ausdrücklich damit beauftragten, persönlich und fachlich geeigneten Vertreter (Ausbilder) zu unterweisen. Die Ausbildung hat, planmäßig, zeitlich und sachlich gegliedert, die theoretischen Kenntnisse, praktischen Fertigkeiten und personalen Fähigkeiten (berufliche Handlungsfähigkeit) zu vermitteln, die zum Erreichen des Ausbildungszieles erforderlich sind. Die Ausbildung kann auch in geeigneten Einrichtungen außerhalb der Ausbildungsstätte durchgeführt werden. Er hat dem Auszubildenden kostenlos die Ausbildungsmittel zur Verfügung zu stellen, ihn zum Besuch der Berufsschule und zum Führen eines Ausbildungsnachweises anzuhalten und diesen durchzusehen.

§ 17 b) **Fürsorge.** Der Ausbildende muss dem Auszubildenden eine angemessene, mindestens jährlich ansteigende Vergütung zahlen und ihm den vertraglich bzw. gesetzlich zustehenden Urlaub gewähren. Darüber hinaus muss er ihn zur Sozialversicherung anmelden sowie die Beiträge dafür entrichten.

Er hat dafür zu sorgen, dass der Auszubildende charakterlich gefördert sowie gesundheitlich und sittlich nicht gefährdet wird.

§ 16 c) **Zeugnis.** Bei Beendigung der Ausbildung hat der Ausbildende ein schriftliches Zeugnis über die Art, die Dauer und das Ziel der Ausbildung sowie über die erworbenen beruflichen Handlungsfähigkeiten auszustellen. Auf Wunsch des Auszubildenden ist es auch auf Verhalten und Leistung auszudehnen.

(Infos zum Arbeitszeugnis unter http://www.arbeitszeugnis-info.de)

Pflichten des Auszubildenden (= Rechte des Ausbildenden)

§ 13 a) **Bemühung.** Der Auszubildende hat sich zu bemühen, die berufliche Handlungsfähigkeit zu erwerben, die erforderlich ist, um das Ausbildungsziel zu erreichen. Deshalb muss er die ihm im Rahmen der Berufsausbildung erteilten Aufgaben sorgfältig ausführen. Insbesondere hat er die Berufsschule regelmäßig und pünktlich zu besuchen und seinen Ausbildungsnachweis laufend zu führen.

UWG § 17 b) **Treue und Verschwiegenheit.** Der Auszubildende hat die Betriebsordnung zu beachten, die Vorteile des Geschäftes wahrzunehmen und über Geschäftsgeheimnisse (Bezugsquellen, Umsatz, Gehälter) Stillschweigen zu wahren. Ohne Einwilligung des Ausbildenden darf er weder ein eigenes Handelsgeschäft betreiben **(Handelsverbot)** noch im Geschäftszweig des Ausbildenden Geschäfte für eigene oder fremde Rechnung machen **(Wettbewerbsverbot).**

c) **Haftung.** Für die von ihm vorsätzlich angerichteten Schäden haftet der Auszubildende oder sein gesetzlicher Vertreter.

Ausbildungsdauer

Sie soll nicht mehr als drei und nicht weniger als zwei Jahre betragen. Sie kann auf Antrag durch die IHK verkürzt oder verlängert werden. BBiG §§ 5, 8

Eine verkürzte Ausbildungszeit ist allgemein üblich bei Auszubildenden, die das Zeugnis der Fachschul-, Fachhochschul- oder Hochschulreife besitzen.

Die Ausbildungszeit beginnt mit einer **Probezeit,** die mindestens einen Monat dauern muss, höchstens aber vier Monate dauern darf. Während dieser Zeit soll der Ausbildende feststellen, ob sich der Auszubildende körperlich, geistig und charakterlich für den gewählten Beruf eignet, und der Auszubildende, ob ihm der Beruf und die Ausbildungsstätte zusagen. Beide haben die Möglichkeit, während der Probezeit das Ausbildungsverhältnis jederzeit ohne Einhalten einer Kündigungsfrist zu kündigen. § 20 § 22

Beendigung des Ausbildungsverhältnisses §§ 21 ff.

Das Ausbildungsverhältnis endet nach der Probezeit

a) mit Ablauf der Ausbildungszeit;

b) vor Ablauf der Ausbildungszeit mit der Bekanntgabe des Ergebnisses der Abschlussprüfung der jeweiligen Kammer (z. B. IHK);

c) durch schriftliche Kündigung

   1. von **beiden Vertragspartnern** aus einem wichtigen Grund ohne Einhalten einer Kündigungsfrist **(fristlose Kündigung),** aber innerhalb von zwei Wochen nach Kenntnis der zur Kündigung berechtigenden Tatsachen;
   2. vom **Auszubildenden** mit einer Kündigungsfrist von vier Wochen, wenn er die Berufsausbildung aufgeben oder sich für eine andere Berufstätigkeit ausbilden lassen will. Der Kündigungsgrund ist anzugeben.

Wer den einseitigen Rücktritt verschuldet oder das Ausbildungsverhältnis nach Ablauf der Probezeit ohne Grund löst (Vertragsbruch), ist schadensersatzpflichtig. § 23

Beispiele:

1. Der Ausbildende kommt seiner Ausbildungspflicht nicht nach. Der Auszubildende tritt deshalb vom Vertrag zurück; schadensersatzpflichtig ist der Ausbildende.
2. Der Auszubildende verlässt mehrfach unbefugt seine Ausbildungsstelle. Der Ausbildende tritt deshalb vom Vertrag zurück und kann Schadensersatz fordern.

Wird der Auszubildende im Anschluss an das Ausbildungsverhältnis ohne vorherige ausdrückliche Vereinbarung weiter beschäftigt, so gilt ein Arbeitsverhältnis auf unbestimmte Zeit als begründet. § 24

8.2.2 Arbeitsvertrag (Kaufmännische Angestellte)

Jedem Arbeitsverhältnis liegt ein **Arbeitsvertrag** (auch Dienstvertrag genannt) zugrunde, durch den sich ein Arbeitnehmer einem Arbeitgeber gegenüber verpflichtet, gegen Entgelt bestimmte Dienste zu leisten.

Inhalt des Arbeitsvertrages

NachwG § 2 Alle Arbeitgeber sind verpflichtet, Mindestinhalte eines Arbeitsverhältnisses in einer **Niederschrift** festzuhalten. Diese muss spätestens einen Monat nach Arbeitsbeginn dem Arbeitnehmer ausgehändigt werden. Das Papier muss vom Arbeitgeber unterzeichnet sein.

Die Niederschrift muss mindestens enthalten:

- Name und Anschrift der Vertragsparteien,
- Zeitpunkt des Beginns des Arbeitsverhältnisses,
- bei befristeten Arbeitsverhältnissen: die vorhersehbare Dauer des Arbeitsverhältnisses,
- Arbeitsort,
- eine kurze Charkterisierung oder Beschreibung der vom Arbeitnehmer zu leistenden Tätigkeiten,
- Zusammensetzung und Höhe des Arbeitsentgelts einschließlich der Zuschläge, der Zulagen, Prämien und Sonderzahlungen sowie anderer Bestandteile des Arbeitsentgelts und deren Fälligkeit,
- vereinbarte Arbeitszeit sowie die Dauer des Erholungsurlaubs,
- Kündigungsfristen,
- einen Hinweis auf Tarifverträge und Betriebsvereinbarungen, die für das Arbeitsverhältnis Gültigkeit haben.

Rechte des kaufmännischen Angestellten (= Pflichten des Arbeitgebers)

HGB § 59 **a) Beschäftigung.** Der Arbeitgeber hat den Angestellten *gemäß dem Arbeitsvertrag* zu beschäftigen.

§ 64 **b) Vergütung.** Die Hauptvergütung besteht in einem festen Gehalt, das am Ende eines jeden Monats zu zahlen ist. Kürzere Zeiträume können vereinbart werden, längere dagegen nicht. Die Vergütung kann noch erhöht werden durch *Provisionen* (Verkäufer, Handlungsreisende), *Gewinnbeteiligung* (Geschäftsführer, Filialleiter) und *Gratifikationen*. Außerdem können Pensionszusagen gemacht werden. Während Provision, Gewinnbeteiligung und Pensionszusage vertraglich vereinbart sein müssen, besteht ein Anspruch auf Gratifikation auch dann, wenn eine solche branchenüblich ist oder längere Zeit ohne Vorbehalt gewährt wurde (Weihnachtsgratifikation, Bilanzgratifikation). Besteht für das Angestelltenverhältnis kein Tarifvertrag, so muss die Höhe der Vergütung im Arbeitsvertrag vereinbart werden. Ist jedoch ein Tarifvertrag vorhanden, so bestimmt er die Mindesthöhe der Vergütung.

EntgFG §§ 1, 3, 4 **c) Lohnfortzahlung.** Der Angestellte hat Anspruch auf 100 % der Vergütung, wenn er durch Krankheit seine Arbeit im Betrieb nicht ausüben kann. Der Anspruch besteht jedoch nicht länger als sechs Wochen.

d) Weiterbildung. Der Arbeitgeber hat dem Angestellten den ihm tariflich zustehenden *Bildungsurlaub* zu gewähren.

HGB § 62, BUrlG § 1 **e) Fürsorge.** Der Arbeitgeber hat die Pflicht, in seinem Betrieb auf die Erhaltung der Gesundheit des Angestellten zu achten, ihn zur *Sozialversicherung* anzumelden, die Beiträge dafür vom Gehalt abzuziehen und abzuführen und ihm den gesetzlich oder vertraglich zustehenden *Erholungsurlaub* zu gewähren.

BGB § 630 **f) Zeugnis.** Bei Beendigung des Arbeitsverhältnisses hat der Arbeitgeber ein Zeugnis über die Art und Dauer des Arbeitsverhältnisses **(einfaches Zeugnis)** auszustellen. Auf Wunsch des Arbeitnehmers ist es auch auf Führung und Leistung auszudehnen **(qualifiziertes Zeugnis).** Hierbei sind mindestens Angaben zu machen über die Arbeitsqualität und -quantität, die Arbeitssorgfalt und den Arbeitseinsatz sowie über das Verhalten und die Zusammenarbeit mit Kollegen und Vorgesetzten. Der Arbeitgeber haftet für Schäden aus unwahren Zeugnisangaben. Ein elektronisches Zeugnis ist ausgeschlossen.

Hat der Arbeitnehmer ein qualifiziertes Zeugnis gefordert, hat er keinen Anspruch mehr auf ein einfaches Zeugnis.

Pflichten des kaufmännischen Angestellten (= Rechte des Arbeitgebers)

a) **Dienstleistung.** Der Angestellte ist verpflichtet, die ihm übertragenen Arbeiten pünktlich, gewissenhaft und seinen Fähigkeiten entsprechend auszuführen. Die Art und Dauer der Tätigkeit richten sich nach dem Arbeitsvertrag. HGB § 59

b) **Weiterbildung.** Der Angestellte soll seine beruflichen Fähigkeiten und Fertigkeiten dem neuesten Stand der Entwicklung anpassen und ergänzende Kenntnisse auf neuen Gebieten erwerben.

c) **Treue und Verschwiegenheit.** Der Angestellte ist verpflichtet, über Geschäftsangelegenheiten zu schweigen, durch deren leichtfertige, absichtliche oder gar entgeltliche Mitteilung (Schmiergelder) an andere das Geschäft oder sein Inhaber geschädigt wird. UWG § 17

Dies gilt besonders für das Ausplaudern von Bezugsquellen, Einkaufspreisen, Kalkulationszuschlägen, Absatzgebieten, Umsätzen, Gehältern, Privatentnahmen, Gewinnen.

d) **Handels- und Wettbewerbsverbot.**

1. **Handelsverbot.** Der Angestellte darf ohne Einwilligung des Arbeitgebers kein eigenes Handelsgewerbe, auch nicht außerhalb des Geschäftszweiges des Arbeitgebers betreiben. HGB § 60 (1)

   Beispiel: Ein Buchhalter einer Maschinenfabrik darf ohne ausdrückliche oder stillschweigende Einwilligung seines Arbeitgebers nicht Inhaber eines Lebensmittelgeschäftes sein. Dies gilt auch, wenn das Geschäft von seiner Frau geleitet wird.

2. **Gesetzliches Wettbewerbsverbot.** Dem Angestellten ist es außerdem verboten, im Geschäftszweig des Arbeitgebers dauernd oder gelegentlich Geschäfte für eigene oder fremde Rechnung zu machen oder zu vermitteln, es sei denn, dass der Arbeitgeber seine ausdrückliche Einwilligung dazu gibt. § 60 (1)

   Beispiel: Der Einkäufer des Maschinenunternehmens A kauft für das Maschinenunternehmen B Rohstoffe gegen Zahlung einer Provision ein.

   Bei Pflichtverletzung des Angestellten hat der Arbeitgeber das Recht zur fristlosen Kündigung. Er kann gegebenenfalls Schadensersatz fordern. § 61

3. **Vertragliches Wettbewerbsverbot.** Soll ein Wettbewerbsverbot auch nach Beendigung des Arbeitsverhältnisses gelten, so bedarf dies der Schriftform. § 74

   Das Vertragliche Wettbewerbsverbot **(Konkurrenzklausel)** darf aber das berufliche Weiterkommen und die Wahl des künftigen Arbeitsplatzes nicht wesentlich erschweren. Das Verbot darf sich auf höchstens zwei Jahre erstrecken. Der Angestellte hat für die Dauer des Verbots das Recht auf eine angemessene Entschädigung.

Beendigung von Arbeitsverhältnissen

Befristete Arbeitsverhältnisse enden *ohne Kündigung*, wenn der Zeitpunkt der Beendigung schon bei Vertragsabschluss festgelegt wird (Aushilfsbeschäftigung, Praxissemester, Ferienarbeit). BGB § 620

Unbefristete Arbeitsverhältnisse können gelöst werden durch eine *Kündigung* oder einen *Aufhebungsvertrag*.

> Unter der **Kündigung** eines Arbeitsvertrages versteht man eine **einseitige Willenserklärung** des Arbeitgebers oder Arbeitnehmers, dass er das **Arbeitsverhältnis beenden** will.

Wer selbst vertragswidrig das Arbeitsverhältnis auflöst oder durch sein vertragswidriges Verhalten die Aufhebung des Arbeitsverhältnisses durch den anderen veranlasst, ist schadensersatzpflichtig.

Eine **Kündigung** seitens des Arbeitgebers ist **unwirksam,** wenn

BetrVG §§ 102 ff.
- die Anhörung des Betriebsrates nicht in der im Betriebsverfassungsgesetz vorgeschriebenen Form erfolgte oder

KSchG §§ 1 ff.
- die Kündigungsschutzbestimmungen nicht beachtet wurden.

► Ordentliche Kündigung

Bei einer ordentlichen Kündigung sind folgende Fristbestimmungen möglich:

BGB § 622
a) Allgemeine gesetzliche Kündigungsfrist. Sie beträgt 28 Tage. Die Kündigung kann zum 15. eines Monats oder zum Monatsende ausgesprochen werden. Sie muss schriftlich erfolgen und rechtzeitig zugegangen sein.

Beispiele:

späteste Kündigungstermine	3. Jan.	18. Jan.	31. Jan./ 1. Feb.	15./16. Feb.
Kündigungs-frist	28 Tage	28 Tage	28 Tage	28 Tage
Ende des Arbeitsverhältnisses	31. Jan.	15. Feb.	28./29. Feb.	15. März

b) Besondere gesetzliche Kündigungsfristen. Sie *gelten nur für den Arbeitgeber* bei langjährigen Mitarbeitern. Diese betragen, jeweils zum Monatsende, nach einer Beschäftigungsdauer von

2 Jahren: 1 Monat,
5 Jahren: 2 Monate,
8 Jahren: 3 Monate,
10 Jahren: 4 Monate,
12 Jahren: 5 Monate,
15 Jahren: 6 Monate,
20 Jahren: 7 Monate.

Beispiel: Eine 30-Jährige, die seit 10 Jahren im Betrieb ist, kann selbst am 3. Mai zum 31. Mai kündigen, der Arbeitgeber erst zum 30. September.

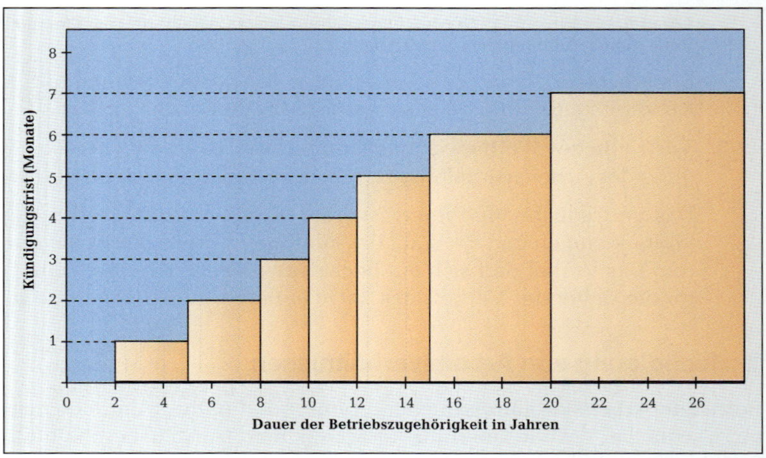

c) Vertragliche Kündigungsfrist. Dabei ist zu beachten:

1. Die Kündigungsfrist kann länger als die gesetzliche Frist sein.
2. Für die Kündigung des Arbeitsverhältnisses durch den Arbeitnehmer darf keine längere Frist vereinbart werden als für die Kündigung durch den Arbeitgeber.

► Außerordentliche Kündigung (Fristlose Kündigung)

§ 626 Während die ordentliche Kündigung die Einhaltung bestimmter Kündigungsfristen erfordert, löst die außerordentliche Kündigung das Arbeitsverhältnis in der Regel mit sofortiger Wirkung. Die vereinbarten oder gesetzlichen Kündigungsfristen brauchen nicht eingehalten zu werden. Die außerordentliche Kündigung ist jedoch nur in Ausnahmefällen zulässig, und zwar, wenn ein **wichtiger Grund** für sie gegeben ist. Ein wichtiger Grund ist anzunehmen, wenn Tatsachen vorliegen, aufgrund derer dem Kündigenden unter Berücksichtigung aller Umstände die Fortsetzung des Arbeitsverhältnisses nicht zugemutet werden kann.

Wenn der Arbeitgeber das gesetz- oder vertragswidrige Verhalten des Arbeitnehmers als so schwerwiegend beurteilt, dass er deswegen die Gefahr einer fristlosen Kündigung sieht, muss er den Arbeitnehmer davon in einer **ausdrücklichen schriftlichen Abmahnung** benachrichtigen.

Wichtige Gründe für die fristlose Kündigung durch

1. den Arbeitgeber:
   - alle strafbaren Handlungen, die betriebliche Auswirkungen haben (z.B. Diebstahl, Unterschlagung, Vortäuschen einer Erkrankung, grobe Beleidigung, tätlicher Angriff),
   - beharrliche Arbeitsverweigerung,
   - dauerndes Zuspätkommen,
   - vorsätzliche Geschäftsschädigung, üble Nachrede,
   - vorsätzliche Sachbeschädigung,
   - Konkurrenztätigkeit.
2. den Arbeitnehmer:
   - grobe Ehrverletzung,
   - Verletzung der Vergütungs- oder Fürsorgepflicht,
   - Handgreiflichkeiten.

▶ Änderungskündigung

Bei der **Änderungskündigung** kündigt der Arbeitgeber das Arbeitsverhältnis fristgerecht, bietet aber im Zusammenhang mit der Kündigung die Fortdauer des Vertragsverhältnisses zu geänderten Bedingungen an. KSchG § 2

Beispiel: Durch die Änderung in der Verkaufsorganisation wird einem Handlungsreisenden gekündigt, ihm aber gleichzeitig die Stelle eines Sachbearbeiters in der Verkaufsabteilung angeboten.

▶ Aufhebungsvertrag

Er ist eine *einvernehmliche Auflösung* des Arbeitsverhältnisses. Eine Mitwirkung des Betriebsrates, der Behörden (bei Schwangeren, schwerbehinderten Menschen) oder des Arbeitsgerichtes ist nicht erforderlich.

Dadurch erspart sich der Arbeitgeber die Prüfung, ob die Kündigung sozial gerechtfertigt ist und damit einen eventuell folgenden Prozess vor dem Arbeitsgericht. Oft zahlt der Arbeitgeber dem Arbeitnehmer eine Abfindung.

Für den Arbeitnehmer hat diese Art der Beendigung des Arbeitsverhältnisses folgende Nachteile:

- Er verliert den Kündigungsschutz,
- bei Arbeitslosigkeit erhält er erst nach Ablauf einer zwölfwöchigen Sperrfrist Arbeitslosengeld,
- hohe Abfindungen werden zum Teil auf das Arbeitslosengeld angerechnet.

8.2.3 Vollmachten

Der Mensch ist neben den Betriebsmitteln weiterhin der zentrale Leistungsfaktor. Er leistet je nach der Größe und dem organisatorischem Aufbau des Unternehmens leitende oder ausführende Arbeit.

In *Kleinunternehmen* wird der Unternehmer *die Führungsaufgabe selbst wahrnehmen,* d. h. Weisungen geben, Entscheidungen treffen, Verträge aushandeln und unterschreiben.

Seite 172

In *Mittel- und Großunternehmen* werden diese *Führungsaufgaben aber auf mehrere Schultern verteilt.* Durch die Auswahl geeigneter Mitarbeiter und durch die entsprechende Verteilung der Aufgaben entstehen im Unternehmen Rangstufen und verschiedene Ebenen von Zuständigkeiten. Die Kunst dieses Leitungsaufbaus liegt nun darin, dass alle wissen, wer wann wofür zuständig ist. Gelingt dies, können Entscheidungen schnell und sachorientiert getroffen werden; es entstehen keine Reibungsverluste.

BGB § 164 Das Gesetz lässt zur Erfüllung von betrieblichen Aufgaben und zur Vornahme von Rechtsgeschäften eine Stellvertretung zu.

Die Befugnis zur Vertretung erhält der Stelleninhaber von einer übergeordneten Stelle in Form einer **Vollmacht.** Diese umschreibt den Aufgabenbereich, innerhalb dessen er für das vertretene Unternehmen handeln darf.

Wichtige Vollmachtsverhältnisse in Unternehmen sind die **Handlungsvollmacht** und die **Prokura.** Der rechtliche Rahmen hierfür ist im HGB geregelt.

Handlungsvollmacht

> **Handlungsvollmacht** hat, wer zum **Betrieb eines Handelsgewerbes** oder innerhalb eines Handelsgewerbes zur **Vornahme von Handelsgeschäften ermächtigt** ist, die sein Handelsgewerbe **gewöhnlich** mit sich bringt.

► Arten der Handlungsvollmacht

HGB § 54 (1) **a) Die allgemeine Handlungsvollmacht** berechtigt zur Ausführung *aller* gewöhnlichen Rechtsgeschäfte im üblichen Umfang, die in dem Handelsgewerbe **dieses Geschäftszweigs** vorkommen. Allgemeine Handlungsvollmacht haben z. B. Geschäftsführer und Filialleiter.

§ 54 (2) Eine *besondere* Ermächtigung braucht der Handlungsbevollmächtigte zur Veräußerung oder Belastung von Grundstücken, zur Eingehung von Wechselverbindlichkeiten, zur Aufnahme von Darlehen und zur Prozessführung.

b) Die Artvollmacht berechtigt zur Vornahme einer bestimmten *Art* von Rechtsgeschäften, die gewöhnlich in dem Handelsgewerbe dieses Geschäftszweigs vorkommen. Artvollmacht haben Einkäufer, Verkäufer, Kassierer, Schalterbedienstete usw. Auch Handlungsreisende sind Angestellte mit *Artvollmacht.* Entsprechend ihrem Auftrag haben sie das Recht, Geschäfte im Namen ihres Arbeitgebers abzuschließen oder zu vermitteln und Mängelrügen entgegenzunehmen. Für alle anderen Geschäfte brauchen sie eine besondere Vollmacht.

c) Die Einzelvollmacht berechtigt zur Vornahme eines *einzelnen,* zu einem Handelsgewerbe gehörigen Rechtsgeschäftes, wie zum Einzug einer quittierten Rechnung, zum Verkauf eines Hauses, zur Führung eines Prozesses.

► Erteilung der Handlungsvollmacht

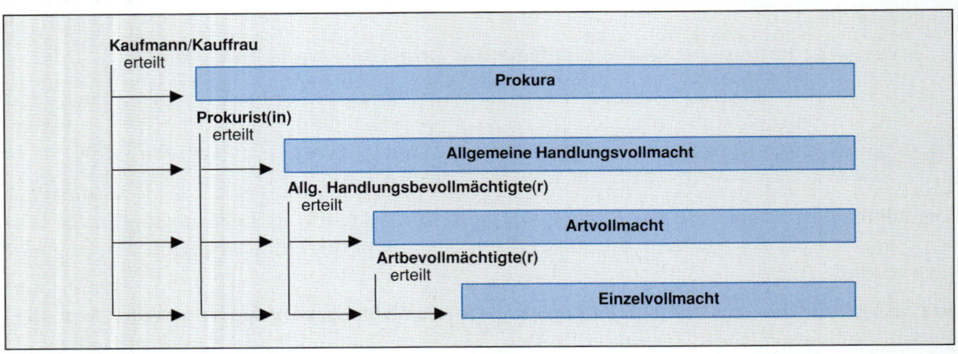

Kaufleute sowie Prokuristen haben ohne Weiteres das Recht zur Erteilung einer Handlungsvollmacht. Jeder Bevollmächtigte kann im Rahmen seiner Vollmacht Untervollmacht erteilen. Die Erteilung der Vollmacht kann schriftlich, mündlich oder sogar stillschweigend durch Duldung bestimmter Handlungen erfolgen. Sie wird nicht ins Handelsregister eingetragen. Wenn ein Kaufmann mehrere Bevollmächtigte ernennt, kann er *jedem für sich allein* oder *mehreren zusammen* das Vertretungsrecht erteilen. Im zweiten Falle **(Gesamtvollmacht)** sind die Rechtshandlungen nur gültig, wenn die Bevollmächtigten gemeinsam gehandelt oder unterschrieben haben, z. B. bei Bankangestellten.

Eine Beschränkung der Vollmacht auf bestimmte Geschäfte ist Dritten gegenüber nur wirksam, falls diese die Beschränkung kannten oder kennen mussten.

► Unterschrift des Bevollmächtigten

Der Bevollmächtigte setzt zum Namen seines Auftraggebers seine Unterschrift mit einem Zusatz, aus dem die Vollmacht zu ersehen ist (Bild, Seite 205).

► Beendigung der Handlungsvollmacht

Die Vollmacht erlischt

a) mit der *Beendigung* des Rechtsverhältnisses, mit dem sie verbunden ist, z. B. bei der Beendigung des Dienstvertrages,

b) durch den *Widerruf* von Personen, die Vollmacht erteilen können,

c) durch die freiwillige oder zwangsweise *Auflösung* des Geschäfts,

d) beim *Wechsel* des Geschäftsinhabers in der Regel nur, wenn der neue Inhaber sie widerruft,

e) bei Einzelvollmacht *nach der Durchführung* des Auftrages.

Prokura

Will der Unternehmer einem Mitarbeiter weitergehende Befugnisse und höhere Verantwortung übertragen, so kann er **Prokura** erteilen. Sie geht über den Rahmen der allgemeinen Handlungsvollmacht hinaus.

> **Prokura** besitzt, wer von einem Kaufmann **zu allen Arten von gerichtlichen und außergerichtlichen Geschäften und Rechtshandlungen ermächtigt** ist, die der Betrieb **irgendeines** Handelsgewerbes mit sich bringen kann.

HGB § 49

Beispiel: Während der Abwesenheit des Unternehmers gibt der Prokurist einer Spirituosenfabrik die Abteilung Liköre auf.

Gesetzlich verboten ist die Vertretung bei folgenden Handlungen: Eid leisten, Bilanz und Steuererklärungen unterschreiben, Handelsregistereintragungen anmelden, Insolvenzverfahren anmelden, Geschäft verkaufen, Gesellschafter aufnehmen, Prokura erteilen.

Eine *besondere Vollmacht* braucht der Prokurist zum Verkauf und zur Belastung von Grundstücken.

Während der Umfang der Handlungsvollmacht *vom Unternehmer* geregelt werden kann, ist der Umfang der Prokura *gesetzlich* geregelt. Sie erstreckt sich auf alle Geschäfte und Rechtshandlungen **irgendeines Handelsgewerbes,** nicht aber auf die Vertretung des Inhabers in privaten Angelegenheiten.

Die Prokura erstreckt sich also auf

1. **gewöhnliche** Geschäfte und Rechtshandlungen.

   Beispiele: Kaufverträge abschließen, Personal einstellen und entlassen.

2. **außergewöhnliche** Geschäfte und Rechtshandlungen, das sind

   – gerichtliche Geschäfte und Rechtshandlungen.

     Beispiele: Prozesse für den Betrieb führen, Strafanzeige in geschäftlichen Dingen stellen, Prozessvollmacht erteilen.

   – außergerichtliche Geschäfte und Rechtshandlungen.

     Beispiele: Darlehen aufnehmen oder den Geschäftszweig ändern; selbst Nichthandelsgeschäfte wie Schenkungen und Spenden des Betriebs gehören dazu.

▶ Erteilung der Prokura

HGB § 48 (1) Nur der **Kaufmann** oder sein *gesetzlicher Vertreter* kann Prokura erteilen. Sie muss *ausdrücklich* (schriftlich oder mündlich) erteilt werden, z. B. mit den Worten: »Ich erteile Ihnen mit Wirkung vom 1. Januar 20.. Prokura.« Die Prokura muss vom Unternehmer zur Eintra-
§ 53 gung ins Handelsregister angemeldet werden.

Man unterscheidet

a) Einzelprokura, wenn eine Person allein vertretungsbefugt ist,

b) Gesamtprokura, wenn mehrere Personen gemeinschaftlich vertretungsbefugt sind, also nur gemeinsam handeln können.

Prokura können auch solche Personen erhalten, die nicht im Betrieb angestellt sind (Ehefrau) oder Minderjährige mithilfe des Vormundschaftsgerichts.

§ 50 ### ▶ Einschränkung der Prokura

Der Unternehmer kann den Umfang der Prokura im *Innenverhältnis* beliebig einschränken. Im *Außenverhältnis* ist sie jedoch unbeschränkbar.

Bei **Filialbetrieben** kann die Prokura auf das Hauptgeschäft oder eine Filiale beschränkt sein, wenn die Filialbetriebe sich durch einen Zusatz sowohl vom Hauptgeschäft als auch voneinander unterscheiden **(Filialprokura).**

▶ Beginn der Prokura

Im *Innenverhältnis* beginnt die Prokura mit der Erteilung.

Im *Außenverhältnis* wird sie erst wirksam, wenn der Dritte Kenntnis von ihr hat oder wenn sie in das Handelsregister eingetragen und veröffentlicht ist. Die Eintragung hat also rechtsbezeugende Wirkung.

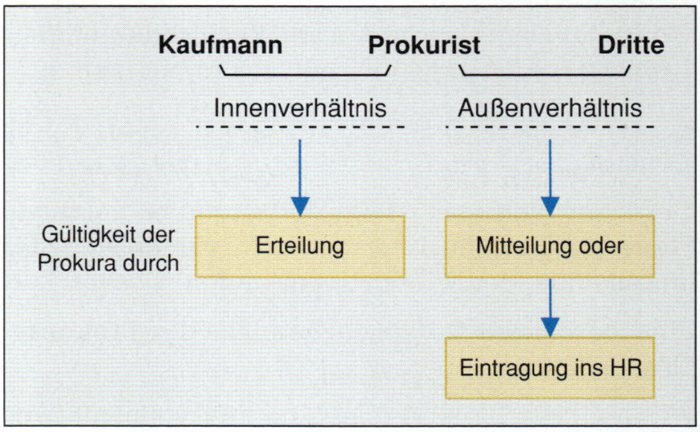

▶ Unterschrift des Prokuristen

§ 51 Der Prokurist setzt zur Firma seine Unterschrift mit dem Zusatz »ppa.« (lat. per procura = in Ausübung der Prokura).

▶ Beendigung der Prokura

Die Prokura erlischt

HGB § 52

- mit der *Beendigung* des Rechtsverhältnisses, mit dem sie verbunden ist,
- durch den *Widerruf* von Seiten *eines* Geschäftsinhabers,
- durch die freiwillige oder zwangsweise *Auflösung* des Geschäftes,
- durch den *Tod* des Prokuristen,
- beim *Wechsel* des Geschäftsinhabers in der Regel nur, wenn der neue Inhaber sie widerruft, jedoch *nicht beim Tode* des Geschäftsinhabers.

Das Erlöschen der Prokura ist durch den Unternehmer zur Eintragung ins Handelsregister anzumelden. Gutgläubigen Dritten gegenüber gilt die Prokura so lange weiter, bis sie im Handelsregister gelöscht ist. Kontovollmachten erlöschen erst nach schriftlichem Widerruf der Prokura bei der Bank (AGB der Kreditinstitute).

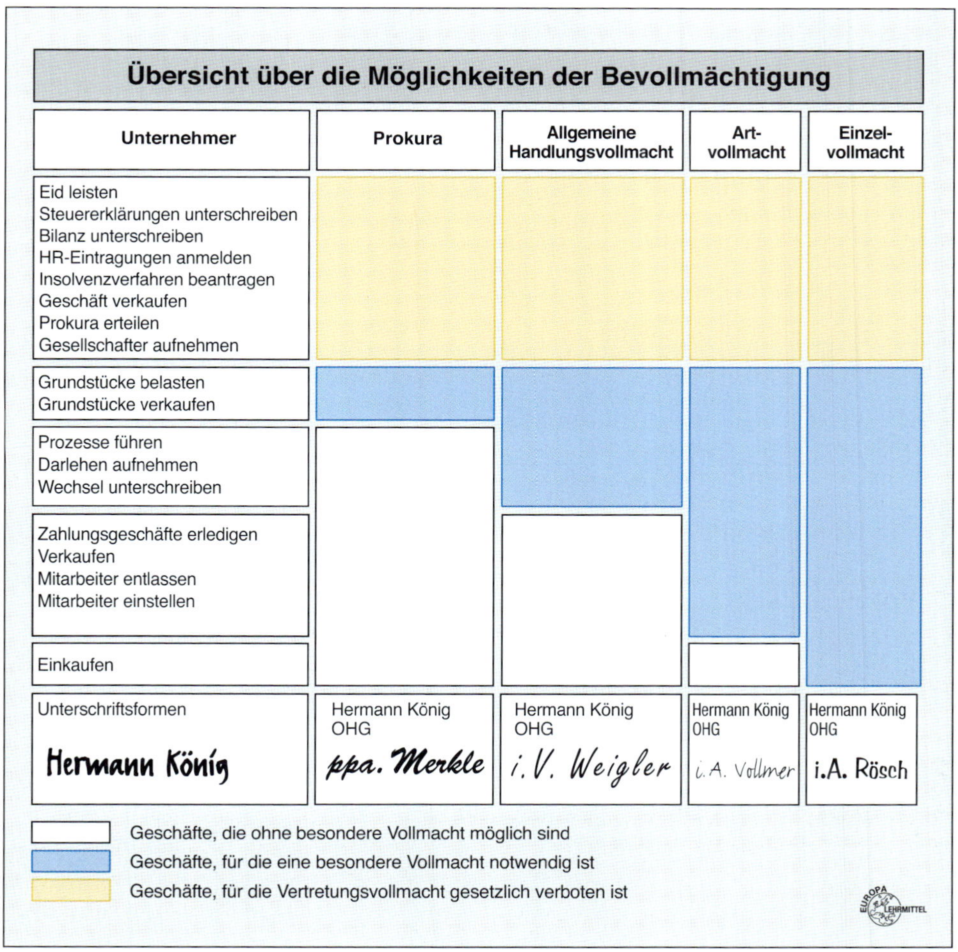

Zusammenfassender Überblick zu Handlungsvollmacht und Prokura

Vollmachten	Arten	Aufgaben	Einschränkungen	Besonderheiten
Handlungsvollmacht §§ 54 ff. HGB	Einzelvollmacht Artvollmacht Allgemeine Handlungsvollmacht	Wahrnehmung einer einmaligen Aufgabe Wahrnehmung begrenzter, sich wiederholender Aufgaben gleicher Art Wahrnehmung aller gewöhnlichen Aufgaben, die in diesem Geschäftszweig anfallen	Vereinbarung einer Gesamtvollmacht	– Erteilung formlos – Umfang frei vereinbar – Unterschrift mit Zusatz i. V. oder i. A. – Für Wechsel- und Darlehensgeschäfte, für Grundstücksverkäufe und zur Prozessführung sind Sondervollmachten erforderlich
Prokura §§ 48 ff. HGB	Einzelprokura Gesamtprokura Filialprokura	Wahrnehmung aller gerichtlichen und außergerichtlichen Aufgaben, die der Betrieb irgendeines Handelsgewerbes mit sich bringt Verboten: – Bilanz, Steuererklärung unterschreiben, – Handelsregistereintragung beantragen, – Prokura erteilen, – Insolvenzverfahren beantragen	Vereinbarung einer Gesamtprokura oder einer Filialprokura	– Erteilung ausdrücklich – Eintragung ins Handelsregister – Umfang der Prokura nach außen nicht beschränkbar – Unterschrift mit ppa. – Löschung im Handelsregister – Sondervollmachten bei Belastung und Verkauf von Grundstücken erforderlich

1. Die 17-jährige Auszubildende Maria Müller besucht die Berufsschule von 7:50 bis 12:10 Uhr (5 Unterrichtsstunden). Begründen Sie, ob die Auszubildende nachmittags wieder im Betrieb sein muss.
2. Die Auszubildenden Peter und Isabel haben vor fünf Monaten bei der Waggon AG einen Berufsausbildungsvertrag als Industriekaufmann/-frau abgeschlossen.
   a) Aufgrund persönlicher Differenzen mit dem Ausbilder möchte Peter sobald wie möglich die Ausbildung bei der Roth AG fortsetzen. Der Ausbilder der Waggon AG ist jedoch mit dem Wechsel nicht einverstanden. Beurteilen Sie, ob Peter den Ausbildungsbetrieb wechseln kann.
   b) Isabel stellt erst jetzt fest, dass ihr der Beruf Industriekauffrau nicht zusagt. Sie beabsichtigt, eine Ausbildung als Diätköchin zu beginnen. Kann sie in den neuen Ausbildungsberuf wechseln? Begründung.
3. Die Möbelfabrik ligne roset GmbH hat seit kurzem einen neuen Geschäftsführer. Angesichts der angespannten wirtschaftlichen Situation, in der sich das Unternehmen augenblicklich befindet, sollen die Kosten verringert werden, wo immer dies möglich erscheint. Der Geschäftsführer beabsichtigt u.a., die Zahl der Mitarbeiter herabzusetzen. Auch zwei Auszubildende sollen entlassen werden. Mit dem einen wurde der Ausbildungsvertrag vor drei Wochen, mit dem anderen vor einem Jahr geschlossen.

   Stellen Sie die Konfliktsituation zwischen Geschäftsführer und Auszubildenden in einem Rollenspiel dar.

   (Mögliche Beteiligte: Geschäftsführer, Auszubildende, Ausbildungsleiter, Betriebsrat ...)
4. Erstellen Sie einen Musterarbeitsvertrag für kaufmännische Angestellte.

   Weitere Informationen unter: http://www.arbeitsvertrag.de und http://www.betriebsrat.de.

5. Bei der IT-Consult GmbH bewirbt sich auch Herr Mark Müller. Seine Bewerbungsunterlagen enthalten folgendes Zeugnis:

> Herr Mark Müller, geboren am 08. September 1972 in Ulm, trat am 01. April 2003 in unsere Dienste.
>
> Herr Müller wurde zunächst im Bereich Vertrieb eingesetzt. Er war hier verantwortlich für das Gebiet Österreich/Schweiz. Am 01.12.2003 versetzten wir ihn in unsere Rechnungsabteilung. Ihm oblag neben der Abrechnung der Zählerstandskarten unserer Kopiergeräte die Abrechnung der Großkunden und das Erstellen von Statistiken.
>
> Herr Müller bemühte sich, die ihm gestellten Aufgaben sorgfältig zu erledigen. Bei unterschiedlichen Aufgaben genügte er den Anforderungen fast immer. Sein Verhalten gegenüber Vorgesetzten, Mitarbeitern und Kunden war im Wesentlichen einwandfrei.
>
> Herr Müller scheidet mit dem heutigen Tag aus unserem Unternehmen aus.
>
> Ulm, den 31.07.2012 Unterschrift

a) Nennen Sie die Aussagen des Arbeitszeugnisses, die Sie für negativ halten.

b) Bewerten Sie das Zeugnis mit einer Note zwischen 1 und 6.

c) Begründen Sie die Note, die Sie vergeben haben.

6. Frau Weber ist Mitarbeiterin in der Personalabteilung der Alu GmbH, in der 120 Personen beschäftigt sind. Frau Weber hat im Rahmen ihres Sachgebietes verschiedene Fragen zu klären und Aufgaben zu erfüllen.

a) Beurteilen Sie unter rechtlichen Gesichtspunkten, ob die Übernahme folgender Klausel in die Arbeitsverträge aufgenommen werden kann.

„Bei der Kündigung durch den Betrieb ist eine Kündigungsfrist von 2 Wochen einzuhalten; die Kündigung kann zum Monatsende ausgesprochen werden. Ansonsten gelten die gesetzlichen Bestimmungen."

b) Frau Weber hat eine fristgerechte Kündigung zum Jahresende eines seit 4 Jahren beschäftigten angestellten Mitarbeiters vorzubereiten. Der zu entlassende Mitarbeiter ist einer von vier in der Alu GmbH beschäftigten LKW-Fahrer. Er gilt als nicht besonders fleißig. Die Alu GmbH hat den Fuhrpark aus Kostengründen auf drei eigene LKW abgebaut.

- Wann muss die Kündigung dem Mitarbeiter spätestens zugegangen sein?
- Mit welchen Argumenten kann sich der Mitarbeiter gegen diese Kündigung wehren?

c) Frau Weber schlägt dem Personalchef vor, in Zukunft die Reinigung von Büro- und Lagerräumen durch ein Fremdunternehmen erledigen zu lassen. Beurteilen Sie, welche Vorteile diese Lösung für die Alu GmbH hätte.

7. Welche Rechtsgeschäfte darf nach HGB ein Handlungsbevollmächtigter ohne besondere Befugnisse vornehmen?

8. In der Textilfabrik Hanke GmbH erhält die Angestellte Pfeil zur Entlastung der Geschäftsleitung allgemeine Handlungsvollmacht.

a) Wie kann diese Vollmacht erteilt werden?

b) Entscheiden und begründen Sie, ob Frau Pfeil folgende Rechtsgeschäfte wirksam abschließen kann:

- Sie veranlasst die zusätzliche Produktion von T-Shirts.
- Sie entlässt einen Angestellten.
- Sie nimmt ein Darlehen auf.
- Sie bestellt einen PC für die Buchhaltung.

9. Die Bankangestellte Rieten, Leiterin der Kreditabteilung mit der Handlungsvollmacht, Kredite bis zu 20.000 EUR zu gewähren, sichert dem Großhändler Schäfer in einer mündlichen Verhandlung einen Kredit von 50.000 EUR zu. Wie ist die Rechtslage?

10. G. Vollmer, Abteilungsleiter der Hermann König OHG, hat seit zwei Monaten die Briefe mit ppa. unterschrieben, ohne dass der Geschäftsinhaber Einspruch erhoben hat. Ist Vollmer jetzt Prokurist? Begründen Sie Ihre Entscheidung.

11. Welche Überlegung kann einen Unternehmer veranlassen, statt Einzelprokura Gesamtprokura zu erteilen?

12. Der Unternehmer Karl Klein ernennt seine langjährige Angestellte Eva-Katharina Ahlers am 1. April zur Prokuristin. Die Eintragung ins Handelsregister erfolgt am 20. April. In einem Rundschreiben, das den Geschäftsfreunden am 10. April zugeht, wird die Prokuraerteilung bekannt gegeben.

a) Wann kann Frau Ahlers für Klein als Prokuristin tätig werden? Begründen Sie Ihre Entscheidung.

Frau Ahlers nimmt während der Abwesenheit von Klein folgende Rechtshandlungen vor. Entscheiden Sie diese Fälle mit Begründung.

b) Frau Ahlers unterschreibt eine Überweisung über 20.000 EUR.

c) Sie erweitert das Sortiment um die Produktion von Haushaltswaren und bestellt Rohstoffe im Wert von 150.000 EUR.

d) Einem benachbarten Unternehmen will Frau Ahlers den Bau einer neuen Lagerhalle ermöglichen und verkauft zu günstigen Bedingungen ein bisher ungenutztes Grundstück.

e) Um rationeller arbeiten zu können, kündigt sie einem Drittel der Belegschaft.

f) Sie will ein Darlehen aufnehmen und übergibt der Bank zur Kreditbeurteilung eine von ihr unterschriebene Bilanz.

13. Prokurist Hermann vom Hauptgeschäft entzieht dem Angestellten Schwarz, der Prokura für die Filiale hat, diese Vollmacht. Gleichzeitig erteilt er Frau Stein, bisher Abteilungsleiterin im Hauptgeschäft, Prokura und dem Angestellten Pietsch allgemeine Handlungsvollmacht. Begründen Sie, ob diese Handlungen rechtswirksam sind.

14. Für welche der folgenden Rechtshandlungen ist nach der gesetzlichen Regelung die Vertretung eines Unternehmens

a) nur mit Prokura,

b) sowohl mit Prokura als auch mit allgemeiner Handlungsvollmacht,

c) weder mit Prokura noch mit allgemeiner Handlungsvollmacht

möglich?

Ordnen Sie die Zahlen den obigen Buchstaben zu:

1. Kündigung des Vertrages mit einem Handelsvertreter,
2. Verkauf eines Grundstücks,
3. Unterschreiben des Jahresabschlusses,
4. Einstellung eines Programmierers,
5. Aufnahme eines weiteren Gesellschafters.

15. Welcher Art der Vollmacht entspricht Management by Delegation?

8.3 Rechtsschutz der Arbeitnehmer

Der Staat hat durch Gesetze dafür gesorgt, dass Arbeitnehmer geschützt werden und deren Arbeitskraft möglichst lange erhalten bleibt.

8.3.1 Gesundheits- und Unfallschutz (Arbeitsschutz)

ArbSchG § 3 § 4 Arbeitgeber sind verpflichtet, die erforderlichen Maßnahmen des Arbeitsschutzes unter Berücksichtigung der Umstände zu treffen, die die Sicherheit und Gesundheit der Beschäftigten bei der Arbeit beeinflussen. Dabei ist die Arbeit so zu gestalten, dass eine Gefährdung für das Leben und die Gesundheit möglichst vermieden wird.

§ 21 Mitarbeiter der staatlichen **Gewerbeaufsichtsämter** überwachen die Einhaltung der Bestimmungen und sorgen für die Beseitigung von Missständen. Besondere Bedeutung für den Schutz der Arbeiter haben die von den **Berufsgenossenschaften** erlassenen Unfallverhütungsvorschriften, die der Unternehmer an geeigneter Stelle im Betrieb auslegen oder aushängen muss.

§ 11 **Betriebsärzte** und staatliche **Landesgewerbeärzte** beraten die Betriebe bei der Verbesserung der Gesundheitsfürsorge (Gewerbehygiene).

§ 13 **Sicherheitsbeauftragte** im Betrieb überwachen die Einhaltung der Unfallverhütungsvorschriften.

8.3.2 Arbeitszeitschutz

Nach dem Arbeitszeitgesetz gilt der **8-Stunden-Tag.** Mit Zustimmung des Betriebsrates kann die Arbeitszeit für einen längeren Zeitraum **bis auf 10 Stunden erhöht** werden. Eine Überschreitung dieser Grenze aus betriebstechnischen Gründen bedarf der *Genehmigung* des Gewerbeaufsichtsamtes oder der *Vereinbarung* in einem Tarifvertrag oder einer Betriebsvereinbarung. ArbZG § 3, § 7

Verlängerte Arbeitszeiten müssen innerhalb von 6 Monaten **durch kürzere Arbeitszeiten** an anderen Tagen **ausgeglichen** werden. Für bis zu 60 Werktage jährlich ist auch ein **finanzieller Ausgleich** möglich, wenn die Tarifpartner dies vereinbaren. Sonn- und Feiertagsarbeit ist dann erlaubt, wenn *technische* Gegebenheiten eine ununterbrochene Produktion erfordern oder ein Betrieb sonst seine *internationale Konkurrenzfähigkeit* verlieren würde. Für Bäckereien gelten besondere Vorschriften. §§ 10 ff.

8.3.3 Kündigungsschutz

Als **Auswahlkriterien** bei einer Kündigung sind die Leistung, die Dauer der Betriebszugehörigkeit, das Lebensalter, die Unterhaltspflichten und die Schwerbehinderung des Arbeitnehmers zu berücksichtigen.

a) Allgemeinen Schutz vor sozial ungerechtfertigter Kündigung genießen die Arbeitnehmer in Betrieben mit fünf und mehr Beschäftigten, sofern sie länger als 6 Monate in demselben Betrieb beschäftigt sind. Für Arbeitnehmer, die nach dem 1. Januar 2004 eingestellt werden, gilt der allgemeine Kündigungsschutz nur noch in Betrieben mit **mehr als 10 Arbeitnehmern.** KSchG §§ 1, 23

Beispiel: Ein Betrieb mit 12 Beschäftigten will einen langjährigen 50-jährigen Mitarbeiter mit der Begründung entlassen, dass keine Aufträge vorliegen. Dies ist nicht möglich, wenn der Betrieb gleichzeitig mit mehreren 20-Jährigen wegen einer Anstellung verhandelt.

Eine Kündigung ist bei diesen Voraussetzungen **unwirksam,** wenn sie nicht durch die Person oder das Verhalten des Arbeitnehmers oder durch dringende betriebliche Verhältnisse bedingt ist.

Beispiele für

- *personenbedingte* Gründe: Länger andauernde Krankheit, Abnahme der geistigen oder körperlichen Leistungsfähigkeit;
- *verhaltensbedingte* Gründe: Nicht vertragsgemäßes Verhalten des Arbeitnehmers gegenüber Kunden, Kollegen oder Vorgesetzten sowie Arbeitspflichtverletzungen und Störung des Betriebsfriedens;
- *betriebsbedingte* Gründe: Starker Umsatzrückgang, Auflösung einer Abteilung oder Filiale, Umstrukturierung des Betriebes.

Hält ein Arbeitnehmer eine Kündigung für sozial ungerechtfertigt, so kann er beim Betriebsrat binnen einer Woche Einspruch und beim Arbeitsgericht binnen drei Wochen **Klage** erheben. Entspricht das Arbeitsgericht der Klage, so gilt die Kündigung als von Anfang an unwirksam. Ist jedoch dem Arbeitnehmer die Fortsetzung des Arbeitsverhältnisses nicht zumutbar, so kann das Arbeitsgericht den Arbeitgeber zur Zahlung einer einmaligen **Abfindung** in Höhe von bis zu 18 Monatsverdiensten verurteilen. Für Vorstandsmitglieder und Geschäftsführer gilt dieser allgemeine Kündigungsschutz nicht. § 3, § 4, § 8, §§ 9 ff., § 14

b) Besonderen Kündigungsschutz genießen

1. **Betriebsratsmitglieder** während ihrer Amtszeit und bis 1 Jahr danach, Kandidaten für die Wahl zum Betriebsrat, nicht gewählte Kandidaten bis 6 Monate nach der Wahl. KSchG § 15
2. **Werdende Mütter** während der Schwangerschaft, sofern der Arbeitgeber von ihr Kenntnis hat oder innerhalb von zwei Wochen nach der Kündigung Kenntnis bekommt. Außerdem genießen sie Schutz während vier Monaten nach der Entbindung sowie Eltern und Großeltern während der Elternzeit. MuSchG § 9, BEEG § 18

SGB IX §§ 85 f.

3. **Schwerbehinderte Menschen** (mindestens 50% Grad der Behinderung). Ihnen kann nur mit Zustimmung des Integrationsamtes gekündigt werden. Die Kündigungsfrist muss mindestens vier Wochen betragen.
4. **Auszubildende** nach der Probezeit.

MuSchG § 9 (3)

Das Recht zur fristlosen Kündigung aus wichtigem Grund bleibt vom Kündigungsschutz unberührt. Ausgenommen hiervon ist der Mutterschutz.

8.3.4 Frauen-, Mutter- und Elternschutz

Die berufstätige Frau genießt durch das Arbeitsrecht einen besonderen Schutz, der ihrer körperlichen Konstitution und ihrer Aufgabe in der Familie Rechnung trägt.

MuSchG §§ 3 ff.

Werdende und stillende Mütter dürfen zu schwerer körperlicher Arbeit, zu Mehrarbeit, Akkord- und Fließbandarbeit, Nacht- und Sonntagsarbeit nicht herangezogen werden. Werdende Mütter dürfen grundsätzlich sechs Wochen vor der Entbindung, Wöchnerinnen bis acht Wochen nach der Entbindung nicht beschäftigt werden.

BEEG §§ 15 f.

Nach der Geburt des Kindes kann die Mutter und/oder der Vater bzw. der Lebensgefährte eine **Elternzeit** von bis zu 36 Monaten beanspruchen.

§§ 2, 4

Weiterhin haben Eltern die Möglichkeit, in den ersten 14 Monaten nach der Geburt des Kindes **Elterngeld** zu beziehen. Allerdings kann ein Elternteil maximal zwölf Monate Elterngeld beanspruchen. Die Höhe des Elterngeldes beträgt 67 bzw. 65 % des in den zwölf Kalendermonaten vor dem Monat der Geburt des Kindes durchschnittlich erzielten monatlichen Einkommens. Jedoch werden höchstens 1.800 EUR und mindestens 300 EUR monatlich gezahlt.

8.3.5 Schutz vor Benachteiligung

AGG §§ 1 bis 20

Das Allgemeine Gleichbehandlungsgesetz soll Benachteiligungen aus Gründen der *Rasse* oder wegen der *ethnischen Herkunft*, des *Geschlechts*, der *Religion* oder *Weltanschauung*, einer *Behinderung*, des *Alters* oder der *sexuellen Identität* verhindern oder beseitigen. U.a. schützt es Beschäftigte im Unternehmen davor, dass sie aus den genannten Gründen *ohne Vorliegen* von *sachlichen Gründen* benachteiligt werden. Der Arbeitgeber hat Stellenausschreibungen und Arbeitsplätze entsprechend zu gestalten, damit es zu keiner Benachteiligung einzelner Personengruppen kommt. Andernfalls haben die Benachteiligten Anspruch auf Entschädigung und Schadensersatz.

Beispiel: Ein ausländischer Bewerber um einen Ausbildungsplatz zum Groß- und Außenhandelskaufmann darf nicht wegen seiner Herkunft abgelehnt bzw. benachteiligt werden.

Außerdem soll das Gleichbehandlungsgesetz der Würde von Frauen und Männern durch den **Schutz vor sexueller Belästigung** am Arbeitsplatz bewahren. Verantwortlich für den Schutz sind Arbeitgeber und Dienstvorgesetzte. Sie haben die im Einzelfall angemessenen *arbeitsrechtlichen Maßnahmen* wie Abmahnung, Umsetzung, Versetzung oder Kündigung zu ergreifen.

8.3.6 Jugendarbeitsschutz

Das Gesetz zum Schutze der arbeitenden Jugend unterscheidet:

JArbSchG § 2 § 5

a) **Kinder.** Das sind Personen, die noch nicht 15 Jahre alt oder noch zum Besuch einer Schule mit Vollzeitunterricht verpflichtet sind. Ihre Beschäftigung ist, von gesetzlichen Ausnahmen abgesehen, verboten.

§ 2

b) **Jugendliche.** Das sind alle übrigen, noch nicht 18 Jahre alten Personen.

Für **Jugendliche** gelten folgende Bestimmungen:

Arbeitszeit. Die tägliche Arbeitszeit für Jugendliche darf höchstens acht Stunden, die Wochenarbeitszeit höchstens 40 Stunden betragen. Ruhepausen sind in die Arbeitszeit nicht einzurechnen. JArbSchG § 8

Ruhepausen. Als Ruhepausen gelten Arbeitsunterbrechungen von mindestens 15 Minuten. Bei einer Arbeitszeit von mehr als viereinhalb bis sechs Stunden müssen 30 Minuten, bei mehr als sechs Stunden 60 Minuten Ruhepausen eingehalten werden. In Betrieben, die mehr als 10 Jugendliche beschäftigen, sind für den Pausenaufenthalt besondere Räume für Jugendliche bereitzustellen. § 11

Freizeit. Nach Beendigung der täglichen Arbeitszeit ist eine ununterbrochene Freizeit von mindestens zwölf Stunden zu gewähren. Zwischen 20:00 Uhr und 6:00 Uhr, an Samstagen sowie an Sonn- und Feiertagen dürfen Jugendliche nicht beschäftigt werden. §§ 13–18

Berufsschulzeit. Die Unterrichtszeit einschließlich der Pausen wird auf die Arbeitszeit angerechnet. Beträgt die Schulzeit mehr als fünf Unterrichtsstunden, so ist einmal in der Woche der restliche Tag arbeitsfrei (Schultag = Arbeitstag). Beginnt der Unterricht vor 9:00 Uhr, so darf der Jugendliche auch bei kürzerer Schulzeit nicht vorher beschäftigt werden. Auch der letzte Arbeitstag, der der schriftlichen Abschlussprüfung unmittelbar vorangeht, ist frei. § 9 § 10

Urlaub. Jugendliche, die zu Beginn des Kalenderjahres noch nicht 16 Jahre alt sind, haben Anspruch auf 30 Werktage (1 Woche = 6 Werktage) Urlaub; wenn sie noch nicht 17 Jahre alt sind auf 27 Werktage; wenn sie noch nicht 18 Jahre alt sind auf 25 Werktage. Der Urlaub soll zusammenhängend, bei Berufsschülern in der Zeit der Schulferien, gewährt werden. § 19

Gesundheitliche Betreuung. Vor Aufnahme der Beschäftigung und nach einjähriger Beschäftigung sind für den Jugendlichen kostenfreie ärztliche Untersuchungen vorgeschrieben, deren Ergebnisse den Erziehungsberechtigten mitgeteilt werden. Ohne Nachweis der ärztlichen Untersuchung darf der Ausbildungsvertrag von der IHK nicht eingetragen werden. §§ 32 f.

Beschäftigungsbeschränkungen. Das Jugendarbeitsschutzgesetz verbietet die Beschäftigung eines Jugendlichen mit Arbeiten, die seine körperlichen Kräfte übersteigen oder bei denen er sittlichen Gefahren ausgesetzt ist. §§ 22 ff.

Ausdrücklich ist die Beschäftigung mit Akkord- und Fließbandarbeit verboten. Personen, die die bürgerlichen Ehrenrechte nicht besitzen, dürfen Jugendliche nicht beschäftigen und nicht im Rahmen eines Beschäftigungsverhältnisses anweisen oder beaufsichtigen.

Für die Beschäftigung verwandter Kinder und Jugendlicher sowie für die Beschäftigung im Familienhaushalt, der Landwirtschaft, im Bergbau und in Heimarbeit enthält das Gesetz besondere Bestimmungen.

8.3.7 Schutz schwerbehinderter Menschen

Um **schwerbehinderte Menschen** (mindestens 50% Grad der Behinderung) wieder in den Arbeitsprozess einzugliedern, müssen alle privaten und öffentlichen Arbeitgeber, die über mindestens 20 Arbeitsplätze verfügen, mindestens 5% der Arbeitsplätze mit schwerbehinderten Menschen besetzen. Für jeden unbesetzten Pflichtplatz muss der Arbeitgeber eine monatliche Ausgleichsabgabe an das Integrationsamt entrichten; die Pflicht zur Einstellung wird jedoch dadurch nicht aufgehoben. SGB IX § 71 § 77

Die Arbeitgeber haben die schwerbehinderten Menschen so zu beschäftigen, dass diese ihre Fähigkeiten und Kenntnisse möglichst voll anwenden und weiterentwickeln können. Schwerbehinderte Menschen haben Anspruch auf einen zusätzlichen bezahlten Urlaub von fünf Arbeitstagen im Jahr. § 81 § 125

8.3.8 Arbeitsgerichtsbarkeit

Die Arbeitsgerichte gewährleisten eine *sachgemäße* Behandlung (Fachkammern für bestimmte Berufe) und eine *einheitliche* Rechtsprechung in arbeitsrechtlichen Streitigkeiten. Gegenüber den ordentlichen Gerichten ist das Verfahren wegen der kürzeren Fristen rascher und wegen der niedrigeren Gerichtskosten billiger. Kommt es zu einem Vergleich, werden überhaupt keine Gerichtskosten erhoben.

ArbGG §§ 1, 14

Die Arbeitsgerichtsbarkeit wird ausgeübt durch die Arbeitsgerichte, Landesarbeitsgerichte (Berufungsinstanz) und das Bundesarbeitsgericht (Revisionsinstanz) in Erfurt.

Sachlich zuständig sind die Gerichte für

a) Streitigkeiten zwischen einzelnen Arbeitgebern und Arbeitnehmern aus dem Arbeits- oder Berufsausbildungsvertrag und aus unerlaubten Handlungen, soweit sie mit diesen Verträgen zusammenhängen (Lohn, Gehalt, Urlaub, Gesundheitsschädigung, Kündigung).

b) Streitigkeiten zwischen den Tarifvertragsparteien (Gültigkeit des Tarifvertrages, Koalitionsfreiheit, Streik).

c) Streitigkeiten zwischen den Arbeitnehmern aus gemeinsamer Arbeit und wegen unerlaubter Handlungen, soweit sie mit dem Arbeitsverhältnis zusammenhängen (Gruppenakkord).

d) Streitigkeiten aus dem Betriebsverfassungsgesetz, z.B. Errichtung, Zusammensetzung, Geschäftsführung und Auflösung des Betriebsrates.

e) Streitigkeiten aus dem Mitbestimmungsgesetz, z.B. über die Wahl von Vertretern der Arbeitnehmer in den Aufsichtsrat und deren Abberufung.

?

1. Die Gronbach AG stellt Autoschilder her. Seit einiger Zeit ist der Umsatz rückläufig, deshalb will die Geschäftsleitung durch Personalabbau und andere Rationalisierungsmaßnahmen Kosten einsparen.
   a) 25% der Belegschaft soll gekündigt werden. Was muss der Arbeitgeber im Rahmen des allgemeinen Kündigungsschutzes beachten?
   b) Bei einem Gespräch zwischen der Geschäftsleitung und dem Betriebsrat weist der Betriebsrat darauf hin, dass bei den Kündigungen der »besondere Kündigungsschutz« für bestimmte Mitarbeitergruppen berücksichtigt werden muss.
   Wie sieht dieser Kündigungsschutz jeweils aus?
   c) Erläutern Sie, aus welchen Gründen diese Gruppen geschützt sind.
2. a) Sybille Gross ist noch in der Probezeit. Sie hat erst vor zwei Monaten mit ihrer Tätigkeit begonnen. Deshalb ist sie sich unsicher, ob das Mutterschutzgesetz auch auf sie zutrifft. Begründen Sie Ihre Entscheidung mit der zutreffenden Rechtsquelle.
   b) Wann muss Sybille Gross dem Arbeitgeber ihre Schwangerschaft mitteilen?
   c) Der Arbeitgeber weiß jetzt, dass Sybille schwanger ist und dass er eine mögliche Gesundheitsgefährdung, die sich aus ihrer beruflichen Tätigkeit ergibt, ausschließen muss. Worauf muss er bei der Einrichtung des Arbeitsplatzes für Sybille Gross besonders achten?
   d) Um den Schutz der werdenden Mutter zu gewährleisten, verbietet das Mutterschutzgesetz manche Arbeiten absolut. Wann dürfte Sybille zum Beispiel überhaupt nicht mehr beschäftigt werden?
3. Ein Mitarbeiter, dem gekündigt wurde, droht mit einer Kündigungsschutzklage bis zur letzten Instanz.
   a) Welches Gericht ist für diese Klage sachlich und örtlich zuständig?
   b) Die Klage des Arbeitnehmers wird in der 1. Instanz abgewiesen. Welche weiteren gerichtlichen Schritte kann er noch unternehmen?
   c) Welche Streitigkeiten machen Ihrer Ansicht nach den Hauptanteil der Verhandlungen vor den Arbeitsgerichten aus?

8.4 Kollektivarbeitsrecht

8.4.1 Unternehmerorganisationen und Arbeitnehmerverbände (Gewerkschaften)

Unternehmerorganisationen

Sie dienen zur Wahrung der Interessen der Unternehmer gegenüber den Arbeitnehmern (Tarifverträge) oder gegenüber dem Staat (Gesetzgebung), aber auch zur Pflege ihrer gemeinsamen Berufsaufgaben (fachliche Weiterbildung, Veranstaltung von Ausstellungen, Beratung von Behörden). Man unterscheidet:

▶ Öffentlich-rechtliche Organisationen

a) **Die Industrie- und Handelskammern (IHK).** Sie sind Körperschaften des öffentlichen Rechts mit gesetzlicher Zugehörigkeit aller Gewerbetreibenden, soweit nicht die Handwerkskammern zuständig sind.

Ihre *allgemeine* Aufgabe ist es, das Gesamtinteresse ihrer Mitglieder wahrzunehmen, für die Förderung der gewerblichen Wirtschaft zu sorgen, durch Vorschläge, Gutachten und Berichte die Behörden zu unterstützen und zu beraten und für die Wahrung von Anstand und Sitte im geschäftlichen Verkehr einzutreten. Im *Einzelnen* obliegen ihnen die Führung des Verzeichnisses der Berufsausbildungsverhältnisse, die Durchführung der Facharbeiterprüfung und der Abschlussprüfung bei Ausbildungsverhältnissen in kaufmännischen Berufen, die Abnahme der Sekretärinnen- und Bilanzbuchhalterprüfungen, die Abhaltung von Kursen zur fachlichen Weiterbildung, die Ausstellung von Ursprungszeugnissen, die Mitwirkung bei der Fahrplangestaltung sowie Aufgaben im Rechts-, Steuer-, Kredit- und Verkehrswesen und im Außenhandel. Die wichtigsten kaufmännischen Fachbücher, Gesetzes- und Wirtschaftsblätter liegen bei der IHK zur Einsicht aus.

Die Industrie- und Handelskammern sind im Deutschen Industrie- und Handelskammertag zusammengeschlossen.

b) **Die Handwerkskammern.** Sie sind Körperschaften des öffentlichen Rechts mit gesetzlicher Zugehörigkeit der Handwerksunternehmen. Auch Handwerksbetriebe, die ins Handelsregister eingetragen sind, gehören der Handwerkskammer an.

▶ Privatrechtliche Organisationen (Arbeitgeberverbände)

a) mit beruflich-fachlichen Aufgaben, z. B. Bundesverband der Deutschen Industrie (http://www.bdi-online.de) und die Zentralverbände der übrigen Wirtschaftszweige;

b) mit tarif- und sozialpolitischen Aufgaben, z. B. Bundesvereinigung der Deutschen Arbeitgeberverbände (http://www.bda-online.de), in der 57 Bundesfachverbände und 14 Landesvereinigungen zusammengeschlossen sind.

Arbeitnehmerverbände (Gewerkschaften)

Die Gewerkschaften sind Vereinigungen der Arbeitnehmer zur Förderung und Wahrung der Arbeits- und Wirtschaftsbedingungen. Das Recht zum Zusammenschluss ist im Grundgesetz verankert **(Koalitionsfreiheit).** Der Beitritt zu einer Gewerkschaft ist freiwillig. GG Art. 9 (3)

Im Einzelnen haben sich die Gewerkschaften folgende Aufgaben gestellt:

▶ Kampfaufgabe

Verbesserung der Lohn- und Arbeitsbedingungen, um den Lebensstandard des Arbeitnehmers zu heben (Tariflohnerhöhung, Arbeitszeitverkürzung), gegebenenfalls mithilfe des Streiks, dem klassischen Kampfmittel der Gewerkschaften.

▶ **Bildungsaufgabe**

Berufliche Weiterbildung und Umschulung, Leistungssteigerung durch Vorträge, Kurse, Arbeitsgemeinschaften, Berufswettkämpfe; Mitwirkung im Berufsbildungsausschuss und in den Prüfungsausschüssen.

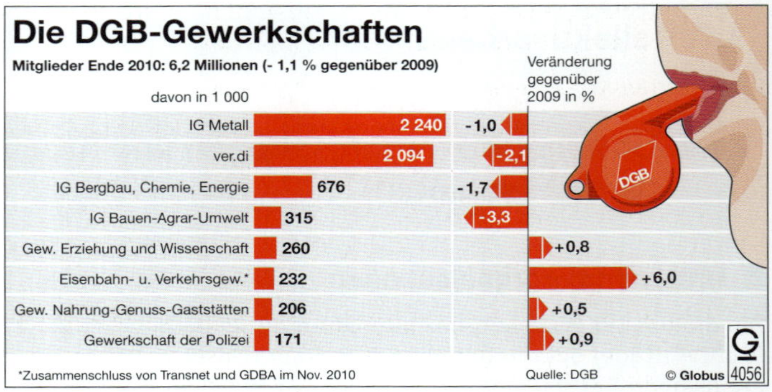

▶ **Rechtliche Aufgabe**

Abschluss von Tarifverträgen, Rechtshilfe und Rechtsschutz für die Arbeitnehmer und Auszubildenden bei den Arbeitsgerichten, Mitbestimmungsrecht in den Betrieben.

▶ **Wirtschaftspolitische Aufgabe**

Verbesserung der Wirtschafts- und Sozialordnung (Förderung der Vermögensbildung der Arbeitnehmer, Sozialversicherungsreform).

8.4.2 Kollektivarbeitsverträge

Die betriebliche Arbeit findet ihre Regelungen

a) im **Individual-** oder **Einzelarbeitsvertrag,**

b) in **Kollektivarbeitsverträgen;** dazu gehören

   1. Betriebsvereinbarungen und

   2. Tarifverträge,

c) durch die **Arbeitsgesetzgebung.**

Sollen diese konkurrierenden Regelungen auf ein bestimmtes Arbeitsverhältnis angewendet werden, so gilt folgender Grundsatz:

1. Enthalten die Regelungen **nachgiebiges Recht,** sind sie in der angegebenen Reihenfolge (a → c) maßgebend.

   Beispiel: In einem Einzelarbeitsvertrag werden 35 Tage Urlaub vereinbart. Wenn nach Tarifvertrag diesem Arbeitnehmer 28 Tage und nach dem Bundesurlaubsgesetz mindestens 24 Tage zustehen würden, so gilt zunächst die einzelvertragliche Regelung. Erst wenn hier nichts vereinbart wurde, gilt der Tarifvertrag bzw. das Bundesurlaubsgesetz.

Abweichende Regelungen beim nachgiebigen Recht sind nur statthaft, wenn sie zugunsten des Arbeitnehmers getroffen werden.

2. **Zwingende Normen** gelten jedoch in der umgekehrten Reihenfolge (c → a).

Beispiel: Gemäß Mutterschutzgesetz dürfen Wöchnerinnen acht Wochen nach der Entbindung nicht beschäftigt werden. Die Wöchnerin darf auch durch einzelvertragliche Regelung nicht darauf verzichten.

Betriebsvereinbarung

Betriebsvereinbarungen werden zwischen dem **Betriebsrat** und dem **Arbeitgeber** eines *bestimmten* Betriebes getroffen. Sie dürfen den Bestimmungen des Tarifvertrages nicht entgegenstehen, sondern sollen diese ergänzen, erläutern und den besonderen Verhältnissen des Betriebes anpassen. Ihr Inhalt regelt die Lohn- und Arbeitsbedingungen, den Beginn und das Ende der täglichen Arbeitszeit und der Pausen, die Zeit und den Ort der Lohnzahlung, die Aufstellung eines Urlaubsplanes, die Maßnahmen zur Verhütung von Betriebsunfällen und Gesundheitsschädigungen, die Errichtung von Sozialeinrichtungen, das Verhalten der Arbeitnehmer im Betrieb, z.B. Rauchen, Kantinenbesuch, Telefon-, Internet- und Parkplatzbenutzung.

BetrVG § 77

§ 88

Betriebsvereinbarungen haben im Zuge der **Flexibilisierung der Arbeitszeit** zusätzliche Bedeutung gewonnen. Zwischen Betriebsrat und Geschäftsleitung wird dabei ein *Arbeitszeitrahmen* vereinbart, in dem keine Mehrarbeitszuschläge anfallen, auch nicht für Samstagsarbeit. Die Mitarbeiter erhalten ein *Zeitkonto.* Dieses können die Mitarbeiter in Abhängigkeit vom anfallenden Arbeitsumfang mit Stunden auffüllen oder unterschreiten, ohne eine Ober- oder Untergrenze einhalten zu müssen; erst zum Jahresende sollte das Zeitkonto ausgeglichen werden.

Auf diese Weise sollen im Rahmen der „Verbetrieblichung der Tarifpolitik" betriebliche Anforderungen, Kundeninteressen und persönliche Interessen der Mitarbeiter in Einklang gebracht werden.

Durch Betriebsvereinbarungen werden insbesondere **Betriebsordnungen** und **Dienstordnungen** aufgestellt. Sie müssen an geeigneter Stelle im Betrieb ausgehängt oder den Betriebsangehörigen beim Eintritt in den Betrieb ausgehändigt werden.

Tarifvertrag (TV)

Der Tarifvertrag ist ein **Kollektivvertrag** zwischen den Tarifpartnern (Sozialpartner), in welchem die Arbeits- und Entgeltbedingungen gewöhnlich für ganze Berufsgruppen eines Wirtschaftszweiges in freien Verhandlungen ohne staatliche Einmischung *einheitlich* festgelegt werden **(Tarifautonomie).**

▶ Abschluss eines Tarifvertrages

Tarifpartner sind auf der einen Seite die Gewerkschaften und ihre Spitzenorganisationen (DGB), auf der anderen Seite einzelne Arbeitgeber oder Arbeitgeberverbände und deren Spitzenorganisationen. Zur Gültigkeit des TV ist die **Schriftform** nötig. TVG § 2

Der Abschluss, die Änderung und die Aufhebung der Tarifverträge werden in die Tarifregister eingetragen, die bei den Arbeitsministerien geführt werden. § 1

Tarifgebunden sind die Mitglieder der Tarifvertragsparteien, also die organisierten Arbeitgeber und Arbeitnehmer. Ein Antrag auf Allgemeinverbindlichkeit wird meist nicht mehr gestellt, da die Arbeitgeber den nicht organisierten Arbeitnehmern die gleichen Lohn- und Arbeitsbedingungen einräumen wie den organisierten, um den Betriebsfrieden zu wahren. § 3

► Arten der Tarifverträge

Man unterscheidet

a) **nach den Tarifpartnern:** Firmen- oder Haustarifverträge und Verbandstarifverträge,

b) **nach dem räumlichen Geltungsbereich:** Werks- und Flächentarifverträge (Orts-, Bezirks-, Landes- und Bundestarifverträge, z. B. **TVöD** = **T**arif**v**ertrag **ö**ffentlicher **D**ienst).

c) **nach dem Inhalt:**

1. **Rahmentarifverträge (Manteltarifverträge).** Sie enthalten allgemeine Arbeitsbedingungen, die für längere Zeit gleich bleiben (Arbeitszeit, Altersteilzeit bis zu 5 Jahren, Mehrarbeit, Sonn- und Feiertagsarbeit, Urlaub, Kündigungsfristen, Weiterbildung u.a.), und Bestimmungen über ein Schiedsgericht zur Beilegung von Streitigkeiten.
2. **Entgelttarifverträge.** Sie enthalten den *Gruppenplan*, in dem die Arbeitnehmer nach ihrer Vorbildung (gelernte, angelernte, ungelernte Tätigkeit) oder nach dem Schwierigkeitsgrad ihrer Arbeitsaufgabe (Arbeitswert) in verschiedene Lohn- oder Gehaltsgruppen eingeteilt sind, und die *Lohnsätze* für die einzelnen Lohn- oder Gehaltsgruppen. Bei Lohntarifverträgen wird im Gegensatz zu Gehaltstarifverträgen ein *Grundlohn* vereinbart, der die Grundlage (100%) für Zu- und Abschläge nach Lohngruppen, Arbeitswerten oder Lebensjahren ist.
3. **Arbeitszeittarifverträge.** Sie regeln die täglichen und wöchentlichen Arbeitszeiten der Arbeitnehmer, sofern sie nicht schon im Rahmentarifvertrag vereinbart sind.
4. **Tarifverträge über Sonderleistungen** (Weihnachtsgeld, Urlaubsgeld, Vermögensbildung).
5. **Tarifverträge über Qualifizierungsmaßahmen** (Recht auf Weiterbildung).

► Wirkungen der Tarifverträge

TVG § 4 a) **Erfüllungspflicht.** Die Vertragsparteien sind verpflichtet, dafür zu sorgen, dass ihre Mitglieder die Verträge verwirklichen und sich an ihre Bestimmungen halten. Dabei ist der Grundsatz der *Unabdingbarkeit* zu beachten. Danach dürfen die Bedingungen eines Einzelarbeitsvertrages für den Arbeitnehmer nicht ungünstiger sein als die des Tarifvertrages, auch wenn der einzelne Arbeitnehmer mit einer Schlechterstellung einverstanden wäre. (§ 4 (3))

§ 3 b) **Friedenspflicht.** Während der Gültigkeit des Vertrages dürfen keine Kampfmaßnahmen gegen die Vereinbarungen ergriffen werden; ausgenommen ist der Warnstreik.

§ 4 (5) c) **Nachwirkung.** Der TV endet mit Ablauf der in ihm festgesetzten Zeitdauer, bei Abschluss auf unbestimmte Zeit durch Kündigung oder durch Abschluss eines neuen TV. Die Bestimmungen des alten TV bleiben auf jeden Fall so lange in Kraft, bis ein neuer TV abgeschlossen ist.

8.4.3 Streik und Aussperrung

Das Kampfmittel der **Arbeitnehmer** zur Erreichung *arbeitsrechtlicher* Ziele ist der **Streik.** Man versteht darunter die gemeinsame, planmäßige Arbeitsniederlegung der Arbeitnehmer. Ein Streik kann unter folgenden Voraussetzungen geführt werden:

a) **Ablauf des Tarifvertrags** bzw. **Scheitern der Schlichtungsverhandlungen.** Vorher besteht **Friedenspflicht.**

b) **Urabstimmung.** 75% der abstimmungsberechtigten Gewerkschaftsmitglieder eines Tarifbezirks müssen sich für den Streik entscheiden. Oft muss der Hauptvorstand der Gewerkschaft diesen Beschluss noch genehmigen.

c) **Organisation des Streiks.** Er muss von der Gewerkschaft (Tarifvertragspartei) **organisiert** sein.

Treffen diese Voraussetzungen nicht zu, spricht man von einem „wilden Streik".

Arten des Streiks:

- **Voll- oder Flächenstreik.** Alle Arbeitnehmer eines Tarifgebietes legen die Arbeit nieder.
- **Mini-Max-Streik (Schwerpunktstreik).** Hier versuchen die Gewerkschaften mit minimalem Aufwand (Bestreikung der Hersteller von Batterien oder Kühlern) die maximale Wirkung zu erzielen (Stilllegung der ganzen Automobilbranche nebst Zulieferbetrieben).
- **Flexi-Streik.** Dabei werden tageweise abwechselnd unterschiedliche Betriebe einer Branche (des Fahrzeugbaus, dann der Metall- und Elektroindustrie) bestreikt.

  Die Gewerkschaft will mit diesen Kurzstreiks verhindern, dass es zu einer »kalten Aussperrung« kommt. Zugleich will sie ihre Streikkosten so gering wie möglich halten.
- **Warnstreik.** Kurzfristige Arbeitsniederlegung, um die Streikentschlossenheit zu demonstrieren. Dieser Streik kann auch während der Friedenspflicht stattfinden.

Das Kampfmittel der **Arbeitgeber** ist die **Aussperrung,** d. h. die vorübergehende Aufhebung der Arbeitsverhältnisse der Arbeitnehmer bestimmter Betriebe oder aller Betriebe einer Branche. Die Aussperrung ist rechtlich nur **gültig** als Kampfmittel der Arbeitgeber gegen Schwerpunktstreiks der Gewerkschaften. Sie ist nur **zulässig** in einem Umfang, der sich nach dem Grundsatz der Verhältnismäßigkeit richtet (Übermaßverbot).

Kalte Aussperrung. Arbeitgeber stellen die Arbeit ein und sperren die Arbeitnehmer ohne Bezahlung aus, da eine Weiterarbeit wegen Arbeitskämpfen in den Zulieferer- oder Abnehmerbetrieben nicht möglich ist.

Die **Arbeitsverhältnisse** der streikenden und ausgesperrten Arbeitnehmer sind während des Arbeitskampfes unterbrochen. Deshalb erhalten streikende und ausgesperrte Arbeitnehmer **kein Arbeitsentgelt.** Die Gewerkschaft zahlt an ihre *Mitglieder* Streikunterstützung, die sich nach Beitragshöhe und Mitgliedsdauer richtet. **Arbeitswillige** haben Anspruch auf Entlohnung. Er entfällt, wenn sie wegen des Streiks nicht beschäftigt werden können.

Um auch privatrechtliche Folgen für einzelne Arbeitnehmer zu vermeiden, bemühen sich die Gewerkschaften, jeden Streik durch einen Vergleich zu beenden, der ein Verbot der Maßregelung und ein Gebot der Wiedereinstellung aller Arbeitnehmer enthält.

8.4.4 Schlichtungswesen

Zur Verhütung oder Beilegung von Streitigkeiten zwischen Arbeitgebern und Arbeitnehmern oder deren Verbänden bei Vertragsverhandlungen wurde eigens ein Schlichtungswesen geschaffen. Es ist nur für solche Streitigkeiten anwendbar, die nicht der Zuständigkeit der Arbeitsgerichte unterliegen. Seine Aufgabe ist es, eine *vertragliche Grundlage zu schaffen,* während die Arbeitsgerichte das bestehende Recht auslegen und über Streitigkeiten nach bestehendem Recht entscheiden.

Das **Ausgleichsverfahren** wird von Schlichtungsstellen durchgeführt, deren Besetzung im TV oder in der Betriebsvereinbarung festgelegt ist. Sie sollen angerufen werden, um Meinungsverschiedenheiten zu klären. Wird keine Einigung erzielt, so können Behörden oder anerkannte Persönlichkeiten des öffentlichen Lebens eingeschaltet werden.

1. Warum räumen die Arbeitgeber den nicht organisierten Arbeitnehmern die gleichen Lohn- und Arbeitsbedingungen ein wie den organisierten?
2. Aus dem Wirtschaftsteil einer Tageszeitung: »Bei den Tarifverhandlungen um einen neuen Manteltarifvertrag sind die Sozialpartner noch zu keiner Einigung gekommen. Beobachter sprechen bereits von Überlegungen über einen Streik.«
   a) Erklären Sie die Begriffe: Manteltarifvertrag und Sozialpartner.
   b) Außer den Manteltarifverträgen gibt es noch andere Tarifverträge. Wie unterscheiden sich diese inhaltlich und in der Geltungsdauer von Manteltarifverträgen?
   c) Im Zusammenhang mit Tarifverhandlungen fällt oft der Begriff »Tarifautonomie«. Erklären Sie diesen Begriff.

d) Unter welcher Voraussetzung gilt der Tarifvertrag für alle Arbeitnehmer und Arbeitgeber einer Branche?

3. Beurteilen Sie folgende Fälle:
   a) In einem Einzelarbeitsvertrag vereinbaren Arbeitgeber und Arbeitnehmer, dass der Angestellte auf den Urlaub verzichtet, dafür aber ein Gehalt erhält, das 10 % über dem Tarifvertrag liegt.
   b) Ein Unternehmer verspricht jedem Arbeitnehmer, der nicht in der Gewerkschaft ist, einen um 50 EUR höheren Verdienst.
   c) Eine Gewerkschaft verlangt in Tarifverhandlungen eine Sonderzahlung von 150 EUR für Gewerkschaftsmitglieder.
4. Bereiten Sie mithilfe einer Internetrecherche zum Thema Arbeitslosigkeit eine Podiumsdiskussion vor, in der Argumente aus der Sicht der Arbeitgeber und der Gewerkschaften ausgetauscht werden. Die Podiumsdiskussion soll mit einer Situationsbeschreibung aufgrund aktueller Statistiken (http://www.destatis.de) eingeleitet werden. Bilden Sie hierzu Gruppen (Arbeitgeber und Gewerkschaften), die unterschiedliche Aufgaben lösen sollen.

   Gruppe Arbeitgeber:
   - Finden Sie heraus, welche Gründe für die Arbeitslosigkeit der Arbeitgeberverband der Metall- und Elektroindustrie (http://www.gesamtmetall.de) anführt.
   - Stellen Sie die Maßnahmen dar, durch welche die Arbeitslosigkeit aus Sicht des Verbandes verringert werden kann.
   - Vertreten Sie die Position des Verbandes.

   Gruppe Gewerkschaften:
   - Finden Sie heraus, welche Gründe für die Arbeitslosigkeit der Deutsche Gewerkschaftsbund (http://www.dgb.de) anführt.
   - Stellen Sie die Maßnahmen dar, durch welche die Arbeitslosigkeit aus Sicht des DGB verringert werden kann.
   - Vertreten Sie die Position des DGB.
5. Nach gescheiterten Tarifverhandlungen stehen die Gewerkschaften vor der Notwendigkeit, zur Durchsetzung ihrer Forderungen eine *Urabstimmung* durchzuführen und einen *Streik* auszurufen. Für den Fall eines Streiks drohen die Arbeitgeber mit *Aussperrung.* Stimmen aus dem Kreis der Arbeitnehmer werden laut: »Streik ist Notwehr, Aussperrung ist Terror.«
   a) Erklären Sie die kursiven Begriffe.
   b) Nehmen Sie Stellung zu der oben wiedergegebenen Aussage der Arbeitnehmer aus der Sicht beider Tarifpartner.
   c) Seit einigen Jahren bevorzugen die Gewerkschaften den Schwerpunktstreik. Erläutern Sie zwei Vorteile dieser Streikvariante.
   d) Welche Gründe sprechen für angemessene Lohn- und Gehaltserhöhungen?
   e) Zur Beendigung eines lang währenden Arbeitskampfes wird der Arbeitsminister aufgefordert, die Lohnerhöhung endlich festzusetzen. Nehmen Sie aus arbeitsrechtlicher Sicht dazu Stellung.

8.5 Mitbestimmung

Um das Interesse der Arbeitnehmer an ihrem Betrieb zu steigern, um ihnen Gelegenheit zu geben, am betrieblichen Geschehen aktiv mitzuwirken, und um ihre Stellung gegenüber dem Arbeitgeber durch eine gemeinsame Vertretung zu festigen, wurden im Betriebsverfassungsgesetz die Wahl und die Aufgaben eines **Betriebsrates** einheitlich geregelt. Ein Zwang zur Wahl eines Betriebsrates besteht jedoch nicht.

BetrVG §§ 106 ff.

In Unternehmen mit mehr als 100 ständig beschäftigten Arbeitnehmern wird ein **Wirtschaftsausschuss** gebildet, dessen Mitglieder vom Betriebsrat bestimmt werden. Die Unternehmensleitung hat wirtschaftliche Angelegenheiten mit ihm zu beraten und er hat den Betriebsrat zu unterrichten.

§§ 60–73

In Unternehmen mit mindestens fünf Arbeitnehmern unter 18 Jahren oder mit Personen, die sich in Ausbildung befinden und das 25. Lebensjahr noch nicht vollendet haben, werden **Jugend- und Auszubildendenvertretungen** auf zwei Jahre gewählt. Mitglieder dieser Vertretungen können nicht gleichzeitig Mitglieder des Betriebsrates sein. Eine wichtige Aufgabe dieser Vertretungen ist die Förderung von Maßnahmen der Berufsausbildung und die Überwachung der Einhaltung von Bestimmungen zugunsten der oben genannten Personen (Jugendschutzgesetz, Tarifvertrag).

Außerdem gibt es eine Mitbestimmung der Arbeitnehmer in **Aufsichtsräten** und **Vorständen.**

8.5.1 Betriebsverfassung

Der Betriebsrat

▶ Wahl

BetrVG

In allen Betrieben mit mindestens fünf ständigen wahlberechtigten Arbeitnehmern kann in geheimer, unmittelbarer Wahl ein Betriebsrat auf vier Jahre gewählt werden. § 1 §§ 14, 21

Wahlberechtigt sind alle Arbeitnehmer, die das 18. Lebensjahr vollendet haben. **Wählbar** sind alle Wahlberechtigten, die mindestens ein halbes Jahr dem Betrieb angehören. § 7 § 8

Die Zahl der Betriebsratsmitglieder richtet sich nach der Zahl der Arbeitnehmer. In Betrieben mit über 200 Beschäftigten ist eine bestimmte Anzahl der Mitglieder von der Berufstätigkeit freizustellen. § 9 § 38

Der Betriebsrat soll sich möglichst aus Arbeitnehmern der einzelnen Organisationsbereiche und der verschiedenen Beschäftigungsarten der im Betrieb tätigen Arbeitnehmer zusammensetzen. Das Geschlecht, das in der Minderheit ist, muss mindestens entsprechend seinem zahlenmäßigen Verhältnis im Betriebsrat vertreten sein, wenn dieser aus mindestens drei Mitgliedern besteht. §§ 10, 15

Besteht ein Unternehmen aus mehreren Betrieben, so ist ein Gesamtbetriebsrat aus je zwei Vertretern der einzelnen Betriebsräte zu errichten. Für einen Konzern kann durch Beschlüsse der einzelnen Gesamtbetriebsräte ein Konzernbetriebsrat errichtet werden. §§ 47 ff. §§ 54 ff.

In Unternehmen mit EU-weit mindestens 1.000 Arbeitnehmern, davon in zwei Mitgliedsstaaten jeweils mindestens 150 Mitarbeiter, muss ein **Europäischer Betriebsrat** gewählt werden. Er hat das Recht auf Unterrichtung und Anhörung.

Beispiel:

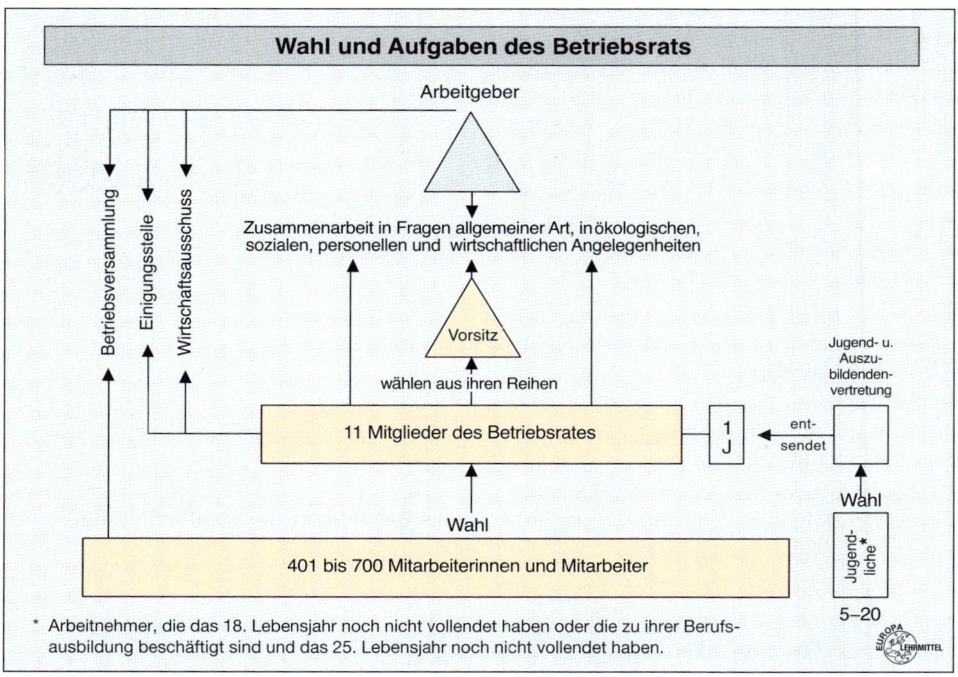

* Arbeitnehmer, die das 18. Lebensjahr noch nicht vollendet haben oder die zu ihrer Berufsausbildung beschäftigt sind und das 25. Lebensjahr noch nicht vollendet haben.

▶ Zusammenarbeit von Arbeitgeber und Betriebsrat

Arbeitgeber und Betriebsrat sollen mindestens einmal im Monat zusammentreten, bei strittigen Fragen mit dem ernsten Willen zur Einigung verhandeln und Vorschläge für die Beilegung von Meinungsverschiedenheiten machen. Der Betriebsrat muss einmal in jedem Ka- § 74

BetrVG § 43 lendervierteljahr in einer **Betriebsversammlung**, zu der alle Mitarbeiter und der Arbeitgeber einzuladen sind, einen Bericht über seine Tätigkeit geben. Für einzelne Betriebsteile können auch **Abteilungsversammlungen** stattfinden.

§ 76 Zur Beilegung von Meinungsverschiedenheiten zwischen Betriebsrat und Arbeitgeber (z. B. Verweigerung der Zustimmung zu betrieblichen Maßnahmen) wird eine **Einigungsstelle** gebildet. Sie besteht aus einem unparteiischen Vorsitzenden und aus Beisitzern, die je zur Hälfte vom Arbeitgeber und vom Betriebsrat bestellt werden.

Der Spruch der Einigungsstelle ersetzt die Einigung zwischen Arbeitgeber und Betriebsrat. Gegen ihre Beschlüsse kann beim Arbeitsgericht Klage erhoben werden.

Rund 75% aller Verfahren konnten bisher durch die Einschaltung der Einigungsstelle beigelegt werden.

§ 80 ▶ **Allgemeine Aufgaben des Betriebsrats**

1. Er hat die betrieblichen Interessen der Beschäftigten zu vertreten.
2. Er hat darüber zu wachen, dass die zugunsten der Arbeitnehmer geltenden Gesetze, Verordnungen, Unfallverhütungsvorschriften, Tarifverträge und Betriebsvereinbarungen durchgeführt werden.
3. Er hat die Belange von schwerbehinderten Menschen, Jugendlichen, älteren und ausländischen Arbeitnehmern zu fördern.
4. Außerdem hat sich der Betriebsrat mit Fragen der Frauenförderung zu befassen und in diesem Bereich für eine bessere Vereinbarkeit von Familie und Beruf zu sorgen.

§§ 81 ff. ▶ **Rechte des Betriebsrats**

a) **Mitbestimmung.** Betriebliche Maßnahmen werden erst mit seiner Zustimmung wirksam.

Beispiele: Beginn und Ende der täglichen Arbeitszeit einschließlich der Pausen, Urlaubsplan, Lohngestaltung, Einführung von Arbeitszeiterfassungsgeräten, Telefondatenerfassung, betriebliche Regelungen über den Gesundheits- und Unfallschutz, Erhöhung der täglichen Arbeitszeit über 8 Stunden und die damit verbundene Festlegung des Ausgleichszeitraumes, Einführung von Personalfragebogen, Durchführung von Gruppenarbeit.

b) **Mitwirkung.** Der Betriebsrat kann aus bestimmten Gründen betrieblichen Maßnahmen *widersprechen.* Diese werden dadurch jedoch nicht unwirksam, sondern das Arbeitsgericht oder die Einigungsstelle entscheidet.

Beispiele: Änderung der Arbeitsplätze, des Arbeitsablaufes oder der Arbeitsumgebung; Kündigung; Einstellung, Eingruppierung und Versetzung in Betrieben mit mehr als 20 wahlberechtigten Arbeitnehmern.

c) **Beratung.** Der Arbeitgeber muss den Betriebsrat unterrichten und sich mit ihm *beraten.*

Beispiele: Planung von Bauten, technischen Anlagen, neuen Arbeitsverfahren, Arbeitsabläufen, Einführung neuer Techniken (der Arbeitgeber muss mit dem einzelnen Arbeitnehmer über Weiterbildungsmaßnahmen beraten); Personalplanung; Berufsbildung; Einschränkung, Stilllegung und Verlegung des Betriebes oder von Betriebsteilen (Aufstellung eines Sozialplanes, um nachteilige Folgen für die Arbeitnehmer zu verhindern).

d) **Information.** Der Betriebsrat oder der Wirtschaftsausschuss kann verlangen, dass er über betriebliche Vorgänge *unterrichtet* wird oder ihm die erforderlichen Unterlagen unterbreitet werden.

Beispiele: Unterrichtung des Wirtschaftsausschusses über wirtschaftliche Angelegenheiten; Unterrichtung des Betriebsrates bei der Einstellung leitender Angestellter; Recht des einzelnen Arbeitnehmers auf Einsichtnahme in seine Personalakte.

8.5.2 Mitbestimmungsgesetzgebung

MitbestG §§ 1, 7 a) Der Aufsichtsrat einer AG, KGaA, GmbH oder eG, die **mehr als 2.000 Arbeitnehmer** beschäftigen, muss **je zur Hälfte** aus Vertretern der Anteilseigner und der Arbeitnehmer gebildet werden. Mit Ausnahme der KGaA wird in diesen Unternehmen ein Arbeitsdi-
§ 33 rektor als gleichberechtigtes Mitglied des Vorstands bzw. der Geschäftsführung bestellt.

b) In den AG, KGaA, GmbH oder eG, die **mindestens 500,** aber **nicht mehr als 2.000 Arbeitnehmer** beschäftigen, muss ein Aufsichtsrat gebildet werden, der **zu einem Drittel** aus Vertretern der Arbeitnehmer besteht. DrittelbG § 4

c) In AG mit **weniger als 500 Arbeitnehmern** bestehen für Arbeitnehmer keine gesetzlichen Mitbestimmungsrechte im Aufsichtsrat.

?

1. Warum wird in Betrieben mit über 200 Beschäftigten eine bestimmte Zahl von Betriebsräten von der Berufstätigkeit freigestellt?
2. Welchen Zweck hat die Bildung einer Einigungsstelle?
3. In einer Betriebsratssitzung werden Personalprobleme diskutiert. Beurteilen Sie die Rechtslage und begründen Sie Ihre Entscheidung.
   a) Herr Frohweis, 28 Jahre alt, bewirbt sich um einen Platz auf der Wahlliste zum Betriebsrat. Er ist am Wahltag vier Monate im Betrieb beschäftigt.
   b) Als Herr Kräftig zum Betriebsrat kandidiert, kündigt ihm der Arbeitgeber, weil er befürchtet, dass Kräftig als Betriebsrat Unruhe in den Betrieb bringen würde.
   c) Nach der Auslagerung der Buchhaltung wird dem Bilanzbuchhalter Ahlers mitgeteilt, dass er von nun an in der Abteilung Verkauf mit einem um 300 EUR geringeren Gehalt beschäftigt ist.
4. Welche Aufgaben hat die Jugend- und Auszubildendenvertretung?
5. Um Entlassungen zu vermeiden, will der Betrieb Kurzarbeit einführen.
   a) In welcher Form ist der Betriebsrat zu beteiligen?
   b) Welche Vorteile hat die Einführung der Kurzarbeit
      – für den Arbeitnehmer,
      – für den Arbeitgeber?
6. Welche Einrichtungen ermöglichen die Mitbestimmung im Betrieb
   a) bei Personengesellschaften, b) bei Kapitalgesellschaften?
7. Eine GmbH, die 1.950 Arbeitnehmer beschäftigt, vergibt eine größere Anzahl von Aufträgen als Lohnaufträge an andere Unternehmen, obwohl sie die Mittel für eine Betriebsvergrößerung hätte. Welche Gründe könnte die Unternehmensleitung für diese Maßnahme haben?

8.6 Arbeitsgestaltung

Der Arbeitgeber muss für eine bestimmte Arbeitsaufgabe den geeigneten Mitarbeiter finden. Je nach der Eignung, der Neigung und den Berufschancen wenden sich die Menschen verschiedenen Arbeitsaufgaben oder Berufen zu. Gleichzeitig versucht der Arbeitgeber, mit immer besseren Hilfsmitteln (Werkzeuge, Maschinen) die *Arbeit zu erleichtern* und *ergiebiger* zu machen.

Die Bedeutung der **Arbeitsgestaltung** liegt nicht nur darin, dass der wirtschaftliche Nutzen vermehrt werden soll (Verbesserung des Arbeitsergebnisses, Verringerung von Ausfallzeiten durch Krankheit und Unfälle), sondern in gleichem Maße, dass *menschliche und soziale Gesichtspunkte* berücksichtigt werden.

Das Grundmodell menschlicher und sozialer Arbeitsgestaltung legt folgende Voraussetzungen fest:

- **Ausführbarkeit.** Arbeit soll ausführbar sein und darf nicht schädigen.
- **Erträglichkeit.** Arbeit soll erträglich sein und darf nicht beeinträchtigen.
- **Zumutbarkeit.** Arbeit soll zumutbar sein und darf nicht über- bzw. unterfordern.
- **Persönlichkeit.** Arbeit soll die Motivation, die Qualifikation und die Flexibilität der Person fördern.

Beispiel: Arbeitsgestaltung nach DIN EN ISO 9241-2:

Der zunehmende Einsatz von Informations- und Kommunikationstechnologien verändert grundlegend die Büroarbeit. Für die Beschäftigten nehmen häufig die Belastungen zu. Die DIN EN ISO 9241-2 widerspiegelt den Stand der gesicherten arbeitswissenschaftlichen Erkenntnisse zur menschlichen und sozialen Arbeitsgestaltung.

Dabei nennt die Norm folgende Einzelziele:

Gut gestaltete Arbeitsaufgaben sollten

- die Durchführbarkeit der Arbeitsaufgabe erleichtern,
- die Gesundheit und Sicherheit der Benutzer schützen,
- das individuelle Wohlbefinden fördern, die individuellen Fertigkeiten und Fähigkeiten im Rahmen der Aufgabenstellungen weiterentwickeln.

Dabei sind insbesondere zu vermeiden

- Über- und Unterforderung,
- unangemessene Wiederholung immer gleicher Arbeitsvorgänge,
- unangemessener Zeitdruck,
- isoliertes Arbeiten ohne Gelegenheit zu sozialen Kontakten.

Mit den Problemen und Methoden der Arbeitsgestaltung beschäftigt sich die **Arbeitswissenschaft.**

8.6.1 Arbeitswissenschaftliche Untersuchungen

Teilgebiete der **Arbeitswissenschaft** sind die *Arbeitspsychologie*, die *Arbeitsphysiologie* und die *Arbeitspädagogik*, deren Untersuchungsergebnisse sich in der Gestaltung der *Arbeitsorganisation* und der *Arbeitszeitmodelle* niederschlagen. Die Teilgebiete stehen in enger Wechselbeziehung zueinander. Ihr Ziel ist die Steigerung der Arbeitsleistung bei größtmöglicher Schonung des Arbeitnehmers.

Arbeitspsychologie

Sie befasst sich mit den **geistigen** und **seelischen Auswirkungen** der Arbeitsbedingungen und Arbeitsvoraussetzungen auf den Menschen und untersucht

a) die persönlichen Fähigkeiten (Intelligenz, Gedächtnis, Phantasie, Auffassungsgabe, Denkfähigkeit, Charakter, Arbeitsverhalten),

b) die Einstellung des Menschen zu seiner Arbeitsaufgabe (Arbeitswilligkeit, Arbeitsscheu) und zu seinen Kollegen (Teamgeist),

c) die psychischen Auswirkungen des Arbeitsplatzes (Farbgebung, Lichtverhältnisse, Temperatur), der Arbeitsgestaltung und Entlohnung auf den arbeitenden Menschen,

d) die Möglichkeiten, nachteilige Auswirkungen zu beseitigen und die Arbeitswilligkeit zu erhöhen.

Zur Untersuchung verwendet man Ermüdungs-, Zeit-, Bewegungs- und Leistungsstudien. Diese setzen eine sorgfältige Beobachtung des Menschen bei seiner Arbeit durch Testverfahren und Eignungsprüfungen voraus.

Arbeitsphysiologie

Sie befasst sich mit den **Auswirkungen** verschiedener Arbeitsverrichtungen auf den menschlichen **Körper.** Die Hauptaufgabe ist die Bestimmung der körperlichen Belastbarkeit des Menschen.

Beispiel: Untersuchung der muskulären Beanspruchung (Energieverbrauch in Kalorien bzw. Joule) sowie der Beanspruchung des Kreislaufes (Blutdruck) und der Sinnesorgane (Ohren, Augen).

Die Arbeitsphysiologie hat vor allem Bedeutung bei der:

a) Festsetzung der Arbeitszeit zur Abstimmung des persönlichen Lebensrhythmus mit den Erfordernissen der Arbeit (harmonischer Ausgleich zwischen Arbeits- und Privatsphäre).

b) Festlegung der Pausen. Hierbei ist zu beachten, dass mehrere kurze Pausen einen höheren Erholungswert haben als eine lange Pause.

c) Einrichtung des Arbeitsplatzes. Dieser ist so einzurichten, dass konzentriertes, möglichst ermüdungsfreies und die Gesundheit schonendes Arbeiten möglich ist. Hierzu zählen:
   1. Verrichtung der Arbeit nicht nur im Sitzen, um Wirbelsäulen- und Kreislaufschäden vorzubeugen.
   2. Alle Hilfsmittel sollen in greifbarer Nähe sein.
   3. Optimale Beleuchtung. Wird die Helligkeit am Arbeitsplatz erhöht, so erhöht sich die Sehkraft des Auges (z. B. Sehschärfe, Wahrnehmungsgeschwindigkeit).
   4. Raumklima, Lufttemperatur und Luftfeuchtigkeit müssen durch Heizungs-, Lüftungs- und Klimaanlagen so geregelt sein, dass das Wohlbefinden des Arbeitnehmers gewährleistet ist.
   5. Entstaubungsanlagen, die lungen- und augenschädliche Stoffe absaugen (Gase, Kohlenstaub, Sägemehl).
   6. Schalldämmende Vorrichtungen, um Schädigungen des Gehörs zu vermeiden.
   7. Farben für Wände und Decken zur Aufhellung der Arbeitsplätze (hellgrün steigert die Arbeitsfreude, rot signalisiert Gefahrenstellen).
   8. Der Fußboden soll wärmeisoliert und unfallsicher sein (nicht glatt, keine Fugen).
   9. Sauberkeit des Arbeitsplatzes.

d) Belastung von Frauen und Jugendlichen.
   Wesentliche Erkenntnisse sind im Mutterschutzgesetz sowie im Jugendarbeitsschutzgesetz berücksichtigt.

Seite 210

e) Auswirkung dauernder Anstrengung auf das Nervensystem (Managerkrankheit, Burn-Out-Syndrom).

Arbeitspädagogik

Sie hat die Aufgabe, Methoden zur Gestaltung und zum Verlauf einer Unterweisung zu erforschen. Sie soll Führungskräfte und Ausbildende zur zeitgemäßen Menschenführung befähigen und damit der Anleitung sowie der beruflichen Aus- und Weiterbildung der Mitarbeiter im Betrieb dienen.

Arbeitsorganisation

Über Jahrzehnte hinweg waren die Abläufe der menschlichen Arbeit nach demselben Grundprinzip aufgebaut: die betriebliche Organisation war hierarchisch strukturiert, d. h., die einzelnen Mitarbeiter galten als »Spezialisten« und waren meist auf kurze und sich wiederholende Tätigkeiten festgelegt.

Mit dieser Organisationsform sind die Unternehmen heute jedoch kaum in der Lage, flexibel und schnell auf Veränderungen zu reagieren. Moderne Industrieunternehmen, die die Produktivität der Arbeit und die Qualität der Produkte ständig erhöhen wollen, müssen die Fähigkeiten ihrer Mitarbeiter besser nutzen. Der Arbeitsplatz und sein Umfeld sollten die Voraussetzung dafür sein, dass neue Ideen, Verbesserungen und Vorschläge entwickelt, aber auch Lernprozesse ermöglicht werden können.

Die veränderten Anforderungen an die Arbeitsorganisation lassen sich in unterschiedlichen Organisationsformen von Arbeit verwirklichen. Durch sie sollen eintönige (monotone) Tätigkeiten vermieden sowie dem Arbeitnehmer eine größere Selbstständigkeit (Autonomie) verschafft werden.

a) Arbeitsplatzwechsel (Job rotation). Hier *tauschen* Mitarbeiter regelmäßig ihre *Arbeitsplätze*. Die Eintönigkeit der Arbeit wird dadurch unterbrochen, dass verschieden schwierige Arbeiten (körperlicher und geistiger Art) ausgeführt werden.

   Beispiel: Wöchentlich wechseln in einer Automobilfabrik Mitarbeiter, die Scheinwerfer, Blinker, Brems- und Schlussleuchten montieren, ihre Arbeitsplätze.

b) Arbeitserweiterung (Job enlargement). Nacheinander geschaltete *gleichartige Teilarbeiten,* die bisher von mehreren Mitarbeitern erledigt wurden, werden zusammengefasst und von einem Mitarbeiter erledigt.

   Beispiel: Ein Mitarbeiter montiert alle Leuchten an einem Auto.

c) **Arbeitsbereicherung (Job enrichment).** Hier werden *einer* Arbeitskraft *verschiedenartige Teilarbeiten* zugewiesen, die zusammengehören, aber eine längere Ausbildung voraussetzen.

Beispiel: Eine Arbeitskraft montiert alle Leuchten an einem Auto, schließt sie an die entsprechenden Bedienungshebel an und kontrolliert anschließend, ob sie funktionieren.

d) **Teilautonome Arbeitsgruppen (Fertigungsinseln).** Hier wird einer Arbeitsgruppe eine *größere Teilaufgabe* zugewiesen. Innerhalb der Gruppe können Arbeitsplätze ausgetauscht sowie das Arbeitstempo beschleunigt oder verlangsamt werden. In diesen **Fertigungsinseln** wird in nahezu autarken Teams *geplant, produziert und kontrolliert.* Die Gruppe trifft sich in regelmäßigen Abständen zur Klärung organisatorischer, aber auch persönlicher Konfliktfälle.

Beispiel: In einer Automobilfabrik montiert eine Gruppe von Arbeitern komplette Motoren. Auf der Basis von vorgegebenen Produktionszahlen organisiert die Gruppe u.a. seine Arbeitszeiten und Pausen sowie die Verteilung der einzelnen Arbeitsschritte selbstständig.

e) **Autonome Arbeitsgruppen.** Eine Arbeitsgruppe erledigt eine *Gesamtaufgabe* selbstständig. Das Arbeitsteam beteiligt sich deswegen auch am Einstellungsverfahren und achtet dabei auf Ausgewogenheit bei Alter, Geschlecht und Leistungsfähigkeit.

Beispiel: In einer Maschinenbaufabrik ist ein Team für die Produktion einer kompletten Stanzmaschine zuständig. Das Team legt dabei die Arbeitszeiten und Urlaubspläne der einzelnen Team-Mitglieder fest und organiert den gesamten Herstellungsprozess.

f) **Telearbeit (Teleworking).** Bei dieser Form des Arbeitens werden die modernen Telekommunikationsmethoden eingesetzt. Die Arbeitsleistung wird *außerhalb der Räumlichkeiten des Arbeit- bzw. Auftraggebers* erbracht. Je nach Art der Organisation der Telearbeit unterscheidet man:

- **Isolierte Telearbeit.** Es erfolgt ein ständiges Arbeiten zu Hause in der Privatwohnung.
- **Alternierende Telearbeit.** Die Arbeit findet abwechselnd im Betrieb und zu Hause statt.
- **Mobile Telearbeit.** Die Arbeit erfolgt an den Orten, an denen sich der Mitarbeiter gerade aufhält (Servicetechniker, Außendienstmitarbeiter mit Datenkommunikationsmöglichkeiten zum Arbeit- bzw. Auftraggeber).
- **Telearbeit im Telezentrum oder im Satellitenbüro.** Die Arbeiten erfolgen in einem vom Unternehmen ausgelagerten Bereich. Diese modern ausgestatteten Arbeitsplätze können auch von Einzelpersonen oder Unternehmen zum Zwecke der Leistungserstellung angemietet werden.

Arbeitszeitmodelle

Gerade in Bereichen, in denen sich der Wettbewerb über Kundenzufriedenheit entscheidet, müssen Arbeitszeiten kunden- und mitarbeiterfreundlich gestaltet werden. Dem **Normalarbeitszeitsystem,** das eine Vollbeschäftigung von 35 bis 40 Stunden auf fünf Wochentage gleichmäßig verteilt, gelingt es immer seltener, die Interessen von Kunden, Unternehmensleitung und Mitarbeitern zu erfüllen. Die Zukunft gehört den flexiblen

Arbeitszeitmodellen. Es existieren zahlreiche Möglichkeiten und Varianten, die Arbeitszeit flexibel zu gestalten.

► Arten der Arbeitszeitmodelle

a) **Gleitende Arbeitszeit.** Unter gleitender Arbeitszeit wird eine organisatorische Regelung der Arbeitszeit verstanden, bei der der Arbeitnehmer innerhalb einer bestimmten Zeitspanne, der sogenannten **Gleitzeit,** die beispielsweise von 7:00 bis 9:00 Uhr, von 12:00 bis 14:00 Uhr und von 16:00 bis 19:00 Uhr liegt, Arbeitsbeginn und Arbeitsende selbst bestimmen kann. Er ist lediglich an eine **Kernzeit** (beispielsweise von 9:00 bis 12:00 Uhr und von 14:00 bis 16:00 Uhr) gebunden, während der er im Betrieb anwesend sein muss.

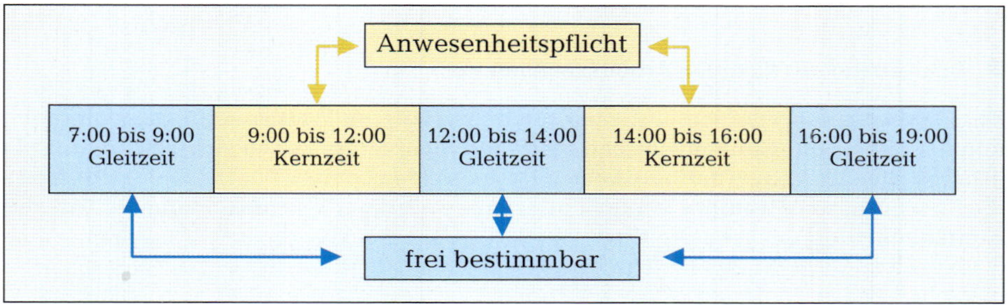

Durch die Gleitzeit ist die stärkere Individualisierbarkeit der Arbeitszeiten möglich. Die damit zusammenhängende größere Berücksichtigung individueller Arbeitnehmerbedürfnisse ist geeignet, die Mitarbeitermotivation zu fördern. Durch die Einführung der Gleitzeitarbeit ist der Arbeitgeber darüber hinaus nur noch in geringem Umfang verpflichtet, Arztbesuche u. Ä. während der Arbeitszeit lohnfortzahlungspflichtig hinzunehmen.

Eine Erweiterung der gleitenden Arbeitszeit stellt die **zeitautonome Arbeitsgruppe** dar. In dieser Gruppe regeln die Mitglieder die Dauer und Lage ihrer Arbeitszeit in eigener Kompetenz. Das Team entscheidet, wer wann in Urlaub geht oder wer Gleitzeit machen kann. Die Unternehmensleitung gibt lediglich die Rahmenbedingungen, wie Ansprechzeiten oder Durchlaufzeiten vor.

b) **Schichtarbeit.** Von Schichtarbeit spricht man, wenn mindestens zwei Arbeitnehmer sich das von ihnen zu erfüllende Arbeitspensum so einteilen, dass sie sich nach feststehenden Plänen zeitlich jeweils ablösen. Dabei ist ein Arbeitnehmer nur dann zur Schichtarbeit verpflichtet, wenn dies einzelvertraglich, durch den Tarifvertrag oder im Rahmen einer Betriebsvereinbarung festgelegt ist. Grundsätzlich hat der Betriebsrat bei erstmaliger Einführung von Schichtarbeit ein Mitbestimmungsrecht. Für die mit der Schichtarbeit verbundenen Erschwernisse können die Arbeitnehmer Schichtlohnzuschläge erhalten, die grundsätzlich steuerpflichtig sind. Seite 220

c) **Teilzeitarbeit.** Arbeitnehmer sind teilzeitbeschäftigt, wenn ihre regelmäßige Wochenarbeitszeit kürzer ist als die regelmäßige Wochenarbeitszeit vergleichbarer vollzeitbeschäftigter Arbeitnehmer des Betriebes.

Arbeitnehmer, die statt einer Vollzeitbeschäftigung einer Teilzeitbeschäftigung nachgehen, unterliegen grundsätzlich der Sozialversicherungspflicht.

Besondere Formen der Teilzeitarbeit:

1. **Job-Sharing.** Unter Job-Sharing versteht man die Teilung des Arbeitsplatzes zwischen zwei oder mehreren Arbeitnehmern. Beim Ausfall eines Arbeitnehmers sind die anderen in die Arbeitsplatzteilung einbezogenen Arbeitnehmer zu seiner Vertretung in der Regel nur verpflichtet, wenn für den einzelnen Vertretungsfall eine Vereinbarung geschlossen wurde. Die zeitliche Ausgestaltung des Job-Sharing-Arbeitsverhältnisses kann unterschiedlich sein. Zwischen den einzelnen Arbeitnehmern besteht keine Rechtsbeziehung.

2. **Abrufarbeitsverhältnisse.** In der Praxis haben sich häufig besondere Formen der bedarfsabhängigen Arbeitszeit als arbeitsmarktpolitisch wünschenswert dargestellt. Eine bedarfsabhängige Arbeitszeit liegt beispielsweise vor, wenn Arbeitgeber und Arbeitnehmer für einen bestimmten Zeitraum im Voraus den Umfang der vom Arbeitnehmer insgesamt geschuldeten Arbeitsleistung festlegen, wobei der Arbeitgeber die Möglichkeit hat, die Lage der Arbeitszeit durch Einzelabruf innerhalb bestimmter Fristen zu bestimmen.

d) **Telearbeit** (vgl. Seite 224). Die Arbeitnehmer müssen sich vor allem klar darüber werden, ob die Vorteile (freie Zeiteinteilung, ungestörte Konzentration bei der Arbeit) die Nachteile (etwa fehlende Kontakte zu den Kollegen) überwiegen.

► Beurteilung der flexiblen Arbeitszeitsysteme

Die Flexibilisierung der Arbeitszeiten bringt **Vorteile im Wettbewerb.** Die Unternehmen können besser auf **Kundenwünsche** reagieren, **Leerzeiten** lassen sich verringern, **Mehrarbeitszeiten** und **Lagerhaltungskosten** lassen sich einsparen. Für die Beschäftigten kann die Flexibilisierung **weniger Reglementierung** sowie mehr **Verantwortung** und **Zeitsouveränität** bedeuten.

Vorteile für die Beschäftigten	Vorteile für den Arbeitgeber
• Möglichkeit der Anpassung der Arbeitszeit an den individuellen Lebensrhythmus • Steigerung der Arbeitszufriedenheit • Fortfall des Zwangs zur Pünktlichkeit • Verringerung von Verkehrsproblemen durch Anpassung der Arbeitszeit an die Verkehrslage • Möglichkeit der Anpassung der Arbeitszeit an die individuellen Lebensphasen (Kindererziehung) • Vereinbarkeit von Familie und Beruf • Freiraum für Fort- und Weiterbildung	• Anpassung des Personalbestandes an die Auslastung • bessere Ausnutzung der Betriebsmittel • Steigerung der Produktivität • Steigerung der Qualität • Abbau von Mehrarbeitszuschlägen • Abbau von Fehlzeiten • Erhöhung der Arbeitsmotivation • höhere Bindung ans Unternehmen • Verbesserung des Betriebsklimas • bessere Position am Arbeitsmarkt

Demgegenüber steht eine Leistungsverdichtung durch die Flexibilisierung der Arbeitszeit. Hinzu kommt häufig ein Mangel an Kommunikation, der durch Zeitverdichtung auftritt. Betroffene klagen vermehrt über unspezifische psychische Befindlichkeitsstörungen.

Nachteile für die Beschäftigten	Nachteile für den Arbeitgeber
• vollständige Anpassung an betriebliche Auslastungsschwankungen • keine kalkulierbaren Arbeitszeiten • Übernahme des Fehlzeitenrisikos bei Krankheit • Leistungsverdichtung • Zeiterfassung als zusätzliche Kontrolle • Qualifikationsverlust bei längerfristiger Abwesenheit	• Unsicherheit bei der Abdeckung von Schichten • Erhöhung der Personalkosten und des Verwaltungsaufwandes • Ausnutzung der Freiräume durch den Arbeitnehmer

8.6.2 Arbeitszeitstudien

Arbeitszeitstudien sollen die **Zeit erfassen**, die von einem **Arbeitnehmer** bei **Normalleistung** für die **ordnungsgemäße Erledigung** einer **bestimmten Arbeitsaufgabe** benötigt wird.

Arbeitszeitstudien nach REFA

REFA = Reichsausschuss für Arbeitsstudien; seit 1995 »REFA-Verband für Arbeitsgestaltung, Betriebsorganisation und Unternehmensentwicklung e.V.«

Das **REFA-System** ist eine Entwicklung im Rahmen der Arbeitsstudien unter Berücksichtigung arbeitswissenschaftlicher Erkenntnisse. Das REFA-System will keine Maximalleistung, sondern eine dauernde Normalleistung erzielen. Zur Ermittlung und Bewertung der Normalleistung werden von REFA-Fachleuten u.a. Arbeitszeitstudien durchgeführt.

Die ermittelte Auftragszeit dient als

- Unterlage für die Vorkalkulation,
- Maßstab bei der Leistungsmessung,
- Grundlage der Entlohnung,
- Grundlage für die Aufstellung eines Terminplanes.

Der Ausgangspunkt für die Festlegung der Auftragszeit ist die **Zeitnahme** bei irgendeinem Arbeitnehmer **(Istzeit)** zu verschiedenen Zeiten. Dabei werden die nicht beeinflussbare Tätigkeitszeit, die von der Maschine bestimmt wird **(Prozesszeit),** und die vom Arbeitnehmer beeinflussbare Tätigkeitszeit getrennt erfasst. Die beeinflussbare Tätigkeitszeit wird mit dem **Leistungsgrad** vervielfacht. Diese berichtigte Zeit **(Sollzeit)** ergibt zusammen mit der nicht beeinflussbaren Tätigkeitszeit die Grundzeit, die nun für alle mit der gleichen Arbeit betrauten Arbeitnehmer angesetzt wird.

Die **Gliederung der Auftragszeit** zeigt nachfolgendes Bild:

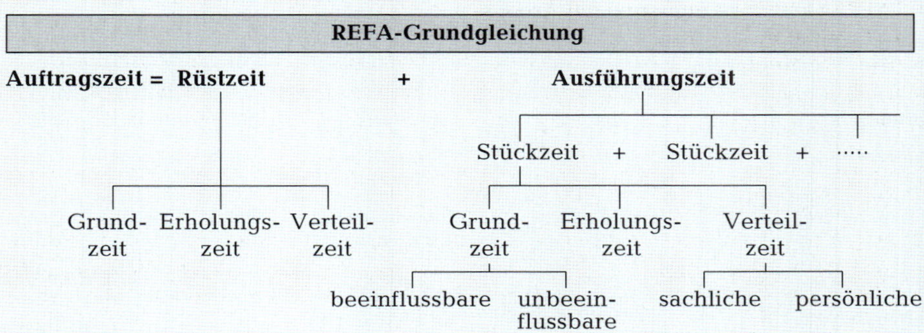

Dabei ist

Auftragszeit = Zeit, die für die Erledigung einer Arbeitsaufgabe insgesamt vorzugeben ist (Vorgabezeit).

Rüstzeit = Zeit, die für die Vorbereitung der Arbeit und für die Wiederherstellung des ursprünglichen Zustandes des Arbeitsplatzes erforderlich ist.

Beispiele: Lesen des Auftrages, Einstellen der Maschine, Rückgabe der Arbeitsmittel.

Ausführungszeit = Summe der Stückzeiten (ohne Rüstzeit).

Stückzeit = Zeit, die für die Fertigung eines Stückes benötigt wird (Grund-, Verteil- und Erholungszeit).

Grundzeit	= *regelmäßig* auftretende Rüst- oder Ausführungszeit, in der die beeinflussbare und unbeeinflussbare Tätigkeitszeit enthalten ist. **Beispiele:** – beeinflussbare Grundzeit: Einspannen, Bearbeiten eines Werkstücks – unbeeinflussbare Grundzeit: Trocknungszeit des lackierten Werkstücks
Erholungszeit	= Zeit, die der Arbeitnehmer innerhalb der bezahlten Arbeitszeit zur freien Verfügung hat, um die auftretende Arbeitsermüdung abzubauen. Sie wird i.d.R. als prozentualer Zuschlag zur Grundzeit festgelegt. **Beispiel:** Innerhalb von 60 Minuten Arbeitszeit fünf Minuten Pause.
Verteilzeit	= *unregelmäßig* auftretende Rüst- oder Ausführungszeiten, die nicht bei jeder Zeitaufnahme erfasst, sondern in einem gesondert ermittelten Prozentsatz der Grundzeit zugeschlagen werden. Sie können sachlicher oder persönlicher Natur sein. **Beispiele:** – sachliche Verteilzeit: Maschine abschmieren, Gespräche mit Vorgesetzten, Fehler am Werkstoff. – persönliche Verteilzeit: Gang zum Personalbüro, persönliche Bedürfnisse.

Nicht in die Auftragszeit **eingerechnet** werden

1. **abzugeltende** Verteilzeiten (von Fall zu Fall), die durch Mängel der Arbeitsvorbereitung (nicht rechtzeitig bereitgestellte Werkstoffe und Arbeitspapiere) oder durch unvorhergesehene Störungen im Arbeitsablauf (Maschinenschaden, Stromausfall) eintreten.
2. **nicht abzugeltende** Verteilzeiten, die der Arbeiter durch pflichtwidriges Verhalten verursacht, z. B. durch verspäteten Arbeitsbeginn oder unnötige Gespräche.

Beispiel: Durch Arbeitsstudien wurden für einen Auftrag, der 100 Werkstücke umfasst, folgende Zeiten ermittelt:

Rüstzeit:	24 Minuten für Lesen des Auftrages, Herrichten der Werkzeuge, Einstellen der Maschine und Wiederherstellung des ursprünglichen Zustandes des Arbeitsplatzes. Für unvorhergesehene Störungen im Arbeitsablauf (sachlicher und persönlicher Art) wird ein Zuschlag von 10 % einkalkuliert.
Stückzeit:	18 Minuten für die Bearbeitung eines Werkstückes. Für unvorhergesehene Störungen im Arbeitsablauf (sachlicher und persönlicher Art) wird ein Zuschlag von 5 % einkalkuliert.
Erholungszeit:	Nach 60 Minuten Arbeitszeit fünf Minuten Pause = 8 1/3 %.

	Rüstzeit	Stückzeit	Ausführungszeit
Grundzeit	24 min	18 min/St.	100 St. · 18 min/St.= 1.800 min
Verteilzeit	10% von 24 min = 2,4 min	5% von 18 min = 0,9 min	100 St. · 0,9 min/St.= 90 min
Erholungszeit	8 1/3% von 24 min = 2 min	8 1/3% von 18 min = 1,5 min	100 St. · 1,5 min/St.= 150 min
Σ der Zeiten	28,4 min	20,4 min	100 St. · 20,4 min/St.= 2.040 min
Auftragszeit =	Rüstzeit +	Ausführungszeit	
2.068,4 min =	28,4 min +	2.040 min	

► Ziele des REFA-Systems

a) Wirtschaftliche Betriebsgestaltung durch reibungslosen Arbeitsablauf und durch die Vorgabe der Arbeitszeiten.

b) Genaue Auftrags- und Terminplanung aufgrund der ermittelten Leistungsfähigkeit der Arbeitskräfte und der technischen Mittel.

c) Erhöhte Arbeitsergiebigkeit durch den Einsatz der Mitarbeiter entsprechend ihrer Eignung.

d) Erleichterung der Arbeit durch geeignete, dem Arbeitsvorgang angepasste Arbeitsmittel.

e) Leistungsbezogenes Entgelt der Arbeitnehmer.

f) Selbstkostenermittlung nach dem tatsächlichen Arbeitsablauf.

▶ Voraussetzung für den Erfolg der REFA-Arbeitsstudien

a) Aufklärung der Arbeitnehmer über die Ziele des REFA-Systems.
b) Unterrichtung der Arbeitnehmer über die Durchführung der Untersuchungen.
c) Mitbestimmung der Arbeitnehmer bei der Durchführung (Betriebsrat).
d) Mitteilung der Ergebnisse an die Arbeitnehmer.
e) Gewinnbeteiligung der Arbeitnehmer.

System vorbestimmter Zeiten (SVZ)

Dieses System versucht die Zeitvorgabe noch stärker zu objektivieren. Aufgrund von genau definierten Grundbewegungen (Hinlangen, Bringen, Greifen, Vorrichten, Fügen, Loslassen) kann man aus Tabellenwerken **Standardzeitwerte** entnehmen, die durch wissenschaftlich fundierte **Mikrobewegungsstudien** ermittelt worden sind. Jede einzelne Grundbewegung wird bei diesen Studien nochmals mehrfach nach verschiedenen Schwierigkeitsgraden unterteilt und wird z. B. beim Hinlangen in Bruchteilen von Minuten je Bewegungslänge und Bewegungsgeschwindigkeit gemessen. Die Summe aller vorbestimmten Zeiten ergibt die beeinflussbare Tätigkeitszeit.

Als Verfahren zur Vorbestimmung von Zeiten finden das REFA-Standardprogramm Planzeitermittlung, **MTM** (**M**ethods **T**ime **M**easurement) und **WF** (**W**ork **F**actor) in Deutschland immer weitere Verbreitung.

8.6.3 Arbeitswertstudien

Arbeitswertstudien sollen Wertzahlen für die **Schwierigkeit der Arbeitsaufgabe** festlegen.

Bei der Beurteilung der *Arbeitsleistung* sind objektive und subjektive Faktoren zu berücksichtigen. Die **objektiven** Faktoren ergeben sich aus dem Schwierigkeitsgrad der Arbeitsaufgabe (Arbeitswert). Die **subjektiven** Faktoren liegen in der Person, die die Arbeit ausführt; sie haben ihre Ursache im Können und Charakter des Mitarbeiters (Leistungsgrad).

Nicht jede Arbeitsaufgabe stellt die gleichen Anforderungen an den Mitarbeiter, und nicht jeder Arbeiter bringt die gleichen Voraussetzungen für die Durchführung der Arbeitsaufgabe mit.

Heute versucht man die objektiven und subjektiven Merkmale mit wissenschaftlichen Methoden zu erfassen und zu bewerten. Die richtige Ermittlung des Arbeitswertes und Leistungsgrades ist Voraussetzung für eine leistungsbezogene Entlohnung und die Grundlage für die richtige Auswahl der Arbeitskräfte.

Bewertung der objektiven Arbeitsschwierigkeit (Arbeitswert)

Die Summe der Anforderungen, die eine Arbeitsaufgabe an den Mitarbeiter stellt, ergibt die **Arbeitsschwierigkeit.** Die Aufgabenbewertung versucht, die Arbeitsschwierigkeit unabhängig von der Person, die die Arbeit ausführt, zu messen oder zu schätzen (Arbeitswert).

Verfahren der Arbeitswertfestsetzung. In der Praxis haben sich dafür das **summarische** und das **analytische Verfahren** herausgebildet.

▶ Summarisches Verfahren

Dabei wird die Arbeitsaufgabe als Ganzes bewertet. Man unterscheidet das

a) Rangfolgeverfahren. Die Arbeitsaufgaben innerhalb eines Betriebes werden nach ihrem geschätzten Schwierigkeitsgrad in eine Rangfolge eingeordnet, die mit einfachsten Arbeiten beginnt und mit den schwierigsten endet. Dann werden die Arbeitsaufgaben mit Punkten bewertet.

Das Verfahren ist leicht durchzuführen; es hat aber den Nachteil, dass die Bewertung sehr stark von dem persönlichen Urteil des Bewerters abhängt, da die einzelnen Anforderungen einer Arbeitsaufgabe nicht weiter untersucht werden.

b) Katalogverfahren. Durch Tarifverträge oder Betriebsvereinbarungen wird ein **Lohngruppenkatalog** erstellt, in dem unterschiedliche Schwierigkeitsgrade in abgestufter Darstellung bestimmten Lohngruppen zugeordnet werden. Die jeweils im Unternehmen vorkommenden Arbeitsaufgaben werden entsprechend ihrem Schwierigkeitsgrad jeweils in eine dieser Lohngruppen eingestuft.

Bei besonderen Belastungen (körperlich, geistig, Umgebung oder Lärm) kann die Arbeitsaufgabe bis zu zwei Gruppen höher bewertet werden.

Dem Lohngruppenkatalog kann ein Katalog von Richtbeispielen beigegeben werden, in dem einzelne Tätigkeiten ausführlich beschrieben sind, sodass die Einstufung der Arbeitnehmer damit begründet werden kann.

Richtbeispiele für Lohngruppenfindung

Art der Arbeit	erforderliche Anlernzeit/ Erfahrung	erforderliches fachliches Können	Lohn-gruppe
einfachste Arbeit	kurze einmalige Anweisung	kein Erfordernis	1
	kurze Anweisung und kurze Übung		2
einfache Arbeit	kurze Einarbeitungszeit		3
		gewisse Sach- und Arbeitskenntnisse	4
angelernte Tätigkeit	bis 2 Monate	begrenzte Sach- und Arbeitskenntnisse	5
	über 2 Monate	begrenztes Können	6
Facharbeit	3 Jahre	Berufsausbildung und zusätzliche Berufserfahrung	7
	5 Jahre	Berufsausbildung und besondere Berufserfahrung	8
Facharbeit mit besonderen Anforderungen	7 Jahre	Fachkönnen, Arbeiten mit besonderem Schwierigkeitsgrad	9
	8 Jahre	hohes fachliches Können, mehrjährige Berufserfahrung	10

► Analytisches Verfahren (Stufenwertzahlenverfahren)

Dabei müssen die *Arbeitsaufgaben* nach bestimmten *Anforderungsmerkmalen* analysiert werden. Diese werden mit Punkten bewertet und zu **Merkmalsgruppen** zusammengefasst. Da die einzelnen Gruppen nicht gleichwertig sind, ist es notwendig, ein *Wertverhältnis* zwischen ihnen festzulegen. Dies geschieht entweder mithilfe von Vergleichszahlen (Äquivalenzzahlen) oder durch Festlegen unterschiedlich hoher Höchstpunktzahlen für die jeweiligen Merkmalsgruppen. Die Gewichtung kann nur durch Arbeitsstudien, durch Vergleichen und Verwerten von Erfahrungen gewonnen und muss in Betriebsvereinbarungen und Tarifverträgen festgelegt werden. Die Höhe der Punktzahlen gibt den Schwierigkeitsgrad an und wird als »**Arbeitswert**« bezeichnet.

Um eine möglichst einheitliche Anwendung dieses Verfahrens zu erzielen und um irrtümliche Auslegungen auszuschließen, werden auch hier häufig von den einzelnen Wirtschaftsgruppen Richtbeispiele ausgearbeitet, in denen die Arbeitsaufgabe beschrieben und die Bewertung begründet wird. Auf der internationalen Tagung über Arbeitsbewertung in Genf (1950) wurde ein allgemeines Schema für Merkmalsgruppen (Genfer Schema) festgelegt. Der »Gesamtverband der metallindustriellen Arbeitgeberverbände e.V.« hat dieses Schema seiner Arbeitsbewertung zugrunde gelegt und für jede Merkmalsgruppe Höchstpunktzahlen (rot, vgl. Seite 232) festgelegt. Die speziellen Werte werden aufgrund von Arbeitsstudien in den einzelnen Betrieben eingesetzt.

Das **Genfer Schema** eignet sich vor allem für Arbeitsaufgaben in den Werkstätten. Bei der Bürotätigkeit kommen weitere Merkmale für die Bewertung hinzu, wie Umgangsformen, Ausdrucksfähigkeit und Organisationstalent, während andere wegfallen können, z. B. bestimmte Umweltbelastungen.

Beispiel für die Ermittlung des Arbeitswertes nach dem Genfer Schema (Bild, Seite 232).

Beschreibung der Arbeit: Prüfen einer Licht- und Kraftanlage und Fehlerbeseitigung.

Werkstück: Licht- und Kraftanlage, 230 Volt Wechselstrom, mit etwa 1.500 Anschlüssen und Brennstellen einer großen Fabrikanlage mit mehreren Gebäuden und Hallen.

Arbeitsunterlagen: Bauplan, Installationsplan, Stromlaufplan, Schaltschema, VDE-Vorschriften.

Betriebsmittel: Galvanoskop mit Batterie, Kurbelinduktor, Volt- und Amperemeter, Erdschlussprüfgerät, Installationswerkzeug, Leitern.

Arbeitsplatz: Einzelplatz in geschlossenen Räumen, z. T. auch im Freien, an schwer zugänglichen Stellen, auf Leitern und auch in feuchten Kellern.

Arbeitsvorgang und Arbeitsablauf: Aufgrund von Störungsmeldungen die teilweise unter Spannung stehenden Leitungen auf Stromdurchfluss und Stromverluste prüfen. Unter Benutzung des Erdschlussprüfgerätes oder mit dem Galvanoskop den Isolierwiderstand messen und Fehlerströme von den Leitungen zur Erde und von Leitung zu Leitung feststellen. Die benutzten hochwertigen Messinstrumente sachgemäß schalten und bedienen. Den Ort der durch die Messungen festgestellten Fehler aufsuchen. Stückweise die einzelnen Leitungswege vom Leitungsstamm abschalten. Die Isolationswerte der abgeschalteten Leitungen ständig messen und beim Feststellen von Fehlern den Fehlerort durch weitere Unterteilungen und Messungen einkreisen und die Fehlerstelle ermitteln. Die Fehlerursachen, z. B. Feuchtigkeitsschluss in Kellern, scharfkantige Wanddurchführungen, Wackelkontakte, fehlerhafte Aggregate, soweit wie möglich sofort beseitigen, um längere Betriebsstörungen zu vermeiden. Nach dem Beseitigen einer Fehlerursache die gesamte Anlage abschließend erneut überpüfen. Nach Bedarf Helfer anleiten.

Fertigungsart: Vielseitig mit veränderlichen, den jeweiligen Erfordernissen entsprechendem Arbeitsablauf.

Arbeitswertfestsetzung

► Allgemeine Probleme der Arbeitswertfestsetzung

Zweck der Arbeitsbewertung ist es, eine Entlohnung zu finden, die der Schwierigkeit der Arbeit entspricht. Alle Verfahren der Arbeitsbewertung versuchen, auf wissenschaftlicher Grundlage den Schwierigkeitsgrad der Arbeit zu messen. Diese Verfahren der Arbeitswissenschaft können aber nur festlegen, dass bei der einen Arbeit der Anforderungsgrad vergleichsweise höher oder niedriger ist als bei den anderen. Sie können also *nicht den absoluten Wert* einer Arbeit festlegen. Dieser wird in der Marktwirtschaft auf ganz andere Weise bestimmt, nämlich aufgrund von **Angebot und Nachfrage.** Der Wert der Arbeit wird hier bestimmt durch sozialpolitische und marktmäßige Wertvorstellungen, ob z. B. fachliches Können einen höheren Arbeitswert hat als ausschließlich körperliche Arbeit. Diese Wertvorstellungen verändern sich je nachdem, ob Überfluss oder Mangel an bestimmten Arbeitskräften herrscht.

Daraus ergibt sich die Problematik, dass *subjektive* Wertvorstellungen aller, die an der Festlegung der Arbeitswerte mitwirken (Unternehmensleitung, Bewerter, Betriebsrat, Gewerkschaften), in die Bewertung mit einfließen.

Nicht anwendbar ist die Arbeitswertfestsetzung bei Arbeitsaufgaben, für die es keine Vergleichsmaßstäbe gibt und die sich somit einem Schwierigkeitsvergleich entziehen, z. B. bei erfinderischer, schöpferisch-planender oder künstlerischer Arbeit.

Genfer Schema – Richtbeispiel für Prüfen einer Licht- und Kraftanlage und Fehlerbeseitigung

	Anforderungen	Bewertung: Höchstwerte	Bewertung: Spezielle Werte *)	Bewertungsbegründung
aktive Anforderungsmerkmale	**I. Fachkönnen:**			**I. Fachkönnen:** Kenntnisse eines Elektroinstallateurs. Vieljährige Erfahrung im Aufsuchen und Beseitigen von Fehlern in großen elektrischen Anlagen. Kenntnis und Übung im Lesen umfangreicher Installationspläne und Stromläufe. Kenntnis der Anwendung und Wirkungsweise elektrischer Messgeräte.
	a) Ausbildung, Erfahrung, Denkfertigkeit	8	7	
	b) Körpergewandtheit, Geschicklichkeit, Handfertigkeit	4	2	Geschicklichkeit und Körpergewandtheit beim Einkreisen und Beseitigen der Fehler an schwer zugänglichen Stellen.
	Fachkönnen insgesamt	12	9	
	II. Belastung:			**II. Belastung:** Aufmerksames und überlegtes Beobachten und Auswerten der Messergebnisse sowie der Funktionen der elektrischen Geräte und Messinstrumente.
	a) Aufmerksamkeit, Denken	5	5	
	b) Belastung der Muskeln	5	2	Vielfach anstrengende Körperhaltung beim Aufsuchen und Beseitigen der Fehler.
	Belastung insgesamt	10	7	
	III. Verantwortung:			**III. Verantwortung:** Verantwortung für die schnellste Beseitigung von Betriebsstörungen, für die sachgemäße Behandlung von Betriebsmitteln und Messinstrumenten sowie für das sachgemäße und unfallsichere Arbeiten der Helfer.
	a) für Betriebsmittel und Erzeugnisse	4	3	
	b) für die Arbeit anderer	3	1	Von der schnellen, zielbewussten Arbeit ist das zeitliche Maß einer Betriebsstörung wesentlich abhängig.
	c) für die Gesundheit anderer	3	1	
	Verantwortung insgesamt	10	5	
passive Anforderungsmerkmale	**IV. Umwelt:**			**IV: Umwelt:** Verschmutzung beim Aufsuchen und Beseitigen der Fehler unter Putz, in Kabelkanälen, an Maschinen usw., Unfallgefährdung beim Arbeiten an den teilweise unter Spannung befindlichen Leitungen und auf Leitern.
	a) Schmutz	2	1	
	b) Staub	1,5	0	
	c) Öl	1	0	
	d) Temperatur	2	0	
	e) Nässe, Säure, Lauge	1	0	
	f) Gase, Dämpfe	2	0	
	g) Lärm	2	0	
	h) Erschütterung	1,5	0	
	i) Blendung, Lichtmangel	1	0	**Aktive Anforderungsmerkmale (I–III)** können vom Arbeitnehmer beeinflusst werden.
	k) Erkältungsgefahr	1	0	**Passive Anforderungsmerkmale (IV)** können vom Arbeitnehmer nicht beeinflusst werden.
	l) hinderliche Schutzkleidung	2	0	Das Punkteverhältnis zwischen aktiven und passiven Merkmalen (hier 63% zu 37%) wird branchenverschieden in Rahmentarifverträgen festgelegt.
	m) Unfallgefahr	2	2	
	Umwelt insgesamt	19	3	
	Arbeitswert		**24**	*) Beispiel, Seite 231

▶ Spezielle Probleme der Arbeitswertfestsetzung

Für besondere Belastungen (passive Anforderungsmerkmale) wie Schmutz, Lärm, Gase usw. werden in allen Unternehmen Zuschläge bezahlt, sodass diese Arbeiten in höhere Lohngruppen oder Arbeitswerte eingestuft werden. Wenn durch Rationalisierungsinvestitionen diese Belastungen wegfallen, so entfallen auch die dafür gezahlten Zuschläge. Nach einer Änderungskündigung und einer Übergangszeit werden die Arbeitnehmer in eine niedrigere Lohn- oder Arbeitswertgruppe eingestuft. Diesen Übergang regeln tarifliche Rationalisierungsschutzabkommen.

▶ Bewertung der subjektiven Arbeitsleistung (Leistungsgrad)

Soweit bei der Erledigung eines Auftrages die Zeiten von der Maschine bestimmt werden, kann der Mensch nur die Nebenzeiten durch seine Leistung beeinflussen. Bei der Zeitnahme (Istzeit) beobachten deshalb die REFA-Fachleute die menschliche Leistung und vergleichen sie mit der Bezugsleistung.

Die Zeitstudien ergeben demnach durch Gegenüberstellung der Istleistung und der Bezugsleistung den **Leistungsgrad**.

$$\textbf{Leistungsgrad} = \frac{\textbf{Istleistung}}{\textbf{Bezugsleistung}} \cdot \textbf{100}$$

a) Kennzeichen der Arbeitsleistung.

Kennzeichen der beobachteten Arbeitsleistung sind der **Arbeitseinsatz** und die **Wirksamkeit** der Arbeitsleistung.

1. Der **Arbeitseinsatz** oder die Intensität der Arbeit hängt entscheidend vom Leistungswillen, vom Interesse, von der Zielstrebigkeit und der Ausdauer der Arbeitenden ab. Der Arbeitseinsatz kann beurteilt werden aus der
   - Bewegungsgeschwindigkeit, mit der sich der Arbeitnehmer bewegt (Arme, Hände),
   - körperlichen Anstrengung (Hantieren mit schweren Gegenständen, Tragen und Halten von Lasten, Schmutz und Hitze),
   - geistigen Anstrengung (Aufmerksamkeit, Sorgfalt), Vermeidung von Fehlern und Ausschuss.
2. Die **Wirksamkeit** des Arbeitsvollzugs zeigt die Beherrschung des Arbeitsvorgangs durch die Arbeitenden. Sie hängt ab von
   - den natürlichen Anlagen (Eignung),
   - der Übung (Fertigkeit, Geschicklichkeit),
   - der fachlichen Erfahrung (vorherige ähnliche Tätigkeit),
   - der Gewöhnung (Vertrautheit, Einarbeitung).

b) Ermittlung des Leistungsgrades.

Bei Arbeitszeitstudien werden ermittelt

1. die **Istleistung**, d.h. die Zeit, die eine *bestimmte* Arbeitskraft für eine Arbeitsverrichtung benötigt (Eintrag in einen Zeitaufnahmebogen),
2. die **Bezugsleistung**, das kann entweder sein
   - die *durchschnittliche* Zeit, die *verschiedene* Arbeitskräfte für eine Arbeitsverrichtung benötigen,
   - die *Standardleistung* nach SVZ oder

- die REFA-*Normalleistung*. Darunter versteht man eine Bewegungsführung, deren Einzelbewegungen, Bewegungsfolgen und ihre Koordinierung dem Beobachter besonders harmonisch, natürlich und ausgeglichen erscheinen. Diese Normalleistung kann erfahrungsgemäß von jedem in erforderlichem Maße geeigneten, geübten und voll eingearbeiteten Arbeitnehmer auf Dauer erbracht werden. Sie ist kein fester Leistungspunkt, sondern ein Leistungsbereich. Der Leistungsgrad wird stets in Fünferschritten angegeben, z. B. 95 %, 100 %, 105 %, 110 % oder in niedriger, mittlerer, hoher und sehr hoher Leistung.

Welche Bezugsleistung gewählt wird, bestimmen die Vertragsparteien im Rahmen einer Betriebsvereinbarung oder des Tarifvertrages.

Beispiel: Die Bezugsleistung sei 24 Stück/h. Ein Arbeitnehmer fertigt 20 Stück/h. Sein Leistungsgrad beträgt 83 1/3 %.

<table>
<tr><th colspan="7">Schema zur Erläuterung des Leistungsgrades
(nach Bramesfeld)</th></tr>
<tr><td>Ursprung der Leistung</td><td colspan="2">Innere Antriebe
Wollen, Interesse,
Zielstrebigkeit, Ausdauer</td><td colspan="4">Können
Fähigkeiten
Fertigkeiten</td></tr>
<tr><td>beurteilt aus:</td><td>Bewegungs-geschwindigkeit</td><td>Anstrengung</td><td>Anlage</td><td>Übung</td><td>Erfahrung</td><td>Gewöh-nung</td></tr>
<tr><td>Entstehung der Leistung</td><td colspan="2">Hergabe der Kräfte
(Persönlichkeitsbild)</td><td colspan="4">Auswirkung des Könnens
(Leistungsbild)</td></tr>
<tr><td>beurteilt aus:</td><td colspan="2">Einsatz
Intensität der
individuellen Bemühung</td><td colspan="4">Wirksamkeit
Struktur und Gestaltung
des Arbeitsvollzugs (Qualität)</td></tr>
<tr><td>Ergebnis</td><td colspan="6">LEISTUNGSGRAD</td></tr>
</table>

Die Messung des Leistungsgrades ist nur möglich bei Aufträgen, bei denen der Mitarbeiter die Bearbeitungszeit durch seine Leistung beeinflussen kann. Soweit bei der Erledigung eines Auftrages die Zeiten von der Maschine bestimmt werden, bleibt die Leistung des Menschen unberücksichtigt.

Der dem Akkordsatz zugrundeliegende Leistungsgrad 100 % (Bezugsleistung) entspricht dem Leistungsfaktor 1. Sowohl bei der Rüst- als auch bei der Ausführungsgrundzeit wird die beeinflussbare Istzeit *irgendeines* Arbeitnehmers mit seinem Leistungsfaktor multipliziert und der nicht beeinflussbaren Tätigkeitszeit (Maschinenzeit) zugezählt. So erhält man die vorzugebende Grundzeit für *jeden* Mitarbeiter.

Beispiel: Die gleichen Arbeitsvorgänge werden von drei Mitarbeitern erledigt.

Mitarbeiter	beeinflussbare Istzeit	Stück/h	Leistungsfaktor	beeinflussbare Bezugsleistung	Stück/h
A	2,50 min/Stück	24	1	2,50 min/Stück	24
B	2,00 min/Stück	30	1,25	2,50 min/Stück	24
C	3,00 min/Stück	20	0,833	2,50 min/Stück	24

8.6.4 Grenzen der Arbeitswertfestsetzung

Die Verfahren der Arbeitsbewertung streben auf wissenschaftlicher Grundlage eine Messung des Schwierigkeitsgrades der Arbeit an, die jederzeit nachprüfbar sein soll. Die Arbeitswissenschaft kann aber nur feststellen oder abschätzen, dass bei der einen Arbeit der

Anforderungsgrad tatsächlich höher oder niedriger ist als bei der anderen. Sie kann keine absoluten oder endgültigen Maßstäbe für die Gewichtung der einzelnen Anforderungsmerkmale, -merkmalsgruppen oder Tätigkeiten insgesamt liefern, die sich in den Höchstwerten niederschlagen müssen.

Beispiel: Sind Vorbildung, fachliches Können oder Körperkraft gleich hoch zu bewerten, oder ist hier ein unterschiedlicher Arbeitswert festzulegen?

Neben der wissenschaftlichen Arbeitswertfestsetzung gibt es weitere Bestimmungsfaktoren:

a) subjektive Wertvorstellungen der Bewertungsinstanzen (Bewerter, Wirtschaftsverbände, Gewerkschaften).

b) sozialpolitische Wertvorstellungen der Gesellschaft. Die Bewertung der Arbeitskraft ist hier die Aufgabe der Sozialpartner. Auch der Betriebsrat hat ein Mitbestimmungsrecht bei der Einführung neuer Verfahren der Arbeitsbewertung.

   Hier bietet sich die Berufung einer Kommission an, in der Arbeitsbewerter, Vertreter der Arbeitgeber und des Betriebsrates in gleicher Zahl vertreten sind.

c) marktmäßige Bedingungen (Überfluss und Mangel an bestimmten Arbeitskräften). Angebot und Nachfrage sind von der Wirtschaftsstruktur eines Landes abhängig (Industrie-, Rohstoff-, Agrar-, Entwicklungsland), sodass nicht einfach gesagt werden kann, dass fachliches Können einen hohen Arbeitswert hat, während ausschließlich körperliche Arbeit einen niedrigen Arbeitswert ergibt.

   Beispiel: Die Arbeit eines Hilfsarbeiters bei der Müllabfuhr kann in Deutschland höher bewertet werden als das durchschnittliche Fachkönnen eines kaufmännischen Angestellten.

?

1. Welche drei Aspekte erscheinen Ihnen bei der Einrichtung eines Arbeitsplatzes am wichtigsten? Begründen Sie Ihre Entscheidung.
2. Grenzen Sie Job enlargement und Job enrichment anhand folgender Tätigkeiten gegeneinander ab:
   - Herstellung industriell gefertigter Möbel,
   - Sachbearbeitertätigkeit in einem Bankbetrieb,
   - Verkäufertätigkeit in einem Warenhaus.
3. Warum tragen Arbeitsplatzwechsel und Arbeitsbereicherung zur Humanisierung der Arbeit bei, obwohl dabei höhere Anforderungen an die Mitarbeiter gestellt werden?
4. Der Deutsche Gewerkschaftsbund (http://www.dgb.de) nimmt auf seiner Homepage Stellung zur Arbeitszeit.
   a) Nennen Sie die Vorschläge des DGB in Bezug auf die Arbeitszeit.
   b) Welcher Stellenwert wird der Teilzeitarbeit von den Gewerkschaften eingeräumt?
   c) Finden Sie weitere Argumente für die Teilzeitarbeit aus
      - Arbeitnehmersicht,
      - Arbeitgebersicht,
      - gesellschaftlicher Sicht.
5. Recherchieren Sie im Internet bezüglich der gewählten Arbeitszeitmodelle folgender Unternehmen:
   a) http://www.hewlett-packard.de
   b) http://www.ibm.com
   c) http://www.bmw.de
   d) http://www.opel.de
   e) http://www.volkswagen.de.
6. In der betriebseigenen Werkstatt der KÜHLsys GmbH ergaben Arbeitszeitstudien für einen Auftrag, der 50 Werkstücke umfasst, folgende Daten:

   Rüstzeit: Grundzeit 25 Minuten, für unvorhergesehene Störungen im Arbeitsablauf wird ein Zuschlag von 10% einkalkuliert.

   Stückzeit: Grundzeit 10 Minuten, für unvorhergesehene Störungen im Arbeitsablauf wird ein Zuschlag von 5% einkalkuliert.

   a) Erklären Sie den Begriff »Rüstzeit«.
   b) Nennen Sie zwei Tätigkeiten, die durch die Rüstzeit abgedeckt sind.

c) Wie bezeichnet man die Zuschlagszeit?
d) Berechnen Sie die Auftragszeit für 50 Werkstücke.

7. Welche Auftragszeit erhält ein Arbeitnehmer für folgenden Auftrag von 50 Stück:
   - Rüstzeit: Grundzeit 10 Minuten, Verteilzeit dazu 20%;
   - Stückzeit: Grundzeit 8 Minuten, Verteilzeit dazu 5%?

8. Für die Ausführung eines Auftrages, der 30 Werkstücke umfasst, wurden folgende Zeiten festgestellt:
   - 20 Minuten für das Lesen des Auftrages, Vorbereiten der Maschine u.a.
     Für zwangsläufige, notwendige Arbeitsunterbrechungen (persönlicher und sachlicher Art) muss ein Zuschlag von 5% berücksichtigt werden.
   - 10 Minuten für die Bearbeitung eines Werkstücks.
     Für zwangsläufige, notwendige Arbeitsunterbrechungen (persönlicher und sachlicher Art) muss ein Zuschlag von 10% berücksichtigt werden.

   Wie viele Minuten entfallen auf die
   a) Grundzeiten,
   b) Verteilzeiten,
   c) Rüstzeit,
   d) Stückzeit,
   e) Ausführungszeit,
   f) Auftragszeit?

9. Erläutern Sie die zwei grundsätzlichen Methoden der Arbeitswertstudien.

10. Welche der folgenden Aussagen ist für Arbeitswertstudien zutreffend?
    a) Sie dienen der räumlichen Anordnung von Arbeitsvorgängen.
    b) Sie bilden die Grundlage für die Arbeitsverteilung und Terminplanung.
    c) Sie dienen der Ermittlung des Schwierigkeitsgrades von Arbeiten.
    d) Sie dienen der genauen Ermittlung der Auftragszeit.

11. Nennen Sie vier Hauptanforderungen, die bei der analytischen Arbeitsbewertung nach dem Genfer Schema untersucht werden.

12. a) Stellen Sie anhand des Genfer Schemas die Höchstwerte für den Fahrer eines Gabelstaplers fest, der Einzelteile vom Lager zu den jeweiligen Arbeitsplätzen bringt.
    b) Ordnen Sie den Fahrer in den Lohngruppenkatalog ein.

13. Trotz einer großen Steigerung in den vergangenen Jahren belegt Deutschland im europäischen Vergleich bei der Telearbeit lediglich einen Mittelplatz. Während in Finnland nach einer Studie des Institutes der Deutschen Wirtschaft in Köln 16,8%, in Schweden 15,2% und in den Niederlanden 14,5% aller Erwerbstätigen ständig oder gelegentlich zu Hause am Computer arbeiten, beträgt der Anteil in Deutschland gerade 6%. Ein weiteres interessantes Ergebnis dieser Studie besagt, dass der männliche Anteil an Telearbeitskräften entgegen der bisherigen Meinung bei 80% liegt.
    a) Begründen Sie, weshalb Fachleute durch die Telearbeit eine Revolution der Arbeitswelt erwarten.
    b) Welche grundsätzlichen Voraussetzungen müssen im Arbeitsprozess gegeben sein, damit sich Telearbeit als neue Organisationsform der Arbeit schnell durchsetzen wird?
    c) Stellen Sie Vor- und Nachteile gegenüber
       - aus Sicht des Arbeitnehmers,
       - aus Sicht des Unternehmens,
       - aus Sicht der Gesellschaft.

14. Warum führt Lean Production gleichzeitig zu Rationalisierung und zu humaner Gestaltung der Arbeit?

15. Mit der Einführung neuer Organisationsformen von Arbeit wird die Personalleitung mindestens genauso wichtig wie die Technische Leitung.

    Stützen Sie diese Aussage, indem Sie folgende Kriterien untersuchen:
    - Entlohnung der Mitarbeiter,
    - Personalschulung,
    - Personalentwicklung.
    - Konfliktlösung,
    - Arbeitszeitgestaltung,

16. Warum gibt es oftmals gerade in krisengeschüttelten Wirtschaftszweigen zukunftsweisende Modelle der Arbeitsorganisation?

8.7 Arbeitsentgelt

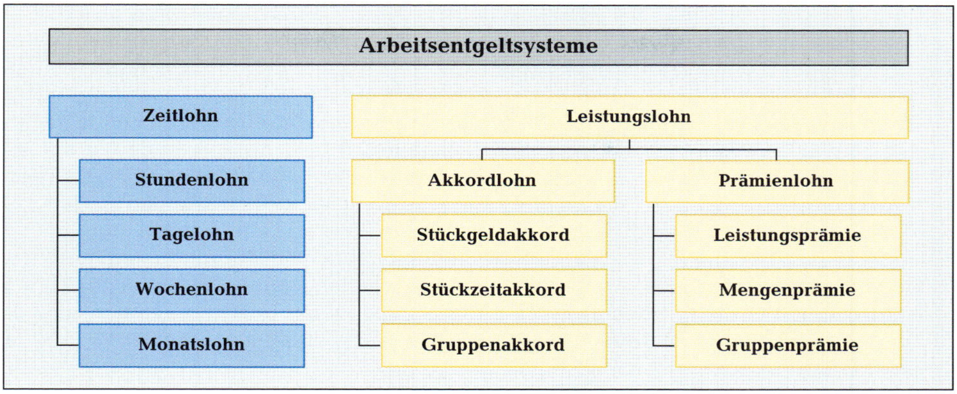

8.7.1 Berechnung des Lohnsatzes

Das Entgelt für eine *Zeit*einheit (Stunde) oder eine *Mengen*einheit (Stück) nennt man den **Lohnsatz**. Der Maßstab für die Höhe des Lohnsatzes ist der Arbeitswert. Mit steigendem Arbeitswert soll auch der Lohnsatz steigen. Dies kann auf zweierlei Weise geregelt werden:

Seite 229

▶ **Gleichmäßige Steigerung des Lohnsatzes (L) bei steigendem Arbeitswert (A)**

Lohnsatz = Lohnsatz bei A_0 + Arbeitswert · Steigerungsfaktor

Der Steigerungsfaktor richtet sich nach der *Lohnspanne* und der *Arbeitswertspanne* des Betriebes. Für den niedrigsten Arbeitswert im Betrieb wird der niedrigste Lohnsatz, für den höchsten Arbeitswert der höchste Lohnsatz bezahlt.

Beispiel (auf eine Stunde bezogen)

Höchster Lohnsatz	$(L_{max}) = 18{,}00$ EUR
Niedrigster Lohnsatz	$(L_{min}) = 5{,}40$ EUR
Höchster Arbeitswert	$(A_{max}) = 40$ A
Niedrigster Arbeitswert	$(A_{min}) = 10$ A

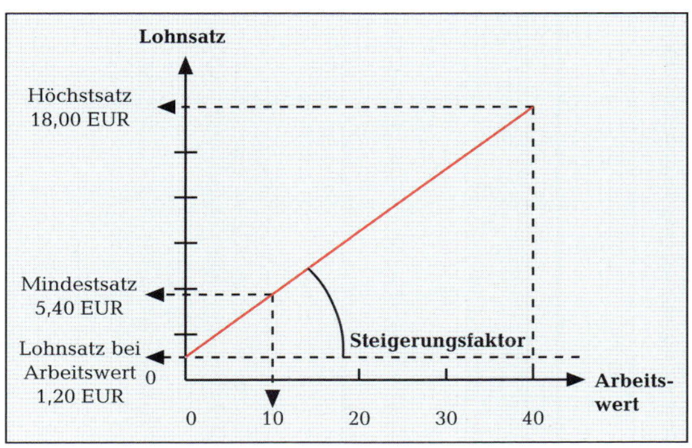

Berechnung des Steigerungsfaktors

1. Gleichung $L_{max} = L_0 + A_{max} \cdot f$
2. Gleichung $L_{min} = L_0 + A_{min} \cdot f$

Daraus ergibt sich

$$\frac{L_{max} - L_{min}}{A_{max} - A_{min}} = f;$$

$$\frac{18{,}00\text{ EUR} - 5{,}40\text{ EUR}}{40\text{ A} - 10\text{ A}} = \frac{12{,}60\text{ EUR}}{30\text{ A}} = 0{,}42\text{ (EUR je A)}$$

Als Lohnsatz bei Arbeitswert 0 ergibt sich daraus:

$$L_0 = L_{max} - A_{max} \cdot f$$
$$= 18{,}00\text{ EUR} - (40\text{ A} \cdot 0{,}42\text{ EUR/A}) = 1{,}20\text{ EUR.}$$

▶ Zunehmende Steigerung des Lohnsatzes bei steigenden Arbeitswerten

Dadurch will man der Schwierigkeit Rechnung tragen, geeignete Arbeitskräfte für Arbeiten mit höheren Anforderungen zu finden. Die Tarifverträge enthalten zwei Verfahren:

1. Lohngruppenverfahren mit *Schlüsselzahlen.* Zehn Lohngruppen sind bestimmte Schlüsselzahlen zugeordnet. Der Grundlohn (z. B. 10,55 EUR), der als Basis für die Berechnung der Löhne in anderen Gruppen dient, entspricht der durchschnittlichen Arbeitsschwierigkeit (Lohngruppe 7 = Schlüsselzahl 100 %). Für jede Lohngruppe wird eine Schlüsselzahl festgelegt, die angibt, wie viel Prozent vom Grundlohn der Lohn dieser Gruppe beträgt. Die Schlüsselzahlen steigen erst proportional, dann leicht progressiv an. Der geringere Anstieg in den unteren Lohngruppen wird besonders von den Gewerkschaften vertreten, um einen Mindestverdienst in diesen Gruppen zu sichern. Das Bild auf Seite 239 zeigt, dass in der Praxis die unteren Lohngruppen zunehmend an Bedeutung verlieren; das Schwergewicht liegt auf der Einstufung in den mittleren und oberen Lohngruppen. Außerdem wird eine Abschwächung des Anstiegs in allen Lohngruppen erreicht, wenn in Tarifverträgen neben einer prozentualen Lohnsteigerung ein Sockelbetrag vereinbart wird (z. B. 3 % Lohnsteigerung + 15 ct [0,15 EUR] in jeder Lohngruppe).

   Neuerdings werden in manchen Tarifverträgen keine prozentualen Zuschläge ausgehandelt, sondern für die einzelnen Lohngruppen individuelle EUR-Zuschläge.

2. Lohngruppenverfahren mit *Arbeitswerten.* Den 10 Lohngruppen werden 45 Arbeitswerte zugeordnet, sodass eine differenzierte Einstufung möglich ist. Die Steigerung des Lohnsatzes in den oberen Lohngruppen wird dadurch abgeschwächt, dass höhere Lohngruppen immer höhere Arbeitswerte umfassen.

   Da die Lohngruppen, Arbeitswerte und Schlüsselzahlen über Jahre hinaus festliegen, braucht bei Tarifvertragsverhandlungen in diesem Falle nur der Grundlohn neu ausgehandelt zu werden.

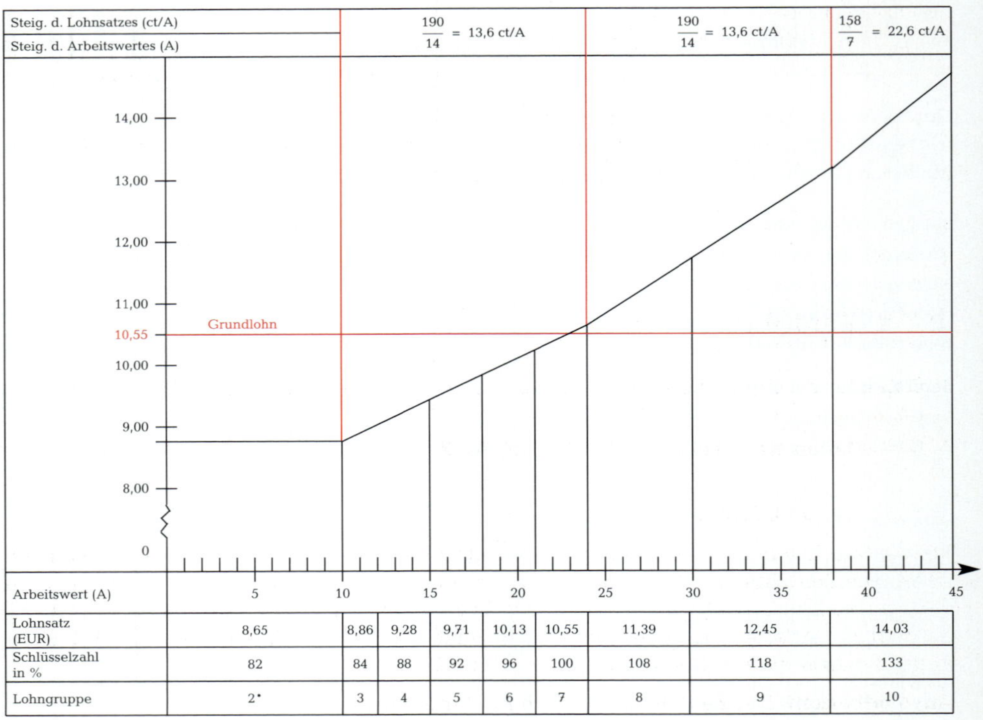

Lohnsatz (EUR)	8,65	8,86	9,28	9,71	10,13	10,55	11,39	12,45	14,03
Schlüsselzahl in %	82	84	88	92	96	100	108	118	133
Lohngruppe	2*	3	4	5	6	7	8	9	10

*Lohngruppe 1 entfällt

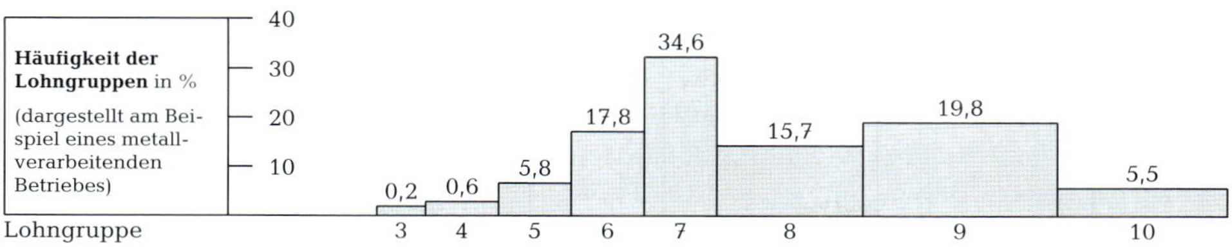

Beispiel: Auswirkungen des Arbeitswertes und des Leistungsgrads auf den Stundenverdienst bei einem Grundlohn von 13,50 EUR.

Arbeiter	**A**	**B**	**C**
Arbeitswerte Lohnsätze in EUR	14 13,50	14 13,50	38 18,00
Leistungsgrade			
beeinflussbare Normalzeiten in Dez. Min./Stück	2,2	2,2	3,3
erreichte Istzeiten in Dez. Min./Stück	2,2	2,0	3,3
Leistungsgrad in%	100	110	100
Wochenarbeitszeit in Dez. Min.	3.750	3.750	3.750
angerechnete Wochenarbeitszeit in Dez. Min.	3.750	4.125	3.750
Bruttoverdienst in EUR	$\frac{3.750}{100} \cdot 13{,}50$ = 506,25	$\frac{4.125}{100} \cdot 13{,}50$ = 556,87	$\frac{3.750}{100} \cdot 18{,}00$ = 675,00
effektiver Stundenverdienst in EUR	13,50	14,85	18,00
	Arbeitskraft mit **mittlerem Arbeitswert** (Grundlohn) und normalem Leistungsgrad	Arbeitskraft mit mittlerem Arbeitswert, aber **höherem Leistungsgrad**	Arbeitskraft mit **hohem Arbeitswert**, aber normalem Leistungsgrad

8.7.2 Zeitlohn

Maßstab für die Berechnung der Lohnhöhe ist *die im Unternehmen zugebrachte Zeit.*

Lohnsatz je Zeiteinheit · Anzahl der Zeiteinheiten = Bruttoverdienst

!

14,40 EUR/Std. · 37,5 Std. = 540,00 EUR

Man unterscheidet nach dem Berechnungszeitraum Stunden-, Tag-, Wochen- und Monatslöhne. Die Zeitlöhne der Arbeiter werden meist nach Stunden oder Wochen, die Gehälter der Angestellten nach Monaten berechnet. In zunehmendem Maße werden aber auch die Entgelte der Arbeiter als Monatsgehälter bezahlt. Die Anwesenheit im Betrieb wird in der Regel mit **Arbeitszeiterfassungsgeräten** ermittelt.

Anwendbarkeit: Der Zeitlohn eignet sich für Arbeiten,

– die Aufmerksamkeit, Sorgfalt und geistige Tätigkeit verlangen, wie bei Laborversuchen,

- bei denen das Arbeitstempo durch den Arbeitsgang bestimmt wird, wie bei der Arbeit am Fließband,
- in die der Arbeitnehmer sich erst einarbeiten muss, wie bei neuen Computerprogrammen,
- bei denen eine Lohnfestsetzung nach Leistungseinheiten schwierig oder unmöglich ist, wie bei Lager-, Entwicklungs-, Reparatur-, Kontroll- und Büroarbeiten.

Vorteile: Die Lohnberechnung ist einfach. Die Qualität kann durch ruhiges Arbeiten gesteigert und die Leistung auf längere Dauer aufrechterhalten werden. Bei gefährlichen und verantwortungsvollen Arbeiten verhindert der Zeitlohn schädliche Hast und Hetze. Dem Arbeitnehmer ist ein festes Einkommen gesichert.

Nachteile: Der Anreiz zur Beschleunigung des Arbeitstempos fehlt. Die notwendigen Arbeitskontrollen sind für beide Teile unangenehm und verursachen Kosten. Der Betrieb ist vom Arbeitswillen des Einzelnen oder der ganzen Belegschaft stark abhängig und trägt allein das Risiko des mangelnden Arbeitseinsatzes.

8.7.3 Akkordlohn

Maßstab für die Berechnung der Lohnhöhe sind die *geleisteten Mengeneinheiten* (Stück, m, kg). Ausgangspunkt ist die *Normalleistung*, für die ein **Akkordrichtsatz** festgelegt wird. Der Akkordrichtsatz setzt sich aus einem Grundentgelt (z.B. tariflicher Mindestlohn) und einem Akkordzuschlag zusammen.

Beispiel: Stundenlohn	12,00 EUR (Grundentgelt), Akkordzuschlag 20%.
Akkordrichtsatz:	12,00 EUR + (12,00 EUR · 20%) = 14,40 EUR.

Aus der Normalleistung und dem Akkordrichtsatz wird ein Lohnsatz je Mengeneinheit umgerechnet, den man **Akkordsatz** nennt. Wird dieser in *Geld je Einheit* festgelegt, so spricht man vom **Stückgeldakkord**, wird er in einer *Auftragszeit je Einheit* festgelegt, so heißt er **Stückzeitakkord**.

Beispiel: Akkordrichtsatz	14,40 EUR, Normalleistung je Stunde 20 Stück.
Geldakkordsatz:	14,40 EUR : 20 St. = 0,72 EUR je Stück.
Zeitakkordsatz:	60 Minuten : 20 St. = 3 Minuten je Stück bzw.
	100 Dezimalminuten : 20 Stück = 5 Dezimalminuten je Stück.
Minutenfaktor:	Akkordrichtsatz : 60 Minuten bzw.
Dezimalminutenfaktor:	Akkordrichtsatz : 100 Dezimalminuten.

Berechnung des Bruttoverdienstes bei einer Bezugsleistung von 750 Stück:

a) beim **Stückgeldakkord**:

Geldakkordsatz je Stück · Stückzahl = Bruttoverdienst

0,72 EUR/St. · 750 Stück = 540,00 EUR

b) beim **Stückzeitakkord**:

Zeitakkordsatz je Stück · Stückzahl · Minutenfaktor* = Bruttoverdienst

* bzw. Dezimalminutenfaktor, wenn mit Dezimalminuten gerechnet wird.

$$3 \text{ Minuten/Stück} \cdot 750 \text{ Stück} \cdot \frac{14{,}40 \text{ EUR}}{60 \text{ Minuten}} = 540{,}00 \text{ EUR oder}$$

$$5 \text{ Dezimalminuten/Stück} \cdot 750 \text{ Stück} \cdot \frac{14{,}40 \text{ EUR}}{100 \text{ Dezimalminuten}} = 540{,}00 \text{ EUR}$$

Der Anreiz für die Akkordarbeit hat zwei Gründe.

a) Im Tarifvertrag liegt der Stundenlohnsatz für die Akkordarbeit um 10 % bis 30 % über dem Stundenlohnsatz für den Zeitlohn (Akkordzuschlag), da der Akkordarbeiter durch Engpässe in der Fertigung oder andere unverschuldete Störungen kurzfristig in seiner Arbeit behindert sein kann, was ihn gegenüber dem Zeitlohnempfänger benachteiligen würde.

b) Der Akkordarbeiter kann durch überdurchschnittliche Leistungen eine weitere Steigerung seines Bruttoverdienstes erzielen.

Der Stückzeitakkord hat gegenüber dem Stückgeldakkord den Vorteil, dass die Akkordtabellen bei Tarifänderungen nicht geändert werden müssen, weil der festgesetzte Zeitsatz gleich bleibt.

Da beim Leistungslohn bei Überschreiten der Auftragszeit der Stundenverdienst wesentlich absinkt, wird in vielen Tarifverträgen der **Leistungslohn mit einem garantierten Mindestlohn** (Zeitlohn) verbunden. Hierdurch wird der Arbeiter vor der Gefahr eines zu geringen Verdienstes geschützt, kommt aber in den Genuss seiner Mehrleistungen.

Beim **Gruppenakkord** wird der Akkordrichtsatz für eine Arbeitsgruppe festgelegt und der Anteil des einzelnen Mitarbeiters mithilfe eines Verteilungsschlüssels bestimmt (Montage einer Maschine, Errichtung eines Fertighauses). Ein guter Teamgeist und die qualitative Zusammensetzung der Gruppe sind beim Gruppenakkord von besonderer Bedeutung. Die Arbeiter können sich gegenseitig anspornen und durch Unterschreiten der Auftragszeit ihren Stundenverdienst erhöhen.

Anwendbarkeit: Der Leistungslohn eignet sich *für gleichartige, abgrenzbare, regelmäßig wiederkehrende, messbare Tätigkeiten* eines Einzelnen oder einer Gruppe.

Vorteile: Der Leistungslohn gibt die Möglichkeit, durch Steigerung der Arbeitsleistung mehr zu verdienen. Er verwirklicht deshalb das Leistungsprinzip besser als der Zeitlohn. Für den Betrieb bietet er eine genauere Kalkulationsgröße, da die Lohnkosten je Stück konstant bleiben.

Nachteile: Für den Mitarbeiter besteht die Gefahr, dass er durch übertriebenen Arbeitseinsatz – jeder Mitarbeiter will viel verdienen – seine Kraft übermäßig verbraucht und dadurch seiner Gesundheit schadet oder dass er durch zu niedrige Akkordsätze ausgenutzt

Hanner Daniel	ZEITVERGLEICH	ABRECHNUNGSMONAT	02-12
1589		LOHNGRUPPE	06
3910		ERSTELLUNGSDATUM	05-03-12

LA	AFO-NR	AUFTRAGS-NR	STCK	STCK-ZT	RUEST	AUFTRAG-ZT	IST-ZT	LG
199		42388057	154	122,540		188,70	146,85	06
199		42388057	10	2,400	2,550	26,55	20,55	06
308		42388057					4,35	06
						215,25	171,75	

LEISTUNGSNACHWEIS

	ZEITEN	ZEITGRAD/ VERD-GRAD	ZWISCHEN-SUMME	VERDIENST-GRAD/PROZ
ANWESENHEIT IM LEIST.L	167,40 STD	128,50 PROZ.	215,25 STD	
ANWESENHEIT IM ZEIT.L	4,35 STD	130,16 PROZ.*	5,66 STD	
BEZ. ABWESENHEIT (URL.)	7,00 STD	130,16 PROZ.*	9,11 STD	
BEZAHLTE ZEIT	178,75 STD		230,02 STD	128,68

* Um keinen Verdienstnachteil zu erleiden, bekommt dieser Arbeiter, wenn er nicht im Akkord arbeitet, einen höheren Stundenlohn, der sich aus dem effektiven Stundenverdienst der letzten drei Monate errechnet.

wird. Der Leistungslohn gibt auch häufiger als der Zeitlohn Anlass zu Streitigkeiten unter den Arbeitnehmern (Akkordreißer). Für den Betrieb besteht die Gefahr, dass die Qualität der Arbeit leidet, mehr Material verbraucht wird und die Maschinen vorzeitig abgenutzt werden. Außerdem erfordert die Festlegung der Akkordsätze zuverlässige, oft schwierige Vorarbeiten.

In Unternehmen, die aufgrund neuer Tarifverträge zur Monatsentlohnung übergehen, bleibt trotzdem die Leistungsentlohnung bestehen. Das Monatsentgelt wird aus der durchschnittlichen Leistung der letzten drei Monate berechnet **(verstetigter Lohn).** Mehr- bzw. Minderleistungen werden durch Zu- bzw. Abschläge bei der monatlichen Entgeltabrechnung berücksichtigt.

8.7.4 Prämienlohn

Der Prämienlohn besteht aus zwei Teilen: dem Grundlohn und der Prämie. Prämien sind Zusatzlöhne, die für bestimmte Leistungen zusätzlich gezahlt werden. Prämienlohnsysteme werden so gehandhabt, dass unter exakt definierten Voraussetzungen Prämien an einzelne Mitarbeiter oder Mitarbeitergruppen ausgezahlt werden. Die Prämien werden dabei zielbezogen vom Unternehmen eingesetzt, um bestimmte Aspekte der Arbeitserfüllung besonders zu fördern. Als wichtigste Prämienarten werden verwendet: Mengenprämien, Qualitätsprämien, Ersparnisprämien, Terminprämien, Sorgfaltsprämien.

8.7.5 Neue Entgeltformen

In neuen Tarifverträgen geht man immer mehr vom reinen Zeit- oder Leistungslohn weg und versucht außerdem einen gemeinsamen **E**ntgelt**ra**hmen**t**arif**v**ertrag für Arbeiter oder Angestellte zu finden (**ERA-TV** von Südwestmetall).

Dabei wird der Entgeltaufbau in drei Teile zerlegt:

a) **Grundgehalt** (anforderungsabhängig). Mit dem **analytischen** Verfahren werden Merkmale wie Wissen und Können, Aufmerksamkeit und Denken, Verantwortung und Mitarbeiterführung bewertet. Dies gilt für alle Mitarbeiter.

b) **Leistungsentgelt.** Dies ergibt sich aus einem summarischen Kennzahlenvergleich (Produktionsmenge, Kostenersparnis, Umsatz), aus einer Beurteilung oder einer Zielvereinbarung (Jahrespläne).

c) **Entgelt für Belastungen.** Hier werden Muskelarbeit, Reizarmut, Lärm und sonstige Umwelteinflüsse bezahlt, wenn sie über eine mittlere Belastung hinausgehen.

Aufgabe der **Sozialpartner** ist es, gemeinsam eine *Aufteilung* und *Gewichtung* dieser drei Teile zu finden.

8.7.6 Vergleich der Lohnformen

Ein Vergleich der Lohnformen ist nur möglich unter Berücksichtigung der doppelten Funktion des Lohnes.

a) Da für den **Arbeitnehmer** der Lohn Einkommen darstellt, sind die **Stundenverdienste** bei den verschiedenen Lohnformen miteinander zu vergleichen.

b) Da für das **Unternehmen** der Lohn ein Kostenfaktor ist, sind auch die Lohnkosten je **Stück/Einheit** bei den verschiedenen Lohnformen miteinander zu vergleichen.

Beispiel:

1. **Zeitlohn**. Stundenlohnsatz 14,40 EUR (100-Dezimalminuten-Stunde), Auftragszeit 1 Stück je Stunde.
2. **Leistungslohn**. Geldakkordsatz 14,40 EUR je Stück.
3. **Leistungslohn mit garantiertem Mindestlohn.**

Wie wirken sich bei den obigen drei Lohnformen das Über- und Unterschreiten der Auftragszeit aus

a) auf den Stundenverdienst,

b) auf die Lohnkosten je Stück?

benötigte Zeit (Dezimal-minuten)	1. Zeitlohn		2. Leistungslohn		3. Leistungslohn mit garantiertem Mindestlohn		–/+ benötigte Zeit
	Stunden-verdienst	Lohnkosten je Stück	Stunden-verdienst	Lohnkosten je Stück	Stunden-verdienst	Lohnkosten je Stück	
50	14,4	7,2	28,8	14,4	28,8	14,4	– 50
60	14,4	8,6	24,0	14,4	24,0	14,4	– 40
70	14,4	10,0	20,5	14,4	20,5	14,4	– 30
80	14,4	11,5	18,3	14,4	18,3	14,4	– 20
90	14,4	12,9	16,0	14,4	16,0	14,4	– 10
100	14,4	14,4	14,4	14,4	14,4	14,4	0
110	14,4	15,8	13,1	14,4	14,4	15,8	+ 10
120	14,4	17,2	12,0	14,4	14,4	17,3	+ 20
130	14,4	18,7	11,1	14,4	14,4	18,7	+ 30
140	14,4	20,1	10,3	14,4	14,4	20,1	+ 40
150	14,4	21,6	9,6	14,4	14,4	21,6	+ 50

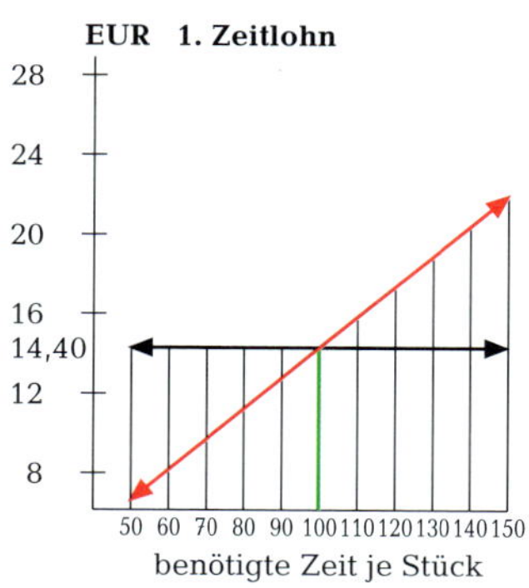

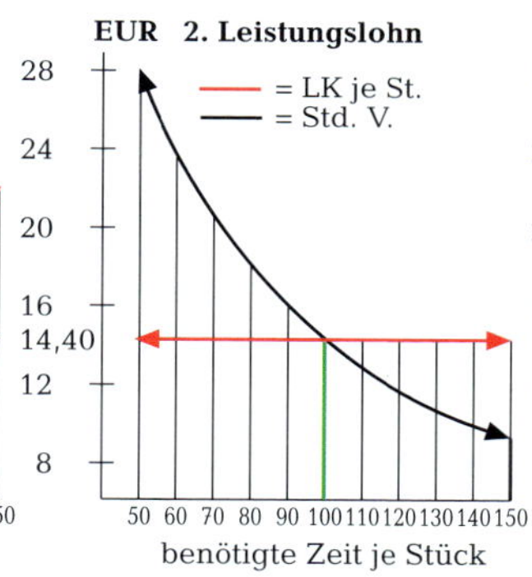

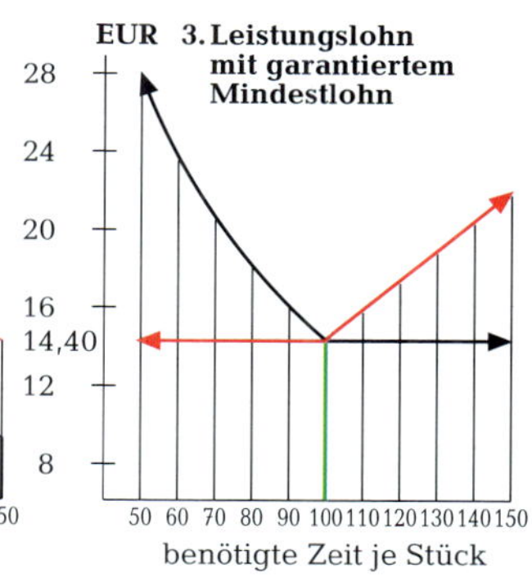

Lohnformen	**Stundenverdienst** = durchschnittl. Stundenverdienst	**Lohnkosten je Stück** = LK je Stück
1. Zeitlohn	**konstant**	**steigen und fallen proportional** zur beanspruchten Zeit bei Über- und Unterschreiten der Auftragszeit
2. Leistungslohn	**steigt überproportional** bei Unterschreiten der Auftragszeit **sinkt unterproportional** bei Überschreiten der Auftragszeit	**konstant**
3. Leistungslohn mit garantiertem Mindestlohn	**steigt überproportional** bei Unterschreiten der Auftragszeit **konstant** bei Überschreiten der Auftragszeit	**konstant** bei Unterschreiten der Auftragszeit **steigen proportional** zur überschrittenen Auftragszeit

8.7.7 Lohnabrechnung

Für die Abrechnung der Arbeitsentgelte werden Lohn- und Gehaltslisten angelegt. Sie enthalten den **Namen,** die **Lohnsätze,** den **Bruttoverdienst,** die **Abzüge** und den **Nettoverdienst.** Zu den Abzügen zählen die Lohn- und Kirchensteuer, der Solidaritätszuschlag, die Arbeitnehmerbeiträge zur Kranken-, Pflege-, Renten- und Arbeitslosenversicherung sowie die Beträge bei Lohnpfändung und nach Vereinbarung auch die Beiträge zu Unterstützungskassen, für die Gewerkschaften und die Beiträge zur Vermögensbildung.

Der Arbeitgeber hat in den ersten zehn Tagen des folgenden Monats die einbehaltene Lohn- und Kirchensteuer sowie den Solidaritätszuschlag an das Finanzamt abzuführen. Die Anteile an der Sozialversicherung sind zusammen mit dem Arbeitgeberanteil bis zum drittletzten Bankarbeitstag des Monats fällig, in dem das Arbeitsentgelt erzielt wird. Sie sind an die zuständige Krankenkasse abzuführen.

8.7.8 Gewinn- und Kapitalbeteiligung

In vielen Unternehmen wird die Belegschaft am Erfolg beteiligt. Die Erfolgsbeteiligung steigert das Interesse der Arbeitnehmer an ihrem Unternehmen. Die Arbeitnehmer haben ein persönliches Interesse, dass der Ertrag möglichst hoch ist. Durch die Möglichkeit des höheren Einkommens wird die Arbeitsproduktivität gesteigert und eine Fluktuation der Arbeitskräfte vermindert; Spannungen zwischen Unternehmensleitung und Arbeitnehmern werden abgebaut.

Die Arbeitnehmer nehmen anteilmäßig am Zuwachs des Produktivvermögens teil. Der Anspruch auf Gewinn berechtigt die Arbeitnehmer, bei Entscheidungen mitzuwirken, von deren Höhe der Gewinn bzw. der Verlust abhängt. So erhalten sie nicht nur als Arbeitnehmer, sondern auch als Teilhaber Mitbestimmungsrechte.

8.7.9 Soziale Leistungen (Lohnnebenkosten)

Dies sind Aufwendungen des Arbeitgebers für die Arbeitnehmer, die neben dem vereinbarten Entgelt anfallen.

Gesetzliche soziale Aufwendungen

a) Nahezu die Hälfte der Beiträge zur Kranken-, Pflege-, Renten- und Arbeitslosenversicherung,

b) der gesamte Beitrag zur Unfallversicherung,

c) die Lohnfortzahlung im Krankheitsfall.

Vertragliche und freiwillige soziale Aufwendungen

Diese können bezwecken

a) *soziale Sicherung,* z. B. Zusatzversicherungen bei der Kranken- und Rentenversicherung, Lebensversicherungen, Unterhaltung eigener Pensions- und Unterstützungskassen, Stiftungen, Förderung der Vermögensbildung, vor allem im Rahmen der Vermögensbildungsgesetze.

b) *Gesundheitspflege,* z. B. in Erholungsheimen, durch Sportanlagen, Bäder, kostenlose ärztliche Beratung und Behandlung.

c) *Verbilligung der Lebenshaltung,* z. B. Werksküchen, Zuschüsse zu Mahlzeiten in Gaststätten, Arbeitskleidung, Werkswohnungen, Zuschüsse für die Unterkunft am Arbeitsort, Ersatz der Fahrtkosten.

d) *Familienhilfe,* z. B. Kinderheime, Kinderbeihilfen, freier Hausarbeitstag.

e) *Bildung und Freizeitgestaltung,* z. B. Studienbeihilfen, Büchereien, Betriebsausflüge, kulturelle Veranstaltungen, Bildungsurlaub, Lehrgänge für Aus- und Fortbildung.

f) *Ehrung und Anerkennung,* z. B. Jubiläums-, Hochzeitsgeschenke, Betreuung verdienter Mitarbeiter im Ruhestand, Weihnachtsgratifikationen.

?

1. In einem Unternehmen werden folgende Entlohnungsformen angewendet:
   Monatslohn, Gruppenakkord, Leistungsprämie.
   a) Erläutern Sie die Unterschiede zwischen den Entlohnungsformen.
   b) Nennen Sie jeweils zwei Vorteile, die die Entlohnung nach Zeitlohn bzw. Leistungslohn für den Arbeitnehmer hat.
   c) Welche Voraussetzungen müssen gegeben sein, damit eine Tätigkeit im Leistungslohn abgerechnet werden kann?
   d) In der Dreherei beträgt der Minutenfaktor in einer Lohngruppe 0,30 EUR (60-Minuten-Stunde). Für die Bearbeitung des Werkstücks sind 12 Minuten vorgegeben. Ein Arbeiter bearbeitet im Durchschnitt 7 Stück pro Stunde.
      - Wie hoch ist der Grundlohn?
      - Wie viel EUR verdient der Arbeiter in der Stunde?
      - Wie viel EUR erhielte der Arbeiter für ein bearbeitetes Werkstück gutgeschrieben, wenn die Lohnberechnung in der Form des Geldakkords erfolgen würde?
2. Können nachstehende Arbeiten im Leistungslohn bezahlt werden? Begründen Sie Ihre Meinung.
   a) Bestimmte Bauteile werden von einer achtköpfigen Montagegruppe gefertigt und montiert. Die Gruppe kann über die Ausführung der einzelnen Arbeiten selbstständig entscheiden.
   b) Ein Arbeiter arbeitet am Fließband.
   c) Ein Arbeiter soll in der Endkontrolle die Werkstücke auf Fehler überprüfen.
   d) Ein Arbeiter soll 1.000 Einzelteile nach Vorlage ausstanzen.
3. Ein Mitarbeiter montiert in einer Woche bei einer Arbeitszeit von 37,5 Stunden 2.500 Scheinwerfer. Die Vorgabezeit für die Montage eines Scheinwerfers beträgt 2 Dezimalminuten. Der Akkordrichtsatz beträgt 12 EUR.
   a) Berechnen Sie die Sollleistung (= Anzahl Scheinwerfer), die von dem Mitarbeiter aufgrund der Vorgabezeit in einer Woche erwartet wird.
   b) Wie viel Dezimalminuten benötigte der Mitarbeiter durchschnittlich, um einen Scheinwerfer zu montieren?
   c) Welchen Leistungsgrad hat er erzielt?
   d) Wie viel EUR erhält der Mitarbeiter in dieser Woche?
   e) Wie hoch war der tatsächliche Stundenlohn?
4. Zeichnen Sie die Schaubilder der Lohnformen bei einem Stundenlohnsatz von 18,00 EUR, einem Stückgeldakkordsatz von 4,50 EUR oder einem Stückzeitakkordsatz von 25 Dezimalminuten.
5. Erläutern Sie je zwei Vor- und Nachteile für Arbeitnehmer und Arbeitgeber, die sich aus der Erfolgsbeteiligung ergeben können.
6. Welchen Zweck verfolgt ein Unternehmen durch die Ausgabe von Belegschaftsaktien?
7. Erläutern Sie die Aussage: „Soziale Leistungen = zweiter Lohn".
8. Welche der sozialen Aufwendungen werden nicht von allen Mitarbeitern als soziale Leistung empfunden?
9. Bei Auseinandersetzungen um die Lohntarife spielt das Argument der „Lohn-Preis-Spirale" eine Rolle.
   a) Erläutern Sie diesen Begriff und begründen Sie den Zusammenhang zwischen Löhnen und Preisen.
   b) Welche Bedingungen könnten die Gefahr der Lohn-Preis-Spirale verhindern?

8.8 Sozialversicherung

GG Art. 20 In der Bundesrepublik Deutschland ist der **Sozialstaatsgedanke** ein Verfassungsgebot. Damit ist das Bemühen um einen sozialen Ausgleich zwischen Starken und Schwachen, Armen und Reichen gemeint. Darüber hinaus geht es aber vor allem um ein System der sozialen Sicherung für alle Bevölkerungskreise. *In erster Linie trägt dazu die* **Sozialversicherung** *bei.* Die Sozialversicherung bietet Schutz, mildert Notlagen und sorgt für ein menschenwürdiges Dasein.

Die heutige Sozialversicherung ist in **fünf Zweige** gegliedert:

Die **Beiträge** zu den Zweigen der Sozialversicherung richten sich nach den Einkommen der Versicherten, die **Leistungen** sind gesetzlich festgelegt. Danach erhalten in der Kranken- und Pflegeversicherung alle Versicherten einschließlich ihren Angehörigen trotz unterschiedlich hoher Beitragszahlungen die gleichen Versicherungsleistungen. In der Renten-, Arbeitslosen- und Unfallversicherung aber finden die unterschiedlichen Beitragszahlungen auch in unterschiedlich hohen Versicherungsleistungen ihren Niederschlag. Damit kann jede versicherte Person selbst Einfluss nehmen auf den Lebensstandard, den sie sich bei Verlust oder Beendigung ihrer Arbeitstätigkeit erhalten möchte.

> Einen wichtigen Teil der sozialen Sicherung in unserem Staat leistet die **Sozialversicherung.** Sie ist eine *gesetzliche* Versicherung, die weiten Bevölkerungskreisen *zur Pflicht* gemacht ist, um die Versicherten vor wirtschaftlicher Not im **Alter,** bei **Erwerbsminderung,** bei **Arbeitslosigkeit, Krankheit, Pflegebedürftigkeit und Unfall** zu schützen.

Das Bild macht bereits auf einen Reformbedarf des Sozialversicherungssystems aufmerksam. Der Ausbau der Sozialversicherung mit ihren vielfältigen Leistungen muss natürlich finanziert werden. In den zurückliegenden Jahren ist diese Finanzierung immer schwieriger geworden. Auch zukünftig werden sich deshalb Probleme ergeben.

So beispielsweise bei der gesetzlichen Rentenversicherung. Ihr auf die *dynamische Versorgung* ausgerichtetes Leistungs- und Beitragswesen ist auf der Grundlage des *Generationenvertrages* aufgebaut. Probleme ergeben sich aus einer laufenden Abnahme der beitragszahlenden erwerbstätigen Bevölkerung und der Zunahme der nicht im Arbeitsleben stehenden zu versorgenden Menschen.

Eine Lösung der Probleme der gesetzlichen Rentenversicherung kann nur dann ohne soziale Spannungen erreicht werden, wenn beide Seiten, die Erwerbstätigen und die Rentner, gemeinsam die Finanzierungsfrage angehen. Maßvolle Beitragserhöhungen und maßvolle Senkungen des Rentenniveaus müssen einander ergänzen.

Hierfür werden verschiedene Vorschläge diskutiert bzw. umgesetzt:

- Wesentliche Erhöhung der Versicherungsbeiträge
  (2012 = 19,6 %, Prognose für 2030: bis zu 25%),
- Allgemeine Senkung des Rentenniveaus um 10 bis 15 %,

  Durch die Einführung eines **Nachhaltigkeitsfaktors** soll das Rentenniveau stufenweise abgesenkt werden. Der Faktor soll das Verhältnis von Beitragszahlern und Rentnern bei der jährlichen Anpassung der Renten an die Bruttolohnentwicklung berücksichtigen. Durch die Einführung der **Niveausicherungsklausel** soll jedoch gewährleistet werden, dass die Rentenzahlungen nicht sinken.
- Anhebung der Altersgrenze für die Rente
- Erhöhung der Bundeszuschüsse für die Rentenversorgung,
- Umstellung von der beitrags- zur steuerfinanzierten Rente.

Eine Lösung, wie die Rentenlast getragen werden kann, muss aus einer Kombination verschiedener Lösungsmöglichkeiten bestehen.

Angesichts der Probleme der gesetzlichen Sozialversicherung kommt der **privaten Vorsorge** eine zunehmende Bedeutung zu. Durch die Einschränkung der Leistungen aus der gesetzlichen Sozialversicherung reichen diese häufig nicht mehr aus und müssen durch eigene Leistungen bzw. Leistungen der privaten Vorsorge ergänzt werden.

Übersicht über die einzelnen Zweige der Sozialversicherung Seiten 248 und 249

1. »Mein Gedanke war, die arbeitenden Klassen zu gewinnen, oder soll ich sagen zu bestechen, den Staat als soziale Einrichtung anzusehen, die ihretwegen besteht und für ihr Wohl sorgen möchte.« (Reichskanzler Otto von Bismarck)

   Welchen Grund für die Einrichtung der Sozialversicherung in den 1880er Jahren entnehmen Sie der Aussage Bismarcks?
2. Nehmen Sie zu nachfolgenden Behauptungen Stellung:
   a) »Sozialversicherung bedeutet für den Einzelnen Einkommensbindung.«
   b) »Die Sozialversicherung entlastet den Staat.«
3. In Deutschland ist die Sozialversicherung eine Pflichtversicherung. In den USA hingegen ist es jedem weitestgehend freigestellt, ob er sich entsprechend versichert oder nicht. Diskutieren Sie die Vor- und Nachteile dieser unterschiedlichen Systeme am Beispiel der gesetzlichen Krankenversicherung.
4. Elke, Auszubildende für den Beruf einer Floristin, erhält in ihrem ersten Ausbildungsjahr eine Vergütung von monatlich 310 EUR. Ihr Freund Alexander (21 Jahre), der sich im dritten Ausbildungsjahr zum Bankkaufmann befindet, erhält monatlich 620 EUR vergütet.

   Wie viel EUR wird den beiden jeweils für die einzelnen Sozialversicherungszweige und insgesamt von ihrer Ausbildungsvergütung abgezogen?
5. Welches ist der jüngste Zweig der Sozialversicherung?
6. Recherchieren Sie den Begriff der Beitragsbemessungsgrenze.
7. Welche Unterstützung erhält jemand, der aus wirtschaftlichen Gründen des Betriebes nicht voll beschäftigt werden kann?
8. Für welchen Zweig der Sozialversicherung muss allein der Unternehmer Beiträge abführen?

Sozialvers.-Zweige	Gesetzliche Rentenversicherung	Gesetzliche Arbeitslosenversicherung	Gesetzliche Krankenversicherung	Soziale Pflegeversicherung	Gesetzliche Unfallversicherung
Rechtsgrundlagen	Grundlage des Sozialversicherungsrechts ist das **Sozialgesetzbuch (SGB).** Es besteht aus 12 *Teilbüchern.*				
	SGB, Buch 6 §§ 1–320	SGB, Buch 2 und 3 §§ 1–69 bzw. 1–434	SGB, Buch 5 §§ 1–307	SGB, Buch 11 §§ 1–112	SGB, Buch 7 §§ 1–220
Sozialgerichtsbarkeit	Ist ein Versicherter mit dem Bescheid eines Sozialversicherungsträgers nicht einverstanden, so kann er *Widerspruch* erheben. Gegen einen darauf ergehenden Widerspruchsbescheid kann er beim **Sozialgericht** klagen. Gegen Urteile des Sozialgerichts ist die *Berufung* beim **Landessozialgericht** und gegen dessen Urteil *Revision* beim **Bundessozialgericht** in Kassel möglich.				
Sozialversicherungsträger	Alle Sozialversicherer haben die Rechtsform einer **Körperschaft des öffentlichen Rechts** und somit das Recht der *Selbstverwaltung.*				
	Deutsche Rentenversicherung Bund und Regionalträger.	Bundesagentur für Arbeit.	Allgemeine Ortskrankenkassen (AOK), Innungs-, Betriebs-, Ersatzkrankenkassen.	Pflegekassen, die von den Organen der Krankenkassen mitbetreut werden.	Berufsgenossenschaften und Unfallversicherungsanstalten von Bund, Ländern, Gemeinden, von Bahn, Post und Telekom.
Versicherte	**Versicherungspflichtige:** Alle gegen Entgelt beschäftigten Arbeiter und Angestellten, arbeitnehmerähnliche Selbstständige (mit der Möglichkeit der Befreiung), in die Handwerksrolle eingetragene Handwerker, Wehr- oder Zivildienstleistende u. a. **Freiwillig Versicherte:** Alle nicht versicherungspflichtigen Personen ab Vollendung des 16. Lebensjahres. **Nachversicherte:** Dies sind Personen, die versicherungsfrei oder von der Versicherungspflicht befreit waren, z. B. Beamte auf Zeit, wenn sie ohne Anspruch auf Versorgung aus ihrer Beschäftigung ausgeschieden sind.	**Versicherungspflichtig** sind v. a. Personen, die – gegen Arbeitsentgelt oder – zu ihrer Berufsausbildung beschäftigt sind, sowie – Wehr- und Zivildienstleistende, die vor Dienstantritt versicherungspflichtig waren oder eine zu versichernde Beschäftigung gesucht haben. **Versicherungsfrei** sind u. a. Beamte, Richter, Berufssoldaten	Es besteht eine allgemeine **Versicherungspflicht,** d.h. jeder muss in einer privaten oder gesetzlichen Krankenkasse versichert sein. Arbeitnehmer, deren Arbeitsentgelt in den letzten drei Jahren die Jahresarbeitsentgeltgrenze (2012 = 50.850,00 EUR) nicht überschritten hat, sowie Auszubildende, Studenten, Wehr- und Zivildienstleistende u.a. sind in der gesetzlichen Krankenkasse versicherungspflichtig.	**Versicherungspflichtig** sind alle in der gesetzlichen Krankenversicherung pflichtgemäß und freiwillig Versicherten. **Versicherungsfrei** sind Personen, die gesetzlich krankenversichert sind, aber bereits eine private Pflegeversicherung abgeschlossen hatten, deren Leistungsumfang dem der sozialen Pflegeversicherung entspricht.	**Alle** gegen Entgelt beschäftigten Arbeitnehmer. Auszubildende und Lernende während der beruflichen Fortbildung. Kinder in Kindergärten, Schüler während der Schulzeit, Studierende während der Aus- und Fortbildung an Hochschulen u. a.

Sozialversicherungsleistungen	Leistungen zur **Rehabilitation:** *Medizinische, berufsfördernde* (z.B. Umschulungen), *ergänzende* (z.B. Haushaltshilfe) und *sonstige Leistungen* (z.B. zur Wiedereingliederung in das Erwerbsleben), *Übergangsgeld.* **Rentenzahlungen:** – *Regelaltersrente* ab Vollendung des 67. Lebensjahres. Bestimmte Personengruppen (langjährig Versicherte, schwerbehinderte Menschen, langjährig unter Tage beschäftigte Bergleute) können schon vor Vollendung des 67. Lebensjahres eine *Altersrente* beziehen. Unter Inkaufnahme von Rentenminderungen können Arbeitnehmer vor Erreichen der Altersgrenze Altersrente beziehen. – *Renten wegen teilweiser bzw. voller Erwerbsminderung* für Versicherte, die außerstande sind, täglich mindestens 6 bzw. 3 Stunden erwerbstätig zu sein. – *Witwen- und Witwer-, Erziehungs- oder Waisenrenten.*	**Arbeitslosengeld** je nach Dauer des Versicherungspflichtverhältnisses für längstens 24 Monate, 67% vom pauschalierten Nettoarbeitsentgelt, für Kinderlose 60%. **Arbeitslosengeld II** wird gewährt, wenn kein Anspruch auf Arbeitslosengeld sowie Bedürftigkeit besteht. **Berufsberatung** sowie **Ausbildungs-** und **Arbeitsvermittlung** und diese unterstützende Leistungen. **Gründungszuschuss** zur Aufnahme einer selbstständigen Tätigkeit. **Berufsausbildungsbeihilfe** **Kurzarbeitergeld** und **Saison-Kurzarbeitergeld** **Insolvenzgeld**	**Verhütung von Krankheiten** u.a. durch *Vorsorgebehandlung* von Geschwächten sowie *Vorsorgekuren für Mütter und Väter.* **Regelmäßige Gesundheitsuntersuchungen** zur Früherkennung von Krankheiten. **Krankenbehandlung:** *Ärztliche und zahnärztliche Behandlung, Arznei-, Verband-, Heil- und Hilfsmittel, Zuschüsse bei Zahnersatz, häusliche Krankenpflege, Haushaltshilfe, Krankenhausbehandlung, Kuren.* **Krankengeld** ab der 7. Woche in Höhe von 70% des regelmäßigen Arbeitsentgelts. **Kosten des Krankentransports**	**Häusliche Pflege:** – *Sachleistungen* in Form von Hilfen stündlich bis rund um die Uhr bei der Körperpflege, Ernährung, Mobilität, hauswirtschaftlichen Versorgung. – *Pflegegeld* für selbstbeschaffte Pflegehilfen. – *Vergütung für die Beratung durch Pflegeeinrichtungen.* **Teilstationäre Pflege:** *Tages- und Nachtpflege* bzw. *Kurzzeitpflege*, wenn häusliche Pflege (vorübergehend) nicht sichergestellt werden kann. **Stationäre Pflege:** – *pflegebedingte Aufwendungen,* – *Aufwendungen der sozialen Betreuung.* Die Kosten der Unterkunft und Verpflegung müssen die Pflegebedürftigen selbst tragen.	**Heilbehandlung und Verletztengeld** (entspricht Krankengeld) als Ersatzeinkommen während der Behandlung. Leistungen zur **Förderung der beruflichen und sozialen Rehabilitation.** **Pflegegeld** während der verletzungsbedingten Hilflosigkeit. **Renten** für Versicherte, deren Erwerbsfähigkeit um mindestens 20% gemindert ist. **Leistungen an Hinterbliebene** in Form von *Sterbegeld, Überführungskosten an den Bestattungsort* sowie *Hinterbliebenenrente.* **Abfindung mit einer Gesamtvergütung** statt Rentenzahlung an Versicherte und Hinterbliebene *(Kapitalabfindung).* Maßnahmen zur **Verhütung** von **Arbeitsunfällen** und **Berufskrankheiten** sowie **arbeitsbedingte Gesundheitsgefahren.**
Sozialversicherungsbeiträge	19,6% vom Bruttoverdienst	3,0% vom Bruttoverdienst	15,5%** vom Bruttoverdienst	1,95%*** vom Bruttoverdienst	Die Beiträge sind allein vom Arbeitgeber zu tragen. Ihre Höhe wird durch ein Umlageverfahren ermittelt, das den mit der Arbeit verbundenen Gefahrenumständen Rechnung trägt.
	höchstens aber von der Beitragsbemessungsgrenze				
	2012: 5.600,00 EUR pro Monat*		**2012: 3.825,00 EUR pro Monat**		
	Arbeitgeber und Arbeitnehmer tragen **je die Hälfte.** Die *Geringverdienergrenze von 325 EUR*, bis zu welcher der *Arbeitgeber* die kompletten Sozialversicherungsbeiträge *allein* trägt, gilt nur noch für Auszubildende, Praktikanten und für Teilnehmer am freiwilligen sozialen und ökologischen Jahr. Für *geringfügig Beschäftigte* (400 EUR) *muss* der Arbeitgeber eine Pauschale von 32,37% *abführen.*				

*** 4.800 EUR für neue Bundesländer; ** Arbeitnehmer: 8,2%, Arbeitgeber: 7,3%; *** Kinderlose über 23 Jahre zahlen zusätzlich 0,25%**

9 Marketing (Absatz)

9.1 Marketing als Führungsprozess

Ein Unternehmen unterhält vielfältige Beziehungen zu Kunden, Lieferanten, Konkurrenten, zu den Mitarbeitern und deren Familien, zu Behörden und zur gesamten Öffentlichkeit. Von besonderer Bedeutung sind naturgemäß

- die Beziehungen zu den *Lieferanten,* dem **Beschaffungsmarkt,** und
- die Beziehungen zu den *Kunden,* dem **Absatzmarkt.**

9.1.1 Marktorientierung

Um bestehen zu können, muss das Unternehmen den **Anforderungen der Märkte** entsprechen. **Unternehmerisches Handeln** ist also **marktorientiert,** d. h. *auf die Märkte ausgerichtet.*

Kundenorientierung

Die Kunden werden nicht kaufen, was ein Unternehmen anbietet, sondern das Unternehmen muss anbieten, was die Kunden nachfragen. Das Unternehmen muss sich beim Absatz seiner Produkte an den Kunden orientieren. Eine Ware, die nicht verkauft werden kann, bringt keinen Kostenersatz und keinen Gewinn.

Internationalisierung der Märkte

Die kostengünstige Massenproduktion der Hersteller auf der einen Seite, die zunehmende Sättigung des traditionellen Absatzmarktes und der Wunsch vieler Kunden nach immer ausgefalleneren Produkten auf der anderen Seite zwingen das Unternehmen zur verstärkten Suche nach immer neuen Beschaffungs- und Absatzmärkten. Ein Unternehmen wendet sich beim Einkauf und beim Verkauf heute weltweit den Märkten zu. Der **moderne Markt** ist **international.**

Da ein Unternehmen letztlich auf der ganzen Welt in Beziehung zu Lieferanten, Kunden und Konkurrenten steht, haben alle Aktivitäten aller Marktteilnehmer eine gegenseitige Auswirkung und Beeinflussung zur Folge: Die **Globalisierung der Märkte** als Folge konsequenter Marktorientierung kennzeichnet heute das *weltweite Zusammenspiel aller Marktteilnehmer.*

9.1.2 Marktpotenzial, Marktvolumen und Marktanteil

Das **Marktpotenzial** ist die maximale Aufnahmefähigkeit eines Marktes, wenn alle möglichen Käufer das erforderliche Einkommen hätten und tatsächlich kaufen würden. Die realisierte oder auch nur prognostizierte Gesamtabsatzmenge aller Anbieter eines Produktes ist das **Marktvolumen**. Das Marktpotenzial und das Marktvolumen werden von Marktforschungsinstituten für einzelne Produkte, für den gesamten Markt oder für Teilmärkte berechnet.

Jedes Unternehmen versucht nun, von diesem zur Verfügung stehenden „Kuchen" für sich ein möglichst großes Stück herauszuschneiden. Der Anteil am Marktvolumen, den ein Unternehmen erzielt, ist sein **Marktanteil.**

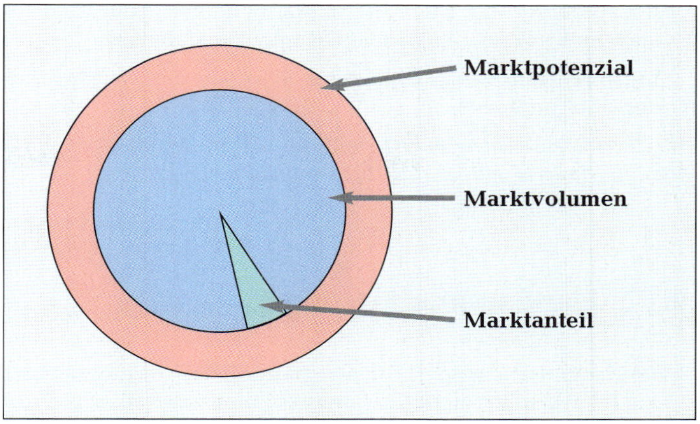

$$\textbf{Marktanteil} = \frac{\textbf{Absatz} \cdot \textbf{100}}{\textbf{Marktvolumen}}$$

Beispiel: Auf dem Markt für Waschmaschinen eines bestimmten Typs lassen sich 50 Mio. Stück verkaufen (Marktvolumen). Ein Hersteller verkauft 2 Mio. Waschmaschinen. Sein Marktanteil errechnet sich wie folgt:

$$\text{Marktanteil} = \frac{2 \text{ Mio. Stück} \cdot 100}{50 \text{ Mio. Stück}} = 4\,\%.$$

Der Marktanteil ist eine wichtige Kennzahl zur Beurteilung der Stärke eines Unternehmens im Vergleich zur Konkurrenz. Die Summe aller Marktanteile stellt 100% des Marktvolumens dar. Ein Marktanteilsgewinn kann also nur zulasten anderer Anbieter erfolgen.

9.1.3 Begriff des Marketings

Zum Marketing gehören alle Maßnahmen der planmäßigen Gestaltung eines Absatzmarktes. Da Vollbeschäftigung im Unternehmen einen gesicherten Absatz voraussetzt, sind ständig *neue Märkte für alte Produkte* (Traktoren für Entwicklungsländer) und *neue Produkte für alte Märkte* (wearable Computer für Industrieländer) zu entwickeln. Unerkannte und unbefriedigte Bedürfnisse müssen erkannt und zu marktwirksamem Bedarf verdichtet werden. Es sind »**Märkte zu produzieren**« **(Marketing)**.

Als **Marketing** bezeichnet man die zielbewusste und planmäßige **Einflussnahme** des Unternehmens **auf den Absatzmarkt.** Es schließt auch das **Führen des Unternehmens unter absatzpolitischer Zielsetzung** ein.

9.1.4 Ziele des Marketings

Die Produktion und mit ihr die Beschaffung und Lagerhaltung sowie alle anderen Abteilungen richten sich danach, was verkauft werden kann. Die gesamte Unternehmenspolitik orientiert sich also am Absatzmarkt. Die Produkte verkaufen sich nicht von selbst, es wird vielmehr eine offensive Absatzpolitik betrieben.

Unternehmen **streben nach Gewinn,** indem sie den Markt mit Gütern versorgen. Zur Erreichung dieses Unternehmenszieles besteht das *Oberziel des Marketings* in einer **Sicherung** oder **Ausdehnung** des **Absatzvolumens**. Innerhalb dieser Zielvorgaben kann das Unternehmen sich für folgende *Teilziele* entscheiden:

- **Bedarfsdeckung und -weckung:** Weckung neuen Bedarfs, Auffinden von Marktlücken und Marktnischen.

- **Absatzsteigerung:** Mehrproduktion bedeutet Fixkostendegression, günstigere Preise, noch mehr Absatz und größere Konkurrenzfähigkeit.
- **Vergrößerung des Marktanteils:** Stärkung der Marktposition, Sicherung der Zukunft des Unternehmens.

Um diese Ziele zu erreichen, greift das Unternehmen aktiv in das Marktgeschehen ein, es will den Markt beeinflussen und mitgestalten.

9.1.5 Marktsegmentierung

Marktsegmentierung ist die **Aufspaltung des Gesamtmarktes in Teilmärkte** mit dem Ziel, für jedes Segment die geeigneten absatzpolitischen Instrumente festzulegen.

Innerhalb eines Segmentes soll die Reaktion der Kunden auf absatzpolitische Tätigkeiten möglichst einheitlich sein. Streuverluste sollen möglichst gering, der Gesamterfolg möglichst groß werden.

Folgende Merkmale können u. a. Kriterien der Marktsegmentierung sein: Geschlecht, Alter, Familienstand, Einkommen, Ausbildung, Beruf, Wohnort, Haus- und Autobesitz, Kaufhäufigkeit, aber auch psychologische Merkmale wie Einstellungen, Wünsche, Motive, Neigungen, Selbsteinschätzung, Erwartungen, Neigungen zu Impulskäufen, Markentreue.

Beispiel: Marktsegmentierung für eine Automarke, Marketingaktivität »Produktgestaltung«

Segment	Einkommen	gruppenspezifische Werbung für
1	1.000 – 2.500 EUR	Standardmodell mit Serienausstattung
2	2.501 – 4.000 EUR	Mittelklassewagen mit gehobener Ausstattung
3	über 4.000 EUR	Mittelklassewagen mit Luxusausstattung

9.1.6 Marketingstrategie

Zwischen der Marketingstrategie und der Marktsegmentierung besteht insofern ein enger Zusammenhang, als die Marketingstrategie auf die spezifischen Merkmale eines Marktsegmentes abgestimmt werden kann.

Beispiele: Zusammenhang zwischen Marketingstrategie und Marktsegmentierung

Artikel	Marktsegmente	Marketingstrategie
a) Segmentierung nach sozialen Schichten		
– Unterhaltungsliteratur	– Oberschicht – Mittelschicht – Unterschicht	Das Niveau der Literatur richtet sich streng nach der sozialen Schichtung, dadurch ist die Strategie festgelegt.
– Lebensmittel, Feinkost	Haushaltseinkommen – bis 2.000 EUR – 2.001 bis 3.000 EUR – über 3.000 EUR	Die Einkommen bestimmen die Essgewohnheiten; entsprechende Abstimmung der Preise, der Werbung und der angebotenen Produkte.
b) Segmentierung nach Verbraucherverhalten		
– Textilien	Damen – Herren ausgabefreudig – sparsam Teenager – Erwachsene	Modisches oder konservatives Sortiment; gehobener Preis oder Preisschlager; lässige oder seriöse Verkaufsatmosphäre.
– Weine	markentreu – markenunabhängig	Spezielle Umwerbung der markentreuen Kunden mit bewährten Produkten und der unabhängigen Kunden mit Sonderangeboten.

9.1.7 Konzeption des Marketings

Da der Verbraucher durch sein Konsumverhalten und seine Kaufgewohnheiten darüber entscheidet, ob die Leistung eines Unternehmens abgesetzt wird oder nicht, steht er auch im Mittelpunkt aller betrieblichen Überlegungen und Anstrengungen. Nach ihm richtet sich die Marketingkonzeption, die Planung und Abstimmung sämtlicher Marktgestaltungsmaßnahmen.

> Die **Marketingkonzeption** ist die **planmäßige Erfassung und Vorauswahl aller absatzpolitischen Instrumente,** die zur Erreichung der Unternehmensziele geeignet sind.

Die Marketingkonzeption ist also das »Paket« von Marketingaktivitäten, das ein Unternehmen für eine Planungsphase zusammenschnürt.

Die Unternehmensziele und das Verbraucherverhalten sind die Grundlage für die Marketingkonzeption, die alle Marketingaktivitäten, also den gesamten Marketingmix, die Marktsegmentierung und den eigentlichen Verkauf festlegt.

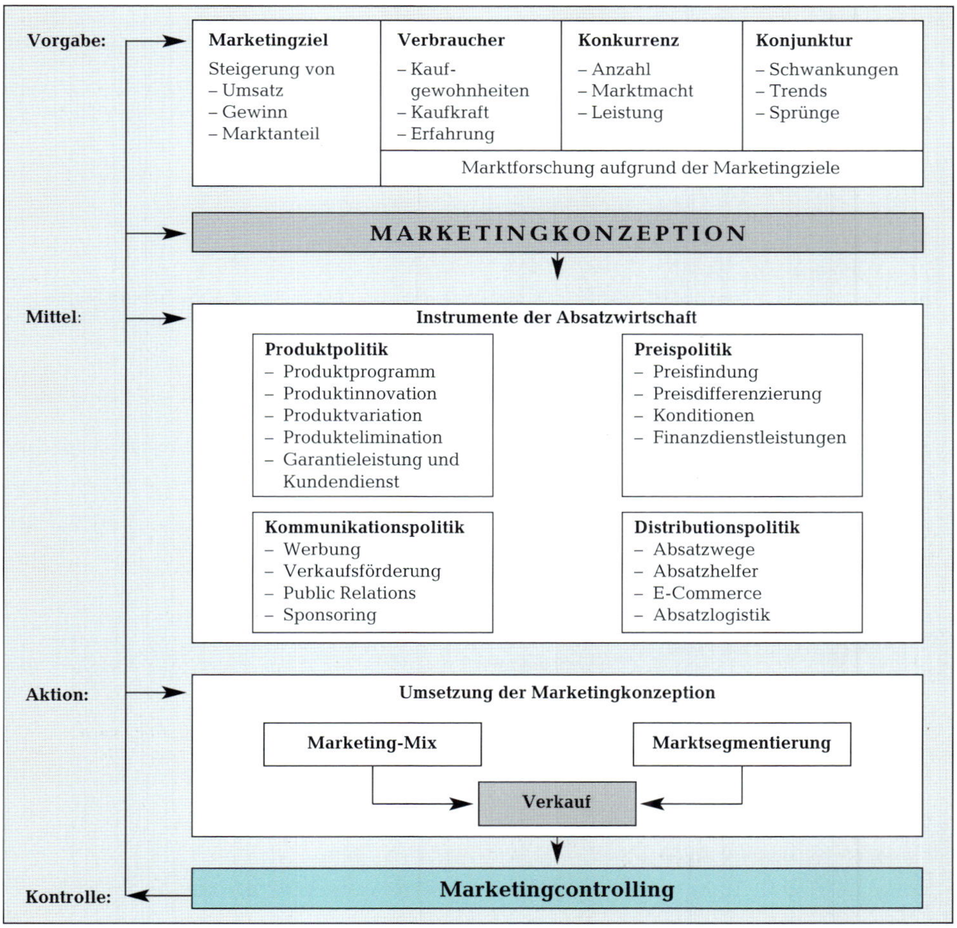

Beispiel: Marketingkonzeption eines Herstellers zahnmedizinischer Geräte für den Zahnarzt-Behandlungsplatz »CompactoNorm 2010«, bestehend aus Patientenstuhl, Zahnarzt-Unit, Speifontäne, Traytisch, Operationsleuchte und Arbeitsstuhl.

a) Ergebnisse der Marktforschung.

1. Es ist vorteilhafter, sich dem Markt anzupassen, als diesen zu verändern.

2. Die Zahnärzte erwarten von einem Hersteller zahnmedizinischer Geräte ein umfassendes Sortiment für den Zahnärztebedarf. Das Sortiment des Herstellers muss sich also von Füllungsmaterial, einzelnen Zähnen und ganzen Gebissen in allen Farbschattierungen über den Bedarf an Operationsbesteck aller Art bis hin zu Röntgenapparaten und Operationsstühlen erstrecken. Die eigene Produktion ist durch Handelswaren entsprechend zu vervollständigen.

b) Marketingziele.

1. Angemessener Gewinn.
2. Steigerung des Marktanteils.
3. Absatz von 120 Behandlungsplätzen im Vierteljahr.

c) Marketingkonzeption. Einsatz folgender Marketingaktivitäten:

1. **Produktpolitik.** Kritik und Verbesserungsvorschläge der Zahnärzte sollen als Empfehlung zur Produktverbesserung berücksichtigt werden. Der Behandlungsplatz soll dadurch so bedarfsgerecht wie nur möglich gestaltet werden.
2. **Preispolitik.** Es wird versucht, einen Einheitspreis von nur 36.280 EUR je Standardausstattung für jeden Behandlungsplatz zu halten.
3. **Kommunikationspolitik.** Werbeargument ist der unentbehrliche Bedarf eines erfolgreichen Zahnarztes an einem praktischen, patientenfreundlich gestalteten Behandlungsplatz von langer Lebensdauer. Man stellt daher in der Werbung den Gebrauchsnutzen des Abnehmers in den Vordergrund. Weiterhin wird betont, dass man stets bemüht ist, den gesamten Bedarf einer modernen Zahnarztpraxis im Interesse der bestmöglichen Patientenversorgung zu decken. Die Werbung wird zeitlich so angesetzt, dass die ersten Bestellungen sofort ausgeliefert werden können. Werbemittel sind vor allem Werbebriefe an alle Zahnärzte und Prüfungskandidaten der zahnmedizinischen Fakultäten und Annoncen in den zahnmedizinischen Fachzeitschriften.
4. **Distributionspolitik.** Direktbelieferung der Zahnärzte, Beratung und Verkaufsvorbereitung durch Handlungsreisende. Zustellung durch eigene Lieferwagen im ganzen Bundesgebiet, Aufstellung durch sachkundigen Monteur.

d) Umsetzung.

1. **Marktsegmentierung.**
   - Behandlungsplatz als Erstausstattung für Berufsanfänger.
   - Behandlungsplatz mit Komplettausstattung für etablierte Ärzte.
2. **Marketing-Mix.**

   Nach Durchführung der Marktuntersuchung, Festlegung der Unternehmensziele und des Marketingkonzeptes, nach sinnvoller Marktsegmentierung und Entscheidung für die Marketingaktivitäten erfolgt deren *optimale Kombination*, **der Marketing-Mix**.
3. **Verkauf.**
   - Lagerverwaltung, Finanzabteilung, Verkaufsabteilung und der Leiter Logistik werden auf den erwarteten Absatz vorbereitet.
   - Alle Mitarbeiter werden angehalten, jegliche Tätigkeit auf die Erfüllung der eingehenden Kundenwünsche auszurichten.

e) Marketingcontrolling.

Durch stetige Information über alle Marktdaten wird die Marketingkonzeption laufend überprüft, nötigenfalls werden das Konzept, die Marketingaktivitäten oder deren Umsetzung korrigiert.

Seite 40

9.2 Marktforschung

Durch Marktforschung soll den Risiken des Marktes begegnet werden.

Ein großer Teil der Risiken geht vom Absatzmarkt aus:

- Konjunkturveränderung: z. B. Verschlechterung der Einkommen,
- Geschmacks- und Modewandlungen: z. B. falsche Einschätzung der Kundenwünsche,
- Strukturwandlung: z. B. Absatzschwierigkeiten für Pkw der Oberklasse,
- Konkurrenzrisiko: z. B. gleichartige Produkte durch neue Lieferanten im In- und Ausland,
- Zahlungsausfälle: z. B. Insolvenz eines Großkunden,
- Währungsverfall: z. B. Kursverschlechterung zwischen Vertragsabschluss und -erfüllung,
- politische Risiken: z. B. Krieg im Abnehmerland, Ausfuhrbeschränkung.

Das Marktrisiko kann durch verlässliche Informationen über den Markt verringert werden; **Marktforschung** versucht diese Informationen zu bekommen.

Marktforschung ist die **systematische Untersuchung der Märkte** unter Verwendung von Erkenntnissen der praktischen Psychologie und von Verfahren der mathematischen Statistik.

Im Gegensatz zur Marktforschung umschließt die **Markterkundung** *sämtliche* Methoden zur Gewinnung von Informationen über die Lage und Entwicklung der Märkte. Solche Informationen ergeben sich unsystematisch aus Gesprächen mit Lieferanten und Kunden, Mitteilungen des Verkaufspersonals, Berichten von Vertretern, Besuchen auf Ausstellungen und Messen, Beobachtungen der Konkurrenten, Marktberichten in Tages- und Fachzeitungen.

Marktforschung betrifft alle Märkte, das können sowohl Beschaffungsmärkte als auch Absatzmärkte sein.

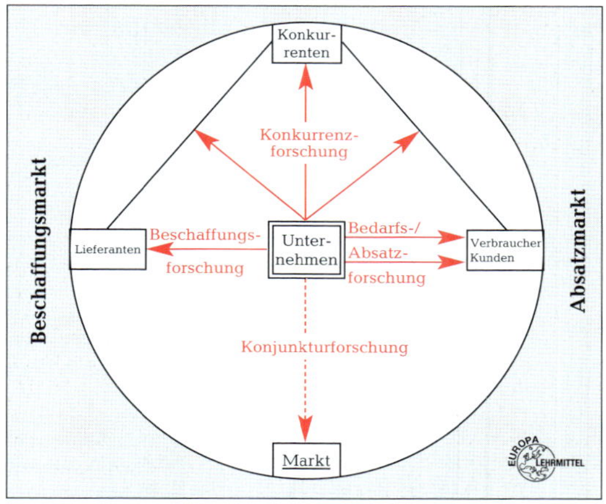

9.2.1 Verfahren der Marktforschung

„Prognosen sind besonders schwierig, wenn sie die Zukunft betreffen" (Karl Valentin).

a) **Marktanalysen** sind tiefgründige einmalige Untersuchungen der *Struktur* von Märkten zu einem bestimmten *Zeitpunkt*. Sie gehen häufig der Einführung eines neuen Erzeugnisses am Markt voraus.

b) **Die Marktbeobachtung** verfolgt *fortlaufend* die Veränderung und die Entwicklung des Marktes. Sie soll wie ein Film den Marktablauf erfassen und dadurch Wandlungen und Entwicklungstendenzen aufzeigen. Diese Wandlungen treten kurzfristig als periodische Schwankungen und Zufallsbewegungen, langfristig als Konjunkturschwankungen und Strukturverschiebungen auf.

Auf den Ergebnissen der Marktanalyse und -beobachtung baut die **Marktprognose** auf. Durch Ermittlung über die vergangene Entwicklung und den heutigen Zustand der Märkte versucht man, die *zukünftige* Marktentwicklung abzuschätzen oder vorauszuberechnen.

9.2.2 Methoden der Marktforschung

Aus Kostengründen wird man zunächst versuchen, bereits vorhandenes Quellenmaterial (Sekundärmaterial) auszuwerten. Nur wenn dieses nicht ausreicht, wird man besondere Erhebungen (Gewinnung von Primärmaterial) durchführen.

Primärforschung

Die Primärforschung dient dazu, Primärmaterial zu erheben.

Als **Primärmaterial** bezeichnet man Quellenmaterial, das *in erster Linie (primär) für eine bestimmte Marktuntersuchung* erhoben wird. Man gewinnt es durch Beobachtung, mündliche oder schriftliche Befragung von Lieferanten, Kunden, Verbrauchern, Konkurrenten und anderen Personenkreisen. Diese Primärerhebungen werden entweder von unternehmensinternen Forschungsstellen oder im Auftrag des Unternehmens durch Marktforschungsinstitute durchgeführt.

Verschiedene Informationen können heute auch aus dem Internet beschafft werden.

Zur Beschaffung von **Primärmaterial** werden beispielsweise die Internet-Teilnehmer gebeten, ihre Meinungen, Anregungen und ihre Kritik zu einem Produkt mitzuteilen.

PRIMÄRERHEBUNGEN				
Erhebungsmethode	**Befragung** **Interview**	**Panel**	**Beobachtung**	**Experiment**
Merkmale	**Erfragen** von Meinungen, Einstellungen, Motiven, Tatbeständen und Verhaltensweisen.	**Wiederholte** Befragung eines repräsentativen Personenkreises zum gleichen Erhebungsgegenstand über längere Zeiträume.	Feststellen von Verhaltensweisen durch **Beobachtung** bestimmter Tatbestände.	**Erprobung** einer neuen Maßnahme vor ihrer Einführung.
Formen	**Mündliche** Befragung durch **Interview:** – *Standardinterview* – *Strukturinterview* – *Freies Interview* **Schriftliche** Befragung mittels **Fragebogen.** Befragung mittels E-Mail und Internet.	**Haushaltspanel, Einzelhandelspanel, Großhandelspanel, Industriepanel.**	**Selbstbeobachtung** im eigenen Betrieb. **Fremdbeobachtung** in einem fremden Betrieb.	**Feldexperiment** bei normalen Marktbedingungen auf einem Testmarkt (z. B. Wein in Plastikflaschen). **Laborexperiment** bei künstlichen Bedingungen außerhalb des Marktes.
Befragtenauslese	**Stichprobenauswahl:** – *Zufallsauswahl* (Auswahl ohne Rücksicht auf die Bevölkerungsstruktur, z. B. jeder 100. aus dem Telefonbuch), – *Quotenauswahl* (Auswahl, die der Bevölkerungsstruktur – Altersklassen, Berufsgruppen o. a. – entspricht).		Keine Auslese, Beobachtung der zufällig im Beobachtungsfeld befindlichen Personen.	Auswahl nach marktgegebenen oder simulierten Bedingungen.
Forschungsbereiche	Käuferverhalten, Kaufgewohnheiten, Meinungen, Wünsche, Motivationen.	Wirkung von Wettbewerbsaktivitäten, Effizienz der Absatzorganisation, Preisentwicklung, Umschlagskennzahlen.	Schaufensterwirkung auf Passanten, Aufmerksamkeit der Kunden im Laden.	Test von Produktmodellen, Verpackungsentwürfen, Werbemitteln, Preisgestaltung.

Sekundärforschung

Die Sekundärforschung dient dazu, Sekundärmaterial auszuwerten und aufzubereiten.

Als **Sekundärmaterial** bezeichnet man außer- und innerbetriebliches Quellenmaterial, das ursprünglich für andere Zwecke geschaffen wurde, sich aber *in zweiter Linie (sekundär)* für eine beabsichtigte Marktuntersuchung auswerten lässt.

a) Außerbetriebliches Sekundärmaterial liefern
- statistische Jahrbücher und Marktberichte statistischer Ämter,
- Ermittlungen privater Marktforschungsinstitute,
- Berichte von Fachverbänden und Handelskammern,
- Veröffentlichungen von Banken zur Wirtschaftslage,
- Fachzeitschriften, Zeitungsberichte und -inserate,

- Geschäftsberichte und Werbematerial von Konkurrenzunternehmen,
- Ermittlungen von Wirtschaftsarchiven,
- Nachschlagewerke und Fachbücher in Bibliotheken,
- Unternehmens- und Produktpräsentationen im Internet.

b) Innerbetriebliches Sekundärmaterial gewinnt man aus der Buchhaltung, der Betriebsstatistik, der Korrespondenz und aus Erfahrungsberichten des Verkaufspersonals im Innen- und Außendienst.

Da das Sekundärmaterial bis zu seiner Veröffentlichung häufig überholt ist, dient es in der Regel nur dazu, Primärerhebungen (»field-research«) vom Schreibtisch aus vorzubereiten (»desk-research«).

1. Grenzen Sie die Begriffe Marktforschung, Marktanalyse und Marktbeobachtung gegeneinander ab.
2. Nennen Sie die Vor- und Nachteile der Primärforschung gegenüber der Sekundärforschung.
3. Entwerfen Sie einen Fragebogen, mit dem Sie die Erfahrungen der Abnehmer eines Produktes erfragen, um gegebenenfalls neue Marketingstrategien vorzunehmen.
4. Nennen Sie Forschungsbereiche, für welche die einzelnen Methoden der Primärforschung besonders geeignet sind.
5. Begründen Sie, warum in den meisten Fällen bei einer Primärerhebung eine Stichprobenauswahl genügt.
6. Zählen Sie die wichtigsten Informationen auf, die die Unternehmen mithilfe der Marktforschung zu erfahren versuchen.
7. An welchen Merkmalen lässt sich eine drohende Absatzkrise erkennen?
8. Inwieweit ist die Kenntnis der Marktdaten eine wichtige Entscheidungshilfe für die Absatzpolitik des Unternehmens?
9. Skizzieren Sie die Marketingkonzeption eines Fahrradherstellers, wenn dieser seine Stellung am Markt ausbauen möchte.
10. Stellen Sie fest, welche Marktsegmente in einem Betrieb Ihres Erfahrungsbereichs unterschieden werden.
11. Bilden Sie Marktsegmente für Lebensmittel, Spielwaren, Textilien, Literatur, Sportartikel.
12. Nach Abschluss der Ausbildung zum Industriekaufmann beabsichtigten Joachim Egert und Dietrich Keller, einen kleinen Betrieb zur Herstellung ökologischer Möbel, die Natur Pur KG in Heilbronn, zu eröffnen.
    a) Zur Erreichung der Unternehmensziele soll Marktforschung betrieben werden.
       - Was will die Natur Pur KG durch Marktforschung in Erfahrung bringen?
       - Entscheiden Sie, ob die Natur Pur KG Marktanalyse oder Marktprognose betreiben soll.
       - Mit welchen Methoden würden Sie die gesuchten Daten in Erfahrung bringen?
       - Die Natur Pur KG will in der Fußgängerzone Passanten mit einem Fragebogen konfrontieren. Welche Fragen müsste nach Ihrer Meinung der Fragebogen enthalten?
       - Welche Informationen darf sich die Natur Pur KG von einem Fragebogen erhoffen?
    b) Nach erfolgreicher Marktforschung geht die Natur Pur KG daran, eine sinnvolle Marktsegmentierung vorzunehmen.
       - Was versprechen sich Egert und Keller von einer Marktsegmentierung?
       - Welche Marktsegmente könnten gebildet werden?

9.3 Absatzpolitische Instrumente

Zur Anpassung eines bestimmten Absatzprogrammes an Marktänderungen bzw. zur aktiven Beeinflussung des Marktes bedient sich das Unternehmen der absatzpolitischen Instrumente:

- Produkt- und Produktprogrammpolitik,
- Preispolitik, Konditionenpolitik, Finanzdienstleistungen,
- Kommunikationspolitik,
- Distributionspolitik.

9.3.1 Produktpolitik und Produktprogrammpolitik

Die vom Unternehmen zu verfolgende Produkt- und Produktprogrammpolitik ist abhängig von den durch Marktforschung festgestellten Bedürfnissen und Neigungen der Verbraucher sowie von den technischen Möglichkeiten.

Folgende Informationen, die durch Marktforschung gewonnen werden, bestimmen also die **Aufgaben der Produkt- und Produktprogrammpolitik:**

Marktinformationen über	Aufgaben der Produkt- und Produktprogrammpolitik
– **Produktpolitik**	– Entwicklung und Gestaltung neuer Produkte, deren Erprobung und Markteinführung sowie – laufende Verbesserung und Abwandlung eingeführter Produkte
– **Produktprogramm-politik**	– Aufbau, Zusammenstellung und Ergänzung eines kundengerechten Produktionsprogramms (Sortiments)

Portfolio-Analyse

Sie ermöglicht die optimale Planung aller Geschäfte eines Unternehmens durch ganzheitliche Betrachtung aller »strategischen Geschäftsfelder«. Ein **strategisches Geschäftsfeld ist ein Produkt oder eine Produktgruppe** in seinem speziellen Markt. Mithilfe der Portfolio-Analyse sollen die Anstrengungen und Mittel in die Geschäftsfelder gelenkt werden, in denen die Marktaussichten günstig erscheinen. Dabei sind die **Marktchancen für ein Produkt** abhängig

- vom **Lebensalter.** Dieses bestimmt seine **Attraktivität** und **Zukunftschance.**
- von der **Kostenerfahrungskurve.** Eine größere Erfahrung auf dem Markt ermöglicht ein größeres **Kostensenkungspotenzial** und damit mehr Gewinn und Geldzufluss. Dadurch kann der **relative Marktanteil,** also das Verhältnis des eigenen Marktanteils zu dem des größten Konkurrenten, vergrößert werden.

Die strategischen Geschäftsfelder, also die **Produkte bzw. Produktgruppen,** werden entsprechend ihrem Standort im Koordinatensystem Attraktivität/relativer Marktanteil in vier Kategorien eingeteilt:

a) **Nachwuchsprodukte (»Fragezeichen«, »Questionmarks«)** sind junge Produkte mit noch *geringem Marktanteil*, aber *großen Wachstumsmöglichkeiten*. Sie verursachen hohe Kosten und bringen noch keinen Gewinn. Selektives Vorgehen ist angebracht beim Versuch, sie zu Stars zu machen.

b) **Stars** sind Produkte mit *hohem Marktanteil* und *großen Wachstumschancen*. Sie ermöglichen Unternehmenswachstum; es lohnt sich noch, zu investieren und sie zu fördern, bevor sie langsam zu Melkkühen werden.

c) **Melkkühe (»Cash Cows«)** sind Produkte mit *hohem Marktanteil*, die jedoch wegen ihres Alters nur noch *geringe Wachstumschancen* haben. Sie sollen nur noch »gemolken« werden, hohe Investitionen lohnen sich nicht mehr. Melkkühe sind Geldbringer zur weiteren Entwicklung des Unternehmens und zur Finanzierung anderer Geschäftsfelder.

d) **Problemprodukte (»Arme Hunde«, »Poor Dogs«)** sind alte Produkte *ohne Wachstumschancen* und *ohne nennenswerten Marktanteil*. Investitionen sind nicht mehr lohnend, die alten Produkte sind demnächst aus dem Markt zu nehmen.

Aus der Zuteilung zu den vier Produktkategorien können folgende drei Strategien abgeleitet werden:

- **Strategie 1: Investitions- und Wachstumsstrategie**
- **Strategie 2: Abschöpfungs- oder Desinvestitionsstrategie**
- **Strategie 3: Strategie selektiven Vorgehens**

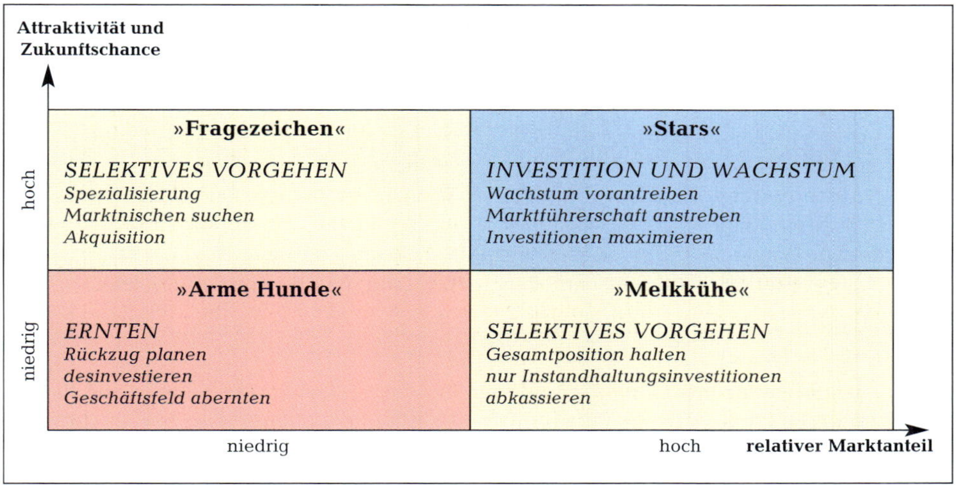

Sinn der Portfolio-Analyse ist die Gestaltung des **Produktgruppen-Mix** in der Art, dass jeweils ausreichend neue Produkte, aber auch Produkte mit hoher Rendite zur Finanzierung der Wachstumsprodukte vorhanden sind.

Produktpolitik

Produktpolitik ist die verbraucherorientierte **Entwicklung** und **Veränderung von Produkten** und **deren Formgebung** durch den Hersteller bzw. die Mitwirkung hierbei durch den Händler.

► Entwicklung und Neugestaltung von Produkten (Innovation)

Die Produkte sollen gleichermaßen *funktional* wie *ästhetisch,* einzigartig und unverwechselbar sein.

a) **Produktentwicklung.** Dies ist die Erfindung und Gestaltung eines neuen Produktes (z. B. Smartphone). Sie setzt die Kenntnis einer Marktlücke voraus.

   Die Produktentwicklung erfolgt planmäßig nach einer bestimmten **Konzeption.** Danach wird ein neues Produkt in folgenden Phasen entwickelt:

   - Finden von Produktideen (z. B. durch Brainstorming, Marktforschung),
   - Ausarbeitung mehrerer Produktvorschläge,
   - Entscheidung für einen Vorschlag durch die Unternehmensleitung,
   - Herstellung des ersten Produktes (Prototyp) bzw. der ersten Serie (Nullserie),
   - Erprobung auf einem Testmarkt, ggf. Vornahme von Verbesserungen,
   - Aufnahme des Produktes in das Produktionsprogramm, in den Produktabsatz und in die Erfolgskontrolle.

b) **Produktneugestaltung.** Darunter versteht man das Finden einer fortschrittlicheren Lösung eines technischen Problems.

   Beispiele: Verwendung von korrosionsbeständigen Kunststoffen für den Fahrzeugbau, Herstellung von abrieb- und rutschfesten Straßenbelägen aus Recycling-Material, Kfz-Hohlraumverkleidungen aus Flachs.

Die funktions- und stilgerechte Formgebung nennt man **Design.** Langfristig gutes Design hilft, langlebige Güter zu produzieren, fördert den Gebrauchswert und verhindert Verschwendung.

Zunehmend wird bei der Gestaltung der Produkte auf das **richtige Geräusch** derselben geachtet. Das Geräusch, das ein Produkt von sich gibt, muss angenehm sein. **Sounddesign** und **Psychoakustik** sollen aus einem ausgereiften Produkt ein vollkommenes Produkt machen.

Beispiele:
1. Das Zuschlagen der Wagentüre bei einem Luxusfahrzeug muss dumpf und satt klingen.
2. Ein Staubsauger hat hörbar kräftig mit souverän tiefem Ton zu saugen.

► Produktvariation

a) **Produktverbesserung.** Die Produkte müssen laufend angepasst werden an
- den neuesten Stand der Technik: z. B. besseres, korrosionsbeständiges Material,
- den Wandel des Geschmacks: z. B. neue Mode und Designs,
- die Erfordernisse des Umweltschutzes: z. B. Abgasentgiftung, Recycling-Papier, bleifreie Kraftstoffe,
- die Forderung nach Energieeinsparung: z. B. kraftstoffsparende Motoren,
- das wachsende Sicherheitsbedürfnis: z. B. Airbag, unfallsichere Küchengeräte.

b) **Produktdifferenzierung.** Dies ist die unterschiedliche Ausgestaltung der Angebotspalette für ein Produkt.
- **Typenerweiterung:** Durch Vermehrung der Typen, Qualitäten, Formen und Farben der Erzeugnisse sucht sich ein Industrieunternehmen immer neue Käuferschichten.
  Beispiel: Neben Papiertapeten werden Stoff- und Glasfasertapeten in das Produktionsprogramm aufgenommen.
- **Typenveränderung:** Geschmackswandel und technischer Fortschritt eröffnen ständig neue Möglichkeiten zur Veränderung der Typen und Muster.
  Beispiel: Einfarbige Handygehäuse werden durch poppige Gehäuse verändert.

► Produktelimination

Aus Kosten- oder Absatzgründen wird ein Produkt nicht mehr hergestellt.

Beispiele: Ein Autohersteller streicht die Herstellung des Kombiwagens aus dem Produktionsprogramm, Coupés und Limousinen werden weiterhin produziert. Der erzielbare Preis für eine Bohrmaschine ist unter die Preisuntergrenze von 75 EUR gefallen, die Produktion wird aufgegeben.

Eine umfangreiche Produktdifferenzierung erfordert vielfältige Dispositionen und eine umfangreiche Lagerhaltung. Dies kostet Geld und erhöht das Lagerrisiko. Produkte, deren Gesamtkosten nicht voll (Vollkostenrechnung) oder wenigstens teilweise (Deckungsbeitragsrechnung) durch den Verkaufspreis gedeckt sind, werden nicht mehr hergestellt.

Beispiel: Ein Küchenmaschinenhersteller stellt nicht mehr 4 verschiedene Typen von Küchenmaschinen her, sondern beschränkt sich nun auf 3 Typen; die Küchenmaschine für den Hotelbedarf wird eliminiert.

Immer mehr Produkte werden zudem infolge des technischen Fortschritts oder des gewandelten Bedarfs durch andersartige Güter (Substitutionsgüter) ersetzt.

Beispiele: Mikrochips ersetzen die herkömmliche Elektronik in Autos, elektrische Weihnachtskerzen ersetzen Wachskerzen.

► Verpackung und Aufmachung

Jedes Produkt muss ansprechend verpackt sein. Die Verpackung schützt vor schädigenden Einflüssen, enthält wichtige Produktinformationen wie technische Daten, Gebrauchsanweisung, Gewährleistungsumfang u. a. Oft dient die Verpackung als Aufbewahrungsmittel (Bohrmaschine) und muss entsprechend stabil sein.

Produkte, die sich besonders gut als Geschenkartikel eignen, müssen dekorativ, oft luxuriös verpackt (aufgemacht) sein, wobei nicht nur die Gestaltung der Aufmachung, sondern auch die Farbgebung und der Geruch wichtig sein können.

Beispiele: Pralinenschachtel, Parfümfläschchen, Uhren und Schmuck.

▶ Benennung

Der Produktname entscheidet in vielen Fällen über den Erfolg oder Misserfolg. Dabei ist Folgendes zu beachten:

- Der Name soll sich von dem bereits bestehender Produkte unterscheiden (Markenregister).
- Der Name soll die gewünschte Assoziation beim Verbraucher hervorrufen, z. B. Herkunft: Soir de Paris; Verwendungszweck: Teefix; Eigenschaft: Glänzer; Verwender: Kitekat; Aufforderung: HörZu.
- Der Name soll einprägsam sein, z. B. Weißer Riese.
- Der Name und das Markenzeichen bilden eine Einheit, z. B. Salamander.

Die absatzpolitische Bedeutung der Produktbenennung wird vor allem bei **Markenartikeln** erkennbar. Daneben stehen aber auch **»No-Name«-Produkte,** bei denen man zugunsten eines niedrigen Preises auf einen Produktnamen verzichtet.

Die Zunahme gleicher und austauschbarer Produkte aus aller Welt, immer wettbewerbsintensivere Märkte und die Sehnsucht des Verbrauchers nach Produkten mit Image und Charisma fordern Marken. Ohne Markencharakter ist auf Dauer kein Produkt erfolgreich. So wird z. B. der Wert der Marke Coca Cola auf 72 Mrd. $ taxiert (Apple 33 Mrd. $, VW 26 Mrd. $, Daimler 25 Mrd. $).

Produktprogrammpolitik

Die **Produktprogrammpolitik** legt fest, welche Erzeugnisse ein Unternehmen herstellt und am Markt anbietet.

Die Produktprogrammpolitik umfasst bei einem Industriebetrieb die selbsterstellten **Produkte** und **Produktgruppen,** jedoch auch **Handelswaren** und **Zubehör,** die das Produktprogramm zum Gesamtsortiment ergänzen.

Stellt ein Unternehmen nur wenige Produkte her, so trägt es ein hohes Produktrisiko. Durch die Erweiterung des Sortiments steht es nicht mehr »auf einem Bein« und kann Umsatzrückgänge bei einer Warengattung möglicherweise durch Umsatzsteigerungen bei anderen ausgleichen.

Beispiel: In einem regnerischen Sommer kann der geringe Umsatz an Badeartikeln durch einen größeren Umsatz an Regenbekleidung ausgeglichen werden.

▶ Struktur des Produktprogrammes (Sortimentsstruktur)

Unter der Sortimentsstruktur versteht man die **Zusammensetzung der Angebotspalette,** wobei die Zusammengehörigkeit der Produkte maßgebend ist.

a) Programmbreite (Sortimentsbreite). Die Programmbreite (Sortimentsbreite) gibt die *Anzahl der unterschiedlichen Produkte* an, die angeboten werden. Sie ist also das Ergebnis der Produktauswahl:

1. **Breites Programm – viele verschiedene Produkte.**

   Es wird versucht, viele Abnehmergruppen anzusprechen und diesen alles aus der Branche anzubieten (Schlafzimmer-, Wohnzimmer-, Kinderzimmer-, Küchen- und Dielenmöbel).

2. **Schmales Programm – wenige verschiedene Produkte.**

   Dem Spezialbedarf einer Abnehmergruppe soll Rechnung getragen werden (nur Kleinmöbel werden hergestellt; Likörfabrik).

b) Programmtiefe (Sortimentstiefe). Die Programmtiefe (Sortimentstiefe) gibt die *Anzahl der Variationen* an, mit der ein gleichartiges Produkt angeboten wird. Sie ist also das Ergebnis der Produktgestaltung:

1. **Tiefes Programm – Produkte in vielen Variationen.**

   Der Spezialbedarf einer Abnehmergruppe soll in jeder Hinsicht voll gedeckt werden (Krawattenfabrik).

2. **Flaches Programm – Produkte in wenigen Variationen.**

   Wichtiger als die große Auswahl aus einer Produktart ist die Möglichkeit, dem Abnehmer täglich verlangte Massenprodukte anzubieten (Herstellung der gängigen Brotsorten in einer Brotfabrik).

c) **Kern- und Randprogramm.** Nach der Wichtigkeit der angebotenen Produkte unterscheidet man:

1. **Kernprogramm.** Dieses stellt den Hauptbestandteil dar. Der Abnehmer erwartet ein vollständiges Sortiment, sodass auch verlustbringende Produkte unverzichtbar zum Kernprogramm gehören. Fast der gesamte Umsatz und Gewinn werden mit dem Kernprogramm erzielt.

2. **Randprogramm.** Dieses ergänzt das Kernprogramm. Der Abnehmer erwartet nicht unbedingt, dass es angeboten wird; er empfindet es als eine besondere Serviceleistung des Unternehmens. Daher brauchen im Randprogramm nur gewinnbringende Produkte geführt zu werden, deren Anteil am Gesamtumsatz und -gewinn aber minimal ist.

► Veränderung des Produktprogrammes

Innovation, Variation und Elimination von Produkten wirken sich direkt auf das Produktprogramm und damit auf das Sortiment aus. Die Angebotspalette des Industrieunternehmens muss den unterschiedlichen Wünschen der Abnehmer entsprechen. Zur Anpassung an den Markt können folgende Maßnahmen ergriffen werden:

a) **Verbreiterung des Produktprogrammes (Diversifikation).** Das ist die *Aufnahme zusätzlicher Produktarten* in das bestehende Produktprogramm. Der Hersteller will damit zusätzliche Abnehmergruppen ansprechen und das Absatzrisiko verteilen. Er entspricht damit auch dem Wunsch der Abnehmer, bei *einem* Hersteller *mehrere* Produktarten beziehen zu können.

   Beispiele: Der Hersteller von Wohn- und Schlafzimmermöbeln bietet neuerdings auch Kinderzimmer-, Küchen- und Dielenmöbel an. Der Hersteller von Kaffeemaschinen bietet jetzt auch Kaffee und Filterpapier an.

b) **Vertiefung des Produktprogrammes (Differenzierung).** Das ist die *Aufnahme* der Produktion von *Varianten bereits eingeführter Produkte.* Der Hersteller bezweckt damit, allen möglichen Wünschen der Abnehmer seines Produktes gerecht zu werden.

   Beispiele: Ein Hersteller, der bisher drei Kühlschranktypen angeboten hat, produziert nun Kühlschränke jeder denkbaren Größe und Preisklasse. Eine Papierfabrik, die bisher Briefpapier in zwei Qualitäten und zwei Preisklassen hergestellt hat, vertieft ihr Programm auf Briefpapier unterschiedlicher Qualitäten, Farben, Größen und Preislagen, sodass auch ein stark differenzierter Bedarf befriedigt werden kann.

c) **Beschränkung und Bereinigung des Produktprogrammes (Spezialisierung).**

   - **Produktprogrammbeschränkung.** Das Unternehmen verzichtet auf Differenzierung und Diversifikation, weil sich sein bisheriges Programm bewährt hat und keiner Ausweitung bedarf oder weil räumliche und finanzielle Grenzen eine Ausdehnung verbieten.

     Beispiele: Konzentration auf Sportschuhe, blauen Jeansstoff.

   - **Produktprogrammbereinigung.** Aus Kostengründen, wegen rückläufigen Absatzes, infolge Kapitalknappheit oder mangels geeigneten Personals können einzelne Programmteile nicht mehr produziert werden. Sichtbar wird dies oft als Verkauf von Unternehmensteilen an andere Unternehmen. Man möchte Überkapazitäten vermeiden oder abbauen, die Rentabilität des Unternehmens erhöhen oder sich »auf das Kerngeschäft beschränken«.

     Beispiel: Der Hersteller von Wohn- und Büromöbeln stellt die Herstellung von Wohnmöbeln ein.

d) **Umstellung des Produktprogrammes.** Das Unternehmen gibt das bisherige Produktprogramm auf und stellt andere Produkte her. Eine solche Maßnahme kann wegen veränderten Käuferverhaltens, aber auch aufgrund neuer technischer Verfahren oder der Entwicklung neuer Materialien notwendig sein.

Beispiele:

1. Der Hersteller von Motorrädern stellt die Motorradproduktion ein, um die Produktion von Fahrrädern aufzunehmen.
2. Eine Ziegelfabrik, die bisher Betonziegel herstellte, stellt nun ihr Programm auf Tonziegel um.
3. Eine Kabelfabrik stellt ihr Produktprogramm von Kupferkabeln auf Glasfaserkabel um.

Garantieleistungen und Kundendienst

► Garantieleistungen

Die Erkenntnis, dass **freiwillige Garantiezusagen** über die gesetzliche Gewährleistungsfrist hinaus den Produkten einen wesentlichen Konkurrenzvorteil verschaffen und potenzielle Kunden überzeugen können, führt zu detaillierten, z.T. auch in den AGB festgehaltenen **Garantiebedingungen.** Dabei ist zu beachten:

BGB § 477

Seite 31

- Garantieerklärungen müssen in deutscher Sprache einfach und verständlich formuliert sein.
- Die gesetzlichen Rechte dürfen durch die Garantieerklärung nicht eingeschränkt werden. Auch die Herstellergarantie kann die Rechte des Verbrauchers gegenüber dem Einzelhändler nur ausweiten.
- Die Garantieerklärung muss den Inhalt der Garantie mit allen wesentlichen Angaben enthalten wie Dauer, Geltungsbereich, Umfang der Garantieleistung, Name und Anschrift des Garantiegebers.
- Der Käufer hat das Recht, die Garantie in Schriftform zu erhalten.

► Kundendienst

Darunter versteht man Zusatzleistungen, die neben den Hauptleistungen angeboten werden, um **den Absatz der Hauptleistungen** zu fördern. Oft ist der Verkauf der Produkte erst möglich durch die Sicherstellung eines guten Kundendienstes. Man unterscheidet den **technischen** und den **kaufmännischen Kundendienst:**

- **Technischer Kundendienst.** Der Hersteller selbst oder ein dichtes Netz von Händlern oder Handwerksbetrieben übernimmt die technischen Kundendienstleistungen: Installation, Reparatur, Wartung, Ersatzteildienst, Gebrauchsanleitung, Schulung, Beratung.
- **Kaufmännischer Kundendienst.** Dieser erfolgt vor allem durch den Verkäufer des Produktes: Verkaufsberatung und Information, Zustelldienst, Kreditgewährung, Cafeteria, Kundentoiletten, Parkplatz, Telefon.

?

1. Welche Produkte aus Ihrem Erfahrungsbereich könnte man als »Fragezeichen«, »Melkkühe«, »Stars« bzw. »arme Hunde« bezeichnen?
2. Entwerfen Sie eine Portfolio-Analyse für die einzelnen Automodelle eines Autoherstellers.
3. Stellen Sie fest, welche Maßnahmen der Produktpolitik in den letzten Jahren in der Produktion von Personenkraftwagen vollzogen wurden.
4. Welche Auswirkungen auf die gesamtwirtschaftliche Preisgestaltung kann
   a) eine Typenerweiterung, b) eine Typenbeschränkung haben?
5. Verschiedene Unternehmensleitungen entscheiden sich für folgende Maßnahmen:
   a) Ein Automobilhersteller bietet seine Sportmodelle jetzt auch mit Allradantrieb an.
   b) Ein Hersteller von Rollläden gibt die Produktion von Holzrollläden auf und stellt nur noch Kunststoffrollläden her.
   c) Ein Büromaschinenhersteller stellt die Herstellung von Schreibmaschinen ein und produziert stattdessen Personalcomputer.
   d) Ein Fensterhersteller nimmt in sein Produktionsprogramm den Bau von Elementen für Wintergärten auf.

   Begründen Sie, ob diese Maßnahmen eine Diversifikation, Differenzierung, Spezialisierung oder Umstellung darstellen.

6. Geben Sie einige Produkte an, bei denen der gewährte Kundendienst ein wichtiges Entscheidungskriterium für den Kauf durch den Abnehmer ist.
7. Zählen Sie die Kundendienstleistungen eines Unternehmens Ihrer Wahl auf, die Sie
   a) als selbstverständlich, b) als Extraleistung dankbar in Anspruch nehmen.
8. Nennen Sie Produkte, bei denen großzügige Garantiezusagen verkaufsfördernd wirken, und solche, bei denen dies nicht der Fall ist.
9. Formulieren Sie die »Garantiebedingungen für Geräte und technische Leistungen« eines mittelständischen Unternehmens Ihrer Wahl.

9.3.2 Preispolitik, Konditionenpolitik, Finanzdienstleistungen

Preispolitik

Jedes Unternehmen muss Gewinn erzielen. Dieser muss nicht unbedingt möglichst groß, aber doch angemessen sein. Gewinn wird nur erzielt, wenn der Preis (das Entgelt) für die verkauften Produkte und Leistungen höher ist als die Kosten. Deswegen ist die Festsetzung des Preises eine wichtige Aufgabe des Unternehmens.

Zur **Preispolitik** gehören alle Maßnahmen zur **Gestaltung der Preise.**

Sofern das Industrieunternehmen den kalkulierten Preis durchsetzen kann, muss es die Strategie finden, die ihm die angestrebte Absatzmenge und den erhofften Gewinn sicherstellt. Sie sollte ihn auch vor der Gefahr von Newcomer-Konkurrenz bewahren.

Da es schwierig ist, den kalkulierten Preis durchzusetzen, muss das Industrieunternehmen die richtige **Preisstrategie** auswählen. Hierzu stehen dem Unternehmen mehrere preispolitische Instrumente zur Verfügung.

► Preisvergünstigungen

Nachlässe vom geforderten Preis erleichtern dem Interessenten die Kaufentscheidung. Zu ihnen gehören Rabatt, Skonto und Bonus.

► Einführungspreise

Bringt das Unternehmen ein neues Produkt auf den Markt, so empfiehlt es sich bei **Massengütern,** vorerst nur *niedrige Einführungspreise* zu verlangen. Erst wenn die Produktionskapazität vollständig aufgebaut ist, die Absatzwege reibungslos funktionieren und der angestrebte Marktanteil als Newcomer erreicht ist, können »normale Preise« durchgesetzt werden.

Umgekehrt können bei der Einführung von **Luxusgütern** zunächst *hohe Einführungspreise* durchgesetzt werden, die nach einer gewissen Marktsättigung bzw. nach der Abnutzung des Neuheitsgrades auf ein normales Niveau zurückgenommen werden müssen.

► Mindestabnahmemengen und Mindermengenzuschläge

a) Mindestabnahmemengen. Kleine Abnahmemengen verursachen gleiche Verwaltungs- und Vertriebskosten wie große Abnahmemengen, bringen aber weniger Kostendeckung durch den Preis. Um dies zu vermeiden, kann der Hersteller mit dem Abnehmer Mengenuntergrenzen für die einzelnen Produkte vereinbaren. Eine Mindestabnahmemenge kann auch durch handelsübliche Verpackungseinheiten vorgegeben sein.

b) Mindermengenzuschläge. Will der Lieferant den Abnehmer nicht zu einer Mindestabnahmemenge zwingen, so kann er ihm für kleinere Mengen einen Zuschlag für Mindermengen berechnen.

▶ Preisdifferenzierung

Ihr Wesen besteht darin, dass ein Unternehmen **Produkte gleicher Art zu verschiedenen Preisen** absetzt und dadurch einen größeren Erfolg erzielt.

Das Unternehmen kann **verschiedene Arten der Preisdifferenzierung** betreiben:

a) **Räumliche Preisdifferenzierung:** Unterschiedliche Preise für Autos in Rheinland-Pfalz und im Elsass; Einführungspreise an Orten, an denen eine neue Verkaufsniederlassung eingerichtet wurde und Normalpreise an anderen Orten.

b) **Zeitliche Preisdifferenzierung:** Günstige Sonderangebote für Pkw im Winter, Nachsaisonpreise für Skiausrüstungen, Sommer- und Winterpreise für Heizöl, Saison- und Außersaisonpreise im Fremdenverkehr, Telefontarife für Tages-, Nacht- und Wochenendgespräche.

c) **Mengenmäßige Preisdifferenzierung:** Mengenrabatte; Sonderpreise für Großabnehmer von Strom, Gas und Wasser; Preise für Gesellschaftsfahrten oder Mehrfahrtenscheine beim Personenverkehr.

d) **Abnehmerbedingte Preisdifferenzierung:** Verbilligte Treibstoffe für die Landwirtschaft, unterschiedliche Kraft- und Lichtstrompreise für Betriebe und Haushaltungen, Personalrabatte, verschiedene Preise für Speise- und Industriesalz (Denaturierung zur Festlegung des Verwendungszwecks).

Konditionenpolitik

Unter **Konditionenpolitik** versteht man die **Vereinbarung von Lieferungs- und Zahlungsbedingungen**. Sie ermöglichen Zu- und Abschläge auf die festgesetzten Preise und beeinflussen diese damit in indirekter Weise.

Die Lieferungsbedingungen beeinflussen die zu zahlenden Preise insofern, als durch sie die Übernahme von Porto, Fracht, Transportversicherung und Umschlagskosten geregelt werden. Die Kosten können im Verkaufspreis bereits einkalkuliert sein oder werden zusätzlich berechnet.

Seiten 66 ff.

Die Zahlungsbedingungen betreffen die Zielpreise, die Zahlungsart, den Zeitpunkt der Zahlung und die Höhe des Skontos.

Finanzdienstleistungen

Um dem Abnehmer den Kauf zu erleichtern, wenn nicht überhaupt zu ermöglichen, können folgende Finanzdienstleistungen angeboten werden:

- **Finanzierungsberatung:** Empfehlung von Bankkrediten unter Berücksichtigung der finanziellen Situation des Kunden.
- **Lieferantenkredit:** Dem Kunden wird ein Zahlungsziel eingeräumt, wobei ein großzügiger Skonto zur vorzeitigen Zahlung anreizen kann. Auskünfte, Eigentumsvorbehalt oder Wechselzahlung halten das Forderungsrisiko in Grenzen.
- **Abzahlungsgeschäfte:** Der Abnehmer kann den Kaufpreis in vereinbarten Raten bezahlen.
- **Absatzleasing:** Dem Abnehmer wird statt eines Kaufvertrages der Abschluss eines Leasingvertrags angeboten.
- **Kreditvermittlung:** Bei der Vermittlung eines Kundenkredits an eine Bank werden die Kreditvergabe, Verwaltung, Überwachung und das Rückzahlungsrisiko auf die Bank übertragen.

1. Inwiefern hat die Konkurrenzlage am Absatzmarkt einen Einfluss auf die Preisgestaltung eines Unternehmens?
2. Geben Sie die Gründe dafür an, dass der Hersteller mit seinem Abnehmer
   a) Mindermengenzuschläge,
   b) Rabattstaffeln vereinbart.
3. Halten Sie Mindestabnahmemengen und Mindermengenzuschläge für eine ungerechte Benachteiligung der Kleinabnehmer? Begründen Sie Ihre Ansicht.
4. Erläutern Sie die Vorteile der Preisdifferenzierung für beide Vertragspartner.
5. Suchen Sie Beispiele für Preisdifferenzierung aus Ihrem Erfahrungsbereich.
6. Wie empfindet der Verbraucher eine Preisdifferenzierung?
7. Die Geschäftsleitung der Möbelwerke Jäger GmbH beschließt eine aggressivere Preispolitik als bisher zu betreiben. Vor allem Preisdifferenzierung und eine kundenorientierte Konditionenpolitik erscheinen ihr erfolgversprechend.
   a) Beschreiben Sie das Wesen und die Wirkung der Preisdifferenzierung.
   b) Mit welchen Maßnahmen der Konditionenpolitik kann die Geschäftsleitung positive Ergebnisse erhoffen?
   c) Können Sie der Geschäftsleitung auch das Anbieten von Finanzdienstleistungen empfehlen?
8. Stellen Sie die Maßnahmen der Konditionenpolitik für ein Industrieunternehmen zusammen.

9.3.3 Kommunikationspolitik

Kommunikationspolitik ist das **Anknüpfen** von **Beziehungen** zu Kunden.

Zur Kommunikationspolitik gehören alle Maßnahmen der Kontaktaufnahme zu möglichen Kunden und die Pflege und die Wiederauffrischung älterer Verbindungen zur Kundschaft. Die wichtigsten Maßnahmen sind **Werbung, Verkaufsförderung (Sales Promotion) und Public Relations.**

Werbung

Werbung ist die **absichtliche und zwangsfreie Kaufbeeinflussung** von Menschen mithilfe spezieller **Kommunikationsmittel.**

Geworben werden kann beispielsweise mit dem **AIDA**-Konzept:

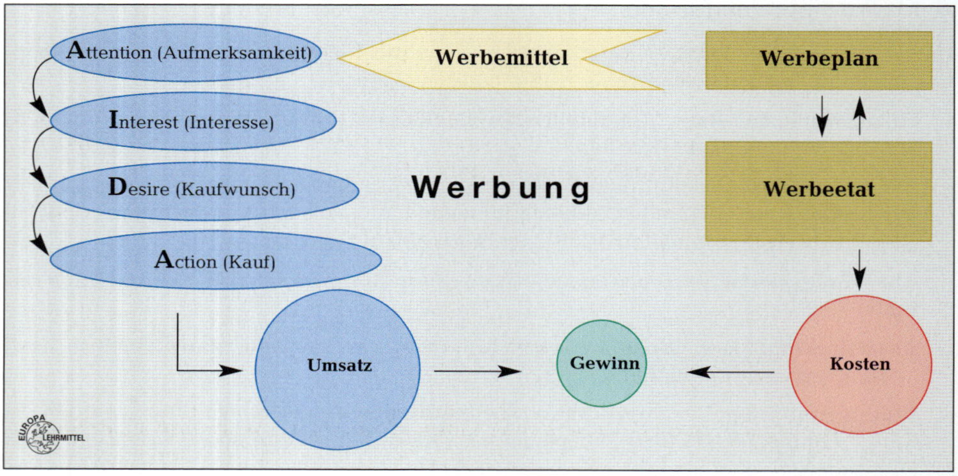

▶ Werbeziele

Neben den **übergeordneten Zielen der Absatzsteigerung und Gewinnmaximierung** werden folgende Ziele verfolgt:

- **Bedürfnisweckung:** In den Umworbenen soll ein Bedürfnis nach dem Produkt, für das geworben wird, entstehen.
- **Impulsauslösung:** Den entscheidenden Anstoß zum Kaufentschluss gibt oft die richtige Werbung am richtigen Ort und zur richtigen Zeit.
- **Geschmacksbildung:** Mit geschmackvoll gestalteten Produkten, aber auch durch eine vorbildliche Gestaltung der Werbemittel selbst hat die Werbung eine ästhetische Wirkung.
- **Information und Marktübersicht für den Kunden:** Sachliche Werbung kann den Käufern eine bessere Übersicht über die Vielzahl konkurrierender Leistungen vermitteln und sie vor Fehlkäufen bewahren.
- **Kostensenkung und Beschäftigungsausgleich:** Intensive Werbung steigert den Absatz und demzufolge die Produktion. Massenproduktion bewirkt aber eine Kostendegression, die zu Preissenkungen führen kann. Außerdem kann die Intensität der Werbung zeitlich so gelenkt werden, dass bei saison- und konjunkturbedingtem Rückgang der Nachfrage nachhaltiger geworben wird als bei starker Beschäftigung (Sommerwerbung für Wintersportartikel).
- **Imagebildung:** Das werbende Unternehmen versucht, für sich und sein Produkt einen guten Ruf in der Öffentlichkeit aufzubauen, damit es dem Druck der Konkurrenzprodukte widerstehen kann (Werbung für das Unternehmen, Produktwerbung).

Diese von der Werbung verfolgten Ziele lassen erkennen, dass eine moderne Wirtschaft der Werbung bedarf. Ohne sie würde der Verbrauch sinken, Produktionseinschränkung und damit Unterbeschäftigung eintreten. Die Werbung erfüllt somit als Stütze und Motor der Konjunktur eine wichtige produktive Aufgabe.

▶ Grundsätze der Werbung

a) Wahrheit. Die Werbung soll Vertrauen zum Werbenden, zu seinen Produkten und Leistungen schaffen. Vertrauen kann nur dann erworben werden, wenn die Werbeaussage *wahr* ist. Übertreibungen und Tricks schaden dem Ruf des Unternehmens. Der Werbende soll nicht mehr versprechen, als er halten kann.

b) Soziale Verantwortung. Das Unternehmen soll sich bei seinen Werbemaßnahmen der sozialen Verantwortung gegenüber dem Verbraucher und der Gemeinschaft bewusst sein. Die Werbung darf in Text und Bild nichts enthalten, was geeignet wäre, den Verbraucher irrezuführen.

c) Klarheit. Die Werbung überzeugt, wenn sie in ihrer Aussage deutlich, leicht verständlich und einprägsam ist.

d) Wirksamkeit. Die Wirksamkeit der Werbung hängt ab von der Wahl und der bestmöglichen Kombination der geeigneten Werbemittel, von ihrer Originalität und Treffsicherheit, von ihrem Erinnerungswert und von ihrer steten Wiederholung.

e) Wirtschaftlichkeit. Die Werbeaufwendungen müssen in einem angemessenen Verhältnis zum möglichen Erfolg stehen.

▶ Werbemittel

Um eine Werbebotschaft an die Kunden heranzubringen, stehen dem Werbenden unterschiedliche Mittel zur Verfügung.

> **Werbemittel** sind Formen der Kommunikation, mit denen die **Werbebotschaft übermittelt** wird.

!

Dabei kann sich der Werbende *persönlich* an die Kunden wenden oder sich eines Mittels der Massenkommunikation (Medien) bedienen. Demnach unterscheidet man **personale Werbung** und **mediale Werbung.**

Werbemittel			
Personale (nichtmediale) **Werbemittel**	**Mediale Werbemittel**		
	Printwerbemittel	**Elektronische Werbemittel**	**Sonstige Werbemittel**
Verkaufsgespräch Vertreterbesuch Telefonwerbung Werbevortrag Werbevorführung (Modenschau)	Schemawerbebrief Werbezettel Persönlicher Werbebrief Werbeprospekt Zeitungs- und Zeitschrifteninserat Zeitungsbeilage Warenkatalog Kundenzeitschrift Werbeplakat Werbefoto Logo Markenzeichen Briefbogen Geschäftswagenaufschrift Verpackung	Leuchtschrift Werbedia Werbefilm CD, DVD Radiospot Fernsehspot Videoclip Multimediawerbung Interaktives Fernsehen Homepage im Internet E-Mail Banner im Internet	Warenauslage im – Schaufenster, – Verkaufsraum, – Messestand Werbegeschenk (Zugabe) Warenprobe Sonderangebote Kundendienst Preisausschreiben Sponsoring

Klassische Werbemittel wie Anzeigen, Kataloge und Vorführungen werden zunehmend in Form von CDs und DVDs mithilfe von Personalcomputern, Telefonen mit Zusatzgeräten und interaktivem Fernsehen den Verbrauchern präsentiert.

► Werbeträger

Werbeträger sind die **Institutionen,** die die *Werbemittel an die Umworbenen heranbringen.* Zu ihnen gehören Zeitungsverlage, Hörfunk- und Fernsehanstalten, Verkehrsbetriebe, Kinos. Als **Werbeträger oder Medium** bezeichnet man aber auch den *Gegenstand, der ein Werbemittel an den Umworbenen heranträgt,* also die Zeitung, die Radio- und Fernsehsendung, den Omnibus, die Kinovorführung, das Internet.

Werbeträger sind in zunehmendem Maße auch die *Verbraucher* selbst, indem sie Gegenstände benutzen, die mit dem Namen eines Markenartikels bedruckt sind.

► Werbeetat, Werbeplan und Mediastrategie

a) Werbeetat. Das Unternehmen legt den finanziellen Umfang eines Werbefeldzuges fest. Dieser Werbeetat richtet sich nach der

- **Dringlichkeit der Werbeaktion.** Besonders starke, anhaltende Umsatzeinbußen versucht das Unternehmen durch verstärkte Werbung aufzufangen.
- **Finanzlage des Unternehmens.** Eine gute Finanzlage ermöglicht zwar eine umfangreiche Werbung, ist aber in einer solchen Situation weniger dringlich. Der Etat sollte vielmehr **antizyklisch** aufgestellt werden: Bei schlechter Finanzlage ist verstärkt zu werben, um die Liquidität durch Umsatzsteigerung zu verbessern.
- **Konkurrenzwerbung.** Wichtig ist nicht der absolute Umfang der Werbung, sondern das Verhältnis der eigenen Werbeaktivität zu der der Konkurrenten. Verstärkte Konkurrenzwerbung zwingt das Unternehmen zu verstärkter Eigenwerbung, ohne dass es damit schon seine Situation verbessert.

b) Werbeplan. Kernstück der Werbeplanung ist der Werbeplan. Um erfolgreich zu sein, muss die Werbung den richtigen Personenkreis (Zielgruppe) mit geeigneten *Mitteln* zum günstigen Zeitpunkt in angemessener Intensität ansprechen. Dies ist bei der Planung der Werbung zu berücksichtigen. Im Werbeplan sind festgelegt:

- **Streukreis.** Das ist der *Personenkreis, der umworben werden soll,* gegliedert nach Zielgruppen (Berufs-, Alters-, Kaufkraftgruppen, Geschlecht).
- **Streugebiet.** Das ist das *geografische Gebiet, in dem geworben wird.* Es ist in der Regel mit dem Absatzgebiet identisch.
- **Reichweite.** Streukreis und Streugebiet ergeben zusammen die Reichweite, also die *Anzahl der umworbenen Personen.*
- **Streuzeit.** Das ist der geplante *Zeitpunkt oder Zeitraum* für den Einsatz der Werbemittel.
- **Streuweg.** Darunter versteht man die *Auswahl* der in Anspruch genommenen *Werbeträger und die eingesetzten Werbemittel.*
- **Streudichte.** Sie zeigt das Verhältnis des eingesetzten Werbemittels zum Streugebiet, also die *Werbeintensität,* z. B. Werbekosten je 1.000 Kontakte. Die Streudichte ergibt sich aus dem Werbeetat und der Reichweite.

c) **Media-Strategie.** Um erfolgreich zu sein, müssen die Elemente des Werbeplans optimal kombiniert werden.

▶ Werbeagenturen

Unternehmen, die keine eigene Werbeabteilung unterhalten, nehmen die Dienstleistungen einer *Werbeagentur* in Anspruch. Die Werbeagentur kann mithilfe ihrer Marktforschungsabteilung Marktlücken aufspüren und durch ihren Mitarbeiterstab (Grafiker, Fotografen, Fernsehfachleute, Textgestalter) eine Werbemaßnahme vorbereiten und durchführen.

▶ Werbeerfolgskontrolle

»Ich weiß, die Hälfte meiner Werbung ist hinausgeworfenes Geld. Das Problem ist, dass ich nicht weiß, welche Hälfte« (John Ford, Gründer der Ford-Motor-Company, 1903).

Die Werbeerfolgskontrolle dient dazu, die **Wirtschaftlichkeit** der gesamten oder einzelnen Werbemaßnahmen zu **überwachen.** Dabei ergibt sich die Schwierigkeit, ihre Erfolgswirkungen von denen anderer Absatzbemühungen zu isolieren.

Verhältnismäßig einfach ist es noch, die *Wirtschaftlichkeit der gesamten Werbung,* die sogenannte *Werberendite* festzustellen. Man setzt dabei die Zuwachsraten des Umsatzes zu den Aufwendungen für die Werbeaktion ins Verhältnis:

$$\textbf{Wirtschaftlichkeit einer Werbeaktion} = \frac{\textbf{Umsatzzuwachs}}{\textbf{gesamter Aufwand einer Werbeaktion}}$$

Ein brauchbares Ergebnis dieser Berechnung setzt voraus, dass andere Absatzmaßnahmen (Preise, Lieferungs- und Zahlungsbedingungen, Produktgestaltung) nicht verändert wurden.

Unzulässige Werbung (unlauterer Wettbewerb)

Wettbewerbshandlungen sind unlauter und damit unzulässig, wenn sie geeignet sind, den Wettbewerb zum Nachteil der Mitbewerber, der Verbraucher oder sonstiger Marktteilnehmer nicht nur unerheblich zu beeinträchtigen. UWG §§ 2 f.

Unlauter handelt insbesondere, wer § 4

a) die Unerfahrenheit von Kindern und Jugendlichen ausnutzt,

b) bei Verkaufsförderungsmaßnahmen, Zugaben, Geschenken, Preisausschreiben und Gewinnspielen die Bedingungen nicht klar und eindeutig angibt,

c) über Produkte, Leistungen oder das Unternehmen eines Mitbewerbers Tatsachen behauptet, die den Betrieb oder den Ruf des Unternehmens schädigen können, sofern die Tatsachen nicht beweisbar wahr sind,

d) die Waren oder Leistungen der Mitbewerber nachahmt, um deren Wertschätzung auszunutzen,

e) Mitbewerber gezielt behindert,

UWG § 5 f) irreführende Werbung betreibt; hierzu gehören irreführende Angaben über Merkmale, Verfügbarkeit, Art, Ausführung, Verwendungsmöglichkeit, Menge, Herkunft der Ware oder Leistung, über den Anlass des Verkaufs, die Berechnung der Preise, die Lieferungsbedingungen,

g) vergleichende Werbung betreibt, wenn der Vergleich

- sich nicht auf Waren und Leistungen für den gleichen Zweck bezieht,
- die Ware und die Leistung des Mitbewerbers herabsetzt,

§ 7 h) andere Marktteilnehmer in unzumutbarer Weise belästigt. Dies geschieht dann, wenn

- der Umworbene offensichtlich die Werbung nicht wünscht,
- Verbraucher mit Telefonanrufen, Fax und E-Mails (Spam) ohne deren Einwilligung beworben werden.

§§ 13 f. Gegen unlautere Wettbewerbsmaßnahmen kann vor dem Landgericht des Beklagten geklagt werden. Als Rechtsfolgen kommen infrage:

§§ 3, 8 a) Anspruch auf Beseitigung und Unterlassung,

§§ 3, 9 b) Anspruch auf Schadensersatz,

§ 12 c) Abmahnung,

§§ 16–19 d) Geld- und Freiheitsstrafen bei strafbarer Werbung.

Einigungsstellen werden von den Landesregierungen bei den Industrie- und Handelskammern errichtet, um Wettbewerbsstreitigkeiten ohne hohe Prozesskosten durch gütlichen Vergleich beizulegen.

Verkaufsförderung (Sales Promotion)

> Die **Verkaufsförderung** umfasst gezielte **Maßnahmen des Herstellers,** die am Verkaufsort ansetzen, um den **Absatz seiner Produkte zu unterstützen.**

Dazu gehören:

- günstige Warenplatzierung der eigenen Erzeugnisse beim Handel,
- Einsatz von Display-Material und Werbung am Ort des Verkaufs (**Pop**-Werbung, engl. **P**oint **o**f **P**urchase = Verkaufsort) durch optisch wirksames Aufstellen der Waren in Verbindung mit bereitgestelltem Werbematerial),
- Bereitstellung von Verkaufspropagandisten im Kundenbetrieb,
- Beratung und Schulung des Händlers in Fragen der Werbung, des Verkaufs und der Organisation,
- Verkäufertraining, Schulung in Verhandlungsstrategie,
- Veranstaltung von Verkaufswettbewerben und Belohnung der besten Verkäufer durch Teilnahme an »Incentive-Reisen« (engl. incentive = Anreiz).

Public Relations

> **Public Relations** sind alle **Maßnahmen zur Imagepflege des Unternehmens in der Öffentlichkeit.**

Während die Werbung unmittelbare Kaufakte auslösen will, geht es bei Public Relations um das *Wecken von Vertrauen, Verständnis und Wohlwollen* **für das Unternehmen als Ganzes.** Dieser »**gute Ruf**« soll sich im Laufe der Zeit auf die Produkte übertragen und damit den Absatz *mittelbar* fördern.

Public Relations richten sich an **außerbetriebliche** und **innerbetriebliche** Zielgruppen.

► Pflege der Beziehungen nach außen

Ziel ist die Schaffung guter Beziehungen zu Institutionen (EU, Bundestag, Landtage, Gemeinden, Behörden, IHK, Vereine) sowie zu Aktionären und möglichen zukünftigen Kapitalgebern, zu Kunden und Lieferanten.

Möglichkeiten der Pflege der Beziehungen nach außen		
Maßnahme	**Instrumente**	**Beispiele**
Medienarbeit	– **Pressekonferenzen** – **Hörfunkmeldungen** – **Fernsehberichte** – **Kundenzeitschriften**	Berichte über Forschungsergebnisse, Betriebsvergrößerungen, besondere Leistungen, hervorragende Exportaufträge
Dokumentationsmaterial	– **Prospekte** – **Jubiläumsschriften**	Vorstellung neuer Produkte, Darstellung der Geschäftsentwicklung, neueste Sortimentsentwicklungen
Betriebsbesichtigungen	– **Tag der offenen Tür** – **Vorträge** – **Betriebsführungen**	Demonstration der Fertigungstechnik, der Beachtung von Sicherheits-, Hygiene- und Umweltschutzvorschriften
Besondere Dienstleistungen	– **Frei-Haus-Lieferungen** – **Kundenparkplätze** – **Umtauschmöglichkeit**	– **Kinderhort** – **Kreditgewährung** – **Snack-Bar**
Festigung des guten Rufs	– **Soziale Beschäftigungspolitik** – **Zukunftsorientierte Produktpolitik**	– **Sponsoring von Vereinen** – **Spenden und Stiftungen**

► Pflege der Beziehungen nach innen

Diese Public Relations in Richtung auf die Arbeitnehmer – auch als »**Human Relations**« bezeichnet – sollen das Interesse der Belegschaft an dem Unternehmen und an der gemeinsamen Arbeit fördern. Der Arbeitnehmer soll sich mit seinem Unternehmen identifizieren und ein Unternehmensbewusstsein (Corporate identity) entwickeln.

Seite 193

Die wichtigsten Möglichkeiten sind:

- **Informationen über das Unternehmen** in Aus- und Fortbildungsveranstaltungen,
- **Schwarzes Brett.** Dieses dient den Mitteilungen an die Belegschaft,
- **Werkszeitung.** Sie fördert das Zusammengehörigkeitsgefühl,
- **Betriebsausflüge, Betriebsfeste und gemeinsame Freizeitbetätigungen,**
- **Betriebsbesichtigung für die Angehörigen der Mitarbeiter,**
- **betriebliches Vorschlagswesen.**

Moderne Kommunikationsmittel

► Sponsoring

Sponsoring ist die **Förderung von Institutionen oder Aktionen** mit dem Zweck, durch positive Publicity-Wirkung Marketing-Ziele leichter zu erreichen.

Sponsoring ist wirksamer als Werbung, weil die Umworbenen in einem attraktiven nichtkommerziellen Umfeld angesprochen werden. Außerdem sind die Reichweiten – zumal bei Nutzung der Massenmedien – oft sehr hoch. Eine Absicht, etwas verkaufen zu wollen, wird nicht betont.

Gesponsert werden vor allem Sportveranstaltungen, Sportvereine, kulturelle und soziale Einrichtungen, Kirchen und Umweltschutzaktionen.

► Direktmarketing (Telefonmarketing)

Darunter versteht man die Gewinnung und Betreuung von Kunden per Telefon durch ein Telefonmarketingunternehmen (Call-Center). Da bei vielen Produkten kein Wettbewerb mehr über das Produkt möglich ist, ein Wettbewerb über den Preis nicht für sinnvoll gehalten wird und stärkere Werbung zwar aufwendig, aber nicht wirksam genug erscheint, zeigt sich oft der enge **Kontakt zum Kunden** als vielversprechender Ausweg. Die Telefon-Marketing-Agentur bekommt Kundenlisten und ruft mit ihren bestens geschulten, höflichen und geduldigen Mitarbeiterinnen und Mitarbeitern die Kunden mit z. B. folgenden Inhalten an:

- Erkundigung, ob der Kunde sich inzwischen zum Kauf entschließen konnte oder ob man ihm mit weiteren Informationen, evtl. mit einem Besuch eines Beraters, helfen könne,
- Erkundigung nach dem Befinden des Kunden, insbesondere, ob er mit dem neuen Produkt zufrieden ist oder ob irgendwelche Wünsche noch offen sind,
- Erinnerung an fällige Termine wie Wartungsdienst, Mitteilung von Sonderangeboten,
- Einladung zur Präsentation neuer Produkte, zu Messen oder Betriebsfesten.

Im Jahr 2009 wurde das Gesetz gegen unlautere Telefonwerbung verschärft. Schutz soll den Verbrauchern gewährt werden, die von unlauteren Telefonakquisiteuren übervorteilt werden. So sind die B2C-Anrufe (Business-to-Consumer) – an den Endverbraucher – stärker reglementiert worden. Sie dürfen nicht mehr mit unterdrückter Telefonnummer durchgeführt werden und Vertragsabschlüsse bedürfen einer schriftlichen Bestätigung per Post oder E-Mail. Die B2B-Telefonate (Business-to-Business) an Kaufleute blieben unverändert.

► Product Placement

Darunter versteht man die gezielte werbewirksame **Einbindung von Produkten** als Requisiten in die Handlung eines Filmes, eines Theaterstückes oder eines Romanes gegen ein finanzielles Entgelt. Diese »versteckte Werbung« ist besonders eindrucksvoll, da ja nichts zum Verkauf angeboten wird.

Voraussetzungen für ein wirkungsvolles Product Placement sind:

- **Positive Wirkung des Produktes:** Der Sportwagen darf nicht durch den Verbrecher, sondern vom Detektiv mit dem positiven Image benutzt werden.
- **Zeitlosigkeit des Produktes:** Der beliebte Schauspieler muss eine Zigarette rauchen, die es heute auch noch gibt.

Geeignet für das Product Placement sind bekannte Markenartikel mit großem Bekanntheitsgrad und hoher Akzeptanz, also Autos, Zigaretten, Spirituosen, Uhren, Bekleidung und Kosmetika.

► Co-Branding

Co-Branding ist die **Zusammenarbeit unterschiedlicher Marken-** oder **Markenartikel-Unternehmen:** Große Markenartikler arbeiten bei einer Werbeaktion zusammen, indem sie ihre Marken gemeinsam herausstellen. So nützt der Bekanntheitsgrad der einen Marke auch der anderen, vielleicht noch unbekannten, ohne dass ein Konkurrenzverhältnis besteht. Die Markenallianz bzw. Partnerschaft der Markenartikler

- steigert den Markenwert beider Kooperationspartner durch höheren Umsatz,
- senkt die Marketinginvestitionen teilweise erheblich, da die Kosten geteilt werden,
- ermöglicht die Erschließung neuer Zielgruppen, da jeder Partner die Kunden des anderen »mitbenutzen« kann.

Beispiele: Gemeinsames Auftreten von VISA und Quelle; gemeinsame Payback-Card von Kaufhof, AOL, dm-Drogerie, real, Europcar, OBI-Baumarkt, Palmers u.a.

Wichtig ist das Finden des richtigen Partners: Unterschiedliche Unternehmensziele, unklare Geschäftsstrategie, ungenaue Zielgruppendefinition, Nicht-Zusammenpassen der Marken bei der gemeinsamen Werbung schaden letztlich allen beteiligten Co-Branding-Partnern.

Beispiel: Krankenkasse wirbt zusammen mit Zigarettenhersteller.

?

1. Diskutieren Sie die Behauptung: »Werbung verteuert das Produkt«.
2. a) In welcher Konjunkturphase sind besonders umfangreiche Werbemaßnahmen erforderlich?
   b) Welche Probleme ergeben sich daraus für die Werbefinanzierung?
3. Unter welchen Voraussetzungen kann Werbung die Markttransparenz erhöhen?
4. Nennen Sie die speziellen Vorzüge
   a) der Einzelwerbung,
   b) der Gemeinschaftswerbung,
   c) der Werbung durch eine Werbeagentur.
5. Eine Brauerei stellt die geplanten Werbemittel in einem Werbeplan zusammen. Auf welche Werbemittel sollte nicht verzichtet werden?
6. Recherchieren Sie die wichtigsten Werbemittel eines Automobilherstellers.
7. Begründen Sie, warum einer Werbeaktion immer eine Zielgruppenbestimmung vorausgehen sollte.
8. Auf welche Werbemittel sprechen Sie als Verbraucher/in besonders positiv, auf welche besonders negativ an?
9. Geben Sie Gründe dafür an, dass die Werbeplanung eines Unternehmens in der Regel bereits ein Jahr vor der Werbekampagne erfolgt.
10. Nennen Sie die Bestimmungsfaktoren für den Werbeetat eines Unternehmens.
11. Warum muss die Werbeaktivität eines Unternehmens auf ihre Wirkung und Wirtschaftlichkeit hin untersucht werden?
12. Stellen Sie die Vor- und Nachteile der Werbung eines Herstellers gegenüber:
    a) Für den Hersteller selbst, b) für den Handel, c) für den Verbraucher.
13. Welche Werbemittel halten Sie für geeignet bei der Werbung für
    a) Herrenanzüge,
    b) Waschmittel,
    c) Personalcomputer,
    d) Kraftfahrzeuge,
    e) eine neue Biersorte,
    f) Bücher?
14. Ein Unternehmen stattet den Werbeetat in Abhängigkeit vom Umsatz aus, z. B. 3 % vom Umsatz. Halten Sie das für richtig (Begründung)?
15. Unterscheiden Sie Public Relations und Absatzwerbung im Hinblick auf die Zielsetzung und die Wahl der Mittel.
16. Nennen Sie Public-Relations-Maßnahmen Ihres Erfahrungsbereiches.
17. Nennen Sie verkaufsfördernde Maßnahmen, die Sie nicht als Werbung empfinden.
18. Nennen Sie verkaufsfördernde Maßnahmen, die Sie als Abnehmer
    a) als aufdringlich, b) als unaufdringlich empfinden.
19. Grenzen Sie Werbung, Public Relations und Verkaufsförderung hinsichtlich Zielsetzung, Zielgruppe und eingesetzter Mittel gegeneinander ab.
20. Die Natur Pur KG in Heilbronn nimmt demnächst ihre Tätigkeit, die Produktion ökologischer Möbel, auf.
    a) Als wichtigstes Marketinginstrument erscheint der Natur Pur KG die Werbung.
       - Nennen Sie drei Ziele der Werbung, die Sie für besonders wichtig halten.
       - Erläutern Sie die Grundsätze der Werbung, die zu beachten sind.
       - Nennen Sie drei Gesichtspunkte, die die Natur Pur KG bei der Festlegung des Werbeetats berücksichtigen muss.
       - Begründen Sie Ihre Empfehlung an die Natur Pur KG, antizyklisch zu werben.
    b) Die Natur Pur KG möchte den Kundendienst ausdehnen. Machen Sie entsprechende Vorschläge.
    c) Die Natur Pur KG wird aufgefordert, sich an der Aktion »Artgerechte Haltung für alle Haus- und Nutztiere« zu beteiligen.
       Begründen Sie, ob Sie dies für sinnvoll halten.

d) In der Natur Pur KG wird geprüft, ob sie ihre noch wenigen Kunden durch ein Call-Center »betreuen« lassen soll. Wägen Sie die Argumente »Für« und »Wider« gegeneinander ab.

e) Die Natur Pur KG wird vom hiesigen Sportverein »TSG 27 Heilbronn« gebeten, einige Preise für die diesjährige Weihnachts-Tombola zur Verfügung zu stellen. Was würden Sie empfehlen?

f) Die Natur Pur KG wird von der NATURKOST GmbH in Stuttgart angeschrieben, man halte ein Co-Branding der Markenprodukte beider Unternehmen für sehr wirkungsvoll und vorteilhaft. Nehmen Sie zu diesem Schreiben Stellung.

9.3.4 Distributionspolitik

Zur Distributionspolitik gehören alle Maßnahmen, die den Absatz der Produkte **organisatorisch sicherstellen,** also vor allem **das Absatzsystem (die Absatzwege).**

Das Unternehmen muss sich entscheiden, welche Abnehmer es über welche Zwischenstufen beliefern will. Der Weg des Gutes vom Hersteller zum Verbraucher ist festzulegen.

Dabei braucht sich das Unternehmen nicht für einen bestimmten Absatzweg für ein Produkt festzulegen, wenn sich mehrere Absatzkanäle anbieten.

Beispiel: Ein Reifenhersteller beliefert die Automobilhersteller direkt mit der Erstausstattung der Wagen, die Autozubehörhändler und Tankstellen jedoch nur über den Großhandel.

Direkte und indirekte Absatzwege

Die Entscheidung für einen bestimmten Absatzweg wird von verschiedenen Faktoren beeinflusst:

– **Absatzgebiet:** Inland oder Ausland (Europa, Asien, Entwicklungsländer);
– **Produktart:** Investitions- oder Konsumgüter; bei beiden ist der Absatzweg abhängig von der Erklärungsbedürftigkeit und der Übernahme der Kundendienst- und Garantieverpflichtung durch den Hersteller oder den Händler;
– **Abnehmer:** gewerbliche Abnehmer oder private Haushalte, jeweils mit umfangreicher oder geringer Beschaffungsaktivität;
– **Anzahl der Abnehmer im Absatzgebiet:** viele oder wenige Abnehmer;
– **Unternehmensdaten:** Branche, Größe;
– **Kontakt- und Informationsbedürfnis:** geringes oder starkes Bedürfnis, eng mit dem Verbraucher verbunden zu sein.

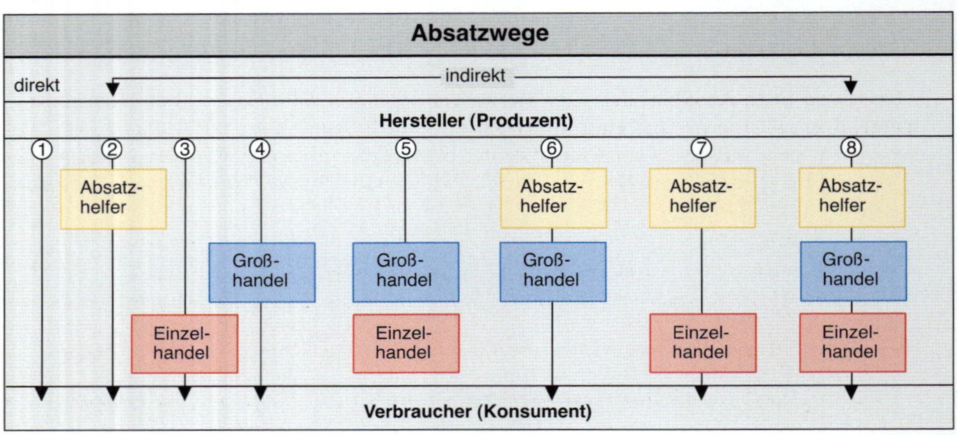

▶ Direkte Absatzwege

Der **Hersteller** verkauft sein Produkt – über eine Verkaufsabteilung oder über Verkaufsniederlassungen – **direkt an den Verbraucher.** Der direkte Weg ermöglicht einen engen Kontakt mit dem Abnehmer und gewährt ihm den vollkommenen Einfluss auf und die Kontrolle über den Absatz eines Produktes. Handelsspannen und Provisionen für Handelsbetriebe und Absatzhelfer entfallen. Diesem Vorteil stehen jedoch höhere Vertriebskosten gegenüber.

Beispiele (Bild, Seite 274, Weg 1):

- Der Hersteller von Porzellan beliefert Verbraucher und Großabnehmer selbst.
- Ein Schuhhersteller verkauft seine Produkte über eigene Verkaufsfilialen.
- Der Hersteller von Werkzeugmaschinen liefert unmittelbar an die Industriebetriebe.
- Der Hersteller von Mähdreschern beliefert die Landwirte direkt.

Besondere Bedeutung für viele Unternehmen haben die **Handlungsreisenden**. Sie sind angestellte Außendienstmitarbeiter, die für das Unternehmen direkt die Produkte vertreiben und die Kunden betreuen.

Beispiel (Bild, Seite 274, Weg 1):

- Ein Handlungsreisender eines Möbelherstellers besucht die Stammkunden in regelmäßigen Abständen und unterrichtet sie über die Neuheiten.

E-Commerce als moderne Form direkten Absatzes

Eine moderne Absatzform ist der Absatz über das Internet in der Form des B2B (business to business) und des B2C (business to consumer).

> Unter **E-Commerce (Electronic Commerce)** wird das Angebot, der Kauf und die Bezahlung von Gütern und Dienstleistungen über das **Internet** zusammengefasst.

Während 2011 der Umsatz im Einzelhandel nahezu stagnierte, nahm der Online-Handel von 19,7 Mrd. EUR auf 21,5 Mrd. EUR zu. Bis zum Jahr 2014 wird eine Zunahme auf 27,2 Mrd. EUR erwartet.

▶ Indirekte Absatzwege

a) Absatzweg über den Handel. Der Hersteller verkauft seine Produkte **an den Groß- oder Einzelhandel.** Die Einschaltung des Handels ist z. B. dann von Vorteil, wenn der Hersteller über keine marktbeherrschende Stellung verfügt, wenn das Produkt in das vollständige Sortiment eines Handelsbetriebes eingeordnet werden muss oder wenn der Händler über besondere Verkaufserfahrung und Marktmacht verfügt.

Beispiele (Bild, Seite 274):

- Der Hersteller von Rasierapparaten liefert diese nur an die Elektrofachgeschäfte (Weg 3).
- Der Hersteller von Büromaschinen beliefert gewerbliche Abnehmer nur über den Großhandel (Weg 4).
- Der Hersteller von Schuhen beliefert den Einzelhandel nur über den Großhandel (Weg 5).

b) Absatzweg über Absatzhelfer. Der **Hersteller** setzt seine Produkte **über Handelsvertreter, Kommissionäre und Handelsmakler** ab. Ihr Einsatz ist sinnvoll, solange ein Absatzgebiet noch *nicht erschlossen* ist, denn die Provision ist nur zu zahlen, wenn Aufträge hereingebracht werden. Sie werden i. Allg. später durch Handlungsreisende oder Verkaufsbüros ersetzt.

Beispiele (Bild, Seite 274):

- Ein Computerhersteller beliefert die Verbraucher über einen Handelsvertreter (Weg 2).
- Ein Landwirtschaftsbetrieb verkauft seine Getreideernte über einen Makler an den Getreidegroßhandel (Weg 6).
- Eine Schokoladenfabrik setzt ihre Produkte über einen Handelsvertreter an die Einzelhändler ab (Weg 7).
- Eine Spanwerkzeugfabrik liefert über einen Kommissionär an den Großhandel, der den Fachhandel beliefert (Weg 8).

	Absatzhelfer			Zum Vergleich:
	Handelsmakler	**Kommissionär**	**Handelsvertreter**	**Handlungsreisender**
Rechtsstellung	Kaufmann nach HGB			Kaufmännischer Angestellter
gesetzliche Grundlage	HGB §§ 93 ff.	HGB §§ 383 ff.	HGB §§ 84 ff.	HGB §§ 55, 59 ff.
Tätigkeit	in fremdem Namen und für fremde Rechnung	in eigenem Namen und für fremde Rechnung	in fremdem Namen und für fremde Rechnung	im Namen und auf Rechnung des Arbeitgebers
Vertretungsmacht	Vermittlungsvollmacht	Abschlussvollmacht	Vermittlungs- oder Abschlussvollmacht	Vermittlungs- oder Abschlussvollmacht
Dauer des Vertragsverhältnisses	von Fall zu Fall	ständig oder von Fall zu Fall	ständig	ständig
Vergütung	Maklergebühr (Courtage)	Provision Evtl. Aufwandsersatz	Vermittlungs- oder Abschlussprovision Evtl. Aufwandsersatz	Gehalt (Fixum) Provision Auslagenersatz (Spesen)
Rechte	Maklergebühr von beiden Vertragsparteien	Selbsteintrittsrecht: Der Kommissionär kann selbst die Güter kaufen oder verkaufen, wenn diese einen Börsen- oder Marktpreis haben.	Überlassung von Unterlagen, Mustern, Preislisten, Werbematerial; Ausgleichsanspruch, wenn Auftraggeber nach Vertragsende erheblichen Vorteil hat.	Rechte eines kaufmännischen Angestellten
Pflichten	Aufstellung einer Schlussnote (Vertrag mit allen wichtigen Bedingungen) Führen eines Tagebuches Aufbewahren von Proben	Sorgfaltspflicht Pflicht zur Beachtung der Weisungen Anzeige der Ausführung der Kommission Pflicht zur Abrechnung Ware liefern bzw. Erlös überweisen	Bemühungspflicht (Interessen des Auftraggebers wahren) Benachrichtigungspflicht bei Geschäftsabschluss Wettbewerbsenthaltung	Reiseberichte Mitteilung über Geschäftsabschlüsse Übrige Pflichten eines kaufm. Angestellten
Wirtschaftliche Bedeutung	Er ist ein Spezialist in seiner Branche, dessen man sich von Fall zu Fall bedient. Dadurch erreichen beide Vertragspartner, dass ihre Interessen beim Vertragsabschluss optimal vertreten werden.	Wegen der hohen fixen Kosten (Gehalt) ist der Aufbau einer unternehmenseigenen Vertriebsorganisation mit Handlungsreisenden nur sinnvoll, wenn ein Absatzgebiet voll erschlossen ist. Für diese Aufgabe werden vorher Handelsvertreter und Kommissionäre eingesetzt, obwohl deren Provision in der Regel höher ist als die des Handlungsreisenden; so entstehen nur Kosten, wenn Aufträge abgeschlossen werden.		

1. Ein Unternehmen, das bisher 5.000 Einzelhändler über 50 Großhändler belieferte, entschließt sich zum direkten Absatz über vier Verkaufsniederlassungen.
   a) Welche zusätzlichen Kosten entstehen dadurch?
   b) Welche Kosten können eingespart werden?
   c) Wie kann sich die Veränderung des Absatzweges auf den Umsatz auswirken?
2. Nennen Sie die Vor- und Nachteile des direkten Absatzweges gegenüber dem indirekten.
3. Siegfried Kessler steht vor der Entscheidung, ob er eine ausgeschriebene Stelle als Handlungsreisender oder als Handelsvertreter übernehmen soll. Wägen Sie die Vor- und Nachteile gegeneinander ab.
4. Die KÜHLsys GmbH will prüfen, ob sie für den Außendienst einen Handlungsreisenden oder einen Handelsvertreter einsetzen soll. Was raten Sie?
5. Warum kann der Kommissionär das Selbsteintrittsrecht nur bei Erzeugnissen mit einem Markt- oder Börsenpreis ausüben?
6. Welche absatzwirtschaftlichen Ziele können durch den Einsatz eines Logistik-Dienstleisters verfolgt werden?
7. Diskutieren Sie die Vor- und Nachteile im E-Commerce
   a) für den Verkäufer,
   b) für den Käufer.

9.4 Marketing-Mix

Marketing-Mix ist die ausgewählte **Kombination der absatzpolitischen Instrumente**, die auf die einzelnen Marktsegmente und Produkte des Unternehmens ausgerichtet wird.

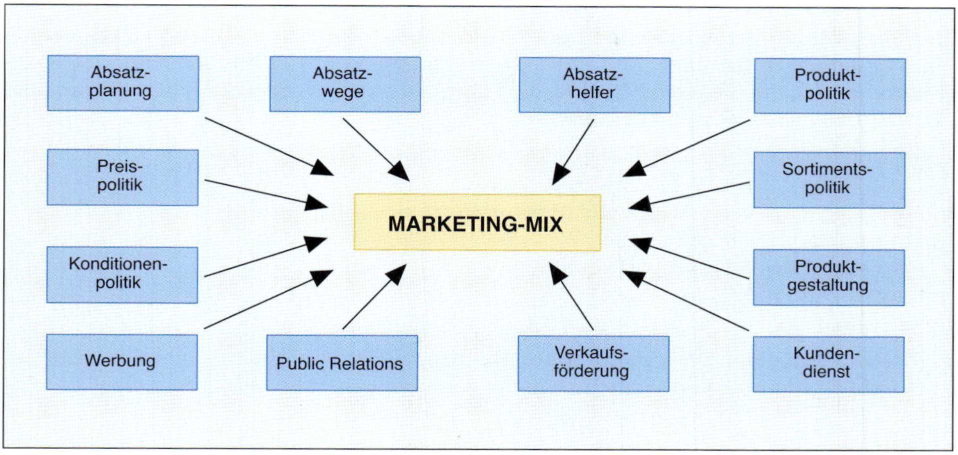

Ganzheitliches Marketing will alle fünf Sinne des Menschen ansprechen. Dabei sollten die einzelnen Marketingmaßnahmen als harmonische Kennzeichen das Unternehmen charakterisieren. Schriftgestaltung, Farbtöne, Design, Duftnoten, Hintergrundmusik und Raumgestaltung sollen den Kunden in eine unternehmenstypische Wohlfühlatmosphäre versetzen.

Erlebnismarketing (Eventmarketing). Neben allgemeinen Trends wie Gesundheits- und Genussorientierung sowie einer ausgeprägten Freizeitorientierung nimmt die Erlebnisorientierung der Gesellschaft zu. Der „Erlebniskäufer" von heute will nicht mehr nur den Grundnutzen des Produktes, sondern er strebt nach Erlebnissen, die einen Zusatznutzen stiften.

Beispiel: Die Pflegeserie Nightflight von Joop! wird in der Beipackinformation wie folgt beschrieben: „Die Frische des nächtlichen Universums, eingefangen in einem Duft der beflügelt. Er entführt in die Weite des Sternenmeers. Funkelnde Lichter entfachen die Sehnsucht nach Unendlichkeit. Gefährten der Nacht begegnen sich, wagen kühne Flüge. Wenn der Nachtflug längst ein Traum ist, weckt ein frischer Duft die Erinnerung. JOOP! NIGHTFLIGHT. Die Sternstunde des Duftes." Die Verpackung ist entsprechend gestaltet: Nachtblau mit eingeprägten, stilisierten Sternen. Auch Werbung, Verkaufsförderung und Warenpräsentation bedienen sich dieses Stils der Nightflight-Erlebniswelt.

Auch die Distribution trägt den Erlebnisansprüchen Rechnung: Erlebnisorientierte Atmosphäre der Textil- und Autohandelsbetriebe mit Palmengruppen, Brunnen, Bartheke, Basar- oder Future-Stil der Schaufenster. Selbstverständlich versucht auch die Kommunikationspolitik, das Angebot in der emotionalen Erlebnis- und Erfahrungswelt der Konsumenten zu positionieren.

9.5 Marketingcontrolling

Marketingcontrolling ist ein System von Maßnahmen, mit dem man die **Wirkung der Marketinginstrumente** feststellen will.

Marketingcontrolling schließt sinnvollerweise auch die **Mängelbeseitigung** ein. Es werden nicht nur die Marketingaktivitäten, sondern auch die **Plandaten** oder sogar die **Zielvorgaben kontrolliert** und gegebenenfalls **korrigiert.**

Aufgaben

Da das Marketing zu einer der zentralen Aufgaben des Unternehmens geworden ist, hat auch das Marketingcontrolling viele Aufgaben:

a) **Überwachung der Wirksamkeit der Marketinginstrumente.** Im Allgemeinen werden Sollzahlen und Istzahlen, also geplante Daten und realisierte Daten einander gegenübergestellt, um die Produktpolitik, die Preispolitik, die Kommunikationspolitik und die Distributionspolitik zu kontrollieren.

   Beispiele: Soll- und Ist-Vergleich zu Absatzmengen, Verkaufspreisen, Umsätzen, zum Gewinn und zum Marktanteil.

b) **Überwachung betriebseigener Marketingorgane.** Alle Mitarbeiter des Marketings (Unternehmer, Marketingleiter, Werbeleiter, Außendienst, Verkäufer) müssen sich dem Marketingziel entsprechend verhalten.

   Beispiel: Vergleich vorgegebener und tatsächlich erzielter Absatzmengen oder Umsätze je Außendienstmitarbeiter.

c) **Überwachung betriebsfremder Marketingorgane.** Das Unternehmen hat nur eine beschränkte Kontroll- und Einflussmöglichkeit auf selbstständige Absatzorgane wie Großhändler, Einzelhändler, Absatzhelfer, Transportunternehmer.

   Beispiel: Ein marktbeherrschender Anbieter kann mithilfe der Vertragsbedingungen, die den eigenen Vorstellungen entsprechen, in das Marktgeschehen eingreifen und damit auch kontrollieren.

d) **Fehlerkorrekturen im Absatzbereich.** Zunächst muss in einer Abweichungsanalyse geklärt werden, wo die Ursache für eine Soll-Ist-Differenz liegt. Mögliche **Abweichungsursachen** sind Fehler bei der **Zielvorgabe,** bei der **Planung** oder bei der **Durchführung.**

Der Soll-Ist-Vergleich von Daten führt zu einer entsprechenden Korrektur, z. B. bei zukünftigen Marketingaktivitäten oder schon bei der Zielvorgabe. So kann eine ungenügende Zielerreichung eine verstärkte Werbeaktivität auslösen. Nicht erreichte Zieldaten sollten nicht einfach ohne Grund zurückgenommen werden, sondern nur, wenn sich diese als unrealistisch erwiesen haben. Bei Zielüberschreitungen wird in aller Regel das Zielniveau angehoben.

Maßnahmen

Seite 269

Die wichtigsten Maßnahmen sind

a) **Werbeerfolgskontrolle.**

b) **Befragung.** Man versucht stichprobenartig, den Umsatz/Gewinn/Marktanteil in Abhängigkeit von den Marketing-Aktivitäten zu messen.

   Beispiel: Für eine Schlagbohrmaschine wird eine Produktvorführung in verschiedenen Geschäften veranstaltet, in anderen Geschäften wird das Gerät ohne besondere Präsentation verkauft. In einem Fragebogen werden die Käufer gefragt, wie sie auf das Produkt aufmerksam geworden sind und warum sie gerade diese Bohrmaschine gekauft haben.

   Viele Unternehmen stellen ihre Fragebogen ins Internet und bitten um Rückmeldung.

c) **Gebietsverkaufstest.** Hierbei werden geografisch getrennte Testmärkte untersucht. In verschiedenen Städten des Testmarktes werden vor und nach der Marketingaktion Verkaufstests durchgeführt, in Städten des Kontrollmarktes werden Verkaufstests ohne eine Marketingaktion durchgeführt. Der Vergleich gibt Auskunft über den Einfluss der Marketingaktion. Problematisch ist das Finden von Städten entsprechender Größe, Bevölkerungsstruktur, Mentalität, Marktorganisation und in genügender Entfernung voneinander, um den Kontrollmarkt von jeglichem Marketingeinfluss freizuhalten.

d) Erfragung von Image beeinflussenden Faktoren.

»Ein guter Ruf wirkt, ein schlechter noch weiter.«

Sämtliche Marketingmaßnahmen und Unternehmensaktivitäten wirken auf die Marktpartner und schlagen sich letztlich im **Ruf des Unternehmens,** dem **Image,** nieder.

Beispiel: Die Befragung eines Marktforschungsinstitutes zum Ruf von Dienstleistern brachte folgendes Ergebnis:

Was prägt das Image?		Was beeinflusst das Image?	
Produktqualität	92 %	Kundenveranstaltungen	62 %
Kundenorientierung	92 %	Verkaufsförderungsaktionen	52 %
Preis-Leistungs-Verhältnis	90 %	Zeitungs-/Zeitschriftenwerbung	47 %
Managementqualität	67 %	Präsenz auf Messen und Kongressen	46 %
Mitarbeiterorientierung	61 %	Internetwerbung	43 %
Umweltorientierung	58 %	Vorträge auf Seminaren und Kongressen	41 %
Innovationskraft	58 %	Broschüren und Prospekte	40 %
Internationalisierung	56 %	Fernseh- und Rundfunkwerbung	35 %
Ertrags- und Finanzkraft	45 %	Haus- und Kundenzeitschriften	28 %

Kennzahlensystem

Um **Marketingcontrolling** wirksam durchzuführen, ist ein geeignetes System von **Kennzahlen** erforderlich. Häufig verwendete Kennzahlen sind:

- *Umsatz* je Arbeitsgruppe, Abteilung, Filiale, Kunde, Einkaufsvorgang,
- *Marktanteil* eines Produktes, einer Produktgruppe,
- *Umsatzrentabilität*, das ist das Verhältnis von Rohgewinn zu Umsatz je Produkt, Produktgruppe, Abteilung, Betrieb,
- *Kundenstruktur:* Verhältnis Erstkäufer zu Nachkäufer, Anteil der Wechselkäufer.

Zur **Beurteilung einer Kennzahl** können verschiedene Bezugsgrößen verwendet werden:

- *Werte aus der Vorperiode:* Zeitvergleich,
- *Werte von vergleichbaren Unternehmen:* zwischenbetrieblicher Vergleich,
- *Planwerte:* zu erwartende Werte,
- *Normalwerte:* Durchschnittswerte, z.B. der Branche.

?

1. Beschreiben Sie den Marketing-Mix für einen Artikel Ihres Erfahrungsbereiches.
2. Stellen Sie sich vor, Sie seien Hersteller von
   a) Festplatten-Rekordern, b) Rasierwasser.
   Erstellen Sie den dafür geeigneten Marketing-Mix.
3. Die Natur Pur KG, Hersteller von Naturmöbeln in Heilbronn, möchte die Wirksamkeit ihrer Absatztätigkeit überprüfen. Was ist hierfür zu tun?
4. Nennen Sie die Aufgaben des Marketingcontrollings.
5. Ein Fertigungsbetrieb hat den Verkauf von 10.000 Einheiten im Jahr vorgegeben. Welche Folgerungen können gezogen werden, wenn
   a) tatsächlich 10.000 Einheiten verkauft wurden,
   b) nur 8.000 Einheiten verkauft wurden,
   c) sogar 12.000 Einheiten verkauft wurden?
6. Der Käufer eines neuen Pkw erhält vom Automobilwerk wenige Monate nach dem Kauf einen Fragebogen.
   a) Welche Fragen können darin enthalten sein
      - bezogen auf das Produkt,
      - bezogen auf den Händler?
   b) Erstellen Sie den Fragebogen.
7. Bei einem Fahrradhersteller ist der Umsatz von 10 Mio. EUR auf 12 Mio. EUR gestiegen, der Gewinn von 500.000 EUR auf 550.000 EUR. Beurteilen Sie diese Entwicklung.

9.6 Marketing und Verbraucherschutz

Zum Schutz des Verbrauchers vor unerwünschten Kaufverträgen sind verschiedene Gesetze eingeführt worden. Diese sind bei den Marketingmaßnahmen zu beachten:

	Rechte des Verbrauchers in Bezug auf
BGB § 305 (2)	**Allgemeine Geschäftsbedingungen:** Die AGB werden nur dann bei Vertragsabschluss Bestandteil, wenn – deutlich auf sie hingewiesen wird, – der Verbraucher sie nicht ausdrücklich abbedingt oder – sie den Verbraucher nicht unangemessen benachteiligen.
PAngV §§ 1 ff.	**Preisangaben:** Angebote müssen Verbrauchern gegenüber – *Endpreise* (einschließlich Umsatzsteuer und anderer Preisbestandteile), – *Grundpreise* je Maßeinheit und die *Gütebezeichnung* angeben.
ProdHaftG §§ 1, 4, 13	**Produkthaftung:** Entsteht durch einen Produktmangel ein Schaden an *Personen* oder *Sachen,* so haften der Verkäufer und die Vorlieferanten, wenn seit dem Kauf nicht mehr als 10 Jahre vergangen sind und ein Fehler nach dem Stand der Technik nicht zu erkennen ist (bei Personenschäden bis 80 Mio. EUR, bei Sachschäden besteht eine Selbstbeteiligung von 500 EUR).
BGB §§ 491 f., 355 ff.	**Kredit- und Abzahlungsgeschäfte:** Schriftform, der effektive Jahreszinssatz ist anzugeben. Der Verbraucher kann innerhalb von zwei Wochen ohne Angabe eines Grundes zurücktreten. Belehrung über dieses Recht und gesonderte Unterschrift hierfür, sonst Rücktrittsrecht von sechs Monaten.
§§ 312 f., 355 ff.	**Haustürgeschäfte:** Bei Barkäufen in der Wohnung, auf der Straße oder auf Kaffeefahrten kann der Verbraucher innerhalb von zwei Wochen ohne Angabe eine Grundes zurücktreten. Gesonderte Unterschrift unter eine entsprechende Belehrung, sonst Rücktrittsrecht von sechs Monaten.
§§ 312 b, c, d, 355 ff.	**Fernabsatzgeschäfte:** Bei Bestellungen mittels Brief, Fax, Telefon oder E-Mail kann der Verbraucher die gelieferten Waren innerhalb von zwei Wochen (fehlt eine entsprechende Belehrung: sechs Monate) auf Kosten des Lieferanten zurücksenden. Die Ware kann inzwischen normal benutzt werden, ohne dass eine Wertminderung bezahlt werden muss. Die Vorschriften gelten z.B. nicht bei Lebensmitteln, Eintrittskarten und Reisen.
GPSG § 2 ff. §§ 9 f.	**Produktsicherheit:** Von einem Unternehmer darf im Europäischen Wirtschaftsraum kein Produkt in den Verkehr gebracht werden, das für Verbraucher gefährlich werden kann, selbst wenn es für diese nicht bestimmt ist, aber von diesen – auch vorhersehbar falsch – benutzt werden kann. Zuwiderhandlungen können mit Geldbußen oder Freiheitsstrafen geahndet werden.

1. Der Auszubildende Max, der sich in nächster Zeit einen MP3-Player kaufen will, macht mit seinem Freund einen Schaufensterbummel. „Diesen MP3-Player habe ich im Schaufenster bei Elco für 70 EUR gesehen. Dumm, dass hier bei Elektro-Weber das Gerät nicht ausgezeichnet ist."

   Welchen Nachteil hat dies für den Kunden, welchen für das Unternehmen?
2. In einem Schaufenster sehen Sie einen Festplatten-Rekorder mit einer Preisangabe von 199 EUR und einem Zusatz „zuzüglich 19% Umsatzsteuer". Begründen Sie, ob diese Preisauszeichnung der gesetzlichen Vorschrift entspricht.
3. Worin besteht der Unterschied zwischen Sachmängelhaftung und Produkthaftung?
4. Frau Leuze kaufte vor einem Monat bei der Konzelmann KG eine Heim-Bügelpresse. Bei der Arbeit mit dem neuen Gerät wird ihr wertvolles Modell-Abendkleid stark versengt, weil die Warn- und Ausschaltautomatik aufgrund eines Konstruktionsfehlers nicht funktionierte. Frau Leuze weiß, dass für den Mangel am Gerät Garantie besteht. Sie fragt sich aber, ob jemand für den Verlust des Kleides haftet.
5. Frau Keppler kauft fünf Garnituren Bettwäsche, zahlbar in zwölf Monatsraten. Drei Tage später erfährt sie von ihrer Nachbarin, dass der Kaufpreis unverhältnismäßig hoch ist. Was kann sie unternehmen?
6. a) Ein E-Commerce-Händler liefert die mittels E-Mail bestellten Lebensmittel und Haushaltsreinigungsmittel dem Kunden zu. Dieser sendet nach drei Tagen alles zurück. Handelt er richtig?

   b) Wie wird sich Ihrer Meinung nach der Verbraucherschutz bei Fernabsatzgeschäften auf die Umsätze des E-Commerce auswirken?
7. Frau Welker lässt sich von einem cleveren Staubsaugervertreter in der Wohnung zum Kauf eines Staubsaugers verführen. Hinterher ärgert sie sich über die unnötige Ausgabe von 270 EUR, da ihr alter Staubsauger noch ganz in Ordnung ist. Was können Sie Frau Welker raten?

10 Steuern in der Betriebswirtschaft

Steuern sind **Geldleistungen,** die **öffentliche Gemeinwesen** kraft ihrer Finanzhoheit von den **Steuerpflichtigen ohne unmittelbare Gegenleistung** zur Finanzierung der kollektiven Bedarfsdeckung erheben.

AO
§ 3

10.1 Steuersystem in der Bundesrepublik Deutschland

10.1.1 Notwendigkeit der Besteuerung

Bund, Länder und Gemeinden haben Aufgaben zu bewältigen, die den Bürgern zur kollektiven Bedarfsdeckung dienen sollen. Diese führen zu folgenden **Ausgaben:**

- **Sachaufwand.** Bau von Krankenhäusern, Schulen, Straßen, Verteidigungsanlagen.
- **Personalaufwand.** Personalkosten für Beamte, Angestellte und Arbeiter im öffentlichen Dienst.
- **Sozialleistungen.** Unterstützung der sozial Schwachen.
- **Subventionen.** Erhaltung und Förderung volkswirtschaftlich notwendiger Betriebe und privater Haushalte.

Zur Finanzierung dieser Ausgaben erzielt die öffentliche Hand **Einnahmen** aus mehreren Quellen:

- **Steuern.** Sie sind die wichtigsten Einnahmequellen.

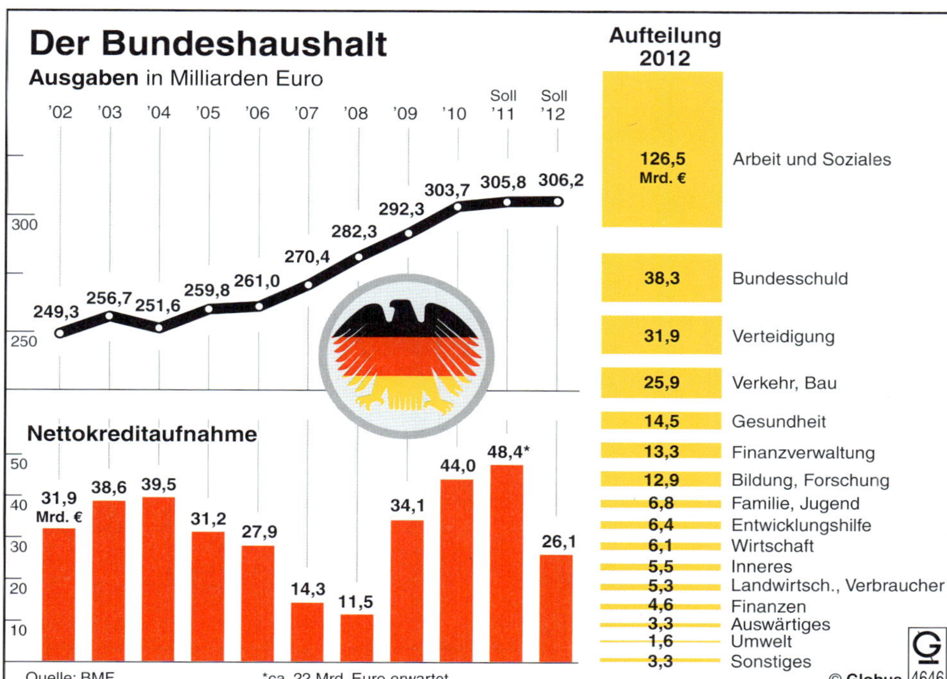

- **Gebühren und Beiträge.** Dies sind Geldeinnahmen, denen direkte Gegenleistungen des Staates entsprechen, z. B. Gebühr für Passausstellung, Anliegerbeitrag der Hauseigentümer.
- **Erwerbseinkünfte.** Zu diesen gehören vor allem Einnahmen aus Grundstücksverkäufen sowie aus der Unternehmenstätigkeit der öffentlichen Hand (Staatsbetriebe).

Der Bund, die Länder und Gemeinden haben im Jahre 2011 an Steuern rund 527 Milliarden EUR eingenommen. 47,1 % entfielen auf den Bund, 42,5 % auf die Länder, 4,6 % auf die EU und 5,8 % auf die Gemeinden.

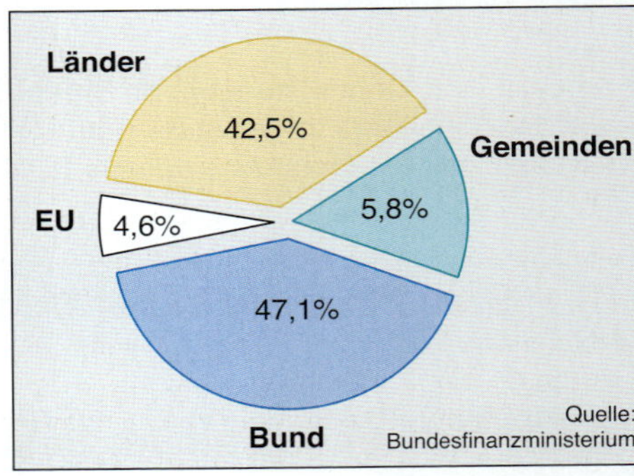

Steuern beeinflussen in starkem Maße die Kosten und den Gewinn eines Unternehmens. Sie mindern die Kaufkraft der Besteuerten und wirken sich somit auf die Lebenshaltung des Einzelnen aus. Es ist deshalb verständlich, dass die Veränderung der Steuersätze oder die Einführung einer neuen Steuer die Aufmerksamkeit weiter Bevölkerungskreise auf sich zieht.

Das Aufkommen einzelner Steuern wird dem Bund, den Ländern und Gemeinden zugewiesen. Weil es sich dabei um einen Ausgleich des Aufkommens zwischen über- und untergeordneten Körperschaften handelt,
GG spricht man vom **vertikalen Finanzausgleich.** Ferner haben leistungsstarke Länder den leis-
Art. 106 tungsschwachen Ländern Ausgleichszahlungen zu gewähren. Weil es sich hierbei um einen Ausgleich zwischen gleichgeordneten Körperschaften handelt, spricht man von **ho-
Art. 107 rizontalem Finanzausgleich.** Dadurch sind alle Länder in der Lage, bei gleichen Steuersätzen ihre öffentlichen Aufgaben in ungefähr gleichem Umfang zu erfüllen.

10.1.2 Steuerarten

Steuern können nach folgenden Gesichtspunkten eingeteilt werden:

a) Nach dem *Gegenstand* der Besteuerung in **Besitz-, Verkehr- und Verbrauchsteuern.**

Bei Besitzsteuern unterscheidet man Personen- und Realsteuern, je nachdem, ob bei der Steuerbemessung die persönlichen Verhältnisse (Alter, Familienstand) des Steuerpflichtigen berücksichtigt werden oder auf ein Objekt (Grundstück) bezogen sind.

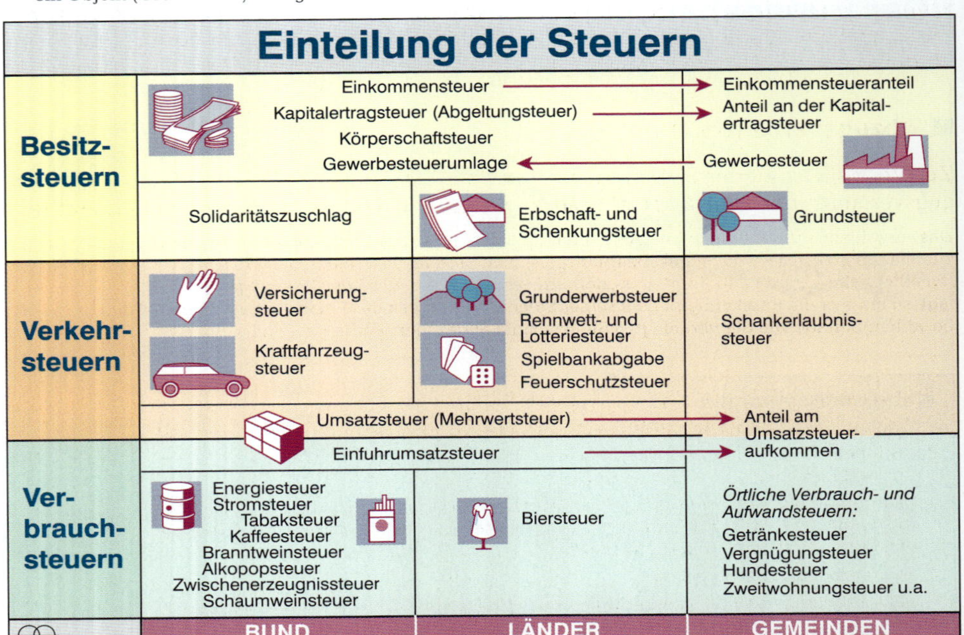

181 111 Bergmoser + Höller Verlag

b) Nach den *Hoheitsträgern*, denen **das Aufkommen** der einzelnen Steuern zufließt, in **Bundes-, Länder-, Gemeinde- und Kirchensteuern.** Steuern, deren Aufkommen dem Bund, den Ländern und Gemeinden gemeinsam zukommen, heißen **Gemeinschaftssteuern.**

Beispiele: Einkommen-, Körperschaft- und Umsatzsteuer.

c) Nach der Art der *Erhebung* in **direkte und indirekte Steuern.** Bei den direkten Steuern sind Steuerbelasteter und Steuerzahler dieselbe Person.

Beispiel: Die Einkommensteuer trägt der Steuerpflichtige selbst und zahlt unmittelbar an das Finanzamt.

Bei den indirekten Steuern sind Steuerbelasteter und Steuerzahler nicht dieselbe Person.

Beispiel: Die Umsatzsteuer wird über die Preise der Güter und Dienstleistungen bei den Verbrauchern erhoben und von den Unternehmen an das Finanzamt abgeführt.

d) Nach der *Abzugsfähigkeit* unterscheidet man **Betriebs- und Personensteuern,** je nachdem ob die Steuern als abzugsfähige Betriebsausgaben den Gewinn mindern (z. B. Gewerbesteuer, Kfz-Steuer für Geschäftswagen) oder von der Person des Unternehmers getragen werden (Einkommensteuer, Kfz-Steuer für Privatwagen).

10.1.3 Steuerverfahren

Für die Erhebung der Steuern werden zwei Verfahren angewendet, das Veranlagungsverfahren und das Abzugsverfahren.

Veranlagungsverfahren

In einer **Steuererklärung** hat der Steuerpflichtige dem Finanzamt alle Angaben zu machen, die zur Errechnung der Steuerschuld erforderlich sind. Die **Veranlagung,** d. h. die Festsetzung der Steuerschuld, erfolgt durch das Finanzamt aufgrund der eingereichten Steuererklärung. In einem **Steuerbescheid** wird dem Pflichtigen die Höhe der Steuerschuld und die Art der Berechnung mitgeteilt. Bereits geleistete Vorauszahlungen, bei der Einkommensteuer insbesondere die bezahlte Kapitalertrag- und Lohnsteuer, werden von der Steuerschuld abgezogen. Sie ist binnen eines Monats zu bezahlen. Zuviel bezahlte Steuer wird zurückerstattet. Schließlich wird dem Steuerpflichtigen mitgeteilt, wie hoch die künftigen vierteljährlichen **Vorauszahlungen** sind.

Abzugsverfahren

Zur Vereinfachung des Steuereinzuges und zur Sicherung der Steuerzahlung ist das Abzugsverfahren *bei Lohn- und Gehaltsbezügen* sowie *bei Kapitalerträgen* eingeführt worden.

Das auszahlende Unternehmen ist verpflichtet, die Steuerschuld des Empfängers zu errechnen, den Betrag einzubehalten und an das Finanzamt abzuführen. Dem Empfänger des Nettobetrages ist eine Bescheinigung über die einbehaltenen und abgeführten Steuerbeträge zu erteilen. Wird der Empfänger nach Jahresende veranlagt, so muss er die Bescheinigung mit seiner Steuererklärung an das Finanzamt einsenden, damit die bereits bezahlten Beträge von der veranlagten Steuerschuld abgezogen werden können.

?

1. Für welche Leistungen des Staates müssen Sie eine Gebühr bezahlen, für welche nicht?
2. Nennen Sie Unternehmen, die dem Staat gehören oder an denen der Staat beteiligt ist.
3. Bringen Sie die einzelnen Ausgabenarten im Bild auf Seite 281 in eine Reihenfolge entsprechend ihrer Bedeutung.
4. Die Gesamtverschuldung aller öffentlichen Haushalte der Bundesrepublik Deutschland beträgt derzeit rund 2.074 Mrd. EUR (Februar 2012). Wie viel Steuern müssen erhoben werden, damit eine Zinslast von 5% abgedeckt werden kann?
5. Unterscheiden Sie zwischen
   a) direkten und indirekten Steuern,
   b) Verkehr- und Verbrauchsteuern.
   c) Betriebs- und Personensteuern,

6. Welche Steuern entrichten
   a) Sie selbst,
   b) Unternehmen?
7. Die Belastung der deutschen Bürger mit den verschiedenen Steuern und Sozialabgaben (Abgabenquote) betrug laut Statistik des Bundesfinanzministeriums im Jahr 2011 38,7%.
   Diskutieren Sie über die Berechtigung einer derartigen Belastung durch den Staat.
8. Manche Steuerpflichtige berichtigen falsche Angaben in der Steuererklärung durch eine Selbstanzeige. Welchen Vorteil sehen Sie in diesem Verhalten?
9. In der Zeitung lesen Sie: Mitglieder des FDP-Ortsverbandes Leimen haben am 8. Juli 2011 zusammen mit Leimener Bürgerinnen und Bürgern auf dem Georgiplatz den Tag des Steuerzahlers gefeiert. Dieser Tag bedeutet, dass der Durchschnittsbürger ab dem nächsten Tag nur für sich selbst arbeitet. Bis dahin hat er nur gearbeitet, um die Steuern und Sozialabgaben für den Staat aufzubringen.
   a) Ermitteln Sie, wie das Datum 8. Juli errechnet wurde.
   b) Versuchen Sie in Erfahrung zu bringen, in welchen Ländern der Tag des Steuerzahlers früher, in welchen er später liegt.

10.2 Steuern vom Einkommen

10.2.1 Einkommensteuer

EStG § 1 **Einkommensteuerpflichtig** sind **natürliche** Personen. Sie sind

- *unbeschränkt* steuerpflichtig, also mit sämtlichen Einkünften, wenn sie ihren Wohnsitz im Inland haben,
- *beschränkt* steuerpflichtig, d.h. nur mit inländischen Einkünften, wenn sie keinen inländischen Wohnsitz haben.

Juristische Personen unterliegen der Körperschaftsteuer.

§ 2 **Bemessungsgrundlage** für die tarifliche Einkommensteuer ist das zu versteuernde Einkommen innerhalb eines Kalenderjahres.

§ 2
§§ 4, 8, 9
§ 24a
§§ 10, 33
§§ 24b, 32

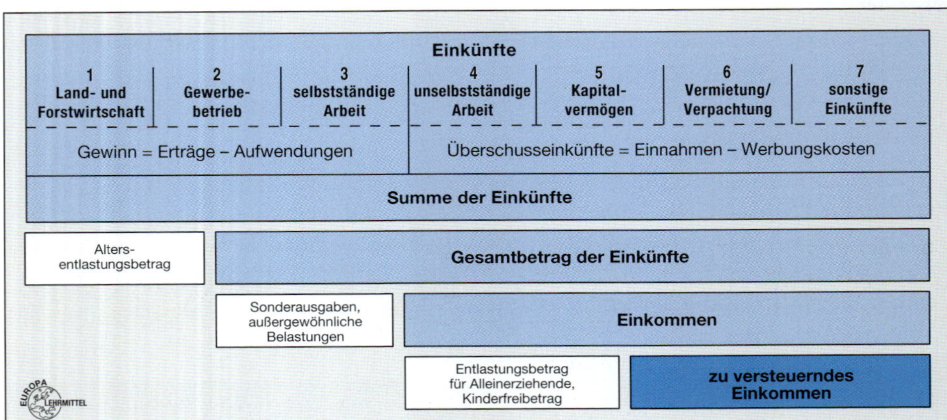

§ 2 Arten der Einkünfte

Das Einkommensteuergesetz unterscheidet folgende Arten von Einkünften:

§ 13 1. Einkünfte aus Land- und Forstwirtschaft,
§ 15 2. Einkünfte aus Gewerbebetrieb,
§ 18 3. Einkünfte aus selbstständiger Arbeit,
§ 19 4. Einkünfte aus nichtselbstständiger Arbeit,

5. Einkünfte aus Kapitalvermögen, EStG § 20
6. Einkünfte aus Vermietung und Verpachtung, § 21
7. Sonstige Einkünfte. § 22

Der Einkommensteuer unterliegen die *Einkünfte* eines Kalenderjahres, die der Steuerpflichtige in der Steuererklärung zusammenfassend darzustellen hat. Die Summe der Einkünfte, vermindert um den Altersentlastungsbetrag, ist der *Gesamtbetrag der Einkünfte.* Vermindert man diesen um die Sonderausgaben und die außergewöhnlichen Belastungen, erhält man das *Einkommen.* Nach Abzug von Sonderfreibeträgen (Kinderfreibetrag, Entlastungsbetrag für Alleinerziehende) ergibt sich das zu versteuernde Einkommen, das die Bemessungsgrundlage für die *tarifliche Einkommensteuer* bildet. § 2

Betriebsausgaben und Werbungskosten

▶ Betriebsausgaben

Betriebsausgaben sind Aufwendungen, die **durch den Betrieb veranlasst** sind. Nach **Abzug der Betriebsausgaben von den Betriebseinnahmen** erhält man den Gewinn. !

Beispiele: Personalkosten, Raumkosten, Anschaffungskosten für Waren, Abschreibungen auf Maschinen und Betriebsausstattung, Energiekosten. § 4 (4)

▶ Werbungskosten

Werbungskosten sind Aufwendungen zur **Erwerbung, Sicherung** und **Erhaltung** der Einnahmen. !

Sie sind bei der Einkunftsart abzuziehen, bei der sie entstanden sind. §§ 9 f.

Sofern nicht höhere Beträge nachgewiesen werden, sind 1.000 EUR Pauschbetrag von den Einnahmen aus nichtselbstständiger Arbeit abzuziehen.

Beispiele:

1. bei Einkünften aus nichtselbstständiger Arbeit die Kosten für Berufskleidung, für Fahrten zwischen der Wohnung und der Arbeitsstätte,
2. bei Einkünften aus Vermietung und Verpachtung die Schuldzinsen, Abschreibungen, Ausgaben für Instandhaltung.

Sonderausgaben

Sonderausgaben sind meist **Aufwendungen der Lebensführung,** die mit keiner Einkunftsart in wirtschaftlichem Zusammenhang stehen. Sie werden *aus sozial-, finanz- und wirtschaftspolitischen Gründen* steuerlich begünstigt. ! § 10 ff.

In *unbegrenzter* Höhe sind abzugsfähig:

- Beiträge zur gesetzlichen Kranken- und Pflegeversicherung, soweit sie für die Grundversorgung und die Pflegepflichtversicherung gezahlt werden.
- Die gezahlte Kirchensteuer.

In *begrenzter* Höhe sind abzugsfähig:

- Sogenannte sonstige Vorsorgeaufwendungen: Beiträge zur Kranken- und Pflegeversicherung, die über den steuerlich begünstigten Basisschutz hinausgehen, sowie Beiträge zu einer Berufsunfähigkeits-, Unfall- und Haftpflichtversicherung.
- Aufwendungen für die eigene Berufsausbildung oder Weiterbildung in einem bisher nicht ausgeübten Beruf.

- Ausgaben zur Förderung mildtätiger, kirchlicher, religiöser, wissenschaftlicher und staatspolitischer Zwecke.

Werden die Sonderausgaben nicht nachgewiesen, so wird stattdessen für die übrigen Sonderausgaben ein *Sonderausgaben-Pauschbetrag* von 36 EUR berücksichtigt. Dieser Pauschbetrag verdoppelt sich bei zusammenveranlagten Ehegatten.

Außergewöhnliche Belastungen

Außergewöhnliche Belastungen sind **zwangsläufig entstandene Aufwendungen,** die einem Steuerpflichtigen in *höherem Maße* erwachsen als der *überwiegenden Mehrzahl der Steuerpflichtigen.*

EStG § 33 ff.

Zwangsläufig sind Aufwendungen, wenn sich der Steuerpflichtige ihnen aus rechtlichen, tatsächlichen oder sittlichen Gründen nicht entziehen kann. Gründe können sein: Krankheit, Körperbehinderung, Beschäftigung einer Haushaltshilfe, Berufsausbildung von Kindern. Einen Teil der Aufwendungen hat der Steuerpflichtige in jedem Fall als zumutbare Belastung selbst zu tragen.

Freibeträge

Zur Steuerentlastung werden bestimmte Freibeträge gewährt. Es ist nur der den Freibetrag übersteigende Betrag zu versteuern.

§ 32a – **Grundfreibetrag.** Dem Bezieher von Einkünften aus unselbstständiger Arbeit steht als steuerfreies Existenzminimum ein Grundfreibetrag von 8.004 EUR zu.

§ 20 (9) – **Sparerpauschbetrag.** Für Bezieher von Einkünften aus Kapitalvermögen gibt es einen Sparerpauschbetrag von 801 EUR.

§ 24a – **Altersentlastungsbetrag.** Für Steuerpflichtige, die das 64. Lebensjahr vollendet haben, gibt es einen Altersentlastungsbetrag von höchstens 1.368 EUR im Jahr 2012.

- **Kinderfreibetrag bzw. Kindergeld.** Einkommensteuerpflichtige mit Kindern haben die Wahl zwischen Kinderfreibetrag und Kindergeld.

§ 32 (6) § 52 a) Der **Kinderfreibetrag** von 2.184 EUR pro Kind (Verheiratete: 4.368 EUR) im Jahr wird bei der Besteuerung vom Einkommen abgezogen, hinzu kommt zusätzlich ein **Freibetrag für Betreuung, Erziehung und Ausbildung** in Höhe von 1.320 EUR (Verheiratete 2.640 EUR). Die Höhe der Steuerersparnis hängt also vom persönlichen Steuersatz ab.

§ 66 BKGG §§ 6, 20 b) Das **Kindergeld** beträgt pro Monat für die ersten beiden Kinder jeweils 184 EUR, für das 3. Kind 190 EUR, für das 4. und jedes weitere Kind 215 EUR. Das Kindergeld ist ein fester, einkommensunabhängiger Auszahlungsbetrag. Es wird vom Arbeitgeber bzw. von der Familienkasse der Agentur für Arbeit ausgezahlt.

Das Finanzamt berücksichtigt bei der Steuerveranlagung die günstigere Alternative.

EStG § 24b – **Entlastungsbetrag für Alleinerziehende.** Alleinerziehenden mit Kindern wird ein Entlastungsbetrag von 1.308 EUR gewährt.

§ 33a (2) – **Ausbildungsfreibetrag.** Für in Ausbildung befindliche volljährige Kinder, die auswärtig untergebracht sind, erhält der Steuerpflichtige einen Ausbildungsbetrag von höchstens 924 EUR, wenn ein Anspruch auf Kindergeld bzw. Kinderfreibetrag besteht.

Veranlagung

§ 25 Der Steuerpflichtige hat nach Ablauf eines Kalenderjahres in einer Steuererklärung dem Finanzamt in Papierform bzw. elektronisch („ELSTER") alle Angaben zu machen, die zur Errechnung der Steuer erforderlich sind, also

1. den Familienstand und die Kinderzahl,
2. die einzelnen Einnahmen, Werbungskosten und Einkünfte,
3. die einzelnen Sonderausgaben,
4. beantragte Vergünstigungen wegen *außergewöhnlicher Belastung,*
5. die Art der Veranlagung.

Ehegatten können zwischen getrennter Veranlagung und Zusammenveranlagung wählen. EStG § 26

a) Getrennte Veranlagung. Jedem Ehegatten werden die von ihm bezogenen Einkünfte zugerechnet. § 26a

b) Zusammenveranlagung. Die Einkünfte der Ehegatten werden zusammengerechnet und dann halbiert **(Splitting).** Von der Hälfte wird die Steuer errechnet und der sich ergebende Steuerbetrag sodann verdoppelt. § 26b § 32a (5)

Steuertarif

Die Steuerpflichtigen werden nicht gleich hoch besteuert, vielmehr wird die **Leistungsfähigkeit** durch die *höhere Besteuerung steigender Einkommen* berücksichtigt: §§ 32a, 52 (41)

Tarifzone	Steuersatz	Beträge	Erläuterung
Nullzone	0 %	bis 8.004 EUR	Grundfreibetrag
1. Progressionszone	14 % – 24 %	bis 13.469 EUR	linearer Grenzsteuersatz
2. Progressionszone	24 % – 42 %	bis 52.881 EUR	linearer Grenzsteuersatz mit abgeschwächter Progression
1. obere Proportionalzone	42 %	bis 250.730 EUR	gleichbleibender Grenzsteuersatz
2. obere Proportionalzone	45 %	ab 250.731 EUR	gleichbleibender Spitzensteuersatz

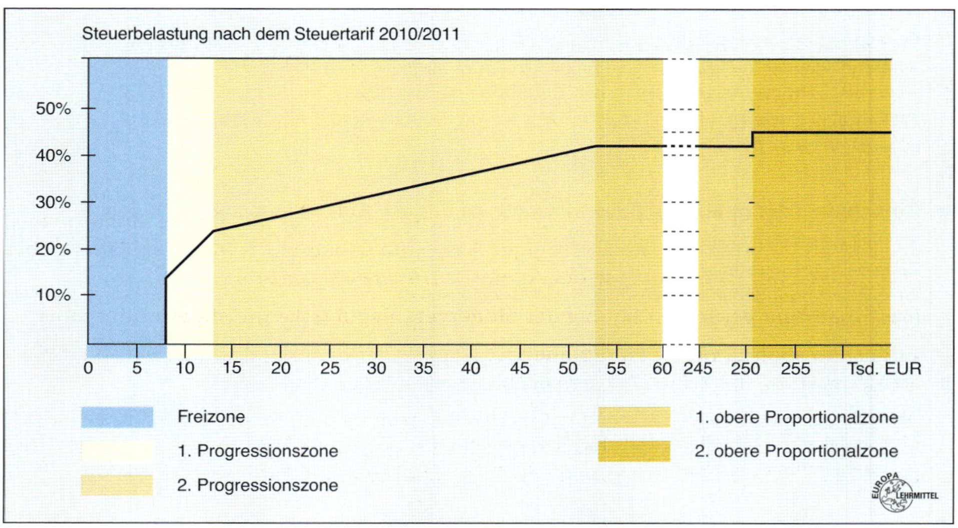

Die **Grenzbelastung** (der Steuersatz) gibt an, mit wie viel Prozent **jeder zusätzliche Euro,** um den das Einkommen anwächst, besteuert wird.

Die **Durchschnittsbelastung** zeigt an, mit wie viel Prozent das jeweilige Einkommen insgesamt belastet wird.

Zur Finanzierung des »Aufbau Ost« wird auf die zu zahlende Einkommensteuer zurzeit ein **Solidaritätszuschlag** erhoben (5,5 %).

Beispiel für die Berechnung der Einkommensteuerschuld 2011

Der 49-jährige Angestellte Karl Reusch ist seit 23 Jahren verheiratet mit Ida, geborene Flamm. Der 22-jährige Sohn Horst studiert und wohnt auswärts auf Kosten der Eltern. Sohn Ewald, 17 Jahre alt, ist kaufmännischer Auszubildender mit einer Ausbildungsvergütung von 430 EUR monatlich. Seit Jahren wird die heute 5-jährige mittellose Vollwaise Eva Glück in der Familie als Pflegekind erzogen. Frau Reusch ist an der elterlichen Unternehmung Flamm & Co. KG als Kommanditistin beteiligt und arbeitet dort mit. Die Familie bewohnt ein Einfamilienhaus.

Karl Reusch hat laut Lohnsteuerbescheinigung 52.080 EUR als Gehalt bezogen. 7.669,92 EUR Lohnsteuer und 357,24 EUR Kirchensteuer (8 %) sowie 245,52 EUR Solidaritätszuschlag waren einbehalten worden. Durch freiberufliche Beratungen hatte er einen Nebenverdienst von 1.500 EUR, von dem kein Steuerabzug vorgenommen wurde. Bürobedarf, Porti und Fahrtkosten verursachten ihm dabei 190 EUR Betriebsausgaben. Für die als Sonderausgaben geltend gemachten Vorsorgeaufwendungen (Basiskrankenversicherung und Pflegepflichtversicherung) wurden 4.002 EUR anerkannt. Auf bestehende Bausparkonten wurden 650 EUR Zinsen steuerfrei gutgeschrieben. Aus einem 1988 erbauten Miet-Wohnhaus erzielte er 7.550 EUR Mieteinnahmen; einem Mieter wurden ferner 300 EUR gestundet. An Werbungskosten wurden bezahlt: Grundsteuer 738 EUR, Reparaturen 4.606 EUR, Hausgebühren 535 EUR. Die AfA betrug 2 % aus 32.950 EUR.

Frau Reusch erhielt als Kommanditistin einen Gewinnanteil von 22.000 EUR. Für ihr Festgeldguthaben erhielt sie 1.560 EUR Zinsen, aus Obligationen bezog sie 800 EUR Zinsen. Zinsabschlagsteuer 422,40 EUR und Solidaritätszuschlag hierauf 23,23 EUR. Das Unternehmen Flamm & Co. KG hat zulasten von Frau Reusch Vorauszahlungen für Einkommensteuer in Höhe von 2.862 EUR, für Kirchensteuer (8 %) in Höhe von 229 EUR und für den Solidaritätszuschlag in Höhe von 157,41 EUR geleistet.

EStG § 26 **Veranlagung.** Die Eheleute Reusch wählen die Zusammenveranlagung.

► Feststellung der steuerpflichtigen Einkünfte

				EUR
	aus Gewerbebetrieb			22.000,00
	aus selbstständiger Arbeit: Einnahmen 1.500 EUR abzüglich Ausgaben 190 EUR			1.310,00
§ 9a	**aus nichtselbstständiger Arbeit:** Gehalt 52.080 EUR abzüglich Werbungskosten 1.000 EUR			51.080,00
	aus Vermietung und Verpachtung:			
		Einnahmen	7.550,00	
		abzüglich Ausgaben 738 EUR + 4.606 EUR + 535 EUR =	5.879,00	
§ 7 (4)		abzüglich AfA 2 % aus 32.950 EUR =	659,00	1.012,00
	aus Kapitalvermögen:	Zinsen 650 EUR + 1.560 EUR + 800 EUR = 3.010 EUR		
§ 9a		Sparerpauschbetrag 2 · 801 EUR = 1.602 EUR		1.408,00
§ 20 (4)	**Gesamtbetrag der Einkünfte**			**76.810,00**

► Berechnung des zu versteuernden Einkommens

	Gesamtbetrag der Einkünfte	76.810,00
§ 10	**Sonderausgaben:** Vorsorgeaufwendungen 4.002 EUR, Kirchensteuer 357,24 EUR + 261 EUR	4.620,24
§ 33	**Außergewöhnliche Belastungen:** Ausw. Unterbringung von Horst	924,00
§ 32 (6)	**Freibeträge:** Kinderfreibetrag 3 · 4.368 EUR + Betreuungsfreibetrag für Eva 2.640 EUR	15.744,00
	zu versteuerndes Einkommen	**55.521,76**

► Berechnung der tariflichen Einkommensteuer und der Einkommensteuerschuld

Tarifliche Einkommensteuer (Splittingtabelle 2011)	9.862,00
Einbehaltene Lohnsteuer	7.669,92
Geleistete Vorauszahlung + 422,40 EUR Zinsabschlagsteuer	3.284,40
Erstattung Einkommensteuer	**1.092,32**

► Berechnung der tariflichen Kirchensteuer und der Kirchensteuerschuld

Tarifliche Kirchensteuer	788,96
Einbehaltene Kirchensteuer 357,24 EUR + 229 EUR	586,24
Nachzahlung Kirchensteuer	**202,72**

► Berechnung des tariflichen Solidaritätszuschlags und der Solidaritätszuschlagsschuld

Tariflicher Solidaritätszuschlag	542,41
Einbehaltener Solidaritätszuschlag 245,52 EUR + 157,41 EUR + 23,23 EUR	426,16
Nachzahlung Solidaritätszuschlag	**116,25**

10.2.2 Lohnsteuer

Die **Lohnsteuer** ist die **Einkommensteuer** der **nicht selbstständig Tätigen** und wird im **Abzugsverfahren** beim Arbeitgeber erhoben. EStG § 38

Lohnsteuerpflichtig sind alle Empfänger von Einkünften aus nichtselbstständiger Arbeit, also Arbeiter, Angestellte, Beamte. Sie werden jedoch nach Jahresende zur Einkommensteuer veranlagt **(Pflichtveranlagung)**, wenn § 46 (2)

a) neben den Einkünften aus nichtselbstständiger Arbeit noch andere Einkünfte von mehr als 410 EUR netto erzielt wurden,
b) der Steuerpflichtige von mehreren Arbeitgebern Arbeitslohn bezogen hat,
c) das Finanzamt einen Freibetrag oder eine Kinderfreibetragszahl auf der Lohnsteuerkarte eingetragen hat.
d) wenn steuerfreie, aber dem Progressionsvorbehalt unterliegende Lohnersatzleistungen (Arbeitslosengeld, Krankengeld) oder ausländische Einkünfte von mehr als 410 EUR bezogen wurden.

Jeder Arbeitnehmer erhält nur noch für das Jahr 2010 von seiner Gemeindebehörde eine **Lohnsteuerkarte**, auf der alle für die Errechnung der Steuer wichtigen Daten eingetragen sind. Zukünftig wird die Lohnsteuerkarte durch ein elektronisches Verfahren zur Erhebung der Lohnsteuer ersetzt. Die elektronischen **Lohnsteuer-Abzugsmerkmale (ELStAM)** werden nach und nach in einer Datenbank beim Bundeszentralamt für Steuern aufgebaut. Alle Daten, die für die Ermittlung der Lohnsteuer zukünftig relevant sind, werden dem Arbeitgeber in der Datenbank zum elektronischen Abruf zur Verfügung gestellt. Der Arbeitgeber ist dadurch in der Lage, die jeweilige Steuerschuld zu errechnen. Sie ist einzubehalten und bis zum 10. des folgenden Monats an das Finanzamt abzuführen. § 39 § 39a

Arbeitgeber müssen bis spätestens 28. Februar des Folgejahres die Lohnsteuerdaten durch Fernübertragung per Internet mit dem Programm **Elster** (= Elektronische Steuererfassung) an eine zentrale Übermittlungsstelle melden (elektronische Lohnsteuerbescheinigung). Eine Kopie dieser Übermittlung erhält der Arbeitnehmer. Damit die Daten entschlüsselt werden können, bildet der Arbeitgeber aus den persönlichen Daten des Arbeitnehmers eine sog. **e-Tin** (Electronic Tax Payer Identification). Deshalb enthält die Anlage N der Steuererklärung auch ein Eingabefeld für diese e-Tin des Antragstellers.

Zur Vereinfachung des Abzugs der Lohnsteuer stellt der Gesetzgeber **Lohnsteuertabellen** für monatliche, wöchentliche und tägliche Lohnzahlungen auf.

In der Lohnsteuertabelle werden die Steuerpflichtigen in folgende **Steuerklassen** eingeteilt: § 38b

Steuerklasse	Arbeitnehmergruppe
I	Arbeitnehmer, die a) ledig sind, b) verheiratet, verwitwet oder geschieden sind und bei denen die Voraussetzungen für die Steuerklasse III oder IV nicht erfüllt sind.
II	Die unter Nummer 1 bezeichneten Arbeitnehmer, wenn bei ihnen der Entlastungsbetrag für Alleinerziehende (§ 24b) zu berücksichtigen ist.
III	1. Verheiratete, wenn der Ehegatte a) keinen Arbeitslohn bezieht oder b) auf Antrag beider Ehegatten in Steuerklasse V eingereiht wird. 2. Verwitwete für das Kalenderjahr, das dem Todesjahr des Ehegatten folgt. 3. Geschiedene im Jahr der Ehescheidung.
IV	Verheiratete, wenn der Ehegatte ebenfalls Arbeitslohn bezieht.
V	Verheiratete, wenn der Ehegatte a) ebenfalls Arbeitslohn bezieht und b) auf Antrag beider Ehegatten in Steuerklasse III eingereiht wird.
VI	Steuerpflichtige, die Arbeitslohn aus einem zweiten oder weiteren Dienstverhältnis beziehen.

Änderung der Eintragung auf der Lohnsteuerkarte

Die Eintragungen auf der Lohnsteuerkarte sind

EStG § 39 a) zu *ergänzen,*

1. von der Gemeindebehörde, wenn sich der Familienstand, die Steuerklasse oder die Zahl der Kinder zugunsten des Arbeitnehmers geändert haben;

§ 39a 2. vom Finanzamt, wenn weitere Kinderfreibeträge, z. B. für Kinder in Berufsausbildung oder eine Änderung der Steuerklasse beantragt werden.

b) zu *berichtigen,* wenn sich die Steuerklasse *zugunsten* des Arbeitnehmers geändert hat oder die Voraussetzungen für einen eingetragenen Freibetrag weggefallen sind (Kinderfreibetrag). Die Berichtigung ist von der Behörde vorzunehmen, welche die Eintragung gemacht hat.

§ 39c Ab 2011 gilt dies entsprechend für die Lohnsteuer-Abzugsmerkmale.

Antragsveranlagung

§ 46 Es ist möglich, dass die im Laufe des Kalenderjahres einbehaltene Lohnsteuer höher ist als die auf den Jahresarbeitslohn entfallene Lohnsteuer. Ursachen können sein: Zeitweilige Arbeitslosigkeit, schwankender Arbeitslohn, Änderung im Familienstand. Sofern der Arbeitnehmer nicht zur Abgabe einer Einkommensteuererklärung verpflichtet ist (Pflichtveranlagung), kann er die Erstattung zu viel bezahlter Lohnsteuer beantragen. Hierzu hat er nach Ablauf des Kalenderjahres in einer **Steuererklärung** dem Finanzamt alle Angaben zu machen, die zur Errechnung der Steuer erforderlich sind.

10.2.3 Abgeltungssteuer (Kapitalertragsteuer)

§§ 43 ff. Die Abgeltungssteuer ersetzt seit dem 1. Januar 2009 die Kapitalertragsteuer. Bei dieser wurden die Kapitalerträge nach dem persönlichen Steuersatz besteuert. Mit der Abgeltungssteuer wurde ein **einheitlicher Steuersatz für sämtliche Kapitalerträge** von **25 %** zuzüglich 5,5 % Solidaritätszuschlag und gegebenenfalls Kirchensteuer eingeführt. Zu den Kapitalerträgen zählen z.B. Zinsen, Dividenden, Erträge aus Fonds und Zertifikaten, Veräußerungsgewinne bei Aktien (Kursgewinne). Mit der Zahlung dieses einheitlichen Satzes ist die Steuerschuld abgegolten. Die Abgeltungssteuer kann nicht auf die Einkommensteuer angerechnet werden.

Hat der Steuerpflichtige einen niedrigeren persönlichen Steuersatz als 25 Prozent, kann er auch weiterhin die Veranlagung seiner Kapitaleinkünfte beim Finanzamt mit diesem niedrigeren Steuersatz beantragen. In diesem Fall werden die Kapitaleinkünfte mit dem niedrigeren persönlichen Grenzsteuersatz versteuert.

Die Abgeltungssteuer wird nicht erhoben, soweit ein Freistellungsauftrag erteilt wird. Der Freistellungsauftrag ist dabei an den Höchstbetrag des Sparerpauschbetrags von 801 EUR (Verheiratete: 1.602 EUR) gebunden und kann auf verschiedene Bankinstitute verteilt werden.

10.2.4 Körperschaftsteuer

Die **Körperschaftsteuer** ist die **Einkommensteuer der juristischen Personen,** z. B. der Kapitalgesellschaften (AG, GmbH) und der Genossenschaften.

Steuerpflicht

KStG § 1 *Unbeschränkt* steuerpflichtig mit ihren inländischen Einkünften sind *juristische Personen,* wenn sie ihre Geschäftsleitung oder ihren Sitz im Inland haben;

§ 2 *beschränkt* steuerpflichtig mit ihren inländischen Einkünften, wenn sie weder ihre Geschäftsleitung noch ihren Sitz im Inland haben.

§ 5 Von der Steuerpflicht *befreit* sind u.a. die Deutsche Bundesbank, staatliche Lotterieunternehmen, gemeinnützige Körperschaften, Pensions-, Kranken- und Unterstützungskassen sowie die Gewerkschaften.

Steuersatz

Die Körperschaftsteuer beträgt 15% für die an die Anteilseigner ausgeschütteten und für die nicht ausgeschütteten Gewinne. KStG § 23

1. Unterscheiden Sie zwischen Einkommen und Einkünften.
2. Wie kann der Steuerpflichtige bei der Einkommensteuer auf erlaubte Weise das steuerpflichtige Einkommen verringern?
3. Wie trägt die Steuergesetzgebung bei der Einkommensteuer den sozialen Verhältnissen des Besteuerten Rechnung?
4. Berechnen Sie den steuerpflichtigen Gewinn, der durch Vermögensvergleich ermittelt wird, wenn das Anfangskapital 143.800 EUR und das Endkapital 152.500 EUR betrugen, eine Kapitaleinlage von 5.000 EUR und Privatentnahmen von 12.000 EUR gemacht wurden.
5. Warum sind feste Freibeträge im Einkommensteuerrecht unsozial?
6. Unterscheiden Sie zwischen Werbungskosten und Sonderausgaben.
7. In welchen Fällen können außergewöhnliche Belastungen geltend gemacht werden?
8. Warum ist die Aussage »bei meinem Einkommen muss ich 40% Einkommensteuer bezahlen« kritisch zu beurteilen?
9. Ermitteln Sie das zu versteuernde Einkommen des 39-jährigen Heinz Gossler, Vater von 3 Kindern (8, 5 und 3 Jahre alt). Als Angestellter verdiente er im Veranlagungszeitraum brutto 36.690 EUR. Für Werbungskosten macht er nur den Pauschbetrag geltend, die gezahlte Lohnsteuer beträgt 3.900 EUR, die Kirchensteuer 312 EUR, den Solidaritätszuschlag 215 EUR. Für sein Guthaben erhielt er von seiner Bausparkasse 115 EUR, seine Frau erhielt für ein Festgeldguthaben 225 EUR, für Aktien 65 EUR Dividende. Die für Vorsorgeaufwendungen (Basiskrankenversicherung) geltend gemachten Sonderausgaben werden in Höhe von 2.890 EUR anerkannt.
10. Welche Bedeutung hat die Lohnsteuerkarte bei der Einstellung und Entlassung eines Arbeitnehmers?
11. Unterscheiden Sie Einkommensteuer und Lohnsteuer im Hinblick auf die Entrichtung.
12. Warum ist die Kapitalertragsteuer im Einkommensteuergesetz enthalten?

10.3 Gewerbesteuer

Die **Gewerbesteuer** ist eine Gemeindesteuer. Gegenstand der Besteuerung ist jeder Gewerbebetrieb (Objektsteuer). Seit 2008 kann die Gewerbesteuer nicht mehr als Betriebsausgabe (Aufwand) geltend gemacht werden. GewStG §§ 1 f.

Besteuerungsgrundlage

Die Besteuerungsgrundlage ist der Gewerbeertrag. Hier tritt deutlich das Prinzip der **Realsteuer** hervor. Es wird der Betrieb besteuert. Die persönlichen Verhältnisse der Eigentümer werden nicht berücksichtigt. § 6

Ausgangspunkt der Berechnung des Gewerbeertrags ist der Gewinn, der nach dem Einkommen- bzw. Körperschaftsteuergesetz ermittelt worden ist. Dem Gewinn sind bestimmte Beträge hinzuzurechnen, die bei der Gewinnermittlung abgezogen wurden. § 7

Die Hinzurechnungen ergeben sich aus der Addition von § 8
- Zinsen und andere Entgelte für Schulden, Rentenzahlungen, dauernde Lasten, Gewinnanteile stiller Gesellschafter,
- 20 % der Mieten, Pachten und Leasingraten für bewegliche Anlagegüter,
- 50 % der Mieten, Pachten und Leasingraten für unbewegliche Anlagegüter,
- 25 % der Entgelte für Konzessionen und Lizenzen.

Von der Summe dieser Finanzierungsentgelte wird ein Freibetrag von 100.000 EUR abgezogen. Davon werden 25 % dem Gewinn hinzugerechnet. § 9 BewG § 121a

Berechnung der Gewerbesteuer

Die Gewerbesteuermesszahl wird vom Gewerbeertrag berechnet. Sie beträgt seit 2008 einheitlich 3,5 % des auf 100 EUR abgerundeten Gewerbeertrags. Weil Einzelunternehmen und Personengesellschaften nicht von der Senkung der Körperschaftsteuer profitieren, wird ihnen ein Freibetrag von 24.500 EUR gewährt. GewStG § 11

GewStG § 14 § 16 Die Berechnung dieser Messzahl erfolgt durch das Finanzamt, das darüber einen Gewerbesteuerbescheid erlässt. Die Gemeinden setzen einen Hebesatz fest, der angibt, wie viel Prozent der Messzahl als Gewerbesteuer zu zahlen ist. Er liegt in den verschiedenen Regionen Deutschlands zwischen 200% und deutlich über 400%.

Beispiel: Die Paul Groß OHG erzielte laut dem Jahresabschluss im Veranlagungszeitraum einen Gewinn von 83.500 EUR. An Zinsaufwendungen musste sie 65.000 EUR aufbringen. Für eine Franchise-Lizenzgebühr bezahlte sie 20.000 EUR, für die Miete einer Kühlhalle 60.000 EUR, an Leasingraten für die Kraftfahrzeuge musste sie 35.000 EUR aufwenden. An ein Kinderhilfswerk wurden 1.000 EUR gespendet, der Einheitswert der betrieblichen Grundstücke beträgt 150.000 EUR. Die Gemeinde hat den Hebesatz auf 300% festgesetzt.

Sämtliche Beträge in EUR:

Gewinn lt. Jahresabschluss:	83.500,00 EUR
Hinzurechnungen (vgl. Nebenrechnung)	1.750,00 EUR
	85.250,00 EUR
Kürzungen:	
– 1,2% des Einheitswertes	1.800,00 EUR
– Spende	1.000,00 EUR
Gewerbeertrag	82.450,00 EUR
abgerundeter Gewerbeertrag	82.400,00 EUR
– Freibetrag für Personengesellschaften	24.500,00 EUR
gekürzter Gewerbeertrag	57.900,00 EUR
davon 3,5% = Messzahl	2.026,50 EUR
davon 300% = Gewerbesteuerschuld	6.079,50 EUR

Berechnung des hinzuzurechnenden Betrags:	
Zinsen	65.000,00 EUR
20% der Leasingraten für Kfz	7.000,00 EUR
50% der Miete für Kühlhalle	30.000,00 EUR
25% der Franchise-Lizenzgebühr	5.000,00 EUR
	107.000,00 EUR
– Freibetrag	100.000,00 EUR
übersteigender Betrag	7.000,00 EUR
davon 25%	1.750,00 EUR

1. Wie viel EUR Gewerbesteuer muss ein Unternehmer bezahlen, wenn die Messzahl für den Gewerbeertrag 1.150 EUR und der Hebesatz 320 % beträgt?
2. Ermitteln Sie die Gewerbesteuerschuld des Holzsägewerkes Steinmühle KG: Bilanzgewinn 97.500 EUR. Einheitswert des Betriebsgrundstücks 50.000 EUR, Zinsaufwendungen 210.000 EUR zu 6 % Jahreszinssatz; Hebesatz der Gemeinde 420 %.
3. Im Gemeinderat von Gunzenhausen wird über die Erhöhung des Hebesatzes diskutiert. Was spricht für, was gegen die Erhöhung?

10.4 Umsatzsteuer

UStG § 2 § 13a Steuerschuldner sind **Unternehmen,** das sind natürliche und juristische Personen, die beruflich oder gewerblich selbstständig und nachhaltig zur Erzielung von Einnahmen tätig sind, auch wenn die Absicht fehlt, Gewinne zu erzielen.

Die Umsatzsteuer ist eine Gemeinschaftssteuer. Sie gehört zu den **indirekten** Steuern.

Steuerbare Umsätze

§ 1 **a) Lieferungen und sonstige Leistungen** eines Unternehmens innerhalb der Europäischen Union (EU) gegen Entgelt.

§ 3 **b) Einer Lieferung gegen Entgelt werden gleichgestellt**

1. Entnahme von Gegenständen aus dem eigenen Unternehmen für private Zwecke, z.B. Waren.
2. Unentgeltliche Zuwendung eines Gegenstandes durch ein Unternehmen an sein Personal für dessen privaten Bedarf, z.B. Geschäftswagenüberlassung. Ausgenommen sind Aufmerksamkeiten wie Blumen, Geschenke bis ca. 30 EUR.
3. Andere unentgeltliche Zuwendung eines Gegenstandes, z.B. Sachspenden an Vereine, Gewinne für Tombolas, ausgenommen Geschenke von geringem Wert.
   Voraussetzung ist, dass der Gegenstand zum Vorsteuerabzug berechtigt ist.

§ 1 (1) Ziff 4 **c) Einfuhr von Gegenständen.** Importgüter aus Ländern außerhalb der EU (Drittländer) werden wie die vergleichbaren im Inland hergestellten Güter mit Umsatzsteuer belastet **(Einfuhrumsatzsteuer).**

d) innergemeinschaftlicher Erwerb.

Bemessungsgrundlage

a) **Bei Lieferungen und sonstigen Leistungen** wird der Umsatz nach dem Entgelt bemessen. UStG § 10

Entgelt ist alles, was der Empfänger vereinbarungsgemäß aufzuwenden hat, um die Lieferung zu erhalten, jedoch abzüglich der Umsatzsteuer (Nettopreis).

Entgeltminderungen wie Rabatte, Skonti, Wechselzinsen, Nachlässe und Forderungsausfälle dürfen abgezogen werden. § 17

Nicht zum Entgelt gehören durchlaufende Posten; das sind Beträge, die ein Unternehmen im Namen und für Rechnung eines anderen vereinnahmt und verausgabt, z.B. Umsatzsteuer, Versandfrachten, Versicherungsprämien, ferner Auslagen der Spediteure, Frachtführer und Handelsvertreter für ihre Auftraggeber. § 10 (1) § 10 (4)

b) **Bei Umsätzen, die den Leistungen** gleichgestellt sind, gilt als Bemessungsgrundlage der Einkaufspreis oder die Selbstkosten.

c) **Bei der Einfuhr** ist die Bemessungsgrundlage grundsätzlich der Zollwert zuzüglich Zoll, Verbrauchsteuer und Beförderungskosten bis zum ersten Bestimmungsort innerhalb der EU. Bei zollfreier Einfuhr tritt an die Stelle des Zollwerts das Entgelt. § 11

Der Besteuerung werden zugrunde gelegt

- **vereinbarte Entgelte** (Sollbesteuerung). Dies ist der Regelfall. § 16 (1)
- **vereinnahmte Entgelte** (Istbesteuerung). Diese Art kann das Finanzamt auf Antrag den nicht buchführungspflichtigen Unternehmern gestatten oder solchen Unternehmern, deren Gesamtumsatz im vorangegangenen Kalenderjahr nicht mehr als 250.000 EUR betragen hat. § 20

Steuersätze

§ 12

Allgemeiner Steuersatz: 19 %. Dieser Steuersatz ist anzuwenden, sofern nicht der ermäßigte Satz gilt.

Ermäßigter Steuersatz: 7 %. Er ist anzuwenden auf die Umsätze des Buchhandels und des grafischen Gewerbes sowie für Umsätze von Waren, die in einer besonderen Liste aufgeführt sind, insbesondere von Lebensmitteln und landwirtschaftlichen Erzeugnissen.

Innergemeinschaftlicher Erwerb

§ 1a

Für Lieferungen und Leistungen innerhalb der Europäischen Union wird eine einheitliche Regelung mit einer *europäischen Umsatzsteuer* angestrebt. Bis dahin werden sie als **innergemeinschaftliche Lieferungen** oder **innergemeinschaftliche Erwerbe** wie folgt besteuert: § 6a

- Lieferungen und Leistungen an *Privatverbraucher* werden mit der Umsatzsteuer des *Lieferlandes* belastet (Ursprungslandprinzip).

  Beispiel: Ein deutscher Tourist kauft in Paris eine Brille: Besteuert wird mit französischer Umsatzsteuer. Für den Verkauf von Kraftfahrzeugen an Privatpersonen gibt es Sonderregelungen.

- Lieferungen und Leistungen an *Unternehmen* werden mit der Umsatzsteuer des *Käuferlandes* belastet, weil dort die Versendung endet; dies gilt auch bei Selbstabholung (Bestimmungslandprinzip). § 3d

  Beispiel: Lieferung einer Maschine von Rotterdam nach Dresden: Besteuert wird mit deutscher Umsatzsteuer.

Rechnungserteilung

Jedes Unternehmen muss für seine Leistungen an ein anderes *Unternehmen* Rechnungen ausstellen und darin angeben § 14

- das *Entgelt* für seine Leistung (Nettopreis),
- den *Umsatzsteuerbetrag*, der auf das Entgelt entfällt sowie den anzuwendenden Steuersatz,

- Name und Anschrift des leistenden Unternehmens und des Leistungsempfängers,
- Umfang, Art und Zeitpunkt der Leistung,
- Rechnungsdatum und fortlaufende Rechnungsnummer,
- das Entgelt für seine Leistung (Nettopreis),
- Umsatzsteuersatz und Umsatzsteuerbetrag, der auf das Entgelt entfällt,
- Steuernummer oder Umsatzsteuer-Identifikationsnummer des leistenden Unternehmens.

UStDV § 33 Die gesonderte Angabe des Steuerbetrages kann bei Rechnungen, die den Gesamtbetrag von 150 EUR nicht übersteigen, unterbleiben. Dies gilt auch bei Gutschriften, Fahrausweisen, Reisespesen und bei Lieferungen an Nichtunternehmer.

Vorsteuerabzug

UStG § 15 (1) *Von der geschuldeten Umsatzsteuer* können *abgesetzt* werden

- die *auf Eingangsrechnungen angegebenen Umsatzsteuerbeträge* **(Vorsteuer).**
- die *entrichtete* **Einfuhrumsatzsteuer.**

Bei Kleinrechnungen bis 200 EUR, Gutschriften, Fahrausweisen und Reisespesen kann das Unternehmen den Vorsteuerabzug in Anspruch nehmen, wenn es den Gesamtbetrag in Entgelt und Steuerbetrag aufteilt.

§ 15 (2) **Ausgeschlossen** ist der Vorsteuerabzug, soweit versteuerte Leistungen zu steuerfreien Umsätzen verwendet werden (Gebäudeaufwand für vermietete Werkswohnungen).

§ 15 (3) **Erlaubt** ist der Vorsteuerabzug jedoch bei *Ausfuhrlieferungen* in Drittländer, bei Leistungen und bei der Lohnveredelung für ausländische Rechnung.

Jeder Rechnungsempfänger hat seinem Vormann die gesamte angegebene Umsatzsteuer zu ersetzen. Er selbst darf aber *von der Umsatzsteuer seiner Ausgangsrechnung diese Vorsteuer abziehen,* sodass bei jedem Umsatz **nur der Mehrwert versteuert** wird. Die Vorsteuer stellt keine Aufwendungen dar, sondern ist ein *durchlaufender Posten.*

Steuerbefreiungen

§ 4 Zu den zahlreichen Steuerbefreiungen gehören Ausfuhrumsätze, die innergemeinschaftlichen Lieferungen, die Umsätze der Seeschifffahrt und Luftfahrt, der Kreditgewährung, der Vermietung und Verpachtung von Grundstücken.

Nachteilig kann die Steuerbefreiung für Unternehmen werden, die an andere inländische Unternehmen liefern. Da durch das Verbot des Vorsteuerabzugs die Vorsteuer für sie zu Aufwendungen werden und auch ihre Abnehmer keine Vorsteuern abziehen können, wird die Wettbewerbsfähigkeit beeinträchtigt. Je höher die Vorsteuern sind, desto größer ist der Nach-
§ 9 teil. Jedes Unternehmen kann deshalb dem Finanzamt seinen Verzicht auf Steuerbefreiung erklären.

Vorteilhaft ist die Steuerbefreiung für Unternehmen nur dann, wenn sie an Nichtunternehmer liefern, da diese ohnehin keine Vorsteuern abziehen dürfen.

Voranmeldung, Vorauszahlung, Veranlagung

§ 18 Das Unternehmen hat dem Finanzamt binnen 10 Tagen nach Ablauf eines Monats eine **elektronische Voranmeldung** einzureichen, in der die vereinbarten Entgelte und die abziehbare Vorsteuer anzugeben sind. *Gleichzeitig* hat das Unternehmen die *entsprechende* **Vorauszahlung** zu leisten, die sich *durch Abzug der Vorsteuer von der Steuerschuld* ergibt **(Zahllast).**

Übersteigt die Summe der abziehbaren Vorsteuer die Steuerschuld, so wird der Überschuss erstattet.

Jedes Unternehmen hat nach Ablauf eines Kalenderjahres eine **Jahressteuererklärung** abzugeben. Nach der **Veranlagung** erhält es einen **Steuerbescheid.**

Beispiel:

Die Kern OHG verkauft ausschließlich an Gewerbetreibende. Die vereinbarten Entgelte betrugen insgesamt 2.995.293,00 EUR. Darin sind enthalten

12.739,00 EUR Lieferungen ins Ausland,
1.440,00 EUR Mieten für Werkswohnungen.

Für den Eigenbedarf wurden Waren im Werte von 420,00 EUR entnommen, aber nicht gebucht.

Die Vorauszahlungen betrugen 379.225,94 EUR; die in der Buchführung erfassten Vorsteuerbeträge 179.706,65 EUR. Davon entfallen 685,87 EUR auf Rechnungen für Reparaturen der Werkswohnungen.

▶ **Angaben über den Umsatz**	EUR	EUR
Gesamtbetrag der vereinbarten Entgelte		2.995.293,00
Eigenverbrauch (ohne Umsatzsteuer)		420,00
steuerbarer Umsatz		2.995.713,00
davon sind umsatzsteuerfrei		
a) § 4 Nr. 1 (Ausfuhrlieferungen)	12.739,00	
b) § 4 Nr. 12 (Mieteinnahmen)	1.440,00	14.179,00
steuerpflichtiger Umsatz		2.981.534,00
▶ **Berechnung der Umsatzsteuer**		
a) 2.981.534,00 EUR zum Steuersatz von 19%		566.491,46
b) 0,00 zum Steuersatz von 7%		0,00
Umsatzsteuer (gesamt)		566.491,46
▶ **Abziehbare Vorsteuerbeträge**		
Vorsteuerbeträge (einschl. Einfuhrumsatzsteuer)		179.706,65
vom Abzug ausgeschlossene Vorsteuerbeträge		685,87
abziehbare Vorsteuerbeträge		179.020,78
▶ **Berechnung der zu entrichtenden Umsatzsteuer**		
Umsatzsteuer		566.491,46
davon ab:		
Vorsteuerbeträge		179.020,78
zu entrichtende Umsatzsteuer (Zahllast)		387.470,68
an die Finanzkasse bezahlt		379.225,94
noch an die Finanzkasse zu entrichten		8.244,74

1. Warum werden Umsätze des Buchhandels und der Lebensmittelgeschäfte nur mit dem ermäßigten Steuersatz besteuert?
2. Unterscheiden Sie die Soll- von der Ist-Besteuerung.

10.5 Betriebswirtschaftliche Bedeutung der Steuern

Steuern belasten die Unternehmen durch die Höhe der Steuerschuld, unentgeltliche Verwaltungsarbeit und durch die Notwendigkeit, Sachverständige zur Erledigung steuerlicher Angelegenheiten zuzuziehen.

Steuern als Kosten

Steuern sind Kosten, soweit sie durch die Leistungserstellung verursacht werden. Dazu gehören die Gewerbesteuer, durch die der Betrieb als solcher besteuert wird, die Grundsteuer und die Kraftfahrzeugsteuer, soweit sie durch betriebsbedingte Vermögensteile verursacht werden, die Grunderwerbsteuer für Gebäude, soweit sie in den kalkulatorischen Abschreibungen erfasst wird sowie die Umsatzsteuer, normalerweise ein durchlaufender Posten, in Form der nicht abzugsfähigen Vorsteuer (vgl. Beispiel oben).

Steuern als Ausgaben

Steuern sind keine Aufwendungen, sondern lediglich Ausgaben, wenn sie aus dem Ergebnis zu zahlen sind. Zu dieser Gruppe gehören die Einkommen-, Körperschaft- und Kirchensteuer. Sie stellen Gewinnverwendung dar. Diese Steuern entziehen dem Unternehmen flüssige Mittel und beeinträchtigen damit die Liquidität und die Selbstfinanzierungskraft des Unternehmens.

Steuern als neutraler Aufwand

Steuern sind neutraler Aufwand, soweit sie zwar die Erfolgsrechnung, nicht aber die Kostenrechnung beeinflussen. Hierher gehören z. B. Steuern für Grundstücke, die lediglich der Kapitalanlage dienen.

Steuern als durchlaufende Posten

Die von den Unternehmen einbehaltenen Lohn-, Kirchen- und Kapitalertragsteuern, ferner die von den Kunden zu erhebenden Verbrauchsteuern und die Umsatzsteuer sind weder Aufwand noch Kosten. Die Berechnung, Erhebung und Abführung dieser Steuern ist eine *unentgeltliche Dienstleistung für die Finanzbehörde,* die nicht unerhebliche Kosten verursacht. Das Institut für Mittelstandsforschung schätzt diese versteckte Leistung für die Öffentlichkeit auf mehr als 0,5 Mrd. EUR im Jahr.

10.6 Maßnahmen der betrieblichen Steuerpolitik

Die Belastung des Unternehmens mit Steuern ist groß. Deshalb hat das Unternehmen zwei Ziele:

a) Minderung der Steuerlast,

b) zeitliche Verschiebung der Steuerbelastung.

Dabei ist jedoch zu beachten, dass steuerpolitische Maßnahmen anderweitig zu Nachteilen führen können (Erhöhung der Verwaltungskosten, Fehlinvestitionen).

Beispiele: Steuerberatungskosten, Anschaffung von geringwertigen Wirtschaftsgütern am Ende des Jahres, um den Gewinn zu mindern.

Minderung der Steuerlast

a) Die entstehende *Einkommensteuer*-Belastung lässt sich mindern durch

1. Geltendmachung von Betriebsausgaben oder Werbungskosten, Sonderausgaben und außergewöhnlichen Belastungen,

2. Aufteilung des Gewinns auf mehrere Personen, damit ein niedrigerer Steuersatz angewendet wird.

   Beispiel: Ein Unternehmer beteiligt seine Kinder als Komplementäre oder Kommanditisten. Damit kann er die Belastung durch die progressive Einkommenbesteuerung mit 14 bis 45% mindern.

b) Bei der *Umsatzsteuer* kann es vorteilhaft sein, auf Steuerbefreiung nach §§ 9 und 19 UStG zu verzichten, wenn hohe Vorsteuerbeträge abgezogen werden können; denn Vorsteuer darf nur abgezogen werden, wenn Umsatzsteuer bezahlt wird.

Zeitliche Verschiebung der Steuerbelastung

Bei späterer Steuerzahlung entstehen ein Zinsvorteil und eine Liquiditätsverbesserung. Werden die Steuersätze in den folgenden Jahren gesenkt, kann sich außerdem eine echte Steuerersparnis ergeben. Dem steht aber die Gefahr einer höheren Belastung gegenüber, wenn die Steuersätze angehoben werden. Eine zeitliche Verschiebung ist möglich durch

a) Ausnützung der *Bewertungsfreiheit.* Das Einkommensteuerrecht gestattet beispielsweise in begrenztem Rahmen

   1. Abschreibungen nach der geometrisch-degressiven Methode. Die Abschreibungsbeträge sind hier bei längerer Nutzungsdauer in den ersten Jahren wesentlich höher als bei der Abschreibung mit gleichbleibenden Jahresbeträgen.
   2. Abschreibungsregelungen für geringwertige Wirtschaftsgüter und Güter mit Anschaffungskosten bis 150 EUR.

b) Bildung von *Rückstellungen* für soziale Aufwendungen (Pensionskassen).

1. Nennen Sie Beispiele für Steuern
   a) als Kosten,
   b) als Gewinnverwendung,
   c) als neutraler Aufwand,
   d) als durchlaufender Posten.
2. Untersuchen Sie die Möglichkeiten eines Unternehmens,
   a) die Steuerlast zu vermindern,
   b) die Steuerbelastung auf später zu verschieben.
3. Die durchschnittliche effektive Belastung des Gewinnes eines Unternehmens mit Steuern ist von Land zu Land verschieden, so beträgt sie in ausgewählten Ländern (Stand: 2008):

Nominale Steuerbelastung von Kapitalgesellschaften in der EU und in ausgewählten Industrieländern (2008)

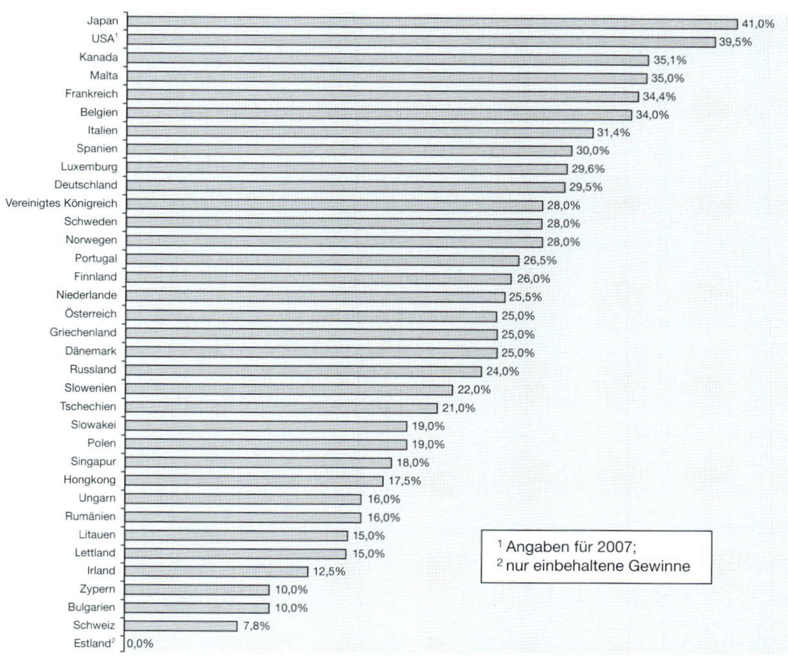

Quellen: Monatsberichte des BMF, Dezember 2008; BDI

   a) Vergleichen Sie die Steuerbelastung der Unternehmen in den EU-Staaten.
   b) Nennen Sie die Folgen der unterschiedlichen Unternehmensbesteuerung in der EU.
   c) Nennen Sie Argumente für und gegen eine Harmonisierung.

11 Kosten- und Leistungsrechnung des Industriebetriebes

Die Kosten- und Leistungsrechnung (KLR) ist Bestandteil des **betrieblichen Rechnungswesens,** das sich insgesamt gliedert in

Seite 512

a) **Finanzbuchführung.** Sie ist eine **Zeitraumrechnung** und erfasst die Vermögens- und Kapitalbestände. Zweck ist die Ermittlung des Erfolges eines Rechnungszeitraumes (Jahr, Monat). Der Erfolg kann Gewinn oder Verlust sein.

b) **Kosten- und Leistungsrechnung/Controlling.** Sie ist eine **Stück- bzw. Leistungseinheitsrechnung.**

c) **Planungsrechnung.** Sie ist eine **Vorschaurechnung** und ist auf die Zukunft gerichtet. Sie stellt Sollzahlen für begrenzte Zeiträume oder bestimmte Projekte auf und gibt sie vor.

d) **betriebswirtschaftliche Statistik.** Sie ist eine **Vergleichsrechnung.** Sie besteht in der zahlenmäßigen Erfassung von immer wiederkehrenden Vorgängen (Umsätzen, Auftragseingängen, Geldeingängen, Laufstunden von Maschinen). Die wichtigste Quelle für das statistische Material ist die Buchführung mit ihren Daten. Dazu kommen Erhebungen durch unmittelbare Mengenfeststellungen mittels Zählung und Befragung.

Finanzbuchführung, Kosten- und Leistungsrechnung, Planungsrechnung und betriebswirtschaftliche Statistik beschaffen der Unternehmensleitung und den Mitarbeitern wichtige Informationen für die Vorbereitung ihrer Entscheidungen und über den Vollzug und das Ergebnis getroffener Entscheidungen.

11.1 Bedeutung und Aufgaben der Kosten- und Leistungsrechnung

Wirtschaftliches Handeln erfordert, das Verhältnis von Ergebnissen der Leistungserstellung zum Mitteleinsatz so günstig wie möglich zu gestalten. Die Verkaufserlöse müssen die Kosten der Leistungserstellung mindestens decken und nach Möglichkeit Gewinn bringen. Die Kontrolle der Wirtschaftlichkeit setzt eine genaue Kostenerfassung voraus. Den Leistungen sind Kosten in der Höhe zuzuordnen, wie sie durch die Erstellung der Leistungen verursacht werden (Verursacherprinzip). Die **Bedeutung** der Kosten- und Leistungsrechnung lässt sich folglich aus dem **Wirtschaftlichkeitsprinzip** ableiten.

Die **Aufgaben** der Kosten- und Leistungsrechnung sind:

a) Überwachung der Kosten und der Wirtschaftlichkeit der Leistungserstellung.

b) Erstellung von Unterlagen,
   - die eine Beurteilung der Kostenlage im Verhältnis zum Marktpreis ermöglichen und für die Preisbildung nützlich sind,
   - um Vergleichsrechnungen durchführen zu können,
   - für die übrigen Zweige des betrieblichen Rechnungswesens (Finanzbuchführung, Planungsrechnung, Statistik).

11.2 Grundbegriffe der Kosten- und Leistungsrechnung

11.2.1 Kosten, Ausgaben, Aufwand

Unter **Kosten** versteht man den **betriebsbedingten Güter- und Dienstleistungseinsatz, in Geldeinheiten bewertet.**

Drei Merkmale kennzeichnen den Kostenbegriff:

Seite 10

a) Gütereinsatz. Zu den Gütern zählen Sachen, Rechte und Dienstleistungen. Der Einsatz ist losgelöst von etwaigen Geldausgaben. Auch unentgeltlich erworbene Güter (Schenkung, Erbschaft) oder im Betrieb anfallende Abfallprodukte (Sägemehl und Hobelspäne zur Herstellung von Hartfaserplatten) führen zu Kosten, wenn sie zur Leistungserstellung eingesetzt werden.

b) Bewertung. Der Einsatz von Gütern kann grundsätzlich in Geldwerten oder in Mengeneinheiten (Stück, Stunde, m, m^2, m^3, l, hl, kg, t, kWh) gemessen werden. Da aber die Kostenrechnung die Addierbarkeit und Vergleichbarkeit der Kosten verlangt, müssen sie in Geldeinheiten ausgedrückt, also *bewertet* werden.

c) Betriebsbezogenheit. Kosten sind der durch die Leistungserstellung bedingte Einsatz.

Ausgaben und Aufwand

Unter **Ausgaben** versteht man alle baren oder bargeldlosen **Geldausgänge.**

Unter **Aufwand** versteht man **jeden Einsatz an Gütern und Dienstleistungen** innerhalb einer Abrechnungsperiode, **bewertet in Geldeinheiten.**

In der betriebswirtschaftlichen Literatur werden die Begriffe **Aufwand** und **Aufwendungen synonym** verwendet.

Es gibt folgende Beziehungen:

a) Ausgaben, die kein Aufwand sind.
Beispiele: Rückzahlung von Eigenkapital, Privatentnahmen.

b) Aufwand, der keine Ausgabe ist.
Beispiele: Einsatz von Gütern, die keine Ausgabe verursachen (Schenkung, Erbschaft).

c) Ausgaben, die zugleich Aufwand sind.
Beispiel: Lohnzahlung.

d) Ausgaben und Aufwand, die zeitlich auseinander fallen.
Beispiele: Abschreibung und zeitliche Abgrenzung.

Kosten und Ausgaben

Zwischen Kosten und Ausgaben bestehen folgende Beziehungen:

a) Es gibt Ausgaben, die keine Kosten sind und auch nie zu Kosten werden.
Beispiele: 1. Ausgaben für den Erwerb eines unbebauten Grundstückes, das keiner Abnutzung unterliegt.
2. Ausgaben, mit denen kein betriebsbedingter Verbrauch verbunden ist, wie die Spende für einen Katastrophenfall, hoher Forderungsausfall aufgrund der Insolvenz eines Kunden.
3. Privatentnahmen, Gewinnausschüttungen und Kapitalrückzahlungen in Form von Geld.

b) Es gibt Kosten, die keine Ausgaben sind, denen keine Ausgabe vorausging und die auch zu keiner Ausgabe führen.

Seite 15

Beispiele: 1. Unentgeltlich (durch Erbfolge, Schenkung) erworbene und eingebrachte Güter (Gebäude, Maschinen, Werkstoffe) werden zur Leistungserstellung eingesetzt.
2. Eigenkapitalzinsen und kalkulatorischer Unternehmerlohn.

c) Es gibt Ausgaben, die zugleich Kosten sind, sofern sie zeitlich zusammenfallen.

Beispiele: Zahlung von Gehältern, Miete, Vertreterprovision.

d) Es gibt Ausgaben, die nicht gleichzeitig Kosten sind, aber später zu Kosten führen. Die Kosten folgen den Ausgaben.

Beispiele: 1. Ausgaben für die Beschaffung von Vermögenswerten (zunächst Aktivierung), deren Einsatz (Abschreibung, Stoffkosten) sich auf spätere Perioden erstreckt.
2. Vorauszahlung von Versicherungsbeiträgen. Die Ausgabe dient erst später der Leistungserstellung. Die im Zeitpunkt der Ausgaben »gebuchten« Kosten sind zeitlich abzugrenzen.

e) Es gibt Kosten, die im Zeitpunkt ihrer Entstehung keine Ausgaben sind, aber zu Ausgaben führen. Die Kosten entstehen vor den Ausgaben.

Beispiele: 1. Güter werden bereits eingesetzt, ehe sie bezahlt sind (Einsatz noch nicht bezahlter Rohstoffe).
2. Personalkosten, Raumkosten, Vertriebskosten werden erst in der folgenden Rechnungsperiode bezahlt. Sie sind zeitlich abzugrenzen.
3. Kosten werden durch periodengerechte Verteilung erfasst und später zu Ausgaben (Urlaubslöhne, Weihnachtsgratifikationen).
4. Für Kosten, die zu Ausgaben führen, deren Höhe oder Fälligkeit ungewiss ist, werden Rückstellungen gebildet (Prozesskosten, Beiträge zur gesetzlichen Unfallversicherung).

f) Ausgaben und Kosten können in der Bewertung voneinander abweichen. Dies ist der Fall, wenn die Verrechnungspreise der Kostenrechnung mit den Beschaffungspreisen nicht übereinstimmen. Die Bewertungsabweichungen werden auf Preisdifferenzkonten erfasst.

Aufwand und Kosten

Der Kostenbegriff ist vom Begriff Aufwand zu trennen. »Aufwand« ist ein Begriff der Finanzbuchführung (Bilanz und GuV-Rechnung), »Kosten« ist ein Begriff der Kostenrechnung.

► Aufwand

Der Aufwand wird eingeteilt in neutralen Aufwand und Zweckaufwand.

a) Neutraler Aufwand wird unterteilt in

– **betriebsfremde Aufwendungen.** Das sind Aufwendungen, die mit der betrieblichen Leistungserstellung in keinem Zusammenhang stehen.

Beispiele: 1. Aufwendungen für nicht betriebsnotwendiges Kapital, für Sanierungen, Umwandlungen.
2. Spenden für mildtätige, wissenschaftliche oder politische Zwecke.
3. Kursverluste bei Wertpapieren, die nicht zu betrieblichen Zwecken beschafft worden sind.

– **betriebliche außerordentliche Aufwendungen.** Das sind Aufwendungen, die zwar betriebsbedingt sind, jedoch wegen ihres großen Umfangs, ihrer besonderen Art oder ihres unregelmäßigen (aperiodischen) Auftretens nicht zu den normalerweise anfallenden Aufwendungen gerechnet werden können.

Beispiele: 1. Verkauf einer gebrauchten DV-Anlage unter dem bilanziellen Buchwert.
2. Insolvenzverluste.
3. Schäden durch höhere Gewalt.

– **betriebliche periodenfremde Aufwendungen.** Das sind betriebliche Aufwendungen, die zu einer anderen Rechnungsperiode gehören, sofern sie nicht passiviert wurden.

Beispiele: 1. Prozesskosten für einen im vergangenen Jahr abgelaufenen Prozess, soweit sie etwaige Rückstellungen übersteigen.
2. Im Juli bezahlte Urlaubslöhne, im Dezember bezahlte Weihnachtsgratifikationen (Vor- und Nachleistungen bei kurzfristiger Erfolgsrechnung).

– **betriebliche, aber neutral behandelte Aufwendungen.**

Beispiele: tatsächliche Zinsaufwendungen, bilanzmäßige Abschreibungen, eingetretene Wagnisverluste, Haus- und Grundstücksaufwendungen, soweit sie die entsprechenden kalkulatorischen Beträge übersteigen, die bilanzmäßige Abschreibung übersteigt die kalkulatorische Abschreibung.

- **das Gesamtergebnis betreffende Aufwendungen.** Das sind Aufwendungen, die nicht in die Kalkulation einbezogen werden können, sondern vom Unternehmen aus dem Gewinn zu tragen sind.

  Beispiel: Körperschaftsteuer.

b) **Zweckaufwand** ist der Aufwand, der in gleicher Höhe Kosten darstellt. Er wird auch kostengleicher Aufwand genannt.

Beispiele: Rohstoffeinsatz, Arbeitsentgelte für Facharbeiter. In beiden Fällen sind die Aufwendungen durch die Leistungserstellung entstanden und deshalb sind sie auch Kosten.

▶ Kosten

Die Kosten werden unterteilt in Grundkosten, Zusatzkosten und Anderskosten.

a) **Grundkosten** sind diejenigen Kosten, die zugleich Aufwand darstellen. Man nennt sie auch aufwandsgleiche Kosten.

Beispiele: Werbekosten und Fertigungslöhne stellen immer Grundkosten dar, da die entsprechenden Aufwendungen in gleicher Höhe in die Kostenrechnung eingehen.

b) **Zusatzkosten** sind Kosten, die kein Aufwand sind. Man nennt sie auch aufwandslose Kosten. Seite 303

Beispiel: Der kalkulatorische Unternehmerlohn stellt immer Zusatzkosten dar, da für den Eigentümerunternehmer keine Lohn- und Gehaltszahlungen anfallen.

c) **Anderskosten** sind Kosten, die in der Kostenrechnung mit einem anderen Wert erfasst werden als der entsprechende Aufwand in der Buchführung. Sie sind aufwandsungleiche Kosten. Seite 302

Beispiele: 1. Kalkulatorische Abschreibungen haben einen anderen Wert als die auf das gleiche Objekt bezogenen bilanzmäßigen Abschreibungen.
2. Kalkulatorische Zinsen weichen von den tatsächlich gezahlten Zinsen ab.

Soweit die Anderskosten kleiner sind als der gegenüberstehende Aufwand, gehören sie zu den Grundkosten.

Soweit die Anderskosten größer sind als der gegenüberstehende Aufwand, wirken sie in der Kosten- und Leistungsrechnung wie Zusatzkosten. Seite 303

Beispiel: In einem Betrieb wurde mit kalkulatorischen Wagnissen von 10.000 EUR gerechnet. Die gegenüberstehenden tatsächlichen Aufwendungen für eingetretene Wagnisverluste belaufen sich auf

a) 12.000 EUR, b) 7.500 EUR.

Die Wagniskosten von 10.000 EUR sind in beiden Fällen aufwandsungleich und damit Anderskosten.

Im Falle a) sind sie bis zur Höhe von 10.000 EUR gleich den tatsächlichen Aufwendungen und damit Grundkosten. In Höhe von 2.000 EUR ist neutraler Aufwand entstanden.

Im Falle b) gehören die Wagniskosten mit 7.500 EUR zu den Grundkosten und mit 2.500 EUR zu den Zusatzkosten.

Den Zusammenhang zwischen Aufwendungen und Kosten verdeutlicht das folgende Bild:

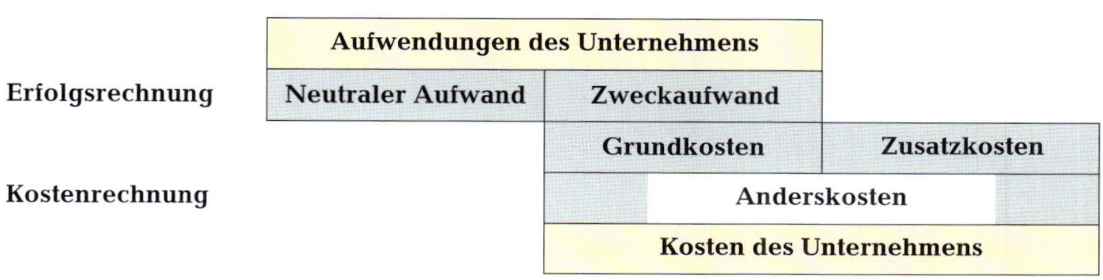

■ Kalkulatorische Kosten

Für Zinsen, Abschreibungen, Unternehmerlohn, Grundstücksaufwendungen und Wagnisverluste werden grundsätzlich diejenigen Beträge in die Kostenrechnung eingesetzt, die durch die Leistungserstellung bedingt sind. Die tatsächlichen Zins- und Grundstücksaufwendungen, die bilanzmäßigen Abschreibungen und die eingetretenen Wagnisverluste werden als neutrale Aufwendungen behandelt.

	Auswirkungen auf		Beispiele
	GuV-Rechnung (Bilanzmäßige Abschreibung)	**Kostenrechnung** (Kalkulatorische Abschreibung)	
a)			Der Restwert einer stillgelegten Maschine muss immer noch bilanziell abgeschrieben werden, kann aber nicht mehr kalkulatorisch verrechnet werden, weil die Maschine nicht mehr zur Leistungserstellung dient.
b)			Bilanzmäßige und kalkulatorische Abschreibung für eine Anlage stimmen überein.
c)			Die bilanzielle Abschreibung für einen Lastwagen übersteigt die kalkulatorische.
d)			Die kalkulatorische Abschreibung einer Förderanlage übersteigt die bilanzielle.
e)			Eine bilanziell vollkommen abgeschriebene Maschine wird kalkulatorisch weiterhin abgeschrieben, da sie noch zur Leistungserstellung dient.

Neutraler Aufwand wirkt nur auf die GuV-Rechnung.

Zweckaufwand bzw. Grundkosten wirken auf die GuV-Rechnung und Kostenrechnung in gleicher Höhe.

Zusatzkosten wirken nur auf die Kostenrechnung.

Anderskosten bewirken unterschiedliche Ergebnisse in der GuV-Rechnung und Kostenrechnung.

▶ Kalkulatorische Abschreibungen

Kalkulatorische Abschreibungen werden vom **betriebsnotwendigen Anlagevermögen** vorgenommen. Sie berücksichtigen

- bei Sachgütern den abnutzungsbedingten Verschleiß sowie den natürlichen Verschleiß auch ohne Inbetriebnahme,
- bei Abbauvermögen den Substanzverlust,
- bei befristeten Rechten die Entwertung durch Zeitablauf,
- bei allen Anlagewerten die Entwertung infolge technisch-wirtschaftlicher Überholung.

Der Abschreibungsbetrag errechnet sich aus der betrieblichen Nutzungsdauer und orientiert sich vornehmlich am *Wiederbeschaffungswert.*

Beispiele: 1. Eine Maschinenanlage im Anschaffungswert von 100.000 EUR darf laut AfA-Tabelle des Finanzamtes in acht Jahren abgeschrieben werden. Dies wären 12,5 % pro Jahr bzw. 12.500 EUR.

Der abnutzungsbedingte Verschleiß und der technische Fortschritt erfordern aber eine Kalkulation auf 5 Jahre, d.h. man schreibt kalkulatorisch 20 % pro Jahr bzw. 20.000 EUR ab.

2. Wenn nach fünf Jahren die Maschinenanlage ersetzt werden muss, kostet sie wahrscheinlich mehr, z. B. 125.000 EUR. Also ist es sinnvoll, kalkulatorisch vom Wiederbeschaffungswert abzuschreiben. Der Kostenrechner kalkuliert somit nicht mit 20.000 EUR, sondern mit 25.000 EUR.

▶ Kalkulatorische Zinsen

Sie werden errechnet aus dem zu verzinsenden **betriebsnotwendigen Kapital.** Dieses wird wie folgt ermittelt:

1. Ermittlung des betriebsnotwendigen Kapitals:

	Kalkulatorische Restwerte des betriebsnotwendigen Anlagevermögens
+	durchschnittlich gebundenes betriebsnotwendiges Umlaufvermögen
=	betriebsnotwendiges Vermögen oder Kapital

– zinsfrei überlassenes Fremdkapital (Abzugskapital): Anzahlungen von Kunden; passive Posten der Rechnungsabgrenzung und Rückstellungen; Verbindlichkeiten, die zinsfrei überlassen wurden

= zu verzinsendes betriebsnotwendiges Kapital

2. Ermittlung der kalkulatorischen Zinsen

Das betriebsnotwendige Kapital wird mit einem Zinssatz verzinst, der vom Unternehmen grundsätzlich nach eigenem Ermessen bestimmt werden kann. Im Allgemeinen wird der landesübliche Zinssatz für langfristige Darlehen angewendet.

Der **Betrag** für die **kalkulatorischen Zinsen** pro Jahr ergibt sich aus der Formel
betriebsnotwendiges Kapital · kalkulatorischer Zinssatz = kalkulatorische Zinsen.

!

▶ Kalkulatorische Wagnisse

Man unterscheidet

a) **allgemeines Unternehmerwagnis** (Wahl des Standorts, Wahl des Geschäftszweigs). Es ist nicht kalkulierbar und wird somit durch den Gewinn abgegolten.

b) **Einzelwagnisse.** Sie sind mit der Leistungserstellung verbunden und werden deshalb als kalkulatorische Wagnisse in die KLR mit einbezogen. Zu den Einzelwagnissen zählen:

- Beständewagnisse: Verlust durch Verderb, Diebstahl.
- Anlagenwagnisse: Verlust durch Brand, Unfall, Katastrophen.
- Vertriebswagnis: Verlust durch Forderungsausfälle.
- Gewährleistungswagnisse: Erstattung für Mängel oder Garantien.

Der Zeitpunkt des Auftretens sowie die Höhe der Wagnisverluste sind ungewiss und zufällig. Daher können die tatsächlichen Wagnisverluste nicht auf eine Abrechnungsperiode bezogen werden. Sie tragen aperiodischen Charakter und können deshalb nur als neutrale Aufwendungen gebucht werden. Um sie in die Kostenrechnung einbeziehen zu können, ist eine gleichmäßige periodische Verteilung der Zufallsaufwendungen erforderlich.

Beispiel zur Ermittlung des kalkulatorischen Beständewagnisses: Ein Unternehmen hat in den letzten Jahren folgende Kosten im Rohstofflager aufgrund von Verderb und Diebstahl feststellen müssen:

Jahr	Bestand in EUR	Verderb in EUR
01	950.000	15.150
02	1.200.000	12.450
03	980.000	13.500
04	1.100.000	11.000
05	1.050.000	14.500
Summen	5.280.000	66.600

Mögliche Vorgehensweise zur Ermittlung einer Kennzahl zur Erfassung des Beständewagnisses für das Jahr 06:

Durchschnittlicher Prozentsatz für die letzten 5 Jahre = 1,26 %

Erwarteter Bestand im Jahre 06: 1.300.000 EUR.

Beständewagnis: 1,26 % von 1,3 Mio. EUR = 16.380 EUR.

▶ Kalkulatorischer Unternehmerlohn

Durch ihn soll bei **Personenunternehmen** ein Entgelt für die Arbeit der im Betrieb ohne Entlohnung tätigen Unternehmer in die Kostenrechnung einbezogen werden. Seine Höhe richtet sich nach dem Entgelt für eine vergleichbare Arbeitsleistung (Gehälter an Direktoren oder Geschäftsführer in Unternehmen des gleichen Geschäftszweiges und vergleichbarer Größe). Ein **Einzelunternehmer** darf sich aus steuerrechtlichen Gründen kein Gehalt auszahlen.

Seite 380

Bei **Kapitalgesellschaften** entfällt der kalkulatorische Unternehmerlohn, weil die Bezüge der Vorstandsmitglieder bzw. Geschäftsführer laufend als Gehalt bezahlt und damit als Kosten gebucht werden.

Beispiel: Zwei OHG-Gesellschafter könnten als Geschäftsführer in einer GmbH tätig sein. Jeder würde dort 60.000 EUR Jahresgehalt beziehen. Diese 120.000 EUR gingen bei der GmbH automatisch in die Kostenrechnung ein, da sie Grundkosten darstellen. Bei der OHG dagegen *kann* diese Summe als kalkulatorischer Unternehmerlohn in die Kostenrechnung aufgenommen werden.

11.2.2 Leistungen, Ertrag, Einnahmen

> Unter **Leistungen** versteht man **das Ergebnis des betriebsbedingten Güter- und Dienstleistungseinsatzes, in Geldeinheiten bewertet.**

Drei Merkmale kennzeichnen den Leistungsbegriff:

a) **Ausbringung von Erzeugnissen.** Dazu zählen
   - die bereits umgesetzten Erzeugnisse **(Absatzleistungen),**
   - die für den Umsatz vorgesehenen, aber noch gelagerten Erzeugnisse (unfertige und fertige Erzeugnisse) **(Lagerleistungen),**
   - die zur Verwendung im eigenen Betrieb bestimmten Güter **(innerbetriebliche Eigenleistungen).**

b) **Bewertung.** Die Ausbringung von Erzeugnissen kann je nach Erzeugnisart in Geldwerten oder in Mengeneinheiten (Stück, m, m^2, m^3, l, hl, kg, t, kWh) gemessen werden. Da aber die Leistungsrechnung die Addierbarkeit und Vergleichbarkeit der verschiedenen Leistungen verlangt, müssen sie in Geldeinheiten ausgedrückt, also *bewertet* werden.
   - Der Wert der bereits umgesetzten Erzeugnisse ergibt sich aus ihrem **Verkaufserlös.**
   - Der Wert der gelagerten unfertigen und fertigen sowie der zur innerbetrieblichen Verwendung vorgesehenen Erzeugnisse bestimmt sich nach ihren **Herstellkosten.**

c) **Betriebsbezogenheit.** Die Leistung entsteht durch den betrieblichen Einsatz. Nicht zur Betriebsleistung gehören z. B. Zinserträge oder Leistungen, denen kein Ertrag gegenübersteht (Zusatzleistungen) wie eine Schenkung von Produkten an »Die Tafel« e.V.

Einnahmen und Ertrag

> Unter **Einnahmen** versteht man alle **Geldeingänge.** Dabei ist es gleichgültig, ob der *Geldzufluss* bar oder bargeldlos erfolgt.

Beispiele:

1. Barverkauf von Produkten.
2. Die Hausbank schreibt uns das aufgenommene Darlehen auf unserem Bankkonto gut.

> Unter **Ertrag** versteht man **jeden in Geld bewerteten Wertezuwachs** innerhalb einer Abrechnungsperiode.

Je nachdem, warum der Ertrag entsteht, kommt man zu denselben Betrachtungsweisen wie bei den Aufwendungen. Man unterscheidet demnach:

a) **Zweckertrag.** Er ist festgelegt als *Ertrag,* der *für rein betriebliche Zwecke* anfällt.

   Beispiele: Fertigerzeugnisverkäufe, Provisionseinnahmen.

b) **neutraler Ertrag.** Er fällt nicht unter den Zweckertrag. Man unterscheidet:
   - **betriebsfremder Ertrag.** Ein solcher *Ertrag dient nicht rein betrieblichen Zwecken.*

     Beispiele: Mieterträge aus Werkswohnungen, Untervermietungen im nicht ausgelasteten eigenen Bürogebäude.
   - **betrieblicher außerordentlicher Ertrag.** Ein solcher *Ertrag entspricht nicht dem gewöhnlichen Betriebsgeschehen.*

     Beispiele: Pkw-Verkauf über dem Buchwert, Geldeingang für eine im laufenden Geschäftsjahr abgeschriebene Forderung.

- **betrieblicher periodenfremder Ertrag.** Ein solcher *Ertrag gehört nicht zum aktuellen Betriebsgeschehen.*

  Beispiele: Gewerbesteuerrückzahlung für das vergangene Jahr, Geldeingang für eine im Vorjahr abgeschriebene Forderung.

11.2.3 Sachliche Abgrenzungsrechnung

In der *Gewinn- und Verlustrechnung* wird das *Gesamtergebnis* des Unternehmens ermittelt. Es ergibt sich als Saldo zwischen Aufwendungen und Erträgen.

Die *Kosten- und Leistungsrechnung* ermittelt das *Betriebsergebnis.* Es ergibt sich aus dem Saldo von Kosten und Leistungen.

Weil Aufwendungen und Kosten einerseits, Erträge und Leistungen andererseits, nicht vollständig übereinstimmen, fallen auch das Gesamt- und Betriebsergebnis in aller Regel auseinander. Sie unterscheiden sich durch das neutrale Ergebnis, das sich mithilfe

- der sogenannten »**unternehmensbezogenen Abgrenzung**« von neutralen Aufwendungen und Erträgen sowie
- »**kostenrechnerischer Korrekturen**« von Unterschiedsbeträgen zwischen Aufwendungen und Kosten errechnen lässt.

Um eine getrennte Ermittlung von Gesamtergebnis und Betriebsergebnis zu ermöglichen, ist das industrielle Rechnungswesen in ein Zweikreissystem aufgeteilt. Es besteht aus dem

- **Rechnungskreis I,** der »*Geschäftsbuchführung*« mit den Kontenklassen 0 bis 8. Darin wird das Gesamtergebnis ermittelt.
- **Rechnungskreis II,** der »*Betriebsbuchführung*« mit der Kontenklasse 9. Darin wird das Betriebsergebnis und das neutrale Ergebnis ermittelt.

Eine Verbindung der beiden Rechnungskreise erfolgt in der Praxis häufig durch tabellarische Erfassung. Damit lässt sich die Ergebnisabstimmung einfach und deutlich darstellen.

Beispiel:

1. Das **GuV-Konto** eines Industrieunternehmens weist folgende Werte aus:

Aufwendungen (Tsd. EUR)	GuV-Konto	Erträge (Tsd. EUR)	
Rohstoffaufwendungen	2.000	Umsatzerlöse	5.000
Gesamte Personalaufwendungen	2.300	Innerbetriebliche Eigenleistungen	150
Abschreibungen auf Sachanlagen	400	Erträge aus dem Abgang von Vermögensgegenständen	120
Verluste aus dem Abgang von Vermögensgegenständen	40	Zinserträge	30
Betriebssteuern	45		
Zinsaufwendungen	65		
Spenden	10		
Gesamtergebnis (Gewinn)	440		
	5.300		5.300

2. In der Kosten- und Leistungsrechnung sind abweichend von den bilanzmäßigen Aufwendungen als **Anderskosten** eingesetzt:

   a) kalkulatorische Abschreibungen auf Sachanlagen 350 Tsd. EUR,

   b) kalkulatorische Zinsen für das betriebsnotwendige Kapital 80 Tsd. EUR.

3. Ergebnistabelle:

	A	B	C	D	E	F	G	H	I
1	**Rechnungskreis I (Tsd. EUR)**			**Rechnungskreis II (Tsd. EUR)**					
2	Bereich der Geschäftsbuchführung			Abgrenzungsbereich				Kosten- und Leistungsrechnung	
3				Neutrale Ergebnisrechnung					
4	Erfolgskonten	GuV-/Gesamtergebnisrechnung		Unternehmensbezogene Abgrenzungen		Kostenrechnerische Korrekturen		Betriebsergebnisrechnung	
5				Neutraler		Verrechnete(r)			
6		Aufwand	Ertrag	Aufwand	Ertrag	Aufwand	Kosten	Kosten	Leistungen
7	Umsatzerlöse		5.000						5.000
8	Innerbetriebliche Erträge		150						150
9	Erträge a. A. v. Vg.		120		120				
10	Zinserträge		30		30				
11	Erzeugnisaufwendungen	2.000						2.000	
12	Personalaufwendungen	2.300						2.300	
13	Abschr. a. Sachanlagen	400				400	350	350	
14	Verluste a. A. v. Vg.	40		40					
15	Betriebssteuern	45						45	
16	Zinsaufwendungen	65				65	80	80	
17	Spenden	10		10					
18	Summen	4.860	5.300	50	150	465	430	4.775	5.150
19	Gesamtergebnis bzw.	440		100			-35	375	
20	Unternehmensgewinn			Ergebnis aus der		Ergebnis aus			
21				unternehmensbe-		kostenrech-			
22				zogenen		nerischen		Betriebsergebnis	
23				Abgrenzung		Korrekturen			
24				65				375	
25				**Neutrales Ergebnis**				**Betriebsergebnis**	
26		440		440					
27	**Gesamtergebnis (Rechnungskreis I)**			= **Gesamtergebnis (Rechnungskreis II)**					

4. Auswertung der Ergebnistabelle:

Die Ergebnistabelle liefert dem kundigen Leser die betrieblichen Informationen als Kernaussagen:

- Das Unternehmen erzielt seine Erträge überwiegend aus der betrieblichen Leistungserstellung, denn in seinem Kernbereich erwirtschaftet es 85,23 % vom Gesamtgewinn.
- Bei der neutralen Ergebnisrechnung darf das Ergebnis nicht überbewertet werden, da die Erträge aus dem Abgang von Vermögensgegenständen wahrscheinlich einmalig waren. Entfallen diese, schließt die neutrale Ergebnisrechnung sogar mit einem Verlust ab. Damit verschlechtert sich auch das Betriebsergebnis.

?

1. Wodurch unterscheiden sich Finanzbuchführung, Kosten- und Leistungsrechnung, Statistik und Planungsrechnung?
2. Welche Sachgüter und Dienstleistungen werden eingesetzt bei der Herstellung von
   a) Stahlblechen, b) Keramikerzeugnissen, c) Fruchtsäften?
3. In welchen Maßeinheiten werden die einzelnen eingesetzten Güter erfasst?
4. Ordnen Sie die Vorgänge in einer Tabelle den folgenden Aussagen zu:

Vorgänge	**Aussagen**
a) Vorausbezahlung des Heizölvorrats,	1. Ausgaben – keine Kosten,
b) Privatentnahmen,	2. Kosten – keine Ausgaben,
c) Abschreibung auf geerbte Fabrikanlagen,	3. Kosten – gleichzeitig Ausgaben,
d) Verarbeitung von noch nicht bezahlten Rohstoffen,	4. Ausgaben – später Kosten,
e) sofortige Bezahlung von Transportkosten.	5. Kosten – später Ausgaben.

5. Warum sind Eigenkapitalrückzahlungen und Privatentnahmen kein Aufwand?
6. Wodurch unterschieden sich
   a) Zweckaufwand und neutraler Aufwand,
   b) Grundkosten und Zusatzkosten,
   c) Grundkosten und Anderskosten,
   d) Anderskosten und Zusatzkosten?

7. Begründen Sie, ob folgende Aussagen richtig sind:
   a) Betriebliche periodenfremde Aufwendungen fallen unregelmäßig an und können deswegen in keinen Zusammenhang mit der betrieblichen Leistungserstellung gebracht werden.
   b) Die das Gesamtergebnis betreffenden Aufwendungen gehören zu den betriebsfremden Aufwendungen, weil sie nicht in die Kalkulation mit einbezogen werden dürfen.
   c) Soweit tatsächliche Aufwendungen die ihnen entsprechenden kalkulatorischen Beträge übersteigen, gehören sie zu den neutralen Aufwendungen.
8. Die Abschreibungen auf Büroausstattung betrugen laut Geschäftsbuchführung im Vorjahr 6.800 EUR und im laufenden Jahr 9.000 EUR. In der Kostenrechnung wurde jedes Jahr mit 8.400 EUR gerechnet. Geben Sie für beide Fälle an, inwieweit vorliegende Anderskosten zu den Grundkosten und zu den Zusatzkosten zu rechnen sind.
9. Inwieweit unterscheiden sich die kalkulatorischen Kosten von den tatsächlichen Aufwendungen?
10. Nach welchen Kriterien werden
   a) das der kalkulatorischen Abschreibung als Abschreibungsgrundwert dienende betriebsnotwendige Anlagevermögen berechnet,
   b) der kalkulatorische Abschreibungsbetrag ermittelt?
11. Berechnen Sie die kalkulatorischen Zinsen: Kalkulatorische Restwerte des Anlagevermögens insgesamt 750.000 EUR. Betriebsnotwendiges Umlaufvermögen durchschnittlich 800.000 EUR. Zinsfrei überlassenes Fremdkapital 90.000 EUR. Branchenüblicher kalkulatorischer Zinssatz 8%.
12. a) Wodurch unterscheidet sich das allgemeine Unternehmerwagnis von den betrieblichen Einzelwagnissen?
   b) Wodurch unterschieden sich eingetretene Wagnisverluste von den kalkulatorischen Wagnisverlusten?
13. a) Wie lässt sich der kalkulatorische Unternehmerlohn ermitteln?
   b) Der kalkulatorische Unternehmerlohn ist kein Aufwand. Inwiefern kann er sich trotzdem in der Gewinn- und Verlustrechnung auswirken?
14. Finden Sie jeweils ein Beispiel zu den in Bild, Seite 301 definierten Kosten und Aufwendungen.
15. Ermitteln Sie anhand der gegebenen Zahlen in den Betrieben 1 und 2 die Werte für
   a) den neutralen Aufwand,
   b) die Zusatzkosten,
   c) den Zweckaufwand,
   d) die Anderskosten,
   e) die Grundkosten.

Aufwands- bzw. Kostenbetrag		**bilanzmäßiger Wert**	**kalkulatorischer Wert**
Abschreibungen	in Betrieb 1	200.000 EUR	180.000 EUR
	in Betrieb 2	86.000 EUR	90.000 EUR
Zinsen	in Betrieb 1	22.000 EUR	105.000 EUR
	in Betrieb 2	50.000 EUR	44.000 EUR
Wagnisverluste	in Betrieb 1	25.000 EUR	25.000 EUR
	in Betrieb 2	18.000 EUR	40.000 EUR
Unternehmerlohn	in Betrieb 1	0 EUR	90.000 EUR
	in Betrieb 2	0 EUR	75.000 EUR

   f) Begründen Sie, warum die kalkulatorischen Abschreibungen in Betrieb 1 niedriger und in Betrieb 2 höher sind als die Werte in der Geschäftsbuchführung.
16. Aus der Geschäftsbuchführung eines Unternehmens liegen folgende Daten (in EUR) vor:

Umsatzerlöse	6.200.000	Verluste aus Vermögensverkäufen	110.000
Zinsen und ähnliche Erträge	80.000	Zinsaufwendungen	175.000
Warenaufwendungen	2.060.000	Betriebssteuern	202.000
Löhne und Gehälter	2.340.000	Reparaturen	240.000
soziale Aufwendungen	520.000	weitere kostenwirksame Aufwendungen	80.000
Abschreibungen auf Sachanlagen	480.000		

Weitere Angaben:
kalkulatorische Abschreibungen 500.000
kalkulatorischer Unternehmerlohn 120.000

   a) Erstellen Sie die Ergebnistabelle.
   b) Beurteilen Sie die Situation des Unternehmens aufgrund der Ergebnistabelle.

11.3 Kosten- und Leistungsrechnung als Vollkostenrechnung

Nach den Gemeinschaftsrichtlinien für die Kostenrechnung (GRK) unterscheidet man die Kostenarten-, Kostenstellen- und Kostenträgerrechnung sowie die Leistungs- und Betriebsergebnisrechnung.

11.3.1 Kostenartenrechnung

Die Kostenartenrechnung steht am Anfang jeder Kostenrechnung. Die wichtigsten Aufgaben sind:

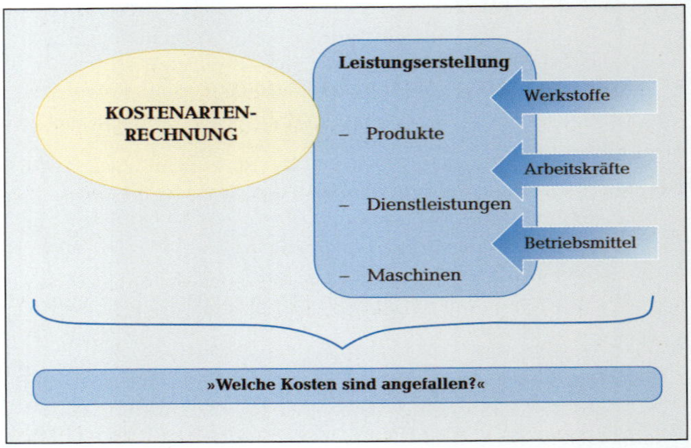

Kosten
- systematisch erfassen,
- bewerten (in EUR ausdrücken),
- klassifizieren (für die weitere Verarbeitung in passende Gruppen einteilen),

um
- den kurzfristigen Periodenerfolg darzustellen,
- die Kosten mit denen vorangegangener Perioden oder mit den Kosten anderer Unternehmen zu vergleichen,
- eine Weiterverrechnung auf Kostenstellen vorzunehmen und
- den Verkaufspreis zu kalkulieren.

Gliederung der Kostenarten in Gruppen

Die **Kostenarten** können nach bestimmten Gesichtspunkten, z. B. nach der Art der verbrauchten Kostengüter, eingeteilt werden.

► Materialkosten

Materialkosten entstehen in allen Unternehmen. Sie sind Kosten, die durch den **Einsatz unterschiedlicher Materialien** entstehen. Ihre Bedeutung für die einzelnen Wirtschaftszweige ist aber verschieden.

Beispiele: Rohstoffe, Hilfsstoffe, Betriebsstoffe, Fremdbauteile.

► Arbeitskosten

Arbeitskosten sind Kosten, die durch den **Einsatz von Arbeitskräften** entstehen. Sie können sich gliedern in:

a) Löhne und Gehälter einschließlich aller Familien-, Gefahren-, Schmutz-, Sonntags-, Feiertags- und Nachtzuschläge;

b) Sozialkosten
1. *gesetzliche* soziale Abgaben (Arbeitgeberbeiträge zur Sozialversicherung, Krankengeldzuschüsse);
2. *freiwillige* soziale Aufwendungen (Jubiläumsausgaben, Zuschüsse zur Werksküche);

c) sonstige Personalkosten (Stellenausschreibungen, Vorstellungskosten, Umzugskosten);

d) Provisionen (Entgelt für Handelsvertreter);

e) Kalkulatorischer Unternehmerlohn (Entgelt für unternehmerische Arbeitsleistung).

► Anlagekosten

Seite 519

Anlagekosten sind Kosten, die **durch das Anlagevermögen verursacht** werden, insbesondere durch die Instandhaltung und Abnutzung. Die Instandhaltung verursacht Stoff-, Arbeits- und Fremdleistungskosten. Die Abnutzung wird durch **Abschreibungen** erfasst.

► Kalkulatorische Kosten

Seite 301

► Fremdleistungskosten

Sie entstehen durch die Inanspruchnahme von **Leistungen fremder Betriebe.**

Beispiele: Transportkosten, Entgelte für Nachrichtenübermittlung, Miet- und Pachtkosten, Kosten für Strom, Gas, Wasser aus fremden Betrieben, Kosten für Reparaturen und Instandsetzungen durch fremde Betriebe, Kosten für die Übernahme der Werbung durch Werbeunternehmen, Kosten für den Einsatz erworbener Patente und Lizenzen, Versicherungskosten.

► Kosten der menschlichen Gesellschaft

Sie entstehen durch die **vielfältigen Güter und Leistungen** des Staates, **die in Anspruch** genommen werden.

Beispiele: Gewerbeertragsteuer, Grundsteuer, Grunderwerbsteuer, Anliegerbeiträge.

► Umweltkosten

Sie entstehen durch die **Einhaltung entsprechender Umweltschutzvorschriften** oder durch das **umweltpolitische Engagement** der einzelnen Unternehmen.

Beispiele: Kosten für die Entsorgung von Abfall, für die Reinigung von Abwässern und Abluft, für Recyclingmaßnahmen.

Gliederung nach der Zurechenbarkeit auf Kostenträger

Gefertigte Erzeugnisse und erstellte Dienstleistungen bezeichnet man in der Kostenrechnung als Kostenträger. Je nachdem, ob die Kosten dem Kostenträger unmittelbar oder mittelbar zugerechnet werden können, unterscheidet man:

► Einzelkosten

Einzelkosten sind Kosten, die dem *einzelnen Kostenträger unmittelbar* (direkt) zugerechnet werden können.

Beispiele: Einstandspreis für 1 m^2 Holz für die Herstellung einer Tischplatte (Fertigungsmaterial), Lohn für 2 Stunden Arbeitszeit zur Herstellung eines Tisches (Fertigungslöhne).

► Sondereinzelkosten

Wenn Einzelkosten nur in *besonderen* Fällen anfallen, spricht man von Sondereinzelkosten. Diese Kosten können einem Gesamtauftrag oder einer Einzellieferung zugerechnet werden. Man unterscheidet:

- **Sondereinzelkosten der Fertigung.**

  Beispiele: Lizenz- und Patentgebühren, Kosten für Sonderwerkzeuge, Vorrichtungen und Modellkosten, Planzeichnungen.

- **Sondereinzelkosten des Vertriebs.**

  Beispiele: Besondere Verpackungskosten und Transportkosten.

► Gemeinkosten

Gemeinkosten sind Kosten, die *gemeinsam für alle Kostenträger* anfallen und damit dem einzelnen Kostenträger nur mittelbar (indirekt) zugerechnet werden können. Sie werden für einen Abrechnungszeitraum erfasst, mit einem Verteilungsschlüssel auf die Kostenstellen verteilt und dem Kostenträger mithilfe von Zuschlagsprozentsätzen mittelbar (indirekt) zugerechnet.

Beispiele: Monatsgehalt des Hausmeisters, Kosten für Fotokopierpapier, Werbekosten für eine Anzeige, betriebliche Steuern.

Seite 345

Gliederung nach dem Verhalten bei Beschäftigungsänderungen

Je nachdem, wie die Produktion oder die Auslastung der bestehenden Kapazitäten steigt oder fällt, können sich die Kosten ändern. Dabei werden sie im Verhältnis zu Beschäftigungsänderungen oder zum Beschäftigungsgrad betrachtet.

1. Ordnen Sie mithilfe der folgenden Aufstellung die einzelnen Kostenarten zu. Füllen Sie die entsprechende Zelle aus bzw. kreuzen Sie die richtige Spalte an.

Bezeichnung der Kostenarten	Art der verbrauchten Kostengüter	Zurechenbarkeit auf Kostenträger			Verhalten bei Beschäftigungsänderungen				
		Einzelkosten	Sondereinzelkosten	Gemeinkosten	fixe Kosten	variable Kosten			Mischkosten
						prop.	unterprop.	überprop.	

Bezeichnung der Kostenarten:
Kraftfahrzeugsteuer, Büromaterial, Gehälter, Instandhaltung, Berufsgenossenschaftsbeiträge, Rohstoffverbrauch, Mieten, Feuerversicherungsprämie, Akkordlöhne, betriebliche Steuern, Reisekosten, Hilfsstoffverbrauch, Werbekosten, Ausgangsfrachten, Hilfslöhne, kalkulatorischer Unternehmerlohn, Vertreterprovision, Betriebsstoffaufwand, Instandhaltungskosten, Abschreibungen auf Sachanlagen, Fertigungsmaterial, soziale Abgaben, Zinsen, Modellkosten, Versicherungsprämie für Lkw-Ladung, Auszubildendenvergütung, Reinigungskosten, Garantieleistungen, Gehalt des Pförtners, Kosten für Abluftanlage, Leasinggebühren.

2. Es liegen folgende Daten vor:

Bezeichnung	**Betrag in EUR**	**Bezeichnung**	**Betrag in EUR**
Aufwendungen für Rohstoffe	40.000,00	Abschreibungen auf Sachanlagen	75.000,00
Hilfsstoffaufwand	15.000,00	Mietaufwendungen	11.000,00
Betriebsstoffaufwand	5.000,00	Büromaterial	1.100,00
Verpackungsmaterial	9.500,00	Werbung	16.500,00
Fremdreparaturen	9.000,00	Gewerbesteuer	15.000,00
Löhne	186.000,00	Zinsaufwendungen	4.900,00
Gehälter	140.000,00	Kalkulatorischer Unternehmerlohn	36.000,00
Soziale Abgaben	100.000,00		

   a) Gliedern Sie die Daten nach Kostenarten.
   b) Errechnen Sie den Anteil der Einzel-, Sondereinzel- und Gemeinkosten an den Gesamtkosten in Euro und in Prozent.

3. In einem Unternehmen zur Herstellung von Badezusätzen beträgt die Kapazität 325.000 Liter im Jahr. Berechnen Sie den Beschäftigungsgrad im vergangenen Jahr, wenn damals 295.000 Liter abgefüllt wurden.

4. Ein Maschinenbauunternehmen ist in verschiedene Bereiche unterteilt. Der Bereich »Fräsen« kann täglich 10 Stunden genutzt werden. Das entspricht der vollen Kapazitätsauslastung. Berechnen Sie den Beschäftigungsgrad, wenn in diesem Bereich 240 Arbeitstage mit insgesamt 2.025 Stunden gearbeitet wurde.

5. In einem holzverarbeitenden Unternehmen fallen monatlich 36.000,00 EUR an fixen Kosten an. Die variablen Kosten belaufen sich auf 175,00 EUR pro Stück.
   a) Übernehmen Sie die folgende Tabelle und ermitteln Sie die einzelnen Kostenbeträge bei einer monatlichen Produktion von 50, 100, 150, 200, 250, 300, 350 und 400 Stück.

Menge in Stück	**Fixe Kosten in EUR**	**Variable Kosten in EUR**	**Gesamtkosten in EUR**

   b) Stellen Sie die einzelnen Kostenverläufe grafisch dar und wählen Sie einen geeigneten Maßstab.

11.3.2 Kostenstellenrechnung als Ist- und Normalkostenrechnung

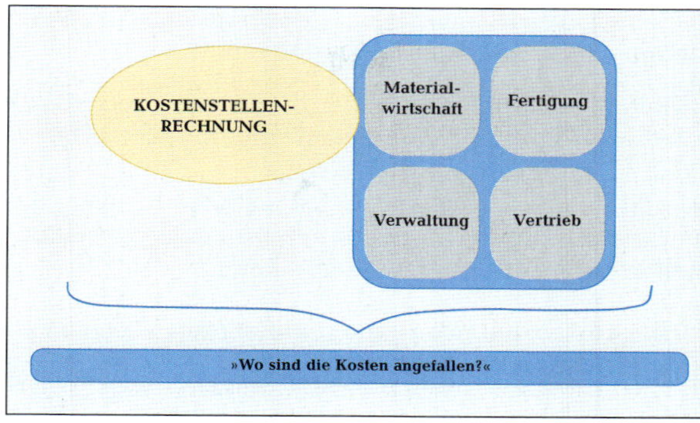

In der Kostenstellenrechnung werden die Kosten auf den Ort ihrer Entstehung verteilt. Deshalb muss bereits die Kostenartenrechnung den Bedürfnissen der Kostenstellenrechnung angepasst werden. Insbesondere sind die Kosten nach Einzel- und Gemeinkosten getrennt zu erfassen.

Nur die Einzelkosten und Sondereinzelkosten können direkt auf die Kostenträger verrechnet werden. Bei den Gemeinkosten besteht das Problem, dass man nicht sagen kann, welcher Betrag auf den einzelnen Kostenträger entfällt. Man kann aber feststellen, an welcher Stelle im Unternehmen Gemeinkosten angefallen sind, also in welcher Kostenstelle.

Eine **Kostenstelle** ist *ein Teilbereich eines Unternehmens,* in dem die **Gemeinkosten entstehen** und dem sie deshalb zugerechnet werden.

Aufgaben der Kostenstellenrechnung

Der Grundgedanke bei der Aufteilung des Unternehmens in Kostenstellen ist die Tatsache, dass die Gemeinkosten von den einzelnen Unternehmensbereichen unterschiedlich stark verursacht werden. Je detaillierter diese Aufteilung in Kostenstellen gelingt, desto eher besteht die Möglichkeit, dass letztlich jedem Kostenträger die Kosten zugerechnet werden, die er verursacht. Dabei sind die Leiter der Kostenstellen, oftmals Abteilungs- oder Werkstattleiter, für die Wirtschaftlichkeit »ihrer« Kostenstelle verantwortlich. Darüber hinaus hat die Kostenstellenrechnung folgende Aufgaben:

- Gemeinkosten auf die Kostenstellen zuordnen. Die Kosten sollen an ihrem Entstehungsort im Unternehmen erfasst und kontrolliert werden. Damit verbunden ist die Kontrolle des Kostenanfalls nach Verantwortungsbereichen.
- Gemeinkostensummen der verschiedenen Kostenstellen ermitteln.
- Prozentuale Zuschlagssätze für die Verrechnung der Gemeinkosten auf die Kostenträger ermitteln.
- Abweichungen zwischen den tatsächlich angefallenen Gemeinkosten (Ist-Gemeinkosten) und den auf die Kostenträger verrechneten Gemeinkosten (Normal-Gemeinkosten) ermitteln.
- Kennzahlen zur Kontrolle der Wirtschaftlichkeit ermitteln.
- Erfahrungswerte für die Planung der in der Zukunft anfallenden Gemeinkosten sammeln.

Kostenbereiche – Kostenstellen

In jedem Unternehmen werden Kostenbereiche gebildet. Man unterscheidet: Materialbereich, Fertigungsbereich, Entwicklungs- und Konstruktionsbereich, Verwaltungsbereich, Vertriebsbereich und allgemeiner Bereich.

Innerhalb der Kostenbereiche werden Kostenstellen gebildet. Für ihre gegenseitige Abgrenzung können räumliche, funktionale oder kalkulatorische Gründe maßgebend sein. Es gibt folgende Möglichkeiten der Bildung:

a) Für mehrere Kostenbereiche wird eine Kostenstelle gebildet.
Beispiel: Kostenstelle Verwaltung und Vertrieb.

b) Für einen Kostenbereich wird nur eine Kostenstelle gebildet.
Beispiel: Im Kostenbereich Verwaltung gibt es die Kostenstelle Verwaltung.

c) Innerhalb eines Kostenbereichs werden mehrere Kostenstellen gebildet.
Beispiel: Der Kostenbereich Fertigung umfasst die Kostenstellen Stanzerei, Dreherei, Schleiferei.

Wird ein Unternehmen nur nach den Hauptfunktionsbereichen in Kostenstellen unterteilt, sind dies die Kostenstellen Material, Fertigung, Verwaltung und Vertrieb. Diese Kostenstellen erbringen unmittelbar Leistungen für den Kostenträger. Sie werden **Hauptkostenstellen** oder **Endkostenstellen** genannt.

> ! **Hauptkostenstellen** enthalten diejenigen Gemeinkostensummen, die am Ende des Verteilungsverfahrens den *Kostenträgern unmittelbar* zugerechnet werden können.

Es gibt in jedem Unternehmen auch Kostenstellen, die ihre Leistungen nicht unmittelbar an die Kostenträger, sondern an andere Kostenstellen abgeben. Sie werden **Hilfskostenstellen** oder **Vorkostenstellen** genannt.

> ! **Hilfskostenstellen** enthalten diejenigen Gemeinkosten, die zuerst auf die *Hauptkostenstellen* verteilt werden müssen.

Man unterscheidet bei den Hilfskostenstellen:

a) Allgemeine Hilfskostenstellen. In ihnen werden Kosten erfasst, die auf *alle anderen Hilfs- und Hauptkostenstellen* anteilmäßig verteilt werden.
Beispiel: Die innerbetriebliche Stromversorgung liefert Strom für alle anderen Kostenstellen.

b) Besondere Hilfskostenstellen. In ihnen werden Kosten erfasst, die *auf die übergeordneten Hauptkostenstellen* verteilt werden.
Beispiel: Die unternehmenseigene Werbeabteilung erstellt Werbeleistungen für die Hauptkostenstelle Vertrieb.

Betriebsabrechnungsbogen (BAB)

Das Hilfsmittel für die Kostenstellenrechnung ist der BAB. Er ist ein »Formblatt« der Betriebsabrechnung, in das in **vertikaler** Anordnung die Art und die Höhe der einzelnen Kosten und in **horizontaler** Gliederung die einzelnen Kostenstellen aufgenommen werden.

Beispiel: Der BAB ermöglicht die

a) Verrechnung der Gemeinkosten auf die Kostenstellen,

b) Umlage der Summen der Hilfskostenstellen auf die Hauptkostenstellen,

c) Ermittlung der Gemeinkostenzuschlagssätze für die Kostenträgerrechnung,

d) Errechnung statistischer Betriebskennzahlen.

	A	B	C	D	E	F	G	H	I	J	K	L
1	Kostenstellen	Zahlen der GBF	Allg. Hilfskostenstellen		Material	Fertigung				Verwaltung	Vertrieb	Bes. Hilfskostenstelle
2	Kostenarten	Beträge in Tsd. EUR	Innerbetr. Stromversorgung	Kantine		Blechbearbeitung	Lackiererei	Montage	Schalldämmung			Werbung
3	Hilfsstoffe	88.500	0	500	2.000	20.000	21.000	17.000	22.000	3.500	2.000	500
4	Betriebsstoffe	87.650	4.000	500	1.500	23.000	38.000	8.000	11.000	150	1.500	0
5	Hilfslöhne	9.500	0	750	1.750	2.100	1.000	1.150	650	350	1.250	500
6	Gehälter	16.800	0	1.100	1.200	0	0	0	0	9.000	3.400	2.100
7	Sozialkosten	2.945	0	155	310	310	310	620	310	465	310	155
8	Beihilfen	1.425	0	75	150	150	150	300	150	225	150	75
9	Instandhaltung	3.420	1.750	85	125	200	200	200	200	500	125	35
10	Reparaturen	5.970	1.010	205	400	750	500	800	650	75	1.500	80
11	Steuern	5.800	80	150	600	800	900	700	500	1.100	750	220
12	Büromaterial	1.063	0	63	150	50	50	50	50	400	50	200
13	Abschreibungen	30.780	3.078	3.078	3.078	4.617	3.078	3.078	3.078	1.539	4.617	1.539
14	Zinsen	11.600	160	300	1.200	1.600	1.800	1.400	1.000	2.200	1.500	440
15	Raumkosten	40.600	560	1.050	4.200	5.600	6.300	4.900	3.500	7.700	5.250	1.540
16	Energieverb. extern	8.360	0	440	880	880	880	1.760	880	1.320	880	440
17	Zwischensumme 1	314.413	10.638	8.451	17.543	60.057	74.168	39.958	43.968	28.524	23.282	7.824
18	**Umlage 1a allg. HKSt.**											
19	Stromversorgung			2.189	1.916	821	616	581	479	1.710	1.505	821
20	Zwischensumme 2			10.640	19.459	60.878	74.784	40.539	44.447	30.234	24.787	8.645
21	**Umlage 1b allg. HKSt.**											
22	Kantine				1.182	1.182	1.182	2.364	1.182	1.773	1.182	591
23	Zwischensumme 3				20.641	62.060	75.966	42.903	45.629	32.007	25.969	9.236
24	**Umlage 2 bes. HKSt.**											
25	Werbung										9.236	
26	Endsumme der HKSt.				20.641	62.060	75.966	42.903	45.629	32.007	35.205	
27	**Zuschlagsgrundlagen:**											
28	Fertigungsmaterial				**85.000**							
29	Fertigungslöhne					**12.000**	**13.500**	**25.400**	**11.800**			
30	Herstellkosten									**394.899**	**394.899**	
31	**Zuschlagssätze in %**				**24,28**	**517,17**	**562,71**	**168,91**	**386,69**	**8,11**	**8,92**	

Man unterscheidet

a) den **einstufigen** BAB. Er erhält nur **Hauptkostenstellen.**

b) den **mehrstufigen** BAB. Er enthält **Haupt- und Hilfskostenstellen.**

► Verteilung der Gemeinkosten im BAB

Nach der Art der Verrechnung der Gemeinkosten unterscheidet man

a) **Stelleneinzelkosten.** Das sind Gemeinkosten, die für die einzelnen Kostenstellen genau erfasst werden können.
Beispiel: Stromzähler für jede Kostenstelle.

b) **Stellengemeinkosten.** Das sind Gemeinkosten, die mehrere Kostenstellen betreffen und mithilfe eines Verteilungsschlüssels auf die betreffenden Kostenstellen umgelegt werden.
Beispiel: Nur ein Stromzähler für alle Kostenstellen.

Kostenverteilungsschlüssel sollen möglichst der Kostenverursachung entsprechen, aber auch einfach zu ermitteln sein. Da das Auffinden eines zutreffenden Verteilungsschlüssels meist schwierig ist, muss die Erfassung der Gemeinkosten als Stelleneinzelkosten angestrebt werden.

Beispiele für Kostenverteilungsschlüssel (BAB, S. 312):

Gemeinkostenart	Beträge in EUR	Verteilungs-grundlage	Verteilungsbeträge bzw. -schlüssel
Hilfsstoffe	88.500,00	Materialentnahmescheine	0/500/2.000/20.000/21.000/17.000/22.000/ 3.500/2.000/500
Betriebsstoffe	87.650,00	Materialentnahmescheine	4.000/500/1.500/23.000/38.000/8.000/ 11.000/150/1.500/0
Hilfslöhne	9.500,00	Lohnlisten	0/750/1.750/2.100/1.000/1.150/650/ 350/1.250/500
Gehälter	16.800,00	Gehaltslisten	0/1.100/1.200/0/0/0/0/9.000/3.400/2.100
Sozialkosten	2.945,00	Zahl der Beschäftigten	0:1:2:2:2:4:2:3:2:1
Beihilfen	1.425,00	Zahl der Beschäftigten	0:1:2:2:2:4:2:3:2:1
Instandhaltung	3.420,00	Anlagedatei	1.750/85/125/200/200/200/200/500/125/35
Reparaturen	5.970,00	Anlagedatei	1.010/205/400/750/500/800/650/ 75/1.500/80
Steuern	5.800,00	Fläche je Kostenstelle in m²	80:150:600:800:900:700:500:1.100:750:220
Büromaterial	1.063,00	Einzelbelege	0/63/150/50/50/50/50/400/50/200
Abschreibungen	30.780,00	Anlagedatei in %	10:10:10:15:10:10:10:5:15:5
Zinsen	11.600,00	Fläche je Kostenstelle in m²	80:150:600:800:900:700:500:1.100:750:220
Raumkosten	40.600,00	Fläche je Kostenstelle in m²	80:150:600:800:900:700:500:1.100:750:220
Schadensfälle	8.360,00	Zahl der Beschäftigten	0:1:2:2:2:4:2:3:2:1

Sind die Kostenarten auf die Haupt- und Hilfskostenstellen verteilt, werden die Summen der Hilfskostenstellen in zwei Stufen auf die Hauptkostenstellen umgelegt:

1. Stufe: Die Summen der allgemeinen Hilfskostenstellen werden auf alle übrigen Kostenstellen umgelegt (Umlage 1a und 1b).

Beispiele: Allgemeine Hilfskostenstelle »Innerbetriebliche Stromversorgung« und »Kantine« im obigen BAB.

Abrechnung der allgemeinen Hilfskostenstelle »Innerbetriebliche Stromversorgung«	
Produzierter Strom im abgelaufenen Quartal:	155.500 kWh
Verteilungsschlüssel:	Stromzähler
Kostenstellen	**Stromverbrauch**
Kantine	32.000 kWh
Material	28.000 kWh
Fertigung:	
– Blechbearbeitung	12.000 kWh
– Lackierung	9.000 kWh
– Montage	8.500 kWh
– Schalldämmung	7.000 kWh
Verwaltung	25.000 kWh
Vertrieb	22.000 kWh
Werbung	12.000 kWh

Abrechnung der allgemeinen Hilfskostenstelle »Kantine«	
Verursachte Kosten im abgelaufenen Quartal:	siehe BAB
Verteilungsschlüssel:	Anzahl der Mitarbeiter
Kostenstellen	**Anzahl der Mitarbeiter**
Material	2
Fertigung:	
– Blechbearbeitung	2
– Lackierung	2
– Montage	4
– Schalldämmung	2
Verwaltung	3
Vertrieb	2
Werbung	1

2. Stufe: Die Summen der besonderen Hilfskostenstellen werden auf die ihnen übergeordneten Hauptkostenstellen umgelegt (Umlage 2).

Beispiel: Besondere Hilfskostenstelle »Werbung« im obigen BAB.

Abrechnung der besonderen Hilfskostenstelle »Werbung«	
Verursachte Kosten im abgelaufenen Quartal:	siehe BAB
Verteilungsschlüssel:	Anteil der Aufträge
Kostenstellen	**Anteile**
Vertrieb	100 %

Nach Umlage aller allgemeinen und besonderen Hilfskostenstellen sind die Gemeinkostensummen der einzelnen Hauptkostenstellen ersichtlich. Diese Summen werden zu bestimmten Bezugsgrößen (Verrechnungsgrundwert) ins Verhältnis gesetzt. Dabei sind solche Verrechnungsgrundlagen zu wählen, die sich zu den Gemeinkostensummen annähernd proportional verhalten.

Beispiele: Materialgemeinkosten zu Fertigungsmaterial, Fertigungsgemeinkosten zu Fertigungslöhne.

Die Verwaltungs- und Vertriebsgemeinkosten werden in der Regel auf die Herstellkosten bezogen.

Beispiel: Ermittlung der Herstellkosten (siehe obiger BAB):

	A	B	C	D
1	**Bereich**	**Kosten**	**EUR**	**EUR**
2	Materialbereich	Fertigungsmaterial (FM)	85.000	
3		+ Materialgemeinkosten (MGK)	20.641	
4		**= Materialkosten (MK)**		**105.641**
5	Fertigungsbereich	Fertigungslöhne Blechbearbeitung (FLB)	12.000	
6		+ Fertigungsgemeinkosten Blechbearbeitung	62.060	
7		**= Fertigungskosten Blechbearbeitung (FKB)**		**74.060**
8		Fertigungslöhne Lackiererei (FLL)	13.500	
9		+ Fertigungsgemeinkosten Lackiererei	75.966	
10		**= Fertigungskosten Lackiererei (FKL)**		**89.466**
11		Fertigungslöhne Montage (FLM)	25.400	
12		+ Fertigungsgemeinkosten Montage	42.903	
13		**= Fertigungskosten Montage (FKM)**		**68.303**
14		Fertigungslöhne Schalldämmung (FLS)	11.800	
15		+ Fertigungsgemeinkosten Schalldämmung	45.629	
16		**= Fertigungskosten Schalldämmung (FKS)**		**57.429**
17		**= Fertigungskosten (FK)**		**289.258**
18		**= Herstellkosten (HK)**		**394.899**

▶ Ermittlung der Gemeinkostenzuschlagssätze

Um in einem späteren Schritt die Gemeinkosten auf die Kostenträger zurechnen zu können, werden Gemeinkostenzuschlagssätze gebildet. Diese werden wie folgt ermittelt:

$$\textbf{Gemeinkostenzuschlagssatz (GKZ)} = \frac{\textbf{Kostenstellensumme} \cdot 100}{\textbf{Bezugsgröße der Kostenstelle}}$$

Dabei werden allgemein folgende Bezugsgrößen verwendet:

- Materialbereich: Fertigungsmaterial (Einzelkosten),
- Fertigungsbereich: Fertigungslöhne (Einzelkosten),
- Verwaltungs- und Vertriebsbereich: Herstellkosten.

Die Herstellkosten werden wie folgt ermittelt:

	A	B	C
1	**Bereich**	**Kosten**	**EUR**
2	Materialbereich	Fertigungsmaterial (FM)	
3		+ Materialgemeinkosten (MGK)	
4		**= Materialkosten (MK)**	
5	Fertigungsbereich	Fertigungslöhne (FL)	
6		+ Fertigungsgemeinkosten (FGK)	
7		**= Fertigungskosten (FK)**	
8		**= Herstellkosten (HK)**	

Nachdem die Bezugsgrößen in EUR feststehen, kann man die Gemeinkosten in Prozentsätze umrechnen. Dabei werden die Gemeinkostenzuschlagssätze wie folgt ermittelt:

Materialgemeinkostenzuschlagssatz (MGKZ) = $\frac{\textbf{Materialgemeinkosten} \cdot 100}{\textbf{Fertigungsmaterial}}$

Fertigungsgemeinkostenzuschlagssatz (FGKZ) = $\frac{\textbf{Fertigungsgemeinkosten} \cdot 100}{\textbf{Fertigungslöhne}}$

Verwaltungsgemeinkostenzuschlagssatz (VwGKZ) = $\frac{\textbf{Verwaltungsgemeinkosten} \cdot 100}{\textbf{Herstellkosten}}$

Vertriebsgemeinkostenzuschlagssatz (VtGKZ) = $\frac{\textbf{Vertriebsgemeinkosten} \cdot 100}{\textbf{Herstellkosten}}$

Die ermittelten Gemeinkostenzuschlagssätze haben folgende Bedeutungen:

a) Sie stellen das Bindeglied zwischen der Kostenstellenrechnung und der Kalkulation des Verkaufspreises dar. Dadurch werden die Produkte im Rahmen der Kalkulation verursachungsgerecht mit Gemeinkosten belastet.

Beispiel: Für eine Tischplatte fallen 20,00 EUR Einzelkosten an. Durch Lagerung und Kontrolle fallen laut BAB noch 20 % MGKZ an. Damit betragen die Materialkosten 24,00 EUR.

b) Sie sind Basis einer Kostenkontrolle. Diese kann in Form von Zeitvergleichen und zwischenbetrieblichen Vergleichen geschehen.

Beispiel: Die FGKZ eines Unternehmens betrugen letztes Jahr 156 %, in diesem Jahr 163 %, im Konkurrenzunternehmen 145 %, im Branchendurchschnitt 150 %.

Die Zuschlagssätze können von Rechnungsperiode zu Rechnungsperiode abweichen. Dafür kann es verschiedene Gründe geben:

Gründe	Beispiele
– veränderte Beschaffungspreise	– Erhöhung/Senkung der Rohstoffpreise – Gehalts-/Lohnerhöhung aufgrund von Tarifverhandlungen
– schwankende Kapazitäten	– erhöhter Maschinenverschleiß – Einsatz von Überstunden
– nicht vorhersehbare Risiken	– zunehmende Ausschussmenge – »höhere Gewalt« durch Maschinenschaden oder Hallenbrand

Istkosten und Istzuschlagssätze

Ein BAB wird nach Ablauf der Rechnungsperiode erstellt. Die verwendeten Werte bezeichnet man als Istkosten.

Istkosten sind **Kosten,** die in einer Abrechnungsperiode **tatsächlich entstanden** sind. Sie werden im Nachhinein ermittelt.

Eine Kostenrechnung, bei der Istkosten verwendet werden, nennt man **Istkostenrechnung**. Alle in der Istkostenrechnung verwendeten Gemeinkosten bzw. Gemeinkostenzuschlagssätze werden als Ist-Gemeinkosten bzw. Ist-Gemeinkostenzuschlagssätze bezeichnet.

Normalkosten und Normalzuschlagssätze

Um Schwankungen abzumildern, denen Istkosten unterworfen sind, werden aus mehreren, in der Vergangenheit liegenden Rechnungsperioden die dort angefallenen Istkosten genommen und ein Durchschnittswert gebildet. Die auf diese Art und Weise ermittelten Kosten nennt man Normalkosten.

Normalkosten sind **vergangenheitsorientierte Durchschnittskosten** auf der *Basis von Istkosten* mehrerer Perioden.

Ein Unternehmen, das für einen Auftrag eine Kalkulation durchführt, kann nicht auf die Istkosten, sondern muss auf die Normalkosten zurückgreifen. Deshalb geht man bei der sogenannten **Vorkalkulation** von Normalzuschlagssätzen aus. Sie werden aus den Istgemeinkostenzuschlagssätzen früherer Perioden gewonnen.

Zuschlagssätze, die mit durchschnittlichen *Istzuschlagssätzen der früheren Perioden* berechnet werden, nennt man **Normalzuschlagssätze.**

Beispiel: Es soll der Normalmaterialzuschlagssatz für den Monat Januar berechnet werden. Für die vergangenen drei Monate liegen folgende Werte vor: Oktober 10,17 %, November 11,85 %, Dezember 10,89 %. Damit ergibt sich für den Normalmaterialzuschlagssatz Januar: (10,17 % + 11,85 % + 10,89 %)/3 = 10,97 %.

Wenn man nicht nur die Prozentzahl, sondern auch den absoluten Wert innerhalb der Normalkostenrechnung ermitteln möchte, ermittelt man die Normalgemeinkosten mithilfe der Isteinzelkosten.

Normal-Gemeinkostenzuschlag (NGKZ) = Einzelkosten · Normalzuschlagssatz

Der BAB auf Seite 312 wurde mit Ist-Kosten erstellt. Darüber hinaus liegen folgende Normalzuschlagssätze vor: MGKZ 21 %, FGKZ Blechbearbeitung 505 %, FGKZ Lackiererei 530 %, FGKZ Montage 190 %, FGKZ Schalldämmung 400 %, VwGKZ 7 %, VtGKZ 9 %.

Allgemein werden die Normalgemeinkosten wie folgt ermittelt:

Normal-Materialgemeinkostenzuschlag (NMGKZ) = Fertigungsmaterial · Normalzuschlagssatz

Beispiel (vgl. BAB Seite 312): NMGKZ = 85.000,00 EUR · 21 % = 17.850,00 EUR

Normal-Fertigungsgemeinkostenzuschlag (NFGKZ) = Fertigungslöhne · Normalzuschlagssatz

Beispiel (vgl. BAB Seite 312): NFGKZ Lackiererei = 13.500,00 EUR · 530 % = 71.550,00 EUR

Normal-Verwaltungsgemeinkostenzuschlag (NVwGKZ) = Normal-Herstellkosten · Normalzuschlagssatz

Beispiel (vgl. BAB Seite 312): NVwGKZ = 394.899,00 · 7 % = 27.642,93 EUR

Normal-Vertriebsgemeinkostenzuschlag (NVtGKZ) = Normal-Herstellkosten · Normalzuschlagssatz

Beispiel (vgl. BAB Seite 312): NVtGKZ = 394.899,00 · 9 % = 35.540,91 EUR

Die Normal-Herstellkosten werden wie die Herstellkosten bei der Ermittlung der Gemeinkostenzuschlagssätze ermittelt. Allerdings werden Normalgemeinkosten verwendet.

Kostenüber- und Kostenunterdeckung

Die im Rahmen der Kostenstellenrechnung mittels BAB auf die Kostenstellen verteilten Gemeinkosten sind auf die jeweilige Abrechnungsperiode bezogen = **Istgemeinkosten** (tatsächliche Kosten).

In der gleichen Periode wurden im Rahmen der *Vorkalkulation* Gemeinkosten verrechnet, deren prozentuale Zuschlagssätze auf den Ergebnissen der BABs der Vorperioden beruhen = **Normalgemeinkosten** (verrechnete Kosten).

Die tatsächlichen Kosten sind mit den verrechneten Kosten, auf deren Basis die Angebotspreise kalkuliert wurden, zu vergleichen. Auf diese Weise wird durch eine *Nachkalkulation* ermittelt, ob durch die erzielten Erlöse eine Deckung der Kosten erreicht wurde.

Dabei sind folgende Fälle möglich:

Fall 1:						
Kostenüberdeckung			➜	**Folgen**		
Normalkosten > Istkosten	→	kalkulierte Kosten > tatsächlich angefallene Kosten	→	Umsatzerlöse > angefallene Kosten	→	tatsächlicher Gewinn > kalkulierter Gewinn

Fall 2:						
Kostenunterdeckung			➜	**Folgen**		
Normalkosten < Istkosten	→	kalkulierte Kosten < tatsächlich angefallene Kosten	→	Umsatzerlöse < angefallene Kosten	→	tatsächlicher Gewinn < kalkulierter Gewinn

Gründe für	**Kostenüberdeckung**	**Kostenunterdeckung**
Verbrauchsabweichungen	Geplante Fertigungszeiten oder Materialvorgaben können nicht immer eingehalten werden. Ein Unterschreiten der Planwerte führt zu sinkenden Istgemeinkosten.	Geplante Fertigungszeiten oder Materialvorgaben können nicht immer eingehalten werden. Ein Überschreiten der Planwerte führt zu steigenden Istgemeinkosten.
Beschäftigungsabweichungen	Sinkt der Beschäftigungsgrad, kommt es zu geringeren Reparaturkosten, Lohnzuschlägen und verminderten Ausschussprodukten. Dies führt zu sinkenden Istgemeinkosten.	Steigt der Beschäftigungsgrad, kommt es zu erhöhten Reparaturkosten, Lohnzuschlägen und vermehrten Ausschussprodukten. Dieses führt zu steigenden Istgemeinkosten.
Preisabweichungen	Preissenkungen bei Roh-, Hilfs- und Betriebsstoffen, Gehaltssenkungen durch Entlassungen, Senkungen der Versicherungsbeiträge führen zu einer niedrigeren Belastung der Kostenstellen mit Istgemeinkosten.	Preiserhöhungen bei Roh-, Hilfs- und Betriebsstoffen, Zunahme der Gehälter durch Einstellungen, Zunahme der Versicherungsprämien führen zu einer höheren Belastung der Kostenstellen mit Istgemeinkosten.

Wenn die Istzuschlagssätze in mehreren aufeinanderfolgenden Rechnungsperioden die Normalzuschlagssätze über- bzw. unterschreiten, sollten die Normalzuschlagssätze entsprechend neu ermittelt werden.

Beispiel (Fortführung des Beispiels von Seite 312 und Seite 316)**:**

Aus dem Beispiel lassen sich folgende Kostenüberdeckungen und Kostenunterdeckungen ermitteln:

Kostenarten \ Kostenstellen	Material	Fertigung Lackiererei	Verwaltung	Vertrieb
...	...	...	...	...
Istgemeinkosten	20.641,00 EUR	75.966,00 EUR	32.007,00 EUR	35.205,00 EUR
Istzuschlagssätze	24,28 %	562,71 %	8,11 %	8,92 %
Normalzuschlagssätze	21,00 %	530,00 %	7,00 %	9,00 %
Normalgemeinkosten	17.850,00 EUR	71.550,00 EUR	27.642,93 EUR	35.540,91 EUR
Kostenunterdeckungen	2.791,00 EUR	4.416,00 EUR	4.364,07 EUR	
Kostenüberdeckungen				335,91 EUR

BAB mit Maschinenstundensätzen

In Industrieunternehmen wird die Höhe der Fertigungsgemeinkosten in hohem Maße durch den Einsatz von Maschinen bestimmt. Die im Verhältnis zu den Gesamtkosten eines Produktes zurückgegangenen Fertigungslöhne eignen sich nicht mehr als Zuschlagsbasis für alle Fertigungsgemeinkosten. Deshalb werden die maschinenabhängigen FGK ausgegliedert und in Maschinenstundensätzen zusammengefasst. Die FGK werden aufgeteilt in maschinenabhängige FGK und fertigungslohnabhängige FGK (Rest-FGK). Die maschinenabhängigen FGK werden zur Berechnung der Maschinenstundensätze herangezogen.

a) **Ermittlung des Maschinenstundensatzes.** Die unmittelbar mit dem Einsatz der Maschinen verbundenen Fertigungsgemeinkosten (Abschreibung, Instandhaltung, Reparatur, Zinsen, Raumkosten und Energiekosten) werden auf einer Maschinenstundensatz-Karte unter Berücksichtigung der voraussichtlichen Nutzungsdauer auf die Laufstunden der Maschine bezogen.

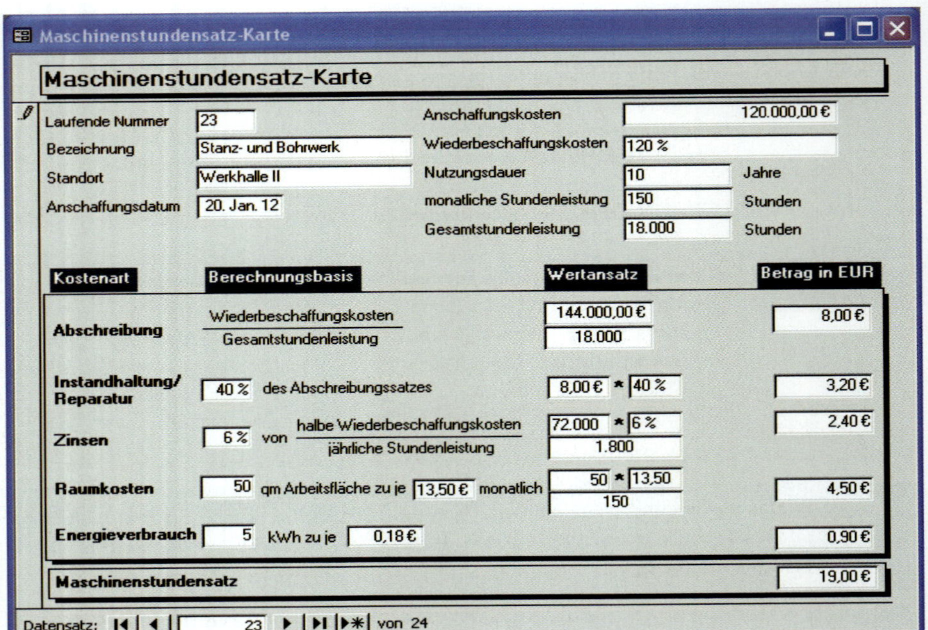

Maschinen mit ungefähr gleichem Maschinenstundensatz werden unabhängig von ihrem Standort zu einer Maschinengruppe zusammengefasst (z. B. Maschinengruppe A bis zu einem Stundensatz von 15 EUR, Gruppe B bis zu 20 EUR, usw.)

b) **Verteilung der Restfertigungsgemeinkosten und Berechnung der Zuschlagssätze.** Die nach dem Ausgliedern der Maschinenkosten verbleibenden Restfertigungsgemeinkosten werden nach dem bisherigen Verfahren in dem BAB verteilt:

	A	B	C	D	E	F	G	H	I	J	K	L	M	N	O	P	Q
1	Kostenstellen	Zahlen der GBF Beträge in Tsd.	Maschinenkosten Gruppen				Rest-fertig-ungs-gemein-kosten	Allg. Hilfs-kostenstellen		Material	Fertigung				Verwal-tung	Ver-trieb	Bes. Hilfs-kosten-stelle
2	Kostenarten		A	B	C	D		Strom	Kantine		Blech-bearbei-tung	Lackie-rerei	Mon-tage	Schall-däm-mung			Werbung
3	Hilfsstoffe	88.500					88.500	0	500	2.000	20.000	21.000	17.000	22.000	3.500	2.000	500
4	Betriebsstoffe	87.650					87.650	4.000	500	1.500	23.000	38.000	8.000	11.000	150	1.500	0
5	Hilfslöhne	9.500					9.500	0	750	1.750	2.100	1.000	1.150	650	350	1.250	500
6	Gehälter	16.800					16.800	0	1.100	1.200	0	0	0	0	9.000	3.400	2.100
7	Sozialkosten	2.945					2.945	0	155	310	310	310	620	310	465	310	155
8	Beihilfen	1.425					1.425	0	75	150	150	150	300	150	225	150	75
9	Instandhaltung	3.420	390	300	380	630	1.720	880	43	63	101	101	101	101	251	63	18
10	Reparaturen	5.970	856	590	510	950	3.064	518	105	205	385	257	411	334	38	770	41
11	Steuern	5.800					5.800	80	150	600	800	900	700	500	1.100	750	220
12	Büromaterial	1.063					1.063	0	63	150	50	50	50	50	400	50	200
13	Abschreibungen	30.780	9.000	7.500	8.500	4.300	1.480	148	148	148	222	148	148	148	74	222	74
14	Zinsen	11.600	2.500	3.100	750	4.000	1.250	17	32	129	172	194	151	108	237	162	47
15	Raumkosten	40.600	18.000	9.500	5.000	6.500	1.600	22	41	166	221	248	193	138	303	207	61
16	Energieverbr. extern	8.360	1.500	900	1.900	2.680	1.380	0	73	145	145	145	291	145	218	145	73
17	Zwischensumme 1	314.413	32.246	21.890	17.040	19.060	224.177	5.666	3.735	8.516	47.656	62.503	29.114	35.633	16.312	10.979	4.063
18	**Umlage 1a allg. KSt.**																
19	Stromversorgung								1.166	1.020	437	328	310	255	911	802	437
20	Zwischensumme 2								4.901	9.536	48.093	62.831	29.424	35.888	17.223	11.781	4.500
21	**Umlage 1b allg. KSt.**																
22	Kantine									545	545	545	1.089	545	817	545	272
23	Zwischensumme 3									10.081	48.638	63.376	30.513	36.433	18.040	12.326	4.772
24	**Umlage 2 bes. KSt.**																
25	Werbung															4.772	
26	Endsumme der HKSt.									10.081	48.638	63.376	30.513	36.433	18.040	17.098	
27	**Zuschlagsgrundlagen**																
28	Fertigungsmaterial									**85.000**							
29	Fertigungslöhne										**12.000**	**13.500**	**25.400**	**11.800**			
30	Herstellkosten														**336.741**	**336.741**	
31	**Zuschlagssätze in %**									**11,86**	**405,32**	**469,45**	**120,13**	**308,76**	**5,36**	**5,08**	

c) Berechnung der Selbstkosten unter Berücksichtigung von Maschinenstundensätzen.

Beispiel: Berechnet werden die Selbstkosten eines Erzeugnisses, für das 500 EUR Fertigungsmaterial, 210 EUR Fertigungslöhne Blechbearbeitung und 160 EUR Fertigungslöhne Montage aufgewendet werden. In dem Unternehmen bestehen 4 Maschinengruppen: Gruppe A bis 15 EUR Maschinenstundensatz, Gruppe B bis 20 EUR, Gruppe C bis 25 EUR und Gruppe D bis 31,20 EUR. Zur Bearbeitung des Erzeugnisses werden 7 Stunden in der Gruppe A, 5 Stunden in der Gruppe B und 8 Stunden in der Gruppe D benötigt.

	A	B	C	D	E	F	G
1	**Bereich**	**Kosten**	**%**	**Std.**	**Std.Satz in EUR**	**EUR**	**EUR**
2	Materialbereich	Fertigungsmaterial (FM)				500,00	
3		+ Materialgemeinkosten (MGK)	11,86			59,30	
4		**= Materialkosten (MK)**					**559,30**
5	Fertigungsbereich	Fertigungslöhne Blechbearbeitung (FLB)				210,00	
6		+ Restfertigungsgemeinkosten Blechbearbeitung	405,32			851,17	
7		**= Fertigungskosten Blechbearbeitung (FKB)**					**1.061,17**
8		Fertigungslöhne Montage (FLM)				160,00	
9		+ Restfertigungsgemeinkosten Montage	120,13			192,21	
10		**= Fertigungskosten Montage (FKM)**					**352,21**
11		Maschinenkosten Gruppe A:		7	15,00		105,00
12		Maschinenkosten Gruppe B:		5	20,00		100,00
13		Maschinenkosten Gruppe D:		8	31,20		249,60
14		**= Fertigungskosten (FK)**					**1.867,98**
15		**= Herstellkosten (HK)**					**2.427,28**
16	Verwaltungsbereich	+ Verwaltungsgemeinkosten	5,36				130,10
17	Vertriebsbereich	+ Vertriebsgemeinkosten	5,08				123,31
18		= Selbstkosten					**2.680,68**

1. Das Maschinenbauunternehmen KaFriWa e. K. legt folgende Daten zur Erstellung eines mehrstufigen BAB vor:

Gemeinkosten	**Betrag in EUR**	**Kostenstellen**						
		Allg. Kostenstelle	Material	Fertigung I	Fertigung II	Hilfskostenstelle Fertigung	Verwaltung	Vertrieb
Betriebsstoffe	401.700	5.100	22.000	201.600	141.100	3.700	15.000	13.200
Hilfslöhne	361.000	4.800	38.600	181.800	95.800	4.800	18.400	16.800
Gehälter	391.000	7.600	20.200	40.200	26.800	17.600	221.000	57.600
Kalk. Abschr.	81.000	2	6	18	16	2	8	8
Kalk. Unt.lohn	60.000	2	8	16	14	2	4	4

Zusatzinformationen: Die Gemeinkosten der allgemeinen Kostenstelle werden im Verhältnis 5:10:10:2:8:5 auf die übrigen Kostenstellen verteilt.

Die Gemeinkosten der Hilfskostenstelle Fertigung werden im Verhältnis 7:3 auf die Hauptkostenstellen Fertigung I und Fertigung II verteilt.

Erstellen Sie den BAB.

2. Der Inhaber der Dosen-Technik e. K. möchte die Gemeinkostenendsummen aller Hauptkostenstellen errechnen. Er lässt sich dazu sowohl aus der Geschäftsbuchführung als auch aus dem Controllingbereich folgende Daten geben:

Gemeinkosten	**Betrag in EUR**	**Allgem. Bereich**	**Material**	**Fertigung**			**Verwaltung**	**Vertrieb**
				I	**II**	**Arbeitsvorbereitung**		
Zwischensumme 1	1.720.000	100.000	280.000	360.000	440.000	80.000	300.000	160.000

Die Verteilung des kalkulatorischen Unternehmerlohns in Höhe von 45.100 EUR orientiert sich an der Stundenzahl, die der Inhaber für die einzelnen Kostenstellen aufgebracht hat:

Kostenstelle	**Stundenzahl**
Allgemeiner Bereich	30
Material	100
Fertigung I	400
Fertigung II	30
Arbeitsvorbereitung	40
Verwaltung	150
Vertrieb	70

a) Ermitteln Sie die Zwischensumme 2, wobei die Kosten des allgemeinen Bereiches im Verhältnis 4:10:3:2:4:2 verteilt werden.

b) Ermitteln Sie die Zwischensumme 3, wobei die Kosten der Arbeitsvorbereitung im Verhältnis 6:5 auf die Hauptkostenstellen Fertigung I und Fertigung II verteilt werden.

c) Ermitteln Sie die Endsummen der Hauptkostenstellen.

3. Ein Industriebetrieb kalkuliert mit folgenden Normalgemeinkostenzuschlagssätzen:

MGKZ 6 %; FGKZ I 115 %; FGKZ II 170 %; VwGKZ 9 %; VtGKZ 3 %.

Zur Überprüfung dieser Zuschlagssätze werden die Istkosten des vergangenen Abrechnungszeitraumes herangezogen:

Fertigungsmaterial	102.000 EUR	Sondereinzelkosten:	
Fertigungslöhne I	42.100 EUR	der Fertigung	6.500 EUR
Fertigungslöhne II	27.300 EUR	des Vertriebs	7.200 EUR
Materialgemeinkosten lt. BAB	6.100 EUR		
Fertigungsgemeinkosten I lt. BAB	49.200 EUR	Bestandsminderung fE	3.900 EUR
Fertigungsgemeinkosten II lt. BAB	42.500 EUR	Bestandsmehrung ufE	8.900 EUR
Verwaltungsgemeinkosten lt. BAB	24.400 EUR		
Vertriebsgemeinkosten lt. BAB	7.500 EUR		

Verwenden Sie zur Lösung dieser Aufgabe folgendes Muster:

Selbstkostenrechnung	**Istkosten (EUR)**	**Istkostenzuschlag (%)**	**Normalkosten (EUR)**	**Normalkostenzuschlag (%)**	**Überdeckung (EUR)**	**Unterdeckung (EUR)**

a) Stellen Sie in einer Selbstkostenrechnung die Ist- und Normalkosten einander gegenüber. Dabei werden die Verwaltungsgemeinkosten auf die Herstellkosten der Erzeugung, die Vertriebsgemeinkosten auf die Herstellkosten des Umsatzes bezogen. (Hinweis: Zum Problem verschiedener Herstellkosten aufgrund von Bestandsveränderungen siehe Seite 329)

b) Ermitteln Sie die Istgemeinkostenzuschlagssätze und die Kostenüber- bzw. -unterdeckungen für die einzelnen Positionen. Runden Sie auf volle EUR auf.

11.3.3 Kostenträgerrechnung als Ist- und Normalkostenrechnung

Kostenträger sind die **Leistungen eines Unternehmens** (unfertige und fertige Erzeugnisse, Dienstleistungen, innerbetriebliche Eigenleistungen).

Die Kostenträgerrechnung gliedert sich in die **Kostenträger-Stückrechnung** und die **Kostenträger-Zeitrechnung.**

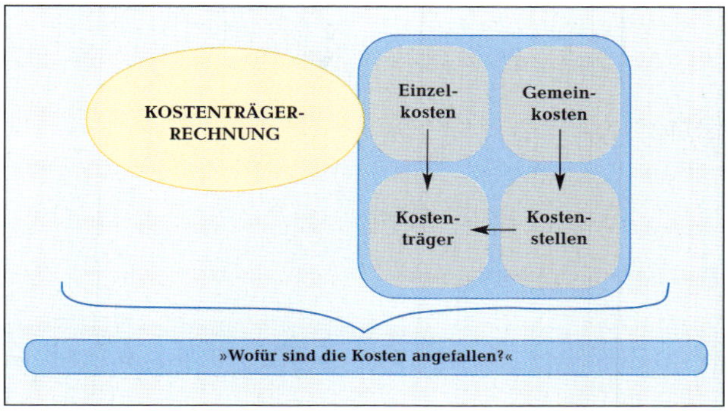

Kostenträger-Stückrechnung

▶ Divisionsverfahren

Die verschiedenen Formen der Divisionsverfahren setzen grundsätzlich die Fertigung von Gütern gleicher Art voraus.

a) Divisionskalkulation. Sie ist anwendbar in Unternehmen, die nur **eine** einzige **Erzeugnisart** in Massen (Margarine, Strom, Trinkwasser, Ziegelsteine) herstellen. Die Kosten je Leistungseinheit werden errechnet:

$$\text{Kosten der Leistungseinheit} = \frac{\text{Gesamtkosten des Abrechnungszeitraums}}{\text{Gesamtzahl der Leistungseinheiten}}$$

b) Äquivalenzzahlenkalkulation. Sie wird angewendet, wenn ein Betrieb **mehrere gleichartige Erzeugnisse** (Seifen, Gemüsekonserven, Limonaden) herstellt, die im Allgemeinen denselben Fertigungsgang haben, sich aber in der Endstufe in der Güte, Form, Stärke oder Ausstattung unterscheiden. Diese Unterschiede bedingen Kostenunterschiede. Sie werden mithilfe von Äquivalenzzahlen (Bewertungszahlen, Verhältniszahlen) in die Kalkulation einbezogen.

Äquivalenzzahlen sind *Verhältniszahlen*, die angeben, wie sich die Kosten der verschiedenen gleichartigen Erzeugniseinheiten zueinander verhalten. Genaue Äquivalenzzahlen lassen sich nur ermitteln aus dem Vergleich der tatsächlich entstandenen Kosten der verschiedenen gleichartigen Erzeugnisse. Hilfsmittel zur Bestimmung der Äquivalenzzahlen ist das Verhältnis der Marktpreise oder technischer Größen (Materialverbrauch, Maschinenstunden, Lohnstunden).

Beispiel: Ein Unternehmen produziert vier ähnliche Erzeugnisse A, B, C und D. Für das erste Quartal liegen folgende Daten vor:

Erzeugnis	produzierte Menge	Erzeugnis	produzierte Menge
A	1.250	C	4.000
B	2.000	D	3.500

Das Kostenverhältnis zwischen den Erzeugnissen lautet 0,8 : 1,0 : 1,5 : 1,3 (Äquivalenzzahlen). Die Selbstkosten des Quartals betragen 15.500 EUR. Es sind die Selbstkosten für ein Stück jedes Erzeugnisses zu berechnen.

1. Schritt: Die Produktionsmengen werden mit den Äquivalenzzahlen multipliziert, die Summe der gewichteten Menge wird als Rechnungseinheit gebildet.

Erzeugnis	produzierte Menge	Äquivalenzzahlen	Rechnungseinheit
A	1.250	0,8	1.000
B	2.000	1,0	2.000
C	4.000	1,5	6.000
D	3.500	1,3	4.550
Summe	10.750		13.550

2. Schritt: Die Quartalskosten werden durch die Summe der Rechnungseinheiten dividiert und man erhält somit durch einfache Divisionskalkulation die Selbstkosten je Rechnungseinheit:

15.500,00 EUR/13.550 Stück = 1,14 EUR/Stück

3. Schritt: Diese durchschnittlichen Stückkosten werden durch Multiplikation mit den Äquivalenzzahlen gewichtet und man erhält somit eine gewichtete Aufteilung der Selbstkosten auf die Erzeugnisse.

Erzeugnis	Selbstkosten je Rechnungseinheit	Äquivalenzzahlen	Selbstkosten je Stück
A	1,14 EUR/Stück	0,8	0,91 EUR/Stück
B	1,14 EUR/Stück	1,0	1,14 EUR/Stück
C	1,14 EUR/Stück	1,5	1,71 EUR/Stück
D	1,14 EUR/Stück	1,3	1,48 EUR/Stück

► Zuschlagskalkulation

Fertigt ein Unternehmen **mehrere verschiedenartige Erzeugnisse**, müssen die Kosten in Einzelkosten und Gemeinkosten aufgeteilt werden: Die Kosten werden *differenziert.* Die Einzelkosten werden für den Kostenträger direkt erfasst und die Gemeinkosten über die Kostenstellensummen aus dem BAB mithilfe von Zuschlagssätzen indirekt verrechnet: Die Gemeinkosten werden *zugeschlagen.* Diese Art der Kalkulation nennt man **differenzierte Zuschlagskalkulation.** Für diese Kalkulationsart wird folgendes Kalkulationsschema verwendet:

	A	B	C
1	**Bereich**	**Kosten**	**Berechnung**
2	Materialbereich	Fertigungsmaterial (FM)	
3		+ Materialgemeinkosten (MGK)	in % des FM
4		**= Materialkosten (MK)**	
5	Fertigungsbereich	Fertigungslöhne (FL)	
6		+ Fertigungsgemeinkosten (FGK)	in % der FL
7		+ Sondereinzelkosten der Fertigung (SEK d. F.)	
8		**= Fertigungskosten (FK)**	
9		**= Herstellkosten (HK)**	Summe aus MK und FK
10	Verwaltungsbereich	+ Verwaltungsgemeinkosten (VwGK)	in % der HK
11	Vertriebsbereich	+ Vertriebsgemeinkosten (VtGK)	in % der HK
12		+ Sondereinzelkosten des Vertriebs (SEK d. V.)	
13		**= Selbstkosten (SK)**	
14		+ Gewinn	in % der SK
15	Kundenbereich	**= Barverkaufspreis (BVP)**	
16		+ Kundenskonto	in % des ZVP
17		+ Vertreterprovision	in % des ZVP
18		**= Zielverkaufspreis (ZVP)**	
19		+ Kundenrabatt	in % des NVP
20		**= Nettoverkaufspreis (NVP)**	

Auf den Nettoverkaufspreis wird noch die Umsatzsteuer zugeschlagen. Sie ist aber kein Kostenbestandteil und wird deshalb in der Kalkulation nicht berücksichtigt. Sie erscheint erst beim Verkauf auf der Ausgangsrechnung.

Verwenden Unternehmen einen mehrstufigen BAB, gibt es nicht nur einen Fertigungsgemeinkostenzuschlagssatz, sondern jeweils einen für jede Fertigungshauptkostenstelle. Das Kalkulationsschema wird im Fertigungsbereich ergänzt:

	A	B	C
1	**Bereich**	**Kosten**	**Berechnung**
2	Materialbereich	...	
3		**= Materialkosten (MK)**	
4	Fertigungsbereich	Fertigungslöhne Blechbearbeitung (FLB)	
5		+ Fertigungsgemeinkosten Blechbearbeitung	in % der FLB
6		**= Fertigungskosten Blechbearbeitung (FKB)**	
7		Fertigungslöhne Lackiererei (FLL)	
8		+ Fertigungsgemeinkosten Lackiererei	in % der FLL
9		**= Fertigungskosten Lackiererei (FKL)**	
10		Fertigungslöhne Montage (FLM)	
11		+ Fertigungsgemeinkosten Montage	in % der FLM
12		**= Fertigungskosten Montage (FKM)**	
13		Fertigungslöhne Schalldämmung (FLS)	
14		+ Fertigungsgemeinkosten Schalldämmung	in % der FLS
15		**= Fertigungskosten Schalldämmung (FKS)**	
16		+ Sondereinzelkosten der Fertigung (SEK d. F.)	
17		**= Fertigungskosten (FK)**	Summe aus FKB, FKL, FKM, FKS, SEK d. F.
18		**= Herstellkosten (HK)**	Summe aus MK und FK

Je nachdem, welches kalkulatorische Ergebnis erzielt werden soll, lassen sich verschiedene Formen der Zuschlagskalkulation unterscheiden: die **Vorwärtskalkulation,** die **Rückwärtskalkulation** und die **Differenzkalkulation** sowie die **Zuschlagskalkulation mit Maschinenstundensätzen.**

a) **Vorwärtskalkulation.** Bei der Vorwärtskalkulation sind die angefallenen Kosten der Ausgangspunkt. Man ermittelt die Selbstkosten und den Nettoverkaufspreis.

Vorwärtskalkulation als Vorkalkulation. Diese Form der Kalkulation muss ein Unternehmen dann anwenden, wenn es ein Angebot mit einem verbindlichen Angebotspreis erstellt. Da diese Kalkulation aber vor Beginn der Produktion erfolgt, liegen die *tatsächlichen Kosten* **(Istkosten)** noch nicht vor. Die Kalkulation erfolgt *vor* der Auftragsannahme und ist deshalb eine **Vorkalkulation.** Sie *dient* in erster Linie *der Preisfindung.* Aus diesem Grund müssen Einzelkosten prognostiziert und Gemeinkosten mit Normalgemeinkostenzuschlagssätzen verwendet werden.

Beispiel: Die KÜHLsys GmbH erstellt ein Angebot für ein Deckenkühlsystem für die Eisunion GmbH. Es soll über die Berechnung der Selbstkosten der Nettoverkaufspreis ermittelt werden. Es wird mit folgenden Einzelkosten, Normalgemeinkostenzuschlagssätzen und weiteren Angaben kalkuliert:

Einzelkosten	
Fertigungsmaterialverbrauch	1.600,00 EUR
Fertigungslöhne Blechbearbeitung	1.050,00 EUR
Fertigungslöhne Lackiererei	1.160,00 EUR
Fertigungslöhne Montage	4.200,00 EUR
Fertigungslöhne Schalldämmung	1.050,00 EUR
SEK der Fertigung	850,00 EUR
SEK des Vertriebs	450,00 EUR

Normalgemeinkostenzuschlagssätze	
MGK	10 %
FGKB	110 %
FGKL	105 %
FGKM	115 %
FGKS	101 %
VwGK	19 %
VtGK	6 %

Weitere Angaben	
Gewinn	8 %
Kundenskonto	2 %
Vertreterprovision	5 %
Kundenrabatt	4 %

Lösung:

	A	B	C	D	E
1	**Bereich**	**Kosten**	**%**	**EUR**	**EUR**
2	Materialbereich	Fertigungsmaterial (FM)		1.600,00	
3		+ Materialgemeinkosten (MGK)	10	160,00	
4		**= Materialkosten (MK)**			**1.760,00**
5	Fertigungsbereich	Fertigungslöhne Blechbearbeitung (FLB)		1.050,00	
6		+ Fertigungsgemeinkosten Blechbearbeitung	110	1.155,00	
7		**= Fertigungskosten Blechbearbeitung (FKB)**			**2.205,00**
8		Fertigungslöhne Lackiererei (FLL)		1.160,00	
9		+ Fertigungsgemeinkosten Lackiererei	105	1.218,00	
10		**= Fertigungskosten Lackiererei (FKL)**			**2.378,00**
11		Fertigungslöhne Montage (FLM)		4.200,00	
12		+ Fertigungsgemeinkosten Montage	115	4.830,00	
13		**= Fertigungskosten Montage (FKM)**			**9.030,00**
14		Fertigungslöhne Schalldämmung (FLS)		1.050,00	
15		+ Fertigungsgemeinkosten Schalldämmung	101	1.060,50	
16		**= Fertigungskosten Schalldämmung (FKS)**			**2.110,50**
17		+ Sondereinzelkosten der Fertigung (SEK d. F.)			850,00
18		**= Fertigungskosten (FK)**			**16.573,50**
19		**= Herstellkosten (HK)**			**18.333,50**
20	Verwaltungsbereich	+ Verwaltungsgemeinkosten (VwGK)	19		3.483,37
21	Vertriebsbereich	+ Vertriebsgemeinkosten (VtGK)	6		1.100,01
22		+ Sondereinzelkosten des Vertriebs (SEK d. V.)			450,00
23		**= Selbstkosten (SK)**			**23.366,88**
24		**+ Gewinn**	8		1.869,35
25	Kundenbereich	**= Barverkaufspreis (BVP)**			**25.236,23**
26		+ Kundenskonto	2	542,71	
27		+ Vertreterprovision	5	1.356,79	
28		**= Zielverkaufspreis (ZVP)**			**27.135,73**
29		+ Kundenrabatt	4	1.130,66	
30		**= Nettoverkaufspreis (NVP)**			**28.266,39**

Vorwärtskalkulation

Vorgehensweise und Lösungshinweise:

1. Kalkulationsschema erstellen.
2. Bis zum Barverkaufspreis rechnet man vom vermehrten Grundwert, also auf Hundert:

Selbstkosten	= 100 %	23.366,88 EUR	Grundwert	Rechenweg ↓
Gewinn	= 8 %	× EUR	+ Zuschlag	
Barverkaufspreis	= 108 %	25.236,23 EUR	= vermehrter Grundwert	

3. Ab dem Barverkaufspreis rechnet man vom verminderten Grundwert, also im Hundert:

Barverkaufspreis	= 93 %	25.236,23 EUR	verminderter Grundwert	Rechenweg ↓
Vertreterprovision	= 5 %	× EUR	– Abzug	
Kundenskonto	= 2 %	× EUR	– Abzug	
Zielverkaufspreis	= 100 %	27.135,73 EUR	= Grundwert	

Vorwärtskalkulation als Nachkalkulation. Nach ausgeführtem Auftrag hat das Unternehmen ein Interesse, die Daten aus der Vorkalkulation zu kontrollieren. Dazu führt es eine **Nachkalkulation** als *betriebsinterne Kontrollrechnung* durch. Da zu diesem Zeitpunkt die Istzuschlagssätze vorliegen, kann die Kalkulation nun mit den *tatsächlichen Werten* gerechnet werden. In der Regel weichen diese aber von den Normalzuschlagssätzen ab.

Wenn die Werte in der Nachkalkulation von denen in der Vorkalkulation abweichen, kann das Unternehmen nur feststellen, um wie viel Euro der Nettoverkaufspreis vom Nettoverkaufspreis der Vorkalkulation abweicht.

b) Rückwärtskalkulation. Wenn der Nettoverkaufspreis feststeht, weil die Markt- oder Konkurrenzsituation ihn vorgibt, ist der Nettoverkaufspreis die Ausgangslage für die Kalkulation. Das Unternehmen muss nun berechnen, wie viel EUR die Einzelkosten für Material und/oder Löhne betragen dürfen, um den vorgegebenen Nettoverkaufspreis zu erreichen. Dazu benützt man das Kalkulationsschema der Vorwärtskalkulation und *rechnet von unten nach oben:* **Rückwärtskalkulation oder retrograde Kalkulation.**

Beispiel: Die KÜHLsys GmbH muss der Eisunion GmbH für ein Deckenkühlsystem ein Angebot machen. Dieses kann aus Konkurrenzgründen nur über 27.000,00 EUR lauten. Es wird mit folgenden Einzelkosten, Normalgemeinkostenzuschlagssätzen und weiteren Angaben kalkuliert:

Einzelkosten	
Fertigungslöhne Blechbearbeitung	950,00 EUR
Fertigungslöhne Lackiererei	1.060,00 EUR
Fertigungslöhne Montage	3.900,00 EUR
Fertigungslöhne Schalldämmung	980,00 EUR
SEK der Fertigung	850,00 EUR
SEK des Vertriebs	450,00 EUR

Normalgemeinkostenzuschlagssätze	
MGK	9 %
FGKB	112 %
FGKL	109 %
FGKM	108 %
FGKS	107 %
VwGK	21 %
VtGK	4 %

Weitere Angaben	
Gewinn	8 %
Kundenskonto	2 %
Vertreterprovision	5 %
Kundenrabatt	4 %

In welcher Höhe dürfen Kosten für das Fertigungsmaterial höchstens anfallen?

Lösung:

	A	B	C	D	E
1	**Bereich**	**Kosten**	**%**	**EUR**	**EUR**
2	Materialbereich	**Fertigungsmaterial (FM)**		**2.088,07**	
3		+ Materialgemeinkosten (MGK)	9	187,93	
4		= **Materialkosten (MK)**			**2.276,00**
5	Fertigungsbereich	Fertigungslöhne Blechbearbeitung (FLB)		950,00	
6		+ Fertigungsgemeinkosten Blechbearbeitung	112	1.064,00	
7		= **Fertigungskosten Blechbearbeitung (FKB)**			**2.014,00**
8		Fertigungslöhne Lackiererei (FLL)		1.060,00	
9		+ Fertigungsgemeinkosten Lackiererei	109	1.155,40	
10		= **Fertigungskosten Lackiererei (FKL)**			**2.215,40**
11		Fertigungslöhne Montage (FLM)		3.900,00	
12		+ Fertigungsgemeinkosten Montage	108	4.212,00	
13		= **Fertigungskosten Montage (FKM)**			**8.112,00**
14		Fertigungslöhne Schalldämmung (FLS)		980,00	
15		+ Fertigungsgemeinkosten Schalldämmung	107	1.048,60	
16		= **Fertigungskosten Schalldämmung (FKS)**			**2.028,60**
17		**Zwischensumme**			**14.370,00**
18		+ Sondereinzelkosten der Fertigung (SEK d. F.)			850,00
19		= **Fertigungskosten (FK)**			**15.220,00**
20		= **Herstellkosten (HK)**			**17.496,00**
21	Verwaltungsbereich	+ Verwaltungsgemeinkosten (VwGK)	21		3.674,16
22	Vertriebsbereich	+ Vertriebsgemeinkosten (VtGK)	4		699,84
23		**Zwischensumme**			**21.870,00**
24		+ Sondereinzelkosten des Vertriebs (SEK d. V.)			450,00
25		= **Selbstkosten (SK)**			**22.320,00**
26		+ Gewinn	8	1.785,60	
27	Kundenbereich	= **Barverkaufspreis (BVP)**			**24.105,60**
28		+ Kundenskonto	2	518,40	
29		+ Vertreterprovision	5	1.296,00	
30		= **Zielverkaufspreis (ZVP)**			**25.920,00**
31		+ Kundenrabatt	4	1.080,00	
32		= **Nettoverkaufspreis (NVP)**			**27.000,00**

Vorwärtsrechnung

Rückwärtskalkulation

Vorgehensweise und Lösungshinweise:

1. Kalkulationsschema der Vorwärtskalkulation von oben nach unten erstellen.

2. Nettoverkaufspreis einsetzen und von unten nach oben rechnen.

Zielverkaufspreis	= 96 %	25.920,00 EUR	= verminderter Grundwert
Kundenrabatt	= 4 %	× EUR	– Abzug
Nettoverkaufspreis	= 100 %	27.000,00 EUR	Grundwert

Rechenweg ↑

3. Kundenrabatt, Vertreterprovision und Kundenskonto vom Hundert rechnen.

Barverkaufspreis	= 93 %	24.105,60 EUR	= verminderter Grundwert
Kundenskonto	= 2 %	× EUR	– Abzug
Vertreterprovision	= 5 %	× EUR	– Abzug
Zielverkaufspreis	= 100 %	25.920,00 EUR	Grundwert

Rechenweg ↑

4. Gewinn auf Hundert rechnen.

Selbstkosten	= 100 %	22.320,00 EUR	= Grundwert
Gewinn	= 8 %	× EUR	– Abzug
Barverkaufspreis	= 108 %	24.105,60 EUR	vermehrter Grundwert

Rechenweg ↑

5. Wenn Sondereinzelkosten des Vertriebs anfallen, muss vor der Berechnung der Herstellkosten eine Zwischensumme gebildet werden. SEK d. V. hängen nicht anteilsmäßig von den Selbstkosten ab, sondern stellen einen absoluten Wert dar. Erst von der Zwischensumme können dann wegen der anteilsmäßigen Beziehung der VtGK und VwGK die Herstellkosten berechnet werden.

= Zwischensumme	21.870,00 EUR	↑ Rechenweg
– Sondereinzelkosten des Vertriebes	450,00 EUR	
Selbstkosten	22.320,00 EUR	

6. Zur Ermittlung der VtGK und VwGK auf Hundert rechnen.

Herstellkosten	= 100 %	17.496,00 EUR	= Grundwert	↑ Rechenweg
Verwaltungsgemeinkosten	= 21 %	× EUR	– Abzug	
Vertriebsgemeinkosten	= 4 %	× EUR	– Abzug	
Zwischensumme	= 125 %	21.870,00 EUR	vermehrter Grundwert	

7. Wenn Sondereinzelkosten der Fertigung anfallen, müssen zuerst alle Fertigungskosten der Fertigungshauptkostenstellen durch eine Vorwärtsrechnung ermittelt werden. Diese Zwischensumme und die SEK d. F. ergeben die gesamten Fertigungskosten.

8. Die gesamten Fertigungskosten werden von den Herstellkosten abgezogen und ergeben die Materialkosten.

= Materialkosten	2.276,00 EUR	↑ Rechenweg
...		
– Fertigungskosten	15.220,00 EUR	
Herstellkosten	17.496,00 EUR	

9. Zur Ermittlung der Materialeinzelkosten auf Hundert rechnen.

Fertigungsmaterial	= 100 %	2.088,07 EUR	= Grundwert	↑ Rechenweg
Materialgemeinkosten	= 9 %	× EUR	– Abzug	
Materialkosten	= 109 %	2.276,00 EUR	vermehrter Grundwert	

c) Differenzkalkulation. Wenn es die Markt- oder Konkurrenzsituation nicht zulässt, dass das Unternehmen seinen Nettoverkaufspreis selbst bestimmen kann, und die Kosten unveränderlich sind, interessiert das Unternehmen, ob und in welcher Höhe ein Gewinn erwirtschaftet wird. Diese Frage beantwortet die Differenzkalkulation. Von den Materialeinzelkosten bis zu den Selbstkosten wird die *Vorwärtskalkulation,* vom Nettoverkaufspreis bis zum Barverkaufspreis die *Rückwärtskalkulation* angewendet. Der **Gewinn** ergibt sich als *Differenz* zwischen dem *Barverkaufspreis* und den *Selbstkosten.*

Beispiel: Die KÜHLsys GmbH macht der Eisunion GmbH bei gegebener Kostensituation für ein Deckenkühlsystem ein Angebot über 27.600,00 EUR. Es wird mit folgenden Einzelkosten, Normalgemeinkostenzuschlagssätzen und weiteren Angaben kalkuliert:

Einzelkosten	
Fertigungsmaterialverbrauch	1.600,00 EUR
Fertigungslöhne Blechbearbeitung	1.050,00 EUR
Fertigungslöhne Lackiererei	1.160,00 EUR
Fertigungslöhne Montage	4.200,00 EUR
Fertigungslöhne Schalldämmung	1.050,00 EUR
SEK der Fertigung	850,00 EUR
SEK des Vertriebs	450,00 EUR

Normalgemeinkostenzuschlagssätze	
MGK	10 %
FGKB	110 %
FGKL	105 %
FGKM	115 %
FGKS	101 %
VwGK	19 %
VtGK	6 %

Weitere Angaben	
Skonto	2 %
Vertreterprovision	5 %
Rabatt	4 %

Lösung:

	A	B	C	D	E
1	**Bereich**	**Kosten**	**%**	**EUR**	**EUR**
2	Materialbereich	Fertigungsmaterial (FM)		1.600,00	
3		+ Materialgemeinkosten (MGK)	10,0	160,00	
4		**= Materialkosten (MK)**			**1.760,00**
5	Fertigungsbereich	Fertigungslöhne Blechbearbeitung (FLB)		1.050,00	
6		+ Fertigungsgemeinkosten Blechbearbeitung	110,0	1.155,00	
7		**= Fertigungskosten Blechbearbeitung (FKB)**			**2.205,00**
8		Fertigungslöhne Lackiererei (FLL)		1.160,00	
9		+ Fertigungsgemeinkosten Lackiererei	105,0	1.218,00	
10		**= Fertigungskosten Lackiererei (FKL)**			**2.378,00**
11		Fertigungslöhne Montage (FLM)		4.200,00	
12		+ Fertigungsgemeinkosten Montage	115,0	4.830,00	
13		**= Fertigungskosten Montage (FKM)**			**9.030,00**
14		Fertigungslöhne Schalldämmung (FLS)		1.050,00	
15		+ Fertigungsgemeinkosten Schalldämmung	101,0	1.060,50	
16		**= Fertigungskosten Schalldämmung (FKS)**			**2.110,50**
17		+ Sondereinzelkosten der Fertigung (SEK d. F.)			850,00
18		**= Fertigungskosten (FK)**			**16.573,50**
19		**= Herstellkosten (HK)**			**18.333,50**
20	Verwaltungsbereich	+ Verwaltungsgemeinkosten (VwGK)	19,0		3.483,37
21	Vertriebsbereich	+ Vertriebsgemeinkosten (VtGK)	6,0		1.100,01
22		+ Sondereinzelkosten des Vertriebs (SEK d. V.)			450,00
23		**= Selbstkosten (SK)**			**23.366,88**
24		**+ Gewinn**	**5,5**		**1.274,40**
25	Kundenbereich	**= Barverkaufspreis (BVP)**			**24.641,28**
26		+ Kundenskonto	2,0	529,92	
27		+ Vertreterprovision	5,0	1.324,80	
28		**= Zielverkaufspreis (ZVP)**			**26.496,00**
29		+ Kundenrabatt	4,0	1.104,00	
30		**= Nettoverkaufspreis (NVP)**			**27.600,00**

Vorgehensweise und Lösungshinweise:

1. Kalkulationsschema erstellen.
2. Bis zu den Selbstkosten die Vorwärtskalkulation anwenden.
3. Nettoverkaufspreis einsetzen und mittels Rückwärtskalkulation den Barverkaufspreis berechnen.
4. Gewinn = Differenz zwischen dem Barverkaufspreis und den Selbstkosten.
5. Berechnung des Gewinnzuschlagssatzes:

Selbstkosten	23.366,88 EUR	= 100 %
Gewinn	1.274,40 EUR	= × %

d) Zuschlagskalkulation mit Maschinenstundensätzen. Das Kalkulationsschema der differenzierten Zuschlagskalkulation wird in dem Bereich abgeändert, in dem nun mit dem Maschinenstundensatz gerechnet wird.

Beispiel: Die KÜHLsys GmbH macht der Eisunion GmbH für ein spezielles Deckenkühlsystem (unlackiert und schallgedämmt) ein Angebot. Es wird mit folgenden Einzelkosten, Normalgemeinkostenzuschlagssätzen und weiteren Angaben kalkuliert:

Einzelkosten	
Fertigungsmaterialverbrauch	1.600,00 EUR
Fertigungslöhne Blechbearbeitung	1.050,00 EUR
Fertigungslöhne Lackiererei	1.160,00 EUR
Fertigungslöhne Montage	4.200,00 EUR
Fertigungslöhne Schalldämmung	1.050,00 EUR
SEK der Fertigung	850,00 EUR
SEK des Vertriebs	450,00 EUR

Normalgemeinkostenzuschlagssätze	
MGK	10 %
RGKZB	37 %
FGKL	105 %
FGKM	115 %
FGKS	101 %
VwGK	19 %
VtGK	6 %

Weitere Angaben	
Gewinn	8 %
Kundenskonto	2 %
Vertreterprovision	5 %
Kundenrabatt	4 %

Maschinenstundensatzrechnung	
Laufzeit für den Auftrag in der Blechbearbeitung	25 Stunden
Maschinenstundensatz	147,86 EUR

Lösung:

	A	B	C	D	E	F	G
1	**Bereich**	**Kosten**	**Std.**	**%**	**EUR**	**EUR**	**EUR**
2	Materialbereich	Fertigungsmaterial (FM)				1.600,00	
3		+ Materialgemeinkosten (MGK)		10		160,00	
4		**= Materialkosten (MK)**					**1.760,00**
5	Fertigungsbereich	Maschinenlaufzeit * Maschinenstundensatz	25		147,86		
6		= maschinenabhängige Gemeinkosten				3.696,50	
7		Fertigungslöhne Blechbearbeitung (FLB)				1.050,00	
8		+ Restfertigungsgemeinkosten Blechbearbeitung		37		388,50	
9		**= Fertigungskosten Blechbearbeitung (FKB)**					**5.135,00**
10		Fertigungslöhne Lackiererei				1.160,00	
11		+ Fertigungsgemeinkosten Lackiererei		105		1.218,00	
12		**= Fertigungskosten Lackiererei (FKL)**					**2.378,00**
13		Fertigungslöhne Montage (FLM)				4.200,00	
14		+ Fertigungsgemeinkosten Montage		115		4.830,00	
15		**= Fertigungskosten Montage (FKM)**					**9.030,00**
16		Fertigungslöhne Schalldämmung				1.050,00	
17		+ Fertigungsgemeinkosten Schaldämmung		101		1.060,50	
18		**= Fertigungskosten Schalldämmung**					**2.110,50**
19		+ Sondereinzelkosten der Fertigung (SEK d. F.)					850,00
20		**= Fertigungskosten (FK)**					**19.503,50**
21		**= Herstellkosten (HK)**					**21.263,50**
22	Verwaltungsbereich	+ Verwaltungsgemeinkosten (VwGK)		19			4.040,07
23	Vertriebsbereich	+ Vertriebsgemeinkosten (VtGK)		6			1.275,81
24		+ Sondereinzelkosten des Vertriebs (SEK d. V.)					450,00
25		**= Selbstkosten (SK)**					**27.029,38**
26		+ Gewinn		8		2.162,35	
27	Kundenbereich	**= Barverkaufspreis (BVP)**					**29.191,73**
28		+ Kundenskonto		2		627,78	
29		+ Vertreterprovision		5		1.569,45	
30		**= Zielverkaufspreis (ZVP)**					**31.388,96**
31		+ Kundenrabatt		4		1.307,87	
32		**= Nettoverkaufspreis (NVP)**					**32.696,83**

▶ Sortenkalkulation

Die Sortenkalkulation wird vorzugsweise bei der Massenfertigung verschiedenartiger Erzeugnisse angewendet. Der Kostenträger ist die in einem Rechnungszeitabschnitt hergestellte Menge jeder Sorte.

Die Einzelkosten der verschiedenen Sorten werden direkt erfasst. Die Gemeinkosten werden auf die jeweiligen Sorten (Erzeugnisserien) verrechnet. Zur Errechnung der Stückkosten wird die Summe der Einzel- und Gemeinkosten der Sorte durch die Anzahl der ausgebrachten Stücke geteilt. Die Sortenkalkulation ist somit eine Kombination von Zuschlags- und Divisionskalkulation.

Kostenträger-Zeitrechnung

Werden in der Kostenträgerstückrechnung die Kosten für einen Kostenträger ermittelt, erfasst die **Kostenträger-Zeitrechnung** die *Kosten und Leistungen* des Unternehmens, die während *eines bestimmten Zeitraumes* angefallen sind. Dabei werden alle Einzel- und Gemeinkosten sowohl insgesamt als auch nach Kostenträgern getrennt erfasst. Den Nettoverkaufserlösen werden die Selbstkosten des Umsatzes gegenübergestellt und die Differenz als Betriebsergebnis ausgewiesen.

Die **Aufgaben der Kostenträger-Zeitrechnung** sind:

- Die Selbstkosten eines bestimmten Zeitraumes ermitteln.
- Den Anteil der verschiedenen Erzeugnisse, Erzeugnisgruppen oder Dienstleistungen an den Gesamtkosten und am Gesamtergebnis eines Zeitraumes erfassen.
- Die Kosten und Leistungen mit der Buchhaltung abstimmen.
- Die Wirtschaftlichkeit der Erzeugnisse, Erzeugnisgruppen oder Dienstleistungen kontrollieren und eventuell nötige Maßnahmen zur Kostensenkung einleiten.

Bisher wurden die Verwaltungs- und Vertriebsgemeinkosten auf die *gesamten Herstellkosten* (= **Herstellkosten der Erzeugung oder der Produktion**) als Zuschlagsgrundlage bezogen. Man geht aber davon aus, dass diese Kosten nur dann in voller Höhe anfallen, wenn alle Erzeugnisse verkauft werden. Werden mehr Erzeugnisse produziert als verkauft, d. h., geht der Absatz zurück, gehen die Kosten im Vertriebsbereich ebenfalls zurück. Deshalb sind für die Vertriebsgemeinkosten die *Herstellkosten der abgesetzten Erzeugnisse* (= **Herstellkosten des Umsatzes**) die geeignetere Zuschlagsgrundlage.

Beim **Gesamtkostenverfahren** werden *alle Kosten erfasst,* unabhängig von der verkauften Menge. Es kann passieren, dass nicht alle im untersuchten Zeitraum gefertigten Erzeugnisse auch im gleichen Zeitraum verkauft werden. Deshalb müssen die entstehenden Bestandsveränderungen an fertigen und unfertigen Erzeugnissen berücksichtigt werden: Seite 550

- Werden weniger Erzeugnisse verkauft als hergestellt, d. h., es wurde auf Lager produziert, liegt eine **Bestandsmehrung** vor. Der Anfangsbestand der fertigen und unfertigen Erzeugnisse ist kleiner als der Schlussbestand der fertigen und unfertigen Erzeugnisse. Die Bestandsmehrung muss von den Herstellkosten der Erzeugung abgezogen werden.
- Werden mehr Erzeugnisse verkauft als hergestellt, d. h., es wird aus dem Lager verkauft, liegt eine **Bestandsminderung** vor. Der Anfangsbestand der fertigen und unfertigen Erzeugnisse ist größer als der Schlussbestand der fertigen und unfertigen Erzeugnisse. Die Bestandsminderung muss zu den Herstellkosten der Erzeugung hinzugezählt werden.

Daraus folgt:

Herstellkosten der Erzeugung
– Bestandsmehrung
+ Bestandsminderung
= Herstellkosten des Umsatzes

Das Kalkulationsschema wird in diesem Bereich angepasst:

	A	B	C
1	**Bereich**	**Kosten**	**Berechnung**
2	Materialbereich	Fertigungsmaterial (FM)	
3		+ Materialgemeinkosten (MGK)	in % des FM
4		**= Materialkosten (MK)**	
5	Fertigungsbereich	Fertigungslöhne (FL)	
6		+ Fertigungsgemeinkosten (FGK)	in % der FL
7		+ Sondereinzelkosten der Fertigung (SEK d. F.)	
8		**= Fertigungskosten (FK)**	
9		**= Herstellkosten der Erzeugung (HK d. Erz.)**	MK + FK
10		- Bestandsmehrung an fert. / unfert. Erzeugnissen	
11		+ Bestandsminderung an fert. / unfert. Erzeugnissen	
12		**= Herstellkosten des Umsatzes (HK d. Ums.)**	
13	Verwaltungsbereich	+ Verwaltungsgemeinkosten (VwGK)	in % der HK d. Erz.
14	Vertriebsbereich	+ Vertriebsgemeinkosten (VtGK)	in % der HK d. Ums.
15		+ Sondereinzelkosten des Vertriebs (SEK d. V.)	
16		**= Selbstkosten des Umsatzes (SK d. Ums.)**	

Die Kostenträgerzeitrechnung wird mithilfe eines **Kostenträgerzeitblattes** erstellt.

Beispiel: Die KÜHLsys GmbH legt für den Monat Februar für ihre beiden Erzeugnisgruppen »Deckenkühlsysteme« und »Mobile Kühlsysteme« folgende Daten vor, um den Betriebserfolg zu ermitteln (Beträge in EUR):

Einzelkosten	Deckenkühlsysteme	Mobile Kühlsysteme
Fertigungsmaterialverbrauch	8.750,00	7.000,00
Fertigungslöhne Blechbearbeitung	9.800,00	8.500,00
Fertigungslöhne Lackiererei	10.250,00	9.800,00
Fertigungslöhne Montage	7.500,00	7.200,00
Fertigungslöhne Schalldämmung	7.450,00	7.350,00
SEK der Fertigung	675,00	580,00
SEK des Vertriebs	375,00	330,00

Istgemeinkostenzuschlagssätze	
MGK	8,5 %
RFG	63 %
FGKL	102,5 %
FGKM	116,5 %
FGKS	98 %
VwGK	17,5 %
VtGK	7,3 %

Netto-Verkaufserlöse	
Deckenkühlsysteme	142.350,00
Mobile Kühlsysteme	130.360,00

Maschinenstundensatzrechnung (Blechbearbeitung)	
Deckenkühlsysteme	25 Stunden
Mobile Kühlsysteme	21 Stunden
Maschinenstundensatz	147,86

Bestände an unfertigen und fertigen Erzeugnissen	Fertige Erzeugnisse		Unfertige Erzeugnisse	
	Deckenkühlsysteme	Mobile Kühlsysteme	Deckenkühlsysteme	Mobile Kühlsysteme
Anfangsbestand	3.140,00	1.750,00	1.430,00	1.240,00
Schlussbestand laut Monatsinventur	4.350,00	2.770,00	1.130,00	1.000,00

Lösung:

	A	B	C	D	E
1	**Kosten**	**%**	**Gesamt-beträge**	**Deckenkühl-systeme**	**Mobile Kühl-systeme**
2	Fertigungsmaterial (FM)		15.750,00	8.750,00	7.000,00
3	+ Materialgemeinkosten (MGK)	8,5	1.338,75	743,75	595,00
4	**= Materialkosten (MK)**		**17.088,75**	**9.493,75**	**7.595,00**
5	maschinenabhängige Gemeinkosten		6.801,56	3.696,50	3.105,06
6	Fertigungslöhne Blechbearbeitung (FLB)		18.300,00	9.800,00	8.500,00
7	+ RFGK Blechbearbeitung	63,0	11.529,00	6.174,00	5.355,00
8	**= Fertigungskosten Blechbearbeitung (FKB)**		**36.630,56**	**19.670,50**	**16.960,06**
9	Fertigungslöhne Lackiererei (FLL)		20.050,00	10.250,00	9.800,00
10	+ Fertigungsgemeinkosten Lackiererei	102,5	20.551,25	10.506,25	10.045,00
11	**= Fertigungskosten Lackiererei (FKL)**		**40.601,25**	**20.756,25**	**19.845,00**
12	Fertigungslöhne Montage (FLM)		14.700,00	7.500,00	7.200,00
13	+ Fertigungsgemeinkosten Montage	116,5	17.125,50	8.737,50	8.388,00
14	**= Fertigungskosten Montage (FKM)**		**31.825,50**	**16.237,50**	**15.588,00**
15	Fertigungslöhne Schalldämmung (FLS)		14.800,00	7.450,00	7.350,00
16	+ Fertigungsgemeinkosten Schalldämmung	98,0	14.504,00	7.301,00	7.203,00
17	**= Fertigungskosten Schalldämmung (FKS)**		**29.304,00**	**14.751,00**	**14.553,00**
18	+ Sondereinzelkosten der Fertigung (SEK d. F.)		1.255,00	675,00	580,00
19	**= Fertigungskosten (FK)**		**138.361,31**	**71.415,25**	**66.946,06**
20	**= Herstellkosten der Erzeugung (HK d. Erz.)**		**155.450,06**	**80.909,00**	**74.541,06**
21	- Bestandsmehrung fert. Erz.		2.230,00	1.210,00	1.020,00
22	+ Bestandsminderung unf. Erz.		540,00	300,00	240,00
23	**= Herstellkosten des Umsatzes (HK d. Ums.)**		**153.760,06**	**79.999,00**	**73.761,06**
24	+ Verwaltungsgemeinkosten (VwGK)	17,5	27.203,76	14.159,08	13.044,69
25	+ Vertriebsgemeinkosten (VtGK)	7,3	11.224,48	5.839,93	5.384,56
26	+ Sondereinzelkosten des Vertriebs (SEK d. V.)		705,00	375,00	330,00
27	**= Selbstkosten des Umsatzes (SK d. Ums.)**		**192.893,30**	**100.373,00**	**92.520,30**
28					
29	**Netto-Verkaufserlöse**		**272.710,00**	**142.350,00**	**130.360,00**
30	- Selbstkosten des Umsatzes (SK d. Ums.)		192.893,30	100.373,00	92.520,30
31	**= Betriebsergebnis**		**79.816,70**	**41.977,00**	**37.839,70**

Da in der laufenden Rechnungsperiode keine Istkosten vorliegen, und um Schwankungen abzumildern, werden in der Zuschlagskalkulation Normalkosten verwendet. Erst nach Abschluss der Rechnungsperiode liegen die Istkosten vor. Nun können Ist- und Normalkosten gegenübergestellt und verglichen werden. Geschieht dies in einem Unternehmen regelmäßig, kann auf diese Weise eine Kostenüberwachung erfolgen:

- *Normalgemeinkosten > Istgemeinkosten* ⇒ Es liegt eine **Kostenüberdeckung** vor. Die kalkulierten Kosten sind größer als die tatsächlich angefallenen Kosten.
- *Normalgemeinkosten < Istgemeinkosten* ⇒ Es liegt eine **Kostenunterdeckung** vor. Die kalkulierten Kosten sind kleiner als die tatsächlich angefallenen Kosten.

Seite 317

Bei erheblichen Kostenabweichungen erfolgt eine *Kostenabweichungsanalyse.*

Das Betriebsergebnis erhält man im Kostenträgerzeitblatt, wenn Kostenunterdeckungen und Kostenüberdeckungen berücksichtigt werden:

- Betriebsergebnis = Umsatzergebnis + Kostenüberdeckung,
- Betriebsergebnis = Umsatzergebnis – Kostenunterdeckung.

Beispiel: Die KÜHLsys GmbH legt für den Monat Februar für ihre beiden Erzeugnisgruppen »Deckenkühlsysteme« und »Mobile Kühlsysteme« folgende Daten vor, um den Betriebserfolg zu ermitteln: (siehe Angaben aus Beispiel Seite 330). Darüber hinaus gelten folgende Normalgemeinkostenzuschlagssätze: MGK 10 %, RFGKB 58 %, FGKL 105 %, FGKM 115 %, FGKS 101 %, VwGK 19 %, VtGK 6 %.

Lösung:

	A	B	C	D	E	F	G	H	I	J
1	**Kostenträgerzeitblatt der KÜHLsys GmbH, Monat: Februar, Jahr 01, mit Normal- und Istkosten**									
2	**Kosten**	**Normal-zuschlags-satz in %**	**Gesamt-beträge**	**Decken-kühl-systeme**	**Mobile Kühl-systeme**	**Ist-zuschlags-satz in %**	**Gesamt-beträge**	**Decken-kühl-systeme**	**Mobile Kühl-systeme**	**Kosten-über- / -unter-deckungen**
3	Fertigungsmaterial (FM)		15.750,00	8.750,00	7.000,00		15.750,00	8.750,00	7.000,00	
4	+ Materialgemeinkosten (MGK)	10,0	1.575,00	875,00	700,00	8,5	1.338,75	743,75	595,00	-236,25
5	**= Materialkosten (MK)**		**17.325,00**	**9.625,00**	**7.700,00**		**17.088,75**	**9.493,75**	**7.595,00**	
6	maschinenabhängige Gemeinkosten		6.746,36	3.666,50	3.079,86		6.746,36	3.666,50	3.079,86	
7	Fertigungslöhne Blechbearbeitung (FLB)		18.300,00	9.800,00	8.500,00		18.300,00	9.800,00	8.500,00	
8	+ RFGK Blechbearbeitung	58,0	10.614,00	5.684,00	4.930,00	63,0	11.529,00	6.174,00	5.355,00	915,00
9	**= Fertigungskosten Blechbearbeitung (FKB)**		**35.660,36**	**19.150,50**	**16.509,86**		**36.575,36**	**19.640,50**	**16.934,86**	
10	Fertigungslöhne Lackiererei (FLL)		20.050,00	10.250,00	9.800,00		20.050,00	10.250,00	9.800,00	
11	+ Fertigungsgemeinkosten Lackiererei	105,0	21.052,50	10.762,50	10.290,00	102,5	20.551,25	10.506,25	10.045,00	-501,25
12	**= Fertigungskosten Lackiererei (FKL)**		**41.102,50**	**21.012,50**	**20.090,00**		**40.601,25**	**20.756,25**	**19.845,00**	
13	Fertigungslöhne Montage (FLM)		14.700,00	7.500,00	7.200,00		14.700,00	7.500,00	7.200,00	
14	+ Fertigungsgemeinkosten Montage	115,0	16.905,00	8.625,00	8.280,00	116,5	17.125,50	8.737,50	8.388,00	220,50
15	**= Fertigungskosten Montage (FKM)**		**31.605,00**	**16.125,00**	**15.480,00**		**31.825,50**	**16.237,50**	**15.588,00**	
16	Fertigungslöhne Schalldämmung (FLS)		14.800,00	7.450,00	7.350,00		14.800,00	7.450,00	7.350,00	
17	+ Fertigungsgemeinkosten Schalldämmung	101,0	14.948,00	7.524,50	7.423,50	98,0	14.504,00	7.301,00	7.203,00	-444,00
18	**= Fertigungskosten Schalldämmung (FKS)**		**29.748,00**	**14.974,50**	**14.773,50**		**29.304,00**	**14.751,00**	**14.553,00**	
19	+ Sondereinzelkosten der Fertigung (SEK d. F.)		1.255,00	675,00	580,00		1.255,00	675,00	580,00	
20	**= Fertigungskosten (FK)**		**138.115,86**	**71.262,50**	**66.853,36**		**138.306,11**	**71.385,25**	**66.920,86**	
21	**= Herstellkosten der Erzeugung (HK d. Erz.)**		**155.440,86**	**80.887,50**	**74.553,36**		**155.394,86**	**80.879,00**	**74.515,86**	
22	+ Bestandsminderung fert. Erz.		2.230,00	1.210,00	1.020,00		2.230,00	1.210,00	1.020,00	
23	- Bestandsmehrung unf. Erz.		540,00	300,00	240,00		540,00	300,00	240,00	
24	**= Herstellkosten des Umsatzes (HK d. Ums.)**		**157.130,86**	**81.797,50**	**75.333,36**		**157.084,86**	**81.789,00**	**75.295,86**	
25	+ Verwaltungsgemeinkosten (VwGK)	19,0	29.854,86	15.541,53	14.313,34	17,5	27.489,85	14.313,08	13.176,78	-2.365,01
26	+ Vertriebsgemeinkosten (VtGK)	6,0	9.427,85	4.907,85	4.520,00	7,3	11.467,19	5.970,60	5.496,60	2.039,34
27	+ Sondereinzelkosten des Vertriebs (SEK d. V.)		705,00	375,00	330,00		955,00	375,00	580,00	
28	**= Selbstkosten des Umsatzes (SK d. Ums.)**		**197.118,58**	**102.621,88**	**94.496,70**		**196.996,90**	**102.447,67**	**94.549,23**	-121,67
29										
30	**Netto-Verkaufserlöse**		**272.710,00**	**142.350,00**	**130.360,00**		**272.710,00**	**142.350,00**	**130.360,00**	
31	- Selbstkosten des Umsatzes (SK d. Ums.)		197.118,58	102.621,88	94.496,70		196.996,90	102.447,67	94.549,23	
32	**= Umsatzergebnis**		**75.591,42**	**39.728,12**	**35.863,30**		**75.713,10**	**39.902,33**	**35.810,77**	
33	- Kostenunterdeckung		-121,67							
34	**= Betriebsergebnis**		**75.713,10**				**75.713,10**			

Kostenabweichungsanalyse:

Kostenabweichungsanalyse 1: Bei folgenden Hauptkostenstellen liegen Kostenüberdeckungen vor: Material, Lackiererei, Schalldämmung, Verwaltung.

Ursache: Die Normalkosten sind höher als die Istkosten, d.h. die kalkulierten Kosten liegen **über** den tatsächlich angefallenen Kosten.

Mögliche Gründe:

- Verbrauchsabweichungen: Geplante Fertigungszeiten oder Materialvorgaben können nicht immer eingehalten werden. Ein Unterschreiten der Planwerte führt zu sinkenden Istgemeinkosten.
- Beschäftigungsabweichungen: Sinkt der Beschäftigungsgrad, kommt es zu geringeren Reparaturkosten, Lohnzuschlägen und verminderten Ausschussprodukten. Dieses führt zu sinkenden Istgemeinkosten.
- Preisabweichungen: Preissenkungen bei Hilfs- und Betriebsstoffen, Gehaltssenkungen durch Entlassungen, Senkungen der Versicherungsbeiträge führen zu einer niedrigeren Belastung der Kostenstellen mit Istgemeinkosten.

Kostenabweichungsanalyse 2: Bei folgenden Hauptkostenstellen liegen Kostenunterdeckungen vor: Blechbearbeitung, Montage, Vertrieb.

Ursache: Die Normalkosten sind niedriger als die Istkosten, d.h. die kalkulierten Kosten liegen **unter** den tatsächlich angefallenen Kosten.

Mögliche Gründe:

- Verbrauchsabweichungen: Geplante Fertigungszeiten oder Materialvorgaben können nicht immer eingehalten werden. Ein Überschreiten der Planwerte führt zu steigenden Istgemeinkosten.
- Beschäftigungsabweichungen: Steigt der Beschäftigungsgrad, kommt es zu erhöhten Reparaturkosten, Lohnzuschlägen und vermehrten Ausschussprodukten. Dieses führt zu steigenden Istgemeinkosten.
- Preisabweichungen: Preiserhöhungen bei Hilfs- und Betriebsstoffen, Zunahme der Gehälter durch Einstellungen, Zunahme der Versicherungsprämien führen zu einer höheren Belastung der Kostenstellen mit Istgemeinkosten.

Zusammenfassendes Beispiel

	A	B	C	D	E	F	G	H	I	J	K	L/M	N	O
1	**Kostenartenrechnung**		**Kostenstellenrechnung**									**Kostenträger-Stückrechnung**		
2	**Erfassung**		**Verteilung**									**Zurechnung**		
3	Geschäftsbuchführung		Betriebsabrechnung (BAB)									Kalkulation		
4	**Gemeinkosten**	**EUR**	Zahlen der	Allg.	**MGK**	**FGK**			Bes.	**VwGK**	**VtGK**	**Materialkosten**	**EUR**	**EUR**
5			Geschäftsbuch-	Kosten-	Material-	Fertigungsstellen			Kosten-	Verw.-	Vertr.-			
6			führung (in EUR)	stelle	stellen	I	II	III	stelle	stellen	stellen	Fert.Mat.	500,00	
7	GK Löhne	300	300	20	15	90	80	60	10	5	20	MGK 5,8 %	29,00	529,00
8	Gehälter	2.000	2.000	30	60	100	80	70	40	1.500	120			
9	GK Material	80	80	5	5	20	15	15	5	10	5	**Fertigungskosten**		
10	Steuern, Abgaben	50	50							50				
11	Versch. Kosten	70	70	5	10	10	10	5	5	15	10	Fert.löhne I	210,00	
12	Abschreibungen	3.000	3.000	40	10	1.300	900	685	30	20	15	FGK I 292,2 %	613,62	823,62
13	Instandhaltung	1.000	1.000	8	12	450	320	186	10	6	8	Fert.löhne II		
14	Zinsen	400	400	20	4	140	115	100	5	10	6	FGK II 264,2 %		
15	Raumkosten	500	500	47	20	160	140	88	10	24	11	Fert.löhne III	160,00	
16	Energieverbrauch	600	600	5	4	250	200	121	5	10	5	FGK III 210,6 %	336,96	496,96
17	Summe	8.000	8.000	180	140	2.520	1.860	1.330	120	1.650	200			1.320,58
18			Umlage der allg. Kostenstellen		5	50	40	35	20	15	15	**Herstellkosten**		1.849,58
19			Zwischensumme			2.570	1.900	1.365	140	1.665	215			
20			Umlage der bes. Kostenstellen			60	55	25						
21			Endsummen Hauptkostenstellen		145	2.630	1.955	1.390		1.665	215	VwGK 15,2 %	281,14	
22	**Zuschlagsgrundlagen:**											VtGK 2,0 %	36,99	318,13
23	Fertigungsmaterial				2.500									
24	Fertigungslöhne I					900						**Selbstkosten**		2.167,71
25	Fertigungslöhne II						740							
26	Fertigungslöhne III							660		Herstellkosten				
27					2.645	3.530	2.695	2.050		10.920	10.920	Selbstkosten kalkuliert, mit		
28			Zuschlagssätze		5,8%	292,2%	264,2%	210,6%		15,2%	2,0%	500 EUR Fertigungsmaterial,		
29												210 EUR Fertigungslöhne I und		
30												160 EUR Fertigungslöhne III.		

1. Für welche Betriebe eignet sich
   a) die einfache Divisionskalkulation,
   b) die Äquivalenzzahlenkalkulation,
   c) die Zuschlagskalkulation,
   d) die Zuschlagskalkulation mit Maschinenstundensätzen?

2. Eine kleine Limonadenfabrik stellt pro Quartal 2.000 hl Zitronenlimonade, 4.000 hl Orangenlimonade und 1.000 hl Grapefruitlimonade her. Die Stückkosten der drei Getränkesorten verhalten sich zueinander wie 1,2:1,0:1,5. Die Gesamtkosten im Vierteljahr belaufen sich auf 395.000 EUR.

   Berechnen Sie die Kosten pro Liter der drei verschiedenen Limonaden mithilfe der Äquivalenzzahlenkalkulation.

3. Die Fensterbau Schneider KG in Heilbronn hat aufgrund der guten Wirtschaftslage im abgelaufenen Jahr den Absatz von Fensterelementen steigern können. Im Produktionsprogramm befinden sich Kunststoff-, Aluminium- und Holzfenster nach DIN. Mithilfe eines Betriebsabrechnungsbogens wurden die Gemeinkosten verteilt.
   a) Unterbreiten Sie je zwei Vorschläge, nach welchen Kriterien die angefallenen Kosten für Heizung, Strom und Grundsteuer auf die Hauptkostenstellen verteilt werden könnten.
   b) Die Summen der verteilten Gemeinkosten der Fensterbau Schneider KG für das Jahr sind aus dem beigefügten Betriebsabrechnungsbogen zu ersehen. Verteilen Sie die allgemeine Hilfskostenstelle gemäß den gemessenen Verbrauchswerten im Verhältnis von 45 : 120 : 105 : 105 : 30 : 75 : 45 (siehe BAB).
   c) Die Fertigungshilfskostenstelle wurde von den einzelnen Fertigungsabteilungen unterschiedlich stark in Anspruch genommen. Dabei wird davon ausgegangen, dass für die Fertigungsabteilung Kunststoff 500 Stunden, für Aluminium 300 Stunden und für Holz 200 Stunden angesetzt werden können. Verteilen Sie die Kosten entsprechend dem Schlüssel.
   d) Geben Sie zwei Beispiele für die Aufgaben der Fertigungshilfskostenstelle, die als Gemeinkosten verrechnet werden.
   e) Ermitteln Sie in einer Aufstellung die Gesamtkalkulation der Fensterbau Schneider KG.

      Dabei sind die folgenden Vorgaben zu berücksichtigen:

Fertigungsmaterial	996.000 EUR
Fertigungslohn I	158.000 EUR
Fertigungslohn II	98.000 EUR
Fertigungslohn III	87.000 EUR

Bestandsmehrung an unfertigen Erzeugnissen	150.000 EUR
Bestandsminderung an fertigen Erzeugnissen	75.000 EUR

   f) Errechnen Sie im BAB die Gemeinkostenzuschlagssätze (Ergebnisse sind auf zwei Dezimalstellen zu ermitteln). Die Verwaltungsgemeinkosten sind auf die Herstellkosten der Erzeugung, die Vertriebsgemeinkosten auf die Herstellkosten des Umsatzes zu beziehen.

   BAB (in EUR):

Summen	Allgemeine Kostenstelle	Material	Fertigungshauptkostenstellen			Fertigungshilfskostenstelle	Verwaltung	Vertrieb
			Kunststoff I	Aluminium II	Holz III			
1.000.000	35.000	160.000	250.000	150.000	110.000	45.000	120.000	130.000

4. Es sind folgende Daten gegeben (Beträge in EUR):

Gemeinkosten	**Material**	**Fertigung**	**Verwaltung**	**Vertrieb**	**Summe**
Hilfslöhne	44.000	316.000	4.000	6.000	370.000
Gehälter	50.000	60.000	220.000	84.000	414.000
Energie	16.000	148.000	18.000	8.000	190.000
Sozialkosten	2.000	20.000	4.000	2.000	28.000
Kalk. Abschreibungen	4.000	56.000	6.000	2.000	68.000
Einzelkosten		**Bestandsveränderungen**			
Fertigungsmaterial	1.160.000	Fertige Erzeugnisse		Mehrung	380.000
Fertigungslöhne	400.000	Unfertige Erzeugnisse		Minderung	40.000

Ermitteln Sie die Gemeinkostenzuschlagssätze. Dabei sind die Verwaltungsgemeinkosten auf die Herstellkosten der Erzeugung, die Vertriebsgemeinkosten auf die Herstellkosten des Umsatzes zu beziehen.

5. Eine Glasfabrik stellt folgenden BAB auf:

Gemeinkosten	Beträge in EUR	Hauptkostenstellen			
		Material	Fertigung	Verwaltung	Vertrieb
Gehälter	636.000	80.000	116.000	320.000	120.000
Hilfslöhne	594.000	146.000	420.000	8.000	20.000
Sozialkosten	150.800	28.000	66.000	40.000	16.800

Die Miete in Höhe von 72.000 EUR wird im Verhältnis 2:10:4:2 und die kalkulatorischen Zinsen in Höhe von 88.000 EUR im Verhältnis 4 : 8 : 6 : 2 verteilt.

Das Fertigungsmaterial beträgt 2.500.000 EUR und für Fertigungslöhne sind 1.020.000 EUR an Kosten angefallen.

Fertigerzeugnisse sind in ihrem Bestand um 300.000 EUR abgebaut, unfertige Erzeugnisse in ihrem Bestand um 400.000 EUR aufgebaut worden.

Es soll ein Auftrag für Spezialverglasung kalkuliert werden. Dazu werden folgende Daten ermittelt:

Fertigungsmaterial	72.000 EUR	Gewinnzuschlag	20 %
Fertigungslöhne	30.000 EUR	Kundenskonto	3 %
SEK der Fertigung	1.200 EUR	Kundenrabatt	10 %
SEK des Vertriebes	800 EUR		

Ermitteln Sie den Netto-Verkaufpreis für den Auftrag der Spezialverglasung.

6. Beim Besuch der Fachmesse INTERBAU in München musste ein Unternehmer feststellen, dass ein Mitbewerber eine genormte und in der Ausstattung mit dem eigenen Modell PANORAMA vergleichbare Balkontüre zu 1.200,00 EUR (ohne USt.) anbietet.

a) Da sein Produkt 120,00 EUR teurer ist, soll mit den nachstehenden geschätzten Sätzen berechnet werden, wie viel Kosten für das Fertigungsmaterial beim Mitbewerber voraussichtlich aufgewendet wurden.

MGKZ	5,00 %
FL	110,17 EUR
FGKZ	200,00 %
VwGKZ	12,00 %
VtGKZ	8,00 %
Gewinnzuschlag	12,50 %
Kundenskonto	3,00 %
Kundenrabatt	20,00 %

b) Geben Sie zwei Gründe für die Abweichungen an und unterbreiten Sie mindestens zwei Vorschläge, wie diese Differenz von 120,00 EUR ausgeglichen werden könnte.

7. Das Porzellanunternehmen Bracher GmbH richtet nach der Anschaffung der Maschinenanlagen 1 und 2 eine zusätzliche Kostenstelle für die Fertigung ein.

a) Über die Maschinenanlage 1 ist Folgendes bekannt:
- Anschaffungskosten: 500.000,00 EUR
- Wiederbeschaffungskosten: 600.000,00 EUR
- Betriebliche Nutzungsdauer: 10 Jahre
- Jährliche Maschinenlaufzeit je Anlage: 1.944 Stunden
- Kalkulatorischer Zinssatz: 9 %
- Instandhaltungskosten für die Anlage 1: 22.700,00 EUR jährlich
- Jährliche Raumkosten: 104,00 EUR pro m^2 bei einem Platzbedarf von 30 m^2
- Energiekosten: Strompreis 0,15 EUR/kWh, Grundgebühr monatlich 80,00 EUR, Leistung der Maschine 25 kW.

Ermitteln Sie den Maschinenstundensatz für die Maschinenanlage 1.

b) Auf der Anlage 2 wird ein Produkt »Jaklos« hergestellt, für das folgende Daten vorliegen:
- Jährliche Maschinenlaufzeit: 1.944 Stunden
- Fertigungszeit: 5 Stunden
- Materialkosten: 252,00 EUR/Stück
- Fertigungslöhne: 150,00 EUR/Stück
- SEK des Vertriebes: 151,90 EUR/Stück
- Barverkaufspreis: 1.746,00 EUR/Stück
- Netto-Verkaufspreis: 2.000,00 EUR/Stück

Zuschlagssätze: MGKZ 5 %, Rest-FGKZ 120 %, Vw-/VtGKZ 30 %.

Im Kundenbereich gelten die Sätze: Gewinn 10,4 %, Vertreterprovision 5,0 %, Kundenskonto 3,0 %.

Ermitteln Sie mithilfe einer vollständigen Angebotskalkulation den Maschinenstundensatz und geben Sie an, wie viel Prozent Rabatt gewährt werden kann.

8. Im Zweigwerk der Grasser GmbH wurde im Monat Mai nur das Produkt P hergestellt.
Folgende Daten liegen vor:

	Material	Fertigung 1	Fertigung 2	Verwaltung und Vertrieb
Istgemeinkosten (EUR)	14.405,00	?	46.335,00	76.120,00
Zuschlagsbasen (EUR)	?	42.000,00	?	?
Istzuschlagssätze (%)	21,50	138,00	?	27,50
Normalzuschlagssätze (%)	20,00	140,00	85,00	27,50

Der Schlussbestand an unfertigen und fertigen Erzeugnissen zum 31. Mai lag insgesamt um 4.900,00 EUR über dem Anfangsbestand zum 1. Mai.

a) Im Mai lagen der Vorkalkulation für ein Stück von P neben den oben angeführten Zuschlagssätzen folgende Einzelkosten je Stück zugrunde:

Fertigungsmaterial	60,00 EUR
Fertigungslöhne 1	45,00 EUR
Fertigungslöhne 2	52,00 EUR

Außerdem wurde mit 7,95 EUR Kundenskonto, einer Vertreterprovision von 19,88 EUR und einem Barverkaufspreis von 389,65 EUR gerechnet. Ermitteln Sie die Prozentsätze für die Vertreterprovision und den Gewinnzuschlag (Runden auf 2 Dezimalstellen).

b) Berechnen Sie im Rahmen eines Kostenträgerzeitblattes die folgenden Werte:
- Verbrauch an Fertigungsmaterial im Mai,
- Ist-Fertigungsgemeinkosten für die Fertigungsstelle 1,
- Über-/Unterdeckung der Kostenstelle Material,
- die in der Fertigungsstelle 2 angefallenen Fertigungslöhne.

c) Im Mai wurden 1.000 Stück vom Produkt P zum kalkulierten Barverkaufspreis (vgl. a) abgesetzt. Ermitteln Sie das Umsatzergebnis der Abrechnungsperiode, wobei die Herstellungskosten der Abrechnungsperiode auf Normalkostenbasis 281.100,00 EUR betragen. Berücksichtigen Sie dabei auch die Vertreterprovision als Sondereinzelkosten des Vertriebs.

d) Ermitteln Sie das Betriebsergebnis.

9. Im Zweigwerk 2 wird ausschließlich Produkt A hergestellt. Die Kostenrechnung weist für den Monat Dezember folgende Werte aus.

	Istkosten gesamt in EUR	Istgemeinkosten-zuschlagssatz	Normalkosten gesamt in EUR	Normalgemein-kostenzuschlagssatz
FM				
MGK		25 %	44.000,00	20 %
FL I	148.800,00			
FGK I				130 %
FL II				
Rest-FGK II	97.830,00			80 %
MaschK II			120.100,00	
Vw-/VtGK	198.450,00	21 %	183.000,00	20 %

Anmerkung:
Von der fertig gestellten Menge konnten 40 Stück nicht verkauft werden. Bei den unfertigen Erzeugnissen wurde eine Bestandsminderung von 1.000,00 EUR festgestellt. Insgesamt wurde eine Bestandsmehrung von 7.000,00 EUR errechnet.

a) Berechnen Sie den Verbrauch an Fertigungsmaterial.

b) Berechnen Sie die Fertigungslöhne II.

c) Berechnen Sie die Herstellkosten pro Stück auf Normalkostenbasis.

d) Die Angebotskalkulation basiert auf folgenden weiteren Daten:
- Kundenrabatt 20 %,
- Kundenskonto 3 %,
- Gewinnzuschlag 15 %,
- Vertreterprovision 5 %.

Ermitteln Sie den Angebotspreis und die Vertreterprovision in EUR.

11.3.4 Plankostenrechnung

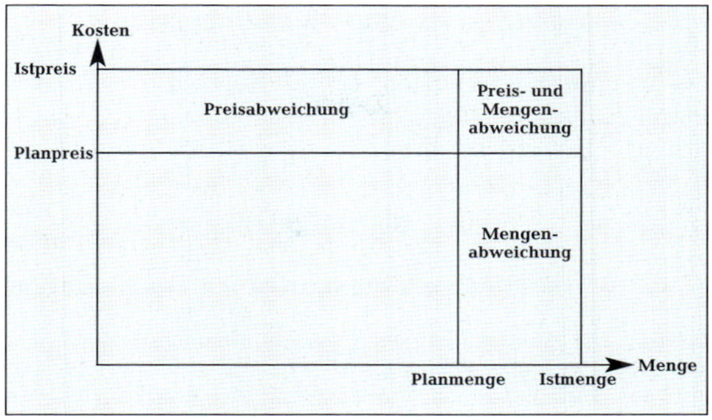

Eine umfassende Kostenkontrolle verhindert mögliche Fehlleistungen oder Fehlkalkulationen. Damit ist der Unternehmensleitung auch die Möglichkeit gegeben, entsprechende Gegenmaßnahmen zu ergreifen. Allerdings ist eine wirksame Kostenkontrolle nur denkbar, wenn den Istkosten so genannte Sollkosten gegenübergestellt werden. Diese Sollkosten werden durch Planungen ermittelt. Treten Abweichungen zwischen Ist- und Sollkosten auf, müssen die Ursachen analysiert und geeignete Lösungen ergriffen werden.

Wenn Kosten abweichen, gibt es dafür grundsätzlich zwei Ursachen:

1. **Abweichung in der Menge.** Diese kann entweder verbrauchs- oder beschäftigungsbedingt sein.

   Bei der *Verbrauchsabweichung* lässt sich erkennen, wie sich der Einsatz von Produktionsfaktoren verändert hat, um die zu erstellende Leistung zu ermöglichen.

   Beispiele: schlechtes Material, Kapazitätsengpässe, Maschinenausfälle.

   Bei der *Beschäftigungsabweichung* geht es um Kosten, die sich aus einem Beschäftigungsgrad ergeben, der gegenüber der Planmenge abweicht.

   Seite 346

   Beispiel: Der Beschäftigungsgrad liegt bei 70 %. Die Fixkosten sind jetzt nicht auf 100 % der Outputmenge verteilt, sondern nur auf den geringeren Prozentsatz.

2. **Abweichung im Preis.** Der Preis kann dann abweichen, wenn die Produktionsfaktoren entweder teurer oder billiger beschafft wurden als geplant.

   Beispiele: Anstieg der Rohstoffpreise, Lohnerhöhung durch Tarifverhandlungen.

Eine Kostenrechnung, die Abweichungen analysiert und sich mit geplanten Kosten beschäftigt, nennt man **Plankostenrechnung.**

Die Plankostenrechnung versucht mithilfe von Prognoserechnungen, Verbrauchsstudien und Schätzungen die zukünftigen Preis- und Mengenentwicklungen zu bestimmen. Daraus ermittelt sie die Plankosten. Diese orientieren sich nicht wie die Istkosten an der *Vergangenheit,* sondern an der *Zukunft.*

Plankosten = Planmenge · Planpreis

Die Plankostenrechnung wird in zwei Schritten durchgeführt:

1. Schritt: Die Kosten werden geplant.

2. Schritt: Die Plankosten werden mit den tatsächlich angefallenen Istkosten verglichen. Treten Kostenabweichungen auf, werden diese analysiert. Die Ergebnisse helfen entweder die Unwirtschaftlichkeit zu beseitigen oder sie gehen als Informationen in die Planung für die nächste Rechnungsperiode ein.

Je nachdem, ob der Beschäftigungsgrad konstant betrachtet wird oder ob die Kosten in ihre variablen und fixen Bestandteile aufgeteilt werden, spricht man von der **starren** bzw. **flexiblen Plankostenrechnung.**

Starre Plankostenrechnung

Die **starre Plankostenrechnung** ermittelt die **geplanten Kosten** für eine **bestimmte Planbeschäftigung** (erwarteter Beschäftigungsgrad).

Die gesamten Plankosten werden durch die Planbeschäftigung dividiert. Dies ergibt den Plankalkulationssatz. Wird dieser mit dem Wert der effektiv erzeugten Menge (Istbeschäftigung) multipliziert, erhält man die verrechneten Plankosten.

$$\textbf{Plankalkulationssatz} = \frac{\textbf{Plankosten}}{\textbf{Planbeschäftigung}}$$

Verrechnete Plankosten = Plankalkulationssatz · Istbeschäftigung

Beispiel: Die Controllingabteilung eines Unternehmens geht in der Kostenstelle Fertigung von einer Planbeschäftigung von 16.000 Stück aus. Die Plankosten belaufen sich auf 240.000 EUR. Die Istbeschäftigung beträgt aber nur 12.000 Stück und die Istkosten werden mit 220.000 EUR ermittelt.

$$\text{Plankalkulationssatz} = \frac{240.000 \text{ EUR}}{16.000 \text{ Stück}} = 15 \text{ EUR/Stück}$$

verrechnete Plankosten = 15 EUR/Stück · 12.000 Stück = 180.000 EUR

Grafische Darstellung:

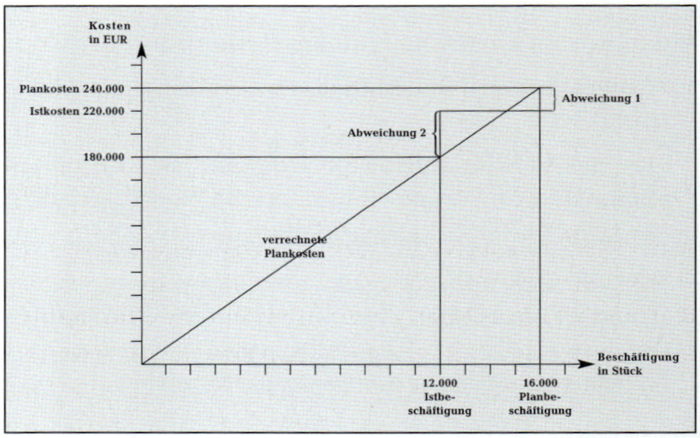

Abweichung 1:
Die Plankosten (240.000 EUR) sind um 20.000 EUR höher als die Istkosten (220.000 EUR). Da sich aber die Plan- und Istkosten auf *verschiedene* Beschäftigungsgrade beziehen, können sie nicht miteinander verglichen werden.

Abweichung 2:
Bei dieser Abweichung werden Kosten bei *demselben* Beschäftigungsgrad miteinander verglichen: Istkosten von 220.000 EUR und verrechnete Plankosten von 180.000 EUR. In den verrechneten Plankosten steckt allerdings der Plankalkulationssatz (Vollkosten) von 15 EUR/Stück. Das bedeutet, dass die Fixkosten wie variable Kosten behandelt werden (Proportionalisierung der Fixkosten). Aus diesem Grund liefert diese Abweichung keine nützlichen Informationen.

Das Beispiel zeigt, dass man innerhalb der Kostenkontrolle nur die Differenz zwischen Plankosten, verrechneten Plankosten und Istkosten feststellen kann. Die Ursachen dieser Abweichungen kann man aber damit nicht herausfinden. Das liegt daran, dass bei der Kostenverrechnung mit Vollkosten gerechnet wird. Um diesen Mangel zu beseitigen, werden in der flexiblen Plankostenrechnung die Kosten aufgelöst.

Trotzdem kann die starre Plankostenrechnung in den Bereichen des Unternehmens eingesetzt werden, in denen keine geeigneten Bezugsgrößen für eine Planbeschäftigung vorhanden sind, wie in der Verwaltung oder im Vertrieb.

Flexible Plankostenrechnung

Bei der flexiblen Plankostenrechnung werden die Kosten aufgelöst, damit der Anteil der fixen und variablen Kosten bestimmt werden kann. Jetzt ist es möglich, Plankosten für verschiedene Beschäftigungsgrade vorzugeben.

Plankosten, die auf eine **bestimmte Istbeschäftigung umgerechnet** werden, nennt man **Sollkosten.**

Die Sollkosten sind die Kosten, die zu Periodenbeginn geplant worden wären, wenn man damals die Istbeschäftigung bereits gekannt hätte. Man nennt sie deshalb auch *Plankosten bei Istbeschäftigung.*

$$\textbf{Sollkosten} = \textbf{Fixkosten} + \frac{\textbf{Variable Kosten} \cdot \textbf{Istbeschäftigung}}{\textbf{Planbeschäftigung}}$$

Fortführung des obigen Beispiels:

Eine Kostenauflösung ergab, dass 240.000 EUR Plankosten in 100.000 EUR fixe und 140.000 EUR variable Kosten aufgegliedert werden können.

$$\text{Sollkosten} = 100.000 \text{ EUR} + \frac{140.000 \text{ EUR} \cdot 12.000 \text{ Stück}}{16.000 \text{ Stück}} = 205.000 \text{ EUR}$$

Verrechnete Plankosten = 15 EUR/Stück · 12.000 Stück = 180.000 EUR

Grafische Darstellung:

Bei der Istbeschäftigung von 12.000 Stück betragen die zu erwartenden Kosten (Sollkosten) 205.000 EUR. Jetzt können die Istkosten mit den Sollkosten verglichen werden, weil sich beide auf dieselbe Beschäftigung beziehen. Eine echte Kostenkontrolle ist möglich, weil es keine Proportionalisierung der Fixkosten mehr gibt.

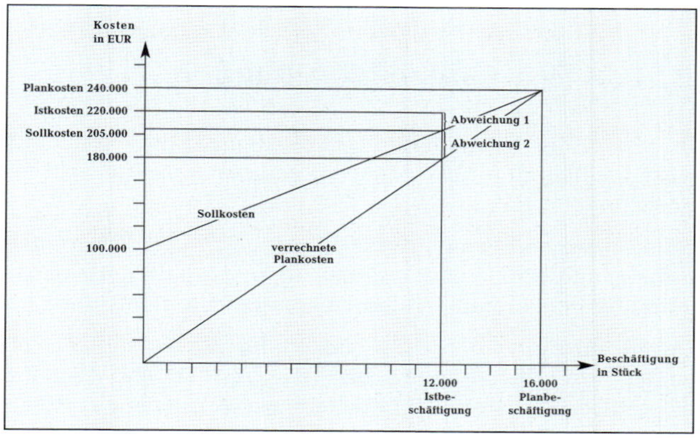

Abweichung 1:
Die Differenz zwischen Ist- und Sollkosten stellt die *Verbrauchsabweichung* in Höhe von 15.000 EUR dar.

Abweichung 2:
Die Differenz zwischen den Sollkosten und den verrechneten Plankosten stellt die *Beschäftigungsabweichung* in Höhe von 25.000 EUR dar.

Es gibt zwei Möglichkeiten, die Beschäftigungsabweichung zu ermitteln:

- Beschäftigungsabweichung = Gesamtabweichung – Verbrauchsabweichung,
- Beschäftigungsabweichung = Sollkosten – verrechnete Plankosten.

Gegenüber der Planbeschäftigung liegt eine Unterbeschäftigung in Höhe von 25.000 EUR vor. Es werden zu wenig Fixkosten verrechnet. Bei einer Überbeschäftigung würden zu hohe Fixkosten verrechnet werden.

Die Kosten der Beschäftigungsabweichung werden auch **Kosten der nicht ausgelasteten Kapazitäten** genannt.

Das Beispiel zeigt, dass mithilfe der flexiblen Plankostenrechnung eine wirksame Kostenkontrolle möglich ist, weil man bei jeder Istbeschäftigung die Abweichungen untersuchen kann. Für kurzfristige Entscheidungen ist die flexible Plankostenrechnung nicht geeignet, weil die Deckungsbeiträge nicht bekannt sind. Es wird immer noch mit einem Vollkostensatz gerechnet. Das kann zu Fehlentscheidungen führen.

1. In einem Industriebetrieb liegen folgende Daten vor: Planbeschäftigung 20.000 Stück, Plankosten 220.000 EUR, Istbeschäftigung 16.000 Stück, Istkosten 180.000 EUR.

   Berechnen Sie a) den Plankalkulationssatz, b) die verrechneten Plankosten, c) die Gesamtabweichung.

2. In einer Kostenstelle ist die Planbezugsgröße mit 1.200 Fertigungsstunden angegeben. Die Plankosten belaufen sich in der zu untersuchenden Periode auf insgesamt 96.000 EUR. Die Controllingabteilung führt eine Kostenkontrolle durch. Dabei untersucht sie verschiedene Alternativen:

   a) Die Istbeschäftigung entspricht der Planbeschäftigung. Die Istkosten belaufen sich auf 110.000 EUR.

   b) Die Istbeschäftigung beträgt nur 800 Fertigungsstunden. Die Istkosten belaufen sich auf 84.000 EUR.

   Stellen Sie für beide Alternativen rechnerisch und grafisch die starre Plankostenrechnung dar und nennen Sie mögliche Ursachen für die Gesamtabweichung.

3. In der Fertigungshauptkostenstelle der KÜHLsys GmbH werden die Kosten geplant, ebenso der Beschäftigungsgrad. Bei einer Planbeschäftigung von 10.000 Fertigungsstunden betragen die Plankosten 60.000 EUR.

In der betreffenden Abrechnungsperiode betrugen die effektive Beschäftigung 6.000 Stunden, die dabei angefallenen Istkosten 50.000 EUR.

a) Ermitteln Sie den Plankalkulationssatz.

b) Wie hoch sind die verrechneten Plankosten?

c) Welche Gesamtabweichung ergibt sich zwischen den Istkosten und den verrechneten Plankosten?

d) Beurteilen Sie das Ergebnis der flexiblen Plankostenrechnung anhand einer grafischen Darstellung. Durch Kostenauflösung wurden fixe Kosten in Höhe von 20.000 EUR festgestellt.

e) Errechnen Sie die Verbrauchs-, Beschäftigungs- und Gesamtabweichung.

11.3.5 Prozesskostenrechnung

In den bisher kennengelernten Kostenrechnungssystemen werden Gemeinkosten aller Kostenstellen den Kostenträgern verursachungsgerecht mithilfe von Zuschlagssätzen zugerechnet.

Studien haben gezeigt, dass nur noch 40 % der Kosten direkt auf den Kostenträger zuzuordnen sind. 1960 waren es noch 70 %. Deshalb müssen die Bereiche in den Unternehmen zugenommen haben, in denen Gemeinkosten entstehen (indirekte Leistungsbereiche).

Damit wird eine gerechte Zuordnung der Gemeinkosten auf den Kostenträger immer schwieriger. Bisher wurde die Frage gestellt: Wie verteilt man die Kosten auf die Kostenträger (Kostenverteilung)? Kostenarten werden mit Verteilungsschlüsseln auf Kostenstellen und diese auf Kostenträger verteilt.

Jetzt geht man von der Leistung des Unternehmens aus und fragt: Welche Kosten werden durch die Kostenträger verursacht (Ursachenkette)? Wenn Leistungen zu erbringen sind, sind Tätigkeiten erforderlich. Diese Tätigkeiten verursachen Kosten.

Die **prozessorientierte Kostenrechnung** oder **Prozesskostenrechnung** möchte die **Gemeinkosten verursachungsgerechter verteilen** und damit die bisherigen Kostenrechnungssysteme ergänzen.

Prozesskostenrechnung im Überblick

Die Prozesskostenrechnung ist eine Vollkostenrechnung und baut auf den Daten und Informationen der Kostenarten- und Kostenstellenrechnung auf. In Unternehmen, die prozessorientiert arbeiten, muss auch das Rechnungswesen dieser Organisationsform gerecht werden. Deshalb wird versucht, die Kosten einzelnen Geschäftsprozessen zuzuordnen. Die Kosten sollen nicht mehr bereichsweise je Kostenstelle erfasst werden, sondern entlang eines Prozesses, der **kostenstellenübergreifend** sein kann.

Beispiel für einen kostenstellenübergreifenden Prozess »Material beschaffen«:

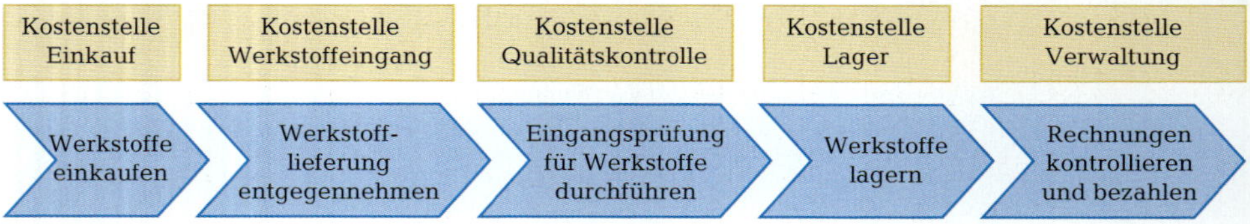

Um eine Prozesskostenrechnung in einem Unternehmen einzuführen, sind vier Schritte nötig:

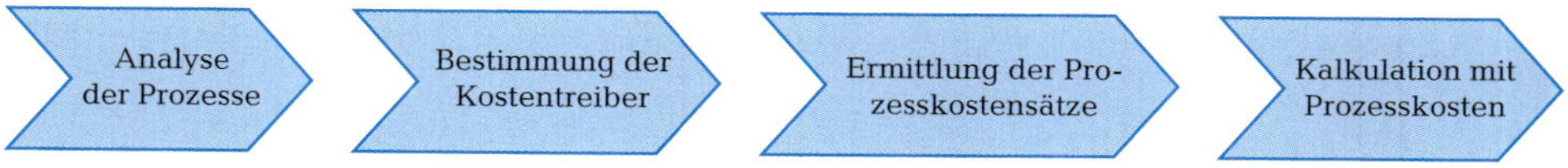

Analyse der Prozesse

Ein **Prozess** ist eine Kette von Aktivitäten, die auf die Erbringung einer bestimmten Leistung ausgerichtet ist.

Er ist gekennzeichnet durch eine konkrete Leistungsausbringung, bestimmte Qualitätsmerkmale, den Verbrauch von Ressourcen, Kosteneinflussfaktoren und analysierbare Bearbeitungszeiten.

Er stellt eine **Input-Output-Beziehung** dar. Diese ist entweder

- materiell: Der Prozessoutput ist eine Sache.

  Beispiele: Rohstoffe bei der Beschaffung, unfertige Erzeugnisse in der Produktion.

  oder

- immateriell: Der Prozessoutput ist eine Information oder Dienstleistung.

  Beispiele: Planungsergebnisse, Kontrollergebnisse.

Welche Prozesse Gemeinkosten verursachen, muss durch eine Analyse der Tätigkeiten ermittelt werden. Sie ist eine Art Bestandsaufnahme im Unternehmen. Allein diese Analyse führt schon zu Verbesserungen, weil viele funktions- und kostenstellenübergreifende Diskussionen ausgelöst werden.

Zur Erfassung der Tätigkeiten gibt es verschiedene Möglichkeiten:

- Schätzungen,
- Selbstaufzeichnungen und Zeitaufnahmen durch betroffene Mitarbeiter,
- strukturierte Interviews mit Kostenstellenleitern,
- Auswertungen von bestehenden Unterlagen wie Stellenbeschreibungen und Arbeitsprozessbogen oder Statistiken.

Die einzelnen Tätigkeiten werden zu **Teilprozessen** und diese zu **Hauptprozessen** zusammengefasst.

Daraus ergibt sich eine Prozesshierarchie.

Beispiel: Prozesshierarchie für den Prozess »Werkstoffe beschaffen«

Tätigkeiten	Lieferanten suchen, Anfragen schreiben, Anfragen versenden.	Lieferanten kontaktieren, Angebote vergleichen, Preise prüfen, Mengen prüfen, Lieferanten auswählen.	Bestellungen drucken, Bestellungen faxen, Bestellungen ablegen, Daten in die EDV eingeben.
Teilprozesse	Angebote einholen	Lieferanten auswählen	Bestellungen durchführen
Hauptprozess	Werkstoffe beschaffen		

Die Hauptprozesse werden nach Leistungsmengenabhängigkeit eingeteilt:

a) Es gibt **leistungsmengeninduzierte (lmi) Prozesse.** Die Kosten dieser Prozesse hängen von der Anzahl der durchgeführten Prozesse ab. Sie können direkt auf die Kostenträger mit geeigneten Bezugsgrößen verrechnet werden.

   Beispiele: Bestellungen durchführen, Werkstoffe bereitstellen, mit Gabelstapler transportieren, Kunden betreuen.

b) Es gibt **leistungsmengenneutrale (lmn) Prozesse.** Die Kosten dieser Prozesse entstehen, weil bestimmte Tätigkeiten unabhängig vom Prozess ausgeführt werden.

   Beispiele: Kostenstelle leiten, Geschäftsführung unterstützen, Abteilung koordinieren, Unternehmenskäufe und -beteiligungen vorbereiten.

Bestimmung der Kostentreiber

Bezugsgrößen, die einen direkten Bezug zu der Prozessleistung haben, sind die sogenannten **Kostentreiber** (»Cost-Driver«).

Beispiele für Kostentreiber:

Prozess	Kostentreiber
Rohmaterial bestellen	Anzahl der Bestellungen
Arbeitspapiere ausgeben	Anzahl der Papiere
Betriebsmittel bereitstellen	Anzahl der Betriebsmittel
Auftrag kalkulieren	Anzahl der Kundenaufträge
Material einlagern	Anzahl der Einlagerungen
Rechnung prüfen	Anzahl der Rechnungspositionen
Rechnungen mahnen	Anzahl der Rechnungen

Man geht davon aus, dass zwischen den Kostentreibern und den Gemeinkosten der Prozesse langfristig eine proportionale Beziehung besteht. In der bisherigen Kostenrechnung ist zum Beispiel die Höhe der Materialgemeinkosten (MGK) *vom Wert* der beschafften Werkstoffe abhängig. Die MGK werden aber durch die Anzahl der getätigten Bestellungen, durch Dispositionsvorgänge und durch die Lagerbewegungen hervorgerufen.

Ermittlung der Prozesskostensätze

Um die Prozesskosten der indirekten Unternehmensbereiche auf die Kostenträger zu verrechnen, werden – wie in der Vollkostenrechnung auch – Prozesskostensätze ermittelt. Diese werden dann in der Kalkulation verwendet.

Nachdem die Prozesse in lmi-Prozesse und lmn-Prozesse aufgeteilt worden sind, müssen auch zwei Prozesskostensätze gebildet werden. Der Gesamtprozesskostensatz ergibt sich, wenn man die beiden Prozesskostensätze zusammenzählt.

▶ lmi-Prozesskostensatz

Man nimmt die geplanten Kosten einer Tätigkeit, die von der Leistungsmenge abhängig ist, und teilt sie durch die Menge des entsprechenden Kostentreibers.

Der lmi-Prozesskostensatz sagt aus, wie viel EUR eine Tätigkeit bzw. ein Prozess bei einmaliger Durchführung kostet.

$$\textbf{lmi-Prozesskostensatz} = \frac{\textbf{geplante Kosten der lmi-Tätigkeit}}{\textbf{Outputmenge der Kostentreiber}}$$

Beispiel: Die geplanten Kosten für den Prozess »Material bestellen« belaufen sich im Jahr auf 130.000,00 EUR. Der Kostentreiber »Einzelbestellungen« hat einen Output von 2.500 Stück.

$$\text{lmi-Prozesskostensatz} = \frac{130.000,00 \text{ EUR}}{2.500 \text{ Stück}} = 52,00 \text{ EUR/Stück}$$

▶ lmn-Prozesskostensatz (Umlagesatz)

Um die Kosten aus lmn-Prozessen auf die Kostenträger umzulegen, bildet man für die lmn-Kosten lmn-Prozesskostensätze, die auch Umlagesätze genannt werden. Dabei werden die lmn-Kosten im Verhältnis der lmi-Prozesskosten verteilt.

$$\textbf{lmn-Zuschlagssatz} = \frac{\textbf{lmn-Prozesskosten}}{\textbf{Summe lmi-Prozesskosten}} \cdot \textbf{100}$$

$$\textbf{lmn-Prozesskostensatz} = \textbf{lmi-Prozesskostensatz} \cdot \textbf{lmn-Zuschlagssatz}$$

Beispiel: Der Prozess »Material bestellen« gehört zur Kostenstelle »Beschaffung«. Diese Kostenstelle hat im Jahr 350.000,00 EUR zur Verfügung. Neben anderen lmi-Prozessen wie »Lieferverträge abschließen«, »Lieferantenkontakte pflegen« oder »Eingangsrechnungen prüfen« gehört auch der lmn-Prozess »Kostenstelle Beschaffung leiten« dazu. Für diesen wurden Prozesskosten in Höhe von 56.000,00 EUR ermittelt. Alle lmi-Prozesse dieser Kostenstelle verursachen Kosten von 280.000,00 EUR. Damit errechnet sich der lmn-Prozesskostensatz für den Prozess »Material bestellen« folgendermaßen:

$$\text{lmn-Zuschlagssatz} = \frac{56.000,00 \text{ EUR}}{280.000,00 \text{ EUR}} \cdot 100 = 20\,\%$$

lmn-Prozesskostensatz = 52,00 EUR/Stück · 20 % = 10,40 EUR

▶ Hauptprozesskostensatz

Hauptprozesskostensatz = lmi-Prozesskostensatz + lmn-Prozesskostensatz

Beispiel: Hauptprozesskostensatz »Material bestellen« = 52,00 EUR + 10,40 EUR = 62,40 EUR

Zusammenfassendes Beispiel: Ein Hauptprozesskostensatz besteht aus mehreren Teilprozesskostensätzen. Der Prozesskostensatz für den Hauptprozess »Beschaffung von Fremdbauteilen« hat planmäßig eine Bestellung, eine Einlagerung und zwei Buchungen:

Kostenstelle	Teilprozess	Kostentreiber	Prozesskostensatz
Einkauf	Fremdbauteile bestellen	Anzahl Bestellungen	48,30 EUR (lmi)
Material	Fremdbauteile einlagern	Anzahl Lieferungen	511,00 EUR (lmi)
Verwaltung (Finanzbuchhaltung)	Fremdbauteile buchen	Anzahl Buchungen	2,15 EUR (lmi)

Damit beträgt der Hauptprozesskostensatz »Beschaffung von Fremdbauteilen«: 48,30 EUR (lmi) + 511,00 EUR (lmi) + 2 · 2,15 EUR (lmi)= 563,60 EUR.

Kalkulation mit Prozesskostensätzen

Die Kalkulation der Selbstkosten erfolgt wie bei der Zuschlagskalkulation innerhalb der Kostenträgerrechnung mit Vollkosten. Da die Prozesskostenrechnung nur eine Ergänzung der Vollkostenrechnung und kein Ersatz derselben ist, werden nicht die gesamten Gemeinkosten aus dem BAB genommen, sondern nur diejenigen, die nicht einem konkreten Prozess zuzuordnen sind. Dafür kommen zusätzlich die Prozesskosten zum Tragen, die ermittelt wurden.

Beispiel einer Vollkosten-Zuschlagskalkulation mit Prozesskostenrechnung:

	A	B	C	D	E
1	**Bereich**	**Kosten**	**%**	**EUR**	**EUR**
2	Materialbereich	Fertigungsmaterial (FM)		115,00	
3		+ Materialgemeinkosten (MGK)	35,5	40,83	
4		+ Materialprozesskosten (MPK)		50,00	
5		**= Materialkosten (MK)**			**205,83**
6	Fertigungsbereich	Fertigungslohn		174,00	
7		+ Fertigungsgemeinkosten	13,7	23,84	
8		+ Fertigungsunterstützungsprozesskosten **(FÜPK)**		600,00	
9		+ Sondereinzelkosten der Fertigung (SEK d. F.)		6,25	
10		**= Fertigungskosten (FK)**			**804,09**
11		**= Herstellkosten (HK)**			**1009,92**
12	Verwaltungsbereich	+ Verwaltungsgemeinkosten (VwGK)	30,0		302,98
13	Vertriebsbereich	+ Vertriebsgemeinkosten (VtGK)	9,9		99,98
14		+ Sondereinzelkosten des Vertriebs (SEK d. V.)			25,00
15		+ Vertriebsprozesskosten **(VPK)**			200,00
16		**= Selbstkosten (SK)**			**1.637,88**

Materialprozesskosten fallen an für: Einkauf, Materialeingang, Materialprüfung, Kreditorenbuchhaltung, Materiallager.

Fertigungsunterstützungsprozesskosten fallen an für: Entwicklung, Konstruktion, Arbeitsvorbereitung, Fertigungsplanung, Fertigungssteuerung, Qualitätskontrolle, Logistik.

Vertriebsprozesskosten fallen an für: Marktforschung, Werbung, Verkaufsförderung, Messen, Außendienst, Verkaufsbüros, Kundendienst, Fakturierung, Debitorenbuchhaltung, Fertigteilelager, Verpackung, Versand, Logistik.

Vor- und Nachteile der prozessorientierten Kostenbetrachtung

▶ Vorteile

- Die Prozesskostenrechnung ist ein geeignetes Instrument, um Gemeinkosten verursachungsgerecht zu verteilen.
- Es werden leistungsmengeninduzierte (lmi-)Prozesse herausgearbeitet und verrechnet.
- Herstellkosten und Selbstkosten werden exakter ermittelt als bei der herkömmlichen Vollkostenrechnung.
- Die Kosten werden besser dokumentiert und kontrolliert als bei der herkömmlichen Vollkostenrechnung.
- Die Prozesskostenrechnung ist vor allem für Unternehmen mit hohem Gemeinkostenanteil geeignet, um Kosten und Leistungen zu verrechnen.

▶ Nachteile

- Wenn Gemeinkosten auf Kostenträger verrechnet werden und kein Zusammenhang hergestellt werden kann, werden Fixkosten proportionalisiert (lmn-Prozesse).
- Bei der Festlegung der Planprozessmengen kann es zu Fehleinschätzungen kommen. Das führt zu falschen Prozesskostensätzen, die zu falschen Entscheidungsgrundlagen führen können.
- Bei den betrachteten Prozessen geht es nur um die Abläufe der indirekten Bereiche.
- Die Prozesskostenrechnung eignet sich nicht für kurzfristige Planungen und Entscheidungen.
- Für Unternehmen mit hauptsächlich direkt dem Kostenträger zuordenbaren Kosten ist die Prozesskostenrechnung ungeeignet. In den bisher kennengelernten Kostenrechnungssystemen werden Gemeinkosten aller Kostenstellen den Kostenträgern verursachungsgerecht mithilfe von Zuschlagssätzen zugerechnet.

?

1. Nennen Sie Hauptprozesse in Ihnen bekannten Betrieben.
2. Welche Arten von Kostentreibern lassen sich den folgenden Kostenstellen zuordnen?
   a) Labor
   b) Einkauf
   c) Materiallager
   d) Fertigwarenlager
   e) Materialprüfung
   f) Finanzbuchhaltung
   g) Kalkulation
   h) Betriebsabrechnung
   i) Lohnabrechnung
   j) Schreibbüro
   k) Registratur
   l) Poststelle
   m) Verkauf
   n) Fakturierung
   o) Versand
   p) DV
3. Für für eine Kostenstelle aus dem Prozesskostenstellenplan der KÜHLsys GmbH liegen folgende Daten vor:

Kostenstelle 4401: Fertigungsplanung					
Teilprozesse		Kostentreiber		Prozesskosten in EUR	
Nr.	Bezeichnung	Art	Menge	lmi	lmn
1	Fertigungspläne ändern	Änderungen der Fertigprodukte	200 Stück	400.000	40.000
2	Fertigung betreuen	Varianten der Fertigprodukte	100 Stück	600.000	60.000

   a) Ermitteln Sie für die Teilprozesse die lmi-Prozesskostensätze.
   b) Berechnen Sie die lmn-Prozesskostensätze.
   c) Ermitteln Sie die gesamten Prozesskosten je Teilprozess.
4. Die KÜHLsys GmbH stellt unter anderem die beiden Produkte »Frosto X10« und »Frosto X25« her. Bei der Ermittlung der Stückkosten wurde bisher die Zuschlagskalkulation angewendet. Ein neuer Mitarbeiter der Controlling-Abteilung verwendet neben der herkömmlichen Methode auch die neue Form der Prozesskostenrechnung.

   Dazu hat die Abteilung folgende Daten ermittelt:

	Frosto X10	Frosto X25	Summe	Bezugsgröße
Einzelkosten:				
Fertigungsmaterial	150,00 EUR	75,00 EUR	225,00 EUR	
Fertigungslöhne	70,00 EUR	35,00 EUR	105,00 EUR	
Gemeinkosten:				
Materialgemeinkosten			300,00 EUR	Fertigungsmaterial
Fertigungsgemeinkosten			140,00 EUR	je 50 %
Vw-/Vt-Gemeinkosten			270,00 EUR	Verhältnis 2:1
Daten aus der Produktion:				
Produktionsanzahl	75 Stück	50 Stück	125 Stück	
Prozessdaten:				
Tätigkeiten:	**Prozesskosten**	**Kostentreiber**		
Material vorbereiten	70,00 EUR	Anzahl produzierte Einheiten		
Maschine vorbereiten	125,00 EUR	Anzahl produzierte Einheiten		
Produkte herstellen	175,00 EUR	125,00 EUR für Frosto X10, 50,00 EUR für Frosto X25		
Qualitätskontrolle durchführen	100,00 EUR	je 50 %		
Abteilung leiten	240,00 EUR	je 50 %		

Beide Produkte beanspruchen die gleiche Fläche im Lager.

Die leistungsmengenneutralen Kosten werden proportional zu den leistungsmengeninduzierten Kosten umgelegt.

a) Berechnen Sie die Selbstkosten je Stück nach der Zuschlagsmethode.

b) Führen Sie die Prozesskostenrechnung durch und berechnen Sie die Selbstkosten pro Stück. Es ist gelungen, alle Gemeinkosten in Tätigkeiten aufzuschlüsseln.

11.4 Kostenanalyse

11.4.1 Kapazität und Beschäftigungsgrad

Kapazität

Unter **Kapazität** versteht man das **Leistungsvermögen eines Betriebes,** gemessen in **Leistungseinheiten je Zeitabschnitt** (Monat, Arbeitsschicht, Arbeitsstunde, Maschinenstunde).

Die Kapazität ist das Ergebnis des Zusammenwirkens aller Faktoren der Leistungserstellung.

Sie ist also abhängig

- von der Zahl und der Leistungsfähigkeit der technischen Betriebsmittel und der Arbeitskräfte,
- von der Verfügbarkeit über Werkstoffe und Energie,
- von der Leistungsfähigkeit des dispositiven Faktors, d.h. von der Art und Weise, wie die Elementarfaktoren durch die leitenden Organe zum Zwecke optimaler Gestaltung der Leistungserstellung kombiniert werden.

Folgende Arten der Kapazität sind zu unterscheiden:

a) Normalkapazität ist das Leistungsvermögen eines Unternehmens

- bei *technisch und kostenmäßig regelmäßiger* Inanspruchnahme der Maschinen und Anlagen,
- bei auf *durchschnittliche Beschäftigung* ausgerichteter Besetzung der Arbeitsplätze und
- bei *dauerhaft erbringbaren Leistungen* der Stammbelegschaft.

Sie dient der langfristigen oder mittelfristigen Planung innerhalb der Fertigungssteuerung.

b) Maximalkapazität ist die *technisch bedingte obere Leistungsgrenze* eines Unternehmens oder einer Maschine, also die höchstmögliche Ausbringung. Die Ausnutzung der Maximalkapazität führt zu progressiv steigenden Kosten (Verschleiß, Gefahr geringerer Präzision, hohe Ausschussquote).

c) Minimalkapazität ist die *technisch bedingte untere Leistungsgrenze* eines Unternehmens oder einer Maschine. Sie kann aus technischen oder wirtschaftlichen Gründen nicht unterschritten werden, wenn das Unternehmen funktionsfähig sein soll (Mindestgeschwindigkeit eines Fließbandes, Untergrenze der Beschäftigung).

d) Optimalkapazität ist die *technisch und kostenmäßig bestmögliche Inanspruchnahme* der Maschine. Bei Optimalkapazität weist die Maschine ein besonders günstiges Verhältnis zwischen erzielter Leistung und dafür entstandenen Kosten aus.

e) Genutzte Kapazität ist die *effektive Leistung*, gemessen in Leistungseinheiten, die tatsächlich erstellt wurde. Sie wird auch **Ausbringungsmenge** genannt.

Die Kapazität kann auch auf einzelne Faktoren oder bestimmte Verhältnisse bezogen werden. Dann spricht man z.B. von Anlagenkapazität oder Arbeitskapazität.

Beschäftigung

Unter **Beschäftigung** versteht man die **tatsächliche Nutzung des Leistungsvermögens** eines Unternehmens innerhalb eines Zeitabschnittes, also die genutzte Kapazität.

Beschäftigung wird in Leistungseinheiten (Ausbringungsmengen, Arbeitsstunden, Maschinenstunden) gemessen. Unter dem Begriff wird also nicht die Zahl der in einem Unternehmen beschäftigten Mitarbeiter verstanden.

Beschäftigungsgrad

Das Verhältnis von genutzter Kapazität zu Bezugsgrundlage (normale oder maximale Kapazität) ergibt den Beschäftigungsgrad. Er wird normalerweise in einem Prozentsatz ausgedrückt.

$$\textbf{Beschäftigungsgrad} = \frac{\textbf{genutzte Kapazität}}{\textbf{normale oder maximale Kapazität}} \cdot \textbf{100}$$

Beispiel: Im Vierteljahr könnte ein Automobilzulieferer bei Auslastung seiner Normalkapazität 500.000 Motorengehäuse »ausbringen«. Wegen der gestiegenen Konkurrenz und der damit verbundenen schwierigeren Absatzsituation werden aber nur 425.000 Motorengehäuse gefertigt.

Kapazität
500.000 Motorengehäuse/Vierteljahr

Beschäftigung
425.000 Motorengehäuse/Vierteljahr

$$\textbf{Beschäftigungsgrad} = \frac{425.000 \text{ Motorengehäuse}}{500.000 \text{ Motorengehäuse}} \cdot 100 = 85\,\%$$

11.4.2 Einfluss des Beschäftigungsgrades auf die Kosten

Der Einfluss des Beschäftigungsgrades zeigt sich sowohl bei den Gesamtkosten als auch bei den Stückkosten.

Beschäftigungsgrad und Gesamtkosten

Die **Gesamtkosten** lassen sich im **Verhältnis zum Beschäftigungsgrad** einteilen in:

Beispiele:

Ausbringungsmenge	Gesamtkosten fix	Stückkosten degr.	Ausbringungsmenge	Gesamtkosten prop.	Stückkosten konstant	Ausbringungsmenge	Gesamtkosten überprop.	Stückkosten progr.	Ausbringungsmenge	Gesamtkosten unterprop.	Stückkosten degr.
x	K_f	K_f/x	x	K_v	K_v/x	x	K_v	K_v/x	x	K_v	K_v/x
Stück	EUR	EUR	Stück	EUR	EUR	Stück	EUR	EUR	Stück	EUR	EUR
0	8.000,00	–	1.000	500,00	0,50	1.000	1.000,00	1,00	1.000	10.000,00	10,00
2.000	8.000,00	4,00	2.000	1.000,00	0,50	2.000	2.500,00	1,25	2.000	19.000,00	9,50
4.000	8.000,00	2,00	4.000	2.000,00	0,50	4.000	7.000,00	1,75	4.000	34.000,00	8,50
6.000	8.000,00	1,33	6.000	3.000,00	0,50	6.000	13.500,00	2,25	6.000	45.000,00	7,50
8.000	8.000,00	1,00	8.000	4.000,00	0,50	8.000	22.000,00	2,75	8.000	52.000,00	6,50

Gesamtkosten:

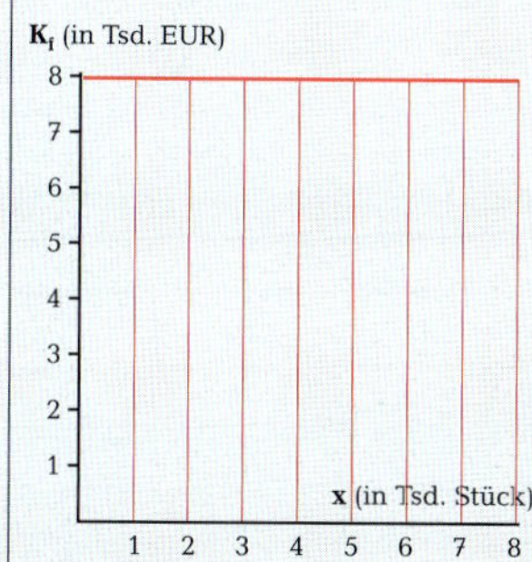

fixe Gesamtkosten

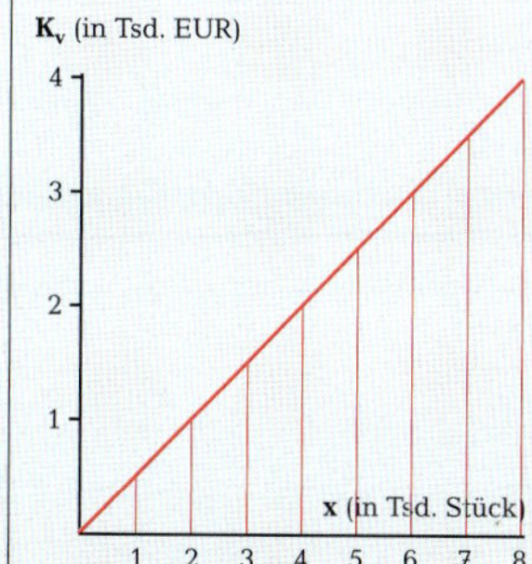

proportionale Gesamtkosten

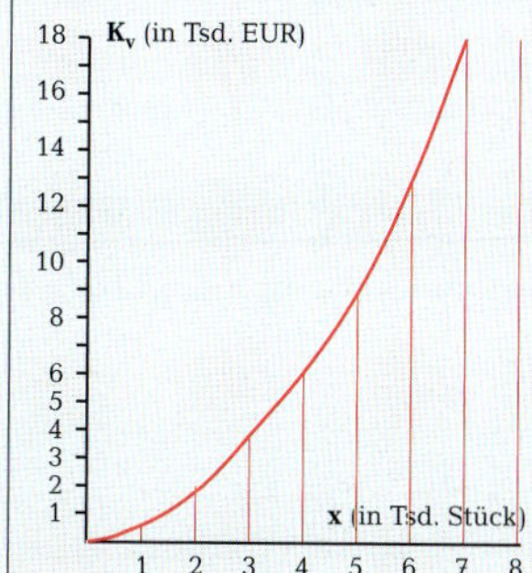

überproportionale Gesamtkosten

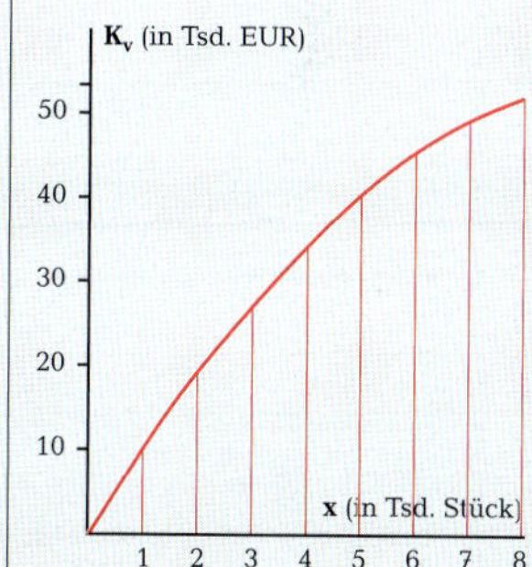

unterproportionale Gesamtkosten

Stückkosten*:

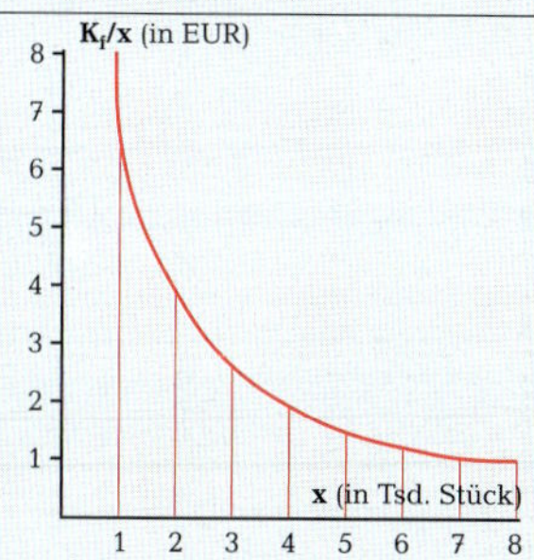

degressive Stückkosten

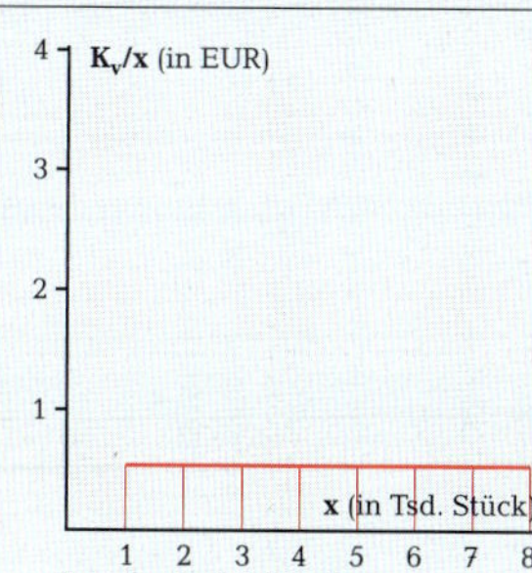

konstante Stückkosten

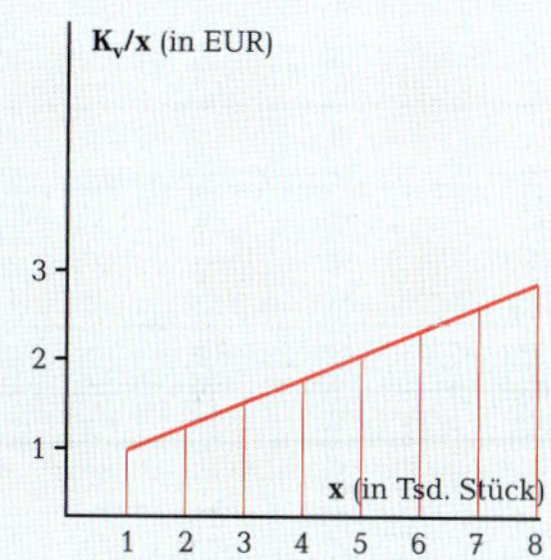

progressive Stückkosten

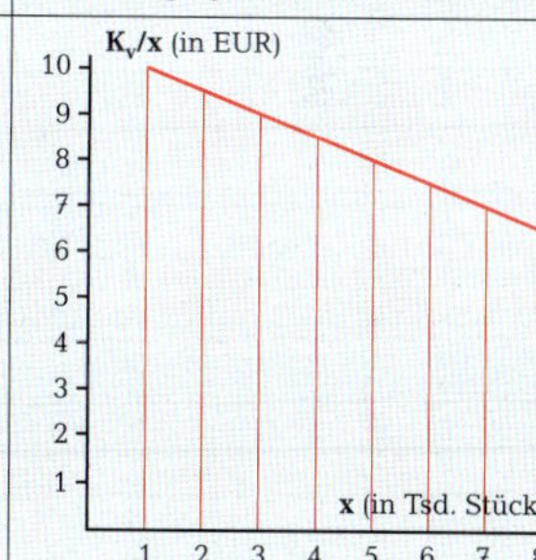

degressive Stückkosten

* Anmerkung: Variable Stückkosten entstehen erst ab der Menge 1.

a) Fixe Kosten. Es sind Kosten, die vom Beschäftigungsgrad *unabhängig* sind. Sie werden als Zeitkosten erfasst und auf die produzierten Leistungseinheiten desselben Zeitraumes verteilt. Dazu gehören die Kosten der Betriebsbereitschaft, die kalkulatorischen Zinsen sowie ein großer Teil der Abschreibungen und Personalkosten.

Die fixen Kosten lassen sich einteilen in

1. **absolut fixe Kosten.** Diese fallen unabhängig von den Veränderungen der Gesamtkapazität in *gleichbleibender Höhe* an. Man bezeichnet sie daher auch als reine *Bereitschaftskosten.*

   Beispiel: Gehalt des Pförtners.

2. **relativ fixe Kosten.** Sie ergeben sich bei Kapazitätsveränderungen. Jede Kapazitätserweiterung führt zu einer *sprunghaften Erhöhung* der fixen Kosten. Deswegen spricht man auch von *sprungfixen* oder *intervallfixen* Kosten.

   Beispiel: Abschreibung einer zusätzlich angeschafften Maschine.

b) Variable Kosten. Es sind Kosten, die vom Beschäftigungsgrad *abhängig* sind. Sie werden je Leistungseinheit erfasst. Man unterscheidet

1. **proportionale Kosten.** Es sind Kosten, die sich im *gleichen* Verhältnis wie der Beschäftigungsgrad ändern.

   Beispiele: Fertigungsmaterial, Fertigungslöhne, Kraftstrom.

2. **überproportionale Kosten.** Es sind Kosten, die bei zunehmender Beschäftigung *stärker* ansteigen als es der Beschäftigungszunahme entspricht.

   Beispiele: Überstundenlöhne; Kosten, die durch Überbeanspruchung der Maschinen verursacht werden.

3. **unterproportionale Kosten.** Es sind Kosten, die bei zunehmender Beschäftigung *schwächer* ansteigen als es der Beschäftigungszunahme entspricht.

   Beispiele: Transportkosten beim Bezug und Absatz größerer Mengen; Materialkosten beim Erhalt von Mengenrabatt.

Problem der Mischkostenzerlegung

Neben den eindeutig als fixe Kosten (Raummieten, Zinsen, lineare Abschreibungen) bzw. als variable Kosten (Fertigungsmaterial, Fertigungslöhne, Verpackungskosten) feststehenden Kosten fallen auch solche Kosten an, die *fixe und variable Bestandteile* enthalten. Sie finden sich im Bereich der Gemeinkosten; man nennt sie **Mischkosten.** Zu ihnen gehören Hilfslöhne, Sozialkosten, Energie-, Heizungs- und Beleuchtungskosten, Wartungskosten, Werbekosten, Gewerbesteuern.

Zur *Aufteilung der Mischkosten* sind verschiedene Verfahren entwickelt worden, die mittels erfassungstechnischer, schätzungsweiser, mathematischer oder statistisch-bildlicher Zerlegung mehr oder weniger genau ihrer Zielsetzung gerecht werden.

Beispiele:

1. Kosten für elektrischen Strom werden zerlegt in
   - fixe Kosten = Kosten der Zählergrundgebühren,
   - variable Kosten = Kosten der verbrauchten Kilowattstunden.
2. Die Wartungskosten für einen Maschinenkomplex werden in Beziehung zur Erzeugnisausbringung dieser Maschine gesetzt:

Wartungskosten in Tsd. EUR	26,0	31,0	33,5	37,0	41,5	47,0	49,5
Ausbringung (x)	1.000	1.500	2.000	2.500	3.000	3.500	4.000

Zieht man im Punktediagramm eine Kostenmittellinie, so ergeben sich bei der Ausbringungsmenge null Stück fixe Kosten in Höhe von 18.000 EUR.

Jeder Wartungskostenblock besteht damit in Höhe von 18.000 EUR aus Fixkosten und mit dem Rest aus variablen Kosten.

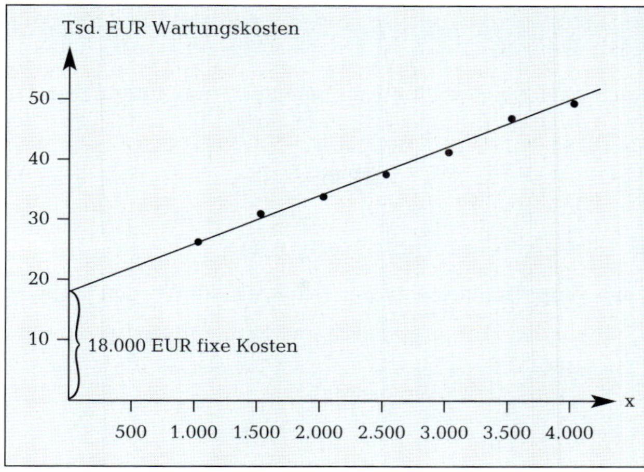

3. Bei einer monatlichen Produktionsausbringung von 900 Stück (= x_1) fallen 60.000 EUR Hilfslöhne (= K_1) an, bei verminderter Ausbringung von 750 Stück (= x_2) fallen 52.500 EUR (= K_2) Hilfslöhne an.

Nach mathematischer Berechnung ergibt sich folgende Kostenstruktur:

a) Variable Stückkosten = $\frac{K_1 - K_2}{x_1 - x_2} = \frac{60.000 \text{ EUR} - 52.500 \text{ EUR}}{900 \text{ Stück} - 750 \text{ Stück}} = 50 \text{ EUR/Stück} = k_v$

b) Fixe Gesamtkosten =	K	–	k_v	·	x	=	K_f
	60.000 EUR	–	50 EUR/Stück	·	900 Stück	=	15.000 EUR
oder	52.500 EUR	–	50 EUR/Stück	·	750 Stück	=	15.000 EUR

Ergebnis: Unabhängig von der Beschäftigungslage bzw. von den Ausbringungsmengen fallen pro Monat 15.000 EUR Hilfslöhne als fixe Kosten an.

Beschäftigungsgrad und Stückkosten

Nach dem Verhältnis der **Stückkosten zur Beschäftigung** kann folgende Einteilung getroffen werden:

a) Die absolut fixen Gesamtkosten verursachen bei steigendem Beschäftigungsgrad *abnehmende*, d. h. **degressive Stückkostenanteile;** bei sinkendem Beschäftigungsgrad verursachen sie *steigende*, d. h. **progressive Stückkostenanteile.**

b) Die relativ fixen Gesamtkosten verursachen bei steigendem Beschäftigungsgrad ebenfalls **degressive Stückkostenanteile,** die sich aber nach jeder neuen Kapazitätsstufe immer wieder **sprunghaft** erhöhen.

c) Bei proportionalen Gesamtkosten bleiben die **Stückkostenanteile** bei steigendem oder sinkendem Beschäftigungsgrad *immer gleich*, d. h. **konstant.**

d) Die überproportionalen Gesamtkosten verursachen **progressive Stückkostenanteile.**

e) Die unterproportionalen Gesamtkosten verursachen **degressive Stückkostenanteile.**

Beziehungen zwischen Gesamtkosten und Stückkosten	
Gesamtkosten	**Stückkosten**
Fixe Gesamtkosten verursachen	
– bei *steigendem* Beschäftigungsgrad abnehmende, d. h. →	degressive Stückkosten.
– bei *sinkendem* Beschäftigungsgrad zunehmende, d. h. →	progressive Stückkosten.
Variablen Gesamtkosten entsprechen,	
– sofern sie **proportionale** Kosten sind, bei *steigendem und sinkendem* Beschäftigungsgrad immer gleiche, d. h. →	konstante Stückkosten.
– sofern sie **überproportional** *ansteigen*, →	progressive Stückkosten.
– sofern sie **unterproportional** *ansteigen*, →	degressive Stückkosten.

11.4.3 Kostenverlauf und kritische Beschäftigungsgrade

Nach einschlägigen Unternehmensuntersuchungen verlaufen die gesamten Kosten (fixe und variable) im Industrieunternehmen bis zur Grenze der Normalkapazität proportional (linear).

Linearer Gesamtkostenverlauf

Ein ununterbrochen linearer Gesamtkostenverlauf ist möglich, sofern

a) keine unterproportionalen und keine überproportionalen Kosten gegeben sind,

Beispiele: Gleichmäßiger Anstieg der Materialkosten und Fertigungslöhne bei zunehmendem Beschäftigungsgrad; keine Überstundenlöhne.

oder

b) aufgetretene unterproportionale Kosten und aufgetretene überproportionale Kosten sich ausgleichen.

Beispiel: Mengenrabatte bei der Materialbeschaffung und Kostensteigerung durch vermehrte Materiallagerung gleichen sich aus.

Wird die Normalkapazität überschritten, können im Verhältnis zum Beschäftigungsgrad überproportionale Kosten entstehen (z. B. durch zusätzliche Überstundenzuschläge). Die Gesamtkostenkurve verläuft dann nicht mehr proportional, sondern steigt überproportional an.

Stückkostendegression bei linearen Gesamtkosten

Bei linearem Verlauf der Gesamtkosten bis zur Grenze der Normalkapazität müssen die Stückkosten mit zunehmender Fertigungsmenge fallen, da der Stückkostenanteil der proportional-variablen Kosten konstant bleibt, während der Fixkostenanteil pro Stück laufend abnimmt (**Fixkostendegression**; vgl. Kostentabelle, Seite 351).

Man bezeichnet diesen Verlauf der Stückkosten bei zunehmender Beschäftigung als das »**Gesetz der Massenproduktion**« oder »Gesetz der Kostendegression«.

$$\textbf{Kosten je Leistungseinheit (LE)} = \frac{\textbf{Fixe Kosten}}{\textbf{Ausbringungsmenge}} + \textbf{variable Kosten je LE}$$

$$k = \frac{K_f}{x} + k_v$$

Kosten und Erlös

Wenn für die Gesamtausbringung ein einheitlicher Preis pro Stück erzielt wird, so verläuft der **Gesamterlös** (E = Menge · Stückerlös) **proportional, der Stückerlös (e) konstant.**

Ist der Erlös einer bestimmten Ausbringungsmenge *größer als die* Kosten dieser Menge, so ergibt sich ein **Gewinn,** ist der *Erlös kleiner als die Kosten,* so ergibt sich ein **Verlust.**

Verlauf der Kosten und Erlöse in Tabelle und Diagramm Seiten 347, 351

Beispiel: Linearer Gesamtkostenverlauf bis zur Grenze der Normalkapazität (Ausbringungsmenge in Stück, Kostenbeträge in EUR).

	A	B	C	D	E	F	G	H	I	J	K	L	M	N
1	**Ausbringung**	x	0	10	20	30	40	50	60	70	80	90	100	110
2	**Gesamtkosten**													
3	Fixe Gesamtkosten	K_f	200,00	200,00	200,00	200,00	200,00	200,00	200,00	200,00	200,00	200,00	200,00	200,00
4	Variable Gesamtkosten	K_v	0,00	30,00	60,00	90,00	120,00	150,00	180,00	210,00	240,00	270,00	300,00	330,00
5	Gesamtkosten	K	200,00	230,00	260,00	290,00	320,00	350,00	380,00	410,00	440,00	470,00	500,00	530,00
6	Gesamterlös	E	0,00	80,00	160,00	240,00	320,00	400,00	480,00	560,00	640,00	720,00	800,00	880,00
7	Gesamtgewinn/-verlust	G/V	-200,00	-150,00	-100,00	-50,00	**0,00**	50,00	100,00	150,00	200,00	250,00	300,00	350,00
8	**Stückkosten**													
9/10	Fixe Kosten/Stück	$\frac{K_f}{x} = k_f$	-	20,00	10,00	6,67	5,00	4,00	3,33	2,86	2,50	2,22	2,00	1,82
11/12	Variable Kosten/Stück	$\frac{K_v}{x} = k_v$	-	3,00	3,00	3,00	3,00	3,00	3,00	3,00	3,00	3,00	3,00	3,00
13/14	Kosten/Stück	$\frac{K}{x} = k$	-	23,00	13,00	9,67	8,00	7,00	6,33	5,86	5,50	5,22	5,00	**4,82**
15/16	Erlös/Stück	$\frac{E}{x} = e$	-	8,00	8,00	8,00	8,00	8,00	8,00	8,00	8,00	8,00	8,00	8,00
17/18	Gewinn/Stück Verlust/Stück	$\frac{G/V}{x} = g/v$	-	-15,00	-5,00	-1,67	**0,00**	1,00	1,67	2,14	2,50	2,78	3,00	3,18
19–23	**Kritische Punkte**						↑ **Nutzenschwelle**							↑ **Normalkapazität:** - Gewinnmaximum - Stückkostenminimum

Kritische Beschäftigungsgrade (kritische Kostenpunkte)

Wenn die Stückkosten bis zur Grenze der Normalkapazität degressiv, die Stückerlöse aber konstant verlaufen, ergeben sich für den Betrieb bei unterschiedlicher Ausbringung immer andere Kosten-Erlös-Verhältnisse und damit immer andere Gewinn-Verlust-Situationen.

Unternehmerische Entscheidungen über die Ausbringungsmenge müssen daher von folgenden kritischen Überlegungen getragen werden.

Kritische Beschäftigungsgrade	
Begriff	**Merkmal**
Nutzenschwelle (Break-even-point)	Der Erlös deckt gerade die Kosten.
Gewinnmaximum	Der Gesamtgewinn ist am größten.
Stückkostenminimum	Die Stückkosten sind am geringsten.

▶ Nutzenschwelle (Break-even-point)

Die im Bild vom Ursprung ausgehende Gesamterlöslinie verläuft zunächst unterhalb der Gesamtkostenlinie. Bis zum Schnittpunkt der beiden Geraden ist der Erlös geringer als die Kosten (Verlustzone). Erst ab dem Schnittpunkt – der **Nutzenschwelle** (NS) – übersteigt der Erlös die Kosten, und es entsteht zunehmender Gewinn. Die Ausbringungsmenge des Unternehmens darf auf Dauer gesehen nicht kleiner sein als die durch die Nutzenschwelle bestimmte Menge.

Im Bild, S. 352, liegt die Nutzenschwelle dort, wo die degressiv fallenden Stückkosten die waagrecht verlaufende Stückerlöskurve schneidet. Hier verlässt das Unternehmen die Verlustzone und arbeitet ab diesem Punkt mit bis zur Kapazitätsgrenze zunehmendem Stückgewinn.

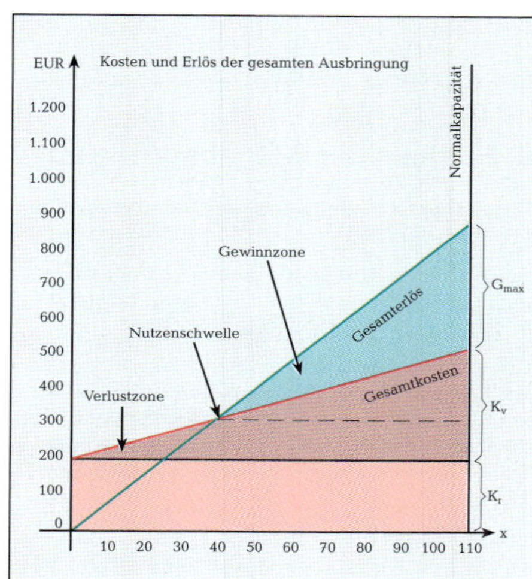

Für die **Nutzenschwelle** gilt: **K = E** bzw. **k = e**

► Gewinnmaximum

Zwischen Nutzenschwelle und Nutzengrenze arbeitet das Unternehmen mit Gewinn. Das Gewinnmaximum liegt an jener Stelle, an der der Gesamtgewinn am größten ist (G_{max}).

Bei linearem Kostenverlauf wird der höchstmögliche Gewinn an **der Grenze der Normalkapazität** erzielt.

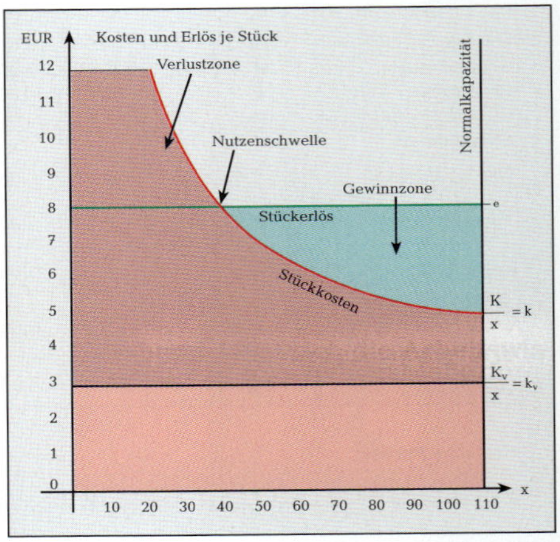

> Für das **Gewinnmaximum** gilt:
> $$E - K = G_{max}$$

► Stückkostenminimum

Innerhalb der Normalbeschäftigung sind die Fixkosten pro Stück degressiv, die variablen Kosten pro Stück konstant. Dies bewirkt ein Sinken der Stückkosten bis an die Kapazitätsgrenze (Bild oben). Das Stückkostenminimum liegt damit an der **Grenze der Normalkapazität.** Minimale Stückkosten ergeben einen maximalen Stückgewinn.

> Für das **Stückkostenminimum** gilt: $e - k_{min} = g_{max}$

11.4.4 Verschiebungen der kritischen Beschäftigungsgrade

Kosten und Erlöse eines Industrieunternehmens unterliegen vielfältigen Einflüssen, die immer wieder deren Verlauf verändern und damit die kritischen Kostenpunkte verschieben. Gewichtigen Einfluss nehmen Entscheidungen über den Kapazitätsumfang, die Auswahl zwischen verschiedenen Produktionsfaktoren, Tariflohnerhöhungen und die Beharrlichkeit der Kosten bei rückläufiger Beschäftigung.

Einfluss der Betriebsgröße auf die fixen Kosten

Beispiel: Entscheidung über den Kapazitätsumfang bei Betriebsgründung

Bei günstiger Absatzlage haben sowohl kleinere als auch größere Unternehmen Erfolgsaussichten.

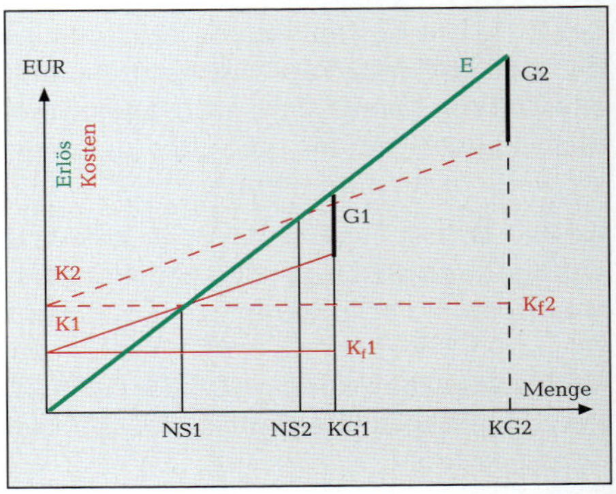

Im Bild rechts macht ein Unternehmen mit kleinerer Kapazität an der Grenze seiner Normalkapazität KG1 den Gewinn G1, der sich aus der Differenz zwischen dem Gesamterlös E und den Gesamtkosten K1 dieses Unternehmens ergibt. Die Gewinnzone beginnt für das Unternehmen bei seiner Nutzenschwelle NS1.

Würde das Unternehmen mit einem größeren Kapazitätsumfang bis zur Kapazitätsgrenze KG2 ausgestattet, würde sich die Nutzenschwelle wegen der höheren fixen Kosten K_f2 nach rechts zum Punkt NS2 verschieben. Der Gewinn G2 an der neuen Kapazitätsgrenze wäre größer als G1.

Würde nur die durch die KG1 bedingte Ausbringungsmenge abgesetzt, so wäre eine Ausstattung bis zur KG2 unwirtschaftlich.

Erhöhung der fixen Kosten

Beispiel: Kapazitätserweiterung

Verbesserte Marktchancen veranlassen die Unternehmer, mehr zu produzieren und abzusetzen.

Im Bild rechts wird die durch den Punkt KG1 markierte Kapazität durch eine Erweiterungsinvestition, z. B. die Anschaffung weiterer Maschinen, bis zur KG2 ausgedehnt.

Die Betriebsmittelinvestition erhöht die ursprünglichen fixen Kosten K_f1 sprunghaft um die zusätzlichen fixen Kosten K2. Aus ursprünglich absolut fixen Kosten werden nun von der jeweiligen Unternehmensausstattung abhängige, d.h. relativ fixe Kosten.

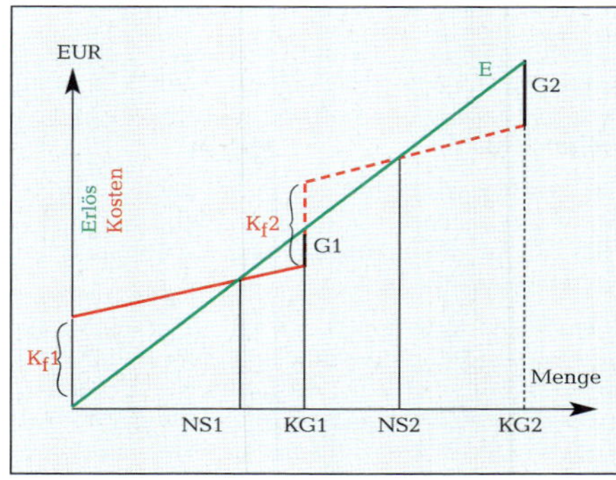

Durch die Kapazitätserweiterung verschiebt sich die Nutzenschwelle von NS1 nach NS2. Der Gewinn G2 ist größer als der Gewinn G1.

Würde die durch den Punkt KG1 festgelegte bisherige Ausbringungsmenge nur bis zur Menge der NS2 erhöht, so wäre die Kapazitätserweiterung unrentabel, da sie den vorher erzielten Gewinn aufzehren würde.

Wahl zwischen verschiedenen Kostenverhältnissen

Beispiel: Ersatz von Arbeitskraft durch Maschinen

Kann das gleiche Produktionsziel mit unterschiedlichem Faktoreinsatz erreicht werden, so muss die gewinnträchtigste bzw. kostengünstigste Kombination herausgefunden werden.

Die im Bild rechts an der Kapazitätsgrenze KG festgelegte Ausbringungsmenge kann entweder

a) mit den Kosten K1 einer geringeren Betriebsmittelausstattung und einem entsprechend größeren Arbeitseinsatz oder

b) mit den Kosten K2 von mehr technischem und weniger menschlichem Einsatz erreicht werden.

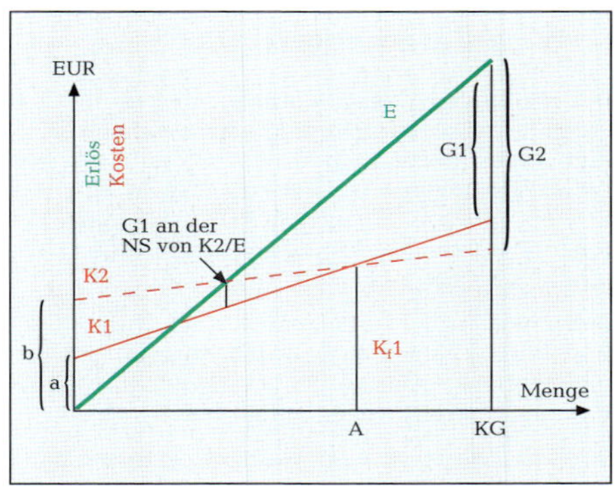

Im Falle a) sind die fixen Kosten gering und die variablen Kosten hoch; im Falle b) ist es umgekehrt.

Bei Vollausschöpfung der Kapazität bringt der Einsatz K2 einen größeren Gewinn G2 als der Einsatz K_1 mit dem Gewinn G1.

Im Punkt A ist der Gewinn der Ausstattungen a) und b) gleich groß. Bei noch geringerer Ausbringung ist G1 > G2.

Änderung der variablen Kosten

Beispiel: Tariflohnerhöhung

Solange eine Tariflohnerhöhung nicht auf die Marktpreise übertragen werden kann, sinkt der Unternehmensgewinn.

Im Bild rechts zeigt sich die Lohnerhöhung in einem steileren Ansteigen der variablen Kosten; aus K_v1 wird K_v2.

Entsprechend vermindert sich der bisher bei Vollausnutzung der Normalkapazität erreichte Gewinn G1 auf den Gewinn G2.

Gleichzeitig verschiebt sich die Nutzenschwelle auf eine höhere Ausbringungsmenge von NS1 auf NS2.

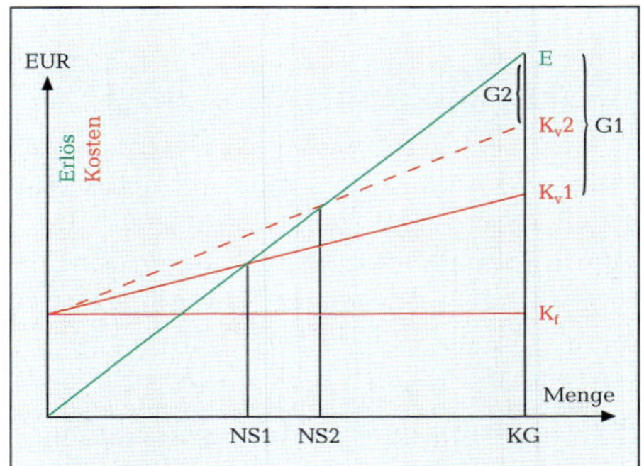

Erlösänderung

Beispiel: Zwang zur Preisdifferenzierung

Einem steigenden Konkurrenzdruck, z. B. im Kleidungs- bzw. Textilbereich durch asiatische Hersteller, kann der einzelne Betrieb oft nur durch Preisherabsetzungen begegnen.

Die Preisherabsetzung erfolgt vielfach in Form der Preisdifferenzierung, d. h. es werden für das gleiche Produkt in verschiedenen Absatzbereichen unterschiedliche Preise verlangt.

Wie das Bild rechts zeigt, zehrt eine Preisherabsetzung am Gewinn. Ein gewisser Erhalt des Gewinns ist vielfach nur dann möglich, wenn über eine Erhöhung der Ausbringungsmenge eine weitere Kostendegression erreicht werden kann bzw. solange der herabgesetzte Preis nicht kleiner als die variablen Kosten pro Stück ist.

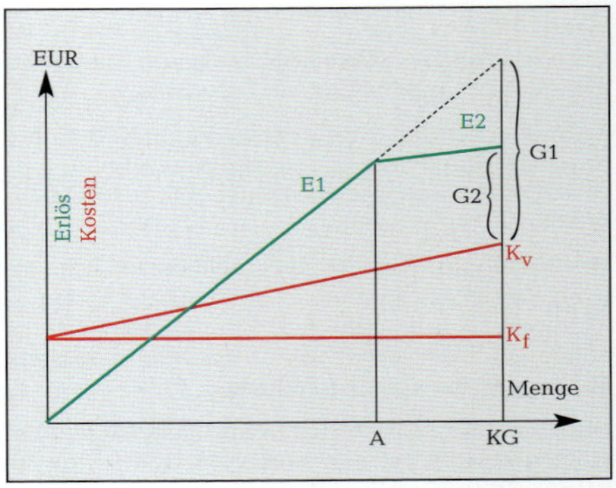

Würde die volle Ausbringungsmenge mit dem hohen Erlös E1 verkauft, so ergäbe sich an der Kapazitätsgrenze KG ein Gewinn G1. Da aber nur die Menge A zum alten Preis, die über A hinausgehende Menge zu einem geringeren Preis verkauft werden muss, verläuft die Erlösgerade nach einem Knick ab der Menge A flacher. An der Kapazitätsgrenze ergibt sich nur noch ein Gewinn G2.

Beharrlichkeit der Kosten bei rückläufiger Beschäftigung (Kostenremanenz)

Bei rückläufiger Beschäftigung müssten die Kosten eigentlich dem Kostenverlauf entsprechend zurückgehen. Aus wirtschaftlichen, rechtlichen, organisatorischen, sozialen und arbeitsrechtlichen Gründen ist der Betrieb jedoch häufig nicht in der Lage, die Kosten des Faktoreinsatzes gleichzeitig mit dem Rückgang der Beschäftigung abzubauen.

Beispiele: Vermehrte Lagerkosten bei Absatzstockung; Einhaltung von Abnahmeverpflichtungen im Beschaffungsbereich; Abschreibung stillgelegter Anlagen; Kündigungsschutz für Arbeitnehmer.

Wie das Bild rechts zeigt, bleibt der Kostenabbau hinter dem Beschäftigungsrückgang zurück. Diese Erscheinung bezeichnet man als **Kostenremanenz.**

Sie hat zur Folge, dass die Stückkosten bei rückläufiger Beschäftigung erheblich steigen und das Unternehmen sehr rasch in die Verlustzone treiben können.

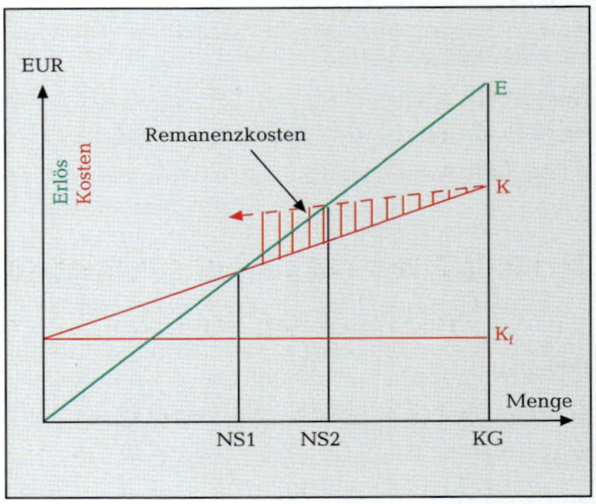

Bei der im Bild dargestellten rückläufigen Beschäftigung beginnt die Verlustzone bereits ab dem Punkt NS2, während früher die Nutzenschwelle bei Punkt NS1 lag.

Die Remanenzkosten hindern das Unternehmen auch daran, durch Preissenkung dem schrumpfenden Absatz entgegenzuwirken. Sie zwingen unter Umständen dazu, entgegen den Marktgesetzen die Preise zu erhöhen.

11.4.5 Kostenanpassung

Muss die Ausbringungsmenge eines Unternehmens infolge veränderter Absatzlage vermehrt oder vermindert werden, so wirkt sich die erforderliche Produktionsanpassung in aller Regel auch auf die Kostenstruktur des Unternehmens aus. Dabei verändern sich die Produktionskosten des Unternehmens meist nicht proportional mit der Ausbringungsmenge, vielmehr bewirkt die Form der Anpassung dann eine Änderung des bisherigen Kostenverlaufs.

Man unterscheidet die intensitätsmäßige, die quantitative und die zeitliche Form der Anpassung.

Intensitätsmäßige Anpassung (Anpassung der Arbeitsgeschwindigkeit)

Sie kann dort erfolgen, wo die Produktion den verbundenen Einsatz der gesamten technischen Anlagen erfordert. Je nach Absatzlage wird die gesamte technische Apparatur mehr oder weniger intensiv in Anspruch genommen.

Beispiel: Die miteinander verbundenen Turbinen eines Wasserkraftwerks laufen je nach Wasserdurchlass schneller oder langsamer und erzeugen somit eine größere oder geringere Menge Strom.

Die intensitätsmäßige Anpassung ist aber auch erreichbar, indem man die Arbeitsgeschwindigkeit der menschlichen Arbeitskraft variiert.

Beispiel: Bei gleicher Arbeitszeit könnte die Ausbringungsmenge höher werden, wenn von Zeitlohn auf Prämienlohn umgestellt wird.

Steigerungen der maschinellen oder menschlichen Arbeitsgeschwindigkeit führen zwangsläufig zu größerem Verschleiß, zu überhöhtem Energieeinsatz (Motoren im höheren Drehzahlbereich), zu vermehrtem Ausschuss, zu höheren Lohnzuschlägen und damit zu *überproportionalen Gesamtkosten.*

Quantitative Anpassung (Anpassung der Kapazität)

Sie ist dort durchführbar, wo die Unternehmenseinrichtungen aus selbstständigen Teileinheiten bestehen und ein unterschiedlicher Einsatz einzelner Produktionsfaktoren möglich ist.

Beispiele: Bei Absatzrückgang werden in Unternehmen der Autoindustrie parallel produzierende Maschinen, Fließbandanlagen, Fertigungsstraßen stillgelegt, weniger Werkstoffe eingekauft, Arbeitnehmer entlassen oder in Kurzarbeit beschäftigt.

Bei Absatzsteigerung verfährt man entsprechend umgekehrt.

Die Stilllegung und der Wiedereinsatz von Betriebsmitteln, verbunden mit der Senkung oder Erhöhung der technischen Kapazität, führen zu *sprunghaften* Veränderungen der fixen *Gesamtkosten.*

Temporäre (zeitliche) Anpassung (Anpassung der Arbeitszeit)

Sie besteht in einer Anpassung der Arbeitszeit an die erforderliche Ausbringungsmenge.

Beispiele:

1. Ein Chiphersteller führt zur Befriedigung der vermehrten Nachfrage eine Nachtschicht ein.
2. In der Textilindustrie wird wegen Absatzrückganges statt acht nur sieben Stunden pro Arbeitstag gearbeitet (Kurzarbeit).

Für Tätigkeiten außerhalb der üblichen Tagesarbeitszeit müssen in aller Regel Lohnzuschläge bezahlt werden. Bei der Einführung von Überstunden oder Schichtarbeit werden daher die *proportional-variablen Gesamtkosten* schlagartig *stärker ansteigen.*

1. Erklären Sie, weshalb man nicht von »Unkosten« sprechen kann.
2. Bei welchen Arten von Betrieben ist der Anteil der fixen bzw. variablen Kosten besonders hoch?
3. Welche der folgenden Kostenarten gelten innerhalb einer Abrechnungsperiode als variabel?
   a) Hausmeistergehalt,
   b) Abschreibungen auf Gebäude,
   c) Bezugskosten für Rohstoffe,
   d) Miete für Geschäftsräume,
   e) Akkordlohn eines Fabrikarbeiters,
   f) Kfz-Steuer.
4. Welche Zusammenhänge bestehen zwischen fixen Kosten, Beschäftigungsgrad und Stückkosten?
5. Wie kann man die Kapazität ausdrücken bei der Herstellung von
   a) Autos,
   b) Kleiderstoffen,
   c) Getränken,
   d) Kunstdünger,
   e) Stahlblechen,
   f) Sand und Kies?
6. Begründen Sie die besondere Krisenanfälligkeit von Betrieben mit hoher Fixkostenquote.
7. Eine Fahrradfabrik produziert im Monat durchschnittlich 2.000 Fahrräder vom Typ Standard. Die Gesamtkosten der Herstellung belaufen sich auf 400.000 EUR, die sich in 160.000 EUR fixe und 240.000 EUR variable Kosten aufteilen lassen.

a) Berechnen Sie die Stückkosten pro Fahrrad bei durchschnittlichen Produktionszahlen.
b) Wie viel EUR variable Stückkosten verursacht die Herstellung eines Fahrrades bei durchschnittlicher Produktion?
c) Stellen Sie fest, welchen Preis der Betrieb am Markt für ein Standardfahrrad mindestens erzielen muss, damit er keinen Verlust macht.
d) Wie viel EUR Gewinn pro Monat und wie viel Gewinn pro Fahrrad erzielt der Betrieb bei durchschnittlicher Produktion, wenn die Fahrräder zu einem Preis von 250 EUR pro Stück abgesetzt werden können?
e) Wie hoch sind jeweils die Gesamtkosten der Herstellung, wenn
   - wegen starker Nachfrage im Monat März 2.500 Fahrräder,
   - wegen sinkender Nachfrage im November nur 1.600 Fahrräder

   produziert werden?
f) Auf welchen Betrag ändern sich im März und November jeweils die Stückkosten pro Fahrrad?
g) Welche Gewinne insgesamt und pro Fahrrad ergeben sich
   - bei der Produktion von 2.500 Fahrrädern im März,
   - bei der Produktion von 1.600 Fahrrädern im November?
h) Wegen der Anschaffung neuer Fabrikationsmaschinen ändern sich die fixen Kosten auf 260.000 EUR.

   Welche Anzahl von Standardfahrrädern müsste hergestellt werden, damit sich die unter a) ermittelten durchschnittlichen Stückkosten pro Fahrrad nicht ändern?

8. Ein Hersteller von Kosmetika hatte im Vorjahr eine Ausbringung von 15 Mio. Stück der Standardseife »belle blanche«.

   Die Fixkosten für die Produktion dieser Seife beliefen sich auf 4,5 Mio. EUR, die variablen Kosten pro Stück betrugen 0,60 EUR. Der Beschäftigungsgrad des Unternehmens bewegte sich um 75 %.

   In diesem Jahr lag die Kapazitätsausnutzung bei 90 %. Die Fixkosten insgesamt und die variablen Kosten pro Stück blieben konstant.

   Die Seife konnte in beiden Jahren für 1,05 EUR pro Stück verkauft werden.

   a) Berechnen Sie die Kosten für ein Stück Seife im Vorjahr und in diesem Jahr.
   b) Berechnen Sie für beide Jahre die Nutzenschwelle, das Gewinnmaximum und das Stückkostenminimum.
   c) Was würde ein Stück Seife kosten, wenn die Beschäftigung in diesem Jahr nur bei 50% gelegen hätte? Würde sich die Seifenproduktion in diesem Falle noch lohnen? (Begründung)
   d) Auf welchen Betrag ließen sich die Stückkosten senken und der Gesamtgewinn erhöhen, wenn man den Beschäftigungsgrad auf 100 % steigern könnte?

9. Eine Fabrik, die Flatscreens herstellt, leidet unter Absatzrückgang. Die Produktion des Standardfabrikats muss von monatlich 25.000 Stück auf 15.000 Stück reduziert werden. Für die Produktion des Standardgeräts belaufen sich die fixen Kosten auf insgesamt 20 Mio. EUR. Die variablen Gesamtkosten verringern sich durch die Produktionsreduzierung linear von 25 auf 20 Mio. EUR. Der Verkaufserlös pro Stück beträgt nach wie vor 2.000 EUR.

   a) Stellen Sie die alte und die neue Situation dar.

      X-Achse: 5.000 Stück = 2 cm, insgesamt 10 cm; Y-Achse: 5 Mio. EUR = 1 cm, insgesamt 10 cm.
   b) Markieren Sie die alte und die neue Gewinn-/Verlustzone.
   c) Tragen Sie die alte und die neue Nutzenschwelle im Diagramm ein.

10. Ein mittelständisches Unternehmen stellt als Zulieferer Rollladen für den Fertighausbau her. Bei vollkommener Auslastung der vorhandenen Anlagen können 1.500 Standardrollladen je Monat produziert werden. Im Monat Januar entstanden dabei fixe Kosten in Höhe von 125.000 EUR und proportional-variable Stückkosten von 77,50 EUR. Der Verkaufspreis beträgt 200 EUR. Bisher wurde überwiegend maschinell gefertigt. Dabei erfolgte ein Großteil der Arbeit unter lohnintensiver Bearbeitung der Werkstücke.

    a) Ermitteln Sie rechnerisch die Nutzenschwelle.
    b) Berechnen Sie die Stückkosten für die Beschäftigungsgrade von 40 % bzw. 80 %.

       Aufgrund des Preisdrucks durch die Fertighaushersteller ist die Unternehmensleitung gezwungen, kostengünstiger zu produzieren. Als Alternative zum bisherigen Fertigungsablauf wird eine Teilautomatisierung in Erwägung gezogen. Die Kapazität des Unternehmens könnte auf 1.800 Teile erhöht werden. Die fixen Kosten würden dabei auf 140.000 EUR steigen, die proportional-variablen Kosten jedoch gleichzeitig auf 60 EUR sinken. Der Verkaufspreis könnte auf 191 EUR gesenkt werden.
    c) Warum ergeben sich bei der geplanten Teilautomatisierung höhere Fixkosten und gesunkene variable Kostenanteile?
    d) Ermitteln Sie rechnerisch, ab welcher Ausbringungsmenge sich das neue Fertigungsverfahren lohnt.
    e) Ermitteln Sie die Gewinnsituation vor und nach der Änderung des Fertigungsverfahrens, wenn eine Ausnutzung der bisherigen Kapazität geplant ist.
    f) Entscheiden Sie begründet, welches Fertigungsverfahren zukünftig eingesetzt werden sollte.

11.5 Kosten- und Leistungsrechnung als Teilkostenrechnung

Die bisher dargestellten Verfahren der Kostenrechnung sind Formen der Vollkostenrechnung, bei der alle Leistungseinheiten nach dem Verursachungsprinzip mit den anteiligen variablen und fixen Kosten voll belastet werden. Ist der erzielte Erlös größer als die Kosten, so ergibt sich ein Gewinn, umgekehrt ein Verlust.

Der Unternehmenserfolg wird entscheidend von den variablen Kosten beeinflusst. Sie wirken auf die Kostenhöhe proportional zur Beschäftigung ein. Die fixen Kosten sind in der Regel unvermeidbar. Sie fallen also auch dann an, wenn die Beschäftigung Schwankungen unterworfen ist oder das Unternehmen gar nicht mehr produziert. Soll die Kostenrechnung als Instrument des Controllings betrachtet werden, sollte zunächst auf die Verrechnung der fixen Kosten verzichtet werden. Sie werden erst bei der Ergebnisermittlung wieder einbezogen. Aus diesem Grund ordnet man dem Kostenträger nur einen Teil der Gesamtkosten, die variablen Kosten, zu. Man spricht auch von **Teilkostenrechnung.** Sie versucht, dem Kostenverursachungsprinzip gerechter zu werden als die **Vollkostenrechnung.**

Die variablen Kosten stellen eine Kostenart dar, die vom einzelnen Kostenträger beeinflusst wird. Das gilt nicht für den Fixkostenblock. Er entsteht durch die bloße Betriebsbereitschaft. Deshalb werden die fixen Kosten den Kostenträgern nicht zugeordnet.

Um festzustellen, in welchem Umfang ein Kostenträger am Unternehmenserfolg beteiligt ist, werden von den Umsatzerlösen dieses Kostenträgers dessen variable Kosten abgezogen. Das Ergebnis wird **Deckungsbeitrag** genannt. Aus diesem Grund spricht man von der Teilkostenrechnung auch meist als **Deckungsbeitragsrechnung** oder von **direct costing.**

11.5.1 Einstufige und mehrstufige Deckungsbeitragsrechnung

Einstufige Deckungsbeitragsrechnung

Bei der einstufigen Deckungsbeitragsrechnung ergibt sich der betriebliche Gewinn oder Verlust durch Abzug der fixen Gesamtkosten von der Summe der Deckungsbeiträge aller Erzeugnisse.

	Nettoverkaufserlöse		**E**
–	**variable Kosten**		– K_v
=	**Deckungsbeitrag**	oder	= **DB**
–	**Fixkosten**		– K_f
=	**Betriebsergebnis (Gewinn/Verlust)**		= **G/V**

Beispiel: In einem Unternehmen, das Schrauben, Nägel und Beschläge herstellt, fallen in einem Abrechnungszeitraum insgesamt 550.000 EUR fixe Kosten an. Diese fixen Kosten lassen sich aufteilen in Erzeugnisfixkosten von 80.000 EUR für Schrauben, 100.000 EUR für Nägel und 244.000 EUR für Beschläge. Es verbleiben 126.000 EUR Unternehmensfixkosten. Es werden folgende Nettoverkaufserlöse erzielt: Schrauben 406.000 EUR, Nägel 451.000 EUR, Beschläge 564.000 EUR. Die variablen Kosten betragen für Schrauben 199.000 EUR, für Nägel 168.000 EUR und für Beschläge 322.000 EUR.

Beispiel: Einstufige Deckungsbeitragsrechnung

	A	B	C	D	E
1	**Kalkulation** / **Produkte**	**Schrauben**	**Nägel**	**Beschläge**	**Summen**
2	Nettoverkaufserlöse	406.000,00 EUR	451.000,00 EUR	564.000,00 EUR	1.421.000,00 EUR
3	- variable Kosten	199.000,00 EUR	168.000,00 EUR	322.000,00 EUR	689.000,00 EUR
4	**= Deckungsbeitrag**	207.000,00 EUR	283.000,00 EUR	242.000,00 EUR	732.000,00 EUR
5	- fixe Kosten				550.000,00 EUR
6	= Betriebsergebnis				182.000,00 EUR

Der Deckungsbeitrag gibt an, wie hoch der Beitrag zur Deckung der fixen Kosten ist, die im Unternehmen anfallen.

Der Stückdeckungsbeitrag, multipliziert mit den Stückzahlen, ergibt den Gesamtdeckungsbeitrag.

Zur Ermittlung des Betriebsergebnisses werden die gesamten fixen Kosten als Block von der Summe der Deckungsbeiträge je Kostenträger abgezogen.

Kostenträger 1	Kostenträger 2	...
Nettoverkaufserlöse	Nettoverkaufserlöse	
– variable Kosten	– variable Kosten	
= db1	= db2	

→ Summe aus (db je Kostenträger · abgesetzte Menge je Kostenträger)

= DB

– fixe Kosten (K_f)

= Betriebsgewinn/Betriebsverlust

Für die Produktion ergeben sich aus dieser Situation verschiedene Folgerungen:

a) Die Produktion ist unwirtschaftlich, wenn die variablen Gesamtkosten größer als der Erlös sind, (db < 0).

b) Die Produktion ist riskant, wenn die variablen Gesamtkosten gleich dem Erlös sind. In diesem Falle müsste auf eine Erstattung der fixen Kosten verzichtet werden. Das ist jedoch nur zeitweilig möglich oder nur dann, wenn andere Produktionsbereiche die Deckung der fixen Kosten für diesen Produktionsbereich (bzw. Produktbereich) mit übernehmen können (siehe Fall 1).

c) Die Produktion wird wirtschaftlich, wenn die variablen Gesamtkosten kleiner als der Erlös sind. In diesem Falle ergibt sich nämlich ein Überschussbetrag, der zur Deckung der fixen Kosten verwendet werden kann, der **Deckungsbeitrag.** Die Deckungsbeiträge der unterschiedlichen Leistungseinheiten werden je nach der Struktur der variablen Kosten und je nach den erzielbaren Marktpreisen unterschiedlich hoch sein (siehe Fälle 2 und 3).

d) Die Produktion ist wirtschaftlich, wenn die Summe aller Deckungsbeiträge nicht nur die gesamten Kosten des Unternehmens (Fixkostenblock) deckt, sondern auch noch einen mehr oder minder hohen Gewinn abwirft (siehe Fall 4).

Beispiele:

Erlöse / Kosten	**Fall 1:** 50.000 EUR Erlös, Kein DB, K_f ungedeckt	**Fall 2:** 60.000 EUR Erlös, Kleiner DB, K_f teilweise gedeckt	**Fall 3:** 90.000 EUR Erlös, DB vorhanden, K_f voll gedeckt	**Fall 4:** 100.000 EUR Erlös, DB vorhanden, K_f voll gedeckt, Gewinn vorhanden
K_v = 50.000 EUR	K_v in Höhe von 50.000 EUR gedeckt	K_v in Höhe von 50.000 EUR gedeckt	K_v in Höhe von 50.000 EUR gedeckt	K_v in Höhe von 50.000 EUR gedeckt
K_f = 40.000 EUR	K_f in Höhe von 40.000 EUR ungedeckt	K_f in Höhe von 10.000 EUR gedeckt = DB K_f in Höhe von 30.000 EUR ungedeckt	K_f in Höhe von 40.000 EUR gedeckt = DB	K_f in Höhe von 40.000 EUR gedeckt = DB
				E > K = Gewinn = 10.000 EUR

K_v = variable Gesamtkosten, **K_f** = fixe Gesamtkosten, **E** = Erlöse, **DB** = Deckungsbeitrag

Die Darstellung des Verlaufs von Kosten, Erlös und Deckungsbeitrag zeigt folgende Grafik:

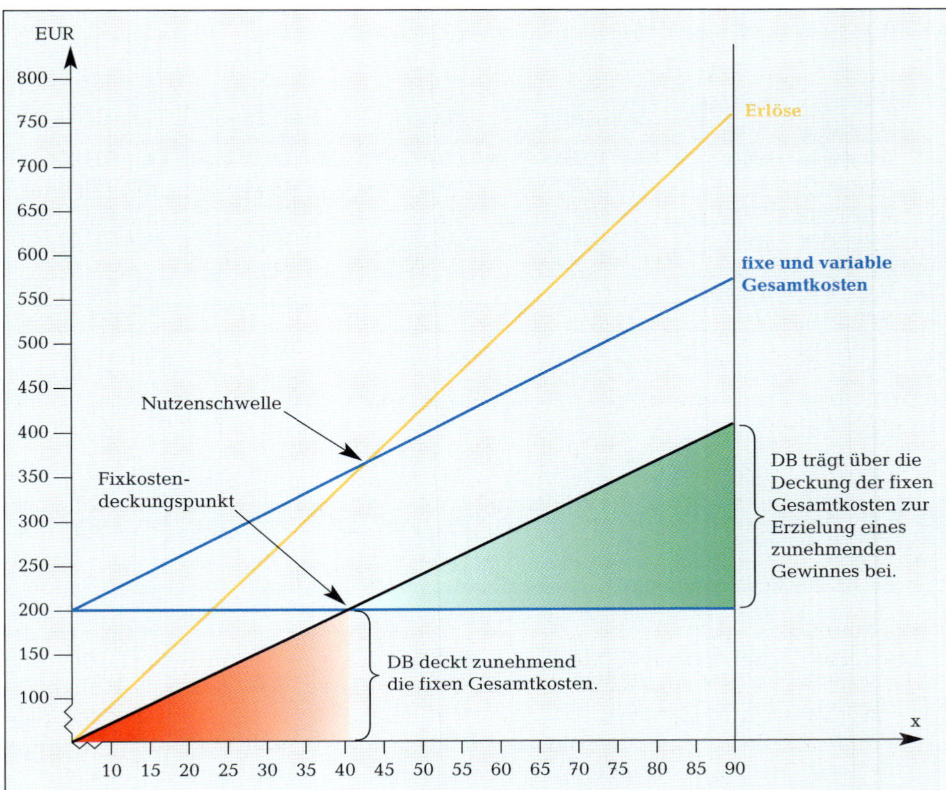

In der Grafik ergibt sich der Deckungsbeitrag pro Stück aus der am Fixkostendeckungspunkt orientierten Rechnung: 200 EUR : 40 Stück = 5 EUR/Stück.

Jedes Stück, das über 40 Stück hinaus produziert wird, wirft 5 EUR Deckungsbeitrag und damit 5 EUR Gewinn ab, da die gesamten Fixkosten bereits durch die Deckungsbeiträge der ersten 40 Stück abgedeckt sind.

Mehrstufige Deckungsbeitragsrechnung

Werden verschiedene Erzeugnisse hergestellt, so empfiehlt es sich zum Zwecke besserer Produktionsentscheidungen, den *Fixkostenblock verursachungsgerecht aufzuteilen* in

- Fixkosten, die den verschiedenen Erzeugnissen zuzurechnen sind, d. h. *Erzeugnisfixkosten* wie Forschungs- und Entwicklungskosten für einzelne Erzeugnisarten, Patent- und Lizenzgebühren, Kosten spezieller Produktionsanlagen, und in
- Fixkosten, die allen Erzeugnissen gemeinsam zuzurechnen sind, d. h. *Unternehmensfixkosten* wie Kosten der Unternehmensverwaltung und Unternehmensleitung.

Durch diese Aufteilung der Fixkosten ergibt sich eine **mehrstufige Deckungsbeitragsrechnung.**

	Nettoverkaufserlöse		**E**
–	**variable Kosten**		– K_v
=	**Deckungsbeitrag 1**		= **DB1**
–	**Erzeugnisfixkosten**		– $K_{f\,(Erz.)}$
=	**Deckungsbeitrag 2**	oder	= **DB2**
–	**Unternehmensfixkosten**		– $K_{f\,(Unt.)}$
=	**Betriebsergebnis (Gewinn/Verlust)**		= **G/V**

Beispiel: Mehrstufige Deckungsbeitragsrechnung (Werte siehe obiges Beispiel)

	A	B	C	D	E
1	**Produkte / Kalkulation**	**Schrauben**	**Nägel**	**Beschläge**	**Summen**
2	Nettoverkaufserlöse	406.000,00 EUR	451.000,00 EUR	564.000,00 EUR	1.421.000,00 EUR
3	- variable Kosten	199.000,00 EUR	168.000,00 EUR	322.000,00 EUR	689.000,00 EUR
4	**= Deckungsbeitrag 1**	207.000,00 EUR	283.000,00 EUR	242.000,00 EUR	732.000,00 EUR
5	- Erzeugnisfixkosten	80.000,00 EUR	100.000,00 EUR	244.000,00 EUR	424.000,00 EUR
6	**= Deckungsbeitrag 2**	127.000,00 EUR	183.000,00 EUR	-2.000,00 EUR	308.000,00 EUR
7	- Unternehmensfixkosten				126.000,00 EUR
8	= Betriebsergebnis				182.000,00 EUR

Erst aus der zweiten Tabelle ist ersichtlich, dass die Produktion von Beschlägen bereits nicht mehr zur vollen Deckung der Erzeugnisfixkosten beiträgt.

11.5.2 Kostenstellenrechnung bei der Teilkostenrechnung

Auch bei der Teilkostenrechnung verwendet man zur Verrechnung der Gemeinkosten und zur Vorbereitung der Kalkulation die Kostenstellenrechnung mit dem Betriebsabrechnungsbogen.

Da im Gegensatz zur Vollkostenrechnung aber nur die variablen Kosten für die einzelnen Leistungseinheiten bzw. Produkte kalkuliert werden, muss im BAB eine *Trennung sämtlicher Kosten in fixe und variable Kosten* vorgenommen werden.

Im folgenden Beispiel sind die Gemeinkosten in einem mehrstufigen BAB bereits in fixe und variable Bestandteile zerlegt. Unter Ausgliederung der fixen Kosten sind die variablen Gemeinkosten auf Haupt- und Hilfskostenstellen für die Zuschlagskalkulation aufbereitet. Die variablen Gemeinkosten sind in der Regel proportional-variable Kosten.

Dadurch wird der BAB zu einem Analyseinstrument, um Kostenerkenntnisse zu gewinnen.

Beispiel:

	A	B	C	D	E	F	G	H	I	J	K	L	M	N
1	**Betriebsabrechnungsbogen beim direct costing**													
2	**Gemeinkosten**	Zahlen der GBF	**Allg. Kosten-stellen**		**Ferti-gungs-stellen**		**Fert.-Hilfs-stellen**		**Material-stellen**		**Verwal-tungs-stellen**		**Ver-triebs-stellen**	
3		in Tsd. EUR	**fix**	**var.**	**fix**	**var.**	**fix**	**var.**	**fix**	**var.**	**fix**	**var.**	**fix**	**var.**
4	GK Material	260	5	12	26	150	4	15	4	6	15	10	8	5
5	Energieverbrauch	500	5	10	162	250	4	12	5	10	8	16	6	12
6	Hilfslöhne	600	50	150	10	30	20	60	60	180			10	30
7	Gehälter	1.200	40		60		100	20	40		800	50	90	
8	Sozialabgaben	560	31	47	22	10	37	26	31	56	239	21	30	10
9	Abschreibungen	3.200	20	20	1.750	1.300	20	10	25	10	8	8	15	14
10	Zinsen	60	2		40		2		4		6		6	
11	Steuern, Abgaben	420									320	100		
12	Wartung, Instandh.	480	17	33	95	173	15	22	19	23	25	45	5	8
13	Raumkosten	320	10	13	160	67	8	5	12	5	9	10	15	6
14	Summe	7.600	180	285	2.325	1.980	210	170	200	290	1.430	260	185	85
15	Umlage der													
16	allg. Kostenstelle					175		20		25		45		20
17	Umlage der													
18	Fert.-Hilfsstellen					190								
19	Variable Kosten	3.070				2.345				315		305		105
20	Fixe Kosten		180		2.325		210		200		1.430		185	
21	**Zuschlagsgrundlagen:**													
22	Fertigungslöhne					1.876								
23	Fertigungsmaterial									3.500				
24	Variable Herstellkosten					4.221				3.815		8.036		8.036
25	**Zuschlagssätze der variablen GK**					**125,0%**				**9,0%**		**3,8%**		**1,3%**

11.5.3 Verwendung der Deckungsbeitragsrechnung bei unternehmerischen Entscheidungen

Die Deckungsbeitragsrechnung erleichtert unternehmerische Entscheidungen bei der Produktions- und Absatzplanung sowie bei der Produkt- und Preispolitik.

Seite 362

a) Hat ein Unternehmen noch freie Kapazitäten, so lohnt es sich,
   - neue Erzeugnisse in das Produktionsprogramm aufzunehmen oder
   - zusätzliche Aufträge hereinzunehmen,

   sofern dadurch überhaupt ein Deckungsbeitrag erzielt werden kann.

b) Ist die Kapazität eines Unternehmens bereits ausgelastet, so lohnt es sich,
   - ein neues Erzeugnis anstelle eines bisherigen in das Produktionsprogramm aufzunehmen oder
   - die Produktion und den Absatz eines bereits eingeführten Erzeugnisses anstelle eines anderen bereits hergestellten Erzeugnisses zu fördern,

   sofern man damit einen höheren Deckungsbeitrag, also eine günstigere Ausnutzung der verfügbaren Kapazität erreicht.

Bestimmung von Preisuntergrenzen

Eine Entscheidungshilfe gibt die Höhe der erzielbaren oder erzielten Deckungsbeiträge. Besteht in einem Unternehmen ein vorübergehender Rückgang des Beschäftigungsgrades, kann das Unternehmen gezwungen sein, den Nettoverkaufspreis je Stück zu senken. Damit soll der Absatzrückgang aufgehalten werden. Um diesen Schritt durchzuführen, muss die

Unternehmensleitung wissen, bis zu welcher Grenze man den Preis senken kann, ohne dass Verluste entstehen. Dieser Preis wird als **Preisuntergrenze** bezeichnet. Das Unternehmen betreibt Preispolitik durch das Festlegen von Preisuntergrenzen. Je nach der Höhe des Deckungsbeitrages (db) ergeben sich folgende kritische Eckdaten:

- Ist der Deckungsbeitrag = 0, so deckt der Nettoverkaufserlös (e) nur die variablen Stückkosten (k_V). Ein Unternehmen kann mit dieser Deckung der laufenden variablen Stückkosten nur kurze Zeit weiter bestehen, weil längerfristig auch die Fixkosten gedeckt werden müssen. Ein solcher Verkaufserlös erweist sich damit nur als **kurzfristig haltbare Preisuntergrenze** pro Stück.

Kurzfristige Preisuntergrenze: $e = k_V = \frac{K_V}{x}$

- Um längerfristig am Markt bestehen zu können, müssen die gesamten Stückkosten durch die Umsatzerlöse gedeckt sein.

Langfristige Preisuntergrenze: $e = k = kv + \frac{K_f}{x}$ oder $DB = K_f$

Produktionsprogrammentscheidungen bei noch freien Kapazitäten

Seite 265

Ist die Kapazität eines Unternehmens nicht voll ausgelastet, so lohnt sich die Hereinnahme aller zusätzlichen Aufträge, die einen Deckungsbeitrag abwerfen. Es ist also eine Preisdifferenzierung oberhalb der kurzfristigen Preisuntergrenze möglich.

Beispiel: Ein Industrieunternehmen mit einer normalen Kapazität von wöchentlich 10.000 Einheiten arbeitet mit einem Beschäftigungsgrad von 80 %. Für 8.000 Einheiten ergibt sich folgende Kalkulation:

	A	B	C	D
1	**Kostenart**	**Gesamtkosten**	**Variable Kosten**	**Fixe Kosten**
2	Materialverbrauch	60.000,00 EUR	60.000,00 EUR	
3	Energieverbrauch	8.000,00 EUR	8.000,00 EUR	
4	Fertigungslöhne	16.000,00 EUR	16.000,00 EUR	
5	Gemeinkosten	64.000,00 EUR	12.000,00 EUR	52.000,00 EUR
6	Selbstkosten	148.000,00 EUR	96.000,00 EUR	52.000,00 EUR

In dieser Kostensituation hat die Geschäftsleitung zu entscheiden, ob sie alternative Aufträge, nämlich wöchentlich entweder

a) 2.500 Einheiten zum Preis von 15 EUR oder

b) 2.000 Einheiten zum Preis von 12 EUR oder

c) 1.000 Einheiten zum Preis von 14 EUR

zu liefern, annimmt.

Da die variablen Kosten pro Stück 96.000 EUR : 8.000 Stück = 12 EUR/Stück betragen, ergeben sich folgende Lösungen:

zu a) Der Auftrag würde pro Stück 3 EUR Deckungsbeitrag abwerfen, ist jedoch nicht durchzuführen, da die noch freie Kapazität nur eine zusätzliche Fertigung von 2.000 Stück zulässt.

zu b) Von der Kapazität her wäre der Auftrag erfüllbar, jedoch bringt der Verkaufserlös von 12 EUR keinen Deckungsbeitrag ein. Sofern nicht aus beschäftigungspolitischen Gründen diese untere Preisgrenze akzeptiert werden sollte, ist der Auftrag abzulehnen.

zu c) Der Auftrag ist anzunehmen, da er sowohl kapazitätsmäßig durchführbar ist als auch einen zusätzlichen Deckungsbeitrag von 2 EUR pro Stück abwirft.

Werden in einem von der Kapazität her nicht voll ausgelasteten Unternehmen mehrere Erzeugnisse hergestellt, so ergibt sich im Kapazitätsfreiraum ein Produktionsvorrang für jene Erzeugnisse, welche die höchsten absoluten Deckungsbeiträge abwerfen. Bei vorhandenen Engpassituationen ist die Höhe der relativen Deckungsbeiträge ausschlaggebend.

Produktionsprogrammentscheidungen bei Produktionsengpässen

Die Entscheidung, nach welcher Reihenfolge verschiedene Erzeugnisse herzustellen sind, hängt von der Höhe der je Erzeugnis erzielbaren Deckungsbeiträge ab.

Beispiel: Ein Unternehmen produziert 5 Erzeugnisse. Für die vorliegenden Daten ergibt sich folgende Produktionsrangfolge:

	A	B	C	D	E
1	Erzeugnisse	Netto-verkaufs-erlöse je Stück	Variable Kosten je Stück	Deckungsbeiträge je Stück (absolute Deckungs-beiträge)	Produktionsrangfolge nach der Höhe der absoluten Deckungsbeiträge
2	A	40,00 EUR	28,00 EUR	12,00 EUR	2.
3	B	50,00 EUR	40,00 EUR	10,00 EUR	4.
4	C	54,00 EUR	45,00 EUR	9,00 EUR	5.
5	D	60,00 EUR	47,00 EUR	13,00 EUR	1.
6	E	64,00 EUR	53,00 EUR	11,00 EUR	3.

Die Produktionsrangfolge richtet sich im obigen Beispiel nach den unterschiedlichen Deckungsbeiträgen je Stück. Den **Deckungsbeitrag je Stück** nennt man auch **absoluten Deckungsbeitrag.**

Bei Produktionsprogrammentscheidungen nach absoluten Deckungsbeiträgen ist die technische Seite der Produktion nicht berücksichtigt, d. h. die Zeiten und die Durchführbarkeit der Produktionsabläufe und -schritte. Es ergeben sich oft Engpässe, welche in die bisher getroffene Rangfolgeentscheidung mit einzubeziehen sind. Dies wird möglich durch die Festlegung von **relativen Deckungsbeiträgen** oder **Deckungsbeiträgen je Engpasseinheit.**

Beispiel: Die im vorigen Beispiel genannten 5 Erzeugnisse laufen alle über das gleiche Montagefließband. Die Durchlaufzeiten je Erzeugnisart sind aber unterschiedlich: für Erzeugnis A = 10 Minuten, B = 12 Minuten, C = 6 Minuten, D = 15 Minuten, E = 8 Minuten. Das Montageband läuft monatlich maximal 300 Stunden. Damit ist der Engpass die Zahl der montierbaren Stücke pro Laufstunde des Fließbandes.

	A	B	C	D	E	F
1	Erzeugnisse	Deckungsbeiträge je Stück (absolute Deckungs-beiträge)	Durchlauf-zeiten auf Montage-fließband	Montierbare Stücke je Laufstunde	Deckungsbeiträge je Engpasseinheit bzw. Laufstunde (relative Deckungsbeiträge)	Produktionsrangfolge nach der Höhe der relativen Deckungsbeiträge
2	A	12,00 EUR	10 Minuten	6,0	72,00 EUR	3.
3	B	10,00 EUR	12 Minuten	5,0	50,00 EUR	5.
4	C	9,00 EUR	6 Minuten	10,0	90,00 EUR	1.
5	D	13,00 EUR	15 Minuten	4,0	52,00 EUR	4.
6	E	11,00 EUR	8 Minuten	7,5	82,50 EUR	2.

Die wegen des vorhandenen Engpasses notwendige Berechnung relativer Deckungsbeiträge ergibt eine völlig andere Produktionsentscheidung als vorher.

Neben den durch die Durchlauf- oder Bearbeitungszeiten bedingten Engpässen können auch Engpässe bei der Verfügbarkeit von Materialien, Räumen und Facharbeitskräften auftreten.

Annahme von Zusatzaufträgen mit Änderungen des Produktionsprogramms

Ist die Kapazität eines Unternehmens ausgelastet, so muss die Hereinnahme zusätzlicher Aufträge Veränderungen des Produktionsprogramms bewirken. Bisher hergestellte Erzeugnisse werden durch die zusätzlich zu fertigenden Erzeugnisse »verdrängt«. Eine solche Veränderung ist nur dann wirtschaftlich, wenn der Deckungsbeitrag der zusätzlichen Produktion größer ist als die wegfallenden Deckungsbeiträge der verdrängten Produkte.

Beispiel: Das monatliche Produktionsprogramm eines Industrieunternehmens, das mit voller Kapazitätsauslastung arbeitet, zeigt die folgende Tabelle:

	A	B	C	D	E	F
1	**Erzeugnisse**	**Herstellungsmenge pro Monat in Stück**	**Nettoverkaufserlöse pro Stück**	**Variable Kosten pro Stück**	**Absolute Deckungsbeiträge pro Stück**	**Produktionsrangfolge nach absoluten Deckungsbeiträgen**
2	A	800	200,00 EUR	100,00 EUR	100,00 EUR	3.
3	B	840	150,00 EUR	102,00 EUR	48,00 EUR	4.
4	C	600	300,00 EUR	180,00 EUR	120,00 EUR	2.
5	D	800	120,00 EUR	80,00 EUR	40,00 EUR	5.
6	E	540	600,00 EUR	360,00 EUR	240,00 EUR	1.

Das Unternehmen könnte einen zusätzlichen Auftrag über 1.000 Stück von Produkt A zum Nettoverkaufserlös von 180 EUR annehmen. Dieser Auftrag würde die Fertigung von Produkten mit niedrigeren Deckungsbeiträgen verdrängen, und zwar Produkt D vollständig und Produkt B mit 200 Stück.

Es ergibt sich folgende Rechnung:

	Deckungsbeitrag aus Zusatzauftrag: 1.000 Stück · 80 EUR/Stück =	80.000 EUR
–	Deckungsbeiträge der verdrängten Produkte	
	D: 800 Stück · 40 EUR/Stück =	32.000 EUR
	B: 200 Stück · 48 EUR/Stück =	9.600 EUR
=	**Deckungsbeitragserhöhung** durch Annahme des Zusatzauftrages	38.400 EUR

Nach dieser Rechnung ist der Zusatzauftrag anzunehmen und das Produktionsprogramm entsprechend zu ändern.

1. Welche der angegebenen Kostenarten sind zuzuordnen den
   a) eindeutig variablen Kosten,
   b) eindeutig fixen Kosten,
   c) Mischkosten?

   – Kosten des Rohstoffeinsatzes
   – Abschreibungen
   – Heizungs- und Beleuchtungskosten
   – Raummieten
   – Sozialkosten
   – Gehälter
   – Werbekosten
   – Wartungskosten
   – Verpackungskosten
   – Zinsen für langfristiges Kapital
   – Fertigungslöhne
   – Energiekosten

2. Die Betriebsleitung stellt anhand der folgenden Tabelle fest, dass das Ausmaß des Werbeetats von direktem Einfluss auf die Höhe des Absatzes ist:

Werbekosten in Tsd. EUR	50	57	68	89	96	112
Absatz in Stück	2.000	2.400	4.000	5.600	6.800	8.000

   Ermitteln Sie den in allen Werbekostenblocks enthaltenen Fixkostenanteil mittels der statistisch-bildlichen Zerlegung. Diagrammmaße: Ordinate: 10.000 EUR = 0,5 cm, Abszisse: 400 Stück = 0,5 cm

3. Die Energiekosten betragen bei einer monatlichen Erzeugnisausbringung von 50.000 Stück insgesamt 120.000 EUR. Eine Steigerung der Ausbringung auf 70.000 Stück verursacht Energiekosten von insgesamt 150.000 EUR.

   Berechnen Sie den in den Energiekosten enthaltenen Fixkostenanteil auf mathematischem Wege.

4. a) Berechnen Sie die Zuschlagssätze für die variablen Gemeinkosten eines Fertigungsbetriebes anhand der folgenden im BAB ermittelten Gemeinkostensummen:

Kostenstellen	**Summe der variablen Kosten in EUR**	**Summe der fixen Kosten in EUR**
Allgemeine Kostenstelle	240.000	300.000
Materialstelle	96.000	53.000
Fertigungshauptstelle I	114.000	1.081.000
Fertigungshauptstelle II	261.000	966.000
Fertigungshilfsstelle	200.000	151.000
Verwaltungsstelle	129.960	360.000
Vertriebsstelle	169.950	344.000

Zuschlagsgrundwerte:

Fertigungsmaterial 1.325.000 EUR, Fertigungslöhne I 250.000 EUR, Fertigungslöhne II 240.000 EUR.

Die Kosten der Allgemeinen Kostenstelle sind in gegebener Reihenfolge auf die nachfolgenden Kostenstellen im Verhältnis 1 : 9 : 6 : 2 : 3 : 3 zu verteilen.

Die Kosten der Fertigungshilfsstelle sind auf die Hauptstellen I mit 55 % und II mit 45 % umzulegen.

b) Die in Rechnung gestellten Verkaufspreise (Beträge ohne Umsatzsteuer) belaufen sich in der Abrechnungsperiode auf insgesamt 6.976.000 EUR.

Als Erlösschmälerungen sind 5% abzuziehen.

Die Beträge für die fixen und variablen Kosten ergeben sich aus der Lösung Teilaufgabe a).

Berechnen Sie mittels der Kostenträgerzeitrechnung den Deckungsbeitrag der Abrechnungsperiode und das Betriebsergebnis.

c) Kalkulieren Sie mit den nach Teilaufgabe a) ermittelten Zuschlagssätzen den Deckungsbeitrag eines Produktes, dessen Herstellung 500 EUR Materialeinzelkosten, 100 EUR Fertigungslöhne I und 80 EUR Fertigungslöhne II verursacht.

Das Produkt kann auf dem Markt zu einem Preis von 1.500 EUR (Betrag ohne Umsatzsteuer) unter Abzug von 3% Skonto verkauft werden.

5. Inwiefern ermöglicht eine mehrstufige Deckungsbeitragsrechnung mit Erzeugnis- und Unternehmungsfixkosten bessere Produktionsentscheidungen?

6. Eine Gemüsekonservenfabrik produziert in Blechdosen die Hülsenfrüchte Erbsen, Bohnen und Linsen.

Produktionsengpässe ergeben sich bei der Verarbeitung von Massenanlieferungen zur Erntezeit. Deshalb ist in dieser Zeit eine Produktionsrangfolge nach der Höhe der erzielbaren Deckungsbeiträge einzuhalten. Zu dieser Berechnung stehen folgende Daten zur Verfügung:

	Erbsen	**Bohnen**	**Linsen**
Erzielbare Barverkaufserlöse	2,00 EUR	1,80 EUR	2,40 EUR
Variable Kosten	1,00 EUR	0,85 EUR	1,20 EUR

Das Enthülsen, Reinigen und Sortieren der Früchte erfolgt in einer mit Spezialmaschinen ausgerüsteten Betriebshalle. Dabei ergeben sich folgende Durchlaufzeiten:

30 Minuten pro Tonne Erbsen, 25 Minuten pro Tonne Bohnen, 40 Minuten pro Tonne Linsen.

Der Inhalt einer Konservendose entspricht dem Frischgewicht von 1 kg jeder Hülsenfruchtart.

a) Berechnen Sie die absoluten Deckungsbeiträge pro Dose und stellen Sie nach den Ergebnissen eine Produktionsrangfolge auf.

b) Berechnen Sie die relativen Deckungsbeiträge pro Engpasseinheit und eine sich gegenüber a) ergebende Änderung der Produktionsrangfolge.

7. Ein Produzent von Wandfliesen stellt zurzeit pro Monat her:

2.500 m^2 Fliesen, Serie A, Modell AK, 1.200 m^2 Fliesen, Serie B, Modell BR,
2.000 m^2 Fliesen, Serie A, Modell AL, 2.400 m^2 Fliesen, Serie B, Modell BX.

Die Gesamtkosten der Produktion belaufen sich auf 330.240 EUR monatlich. Für die Deckungsbeitragsrechnung ergeben sich folgende Daten:

Fliesenmodelle	**Barverkaufserlöse pro m^2**	**Variable Kosten pro m^2**
AK	36,00 EUR	24,40 EUR
AL	32,40 EUR	22,60 EUR
BR	60,00 EUR	48,00 EUR
BX	50,60 EUR	40,00 EUR

a) Berechnen Sie die absoluten Deckungsbeiträge pro m^2 und markieren Sie die Produktionsrangfolge.

b) Ermitteln Sie das Betriebsergebnis.

8. Die KÜHLsys GmbH produziert im Bereich Deckenkühlgeräte die drei Zusatzaggregate »DKG Z100«, »DKG Z200« und DKG Z300«. Für die letzte Abrechnungsperiode liegen folgende Daten vor:

Zusatzaggregat	**Stückerlös**	**Variable Stückkosten**	**Geplante Menge**	**Produktionszeit je Stück**
DKG Z100	240 EUR	180 EUR	600 Stück	6 Stunden
DKG Z200	420 EUR	300 EUR	400 Stück	20 Stunden
DKG Z300	500 EUR	332 EUR	360 Stück	24 Stunden

a) Ermitteln Sie den gesamten Deckungsbeitrag der drei Zusatzaggregate, wenn die geplanten Mengen produziert und abgesetzt werden.

b) Durch Rationalisierungsmaßnahmen kann das Unternehmen weitere 1.200 Fertigungsstunden für die Produktion der Zusatzaggregate bereitstellen. Bestimmen Sie die Rangfolge und die Stückzahl für die Mehrproduktion, wenn alle geplanten Mengen abgesetzt werden können. Berechnen Sie den neuen maximal möglichen Deckungsbeitrag.

c) Die verfügbaren Fertigungsstunden müssen um 5.320 Stunden gekürzt werden. Berechnen Sie den gesamten Deckungsbeitrag der drei Zusatzaggregate, wenn man den absoluten Deckungsbeitrag bzw. den relativen Deckungsbeitrag verwendet.

9. Ein Unternehmen zur Herstellung von Mountain-Bikes produziert einen exklusiven Rahmen für ein Extrem-Outdoor-Bike. Dieser Rahmen wird zum Nettopreis von 698,00 EUR an den Fahrradfachhandel verkauft.

Die Stückkosten betragen 650 EUR bei einer Kapazitätsauslastung von 60 %. Die monatliche Gesamtkapazität liegt bei 800 Stück.

Ein Großkunde stellt dem Unternehmen einen Großauftrag in Aussicht, der den Beschäftigungsgrad auf absehbarer Zeit um 15 % erhöhen würde. Allerdings will der Kunde nur 620 EUR bezahlen.

Die Kostensituation im Unternehmen stellt sich für den Rahmen wie folgt dar: Die monatlichen Fixkosten betragen 52.800 EUR, die variablen Kosten je Rahmen betragen 540 EUR.

a) Ermitteln Sie für den Zusatzauftrag den Gewinn bzw. den Verlust je Rahmen beim Einsatz der Vollkostenrechnung.

b) Bestimmen Sie den Deckungsbeitrag je Rahmen, wenn der Zusatzauftrag angenommen wird.

c) Wie hoch ist der Gesamtgewinn bzw. Gesamtverlust je Rahmen, wenn das Unternehmen den Auftrag annimmt bzw. ihn ablehnt.

d) Begründen Sie eine Entscheidung des Unternehmens.

10. Die Abteilung Controlling eines Unternehmens zur Herstellung von Beleuchtungsprodukten hat es mit folgenden Daten zu tun:

	Produkt »Stehleuchte«	**Produkt »Hängeleuchte«**
Bruttoverkaufspreis	850,00 EUR	940,00 EUR
Produktionsmenge	1.400 Stück	2.600 Stück
Absatzmenge	1.400 Stück	2.600 Stück
Kundenrabatt	10 %	12 %
Kundenskonto	3 %	2 %
Vertreterprovision	5 %	7 %
Variable Kosten je Stück	560,00 EUR	604,00 EUR
Fixe Kosten	197.000,00 EUR	

a) Wie hoch ist der Deckungsbeitrag für jedes Produkt?

b) Bestimmen Sie das Betriebsergebnis.

c) Welche kurz- bzw. langfristige Preisuntergrenze könnte die Unternehmensleitung jeweils für die Produkte festlegen?

11. Ein Elektrounternehmen hat freie Kapazitäten und steht vor der Entscheidung, ob ein möglicher Zusatzauftrag des Schaltmoduls II mit 210 Stück und einem Preis von 360,00 EUR infrage kommt. Für diese Entscheidung stehen folgende Daten zur Verfügung:

	Schaltmodul I	**Schaltmodul II**
Fertigungskapazität	1.800 Stück	2.400 Stück
Absatzmenge	1.400 Stück	1.900 Stück
Nettoverkaufserlös	396 EUR	540 EUR
variable Stückkosten	224 EUR	240 EUR
fixe Kosten	300.000 EUR	

Begründen Sie rechnerisch, ob sich die Annahme des Zusatzauftrages für das Unternehmen lohnt.

12. Die Abteilung Absatzcontrolling steht vor der Aufgabe, ein Produktionsprogramm zusammenzustellen. Dafür liegen ihr folgende Daten vor:

Produkt	**I**	**II**	**III**	**IV**	**V**
Möglicher Absatz in Stück	40.000	55.000	50.000	45.000	30.000
Erwarteter Verkaufspreis in EUR	24,00	30,00	18,00	20,00	16,00
Variable Stückkosten in EUR	12,00	26,00	10,00	12,00	10,00
Unternehmensfixkosten in EUR	525.000,00				

Im Kundenbereich sind 2% Kundenskonto und 20% Wiederverkäuferrabatt vorgesehen.

a) Welches Produktionsprogramm wird zusammengestellt?

b) Berechnen Sie den Gewinn bzw. Verlust bei dem ermittelten Produktionsprogramm.

c) Ermitteln Sie das Produkt, für das sich besondere Anstrengungen im Absatzbereich lohnen würden. Welchen Stellenwert nehmen die übrigen Produkte ein?

13. In einem Tochterunternehmen der KÜHLsys GmbH werden für die selbstproduzierten Außenanlagen drei Sorten von Speziallack hergestellt. Aus der Controlling-Abteilung liegen folgende Daten vor:

	Touch	**Dip**	**Dunken**
Erlöse je Einheit	120 EUR	140 EUR	200 EUR
Variable Kosten je Einheit	56 EUR	68 EUR	100 EUR
Absatzmenge	4.240 Stück	4.600 Stück	5.200 Stück

Alle drei Lackarten durchlaufen eine DV-gesteuerte Mischmaschine. Touch benötigt 16 Minuten, Dip 12 Minuten und Dunken beansprucht 20 Minuten. Die Mischmaschine steht für 3.360 Stunden je Abrechnungszeitraum zur Verfügung. Die fixen Kosten des Produktes Speziallack belaufen sich auf 370.400 EUR.

Ermitteln Sie

a) die Deckungsbeiträge je Minute,

b) die Produktionsrangfolge der Speziallacksorten,

c) das gewinnmaximale Produktionsprogramm mit Betriebsergebnis.

d) Von der Sorte Dunken werden nur noch 2.600 Einheiten abgenommen. Es kann aber auf die anderen Sorten ausgewichen werden. Gestalten Sie das Produktionsprogramm und berechnen Sie das Betriebsergebnis.

14. Ein Zulieferunternehmen der Automobilindustrie setzt von seinen vier Produkten jeweils 2.000 Stück ab. Die Kostenauflösung bei den vier Produkten ergab folgendes Bild:

	Produkt I	**Produkt II**	**Produkt III**	**Produkt IV**
Stückerlös	180 EUR	84 EUR	112 EUR	34 EUR
Variable Kosten	140 EUR	64 EUR	80 EUR	24 EUR

Die fixen Kosten belaufen sich im entsprechenden Zeitraum auf 160.000,00 EUR. Darüber hinaus liegen noch folgende Daten vor:

	Fertigungsstelle 1	**Fertigungsstelle 2**	**Fertigungsstelle 3**
Kapazität	80.000 Stunden	84.000 Stunden	56.000 Stunden
Zeitliche Beanspruchung für eine Einheit			
Produkt I	14 Stunden	12 Stunden	14 Stunden
Produkt II	6 Stunden	6 Stunden	4 Stunden
Produkt III	10 Stunden	12 Stunden	8 Stunden
Produkt IV	8 Stunden	4 Stunden	10 Stunden

a) Bestimmen Sie das gewinnmaximale Produktionsprogramm und das entsprechende Betriebsergebnis.

b) Stellen Sie das veränderte Betriebsergebnis dar, wenn vom Produkt IV unbedingt 2.000 Stück zu liefern sind.

15. Ein Büromöbelhersteller vertreibt 25 Produkte. Davon werden 3 Produkte als Handelswaren verkauft. Die Unternehmensleitung prüft, ob diese drei Produkte in Zukunft selbst gefertigt werden sollten. Für diese Entscheidung liegen ihr folgende Daten vor:

	Produkt 23	**Produkt 24**	**Produkt 25**
Bezugspreis	4.500 EUR	5.000 EUR	5.500 EUR
Einzelkosten:			
Fertigungsmaterial	1.000 EUR	1.500 EUR	2.000 EUR
Fertigungslöhne	2.000 EUR	2.500 EUR	3.000 EUR
Gemeinkosten:			
MGKZ	25 %	davon 20 % variable Kosten	
FGKZ	120 %	davon 40 % variable Kosten	

Entscheiden Sie, ob der Büromöbelhersteller die drei Produkte in Zukunft selbst fertigen sollte.

11.6 Zusammenhänge der Kostenrechnung

	Art	Wesen	Vorteile	Nachteile
Zeitlicher Bezug	**Ist-kosten-rechnung**	Kostenverrechnung: tatsächliche Kosten einer Rechnungsperiode, vergangenheitsbezogen Ermittlung: bewertete Istverbrauchsmengen zu Istpreisen	– Erfasst tatsächlich angefallene Kosten, – ermöglicht exakte Nachkalkulation, – schätzt den Erfolg der Vergangenheit realistisch ein, – verursacht geringen Durchführungsaufwand.	– Kostenkontrolle fehlt, weil keine Kostenvorgaben vorhanden sind, – bezieht sich ausschließlich auf Vergangenheit, – Werte schwanken, – schwerfälliges rechentechnisches Verfahren, – keine Angebotskalkulation möglich.
	Normal-kosten-rechnung	Kostenverrechnung: durchschnittliche Kosten mehrerer Rechnungsperioden, vergangenheitsbezogen Ermittlung: bewertete Normalverbrauchsmengen der Vergangenheit mit Durchschnittspreisen der Vergangenheit	– Kontrolliert die Kosten sehr einfach, indem Über- und Unterdeckungen als Differenz zwischen Normal- und Istkosten analysiert werden, – vermeidet Zufallsschwankungen, – verursacht geringen Durchführungsaufwand, – ermöglicht Angebotskalkulation.	– Keine echte Nachkalkulation möglich, – »echte« Kostenkontrolle fehlt, weil keine Kostenvorgaben vorhanden sind.
	Plan-kosten-rechnung	Kostenverrechnung: geplante Kosten zukünftiger Rechnungsperioden, zukunftsbezogen Ermittlung: Planverbrauchsmengen mit Planpreisen	– Kontrolliert Kosten laufend durch Soll-/Ist-Vergleich, – steuert wirksam die zukünftige Kostenstruktur, – berücksichtigt Beschäftigungsänderungen.	– Aufwendige Kostenplanung und -auflösung, – höherer Durchführungsaufwand.

Ausmaß der Kostenverrechnung auf Kostenträger	**Voll-kosten-rechnung**	Kostenverrechnung: alle Selbstkosten auf Kostenträger Ausrichtung: fertigungsorientiert	– Ermöglicht Angebotskalkulation im Falle der auftragsorientierten Einzelfertigung, – bestimmt langfristige Preisuntergrenze, – kann durch prozessorientierte Kostenbetrachtung ergänzt werden.	– Keine Basis für Entscheidungen, – Gefahr, sich aus dem Markt zu kalkulieren, – verzerrte Ergebnisse im Falle von Bestandsveränderungen.
	Teil-kosten-rechnung	Kostenverrechnung: nur variable Kosten oder Einzelkosten auf Kostenträger Ausrichtung: marktorientiert	– Liefert Daten für kurzfristige Produktions- und Absatzentscheidungen, – ermöglicht genaue Ergebnisprognosen, – bestimmt kurzfristige Preisuntergrenze.	– Keine Aussagen zu langfristiger Preisuntergrenze, – aufwendige Kostenauflösung in fixe und variable Kosten.

12 Die Unternehmung

Die wirtschaftliche Tätigkeit in der Marktwirtschaft vollzieht sich hauptsächlich in den erwerbswirtschaftlichen Unternehmungen. Von der Gründung bis zur Auflösung der Unternehmung sind wirtschaftliche Entscheidungen zu treffen, wobei rechtliche Rahmenbedingungen zu beachten sind.

12.1 Wirtschaftliche Entscheidungen bei der Gründung

Sie betreffen die Wahl des Geschäftszweiges, der Betriebsgröße und des Standortes der Unternehmung.

12.1.1 Wahl des Geschäftszweiges und der Betriebsgröße

Vorkenntnisse und Geschäftskontakte. Der Gründer ist im Allgemeinen in einem bestimmten Geschäftszweig ausgebildet. Die dort gewonnenen Fachkenntnisse, Erfahrungen und Beziehungen will er nun in der eigenen Unternehmung nutzen.

Lücken in der Bedürfnisbefriedigung. Es ist zu untersuchen, inwieweit bereits vorhandene Bedürfnisse nicht ausreichend befriedigt werden und schlummernde Bedürfnisse noch geweckt werden können (Marktlücke).

Ertragsaussichten. Ohne Gewinnaussicht besteht kein Anreiz für den Einsatz von Arbeitskraft und Kapital. Eine möglichst genaue Rentabilitätsprüfung ist notwendig, aber schwierig. Ein wichtiges Mittel dazu ist die Marktforschung.

Seiten 254, 591

Kapitalkraft. Die Wahl der Art und Größe des Betriebes hängt von der Höhe des Kapitals ab, das bereitgestellt werden kann (Fertigungsbetrieb – Handelsbetrieb; Warenhaus – Fachgeschäft).

12.1.2 Wahl des Standortes

Der richtige Standort ist oft entscheidend für die Lebensfähigkeit einer Unternehmung. Er bestimmt die Umsatzhöhe und die erzielbaren Preise, aber auch die Kosten für die Leistungen und damit den Gewinn. Für die Wahl können mehrere Faktoren in Betracht kommen. Er ist deshalb so zu wählen, dass nach dem ökonomischen Prinzip ein möglichst günstiges Verhältnis von Ertrag zu Aufwand erzielt werden kann.

Ausschlaggebend für die **Standortwahl** können sein:

a) **Naturgegebene Verhältnisse.** Rohstoffgewinnende Betriebe (Bergwerke, Kiesgruben) sind an den Ort des Vorkommens gebunden *(natürlicher Standort)*. Rohstoffverarbeitende Betriebe mit großem Stoffverbrauch (Hüttenwerke, Zuckerfabriken) haben zur Vermeidung hoher Transportkosten ihren Standort in der Regel ebenfalls am Ort des Vorkommens *(stofforientiert)*. Fremdenverkehrsbetriebe, die der Erholung und dem Sport dienen, liegen in klimatisch günstigen und landschaftlich reizvollen Gebieten *(landschaftsorientiert)*.

b) **Grundstücke.** Die Errichtung und Verlagerung von Betrieben richtet sich häufig nach den räumlichen Verhältnissen und den Grundstückspreisen, z. B. die Errichtung von Einkaufszentren am Rand von Ballungsräumen *(grundstücksorientiert)*.

c) Energiequellen. Betriebe mit großem Energiebedarf (Aluminiumindustrie) sind gezwungen, die verfügbaren Energiequellen aufzusuchen und zu verwerten. Wasserkraftwerke versuchen, die billigen Wasserkräfte auszunutzen *(energieorientiert).*

d) Verkehrswege. Sie sind bestimmend für das Transport-, Tankstellen- und Lagerhausgewerbe sowie für Industrien, die Massengüter verarbeiten (Großmühlen, Kohlekraftwerke). Bei der Frage, ob sich ein Betrieb in der Nähe des Beschaffungs- oder Absatzmarktes niederlassen soll, entscheiden die Transportkosten *(verkehrsorientiert).*

e) Absatzmöglichkeiten. Viele Betriebe legen ihren Standort in Wohngebiete (Lebensmittelgeschäfte) oder in Geschäftszentren, z.B. Modehäuser *(konsumorientiert).*

f) Arbeitskräfte. Arbeitsintensive Betriebe müssen Gegenden aufsuchen, in denen genügend Arbeitskräfte zu finden sind.

Betriebe, die auf eine größere Zahl von Spezialkräften angewiesen sind, bevorzugen Gegenden, in denen sich solche Berufsgruppen bereits befinden oder durch Umschulung verfügbar werden *(arbeitsorientiert).*

Beispiele: Gründung einer Schmuckwarenfabrik in Pforzheim, einer Porzellanmanufaktur in Selb; Verlagerung eines Automobilwerkes nach Eisenach.

Betriebe, in denen der Lohn ausschlaggebender Kostenfaktor ist, nützen das Lohngefälle zwischen Hoch- und Niedriglohnländern aus *(lohnorientiert).*

Beispiel: Verlagerung eines Textilwerkes nach Tschechien.

g) Politische Gegebenheiten. Zur Umgehung von Zöllen werden Zweigbetriebe im Ausland eröffnet. Die Gewährung von Vorteilen durch bestimmte Länder und Gemeinden (Steuerentlastung, Subventionen, preiswerte Grundstücke in Gewerbegebieten) wird ausgenützt *(politisch orientiert).*

Den Vorteil, der für eine wirtschaftliche Tätigkeit dann eintritt, wenn er sich an einem bestimmten Ort vollzieht, nennt man **Standortfaktor.** Meistens wirken mehrere Standortfaktoren mit- und auch gegeneinander.

Das Ziel bei der Wahl des Standortes ist es, die Unternehmung dort anzusiedeln, wo der größtmögliche Gewinn aus standortbedingten Erträgen und standortabhängigen Aufwendungen erwartet werden kann = **optimaler Standort.**

An welchen Gegebenheiten sich die Entscheidung über den Standort orientieren kann, zeigt die folgende Darstellung:

Standortfaktoren Orientierungsmerkmale	Beispiele	Bezeichnung des Standortes
Naturgegebene Verhältnisse Bindung an das Vorkommen von Bodenschätzen und Energiequellen	a) Rohstoffgewinnende Betriebe (Bergwerke, Kiesgruben) b) Rohstoffverarbeitende Betriebe mit großem Verbrauch schwerer Stoffe (Hüttenwerke, Zuckerfabriken) c) Betriebe mit großem Energiebedarf (Roheisen-, Aluminiumgewinnung; Mühlen, Sägewerke)	a) natürlicher Standort b) rohstoff- und betriebsstofforientierter Standort c) energieorientierter Standort
Klimatische und landschaftliche Vorzüge	d) High-Tech-Betriebe am Bodensee	d) freizeitorientierter Standort
Verkehrswege Bindung an Verkehrsnetze auf Schiene, Straße und Wasser sowie im Luftverkehr	Massengüter verarbeitende Industrie (Großmühlen, Kohlekraftwerke, Raffinerien, Stahlwerke)	verkehrsorientierter Standort
Absatzmöglichkeiten Bindung an Absatzmärkte	a) Zuliefererindustrie b) Brauereien	a) absatzorientierter Standort b) konsumorientierter Standort

Menschliche Arbeitskräfte Bindung an Arbeitnehmer	a) Betriebe mit hoher Beschäftigtenzahl oder mit Bedarf an Spezialkräften (feinmechanische, optische Industrie) b) Betriebe mit hohem Lohnaufwand (Lohngefälle zwischen Hoch- und Niedriglohngebieten)	a) arbeitsorientierter Standort b) lohnorientierter Standort
Gesamtwirtschaftliche und politische Gegebenheiten Bindung an die Gewährung von Vorteilen durch EU, Bund, Länder und Gemeinden (Subventionen, Steuervorteile, verbilligte Betriebsgrundstücke)	a) Betriebsansiedlung in strukturschwachen Gebieten b) Betriebsaussiedlung aus Ballungsräumen wegen Umweltgefährdung	a) gesamtwirtschaftlich orientierter Standort b) umweltorientierter Standort

Hilfsmittel für die Wahl des Standorts kann eine **Entscheidungsbewertungstabelle** sein. Die Bedeutung der einzelnen Standortfaktoren kommt dabei jeweils in einer Idealpunktzahl zum Ausdruck. Die tatsächlichen Standortfaktoren der alternativen Standorte werden im Verhältnis zur Idealpunktzahl bewertet. Aus der Summe der Punkte ergibt sich die Rangfolge der Wahl.

Beispiel:
Entscheidungsbewertungstabelle für den Standort einer Papierfabrik.

Standortfaktoren	Idealgewichtung	Standorte		
		A	B	C
Wasserversorgung	120	100	90	60
Abwasserklärung	80	70	40	80
Transportlage	50	40	40	35
Arbeitskräfte	40	25	30	35
Energie	40	35	30	35
Rohmaterial	100	70	80	90
Infrastruktur	35	30	25	10
Grundstück	25	20	20	25
Steuern	20	10	15	15
Gesamt	510	400	370	385
Reihenfolge der Wahl		1	3	2

1. Welche Wirtschaftszweige haben in den Räumen Pforzheim, Offenbach (Main), Solingen, Pirmasens, Meißen und im Erzgebirge ihren bereits zur Tradition gewordenen Standort?
2. Nennen Sie Gesichtspunkte, die vor der Gründung eines Unternehmens geklärt sein müssen.
3. Die Bedeutung von Standortfaktoren kann sich im Laufe der Jahre verändern. Frühere Standortvorteile können zu Standortnachteilen führen. Zeigen Sie dies am Beispiel eines Unternehmens aus Ihrer Umgebung.
4. Seit vielen Jahren produzieren die deutschen Automobilhersteller an über 90 Auslandsstandorten in mehr als 39 Ländern auf allen fünf Kontinenten. Damit lief jedes dritte Kraftfahrzeug, das von deutschen Herstellern produziert wurde, außerhalb Deutschlands vom Band. Bei den Nutzfahrzeugen entfiel sogar über die Hälfte des gesamten Produktionsvolumens deutscher Hersteller auf Fertigungsstätten außerhalb Deutschlands.

   Beschreiben Sie Gründe, die für die Standortverlegung maßgeblich gewesen sein könnten.
5. Die Stadt Biberach, mit etwa 31.000 Einwohnern 45 Kilometer südlich von Ulm gelegen, weist im Norden ihrer Gemarkung ein neues Gewerbegebiet mit etwa fünf Quadratkilometern Fläche aus. Machen Sie Vorschläge, mit welchen Maßnahmen die Stadt Biberach die Gewerbeansiedlung fördern kann und welche Rolle das Bundesland bzw. der Bund dabei spielen können.
6. Ein Fertighaushersteller kann zwischen fünf Standorten wählen. Die Idealgewichtung sowie die Gewichtung der tatsächlichen Standortfaktoren ergibt sich aus der nachstehenden Übersicht:

Standortfaktoren	Idealgewichtung	Standortgewichtung				
		A	B	C	D	E
Materialbeschaffung	80	60	30	50	40	70
Arbeitskosten/-kräfte	100	50	80	60	90	40
Grundstückspreise	40	10	20	40	30	30
Absatzchancen	90	40	70	60	60	50
	310					

   a) Welche Entscheidung wird das Unternehmen treffen?
   b) Auf welche Überlegungen könnte sich Ihrer Meinung nach die Idealgewichtung stützen?

12.2 Rechtliche Rahmenbedingungen für die Gründung

12.2.1 Gewerbefreiheit

GG Art. 12 GewO § 1

Nach dem Grundgesetz und der Gewerbeordnung kann **grundsätzlich jedermann ein Gewerbe betreiben.** Die Gewerbefreiheit ermöglicht den freien Wettbewerb und damit eine preisgünstige Bedarfsdeckung.

§§ 30–36

Der Schutz der Öffentlichkeit gebietet aber eine gewisse **Beschränkung** der Gewerbefreiheit. Grundsätzlich können Gewerbebetriebe nur an Standorten errichtet werden, die in den Flächennutzungsplänen der Gemeinden mindestens als Mischgebiete ausgewiesen sind. Darüber hinaus gibt es genehmigungspflichtige Tätigkeiten, bei denen die Ausübung des Gewerbes von der Erfüllung bestimmter Voraussetzungen abhängig ist.

Beispiele:

1. Privatkrankenhäuser, Makler, Bauträger, Bewachungsgewerbe, Spielhallen.
2. Im Einzelhandel ist beim Handel mit frei verkäuflichen Arzneimitteln, mit Milch und Hackfleisch ein Sachkundenachweis erforderlich.
3. Wer eine Gaststätte betreiben will, muss an einem Unterrichtsverfahren bei einer zuständigen Industrie- und Handelskammer teilnehmen.
4. Die Gründung von Handwerksbetrieben setzt die Eintragung in die Handwerksrolle voraus. Die Eintragung ist in aller Regel davon abhängig, ob der Inhaber die Meisterprüfung des Handwerkszweiges abgelegt hat.

§ 24

Die *Errichtung* und der *Betrieb von Anlagen,* die wegen ihrer Gefährlichkeit einer besonderen Überwachung bedürfen (z. B. Betrieb von Dampfkesseln, Druckbehältern, Aufzugsanlagen, elektrischen Anlagen in besonders gefährdeten Räumen), können von einer behördlichen Erlaubnis abhängig gemacht werden. Die Bundesregierung kann verordnen, dass diese Anlagen vor der Inbetriebnahme und regelmäßig wiederkehrend technisch geprüft werden müssen. Aufsichtsbehörde ist das **Gewerbeaufsichtsamt.**

Zum Schutze der Umwelt wurden für den Betrieb von Anlagen, von denen schädliche Wirkungen für Menschen, Tiere, Pflanzen und Sachgüter ausgehen können, weitere Auflagen gemacht.

Das **Bundes-Immissionsschutzgesetz (BImSchG)** enthält einen Katalog mit 10 Gruppen derartiger Anlagen, die sich einem strengen Genehmigungsverfahren unterwerfen müssen.

Das **Umwelthaftungsgesetz (UmweltHG)** begründet eine Gefährdungshaftung des Inhabers einer Anlage bei Tötung, Körperverletzung oder Sachbeschädigung. Schadensersatzansprüche entstehen allein schon aus dem Betrieb einer solchen Anlage; der Nachweis eines Verschuldens durch den Geschädigten ist nicht erforderlich.

StGB §§ 324–328

Mit dem *Gesetz zur Bekämpfung der Umweltkriminalität* sind im **Strafgesetzbuch** Bestimmungen aufgenommen worden, die die Verunreinigung von Gewässern, der Luft und des Bodens als kriminelles Delikt bestrafen.

Der Betrieb einer Unternehmung macht deren Anmeldung erforderlich.

GewO § 14 § 15 § 55

a) Die Eröffnung eines *stehenden Geschäftsbetriebes* muss nach der Gewerbeordnung der *zuständigen Ortsbehörde* unverzüglich gemeldet werden. Die Behörde muss innerhalb von drei Tagen den Empfang der Anzeige bescheinigen (Gewerbeanmeldeschein). Zur Ausübung eines Reisegewerbes ist eine *Reisegewerbekarte* notwendig.

Seite 373

HGB § 14

b) Für *Kaufleute* verlangt das HGB die Anmeldung beim Amtsgericht zur Eintragung in das *Handelsregister.*

AO § 138

c) Nach der Abgabenordnung (AO) ist jeder neu eröffnete Gewerbebetrieb dem *Finanzamt* zu melden.

SGB VII §§ 121, 192

d) Das Sozialgesetzbuch verlangt die Anmeldung zur zuständigen *Berufsgenossenschaft* (Gesetzliche Unfallversicherung).

e) Schließlich wird die Gründung der Unternehmung noch der zuständigen *Industrie- und Handelskammer* bzw. *Handwerkskammer* gemeldet.

12.2.2 Kaufmannseigenschaft

Unternehmungen sind Gewerbebetriebe, bei denen der *Unternehmer* oder das *Unternehmen* die **Kaufmannseigenschaft** besitzt.

> **Kaufmann ist, wer ein Handelsgewerbe** im Sinne des HGB **betreibt.**

Ein **Handelsgewerbe** ist jeder Gewerbebetrieb, der durch *andauernde, selbstständige Tätigkeit die Absicht hat, Gewinn zu erzielen,* es sei denn, dass das Unternehmen nach Art und Umfang einen in kaufmännischer Weise eingerichteten Geschäftsbetrieb nicht erfordert (Kleingewerbetreibende). HGB § 1 (1)

Mitglieder freier Berufe, z. B. Ärzte, Rechtsanwälte, Wirtschaftsprüfer, Steuerberater, betreiben kein Handelsgewerbe. Sie sind deshalb keine Kaufleute.

Kaufmannseigenschaft

Istkaufmann	**Kannkaufmann**	**Formkaufmann**
Kaufmann kraft **kaufmännisch eingerichteten Geschäftsbetriebes**	Kaufmann kraft **Eintragung ins Handelsregister**	Kaufmann kraft **Rechtsform**
Eintragung Pflicht HGB § 1 rechtsbezeugend	Eintragung freiwillig HGB § 2, 3 rechtserzeugend	Eintragung Pflicht AG, GmbH, Genossenschaft HGB § 6 rechtserzeugend

Umfang der Vorschriften: **Alle Rechte und Pflichten des HGB**

Beispiele für Rechte: Führung einer Firma (HGB §§ 18, 19; AktG §§ 4, 279; GmbHG § 4; GenG § 3), Ernennung von Prokuristen (HGB § 48), Gründung einer OHG oder KG (HGB §§ 105, 161), mündliche Erteilung einer Bürgschaftserklärung, eines Schuldversprechens oder Schuldanerkenntnisses (HGB § 350), Festsetzung eines vom Kalenderjahr abweichenden Geschäftsjahres (HGB § 242).

Beispiele für Pflichten: Eintragung der Firma ins Handelsregister (HGB § 29), Führung von Handelsb chern (HGB § 239), Übernahme von nur selbstschuldnerischen Bürgschaften (HGB § 349).

Nach dem **Erwerb der Kaufmannseigenschaft** unterscheidet das Gesetz:

a) **Kaufleute, die einen nach Art und Umfang in kaufmännischer Weise eingerichteten Gewerbebetrieb betreiben** *(Istkaufleute).* Dazu gehören alle, die ein Handelsgewerbe betreiben, ohne Rücksicht auf die Branche. § 1 (2)

b) **Kaufleute kraft Eintragung ins Handelsregister** *(Kannkaufleute).*

1. **Ein gewerbliches Unternehmen,** dessen Gewerbebetrieb nicht schon nach § 1 (2) HGB Handelsgewerbe ist, gilt als Handelsgewerbe, wenn die Firma des Unternehmens in das Handelsregister eingetragen ist. § 2

2. **Land- und forstwirtschaftliche Unternehmen,** die nach Art und Umfang einen in **kaufmännischer Weise eingerichteten Geschäftsbetrieb** erfordern, gelten als Handelsgewerbe, wenn die Firma des Unternehmens in das Handelsregister eingetragen ist. § 3

Die Inhaber solcher Unternehmen sind berechtigt, aber nicht verpflichtet, die Eintragung ins Handelsregister herbeizuführen. Sie erlangen durch die Eintragung die Kaufmannseigenschaft.

HGB § 6 c) **Kaufleute kraft Rechtsform** *(Formkaufleute).* Dazu gehören alle Kapitalgesellschaften, die Genossenschaften und die Versicherungsvereine auf Gegenseitigkeit ohne Rücksicht darauf, ob sie gewerblichen Charakter haben oder nicht, ob sie einen in kaufmännischer Weise eingerichteten Geschäftsbetrieb erfordern oder nicht. Die Rechtsform wird erst durch die Handelsregistereintragung begründet. Dabei ist zu beachten, dass weder der Vorstand oder Geschäftsführer noch der Gesellschafter Kaufmann wird, sondern die Gesellschaft selbst als juristische Person.

Umfang der Rechte und Pflichten von Kaufleuten: (vgl. Bild, Seite 373).

Seite 376

Die Eintragung von Istkaufleuten in das Handelsregister hat *rechtbezeugende (deklaratorische)* Wirkung.

Kann- und Formkaufleute werden erst durch die Eintragung Kaufleute. Die Eintragung hat hier *rechtserzeugende (konstitutive)* Wirkung.

12.2.3 Firma der Unternehmung

> ! Die **Firma** ist der **Name eines Kaufmanns,** unter dem er seine Handelsgeschäfte betreibt, die Unterschrift abgibt, klagt und verklagt werden kann.

§ 17 Man muss unterscheiden zwischen dem bürgerlichen Namen eines Kaufmanns, unter dem er seine Privatangelegenheiten erledigt, und dem *kaufmännischen Namen,* **der Firma.** Beide weichen insbesondere dann voneinander ab, wenn beim Wechsel in der Person des Inhabers (Erbschaft, Kauf oder Verpachtung) die bisherige Firma beibehalten wird, um den eingeführten Namen zu erhalten.

Im allgemeinen Sprachgebrauch wird das Wort Firma abweichend vom Handelsrecht anstelle von Unternehmung, Unternehmen oder Betrieb gebraucht.

Seite 379

Arten der Firma

Die Wahl der Firma hängt wesentlich von der Rechtsform der Unternehmung ab. Man unterscheidet:

a) **Personenfirma.** Sie enthält einen oder mehrere Personennamen.

Beispiele: »Karl Berg e. K.« oder »Berg & Grün OHG«, »Berg & Co. KG«

b) **Sachfirma.** Sie ist von dem Gegenstand der Unternehmung abgeleitet.

Beispiele: »Bayerische Motoren-Werke Aktiengesellschaft« oder »Winzergenossenschaft Deidesheim eG«

c) **Fantasiefirma.** Sie enthält eine werbewirksame, häufig von Markenzeichen abgeleitete Bezeichnung.

Beispiele: »Omira GmbH, »Coca Cola GmbH«

d) **Gemischte Firma.** Sie enthält sowohl Personennamen als auch den Gegenstand der Unternehmung.

Beispiele: »Thyssen Industrie Aktiengesellschaft« oder »Hans Einhell, Fitness, e. K.«

Öffentlichkeit der Firma

§§ 29, 31 Jeder Kaufmann ist verpflichtet, seine Firma und deren spätere Änderung zur Eintragung in das Handelsregister anzumelden. Die Eintragungen werden veröffentlicht.

Ausschließlichkeit der Firma (Firmenmonopol)

Eine ins Handelsregister eingetragene Firma kann ausschließlich von *einer* Unternehmung geführt werden. Jede neue Firma muss sich von allen an *demselben* Ort bereits bestehenden und in das Handelsregister eingetragenen Firmen deutlich unterscheiden.

Beispiel: Der Sohn des Unternehmers Gustav Zeller e. K. heißt Gustav Markus Zeller. Gründet er am Geschäftsort seines Vaters ein Dienstleistungsunternehmen, so kann er firmieren mit: Markus Zeller e. K.; Gustav Zeller e. K. jun.; Gustav Zeller e. K., Dienstleistungen; Dienste für jeden e. K.

Wer eine Firma in der Weise benutzt, dass Verwechslungen mit einer bereits bestehenden Unternehmung am *gleichen* oder einem *anderen* Ort möglich sind, kann von der geschädigten Unternehmung auf Unterlassung und Schadensersatz verklagt werden. HGB § 37

Firmenbeständigkeit und Haftung bei Übernahme

Beim Wechsel in der Person des Inhabers (Erbschaft, Kauf oder Verpachtung) kann die bisherige Firma beibehalten werden. §§ 21 f.

Beispiel: Der Unternehmer Fritz Fröhlich e. K. verkauft altershalber sein Unternehmen an Karl Mut. Karl Mut kann auch die bisherige Firma Fritz Fröhlich e. K. unverändert weiterführen, wenn Herr Fröhlich einwilligt. Er kann aber auch »Fritz Fröhlich Nachfolger e. K.« sowie »Fritz Fröhlich, Inhaber Karl Mut, e. K.« oder »Karl Mut, vormals Fritz Fröhlich, e. K.« firmieren.

Mit der Weiterführung der bisherigen Firma ist allerdings auch die Haftung für alle bestehenden Schulden des früheren Inhabers verbunden. Der Ausschluss dieser Haftung ist möglich, muss aber im Handelsregister eingetragen oder den Gläubigern unmittelbar mitgeteilt werden. §§ 25–27

Firmen- oder Geschäftswert

Ein Unternehmen kann als Ganzes verkauft werden. Liegt der Kaufpreis über dem Wert des Gesamtvermögens, stellt die Differenz den Firmen- oder Geschäftswert dar.

Seite 544

12.2.4 Eintragung der Unternehmung in das Handelsregister

Wesen und Bedeutung des Handelsregisters

> Das **Handelsregister** ist ein **amtliches Verzeichnis der Kaufleute eines Amtsgerichtsbezirks oder mehrerer Amtsgerichtsbezirke,** das vom *Gericht* eines Amtsgerichts *elektronisch* geführt wird.

§ 8

Das Handelsregister unterrichtet die Öffentlichkeit über wichtige Tatbestände (Firma, Inhaber, Haftung, Geschäftssitz, Prokura) und schafft klare Rechtsverhältnisse.

Eintragungspflicht

Die Anmeldung muss durch den Inhaber der Unternehmung elektronisch in öffentlich beglaubigter Form eingereicht werden. § 12

Die Eintragung ins Handelsregister erfolgt grundsätzlich nur auf Antrag.

Die Anmeldung kann durch Zwangsgeld, das aber 5.000 EUR nicht übersteigen darf, erzwungen werden. Ausnahmsweise. z.B. bei Eröffnung und Beendigung eines Insolvenzverfahrens, erfolgt die Eintragung von Amts wegen. Zuständig für die Eintragung in das Handelsregister ist das Amtsgericht, in dessen Bezirk das Unternehmen seinen Sitz hat. § 14

Die **Eintragung** kann sein

a) rechtserzeugend (rechtsbegründend, konstitutiv), d. h., die *Rechtswirkung tritt erst durch die Eintragung ein.* Dies gilt z. B. für

HGB § 30 (1) – das Firmenmonopol aller eingetragenen Unternehmen,

§ 2 – die Kaufmannseigenschaft für Kannkaufleute,

§ 6 – die Rechtsform der Kapitalgesellschaften,

§ 172 – die beschränkte Haftung der Kommanditisten;

b) rechtsbezeugend (rechtserklärend, deklaratorisch), d.h., die Rechtswirkung ist schon vor der Eintragung eingetreten; sie *wird durch die Eintragung nur bestätigt.* Dies gilt z. B. für

§ 1 – die Kaufmannseigenschaft der Kaufleute kraft Geschäftsbetriebs,

§ 53 – die Rechtsstellung des Prokuristen,

– die Rechtsform der Personengesellschaften.

Gliederung und Inhalt des Handelsregisters

In der **Abteilung A** werden *Einzelunternehmen* und *Personengesellschaften*, in der **Abteilung B** *Kapitalgesellschaften* eingetragen.

Öffentlichkeit des Handelsregisters und Veröffentlichung der Eintragungen

§ 9 **a) Öffentlichkeit.** Jedermann kann

- das Handelsregister sowie die eingereichten Schriftstücke einsehen,
- von den Eintragungen und den zum Handelsregister eingereichten Schriftstücken eine Abschrift gegen Gebühr fordern.

§ 10 **b) Veröffentlichung.** Das Gericht macht die vollständige Eintragung in das Handelsregister in einem bestimmten Informations- und Kommunikationssystem in der zeitlichen Folge ihrer Eintragung nach Tagen geordnet bekannt.

Beispiel: Elektronischer Bundesanzeiger im Internet: www.bundesanzeiger.de (siehe Bild, Seite 377)

Öffentlichkeitswirkung

Das Handelsregister schützt weitgehend den gutgläubigen Dritten. Die Eintragungen genießen **öffentlichen Glauben,** allerdings in beschränkterem Umfange als Eintragungen im Grundbuch.

§ 15 (2) *Eingetragene und bekannt gemachte Tatsachen* muss ein Dritter grundsätzlich gegen sich gelten lassen.

§ 15 (1) *Nicht eingetragene und bekannt gemachte* eintragungspflichtige Tatsachen können einem gutgläubigen Dritten nicht entgegengesetzt werden.

Beispiel: Dem Angestellten Marischler wurde die Prokura entzogen. Der Widerruf der Prokura war ins Handelsregister eingetragen und bekannt gegeben worden. Marischler kauft für das Unternehmen einen Pkw. Der Autohändler hat nur Anspruch gegen Marischler. Das Unternehmen ist nicht verpflichtet.

Wäre der Widerruf nicht eingetragen und bekannt gemacht worden, so wäre das Unternehmen dem Autohändler verpflichtet. Es sei denn, der Widerruf der Prokura wäre dem Autohändler mitgeteilt worden.

§ 15 (3) Auf *unrichtig bekannt gemachte* Tatsachen kann sich ein gutgläubiger Dritter berufen.

Eine Mitteilung hebt die Wirksamkeit einer anderslautenden Eintragung im Handelsregister oder Bekanntmachung gegenüber dem Benachrichtigten auf.

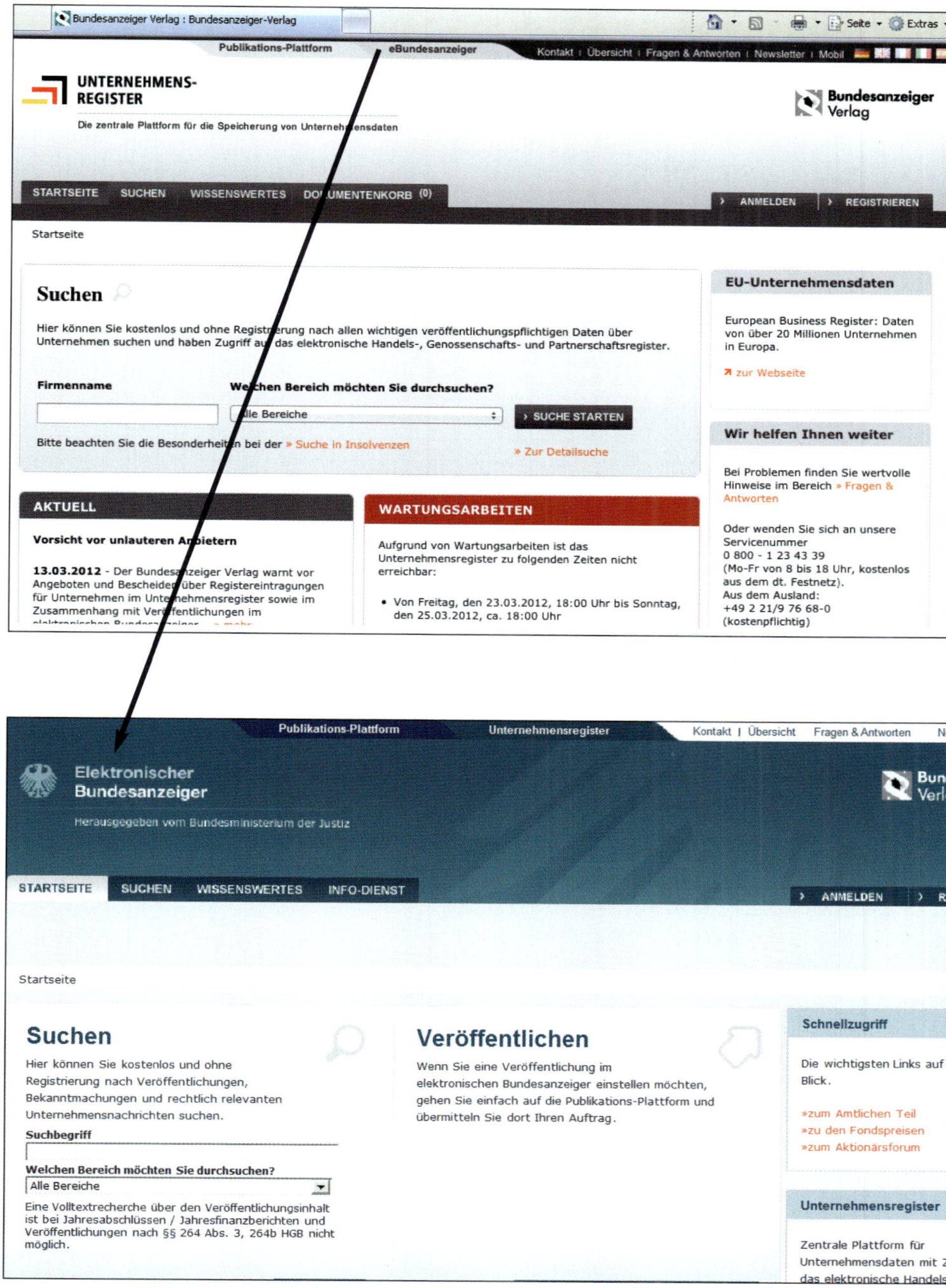

1. Begründen Sie, warum der Grundsatz der Gewerbefreiheit nicht uneingeschränkt gelten kann.
2. Nennen Sie Beispiele für Betriebsgründungen, die
   a) genehmigungspflichtig sind,
   b) einen Sachkundenachweis erfordern.
3. Suchen Sie Vorschriften aus der Gewerbeordnung und anderen Gesetzen, die dem Umweltschutz dienen.

4. Warum regelt das Handelsgesetzbuch in den §§ 1, 2, 3, 5 und 6 die Kaufmannseigenschaft?

5. Begründen Sie, ob es sich bei den folgenden Personen bzw. Unternehmen um Kaufleute handelt:
   a) Inhaber eines Elektroinstallationsgeschäftes mit zwei Verkaufsfilialen,
   b) Vorstandsmitglied einer Aktiengesellschaft,
   c) Prokurist einer Großbank,
   d) Inhaber eines Zeitungskiosks,
   e) zwei Landwirte, die gemeinsam eine Hühnerfarm betreiben,
   f) Inhaber einer Autovermietungsgesellschaft,
   g) Forschungsgesellschaft m.b.H.

6. Ein Abschlusszeugnis der Industrie- und Handelskammer enthält die Berufsbezeichnung »Industriekaufmann«. Beurteilen Sie diese Bezeichnung nach § 1 HGB.

7. Das Kieswerk Fink hat einen Jahresumsatz von 15 Mio. EUR und beschäftigt 50 Mitarbeiter.
   a) Begründen Sie, ob Fink ein Handelsgewerbe betreibt.
   b) Welche Kaufmannseigenschaft kommt für Fink infrage?
   c) Welche Rechte und Pflichten erwachsen Fink aus der Eintragung ins Handelsregister?
   d) Welche Wirkung hat der Erwerb der Kaufmannseigenschaft auf das vorgeschriebene Verhalten beim Eingang einer Lieferung (vgl. § 377 HGB)?

8. Warum sieht der Gesetzgeber im § 17 HGB bei Kaufleuten eine Firma vor?

9. Untersuchen Sie, welche der in Ihrem Wohnort ansässigen Unternehmen eine Personen-, Sach-, Phantasie- oder gemischte Firma haben.

10. Ein Industrieunternehmen, das das Fitnesszentrum Gustav Zeller e. K. belieferte, hat noch Forderungen gegenüber Kaufmann Gustav Zeller e. K. Das Fitnesszentrum wird vom Erwerber Erich Groß unter der alten Firma weitergeführt.
    a) Wie wirkt sich die Betriebsveräußerung auf die Sicherheit der Forderungen des Industrieunternehmens aus?
    b) Auf welche Weise können Sie erfahren, wer für die bestehenden Schulden des Fitnesszentrums haftet?
    c) Warum lässt das HGB die Weiterführung einer Firma zu?
    d) Wovon hängt die Möglichkeit der Weiterführung einer Firma ab?

11. Prüfen Sie, welche der folgenden Eintragungen ins Handelsregister
    a) rechtserzeugende oder
    b) rechtsbezeugende Wirkung hat.
    - Eintragung des Tabakwaren Großhandels Felix Blankertz e. K.,
    - Eintragung der Münstertäler Fleischwarengroßhandlung AG,
    - Eintragung der Papiergroßhandlung Seboth GmbH & Co. KG,
    - Eintragung des Blumengroßhandels Krüger Vertriebs GmbH.

12. Warum empfehlen Industrie- und Handelskammern, vor der Eintragung ins Handelsregister die vorgesehene Firmenbezeichnung durch die Kammer prüfen zu lassen?

13. Das Amtsgericht Essen veröffentlicht in regelmäßigen Abständen Informationen unter der Überschrift »Handelsregister«. Folgender Auszug liegt vor:

    Neueintragungen: HRB 12407 – 14. April 20..: **Rexing Fördertechnik GmbH, Essen** (45307, Kleine Schönscheidtstr. 12). Gegenstand des Unternehmens ist die industrielle Fertigung und der Vertrieb von fördertechnischen Anlagen, insbesondere Transportanlagen und Maschinen. Stammkapital: 185.000 EUR. Geschäftsführerin ist Sylvia Rexing, Kauffrau, Essen.

    Veränderungen: HRB 5537 – 17. April 20..: **Speeck Rohrleitungsbau und Tiefbau GmbH, Essen** (45141, Manderscheidtstr. 92 b). Heinrich Speeck ist nicht mehr Geschäftsführer. Dipl.-Kaufmann Thomas Speeck, Datteln, ist zum Geschäftsführer bestellt.

    Löschungen: HRB 5448 – 11. April 20..: **Gomolinski Bedachungs-Gesellschaft mit beschränkter Haftung, Essen.** Die Liquidation ist beendet. Die Gesellschaft ist gelöscht.

    a) Aus welchen Gründen veröffentlicht das Amtsgericht solche Informationen regelmäßig und für welche Personengruppen können diese Informationen von Wert sein?
    b) Warum ist es für einen Kaufmann sinnvoll, die Veröffentlichung von Eintragungen im Handelsregister ständig aus der Tagespresse zu entnehmen?

12.3 Überblick über die Rechtsformen der Unternehmung

Die **Rechtsform der Unternehmung** ist die **rechtliche Verfassung (Rechtsform) der Unternehmung,** durch welche die Rechtsbeziehungen der Unternehmung im Innen- und Außenverhältnis geregelt werden.

Die Entscheidung für eine Rechtsform hängt grundlegend ab von der Unternehmensgröße, der Möglichkeit der Kapitalbeschaffung, der Haftung der Unternehmer und von steuerlichen Überlegungen. Deshalb bietet die Rechtsordnung mehrere Möglichkeiten für die Gestaltung der Unternehmungsverfassung an.

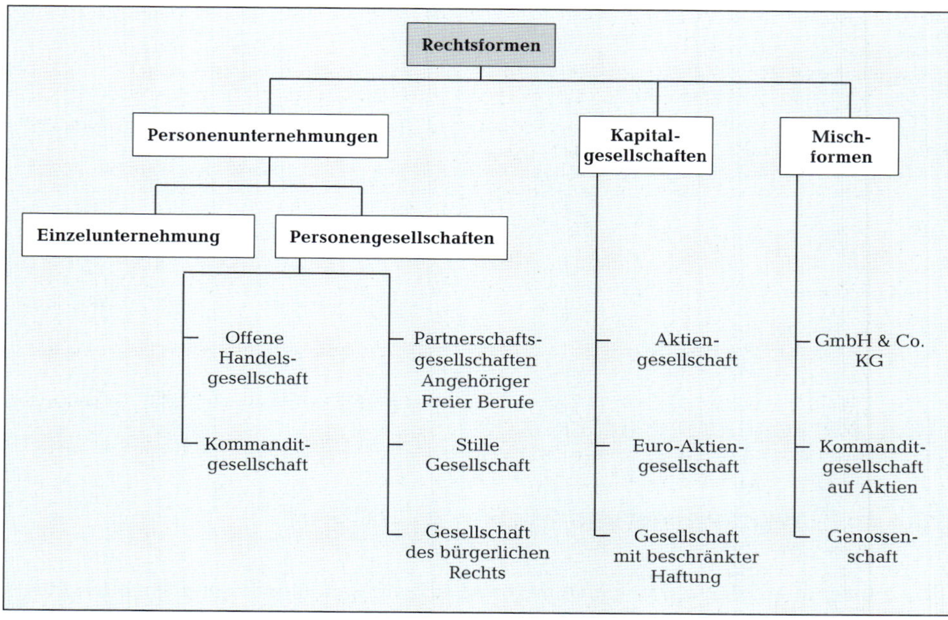

Bei der **Einzelunternehmung** wird das Eigenkapital von einer Person, dem Unternehmer, aufgebracht.

Eine **Gesellschaftsunternehmung** wird in aller Regel durch vertraglichen Zusammenschluss von zwei oder mehr Personen zur Erreichung eines gemeinsamen Zwecks gegründet. BGB § 705

Die *Gründe,* die im Wirtschaftsleben zur Bildung einer Gesellschaft führen, können mannigfacher Art sein:
- Erhöhung des Eigenkapitals,
- steuerliche Vorteile,
- Ergänzung der Arbeitskraft und Verteilung der Arbeitslast,
- Erhöhung der Kreditwürdigkeit durch Erweiterung der Haftung,
- Ausschaltung der gegenseitigen Konkurrenz,
- persönliche Gründe (Alter, Krankheit, Erbfall),
- Verteilung des Unternehmerrisikos oder Begrenzung auf das Gesellschaftsvermögen.

Je nachdem, ob die Gesellschafter den Gläubigern gegenüber persönlich haften oder nur das Gesellschaftsvermögen der juristischen Person, unterscheidet man **Personen- und Kapitalgesellschaften.**

Haftung bedeutet in diesem Zusammenhang, dass die Gesellschafter bzw. die Gesellschaft Außenstehenden (Dritten) gegenüber für die Verbindlichkeiten der Gesellschaft mit ihrem Vermögen einstehen müssen.

Im Einzelnen ergeben sich folgende **weitere Unterschiede:**

Merkmale	Personengesellschaft	Kapitalgesellschaft
Rechtspersönlichkeit	keine juristische Person	juristische Person
Gesellschaftsvermögen	Gesamthandvermögen der Gesellschafter	eigenes Vermögen der juristischen Person
Haftungskapital	das Gesellschaftsvermögen, das Privatvermögen der Vollhafter und das Privatvermögen der Teilhafter bis zur Höhe der eingetragenen, aber noch nicht geleisteten Einlage	nur das Gesellschaftsvermögen
Geschäftsführungsbefugnis Vertretungsmacht	in der Regel durch Gesellschafter	durch besondere Leitungsorgane
Bestehen der Unternehmung	grundsätzlich vom Gesellschafterbestand abhängig	grundsätzlich vom Gesellschafterbestand unabhängig
Besteuerung des Gewinns	einkommensteuerpflichtig	körperschaftsteuerpflichtig

Nicht bei allen Gesellschaftsformen treten diese Unterschiede eindeutig hervor. Es gibt Kapitalgesellschaften mit Merkmalen der Personengesellschaften (KGaA) und umgekehrt (GmbH & Co. KG).

12.4 Personenunternehmungen

12.4.1 Einzelunternehmung

Die **Einzelunternehmung** ist ein **Gewerbebetrieb,** dessen **Eigenkapital von einer Person aufgebracht** wird, die das **Unternehmen verantwortlich leitet** und das **Risiko allein trägt.**

HGB §§ 18 f. **Firma.** Sie muss zur Kennzeichnung des Kaufmanns geeignet sein und Unterscheidungskraft besitzen. Bei Einzelkaufleuten muss die Bezeichnung »eingetragener Kaufmann«, »eingetragene Kauffrau« oder eine allgemein verständliche Abkürzung dieser Bezeichnung, insbesondere »e. K.«, »e. Kfm.« oder »e. Kfr.« enthalten sein.

Beispiel: Der Geschäftsmann Jens Uwe Lück, der eine Kfz-Zubehörhandlung gegründet hat, kann als Firma wählen: Jens Uwe Lück e. K.; Jens Lück eingetragener Kaufmann; Lück e. K., Kfz-Zubehör; Kaefzet-Lück e. K., Teile World.

Haftung. Der Unternehmer muss gegenüber *Außenstehenden* (Dritten) für die Verbindlichkeiten mit seinem Vermögen (Geschäfts- und Privatvermögen) *einstehen.*

Kapitalaufbringung. Das Eigenkapital wird von einer Person, dem Unternehmer, aufgebracht. Der Umfang der Mittel, die eingesetzt werden können, und damit die Betriebsgröße, sind deshalb in der Regel begrenzt.

Vorteile der Einzelunternehmung:

a) Der Unternehmer kann frei und rasch entscheiden.

b) Meinungsverschiedenheiten in der Geschäftsführung, wie sie bei Gesellschaftsunternehmen vorkommen können, sind ausgeschlossen.

c) Über den Gewinn verfügt der Unternehmer allein.

Nachteile der Einzelunternehmung:

a) Das Risiko trägt der Unternehmer allein.

b) Er haftet den Gläubigern mit seinem gesamten Vermögen, also auch mit seinem Privatvermögen.

c) Die Kapitalkraft ist begrenzt.

12.4.2 Offene Handelsgesellschaft (OHG)

Die **Offene Handelsgesellschaft** ist die vertragliche Vereinigung von zwei oder mehr Personen **zum Betrieb eines Handelsgewerbes** unter **gemeinschaftlicher Firma mit unbeschränkter Haftung aller Gesellschafter.**

HGB § 105 (1)

Firma

Die Firma der OHG kann aus Personen-, Sach- oder Fantasienamen bestehen. Darüber hinaus muss die Bezeichnung »offene Handelsgesellschaft« oder eine allgemein verständliche Abkürzung dieser Bezeichnung in der Firma enthalten sein (OHG, offene HG, oHg). § 19 (1)

Beispiel: Karl Berg, Fritz Grün und Willi Müller, die eine Maschinenbau-OHG gründen, können beispielsweise firmieren: Berg, Grün & Müller OHG, Maschinenbau OHG, Kafriwima OHG.

Wenn in einer offenen Handelsgesellschaft keine natürliche Person persönlich haftet, muss die Firma eine Bezeichnung enthalten, welche die Haftungsbeschränkung kennzeichnet. § 19 (2)

Beispiele: GmbH & Co. OHG, AG & Co. OHG.

Gründung

a) Form. Der Gesellschaftsvertrag ist formfrei. Schriftform ist jedoch üblich. Werden in die Gesellschaft Grundstücke eingebracht, so ist notarielle Beurkundung notwendig. BGB § 311b

b) Beginn der Gesellschaft. Im *Innenverhältnis* bestimmt der Gesellschaftsvertrag den Beginn. Im *Außenverhältnis* beginnt die Gesellschaft, sobald ein Gesellschafter Geschäfte in ihrem Namen tätigt, *spätestens* jedoch, wenn die Gesellschaft in das Handelsregister eingetragen ist. Bei Kannkaufleuten beginnt die OHG *frühestens* mit dem Registereintrag, weil dieser rechtsbegründende Wirkung hat. HGB § 123

c) Anmeldung beim Handelsregister. Sie muss von sämtlichen Gesellschaftern der OHG vorgenommen werden. §§ 106, 108

Rechtsverhältnisse der Gesellschafter untereinander (Innenverhältnis)

Die Pflichten und Rechte der Gesellschafter untereinander ergeben sich aus dem Gesellschaftsvertrag. In Ergänzung dazu gilt das Gesetz.

▶ Pflichten

a) Leistung der Kapitaleinlage. Jeder Gesellschafter ist verpflichtet, die im Gesellschaftsvertrag festgesetzte Kapitaleinlage zu leisten. Sie kann in *bar, in Sachwerten und Rechtswerten* eingebracht werden (Grundstücke, Maschinen, Einrichtungsgegenstände, Wertpapiere, Patente usw.). BGB § 706

Eine Mindesthöhe ist nicht vorgeschrieben. Gesellschafter, die ihre Einlagen nicht rechtzeitig leisten, müssen Zinsen bezahlen und machen sich schadensersatzpflichtig. Obwohl die Kapitalanteile der Gesellschafter getrennt gebucht werden, erlischt das *persönliche Eigentum* der Gesellschafter und wird **gemeinschaftliches Vermögen der Gesellschafter** (Gesamthandvermögen). Ein einzelner Gesellschafter kann über seinen Kapitalanteil nicht mehr verfügen, Grundstücke werden im Grundbuch auf die OHG eingetragen. HGB § 111 BGB §§ 718 f.

HGB § 114 (2) **b) Geschäftsführung.** *Jeder* Gesellschafter hat die Pflicht, die Geschäfte der Gesellschaft zu führen und Dienste persönlich zu leisten. Die Geschäftsführungsbefugnis ist die interne Verwaltungsbefugnis. Die Geschäftsführung umfasst alle Aktivitäten, außer rechtsgeschäftliches Handeln.

Beispiele: Innerorganisatorische Befugnisse wie Geschäftsräume öffnen; Briefe öffnen; Vorüberlegungen anstellen, ob ein Rechtsgeschäft abgeschlossen werden sollte.

§§ 112 ff. **c) Wettbewerbsenthaltung.** Einem Gesellschafter ist es *verboten*, ohne Einwilligung der anderen Gesellschafter im Handelsgewerbe der eigenen Gesellschaft *Geschäfte auf eigene Rechnung* zu machen und sich an einer anderen gleichartigen Gesellschaft *als persönlich haftender Gesellschafter* zu beteiligen. Verstößt ein Gesellschafter gegen dieses Konkurrenzverbot, so macht er sich schadensersatzpflichtig. Die OHG hat das Eintrittsrecht. Ferner können die übrigen Gesellschafter die Auflösung der Gesellschaft verlangen.

§ 121 (3) **d) Verlustbeteiligung.** Der Verlust wird nach Köpfen verteilt und vom Kapitalanteil abgezogen.

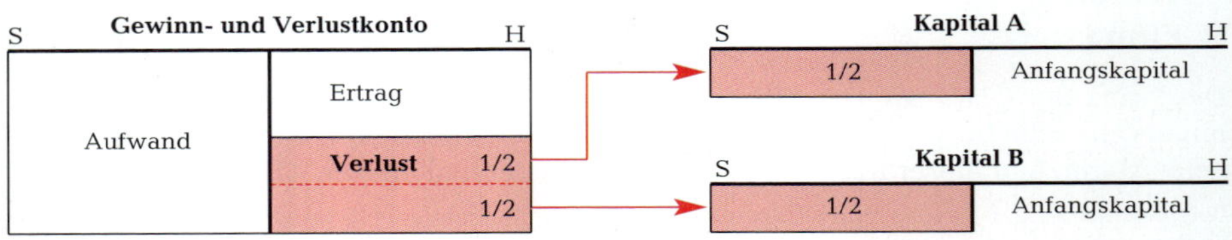

▶ **Rechte**

§§ 114 f. **a) Geschäftsführung.** *Gesetzlich* ist jeder Gesellschafter *allein* zur Geschäftsführung berechtigt, d. h., er ist den anderen Gesellschaftern gegenüber (Innenverhältnis) zur Vornahme aller Handlungen berechtigt, die der Betrieb des Handelsgewerbes der Gesellschaft *gewöhnlich* mit sich bringt. Es besteht also der Grundsatz der **Einzelgeschäfts-**
§ 116 **führungsbefugnis.** *Vertraglich* kann die Befugnis zur Geschäftsführung beschränkt oder aufgehoben werden. Widerspricht ein geschäftsführender Gesellschafter der Vornahme einer Handlung, so muss diese unterbleiben.

Beispiele: Zum *gewöhnlichen Betrieb* gehören Entscheidungen über den Wareneinkauf und Warenverkauf, die Ausstellung von Schecks und Wechseln, die Einstellung und Entlassung von Arbeitskräften.

§ 116 (2) Für *außergewöhnliche* Geschäfte ist der Gesamtbeschluss aller Gesellschafter, also auch der nichtgeschäftsführenden Gesellschafter erforderlich, z. B. für den Kauf und Verkauf von Grundstücken und für die Gründung von Filialbetrieben.

§ 116 (3) Zur Bestellung eines Prokuristen ist die Zustimmung *aller geschäftsführenden* Gesellschafter nötig. Der Widerruf der Prokura kann bereits durch einen geschäftsführenden Gesellschafter erfolgen.

§ 117 Auf Antrag der übrigen Gesellschafter kann einem Gesellschafter durch gerichtliche Entscheidung die Geschäftsführungsbefugnis bei grober Pflichtverletzung oder Unfähigkeit zur ordnungsmäßigen Geschäftsführung entzogen werden.

§ 118 **b) Kontrolle.** Ein Gesellschafter, der von der *Geschäftsführung ausgeschlossen* ist, kann sich *jederzeit* über die Geschäftslage persönlich unterrichten, die Handelsbücher und die Papiere der Gesellschaft einsehen und sich daraus eine Bilanz (Zwischenbilanz) bzw. einen Jahresabschluss anfertigen.

§ 110 **c) Ersatz von Aufwendungen.** Machen einzelne Gesellschafter im Geschäftsinteresse Aufwendungen aus Privatmitteln, z. B. für eine Geschäftsreise, so können sie sich diese ersetzen lassen und auch Zinsen dafür verlangen. Verluste, die unmittelbar mit ihrer Geschäftsführung verbunden sind, hat die Gesellschaft zu tragen, z. B. Schäden durch Unfall.

§ 121 **d) Anteil am Gewinn.** Gesetzlich hat jeder Gesellschafter Anspruch **auf 4 % seines Kapitalanteils** (Vordividende). Reicht der Jahresgewinn für 4 % nicht aus, so wird ein entsprechend niedrigerer Prozentsatz angewandt. Privatentnahmen und Einlagen eines Gesellschafters während des Geschäftsjahres sind zinsenmäßig zu berücksichtigen. Der Restgewinn wird **nach Köpfen** verteilt.

Seite 558

Beispiel: Verteilung des Jahresgewinns von 60.000 EUR nach HGB.

Einlage von Gesellschafter Eberhardt am 30. Juni 20.000 EUR.

Entnahme von Gesellschafter Muth mit Zustimmung von Eberhardt am 31. März 10.000 EUR und am 30. September 8.000 EUR.

	A	B	C	D	E	F
1–2	Gesellschafter	Kapitalanteil EUR	4% Vordividende EUR	Kopfanteil EUR	Gesamtanteil EUR	Kapitalendbestand EUR
3	Kapital Eberhardt	250.000	10.000			
4	+ Einlage	20.000	400			
5		270.000	10.400	21.390	31.790	301.790
6						
7	Kapital Muth	180.000	7.200			
8	- Entnahme	10.000	300			
9	- Entnahme	8.000	80			
10		162.000	6.820	21.390	28.210	190.210
11						
12	Eberhardt + Muth	432.000	17.220	42.780	60.000	492.000

Berechnung der Vordividende:

Anteil Eberhardt	4 % aus 250.000 EUR Anfangskapital	10.000 EUR	
	+ 4 % aus 20.000 EUR für 180 Tage	400 EUR	10.400 EUR
Anteil Muth	4 % aus 180.000 EUR Anfangskapital	7.200 EUR	
	– 4 % aus 10.000 EUR für 270 Tage	300 EUR	
	– 4 % aus 8.000 EUR für 90 Tage	80 EUR	6.820 EUR

Im *Gesellschaftsvertrag* kann eine vom Gesetz abweichende Regelung für die Verteilung des Gewinns vereinbart werden.

Der Gewinnanteil wird dem Kapitalkonto eines jeden Gesellschafters *gutgeschrieben.* Die *Auszahlung* des Gewinns darf *nur auf Verlangen* des Gesellschafters erfolgen. HGB § 120

e) **Kapitalentnahme.** Jeder Gesellschafter ist berechtigt, bis zu 4 % seines zu Beginn des Geschäftsjahres vorhandenen Kapitalanteils zu entnehmen, *selbst* dann, *wenn* die OHG *Verluste* hatte. Größere Entnahmen sind nur mit Zustimmung der anderen Gesellschafter möglich. § 122

f) **Kündigung.** Ein Gesellschafter kann auf den Schluss eines Geschäftsjahres unter Einhaltung einer Frist von mindestens 6 Monaten kündigen. § 132

Auf Antrag eines Gesellschafters kann aber bei wichtigem Grund eine **gerichtliche Entscheidung** zur Auflösung der Gesellschaft herbeigeführt werden. Das Gericht kann auch den Ausschluss eines Gesellschafters aussprechen, wenn die übrigen Gesellschafter dies beantragen. §§ 133, 140

g) **Liquidationsanteil.** Wird die Gesellschaft aufgelöst, so ist der Liquidationserlös, der nach Abzug der Schulden übrig bleibt, im *Verhältnis der Kapitalanteile* zu verteilen. § 155 (1)

Rechtsverhältnisse der Gesellschafter zu Dritten (Außenverhältnis)

Die Rechtsbeziehungen der Gesellschafter Dritten gegenüber sind durch das Gesetz geregelt. Abweichende Vereinbarungen müssen, soweit sie gesetzlich zulässig sind, im Handelsregister eingetragen werden.

▶ Vertretungsmacht der Gesellschafter

Gesetzlich ist jeder Gesellschafter *allein* zur **Vertretung** ermächtigt. Er kann Dritten gegenüber Willenserklärungen abgeben, durch welche die Unternehmung berechtigt und verpflichtet wird. Es besteht also der Grundsatz der **Einzelvertretungsmacht.** § 125

Vertraglich kann von diesem Grundsatz nur in folgender Weise abgewichen werden:

1. Die Gesellschafter können nur zusammen die OHG vertreten (Gesamt- oder Kollektivvertretung).
2. Die Vertretungsmacht wird nur einem oder mehreren Gesellschaftern (mit Einzel- oder Gesamtvertretungsmacht) erteilt; die übrigen Gesellschafter sind von der Vertretung ausgeschlossen.
3. Ein Gesellschafter mit Einzelvertretungsmacht kann nur mit einem Prokuristen zusammen die Gesellschaft vertreten.

Seite 201

HGB § 126 Die Vertretungsmacht erstreckt sich auf alle Rechtsgeschäfte einschließlich der Veräußerung und Belastung von Grundstücken, der Erteilung und dem Widerruf der Prokura sowie der Vertretung des Unternehmens im Prozess. Der Umfang der **Vertretungsmacht (Außenverhältnis)** ist also *unbeschränkt* und auch *unbeschränkbar*, während die **Geschäftsführungsbefugnis (Innenverhältnis)** *beschränkbar* ist.

Beispiel: Der Gesellschafter Eberhardt der Eberhardt & Muth OHG erteilt dem Angestellten Gut Prokura, ohne dass ein Gesamtbeschluss der Gesellschafter vorliegt. Die Erteilung der Prokura ist nach außen hin gültig. Handlungen des Prokuristen binden das Unternehmen. Allerdings kann der Gesellschafter Muth gegen Eberhardt wegen grober Pflichtverletzung vorgehen. Entsteht durch die Handlungen des Prokuristen Gut ein Schaden, so muss ihn Eberhardt ersetzen.

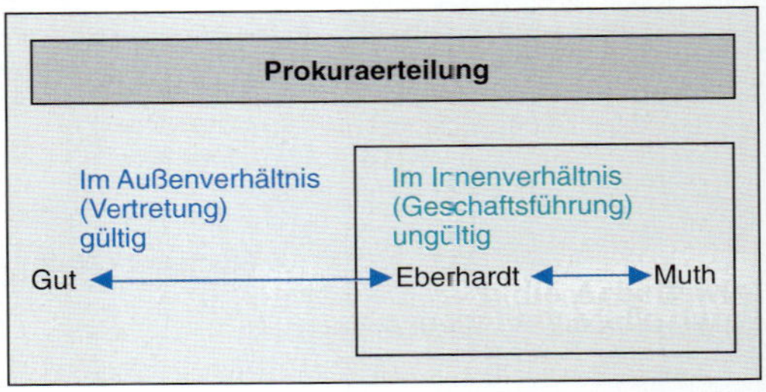

§ 127 Der *Entzug* der Vertretungsmacht ist bei *wichtigem* Grund, z. B. Prokuraerteilung ohne Gesamtbeschluss, auf Antrag der übrigen Gesellschafter durch *gerichtliche Entscheidung* möglich.

▶ Haftung der Gesellschafter

§ 128 Für die Verbindlichkeiten der OHG *haften alle Gesellschafter persönlich als Gesamtschuldner* und *die OHG mit dem Gesellschaftsvermögen.* Eine entgegenstehende Vereinbarung ist Dritten gegenüber unwirksam.

Die **Gesellschafter haften** demnach wie folgt:

a) Persönlich.

- **Unbeschränkt.** Der Gesellschafter haftet nicht nur mit seinem Anteil am Gesellschaftsvermögen, sondern auch mit seinem gesamten Privatvermögen. Er kann nicht die *»Einrede der Haftungsbeschränkung«* geltend machen. Eine Vereinbarung zwischen den Gesellschaftern, durch die z. B. die Haftung auf den Kapitalanteil beschränkt wird, hat nur im Innenverhältnis Gültigkeit.
- **Unmittelbar (direkt).** Jeder Gläubiger kann sich unmittelbar an jeden beliebigen Gesellschafter halten. Die Gesellschafter können nicht fordern, dass der Gläubiger zuerst gegen die Gesellschaft klagt. Es fehlt ihnen die *»Einrede der Vorausklage«.*

§ 129 (4) Zur Zwangsvollstreckung in das Vermögen eines Gesellschafters braucht der Gläubiger aber einen vollstreckbaren Titel gegenüber dem Gesellschafter. Aus einem gegen die Gesellschaft als solche vollstreckbaren Titel kann nur die Zwangsvollstreckung in das Gesellschaftsvermögen stattfinden. Deshalb wird der Gläubiger zweckmäßig sofort gegen die Gesellschaft und gegen die einzelnen Gesellschafter klagen.

BGB § 421 **b) Gesamtschuldnerisch (solidarisch).**

Alle Gesellschafter haften für die gesamten Schulden der Gesellschaft. Der Gläubiger kann die Leistung nach seinem Belieben von jedem Gesellschafter ganz oder zu einem Teil fordern. Ein Gesellschafter kann nicht verlangen, dass der Gläubiger außer ihm
§ 426 auch die anderen Gesellschafter verklagt. Die *»Einrede der Haftungsteilung«* kann er nicht geltend machen. Hat ein Gesellschafter den Gläubiger befriedigt, so hat er aber gegenüber seinen Mitgesellschaftern einen Ausgleichsanspruch. Die Forderung des Gläubigers geht dann in Höhe des Ausgleichsbetrages auf ihn über.

HGB § 130 Ein Gesellschafter, der in eine bestehende OHG *eintritt*, haftet auch für die Schulden der Gesellschaft, die bei seinem Eintritt bereits bestehen. Der Ausschluss oder die Beschränkung dieser Haftung ist nur im Innenverhältnis gültig. Wird aus einer Einzelunternehmung
§ 28 eine OHG, so haftet die entstandene OHG, und damit auch der eintretende Gesellschafter, für die alten Schulden der bisherigen Unternehmung. Der neu eintretende Gesellschafter kann aber diese Haftung durch die Eintragung in das Handelsregister oder die Mitteilung an jeden einzelnen Gläubiger ausschließen.

§ 160 Ein Gesellschafter, der aus einer OHG *ausscheidet*, haftet noch 5 Jahre für die bei seinem Austritt vorhandenen Verbindlichkeiten der Gesellschaft.

Bedeutung

Es muss zwischen den geschäftsführenden Gesellschaftern ein enges Vertrauensverhältnis bestehen. Von ihnen wird in aller Regel der volle persönliche Einsatz verlangt. Die Rechtsform der OHG wird vor allem von kleineren und mittleren Gewerbebetrieben gewählt. Oft handelt es sich dabei um Familienunternehmen.

Damit bei Tod, Kündigung oder Insolvenz eines Gesellschafters dem Unternehmen nicht plötzlich Kapital entzogen wird, sind im Gesellschaftsvertrag meist Vereinbarungen getroffen, die darauf abzielen, das Unternehmen weiterzuführen.

12.4.3 Kommanditgesellschaft (KG)

Die **Kommanditgesellschaft** ist die vertragliche Vereinigung von zwei oder mehr Personen zum **Betrieb eines Handelsgewerbes** unter **gemeinschaftlicher Firma,** wobei den Gläubigern gegenüber **mindestens ein Gesellschafter unbeschränkt (Vollhafter) und mindestens ein Gesellschafter beschränkt (Teilhafter) haftet.** HGB § 161

Die *Vollhafter* heißen **Komplementäre,** die *Teilhafter* **Kommanditisten.**

Bei einer Kommanditgesellschaft können auch juristische Personen Vollhafter sein. Häufig handelt es sich dabei um Gesellschaften mit beschränkter Haftung (GmbH). Man spricht dann von einer GmbH & Co. KG. Tritt eine Aktiengesellschaft an diese Stelle, so handelt es sich um eine AG & Co. KG. Die sich aus dem Personengesellschaftsrecht ergebenden Gestaltungsmöglichkeiten im Innenverhältnis einer solchen Gesellschaft sind sehr vielfältig.

Seiten 403, 404

Firma

Die Firma der KG kann aus Personen-, Sach- oder Fantasienamen bestehen. Darüber hinaus muss die Bezeichnung »Kommanditgesellschaft« oder eine allgemein verständliche Abkürzung dieser Bezeichnung in der Firma enthalten sein (KG, Kges.). § 19 (1)

Beispiel: Karl Berg, Fritz Grün und Willi Müller, die eine Maschinenbau-KG gründen, können beispielsweise firmieren: Berg, Grün & Müller KG, Maschinenbau KG, Kafriwima KG.

Gründung

Für die Form der Gründung und den Beginn der Gesellschaft gelten dieselben Vorschriften wie für die OHG. § 161

Die *Anmeldung zum Handelsregister* ist von sämtlichen Gesellschaftern vorzunehmen, also auch von den Kommanditisten. § 162

Wegen der beschränkten Haftung ist die Höhe ihrer Einlagen einzutragen. Veröffentlicht wird jedoch nur die Zahl der Kommanditisten, nicht die Höhe ihrer Einlage. Die Beschränkung der Haftung beginnt erst mit dem Zeitpunkt der Eintragung. § 176

Pflichten und Rechte des Komplementärs

Für den Komplementär gelten die gleichen Bestimmungen wie für den Gesellschafter der OHG.

Seite 381

Pflichten und Rechte des Kommanditisten

a) Pflichten des Kommanditisten.

1. **Leistung der Einlage,** die vertraglich festgelegt wurde. Diese kann von der ins Handelsregister eingetragenen Einlage, der Haftsumme, abweichen.

HGB §§ 171 f. **2. Haftung** mit der Höhe **seiner Einlage.** Es besteht jedoch eine *unmittelbare Haftung* für den noch nicht geleisteten Teil seiner Haftsumme, der noch ausstehenden Kommanditeinlage.

Beispiel: Vereinbarte und im Handelsregister eingetragene Kommanditeinlage 100.000 EUR. Darauf wurden 40.000 EUR als Einlage geleistet. Der Kommanditist haftet dann unmittelbar mit 60.000 EUR gegenüber den Gesellschaftsgläubigern.

§ 173 Beim *Eintritt* in eine bestehende Handelsgesellschaft haftet der Kommanditist für die vor seinem Eintritt bestehenden Verbindlichkeiten der Gesellschaft bis zur Höhe sei-
§ 176 ner noch nicht geleisteten, in das Handelsregister eingetragenen Einlage. Ist die Handelsgesellschaft oder der neu eingetretene Kommanditist noch nicht in das Handelsregister eingetragen, so haftet der Kommanditist wie ein Vollhafter.

§§ 167 f. **3. Verlustbeteiligung** *im angemessenen Verhältnis* der Anteile bis zum Betrag des Kapitalanteils und der noch rückständigen Einlage.

b) Rechte des Kommanditisten.

§ 164 **1. Widerspruch.** Der Kommanditist kann nur Handlungen widersprechen, die über den gewöhnlichen Betrieb des Handelsgewerbes der Gesellschaft hinausgehen, z. B. Verkauf eines Grundstückes.

§ 166 **2. Kontrolle.** Der Kommanditist hat nur Anspruch auf Mitteilung des Jahresabschlusses. Er kann ihn durch Einsicht in die Bücher und Papiere der Gesellschaft nachprüfen. Das Recht der laufenden Kontrolle, das der von der Geschäftsführung ausgeschlossene Gesellschafter der OHG besitzt, hat er nicht.

§ 168 (2) **3. Gewinnanteil.** Jeder Gesellschafter erhält bis zu 4 % seines Kapitalanteils, sofern nichts anderes vereinbart ist. Der Rest ist *in einem angemessenen Verhältnis* zu verteilen. Um Streitigkeiten vorzubeugen, wird die Gewinnverteilung meist im Gesellschaftsvertrag festgelegt.

Seite 382

§ 167 **4. Gewinnverwendung.** Hat der Kommanditist die bedungene Einlage geleistet, so kann er am Ende des Geschäftsjahres die Auszahlung seines Gewinnanteils fordern. Solange die bedungene Einlage nicht erreicht ist, wird der Gewinnanteil über das Konto »Noch ausstehende Einlage« seinem Kapital zugeschrieben.

§ 169 Der Kommanditist kann die Auszahlung des Gewinnanteils auch dann nicht fordern, wenn sein Kapital durch Verlust gemindert ist. Der Gewinnanteil wird in diesem Falle zur Auffüllung der bedungenen Einlage verwendet. Früher erhaltene Gewinne braucht ein Kommanditist nicht zurückzuzahlen, wenn später Verluste eintreten.

Werden Gewinnanteile, die die bedungene Einlage übersteigen, nicht ausbezahlt, so stellen diese Verbindlichkeiten der KG, nicht aber gewinnberechtigtes Kommanditkapital dar.

§ 132 **5. Kündigung.** Der Kommanditist kann auf den Schluss eines Geschäftsjahres unter Einhaltung einer Frist von mindestens 6 Monaten kündigen, wenn der Vertrag nichts anderes vorsieht.

§§ 133, 140 Auf Antrag eines Gesellschafters kann aber bei wichtigem Grund eine gerichtliche Entscheidung zur Auflösung der Gesellschaft herbeigeführt werden. Das Gericht kann auch den Ausschluss eines Gesellschafters aussprechen, wenn die übrigen Gesellschafter dies beantragen

Bedeutung

Der Vollhafter der KG kann die Kapitalgrundlage der Gesellschaft erweitern, ohne in der Geschäftsführung wesentlich eingeschränkt zu werden, wenn er einen Teilhafter in die Gesellschaft aufnimmt. Der Teilhafter erhält die Möglichkeit, sich *kapitalmäßig,* ohne persönliche Mitarbeit, bei *nur beschränkter Haftung* zu beteiligen. Weil jedoch die Vollhafter die KG leiten und den bestimmenden Einfluss ausüben, wird die KG den Personengesellschaften zugeordnet.

Die Rechtsform der KG wird häufig von Familienunternehmen gewählt. In Erbfällen wird von den Erbengemeinschaften die Rechtsform der KG gewählt, wenn Familienangehörige nur als Teilhafter beteiligt werden sollen.

12.4.4 Partnerschaftsgesellschaften Angehöriger Freier Berufe

Die **Partnerschaft** ist eine Gesellschaft, in der sich **Angehörige Freier Berufe** zur **Ausübung** ihrer **Berufe zusammenschließen.** Sie übt kein Handelsgewerbe aus.

Nur natürliche **freiberuflich tätige Personen** können Angehörige einer Partnerschaft sein. PartGG § 1 (1), S. 3

Beispiele: Ärzte, Zahnärzte, Tierärzte, Heilpraktiker, Krankengymnasten, Hebammen, Heilmasseure, Diplompsychologen, Mitglieder der Rechtsanwaltskammern, Patentanwälte, Wirtschaftsprüfer, Steuerberater, beratende Volks- und Betriebswirte, vereidigte Buchprüfer (vereidigte Buchrevisoren), Steuerbevollmächtigte, Ingenieure, Architekten, Handelschemiker, Lotsen, hauptberufliche Sachverständige, Journalisten, Bildberichterstatter, Dolmetscher, Übersetzer und ähnliche Berufe sowie Wissenschaftler, Künstler, Schriftsteller, Lehrer und Erzieher.

Der Gesellschaftsvertrag bedarf der Schriftform. Die Partnerschaftsgesellschaft muss zur *Eintragung* in ein spezielles *Partnerschaftsregister* angemeldet werden, das bei den Amtsgerichten geführt wird. Sie entsteht im Verhältnis zu Dritten mit ihrer Eintragung. § 3 (1) §§ 4 ff. § 7 (1)

Name der Partnerschaft

Der Name der Partnerschaft muss den Namen mindestens eines Partners, den Zusatz »und Partner« oder »Partnerschaft« sowie die Berufsbezeichnungen aller in der Partnerschaft vertretenen Berufe enthalten und darf weder den Namen eines Dritten noch einen irreführenden Zusatz enthalten. § 2 (1), (2)

Rechtsstellung der Partnerschaft

Da Freiberufler kein Handelsgewerbe ausüben und deshalb keine Kaufleute im handelsrechtlichen Sinne sind, werden sie auch nicht zu Kaufleuten, wenn sie zur gemeinsamen Ausübung ihres Berufes eine Partnerschaftsgesellschaft gründen. Deshalb finden auf die Partnerschaftsgesellschaft ergänzend die *Vorschriften über die BGB-Gesellschaft* und nicht über die OHG Anwendung. Allerdings ist die Partnerschaft ähnlich den Personengesellschaften OHG und KG der juristischen Person angenähert, denn sie kann unter ihrem Namen Rechte erwerben und Verbindlichkeiten eingehen, Eigentum und andere Rechte an Grundstücken erwerben, vor Gericht klagen und verklagt werden. § 1 (1), S. 2 § 1 (4) § 7 (2) i. V. m. § 124 HGB

▶ Vertretung und Haftung

Jeder Partner ist zur **Alleinvertretung** berechtigt. Für die Verbindlichkeiten der Partnerschaft **haften** den Gläubigern neben dem *Vermögen der Partnerschaft* deren *Partner als Gesamtschuldner.* Sie können jedoch die persönliche Haftung wegen fehlerhafter Berufsausübung vertraglich auf den für die konkrete berufliche Leistung unmittelbar verantwortlichen Partner beschränken. Dann haftet dem geschädigten Mandanten neben der Partnerschaft nur derjenige Partner persönlich, der die berufliche Leistung selbst erbringen oder verantwortlich leiten soll. PartGG § 8 (1), S. 1

▶ Ausscheiden

Der Tod, die Eröffnung des Insolvenzverfahrens über das Vermögen eines Partners oder die Kündigung der Partnerschaft durch einen Partner führt nur zum Ausscheiden dieses Partners, während die Partnerschaft unter den übrigen fortbesteht. Die Beteiligung an einer Partnerschaftsgesellschaft ist also nicht vererblich. Auch der Verlust der für einen freien Beruf erforderlichen Zulassung führt nur zum Ausscheiden des Betroffenen aus der fortbestehenden Partnerschaft. § 9 (4), S. 1 § 9 (2)

Durch die Verweisung auf die firmenrechtlichen Vorschriften des HGB ist gewährleistet, dass der Name der Partnerschaft auch nach dem Tode des namensgebenden Partners fortgeführt und damit der mit dem Namen verbundene immaterielle Unternehmenswert erhalten werden kann.

12.4.5 Stille Gesellschaft

Die **stille Gesellschaft** ist die vertragliche Vereinigung eines Kaufmanns mit einem **Kapitalgeber,** dessen **Einlage in das Vermögen des Kaufmanns** übergeht.

HGB § 230 Durch die Beteiligung des stillen Gesellschafters entsteht kein echtes Gesellschaftsverhältnis, sondern ein **langfristiges Gläubigerverhältnis** mit Merkmalen einer Teilhaberschaft. Die stille Gesellschaft ist demnach eine *unvollkommene* Gesellschaft.

Firma

Der Name des stillen Gesellschafters erscheint nicht in der Firma. Das Gesellschaftsverhältnis ist aus der Firma nicht ersichtlich.

Rechtsstellung des stillen Gesellschafters

Die Höhe der Einlage des stillen Gesellschafters tritt nach außen nicht in Erscheinung, weil er nicht in das Handelsregister eingetragen wird.

Der stille Gesellschafter nimmt an der Geschäftsführung nicht teil, soweit nichts anderes
§ 233 vereinbart ist. Er hat das Kontrollrecht wie ein Kommanditist und ist somit berechtigt, den Jahresabschluss zu prüfen.

Obwohl ein Gläubigerverhältnis vorliegt, ist der stille Gesellschafter am Gewinn und Ver-
§ 231 lust nach vertraglicher Vereinbarung beteiligt. Die Verlustbeteiligung kann vertraglich begrenzt oder ausgeschlossen werden.

Bedeutung

Die stille Gesellschaft gibt einem Kaufmann die Gelegenheit, einen anderen zu beteiligen, ohne dass er in der Geschäftsführung beschränkt wird und die Beteiligung nach außen in Erscheinung tritt. Der Tod des stillen Teilhabers oder seine Insolvenz löst die Gesellschaft nicht auf.

12.4.6 Gesellschaft des bürgerlichen Rechts (GbR)

Die **Gesellschaft des bürgerlichen Rechts** ist die vertragliche Vereinigung von Personen, die sich verpflichten, die **Erreichung eines gemeinsamen Zieles** in der durch den Vertrag bestimmten Weise zu **fördern,** insbesondere die vereinbarten Beiträge zu leisten.

BGB § 705 Sowohl Nichtkaufleute als auch Kaufleute können sich zu einer GbR (auch GdbR, BGB-Gesellschaft) zusammenschließen.

Rechtsverhältnisse

Die Gesellschaft des bürgerlichen Rechts hat **keine Firma,** wird **nicht** ins Handelsregister **eingetragen** und endet mit der Erfüllung des beabsichtigten Zweckes.

§ 706 **Die Beiträge** können in Geld, Sachen, Forderungen, Rechten und Dienstleistungen bestehen. Das Vermögen, das durch die Beiträge der Gesellschafter und durch die Geschäftsführung
§ 718 erworben wird, ist **gemeinschaftliches Vermögen** (Gesellschaftsvermögen); es ist Vermögen zur gesamten Hand (Gesamthandvermögen). Der einzelne Gesellschafter kann über seinen
§ 719 Anteil nicht verfügen und auch keine Teilung vor der Auflösung der Gesellschaft verlangen.

Die Geschäftsführung steht den Gesellschaftern gemeinschaftlich zu. In diesem Falle ist für jedes Geschäft die Zustimmung aller Gesellschafter erforderlich. Meist wird die Geschäftsführung einem einzelnen Gesellschafter übertragen. BGB § 709

Die Vertretung ist nur mit Vollmacht der Gesellschafter möglich. Ist einem einzelnen Gesellschafter die Geschäftsführung übertragen, so ist er im Zweifel auch allein vertretungsbefugt. § 714

Die Gesellschafter **haften** für eingegangene Verpflichtungen persönlich, im Zweifel als Gesamtschuldner. § 427

Anteile am Gewinn und **Verlust** sind für jeden Gesellschafter gleich, ohne Rücksicht auf die Art und Größe seines Beitrages. § 722

Bedeutung

Jeder *beliebige Zweck* kann Gegenstand des Zusammenschlusses sein. Es kann sich um einen Zusammenschluss *für eine bestimmte Gelegenheit* (»Gelegenheitsgesellschaft«) oder *für längere Dauer* handeln.

Beispiele:

1. Gelegenheitsgesellschaften von Nichtkaufleuten: Schüler unternehmen gemeinsam einen Ausflug. Mehrere Personen spielen gemeinsam Lotto oder mieten ein Auto.
2. Zusammenschluss von Kaufleuten und Nichtkaufleuten: Banken schließen sich zusammen, um gemeinsam Wertpapiere beim Publikum unterzubringen (Bankenkonsortium). Unternehmen verbinden sich zum gemeinsamen Einkauf großer Warenmengen. Zusammenschluss von Unternehmungen zu Kartellen, Interessengemeinschaften, Konzernen. Gemeinschaftliche Ausübung der Praxis durch Rechtsanwälte. Gemeinsame Übernahme von Großaufträgen durch Handwerker oder Baugesellschaften.
3. Kapitalgesellschaften vor ihrer Eintragung ins Handelsregister (Vorgründungsgesellschaften).

?

1. Herr Friedrich Neu erfand ein Übungsgerät für den Freizeitsport, mit dessen Hilfe man wie ein Känguru hüpfen kann. Er möchte dieses Gerät herstellen und vertreiben und gründet zu diesem Zweck eine Einzelunternehmung. Stellen Sie dar,
   a) warum Herr Neu die Rechtsform der Einzelunternehmung wählt,
   b) welche Probleme Herrn Neu als Einzelunternehmer erwachsen können,
   c) wie er auf eine rasche Absatzausweitung bzw. auf eine Konjunkturschwäche reagieren kann,
   d) wie Friedrich Neu firmieren kann.
2. Im Betrieb verbreitet sich das Gerücht, der Chef beabsichtige, seine beiden Söhne am Unternehmen zu beteiligen. Das Einzelunternehmen solle in eine Personengesellschaft umgewandelt werden. Teile der Belegschaft begrüßen dies, andere Mitarbeiter äußern Bedenken. Wie können die beiden Gruppen argumentieren?
3. **Unternehmer sein macht Arbeit – und Spaß,**
   von Klaus Mangold (ehemaliger Vorstandsvorsitzender der früheren debis Systemhaus GmbH)
   Lesen Sie den Artikel auf der Homepage des Europa-Lehrmittel-Verlages (http://www.europa-lehrmittel.de/wirtschaft-extra) durch und bearbeiten Sie folgende Aufgaben:
   a) Welchen Problemen steht im nachfolgenden Text ein Einzelunternehmer in Deutschland gegenüber?
   b) Inwieweit hindert die deutsche Mentalität, Risiko zu übernehmen?
   c) In welche Richtung sollte sich die deutsche Mentalität ändern?
   d) Wie soll der Staat sich verhalten,
      – um die Gründung von Einzelunternehmen zu ermöglichen,
      – um den Spaß am Unternehmersein nicht zu verderben?
4. Am 7. März 1997 wurde in das Handelsregister Ludwigsburg die Fielmann AG & Co. OHG eingetragen. Erläutern Sie diese Rechtsform.
5. Zeigen Sie durch die Beantwortung folgender Fragen, dass die OHG personenbezogen ist:
   a) Wie viele Personen können bereits eine OHG gründen?
   b) Wer ist zur Geschäftsführung verpflichtet?
   c) Wie kann das Vertretungsrecht wahrgenommen werden?
   d) Was versteht man unter persönlicher Haftung?
   e) Warum ist nach dem Gesetz die Kündigung oder der Tod eines Gesellschafters ein Auflösungsgrund?

6. Dem Gesellschafter Sautter wurde die Geschäftsführungsbefugnis durch seine beiden anderen Gesellschafter Reitter und Moll entzogen. Trotzdem kauft Sautter für die OHG einen neuen Geschäftswagen und schließt einen Kredit über 25.000 EUR ab. Beurteilen Sie die Rechtslage.

7. Warum werden die Kapitalanteile der Gesellschafter einer OHG nicht im Handelsregister eingetragen?

8. Das Eigenkapital einer OHG mit den Gesellschaftern Balle und Marischler beläuft sich auf 125.000 EUR. Dabei entfallen 75.000 EUR auf Balle und 50.000 EUR auf Marischler.
   a) Auf welche Art und Weise kann der Gesellschafter Marischler seinen Kapitalanteil um 30.000 EUR erhöhen?
   b) Welche Auswirkungen hätte diese Kapitalerhöhung hinsichtlich seiner Geschäftsführungsbefugnis und seiner Vertretungsmacht?

9. Der Kraftfahrzeugmeister Buhl und der kaufmännische Angestellte Ruf beschließen die Gründung einer Großhandlung für Kfz-Bedarf in der Rechtsform einer OHG. Beantworten Sie folgende Fragen (mit Begründung):
   a) Welche Gründe können Buhl veranlassen, statt einer Einzelunternehmung zusammen mit Ruf eine OHG zu gründen?
   b) Zur Finanzierung eines Auslieferungslagers beantragte Ruf einen Bankkredit. Zu welchen Überlegungen dürfte die Bank durch die Tatsache gelangen, dass das Schuldnerunternehmen eine OHG ist?
   c) Wie ist die Rechtslage nach der gesetzlichen Regelung?
      – Gesellschafter Ruf kündigt dem Angestellten Vögtler,
      – er gibt schriftlich Anweisungen an die Mitarbeiter der Buchhaltungsabteilung,
      – er erteilt einem Angestellten Prokura,
      – er unterschreibt einen Überweisungsauftrag an die Hausbank zulasten des Kontos der OHG.

10. Die im HGB vorgesehene Gewinnbeteiligung ergibt sich aus dem Wesen der OHG.
    a) Warum erhält jeder Gesellschafter zunächst einen Prozentsatz seines Kapitalanteils?
    b) Weshalb wird der mögliche Restgewinn nach Köpfen verteilt?
    c) Welche Wirkung auf die Verteilung des Gewinns wird der vertragliche Ausschluss eines Gesellschafters von der Geschäftsführung haben?

11. Eine OHG erzielt in einem Geschäftsjahr (= Kalenderjahr) einen Reingewinn von 350.800 EUR. Beteiligungsverhältnis der Gesellschafter: A 800.000 EUR, B 600.000 EUR, C 400.000 EUR. Entnahme von A am 18. Oktober 40.000 EUR, Einlage von C am 6. August 60.000 EUR.
    Nach dem Gesellschaftsvertrag werden die Kapitalanteile mit 5 % verzinst. Entnahmen und Einlagen sind mit 5 % Zinsen zu berücksichtigen. Der Restgewinn ist im Verhältnis 5:5:3 zu verteilen. Berechnen Sie die Gewinn- und die neuen Kapitalanteile der Gesellschafter.

12. Vervollständigen Sie die folgende Tabelle:

	Komplementär (Vollhafter)	Kommanditist (Teilhafter)
Kontrollrecht		
Recht auf Kapitalentnahme		
Haftung beim Eintritt in die Gesellschaft		
Haftung beim Ausscheiden aus der Gesellschaft		

13. Begründen Sie, ob ein Angestellter gleichzeitig Kommanditist
    a) im Unternehmen seines Arbeitgebers, b) in einem fremden Unternehmen sein kann.

14. Auszug aus dem Gesellschaftsvertrag der Riester Labor KG:
    »§ 35: Stirbt ein Komplementär, werden eventuell vorhandene Erben nur als Kommanditisten in die KG aufgenommen.«
    Begründen Sie, warum die Gründer der KG diesen Paragrafen in den Gesellschaftsvertrag aufgenommen haben.

15. Ein Kommanditist fordert, dass bei der Gewinnverteilung der Restgewinn nach Köpfen verteilt werden soll. Der Komplementär verweist auf das HGB, in dem es heißt, dass der Restgewinn in einem angemessenen Verhältnis zu verteilen sei. Begründen Sie, warum der Gesetzgeber zu dieser Regelung gegriffen hat.

16. Welche unterschiedliche Rechtsstellung besteht zwischen einem Kommanditisten und einem stillen Gesellschafter?

17. Wodurch unterscheidet sich der stille Gesellschafter von einem Darlehensgläubiger der stillen Gesellschaft?
18. Welche Gründe können vorliegen, wenn sich ein Einzelunternehmer für die Aufnahme eines stillen Gesellschafters entscheidet, die Gründung einer OHG oder einer KG aber ablehnt?
19. Vergleichen Sie die Gesellschaft des bürgerlichen Rechts mit der Offenen Handelsgesellschaft in Bezug auf folgende Merkmale:
    a) Zweck,
    b) gesetzliche Regelung,
    c) Firma,
    d) Geschäftsführung und Vertretung,
    e) Ergebnisverteilung.
20. Bis zum Inkrafttreten des Gesetzes über Partnerschaftsgesellschaften stand Angehörigen freier Berufe keine spezielle Gesellschaftsform zur gemeinsamen Berufsausübung zur Verfügung. Nur Steuerberater und Wirtschaftsprüfer konnten unter bestimmten Voraussetzungen eine Aktiengesellschaft (AG), Gesellschaft mit beschränkter Haftung (GmbH), Offene Handelsgesellschaft (OHG) oder Kommanditgesellschaft (KG) gründen.

    Ein Zusammenschluss von Freiberuflern zum Zwecke der gemeinsamen Berufsausübung war bisher, von den genannten Möglichkeiten abgesehen, nur in Form einer Gesellschaft des bürgerlichen Rechts möglich.

    Beschreiben Sie die Vorteile der Partnerschaftsgesellschaft gegenüber der BGB-Gesellschaft.

12.5 Kapitalgesellschaften

12.5.1 Aktiengesellschaft (AG)

Die **Aktiengesellschaft** ist eine Handelsgesellschaft mit eigener Rechtspersönlichkeit (juristische Person), deren Gesellschafter (Aktionäre) **mit Einlagen auf das in Aktien zerlegte Grundkapital beteiligt** sind. Für die Verbindlichkeiten der Gesellschaft **haftet** den Gläubigern **nur das Gesellschaftsvermögen.**

AktG §§ 1, 3

Die Aktionäre riskieren lediglich ihren Kapitaleinsatz.

Kapitalaufbringung

§§ 6 f. HGB § 266

Das **Grundkapital** ist der Teil des Eigenkapitals, der sich aus *dem Nennwert oder den Anteilen sämtlicher Aktien* ergibt. Es ist in der Bilanz als **Gezeichnetes Kapital** auszuweisen. Der Mindestnennbetrag des Grundkapitals ist 50.000 EUR. Zum Eigenkapital der AG gehören neben dem Grundkapital die **Rücklagen.** Wurden die Rücklagen aus nicht ausgeschütteten Gewinnen gebildet, nennt man sie *Gewinnrücklagen.*

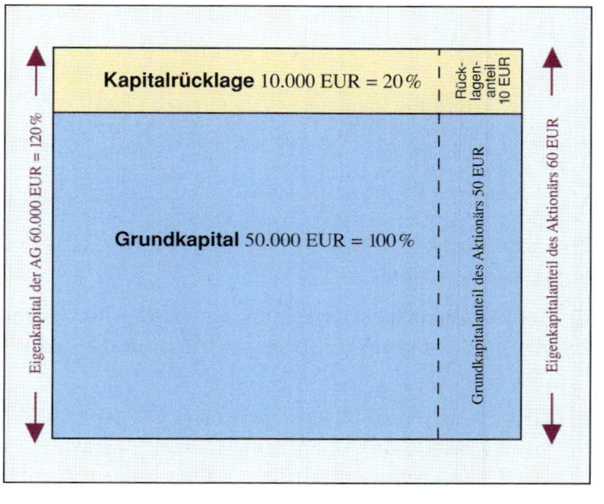

Durch den Verkauf von Aktien fließt der AG bei der Gründung und bei späteren Kapitalerhöhungen das benötigte Kapital zu.

AktG § 8 **Aktien** sind Urkunden über die Beteiligung an einer Aktiengesellschaft. Sie können als *Nennbetragsaktien* oder als *Stückaktien* begründet werden.

§ 8 (2), (3) *Nennbetragsaktien* müssen auf mindestens 1 EUR lauten. *Stückaktien* lauten nicht auf einen Nennbetrag. Die Stückaktien einer Gesellschaft sind am Grundkapital in gleichem Umfang beteiligt. Der auf die einzelne Aktie entfallende anteilige Betrag darf 1 EUR nicht unterschreiten.

Der Anteil am Grundkapital bestimmt sich bei Nennbetragsaktien nach dem Verhältnis ihres Nennbetrags zum Grundkapital, bei Stückaktien nach der Zahl der Aktien.

AktG § 9 HGB § 272 (2) Für einen geringeren Betrag als den Nennbetrag oder den auf die einzelne Stückaktie entfallenden anteiligen Betrag des Grundkapitals dürfen Aktien nicht ausgegeben werden (geringster Ausgabebetrag). In der Regel werden sie mit *Aufgeld (Agio)* verkauft. Das Aufgeld muss in die **Kapitalrücklage** eingestellt werden.

Firma

Die Firma der AG kann eine Personen-, Sach-, Fantasie- oder gemischte Firma sein. Sie AktG § 4 muss die Bezeichnung »Aktiengesellschaft« oder eine allgemein verständliche Abkürzung dieser Bezeichnung enthalten.

Beispiele: Albert Hoffmann Aktiengesellschaft, Funner & Higher AG, Ahrens Textil Aktiengesellschaft.

Gründung

a) Gründer und Gesellschaftsvertrag. Die Aktiengesellschaft kann von *einer* oder *mehre-* § 23 *ren Personen* gegründet werden. Die Gründer stellen den *Gesellschaftsvertrag,* die **Satzung,** auf. Diese muss notariell beurkundet werden.

Die Gründer müssen alle Aktien gegen Einlagen übernehmen.

b) Gründungsarten. In der Satzung ist festzulegen, ob eine Bargründung oder eine Sachgründung erfolgen soll.

§ 54 1. Bei der *Bargründung* werden die Einlagen der Aktionäre durch Einzahlungen geleistet.

§ 27 2. Bei der *Sachgründung* bringen die Aktionäre statt Bargeld Sachen und Rechte in die AG ein, wie Grundstücke, Maschinen, Patente (Sacheinlagen), oder die Gesellschaft übernimmt vorhandene oder herzustellende Anlagen oder andere Vermögensgegenstände (Sachübernahme).

Beispiel:	Grundkapital	10 Millionen EUR (Nennbetrag 1 EUR)
	Emissionskurs	1,20 EUR
	Gründungskosten	500.000 EUR

Gründungsbilanz (in EUR)

Aktiva			Passiva
Ausstehende Einlagen	7.500.000	Gezeichnetes Kapital	10.000.000
Vermögen	4.000.000	Kapitalrücklage	2.000.000
Verlustvortrag	500.000		
	12.000.000		12.000.000

§ 29 **c) Errichtung der AG.** Mit der Übernahme aller Aktien durch die Gründer ist die Gesellschaft »errichtet«.

§ 30 **d) Bestellung des Aufsichtsrates (AR), des Vorstandes und des Abschlussprüfers.** Die Gründer bestellen den ersten AR und den Abschlussprüfer für das erste Geschäftsjahr. Der AR bestellt den ersten Vorstand.

§§ 32 f. **e) Gründungsbericht und -prüfung.** Die Gründer erstatten einen schriftlichen Bericht über den Hergang der Gründung. Dieser Hergang ist vom Vorstand, vom AR und in der Regel auch von außenstehenden Gründungsprüfern zu prüfen.

f) Entstehung der AG. Bis zur Eintragung ins Handelsregister bilden die Gründer eine Gesellschaft des bürgerlichen Rechts. Jeder, der im Namen der Gesellschaft Geschäfte macht, haftet deshalb persönlich und gesamtschuldnerisch. AktG § 41

Sämtliche Gründer sowie alle Mitglieder des Vorstandes und AR müssen die Anmeldung vornehmen. Sie haben nachzuweisen, dass die notwendigen Sacheinlagen und Einzahlungen auf das Grundkapital erfolgt sind. In der Anmeldung ist ferner anzugeben, welche Vertretungsbefugnis die Vorstandsmitglieder haben. Alle Urkunden über die Gründung sind beizufügen. Nach der Prüfung der Anmeldung durch das Gericht erfolgt die Eintragung und die Bekanntmachung. §§ 36-40

Erst durch die *Eintragung* »entsteht« die AG als juristische Person mit Kaufmannseigenschaft. Die Eintragung hat also rechtserzeugende Wirkung. HGB § 6

Aufbau der AG

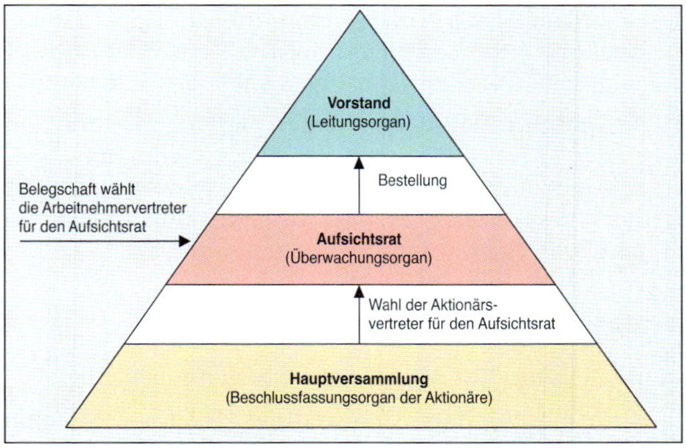

Die AG hat drei Organe: den **Vorstand,** der die Unternehmung leitet, den **Aufsichtsrat** (AR), der die Geschäftsführung des Vorstandes überwacht, und die **Hauptversammlung** (HV), in der die Aktionäre ihre Interessen vertreten.

► Vorstand

a) Rechtsstellung. Besteht der Vorstand aus mehreren Personen, so haben sie **gesetzlich** die **Gesamtgeschäftsführungsbefugnis** und die **Gesamtvertretungsmacht.** In der Satzung kann auch *Einzelgeschäftsführungsbefugnis* und *Einzelvertretungsmacht* festgelegt werden. Die Einzelgeschäftsführungsbefugnis wird aber dadurch beschränkt, dass bei Meinungsverschiedenheiten im Vorstand nie gegen die Mehrheit der Vorstandsmitglieder entschieden werden darf. AktG §§ 77 f.

Die Satzung kann auch bestimmen, dass ein Vorstandsmitglied zusammen mit einem Prokuristen die Gesellschaft vertritt.

Die Einzelvertretungsbefugnis und auch die Vertretungsbefugnis zusammen mit einem Prokuristen sind ins Handelsregister einzutragen. § 81

b) Bestellung und Abberufung. Der Vorstand wird in der Regel vom AR auf höchstens *fünf Jahre* bestellt. Die wiederholte Bestellung ist zulässig. AR-Mitglieder können nicht gleichzeitig Vorstandsmitglieder sein. Der AR kann die Ernennung widerrufen, wenn ein wichtiger Grund vorliegt, z.B . grobe Pflichtverletzung. §§ 84, 84 (3), 85, 105

c) Zusammensetzung. Der Vorstand kann aus *einer oder mehreren Personen*, den Vorstandsmitgliedern oder Direktoren, bestehen. Bei Gesellschaften mit einem Grundkapital von mehr als 3 Millionen EUR hat er aus mindestens 2 Personen zu bestehen, es sei denn, die Satzung bestimmt, dass er aus einer Person besteht. § 76 (2)

In Gesellschaften mit mehr als 2.000 Arbeitnehmern gehört dem Vorstand ein Arbeitsdirektor als gleichberechtigtes Mitglied an. Er wird vom Aufsichtsrat bestellt und bearbeitet insbesondere arbeitsrechtliche, soziale und personelle Angelegenheiten. MitbestG § 33

d) Aufgaben.

1. Der Vorstand hat unter eigener Verantwortung die Gesellschaft zu leiten. AktG § 76
2. Er muss dem AR regelmäßig, mindestens vierteljährlich, Bericht erstatten über den Gang der Geschäfte und die Lage des Unternehmens. § 90
3. Er hat jeweils für das vergangene Geschäftsjahr den Jahresabschluss sowie den Lagebericht aufzustellen und dem Abschlussprüfer vorzulegen. HGB § 264

AktG § 121 4. Er hat die HV einzuberufen und ihr einen Vorschlag über die Verwendung des Bilanzgewinns zu unterbreiten.

§ 92 5. Er muss bei Zahlungsunfähigkeit oder Überschuldung die Eröffnung des Insolvenzverfahrens beantragen.

§ 93 Bei der Durchführung seiner Aufgaben hat er die Sorgfalt eines ordentlichen und gewissenhaften Geschäftsleiters anzuwenden. Bei Verletzung seiner Obliegenheiten ist er
§ 88 schadensersatzpflichtig. Die *Wettbewerbsenthaltungspflicht* besteht für den Vorstand der AG in entsprechender Weise wie für die Gesellschafter einer OHG.

§ 81 **e) Öffentlichkeit.** Die Zusammensetzung des Vorstandes und jede Änderung müssen im Handelsregister eingetragen und veröffentlicht werden. Die Unterschriften der Vorstandsmitglieder sind der Anmeldung beizufügen. Außerdem erfolgt die Veröffentlichung der Namen des Vorstandes in den Gesellschaftsblättern und durch Rundschreiben. Schließlich müssen die Namen der Vorstandsmitglieder auf den Geschäftsbriefen der AG
§ 80 angegeben werden. Der Vorsitzende des Vorstandes ist als solcher zu bezeichnen.

§ 86 **f) Vergütung.** Neben dem *festen Gehalt* kann der Vorstand eine *Beteiligung am Jahresgewinn* (Tantieme) erhalten. Der Gewinnanteil wird errechnet von dem Jahresüberschuss, vermindert um einen Verlustvortrag aus dem Vorjahr und um die Beträge, die nach *Gesetz oder Satzung* aus dem Jahresüberschuss in offene Rücklagen einzustellen sind.

► Aufsichtsrat

§§ 101 f. **a) Bestellung.** Der AR wird auf *vier Jahre* bestellt.

1. In Gesellschaften mit **weniger als 500 Arbeitnehmern** ist die Mitbestimmung der Arbeitnehmer im AR nicht zwingend vorgeschrieben. Der AR kann also *ausschließlich* mit Vertretern der **Anteilseigner** besetzt sein.

DrittelbG § 1 2. In Gesellschaften, die **mindestens 500,** aber **nicht mehr als 2.000 Arbeitnehmer** beschäftigen, wird der AR zu *zwei Dritteln* aus Vertretern der **Anteilseigner,** zu *einem Drittel* aus Vertretern der **Arbeitnehmer** gebildet. Die Zahl der AR-Mitglieder muss
AktG § 95 also mindestens drei Mitglieder betragen; die Satzung kann eine höhere, durch drei teilbare Mitgliederzahl bestimmen.

Die Höchstzahl beträgt jedoch bei Gesellschaften mit einem Grundkapital
- bis zu 1.500.000 EUR neun,
- von mehr als 1.500.000 EUR fünfzehn,
- von mehr als 10.000.000 EUR einundzwanzig Mitglieder.

MitbestG § 7 3. In Gesellschaften, die **mehr als 2.000 Arbeitnehmer** beschäftigen, setzt sich der AR je *zur Hälfte* **(paritätisch)** aus Vertretern der **Anteilseigner** und der **Arbeitnehmer** zusammen.

Die Zahl der AR-Mitglieder beträgt in diesem Falle
- bei 2.000 bis 10.000 beschäftigten Arbeitnehmern zwölf, davon vier Arbeitnehmer des Unternehmens und zwei Gewerkschaftsvertreter;
- bei mehr als 10.000 bis 20.000 beschäftigten Arbeitnehmern sechzehn, davon sechs Arbeitnehmer des Unternehmens und zwei Gewerkschaftsvertreter;
- bei mehr als 20.000 beschäftigten Arbeitnehmern zwanzig, davon sieben Arbeitnehmer des Unternehmens und drei Gewerkschaftsvertreter.

Die Vertreter der Anteilseigner werden in beiden Fällen von der HV, die Vertreter der Arbeitnehmer von der Belegschaft gewählt. Die AR-Sitze der Arbeitnehmer sollen sich auf Arbeiter, Angestellte und leitende Angestellte entsprechend ihrem Anteil an der Gesamtbelegschaft verteilen; jede Gruppe muss aber mindestens einen Sitz erhalten. Der AR wählt aus seiner Mitte einen Vorsitzenden und einen Stellvertreter. Wird die dazu erforderliche 2/3-Mehrheit nicht erreicht, so wählen die AR-Mitglieder der Kapitaleigner den Vorsitzenden. Dieser hat bei Stimmengleichheit im AR eine zweite Stimme.

b) Zusammenkunft. Der Aufsichtsrat muss zwei Sitzungen im Kalenderjahr abhalten. In nicht börsennotierten Gesellschaften kann der Aufsichtsrat beschließen, dass eine Sitzung im Kalenderjahr abzuhalten ist. AktG § 110 (3)

c) Persönliche Voraussetzungen für Aufsichtsratsmitglieder. Mitglied des AR kann nur eine natürliche, unbeschränkt geschäftsfähige Person sein. Eine Person kann höchstens 10 AR-Sitze innehaben. Dabei werden aber bis zu 5 AR-Sitze bei Konzern-Tochtergesellschaften angerechnet. Verboten ist die Entsendung von gesetzlichen Vertretern anderer Kapitalgesellschaften in den AR einer AG, wenn ein Vorstandsmitglied dieser AG bereits dem AR der anderen Kapitalgesellschaft angehört (Überkreuzverflechtung). Ferner kann ein Vorstandsmitglied eines abhängigen Unternehmens (Tochterunternehmen) nicht dem AR der herrschenden Gesellschaft (Muttergesellschaft) angehören. § 100

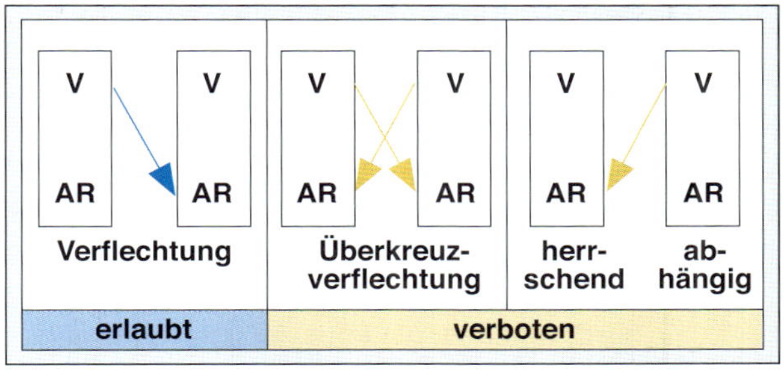

d) Aufgaben.

1. Der AR bestellt den Vorstand, überwacht seine Tätigkeit und beruft ihn ab, wenn ein wichtiger Grund vorliegt. §§ 84, 111
2. Er hat den Jahresabschluss, den Lagebericht, den Prüfungsbericht des Abschlussprüfers und den Vorschlag des Vorstandes für die Verwendung des Bilanzgewinns zu prüfen. § 171 (1)
3. Er hat der HV über das Ergebnis der Prüfung schriftlich zu berichten. § 171 (2)
4. Er hat eine außerordentliche HV einzuberufen, wenn das Wohl der Gesellschaft es erfordert. § 171 (3)

Neben den im Gesetz formulierten Aufgaben gewinnt die *Beratung des Vorstandes* zunehmend an Bedeutung.

Beispiele: Beratung bei geplanten Investitionen; bei der Überwindung von Krisensituationen.

Der AR hat wie der Vorstand die Sorgfalts- und Schadensersatzpflicht. § 116

e) Öffentlichkeit. Die Namen, der Stand und der Wohnort der AR-Mitglieder müssen dem Registergericht gemeldet werden. Sie werden aber nicht eingetragen, sondern nur in den Gesellschaftsblättern veröffentlicht. Ferner ist jeder Wechsel der AR-Mitglieder unverzüglich bekannt zu machen und die Bekanntmachung zum Handelsregister einzureichen. Der Name des Vorsitzenden des AR ist auf den Geschäftsbriefen anzugeben. §§ 36 f. § 40 § 106 § 80

f) Vergütung. Dem AR kann eine Vergütung bezahlt werden. Sie kann in der Satzung festgesetzt oder von der HV bewilligt werden. Wird den AR-Mitgliedern ein Anteil am Jahresgewinn gewährt, so berechnet sich der Anteil nach dem Bilanzgewinn, vermindert um einen Betrag von mindestens 4 % der auf den Nennbetrag der Aktien geleisteten Einlage. § 113

▶ Hauptversammlung

a) Rechtsstellung. Die HV ist die Versammlung der Aktionäre. In ihr nehmen sie die ihnen gesetzlich zustehenden Rechte durch Ausübung des Stimmrechts wahr. Sie beschließen in den im Gesetz und in der Satzung ausdrücklich bestimmten Fällen. Jedem Aktionär muss auf Verlangen in der HV durch den Vorstand Auskunft über die Angelegenheiten der Gesellschaft gegeben werden, soweit sie zur sachgemäßen Beurteilung des Gegenstandes der Tagesordnung erforderlich ist. Eine Auskunft darf nur verweigert werden, wenn dadurch der Gesellschaft oder einem verbundenen Unternehmen ein nicht unerheblicher Nachteil zugefügt würde. Im Zweifelsfalle entscheidet das Gericht über die Berechtigung einer Auskunftsverweigerung. § 118 § 119 § 131 § 132

b) Aufgaben.

AktG §§ 101, 103 1. Die HV wählt die AR-Mitglieder der Anteilseigner mit einfacher Mehrheit und kann sie vor dem Ablauf ihrer Amtszeit mit Dreiviertelmehrheit abberufen.

§ 119 2. Sie beschließt über lebenswichtige Grundfragen der AG, die einer Satzungsänderung bedürfen wie Kapitalerhöhung und -herabsetzung, Verschmelzung und Auflösung.

3. Sie wählt den Abschlussprüfer und den Prüfer für Sonderprüfungen, z. B. bei der Gründung.

4. Sie beschließt über die Verwendung des festgestellten Bilanzgewinns.

§ 173 5. Sie stellt den Jahresabschluss fest, wenn der Vorstand und AR dies beschließen oder wenn der AR den Jahresabschluss des Vorstandes nicht billigt.

§ 120 6. Sie beschließt über die Entlastung der Vorstands- und Aufsichtsratsmitglieder.

§§ 121, 175 **c) Einberufung.** Die *ordentliche HV* muss jährlich in den ersten 8 Monaten des Geschäftsjahres einberufen werden zur *Entgegennahme des Jahresabschlusses* und des Lageberichtes sowie zur *Beschlussfassung über die Verwendung des Bilanzgewinns.*

Die Einberufung erfolgt bei Publikumsgesellschaften durch eine Veröffentlichung der Tagesordnung in den Gesellschaftsblättern, außerdem durch Mitteilung an die Kreditinstitute, die die Mitteilung an die betroffenen Depotkunden weitergeben.

Eine *außerordentliche HV* wird einberufen, wenn

§ 122 – Aktionäre, deren Anteile zusammen mindestens den zwanzigsten Teil des Grundkapitals ausmachen, dies fordern,

§ 92 – der Verlust die Hälfte des Grundkapitals erreicht hat,

§ 119 – Kapitalerhöhungen bzw. -herabsetzungen geplant sind.

> Bayer
>
> Wir laden unsere Aktionäre ein zur
>
> **ordentlichen Hauptversammlung**
>
> am Freitag, den 27. April 2012 um 10:00 Uhr, Kongresshalle, Messegelände Köln-Deutz.
>
> **Tagesordnung**
>
> 1. Vorlage des festgestellten Jahresabschlusses und des Konzernabschlusses, des zusammengefassten Lageberichts für die Gesellschaft und den Konzern sowie des Berichts des Aufsichtsrates für 2011; Beschlussfassung über die Gewinnverwendung
> 2. Entlastung des Vorstandes
> 3. Entlastung des Aufsichtsrates
> 4. Ermächtigung zur Begebung von Wandel- und Optionsanleihen, Schaffung bedingten Kapitals und Satzungsänderung
> 5. Vergütung des Aufsichtsrats
> 6. Ermächtigung zum Erwerb eigener Aktien
> 7. Wahl des Abschlussprüfers für 2013
>
> Die vollständige Einberufung mit dem Wortlaut der Vorschläge zur Beschlussfassung ist im Bundesanzeiger Nr. 51 vom 12. März 2012 abgedruckt.
>
> Leverkusen, 13. März 2012
>
> **Der Vorstand der Bayer Aktiengesellschaft**

§ 134 **d) Abstimmung.** Das Stimmrecht wird nach Aktiennennbeträgen, bei Stückaktien nach ihrer Zahl, ausgeübt. Aktionäre, die »Aktienpakete« besitzen (Großaktionäre), haben also einen entscheidenden Einfluss in der HV. Die Satzung *kann* allerdings das Stimmrecht durch Festsetzung von Höchstbeträgen beschränken. Die Unterwanderung einer AG durch Großaktionäre soll auch öffentlich bekannt werden. Sobald ein Unternehmen 25 % des Kapitals einer AG erworben hat, muss es dies der AG mitteilen. Diese hat den
§ 20 Tatbestand in den Gesellschaftsblättern zu veröffentlichen. Unternehmen, die die Mitteilungspflicht verletzt haben, können die Rechte aus den Aktien nicht geltend machen.

§ 133 Für die Beschlüsse der HV genügt grundsätzlich die *einfache* Mehrheit der abgegebenen Stimmen. Beschlüsse über Satzungsänderungen der AG müssen mit der *qualifi-*
§ 179 *zierten* Mehrheit von 75 % des bei der Beschlussfassung vertretenen Grundkapitals gefasst werden. Besitzt ein Aktionär also nur wenig mehr als 25 %, so kann er solche Be-
§ 129 schlüsse verhindern **(Sperrminorität)**. Ein Verzeichnis der Teilnehmer an der HV gibt Aufschluss über deren Aktienbesitz.

Der Aktionär braucht das Stimmrecht jedoch nicht persönlich auszuüben. Er kann sich durch einen Bevollmächtigten vertreten lassen. Da die Aktien sehr häufig bei einer Bank deponiert werden, liegt es nahe, dass sie den Aktionär vertritt. AktG § 134

Um die Machtfülle, die den Banken durch die Vertretung der Aktionäre zufallen kann, einzuschränken und um Missbräuche zu verhindern, verlangt das Gesetz zur Ausübung des Stimmrechts die *schriftliche* Ermächtigung der Bank durch den Aktionär. Dieses **Depotstimmrecht** kann nur für einen Zeitraum von längstens 15 Monaten erteilt werden und ist jederzeit widerruflich. Außerdem müssen die Banken ihre eigenen Vorschläge für die Ausübung des Stimmrechts zu den einzelnen Gegenständen der Tagesordnung mitteilen. Der Bankkunde hat das Recht, seiner Bank bestimmte Weisungen für die HV zu erteilen. § 135

Bei Aktiengesellschaften, deren Aktien zum Börsenhandel zugelassen sind, müssen die Beschlüsse notariell beurkundet werden. § 130

Pflichten und Rechte des Aktionärs

a) Pflichten des Aktionärs.

1. Leistung der übernommenen Einlage. Bei *Bargründungen* sind mindestens 25 % des geringsten Ausgabebetrages der Aktien und das volle Agio einzuzahlen. Bei *Sachgründungen* sind die Sacheinlagen voll einzubringen. §§ 54, 36 (2) 36a
2. Nebenverpflichtung zu nicht in Geld bestehenden Leistungen, wenn die Übertragung der Aktien an die Zustimmung der Gesellschaft gebunden (vinkulierte Namensaktie) und die Verpflichtung durch die Satzung auferlegt ist (Lieferung von Zuckerrüben an Zuckerfabrik). § 55

b) Rechte des Aktionärs.

1. Recht auf Teilnahme an der HV. § 118
2. Stimmrecht in der HV nach Aktiennennbeträgen, bei Stückaktien nach deren Zahl. § 134
3. Auskunftsrecht über Angelegenheiten der Gesellschaft, soweit die Auskunft zur sachgemäßen Beurteilung des Gegenstandes der Tagesordnung erforderlich ist. § 131
4. Anfechtung eines Beschlusses der HV wegen der Verletzung des Gesetzes oder der Satzung. § 243
5. Recht auf Anteil am Bilanzgewinn (Dividende) nach ihren Anteilen am Grundkapital. §§ 58 (4), 60

   Bei Nennbetragsaktien wird die Dividende aus dem Nennbetrag gerechnet (Nominalverzinsung), die effektive Rendite ergibt sich aus dem Verhältnis des Dividendenbetrages zum Stückkurs.

   Beispiel: Die Makrota AG schüttete im Jahr 01 eine Dividende von 1,10 EUR auf eine Nennbetragsaktie im Nennbetrag von 1 EUR aus. Bei einem Börsenkurs von 36,43 (Tiefstkurs Jahr 01) (Kaufpreis 36,43 EUR für eine Aktie) bzw. von 52,75 EUR (Höchstkurs Jahr 01) entspricht dies einer effektiven Rendite von 3,02 % bzw. von 2,09 %.

6. Recht auf Bezug neuer (junger) Aktien im Verhältnis der Kapitalerhöhung zum alten Grundkapital. § 186

   Beispiel: Ein Aktionär besitzt 60 Aktien. Die AG erhöht das Grundkapital von 50 Mio. auf 60 Mio. EUR, also um 20 %. Somit kann der Aktionär bei diesem Bezugsverhältnis (5:1) zwölf junge Aktien beziehen, d.h., seinen Aktienanteil gleichermaßen um 20 % erhöhen.

7. Recht auf Anteil am Liquidationserlös nach dem Anteil am Grundkapital. § 271 (2)

Bedeutung der AG

Aktiengesellschaften sind in der Mitte des 19. Jahrhunderts entstanden, um den bei der beginnenden Industrialisierung gewaltigen Kapitalbedarf der großen Schifffahrts-, Eisenbahn- und Industrieunternehmen zu decken (Kapitalsammelfunktion).

In Deutschland gibt es ca. 4.000 Aktiengesellschaften. Die Zahl der Umwandlungen in diese Gesellschaftsform steigt, bedingt durch den hohen Kapitalbedarf aufgrund des technischen Fortschritts, der Globalisierung der Märkte und der Tendenz zur Konzentration (internationale Wettbewerbsfähigkeit).

Mit dem Gesetz für kleine Aktiengesellschaften von 1994 wird die Umwandlung in eine AG auch für mittelständische **(Familien-)Unternehmen (Familien-AG)** möglich, weil die strengen Formvorschriften für solche Unternehmen vereinfacht wurden.

Beispiele:

1. Die Gründung durch eine Person (natürliche oder juristische) ist möglich.
2. Die Eigentümer sind im Aufsichtsrat und in der Hauptversammlung repräsentiert, der Vorstand führt die Geschäfte eigenverantwortlich und vergleichsweise unabhängig (institutionalisierte Trennung von Geschäftsführung und Anteilseigentum).
3. Zur Einberufung der Hauptversammlung genügt ein eingeschriebener Brief, soweit die Aktionäre namentlich bekannt sind.
4. Die Prüfungspflicht für den Jahresabschluss entfällt.
5. Eingeschränkte Offenlegungspflicht (Erstellung einer verkürzten Bilanz und Gewinn- und Verlustrechnung, Offenlegung im Bundesanzeiger wird nicht verlangt).

Die niedrigen Ausgabebeträge für Aktien ermöglichen einer großen Zahl von Personen die Teilhaberschaft, auch wenn sie nur ein begrenztes Vermögen besitzen. Wenn die Zahl der Aktionäre in einer Volkswirtschaft groß ist, wird eine breite Streuung des Eigentums an Produktionsmitteln erreicht. Die Privatisierung von Staatsunternehmen (Deutsche Telekom AG) und die Ausgabe von Belegschaftsaktien dienen diesem Ziel.

Mit der Ausgabe von Aktien erhalten die Gesellschaften Kapital, über das sie immer verfügen, während die Aktionäre ihren Kapitalanteil jederzeit veräußern können.

Die Unternehmungsgröße und die Kapitalzusammenballung bei einer AG führen zu zahlreichen und weitverzweigten Bindungen und Verflechtungen mit anderen Unternehmen und wirtschaftlichen Partnern. Der gesamtwirtschaftliche Schaden, der durch den finanziellen Zusammenbruch einer AG entstehen würde, macht daher eine Reihe von Bestimmungen zum Schutze der wirtschaftlichen Partner erforderlich.

a) **Aktionärsschutz.** Aktionäre mit geringem Aktienbesitz haben kaum Einfluss auf den Vorstand der AG. Einflussreicher sind Großaktionäre, Aktionärsvereine und Banken, die ihre Depotstimmrechte ausüben. Die Bildung von Aufsichtsräten und das gesetzlich festgelegte Auskunftsrecht des Aktionärs zwingen den Vorstand zur Rechenschaftslegung.

b) **Arbeitnehmerschutz.** Der Produktionsfaktor Arbeit ist im Aufsichtsrat der AG vertreten, bei Gesellschaften mit mehr als 2.000 Arbeitnehmern sowie bei Gesellschaften der Montanindustrie durch einen Arbeitsdirektor auch im Vorstand. Diese Aufsichtsräte und Vorstandsmitglieder sollen die Interessen der Arbeitnehmer schützen.

c) **Gläubigerschutz.** Die Beschränkung der Haftung auf das Gesellschaftsvermögen ist Ursache für Schutzbestimmungen im HGB und im Aktiengesetz zugunsten der Gläubiger. Dazu gehören die Bestimmungen über die Pflichtprüfung, Veröffentlichung des Jahresabschlusses, Bildung und Verwendung von Rücklagen.

d) **Öffentlichkeitsschutz.** Die mit der Leitung der Aktiengesellschaft beauftragten Manager verfügen über wesentliche Teile des volkswirtschaftlichen Kapitals. Der Zusammenschluss von Unternehmungen durch die kapitalmäßige Verflechtung von Aktiengesellschaften führt zu einer immer stärker werdenden Machtkonzentration in den Händen weniger Personen, deren Einfluss auf die Wirtschaft groß und auch von politischem Gewicht ist. Im Interesse der Öffentlichkeit liegt es, dass diese Verflechtungen bekannt und staatlich kontrollierbar sind.

12.5.2 Euro-Aktiengesellschaft (Euro-AG)

SEEG

Die **Europäische Aktiengesellschaft** (**S**ocietas **E**uropaea – **SE**) ist eine **Kapitalgesellschaft** mit einem in Aktien eingeteilten Kapital von **mindestens 120.000 Euro.** Sie besteht aus **mindestens zwei** Unternehmen, die in verschiedenen **EU-Mitgliedsstaaten** ansässig sind.

Der **Sitz** der Europäischen Aktiengesellschaft liegt in dem Mitgliedsstaat, in dem sich die *Hauptverwaltung* befindet. Für die Kapitalaufbringung, die Kapitalmaßnahmen und die Ausgabe von Wertpapieren findet das Aktienrecht des jeweiligen Sitzstaates Anwendung.

Gründung

Eine Europäische Aktiengesellschaft kann auf verschiedene Arten gegründet werden durch:

- *Verschmelzung* von Aktiengesellschaften aus mindestens zwei verschiedenen Mitgliedsstaaten,
- *Bildung einer SE-Holdinggesellschaft,* an der Aktiengesellschaften oder GmbHs aus mindestens zwei Mitgliedsstaaten beteiligt sind,
- *Gründung einer SE-Tochtergesellschaft,*
- *Umwandlung* einer Aktiengesellschaft *in eine SE,* die seit mindestens zwei Jahren eine Tochtergesellschaft in einem anderen Mitgliedsstaat hat.

Die Europäische Aktiengesellschaft wird in das jeweilige Register des Staates eingetragen, in dem sich die Hauptverwaltung befindet. In Deutschland ist dies das Handelsregister. Zusätzlich zum Eintrag in das jeweilige Register muss der Eintrag im Amtsblatt der Europäischen Gemeinschaft veröffentlicht werden.

Das gezeichnete Kapital muss mindestens 120.000 EUR betragen. Verordnung (EG) Artikel 4

Firma

Die Abkürzung »SE« (Societas Europaea) muss Firmenbestandteil sein.

Organe

Hinsichtlich der Organe der Europäischen Aktiengesellschaft gibt es zwei Möglichkeiten:

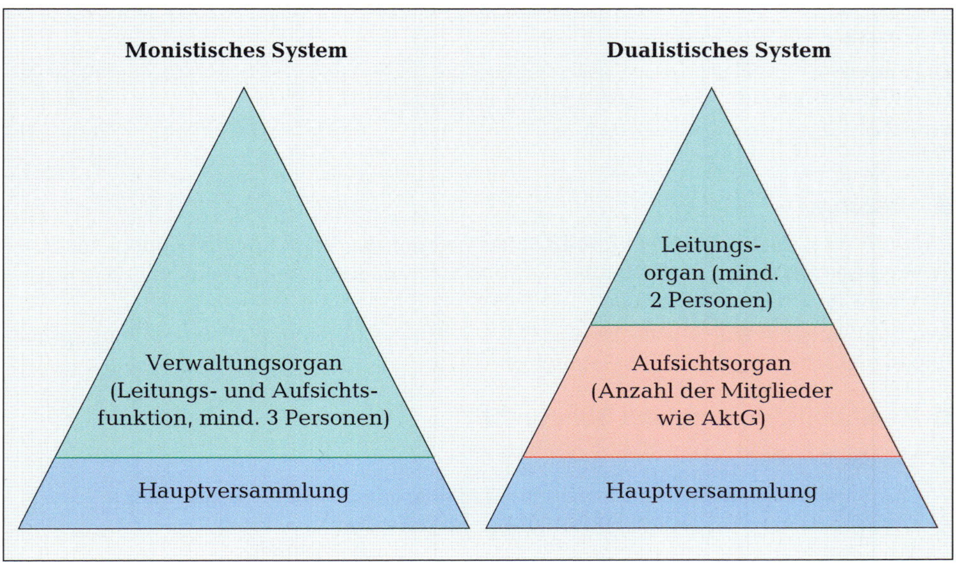

SEEG § 16

§ 23

Bedeutung

Die europäische Aktiengesellschaft kann europaweit agieren, ohne mit erheblichem Zeit- und Kostenaufwand ein Netz von Tochterunternehmen errichten zu müssen, für die dann unterschiedliche nationale Vorschriften gelten. Europäische Aktiengesellschaften haben bei Bedarf die Möglichkeit, Landesgrenzen ohne Weiteres zu überwinden, da das SE-Statut die Verlegung der Hauptverwaltung erlaubt.

12.5.3 Gesellschaft mit beschränkter Haftung (GmbH)

GmbHG §13 Die **Gesellschaft mit beschränkter Haftung (GmbH)** ist eine Handelsgesellschaft **mit eigener Rechtspersönlichkeit** (juristische Person). Die Gesellschafter sind mit **einem oder mehreren Geschäftsanteilen** an der Gesellschaft beteiligt. **Für Verbindlichkeiten** der Gesellschaft **haftet** den Gläubigern **nur das Gesellschaftsvermögen.**

Gründung

§§ 1–3 Die GmbH kann zu jedem gesetzlich zulässigen Zweck durch **eine oder mehrere Personen** errichtet werden. Zur Gründung muss ein **notariell beurkundeter Gesellschaftsvertrag (Satzung)** abgeschlossen werden. Er ist von sämtlichen Gesellschaftern zu unterzeichnen. Der Vertrag muss enthalten:

1. die Firma und den Sitz der Gesellschaft,
2. den Gegenstand des Unternehmens,
3. den Betrag des Stammkapitals,
4. die Zahl und die Nennbeträge der Geschäftsanteile, die jeder Gesellschafter gegen Einlage auf das Stammkapital (Stammeinlage) übernimmt.

Die Gesellschaft kann ganz einfach mithilfe eines gesetzlich vorgegebenen *Musterprotokolls* gegründet werden. Sie darf dann aber höchstens drei Gesellschafter und einen Geschäftsführer haben. Das Protokoll ist eine Kombination aus Gesellschaftsvertrag, Liste der Gesellschafter und Bestellung des Geschäftsführers.

§ 11 Erst durch die *Eintragung in das Handelsregister* entsteht die GmbH als juristische Person mit Kaufmannseigenschaft. Vor der Eintragung haften die handelnden Gesellschafter persönlich und solidarisch.

Firma

§ 4 Die Firma der GmbH muss den Zusatz »mit beschränkter Haftung« oder eine allgemein verständliche Abkürzung dieser Bezeichnung enthalten.

Beispiele: Michael Hald GmbH; ATL High Tech GmbH; Gesundheits-Gesellschaft Rotschön mit beschränkter Haftung.

Haftung

§ 13 Für die Verbindlichkeiten der Gesellschaft haftet nur das Vermögen der GmbH, nicht das Privatvermögen eines Gesellschafters. Der einzelne Gesellschafter riskiert lediglich die Einlagen auf seinen Geschäftsanteil.

§ 26 Eventuell entsteht eine Nachschusspflicht. Die soll das Eigenkapital stärken und nur mittelbar zur Sicherung der Gläubiger dienen.

Kapitalaufbringung und Stimmrecht

▶ Bei der GmbH

§ 5
- Das **Stammkapital** der Gesellschaft muss mindestens 25.000 EUR betragen.
- Der Nennbetrag jedes Geschäftsanteils muss auf volle Euro lauten.
- Ein Gesellschafter kann mehrere Geschäftsanteile übernehmen.
- Die Höhe der Nennbeträge der einzelnen Geschäftsanteile kann verschieden sein.
- Die Summe der Nennbeträge aller Geschäftsanteile muss mit dem Stammkapital übereinstimmen.

Sollen Sacheinlagen geleistet werden, so müssen der Gegenstand der Sacheinlage und der Nennbetrag des Geschäftsanteils, auf den sich die Sacheinlage bezieht, im Gesellschaftsvertrag festgesetzt werden.

§ 7 Jeder Gesellschafter hat vor der Eintragung in das Handelsregister die Pflicht, eine Einzahlung von einem **Viertel auf jeden Geschäftsanteil** zu leisten. Insgesamt muss auf das

Mindeststammkapital so viel eingebracht werden, dass mit **Geld- und Sacheinlagen mindestens 12.500 EUR** erreicht werden. GmbHG § 47

Jeder Euro eines Geschäftsanteils gewährt **eine Stimme.**

Ein Gesellschafter, der den auf die Stammeinlage eingeforderten Betrag nicht rechtzeitig einzahlt, ist zur Entrichtung von Verzugszinsen verpflichtet. § 20

▶ Bei der »Mini-GmbH«

Diese Sonderform der GmbH verlangt offiziell den Firmenzusatz »**Unternehmergesellschaft (haftungsbeschränkt)**« oder »**UG (haftungsbeschränkt)**« und kann unter folgenden Voraussetzungen gewählt werden: § 5a

- Das Stammkapital kann zwischen 1 EUR und 24.999 EUR liegen.
- Die Handelsregisteranmeldung darf erst erfolgen, wenn das Stammkapital in voller Höhe als Bareinlage eingezahlt ist.
- Die Einbringung von Sacheinlagen ist ausgeschlossen.
- Der Jahresüberschuss (abzüglich eines Verlustvortrages aus dem Vorjahr) muss solange in Höhe eines Viertels in die gesetzliche Rücklage gestellt werden, bis Rücklage und Stammkapital zusammen 25.000 EUR erreichen.
- Die »UG (haftungsbeschränkt)« *kann* sich in eine »normale« GmbH *umwandeln.*

Die »Mini-GmbH« ist gedacht für Existenzgründer und Kleinunternehmer, die in der Gründungsphase mit geringem Kapitaleinsatz auskommen müssen (Dienstleistungsunternehmen für Beratung, Bildung, Gesundheit, Pflege, Verwaltung).

Ergebnisverwendung

Die Gesellschafter haben einen gesetzlichen Anspruch auf den Jahresüberschuss im Verhältnis ihrer Geschäftsanteile oder laut Vertrag. Sie können Teile des Jahresüberschusses aber auch in Gewinnrücklagen einstellen oder als Gewinn vortragen. § 29

Organe der GmbH

▶ Geschäftsführer

Geschäftsführungsbefugnis und Vertretungsmacht werden von einem Geschäftsführer oder mehreren Geschäftsführern ausgeübt. Sie sind das **ausführende Organ.** Ihre Bestellung erfolgt entweder aus dem Kreis der Gesellschafter oder es handelt sich um eine dritte Person. Die Namen der Geschäftsführer müssen auf den Geschäftsbriefen der GmbH angegeben werden. Die Amtszeit der Geschäftsführer ist gesetzlich nicht festgelegt. § 6 §§ 35 ff.

Die Art der Vertretungsmacht **(Einzel- oder Gesamtvertretungsmacht)** ist ins Handelsregister einzutragen. Grundsätzlich besteht Gesamtvertretungsmacht. § 10

Der Geschäftsführer hat einem Gesellschafter auf dessen Wunsch *unverzüglich* Auskunft über die Angelegenheiten der Gesellschaft zu geben und die Einsicht in die Bücher zu gestatten. § 51a

In Gesellschaften, die mehr als 2.000 Arbeitnehmer beschäftigen, wird ein **Arbeitsdirektor** bestellt. Er kümmert sich vor allem um die Belange der Arbeitnehmer. MitbestG §§ 1, 33

▶ Aufsichtsrat (AR)

Im GmbH-Gesetz ist die Bildung eines AR nicht vorgeschrieben; sie kann aber durch den Gesellschaftsvertrag festgelegt werden. Besteht ein AR, so ist er das **kontrollierende Organ** der GmbH. Nach dem Drittelbeteiligungsgesetz ist ein AR notwendig bei Gesellschaften mit mehr als 500 Arbeitnehmern und nach dem Mitbestimmungsgesetz bei Gesellschaften mit mehr als 2.000 Arbeitnehmern. GmbHG § 52 DrittelbG § 1 MitbestG § 1

Der AR wird von der Gesellschafterversammlung auf vier Jahre bestellt.

Aufgaben des AR:

- Der AR bestellt die Geschäftsführung, überwacht ihre Tätigkeit und beruft sie ab, wenn ein wichtiger Grund vorliegt. AktG §§ 84, 111
- Er hat den Jahresabschluss, den Lagebericht, den Prüfungsbericht des Abschlussprüfers und den Vorschlag der Geschäftsführung für die Verwendung des Bilanzgewinns zu prüfen. § 171 (1)

AktG § 171 (2) – Er hat der Gesellschafterversammlung über das Ergebnis der Prüfung schriftlich zu berichten.

§ 111 (3) – Er hat eine außerordentliche Gesellschafterversammlung einzuberufen, wenn das Wohl der Gesellschaft es erfordert.

▶ Gesellschafterversammlung

GmbHG §§ 46 ff. Sie ist das **beschließende Organ**. Ihre Einberufung erfolgt durch eingeschriebenen Brief. Die Abhaltung der Versammlung der Gesellschafter kann unterbleiben, wenn sich sämtliche Gesellschafter mit der schriftlichen Stimmabgabe einverstanden erklären.

Trifft der Gesellschaftsvertrag keine besondere Regelung, so können die Gesellschafter u. a. über folgende Punkte beschließen:

1. Feststellung des Jahresabschlusses und Verwendung des Ergebnisses,
2. Einforderung der Einlagen,
3. Rückzahlung von Nachschüssen,
4. Teilung, Zusammenlegung sowie Einziehung von Geschäftsanteilen,
5. Bestellung, Entlastung und Abberufung von Geschäftsführern,
6. Bestellung von Prokuristen und Handlungsbevollmächtigten.

Bedeutung der Gesellschaft mit beschränkter Haftung

Die Rechtsform der GmbH ist aus folgenden Gründen sehr häufig:

- Sie kann mit wenig Kapital gegründet werden.
- Das Risiko der Gesellschafter ist auf die Geschäftsanteile beschränkt.
- Die GmbH kann auch für nichtgewerbliche (z. B. wissenschaftliche) Zwecke gegründet werden.
- Die Geschäftsanteile sind veräußerlich.
- Die Gründungs- und Verwaltungskosten sind niedriger als bei großen Aktiengesellschaften.
- Sie sichert als juristische Person die Fortführung eines Unternehmens beim Tode eines Gesellschafters.
- Sie eignet sich zur Ausgliederung bestimmter Funktionen aus einem Unternehmen und zur Zusammenfassung gleichartiger Funktionen aus mehreren Unternehmen, z.B. Entwicklung, Vertrieb.

1. Begründen Sie, warum sich die Rechtsform der Aktiengesellschaft anbietet, wenn der Eigenkapitalbedarf einens Unternehmens besonders groß ist.
2. Erläutern Sie Merkmale des Aktienrechts, die die Kapitalbezogenheit der AG charakterisieren.
3. Bei der Gründung emittiert eine AG Aktien mit dem kleinstmöglichen Nennbetrag zur Deckung des gesetzlich vorgeschriebenen Mindestkapitals zum Kurse von 15,25 EUR.
   a) Wie hoch ist der Nennbetrag einer solchen Aktie?
   b) Wie hoch ist das Agio dieser Aktie?
   c) Wie viele Aktien wurden ausgegeben?
   d) Dürfte der Nennbetrag der ausgegebenen Aktien auch 25 EUR sein (Begründung)?
   e) Wäre ein Ausgabekurs von 0,50 EUR möglich (Begründung)?
4. Vergleichen Sie die gesetzliche Geschäftsführungsbefugnis und Vertretungsmacht eines OHG-Gesellschafters mit der eines Vorstandsmitglieds einer AG.
5. Unter welchen Voraussetzungen kann ein Vorstandsmitglied die AG allein vertreten?
6. Vorstand und Aufsichtsrat einer AG werden auf unterschiedlich lange Zeiträume bestellt. Was bezweckt der Gesetzgeber damit?

7. Die Aktionäre üben in der Hauptversammlung ihr Stimmrecht aus.
   Welche Stimmzahlen sind erforderlich für
   a) die einfache Mehrheit,
   b) die qualifizierte Mehrheit,
   c) die Sperrminorität?
8. Ein Aktionär erhält eine Dividende von 10 EUR; Nennbetrag des kleinsten Stücks 5 EUR; Stückkurs beim Kauf vor einem Jahr 200 EUR; heutiger Kurs 250 EUR. Berechnen Sie die effektive Verzinsung (ohne Berücksichtigung von Steuern).
9. Der Jahresabschluss einer AG wurde durch den Vorstand und Aufsichtsrat festgestellt. Folgende Werte sind der Schlussbilanz entnommen:

Grundkapital	32.000.000 EUR	andere Gewinnrücklagen	960.000 EUR
Kapitalrücklage	4.400.000 EUR	Verlustvortrag	112.000 EUR
gesetzliche Rücklage	560.000 EUR		

   Der Jahresüberschuss beträgt 4.100.000 EUR. Die Einstellung in die gesetzliche Rücklage erfolgt nach § 150 Abs. 2 AktG; den anderen Gewinnrücklagen wollen Vorstand und Aufsichtsrat 800.000 EUR zuführen.
   a) Berechnen Sie, ob die AG 9 Cent Dividende auf eine Stückaktie von 1 EUR ausschütten kann.
   b) Stellen Sie in einer Übersicht die Positionen des Eigenkapitals dar
      – vor der Gewinnverwendung,
      – nach teilweiser Gewinnverwendung und
      – nach vollständiger Gewinnverwendung.
10. Das Eigenkapital der AG wurde im Jahresabschluss wie folgt ausgewiesen:

– Gezeichnetes Kapital	12,00 Mio. EUR	– andere Gewinnrücklagen	0,60 Mio. EUR
– Kapitalrücklage	16,80 Mio. EUR	– Gewinnvortrag	0,06 Mio. EUR

   Für das Geschäftsjahr wurden Aufwendungen von 85,6 Mio. EUR und Erträge von 87,9 Mio. EUR ermittelt. Der Vorstand und Aufsichtsrat stellten den Jahresabschluss fest, wobei sich die Gewinnverwendung ausschließlich nach den Vorschriften des Aktiengesetzes richtete.
   a) Inwieweit können die Gewinnansprüche der Aktionäre dieser AG bei der Feststellung des Jahresabschlusses durch den Vorstand und Aufsichtsrat geschmälert werden?
   b) Berechnen Sie den minimalen ganzzahligen Dividendenprozentsatz, den der Vorstand und Aufsichtsrat der AG den Aktionären für das Geschäftsjahr anbieten müssen.
   c) Ermitteln Sie in übersichtlicher Form den Bilanzgewinn und den neuen Gewinnvortrag.
11. Aus welchen Gründen verpflichtet man die Aktiengesellschaften zur Veröffentlichung ihres Jahresabschlusses?
12. Begründen Sie, warum eine AG einbehaltene Gewinne über Rücklagen bucht.
13. Erläutern Sie, warum man die Rechtsform der GmbH sowohl bei großen als auch bei kleinen Unternehmen findet. Nennen Sie einige Beispiele.
14. Stellen Sie dar, welche Merkmale der GmbH typisch sind für
   a) Kapitalgesellschaften,
   b) Personengesellschaften.
15. Erstellen Sie anhand selbstgewählter Kriterien eine Aufstellung, in der die wesentlichen Unterschiede zwischen GmbH und AG enthalten sind.

12.6 Mischformen

12.6.1 GmbH & Co. KG

Die **GmbH & Co. KG** ist eine **Kommanditgesellschaft,** bei der eine **Gesellschaft mit beschränkter Haftung** (GmbH) **Vollhafter** ist.

!

Bei der typischen GmbH & Co. KG sind die Gesellschafter der GmbH zugleich Kommanditisten der GmbH & Co. KG, bei der atypischen GmbH & Co. KG sind andere Personen Kommanditisten. Diese können natürliche oder juristische Personen sein.

Firma

HGB § 19 (2) Für die Firma der GmbH & Co. KG gelten grundsätzlich die gleichen Firmierungsvorschriften wie bei der KG. Da aber in dieser KG keine natürliche Person haftet, muss die Firma eine Bezeichnung enthalten, welche die Haftungsbeschränkung kennzeichnet.

Beispiele: Nord-Süd-Hausbau GmbH & Co. KG, Meissner + Wurst GmbH & Co. KG.

Beispiel für den Aufbau einer GmbH & Co. KG

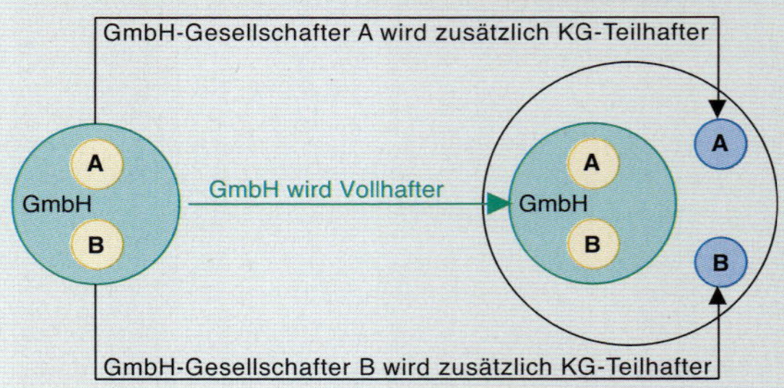

Geschäftsführung und Vertretung

Bei der KG hat der Komplementär die Geschäftsführungsbefugnis und Vertretungsmacht; bei der GmbH & Co. KG wird sie deshalb durch die Komplementär-GmbH, vertreten durch ihre Geschäftsführer, ausgeübt. Im Übrigen sind die Rechtsgrundlagen die gleichen wie bei der KG.

Bedeutung

In Deutschland gibt es annähernd 450.000 GmbH & Co. KGs.

Haftungsbeschränkung. Die GmbH haftet als Komplementärin zwar unbeschränkt mit ihrem Vermögen, ihre Gesellschafter haften dagegen nur mit ihren Einlagen.

Nachfolgeregelung. Bei Familienunternehmen ist die Unternehmungsfortführung gesichert, weil anstelle einer natürlichen Person eine GmbH als Vollhafter tritt. Die persönlich haftende GmbH ist »unsterblich«.

Kapitalbeschaffung. Mit der Aufnahme weiterer Kommanditeinlagen kann Eigenkapital beschafft werden, wobei von den Teilhaftern nur ein geringer Einfluss auf das Unternehmen genommen werden kann.

Mitbestimmung. Der Einfluss der Arbeitnehmer im Wege der Mitbestimmung ist geringer als bei der GmbH, weil die GmbH im Rahmen der GmbH & Co. KG nur noch ein Mantel ist.

Geschäftsführung. Außenstehende Fachleute können als Geschäftsführer der Komplementär-GmbH eingesetzt werden.

12.6.2 Kommanditgesellschaft auf Aktien (KGaA)

AktG § 278 Die **KGaA** ist eine Gesellschaft mit eigener Rechtspersönlichkeit, bei der **mindestens ein Gesellschafter** den Gesellschaftsgläubigern **unbeschränkt haftet** (persönlich haftender Gesellschafter oder Komplementär) und **die übrigen mit Einlagen auf das in Aktien zerlegte Grundkapital beteiligt** sind, **ohne persönlich** für die Verbindlichkeiten der Gesellschaft zu haften (Kommanditaktionäre).

Die Komplementäre können ihre Einlagen leisten

§ 281 (2) a) als Vermögenseinlage auf das *Grundkapital,* wofür sie Aktien erhalten, oder

b) als *freies* Gesellschaftskapital außerhalb des Grundkapitals oder

c) als Mischung von a) und b).

Die KGaA ist eine **Kombination von KG und AG.** Soweit die speziellen Vorschriften über die KGaA Lücken lassen, gelten daher besonders für die Rechtsstellung der persönlich haftenden Gesellschafter die Vorschriften über die KG und im Übrigen die Vorschriften über die AG sinngemäß.

Die **Satzung** muss von mindestens fünf Personen festgestellt werden; zu ihnen gehören alle Vollhafter. AktG §§ 278, 280

Die **Firma** der KGaA kann wie die der AG eine Personen-, Sach-, Fantasiefirma oder gemischte Firma sein. Sie muss den *Zusatz* »Kommanditgesellschaft auf Aktien« oder eine allgemein verständliche Abkürzung dieser Bezeichnung enthalten. § 279

Beispiele: Gabriel Sedlmayer Spaten-Franziskaner-Bräu KGaA; Sektkellerei Kupferberg KGaA.

Organe

a) **Vorstand.** Die persönlich haftenden Gesellschafter sind Vorstand kraft Gesetzes (geborener Vorstand). Er wird also *nicht* wie bei der AG vom Aufsichtsrat *bestellt* und kann deshalb auch nicht abberufen werden. Die ihm zustehende Geschäftsführungsbefugnis und Einzelvertretungsmacht kann ihm nur durch gerichtliche Entscheidung aus wichtigen Gründen entzogen werden. Ein Arbeitsdirektor wird nicht bestellt. § 278

b) **Aufsichtsrat.** Er wird von den Kommanditaktionären und von den Arbeitnehmern der KGaA gewählt. Persönlich haftende Gesellschafter können nicht Aufsichtsratsmitglieder sein. § 287

c) **Hauptversammlung.** Sie umfasst alle Kommanditaktionäre und beschließt nicht nur über die Gewinnverwendung, sondern auch über den Jahresabschluss. § 286

   Die Vollhafter haben in der Hauptversammlung nur insoweit ein Stimmrecht, als sie neben ihren persönlichen Einlagen auch Aktien besitzen. § 285

Bedeutung

2012 gab es in Deutschland ca. 120 KGaA.

Diese Unternehmungsform ermöglicht die Beschaffung eines größeren Kapitals und legt die Führung und Verantwortung in die Hände weniger unabhängiger Unternehmer. Das Gedeihen der Unternehmung ist allerdings für lange Zeit von der Tüchtigkeit der Vorstandsmitglieder abhängig.

12.6.3 Genossenschaft (eG)

Die »**eingetragene**« **Genossenschaft** ist eine Gesellschaft mit **nicht geschlossener Mitgliederzahl,** die die **Förderung des Erwerbs oder der Wirtschaft ihrer Mitglieder** (Genossen) mittels **gemeinschaftlichen Geschäftsbetriebes** bezweckt. GenG § 1

Für die Verbindlichkeiten der Genossenschaft *haftet* den Gläubigern *das Vermögen der Genossenschaft.* § 2

Gründung

Mindestens *drei* Personen (Gründer) stellen ein **Statut** (Satzung) auf. Dann erfolgt die Wahl des Vorstandes und Aufsichtsrates sowie die Prüfung durch den Prüfungsverband. Mit der Eintragung in das *Genossenschaftsregister* beim zuständigen Registergericht ist die Genossenschaft entstanden. Sie wird dadurch juristische Person und zugleich Formkaufmann. §§ 4 f., 9–11, 13

Firma

Die Firma der Genossenschaft kann eine Personen-, Sach-, Fantasiefirma oder gemischte Firma sein. Sie muss die Bezeichnung »**eingetragene Genossenschaft**« oder die Abkürzung »eG« enthalten. Der Firma darf kein Zusatz beigefügt werden, der darauf hindeutet, ob und in welchem Umfang die Genossen zur Leistung von Nachschüssen verpflichtet sind. § 3

Beispiele: Weingärtner Zentralgenossenschaft eG; Volksbank Nussdorf eG.

Mitgliedschaft

GenG § 15 § 30 Mitglieder einer Genossenschaft können natürliche und juristische Personen sein. Der Eintritt in eine schon bestehende Genossenschaft ist jederzeit durch schriftliche Beitrittserklärung möglich. Die Mitgliedschaft wird aber erst wirksam mit der Eintragung in die bei der Genossenschaft geführten *Liste der Genossen.*

§ 65 Wer aus der Genossenschaft austreten will, muss auf den Schluss eines Geschäftsjahres unter Einhaltung einer Frist von mindestens drei Monaten bis zu fünf Jahren schriftlich kündigen.

Arten der Genossenschaft

Arten	Aufgaben	Beispiele
Einkaufsgenossenschaften	Großeinkauf von Waren, Materialbeschaffung	Intersport eG Malereinkaufsgenossenschaft eG
Kreditgenossenschaften	Gewährung von Krediten und Durchführung anderer Bankgeschäfte	Volksbank eG Raiffeisenbank eG
Warengenossenschaften	Bezug landwirtschaftlicher Bedarfsstoffe; Erfassung, Absatz und Verwertung landwirtschaftlicher Erzeugnisse	Landwirtschaftliche Bezugs- und Absatzgenossenschaft eG
Teilproduktions-genossenschaften	Milchverarbeitung, Weinausbau	Milchwerk eG Winzergenossenschaft eG
Konsumgenossenschaften	Zentraler Großeinkauf und Eigenfertigung; Verkauf an Verbraucher	coop Konsumgenossenschaft eG
Baugenossenschaften	Bau von Wohnhäusern mit Nutzungsrecht der Mitglieder; Eigenheim- und Siedlungsbau	Wohnbau- und Siedlungsgenossenschaft eG

Geschäftsanteil und Geschäftsguthaben

§ 7 § 7a § 22b Der **Geschäftsanteil** ist der im Statut bestimmte Betrag, bis zu dem sich ein Genosse an der Genossenschaft *beteiligen* kann. Im Statut kann festgelegt werden, dass sich ein Genosse mit mehr als einem Geschäftsanteil beteiligen darf. Ein Geschäftsanteil kann aber auch in mehrere Geschäftsanteile zerlegt werden.

Die *Mindesteinlage* ist der im Statut bestimmte Betrag, der *einbezahlt* werden muss. Sie muss mindestens ein Zehntel des Geschäftsanteils betragen.

§ 19 Das **Geschäftsguthaben** ist der Betrag, mit dem der Genosse an der Genossenschaft tatsächlich beteiligt ist. Es ist die Summe der Einzahlungen, vermehrt durch Gewinn- und vermindert durch Verlustanteile. Eine Zuschreibung des Gewinns erfolgt, bis der Geschäftsanteil erreicht ist. Die
§ 21a Geschäftsguthaben aller Genossen ergeben das in der Bilanz ausgewiesene Geschäftsguthaben. Das Statut kann bestimmen, dass die Geschäftsguthaben verzinst werden.

Nachschusspflicht im Insolvenzfall

Das Statut kann bestimmen, dass bei Insolvenz der Genossenschaft die Genos-
§ 6 sen **Nachschüsse** in unbeschränkter Höhe oder in beschränkter Höhe bis zu einer festgelegten **Haftsumme** zu leisten haben.

Die Haftsumme bei beschränkter Nachschusspflicht darf nicht kleiner sein als der Geschäftsanteil.

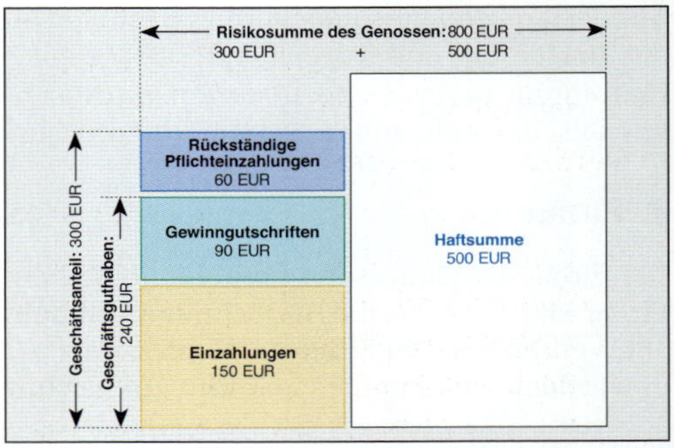

Die Verpflichtung der Genossen zur Leistung von Nachschüssen kann jedoch im Statut auch ausgeschlossen werden. Das Risiko des Genossen umschließt also

- in jedem Fall seinen Geschäftsanteil (Geschäftsguthaben, rückständige Einlagen auf den Geschäftsanteil) sowie
- eine Nachschussleistung, sofern eine solche im Statut bestimmt ist.

Organe

a) **Vorstand.** Der Vorstand besteht aus mindestens 2 Mitgliedern. Sie werden von der Generalversammlung oder vom Aufsichtsrat gewählt und haben *Gesamtbefugnis* für die Geschäftsführung und Vertretung. Nach dem Mitbestimmungsgesetz wird in Genossenschaften mit mehr als 2.000 Arbeitnehmern ein Arbeitsdirektor bestellt. Im Statut kann bestimmt werden, dass einzelne Vorstandsmitglieder alleine oder in Gemeinschaft mit einem Prokuristen zur Vertretung der Genossenschaft befugt sind. GenG §§ 24–35 MitbestG § 33

Die Genossenschaft kann Prokura und auch Handlungsvollmacht nach Maßgabe des HGB erteilen. Die Prokura muss ins Genossenschaftsregister eingetragen werden. GenG § 42

b) **Aufsichtsrat.** Er muss aus mindestens 3 Genossen bestehen. Sie werden von der Generalversammlung gewählt. Das Drittelbeteiligungsgesetz verlangt, dass in Genossenschaften mit mehr als 500 Arbeitnehmern ein Drittel der Aufsichtsratsmitglieder Arbeitnehmer sind. In Genossenschaften mit mehr als 2.000 Arbeitnehmern ist der Aufsichtsrat paritätisch aus Mitgliedern der Anteilseigner und der Arbeitnehmer zu bilden. §§ 36–41 DrittelbG § 1 MitbestG §§ 1, 7

Ist ein Vertreter der Arbeitnehmer zu wählen, so muss dieser in einem Betrieb des Unternehmens beschäftigt sein. Sind zwei oder mehr Vertreter der Arbeitnehmer zu wählen, so müssen sich unter diesen mindestens zwei Arbeitnehmer aus den Betrieben des Unternehmens, darunter ein Arbeiter und ein Angestellter, befinden. BetrVG § 77

c) **Generalversammlung.** Sie entspricht der HV der AG, hat aber mehr Rechte. Sie wählt nicht nur den AR, sondern auch den Vorstand und beschließt den Jahresabschluss. Die Abstimmung erfolgt nicht nach Geschäftsanteilen, sondern **nach Köpfen.** Jeder Genosse hat also unabhängig von der Zahl seiner Geschäftsanteile und der Höhe seines Geschäftsguthabens eine Stimme. GenG § 43 (2)

Das Statut kann für Mitglieder, die den Geschäftsbetrieb besonders fördern, die Gewährung von Mehrstimmrechten (höchstens bis zu drei Stimmen) vorsehen.

Beschlüsse der Generalversammlung müssen nicht notariell beurkundet werden; es ist aber eine Niederschrift der Beschlüsse anzufertigen. § 47

Bei Genossenschaften mit mehr als 3.000 Mitgliedern muss, bei mehr als 1.500 Mitgliedern kann eine Vertreterversammlung die Rechte der Generalversammlung ausüben. § 43a

Pflichten und Rechte der Genossen

a) **Pflichten der Genossen.**

1. Leistung der im Statut vorgeschriebenen Einzahlung auf den übernommenen Geschäftsanteil. § 7, 1.
2. Beschränkte oder unbeschränkte Nachschusspflicht im Insolvenzfall, sofern das Statut eine solche bestimmt. § 6
3. Beachtung der Bestimmungen des Statuts und der Beschlüsse der Generalversammlung.

b) **Rechte der Genossen.**

1. Benutzung der Einrichtungen der Genossenschaft.
2. Teilnahme an der Generalversammlung, sofern keine Vertreterversammlung besteht. § 43
3. Einberufung einer Generalversammlung auf Verlangen des zehnten Teils der Genossen unter Angabe des Zwecks und der Gründe. § 45
4. Recht auf Anteil am Gewinn, sofern er nicht den Rücklagen zugeschrieben wird. §§ 19 f.
5. Recht auf Kündigung der Mitgliedschaft. § 65

GenG § 73 (2) 6. Auszahlung des Geschäftsguthabens beim Ausscheiden.

§ 91 7. Anteil am Liquidationserlös nach dem Verhältnis der Geschäftsguthaben bis zu deren Höhe. Etwaige Überschüsse werden nach Köpfen verteilt.

Bedeutung

Nach dem Grundsatz: »Vereint sind auch die Schwachen mächtig« gründete Schulze-Delitzsch 1849 in der sächsischen Stadt Delitzsch die ersten deutschen *gewerblichen Genossenschaften*. Etwa zur gleichen Zeit hat der Landbürgermeister *Raiffeisen* im Westerwald den genossenschaftlichen Gedanken in der *Landwirtschaft* verwirklicht.

Die Bedeutung der Genossenschaften liegt im Zusammenschluss von wirtschaftlich Schwachen zur Selbsthilfe im Wettbewerb mit Großbetrieben. Sie wurde noch dadurch erhöht, dass sich die *Genossenschaften* zu Verbänden zusammenschlossen.

Genossenschaften sind im Sinne ihrer ursprünglichen Zielsetzung keine Kapitalgesellschaften. Das Unternehmensziel ist die Förderung des Erwerbs und der Wirtschaft ihrer Mitglieder. Dies schließt nicht aus, dass die Organe einer Genossenschaft eine wirtschaftliche Betriebsführung und die Erzielung von Gewinn anstreben.

Die Mitglieder der Genossenschaft als *Kapitaleigner* zählen zum *Kundenstamm* der Genossenschaft.

Beispiele:

1. Die Kunden und Kapitaleigner einer Einkaufsgenossenschaft des Malerhandwerks sind Malermeister.
2. Landwirte beziehen ihr Saatgut bei der von ihnen gegründeten landwirtschaftlichen Bezugsgenossenschaft (Warengenossenschaft).

Die Genossenschaftsverbände arbeiten eng mit den Verbänden des Handwerks, des Handels und der Landwirtschaft zusammen.

1. Suchen Sie Genossenschaften aus den Gelben Seiten. Ordnen Sie diese in die in der Übersicht Seite 406 genannten Genossenschaftsgruppen ein.
2. Begründen Sie, warum man die Genossenschaft nicht zu den Kapitalgesellschaften rechnet.
3. Hotelier Schnurr ist mit einer Einzahlung von 900 EUR in die Hotel-Einkauf eG eingetreten. Vom Rechnungsergebnis der folgenden Jahre entfielen auf ihn zunächst ein Verlust von 70 EUR, dann Gewinnanteile von 160 EUR und 200 EUR.

   Satzungsgemäß ist die Beteiligung eines Genossen auf höchstens 1.200 EUR festgesetzt. Im Insolvenzfall haftet jeder Genosse mit dem Mindestbetrag, der im Genossenschaftsgesetz bei beschränkter Nachschusspflicht vorgesehen ist. Ermitteln Sie für Herrn Schnurr nach dem neuesten Stand den Geschäftsanteil, das Geschäftsguthaben, die Haftsumme und die Risikosumme.

12.7 Entscheidungskriterien für die Wahl der Rechtsform

Beim Entscheidungsprozess stellen sich folgende Fragen:

- Wie viel Kapital kann der einzelne Unternehmer bzw. Gesellschafter aufbringen?
- Wollen die Gesellschafter Leitungsbefugnisse übernehmen oder nur Kapital einbringen?
- Welches persönliche Verhältnis besteht zwischen den beteiligten Personen?
- Wie groß soll der Einfluss der Kapitalgeber auf die Unternehmung sein?
- Wie soll das Risiko verteilt werden?
- Welche geschäftlichen Informationen müssen an die Öffentlichkeit gegeben werden?

Erst nach sehr sorgfältiger Abwägung aller Unterscheidungsmerkmale sollte die Entscheidung für die Rechtsform der Unternehmung fallen. Die Gewichtung der einzelnen Prüfsteine kann dabei von Unternehmung zu Unternehmung recht unterschiedlich sein.

Entscheidungskriterien / Rechtsform	Leitungsbefugnis	Haftung und Risiko	Gewinn- und Verlustbeteiligung	Finanzierungsmöglichkeiten
Einzelunternehmung	*Allein*bestimmung durch den Eigentümerunternehmer.	*Persönliche* Haftung (unbeschränkt, direkt). *Volles* Risiko.	**Gewinn** fließt an den Einzelunternehmer *allein*. **Verlust** trägt der Einzelunternehmer *allein*.	Auf die Vermögensverhältnisse *einer* Person begrenzt. Enger Kreditspielraum. Nicht ausgeschütteter Gewinn fließt dem Eigenkapitalkonto zu.
Offene Handelsgesellschaft	*Jeder* Gesellschafter als Eigentümerunternehmer.	*Persönliche* Haftung (unbeschränkt, direkt, solidarisch). *Teilung* des Risikos.	**Gewinn:** Verteilung nach *Kapitalanteilen* und *Mitarbeit*, gemäß Vertrag oder Gesetz. **Verlust:** Von allen Gesellschaftern zu tragen, gesetzlich nach Köpfen.	Auf die Vermögensverhältnisse und Beteiligungsabsichten *der Gesellschafter begrenzt*. *Kein Mindestkapital.* Erweiterter Kreditspielraum durch die persönliche Haftung aller OHG-Gesellschafter und der Komplementäre bei der KG. Nicht ausgeschütteter Gewinn fließt den Eigenkapitalkonten zu (nicht bei Kommanditeinlagen).
Kommanditgesellschaft	*Nur Komplementäre* als Eigentümerunternehmer.	*Komplementäre:* wie OHG. *Kommanditisten:* Beschränkt auf Einlage. Begrenztes Risiko.	**Gewinn:** *Vertragliche* Gestaltung nach *Kapitalanteilen, Risiko* und *Mitarbeit.* **Verlust:** *Vertraglich* geregelt. *Kommanditisten* nur bis zur *Höhe ihres Kapitalanteils.*	
Gesellschaft mit beschränkter Haftung	Eigentümer- oder Auftragsunternehmer als *Geschäftsführer.*	Haftung der *Gesellschaft unbeschränkt* mit dem Gesellschaftsvermögen. *Keine persönliche* Haftung. *Risiko beschränkt* auf *Stammeinlage. Eventuell Nachschusspflicht.*	**Gewinn:** Im Falle der Bildung von *Rücklagen* nur begrenzte Gewinnausschüttung. Gewinnverteilung auf Gesellschafter *nach Anteilen.* **Verlust:** Deckung durch *Rücklagenauflösung* und/oder *Nachschüsse.*	Auf die *Beteiligungsbereitschaft* der Gesellschafter begrenzt. *Mindeststammkapital* von *25.000 EUR* bzw. 1 EUR bei UG. Kreditspielraum durch beschränkte Haftung der Gesellschafter begrenzt. Nicht ausgeschütteter Gewinn fließt *den Rücklagen* zu.
GmbH & Co. KG	Komplementär-GmbH durch ihre *Geschäftsführer.*	*Komplementär-GmbH unbeschränkt* mit Gesellschaftsvermögen. *Kommanditisten* wie KG.	**Gewinn:** Verteilung auf GmbH und Kommanditisten *nach Vertrag.* **Verlust:** *Vertraglich* geregelt.	Wie KG.
Aktiengesellschaft	Auftragsunternehmer als *Vorstandsmitglieder.*	Haftung der *Gesellschaft unbeschränkt* mit Gesellschaftsvermögen. Keine *persönliche* Haftung. Aktionäre *riskieren* lediglich ihren *Kapitaleinsatz. Keine Nachschusspflicht.*	**Gewinn:** *Rücklagenbildung* zwingend. *Dividende* nach *Aktiennennwerten.* **Verlust:** Deckung durch *Rücklagenauflösung* und/oder *Herabsetzung des Grundkapitals.*	Von den Beteiligungsabsichten *sehr vieler Aktionäre* abhängig. Mindestgrundkapital von 50.000 EUR. Kreditspielraum groß (Aufnahme von Anleihen). Nicht ausgeschüttete Gewinne fließen den Rücklagen zu.
Genossenschaft	Genossen als *Vorstandsmitglieder.*	Haftung der *Genossenschaft unbeschränkt. Keine persönliche Haftung.* Mitglieder riskieren lediglich, ihr *Geschäftsguthaben* zu verlieren. Nach Statut *begrenzte* oder *unbegrenzte Nachschusspflicht.*	**Gewinn:** Bildung von Rücklagen zwingend. Gewinnverteilung nach den Geschäftsguthaben der Mitglieder. **Verlust:** Deckung durch *Rücklagenauflösung* und/oder *Nachschüsse.*	Von den Beteiligungsabsichten *vieler Mitglieder* abhängig. *Kein Mindestkapital.* Fremdfinanzierung meist über genossenschaftliche Verbandsunternehmen. Nicht ausgeschüttete Gewinne fließen den Rücklagen zu.

12.8 Kooperation und Konzentration von Unternehmungen

12.8.1 Ursachen, Ziele und Formen der Kooperation und Konzentration

Ursachen

Der Wettbewerb ist ein Wesensmerkmal der Marktwirtschaft. Dabei handelt es sich bei der Mehrzahl der Märkte um Anbieterwettbewerb. Die Anbieter kämpfen unabhängig voneinander um den Absatz ihrer Leistungen an die Nachfrager. Bei gleichbleibendem Marktvolumen zwingt dies jeden Anbieter, zu möglichst günstigen Bedingungen (Preis, Qualität, Kundendienst usw.) seine Leistung anzubieten.

Um diesem ständigen Wettbewerbsdruck zu begegnen oder zu entgehen, bedient man sich in vielen Bereichen der Wirtschaft in zunehmendem Maße der Kooperation und Konzentration.

Kooperation liegt vor, wenn **wirtschaftlich selbstständige und rechtlich weitgehend selbstständig bleibende Unternehmen** sich **durch Verträge** zur **Zusammenarbeit** verpflichten.

Beispiele: Interessengemeinschaften zur gemeinsamen Grundlagenforschung. Absprachen über einheitliche Lieferungs- und Zahlungsbedingungen.

Von **Konzentration** spricht man, wenn die **wirtschaftliche Selbstständigkeit aufgegeben** wird und die Betriebe einer umfassenden **zentralen Leitung** unterstellt werden.

Beispiele: Selbstständige Arzneimittelhersteller vereinigen sich unter einheitlicher Leitung. Ein Automobilhersteller kauft einen Konkurrenten auf.

Ziele

a) Sicherung der Beschaffungs- und Absatzbasis.

Beispiele: Gemeinsame Einkaufs- und Verkaufsniederlassungen; Vertragshändlersystem; gegenseitige Beteiligung einer Zellulosefabrik, Papierfabrik, Druckerei und eines Zeitungsverlages.

b) Gemeinsame Werbung.

Beispiele: Werbeverbund von Versicherungsgesellschaften. Ein Reisebüro und ein Hersteller von Freizeitkleidung werben gemeinsam.

c) Höhere Erträge durch Beschränkung und Ausschaltung des Wettbewerbs.

Beispiele: Konkurrierende Unternehmen treffen Absprachen über die Preise, über die Kontingentierung von Ausbringungsmengen und über die Abgrenzung der Absatzgebiete.

d) Sicherung der Beschäftigung durch Übernahme von Aufträgen, die das Leistungsvermögen und die Finanzkraft einer einzelnen Unternehmung übersteigen würden.

Beispiel: Mehrere Bauunternehmen erstellen in einer Arbeitsgemeinschaft (Arge) ein Großbauwerk.

e) Höherer technischer und wirtschaftlicher Wirkungsgrad durch gemeinsame Entwicklungs- und Forschungsarbeiten.

Beispiel: Gründung einer Forschungs-GmbH mit Kapitalbeteiligung mehrerer Unternehmungen (Automobil-, Elektroindustrie, chemische Industrie).

f) Größere Wirtschaftlichkeit durch gemeinsame Rationalisierung der Fertigungsverfahren, der Fertigungsgegenstände und der Sortimentsgestaltung.

Beispiele: Absprachen über gemeinsame Normen und Typen: Zusammenfassung, Ergänzung oder Aufteilung der Produktionsprogramme (Spezialisierung); Sortimentskooperation von Großhändlern.

g) Erhaltung der Konkurrenzfähigkeit gegenüber ausländischen Großunternehmen.

Beispiele: Zusammenschluss inländischer Automobilfabriken zum gemeinsamen Vertrieb ihrer Erzeugnisse auf Auslandsmärkten; Exportkartell auf der Handelsstufe, um einem Importkartell ausländischer Erzeuger zu begegnen.

Formen

Nach dem wirtschaftlichen Zusammenhang der zusammengeschlossenen Unternehmungen unterscheidet man:

Formen der Zusammenschlüsse	Ziele	Beispiele
Horizontal (gleiche Produktions- oder Handelsstufen)	Eine stärkere Marktposition schaffen.	Telefongesellschaft ↔ Telefongesellschaft ↔ Telefongesellschaft
Vertikal (aufeinanderfolgende Produktions- und Handelsstufen)	Beschaffung und Absatz sichern.	Maschinenhandel ↕ Maschinenfabrik ↕ Walzwerk ↕ Hüttenwerk ↕ Bergwerk
Anorganisch (branchenfremder Zusammenschluss, z.B. Mischkonzerne)	Branchenspezifische Risiken ausgleichen.	Brauerei ↔ Zeitungsverlag ↔ Versicherungsgesellschaft

12.8.2 Kartell

Das **Kartell** ist ein **vertraglicher** *horizontaler* Zusammenschluss von Unternehmen, die **rechtlich selbstständig** bleiben, aber einen **Teil ihrer wirtschaftlichen Selbstständigkeit aufgeben.**

Beispiele:

1. Die Vereinigte Stahlwerke AG trifft mit der Metallwerke AG die Vereinbarung, sich bei der Herstellung auf bestimmte Produkte zu spezialisieren.
2. OPEC-Kartell im Bereich Rohöl.

Die Mitglieder des Kartells verpflichten sich, den Absprachen gemäß zu handeln. Bei einem Verstoß gegen den Kartellvertrag müssen sie Vertragsstrafen zahlen.

Man unterscheidet folgende **Kartellarten:**

▶ Preiskartelle

Sie setzen die einheitlichen Preise neben gleichen Lieferungs- und Zahlungsbedingungen fest (horizontale Preisbindung).

Submissionskartell. Bei Ausschreibungen von öffentlichen Aufträgen vereinbaren Unternehmen Angebotspreise, die nicht unterboten werden dürfen. Gegenstand der Vereinbarung kann auch sein, dass nur ein Kartellmitglied ein Angebot abgibt.

▶ Kalkulationskartelle

Sie stimmen sich in Aufbau und Inhalt ihrer Kostenrechnung ab und bilden die Vorstufe zu Preiskartellen.

▶ Konditionenkartelle

Sie vereinbaren die einheitliche Anwendung von allgemeinen Geschäfts-, Lieferungs- und Zahlungsbedingungen.

▶ Syndikate

Sie sind gemeinsame Beschaffungs- und Vertriebseinrichtungen (Einkaufs- und Verkaufskontore) mit eigener Rechtspersönlichkeit. Sie verwirklichen die Rationalisierung der Beschaffung oder des Absatzes ihrer Mitglieder.

▶ Quotenkartelle

Sie teilen jedem Unternehmen die Produktionsquote bzw. Absatzmenge im Verhältnis zu seiner Kapazität zu. Über das Angebot werden so die Preise beeinflusst. Wenn die Absatzmengen geringer gehalten werden, als sie möglich wären, treibt das verknappte Angebot die Preise nach oben.

Quotenkartell

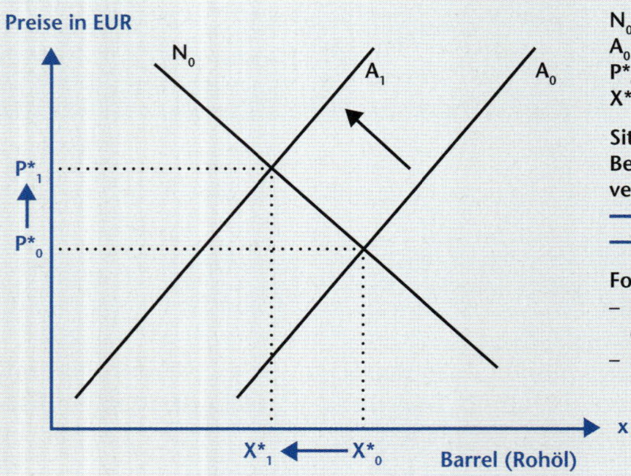

N_0 = Rohöl-Nachfrage
A_0 = Rohöl-Angebot
P^*_0 = Gleichgewichtspreis
X^*_0 = Gleichgewichtsmenge

Situation:
Beschluss der OPEC, das Rohöl-Angebot zu verringern
→ Angebotskurve verschiebt sich nach links
→ A_1 = Rohöl-Angebot nach OPEC-Beschluss

Folgen:
- Bei gleichbleibendem Nachfrageverhalten geht die nachgefragte Rohöl-Menge zurück.
- Der Preis für ein Barrel Rohöl steigt.

▶ Gebietskartelle

Sie teilen jedem Unternehmen das Absatzgebiet zu. Damit wird der gegenseitige Wettbewerb ausgeschlossen.

▶ Mittelstandskartelle

Seite 418

Sie eröffnen kleinen und mittleren Unternehmen zusätzliche Möglichkeiten für eine zwischenbetriebliche Zusammenarbeit. Sie verbessern die Wettbewerbsfähigkeit gegenüber großen Wettbewerbern. Hierzu gehören kooperative Maßnahmen in den Bereichen Produktion, Forschung und Entwicklung, Finanzierung, Verwaltung, Werbung, Einkauf und Vertrieb.

Die zwischenbetriebliche Zusammenarbeit kann sowohl in Form der Koordinierung als auch in der Ausgliederung einzelner oder mehrerer Unternehmensfunktionen erfolgen.

12.8.3 Verbundene Unternehmen

Verbundene Unternehmen entstehen vor allem durch kapitalmäßige und personelle Verflechtung sowie durch **Unternehmensverträge.**

Konzern

Der **Konzern** ist ein horizontaler, vertikaler oder anorganischer Zusammenschluss von Unternehmen, die **rechtlich selbstständig** bleiben, aber ihre **wirtschaftliche Selbstständigkeit durch einheitliche Leitung aufgegeben** haben.

Konzerne können bei allen Rechtsformen vorkommen. Zur kapitalmäßigen Verflechtung eignet sich aber besonders die AG.

Beispiel: Die Vereinigte Stahlwerke AG erwirbt die Aktienmehrheit an der Metall-AG. Die Metall-AG bleibt unter ihrer Firma bestehen. Ihre Geschäftspolitik wird künftig vom Vorstand der Vereinigte Stahlwerke AG bestimmt.

Unterordnungskonzern

AktG § 18, 1

Es gibt ein herrschendes Unternehmen (Mutterunternehmen) und abhängige Unternehmen (Tochterunternehmen). Die einheitliche Leitung wird von dem herrschenden Unternehmen ausgeübt. Abhängigkeit wird unterstellt, wenn das herrschende Unternehmen Einfluss ausüben kann.

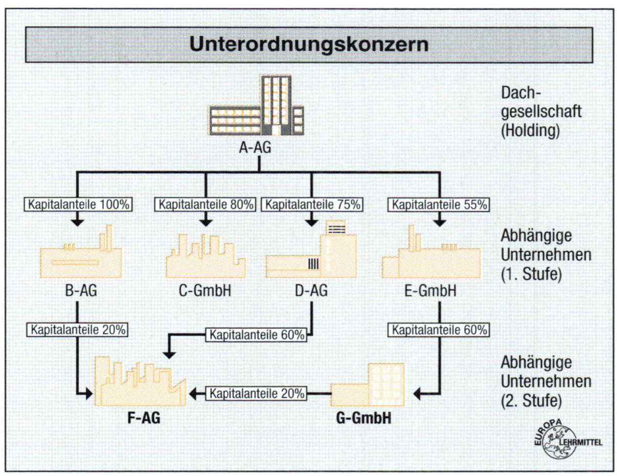

▶ Vertragskonzern

§ 291

Durch einen Beherrschungsvertrag wird dem Mutterunternehmen die Leitung eines anderen Unternehmens übertragen. Der Vertrag wird nur durch Zustimmung der HV mit Dreiviertelmehrheit wirksam. Ist das abhängige Unternehmen eine AG, muss auch deren HV mit Dreiviertelmehrheit zustimmen.

▶ Eingliederungskonzern

§ 319

Er liegt vor, wenn eine AG eine andere inländische AG zu 100 % aufnimmt. Die eingegliederte AG bleibt nach außen selbstständig, wird aber nach innen wie eine Betriebsabteilung geführt.

Beispiele: Aldi-Gruppe, METRO AG mit der Media-Saturn-Gruppe, DOUGLAS-Gruppe, Siemens-Konzern.

Über einem Unterordnungskonzern steht häufig eine **Dach- oder Holdinggesellschaft.** Sie stellt die abhängigen Konzernunternehmen unter ihre einheitliche Leitung. Dabei verwaltet sie lediglich die angeschlossenen Unternehmen und übernimmt selbst keine Produktions- oder Handelsaufgaben. Das bedeutet, der Holding-Vorstand konzentriert sich damit mehr auf die Vorgabe von übergeordneten Zielen und Rahmenbedingungen.

Beispiele für die Daimler AG Holding:

- Forschung und Entwicklung: Antriebstechniken für Pkws, Dieselantriebe, Luftfahrt.
- Einkauf: gemeinsamer Rohstoffeinkauf für die Herstellung der Nutzfahrzeuge.
- Logistik: gemeinsamer Transport von Pkws und Kleintransportern.

AktG § 18, 2

Gleichordnungskonzern

Es gibt kein herrschendes Unternehmen. Die Konzernunternehmen haben eine gleichrangige Stellung. Die Leitung der Unternehmen wird in gegenseitiger Abstimmung geregelt. Dies kann durch ein Gremium oder durch personelle Verflechtung geschehen. In der Praxis ist dieser Konzern selten anzutreffen.

Beispiel: HAMBURG WASSER

Wechselseitig beteiligte Unternehmen

Auch bei ihnen bleiben die Unternehmen rechtlich selbstständig. Ihre wirtschaftliche Selbstständigkeit wird aber dadurch beschränkt, dass jedes Unternehmen mehr als 25 % der Kapitalanteile des anderen Unternehmens erwirbt (Sperrminorität). Die Unternehmen erhalten dadurch gegenseitigen Einfluss auf die Geschäftsführung (Schwestergesellschaften).

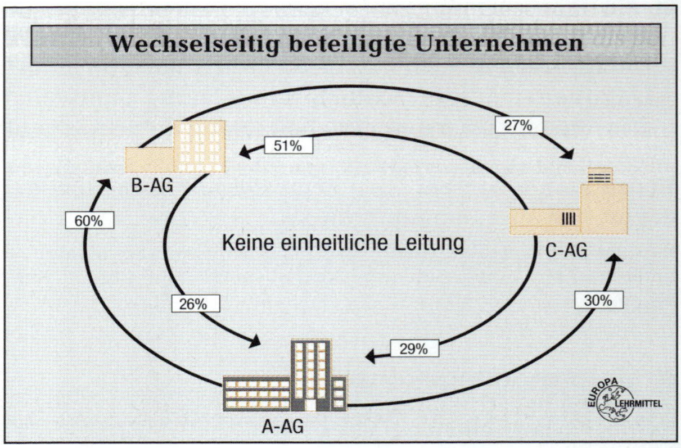

Beispiel: Die Maschinenbau-Aktiengesellschaften A, B und C sind wechselseitig beteiligt. A besitzt 26 % des Aktienkapitals von B und 29% desjenigen von C; B 60 % von A und 51 % von C; C 30 % von A und 27 % von B.

12.8.4 Vereinigte Unternehmen (Trust)

Ein **Vereinigtes Unternehmen** (Trust) ist ein Zusammenschluss von Unternehmen, die **ihre rechtliche und wirtschaftliche Selbstständigkeit aufgeben.**

Beispiel: Die Vereinigte Stahlwerke AG beschließt nach dem Erwerb von 100% des Aktienkapitals der Metallwerke AG die Fusion. Die Metallwerke AG wird als Zweigwerk eingegliedert. Ihre Firma erlischt.

Es besteht nur noch ein einziges Unternehmen. Die früheren Unternehmen sind Betriebe des Trusts geworden. Die *Verschmelzung oder Fusion* von Unternehmen zu einem Vereinigten Unternehmen (Trust) kann durch Aufnahme oder Neubildung erfolgen.

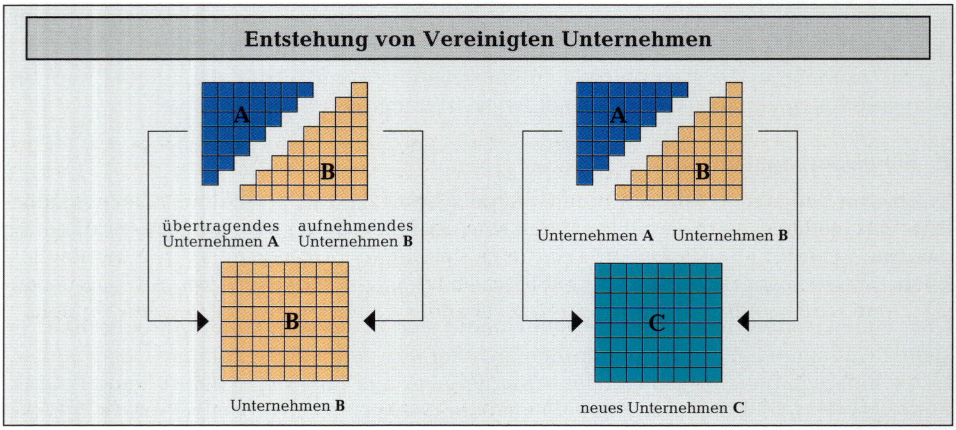

§ 339

Verschmelzung durch Aufnahme

Das Vermögen und die Schulden des übertragenden Unternehmens gehen in voller Höhe in das übernehmende Unternehmen ein. Gründe dafür können sein:

- starker Wettbewerbsdruck hat ein Unternehmen aufnahmewillig gemacht,
- die Aktien einer AG wurden allmählich aufgekauft.

Das übertragende Unternehmen erlischt.

Verschmelzung durch Neubildung

Es wird ein neues Unternehmen gegründet. In das neue Unternehmen gehen Vermögen und Schulden der sich vereinigenden Unternehmen ein. Handelt es sich um Aktiengesellschaften, werden die Aktien der beteiligten Unternehmen eingebracht. Alle übertragenden Unternehmen erlöschen.

Beispiele für Fusionen mit jeweiligem Wert:

- Vodafone Airtouch/Mannesmann 200 Mrd. EUR,
- Deutsche Telekom/Voicestream Wireless 53 Mrd. EUR,
- British Telekom/Viag Interkom 16 Mrd. EUR,
- American Online/AOL Europe (Bertelsmann) 7 Mrd. EUR.

12.8.5 Multinationale Unternehmen (Multis)

Die größten und mächtigsten deutschen Konzerne beschränken sich in ihren geschäftlichen Aktivitäten schon lange nicht mehr nur auf Deutschland. Aus nationalen Konzernen sind längst multinationale Unternehmen geworden.

Ein **multinationales Unternehmen** ist ein horizontaler, vertikaler oder anorganischer Zusammenschluss von Unternehmen, die **aus international operierenden Einheiten** bestehen **(global players).**

Multinationale Unternehmen besitzen in der ganzen Welt Produktionsstätten und Vertriebsnetze.

Hunderte von Tochtergesellschaften und Beteiligungsunternehmen verleihen den »Multis« ein ungeheures wirtschaftliches und politisches Machtpotenzial. Damit können sie sich nationaler Kontrolle weitgehend entziehen.

Beispiele für internationale Verflechtungen sind auch Joint Venture und Strategische Allianzen.

Joint Venture

Beim Joint Venture arbeiten mindestens zwei Unternehmen auf Dauer oder für ein gemeinsames Projekt zusammen. Meist erfolgt dies in der Rechtsform einer BGB-Gesellschaft, durch Gründung eines gemeinsamen Unternehmens oder auf der Grundlage eines Lizenzvertrages. Jeder Partner beteiligt sich mit solchen Produktivkräften, über die er am reichhaltigsten verfügt. Im Allgemeinen dürfte es sich um die Zusammenarbeit eines kapitalkräftigen und risikofreudigen Unternehmens im Inland mit einem kapitalschwachen, technisch und wirtschaftlich aber Erfolg versprechenden Unternehmen im Ausland handeln.

Strategische Allianz

Aufgrund der globalen Konkurrenz und Schnelllebigkeit im Wirtschaftsleben haben eingegangene Kooperationen zunehmend strategische Hintergründe. An vorderster Stelle steht die Ressourcensicherung und das Streben nach Wettbewerbsvorteilen. Da viele Unternehmen diese Ziele aus eigener Kraft nicht erreichen könnten, suchen sie strategische Allianzen. In welcher Form die Kooperation dann umgesetzt wird, ist eine Frage der Marktmacht und des Verhandlungsgeschicks der beteiligten Unternehmen.

Die Argumentation für oder gegen multinationale Unternehmen ist nicht einheitlich.

Die **Befürworter** der Multis bringen u.a. Folgendes vor:	Die **Gegner** werfen den Multis u.a. Folgendes vor:
– Die These, dass Multis Staaten beherrschen, ist reine Theorie. Die Staaten können über ihre Gesetzgebung die Niederlassung eines Unternehmens verhindern oder mit strengen Auflagen versehen. – Viele Staaten werben um Niederlassungen der Multis, um Arbeitsplätze zu schaffen und Steuerquellen zu erschließen. – Produktionsverlagerungen, die willkürlich passieren, sind normalerweise nicht möglich. Die Stilllegung der einen Produktionsstätte verlangt den Aufbau einer neuen in einem neuen Land. Gewerkschaften sind außerdem gegenüber Multis nicht machtlos, weil z.B. ein Streik in einem Konzernunternehmen in einem Land aufgrund der Verflechtung und Abhängigkeit den ganzen Konzern beeinträchtigen kann.	– Multinationale Unternehmen sind mächtiger als Staaten. Sie beherrschen Wirtschaft und Politik der Staaten, in denen sie sich niedergelassen haben. – Multinationale Unternehmen beuten die Entwicklungsländer aus. Technischer Vorsprung verstärkt die Ausbeutung. – Multinationale Unternehmen verlegen Betriebsteile in Länder, in denen es keine Gewerkschaften gibt. – Sie vernichten Arbeitsplätze im Inland, indem sie »willkürlich« Betriebsteile in Länder mit niedrigen Arbeitslöhnen verlagern.

Die Organisation für Zusammenarbeit und Entwicklung (OECD) hat 1976 die »**OECD-Leitsätze für multinationale Unternehmen**« verabschiedet und im Jahr 2000 überarbeitet. Die Empfehlungen beruhen auf dem Prinzip der Freiwilligkeit und haben keinen rechtlich bindenden Charakter. Sie sollen einen Handlungsrahmen bieten, der die unterschiedlichen Interessen berücksichtigt und das Vertrauen zwischen Unternehmen und deren Gastländern fördert.

– **Verbraucherinteressen**
  Zur Berücksichtigung der Verbraucherinteressen werden Unternehmen angehalten, faire Geschäfts-, Vermarktungs- und Werbepraktiken anzuwenden und die Sicherheit und Qualität ihrer Güter und Dienstleistungen zu gewährleisten. Dazu gehören ausreichende Produktinformationen und der Schutz von personenbezogenen Daten.

– **Wissenschaft und Technologie**
  Hinsichtlich Wissenschaft und Technologie werden Unternehmen aufgefordert, im Rahmen ihrer Tätigkeit, soweit durchführbar, Verfahren anzuwenden, die (unter gebührender Berücksichtigung des Schutzes der Rechte an geistigem Eigentum) den Transfer und die rasche Verbreitung von Technologien und Know-how erlauben.

– **Wettbewerb**
  Zum Schutz des Wettbewerbs wird von Unternehmen erwartet, dass sie die Regeln des fairen Wettbewerbs beachten und keine wettbewerbswidrigen Kartelle errichten. Es wird erwartet, dass die wettbwerbsrechtlichen Bestimmungen der jeweiligen Länder beachtet werden.

– **Besteuerung**
  Im Bereich der Besteuerung sollen Unternehmen ihren Beitrag zu den öffentlichen Finanzen der Gastländer leisten, die Steuergesetze und -vorschriften der Länder, in denen sie tätig sind, beachten und mit den Steuerbehörden zusammenarbeiten.

12.8.6 Bedeutung der Unternehmenszusammenschlüsse

Je nach der Zielsetzung des Zusammenschlusses können für die Volkswirtschaft Vorteile, aber auch Nachteile erwachsen:

Vorteile	Nachteile
a) Senkung der Preise, wenn die Unternehmen ihre Kostenminderungen im Preis weitergeben. b) Bessere Versorgung der Verbraucher, wenn Rationalisierungsmaßnahmen mengen- und gütemäßige Leistungssteigerungen ermöglichen. c) Größere Übersichtlichkeit des Marktes (Markttransparenz) durch Bereinigung der Produktionsprogramme und der Sortimente. d) Durch Beschränkung der Produktion auf den Bedarf können vorübergehend gefährdete Unternehmungen und Arbeitsplätze erhalten werden. e) Die außenwirtschaftliche Wettbewerbsfähigkeit kann erhalten oder gestärkt werden. f) Bruttoinlandsprodukt und Wirtschaftswachstum werden gesichert und damit auch die Einnahmen der öffentlichen Hand.	a) Die Preise können überhöht sein, sofern kein hinreichender Wettbewerb gegeben ist. b) Die Preise werden überhöht, wenn sie durch die Kosten unwirtschaftlich arbeitender Betriebe bestimmt werden. c) Durch die Beschränkung der Ordnungsfunktion des freien Wettbewerbs wird die volkswirtschaftlich notwendige Leistungsauslese verzögert. d) Die Vielfalt des Angebots an Gütern und Dienstleistungen wird im Allgemeinen vermindert. e) Die Umsetzung von Rationalisierungsmöglichkeiten gefährdet Arbeitsplätze. f) Der technische Fortschritt kann durch den Schutz rückständiger Betriebe gehemmt werden. g) Durch Stilllegung unwirtschaftlich arbeitender Betriebe kann örtlich Arbeitslosigkeit eintreten. h) Die Konzentration wirtschaftlicher Macht birgt die Gefahr ihres Missbrauchs zu politischer Macht in sich.

12.8.7 Begrenzung der Marktbeherrschung durch staatliche Wettbewerbspolitik

Damit die ordnenden Kräfte des Marktes nicht unterlaufen werden, sind in der Sozialen Marktwirtschaft die nationale und die europäische Wettbewerbspolitik als Maßnahmen gegen den unlauteren Wettbewerb gesetzlich verankert worden.

Ziele der Wettbewerbspolitik

Die **staatliche Politik** zur Sicherung des Wettbewerbs soll die *Allgemeinheit vor den Nachteilen der Unternehmenszusammenschlüsse bewahren* und einen *marktwirtschaftlichen Wettbewerb gewährleisten.* In vielen Ländern sind deshalb Gesetze gegen Wettbewerbsbeschränkungen erlassen worden.

Auch die **Europäische Union (EU)** verbietet allen Unternehmen und Unternehmensvereinigungen ihrer Mitgliedsstaaten, Vereinbarungen zu treffen, durch die der Wettbewerb innerhalb des gemeinsamen Marktes beeinträchtigt, verhindert, eingeschränkt oder verfälscht wird. Auch die missbräuchliche Ausnutzung einer marktbeherrschenden Stellung ist nicht erlaubt. EGV §§ 81 f.

GWB § 22 Das deutsche und das europäische Kartellrecht gelten grundsätzlich nebeneinander. Bei unklaren Verhältnissen gilt aber das *Gemeinschaftsrecht vor dem nationalen Recht.* Das Ziel beider Rechtsvorschriften ist der Schutz des Wettbewerbs auf dem europäischen bzw. auf dem deutschen Markt, um Marktabsprachen, Machtmissbrauch und Machtkonzentration zu verhindern.

Maßnahmen der nationalen Wettbewerbspolitik

§ 1 ### ▶ Kartellverbot

Im deutschen Kartellrecht ist die **Bildung von Kartellen grundsätzlich verboten (Verbotsprinzip)**. Es gibt aber zwei Ausnahmebereiche. Innerhalb dieser unterscheidet der Gesetzgeber zwischen Vereinbarungen auf der gleichen Wirtschaftsstufe **(horizontale Vereinbarungen)** und auf unterschiedlichen Wirtschaftsstufen **(vertikale Vereinbarungen)**.

Ob wettbewerbsbeschränkende Vereinbarungen zulässig sind oder nicht, muss jedes Unternehmen selbst prüfen. Es empfiehlt sich deswegen, unternehmensintern ein Risikomanagement für Kartellrechtsfragen einzurichten, um Verstöße zu verhindern.

Messgröße für zulässige Vereinbarungen ist grundsätzlich der Marktanteil der beteiligten Unternehmen. Als Anhaltspunkt gilt die Vorgabe der EU-Kommission:

- Der Marktanteil aller beteiligten Unternehmen auf den vertikalen Wirtschaftsstufen darf 15 % auf keinem der betroffenen Märkte übersteigen.
- Der Marktanteil aller beteiligten Unternehmen auf der horizontalen Wirtschaftsstufe darf 10% nicht übersteigen.

  Für kleine und mittlere Unternehmen gilt dies nur, wenn das Unternehmen mehr als 250 Personen beschäftigt und mehr als 50 Mio. EUR Jahresumsatz erzielt oder die Bilanzsumme 43 Mio. EUR übersteigt.

Da das GWB die Begriffe Wettbewerb und Wettbewerbsbeschränkung nicht exakt definiert, ist immer eine Prüfung des Einzelfalls erforderlich.

Stellt die Kartellbehörde beispielsweise gleichzeitige Preiserhöhungen von Unternehmen für ihre Produkte fest, kann es sich um wettbewerbsschädliche Preisabsprachen handeln, aber ebenso um unbewusstes Parallelverhalten aufgrund der gestiegenen Nachfrage nach diesen Produkten. Für die Kartellbehörde ist es demnach nicht immer einfach zu beurteilen, ob unternehmerisches Verhalten wettbewerbsbeschränkend oder wettbewerbskonform ist.

Grundsätzlich führen aber **vereinbarte** Preis-, Gebiets- und Quotenabsprachen (sog. **Hardcore-Kartelle**) zu Wettbewerbsbeschränkungen und damit zu deren Verbot.

§ 2 **a) Freigestellte Vereinbarungen.**

Freigestellt vom Verbot sind Vereinbarungen zwischen Unternehmen oder aufeinander abgestimmte Verhaltensweisen, wenn sie

- zur Verbesserung der Warenerzeugung oder -verteilung oder zur Förderung des technischen oder wirtschaftlichen Fortschritts beitragen,
- die Verbraucher angemessen an dem entstehenden Gewinn beteiligen,
- dadurch nicht die Möglichkeit schaffen, für die betreffenden Produkte den Wettbewerb auszuschalten.

§ 3 **b) Mittelstandskartelle.**

Vereinbarungen und Beschlüsse von miteinander in Wettbewerb stehenden kleinen und mittelständischen Unternehmen sind erlaubt, wenn sie

- die Rationalisierung ihrer Vorgänge durch zwischenbetriebliche Zusammenarbeit vereinbaren,

- durch die horizontale Kooperation ihre Wettbewerbsfähigkeit erhöhen,
- den Wettbewerb auf dem entsprechenden Markt nicht wesentlich beeinträchtigen.

Grundsätzlich kann auch ein Großunternehmen Mitglied eines Mittelstandskartells sein, wenn die kleinen und mittleren Unternehmen dadurch verbesserte Bezugs- oder Vertriebsmöglichkeiten erhalten.

Kleinen und mittelständischen Unternehmen wird durch diese Gesetzesvorschrift ein Ausgleich für ihre strukturellen Nachteile gegenüber größeren Wettbewerbern angeboten.

Kartellregelung

verboten	**erlaubt**
Hardcore-Kartelle, z.B. – Preiskartelle – Gebietskartelle – Quotenkartelle	– Vereinbarungen mit einem Marktanteil bis zu 10% bzw. 15 % – Freigestellte Vereinbarungen – Mittelstandskartelle

▶ Fusionskontrolle

Zusammenschlüsse sind vor dem Vollzug dem Bundeskartellamt anzumelden und nach dem Vollzug anzuzeigen. Die Fusionskontrolle findet statt, wenn die Beteiligten vor dem Zusammenschluss folgende Umsatzerlöse pro Jahr erreicht haben: GWB § 39

anmeldepflichtig § 35

Umsatzerlöse eines Partners > 500 Mio. EUR	und	Umsatzerlöse im Inland > 25 Mio. EUR

jedoch anmeldefrei, wenn

Umsatzerlöse eines Partners < 10 Mio. EUR	oder	Umsatzerlöse seit fünf Jahren < 15 Mio. EUR

Besteht die Gefahr, dass durch den **Zusammenschluss eine marktbeherrschende Stellung entsteht oder verstärkt** wird, so kann die Kartellbehörde einen Zusammenschluss untersagen. Eine bereits vollzogene Fusion kann unter bestimmten Voraussetzungen durch ein **Fusionsverbot** entflochten, d. h. aufgelöst werden.

Merkmale einer überragenden Marktstellung sind die Finanzkraft, der Zugang zu Beschaffungs- oder Absatzmärkten und die Verflechtung mit anderen Unternehmen. Zur Begutachtung der Entwicklung der Unternehmenskonzentration ist eine **Monopolkommission** aus Fachleuten der Wirtschaft und Wissenschaft gebildet worden. § 44

GWB § 19

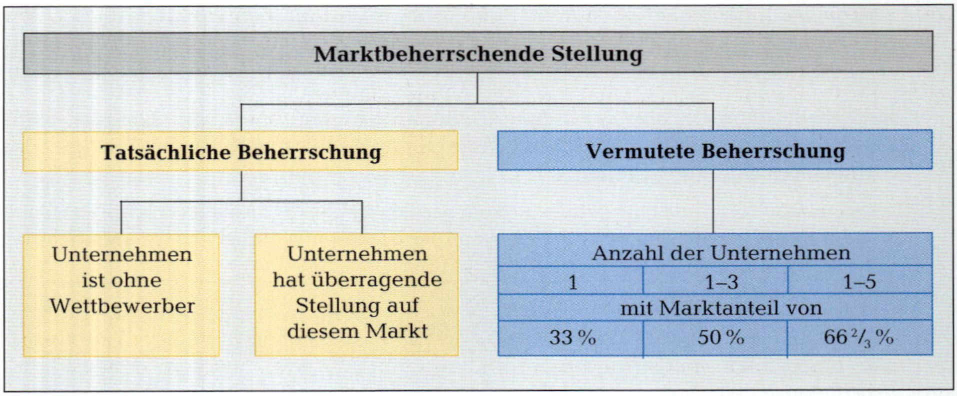

▶ Missbrauchsaufsicht

§ 19 § 74 Die Aufsicht hat die Aufgabe zu verhindern, dass ein bereits marktbeherrschendes Unternehmen seine Marktstellung missbraucht. Nutzt es seine marktbeherrschende Stellung missbräuchlich aus, so kann die Kartellbehörde dieses Verhalten untersagen und Verträge für unwirksam erklären. Gegen Verfügungen der Kartellbehörde kann Beschwerde beim Kammergericht am Oberlandesgericht in Düsseldorf geführt werden. Gegen Entscheidungen des Kammergerichts können Rechtsbeschwerden an den Kartellsenat des Bundesgerichtshofs gerichtet werden.

Generalausnahmeklausel und Geldbußen

§ 42
▶ Generalausnahmeklausel

Der Bundesminister für Wirtschaft und Technologie kann Kartelle zulassen, die vom Kartellamt nicht genehmigt oder durch das Kartellrecht verboten sind. In zwei Fällen werden Kartelle erlaubt:

- Die Beschränkung des Wettbewerbs ist aus überwiegenden Gründen der Gesamtwirtschaft und des Gemeinwohls notwendig.
- Es besteht eine unmittelbare Gefahr für den Bestand des überwiegenden Teiles der Unternehmen eines Wirtschaftszweiges.

§ 48 **Kartellbehörden** sind das Bundekartellamt in Bonn und das Bundesministerium für Wirtschaft und Technologie sowie die Kartellämter der Länder.

▶ Geldbußen

§ 81 (1) Bei Nichtbeachtung der Vorschriften des Gesetzes, bei unrichtiger und ungenügender Auskunftserteilung und bei Aufsichtspflichtverletzung können Geldbußen auferlegt wer-
§ 81 (4) den. Die Geldbuße kann bis zu einer Million EUR betragen. In bestimmten Fällen kann die Geldbuße aber bis zu 10 % des erzielten Gesamtumsatzes im vorausgegangenen Geschäftsjahr betragen (siehe Beispiel, Seite 421).

Maßnahmen der EU-Wettbewerbspolitik

Während in Deutschland das Kartellrecht auf Bundesebene durch eine selbstständige Behörde angewendet wird, entscheidet nach EG-Recht die EU-Kommission in Brüssel. Sie ist als ein politisches Organ auch für andere wirtschaftliche und politische Entscheidungen zuständig.

Die Europäische Kommission ist für alle Wettbewerbsbeschränkungen zuständig, die den Handel zwischen den Mitgliedsstaaten beeinträchtigen. Die nationalen Kartellbehörden können ebenfalls die Wettbewerbsregeln des EG-Vertrages anwenden, solange die Europäische Kommission kein eigenes Verfahren eingeleitet hat.

Das europäische Kartellrecht wird parallel zu den Wettbewerbsgesetzen der einzelnen Mitgliedsstaaten angewendet.

Innerhalb der EU sind alle EGV § 81 (1)

- Vereinbarungen zwischen Unternehmen,
- Beschlüsse von Unternehmensvereinigungen,
- aufeinander abgestimmten Verhaltensweisen

verboten, die den Handel zwischen Mitgliedsstaaten beeinträchtigen oder den Wettbewerb innerhalb des Gemeinsamen Marktes verhindern, einschränken oder verfälschen. Dabei sind insbesondere gemeint:

- die unmittelbare Festsetzung der An- und Verkaufspreise,
- die Einschränkung oder Kontrolle der Erzeugung, des Absatzes, der technischen Entwicklung oder Investitionen,
- die Aufteilung der Märkte oder Versorgungsquellen.

Beispiel für Geldbußen:

Kupferkartell zahlt 315 Millionen

BRÜSSEL (dpa) – Zwei deutsche und neun ausländische Unternehmen müssen wegen illegaler Preisabsprachen bei Kupferteilen ein EU-Strafgeld von fast 315 Millionen Euro zahlen. Das sei das fünfthöchste Bußgeld, das jemals verhängt wurde, hieß es gestern in Brüssel.

Das Unternehmen Viega muss rund 54 Millionen Euro Strafe zahlen, Sanha Kaimer (beide Nordrhein-Westfalen) knapp acht Millionen Euro. Die illegalen Preisabsprachen betrafen Anschlussteile aus Kupfer für Rohre, beispielsweise für Wasser oder Gas. Das US-Unternehmen Mueller beichtete schon vor fünf Jahren die Absprachen der EU und bekommt deshalb seine Strafe von gut zehn Millionen Euro erlassen.

Das Kartell hielt ungewöhnlich lange: von 1988 bis 2004. Das niederländische Unternehmen Aalberts muss mit knapp 101 Millionen Euro den Löwenanteil der Strafe berappen. Dieser Konzern und Delta, Advanced Fluid Connections (beide Großbritannien) sowie Legris (Frankreich) setzten die Preisabsprachen auch nach Razzien von EU-Ermittlern fort und bekamen deshalb besonders saftige Strafen aufgebrummt.

1. Welche Ziele verfolgen Unternehmen
   a) aus der Automobilbranche bei einem horizontalen Zusammenschluss,
   b) aus dem rohstofffördernden und -verarbeitenden Bereich bei einem vertikalen Zusammenschluss,
   c) aus dem Versandbereich und dem Lebensmittelbereich bei einem anorganischen Zusammenschluss?
2. Beantworten Sie aufgrund der Pressenotizen folgende Fragen:
   - Welche Ziele verfolgen die einzelnen Unternehmen?
   - Wie werden diese Zusammenschlüsse genannt?
   - Welche Vor- und Nachteile ergeben sich aus deren Zusammenschluss?

   a) »Zwei Automobil-AGs wollen bis zum Jahre 2011 gemeinsam ein Wasserstoffmobil bauen, das weltweit vertrieben werden soll. An einen Aktienerwerb bei einem beteiligten Unternehmen ist dabei nicht gedacht.«
   b) »Die Spezialbrot- und Keksfabrik Steinfurt GmbH wird von der Holzofenbrotfabrik Karl Jause & Co., Starnberg, übernommen.«
   c) »Aus informierten Branchenkreisen verlautet, dass sich ein führendes Unternehmen der Unterhaltungselektronik mit mehr als 50% an einem anderen Unternehmen der gleichen Branche beteiligen wird.«
   d) »Mehrere Bauunternehmer werden mit erheblichen Geldbußen belegt, weil sie sich bei der Vergabe öffentlicher Aufträge gegenseitig über ihre Angebotssummen verständigt und gemäß einer Absprache Aufträge zu überhöhten Preisen zugeschoben haben.«
   e) »Drei Großsaftereien einigen sich, für sämtliche von ihnen hergestellten Säfte die Verkaufspreise einheitlich festzulegen. So soll beispielsweise eine Kiste trüber Apfelsaft (20 Flaschen á 0,33 l) nicht unter 6,00 EUR abgegeben werden.«

3. Die Spektro-Holzbau-AG hat im letzten Jahr die Transport-GmbH gegründet, die ausschließlich für den Vertrieb zuständig ist. Daneben erwarb die AG von der Minerva-Holzgeräte-AG, die im süddeutschen Raum eine führende Stellung innehat, ein weiteres Aktienpaket, sodass sie nun 231 Millionen EUR des insgesamt 460 Millionen EUR ausmachenden Grundkapitals der Minerva-Holzgeräte-AG besitzt.

   Die Minerva-Holzgeräte-AG hat in diesem Jahr von der Impuls-Inneneinrichtungs-AG ein Aktienpaket in Höhe von 110 Millionen EUR erworben. Das Grundkapital der Impuls-Inneneinrichtungs-AG beträgt 330 Millionen EUR.

   Die Elektrizitäts-AG, die aufrund von Managementfehlern seit mehreren Jahren Verluste erwirtschaftet, wird durch die Übernahme des gesamten Aktienpakets vor der Insolvenz gerettet. Es wird eine gemeinsame Leitung von Elektrizitäts-AG und Spektro-Holzbau-AG eingerichtet.

   Die Krado-Speditions-GmbH wird von der Spektro-Holzbau-AG ebenfalls in ihrer Gesamtheit übernommen.

   a) Verschaffen Sie sich durch eine Skizze einen Überblick, welche Beziehungen zwischen den Unternehmen bestehen.
   b) Entscheiden Sie, welche Zielrichtungen bei den Zusammenschlüssen zwischen den einzelnen Unternehmen erkennbar sind.
   c) Stellen Sie fest, um welche Arten von verbundenen Unternehmen es sich handelt.

4. Vervollständigen Sie folgende Übersicht.

Unternehmenszusammenschluss / Selbstständigkeit	Kartell	Konzern	Vereinigte Unternehmen
rechtliche			
wirtschaftliche			

5. Welche Vor- und Nachteile hat ein Beherrschungsvertrag für die beteiligten Unternehmen?
6. Begründen Sie, warum die Gefahr der Entstehung von Überkapazitäten durch einen Konzern in höherem Maße als durch ein Kartell vermieden werden kann.
7. Erläutern Sie die Bedeutung des Wettbewerbs für die marktwirtschaftliche Ordnung.
8. Begründen Sie, welche Wirkungen der Kooperation und Konzentration volkswirtschaftlich erwünscht bzw. nicht erwünscht sind.
9. Warum und in welchem Fall ist der Grundsatz des Kartellverbots durch Freistellung von diesem Verbot durchbrochen?
10. In den letzten Jahren sind viele Klein- und Mittelbetriebe des Einzelhandels verkauft oder aufgegeben worden.
    a) Nennen Sie mögliche Ursachen.
    b) Welche Auswirkungen hatte dies auf die Verbraucher?
    c) Wie versuchen noch existierende Kleinbetriebe des Einzelhandels diese Entwicklung zu überleben?
    d) Welche Maßnahmen ergreift der Staat, um den Mittelstand zu fördern (Begründung)?
11. Auf welche Weise kann wirtschaftliche Macht zu politischer Macht führen?
12. Wägen Sie ab, inwieweit »Multis« bzw. Global Players mächtiger sind als Nationen.
13. Jedes Unternehmen hat die Pflicht, selbst zu prüfen, ob sein Verhalten, seine Absprachen und seine Beschlüsse kartellrechtlich zulässig sind.

    Bestimmen Sie das Kriterium, das geeignet ist zu entscheiden, ob es sich um ein verbotenes Kartell oder um eine erlaubte Kooperation handelt. Prüfen Sie dieses Kriterium kritisch.
14. Die Anzahl der Fusionen hat in den letzten Jahren stark zugenommen. Nennen Sie vier Gründe für diese Entwicklung.
15. Auf der Homepage des Bundeskartellamtes finden Sie unter »Über das Kartellamt« die unten genannten Fragen. Geben Sie die auf der Seite stehenden Antworten in Kurzform wieder.
    a) Was ist und wie funktioniert Wettbewerb?
    b) Wie wird sichergestellt, dass Wettbewerb funktionieren kann?
    c) Wie schützt das Bundeskartellamt den Wettbewerb?

12.9 Krise der Unternehmung

Die Krise einer Unternehmung ist an Symptomen erkennbar, die unterschiedlich zu bewerten sind: Umsatzrückgang, geringer werdende Gewinne, anhaltende Verluste, Schrumpfung des Eigenkapitals, steigende Verschuldung, Zahlungsschwierigkeiten und schließlich Zahlungsunfähigkeit.

> Als **Finanzkrise (Insolvenz)** einer Unternehmung bezeichnet man **vorübergehende Zahlungsschwierigkeiten** oder die **dauernde Zahlungsunfähigkeit** eines Schuldners.

Ursachen einer solchen Entwicklung können inner- und außerbetrieblicher Natur sein:

Ursachen einer Krise

Innerbetriebliche Ursachen	Außerbetriebliche Ursachen
Mangel an Kapital, falsche Kapitalverwendung, Kapitalentzug durch überhöhte Privatentnahmen, fehlende Marktanpassung, mangelnde kaufmännische Kenntnisse, fehlerhafte Buchführung, technische Überalterung des Betriebs, Verluste durch Fehldispositionen, mangelhafte Organisation, Streitigkeiten zwischen Gesellschaftern.	Rückgang der Nachfrage durch – Abschwächung der Konjunktur, – Änderung der Verbrauchergewohnheiten, – Beschränkung der Kaufkraft infolge steigender Arbeitslosigkeit, – Verschärfung des Wettbewerbs. Rückgang der Zahlungseingänge infolge größerer Verluste an Außenständen.

Der Krise einer Unternehmung kann auf verschiedene Weise begegnet werden:

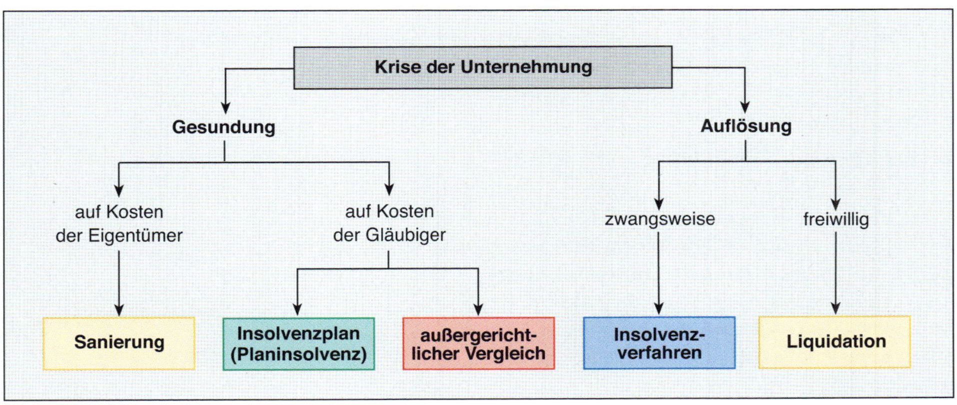

12.9.1 Sanierung

Unter **Sanierung** versteht man die Gesamtheit aller Maßnahmen **zur Gesundung** eines Unternehmens **ohne Hilfe der Gläubiger.**

Sanierung im weiteren Sinne

Dazu gehören alle Maßnahmen zur Beseitigung von Mängeln und Schäden, damit das Unternehmen wieder wirtschaftlich und erfolgreich arbeiten kann. Dies kann geschehen:

- *personell:* durch Umbesetzung in der Unternehmungsleitung, bessere Besetzung der Arbeitsplätze;
- *organisatorisch:* durch Rationalisierung, Einführung von Kurzarbeit;
- *sachlich:* durch Abstoßen unwirtschaftlich arbeitender Betriebsteile;
- *finanziell:* durch Zuführung neuen Kapitals, aber auch durch Rückgabe nicht mehr benötigten Kapitals, durch Fusion mit einem gesunden Unternehmen, durch Umwandlung von Fremdkapital in Eigenkapital.

Sanierung im engeren Sinne

Darunter versteht man die Angleichung des *nominellen,* in der Bilanz ausgewiesenen Kapitals an das tatsächlich vorhandene.

► Bei Einzelunternehmungen und Personengesellschaften

Bei diesen wird das Eigenkapital um den Verlust gemindert durch Verringerung der Einlagen.

A	Bilanzsituation in der Anfangsbilanz		P
Vermögen	6	Eigenkapital	4
		Fremdkapital	2

A	Bilanzsituation in der Schlussbilanz		P
Vermögen	5	Eigenkapital	3
		Fremdkapital	2

► Bei Kapitalgesellschaften

Weil bei Kapitalgesellschaften das Nominalkapital durch Jahresergebnisse nicht verändert werden darf, müssen **Jahresfehlbeträge** als *Abzugsbeträge* beim gezeichneten Kapital ausgewiesen werden. Ist der Verlust kleiner als das Eigenkapital, so spricht man von *Unterbilanz.*

A	Bilanzsituation bei Unterbilanz		P
Vermögen	5	Gezeichnetes Kapital	4
		Jahresfehlbetrag	– 1
		Fremdkapital	2

a) Reine Sanierung. Sie ist die Beseitigung einer *Unterbilanz* ohne Zuführung von neuen Geldmitteln. Dies geschieht durch Kapitalherabsetzung (»Kapitalschnitt«). Dazu stehen drei Möglichkeiten offen, die zuvor in einer Hauptversammlung mit $^3/_4$-Mehrheit beschlossen werden müssen:

1. **Verrechnung von Rücklagen mit dem Jahresfehlbetrag**. Das Nominalkapital ändert sich nicht. AktG § 150

A	vor der Sanierung		P
Vermögen 7		Gezeichnetes Kapital	4
		Rücklagen	2
		Jahresfehlbetrag	– 1
		Fremdkapital	2

A	nach der Sanierung		P
Vermögen 7		Gezeichnetes Kapital	4
		Rücklagen	1
		Fremdkapital	2

2. **Ordentliche Kapitalherabsetzung** (Denomination) durch Herabsetzung der Nennbeträge der einzelnen Aktien oder durch Zusammenlegung der Aktien. §§ 222 ff.

   Beispiel: Zusammenlegung auf die Hälfte.

A	vor der Sanierung		P
Vermögen 5		Gezeichnetes Kapital	4
		Jahresfehlbetrag	– 1
		Fremdkapital	2

A	nach der Sanierung		P
Vermögen 5		Gezeichnetes Kapital	2
		Rücklagen	1
		Fremdkapital	2

3. **Rückkauf von eigenen Aktien unter pari und deren Vernichtung.** Die Differenz zwischen Kurswert und Nennwert wird zum Ausgleich des Jahresfehlbetrags verwendet. §§ 237, 71

   Beispiel: Vernichtung eigener Aktien nach Rückkauf zum Kurs von 50 %.

A	vor der Sanierung		P
eigene Aktien	1	Gezeichnetes Kapital	4
Vermögen	4	Jahresfehlbetrag	– 1
		Fremdkapital	2

A	nach der Sanierung		P
Vermögen 4		Gezeichnetes Kapital	2
		Fremdkapital	2

b) **Sanierung durch Zuführung neuer Mittel** (Zuzahlungssanierung). Die Aktionäre leisten Zuzahlungen, ohne die eine wirkliche Gesundung nicht möglich ist. Den Aktionären können dafür Vorzugsaktien oder Genussscheine angeboten werden.

A	vor der Sanierung		P
Vermögen 5		Gezeichnetes Kapital	4
		Jahresfehlbetrag	– 1
		Fremdkapital	2

A	nach der Sanierung		P
Vermögen	5	Gezeichnetes Kapital	4
Zuzahlungen	1	Fremdkapital	2

c) **Alternativsanierung.** Sie lässt den Aktionären die **Wahl** zwischen der *Herabsetzung des gezeichneten Kapitals* (Rücklagenverrechnung, Herabstempelung oder Rückkauf und Vernichtung) und der *Zuführung neuer Mittel* durch Zahlungen.

d) **Zweistufige Sanierung.** Bei ihr folgt auf die bilanzmäßige Kapitalherabsetzung (reine Sanierung) eine Kapitalerhöhung durch die Zuführung neuer Geldmittel mittels Ausgabe junger Aktien (Zuzahlungssanierung).

A vor der Sanierung	P
Vermögen 5	Gezeichnetes Kapital 4
	Jahresfehlbetrag –1
	Fremdkapital 2

A Herabstempelung	P
Vermögen 5	Gezeichnetes Kapital 2
	Rücklagen 1
	Fremdkapital 2

A Zuzahlung	P
Vermögen 5	Gezeichnetes Kapital 4
	Rücklagen 1
Zuzahlung 2	Fremdkapital 2

Übersteigen die Verluste schließlich das Eigenkapital, so dass die Schulden größer sind als das
HGB Vermögen (gezeichnetes Kapital 4, Jahresfehl-
§ 268 (3) betrag 5), so spricht man von *Überschuldung.*
InsO Der Jahresfehlbetrag ist dann auf der Aktivseite
§ 19 auszuweisen als *nicht durch Eigenkapital gedeckter Fehlbetrag.* Eine *Sanierung* ist bei Kapitalgesellschaften dann *nicht mehr möglich.* In diesem Falle muss die Eröffnung des Insolvenzverfahrens beantragt werden.

A Bilanzsituation bei Überschuldung	P
Vermögen 3	Gezeichnetes Kapital 4
nicht durch EK gedeckter Fehlbetrag 5	Fremdkapital 4

12.9.2 Insolvenzplan

Durch den **Insolvenzplan** kann erreicht werden, dass das insolvente **Unternehmen bestehen bleibt.** Der **Schuldner** wird **von seinen restlichen Verbindlichkeiten** gegenüber den Insolvenzgläubigern **befreit.**

InsO § 227

§§ 217 ff. Ein Insolvenzplan kann dem Gericht sowohl durch den *Schuldner* als auch durch den *Insolvenzverwalter* vorgelegt werden. Darin werden abweichend von den gesetzlichen Vorschriften geregelt die

- Befriedigung der Gläubiger,
- Verwertung und Verteilung der Insolvenzmasse,
- Haftung des Schuldners nach Beendigung des Verfahrens.

Gliederung des Planes

§ 220 Der **darstellende** Teil des Planes enthält

- Maßnahmen, die nach Eröffnung des Verfahrens getroffen werden (Fortsetzung der Produktion),

- alle sonstigen Angaben zu den Grundlagen und Auswirkungen des Planes, die für die Entscheidung der Gläubiger über die Zustimmung des Planes und für dessen gerichtliche Bestätigung erheblich sind.

Im **gestaltenden** Teil wird festgelegt, wie die Rechtsstellung der Beteiligten durch den Plan geändert wird. InsO § 221

Bei der Festlegung der Rechte der Beteiligten sind Gruppen zu bilden, also absonderungsberechtigte Gläubiger, Insolvenzgläubiger, nachrangige Gläubiger, Arbeitnehmer und evtl. Kleingläubiger. Es wird entschieden, ob und in welchem Umfang die Rechte der absonderungsberechtigten Gläubiger *gekürzt* oder *gestundet* und wie sie *gesichert* werden. § 222 § 223

Ebenso muss festgelegt werden, um welchen Bruchteil die Forderungen der nicht nachrangigen Insolvenzgläubiger *gekürzt* bzw. für welchen Zeitraum sie *gestundet* werden. § 224

Die Forderungen nachrangiger Insolvenzgläubiger gelten als *erlassen*. Dem Insolvenzplan muss eine Vermögensübersicht und eine Übersicht über die Aufwendungen und Erträge beigefügt werden, und zwar für den Zeitraum, während dessen die Gläubiger befriedigt werden sollen. § 225

Annahme und Bestätigung des Planes

Beim *Erörterungs- und Abstimmungstermin* werden der Insolvenzplan und das Stimmrecht der Gläubiger *erörtert*. Anschließend wird über den Plan *abgestimmt*. §§ 235 ff.

Der Plan gilt als **angenommen,** wenn

- die **Mehrheit der abstimmenden Gläubiger** dem Plan *zustimmt* und
- die **Summe der Ansprüche der zustimmenden Gläubiger mehr als die Hälfte** der *Summe der Ansprüche* der *abstimmenden* Gläubiger beträgt.

Wirkungen des Insolvenzplanes

Sobald der Insolvenzplan rechtskräftig ist,

- wird ein bereits eingeleitetes *Insolvenzverfahren aufgehoben*. § 258

  Vor der Aufhebung hat der Verwalter die unbestrittenen Masseansprüche zu befriedigen und für die bestrittenen Sicherheit zu leisten.
- erhält der Schuldner damit das Recht zurück, *über die Insolvenzmasse frei zu verfügen*. § 257
  Es kann vorgesehen werden, dass der Insolvenzverwalter die Planerfüllung überwacht.

Kommt der Schuldner mit der Erfüllung in Verzug, so wird die Stundung oder der Erlass für den Gläubiger hinfällig, gegenüber dem der Schuldner im Rückstand ist, d.h., der Schuldner wurde gemahnt und lässt eine mindestens zweiwöchige Nachfrist verstreichen. Der Gläubiger kann dann zur Zwangsvollstreckung greifen. § 255

Wird vor vollständiger Erfüllung des Planes über das Vermögen des Schuldners ein neues Insolvenzverfahren eröffnet, so ist die Stundung oder der Erlass für alle Insolvenzgläubiger hinfällig **(Wiederauflebensklausel).**

12.9.3 Außergerichtlicher Vergleich

Die Verhandlungen werden ohne gerichtliche Mitwirkung völlig frei, meist vertraulich, geführt. *Alle* Gläubiger sollen zustimmen, brauchen aber nicht in gleicher Weise behandelt zu werden. Häufig schließt der Schuldner nur mit einzelnen Großgläubigern einen Vergleichsvertrag ab. BGB § 779

Vorteile:	Nachteil:
– Rasche Durchführung, – keine Veröffentlichung, – keine Gerichtskosten.	– Gläubiger können bei nachfolgendem Insolvenzverfahren nur noch ihre Restforderung geltend machen.

Beim Vergleich unterscheidet man

a) **Stundungsvergleich** (Moratorium), bei dem die Gläubiger ihre Forderungen stunden und einem Tilgungsplan zustimmen,

b) **Erlassvergleich** (Quotenvergleich), bei dem die Gläubiger auf einen Teil ihrer Forderungen verzichten.

Beispiel: 50 %iger Erlass.

A	vor dem Vergleich		P
Vermögen	6	Eigenkapital	2
		Fremdkapital	4

A	nach dem Vergleich		P
Vermögen	6	Eigenkapital	2
		Vergleichsgewinn	2
		Fremdkapital	2

12.9.4 Insolvenzverfahren

»Ein Insolvenzverwalter kommt nicht, um die Unternehmung aufzulösen, sondern um eine neue zu gründen.«

Seite 434

Mit dem Insolvenzverfahren soll vermieden werden, dass einzelne Gläubiger versuchen, durch raschen Zugriff volle Befriedigung ihrer Forderungen zu erlangen, während andere leer ausgehen würden. Ein **Insolvenzverfahren** *löscht ein Unternehmen aus.* Dies ist für die Volkswirtschaft, vor allem aber für die Belegschaft, mit schweren Nachteilen verbunden. Deshalb besteht ein nachhaltiges Interesse, die Existenz einer Unternehmung zu sichern.

InsO § 1

Das **Insolvenzverfahren** ist ein gerichtliches Verfahren zur **gemeinschaftlichen Befriedigung** der Gläubiger. Das Vermögen des Schuldners wird **verwertet** und der Erlös **verteilt.** Dem **redlichen Schuldner** wird die Gelegenheit gegeben, sich von seinen **restlichen Verbindlichkeiten zu befreien.**

Voraussetzungen

§§ 17 ff. Voraussetzungen für die Eröffnung eines Insolvenzverfahrens sind

a) **Zahlungsunfähigkeit, drohende Zahlungsunfähigkeit,** bei juristischen Personen auch **Überschuldung.**

§ 3 **b)** **Antrag** an das **Insolvenzgericht.** Es ist das *Amtsgericht,* in dessen Bezirk der Schuldner seinen allgemeinen Gerichtsstand hat.

Der Antrag kann gestellt werden

§§ 13 ff. 1. vom *Schuldner* selbst. Dieser kann auch bereits bei drohender Zahlungsunfähigkeit einen Antrag stellen;

2. von einem *Gläubiger.* Dieser muss nachweisen, dass er ein rechtliches Interesse an der Eröffnung des Insolvenzverfahrens hat. Er muss seine Forderung und den Grund glaubhaft machen, z. B. durch erfolglose Zwangsvollstreckung oder Wechselprotest.

Eröffnung des Verfahrens

Das Gericht prüft, ob die Voraussetzungen zur Eröffnung des Insolvenzverfahrens vorliegen, und ernennt einen vorläufigen Insolvenzverwalter. Reicht das vorhandene Vermögen zur Deckung der Kosten des Verfahrens nicht aus, so wird der Antrag **mangels Masse** *abgewiesen.* Stellt sich dies erst im Laufe des Verfahrens heraus, wird das Verfahren eingestellt. Die Gläubiger können dann wieder Einzelvollstreckungen einleiten. InsO § 26 § 207

Wird das Verfahren *eröffnet,* so ernennt das Gericht einen endgültigen **Insolvenzverwalter.** Der Eröffnungsbeschluss ist zu *veröffentlichen* und ins Handelsregister und zur Verhinderung gutgläubigen Erwerbs von Grundstücken ins Grundbuch *einzutragen.* § 27

Der **Eröffnungsbeschluss** enthält

a) Firma oder Name und Vornamen, Geschäftszweig und Anschrift des Schuldners,

b) Name und Anschrift des Insolvenzverwalters,

c) Tag und Stunde der Eröffnung,

d) die Aufforderung an die Gläubiger, ihre Forderungen beim Insolvenzverwalter anzumelden und mitzuteilen, welche Sicherungsrechte sie beanspruchen, § 28

e) die Aufforderung an die Schuldner, nicht mehr an den Insolvenzschuldner, sondern nur an den Verwalter zu bezahlen,

f) einen Termin, an dem der Insolvenzverwalter über die wirtschaftliche Lage des Schuldners und deren Ursachen Bericht erstattet (Berichtstermin) und in dem über den Fortgang des Verfahrens beschlossen wird, § 29 (1) Nr. 1

g) einen Termin für die erste Gläubigerversammlung, in der die angemeldeten Forderungen geprüft werden (Prüftermin). § 29 (1) Nr. 2

Wirkungen des Eröffnungsbeschlusses

a) Wirkungen auf den **Schuldner:**

1. Mit der Eröffnung geht das Recht des Schuldners, das Vermögen zu verwalten und darüber zu verfügen, auf den Insolvenzverwalter über. § 80
2. Der Schuldner ist verpflichtet, sich jederzeit auf Anordnung des Gerichts zur Verfügung zu stellen.
3. Auf Anordnung des Gerichts kann eine Postsperre erlassen werden, d. h., die Geschäftspost darf nur vom Insolvenzverwalter geöffnet werden. §§ 99, 102
4. Auf Beschluss der Gläubigerversammlung kann dem Schuldner, dem Ehegatten und den minderjährigen Kindern Unterhalt aus der Insolvenzmasse gewährt werden. § 100
5. Die vom Schuldner erteilten Vollmachten, z. B. Prokura, erlöschen. § 117
6. Der Schuldner hat dem Verwalter gegenüber Auskunftspflicht und hat ihn bei der Erfüllung seiner Aufgaben zu unterstützen. § 97

b) Wirkungen auf die **Drittschuldner:**

Es ist ihnen untersagt, an den Schuldner zu leisten. Leistet ein Drittschuldner trotzdem, so wird er nur befreit, wenn er nachweisen kann, dass er zur Zeit der Leistung die Eröffnung des Verfahrens nicht kannte. § 82

c) Wirkungen auf die **Gläubiger:**

1. Die einzelnen Gläubiger verlieren das Recht auf Zwangsvollstreckungen. § 89
2. Sie müssen ihre Forderungen beim Gericht anmelden. Dort werden sie in eine Vermögensübersicht eingetragen. §§ 174 f.
3. Die Verjährung ihrer Forderungen ist gehemmt.

Gläubigerversammlungen

InsO § 74 Gläubigerversammlungen dienen der Wahrnehmung der gemeinsamen Interessen der Gläubiger. Sie werden vom Gericht einberufen und geleitet.

§ 29 In der *ersten* Gläubigerversammlung berichtet der Insolvenzverwalter über die Ursachen des Verfahrens und über die ergriffenen Maßnahmen. In einer *weiteren* Gläubigerversammlung werden die angemeldeten Forderungen geprüft. Diese müssen vorher schrift-
§ 174 lich beim Insolvenzverwalter angemeldet werden, wobei der Grund und der Betrag der Forderungen anzugeben sind.

§ 68 Die Gläubigerversammlung beschließt, ob ein **Gläubigerausschuss** eingesetzt werden soll.

§ 77 **Stimmberechtigt** sind Gläubiger, deren Forderungen weder vom Insolvenzverwalter noch von einem stimmberechtigten Gläubiger bestritten werden.

§ 76 Ein Beschluss kommt zustande, wenn die Forderungssumme *der zustimmenden Gläubiger mehr als die Hälfte* der *Forderungen aller abstimmenden Gläubiger* beträgt.

Stellung und Aufgaben des Insolvenzverwalters

§§ 56 ff. **Stellung.** Das *Insolvenzgericht* bestellt den *Insolvenzverwalter*. Es soll eine für den Einzelfall geeignete, geschäftskundige Person sein (Rechtsanwalt, Wirtschaftsprüfer). Die erste **Gläubigerversammlung** kann an dessen Stelle aber auch eine andere Person wählen.

Der Insolvenzverwalter hat gewissenhaft und sorgfältig zu arbeiten. Wenn er schuldhaft seine Pflicht verletzt, ist er zum Ersatz des Schadens verpflichtet.

Aufgaben. Nach der Eröffnung des Verfahrens hat der Insolvenzverwalter das gesamte zur Insolvenzmasse gehörende Vermögen sofort in *Besitz* und *Verwaltung* zu nehmen. Vom Schuldner kann er die *Herausgabe* von Sachen verlangen, die zur Insolvenzmasse gehören.

§ 153 Er hat ein Verzeichnis der Massegegenstände, ein Gläubigerverzeichnis und eine Bilanz zu erstellen und jede angemeldete Forderung in eine Vermögensübersicht einzutragen.

Weitere Aufgaben sind:

§ 103 – Bei noch nicht vollständig abgewickelten Verträgen kann der Insolvenzverwalter entscheiden, ob er den *Vertrag erfüllen* will oder ob er die *Erfüllung ablehnt.* Im letzteren Fall hat der Gläubiger nur als Insolvenzgläubiger einen Anspruch an die Insolvenzmasse.

§ 109 – *Miet- oder Pachtverträge* kann der Insolvenzverwalter ohne Rücksicht auf die vereinbarte Vertragsdauer unter Einhaltung der gesetzlichen Frist *kündigen.*

– *Dienstverträge* können vom Insolvenzverwalter und vom Vertragspartner ohne Rücksicht auf die vereinbarte Vertragsdauer *gekündigt* werden.

– *Betriebsvereinbarungen* können mit einer Frist von 3 Monaten *gekündigt* werden.

§§ 129 ff. – Der Insolvenzverwalter kann *Rechtshandlungen anfechten,* die vor der Eröffnung des Verfahrens vorgenommen wurden und *welche die Insolvenzgläubiger benachteiligen.*

Einteilung der Gläubiger

Insolvenzgläubiger sind:

§§ 49 ff. **a) Absonderungsberechtigte.** Das sind Gläubiger, die ihre Forderungen durch ein Pfandrecht gesichert haben oder ein kaufmännisches *Zurückbehaltungsrecht* geltend machen können. Eine Sicherung durch Zwangsvollstreckung, die im letzten Monat vor dem Antrag auf Eröffnung des Insolvenzverfahrens erworben wurde, ist unwirksam (Sperrfrist). InsO § 88

b) Aufrechnungsberechtigte. Das sind Gläubiger, die kraft Gesetzes oder aufgrund einer Vereinbarung zur Aufrechnung berechtigt sind. Es werden *Forderungen des Schuldners mit Forderungen an den Schuldner verrechnet.* § 94

c) Massegläubiger sind vorweg zu befriedigen. Masseverbindlichkeiten sind: §§ 53 ff.

- die *Kosten des Insolvenzverfahrens* (Gerichtskosten, Vergütungen und Auslagen des Insolvenzverwalters),
- sonstige Masseverbindlichkeiten, die *durch Handlungen des Insolvenzverwalters* bei der Verwaltung, Verwertung und Verteilung der Insolvenzmasse entstanden sind oder Schulden, die *nach der Eröffnung* des Verfahrens entstanden sind (Löhne, Gehälter, Mieten),
- die Verbindlichkeiten aus dem *Sozialplan,* sofern sie den Gesamtbetrag von zweieinhalb Monatsverdiensten und ein Drittel der für die Verteilung zur Verfügung stehenden Insolvenzmasse nicht übersteigen. § 123

d) Persönliche Insolvenzgläubiger. Das sind solche Gläubiger, die *zum Zeitpunkt der Eröffnung* des Verfahrens einen begründeten Vermögensanspruch an den Schuldner haben. Sie erhalten bei der Verteilung der Restmasse einen vom Gläubigerausschuss auf Vorschlag des Insolvenzverwalters festgelegten **Bruchteil** von ihrem Anspruch. § 38 § 195

Beispiel: Ein Insolvenzgläubiger erhält als Bruchteil $1/_{20}$ seines Vermögensanspruchs von 10.000 EUR.

Auszahlung: $\frac{10.000 \text{ EUR}}{20} = 500 \text{ EUR}$

e) Nachrangige Insolvenzgläubiger. Im Rang nach den übrigen Forderungen werden in folgender Rangfolge, bei gleichem Rang nach dem Verhältnis ihrer Beträge unter anderem befriedigt § 39

- die seit der Eröffnung des Insolvenzverfahrens laufenden Zinsen für die Forderungen der Insolvenzgläubiger,
- die Kosten, die den einzelnen Insolvenzgläubigern durch ihre Teilnahme am Verfahren erwachsen.

Aussonderungsberechtigte sind **keine Insolvenzgläubiger.** Aussonderungsberechtigte sind Gläubiger, die ein *dingliches* oder *persönliches Eigentumsrecht* an Gegenständen haben, die sich im Besitz des Schuldners befinden (mit Eigentumsvorbehalt gelieferte und noch nicht bezahlte Waren, gepachtete und gemietete Gegenstände, abgetretene Forderungen). § 47

Verwertung der Insolvenzmasse und Verteilung

Im **Berichtstermin** hat der Insolvenzverwalter darzulegen, welche § 156

- Aussichten bestehen, das Unternehmen zu erhalten,
- Möglichkeiten für einen Insolvenzplan bestehen,
- Auswirkungen jeweils für die Befriedigung der Gläubiger eintreten würden.

Verwertung. Auf Beschluss der Gläubigerversammlung hat der Insolvenzverwalter das zur Insolvenzmasse gehörende Vermögen zu verwerten. Die bei der Verwertung der Insolvenzmasse erzielten Barmittel können an die Gläubiger ausgezahlt werden.

Verteilung. Vor der Verteilung hat der Insolvenzverwalter ein Verzeichnis der Forderungen aufzustellen. Die Summe der Forderungen und der für die Verteilung verfügbare Betrag sind öffentlich bekannt zu machen. §§ 187 f.

Beispiel: Verteilung der Insolvenzmasse

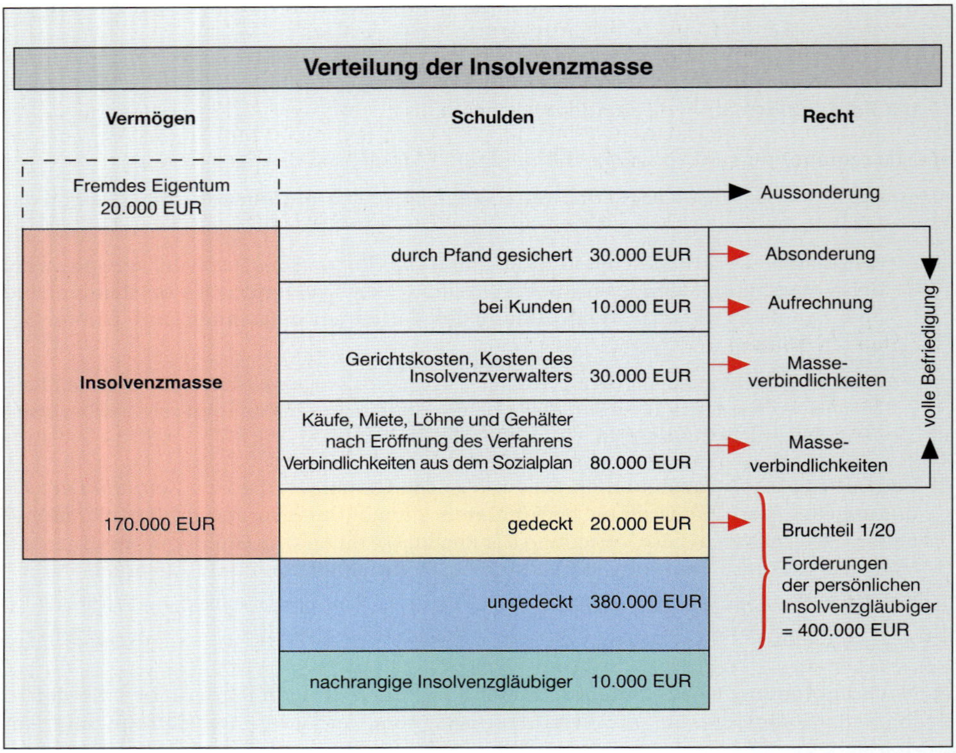

InsO § 195 Für die *Abschlagszahlung* bestimmt der Gläubigerausschuss den zu zahlenden Bruchteil. Das Ergebnis muss der Insolvenzverwalter den Gläubigern mitteilen. In einer abschließenden Gläubigerversammlung bestimmt das Gericht den Schlusstermin, in dem die Schluss-
§ 199 rechnung des Verwalters erörtert wird. Die *Schlussverteilung* darf nur mit Zustimmung des Gerichts erfolgen. Sie erfolgt, wenn die Insolvenzmasse verwertet ist. Ein etwaiger *Überschuss* steht dem Schuldner zu.

Beendigung des Verfahrens

§ 200 Sobald die Schlussverteilung vollzogen ist, beschließt das Gericht die Aufhebung des Insolvenzverfahrens.

Folgen der Beendigung

Der Schuldner kann über etwa noch vorhandene Masse wieder selbst verfügen. Insolvenzverwalter, Gläubigerversammlung und -ausschuss sowie das Gericht stellen ihre Tätigkeit ein. Das Unternehmen wird im Handelsregister gelöscht.

§ 201 Die Insolvenzgläubiger können ihre restlichen Forderungen gegen den Schuldner unbeschränkt geltend machen. Aus der Eintragung in die Insolvenztabelle können die Gläubiger wie aus einem vollstreckbaren Urteil die Zwangsvollstreckung gegen den Schuldner betreiben.

Seite 433

Restschuldbefreiung

§§ 1, 286 Eines der Ziele des Insolvenzverfahrens ist die Befreiung des redlichen Schuldners von seinen restlichen Schulden.

Insolvenzgeld

Die Agentur für Arbeit zahlt jedem Arbeitnehmer den vollen Nettolohn für die letzten drei Monate vor der Insolvenzeröffnung als Insolvenzgeld. Auf Antrag der Einzugsstelle (z. B. AOK) werden auch die für diese Zeit rückständigen Sozialversicherungsbeiträge abgeführt. Die Agentur für Arbeit hat dafür Anspruch an die Insolvenzmasse als Massegläubiger. Ausfälle müssen von der Gesamtheit der Arbeitgeber durch eine Umlage getragen werden, welche die Unfallversicherung erhebt. SGB III § 183 § 55 (2)

Betriebsrenten werden vom Pensionssicherungsverein der deutschen Wirtschaft übernommen, dem alle Betriebe angehören, die Betriebsrenten zugesagt haben. Dies gilt für Arbeitnehmer über 35 Jahre mit mindestens 10-jähriger Versorgungszusage.

12.9.5 Restschuldbefreiung

Nach der Auflösung einer Personengesellschaft bleibt der Unternehmer als Privatperson übrig. Für seine noch bestehenden Schulden kann er in der Insolvenz über sein eigenes Vermögen das Restschuldbefreiungsverfahren beantragen. InsO §§ 286 ff.

Ist der **Schuldner eine natürliche Person,** so kann er **auf seinen Antrag** vom Insolvenzgericht **von den Restschulden befreit werden.** !

Der Schuldner muss dafür eine Erklärung abgeben, dass er seine pfändbaren Forderungen für die Zeit von **6 Jahren** nach Eröffnung des Verfahrens an einen Treuhänder abtritt. In dieser Zeit sind Zwangsvollstreckungen einzelner Insolvenzgläubiger in das Vermögen des Schuldners nicht zulässig.

Der Schuldner ist **verpflichtet,** § 295

- sich um eine angemessene Erwerbstätigkeit zu bemühen,
- von einem Vermögen, das er erbt, die Hälfte an den Treuhänder abzuführen,
- jeden Wechsel des Wohnsitzes oder der Arbeitsstelle anzuzeigen,
- Zahlungen zur Befriedigung der Insolvenzgläubiger nur an den Treuhänder zu leisten.

Mit dem Verfahren soll erreicht werden, dass der Insolvenzschuldner nach dem Ablauf von 6 Jahren wieder ein Geschäft gründen oder eine normale Erwerbstätigkeit ausüben kann, ohne unter dem dauernden Druck der restlichen Schulden zu stehen.

Eine Befreiung wird **versagt,** wenn z.B. § 290

- der Schuldner schriftlich unrichtige oder unvollständige Angaben über seine wirtschaftlichen Verhältnisse macht,
- dem Schuldner in den letzten 10 Jahren bereits schon einmal Restschuldbefreiung erteilt oder versagt wurde.

Die Erteilung der Restschuldbefreiung kann von einem Gläubiger innerhalb eines Jahres nach Rechtskraft der Entscheidung widerrufen werden. Er muss hierzu glaubhaft machen, dass dem Schuldner eine Obliegenheitsverletzung vorzuwerfen ist. § 303 (2)

Die Restschuldbefreiung gibt es nicht nur im sogenannten Regelinsolvenzverfahren, sondern auch im **Verbraucherinsolvenzverfahren.**

12.9.6 Bankrott

StGB § 283

Ein **Bankrott** liegt vor, wenn der **Schuldner die Insolvenz verschuldet** hat. !

Er wird mit Freiheitsstrafen geahndet.

Bis zu 2 Jahren Freiheitsstrafe erhält, wer den Vermögensverfall durch *Fahrlässigkeit* verursacht hat.

Beispiel: Der Schuldner hat durch Spiel, Wetten oder Börsenspekulationen übermäßige Summen verbraucht, Waren und Wertpapiere verschleudert oder Bestandteile seines Vermögens beiseite geschafft, Handelsbücher zu führen unterlassen oder diese nicht ordnungsgemäß aufbewahrt.

Insolvenz	Bankrott		
ohne Verschulden	mit Verschulden		
	Fahrlässigkeit	Vorsatz	Vorsatz und Gewinnsucht
	bis 2 Jahre	bis 5 Jahre	bis 10 Jahre
straffrei	Freiheitsstrafe		

Bis zu 5 Jahren Freiheitsstrafe erhält der Schuldner, wenn er seine Gläubiger *vorsätzlich* geschädigt hat.

Beispiel: Der Schuldner hat in der Absicht, seine Gläubiger zu benachteiligen, Vermögensstücke verheimlicht oder beiseite geschafft, Geschäftsbücher nicht oder unordentlich geführt, Schulden und Rechtsgeschäfte anerkannt oder aufgestellt, die ganz oder teilweise fiktiv sind, Waren oder Wertpapiere auf Kredit beschafft, um sie erheblich unter ihrem Wert zu veräußern.

Bis zu 10 Jahren Freiheitsstrafe erhält, wer *vorsätzlich* aus *Gewinnsucht* handelt.

Beispiel: Wer aus Gewinnsucht oder wissentlich viele Personen in die Gefahr des Verlustes ihrer ihm anvertrauten Vermögenswerte oder in wirtschaftliche Not bringt.

12.9.7 Auswirkungen von Unternehmungszusammenbrüchen

Der Zusammenbruch einer Unternehmung wirkt sich in mehrfacher Beziehung nachteilig aus:

a) Auswirkung auf die Volkswirtschaft. Lieferanten können durch den Ausfall ihrer Forderungen selbst zahlungsunfähig werden (Kettenreaktion). Der Bund, die Länder, Gemeinden und Sozialversicherungsträger verlieren Steuer- und Beitragszahler; sie können deshalb ihre öffentlichen Aufgaben nur noch in entsprechend eingeschränktem Maße erfüllen.

b) Auswirkung auf die Belegschaft. Durch den Zusammenbruch verlieren die Mitarbeiter neben einem Teil ihrer Lohnforderungen ihren Arbeitsplatz. Sie haben nicht nur Schwierigkeiten, einen gleichwertigen Arbeitsplatz zu finden, oft müssen sie auch den Wohnort wechseln. Ältere Arbeitnehmer bekommen bei schlechter Wirtschaftslage keinen Arbeitsplatz mehr und sind gezwungen, vorzeitig in Rente zu gehen.

12.9.8 Liquidation der Unternehmung

> Die **Liquidation** ist die **freiwillige Auflösung einer Unternehmung.** Dabei wird das ganze Vermögen der Unternehmung in liquide (flüssige) Mittel verwandelt.

BGB §§ 726 ff.
HGB §§ 131, 133
AktG §§ 262 ff.
GmbHG §§ 60 ff.
GenG §§ 78 ff.

Auflösungsgründe können sein: Arbeitsunfähigkeit, hohes Alter oder Tod des Unternehmers, Austritt eines Gesellschafters aus der OHG, Streitigkeiten der Gesellschafter oder Erben, schlechte Ertragsaussichten, Erreichung des Unternehmungszieles, Erschöpfung von Rohstoffvorkommen (Steine, Lehm, Erze, Kohlen, Salze).

Die **Abwicklung** liegt meist in den Händen des Unternehmers, der bisherigen Gesellschafter, Geschäftsführer oder Vorstandsmitglieder. Es kann aber auch eine andere Person bestellt werden. Man nennt sie Abwickler *(Liquidator)*.

Dem **Gläubigerschutz** dienen folgende Bestimmungen:

a) Der Auflösungsbeschluss muss *veröffentlicht* und ins *Handelsregister* eingetragen werden. Die Gläubiger sind dabei aufzufordern, sich zu melden.

b) Auf allen Geschäftsbriefen des Unternehmens ist der Zusatz »i. L.«, d.h. »in Liquidation«, beizufügen.

c) Gesellschafter von Personengesellschaften *haften* noch *fünf Jahre* ab dem Zeitpunkt der Eintragung des Auflösungsbeschlusses in das Handelsregister, sofern ein Anspruch nicht schon vorher verjährt.

Die **Verteilung** des verbleibenden Vermögens erfolgt im Verhältnis der Kapitalanteile.

Die **Beendigung** der Liquidation und das Erlöschen der Firma ist im Handelsregister einzutragen. Die Gesellschaftsbücher und Papiere sind 10 Jahre aufzubewahren. Bei Kapitalgesellschaften und Genossenschaften bestimmt das Gericht den Ort der Aufbewahrung.

?

1. Nennen Sie je zwei Gründe für die Krise des Unternehmens, bei denen der Unternehmer die Krise
   a) verschuldet hat,
   b) nicht verschuldet hat.
2. Das Vermögen der Klammer KG beträgt 500.000 EUR. Entscheiden Sie, welche Maßnahmen zu ergreifen sind, wenn die Schulden
   a) 200.000 EUR,
   b) 500.000 EUR,
   c) 900.000 EUR betragen.

   Begründen Sie Ihre Entscheidung.
3. Erklären Sie den Unterschied zwischen einer Bilanz mit Jahresfehlbetrag und einer Bilanz mit Überschuldung.
4. Warum gibt es bei einem Personenunternehmen keine Bilanz mit Jahresfehlbetrag?
5. Warum kann ein Personenunternehmen trotz Überschuldung weitergeführt werden?
6. Zu wessen Lasten geht die Sanierung eines Unternehmens?
7. In welchem Bilanzposten wird ein Verlust ausgewiesen
   a) bei Personengesellschaften,
   b) bei Aktiengesellschaften?
8. Die Bilanz einer AG hat folgende Positionen:

   Vermögen 8 Mio. EUR, Schulden 10 Mio. EUR, gezeichnetes Kapital 3 Mio. EUR, Jahresfehlbetrag 5 Mio. EUR.
   a) Erstellen Sie die Bilanzsituation und analysieren Sie diese.
   b) Entscheiden Sie, welche Maßnahme zu treffen ist.
   c) Angenommen, die Schulden würden nur 6 Mio. EUR betragen. Für welche Maßnahmen könnten Sie sich dann entscheiden?
9. Nennen Sie die Voraussetzungen für die Eröffnung des Insolvenzverfahrens.
10. Unterscheiden Sie zwischen Aussonderung und Absonderung.
11. Begründen Sie, warum die Gläubigerversammlung den vom Gericht bestellten Insolvenzverwalter durch eine andere Person ersetzen kann.
12. Unterscheiden Sie Insolvenzplan und außergerichtlicher Vergleich.
13. Der Gesetzgeber hat neben dem Insolvenzplan die Restschuldbefreiung eingeführt. Begründen Sie diese Maßnahme.
14. Der Gesetzgeber regelt den Bankrott im Strafgesetzbuch und nicht in der Insolvenzordnung. Begründen Sie dies.
15. Beschreiben Sie die Auswirkungen des Zusammenbruchs eines Unternehmens für den Eigentümer.

13 Finanzierung der Unternehmung

Finanzierung ist der Inbegriff aller Maßnahmen, die der **Bereitstellung von Geld und Sachmitteln für die betriebliche Leistungserstellung** dienen.

Sie ist nicht nur eine einmalige, bei der Gründung zu lösende Aufgabe, sondern eine laufende Tätigkeit des Beschaffens, Freisetzens und Wiedereinsetzens von Mitteln, um sich veränderten Gegebenheiten anzupassen. Die Finanzierungsmaßnahmen finden ihren Niederschlag in der Kapital- und Vermögensausstattung der Betriebswirtschaften.

13.1 Vermögen und Kapital

Vermögen im betriebswirtschaftlichen Sinn ist die **Gesamtheit aller Güter,** die der Betrieb **zur Aufgabenerfüllung** verwendet.

Dazu gehören die **materiellen** Wirtschaftsgüter wie Gebäude, Maschinen und Stoffe und die **immateriellen** Wirtschaftsgüter wie Konzessionen und Patente. Aus der Größe und Zusammensetzung des Vermögens lassen sich die Art und konkrete Gestalt eines Unternehmens erkennen.

Vermögen im **rechtlichen** Sinne umfasst nur die Wirtschaftsgüter, die Eigentum des Unternehmens sind.

Das in der **Bilanz** ausgewiesene Anlage- und Umlaufvermögen enthält neben Vermögen im rechtlichen Sinne auch Wirtschaftsgüter, die unter Eigentumsvorbehalt erworben wurden oder zur Sicherung übereignet sind. Andererseits kommt in der Bilanz nicht das ganze Vermögen zum Ausdruck, da Anlagen, die geliehen, gemietet oder gepachtet sind (Leasing), in der Regel nicht aktiviert werden.

Kapital ist der **abstrakte Gegenwert des Vermögens,** der über die **Herkunft** und den **Umfang** des Vermögens Auskunft gibt (Eigen- und Fremdkapital).

Aus der Tatsache, dass das Vermögen die konkrete Gestalt des Kapitals darstellt, ergibt sich die Bilanzgleichung:

Vermögen = Kapital

Vermögen (Aktiva) **Bilanz** (Passiva) **Kapital**

Mittelverwendung ≙ **Investition** ←	Mittelherkunft ≙ **Finanzierung** ←
Beispiele:	**Beispiele:**
1. Mit den vom Unternehmer eingebrachten Mitteln werden Maschinen gekauft.	1. Der Unternehmer stellt dem Unternehmen aus einer Erbschaft Mittel in Form von Geld zur Verfügung.
2. Der vom Gesellschafter eingebrachte Wagen dient jetzt als Geschäftswagen.	2. Ein neu eintretender Gesellschafter stellt seinen Privatwagen zur Verfügung.
3. Mit dem bereitgestellten Kredit wird ein Grundstück bezahlt.	3. Die Bank gewährt dem Unternehmen einen Kredit zum Kauf eines Grundstücks.

Trotz dieser Trennung in Herkunft und Verwendung der Mittel stehen Finanzierung und Investition in engem Zusammenhang: Finanzierungsvorhaben sind nämlich wertlos, wenn für sie keine Investitionsanlässe bestehen; Investitionsüberlegungen sind nutzlos, wenn sie nicht finanzierbar sind. Jeder Finanzierungsvorgang muss also Investitionen zur Folge haben; jede Investition setzt deren Finanzierbarkeit voraus.

13.2 Arten der Finanzierung

Vor jeder Finanzierungsmaßnahme muss sich der Unternehmer entscheiden, ob er die benötigten Geld- oder Sachmittel von außen beschaffen muss oder dem Unternehmen selbst entnehmen kann. Bei der Gründung einer Unternehmung *muss* Kapital *von außen* zufließen, da die Finanzierung von innen aufgrund des erst beginnenden Umsatzprozesses noch nicht möglich ist. **Nach der Herkunft der Geld- und Sachmittel** unterscheidet man die nachfolgenden **Finanzierungsarten:**

Außenfinanzierung

Die Finanzierungsmittel werden von **außen** als Eigenkapital oder Fremdkapital in das Unternehmen eingebracht. Demnach unterscheidet man nach der Rechtsstellung der Kapitalgeber

- die **Beteiligungsfinanzierung** (Eigenfinanzierung),
- die **Fremdfinanzierung.**

Der Markt für die Eigenfinanzierung und langfristige Fremdfinanzierung wird als **Kapitalmarkt,** der Markt für die kurzfristige Fremdfinanzierung als **Geldmarkt** bezeichnet.

Innenfinanzierung

Die Finanzierungsmittel werden von **innen,** d. h. vom Unternehmen selbst aufgebracht, und zwar durch

- die **Selbstfinanzierung** (Nichtausschüttung von Gewinn),
- die **Finanzierung aus Abschreibungen** (Verringerung der Gewinnbesteuerung),
- die **Umfinanzierung** (Vermögens- und Kapitalumschichtung).

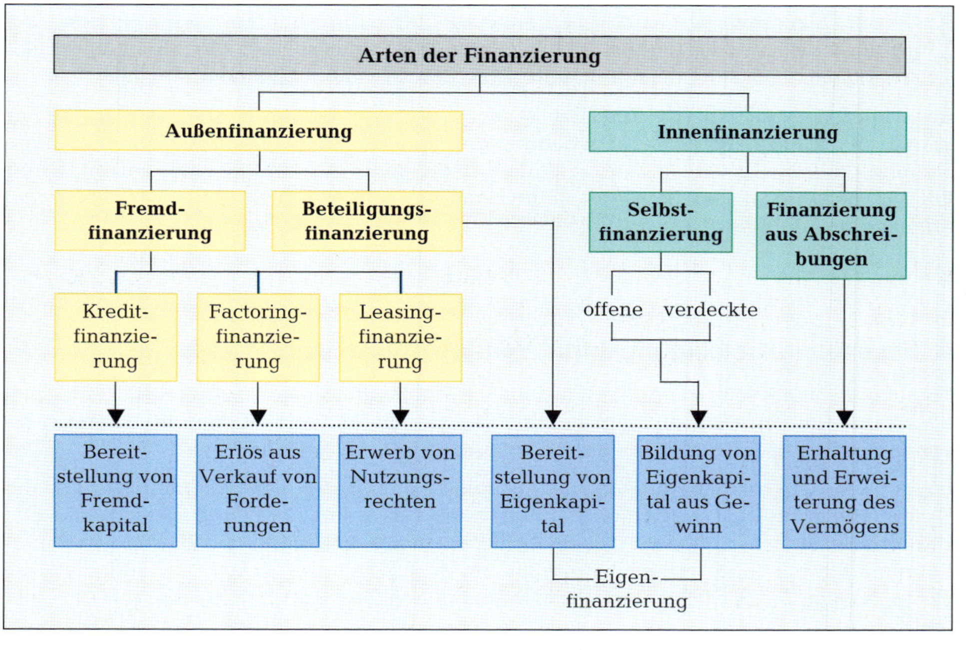

13.2.1 Beteiligungsfinanzierung (Eigenfinanzierung)

Beteiligungsfinanzierung ist die **Bereitstellung von Kapital durch den oder die Eigentümer** des Unternehmens.

Die Beteiligungsfinanzierung ist Außenfinanzierung.

Beteiligungsfinanzierung bei den verschiedenen Unternehmensformen

a) Bei einem **Einzelunternehmen** wird das gesamte Eigenkapital von *einem Unternehmer* aufgebracht. Seine Kapitalkraft ist deshalb begrenzt.

b) Bei der **OHG** ist die Kapitalkraft größer, da *mehrere Gesellschafter* das Eigenkapital aufbringen. Auch die Kreditwürdigkeit ist besser, da alle Gesellschafter mit ihrem ganzen Vermögen haften. Eine Eigenkapitalerhöhung ist durch weitere Kapitaleinlagen, aber auch durch die Aufnahme neuer Gesellschafter möglich.

c) Bei der **KG** bringen *neben den Komplementären auch Kommanditisten* das Eigenkapital auf, ohne dass das Verfügungsrecht der Komplementäre durch die Kommanditisten wesentlich eingeschränkt ist. Eine Eigenkapitalerhöhung ist durch weitere Kapitaleinlagen, aber auch durch die Aufnahme neuer Gesellschafter möglich.

d) Bei der **GmbH** wird das Eigenkapital (Stammkapital) dadurch beschafft, dass *ein oder mehrere Gesellschafter* zu Stammeinlagen verpflichtet werden. Das Eigenkapital kann notfalls durch vertraglich festgelegte Nachschüsse erhöht werden. Stamm- und Nachschusskapital sind getrennt auszuweisen. Eine Eigenkapitalerhöhung ist durch weitere Kapitaleinlagen, aber auch durch die Aufnahme neuer Gesellschafter möglich.

e) Bei der **AG** kann durch Ausgabe von Aktien an *viele Aktionäre* ein großes Eigenkapital aufgebracht werden (Gezeichnetes Kapital plus Agio). Eine Kapitalerhöhung durch weitere Einlagen ist bei der AG nur durch Neuemission von Aktien möglich (Seite 439).

f) Bei der **Genossenschaft** wird das Eigenkapital durch Einzahlungen *vieler Genossen* auf ihre Geschäftsanteile eingebracht. Eine Kapitalerhöhung ist durch die Erhöhung der Geschäftsanteile der Genossen und durch den Eintritt neuer Mitglieder möglich.

Eigenkapital macht unabhängig und ist Voraussetzung bei der Aufnahme von Fremdkapital. Das Unternehmen ist nicht bedroht durch den Entzug von Betriebsmitteln infolge Kreditkündigung. Es wird krisenfest. Grundsätzlich sollte das Anlagevermögen mit Eigenkapital finanziert werden. *Risikoreiche Investitionen* sollten auf alle Fälle *mit Eigenkapital finanziert* werden.

Eigenkapitalbeteiligung durch Venture Capital bzw. Private Equity

Fehlt *jungen innovativen* Unternehmen, die die »Start-up«-Finanzierung bereits hinter sich haben und die ein Alleinstellungsmerkmal aufweisen, weiteres Eigenkapital, können sie von Investoren mit zinslosem **Venture Capital** ausgestattet werden.

Im Rahmen von **Private Equity** bieten diese Investoren *bereits etablierten* mittelständischen Unternehmen zusätzliches Kapital ebenfalls zinslos an, wenn diese ihre Eigenkapitaldecke stärken oder schonen wollen. In beiden Fällen gehen die Kapitalgeber mit ihren Beteiligungen für 5–7 Jahre ein Risiko ein, bis hin zum Totalausfall. Dafür verlangen sie bei erfolgreichem Verkauf ihrer Beteiligung **(Management Buy Out)** eine Rendite von 20 % und mehr.

Der Ablauf der Finanzierung bei beiden Varianten kann in drei Phasen unterteilt werden:

- **Kapitalaufnahme.** Kapitalgeber beteiligen sich nach intensiver Prüfung direkt an einem Unternehmen oder bringen ihr Kapital in eine Kapitalbeteiligungsgesellschaft ein, die darauf spezialisiert ist, die von ihr ausgesuchten Unternehmen für eine festgelegte Zeit zu finanzieren.

  Beispiele: »DVC Deutsche Venture Capital«, München; »IKB Private Equity GmbH«, Düsseldorf.

- **Investition.** Die Unternehmen nutzen das kostenlose Beteiligungskapital für erfolgversprechende Innovationen oder Investitionen. Sie können damit auch Gesellschafterstrukturen umschichten oder Nachfolgeregelungen finanzieren.

- **Ausstieg (Exit).** Die Investoren verkaufen ihren Anteil nach erfolgreichen 5–7 Jahren mit kräftigem Gewinn und investieren in ein neues Projekt.

13.2.2 Besonderheiten der Beteiligungsfinanzierung bei der AG

Unter Kapitalerhöhung im Sinne des AktG ist eine Erhöhung des Grundkapitals zu verstehen.

Kapitalerhöhung gegen Einlagen

Sie wird durch Ausgabe (Emission) neuer Aktien durchgeführt und erbringt einen Mittelzufluss in Höhe der Einlage auf das Grundkapital und des vollen Aufgeldes **(Agio)**, das der Kapitalrücklage zugeführt werden muss. AktG §§ 182–191

Die Kapitalerhöhung bedarf einer Satzungsänderung und damit eines qualifizierten Mehrheitsbeschlusses der HV.

▶ Volle Einzahlung des Kaufpreises

Die vom Aktionär aufgrund seines Bezugsrechtes erworbenen Aktien umfassen den vollen Nennbetrag, der in das gezeichnete Kapital fließt, sowie das Agio, das in die Kapitalrücklage eingestellt werden muss. § 150 (2)

Seiten 441, 442

▶ Mindesteinzahlung des Kaufpreises

In diesem Fall sind mindestens 25 % des Nennbetrages der Aktien und das gesamte Agio einzuzahlen. § 36 a

Beispiel: Das Grundkapital einer AG wird durch die Ausgabe junger Aktien im Nennbetrag von 5 EUR um 2 Mio. EUR auf 10 Mio. EUR erhöht. Die jungen Aktien werden zu je 20 EUR emittiert; die Aktionäre zahlen den gesetzlichen Mindestbetrag ein.

	Vor der Erhöhung	Zugang	Nach der Erhöhung
Anzahl der 5-EUR-Aktien	1.600.000 Stück	400.000 Stück	2.000.000 Stück
Ausstehende Einlagen **Gezeichnetes Kapital** **Kapitalrücklage**	0 EUR 8.000.000 EUR 1.000.000 EUR	1.500.000 EUR 2.000.000 EUR 6.000.000 EUR	1.500.000 EUR 10.000.000 EUR 7.000.000 EUR
ausgewiesenes Eigenkapital	9.000.000 EUR	8.000.000 EUR	17.000.000 EUR

Genehmigtes Kapital

Die Satzung oder ein satzungsändernder Beschluss der Hauptversammlung kann den Vorstand für höchstens fünf Jahre **ermächtigen,** das Grundkapital **um einen bestimmten Nennbetrag** (genehmigtes Kapital), höchstens bis zur Hälfte des bei der Ermächtigung vorhandenen Grundkapitals, durch Ausgabe neuer Aktien gegen Einlagen zu erhöhen. §§ 202–206

Diese Ermächtigung macht den Vorstand bei erforderlichen Kapitalerhöhungen von besonderen HV-Beschlüssen unabhängig. Sie ermöglicht damit eine rasche Anpassung an den steigenden Kapitalbedarf der AG (Erweiterung des Unternehmens, Erwerb einer Beteiligung) und an eine günstige Kapitalmarktlage. Das genehmigte Kapitel muss im Lagebericht vermerkt werden.

AktG §§ 192–201

Bedingte Kapitalerhöhung

Sie ist eine Kapitalerhöhung, zu der der Vorstand durch die HV in dem Ausmaß **ermächtigt** wird, wie **von einem eingeräumten Umtausch- oder Bezugsrecht Gebrauch gemacht** wird.

Die bedingte Kapitalerhöhung soll nur beschlossen werden

- zur Gewährung von Umtausch- oder Bezugsrechten an Gläubiger von Wandelschuldverschreibungen,
- zur Vorbereitung des Zusammenschlusses mehrerer Unternehmen (Schaffung von Umtauschaktien bei einer Fusion),
- zur Gewährung von Belegschaftsaktien aus einer von der AG ihren Arbeitnehmern eingeräumten Gewinnbeteiligung.

Der Nennbetrag des bedingten Kapitals darf wie bei dem genehmigten Kapital höchstens 50% des bei der Beschlussfassung vorhandenen Grundkapitals betragen.

Das bedingte Kapital muss in der Bilanz vermerkt werden.

Kapitalerhöhung aus Gesellschaftsmitteln

Aufgrund einer regelmäßig betriebenen Politik der offenen Selbstfinanzierung bilden sich in der AG immer höhere Rücklagen. Die Rücklagen gehören zum Eigenkapital der AG. Deshalb ist der Zugriff der Aktionäre auf diese Rücklagen möglich. Bei den Aktionären kann somit der Wunsch aufkommen, diese Rücklagen in stimm- und dividendenberechtigtes Kapital umzuwandeln.

Die **Umwandlung von Rücklagen in Grundkapital** nennt man **Kapitalerhöhung aus**
§§ 150, 208 **Gesellschaftsmitteln.** *Kapitalrücklagen und gesetzliche Rücklagen* können nur in Grundkapital umgewandelt werden, soweit sie zusammen den zehnten oder den in der Satzung bestimmten höheren Teil des bisherigen Grundkapitals übersteigen. *Andere Rücklagen* können als allgemeine Rücklagen in voller Höhe in Grundkapital umgewandelt werden; als zweckbestimmte Rücklagen nur, soweit dies mit ihrer Zweckbestimmung zu vereinbaren ist.

§§ 207–220 Die Hauptversammlung beschließt eine Grundkapitalerhöhung durch Umwandlung von Kapital- und Gewinnrücklagen in Grundkapital. Hierdurch wird nur das Grundkapital, jedoch nicht das ausgewiesene Eigenkapital erhöht. Zur Durchführung werden bei Nennbetragsaktien **Berichtigungsaktien** ausgegeben; bei Stückaktien kann darauf verzichtet werden.

Der für Berichtigungsaktien häufig verwendete Ausdruck »Gratisaktien« ist irreführend, da bei dieser Kapitalerhöhung dem Aktionär unmittelbar keine Werte zufließen.

▶ Änderungen der Bilanzpositionen

Aufgrund der Kapitalerhöhung verändern sich innerhalb der Passivseite die Positionen des
§ 208 (1) ausgewiesenen Eigenkapitals. Umwandlungsfähig sind also nur offene Rücklagen, korri-
§ 208 (2) giert um einen Verlust, Verlustvortrag oder um andere Gegenposten zum Eigenkapital.

Beispiel: Die HV einer AG beschließt eine Kapitalerhöhung aus Gesellschaftsmitteln im Verhältnis 2:1 (in Mio. EUR), d. h., auf jeweils zwei alte Aktien entfällt eine Berichtigungsaktie.

Bilanzpositionen (in Mio. EUR)	Vorher	Veränderung	Nachher
Gezeichnetes Kapital	20,0	+ 10,0	30,0
Kapitalrücklage	4,0	– 4,0	0,0
gesetzliche Gewinnrücklagen	3,0	– 1,0	2,0
andere Gewinnrücklagen	5,0	– 5,0	0,0
Gewinnvortrag	0,4	± 0,0	0,4
ausgewiesenes Eigenkapital	32,4	± 0,0	32,4

► Auswirkungen der Kapitalerhöhung

Durch die Ausgabe von Berichtigungsaktien wird

- das gezeichnete Kapital an das ausgewiesene Eigenkapital angepasst,
- das ausgewiesene Eigenkapital nicht verändert,
- der AG kein Kapital zugeführt,
- die Vermögensseite der Bilanz nicht berührt,
- der Bilanzkurs gesenkt,
- die Stückzahl der Aktien erhöht,
- der Mittelabfluss bei gleichbleibender Dividendenpolitik erhöht,
- der Dividendensatz unter Umständen gesenkt.

Beispiel:

	Vor der Erhöhung	**Nach** der Erhöhung
Gezeichnetes Kapital **Kapital- und Gewinnrücklagen**	4.000.000 EUR 8.000.000 EUR	6.000.000 EUR 6.000.000 EUR
ausgewiesenes Eigenkapital	12.000.000 EUR	12.000.000 EUR
innerer Wert des Aktienkapitals	nominell 4.000.000 EUR zum Bilanzkurs **300%** = 12.000.000 EUR	nominell 6.000.000 EUR zum Bilanzkurs **200%** = 12.000.000 EUR

Werden keine Berichtigungsaktien ausgegeben, bleibt die Anzahl der Stückaktien gleich und der Kurs der alten Stückaktien erhöht sich.

Wert des Bezugsrechts

Jedem Aktionär steht das **Bezugsrecht** zu, d. h., es muss ihm auf sein Verlangen ein seinem Anteil an dem bisherigen Grundkapital entsprechender Teil der jungen Aktien zugeteilt werden, sofern das Bezugsrecht von der HV nicht ausgeschlossen worden ist. Bevor das Bezugsrecht an der Börse gehandelt wird, kann sein Wert rechnerisch ermittelt werden.

► Ermittlung des rechnerischen Wertes des Bezugsrechts

Beispiel:

Das Grundkapital einer AG in Höhe von 8 Mio. EUR wird durch die Ausgabe junger (neuer) Aktien um 2 Mio. EUR erhöht. Das **Verhältnis der Kapitalerhöhung** ist also 4 : 1. Der Börsenkurs der alten Aktien vor der Kapitalerhöhung betrug 230 EUR für ein Stück. Die jungen Aktien werden zu je 80 EUR emittiert.

Rein rechnerisch gesehen verschmelzen nach der Emission die Kurse der alten und jungen Aktien zu einem Durchschnittskurs:

Zu je	4 alten Aktien, Kurs	230 EUR,	Gesamtwert	920 EUR,
kommt	1 junge Aktie, Kurs	80 EUR,	Gesamtwert	80 EUR.
	5 Aktien haben den rechnerischen Gesamtwert			1.000 EUR,
	1 Aktie davon hat den Durchschnittskurs			200 EUR.
Damit ist der rechnerische Kursverlust je alter Aktie				30 EUR,
und der rechnerische Kursgewinn je junger Aktie				120 EUR.

Um den Verlust-/Gewinn-Gegensatz zwischen den Kursen der alten und jungen Aktien auszugleichen, steht das Recht zum Bezug junger Aktien den Altaktionären zur Verfügung. Sie können von diesem Recht Gebrauch machen oder es veräußern. Der rechnerische Wert eines Bezugsrechts bestimmt sich nach dem Kursverlust des Altaktionärs pro Aktie, hier 230 EUR – 200 EUR = 30 EUR.

Zum Bezug einer jungen Aktie benötigt man – entsprechend dem Verhältnis der Kapitalerhöhung – die Bezugsrechte aus 4 alten Aktien; an einer alten Aktie hängt dementsprechend das Bezugsrecht auf 1/4 einer jungen Aktie.

Ein *Altaktionär,* der 4 alte Aktien besaß, verlor durch die Kurssenkung von 230 EUR auf 200 EUR insgesamt 4 · 30 = 120 EUR Kurswert. Diesen Verlust kann er ausgleichen, indem er

- die 4 an die alten Aktien gebundenen Bezugsrechte für 30 EUR pro Stück verkauft und so die verlorenen 120 EUR wieder erhält oder aber
- seine 4 Bezugsrechte zum Erwerb einer jungen Aktie verwendet. Diese kostet ihn nur 80 EUR, ist aber 200 EUR wert. Er gewinnt also 120 EUR; der Kursverlust der alten Aktien ist ausgeglichen.

Ein *Jungaktionär* benötigt zum Kauf einer jungen Aktie 80 EUR *und* 4 Bezugsrechte zu je 30 EUR. Eine junge Aktie kostet ihn also beim Erwerb 200 EUR, den Durchschnittskurs aller Aktien nach der Kapitalerhöhung.

Der **rechnerische Wert des Bezugsrechts** lässt sich auch mithilfe folgender Formel errechnen:

$$\mathbf{B = \frac{K_a - K_n}{\frac{a}{n} + 1}} = \frac{230\ \text{EUR} - 80\ \text{EUR}}{\frac{4}{1} + 1} = 30\ \text{EUR.}$$

B = Rechnerischer Wert des Bezugsrechts

K_a = Börsenkurs der alten Aktien vor der Kapitalerhöhung

K_n = Emissionskurs der jungen Aktien

$\frac{a}{n}$ = Verhältnis der Kapitalerhöhung (Bezugsverhältnis)

Bei diesen Berechnungen ist zu berücksichtigen, dass sowohl der rechnerische Wert des Bezugsrechts als auch der errechnete Durchschnittskurs insofern nicht mit den entsprechenden Börsenkursen übereinstimmen, als diese den vielfältigen Einflüssen der Marktlage unterworfen sind.

Für den Altaktionär spielt nicht nur der rechnerische Vermögensausgleich bei der Ausgabe junger Aktien eine Rolle, sondern auch die Veränderung des stimmberechtigten Kapitals. Wer z.B. mehr als 25 % der Aktien einer AG und damit die Sperrminorität für Abstimmungen besaß (z. B. 26 %), verliert diese Machtstellung, wenn er seine Bezugsrechte bei einer Kapitalerhöhung verkauft, z. B. bei einer Erhöhung der Aktienmenge von 100 auf 130:

Vorher besaß er 26/100 · 100 % = 26 % aller Stimmen.
Nachher würde er 26/130 · 100 % = 20 % aller Stimmen besitzen.

▶ Bilanzveränderung nach Ausübung des Bezugsrechtes

Beispiel:

Das Grundkapital einer AG wird durch die Ausgabe junger Stückaktien (5 EUR) um 2 Mio. EUR auf 10 Mio. EUR erhöht. Die jungen Aktien werden zu je 20 EUR emittiert.

	Vorher	**Zugang**	**Nachher**
Grundkapital	8.000.000 EUR	2.000.000 EUR	10.000.000 EUR
Kapitalrücklage	1.000.000 EUR	6.000.000 EUR	7.000.000 EUR
ausgewiesenes Eigenkapital	9.000.000 EUR	8.000.000 EUR	17.000.000 EUR
Anzahl der Stückaktien	1.600.000 Stück	400.000 Stück	2.000.000 Stück

1. Zwei Schulfreunde treffen sich nach langer Zeit und unterhalten sich über ihre Wohnsituation. »Ich wohne in einem Reihenhaus, das ich mit einem Lottogewinn finanzieren konnte«, sagt der eine. Der andere erwidert: »Und ich habe die Erbschaft meiner Eltern in eine 5-Zimmer-Eigentumswohnung investiert.«

   Diskutieren Sie, ob man mit »Finanzieren« bzw. »Investieren« denselben Vorgang meint, oder ob dies zwei verschiedene Vorgänge sind.
2. Nennen Sie Vor- und Nachteile der Beteiligungsfinanzierung.
3. Eine Familie bringt in eine neu gegründete AG ihre GmbH im Wert von 594.000 EUR ein. Wie viel EUR muss sie zusätzlich aufbringen, wenn sie allein die 1.210 Stück vinkulierte Namensaktien zu je 500 EUR übernehmen will, bei einem Ausgabepreis der Aktien von 14 EUR für eine 5-EUR-Aktie?
4. Stellen Sie die Bilanzveränderungen dar bei einer Kapitalerhöhung gegen Einlagen von 16 Mio. EUR auf 20 Mio. EUR. Der Ausgabepreis der Jungaktien beträgt 8 EUR für eine 1-EUR-Aktie, die Mindesteinzahlung 40%, die Kapitalrücklage 9,2 Mio. EUR.
5. Stellen Sie die Bilanzveränderungen dar aufgrund folgender Angaben: Altes Grundkapital 680 Mio. EUR, Kapital- und Gewinnrücklagen 200 Mio. EUR, neues Grundkapital 850 Mio. EUR; die neuen Aktien lauten auf 1 EUR und werden zu 8 EUR verkauft.
6. Eine GmbH plant als Folge einer Gesamtinvestition von 2,877 Mio. EUR die Umwandlung in eine AG, um dieses Kapital teilweise über die Börse beschaffen zu können. Die GmbH hat ein Anlagevermögen von 984.000 EUR, ein Umlaufvermögen von 816.000 EUR und ein Stammkapital von 925.000 EUR. Die GmbH-Gesellschafter Jan, Ulli und Frank Labek wollen je 300 und Tanja Labek 80 Aktien im Mindestbetrag von 1.000 EUR übernehmen. Ein wohlhabender Freund ist bereit, 11.000 Aktien zum Mindestbetrag von 50 EUR zu zeichnen. Weitere 24.000 Aktien will die Hausbank über die Börse verkaufen. Die Aktien werden zu 140 % vom jeweiligen Mindestbetrag verkauft.
   a) Prüfen Sie rechnerisch nach, ob bei voller Übernahme aller Aktien der Geldmittelzufluss ausreicht, um die geplante Investition zu finanzieren.
   b) Erstellen Sie die Gründungsbilanz der neu errichteten Aktiengesellschaft.
7. Beschreiben Sie zwei Entscheidungskriterien, die den Vorstand bewegen, aufgrund der Kapitalmarktsituation auf die Inanspruchnahme genehmigten Kapitals zu verzichten.
8. Prüfen Sie, ob einer Kapitalerhöhung aus Gesellschaftsmitteln ein Finanzierungsvorgang vorausging.
9. Beschreiben Sie die Auswirkungen einer Kapitalerhöhung aus Gesellschaftsmitteln.
10. Die HV einer AG beschließt die Ausgabe von Berichtigungsaktien. Folgende Bilanzpositionen sind gegeben: Gezeichnetes Kapital 6 Mio. EUR, gesetzliche Rücklage einschließlich Kapitalrücklage 1,5 Mio. EUR, andere Gewinnrücklagen 3,1 Mio. EUR.
    a) Bis zu welcher Höhe können gesetzliche Rücklagen in Grundkapital umgewandelt werden?
    b) Stellen Sie die Bilanzpositionen vor und nach der Kapitalerhöhung dar.
    c) Wie hoch ist der Bilanzkurs vor und nach der Erhöhung?
    d) Um wie viel EUR steigt der Mittelabfluss der AG durch eine gleichbleibende Dividendenpolitik von 0,80 EUR je 5-EUR-Aktie?
11. Eine AG hat einen Jahresüberschuss von 878.000 EUR erzielt. Das Gezeichnete Kapital beträgt 2.730.000 EUR und ist in Stückaktien zu 1 EUR aufgeteilt.
    a) Welchen Dividendenbetrag könnten Vorstand und Aufsichtsrat höchstens vorschlagen, wenn sie durch die Satzung zu einer Einstellung von maximal 60% in die anderen Gewinnrücklagen ermächtigt sind? (Rechnerischer Nachweis erforderlich, wobei die Dividende auf ganze Cents zu runden ist; die gesetzliche Rücklage bleibt unberücksichtigt).
    b) Weisen Sie die Verwendung des Jahresüberschusses rechnerisch nach, wenn hierüber keine satzungsmäßigen Bestimmungen vorliegen und die Dividende 0,16 EUR je Aktie hoch wäre.
12. Errechnen Sie das Bezugsrecht aus folgenden Angaben: Kapitalerhöhung um 80 Mio. EUR auf 320 Mio. EUR, Kurs der alten Aktien 400 EUR, Preis der jungen Aktien 280 EUR.
13. Wie viele junge Aktien kann ein Aktionär beziehen, wenn das Bezugsverhältnis 5:3 lautet und er 46 Altaktien besitzt?
14. Das Grundkapital einer AG beträgt 32 Mio. EUR, ihre Kapitalrücklage 4 Mio. EUR, ihre Gewinnrücklagen 3,2 Mio. EUR.

    Zur Investition werden 12 Mio. EUR benötigt. Die Hauptversammlung hat beschlossen, diese Mittel durch eine Kapitalerhöhung gegen Einlagen in Höhe von 4 Mio. EUR zu beschaffen. Die Aktien der AG notieren gegenwärtig mit 24 EUR je 5-EUR-Aktie.
    a) Berechnen Sie das Bezugsverhältnis, den Ausgabepreis der neuen Aktien und den rechnerischen Wert des Bezugsrechtes.
    b) Wie wirkt sich die Kapitalerhöhung auf die betroffenen Bilanzpositionen aus?
    c) Wie hoch ist das neue Eigenkapital der AG?

13.2.3 Fremdfinanzierung

Fremdfinanzierung ist die **Bereitstellung von Geld- und Sachmitteln durch fremde Personen (Gläubiger).**

Im Gegensatz zur Eigenfinanzierung entsteht bei der Fremdfinanzierung kein Beteiligungs-, sondern ein Kreditverhältnis. Man spricht deswegen auch von der Kreditfinanzierung. Fremdfinanzierung verursacht einerseits Ausgaben durch den Kapitaldienst (Zinsen und Tilgung), die zu Liquiditätsschwierigkeiten führen können, weshalb auf die zeitliche Befristung des überlassenen Fremdkapitals zu achten ist. Andererseits können Zinsen bis zu einer **Zinsschranke von 1 Mio. EUR** als Betriebsausgaben von den Betriebseinnahmen abgezogen werden und vermindern so den zu versteuernden Gewinn.

Bereitstellung von langfristigem Fremdkapital

Langfristiges Fremdkapital wird aufgenommen, wenn zu erwarten ist, dass die zu dessen Tilgung notwendigen Mittel erst nach längerer Zeit zur Verfügung stehen. Häufig dient es der Anlagenfinanzierung und der Schuldenkonsolidierung, d.h. der Umwandlung kurzfristiger in langfristige Kredite.

Langfristiges Fremdkapital kann am Kapitalmarkt mittels Schuldverschreibung oder bei Banken mittels Darlehen bzw. Schuldscheindarlehen aufgenommen werden.

▶ Anleihen

Seite 467

Sie sind Wertpapiere in Form von Schuldverschreibungen, Obligationen und Pfandbriefen. Sie werden in aller Regel erst nach Ablauf einiger tilgungsfreier Jahre amortisiert. Langfristige Anleihen sind durch Konjunkturschwankungen besonders gefährdet. Der Schuldner behält sich deshalb bei der Emission den **R**ückkauf, die **A**uslosung und die **K**ündigung (**RAK**-Bedingungen) vor. Dadurch besteht die Möglichkeit

- des vorzeitigen **Rückkaufs** der Anleihen zu einem Börsenkurs, der unter dem Rückzahlungskurs liegt,
- der erleichterten Rückzahlung in Raten, wobei die an der jeweiligen Rate beteiligten Papiere durch **Auslosung** bestimmt werden,
- der **Kündigung** vor dem Ende der angegebenen Laufzeit, wenn ein Rückkauf nicht infrage kommt, weil der Börsenkurs höher ist als der vereinbarte Rückzahlungskurs.

Es kann auch eine **Konversion** (Umtausch in eine Anleihe mit verändertem Zinssatz) für den Fall vereinbart werden, dass der Zinssatz des Kapitalmarktes den Zinssatz der Anleihe nachhaltig unter- oder überschreitet.

Damit die Emission einer Anleihe als Finanzierungsinstrument nicht versagt, hat der Schuldner bei der Festlegung vor allem des Emissionskurses, der Laufzeit und Verzinsung nicht nur sein Interesse, sondern auch das Interesse des Gläubigers sowie die Kapitalmarktlage in Betracht zu ziehen.

Die Kosten der Anleihe sind hoch, da außer Zinsen, Disagio bei der Ausgabe und Agio bei der Rückzahlung noch erhebliche Emissionskosten (Prospekte, Werbung, Bankprovision) entstehen.

Andererseits liegt die effektive Rendite (Emissionsrendite, Umlaufrendite) meist über dem Zinssatz der Anleihe, da dem Gläubiger zusätzlich noch das über die Laufzeit der Anleihe zu verrechnende fiktive Aktivum (Disagio + eventuelles Agio) zugute kommt (Seite 482).

▶ Darlehen

Als Gelddarlehen bezeichnet man längerfristige Kredite, die in Form eines Geldbetrages in vereinbarter Höhe zur Verfügung gestellt werden. BGB § 488

Das besondere Merkmal des Gelddarlehens besteht darin, dass der Schuldner sich festlegen muss,

- in welcher Höhe und in welcher Zeit er tilgen will *und*
- dass er über getilgte Beträge nicht mehr verfügen kann.

Beispiel: Darlehen 100.000 EUR; derzeitiger Stand 60.000 EUR. Der Schuldner kann nicht erneut 100.000 EUR in Anspruch nehmen, selbst wenn die ursprüngliche Sicherheitsleistung noch besteht. Er muss einen neuen Kreditantrag stellen.

Als Finanzierungskosten können Zinsen, Disagio (Damnum), Provisionen und Gebühren entstehen. **Disagio** bedeutet, dass der beantragte Kredit nicht zu 100 % ausbezahlt wird, sondern z. B. nur zu 98 %. Getilgt werden müssen aber 100 %, sodass das Disagio die angegebene Nominalverzinsung erhöht.

Nach der **Art der Rückzahlung** unterscheidet man Fest-, Kündigungs-, Raten- und Annuitätendarlehen.

a) Fest- und Kündigungsdarlehen. Das *Festdarlehen* ist *in voller Höhe am vereinbarten Fälligkeitstag*, das *Kündigungsdarlehen nach Ablauf einer vertraglich festgesetzten Kündigungsfrist* zurückzuzahlen. Der Kreditnehmer muss lediglich die Zinsen regelmäßig aufbringen. Er kann also während der ganzen Laufzeit mit dem vollen Kapital arbeiten. Allerdings können bei Fälligkeit Zahlungsschwierigkeiten entstehen.

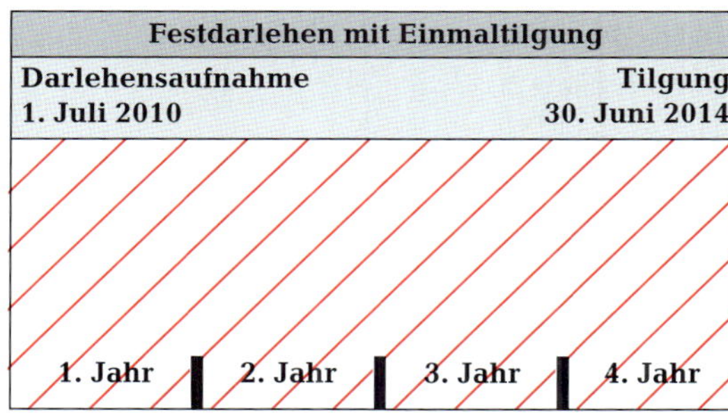

b) Ratendarlehen. Beim *Ratendarlehen* zahlt der Schuldner regelmäßig neben den Zinsen *gleichbleibende Tilgungsraten* (Ratentilgung). Es wird auch Abzahlungsdarlehen genannt. Die Zinsen verringern sich entsprechend der Restschuld (Bild, Seite 446).

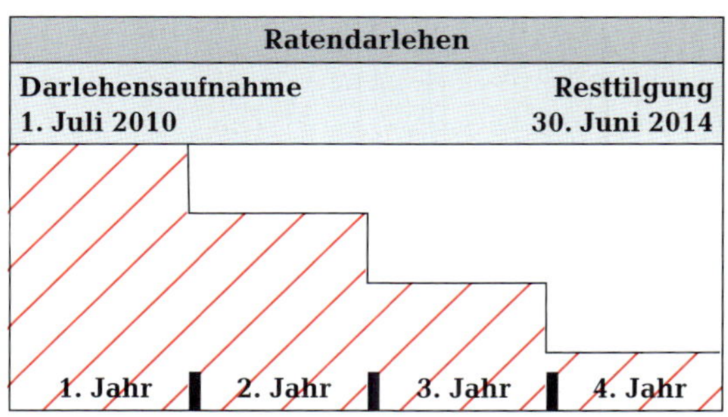

c) Annuitätendarlehen. Beim *Annuitätendarlehen* sieht der Tilgungsplan *eine jährlich gleichbleibende Annuität* vor (Annuitätentilgung), die einen jährlich steigenden Tilgungs- und einen jährlich fallenden Zinsanteil umfasst (Bilder, Seite 446).

Die Formel für die Annuitätenberechnung lautet:

$$A = K \cdot \frac{q^n (q - 1)}{q^n - 1}$$

(A = Annuität, K = Darlehen, q = 1 + p/100, p = Zinssatz, n = Laufzeit in Jahren).

Das Annuitätendarlehen hat den Vorteil, dass im Finanzplan des Unternehmens gleichbleibende Ausgaben für den Schuldendienst eingesetzt werden können.

Gegenüberstellung der Tilgung und Zinsen von Raten- und Annuitätendarlehen

Beispiel: Darlehen 10.000 EUR, Zinssatz 10%, Tilgungsdauer 10 Jahre, $q^{10} = 2{,}5937423$

$$\text{T-Rate} = \frac{\text{Gesamtschuld}}{\text{Tilgungsdauer}} = \frac{10.000\ \text{EUR}}{10\ \text{Jahre}} = 1.000\ \text{EUR/Jahr}; \qquad \text{Annuität} = 10.000\ \text{EUR} \cdot \frac{2{,}5937423 \cdot 0{,}1}{2{,}5937423-1} = 1.627{,}45\ \text{EUR/Jahr}$$

(in EUR)	Ratendarlehen (gleichbleibender Tilgungsbetrag)			Annuitätendarlehen (gleichbleibende Annuität)		
Jahr	Tilgung	Zinsen	Gesamtbetrag	Tilgung	Zinsen	Annuität
1	1.000	1.000	2.000	627,45	1.000,00	1.627,45
2	1.000	900	1.900	690,19	937,26	1.627,45
3	1.000	800	1.800	759,21	868,24	1.627,45
4	1.000	700	1.700	835,14	792,31	1.627,45
5	1.000	600	1.600	918,65	708,80	1.627,45
6	1.000	500	1.500	1.010,51	616,94	1.627,45
7	1.000	400	1.400	1.111,57	515,88	1.627,45
8	1.000	300	1.300	1.222,72	404,73	1.627,45
9	1.000	200	1.200	1.344,99	282,46	1.627,45
10	1.000	100	1.100	1.479,57	147,96	1.627,53
	10.000	5.500	15.500	10.000,00	6.274,58	16.274,58

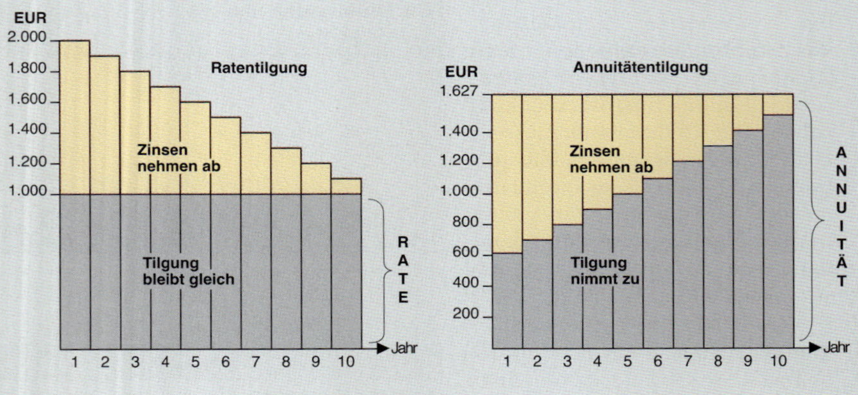

► Schuldscheindarlehen

Diese Finanzierungsform wird in erster Linie von Großunternehmen, aber auch von mittleren, nicht emissionsfähigen Unternehmen gewählt. Hierbei stellt die Hausbank dem Kreditnehmer ein Darlehen (in Millionenhöhe) zu festen Konditionen langfristig zur Verfügung. Sicherheiten sind in Form von Grundpfandrechten oder öffentlichen Bürgschaften zu leisten. Gleichzeitig wird vereinbart, dass sich die Hausbank auf dem Kapitalmarkt refinanzieren kann, indem sie diese Darlehensforderung im Ganzen oder in Teilbeträgen an Kapitalsammelstellen, wie z.B. Versicherungen, Pensionskassen, verkauft (Bild, Seite 447). Damit scheidet sie aus dem Darlehensverhältnis ganz oder teilweise aus.

! **Schuldscheindarlehen** sind **langfristige Kredite,** die von Großunternehmen **gegen Hergabe von Schuldscheinen** aufgenommen werden.

Die Schuldscheine werden im Gegensatz zu Schuldverschreibungen nicht an der Börse gehandelt.

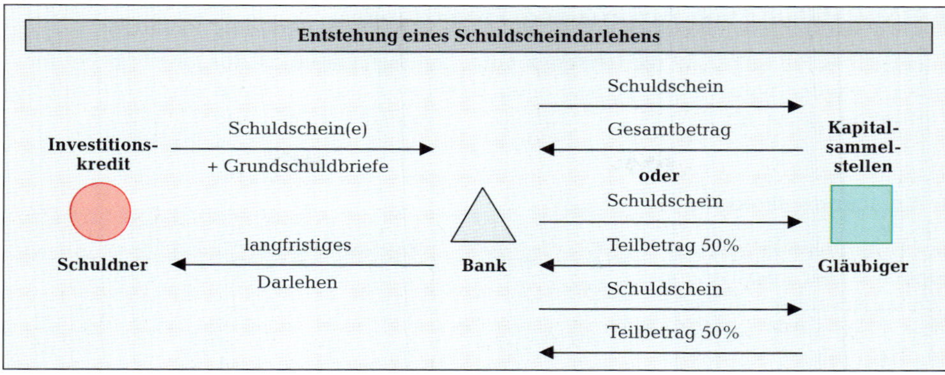

Gegenüber der Finanzierung durch Schuldverschreibungen ergeben sich folgende Unterschiede:

- Die Emissionskosten und Werbekosten entfallen.
- Das Schuldverhältnis ist nur wenigen bekannt.
- Die Kreditkonditionen können auf den Einzelfall besser zugeschnitten werden.
- Die nicht emissionsfähigen Unternehmen können hohe Beträge fremdfinanzieren.
- Der Zeitraum zwischen Kreditantrag und Bereitstellung der Mittel ist kürzer.

Vergleich alternativer Tilgungsmöglichkeiten bei langfristigem Fremdkapital

Beispiel: Kapital 100.000 EUR, Zinssatz 10 %, Laufzeit 5 Jahre

Tilgungsarten / Entwicklung	Jahr	Ratentilgung (EUR)	Annuitätentilgung (EUR)	Tilgung am Laufzeitende (EUR)	Tilgung und Zinszahlung am Laufzeitende (EUR)
Anfangsschulden	1	100.000	100.000	100.000	100.000
Zinsaufwand		10.000	10.000	10.000	10.000
Tilgung		20.000	16.380	0	0
Liquiditätsabfluss		30.000	26.380	10.000	0
Restschulden		80.000	83.620	100.000	110.000
Schulden	2	80.000	83.620	100.000	110.000
Zinsaufwand		8.000	8.362	10.000	11.000
Tilgung		20.000	18.018	0	0
Liquiditätsabfluss		28.000	26.380	10.000	0
Restschulden		60.000	65.602	100.000	121.000
Schulden	3	60.000	65.602	100.000	121.000
Zinsaufwand		6.000	6.560	10.000	12.100
Tilgung		20.000	19.820	0	0
Liquiditätsabfluss		26.000	26.380	10.000	0
Restschulden		40.000	45.782	100.000	133.100
Schulden	4	40.000	45.782	100.000	133.100
Zinsaufwand		4.000	4.578	10.000	13.310
Tilgung		20.000	21.802	0	0
Liquiditätsabfluss		24.000	26.380	10.000	0
Restschulden		20.000	23.980	100.000	146.410
Schulden	5	20.000	23.980	100.000	146.410
Zinsaufwand		2.000	2.398	10.000	14.641
Tilgung		20.000	23.980	100.000	100.000
Liquiditätsabfluss		22.000	26.378	110.000	161.051
Restschulden		0	0	0	0

Bereitstellung von kurzfristigem Fremdkapital

Kurzfristiges Fremdkapital wird aufgenommen, um die laufenden Ausgaben für Betriebsmittel, Gehälter, Steuern usw. zu bestreiten. Es steht grundsätzlich nur wenige Monate zur Verfügung.

► Kontokorrentkredit

HGB § 355

Das Unternehmen muss bezüglich seiner kurzfristigen Zahlungsbereitschaft rasch über Geldmittel verfügen können. Beim Kontokorrentkredit erhält es eine **Kreditgrenze (Kreditlimit)** eingeräumt, bis zu der es jederzeit sein laufendes Konto (Kontokorrent) in Anspruch nehmen darf. Die Inanspruchnahme des Kredits ist also ganz in sein Belieben gestellt: Es kann sein Limit voll ausschöpfen oder teilweise in Anspruch nehmen. Die Zinsen rechnen sich stets vom jeweiligen Saldo. Wenn das vereinbarte Limit überzogen wird, fallen außerdem Überziehungszinsen an. Theoretisch ist der Kontokorrentkredit ein kurzfristiger Kredit, in der Praxis ein langfristiger, da die zeitlichen Befristungen stets verlängert werden.

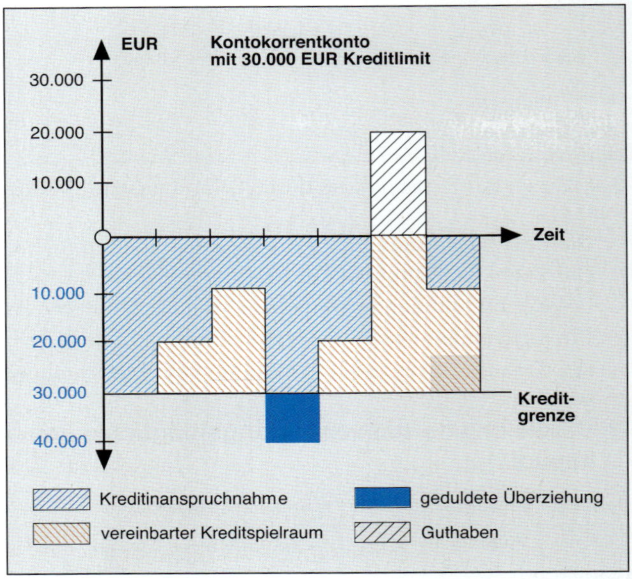

Gegenüberstellung von Darlehen und Kontokorrentkredit		
Merkmale	**Darlehen**	**Kontokorrentkredit**
Bereitstellung	– Darlehen wird in Raten oder in einer Summe für einen bestimmten Zweck bereitgestellt.	– Beim Kontokorrentkredit wird ein Kreditrahmen vereinbart, innerhalb dessen man frei nach seinen wirtschaftlichen Bedürfnissen verfügen kann.
Rückzahlung	– Rückzahlung erfolgt innerhalb einer festgelegten Zeit in Raten oder in einer Summe.	– Rückzahlung erfolgt am Ende des Vertragsverhältnisses.
Wirkung von Rückzahlungen	– Über Rückzahlungen kann nicht mehr verfügt werden. Sie gelten als Tilgung und vermindern den Kredit.	– Über Rückzahlungen kann bei Bedarf wieder verfügt werden. Sie gelten nicht als Tilgung und erhöhen den Kreditspielraum.
Liquiditätsreserve	– Liquiditätsreserve entsteht nur durch neuen Darlehensvertrag.	– Der Kreditspielraum gilt als Liquiditätsreserve.
Laufzeit	– Das Darlehen ist seiner Natur nach langfristig.	– Der Kontokorrentkredit ist seiner Natur nach kurzfristig.
Kosten	– Das Darlehen ist grundsätzlich billiger.	– Der Kontokorrentkredit ist grundsätzlich teurer.

▶ Lieferantenkredit

Lieferantenkredite entstehen durch die Gewährung eines Zahlungszieles bei der Materiallieferung. Der Rechnungsbetrag ist z. B. erst nach 30 oder 60 Tagen zu begleichen. Insofern bedeutet der Lieferantenkredit eine Kapitalbeschaffung von außen. Zu beachten ist jedoch, dass für diesen Kredit zwar keine Zinsen bezahlt werden, der Käufer aber den vom Verkäufer kalkulierten Skonto mitbezahlt, wenn er nicht skontiert. Der Kredit ist also nicht zinslos, denn die Zinsen stecken im Beschaffungspreis.

Rechnerisch ist der Lieferanten**kredit** grundsätzlich **teurer** als ein **Finanzkredit** (Bankkredit), denn die Kondition »3 % Skonto bei Sofortzahlung oder 30 Tage netto« entspricht einer jährlichen Verzinsung von ca. 36 %.

Beispiel: Die Zahlungsbedingungen eines Lieferanten lauten: »10 Tage 2 % Skonto – 30 Tage netto Kasse«. Für den Kredit vom 11. bis zum 30. Tage, d. h. für 20 Tage Zahlungsaufschub, verliert der Kunde 2 % Skonto.

Das entspricht einem Jahres-Zinssatz von $\frac{2\,\% \cdot 100\,\% \cdot 360 \text{ Tage}}{98\,\% \cdot 20 \text{ Tage}} = 36{,}73\,\%$.

Hier sollte ein Bankkredit genutzt werden, um Rechnungen skontieren zu können.

▶ Anzahlungen von Kunden

Sie kommen besonders im Bereich des Anlagenbaus vor (Schiffe, Großturbinen). Die Kosten der Entwicklung und der Materialbeschaffung für diese Aufträge werden dadurch häufig von den Kunden vorfinanziert. Darüber hinaus bieten sie dem Hersteller eine teilweise Sicherung gegen Forderungsausfälle.

▶ Wechselkredit

Kaufleute sichern vereinbarte Zahlungsziele, z.B. 90 Tage, gegen Unterschrift auf einem Wechsel ab. Der Gläubiger erwirbt dadurch einen wechselrechtlichen Anspruch. Kreditinstitute sind bereit, diesen Anspruch (die Wechselsumme) zu diskontieren.

Seite 488

Nominalverzinsung – Effektivverzinsung

Bei der Darlehensfinanzierung handelt der Kaufmann mit dem Kreditinstitut die Darlehensbedingungen aus. Dabei sind neben der Kreditsumme, der Laufzeit und den Sicherheiten noch folgende Vertragsinhalte zu beachten:

▶ Die Nominalverzinsung

Die Grundlage für die Berechnung der jährlichen Zinsbelastung ist der ausgehandelte Nominalzinssatz. Er wird in einem Prozentsatz ausgedrückt und heißt auch Jahreszinssatz (Zinssatz pro anno; Prozentsatz p.a.). Für die Zinsberechnung wird die kaufmännische Zinsformel zugrunde gelegt, d. h., $Z = (K \cdot p \cdot t) : (100 \cdot 360)$.

Beispiel: Bei einem Kreditbetrag von 10.000 EUR für ein Jahr und einem Nominalzinssatz von 7 % errechnet die Bank eine Zinsbelastung von 700 EUR.

▶ Die Effektivverzinsung

Nicht immer stellt die Bank den gesamten Kreditbetrag zur Verfügung. Stattdessen vereinbart sie mit dem Kreditnehmer einen geringeren Auszahlungsbetrag (z. B. 97 %) im Vergleich zur beantragten Kreditsumme (100 %). Der nicht ausbezahlte Prozentsatz (3 %) wird **Disagio** oder Abschlag genannt.

Da der Nominalzins aber aus 100 % der Kreditsumme berechnet wird und auch 100% getilgt werden müssen, also Auszahlungsbetrag plus Disagio, stellt das *Disagio* einen *zusätzlichen Zinsaufwand* dar und führt deswegen zu einer *höheren Effektivverzinsung.*

Der **Effektivzinssatz** errechnet sich nach der Formel $p_{eff} = \frac{\textbf{Kreditkosten pro Jahr} \cdot \textbf{100}}{\textbf{Auszahlungsbetrag}}$

Beispiel: Bei einem Kreditbetrag von 10.000 EUR für ein Jahr, einem Nominalzinssatz von 7 % und einem Disagio von 3 % hat der Kreditnehmer einen Zinsaufwand von 7 % Nominalzins aus 10.000 EUR = 700 EUR sowie 3 % Disagio aus 10.000 EUR = 300 EUR. Er bezahlt also insgesamt 1.000 EUR, d.h. seine effektive Belastung liegt nicht bei 7 %, sondern bei 10 %. Da nur 9.700 EUR zur Verfügung stehen, ist die effektive Verzinsung noch höher als 10 % (s. Formel).

Die Kreditkosten betragen also 1.000 EUR, der Auszahlungsbetrag 9.700 EUR, sodass sich p = 10,3 % Effektivzinssatz ergibt. Der Kredit kostet also 7 % nominal und 10,3 % effektiv.

Da die meisten Banken mit einem Disagio oder einer Bearbeitungsgebühr arbeiten, *fallen die Höhen von Nominalzinssatz und Effektivzinssatz immer auseinander*. Welche Bank das günstigste Angebot macht, lässt sich nur durch einen Vergleich der effektiven Zinssätze ermitteln.

Beispiel 1: Die Kreditsumme beträgt 100.000 EUR und die Laufzeit ein Jahr.

	Nominalzinssatz	Betrag	Disagio	Betrag	Gebühr	Betrag	insgesamt p.a.	Effektivzinssatz
Bank A	7,0%	7.000 EUR	3,0%	3.000 EUR	–	0 EUR	10.000 EUR	10,3%
Bank B	8,5%	8.500 EUR	–	0 EUR	1,0%	1.000 EUR	9.500 EUR	9,5%
Bank C	6,0%	6.000 EUR	3,0%	3.000 EUR	0,5%	500 EUR	9.500 EUR	9,8%

Beispiel 2: Die Kreditsumme beträgt 100.000 EUR, und die Laufzeit verlängert sich auf vier Jahre.

	Nominalzinssatz	Betrag	Disagio	Betrag	Gebühr	Betrag	insgesamt p.a.	Effektivzinssatz
Bank A	7,0%	7.000 EUR	3,0%	750 EUR	–	0 EUR	7.750 EUR	7,98%
Bank B	8,5%	8.500 EUR	–	0 EUR	1,0%	250 EUR	8.750 EUR	8,75%
Bank C	6,0%	6.000 EUR	3,0%	750 EUR	0,5%	125 EUR	6.875 EUR	7,08%

Die Veränderung der Effektivzinssätze hängt damit zusammen, dass zwar der Auszahlungsbetrag unverändert bleibt, Disagio und Gebühr sich aber auf vier Jahre verteilen. Damit verringern sich die Kreditkosten pro Jahr und dies beeinflusst wiederum die Effektivverzinsung. Es kann also durchaus sein, dass ein niedriger Nominalzinssatz, verbunden mit einem hohen Disagio, zu einem höheren Effektivzinssatz führt, als ein hoher Nominalzinssatz mit einem niedrigen Disagio.

Beispiel: Die Kreditsumme beträgt 100 EUR und die Laufzeit 4 Jahre.

Bank A bietet 6,00 % Zins bei 95,00 % Auszahlung für 4 Jahre
= (6,00 EUR + 1,25 EUR) · 100 : 95,00 % = 7,63 % effektiv.

Bank B bietet 7,25 % Zins bei 99,40 % Auszahlung für 4 Jahre
= (7,25 EUR + 0,15 EUR) · 100 : 99,40 % = 7,44 % effektiv.

Trotzdem kann es für einen Kreditnehmer interessant sein, das Angebot der Bank A anzunehmen, wenn ihm bei einem 100-Mio.-EUR-Kredit ein Liquiditätsabfluss pro Jahr von 6 Mio. EUR Zinsaufwand vertretbarer erscheint als ein Liquiditätsabfluss von 7,25 Mio. EUR für Zinsaufwendungen.

PAngV § 6 Die Preisangabenverordnung schreibt vor, dass in jedem Kreditvertrag sowohl der Nominalzinssatz als auch der Effektivzinssatz, der auch (effektive) Rendite genannt wird, steht.

Unterschiedliche Merkmale zwischen Beteiligungs- und Fremdfinanzierung

Merkmale	Beteiligungsfinanzierung	Fremdfinanzierung
für die **Kapitalgeber**	1. Teilhaberverhältnis	1. Gläubigerverhältnis
	2. Geschäftsführungsrecht bei Personenunternehmen	2. kein Geschäftsführungsrecht
	3. meistens unbefristete Laufzeit	3. befristete Laufzeit
	4. Gewinnbeteiligung	4. Zinsertrag
	5. Verlusttragung	5. keine Verlusttragung
	6. Anteil am wirklichen Vermögen	6. meist nominelle Rückzahlung
	7. Haftung für Schulden	7. keine Haftung
für das **Unternehmen**	8. hohes Risiko bei Insolvenz	8. beschränktes Risiko bei Insolvenz
	9. kein Zinsaufwand	9. Zinsaufwand
	10. Dividendenzahlung ist steuerlich keine Betriebsausgabe	10. Zinszahlung ist steuerlich Betriebsausgabe
	11. vermehrter Mittelzufluss durch Agio	11. verminderter Mittelzufluss durch Disagio
	12. Mittelzufluss ohne Rückzahlungsverpflichtung	12. Mittelzufluss mit Rückzahlungsverpflichtung

Entscheidungskriterien für Beteiligungs- oder Fremdfinanzierung

Beteiligungsfinanzierung		Fremdfinanzierung
Einzelunternehmen	*Gesellschaftsunternehmen*	
Es ist unabhängig und kann über die Gewinnverwendung allein entscheiden. Es trägt aber auch das gesamte Risiko.	Mitsprache der Gesellschafter und damit Einengung der Entscheidungsfreiheit. Teilung des Gewinns, aber auch des Risikos.	Kreditaufnahme und Kredithöhe sind abhängig von der Kreditwürdigkeit und den gebotenen Sicherheiten.
	Teilhaberverhältnis	Schuldnerverhältnis
	Vermehrter Mittelzufluss durch Agio.	Verminderter Mittelzufluss durch Disagio.
Gewinnausschüttung ist abhängig von der Ertragslage.		Zinszahlung ist unabhängig von der Ertragslage.
Mittelabfluss nur nach eigener Entscheidung.		Mittelabfluss gemäß vereinbarter Zins- und Tilgungverpflichtungen.
Gewinnausschüttungen sind keine Betriebsausgaben.		Zinszahlungen vermindern den zu versteuernden Gewinn.

13.2.4 Leasing

Die Möglichkeit, technische Neuerungen in der Produktion zu nutzen, setzt beim Kauf moderner Anlagen voraus, dass der Anschaffungspreis aufgebracht werden kann. Eine weitere Hemmschwelle ist die Übernahme des Alterungsrisikos dieser Anlagen. Mit dem immer rascheren Fortschreiten der Technik sind die Produktionsanlagen oft nach wenigen

Jahren überholt. Der Abschluss von Leasingverträgen erleichtert dem Industriebetrieb, seine Anlagen auf einem modernen Stand zu halten, weil er den *Leasinggegenstand mittelfristig zurückgeben* und eine *neue Investitionsentscheidung treffen* kann.

Bei der Finanzierung durch **Leasing** werden **langfristige Nutzungsrechte an beweglichen und unbeweglichen Wirtschaftsgütern durch Miet- oder Pachtverträge erworben.**

BGB §§ 535 ff.

Ein **Leasingvertrag** ist ein *Mietvertrag besonderer Art:* Im *Unterschied zur Miete* trägt der Leasingnehmer die Sachgefahr für das Leasingobjekt, d. h., er wird auch für den unverschuldeten Untergang der Sache zur Rechenschaft gezogen. Außerdem steht beim Leasing der Finanzierungsaspekt im Vordergrund, während bei der Miete der Nutzungsaspekt zentrale Bedeutung hat.

Das Leasingobjekt (Immobilien, Mobilien) wird vom Leasingnehmer grundsätzlich *nicht* in der Bilanz erfasst, da der Leasinggeber rechtlicher und wirtschaftlicher Eigentümer ist. Leasing ist nicht durch spezielle Gesetzesvorschriften geregelt, sondern richtet sich nach dem Willen der Vertragspartner und den Erlassen der Finanzverwaltung. Nach einem Erlass des Bundesfinanzministeriums vom 19. April 1971 wird bei einer *Grundmietzeit* zwischen 40 % und 90 % der betriebsgewöhnlichen Nutzungsdauer der Leasinggegenstand dem *Leasinggeber* zugerechnet, von ihm bilanziert und abgeschrieben. Weitaus die meisten Leasingverträge liegen in der Grundmietzeit zwischen 40 % und 90 % der betriebsgewöhnlichen Nutzungsdauer.

Möglichkeiten der Vertragsgestaltung

► Arten des Leasings nach dem Leasinggeber

a) **Herstellerleasing (direktes Leasing).** Der *Hersteller* der Anlagen selbst ist Leasinggeber. Diese Leasingart ist seit langem üblich bei Datenverarbeitungs- und Telefonanlagen.

   Manche Hersteller haben zur Durchführung des Leasings Tochterunternehmen gegründet, z. B. die »V·A·G Leasing GmbH, Wolfsburg« der Volkswagen Werke AG, um auf diese Weise zusätzliche Absatzmöglichkeiten zu schaffen.

b) **Finanzierungsleasing (indirektes Leasing).** Bei dieser Leasingart kaufen *Finanzierungsunternehmen* die Anlagen, um sie dann zu vermieten, z. B. die »Südleasing GmbH, Stuttgart«.

► Arten des Leasings nach der vertraglichen Bindung

a) **Operate-Leasing-Verträge** (engl. to operate = für jemand wirken). Sie sind gewöhnliche Mietverträge und können von beiden Vertragspartnern *kurzfristig gekündigt* werden. Die vom Leasingnehmer zu entrichtenden Mietraten sind so kalkuliert, dass dem Leasinggeber erst *nach Ablauf* der betriebsgewöhnlichen Nutzungsdauer des Wirtschaftsgutes die vollen Objektkosten und ein angemessener Gewinn vergütet sind. Eine völlige Objektamortisation erfolgt bei kurzfristiger Kündigung also erst nach weiteren Vermietungen oder der Leistung einer der Vollamortisation entsprechenden Abschlagszahlung. Wegen des damit verbundenen vollen Investitionsrisikos für den Leasinggeber werden Operate-Leasing-Verträge nur für solche Wirtschaftsgüter abgeschlossen, die infolge breiter Nachfrage jederzeit erneut vermietet werden können, z. B. Autovermietung, Vermietung von Telefonanlagen mit vierteljährlicher Kündigungsfrist.

b) **Finance-Leasing-Verträge** (engl. to finance = für jemand die Finanzierung besorgen). Hier wird zwischen den Vertragspartnern eine *unkündbare Grundmietzeit* festgelegt. Diese Grundmietzeit ist in aller Regel kürzer als die betriebsgewöhnliche Nutzungsdauer des Wirtschaftsgutes.

c) Bei **Vollamortisationsverträgen** werden dem Leasinggeber innerhalb der Vertragslaufzeit die Anschaffungskosten und anfallende Zinsen vergütet.

d) Bei **Teilamortisationsverträgen** erfolgt diese Vergütung erst nach mehrmaliger Vermietung.

▶ Arten des Leasings nach dem Gegenstand

a) **Mobilien-Leasing.** Der Leasingnehmer erwirbt ein Nutzungsrecht an einem beweglichen Gegenstand. Geleast werden vor allem Büromaschinen, DV-Anlagen und Fahrzeuge.

b) **Immobilien-Leasing.** Der Leasingnehmer erwirbt ein Nutzungsrecht an einer gewerblich zu nutzenden Immobilie wie Produktionsgebäude, Lagerhallen, Bürogebäude.

Vertragsdauer und Kosten

Die Vertragsdauer beträgt im Allgemeinen für Maschinen 4 bis 5 Jahre, mindestens jedoch 40 % der betriebsgewöhnlichen Nutzungsdauer. Die Pachtdauer für Gebäude beträgt in der Regel 18 Jahre.

Die Mietrate richtet sich nach der Vertragsdauer. Je kürzer die Vertragsdauer, desto höher die Mietrate. Die übliche *monatliche* Mietrate beträgt bei einer Vertragsdauer von 3 Jahren etwa 3 %, von 5 Jahren etwa 2 %, jeweils vom Kaufpreis.

Die Miete ist also so bemessen, dass in dem jeweiligen Zeitraum das vom Leasinggeber eingesetzte Kapital getilgt und verzinst wird. Weitere Kosten können durch Transport, Montage, Unterhaltung, Demontage und Versicherung entstehen, die aber direkt vom Leasingnehmer zu bezahlen sind.

Beispiel: Beim **Full-pay-out-Leasing** bezahlt der Leasingnehmer im Gegensatz zu **Non-pay-out-Verträgen** bis zum Vertragsablauf den Anschaffungspreis plus Verzinsung, Refinanzierungskosten und Risikoprämie. Dies entspricht ungefähr 120 % des Anschaffungspreises.

Vorteile des Leasings

- Leasing bindet kein Kapital im Anlagenbereich; es schont die Liquidität.
- Eine Investition, durch Leasing finanziert, wirkt sich nicht bei den Dauerschuldzinsen aus; man spart also Gewerbesteuer.
- Durch eine Aneinanderreihung mehrerer Verträge ist der Leasingnehmer flexibler als der traditionelle Käufer, denn dieser muss wieder die Hürde des Kaufpreises nehmen; den Leasingnehmer erwartet nur die veränderte Leasingrate.
- Die bei der herkömmlichen Fremdfinanzierung zu beachtende Beleihungsgrenze entfällt.
- Die durch Leasing eingesparten Finanzmittel können, im Umlaufvermögen eingesetzt, dort über Skonti und Rabatte mehr als 30% Verzinsung erwirtschaften.
- Das beleihbare Vermögen des Leasingnehmers wird nicht beansprucht, da dem Leasinggeber sein Leasingobjekt als Sicherheit genügt.

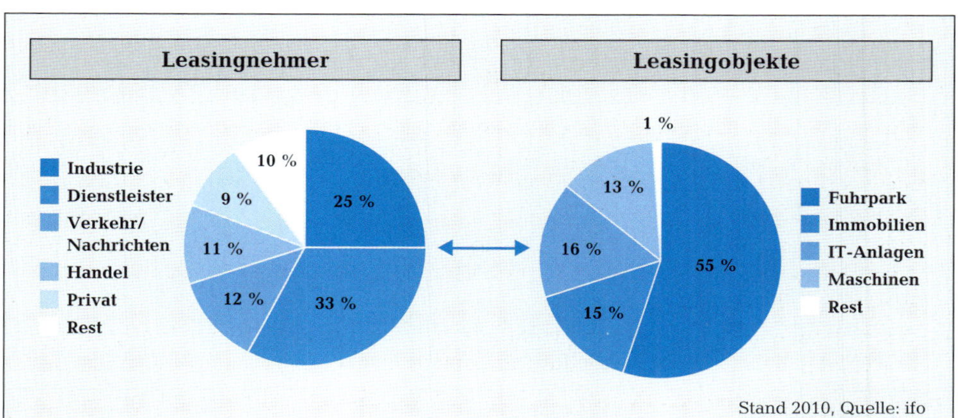

- Unveränderliche Leasingraten über die gesamte Vertragsdauer garantieren eine sichere Kalkulationsbasis; Zins- und Tilgungsänderungen entfallen.
- Eine jährliche Rücklagenbildung für die Ersatzbeschaffung entfällt.
- Keine Veränderung der Bilanzstruktur, da das Leasingobjekt nicht in der Bilanz erscheint; Leasing ist bilanzneutral, d. h., der Vorgang schlägt sich weder auf der Aktiv- noch auf der Passivseite nieder.
- Legale Verkürzung der Abschreibungsdauer aufgrund des Erlasses des Bundesfinanzministeriums vom 19. April 1971.

Nachteile des Leasings

- Die Miet- und Pachtkosten für die Anlagen sind hoch, weil das eingesetzte Kapital in kurzer Zeit amortisiert werden muss, der Vermieter eine Risikoprämie einkalkuliert und einen angemessenen Gewinn erzielen will.
- Das Unternehmen kann durch die monatlich wiederkehrenden Miet- und Pachtzahlungen in Liquiditätsschwierigkeiten geraten, wenn die Mietausgaben in den Umsatzerlösen nicht rechtzeitig zurückfließen.
- Bei stagnierenden oder gar rückläufigen Gewinnen kann der Unternehmer über Leasing noch eine Weile ein verfügbares Vermögen vorzeigen, das ihm gar nicht gehört. Aufgrund dieses Scheinvermögens wird sein wirtschaftlicher Abstieg für einige Zeit verdeckt.
- Bei Non-pay-out-Verträgen geht der Leasingnehmer das Risiko ein, dass ihm bei Vertragsende trotz seines Kaufwunsches das Leasingobjekt *nicht* angedient wird.
- Der Leasinggeber muss für alle Ein- und Umbauten seine Zustimmung geben. Trotzdem kann er bei Vertragsende verlangen, dass der ursprüngliche Zustand wiederhergestellt wird.
- Dem Leasinggeber steht bei Reparaturschäden ein Anspruch auf Wertminderung zu. Die Höhe dieser Entschädigung kann zum Streitpunkt werden.
- Investitionen, die öffentlich bezuschusst werden, können nicht geleast werden, da der Staat nur den Erwerb von Eigentum fördert.

Beispiel: Eine Anlage im Anschaffungswert von 200.000 EUR wird durch die Aufnahme eines langfristigen Kredits in Höhe des Anlagewertes finanziert. Der Zinssatz beträgt 9 %, das Auszahlungsdamnum (Disagio) 1,5 %. Anschaffungskosten und Damnum sind linear in 6 Jahren abzuschreiben. Der Schrottwert wird auf 2.000 EUR geschätzt. Die Tilgung erfolgt in 6 gleichen Jahresraten.

Es werden die gesamten Abschreibungs- und Kreditaufwendungen mit denen einer Leasingfinanzierung auf 65 Monate (90 % von 72 Monaten) verglichen. Der monatliche Mietsatz ist 1,82 %, die linear abzuschreibenden Installationskosten betragen 6.000 EUR. Anschlussmiete für 7 Monate zu je 2.750 EUR. Steuerliche Auswirkungen werden nicht berücksichtigt.

Kreditfinanzierung	**Gesamtbelastung**	**Leasing**finanzierung	
Abschreibungen der Anschaffungskosten	198.000 EUR	Installationskosten	6.000 EUR
Abschreibung des Damnums (Disagio)	3.000 EUR	Mieten 1,82% · 65 Monate = 118,30% (von 200.000 EUR)	236.600 EUR
Zinsen 9% vom Schuldmittelwert (203.046 + 33.841) : 2 = 118.444 EUR auf 72 Monate	63.960 EUR	Anschlussmiete für 7 Monate zu je 2.750 EUR	19.250 EUR
Insgesamt	264.960 EUR	Insgesamt	261.850 EUR
Die Leasingfinanzierung ist um 3.110 EUR günstiger.			

Beschaffung einer Anlage durch Kredit- und Leasingfinanzierung im Vergleich		
Unterschiede	**Kreditfinanzierung**	**Leasingfinanzierung**
Rechtslage	Beschaffung von Geldmitteln durch Kreditvertrag zur Finanzierung der Anlage. Benutzer wird Eigentümer.	Beschaffung von Nutzungsrechten an der Anlage durch Leasingvertrag. Benutzer wird nicht Eigentümer.
Bindung an das Wirtschaftsgut	Endgültiger Erwerb bindet den Eigentümer während der gesamten Nutzungsdauer.	Zeitlich begrenzte Gebrauchsüberlassung bindet den Leasingnehmer nur während der vereinbarten, in aller Regel kürzeren Mietzeit innerhalb der gesamten Nutzungsdauer.
Geldmittelbedarf	Großer anfänglicher Bedarf in Höhe der Anschaffungskosten.	Geringer anfänglicher Bedarf in Höhe der ersten Monatsmiete und der Installationskosten.
Laufende Liquiditätsbelastung	Die Zins- und Tilgungsraten sind abhängig vom Eigenkapital an der Finanzierung. Je höher der Fremdfinanzierungsanteil, desto höher die Liquiditätsbelastung.	Bei Full-pay-out-Verträgen ist die Liquiditätsbelastung ähnlich wie bei der Kreditfinanzierung. Bei Restwertverträgen ist die Belastung niedriger, da nur der Wertverlust ersetzt werden muss.
Steuern	Aus den Dauerschulden ergeben sich Schuldzinsen, die der Gewerbesteuer unterliegen.	Die Berechnungsgrundlage für die Gewerbesteuer wird *nicht* beeinflusst.
Abschreibung	Der Käufer schreibt ab.	Der Leasinggeber schreibt ab.
Rechnungslegung – in der Bilanz	Aktivierung der Anlage zu den Anschaffungs- bzw. Herstellungskosten. Passivierung des Kredits.	Es erfolgt bei Finance-Leasing nach den IFRS ein Bilanzausweis beim Leasingnehmer.
– in der Erfolgsrechnung	Abschreibung der Anlage und Zinsen und sonstige Kreditkosten als Aufwand des Kreditnehmers.	Volle Mietrate (Tilgungs-, Zins-, Risiko-, Gewinnanteil) als Aufwand des Leasingnehmers.
Sicherheit des Gläubigers	Beim Kreditnehmer muss ein großes Kreditsicherungsvermögen vorhanden sein. Im Insolvenzverfahren wird die dem Kreditgeber zur Sicherung übereignete Anlage abgesondert.	Die dem Leasinggeber zur Verfügung gestellten Sicherheiten sind unbedeutend; bei Ausfall der Mietzahlung nimmt er das von ihm gestellte Leasingobjekt zurück. Im Insolvenzverfahren wird das vom Leasinggeber zur Verfügung gestellte Leasingobjekt ausgesondert.
Objekterneuerung	Im Markt muss ein Erwerber gesucht werden. Je nach Marktlage muss das Objekt mit Verlust verkauft werden. Für den Restkaufpreis muss eine Finanzierung erstellt werden.	Nach Vertragsende wird das alte Objekt einfach gegen ein neues ausgetauscht. Im schlechtesten Falle erhöhen sich die Leasingraten. Der gesamte Erneuerungsvorgang vollzieht sich viel einfacher.

?

1. Die Gesellschafter einer GmbH erörtern die Frage, ob eine Investition in Höhe von 20 Mio. EUR mittels Erhöhung des Stammkapitals oder Aufnahme eines Darlehens finanziert werden soll. Erklären Sie Vor- und Nachteile beider Finanzierungsmöglichkeiten.
2. Welche besonderen Merkmale bestehen beim Darlehen?
3. Erstellen Sie einen Tilgungsplan für die ersten vier Jahre bei 100.000 EUR Darlehen, einem Zinssatz von 8 % und 12 % Tilgung pro Jahr, und einen Annuitätentilgungsplan bei einer Annuität von 20 % pro Jahr.
4. Stellen Sie den Verlauf der Ratentilgung für ein mit 9 % verzinsliches Darlehen von 30.000 EUR in 8 Jahren dar. Erstellen Sie eine entsprechende Tabelle.
5. Wie verläuft die Annuitätentilgung für das unter 4. genannte Darlehen? Verwenden Sie die Formel für die Annuitätenberechnung.
6. Welche Vor- und Nachteile bietet das Schuldscheindarlehen gegenüber der Schuldverschreibung?
7. Welche Unterschiede bestehen zwischen einem Kontokorrentkredit und einem Darlehen hinsichtlich der Bereitstellung, Rückzahlung und Laufzeit?
8. Was kann einen Kaufmann veranlassen, ein hohes Disagio zu vereinbaren?
9. a) Die Hausbank bietet ein fünfjähriges Darlehen zu einem Zinssatz von 4,5 % nominal und einer Auszahlung von 98 % an. Berechnen Sie die Effektivverzinsung.
   b) Prüfen Sie, ob das Konkurrenzangebot einer anderen Bank günstiger wäre: Nominalzinssatz 4 %, Auszahlung 96 %, Laufzeit 5 Jahre.
10. Welche Vorteile und Nachteile bietet der Kauf gegenüber dem Leasing?
11. Vergleichen Sie Kreditfinanzierung und Leasing im Hinblick auf
    a) den Kapitalbedarf,
    b) laufende Liquiditätsbelastungen,
    c) die Bindung an das Wirtschaftsgut.
12. Einem Unternehmen liegen für ein 100.000-EUR-Objekt folgende Finanzierungsalternativen vor:

    Leasing mit fünf Jahren Grundmietzeit und einer Jahresrate von 25.000 EUR. Das Bankdarlehen für fünf Jahre wird gleichmäßig in Raten getilgt und kostet 10 % Zinsen von der Restschuld.
    a) Errechnen Sie die Liquiditätsbelastung beider Vorschläge für die fünf Jahre insgesamt.
    b) Prüfen Sie am Ende der fünf Jahre, ob Leasing auch dann noch einen Vorteil bietet, wenn die Gewinnsteuerminderung bei einem Steuersatz von 40 % berücksichtigt wird. Das Objekt soll mit 20 % linear abgeschrieben werden.
    c) Begründen Sie Ihre Finanzierungsentscheidung.
13. Einem Unternehmen liegen zur Finanzierung von Produktionsanlagen im Wert von 117.600 EUR und einer Nutzungsdauer von acht Jahren zwei Angebote vor:

Kreditangebot der Hausbank:		Angebot einer Leasinggesellschaft:	
Zinssatz	10 %	Leasingrate pro Monat	2.550 EUR
Disagio	2 %	Grundmietzeit	5 Jahre
Laufzeit	5 Jahre		
Tilgung in fünf gleichen Jahresraten jeweils am Jahresende		Eine angebotene Kaufoption in Höhe von 3 % der Anschaffungskosten wird am Ende des fünften Jahres ausgeübt.	

    a) Beurteilen Sie die beiden Angebote pro Jahr und in der Summe nach fünf Jahren bezüglich ihrer Auswirkung auf die Liquidität des Unternehmens nach folgendem Schema:

Jahr	**Kreditkauf**				**Leasing**
	Restschuld Jahresanfang EUR	Tilgung EUR	Zinsen EUR	Summe EUR	EUR

    b) Beurteilen Sie die beiden Angebote pro Jahr und in der Summe nach fünf Jahren in Bezug auf die Erfolgswirksamkeit nach folgendem Schema:

Jahr	**Kreditkauf**				**Leasing**
	Zinsen EUR	Disagio EUR	Abschreibungen EUR	Summe EUR	EUR

13.2.5 Selbstfinanzierung

Werden **Teile des Gewinns nicht ausgeschüttet,** so bleiben dem Unternehmen flüssige Mittel erhalten, die für Investitionen ausgegeben werden können.

Selbstfinanzierung ist die **Bereitstellung von Mitteln aus dem Gewinn des Unternehmens selbst.**

Man unterscheidet

- die **offene Selbstfinanzierung,** bei der der ausgewiesene Gewinn nicht ausgeschüttet bzw. nicht entnommen wird;
- die **verdeckte Selbstfinanzierung,** bei der infolge der Unterbewertung von Vermögen oder der Überbewertung von Schulden der tatsächlich erzielte Gewinn verdeckt und so vor der Ausschüttung bewahrt wird.

In beiden Fällen führt der Selbstfinanzierungsvorgang zu einer **Eigenfinanzierung von innen.**

Offene Selbstfinanzierung

Der *nicht entnommene Gewinn* **erhöht das ausgewiesene Eigenkapital.**

Personengesellschaften

Bei **Personengesellschaften** wird der nicht entnommene Gewinn *den Kapitalgebern gutgeschrieben* (Bild, Seite 458).

Beispiel:

Bei der Keramikfabrik Roth KG ist der Jahresgewinn von 336.000 EUR zu verteilen. Roth als Vollhafter hat 450.000 EUR, die Teilhaber Schwarz und Grün haben von ihrem gezeichneten Kapitalanteil von jeweils 300.000 EUR 150.000 EUR bzw. 100.000 EUR einbezahlt. Die fehlenden Kapitalanteile werden zinslos gestundet. Für die private Lebensführung entnahm Roth 112.000 EUR. Der Gesellschaftsvertrag sieht eine Kapitalverzinsung von 6 % vor und die Verteilung des Restgewinns nach einbezahlten Kapitaleinlagen, wobei die Kommanditisten ihre Gewinnanteile nicht entnehmen, bis ihre gezeichneten Kapitalanteile erreicht sind.

Gesellschafter	Anfangskapital	Verzinsung 6 %	Verteilung 9 : 3 : 2	Gewinn insgesamt	Privatentnahmen	Endkapital
Roth	450.000	27.000	189.000	216.000	112.000	554.000
Schwarz	150.000	9.000	63.000	72.000	0	222.000
Grün	100.000	6.000	42.000	48.000	0	148.000
Summe	700.000	42.000	294.000	336.000	112.000	924.000

(Beträge in EUR)

S Kapitalkonto aller Gesellschafter H

S		H	
Privat	112.000	AB	700.000
SB	924.000	GuV	336.000
	1.036.000		1.036.000

Höhe der Selbstfinanzierung:

Jahresgewinn	336.000 EUR
– Privatentnahmen	112.000 EUR
Nicht ausgeschütteter Gewinn	224.000 EUR

Da bei Kommanditisten der Gewinnanteil zur Auszahlung bereitgehalten werden muss, kann eigentlich nur der nicht ausgeschüttete Gewinnanteil der Komplementäre als Selbstfinanzierung betrachtet werden.

Kapitalgesellschaften

Bei **Kapitalgesellschaften** wird der *nicht ausgeschüttete Gewinn* in den **Gewinnrücklagen** *offen* ausgewiesen. Man spricht deswegen von **offenen Rücklagen**. Dadurch erhöhen sich das ausgewiesene Eigenkapital und die Bilanzsumme (Bild, Seite 458). HGB § 272

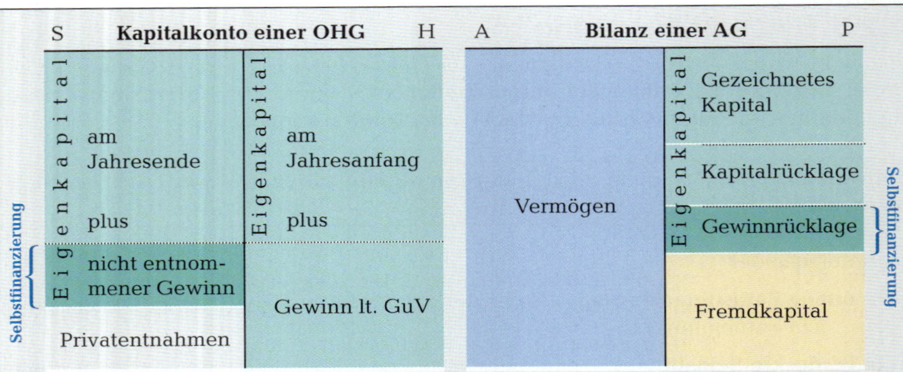

Die offene Selbstfinanzierung kann bei Personengesellschaften nur im Eigenkapitalkonto dargestellt werden, da in der Bilanz keine Gewinnrücklagen ausgewiesen werden.

Die offene Selbstfinanzierung kann bei Kapitalgesellschaften nur in der Bilanz dargestellt werden, da dort die Position Gewinnrücklagen gesetzlich vorgeschrieben ist. Es gibt auch keine Eigenkapitalkonten.

Dabei sind vier Möglichkeiten zu unterscheiden:

AktG § 150 – die durch *Gesetz* erzwungene Selbstfinanzierung (gesetzliche Gewinnrücklage),

§ 58 (1) – die durch *Satzung* bestimmte Selbstfinanzierung (statutarische Gewinnrücklage),

§ 58 (2) – die von den *Leitungsorganen* (Vorstand, Aufsichtsrat) bestimmte Selbstfinanzierung,

§ 58 (3) – die von den *Versammlungen* der Gesellschafter beschlossene Selbstfinanzierung.

Verdeckte Selbstfinanzierung

Sie entsteht durch **Unterbewertung des Vermögens** (überhöhte, aber steuerlich zulässige Abschreibungen) oder **Überbewertung der Schulden** (steuerlich zulässige Rückstellungen). Dieser überhöht ausgewiesene Aufwand (Abschreibungen, Steuerrückstellungen) *verdeckt den tatsächlich erzielten Gewinn* und bewahrt ihn somit vor der Besteuerung und der Ausschüttung.

Man spricht deswegen auch von **stillen Rücklagen** (stille Reserven). Diese werden sogar gesetzlich erzwungen, denn bei der Bilanzierung gilt für das Vermögen das Niederstwertprinzip und für die Schulden das Höchstwertprinzip. Steigt der Wert von Vermögensgegenständen über ihren Anschaffungswert hinaus bzw. fällt der Wert von Verbindlichkeiten unter den ursprünglich ausgewiesenen Rückzahlungsbetrag, so entstehen nicht realisierte Gewinne. Diese vermehren zwar das Eigenkapital, dürfen aber in der Bilanz nicht in Erscheinung treten und werden somit zwangsläufig zu stillen Rücklagen.

Vorteile der Selbstfinanzierung

- Die Sicherheit und Kreditfähigkeit des Unternehmens wird durch zusätzliches Eigenkapital erhöht.
- Die Eigenkapitalbildung erfolgt progressiv, denn bei zweckmäßiger Verwendung wirft das Zusatzkapital ebenfalls Gewinne ab, die ihrerseits wiederum Gewinn bringen.
- Es entstehen keine Finanzierungsprobleme.
- Die Notwendigkeit zur Aufnahme kostspieligen Fremdkapitals vermindert sich. Bereits aufgenommenes Fremdkapital kann zurückgezahlt werden. Das Unternehmen wird unabhängiger. Der Zinsaufwand wird gemindert.
- Sie erleichtert den Entschluss des Unternehmers zu zusätzlichen Investitionen, zur Rationalisierung und zur Anpassung an den technischen Fortschritt.

Nachteile der Selbstfinanzierung

- Hohe Bestände an liquiden Mitteln, die aus einbehaltenen Gewinnen entstanden sind, verführen leicht zu Kapitalfehlleitungen, wenn die Marktlage nicht beachtet wird und die bei einer Fremdfinanzierung notwendige Berechnung des Kapitalbedarfs unterbleibt.
- Sie führt bei der AG zu unliebsamen Auseinandersetzungen mit den Aktionären, die hohe Dividenden erstreben.

  Einsichtige Aktionäre erkennen natürlich, dass durch die Selbstfinanzierung der Substanzwert des Unternehmens steigt und damit die Möglichkeit von Kursgewinnen bei Veräußerung der Aktien. Jedoch sind auch steuerliche Belastungen zu berücksichtigen.
- Die verdeckte Selbstfinanzierung verschleiert häufig der Unternehmensleitung die **tatsächliche Rentabilität.**
  1. Der wirkliche **Gewinn** wird teilweise oder ganz **verdeckt.** Die mögliche Wiederaufdeckung kann auch dann noch Gewinn erscheinen lassen, wenn überhaupt keiner mehr erzielt oder sogar mit Verlust gearbeitet wurde. Misserfolge können so verdeckt werden.
  2. Der Rentabilitätsberechnung liegt nur das **ausgewiesene** und nicht das wirkliche **Eigenkapital** zugrunde.

  Die Berechnung falscher Rentabilitätssätze kann ebenfalls zu Kapitalfehlleitungen führen.
- Soweit die Selbstfinanzierung durch überhöhte Preise erfolgt, trägt der Käufer die Last der Bildung zusätzlichen Eigenkapitals.

Vergleich von Beteiligungs-, Fremd- und Selbstfinanzierung

Um zu konkreten Finanzierungsentscheidungen zu kommen, ist es notwendig, rechnerische Vergleiche durchzuführen. Der Einsatz der Datenverarbeitung erleichtert das Durchrechnen alternativer Finanzierungsvorschläge.

Beispiel: Bisheriges Grundkapital 1 Mio. EUR, Rücklagen 1 Mio. EUR, Investitionsvorhaben 1 Mio. EUR, Gewinnerwartung aus der Investition 25 %, Dividende 10 %, Gewinnsteuersatz 40 %, Fremdkapitalzinssatz 10 %.

(Beträge in EUR)

Finanzierungsvorschläge	Fall 1	Fall 2	Fall 3	Fall 4	Fall 5	Fall 6
Beteiligungsfinanzierung durch Kapitalerhöhung	1.000.000	–	500.000	–	500.000	–
Fremdfinanzierung mittels Darlehen	–	–	–	1.000.000	500.000	500.000
Selbstfinanzierung aus Rücklagen	–	1.000.000	500.000	–	–	500.000
Auswirkungen im 1. Jahr						
Gewinnerwartung	250.000	250.000	250.000	250.000	250.000	250.000
Zinsaufwand 10%	–	–	–	100.000	50.000	50.000
Gewinn vor Steuern	250.000	250.000	250.000	150.000	200.000	200.000
40% Steuern	100.000	100.000	100.000	60.000	80.000	80.000
Gewinn nach Steuern	150.000	150.000	150.000	90.000	120.000	120.000
Dividende 10%	200.000	100.000	150.000	100.000	150.000	100.000
Mittelzufluss	–	50.000	–	–	–	20.000
Mittelabfluss	50.000	–	–	10.000	30.000	–

13.2.6 Finanzierung aus Abschreibungen

Abschreibungsfinanzierung ist die **Bereitstellung von Mitteln aus der Steuerersparnis** durch **die bilanzielle Abschreibung** und aus den in den Verkaufserlösen zurückfließenden **kalkulierten Abschreibungen.**

Bilanzielle Abschreibung

Der Kaufmann muss bei bestimmten Vermögenswerten durch Abnutzung (Kfz) und technische Weiterentwicklung (PC) Jahr für Jahr Wertverluste hinnehmen. Am Ende seines Geschäftsjahres bucht er diese Verluste als Aufwand für Abschreibungen. D.h., er bucht einen Aufwand, obwohl er keine Geldausgabe hatte. Da dieser Aufwand seinen Gewinn mindert, fallen seine Steuerzahlungen an das Finanzamt geringer aus. Das gesparte Geld kann zur Finanzierung von Investitionen genutzt werden. Man spricht von der Finanzierung durch **bilanzielle Abschreibung.**

Beispiel: Wertentwicklung und Steuerersparnis

Fuhrpark	Wertverlust	Restwert	Abschreibungsaufwand	Steuersatz	Steuerersparnis
1. Jahr 40.000 EUR	10.000 EUR	30.000 EUR	10.000 EUR	25 %	2.500 EUR
2. Jahr 30.000 EUR	10.000 EUR	20.000 EUR	10.000 EUR	33 %	3.300 EUR

Kalkulatorische Abschreibung

Nun kann der Kaufmann den Abschreibungsaufwand auch noch in die Verkaufspreise einkalkulieren. Setzt sich der Preis am Markt durch und fließt über die Umsatzerlöse Geld zurück in das Unternehmen, spricht man von der Finanzierung durch **kalkulatorische Abschreibung.**

Beispiel: Einpreisung des Wertverlustes obigen Beispiels in den Verkaufspreis einer Ware

Verkaufspreis vorher	Verkaufspreis nachher	Verkaufte Stücke	Mehreinnahme aufgrund kalkulierter Abschreibung
9,97 EUR	9,99 EUR	500.000 Stück	10.000 EUR

a) Abschreibungsrückflüsse haben zwar grundsätzlich der **Ersatzbeschaffung (Re-Investition)** langlebiger Wirtschaftsgüter zu dienen. Diese erfolgt jedoch in der Regel erst nach Jahren.

b) Vor der Ersatzbeschaffung stehen dem Unternehmen durch den Abschreibungsrückfluss liquide Mittel zur Verfügung. Sind diese hoch genug, können **Zusatz-Investitionen** damit finanziert werden. Diese können ihrerseits wieder abgeschrieben werden. Das Anlagevermögen wird bis zum Zeitpunkt der Ersatzbeschaffung mengenmäßig erhöht, ohne dass der Buchwert des Anlagevermögens höher wird **(Kapazitätserweiterungs-Effekt).**

Beispiel (vgl. auch: Seiten 461, 462):

Jahr	1	2	3	4	5
Anfangsbestand	100	120	144	173	208
Abschreibung	20	24	29	35	42
Investition	+ 20	+ 24	+ 29	+ 35	+ 42
Desinvestition					– 100
Schlussbestand	120	144	173	208	150

Jahr	Vorgang	1.	2.	3.	4.	5.	6. E1	7. E2	8. E3	9. E4	Summe der Abschreibg.	flüssige Mittel/ Kredit	Bilanzwert	Masch.-bestand
1.	A B	100.000											100.000	100
	a 1	– 20.000									20.000	+ 20.000		
2.	R 1	80.000										20.000	80.000	
	Z 2		20.000									– 20.000		+ 20
	a 2	– 20.000	– 4.000								24.000	+ 24.000		
3.	R 2	60.000	16.000									24.000	76.000	120
	Z 3			24.000								– 24.000		+ 24
	a 3	– 20.000	– 4.000	– 4.800							28.800	+ 28.800		
4.	R 3	40.000	12.000	19.200								28.800	71.200	144
	Z 4				28.000							– 28.000		+ 28
	a 4	– 20.000	– 4.000	– 4.800	– 5.600						34.400	+ 34.400		
5.	R 4	20.000	8.000	14.400	22.400							35.200	64.800	172
	Z 5					32.000						– 32.000		+ 32
	a 5	– 20.000	– 4.000	– 4.800	– 5.600	– 6.400					40.800	+ 40.800		
6.	R 5	–	4.000	10.600	16.800	25.600						44.000	56.000	204
	Z 6						100.000					–100.000		+ 100
	Kr											56.000		– 100
	a 6		– 4.000	– 4.800	– 5.600	– 6.400	– 20.000				40.800	+ 40.800		
7.	R 6		–	4.800	11.200	19.200	80.000					15 200	115.200	204
	Z 7							20.000				– 20.000		+ 20
	Kr											35 200		– 20
	a 7			– 4.800	– 5.600	– 6.400	– 20.000	– 4.000			40.800	+ 40.800		
8.	R 7			–	5.600	12.800	60.000	16.000				5.600	94.400	204
	Z 8								24.000			– 24.000		+ 24
	Kr											18.400		– 24
	a 8				– 5.600	– 6.400	– 20.000	– 4.000	– 4.800		40.800	+ 40.800		
9.	R 8				–	6.400	40.000	12.000	19.200			22.400	77.600	204
	Z 9									28.000		– 28.000		+ 28
	Kr											5.600		– 28
	a 9					– 6.400	– 20.000	– 4.800	– 4.800	– 5.600	40.800	+ 40.800		

AB = Anfangsbestand   a = Abschreibungsbetrag   R = Restwert   Z = Zugang   E = Ersatzinvestition   Kr = Kredit   Beträge in EUR

Ein anfänglicher Bestand (B) von 100 Maschinen zu je 1 Recheneinheit (z. B. 1 EUR) und einer Lebensdauer von 5 Jahren wird linear abgeschrieben. Mit dem jährlichen Rückfluss der kalkulierten Abschreibung sollen neue Maschinen (gerundet) gekauft werden.

Der Maschinenpark wächst so bis Ende des 5. Jahres auf 250. Es scheiden aber die 100 Maschinen aus dem 1. Jahr aus (Desinvestition), da sie abgeschrieben sind. Der neue Bestand beträgt dann 150 Maschinen.

Die maximale Kapazitätsausweitung tritt in diesem Falle am Ende des 4. Jahres mit 208 ein. Sie schrumpft aber bis zum Ende des 5. Jahres auf 150, wenn auch weiterhin nur Abschreibungsrückflüsse zur Finanzierung des Ersatzes der Erstausstattung verwendet würden.

Da aber in der Regel eine einmal erreichte Kapazität erhalten werden soll, muss zur Finanzierung des Ersatzes der Erstausstattung zusätzliches Kapital beschafft werden (Bild, Seite 461).

Diese Finanzierungsart ist unabhängig vom Jahresergebnis, solange die Verkaufserlöse die Selbstkosten decken. Es besteht aber die Gefahr, die Kapazität über die Aufnahmefähigkeit des Marktes hinaus zu erweitern.

Finanzierungswirkung bei Übereinstimmung der kalkulatorischen mit der bilanziellen Abschreibung

Durch die kalkulatorische Abschreibung werden regelmäßig hohe flüssige Mittel freigesetzt, da die Wertminderung des Anlagevermögens in die Selbstkostenrechnung einbezogen wird und als Kostenersatz zurückfließt. Aus Anlagevermögen wird Umlaufvermögen. Abschreibungen vermindern aber auch den Gewinn und die zu zahlende Steuerschuld (Selbstfinanzierung).

Finanzierungswirkung überhöhter bilanzmäßiger Abschreibung

Übersteigt die bilanzielle Abschreibung die kalkulatorische, so stellt der verrechnete Mehraufwand eine Finanzierung aus dem Gewinn dar. Ein Teil des tatsächlichen Gewinns wird nicht als Gewinn, sondern als Aufwand ausgewiesen und damit vor einer Ausschüttung und Versteuerung bewahrt. Der zurückbehaltene Gewinn stellt also eine verdeckte Selbstfinanzierung dar.

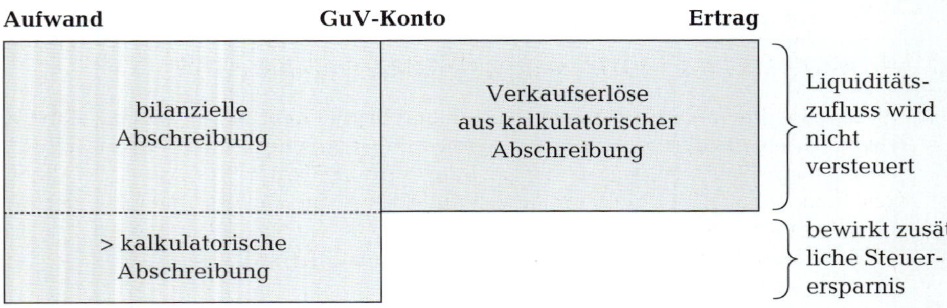

Die nachfolgende Tabelle beweist die große Bedeutung der Finanzierung aus Abschreibung und der offenen Selbstfinanzierung für die Unternehmen.

Bedeutung verschiedener Finanzierungsmöglichkeiten für den Mittelstand	
Offene Selbstfinanzierung sowie Finanzierung aus Abschreibungen	70 %
Bankfinanzierung	49 %
Gesellschafter-/Familiendarlehen	43 %
Staatliche Fördermittel	35 %
Lieferantenkredite	26 %
Beteiligungsfinanzierung	18 %
Quelle: Deutsche Bundesbank	

Verwendung freigesetzter Mittel

Die Freisetzung und Wiederverwendung finanzieller Mittel ist ein fortlaufender Prozess, der ständig überwacht werden muss. Welche Vorteile und Gefahren mit der Verwendung freigesetzter Mittel verbunden sein können, zeigt folgendes Bild.

Verwendung freigesetzter Mittel	Vorteile	Gefahren
zum Ersatz und zur Erweiterung der Anlagen	Erhöhung des Produktionsvolumens, Anpassung an den technischen Fortschritt	Fehlinvestitionen, wenn der Markt die Erzeugnisse nicht abnimmt
zur Vermehrung des Vorratsvermögens	Nutzung der Vorteile des Großeinkaufs	Wertverlust bei Preisrückgang, Finanzierungsschwierigkeit bei Ersatzbeschaffung
für Schuldentilgung	Zinsersparnis, Minderung der fixen Kosten, Minderung der Abhängigkeit	Kreditabhängigkeit bei Ersatzbeschaffung
für betriebsfremde Anlagen (Wertpapiere, Festgelder)	schnelle Verfügbarkeit bei notwendiger Ersatzbeschaffung	u.U. geringere Rendite als beim Einsatz im eigenen Unternehmen

13.2.7 Factoring- und Forfaitierungsfinanzierung

Seite 488

Diese beiden Finanzierungsarten stehen in enger Verbindung zu den Bankkrediten.

13.2.8 Mezzanine-Finanzierung (Mezzanine-Kapital)

Zwischen echtem Eigenkapital und klassischem Fremdkapital steht das Mezzanine-Kapital. Es ist eine Mischform zwischen den oben genannten Finanzierungsarten, weil es charakteristische Merkmale des Eigenkapitals (Stimmrecht, Gewinn, Haftung) und des Fremdkapitals (Verzinsung, Laufzeit, Rückzahlung) miteinander vermischt und somit die Finanzierung für Kapitalgeber und Kapitalnehmer interessant macht. Das Mezzanine-Kapital verbindet so typische Eigenkapitalmerkmale mit ebenso typischen Fremdkapitalmerkmalen.

Nachrangdarlehen

Der Kapitalgeber erhält für eine feste Laufzeit einen festen Zinssatz, wird aber im Insolvenzfall nachrangig nach den gewöhnlichen Gläubigern befriedigt, aber vor dem Eigentümer. Aufgrund dieser Vereinbarung zahlt der Kapitalnehmer einen Zinssatz, der über dem Fremdkapitalzinssatz liegt, aber unter der Verzinsung des Eigenkapitals.

Stille Beteiligung

▶ Typische stille Beteiligung

Der Kapitalgeber beteiligt sich für einen festen Zeitraum an einem Unternehmen, tritt aber nach außen nicht in Erscheinung. Er erhält eine Mindestverzinsung sowie ein Recht auf Gewinnbeteiligung. Eine Verlustbeteiligung ist ausgeschlossen. Im Insolvenzfall ist der Kapitalgeber nachrangiger Gläubiger.

▶ Atypische stille Beteiligung

Hier ist ein Haftungsausschluss im Falle eines Verlustes nicht möglich. Das zur Verfügung gestellte Kapital hat somit mehr Eigenkapitalcharakter. Deswegen erhält der Kapitalgeber eine höhere Mindestverzinsung und/oder eine höhere Gewinnbeteiligung. Auch hier wird die Finanzierung befristet.

Seite 474

Wandel- und Optionsanleihen, Genussscheine, Gewinnschuldverschreibungen

Diese Finanzierungsmöglichkeiten stellen Sonderformen der Wertpapiere dar.

Gegenüberstellung von Mezzanine-Finanzierungen

	Nachrang-darlehen	**Typische stille Beteiligung**	**Atypische stille Beteiligung**	**Wandel-, Options-anleihe**	**Genuss-scheine**
Stellung des Kapitalgebers	**Gläubiger**	Gläubiger- und Teilhaberrechte	Gläubiger- und mehr Teilhaber-rechte	Zunächst Gläubiger, später Teilhaber	Mixtur aus Gläubiger- und Teilhaber-rechten
Vergütung	**Fester Zins**	Fester Zins und Gewinn-anteil	Fester Zins und höherer Gewinnanteil	Zunächst fester Zins, später Recht auf Divi-	Mixtur aus Zinszahlung und Gewinn-beteiligung
Haftung	Keine, aber nachrangige Gläubiger-stellung	Keine, aber nachrangige Gläubiger-stellung	Ja	Als Gläubiger nein, später als Teilhaber ja	Grundsätzlich nein
Mitwirkungs-rechte	Keine	Je nach Vertrag	Je nach Vertrag	Als Gläubiger nein, später als Teilhaber ja	Je nach Vertrag
Zuordnung zu Eigen- oder Fremd-kapital	Fremdkapital	Fremdkapital	Eigenkapital	Zunächst Fremdkapital, später Eigen-kapital	Eigenkapital

Ursachen für den Einsatz **mezzaniner Finanzierungen** können sein:

- die Politik der Kreditvergabe von Banken ist schwankend,
- die Größe des Unternehmens reicht nicht aus für einen Börsengang,
- die Aufnahme neuer Gesellschafter wird von Mitgesellschaftern nicht akzeptiert,
- die Innenfinanzierung dient bei Familienunternehmen zu deren Lebensunterhalt.

Mezzanine-Finanzierungen sind interessant, weil Kapital durch Zinsgarantien, Gewinnbeteiligung und Haftungsausschluss beschafft werden kann, ohne dass die Eigentümer- und Mitspracheverhältnisse geschmälert werden. Der Unternehmer beschafft sich »Quasi-Eigenkapital« und stärkt somit sein Unternehmen.

?

1. Welche Vor- und Nachteile bringt die offene Selbstfinanzierung mit sich?
2. a) Worin unterscheiden sich Beteiligungsfinanzierung und offene Selbstfinanzierung?
   b) Was haben sie gemeinsam?
3. Die Bilanz einer GmbH weist vor der Gewinnverwendung folgende Zahlen aus:
   - Stammkapital 100.000.000 EUR
   - Rücklagen 48.920.000 EUR
   - Rückstellungen 72.640.000 EUR
   - Bilanzgewinn 17.240.000 EUR

   Ermitteln Sie anhand der oben genannten Zahlen unter Berücksichtigung einer vorgeschlagenen Gewinnverwendung von 850 EUR je 5.000 EUR Stammkapitalanteil
   a) den Betrag der Eigenfinanzierung,
   b) den Betrag der offenen Selbstfinanzierung.
4. Gegeben sind als Ausgangssituation zwei Posten auf der Passivseite der Bilanz einer GmbH (= Jahr 1), anschließend die Veränderungen dieser Positionen in den Jahren 2 und 3, jeweils in Mio. EUR:

	Jahr 1	Jahr 2	Jahr 3
Stammkapital	100	115	115
Gewinnrücklage laut Satzung	14	14	17

   Welche Finanzierungsart erkennen Sie und in welcher Höhe
   a) im Jahr 2 im Vergleich zu Jahr 1,
   b) im Jahr 3 im Vergleich zu Jahr 2?
5. Worin besteht der Unterschied zwischen offener und verdeckter Selbstfinanzierung?
6. Nennen Sie Beispiele für vom Gesetzgeber erzwungene offene und verdeckte Selbstfinanzierung.
7. Wodurch unterscheiden sich Beteiligungsfinanzierung und Umfinanzierung?
8. Ein Bauunternehmen verkauft ein 8.000 m² großes Grundstück zum Quadratmeterpreis von 225 EUR. Das Grundstück wurde 1952 zum Quadratmeterpreis von umgerechnet 1,75 EUR gekauft.
   Wie hoch sind die aufgedeckten stillen Rücklagen?
9. Welche Wirkung tritt ein, wenn die Abschreibungsrückflüsse für private Zwecke verwendet werden?
10. Wie wirkt sich die Abschreibung
    a) auf den Gewinn,
    b) auf die Ertragssteuern des Unternehmens aus?
11. Entscheiden Sie, ob ein im Jahre 2007 gekauftes Anlagegut linear oder mit dem geometrisch-degressiven Höchstsatz abgeschrieben werden soll (vgl. Tabelle, Seite 522) bei
    a) einer Nutzungsdauer von drei Jahren,
    b) einer Nutzungsdauer von zehn Jahren.
12. Eine Maschine hat eine Nutzungsdauer von acht Jahren und wird bilanziell linear abgeschrieben. Kalkulatorisch wird sie mit 25% linear abgeschrieben. Wie hoch ist der Prozentsatz der Abschreibungsfinanzierung?
13. Ein Unternehmen schreibt zehn Maschinen zu je 40.000 EUR kalkulatorisch und bilanziell mit 25 % ab.
    a) Erstellen Sie eine Tabelle (wie Bild, Seite 460) bis zu Beginn des fünften Jahres.
    b) Erstellen Sie eine Tabelle (wie Bild, Lehrbuch Seite 461) bis zu Beginn des sechsten Jahres.
14. Die Extrol-AG hat ihren Fuhrpark bisher über Abschreibungen finanziert. Der Vorstand prüft, ob die Kraftfahrzeuge künftig nicht gekauft, sondern geleast werden sollen.
    Unter welchen Voraussetzungen reichen die Abschreibungsrückflüsse zur Wiederbeschaffung nicht aus?
15. Wie viel flüssige Mittel werden in einem Unternehmen bei folgenden Maßnahmen frei:
    - Veräußerung von 1.000 Stück Aktien zu 460 EUR; Kaufpreis 240 EUR,
    - Veräußerung von 500 Stück Aktien zu 280 EUR; Kaufpreis 310 EUR,
    - Abbau des Lagerbestandes von 600.000 EUR um 20 % durch Barverkauf mit 30 % Preisnachlass?
16. Ein bisheriger Darlehensgeber wird Teilhaber. Welche Auswirkung hat dieser Vorgang auf die Freisetzung liquider Mittel, auf die Bilanz und auf die Gewinn- und Verlustrechnung?

13.3 Wertpapiere und Effektenbörse

Wertpapiere sind Urkunden, die Vermögensrechte so verbriefen, dass deren Ausübung an den Besitz des Papiers geknüpft ist. Das Recht **aus** dem Papier folgt dem Recht **am** Papier.

13.3.1 Einteilung der Wertpapiere

Einteilung nach verbrieften Vermögensrechten

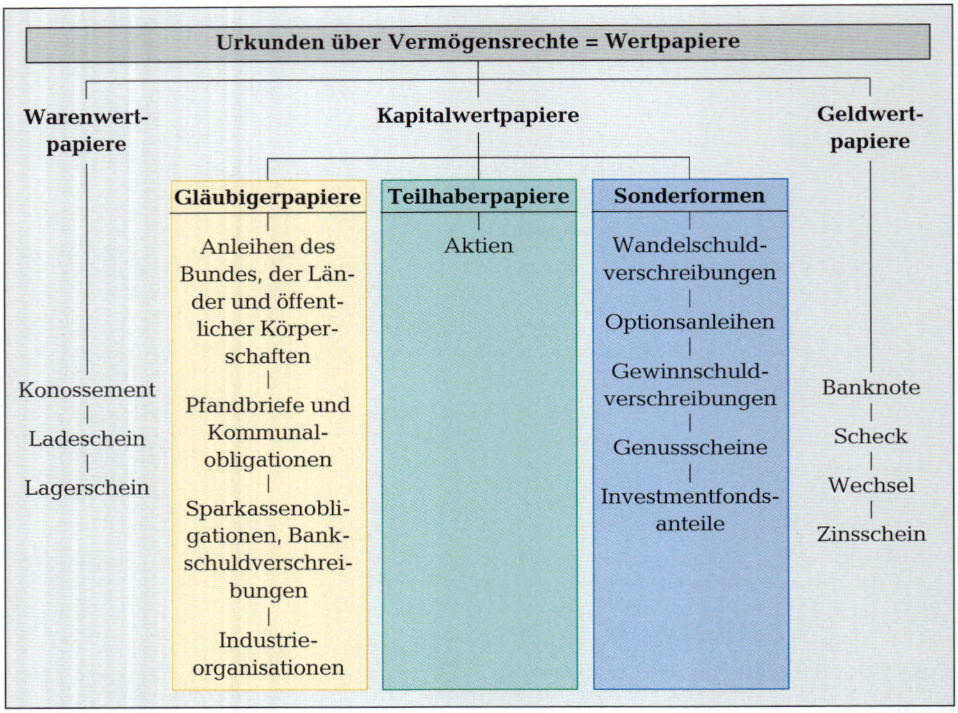

Die Vermögensrechte können in einer Verfügungsberechtigung über Waren, in einem Geldwert oder in Gläubiger- oder Teilhaberrechten bestehen. Daraus ergibt sich die **Einteilung der Wertpapiere** in

- **Warenwertpapiere** (Konnossement, Ladeschein, Lagerschein),
- **Geldwertpapiere** (Banknote, Scheck, Wechsel, Zinsschein),
- **Kapitalwertpapiere** (Aktie, Obligation, Grundschuldbrief).

Kapitalwertpapiere verbriefen eine Kapitalanlage. Sie lassen sich unterteilen in

- nicht vertretbare Kapitalwertpapiere (Grundschuldbrief),
- vertretbare Kapitalwertpapiere oder Effekten (Aktie, Obligation, Pfandbrief). Innerhalb ihrer Gattung sind die Papiere einander vollständig gleich. Die Eigenschaft der Vertretbarkeit macht sie *börsenfähig* (fungibel).

Effekten sind **Urkunden über Gläubiger- oder Teilhaberrechte** mit festem oder schwankendem Ertrag und der **Eigenschaft der Börsenfähigkeit.**

Einteilung nach ihrer Übertragbarkeit

Arten der Wertpapiere nach der **Benennung des Berechtigten**	**Arten der Wertpapiere** nach der **Form der Übertragung**	**Einwendungen** gegen neuen Besitzer	**Gestaltung der Urkunde**	**Beispiele**
Inhaberpapiere Berechtigter *nicht namentlich* benannt	**Inhaberpapiere** Einigung + Übergabe	Einwendungen nur gegen Verfügungsberechtigung über die Urkunde (BGB § 793); dadurch hohe Verkehrsfähigkeit.	a) mit ausdrücklicher Inhaberklausel	a) Inhaberscheck, Inhaberschuldverschreibung, Inhaberaktie
			b) ohne ausdrückliche Inhaberklausel	b) Banknote, Zins- und Dividendenschein
Namenspapiere Berechtigter *namentlich* benannt	**Orderpapiere** (HGB § 363) Einigung + Indossament + Übergabe	Einwendungen nur gegen Inhalt der Urkunde und persönliche Einwendungen gegen Besitzer (HGB § 364); dadurch Verkehrsfähigkeit.	**geborene** (kraft Gesetzes) a) mit oder ohne Orderklausel	a) Wechsel, Namensscheck, Namensaktie
			gekorene (durch Orderklausel) b) nur mit Orderklausel des Ausstellers	b) Orderkonnossement, Orderladeschein, Orderlagerschein
	Rektapapiere (BGB § 410) Abtretung + Übergabe	Alle Einwendungen, die zum Zeitpunkt der Abtretung gegen den alten Gläubiger bestanden (BGB § 404); geringe Verkehrsfähigkeit.	a) mit negativer Orderklausel	a) Rektascheck, Rektawechsel
			b) ohne Orderklausel	b) Rektakonnossement, Rektaladeschein, Rektalagerschein
			c) reines Rektapapier	c) Hypothekenbrief

13.3.2 Wertpapierarten

Wertpapiere werden hinsichtlich der in ihnen verbrieften Rechte eingeteilt in

Gläubigerpapiere

▶ Merkmale

Die **Gläubigerpapiere,** auch festverzinsliche Wertpapiere, Schuldverschreibungen, Rentenpapiere, Anleihen, Obligationen genannt, verbriefen dem **Gläubiger** das **Recht auf Verzinsung, Rückzahlung und Anteil an der Insolvenzmasse** des Schuldners.

Das **Gläubigerpapier** besteht aus zwei Teilen,

– dem **Mantel,** der eigentlichen Urkunde mit dem aufgedruckten zu verzinsenden Betrag (Nennwert) sowie dem Zinssatz, und

– dem **Zinsscheinbogen,** bestehend aus den Zinsscheinen (Coupons) und dem Erneuerungsschein (Talon). Wer von dem Zinsscheinbogen einen Zinsschein abtrennt und ihn bei Fälligkeit dem Schuldner vorlegt, bekommt die Zinsen ausbezahlt. Wenn alle Zinsscheine abgeschnitten sind, kann ein neuer Zinsscheinbogen mithilfe des Erneuerungsscheines bezogen werden.

► Arten

a) Öffentliche Anleihen. Sie sind Schuldverschreibungen über Forderungsrechte gegenüber dem Bund, den Ländern, den Städten und sonstigen öffentlich-rechtlichen Körperschaften.

Die Anleihen sind durch die Steuerkraft und das Vermögen dieser Schuldner indirekt gesichert. Mittel für große Aufgaben (Straßenbau, Wohnungsbau u. a.), die aus laufenden Einnahmen (ordentlicher Haushalt) nicht beschafft werden können, werden durch den Verkauf dieser Papiere aufgebracht.

Wertpapiere des Bundes und ihre Merkmale				
	Bundesanleihen	**Bundes-schatzbriefe**	**Bundes-obligationen**	**Finanzierungs-schätze**
Laufzeit	10 Jahre	6 und 7 Jahre	5 Jahre	2 Jahre
Zinszahlung	jährlich	6 Jahre = jährlich 7 Jahre = Laufzeitende	jährlich	abgezinst = Nennwert – Zins = Kaufpreis
Mindestauftrag	100 EUR	50 EUR	100 EUR	500 EUR
Nennwert	bei allen Bundespapieren ab 0,01 EUR			
Zinsberechnung	bei allen Bundespapieren actual/actual = 365/365 bzw. 366/366			

b) Bankschuldverschreibungen. Sie sind Urkunden über Forderungen gegen öffentliche Kreditanstalten, private Hypothekenbanken und sonstige Kreditinstitute.

PfandBG § 1 (1) Private Hypothekenbanken verkaufen *Pfandbriefe*. Der Erlös aus ihrem Verkauf wird nach bestimmten gesetzlichen Vorschriften an die Eigentümer erstklassiger Grundstücke (meist Wohnhäuser) ausgeliehen. Die Sicherung dieser Kredite geschieht ausschließlich durch 1. Hypotheken, sodass indirekt jeder Pfandbrief durch eine 1. Hypothek (Grundschuld) gesichert ist.

§ 1 (2) Öffentliche Kreditanstalten emittieren *Öffentliche Pfandbriefe*. Der Erlös aus ihrem Verkauf fließt Gemeinden oder Gemeindeverbänden für Zwecke des außerordentlichen Haushalts zu. Sie sind durch die Steuerkraft dieser Gemeinden, durch Staatsbürgschaften oder nachrangige Hypotheken indirekt gesichert. Schuldner aber ist, wie bei den Pfandbriefen, das emittierende Kreditinstitut (bei *Kommunalanleihen* eine *Gemeinde*).

BGB § 793 Andere Kreditinstitute kommen mit *sonstigen Schuldverschreibungen* auf den Markt. Mit dem Erlös aus ihren Papieren finanzieren sie durch Kreditvergabe die gewerbliche Wirtschaft.

c) Unternehmensanleihen. Sie sind Schuldverschreibungen über Forderungsrechte gegen Industrieunternehmen, die meist durch eine 1. Hypothek oder Grundschuld oder durch Bürgschaft anderer Unternehmen gesichert sind.

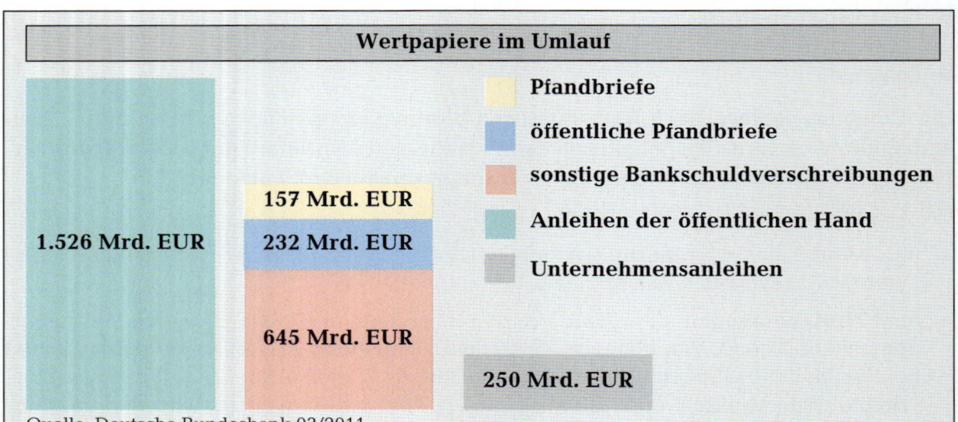

Quelle: Deutsche Bundesbank 03/2011

MUSTER

Nr.

Eine Aktie

Der Inhaber dieser Stückaktie
ist an der VEDES AG, Nürnberg,
mit einem anteiligen Betrag
am Grundkapital
nach Maßgabe ihrer Satzung
als Aktionär beteiligt.

Nürnberg, im August 2002

VEDES AG

Der Aufsichtsrat

Vorsitzender

Der Vorstand

Kontrollunterschrift

GIESECKE & DEVRIENT MÜNCHEN 2001

2. Jan. ganzj. 4,25% Inhaber-Schuldverschreibung Em. 5915 2. Jan. 2009 WKN 185915 EUR 1000,-

Ausgegeben nach § 5 Abs. 1 Nr. 4c des HBG.

Nr.

Emission/ Issue 5915

DIE WESTHYP

4,25%
Inhaber-Schuldverschreibung
über 1000 EUR

Die Westfälische Hypothekenbank Aktiengesellschaft schuldet dem Inhaber dieser Schuldverschreibung, die nach § 5 Abs. 1 Nr. 4c des Hypothekenbankgesetzes nicht deckungspflichtig ist, ***eintausend Euro.***

Diese Schuldverschreibung wird jährlich mit 4,25% nach den auf der Rückseite angegebenen Bedingungen verzinst.

Dortmund, im Dezember 1998

MUSTER

4.25%
Bearer Bond
for EUR 1,000

Westfälische Hypothekenbank Aktiengesellschaft owes to the bearer of this bond, which according to § 5, section 1, no. 4c, of the mortgage law is not required to be secured, ***one thousand Euro.***

This bond bears an annual interest of 4.25% in accordance with the Conditions endorsed on the back.

Dortmund, in December 1998

WESTFÄLISCHE HYPOTHEKENBANK AKTIENGESELLSCHAFT

Aufsichtsrat Vorstand

Kontrollunterschrift

© GIESECKE & DEVRIENT GMBH 1998

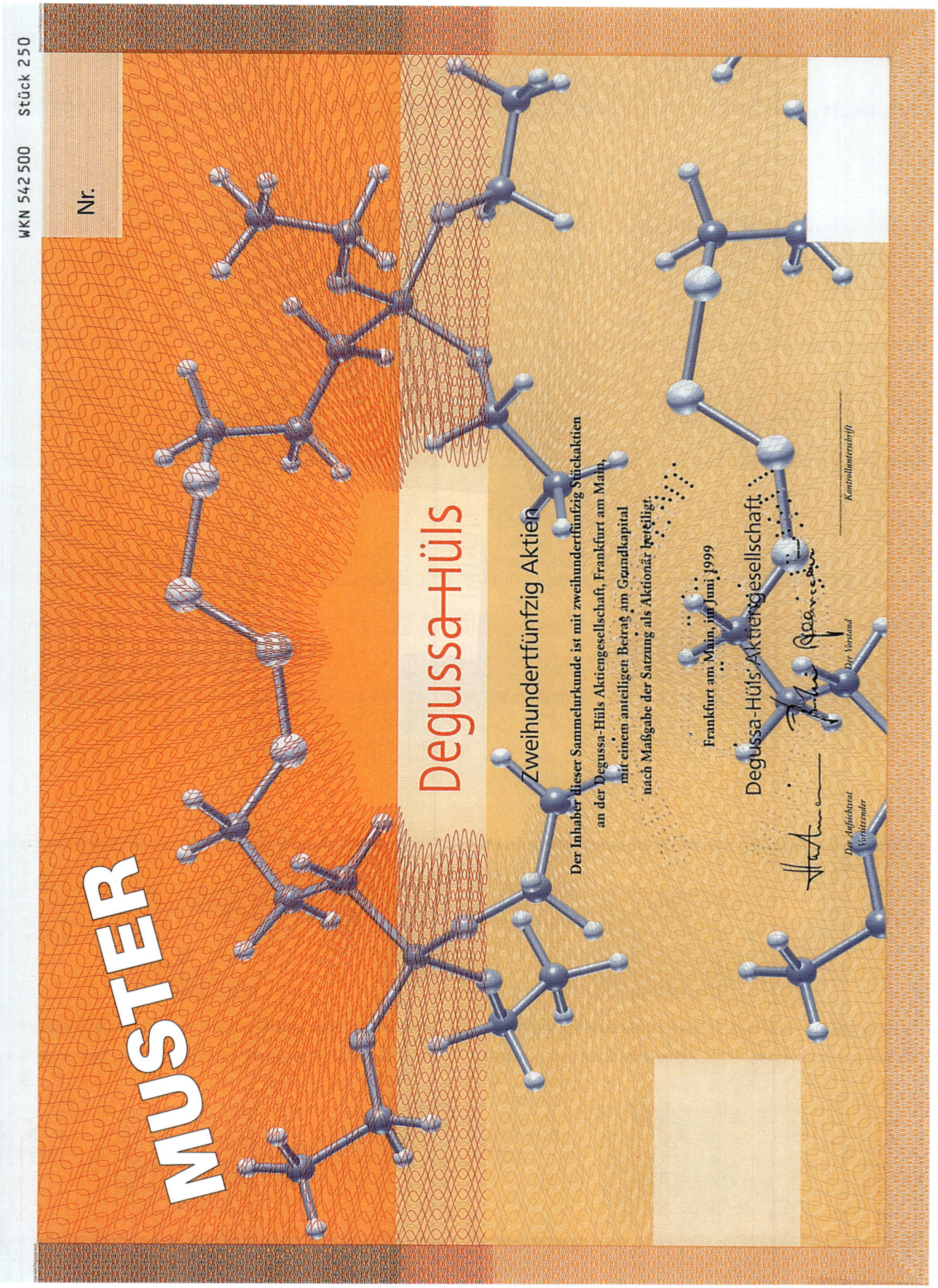
WKN 542 500
Stück 250
Nr.
MUSTER
Degussa-Hüls
Zweihundertfünfzig Aktien
Der Inhaber dieser Sammelurkunde ist mit zweihundertfünfzig Stückaktien
an der Degussa-Hüls Aktiengesellschaft, Frankfurt am Main,
mit einem anteiligen Betrag am Grundkapital
nach Maßgabe der Satzung als Aktionär beteiligt.
Frankfurt am Main, im Juni 1999
Degussa-Hüls Aktiengesellschaft
Der Aufsichtsrat Vorsitzender
Der Vorstand
Kontrollunterschrift

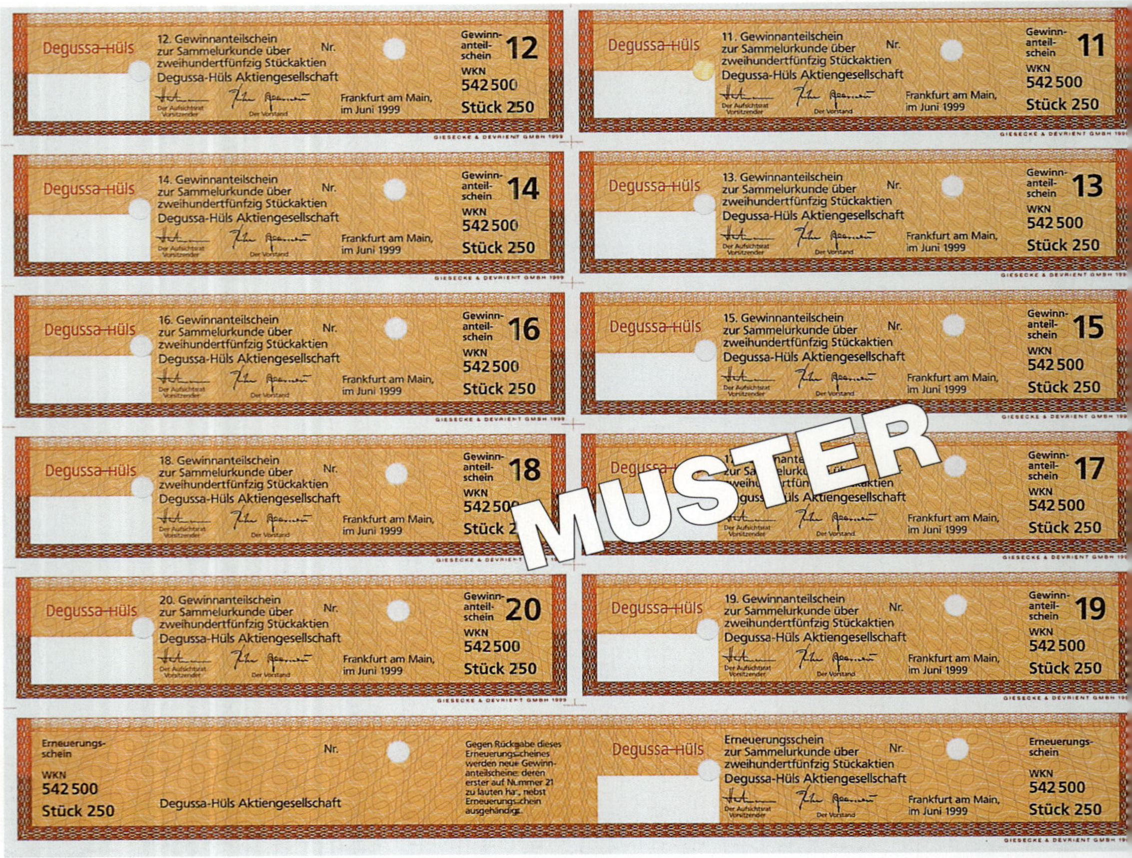

© Giesecke & Devrient, 81607 München

5. Januar	4,5% Öffentlicher Pfandbrief	Em. 519	5. Januar 2009	WKN 257419	EUR 100,-

EUR 100,- Nr. 00000

HYPOTHEKENBANK IN ESSEN AG

4,5% Öffentlicher Pfandbrief

über Einhundert Euro

EUR 100

Die Hypothekenbank in Essen AG begibt diesen Öffentlichen Pfandbrief zu den umseitig aufgeführten Bedingungen anläßlich der Einführung der dritten Stufe der Europäischen Wirtschafts- und Währungsunion am 1. Januar 1999.

SPECIMEN

Essen, im Dezember 1998

Hypothekenbank in Essen

Aktiengesellschaft

Für diesen Öffentlichen Pfandbrief ist die vorschriftsmäßige Deckung vorhanden und in das Deckungsregister eingetragen.

Der Treuhänder

Kontrollunterschrift

Teilnehmerstaaten: Belgien, Deutschland, Finnland, Frankreich, Niederlande, Irland, Italien, Luxemburg, Österreich, Portugal, Spanien

Teilhaberpapiere

Zu den Teilhaberpapieren gehören neben GmbH-Anteilen vor allem die **Aktien.**

▶ Merkmale der Aktie

AktG § 1 § 8 Aktien sind Urkunden über die *Beteiligung an einer Aktiengesellschaft.* Maßgebend für den Umfang der Beteiligung ist die Anzahl der Stückaktien. Sie verbriefen dem Aktionär folgende Rechte:

§§ 12, 118 a) das **Stimmrecht** in der Hauptversammlung,

§ 119 b) das Recht auf Anteil am **Gewinn** (Dividende),

c) das Recht auf Anteil am **Liquidationserlös**,

§ 186 d) das **Bezugsrecht** bei der Neuausgabe von Aktien der AG.

Die **Aktie** besteht aus zwei Teilen,

- dem **Mantel** mit dem Nennwert von mindestens 1 EUR und
- dem **Dividendenscheinbogen,** bestehend aus den Dividendenscheinen (Coupons) und dem Erneuerungsschein (Talon). Die Dividendenscheine unterscheiden sich von den Zinsscheinen dadurch, dass ihnen kein Betrag und kein Fälligkeitstag aufgedruckt ist; sie tragen stattdessen eine laufende Nummer.

▶ Arten von Aktien

Man unterscheidet

a) *nach den Rechten*

- **Stammaktien** (gewöhnliche Aktien).
- §§ 11 f., 139–141 **Vorzugsaktien.** Sie gewähren dem Besitzer einen Vorzug vor den Stammaktien. Dieser kann bestehen aus höherer Dividende ohne oder mit Nachzahlungspflicht der AG, aus einer Bevorzugung bei der Verteilung des Liquidationserlöses oder mit besonderer behördlicher Genehmigung in mehrfachem Stimmrecht. Es gibt auch Vorzugsaktien ohne Stimmrecht.

b) *nach der Übertragbarkeit*

- **Inhaberaktien.** Das Eigentum an ihnen wird durch Einigung und Übergabe übertragen.
- § 10 §§ 67 f. **Namensaktien.** Sie lauten auf den Namen des Aktionärs und sind im Aktienbuch der Gesellschaft eingetragen. Die Eigentumsübertragung erfolgt durch Einigung und Übergabe des indossierten Papiers unter Umschreibung im Aktienbuch. Da in den USA Namensaktien gesetzlich vorgeschrieben sind, stellen deutsche Aktiengesellschaften (Allianz AG, Siemens AG) ihre Inhaber- auf Namensaktien um, damit sie an der Wall Street in New York gehandelt werden können.
- **Vinkulierte** (gebundene) **Namensaktien.** Sie werden wie Namensaktien übertragen. Außerdem ist die Zustimmung der Gesellschaft einzuholen. Damit behält sich der Vorstand die Auswahl geeigneter Aktionäre vor.

c) *nach dem Zeitpunkt der Ausgabe*

- **alte** und **junge** Aktien. Altaktien stammen aus einer vorherigen Kapitalzufuhr; Jungaktien aus der aktuellen Kapitalerhöhung.
- **Berichtigungsaktien.** Sie werden ausgegeben, wenn das Grundkapital der AG durch Umwandlung von Rücklagen erhöht wird. Dabei handelt es sich um eine Kapitalerhöhung aus Gesellschaftsmitteln.

Sonderformen

§ 221 ▶ Wandelobligationen (Convertible Bonds)

Die Inhaber haben das Recht auf **Umtausch** in Aktien anstelle des Rückzahlungsanspruchs.

Vorteile: Die Wandelobligation bietet dem Erwerber einen festen Ertrag und die Möglichkeit, später Teilhaber zu werden. Für das Unternehmen ergibt sich dadurch die Möglichkeit, bei angespannter Kapitalmarktlage zu einem günstigen Zinssatz Fremdkapital zu beschaffen. Der Kurs der echten Wandelobligation nähert sich mit Ablauf der Umtauschfrist, je nach den Umtauschbedingungen, mehr oder weniger dem Aktienkurs; er bietet somit bei guter Geschäftslage Kursgewinne, während bei schlechter Geschäftslage die Rückzahlung zum festgesetzten Rückzahlungskurs den Ersterwerber vor Verlusten schützt.

Nachteile: Der Wandelobligationär hat zunächst nur Gläubigerrechte. Stärkere Kursverluste sind nicht ausgeschlossen. Das Unternehmen muss auch bei schlechter Ertragslage einen festen Zins zahlen.

▶ Optionsanleihen

Sie enthalten das Bezugs- oder Optionsrecht auf den **Erwerb** von Aktien zusätzlich zu den Anteilen. Das Kapital der AG wird dabei in dem Umfang erhöht, wie die Gläubiger von ihrem Umtausch- oder Bezugsrecht Gebrauch machen (bedingte Kapitalerhöhung). AktG § 192

▶ Gewinnschuldverschreibungen

Gewinnschuldverschreibungen sind Urkunden, die neben den Gläubigerrechten das Recht auf Beteiligung am Unternehmensgewinn verbriefen (Zins und Gewinnanteil). § 221

▶ Genussscheine

Genussscheine sind Urkunden, die einen Anspruch auf Gewinnbeteiligung oder einen Anteil am Liquidationserlös einer AG, aber ohne Stimmrecht und sonstige Teilhaberrechte verbriefen. Die Ausgabe wird von der Hauptversammlung mit $^3/_4$-Mehrheit beschlossen. § 221

▶ Investmentfondsanteile

Sie sind Urkunden über eine Beteiligung an einem **Sondervermögen (Fonds)** einer Kapitalanlagegesellschaft. Darunter versteht man eine Gesellschaft, die Anteile verkauft und deren Erlös in Wertpapieren der verschiedensten Wirtschaftszweige oder in Immobilien, gesondert vom eigenen Vermögen, anlegt. InvG § 2

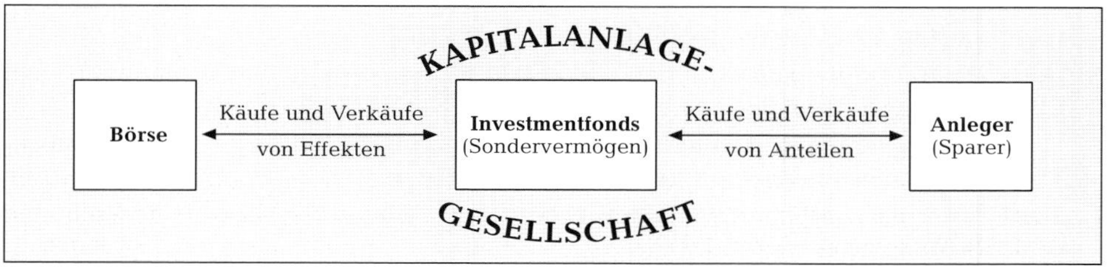

Nach der Zusammensetzung des Wertpapierfonds unterscheidet man *Rentenfonds, Aktienfonds, gemischte Fonds, Fonds of Fonds* (Dachfonds). Nur Letztere dürfen Fondsanteile kaufen.

Die Fondsanteile werden nicht an der Börse gehandelt. Sie haben keinen Nennwert. Die einzelnen Stücke lauten auf 1, 2, 5, 10 oder 100 Anteile. Der Wert des Anteils wird von der Investmentgesellschaft aufgrund der Börsenkurse der im Fonds vereinigten Papiere täglich neu errechnet. Der Ausgabepreis setzt sich aus diesem Anteilwert und einem prozentualen Aufschlag zur Abgeltung der Ausgabekosten zusammen. § 23

$$\textbf{Ausgabepreis} = \frac{\text{Tageswert des Fondsvermögens}}{\text{Zahl der umlaufenden Anteile}} + \text{Ausgabekostenaufschlag}$$ § 34

Die Kapitalanlagegesellschaften sind verpflichtet, die ausgegebenen Anteile zurückzunehmen. Die Rücknahme erfolgt zum Anteilwert des Rücknahmetages.

Die Fondsanteile sind mit einem Ertragsscheinbogen ausgestattet. Der auszuschüttende Ertrag wird aus den angesammelten Dividenden, Zinserträgen und realisierten Kursgewinnen des Fondsvermögens abzüglich der Verwaltungskosten der Investmentgesellschaft errechnet.

$$\textbf{Ertrag des Anteils} = \frac{\text{Erträge des Fondsvermögens} - \text{Verwaltungskosten}}{\text{Zahl der umlaufenden Anteile}}$$ § 42

Neben den Fonds mit Ertragsausschüttung gibt es auch **Wachstumsfonds.** Bei diesen werden die Erträge nicht ausgeschüttet, sondern in zusätzliche Anteile umgerechnet, wodurch der Wert des Sparvermögens steigt.

Vorteile: Das Kursrisiko wird durch Streuung der Wertpapiere des Fonds weitgehend eingeebnet. Das Ertragsrisiko wird dadurch gemindert, dass geringere Erträge einzelner Wertpapiere mit Erträgen anderer Papiere ausgeglichen werden. Die starke Stückelung bis hin zu Bruchanteilen ermöglicht auch Kleinsparern eine Beteiligung an einem breit gestreuten Millionenvermögen (Investmentsparen). Die Investmentgesellschaft enthebt den Investmentsparer der Sorge um die Auswahl und Verwaltung der im Fonds zusammengefassten Wertpapiere.

Nachteile: Die Zwischenschaltung der Kapitalanlagegesellschaft verursacht Aufwand, der den Ertrag des Zertifikats mindert. Das Zertifikat verbrieft kein Stimmrecht. Der Rücknahmepreis ist niedriger als der Ausgabepreis.

13.3.3 Ausgabe, Übernahme und Unterbringung von Effekten

Ausgabe der Effekten

Durch die **Ausgabe (Emission)** von Effekten beschaffen sich Unternehmen und öffentlich-rechtliche Körperschaften Kapital. Weil eine unmittelbare Unterbringung solcher Papiere beim Publikum selten möglich ist, stellen sich Kreditinstitute in den Dienst der Emittenten.

Sie übernehmen vom ersten Gedanken des Unternehmens an einen Börsengang bis zur Erstnotiz der Effekten an der Börse alle Aufgaben. Dieser Ablauf wird auch **Going Public** (Börsengang) oder **Initial Public Offering** (Neuemission) genannt. Ein solches IPO-Verfahren kann man in folgende Einzelschritte unterteilen:

- In einem Factbook trägt das Unternehmensmanagement alles Wissenswerte zusammen, um das Interesse bei den Banken zu wecken.
- Wenn sowohl die Umsatz- und Ertragsziele des Unternehmens als auch seine strategischen Ziele das Interesse der Banken geweckt haben, wird die Bank mit dem besten Emissionskonzept zum Lead-Manager des Konsortiums ernannt.
- Die Experten der beteiligten Banken untersuchen die Plausibilität der Unternehmensplanung und die Aussagekraft der Unternehmensdaten.
- Das Konsortium präsentiert das Unternehmen dem Börsenzulassungsausschuss in dem gewünschten Börsensegment (DAX).
- Die Marketingexperten der Konsortialbanken gehen aktiv auf Investoren zu und werben für den Börsenanwärter.
- Investoren werden mittels des Bookbuilding-Verfahrens aufgefordert, die Effekten zu zeichnen.
- Emittent und Banken geben den Emissionskurs bekannt; Tage später erscheint die Erstnotiz.

Seite 478

Übernahme der Effekten

Ist die Emission klein, so werden die Wertpapiere gelegentlich nur von *einem* Kreditinstitut übernommen, bei größeren Emissionen hingegen regelmäßig durch ein Bankenkonsortium. Die Emission wird in »Quoten« aufgeteilt. Die Bank, die die größte Quote übernimmt, ist gewöhnlich die Konsortialführerin. Die *übernehmenden* Kreditinstitute haben drei Möglichkeiten:

a) Volles Risiko. Die *feste* Übernahme der *ganzen* Emission zu einem festen Kurs, dem Übernahmekurs. Die Gefahr für die Unterbringung der Papiere tragen die Kreditinstitute. Sie haben dafür als Gewinn die Spanne zwischen dem Übernahme- und dem Ausgabekurs, die »Marge«. Der Emittent hat sofort den Gesamterlös.

b) Eingeschränktes Risiko. Die *feste* Übernahme *eines Teils* der Wertpapiere zum Übernahmekurs mit Optionsrecht (Bezugsrecht) auf den Rest der Emission.

c) Kein Risiko. Die *kommissionsweise* Übernahme zum Verkauf. Das Konsortium setzt die Effekten in eigenem Namen und für Rechnung des Emittenten ab und erhält eine zuvor mit ihm vereinbarte Provision (Bonifikation).

6,25% Anleihe der Bundesrepublik Deutschland von 1994 (2024)

– Wertpapier-Kenn-Nummer 113 492 –

Verkaufsangebot

Die Bundesrepublik Deutschland begibt von der 6,25% Anleihe von 1994 (2024) einen weiteren Teilbetrag von 3 000 000 000 DM.

Ausstattung der Anleihe:

Ausgabekurs:	98,90% spesenfrei, unter Verrechnung von 6,25% Stückzinsen.
Zinszahlung:	Nachträglich am 4. Januar eines jeden Jahres – gegebenenfalls abzüglich 30% Zinsabschlag –, erstmals am 4. Januar 1995. Die Verzinsung endet mit dem Ablauf des dem Fälligkeitstag vorhergehenden Tages; das gilt auch dann, wenn die Lösung nach § 193 BGB bewirkt wird.
Nennbeträge:	1000 DM oder ein Mehrfaches davon.
Laufzeit:	30 Jahre. Die Anleihe wird am 4. Januar 2024 zum Nennwert zurückgezahlt. Vorzeitige Kündigung ist ausgeschlossen.
Rendite:	6,33%
Mündelsicherheit:	Gemäß § 1807 Abs. 1 Nr. 2 BGB.
Lombardfähigkeit:	Gemäß § 19 Abs. 1 Nr. 3d des Gesetzes über die Deutsche Bundesbank.
Deckungs-stockfähigkeit:	Die Anleihe ist nach §§ 54a, 66 VAG deckungsstockfähig.
Börseneinführung:	In den amtlichen Handel an den Wertpapierbörsen in der Bundesrepublik Deutschland.
Lieferung:	Den Käufern wird zur Wahl gestellt: a) die Einlegung in ein Sammeldepot bei einer Wertpapiersammelbank über ein Kreditinstitut (Sammelbestandsanteile) oder b) die Eintragung als Einzelschuldbuchforderung in das bei der Bundesschuldenverwaltung, Bad Homburg v. d. Höhe, geführte Bundesschuldbuch.
Verkaufsfrist und Verkaufsstellen:	Die Anleihe wird **bis einschließlich 11. Februar 1994** während der üblichen Geschäftsstunden bei den unterzeichnenden Banken, deren Zweigniederlassungen sowie bei den Landeszentralbanken zum Verkauf gestellt. Die Anleihe kann auch durch Vermittlung aller übrigen nicht namentlich genannten Kreditinstitute (Banken, Sparkassen, Kreditgenossenschaften) gekauft werden. Während der Verkaufsfrist werden Kaufverträge von natürlichen Personen bevorzugt berücksichtigt. Im Übrigen bleibt die Zuteilung den Verkaufsstellen überlassen.
Zahlungstag:	11. Februar 1994

Im Februar 1994, Deutsche Bundesbank.
Dem Bankenkonsortium gehören 108 Banken an.

Erläuterungen zum Verkaufsangebot:

- **Mündelsicherheit:** Das Papier ist für die Anlage von Mündelgeldern gesetzlich zugelassen. Mündel sind schutzbedürftige Minderjährige, deren Vermögen von einem Vormund sicher angelegt werden muss.
- **Lombardfähigkeit:** Die Deutsche Bundesbank hat die Anleihe in ihr Lombardverzeichnis aufgenommen. Damit können Kreditinstitute von der Deutschen Bundesbank gegen Verpfändung dieses Papiers ein Darlehen erhalten.
- **Deckungsstockfähigkeit:** Lebensversicherungsgesellschaften dürfen mündelsichere Wertpapiere in ihre Prämienreservefonds (Deckungsstock) aufnehmen.

Unterbringung (Platzierung) der Effekten

▶ Freihändiger Verkauf

Er ist die gebräuchlichste Absatzform. Je nach Vereinbarung übernimmt das Konsortium die Papiere voll oder teilweise, um sie dann entsprechend der Nachfrage an das Publikum zu verkaufen. Dieses wird durch Zeitungsannoncen auf das Kaufangebot (Prospekte) aufmerksam gemacht. In dieser Werbung sind die wichtigsten Daten des Wertpapiers und die ersten Verkaufstage enthalten (Bild, Seite 477). Gegenüber der Auflegung zur Zeichnung bieten sich folgende Vorteile:

- Der Verkaufskurs ist nicht bindend; er kann der Nachfrage angepasst werden.
- Der Käufer kann ab dem ersten Verkaufstag beziehen und muss keine Zeichnungsfrist abwarten.
- Das Angebot ist »freibleibend«, d.h., es wird je nach Marktlage verkauft.

► **Auflegung zur Zeichnung**

1. In einem Zeichnungsprospekt bieten die Konsortialbanken dem Publikum das Wertpapier an. Der Prospekt enthält alle Angaben über die Ausstattung des Wertpapiers.
2. Mittels eines Zeichnungsscheins bestellt der Käufer die gewünschte Stückzahl zu dem im Zeichnungsprospekt festgelegten Preis.
3. Aufgrund der unterschriebenen Zeichnungsscheine werden die Wertpapiere zugeteilt und bezahlt. Bei Überzeichnung wird in einem bestimmten Verhältnis – unter Bevorzugung der Kleinsparer – zugeteilt (repartiert).

► **»Bookbuilding-Verfahren«**

Aufgrund einer Unternehmens- und Marktchancenanalyse geben die Emissionsbanken eine Bandbreite vor, innerhalb derer der Ausgabekurs liegen soll (49 EUR – 56 EUR). Investoren können nun bieten (51 EUR oder 54 EUR). Am Ende der Bietungsfrist (etwa 10 Tage) ermitteln die Emissionsbanken unter Berücksichtigung von Großinvestoren, deren Anlageabsichten sowie dem insgesamt erzielbaren Absatzvolumen den endgültigen Ausgabekurs (53 EUR).

► **Verkauf über die Börse**

Diese Form der Unterbringung wird aus organisatorischen und finanziellen Gründen immer seltener angewandt. Die Papiere müssten erst zur Börseneinführung zugelassen werden, was kostspielig und zeitraubend ist.

13.3.4 Effektenbörse

Infolge ihrer Vertretbarkeit eignen sich die Effekten zum börsenmäßigen Handel. Effektenbörsen befinden sich in Frankfurt (Main), Düsseldorf, Hamburg, Hannover, München, Stuttgart und Berlin.

Effektenhandel

Zulassung von Effekten. An *einer* Börse werden nur solche Effekten gehandelt, die an ihr ausdrücklich zugelassen sind. Über die Zulassung entscheidet ein Ausschuss von Börsenmitgliedern (Zulassungsstelle). Dadurch soll verhindert werden, dass an der Börse Wertpapiere gehandelt werden, die zu Schädigungen allgemeiner Interessen und des Wertpapierbesitzers führen könnten. Den Antrag auf Zulassung kann ein Kreditinstitut, das Börsenmitglied ist, schriftlich stellen. Ein beigefügter Prospekt muss alles enthalten, was zur Beurteilung der Güte (Bonität) des Papiers notwendig ist.

► **Formen des Effektenhandels**

Man unterscheidet

a) nach der Zulassung zum Börsenhandel:

1. **Regulierter Markt.** Der regulierte Markt ist ein organisierter Markt sowie ein gesetzlich geregeltes Börsensegment. Unter dem organisierten Markt versteht man ein von staatlichen Stellen genehmigtes, gesetzlich geregeltes und überwachtes System, das den Handel mit Finanzinstrumenten ermöglicht. Der regulierte Markt hat **zwei Teilbereiche,** deren Unternehmen seit mindestens drei Jahren bestehen müssen.

Teilbereiche im regulierten Markt	
General Standard	**Prime Standard**
– für kleine und mittelgroße Aktiengesellschaften; – Erstemission erfordert 730.000 EUR Eigenkapital oder Kurswert; – geringere Transparenzverpflichtungen als im Prime Standard, z.B. ad-hoc-Meldungen (Gewinnwarnung, massiver Umsatzrückgang).	– für große, international orientierte Aktiengesellschaften; – Erstemission erfordert 1,25 Mio. EUR Eigenkapital oder Kurswert; – höchste Transparenzverpflichtungen, z.B. ad-hoc-Meldungen zusätzlich in englischer Sprache, Zwischenberichtserstattung zum I. und III. Quartal zusätzlich in englischer Sprache; – berechtigt zur Aufnahme in den DAX.

2. **Freiverkehrsmarkt.** Hierunter fallen alle Finanzinstrumente, für die zu 1. kein Zulassungsantrag gestellt wurde. Der Markt ist ein rein privatrechtlicher, börsenregulierter Markt. Die Transparenzverpflichtungen sind weit geringer als für den regulierten Markt.

   Die weitverbreitete Vorstellung, dass solche Papiere weniger gut seien, ist falsch. Dass ein Papier nur im Freiverkehr an einer Börse gehandelt wird, kann auf Umstände zurückzuführen sein, die mit seiner Bonität nichts zu tun haben. Es kann z.B. ein Papier an seiner Heimatbörse amtlich notiert sein; an den übrigen Börsen wird es jedoch nur im Freiverkehr gehandelt, weil ein Antrag auf Zulassung zum amtlichen Börsenhandel nicht gestellt wurde.

b) nach dem Zeitpunkt der Geschäftsabwicklung:

1. das **Kassageschäft.** Es muss am Abschlusstag oder einem der nächsten beiden Börsentage erfüllt werden.
2. das **Termingeschäft.** An den deutschen Effektenbörsen sind Termingeschäfte in Form von Optionsgeschäften mit mehrmonatigen Erfüllungsfristen zugelassen.

   Beim **Optionsgeschäft** erwirbt der Käufer bzw. Verkäufer von Effekten das Recht, Aktien, die zum Optionshandel zugelassen sind, jederzeit während der Optionsfrist (1 bis 24 Monate) zu einem im Voraus vereinbarten Preis (Basispreis) zu fordern bzw. zu liefern und bezahlt dafür bei Abschluss des Optionsgeschäftes den Optionspreis. Das Risiko wird damit eingeschränkt.

c) nach dem Handel im Parkett oder per Computer:

1. **Präsenzbörse.** Der traditionelle Börsenhandel findet zeitgleich in sieben deutschen Börsensälen statt. Er ist gekennzeichnet durch die Anwesenheit der Bankenvertreter und der Makler, die aufgrund der unterschiedlichsten Kauf- und Verkaufsaufträge die Kurse für alle an dieser Börse notierten Werte feststellen.
2. **Computerbörse.** Sie bietet allen *institutionellen Anlegern* von ihrem Bildschirm aus die Möglichkeit, Geschäfte in über 100 umsatzstarken Aktien über das Computersystem **E**x**change** **E**lectronic **Tra**ding **(XETRA)** abzuschließen. Alle Auftragsdaten (Papiere, Stückzahl, Kurs, Börsenplatz, Kontonummer) werden über den PC in das Abwicklungssystem eingegeben, wobei die Teilnehmer anonym bleiben. Auf Tastendruck wird der Auftrag ausgeführt und umgehend ausgedruckt.

► Kursfeststellung

Der **Börsenkurs** ist der *Preis eines Wertpapiers.* Man unterscheidet:

- **Prozentkurs.** Der Kurs ist der Preis für 100 EUR Nennwert, in Prozent ausgedrückt. Diese Notierung besteht vor allem bei festverzinslichen Papieren.
- **Stückkurs.** Der Kurs ist der Preis für das kleinste Stück. Diese Notierung besteht in der Regel bei Aktien. Der Mindestnennbetrag muss auf 1 EUR lauten.

  Da das kleinste Stück bei Aktiengesellschaften auf unterschiedliche Nennbeträge lauten kann, z. B. 1 oder 5 EUR, lassen sich die Stückkurse an der Börse nicht ohne Weiteres miteinander vergleichen.

a) Kursfeststellung im regulierten Markt.

Liegen dem Börsenmakler für Aktien Kauf- und Verkaufsaufträge vor, muss er bei der **Kursfeststellung** versuchen, den höchsten Umsatz (höchster Absatz in Stücken) in einem Papier zu ermöglichen. Es können ihm drei verschiedene Auftragsarten vorliegen.

Auftragsarten

„billigst" bei Kauf	„bestens" bei Verkauf	„limitiert" bei
Kauf	**Verkauf**	**Kauf:** es gibt eine Obergrenze **Verkauf:** es gibt eine Untergrenze

Zu dem Kurs, der den höchsten Umsatz ermöglicht, werden alle darunter fallenden Aufträge ausgeführt.

Beispiel: Dem Kursmakler liegen folgende Aufträge in Aktien der Computer-AG vor:

Verkaufsaufträge in EUR		**Kaufaufträge in EUR**	
13.000 Stück	bestens	16.000 Stück	billigst
12.000 Stück	limit 224	14.000 Stück	limit 222
18.000 Stück	limit 225	11.000 Stück	limit 223
16.000 Stück	limit 226	13.000 Stück	limit 225
20.000 Stück	limit 227	8.000 Stück	limit 226
		6.000 Stück	limit 227

Aufgrund dieser Aufträge ergibt sich folgende Marktlage:

Kurs (EUR)	Angebot (Stück)	Nachfrage (Stück)	möglicher Absatz (Stück)
222	13.000	68.000	13.000
223	13.000	54.000	13.000
224	25.000	43.000	25.000
225	**43.000**	**43.000**	**43.000**
226	59.000	30.000	30.000
227	79.000	22.000	22.000

Der größte Absatz in diesem Papier, 43.000 Stück, ergibt sich also beim Kurs 225. Er wird als Einheitskurs festgesetzt und im Kursblatt veröffentlicht. Sämtliche ausführbaren Geschäfte in diesem Papier werden an diesem Börsentag zum Kurs 225 abgerechnet, also auch die niedriger limitierten Verkaufsaufträge und die höher limitierten Kaufaufträge.

b) Zusätze zu den Kursen. Die Kurse geben schon allein durch ihre Höhe und durch ihr Auf und Ab ein Bild der Marktlage eines Wertpapiers. Um das Verhältnis von Angebot und Nachfrage noch zu verdeutlichen, fügt man den Kursen erläuternde Zusätze bei:

G = Geld: nur Nachfrage vorhanden;
B = Brief: nur Angebot vorhanden;
T = Taxe: auf Schätzung beruhender Kurs;
– = Strich: weder Angebot noch Nachfrage vorhanden;
b = bezahlt: sämtliche Aufträge ausgeführt;
bG = bezahlt Geld: Kaufaufträge nicht vollständig ausgeführt;
ex D = ex Dividende: Aktien erstmalig ohne fälligen Dividendenschein gehandelt;
ex BR = ex Bezugsrecht: Aktien erstmalig ohne Anspruch auf Bezug junger Aktien gehandelt.

Höhe und Schwankungen der Effektenkurse

Die Bewegungen der Börsenkurse lassen sich meist nicht eindeutig auf die eine oder andere Ursache zurückführen.

Seite 483

▶ Gründe für die Kursbildung bei Teilhaberpapieren

a) Substanzwert. Das Gesamtvermögen der AG abzüglich der Schulden, also das Reinvermögen oder der Substanzwert, gehört den Aktionären. Beträgt der Substanzwert z.B.

24 Millionen EUR bei einem Grundkapital von 10 Millionen EUR, so entfällt auf einen Nennwert von 100 EUR ein Substanzwert von 240 EUR. Der Kurs der Aktie müsste 240 % betragen, bei einer 5-EUR-Aktie 12 EUR, bei einer Stückaktie (1 EUR) 2,40 EUR.

Der Substanzwert ist schwierig zu ermitteln, weil die Vermögensteile stille Rücklagen enthalten können. Die stillen Rücklagen lassen sich annähernd mithilfe von Bilanz- und Börsenkurs ermitteln. Der Börsenkurs ist nur der geschätzte Ausdruck für das gesamte Eigenkapital (Reinvermögen, Substanzwert) der AG einschließlich der stillen Rücklagen. Er wird allerdings auch von anderen Faktoren beeinflusst. Die Differenz zwischen dem in der Bilanz ausgewiesenen Eigenkapital und dem mithilfe des Börsenkurses ermittelten Eigenkapital entspricht ungefähr den stillen Rücklagen, sofern nicht andere Einflüsse wirksam gewesen sind.

Seiten 538, 544

Beispiel:

Ausgewiesenes Eigenkapital	**EUR**	**EUR**	
Gezeichnetes Kapital		10.000.000 = 100%	
Kapitalrücklage	1.000.000		
Gewinnrücklagen	5.400.000		
Gewinn	2.100.000	8.500.000 = 85%	
		18.500.000 = 185%	(Bilanzkurs)
Der Börsenkurs sei 240% (vor der Gewinnverteilung)			
Eigenkapital nach dem Börsenkurs		24.000.000 = 240%	
Stille Rücklagen	(ungefähr)	5.500.000 = 55%	

b) Ertragswert der Aktien. Er hängt von den Dividenden ab, die die Aktie schon gebracht hat und in Zukunft vermutlich bringen wird. Man errechnet daraus eine Durchschnittsdividende und erhält den Ertragskurs aus folgender Formel:

$$\textbf{Ertragskurs} = \frac{\textbf{Durchschnittsdividende}}{\textbf{Kapitalisierungszinssatz}} \cdot 100$$

Der Kapitalisierungszinssatz richtet sich nach dem »landesüblichen Zinssatz«. Dieser ergibt sich aus der durchschnittlichen Effektivverzinsung langfristiger festverzinslicher Effekten wie Staatsanleihen und Pfandbriefe.

c) Dividendenrendite. Sie gibt die Verzinsung des eingesetzten Kapitals an und errechnet sich nach der Formel:

$$\textbf{Dividendenrendite} = \frac{\textbf{erhaltene Dividende}}{\textbf{bezahlter Aktienkurs}} \cdot 100$$

Besteuert wird die Dividende nach dem Halbeinkünfteverfahren, d. h., die Hälfte des Dividendenzuflusses unterliegt der Einkommensteuer.

Dabei unterscheidet man nach der Rendite *vor* und *nach* Steuern.

Beispiel: Melanie Fehr erhält pro Aktie 7,50 EUR Dividende. Nach Abzug der Steuern werden ihr 5,40 EUR gutgeschrieben. Ihre Dividendenrendite *vor* Steuern beträgt bei einem bezahlten Aktienkurs von 150 EUR (7,50 · 100) : 150 = 5 %; die Dividendenrendite *nach* Steuern beträgt (7,50 EUR – 2,10 EUR) · 100 : 150 EUR = 3,6 %.

d) Kurs-Gewinn-Verhältnis (KGV). Das Kurs-Gewinn-Verhältnis gibt Auskunft über die Ertragskraft einer AG, indem es aussagt, in wie viel Jahren die AG den Kurswert der Aktie erwirtschaftet. Je höher diese Kennzahl ist, desto uninteressanter erscheint ein Kauf dieses Papiers. Gleichzeitigt dient das KGV dazu, Aktien der gleichen Branche miteinander zu vergleichen.

$$\textbf{KGV} = \frac{\textbf{aktueller Kurs der Aktie}}{\textbf{geschätzter Jahresgewinn der AG : Anzahl der Aktien}}$$

e) **Wirtschaftspolitik des Staates.** Die Neigung des Staates, die Wirtschaft bis in die Betriebe hinein zu beeinflussen, kann sich auf die Kursbildung auswirken (Steuer-, Sozial-, Konjunkturpolitik). Auch die Außenhandels- und Währungspolitik kann Kursveränderungen bei Wertpapieren der betroffenen Wirtschaftszweige auslösen.

f) **Politische Ereignisse.** Sie können wirtschaftliche Auswirkungen nach sich ziehen und sogar eine schlagartige Änderung des gesamten Kursniveaus hervorrufen (Arbeitskämpfe, Unruhen, Kriege).

▶ Gründe für die Kursbildung bei Gläubigerpapieren

a) **Nominalverzinsung.** Festverzinsliche Papiere verbriefen eine Forderung auf den Rückzahlungsbetrag und auf eine Verzinsung des Nennbetrages (Nominalverzinsung) unabhängig von der Ertragslage des Schuldners. Ein kapitalmarktgerechter Zinssatz kann somit Anlagebereitschaft hervorrufen.

b) **Effektivverzinsung.** Liegt der Emissionskurs durch einen Kursabschlag (Disagio) oder der Börsenkurs unter dem Rückzahlungskurs, so verdient der Käufer neben der Nominalverzinsung noch den Rückzahlungsgewinn zwischen dem Kaufpreis und dem Rückzahlungsbetrag. Dadurch erhöht sich die *tatsächliche* (effektive) Verzinsung über den Nominalzinssatz. Mit heranrückendem Rückzahlungstermin nähert sich jedoch der Börsenkurs dem Rückzahlungskurs und damit auch der Effektiv- dem Nominalzinssatz.

Beispiel:

Eine Anleihe von 2 Mio. EUR wird zu 98 % begeben. Der Zinssatz ist 9 %. Für die Rückzahlung ist ein Kurs von 101 % vereinbart. Die Anleihe wird nach 5 tilgungsfreien Jahren in 10 gleichen Jahresraten, die durch Auslosung bestimmt werden, jeweils am Jahresende (postnumerando) getilgt.

Zu berechnen ist die effektive Gläubigerrendite bei der Emission eines 100-EUR-Papiers für die mittlere Laufzeit (wahrscheinliche Laufzeit dieses Papiers).

1. **Berechnung der mittleren Laufzeit**

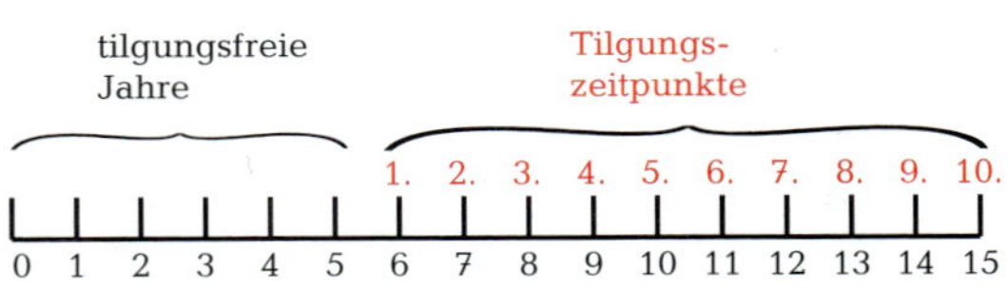

Da postnumerando getilgt wird, erfolgt die erste Tilgung am Ende des 6. Jahres, die letzte am Ende des 15. Jahres. Die Mitte zwischen 6 und 15 liegt bei 10,5. Die mittlere Laufzeit beträgt also 10,5 Jahre.

2. **Berechnung der effektiven Gläubigerrendite**

98 einbezahlte EUR bringen p. a. 9 EUR Zins, dazu bringt das fiktive Aktivum, verteilt auf 10,5 Jahre, jährlich 3/10,5 = 0,29 EUR

Daraus ergibt sich eine **Emissionsrendite** von $\frac{9{,}29 \text{ EUR} \cdot 100}{98 \text{ EUR}}$ **= 9,48%.**

Von der Emissionsrendite zu unterscheiden ist die **Umlaufrendite.** Bei ihrer Berechnung werden der Börsenkurs am Erwerbstage und die Restlaufzeit zugrunde gelegt.

c) **Kapitalmarktbedingungen.** Veränderungen des Kapitalmarktzinssatzes finden bei Gläubigerpapieren ihren Niederschlag im Börsenkurs. Verbessern sich die Bedingungen von Neuemissionen, so sinkt der Börsenkurs der umlaufenden Papiere, weil diese nun vermehrt abgestoßen und weniger nachgefragt werden.

▶ Gründe für die Kursbildung beider Effektenarten

Seite 482

a) **Konjunkturschwankungen.** Im Konjunktur*anstieg* wird der Kurs der **Rentenwerte** abbröckeln, weil die Unternehmen zur Verbesserung ihrer angespannten Liquidität ihre in solchen Papieren angelegten Reserven flüssig zu machen suchen. Private Anleger „steigen um" von Gläubigerpapieren auf Teilhaberpapiere, in der Hoffnung auf Kursgewinn. Beides bewirkt ein vergrößertes Angebot, das auf die Kurse drückt. Dagegen werden die Kurse der **Aktien** steigen, weil der gute Geschäftsgang eine Verminderung des Risikos bedeutet und eine Verbesserung der Vermögens- und Ertragslage der AG bringen muss, was wiederum die Nachfrage anregt.

Im Konjunktur*rückgang* wird Kapital frei; es sucht wegen des geringen Risikos einer Anlage in **festverzinslichen** Papieren. Die Nachfrage nach diesen Papieren steigt, und damit ziehen die Kurse an. Bei den **Aktien** hingegen erhöht sich infolge des Nachlassens der Geschäftstätigkeit das Risiko, die Gewinne gehen zurück und damit die Dividendenaussichten der Aktionäre. Mancher von ihnen sieht sich dadurch veranlasst, seine Aktien zu verkaufen. Das Aktienangebot an der Börse verstärkt sich, die Nachfrage geht zurück, die Kurse sinken.

b) Spekulative Geld- und Kapitalbewegungen. Vertrauensverlust in die Stabilität einer Währung, chronisch unausgeglichene Zahlungsbilanzen, unterschiedliches Zinsniveau in verschiedenen Ländern und Veränderungen der Wirtschafts- und Gesellschaftssysteme können zu »Fluchtgeldern« führen und internationale Geldbewegungen großen Ausmaßes hervorrufen.

c) Währungspolitik der Zentralbank. Es ist die wichtigste Aufgabe der Zentralbank, den Geldwert stabil zu halten. Dies geschieht durch die Steuerung des Geldumlaufs und der Kreditversorgung der Wirtschaft. Der Zentralbank stehen dazu eine Reihe von Mitteln zur Verfügung.

d) Kurspflege. Darunter versteht man die Maßnahmen von Kreditinstituten zur Verhinderung von Kursschwankungen. Solche Bemühungen gelten in erster Linie den öffentlichen Anleihen, gelegentlich auch Aktien. Bei Angebotsdruck treten diese Institute als Käufer auf, bei gesteigerter Nachfrage geben sie »Material« ab.

Meist sind mehrere Gründe in unterschiedlichem Maße gleichzeitig wirksam. Im Hinblick auf die zukünftige Entwicklung nimmt die Börse gehegte Hoffnungen und Befürchtungen vorweg.

Darstellung der Kursentwicklung

Bei der Vielzahl der an der Börse gehandelten Wertpapiere ist ein Überblick über die allgemeine Kursentwicklung schwer zu gewinnen. Dieser Schwierigkeit begegnet man mit *Indexzahlen,* also Zahlenreihen, welche die durchschnittlichen *Wertveränderungen im Zeitablauf* aufzeigen. Die bekannteste Indexzahl ist der **D**eutsche **A**ktieninde**x** **(DAX):** Darin wurden 30 deutsche Standardwerte mit dem prozentualen Grundkapital ihrer Gesellschaften gewichtet und auf die Startbasis 1.000 Punkte umgerechnet. Seither wird während der offiziellen Börsenhandelszeit laufend ein neuer Indexwert errechnet und veröffentlicht. Damit kann man die Kursentwicklung objektiv verfolgen, denn der DAX repräsentiert 80 % aller Börsenumsätze.

Am Rentenmarkt gilt analog der **Re**nteninde**x** **(REX),** der mit 100 Punkten startete.

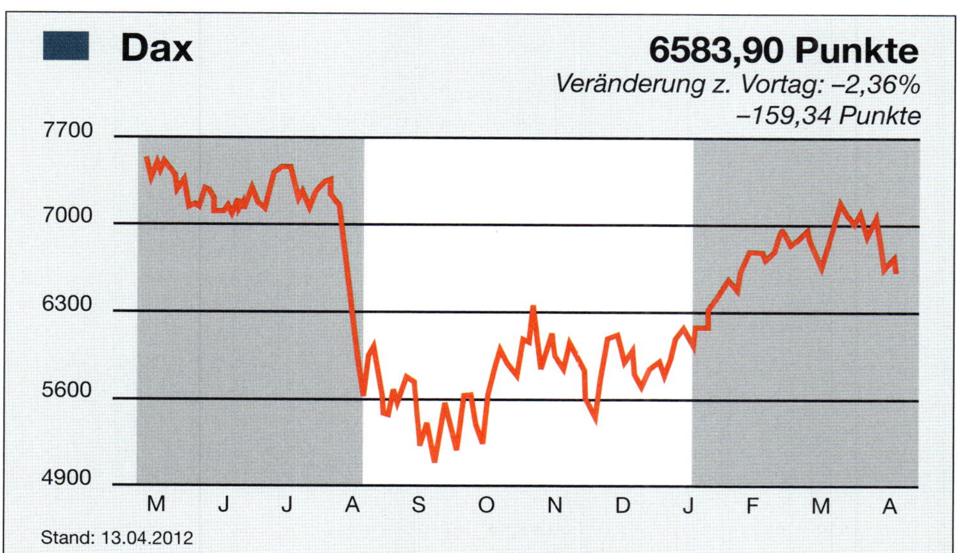

1. Welche Rechte verbriefen Gläubigerpapiere?
2. Begründen Sie, warum Kapitalgeber von festverzinslichen Wertpapieren in inflationären Zeiten benachteiligt sind.
3. Ein Industrieunternehmen emittierte zum 1. Januar 2006 eine Obligation zu 99 % bei einem Zinssatz von 5 $^{1}/_{2}$ %. Nach 10 tilgungsfreien Jahren soll die Tilgung in 8 gleichen Jahresraten zum Kurs 101 % erfolgen. Die zur jeweiligen Ratenrückzahlung gelangenden Papiere werden durch Auslosung bestimmt.
   a) Berechnen Sie die Effektivrendite eines Gläubigers, der zum Emissionszeitpunkt gekauft hat und dessen Papier bei der ersten Auslosung dabei ist.
   b) Berechnen Sie die Gläubigerrendite für die mittlere Laufzeit der Obligation.
   c) Welche Emissionsrendite hätte ein Gläubiger, dessen Papier erst mit der letzten Tilgungsrate zurückgekauft wird?
   d) Welche Umlaufrendite hätte ein Gläubiger, der das Papier am 30. Juni 2008 zu 89 % kaufte? Der Kurs am Erwerbstag und die Restlaufzeit sind zu berücksichtigen.
   e) Klären Sie, ob diese Rendite des Gläubigers exakt dem effektiven Zinsaufwand des Schuldners entspricht.
4. Ein Industrieunternehmen verkauft ein vierjähriges abgezinstes Wertpapier zu 11.881,40 EUR und muss bei Fälligkeit 15.000 EUR zahlen.
   a) Wie hoch ist die Effektivverzinsung vor Steuern (ohne Zinseszinsen)?
   b) Wie hoch ist die Nominalverzinsung? (Formel: $K_n = K_0 \cdot q^n$)
5. Erarbeiten Sie Vor- und Nachteile einer Kapitalanlage in
   a) Gläubigerpapieren,
   b) Aktien.
6. Dem Makler an der Wertpapierbörse liegen folgende Aufträge in Aktien der Telematik AG vor:

Verkaufsaufträge (zum Nennwert 1 EUR)		Kaufaufträge (zum Nennwert 1 EUR)	
6.500 Stück	bestens	8.000 Stück	billigst
6.000 Stück	limit 56	7.000 Stück	limit 55
9.000 Stück	limit 56,5	7.500 Stück	limit 55,5
8.000 Stück	limit 57	6.500 Stück	limit 56
10.000 Stück	limit 57,5	4.000 Stück	limit 56,5
		5.000 Stück	limit 57

   a) Ermitteln Sie in einer Gesamtaufstellung die Marktlage bei den jeweiligen Kursen und den Einheitskurs.
   b) Warum ist dieser Einheitskurs der optimale Kurs?
7. Errechnen Sie aus folgenden Angaben die Einzelumsätze und legen Sie für den Höchstumsatz den Kurs und Kurszusatz fest:

   100 Stück werden von Käufern billigst geordert;

   220 Stück zu 240 EUR, 260 Stück zu 230 EUR, 350 Stück zu 210 EUR, 200 Stück zu 220 EUR, 400 Stück zu 200 EUR.

   120 Stück werden von Verkäufern bestens geordert;

   550 Stück zu 240 EUR, 100 Stück zu 220 EUR, 80 Stück zu 200 EUR, 280 Stück zu 230 EUR.
8. Errechnen Sie den Bilanzkurs: Grundkapital 15 Mio. EUR, gesetzliche Rücklage 2 Mio. EUR, andere Rücklagen 3 Mio. EUR, Gewinn 1 Mio. EUR.
9. Errechnen Sie den Ertragskurs bei einer Durchschnittsdividende von 12 EUR je 50-EUR-Aktie; Zinssatz 8 %.
10. Aus welchen Gründen finanzieren sich Aktiengesellschaften über Optionsanleihen?
11. Womit kann der Mittelabfluss bei der Tilgung der Optionsanleihe ganz oder teilweise finanziert werden?
12. Die Sparer B und S kaufen regelmäßig Investmentzertifikate. Während B am 1. jedes Monats 120 EUR anlegt, kauft S monatlich am 1. Tag vier Zertifikate. Welcher Sparer hat die günstigere Anlagestrategie bei folgenden Zahlen:

    am 1. Februar kostet das Stück 30 EUR,

    am 1. März kostet das Stück 40 EUR,

    am 1. April kostet das Stück 60 EUR,

    am 2. Mai kostet das Stück 24 EUR,

    am 1. Juni kostet das Stück 20 EUR?

13.4 Kreditgeschäfte

> Unter **Kredit** versteht man das **Vertrauen,** dass **einer Leistung in der Gegenwart eine vereinbarte Gegenleistung in der Zukunft** folgt (credere = glauben, vertrauen).

Die dabei beteiligten Personen heißen:

Kreditgeber	= Kreditor	= Gläubiger,
Kreditnehmer	= Debitor	= Schuldner.

13.4.1 Grundsätze der Kreditgewährung

Jedes Kreditinstitut hat bei der Gewährung von Krediten auf Liquidität, Rentabilität und Sicherheit zu achten.

a) Liquidität (Zahlungsbereitschaft). Damit die Kreditinstitute zahlungsfähig bleiben, müssen sie einen Teil der Einlagen als »Barreserve« bereithalten. Auch sollten sie kurzfristige Einlagen nicht langfristig ausleihen (»Goldene Bankregel«), mit Ausnahme des Teils der kurzfristigen Einlagen, der den Kreditinstituten erfahrungsgemäß dauernd zur Verfügung steht (»Bodensatz«).

b) Rentabilität ist das Verhältnis des Gewinns zum Eigenkapital. Zwischen Rentabilität und Liquidität besteht ein Wechselverhältnis. Je höher die Liquidität, desto niedriger ist die Rentabilität, denn je mehr flüssige Mittel als Barreserven bereitgehalten werden, desto weniger Geld kann ausgeliehen werden.

c) Sicherheit. Sie hängt davon ab, ob der Kreditnehmer kreditwürdig, d. h., ob er charakterlich zuverlässig ist, ausreichende Sicherheiten stellen sowie die Zinsen und Tilgungsbeträge aus dem Ertrag zahlen kann.

13.4.2 Kreditwürdigkeit und Kreditvertrag

Kreditwürdigkeit

Vor der Gewährung eines Kredits wird der Kreditgeber die Kreditwürdigkeit (Bonität) des Kreditnehmers prüfen. Der Gläubiger übernimmt nämlich ein Kreditrisiko nur, wenn er von der **Erfüllung der Zahlungsverpflichtung** durch den Schuldner überzeugt ist, d. h., wenn ihm der Kreditnehmer als kreditwürdig erscheint.

> Unter **Kreditwürdigkeit** versteht man die **Fähigkeit,** die vertraglich vereinbarte **Kreditverpflichtung zu erfüllen.**

Die **Kreditwürdigkeit** bezieht sich auf die

a) personelle Kreditwürdigkeit: Charakter, Fleiß, Zuverlässigkeit, guter Ruf des Kreditnehmers,

b) materielle Kreditwürdigkeit: angebotene Sicherheiten und die Fähigkeit, die Rückzahlungsverpflichtungen (Kapitaldienst) erwirtschaften zu können.

Kreditvertrag

Ein **Kreditvertrag** kommt zustande durch den **Antrag** des Kreditnehmers, die **Überprüfung** seiner Kreditwürdigkeit und die **Zusage** des Kreditinstituts.

Der **Inhalt des Kreditvertrages** erstreckt sich im Allgemeinen auf folgende Gesichtspunkte:

- Bereitstellung als Darlehen oder als Kontokorrentkredit,
- Höhe des Kredits oder der Beleihungsgrenze,
- Zinssatz, evtl. Provision, Höhe der Auszahlung (Kreditsumme minus Disagio),
- Fristen für die Bereitstellung, Rückzahlung und Kündigung des Kredits,
- Kreditsicherung,
- Verwendungszweck.

Um einen möglichst umfassenden Einblick in den Zahlungsverkehr des Kreditnehmers zu erlangen, bestehen die Kreditinstitute häufig darauf, dass sich der Kreditnehmer verpflichtet, seinen Zahlungsverkehr vorwiegend über die kreditgebende Bank abzuwickeln (Ausschließlichkeitsklausel) und keine Kredite bei anderen Kreditinstituten aufzunehmen (Negativklausel).

Der Kreditvertrag wird stets schriftlich abgeschlossen. Ist eine Sicherheitsleistung vereinbart, so wird die Kreditsumme immer erst dann freigegeben, wenn sich die Sicherheit in den Händen des Kreditinstituts befindet und auf ihre Ordnungsmäßigkeit und Verwertbarkeit geprüft ist.

13.4.3 Kreditarten, Kreditsicherungen, Kreditüberwachung

Kreditarten

Die Bezeichnung der Kredit*art* hängt von verschiedenen Gesichtspunkten ab.

Kreditart	Bedeutung	Beispiele
Verwendungszweck		
Produktivkredit	Steigerung der Gütererzeugung	Finanzierung des Anlage- und Umlaufvermögens
– Investitionskredit	– Errichtung und Erweiterung von Anlagen	– Finanzierung von Gebäuden, Maschinen, Büroausstattung
– Betriebsmittelkredit	– Verstärkung des Umlaufvermögens	– Finanzierung der laufenden Ausgaben für Materialkäufe, Gehälter, Steuern
– Saisonkredit	– Überbrückung des gesteigerten Geldbedarfs vor oder während der Saison	– Finanzierung von Hopfenkäufen der Brauereien, Gemüsekäufen der Konservenfabriken
Konsumkredit	Erhöhung des privaten Lebensstandards	Finanzierung von Wohnungseinrichtungen, Urlaubsreisen, Autos
Dauer		
– kurzfristig	Laufzeit bis 6 Monate	Unternehmer skontiert Rechnungen mittels Kreditaufnahme
– mittelfristig	Laufzeit länger als 6 Monate	Unternehmer finanziert den Geschäftswagen
– langfristig	Laufzeit ab 4 Jahre	Unternehmer finanziert seine Gebäudeerweiterung durch ein zehnjähriges Grundschulddarlehen
Verfügbarkeit		
– Kontokorrentkredit	Verfügbarkeit entsprechend den wirtschaftlichen Bedürfnissen innerhalb einer bestimmten Höchstsumme und einer bestimmten Zeit	Abwicklung des laufenden Zahlungsverkehrs für Materialeinkäufe, Löhne und Gehälter, Steuern; Begleichung von Verbindlichkeiten
– Darlehen	Einmalige Auszahlung in bestimmter Höhe für bestimmte Zeit Über Rückzahlungen kann nicht mehr verfügt werden	Abwicklung der Fremdfinanzierung eines Grundstücks
Sicherheit	vgl. Seite 487	

Kreditsicherungen

Die Kredit*sicherung* ist eine Folge der Kreditwürdigkeitsprüfung, denn aus ihr geht hervor, ob die Bank die Mithaftung von weiteren Personen, Sachwerten oder Rechten verlangen muss.

Bezeichnung	Bedeutung	Beispiele
Personalkredit, Blankokredit	Sicherheit liegt allein in der Person der Kreditnehmers	Gehaltsempfänger darf sein Konto bis zum Zweifachen seines Gehaltes überziehen (Dispositionskredit).
Verstärkter Personalkredit	Sicherheit wird verstärkt durch die Haftung weiterer Personen	Wechselbeteiligte, Bürgen haften zusätzlich zum Hauptschuldner.
– Wechseldiskontkredit	– Haftung der Wechselverpflichteten	– Kaufmann verkauft seine Besitzwechsel vor Fälligkeit an die Bank.
– Bürgschaftskredit	– Haftung des Bürgen	– Bank verbürgt sich für einen Jungunternehmer bei der Existenzgründung; Onkel verbürgt sich für seinen Neffen.
– Zessionskredit	– Haftung des Drittschuldners	– Bank beleiht sehr gute Forderungen eines Kaufmanns, die dieser Dritten gegenüber hat, zu 80%.
– Factoring	– Haftung des Drittschuldners, aber auch Sicherheit durch Bonität des Kreditnehmers	– Kaufmann verkauft Forderungen an ein Factoringinstitut und erwirbt neben ca. 90% der Forderung zusätzliche Dienstleistungen wie Übernahme des Mahn- und Klagewesens.
– Forfaitierung	– Haftung einer Bank anstelle des Wechselnehmers	– Exporteur verkauft seine langfristige Exportforderung vor Fälligkeit unter Abzug von Diskont, Zins- und Währungsrisiken an eine Bank.
Realkredit (Mobilien)	Sicherheit durch ein Recht an einer beweglichen Sache	Kreditgeber lässt sich Gold, Münzen, Wertpapiere übergeben oder Rechte an Sparguthaben übertragen.
– Lombardkredit	– Pfandrecht an einer beweglichen Sache	– Bank beleiht Wertpapiere, die bei ihr in Verwahrung liegen und nicht benötigt werden, zu 70%.
– Sicherungsübereignungskredit	– pfandrechtähnliches Recht; Kreditgeber wird bedingter Eigentümer	– Bank beleiht einen Lkw, den der Kreditnehmer weiterhin benutzt, zu 50 %. Er hinterlegt bei der Bank seinen Kfz-Brief.
Realkredit (Immobilien)	Sicherheit durch ein Recht an einer unbeweglichen Sache	Grundstücke allein oder Häuser mit dem Grundstück dienen als Pfand.
– Grundschuld-, Hypothekenkredit	– Pfandrecht an einer unbeweglichen Sache	– Bank beleiht ein Haus, das der Kreditnehmer weiterhin benutzt, zu 80%.

Kreditüberwachung

Mit der Auszahlung eines zugesagten Kredits ist die Tätigkeit eines Kreditinstituts nicht beendet. Es muss darüber wachen, dass der Kredit vereinbarungsgemäß verwendet wird und Zinsen und Tilgungsbeträge rechtzeitig bezahlt werden.

13.5 Bankkredite

Die Kreditinstitute als Hauptquelle der Kapitalbeschaffung sind aufgrund strenger Gesetzesbestimmungen (Sparerschutz) verpflichtet, nur gegen ausreichende Sicherheiten Geldbeträge auszuleihen. Ein Unternehmen kann sich deswegen umso rascher und leichter Kapital beschaffen, je größer die gebotenen Sicherheiten sind.

13.5.1 Personal- oder Blankokredit

Der Personalkredit ist ein Kredit, der lediglich **aufgrund der Kreditwürdigkeit des Kreditnehmers,** aber **ohne** Stellung einer **dinglichen Sicherheit** gegeben wird.

Er ist meist ein kurzfristiger Kredit; zu Investitionszwecken eignet er sich nicht.

Auch Personengesellschaften, seltener Kapitalgesellschaften, können Personalkredite in Anspruch nehmen. Selbstverständlich verlangt das Kreditinstitut bei Personalkrediten Unterlagen. Es muss sogar die Offenlegung der wirtschaftlichen Verhältnisse verlangen, wenn der Kredit 250.000 EUR übersteigt und keine anderen Sicherheiten gestellt werden.

KWG § 18

Der Personalkredit wird in der Regel als Kontokorrentkredit, seltener als Darlehen gewährt. Beim Darlehen hat der Kreditnehmer einen Schuldschein zu unterschreiben, der die Höhe der Schuld, ihre Verzinsung und Rückzahlung angibt. Wird die Schuld getilgt, so kann der Schuldner die Rückgabe des Schuldscheines verlangen.

13.5.2 Verstärkte Personalkredite

Bei einem **verstärkten Personalkredit haften neben dem Kreditnehmer weitere Personen** für die Rückzahlung und Verzinsung des Kredits.

Diese Personen sind *Wechselgaranten* beim **Wechseldiskontkredit,** *Bürgen* beim **Bürgschaftskredit** und *Drittschuldner* bei der **Forderungsabtretung (Zession).**

Wechseldiskontkredit

Der Wechseldiskontkredit (Diskontkredit) ist ein Kredit **durch Ankauf von Wechseln** unter Abzug von Diskont vom Ankauftag bis zum Verfalltag.

Dem Kreditnehmer wird der Barwert später fälliger Wechsel zur Verfügung gestellt. Das Kreditinstitut erhält am Zahlungstag vom Akzeptanten die Wechselsumme als Rückzahlung des Kredits. Dem Kreditinstitut haften mindestens zwei Wechselbeteiligte, der Akzeptant und der Einreicher, z. B. Aussteller.

Im Allgemeinen geht der Kreditgewährung die Zusage des Kreditinstituts voraus, Wechsel, die seinen Anforderungen entsprechen, bis zu einem bestimmten Betrag, dem *Wechselkontingent,* anzukaufen. Über die Einreicher werden Dateien geführt, aus denen die jeweilige Höhe der Wechselverpflichtungen, das *Obligo,* zu ersehen ist.

Vorteile des Wechseldiskontkredits. Die Wechsel, die ein Kreditinstitut diskontiert, dienen ihm nicht nur als Kreditmittel, sondern sind Anlagemittel für vorübergehend freie Geldbeträge und zugleich Liquiditätsreserve. Infolge der Wechselstrenge, der Rediskontmöglichkeit, der Kurzfristigkeit, der Bestimmtheit des Zahlungstages und der Vorprüfung der Zahlungsfähigkeit des Akzeptanten durch den Aussteller ist der Diskontkredit für das Kreditinstitut ein sicherer und daher für den Kunden ein günstiger Kredit.

Bürgschaftskredit

> Der **Bürgschaftskredit ist ein Personalkredit, der zusätzlich durch eine Bürgschaft gesichert** ist.

Es liegen zwei Rechtsgeschäfte vor: BGB § 765

a) Kreditvertrag, b) Bürgschaftsvertrag.

Neben dem Kreditnehmer haftet noch eine weitere Person für die Zinsen und die Rückzahlung.

Die **Bürgschaft** ist ein Vertrag zwischen dem Gläubiger und dem Bürgen, wonach der Bürge für den Schuldner haftet. Der Kreditgeber hat also für seine Forderung zwei Schuldner.

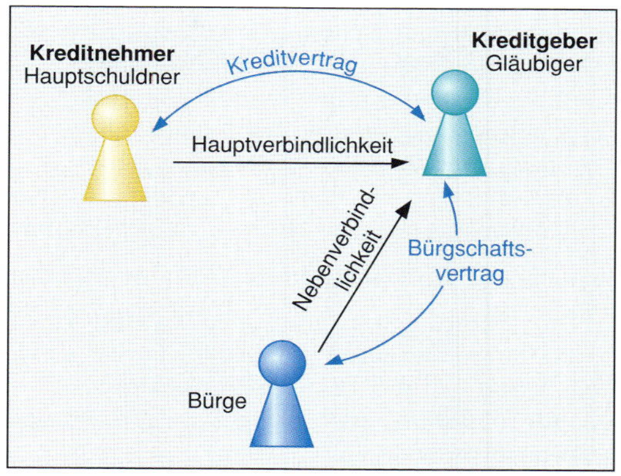

▶ Form der Bürgschaft

Der Bürgschaftsvertrag kommt durch die **schriftliche Bürgschaftserklärung** des Bürgen und die **formlose Entgegennahme** durch das Kreditinstitut zustande. Kaufleute können sich im Rahmen ihres Geschäftsbetriebes auch mündlich verbürgen. § 766 HGB § 350

▶ Art der Bürgschaft

a) Bei der **gewöhnlichen Bürgschaft** hat der Bürge das Recht zur »Einrede der Vorausklage«, d.h. er kann verlangen, dass der Gläubiger zunächst alle außergerichtlichen und gerichtlichen Maßnahmen ergreift, um vom Hauptschuldner sein Geld zu erhalten, bevor vom Bürgen die Zahlung des Ausfalles gefordert werden kann. BGB § 771

   Bei der **Ausfallbürgschaft** *muss* der Ausfall durch Zwangsvollstreckung in das gesamte Vermögen des Schuldners nachgewiesen werden.

b) Eine **selbstschuldnerische Bürgschaft** liegt vor, wenn der Bürge beim Vertragsabschluss auf die *»Einrede der Vorausklage«* verzichtet hat, d.h., verweigert der Schuldner die Zahlung, so muss der Bürge auf Verlangen des Gläubigers sofort zahlen. Kreditinstitute verlangen stets diese Art der Bürgschaft. Die Bürgschaft von Kaufleuten ist stets selbstschuldnerisch. Der Kreditgeber kann sofort vom Bürgen die volle Forderung verlangen. § 773 HGB § 349

Diese beiden Arten der Bürgschaft können jeweils auch als **gesamtschuldnerische Bürgschaft** eingegangen werden. Sie liegt vor, wenn sich *mehrere Personen für dieselbe Schuld* verbürgen (Mitbürgschaft). BGB § 769

Zessionskredit

> Der **Zessionskredit** ist ein Personalkredit, der **zusätzlich durch Abtretung (Zession) einer oder mehrerer Forderungen** des Kreditnehmers gegen Dritte **gesichert** ist.

Es liegen zwei Rechtsgeschäfte vor: § 398

a) Kreditvertrag, b) Zessionsvertrag.

Die **Zession** ist ein formfreier Vertrag zwischen dem alten und dem neuen Gläubiger. Durch ihn geht die Forderung des alten Gläubigers gegen seinen Schuldner (Drittschuldner) auf den neuen Gläubiger über.

▶ Wirkung der Zession

Der Zessionar kann im Rahmen des Vertrages nach seinem Ermessen über die Forderung verfügen. Der Drittschuldner kann dem neuen Gläubiger alle Einwendungen entgegensetzen, die gegen den Zedenten begründet waren, z. B. mangelhafte Lieferung. § 404

▶ Arten der Zession

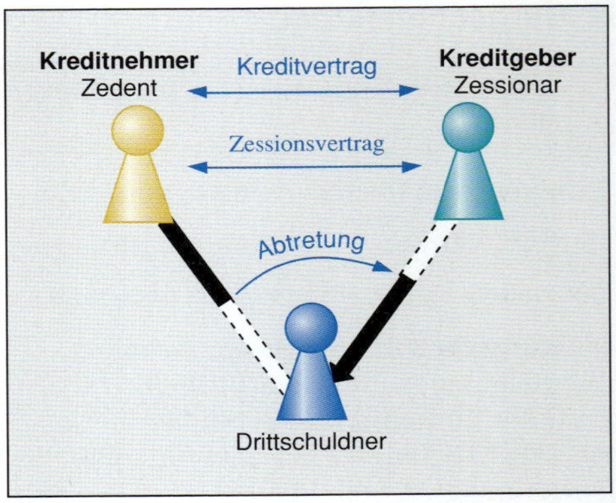

BGB § 407 Je nachdem, ob der Drittschuldner **von der Abtretung erfährt oder nicht,** unterscheidet man die stille und die offene Zession.

a) Bei der **stillen** Zession weiß der Drittschuldner von der Abtretung nichts. Er wird also an den bisherigen Gläubiger zahlen.

b) Bei der **offenen** Zession weiß der Drittschuldner von dem Forderungsübergang. Er kann dann »mit befreiender Wirkung« nur an den Zessionar zahlen. Oft wird im Zessionsvertrag vereinbart, dass die stille Zession jederzeit in eine offene umgewandelt werden darf, sobald dem Kreditinstitut etwas Ungünstiges über seinen Kreditnehmer zu Ohren kommt.

Je nachdem, wann die **Zession entsteht,** unterscheidet man die Global- und Mantelzession.

a) Die Abtretung wird meist als **Globalzession** vorgenommen, bei der nicht einzelne Forderungen, sondern Forderungsgruppen abgetreten werden, z. B. die Forderungen gegen alle Schuldner A bis K. Damit gehen alle bestehenden und künftigen Forderungen bereits mit ihrer Entstehung auf den Zessionar über. Aus diesen Gründen bevorzugen Kreditinstitute die Globalzession.

b) Die Abtretung kann auch in der Form eines Mantelvertrages **(Mantelzession)** über eine bestimmte Summe abgetretener Forderungen vorgenommen werden. Die abgetretenen Forderungen werden in einer »Debitorenliste« (z. B. Debitoren von A bis K) diesem Vertrag beigefügt. Bezahlte Forderungen müssen durch neue Forderungen ersetzt werden. Die Abtretung tritt aber immer erst mit der Genehmigung der Debitorenliste durch den Zessionar ein.

Factoring

Factoring ist der **Ankauf von Forderungen** aus Lieferungen und Leistungen durch **ein Factoringinstitut.**

Dabei nennt man den Verkäufer der Forderung *Anschlusskunde (Factoringnehmer),* das ankaufende Institut *Factor (Factoringgeber).*

▶ Funktionen des Factorings

a) Finanzierungsfunktion durch die »wechsellose Diskontierung« von Buchforderungen und sofortige Gutschrift unter Abzug von Zinsen und Gebühren.

b) Delkrederefunktion (Kreditversicherungsfunktion) durch die Übernahme des Risikos von Forderungsausfällen, d. h., der Factor übernimmt das Risiko für die Bezahlung der Forderung vonseiten des Debitors.

c) Dienstleistungsfunktion durch die Übernahme der Buchführung und/oder durch die Eintreibung der Forderungen.

▶ Vorteile des Factorings

- Verwaltungskosten mindern sich beim Wegfall der Debitorenbuchführung,
- Risiko ist abwälzbar mittels Risikofunktion,
- Unternehmen erhält sofort Liquidität,
- neue Liquidität kann zum Schuldenabbau dienen,
- Schuldenabbau erhöht die Eigenkapitalquote und die Kreditwürdigkeit.

Beispiel: Bilanzverkürzung durch Factoring in Verbindung mit Schuldenabbau; ohne Zinsen und Gebühren, in Geldeinheiten (GE)

A	Bilanz vorher		P
AV	100	EK	200
Ford	400	FK	300
	500		500

Forderungsverkauf 200 GE
Eigenkapitalquote 40 %

A	Bilanz nachher		P
AV	100	EK	200
Ford	200	FK	100
	300		300

Schuldenabbau 200 GE
Eigenkapitalquote 66,6 %

▶ Nachteile des Factorings

- Kosten entstehen durch Zinsen und Gebühren,
- Eintreibung der Forderung durch Factoringgeber kann die Debitoren verärgern,
- Factoringnehmer kann in Abhängigkeit vom Factoringgeber geraten.

Werden ausschließlich Auslandsforderungen verkauft, spricht man von **Forfaitierung.** Der Exporteur verkauft seine Forderungen ohne Regress in »Bausch und Bogen« (à forfait) an den Forfaitierunggeber.

Forfaitierung

Die Forfaitierung ist der **Ankauf einer wechselmäßig verbrieften Exportforderung** unter **Verzicht auf einen Rückgriff** gegen den Verkäufer bei Zahlungsausfall.

Der ankaufende Forfaiteur übernimmt damit das wirtschaftliche und politische Risiko (franz. à forfait – in Bausch und Bogen kaufen), verlangt aber vom Verkäufer (Forfaitist) der Wechselforderung meist eine Bankbürgschaft. Durch den vertraglichen Ausschluss des Wechselregresses verbleibt beim Forfaitisten nur das Risiko für den rechtlichen Bestand der Forderung sowie für die Gewährleistungen aus dem Lieferungsgeschäft.

▶ Vorteile der Forfaitierung

- Sofortige Verflüssigung längerfristiger Auslandsforderungen,
- Fortfall aller Risiken bei Auslandsforderungen,
- Fortfall der Kosten für Forderungsüberwachung und Eintreibung.

Unterschied zwischen Zession, Factoring und Forfaitierung

Zession	Factoring	Forfaitierung
Zessionar *übernimmt* die Forderungen nur als *Sicherheit.* Er kann sie *jederzeit* zurückgeben und bessere verlangen.	Factor *kauft alle* Forderungen und kann sie *im Regelfall nicht* mehr zurückgeben.	Forfaiteur *kauft im* Allgemeinen *nur* eine langfristige Exportforderung in Form von *Auslandswechseln.* Er kann diesen Kauf *nie mehr* rückgängig machen.

13.5.3 Realkredite

Realkredite sind Kredite, bei denen die Forderung des Kreditgebers **zusätzlich durch Pfandrechte an realen Vermögenswerten gesichert** ist.

Pfandrechte können auf drei Arten begründet werden: durch Pfandvertrag zwischen Verpfänder und Pfandgläubiger, kraft Zwangsvollstreckung und kraft Gesetzes bei bestimmten Verträgen, z. B. Mietvertrag, Werkvertrag, Frachtvertrag. Der Gesetzgeber räumt dem Gläubiger ein unmittelbares Zugriffsrecht bei Schuldnerverzug ein.

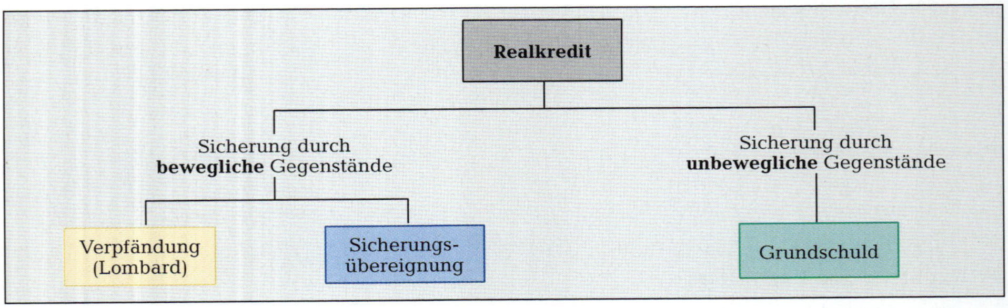

Lombardkredit (Faustpfandkredit)

Der **Lombardkredit** ist ein **Realkredit,** der **durch Pfandrecht an einer beweglichen Sache** oder **einem verbrieften Recht gesichert** ist.

BGB §§ 1204 ff. Er ist stets kurzfristig. Der Kreditnehmer erhält als Kredit nicht den vollen Wert seines Pfandes, sondern nur einen bestimmten Prozentsatz davon *(Beleihungswert).*

Kreditinstitute beleihen vor allem Effekten, Wechsel, Warenwertpapiere, Lebensversicherungen und Bausparverträge.

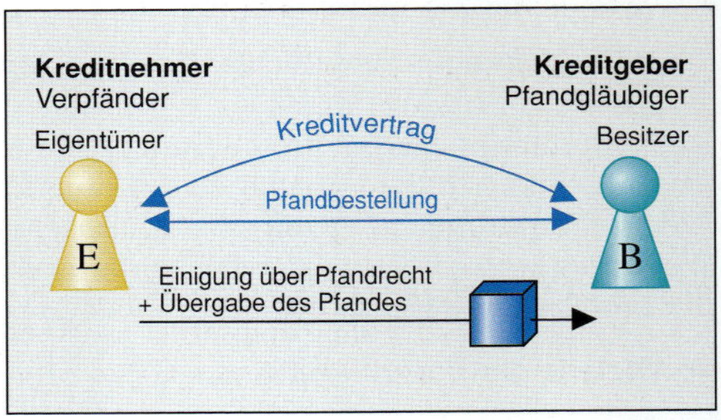

▶ Bestellung des Pfandrechts

Die Verpfändung erfolgt durch die **Einigung** der beiden Parteien, dass ein Pfandrecht bestehen soll, und **Übergabe** des zu verpfändenden Gegenstandes **(Faustpfand).** Durch die Übergabe wird der Pfandgläubiger **Besitzer,** aber nicht Eigentümer der verpfändeten Sache.

§ 1215

▶ Verwahrung des Pfandes

Der Pfandgläubiger hat die Pflicht, das Pfand mit der Sorgfalt eines Lagerhalters zu verwahren und zu verwalten.

§§ 1228 ff.

▶ Verwertung des Pfandes

Der Pfandgläubiger ist berechtigt, das Pfand zu verwerten, wenn der Schuldner die fällige Leistung nicht erbringt (Pfandreife). Er kann das Pfand versteigern lassen oder, sofern es einen Markt- oder Börsenpreis hat, verkaufen.

▶ Vorteile des Lombardkredits

Der Lombardkredit ermöglicht die Beschaffung kurzfristiger Betriebsmittel durch Beleihung von Gegenständen, die der Kreditnehmer nicht veräußern will oder nur zu einem ungünstigen Preis veräußern könnte.

Sicherungsübereignungskredit

Der **Sicherungsübereignungskredit** ist ein Realkredit, bei dem der Kreditgeber das **bedingte Eigentum** an einer beweglichen Sache **zur Sicherung erwirbt,** der Schuldner aber Besitzer bleibt.

Übereignet werden meist Maschinen, Kraftfahrzeuge und Warenlager.

Die Übereignung hat nicht den Sinn, dem Gläubiger das unbedingte Eigentumsrecht zu übertragen wie beim Kauf oder bei der Schenkung, sondern sie geschieht *nur sicherheits-*

halber. Der Kreditgeber kann nicht frei über den übereigneten Gegenstand verfügen, denn das Eigentum daran soll mit der Rückzahlung des Kredits von selbst wieder auf den Kreditnehmer übergehen.

Die Sicherungsübereignung ist nicht gesetzlich geregelt, aber durch die Rechtsprechung anerkannt worden. Kreditgeber und Kreditnehmer schließen neben dem Kreditvertrag einen **Sicherungsübereignungsvertrag.** Dieser enthält

- die **Einigung,** dass der Kreditgeber Eigentümer einer Sache werden soll, und BGB § 929
- die **Vereinbarung,** dass der Kreditnehmer Besitzer bleibt. Diese Vereinbarung ersetzt die Übergabe (*Besitzkonstitut*). § 930

Wirkung der Übereignung. Der neue Eigentümer kann **Dritten gegenüber** seine Rechte uneingeschränkt geltend machen, insbesondere einer Pfändung der übereigneten Sache durch andere Gläubiger des Kreditnehmers mit Erfolg widersprechen. Gegenüber dem **Kreditnehmer** sind jedoch seine Rechte aus dem Eigentum beschränkt. Im Insolvenzverfahren des Kreditnehmers ist der Kreditgeber nicht aussonderungs-, sondern nur absonderungsberechtigt wie ein Pfandgläubiger. Die Sicherungsübereignung hat also einen pfandrechtähnlichen Charakter. Seite 430

▶ Vorteile der Sicherungsübereignung

a) Der **Kreditnehmer** kann mit den übereigneten Gegenständen weiterarbeiten und hat trotzdem die Möglichkeit der Kreditsicherung. Die Übereignung ist nach außen nicht erkennbar.

   Beispiel: Bei Sicherungsübereignung eines Omnibusses wird die Zulassungsbescheinigung Teil II (Kfz-Brief) der kreditgebenden Bank übergeben. Der Reiseunternehmer kann den Bus im Geschäft verwenden.

b) Der **Kreditgeber** kann als Eigentümer bei Gefahr die Herausgabe der Gegenstände fordern und sie wie ein Faustpfand verwerten; er braucht keinen vollstreckbaren Titel. Außerdem wird sein Einfluss auf den Kreditnehmer größer.

▶ Nachteile der Sicherungsübereignung

a) Der **Kreditnehmer** darf über die Gegenstände nicht mehr frei verfügen. Er muss sie gegen alle Gefahren versichern und die Kosten dafür tragen.

b) Der **Kreditgeber** läuft Gefahr, dass die ihm zu übereignenden Gegenstände bereits übereignet sind oder dass ein Eigentumsvorbehalt des Lieferanten darauf lastet. Sie können verkauft, verpfändet, beschädigt oder vernichtet werden. Fest eingebaute Maschinen können wesentliche Bestandteile des Grundstücks sein und deshalb unter ein Grundpfandrecht fallen. Befinden sich die Sachen in gemieteten Räumen, so kann ein Vermieterpfandrecht (gesetzliches Pfandrecht) vorgehen.

▶ Unterschied zwischen Verpfändung und Sicherungsübereignung

Unterschiede		**Verpfändung**	**Sicherungsübereignung**
Sicherheiten		entbehrliche bewegliche Gegenstände (Wertsachen, Wertpapiere)	unentbehrliche bewegliche Gegenstände (Maschinen, Fahrzeuge)
Gegenstände werden		übergeben (körperlich)	übereignet (vertraglich)
Rechtsstellung des	**Gläubigers**	Besitzer	Eigentümer
	Schuldners	Eigentümer	Besitzer

Grundschuldkredit

Zur Sicherung eines Kredites kann ein Unternehmen vorhandene Grundstücke und Gebäude als Pfand anbieten. Da aber eine Übergabe des Pfandes nicht möglich ist, wird sie durch die *Eintragung in ein öffentliches Register,* das **Grundbuch,** ersetzt. Bei DV-Eingabe spricht man vom *elektronischen Grundbuch.* Ohne Eintragung im Grundbuch entsteht und erlischt also kein Recht an einem Grundstück (Grundpfandrecht). Für jeden Gemeindebezirk wird beim Grundbuchamt (Rathaus) ein Grundbuch geführt.

▶ Grundbuch

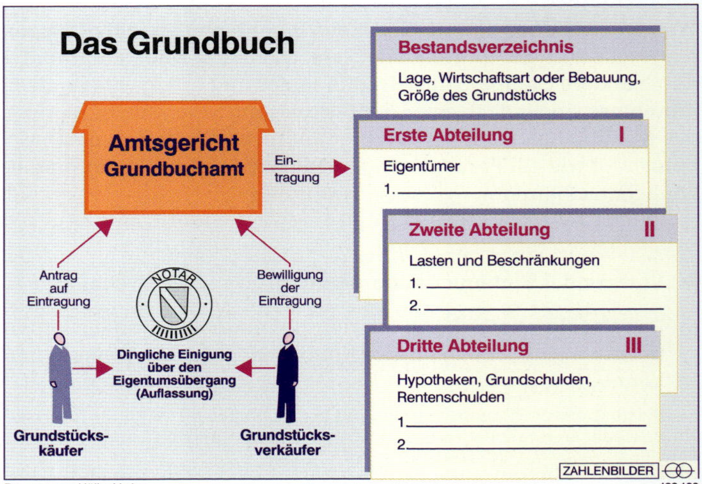

Bergmoser + Höller Verlag

Der Zweck des Grundbuches ist, den Rechtszustand eines Grundstückes erkennbar zu machen. Jeder, der ein berechtigtes Interesse darlegt, darf Einsicht nehmen; also der Eigentümer, oder jeder mit dessen Erlaubnis, oder wer ein Recht am Grundstück hat bzw. erwerben will.

Das Grundbuch enthält **Angaben** über

- Gemeindebezirk,
- Lage, Art, Größe des Grundstückes (Bestandsverzeichnis),
- Eigentumsverhältnisse (Abteilung I),
- Lasten und Beschränkungen (Abteilung II, z. B. Wegerecht, Vorkaufsrecht, Wohnrecht eines anderen),
- Grundpfandrechte (Abteilung III, z. B. Grundschuld).

GBO § 13 § 19 **Eintragungen** in das Grundbuch werden nur auf **Antrag** *eines Berechtigten* gemacht. Antragsberechtigt ist jeder, der ein Recht an einem Grundstück hat, das von der Eintragung betroffen wird, z. B. der Eigentümer, wenn er das Grundstück verkaufen oder verpfänden will. Jeder aber, dessen Recht durch eine Eintragung betroffen würde, muss seine notariell beglaubigte **Bewilligung** dazu erteilen, z. B. der Grundschuldgläubiger, dessen Grundschuld gelöscht werden soll.

BGB § 892 Das Grundbuch genießt **öffentlichen Glauben,** d. h., jedermann kann grundsätzlich darauf vertrauen, dass die Eintragungen darin richtig sind. Wer dagegen weiß, dass eine Eintragung falsch ist, kann sie nicht zu seinen Gunsten ausnützen. Nicht geschützt sind Eintragungen, die sich auf die Größe, Benutzungsart, Beschaffenheit und ähnliche Angaben über das Grundstück beziehen.

§ 879 **Rangfolge der Eintragungen.** Unter »Rang« versteht man den Platz des Berechtigten in der Reihe derer, die durch die Verwertung des Grundstückes Befriedigung suchen können. Der Rang wird durch die Reihenfolge des Eingangs der bewilligten Anträge beim Grundbuchamt bestimmt, sofern nicht eine andere Rangordnung vereinbart worden ist. Wird das Grundstück verwertet, so wird der im Rang Vorgehende voll befriedigt, sofern der Erlös ausreicht. Kreditinstitute verlangen daher grundsätzlich den ersten Rang. Bei gleichrangigen Eintragungen werden die Gläubiger im Verhältnis ihrer Forderungen befriedigt.

Grundschuldkredite sind ausgesprochen langfristig und bedürfen deshalb einer Sicherung, die möglichst unabhängig von den persönlichen Verhältnissen des Kreditnehmers ist.

> Die **Grundschuld** ist ein **Pfandrecht an einem Grundstück,** wodurch der Berechtigte ermächtigt wird, sich aus dem Grundstück **in Höhe einer Geldsumme** zu befriedigen.

§§ 1191 ff. Die **Grundschuld** stellt damit ein *abstraktes,* vom Grundgeschäft losgelöstes *Recht dar.* Laut BGB haftet der Kreditnehmer *nicht persönlich,* sondern *nur mit seinem Grundstück* (dingliche Sicherung). Deshalb schließen die Kreditinstitute mit dem Kreditnehmer neben dem Kreditvertrag einen zusätzlichen Vertrag ab, in dem dieser sich der persönlichen und gesamtschuldnerischen Haftung sowie der sofortigen Zwangsvollstreckung unterwerfen muss.

▶ Arten der Grundschuld

a) Nach der **Form der Bestellung** unterscheidet man

1. **Buchgrundschuld.** Sie entsteht durch Einigung und Eintragung im Grundbuch.

2. **Briefgrundschuld.** Sie entsteht wie die Buchgrundschuld. Zusätzlich wird aber noch eine Urkunde ausgestellt. Dieser Grundschuldbrief enthält den Inhalt des Rechtes (Betrag, Nebenleistungen, Gläubiger), die Nummer des Grundbuchblattes und die laufende Nummer im Bestandsverzeichnis.

BGB § 1195

b) Nach der **Person des Grundschuldberechtigten** unterscheidet man

1. **Fremdgrundschuld.** Berechtigter ist nicht der Eigentümer des Grundstückes, sondern eine andere Person, z. B. ein Kreditgeber. Die Fremdgrundschuld dient zur Sicherung von Krediten und ist im kaufmännischen Bereich der Normalfall.

2. **Eigentümergrundschuld.** Bei ihr stehen die Rechte aus der Grundschuld dem Grundstückseigentümer selbst zu. Die Grundschuld wird für den Grundstückseigentümer *bestellt.* Dieser kann dadurch eine bevorzugte Rangstelle im Grundbuch freihalten. Besteht die Grundschuld als Briefgrundschuld, so kann sich der Grundstückseigentümer später durch Zession oder Verpfändung einfach und schnell Geld beschaffen.

▶ Übertragung der Grundschuld

a) Zur Übertragung einer **Buchgrundschuld** muss der Grundschuldgläubiger seine *Abtretungserklärung* notariell beglaubigen und im Grundbuch die *Umschreibung* auf den neuen Gläubiger vornehmen lassen. § 1192 § 1154

b) Zur Übertragung einer **Briefgrundschuld** genügt die *Übergabe* des Grundschuldbriefes mit einer schriftlichen *Abtretungserklärung* an den neuen Gläubiger. Die Übertragung muss nicht, sie kann aber sofort oder später ins Grundbuch eingetragen werden.

▶ Erlöschen der Grundschuld

Hat der Schuldner seine Schulden getilgt, so fordert er vom Gläubiger eine *Löschungsbewilligung,* legt diese dem Grundbuchamt vor und lässt die Grundschuld löschen. Will er sie in eine Eigentümergrundschuld umschreiben lassen, benötigt er vom Gläubiger eine *löschungsfähige Quittung.* § 1177

Einem nachrangigen Gläubiger steht ein **gesetzlicher Löschungsanspruch** zu. Dadurch erreicht er, dass sein Recht an dem belasteten Grundstück auf den nächstbesseren Rang vorrückt. § 1179a, Z.1

▶ Besondere Merkmale der Grundschuld

- Die Grundschuld stellt ein abstraktes Grundpfandrecht dar. Einwendungen aus dem Grundgeschäft können daher bei der Grundschuld *nicht* geltend gemacht werden.
- Schwankungen des Schuldsaldos beeinträchtigen deshalb den Bestand der Grundschuld nicht. Sie eignet sich damit sowohl zur Absicherung von Kontokorrentkrediten als auch von Darlehen.
- Die Grundschuld kann als Eigentümergrundschuld eingetragen werden. Bei einer späteren Kreditbeschaffung bedarf es dann nur deren Abtretung.
- Die Grundschuld kann zugunsten einer Bank lange vor der Kreditaufnahme bestellt werden. Der Schuldner kann sich dadurch z. B. günstige Kreditbedingungen sichern.

1. Ein Unternehmer benötigt 160.000 EUR und will je die Hälfte über eine Bürgschaft bzw. Zession absichern.
   a) In welcher Höhe muss er seiner Bank Forderungen anbieten, wenn sie zu 75 % beliehen werden?
   b) Warum wird der Bürgschaftsbetrag zu 100 % der Kreditsumme angesetzt?
2. Kaufmann Hans Dietenmeier nimmt bei seiner Bank einen Kredit auf und sein Geschäftsfreund Klaus Winkler bürgt für ihn.
   a) Wer schließt mit wem welchen Vertrag ab?
   b) Warum verlangt die Bank von Herrn Winkler den Verzicht auf die Einrede der Vorausklage?
   c) Wenige Tage nach der Fälligkeit der Schuld verlangt die Bank von Herrn Winkler die Zahlung der Schuld. Dieser zahlt nicht mit der Begründung, Herr Dietenmeier habe noch Vermögen in der Schweiz. Wie verhält sich die Bank?
3. Wodurch unterscheiden sich stille und offene Zession?
4. Suchen Sie die Vor- und Nachteile der offenen Zession.
5. Welche Gründe veranlassen die Unternehmer, zunehmend die Factoring- und Forfaitierungsfinanzierung zu wählen, anstelle anderer, kostengünstigerer Möglichkeiten der Kreditfinanzierung?
6. Welche Nachteile können mit dem Factoring verbunden sein,
   a) für den Anschlusskunden,
   b) für den Schuldner der Forderung?
7. Der Kaufmann Claudio Marini bietet seiner Bank verschiedene Werte als Sicherheiten an, die diese zu den genannten Beleihungssätzen lombardiert:
   a) 500 Chemie-Aktien zu je 120 EUR (60 %),
   b) Wechsel zu 25.000 EUR (90 %),
   c) Sparbücher im Wert von 40.000 EUR (100 %),
   d) festverzinsliche Wertpapiere über 60.000 EUR (75 %).

   Wie viel EUR Kredit erhält er von seiner Bank?
8. Begründen Sie, warum die Beleihungssätze (Aufgabe 7) unterschiedlich hoch sind.
9. Nennen und begründen Sie drei Gefahren für den Kreditgeber aus der Sicherungsübereignung.
10. Welche Informationen liefert der Inhalt eines Grundbuches?
11. Welche Wirkung hat
    a) der notarielle Grundstückskaufvertrag,
    b) die Eintragung des Grundstückserwerbers in das Grundbuch,
    c) die Eintragung einer Grundschuld in das Grundbuch?
12. a) Welche Möglichkeiten der Fremdkapitalbeschaffung sind aufgrund der nachstehenden Bilanz gegeben (Beträge in EUR)?

Bilanz

Aktiva			**Passiva**
Grundstücke	165.000	Eigenkapital	428.000
Fuhrpark	25.000	Grundschulddarlehen	90.000
Maschinen	100.000	Verbindlichkeiten	112.000
Rohstoffe	170.000	Schuldwechsel	20.000
Forderungen	70.000		
Wertpapiere	40.000		
Wechsel	30.000		
Zahlungsmittel	50.000		
	650.000		650.000

    b) Errechnen Sie den möglichen Mittelzufluss bei einem durchschnittlichen Beleihungsprozentsatz von 60 %.
13. Wodurch unterscheiden sich Fremdgrundschuld und Eigentümergrundschuld?
14. Welchen Sinn hat eine Eigentümergrundschuld?
15. Ein mittelständischer Unternehmer einer Ein-Mann-GmbH beantragt bei seiner Hausbank einen langfristigen Investitionskredit über 1,5 Mio. EUR zur Erweiterung seines Maschinenparks. Als Sicherheit bietet er eine unbelastete Unternehmensimmobilie mit einem von der Bank geschätzten Marktwert von 2 Mio. EUR an. Die Bank setzt den Grundstückswert dieser Immobilie mit 200.000 EUR an und den reinen Gebäudewert mit einem Risikoabschlag von 20 %. Die Beleihungssätze betragen für das Grundstück 100 % und für das Gebäude 80 %.
    a) Weisen Sie rechnerisch nach, ob das angebotene Pfand ausreicht, den Kredit abzudecken.
    b) Nehmen Sie Stellung zur unterschiedlichen Beleihung von Grundstück und Gebäude.
16. Ordnen Sie folgende Begriffe (a–d) den entsprechenden Kreditsicherheiten (1–4) zu:
    a) Einrede der Vorausklage,
    b) Besitzkonstitut,
    c) Bezahlen mit schuldbefreiender Wirkung,
    d) Löschungsbewilligung.

    1) offene Zession,
    2) Grundschuld,
    3) Ausfallbürgschaft,
    4) Sicherungsübereignung.

13.5.4 Kreditleihe

Bei der **Kreditleihe** werden nicht Waren, Geld oder Dienstleistungen zur Verfügung gestellt, sondern **der gute Ruf (Kreditwürdigkeit) eines Unternehmens** wird **»verliehen«.**

Dies geschieht bei einem Kreditinstitut in der Form des Aval-, Akzept- und Rembourskredits. Über die Sicherung der Kredite sagen diese Begriffe nichts aus. Da es sich um kurzfristige Kredite handelt, können sie wie andere kurzfristige Kredite gesichert werden. Weil kein Geld ausgeliehen wird, kann kein Zins, sondern nur Provision berechnet werden.

Avalkredit

Der Avalkredit ist ein **Bürgschaftskredit,** bei dem ein **Kreditinstitut eine selbstschuldnerische Bürgschaft** übernimmt.

HGB § 349

Bankbürgschaften werden hauptsächlich von Behörden, aber auch von privaten Unternehmen gefordert

- für Zahlungsverpflichtungen der Bankkunden aus Frachten, Steuern und Zöllen,
- für vereinbarte Vertragsstrafen bei nicht rechtzeitiger Fertigstellung einer Leistung, z. B. Straßen-, Brücken-, Hausbau,
- als Kaution, z. B. bei Anmietung von Büroräumen.

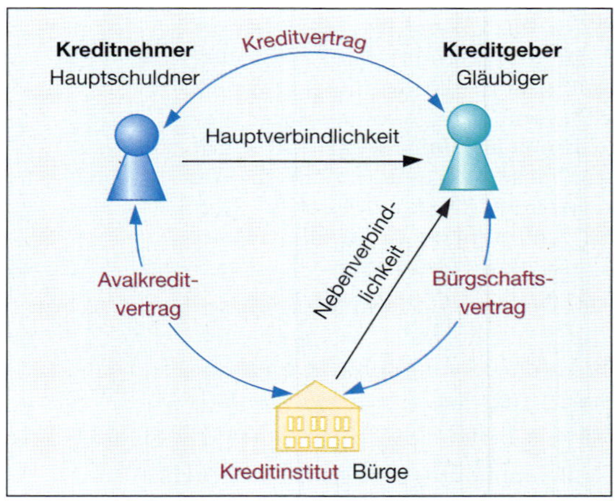

Akzeptkredit

Der **Akzeptkredit** ist ein Kredit, bei dem sich ein **Kreditinstitut für einen Kunden durch Wechselakzept verpflichtet.**

Der Akzeptkredit wird nur erstklassigen Unternehmen eingeräumt, über deren Zahlungsfähigkeit kein Zweifel besteht. Sie bekommen in dem Bankakzept ein vorzügliches und leicht verwertbares Kredit- und Zahlungsmittel.

- Als **Kreditmittel** dient er der Beschaffung von flüssigen Mitteln (Finanzwechsel). Die akzeptierende Bank bedingt sich aber gewöhnlich aus, dass der Wechsel bei ihr diskontiert wird, damit sie den Diskont selbst verdient. Die Wechselform wählt man, weil der Kredit für den Kunden trotz Diskont und Provision billiger ist als ein anderer Kredit.
- Als **Zahlungsmittel** kann er einem Lieferanten zur Begleichung der Verbindlichkeiten gegeben werden (Warenwechsel). Besonders im internationalen Güteraustausch verlangen viele Lieferanten ein Bankakzept. Häufig wird vereinbart, dass der Lieferant direkt auf das Kreditinstitut des Kunden ziehen soll, wobei das Kreditinstitut vorher seine Akzeptbereitschaft dem Lieferanten bestätigt.

Akkreditiv

BGB § 675

Unter einem Akkreditiv versteht man die Bereitstellung eines Betrages bei der Bank des Auftraggebers (Akkreditivbank) oder durch ihre Vermittlung bei einer anderen Bank (Akkreditivstelle) zur Auszahlung an den Begünstigten (Akkreditierten) gegen Erfüllung bestimmter Bedingungen.

Nach der Art der Bedingungen, die für die Auszahlung zu erfüllen sind, unterscheidet man das Barakkreditiv und das Dokumentenakkreditiv (Warenakkreditiv).

▶ Barakkreditiv

Die Auszahlung des Geldes an den Begünstigten erfolgt gegen das Vorzeigen seines Personalausweises. Der Auftraggeber kann sich auch selbst als Begünstigten angeben, um für eigene Reisen größere Barbeträge an fremden Plätzen bereitzustellen.

▶ Dokumentenakkreditiv

Die Auszahlung des Geldes an den begünstigten Dritten erfolgt gegen Übergabe vereinbarter Dokumente. Der Lieferant hat dadurch sowie durch das abstrakte Schuldversprechen der Akkreditivbank die Sicherheit, dass der Rechnungsbetrag eingeht, und der Käufer, dass die Ware tatsächlich an ihn abgeschickt wurde. Aus diesem Grunde kommt das Dokumentenakkreditiv hauptsächlich als Zahlungsbedingung bei Außenhandelsgeschäften vor.

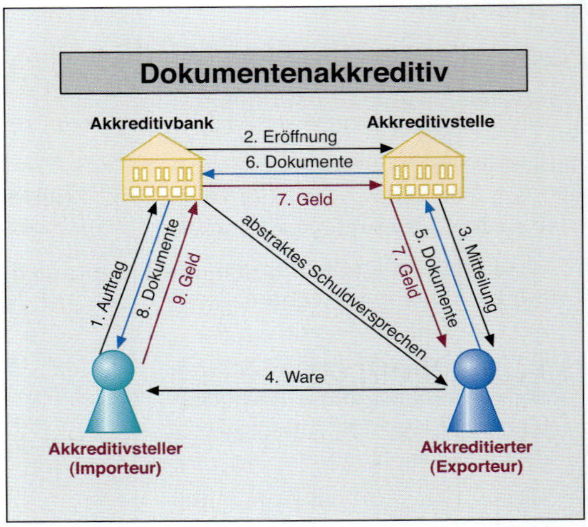

Als Dokumente kommen infrage: Frachtbriefdoppel, Konnossement, Ladeschein, Spediteurübernahmebescheinigung, quittierte Handelsrechnung, Konsulatsfaktura, Versicherungspolice.

Ein **Dokumentenakkreditiv** kann sein

- **widerruflich oder unwiderruflich.** Beim unwiderruflichen Akkreditiv übernehmen der Akkreditivsteller und die Akkreditivbank in jedem Falle die uneingeschränkte Verpflichtung zur Einlösung, wenn akkreditivgerechte Dokumente vorgelegt werden.
- **bestätigt oder unbestätigt.** Beim bestätigten Akkreditiv verpflichtet sich auch das auszahlende Kreditinstitut, die Dokumente einzulösen. Ein bestätigtes Akkreditiv ist stets unwiderruflich.

Alle Akkreditive sind **befristet.**

1. Begründen Sie, warum
   a) das Dokumentenakkreditiv in Europa und Nordamerika kaum eine Rolle spielt,
   b) alle Akkreditive befristet sind,
   c) der Exporteur das Dokumentenakkreditiv der Vereinbarung »Dokumente gegen Kasse« vorzieht.
2. Prüfen und begründen Sie, ob der deutsche Exporteur
   a) FOB oder CIF vereinbaren und
   b) Euro- oder Dollar-Fakturierung wählen sollte.

13.6 Grundsätze der Finanzierung

Jedes Unternehmen hat bei seinen Finanzierungsentscheidungen auf Stabilität, Liquidität und Rentabilität zu achten.

13.6.1 Stabilität

Die Stabilität eines Unternehmens hängt in hohem Maße von deren Eigenkapitalausstattung ab. Eigenkapital verursacht keinen betrieblichen Aufwand und Mittelabfluss durch Zins- und Tilgungsdienst wie beim Fremdkapital. Eigenkapital macht deswegen unabhängig und das Unternehmen krisensicher.

Daraus folgt:

a) Die **langfristig gebundenen Vermögensteile** sollten grundsätzlich *durch Eigenkapital und langfristiges Fremdkapital gedeckt* sein **(»Goldene Bilanzregel«).**

b) Die **risikoreichen Investitionen** sollten *mit Eigenkapital finanziert* werden.

c) Die **übereinstimmenden Fristen** *bezüglich der Mittelherkunft und der Mittelverwendung* festigen die Stabilität **(»Goldene Finanzierungsregel«).**

d) Die **Nichtausschüttung von Gewinn** fördert die Stabilität.

e) Die **überhöhten Privatentnahmen** gefährden die Stabilität.

13.6.2 Liquidität

Die Liquidität eines Unternehmens hängt ab von dessen Möglichkeiten, finanzielle Mittel zu beschaffen.

Daraus folgt:

a) Der **Umfang** der zu beschaffenden finanziellen Mittel ist dem tatsächlichen Bedarf anzupassen, sonst droht die Gefahr der Unter- oder Überfinanzierung.

   - **Unterfinanzierung.** Ein zu kleines Kapital führt zu Engpässen in Produktion und Absatz und zu Zahlungsschwierigkeiten. Eine zu knapp bemessene Liquidität kann den Erfolg des Unternehmens gefährden und damit dessen Rentabilität.
   - **Überfinanzierung.** Ein Teil des Kapitals liegt brach. Die Kosten dafür verteuern die Erzeugnisse und schmälern den Gewinn. Hier beeinträchtigt eine zu reichlich bemessene Kapital- und Liquiditätsausstattung den optimalen Unternehmenserfolg und damit wiederum dessen Rentabilität.

b) Die **Fristigkeit** der zu beschaffenden Kredite muss dem Tempo und der Dauer der Erlöseinnahmen entsprechen.

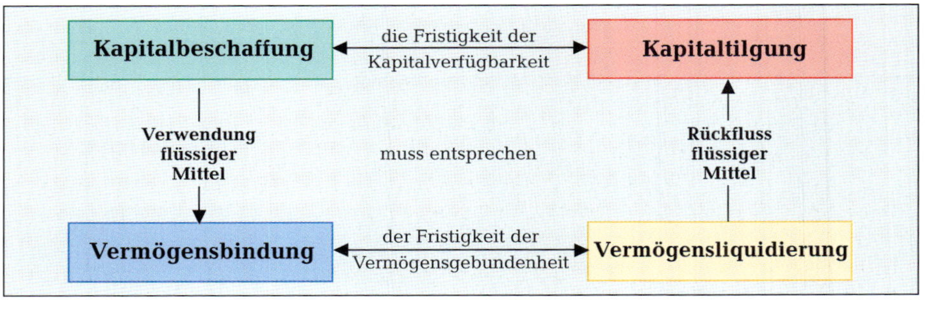

c) Die **Kapitalkosten** für steigende Zinsen sollten durch in gleichem Maße steigende Erlöse gedeckt werden, sonst leidet die Rentabilität.

d) Die **Rückzahlung** der Kredite sollte geplant und nicht um der Rentabilität willen (Zinsersparnis) erfolgen, denn sonst können Liquiditätsschwierigkeiten auftreten.

13.6.3 Rentabilität

Seite 573

Die Rentabilität eines Unternehmens hängt von dem Verhältnis des erzielten Gewinnes zum eingesetzten Kapital ab. Daraus folgt:

a) Bei der Kapitalbeschaffung ist das **ökonomische Prinzip** zu beachten. Deshalb muss ein **Kostenvergleich** für die verschiedenen Finanzierungsmöglichkeiten vorausgehen.

b) Der Kapitaleinsatz muss eine **Rendite** gewährleisten, die **höher** ist als der Zinssatz für Fremdkapital. Deshalb ist die zu erwartende Rentabilität neuer Investitionen zuvor zu berechnen.

c) Eine hohe **Rentabilität des Eigenkapitals** sollte durch das richtige Verhältnis von Eigen- und Fremdkapital gewährleistet sein. Ist der Zinssatz für Fremdkapital niedriger als die Rentabilität des Gesamtkapitals, so ist viel Fremdkapital zu verwenden; **wenig** dagegen, wenn die Rentabilität des Gesamtkapitals niedriger ist als der Zinssatz für Fremdkapital. Diesen **Leverage-Effekt** (Hebelwirkung) zeigen Fall 1 und 3.

Kapital in Tsd. EUR		Fall 1		Fall 2		Fall 3	
Eigen	Fremd zu 8%	Gewinn	Rendite	Gewinn	Rendite	Gewinn	Rendite
1.000	–	200	20	80	8	40	4
900	100	192	21 1/3	72	8	32	3 5/9
800	200	184	23	64	8	24	3
700	300	176	25 1/7	56	8	16	2 2/7
600	400	168	28	48	8	8	1 1/3
500	500	160	32	40	8		–
400	600	152	38	32	8		
300	700	144	48	24	8		
200	800	136	68	16	8		
100	900	128	128	8	8		
–	1.000	120					

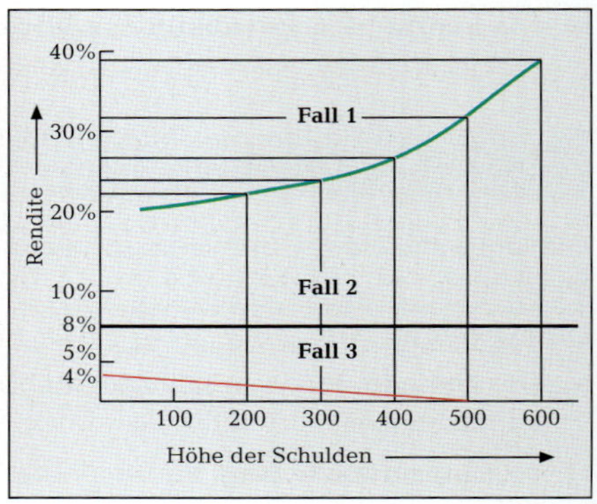

d) Rentabilität, Liquidität und Stabilität beeinflussen sich gegenseitig.

Gesichtspunkte	Eigen- und Selbstfinanzierung	Fremdfinanzierung langfristig	Fremdfinanzierung kurzfristig
Stabilität	Zeitlich *unbefristete* Mittelverfügbarkeit. Stabilität nur durch Kündigung eines Gesellschafters oder übermäßige Gewinnentnahmen gefährdet.	Zeitlich *befristete* Mittelverfügbarkeit. Stabilität im Tilgungszeitpunkt besonders gefährdet. Mittel, die aus Rückstellungen stammen, können wie Eigenkapital eingesetzt werden.	Zeitlich *eng befristete* Mittelverfügbarkeit. Aufgrund der hohen Zins- und Tilgungsverpflichtungen ist die Stabilität dauernd gefährdet.
	Mangelnde Stabilität gefährdet die Liquidität und Rentabilität.		
Liquidität	Mittelzufluss *ohne* Rückzahlungsverpflichtung. Mittelabfluss nur aufgrund freiwilliger Entscheidung.	Mittelzufluss *mit* Rückzahlungsverpflichtung. Je nach Tilgungsart mehr oder wenig hoher Mittelabfluss.	Zugeflossene Mittel müssen nach *kurzer* Inanspruchnahme wieder zurückbezahlt werden. Diese erfordert ständige Zahlungsbereitschaft.
	Mangelnde Liquidität gefährdet die Stabilität und Rentabilität.		
Rentabilität	Es kommt auf das Verhältnis zwischen Kapitalertrag und Kapitaleinsatz an oder darauf, ob der Fremdkapitalzinssatz höher oder niedriger als die Rentabilität des Gesamtkapitals ist (Leverage-Effekt). Mangelnde Rentabilität gefährdet die Stabilität und Liquidität.		

13.7 Finanzplanung

Die Finanzplanung hat die Aufgabe, die Finanzierungsvorgänge zu steuern und die Zahlungsbereitschaft zu gewährleisten.

Man unterscheidet:

a) Planung des Kapitalbedarfs eines zu gründenden Unternehmens,

b) Planung des laufenden Geldbedarfs (Geldmittel-Vorschaurechnung) eines Unternehmens,

c) Planung des Kapitalbedarfs eines Unternehmens für spezielle Vorhaben.

13.7.1 Planung des Kapitalbedarfs bei der Unternehmensgründung

Der gesamte Kapitalbedarf umfasst das erforderliche Kapital vom Beginn der Gründungsplanung bis zu dem Zeitpunkt, in dem die Leistungen des Unternehmens bezahlt werden, also eingesetztes Kapital wieder zurückfließt.

Kapitalbedarf für die Gründung und Errichtung des Unternehmens

Kapital wird für folgende Zwecke benötigt:

a) Vorbereitung der betrieblichen Leistungserstellung wie Gründungsplanung, Versuchsarbeiten, eventueller Patenterwerb, Marktanalyse, Einführungswerbung.

b) Erwerb der Anlagen. Der Kapitalbedarf für das Anlagevermögen richtet sich

1. nach dem **Geschäftszweig und der Vermögensstruktur,**
2. nach der beabsichtigten **Betriebskapazität,**
3. nach dem **Fertigungsverfahren.** Maschinelle Produktion, Fließfertigung und Automaten erfordern größere Anlagen als einfache Werkstattfertigung.

c) Aufbau der Organisation.

d) Beschaffung des Mindestbestandes an Materialien oder Waren, um den reibungslosen Betriebsablauf zu sichern.

Kapitalbedarf für die anlaufende Betriebstätigkeit

Laufender Kapitalbedarf wird verursacht im

a) Materialbereich: (Fertigungsmaterial für Tagesausbringung + MGK) · (Lagerdauer für Material – Liefererziel + Fertigungsdauer + Lagerdauer der fertigen Erzeugnisse + Kundenziel).

b) Fertigungsbereich: (Tagesbedarf für FL + FGK) · (Fertigungsdauer + Lagerdauer der fertigen Erzeugnisse + Kundenziel).

c) Verwaltungs- und Betriebsbereich: (Durchschnittlicher Tagesbedarf für VwGK und VtGK) · (Lagerdauer für Material + Fertigungsdauer + Lagerdauer der fertigen Erzeugnisse + Kundenziel).

Bei Personenunternehmen ist auch der Geldbedarf für **Privatentnahmen** zu berücksichtigen.

Unberücksichtigt bleiben diejenigen Gemeinkosten, die während der Zeitspanne bis zum ersten Eingang von Erlösen keine flüssigen Mittel erfordern, z. B. nachträglich zu zahlende Kreditkosten sowie Zusatzkosten (nicht ausgabewirksame Gemeinkosten).

Auch Abschreibungen entfallen, da der Geldbedarf für die abzuschreibenden Anlagegüter bereits im Kapitalbedarf für die Errichtung enthalten ist. Diese Beträge sind vom errechneten Kapitalbedarf abzuziehen.

Zusammenfassendes Beispiel

Ein Fertigungsunternehmen braucht bei der Errichtung 30.000 EUR für Vorbereitungsaufwand, 1.000.000 EUR für Anlagen, 50.000 EUR für Organisationsaufwand und Mindestvorräte, die einem Verbrauch von 20 Tagen entsprechen.

Das Unternehmen rechnet mit einem täglichen Materialbedarf + MGK von 3.000 EUR, einem täglichen Einsatz an Fertigungslöhnen + FGK von 2.500 EUR und an täglichen VwGK und VtGK von 1.500 EUR.

Die Lagerdauer der Stoffe beträgt 50 Tage, die Fertigungsdauer 40 Tage, die Lagerdauer der fertigen Erzeugnisse 30 Tage, das Kundenziel 60 Tage, das Liefererziel 30 Tage.

Arbeitstage = Kalendertage.

Abzugsbeträge:	Abschreibungsbetrag (Jahresbetrag)	100.000 EUR
	sonstige nicht ausgabewirksame Gemeinkosten	5.000 EUR

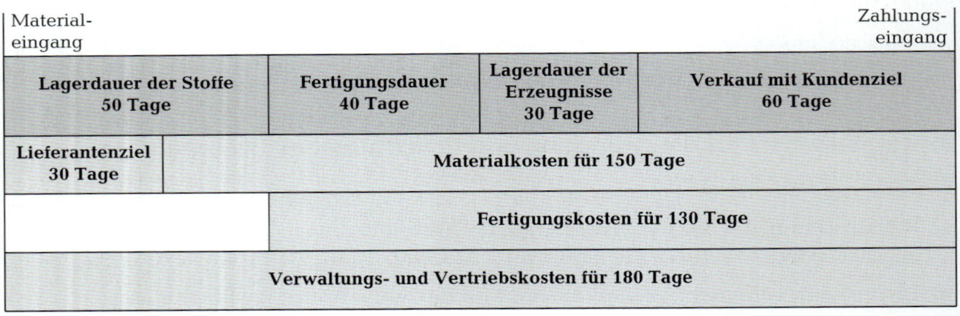

		EUR	EUR
a) Kapitalbedarf für die Errichtung			
Vorbereitungsaufwand		30.000	
Anlagen		1.000.000	
Organisationsaufwand		50.000	
Mindestbestand 20 Tage · 3.000 EUR		60.000	1.140.000
b) Kapitalbedarf für die anlaufende Betriebstätigkeit			
Materialkosten	150 Tage · 3.000 EUR	450.000	
Fertigungskosten	130 Tage · 2.500 EUR	325.000	
Verwaltungs- und Vertriebskosten	180 Tage · 1.500 EUR	270.000	1.045.000
			2.185.000
c) Abzugsbeträge			
180 Tage Abschreibung		50.000	
sonstige nicht ausgabewirksame Gemeinkosten		5.000	55.000
Kapitalbedarf insgesamt			2.130.000

Diese Berechnung kann selbstverständlich nicht alle Einzelheiten erfassen. Es muss z. B. bedacht werden, dass Materialbeschaffung, Produktion und Absatz nicht kontinuierlich erfolgen, dass die eingerechneten Kundenziele nicht eingehalten werden und dass ein Kapitalpolster zur Finanzierung von Umsatzspitzen und für Liquiditätsengpässe geschaffen wird. Die Folgen einer fehlerhaften Ermittlung des Kapitalbedarfs sind entweder eine Unter- oder eine Überfinanzierung.

13.7.2 Planung des laufenden Geldbedarfs eines Unternehmens

Diese Art der Finanzplanung findet ihren Niederschlag in **Finanzplänen.** Diese sind *kurzfristige* Vorschaurechnungen für den Geldbedarf im normalen Betriebsablauf (Monats-, Quartals- und Jahresplan). Sie haben Ähnlichkeit mit dem Haushaltsplan öffentlicher Gemeinwesen. Auch in den Finanzplänen der Unternehmen werden die erwarteten Einnahmen und Ausgaben (Sollzahlen) einander gegenübergestellt. Später werden zur Kontrolle die tatsächlichen Einnahmen und Ausgaben (Istzahlen) mit den Sollzahlen verglichen. Dabei zwingen auftretende Überdeckungen (Überschussbeträge) oder Unterdeckungen (Fehlbeträge) zu steter Anpassung.

Jeder Finanzplan besteht aus einem Einnahmen-, Ausgaben- und Kreditplan. Letzterer enthält die Höhe und Art der Kredite, die zur Schließung der Finanzierungslücken notwendig sind. Die einfachste und bequemste Möglichkeit des Ausgleichs ist der Kontokorrentkredit, weil sich die Inanspruchnahme automatisch dem jeweiligen Geldbedarf anpasst. Wird im Kreditvertrag ein für den normalen betrieblichen Ablauf genügend hoher Kontokorrentkredit vereinbart, erübrigt sich die Aufstellung eines besonderen Kreditplanes.

Beispiel eines Quartalplanes: In einem Unternehmen soll der Finanzplan für das kommende Quartal aufgestellt werden. Der gesamte Zahlungsverkehr wird über das Bankkonto abgewickelt und für Finanzierungslücken ein Kontokorrentkredit mit einem Kreditlimit von 15.000 EUR in Anspruch genommen.

Der Finanzstatus zum 30. September weist folgende Planzahlen aus:

Bankschuld 3.000 EUR; **Forderungen** 115.000 EUR, von denen entsprechend dem gewährten Ziel und den Zahlungsgewohnheiten der Kunden im Oktober 90.000 EUR, im November 15.000 EUR und der Rest im Dezember eingehen werden. **Verbindlichkeiten** 100.000 EUR, von denen 70.000 EUR im Oktober, der Rest im November und Dezember je zur Hälfte beglichen werden müssen.

Aufgrund der Absatzplanung wird mit monatlichen **Umsatzerlösen** von 85.000 EUR gerechnet, die unter Inanspruchnahme eines durchschnittlichen Ziels von einem Monat gezahlt werden. Außerdem rechnet man im Dezember mit Einnahmen aus **sonstigen Erträgen** von 1.500 EUR.

Die voraussichtlichen **Ausgaben** setzen sich nach Planzahlen und Schätzungen wie folgt zusammen: Werkstoffe 50.000 EUR je Monat. Die Eingangsrechnungen dafür werden jeweils im folgenden Monat (1 Monat Ziel) bezahlt. Personalkosten 20.000 EUR je Monat, Zinsen 1.200 EUR im Oktober, Versicherungen 2.000 EUR im Dezember, sonstige Aufwendungen 4.000 EUR je Monat.

Beträge in EUR	Oktober	November	Dezember
Stand des Bankkontos Anfang des Monats	3.000	8.200	2.800
Einnahmen			
Forderungen alt	90.000	15.000	10.000
Forderungen neu		85.000	85.000
sonstige Erträge			1.500
	90.000	100.000	96.500
Ausgaben			
Verbindlichkeiten alt	70.000	15.000	15.000
Verbindlichkeiten neu		50.000	50.000
Personalkosten	20.000	20.000	20.000
Zinsen	1.200		
Versicherungen			2.000
sonstige Kosten und Aufwendungen	4.000	4.000	4.000
	95.200	89.000	91.000
Überschuss		11.000	5.500
Fehlbetrag	5.200		
Saldo	8.200	2.800	8.300

13.8 Investitionsrechnungen

Die wirtschaftliche Verwendung der Finanzierungsmittel setzt eine Investitionsrechnung voraus. Man nennt die Investitionsrechnung deshalb auch **Kapitalverwendungsrechnung.**

13.8.1 Investitionsanlässe

Der Sachgüterbestand eines Unternehmens kann aus unterschiedlichen Investitionsmotiven verändert werden. Man unterscheidet:

a) Nach der **Form der Anlage:**

- **Sachanlageninvestition** (Grundstücke, Maschinen, maschinelle Anlagen),
- **Finanzanlageninvestition** (Beteiligungen, Wertpapiere des Anlagevermögens),
- **Vorratsinvestition** (Roh-, Hilfs- und Betriebsstoffe, fertige Erzeugnisse, Fremdbauteile, Handelswaren),

b) Nach deren **Wirkung auf den Vermögensumfang:**

1. **Gründungsinvestition** *(Errichtungsinvestition).* In einem neu gegründeten Unternehmen wird erstmals Vermögen angeschafft.

   Beispiel: Mehrere Geldgeber gründen ein Unternehmen mit dem Ziel, Garagentore herzustellen. Zu diesem Zweck statten sie das Unternehmen mit Vermögen aus, indem sie eine Produktionshalle und ein Verwaltungsgebäude erstellen lassen und diese mit Maschinen bzw. Büroeinrichtungen ausstatten.

2. **Ersatzinvestition** *(Reinvestition).* Abgenutzte Produktionsmittel werden ersetzt; die Ersatzinvestition dient der Kapazitätserhaltung.

   Beispiel: Der Garagentorhersteller muss für seine zwei Außendienstmitarbeiter die bereits fünf Jahre alten Geschäftsfahrzeuge ersetzen.

3. **Ergänzungsinvestition.** Hierunter versteht man verschiedene unternehmerische Absichten, das Vermögen zu verändern:

   - *Erweiterungsinvestition (Zusatzinvestition, Neuinvestition).* Das Vermögen wächst; die Investition dient der Kapazitätserweiterung.

     Beispiel: Der Garagentorhersteller entschließt sich, als Folge seiner guten Auftragslage eine neue Produktionshalle zu bauen.

   - *Rationalisierungsinvestition.* Es findet eine Vermögensumschichtung statt. Die Investition dient der Kostendegression und der Qualitätsverbesserung.

     Beispiel: Der Garagentorhersteller tauscht eine alte Metallpressanlage mit Aufpreis gegen eine neue, leistungsfähigere aus.

   - *Anpassungsinvestition.* Es findet eine Vermögensveränderung statt; die Investition dient der Anpassung an Strukturveränderungen und Veränderungen des Beschäftigungsgrades.

     Beispiel: Der Garagentorhersteller kann aufgrund des veränderten Käuferverhaltens keine Kunststofftore mehr verkaufen und stellt seine Produktion auf Designertore aus Naturstoffen um, sodass er auch weniger Personal benötigt.

4. **Desinvestition.** Das Vermögen vermindert sich; die Desinvestition dient dem Kapazitätsabbau.

   Beispiel: Der Garagentorhersteller veräußert die Hälfte eines vor zehn Jahren gekauften Grundstücks, da er seine geplanten Kapazitätserweiterungen aufgrund der Marktentwicklung zurückschraubt.

13.8.2 Statische Investititonsrechnung

Ob die in einem Unternehmen geplanten Investitionen tatsächlich zu wirtschaftlichen Erfolgen führen, wird immer erst durch die zukünftige Entwicklung bestätigt. Die unternehmerischen Entscheidungen beruhen deshalb immer auch auf Unsicherheit und Risiko. Aus diesem Grunde setzt die wirtschaftliche Verwendung der Finanzierungsmittel eine Investitionsrechnung voraus. Man nennt die Investitionsrechnung deshalb auch **Wirtschaftlichkeitsrechnung.**

Sie hat die Aufgabe, den Erfolg einer Investition vorherzusagen und mit anderen Investitionen zu vergleichen. Man unterscheidet **statische** (zeitpunktbezogene) und **dynamische** (zeitraumbezogene) Investitionsrechnungen. Die statischen Verfahren berücksichtigen nur *kurzfristige* Zeiträume. Die dynamischen Verfahren gehen von *längerfristigen* Kosten- und Ertragserwartungen aus, die in der betrieblichen Wirklichkeit allerdings schnell überholt sein können.

Von diesen Verfahren werden zunächst die vier statischen Verfahren mit ihren Merkmalen dargestellt.

Investitionsrechnung Statische Verfahren	**Rechnerische Bewertungskriterien**	**Anzahl der Vergleichsperioden**
Kostenvergleichsrechnung	Kosten	eine
Gewinnvergleichsrechnung	Kosten und Leistungen	eine
Rentabilitätsvergleichsrechnung	Kosten und Leistungen	eine
Amortisationsvergleichsrechnung	Ein- und Auszahlungen	mehrere

Beispiel: Für eine Investitionsentscheidung liegt folgendes Zahlenmaterial vor:

	Maschine 1 (Halbautomat)	**Maschine 2** (Vollautomat)
Anschaffungskosten	100.000 EUR	280.000 EUR
geplante Nutzungsdauer	8 Jahre	10 Jahre
geplante Leistungsmenge	16.000 St./Jahr	16.000 St./Jahr
Kapazitätsgrenze	19.500 St./Jahr	20.000 St./Jahr
gesamte Fixkosten/Jahr	32.000 EUR	78.000 EUR
Lohnkosten/Jahr	140.000 EUR	98.000 EUR
Erlöse/Jahr	190.000 EUR	190.000 EUR

Die folgenden Berechnungen legen diese Zahlen zugrunde.

Kostenvergleichsrechnung

Bei der Kostenvergleichsrechnung werden zwei oder mehrere Investitionsalternativen nach den entstehenden Kosten verglichen. Dabei wird sich der Investor für die **Alternative mit den minimalen Kosten** entscheiden.

▶ Fall 1: Vergleich der Gesamtkosten für die Periode:

Es wird unterstellt, dass auf beiden Maschinen jeweils die geplanten 16.000 Leistungseinheiten pro Jahr produziert werden sollen (siehe Eingangsfall).

	Halbautomat	**Vollautomat**
Fixe Kosten	32.000 EUR	78.000 EUR
Variable Kosten (Lohnkosten)	140.000 EUR	98.000 EUR
Gesamtkosten	**172.000 EUR**	**176.000 EUR**

Ergebnis: Unter dem Gesichtspunkt der Gesamtkosten hat der Halbautomat jährliche Kostenvorteile in Höhe von 4.000 EUR.

▶ Fall 2: Vergleich der Kosten pro Stück:

Es wird unterstellt, dass mit dem Vollautomaten im Jahr eine Leistungsmenge in Höhe von 18.000 Stück produziert und abgesetzt wird. Die anderen Größen bleiben unverändert. In diesem Fall wird ein Vergleich pro Stück notwendig.

	Halbautomat	**Vollautomat**
Fixe Kosten pro Stück		
32.000 EUR : 18.000 Stück	1,78 EUR/St.	
78.000 EUR : 18.000 Stück		4,33 EUR/St.
Variable Kosten pro Stück		
157.500 EUR : 18.000 Stück	8,75 EUR/St.	
110.340 EUR : 18.000 Stück		6,13 EUR/St.
Gesamte Kosten pro Stück	**10,53 EUR/St.**	**10,46 EUR/St.**

Ergebnis: Unter dem Gesichtspunkt der *Stückkostenbetrachtung* bei einer erhöhten Leistungsmenge hat der Vollautomat einen Kostenvorteil in Höhe von 0,07 EUR pro Leistungseinheit.

▶ Fall 3: Berechnung der kritischen Ausbringungsmenge:

Es wird unterstellt, dass die zukünftige Ausbringungsmenge nicht bekannt ist. In diesem Fall muss die **kritische Menge** ermittelt werden. Sie ist dadurch gekennzeichnet, dass bei dieser Menge die Kosten für beide Anlagen gleich hoch sind.

Bedingung: Gesamtkosten Halbautomat = Gesamtkosten Vollautomat

$$32.000,00 + 8,75\,x = 78.000,00 + 6,13\,x$$
$$2,62\,x = 46.000,00$$
$$x = \mathbf{17.557,25}$$

Ergebnis: Die *kritische Menge* beträgt 17.557 Stück. Bis zu dieser Menge lohnt sich unter Kostengesichtspunkten der Halbautomat, werden mehr Werkstücke produziert, lohnt sich der Einsatz des Vollautomaten.

Die Methode zeichnet sich durch eine einfache Handhabung aus. Es sind jedoch nur kurzfristige Vergleiche möglich. Außerdem werden mögliche Kostenveränderungen nicht berücksichtigt.

Werden verschiedene Anlagen miteinander verglichen, ist die Anwendung der Kostenvergleichsrechnung nur dann sinnvoll, wenn die zu erwartenden Erlöse beider Investitionsmöglichkeiten gleich hoch sind.

Gewinnvergleichsrechnung

Die Gewinnvergleichsrechnung berücksichtigt neben den zu erwartenden Kosten die vermutlich zu erzielenden Erlöse. Dabei gilt: **Gewinn = Erlöse – Kosten.**

- Wird die Vorteilhaftigkeit einer einzelnen Investition untersucht, so ist diese dann sinnvoll, wenn der erwartete Gewinn größer als 0 sein wird.
- Werden zwei oder mehr Alternativen miteinander verglichen, wird sich der Investor für die Anlage mit dem größten Gewinn entscheiden.

	Halbautomat	**Vollautomat**
Erlöse	190.000 EUR	190.000 EUR
Kosten – Fixe Kosten – Variable Kosten	 32.000 EUR 140.000 EUR	 78.000 EUR 98.000 EUR
Gewinn	**18.000 EUR**	**14.000 EUR**

Ergebnis: Werden neben den Kosten die voraussichtlichen Gewinne in den Vergleich einbezogen, lässt sich mit dem Vollautomaten ein um 1.000 EUR höherer Gewinn erzielen.

Auch diese Methode zeichnet sich durch eine einfache Handhabung aus. Der durch eine Investition erzielte Gewinn sagt jedoch noch nichts über die Rentabilität aus. Somit könnte eine Anlage des investierten Kapitals in Wertpapieren eine höhere Verzinsung erzielen. Beim Vergleich wird außerdem der Kapitaleinsatz nicht berücksichtigt.

Rentabilitätsvergleichsrechnung

Mithilfe der Rentabilitätsvergleichsrechnung wird der Gewinn pro Jahr einer Investitionsalternative ins Verhältnis zum durchschnittlichen Kapitaleinsatz gesetzt.

$$\textbf{Rentabilität} = \frac{\textbf{Erlöse – Kosten}}{\textbf{durchschnittlicher Kapitaleinsatz}} \cdot 100$$

Vereinfachend geht man beim durchschnittlichen Kapitaleinsatz von den halben Anschaffungskosten aus. Ein möglicher Restwert (Schrottwert, Liquidationserlös) wird dabei von den Anschaffungskosten abgezogen.

Berechnung der Rentabilitäten:

	Halbautomat	Vollautomat
Rentabilität	$= \frac{190.000 \text{ EUR} - 172.000 \text{ EUR}}{50.000 \text{ EUR}} \cdot 100$ = **36 %**	$= \frac{190.000 \text{ EUR} - 176.000 \text{ EUR}}{140.000 \text{ EUR}} \cdot 100$ = **10 %**

Ergebnis: Die Rentabilität des Halbautomaten ist aufgrund der geringeren Anschaffungskosten bei annähernd gleichen Erlösen und Kostenstrukturen weitaus höher als beim Vollautomaten.

Die Rentabilitätsvergleichsrechnung wird in der betrieblichen Praxis oft eingesetzt, da sie auf der Kostenvergleichsrechnung und der Gewinnvergleichsrechnung aufbaut, gleichzeitig aber eine vergleichbare Vorteilhaftigkeit zu anderen Investitionsmöglichkeiten herstellt. So wird für den Investor unmittelbar ersichtlich, ob er eine Anlageninvestition einer Finanzinvestition (z. B. in festverzinsliche Wertpapiere) vorziehen kann.

Amortisationsvergleichsrechnung

Die **Amortisationsvergleichsrechnung** (auch *Pay-off-Rechnung* genannt) betrachtet mehrere Rechnungsperioden. Außerdem werden nicht Kosten und Leistungen, sondern Ein- und Auszahlungen, die mit der Investition verbunden sind, zur Berechnung herangezogen.

Dieses Verfahren will feststellen, wie lange es dauert, bis sich eine ursprünglich erfolgte Anschaffungsausgabe durch Kapitalrückflüsse amortisiert hat (*amortisieren* = eine Schuld nach einem vorgegebenen Plan allmählich tilgen).

Die Investition in eine Anlage ist für ein Unternehmen dann sinnvoll, wenn die berechnete Amortisationsdauer geringer ist als der von der Geschäftsleitung vorgegebene maximale Amortisationszeitraum. Werden mehrere Investitionsobjekte miteinander verglichen, wird sich der Investor für die Anlage mit der kürzesten Amortisationsdauer entscheiden.

$$\textbf{Amortisationszeit (in Jahren)} = \frac{\textbf{Kapitaleinsatz}}{\textbf{jährlicher Gewinn + jährliche Abschreibungen}}$$

Als Kapitaleinsatz werden die ursprünglichen Anschaffungskosten des Investitionsobjektes herangezogen, die um einen möglichen Restwert vermindert werden.

Berechnung der Amortisationszeiten:

	Halbautomat	Vollautomat
Amortisationszeit	$= \frac{100.000\ \text{EUR}}{18.000\ \text{EUR/Jahr} + 12.500\ \text{EUR/Jahr}}$ = **3,28 Jahre**	$= \frac{280.000\ \text{EUR}}{14.000\ \text{EUR/Jahr} + 28.000\ \text{EUR/Jahr}}$ = **6,66 Jahre**

Ergebnis: Die Amortisationszeit des Halbautomaten ist deutlich geringer als die des Vollautomaten. Damit fließen die Anschaffungsausgaben bereits nach 3,92 Jahren über die in den Preisen kalkulierten Abschreibungen und über die mit der Investition verbundenen Gewinne in das Unternehmen zurück.

Wie bei den anderen Methoden der statischen Investitionsrechnung sind auch hier nur kurzfristige Vergleiche möglich. Unterschiedliche Nutzungsdauern der Maschinen erschweren den Vergleich. Außerdem bleiben Erträge nach Ablauf der Amortisationszeit unberücksichtigt.

13.8.3 Dynamische Investitionsrechnung

Kapitalwert-Verfahren

Um die Wirtschaftlichkeit einer geplanten Investition zu ermitteln, werden sämtliche mit ihr zusammenhängende Ausgaben und Einnahmen vom Beginn bis zum Ende der Nutzungszeit des Investitionsgutes vorauskalkuliert und einander gegenübergestellt. Dabei wird untersucht, wie sich die Summe der mit einer geforderten Rendite **(Kalkulationszinssatz)** abgezinsten Einnahmeüberschüsse zu den Anschaffungskosten des Investitionsgutes verhält. Die Differenz nennt man **Kapitalwert.**

Beispiel (vereinfacht): Ein Transportunternehmen will für seinen Fuhrpark einen Lastzug beschaffen, dessen Anschaffungskosten 180.000 EUR betragen. Es werden jährliche Ausgaben von mindestens 98.000 EUR und Einnahmen von mindestens 158.000 EUR bei einer Nutzungsdauer von 4 Jahren erwartet. Der Schrottwert wird mit 0 EUR, der Kalkulationszinssatz mit 10 % angesetzt.

Lohnt sich diese Investition? Zur Vereinfachung ist so zu rechnen, als würden die Einnahmen und Ausgaben erst am jeweiligen Jahresende erfolgen.

	Ausgaben	Einnahmen	Überschüsse
Anschaffungskosten zu Beginn des 1. Jahres	180.000 EUR		
1. Jahr	98.000 EUR	158.000 EUR	60.000 EUR
2. Jahr	98.000 EUR	158.000 EUR	60.000 EUR
3. Jahr	98.000 EUR	158.000 EUR	60.000 EUR
4. Jahr	98.000 EUR	158.000 EUR	60.000 EUR

Die Formel für den Abzinsungsfaktor der Reihe der Überschüsse, den **Barwertgewinnungsfaktor,** lautet

$$\frac{(1 + i)^n - 1}{i\,(1 + i)^n}$$

i = Kalkulationszinssatz (hier 10 % = 0,10)
n = Nutzungszeit in Jahren

Um zeitraubende Rechenarbeit zu ersparen, sind Tabellen erstellt worden, in denen Barwertgewinnungsfaktoren für eine Reihe von Jahren und Zinssätzen verzeichnet sind (Bild, Seite 510).

Unter Verwendung der Faktorformel lautet die Formel für die Berechnung des Kapitalwertes

$$K_0 = \frac{g\,[(1+i)^n - 1]}{i\,(1+i)^n} - a_0$$

K_0 = Kapitalwert der Investition
g = Einnahmeüberschuss p. a.
a_0 = Anschaffungskosten

Bei Anwendung der Formel ergeben sich für das Beispiel folgende Zahlen:

$$\frac{1{,}10^4 - 1}{0{,}10 \cdot 1{,}10^4} = 3{,}16987 \text{ Barwertgewinnungsfaktor}$$

Barwert der Überschussreihe: 60.000 EUR · 3,16987	=	190.192 EUR
– Anschaffungskosten des Investitionsgutes	=	180.000 EUR
= Kapitalwert der Investition	+	10.192 EUR

Ist der Kapitalwert **positiv,** so ist die Investition vorteilhaft. Ergäbe sich ein Kapitalwert von **Null,** so würden die Renditeerwartungen gerade erfüllt. Wäre der Kapitalwert **negativ,** so müsste die Investition unterbleiben, es sei denn, man würde sich mit einer geringeren Rendite begnügen.

Der Kalkulationszinssatz darf nie geringer sein als die Rendite, die bei Anlage des Geldes auf dem Kapitalmarkt zu erzielen wäre. Bei Ansatz eines solchen kleinsten Zinssatzes ist allerdings das besondere Investitionsrisiko noch nicht abgedeckt.

Die Problematik des Kapitalwert-Verfahrens liegt in der zutreffenden Vorauserfassung der zukünftigen Einnahmen und Ausgaben sowie in der Anwendung eines vernünftigen Kalkulationszinssatzes, der auch die Risiken der Zinsentwicklung richtig einschätzt.

Interner-Zinssatz-Verfahren

Während man beim Kapitalwert-Verfahren mit einer vorgegebenen Verzinsung des Kapitaleinsatzes bzw. einem vorgegebenen Kalkulationszinssatz rechnet, wird bei dem Interner-Zinssatz-Verfahren derjenige Kalkulationszinssatz ermittelt, bei dessen Anwendung die Summe der abgezinsten Einnahmeüberschüsse gleich den Anschaffungskosten des Investitionsgutes bzw. der **Kapitalwert der Investition null** ist. Der interne Zinssatz gibt damit die **erzielbare Kapitalrentabilität** an.

Der erforderlichen Rechnung liegt folgende Gleichung zugrunde:

$$a_0 = \frac{g\,[(1+i)^n - 1]}{i\,(1+i)^n}, \text{ umgeformt: } \quad \frac{g}{a_0} = \frac{i\,(1+i)^n}{(1+i)^n - 1}$$

Die Symbole haben die gleiche Bedeutung wie beim Kapitalwert-Verfahren. Der Ausdruck nach dem Gleichheitszeichen (in der rot unterlegten Formel) ist der **Kapitalwiedergewinnungsfaktor.** Wie die Barwertgewinnungsfaktoren sind auch ihre Kehrwerte, die Kapitalwiedergewinnungsfaktoren, tabellarisch erfasst.

Beispiel (vereinfacht): Ein Transportunternehmen will seinen Fuhrpark um einen Lastzug erweitern, dessen Anschaffungskosten 180.000 EUR betragen. Es werden jährliche Ausgaben von mindestens 98.000 EUR und Einnahmen von mindestens 158.000 EUR bei einer Nutzungsdauer von 4 Jahren erwartet. Der Schrottwert wird mit 0 EUR angesetzt.

Wie groß ist die interne Kapitalrentabilität der Investition?

Unter Anwendung der Formel ergibt sich folgende Lösung:

$$\frac{60.000 \text{ EUR}}{180.000 \text{ EUR}} = 0{,}33 \ldots = \frac{i\,(1+i)^n}{(1+i)^n - 1}$$

Man findet für das 4. Jahr bei dem 0,33 ... nächsten Betrag in der Tabelle der Kapitalwiedergewinnungsfaktoren, also beim Wert 0,32923, einen Zinssatz von 12 %.

Damit wird auch das zum gleichen Beispiel errechnete positive Ergebnis des Kapitalwert-Verfahrens (+ 10.192 EUR) bestätigt.

Aus dem Vergleich des ermittelten internen Zinssatzes mit dem gewünschten Kalkulationszinssatz schließt man auf die Wirtschaftlichkeit der Investition. Außerdem kann man aus den internen Zinssätzen alternativer Investitionen die den optimalen Erfolg versprechende Investition herauslesen.

Auch beim Interner-Zinssatz-Verfahren liegt die Verfahrensproblematik in der richtigen Vorauserfassung der zukünftigen Einnahmen und Ausgaben. Die Aussagekraft des errechneten Zinssatzes für die Kapitalanlage steht und fällt also mit der Richtigkeit der Planungsgrößen.

Auszug aus den Tabellen für den Barwertgewinnungsfaktor und für den Kapitalwiedergewinnungsfaktor

$\frac{(1+i)^n - 1}{i\,(1+i)^n}$: Barwertgewinnungsfaktor

n	8%	9%	10%	11%	12%
1	0,92593	0,91743	0,90909	0,90090	0,89286
2	1,78327	1,75911	1,73554	1,71252	1,69005
3	2,57710	2,53129	2,48685	2,44372	2,40182
4	3,31213	3,23973	3,16987	3,10244	3,03735
5	3,99271	3,88966	3,79079	3,69591	3,60478
6	4,62283	4,48592	4,35526	4,23051	4,11140

$\frac{i\,(1+i)^n}{(1+i)^n - 1}$: Kapitalwiedergewinnungsfaktor

n	8%	9%	10%	11%	12%
1	1,08000	1,09000	1,10000	1,11000	1,12000
2	0,56077	0,56847	0,57619	0,58393	0,59170
3	0,38803	0,39506	0,40212	0,40921	0,41635
4	0,30192	0,30867	0,31547	0,32233	0,32923
5	0,25046	0,25709	0,26380	0,27057	0,27740
6	0,21632	0,22292	0,22961	0,23638	0,24323

?

1. Was versteht man unter der
   a) »Goldenen Bilanzregel«, b) »Goldenen Finanzierungsregel«?
2. Nennen Sie Finanzierungsmaßnahmen, die die Stabilität des Unternehmens fördern.
3. Beschreiben Sie die Gefahren, die mit der
   a) Überfinanzierung, b) Unterfinanzierung verbunden sind.
4. Erklären Sie das Problem der Fristenkongruenz bei der Aufnahme von Fremdkapital.
5. Erörtern Sie mögliche Zielkonflikte zwischen den Finanzierungsgrundsätzen Liquidität und Rentabilität?
6. In der Gesellschafterversammlung einer GmbH wird das Problem erörtert, ob die beabsichtigte Betriebserweiterung mit Eigenkapital oder mit Fremdkapital finanziert werden soll. Ein Gesellschafter antwortet, das sei doch gar keine Frage, denn Eigenkapital sei schließlich billiger als Fremdkapital, da es ja nichts koste, und außerdem wäre man nicht von den Banken abhängig. Ein anderer Gesellschafter entgegnet, Fremdkapital sei zurzeit sehr günstig und »zudem sollten wir bei unserer Rentabilität des Gesamtkapitals von 12 % ohnehin fremdfinanzieren«.

   Diskutieren Sie das Für und Wider dieser unterschiedlichen Auffassungen.
7. Worin unterscheiden sich Investitionsplanung und Finanzplanung?
8. Führen Sie das Beispiel der Geldmittelvorschaurechnung (Seite 503) für die Monate Januar und Februar weiter:

   Januar – Zahlungseingänge von Kunden 85.000 EUR, sonstige Erträge aus dem Verkauf von Wertpapieren 15.000 EUR, Ausgaben für Rohstoffe 50.000 EUR für die Lieferung des Vormonats. Eine Rohstofflieferung wird vorzeitig mit 20.000 EUR bezahlt. Personalkosten und sonstige Kosten wie im Vormonat.

Februar – Zahlungseingänge von Kunden 80.000 EUR, Rohstoffausgaben 50.000 EUR. Personalkosten und sonstige Kosten wie im Vormonat.

Welchen Stand hat das Bankkonto Ende Februar?

9. Begründen Sie, weshalb man von statischer Investitionsrechnung spricht.
10. Nennen Sie Nachteile der einzelnen Methoden der statischen Investitionsrechnung.
11. Neben der rein rechnerischen Auswahl von Investitionsalternativen gibt es weitere Gesichtspunkte, die für ein Unternehmen bei der Entscheidung von Bedeutung sind.

    Nennen Sie mindestens drei Gesichtspunkte.
12. Begründen Sie, weshalb ein Anlagegut unterschiedliche Amortisations- und Nutzungszeiten aufweisen kann.
13. Folgendes Zahlenmaterial für alternative Angebote liegt vor:

	Maschine 1	**Maschine 2**
Anschaffungskosten	100.000 EUR	150.000 EUR
geplante Nutzungsdauer	10 Jahre	10 Jahre
geplante Leistungsmenge	20.000 St./Jahr	20.000 St./Jahr
Kapazitätsgrenze	20.000 St./Jahr	20.000 St./Jahr
Zinssatz*	6 %	6 %
Gehälter	12.000 EUR	10.000 EUR
sonstige fixe Kosten	9.800 EUR	12.000 EUR
Fertigungslöhne	110.000 EUR	105.000 EUR
Materialkosten	170.000 EUR	165.000 EUR
sonstige variable Kosten	19.000 EUR	21.000 EUR
* **Hinweis:** Die Zinskosten berechnen sich als Anschaffungskosten/2 · Zinssatz.		

    Führen Sie folgende Berechnungen durch:

    a) Kostenvergleichsrechnung,

    b) Gewinnvergleichsrechnung bei einem Jahreserlös von 350.000 EUR,

    c) Rentabilitätsvergleichsrechnung.
14. Die Anschaffungskosten eines Investitionsgutes betragen 200.000 EUR, pro Jahr veranschlagte Ausgaben 120.000 EUR, entsprechende Einnahmen 170.000 EUR, Nutzungsdauer 5 Jahre, Kalkulationszinssatz 8 %.

    Berechnen Sie die Wirtschaftlichkeit dieser Investition mithilfe des Kapitalwert-Verfahrens.
15. Die Anschaffungskosten eines Investitionsgutes werden mit 200.000 EUR beziffert, die jährlichen Einnahmen am Jahresende werden mit 170.000 EUR, die entsprechenden Ausgaben mit 120.000 EUR angesetzt. Die Nutzungszeit des Gutes ist auf 5 Jahre veranschlagt; ein Schrottwert ist nicht zu erwarten.

    Berechnen Sie den internen Zinssatz dieser Investition, und vergleichen Sie das Ergebnis mit dem erwarteten Kalkulationszinssatz von 8 %.

14 Rechnungsführung und Rechnungslegung der Unternehmung

14.1 Rahmenbedingungen der Rechnungslegung

Seite 298

Das **betriebliche Rechnungswesen** gliedert sich in folgende Zweige:

a) Buchführung, in der Regel nach dem System der Doppik (Zeitrechnung),
b) Kostenrechnung (Leistungsrechnung),
c) Statistik (Vergleichsrechnung),
d) Planungsrechnung (Vorschaurechnung).

HGB §§ 238–342e

§ 241a

§ 267

Das Unternehmen ist insbesondere durch die im **Dritten Buch des Handelsgesetzbuches** enthaltenen Vorschriften zur Rechnungslegung verpflichtet. Dabei gilt der *Erste Abschnitt* für **alle Kaufleute.** Einzelkaufleute, die nicht mehr als 500.000 EUR Umsatz und nicht mehr als 50.000 EUR Jahresüberschuss an zwei aufeinanderfolgenden Geschäftsjahren ausweisen, sind von der Pflicht zur Buchführung befreit. Der *Zweite Abschnitt* enthält Bestimmungen zur Rechnungslegung von **Kapitalgesellschaften** mit unterschiedlichen Auflagen für kleine, mittelgroße und große Kapitalgesellschaften. Für die Zuordnung müssen **mindestens zwei** der drei nachstehenden Merkmale an zwei aufeinanderfolgenden Abschlussstichtagen erfüllt sein:

Zuordnung / **Merkmale**	**kleine** Kapitalgesellschaft	**mittelgroße** Kapitalgesellschaft	**große** Kapitalgesellschaft
Bilanzsumme (nach Abzug eines auf der Aktivseite ausgewiesenen Fehlbetrags)	≦ 4,840 Mio. EUR	> 4,840 Mio. EUR ≦ 19,250 Mio. EUR	> 19,250 Mio. EUR
Umsatzerlöse (in den zwölf Monaten vor dem Abschlussstichtag)	≦ 9,680 Mio. EUR	> 9,680 Mio. EUR ≦ 38,500 Mio. EUR	> 38,500 Mio. EUR
Arbeitnehmer (im Jahresdurchschnitt)	≦ 50 Arbeitnehmer	> 50 Arbeitnehmer ≦ 250 Arbeitnehmer	> 250 Arbeitnehmer

Im Dritten *Abschnitt sind* ergänzende Vorschriften für **Genossenschaften** enthalten.

Außer dem HGB ergibt sich die Verpflichtung zur Rechnungslegung auch aus dem Aktiengesetz, GmbH-Gesetz, Genossenschaftsgesetz, aus den verschiedenen Steuergesetzen, dem Betriebsverfassungsgesetz, dem Publizitätsgesetz und weiteren Gesetzen. Darüber hinaus gebietet die Verantwortung, die ein Unternehmen für seine Mitarbeiter und für das von ihm verwaltete Vermögen trägt, eine gewissenhafte Rechnungslegung.

Verordnung (EG) Nr. 1606/2002 – IAS-Verordnung Art. 4

Für die Geschäftsjahre, die ab dem 1. Januar 2005 beginnen, haben kapitalmarktorientierte Unternehmen mit Sitz in der EU ihren konsolidierten Abschluss (Konzernabschluss) grundsätzlich nach den internationalen Rechnungslegungsstandards (IAS/IFRS) aufzustellen.

14.1.1 Zielsetzung und Mittel der Rechnungslegung

Zielsetzung der Rechnungslegung

Ein **Ziel** der Rechnungslegung ist es, der Unternehmensleitung und den Mitarbeitern wichtige *Informationen* zu beschaffen

– für die Vorbereitung der Entscheidungen,
– über den Vollzug und das Ergebnis getroffener Entscheidungen.

Darüber hinaus liefert das Rechnungswesen Mittel zur **Rechnungslegung** der Unternehmensleitung, deren Pflicht es ist, gewissenhaft und verantwortlich Rechenschaft abzulegen gegenüber den Kapitalgebern, den Arbeitnehmern, der Finanzbehörde und der Öffentlichkeit; insbesondere, wenn das Unternehmen eine juristische Person ist.

Mittel zur Rechnungslegung

Zur Rechnungslegung *gegenüber den Kapitalgebern, den Arbeitnehmern, der Finanzbehörde* und der interessierten *Öffentlichkeit* dienen

– der **Jahresabschluss** (Bilanz, Ergebnisrechnung), der bei Kapitalgesellschaften um einen erläuternden **Anhang** zu erweitern ist, HGB § 242 §§ 264, 284
– der **Lagebericht** (nur bei Kapitalgesellschaften). § 289

Außerdem erstellen manche Unternehmen auf freiwilliger Basis eine sogenannte **Sozialbilanz** mit Angaben über das Engagement des Unternehmens im sozialen Umfeld und beim Umweltschutz.

Hauptabschlussübersichten dienen vor allem *zur Rechnungslegung gegenüber der Finanzbehörde.* Sie enthalten neben der Eröffnungs- und Schlussbilanz als Steuerbilanzen und der Gewinn- und Verlustrechnung auch die Summen der Zu- und Abgänge auf den einzelnen Konten, sodass damit nicht nur die Höhe und Zusammensetzung des Vermögens und des Kapitals und der erzielte Erfolg, sondern auch der Wertefluss durch das Unternehmen dargestellt wird.

14.1.2 Grundsätze ordnungsmäßiger Buchführung und Bilanzierung

Die Zielsetzungen der Rechnungslegung fordern für das Rechnungswesen die Einhaltung bestimmter Grundsätze, die weitgehend zu zwingenden handels- und steuerrechtlichen Grundsätzen geworden sind, zum Teil auch auf Handelsbrauch beruhen.

Grundsätze ordnungsmäßiger Buchführung

▶ Überwiegend formelle Grundsätze

a) Es sind Bücher zu führen. Bestimmte Formen sind nicht vorgeschrieben. Bücher und sonst erforderliche Aufzeichnungen können auch geführt werden § 238 AO §§ 140 ff. § 146 (5) HGB § 239 (4)

   – auf losen Blättern (Hand- oder Maschinen-Durchschreibe-Buchführung),
   – durch geordnete Ablage von Belegen (Offene-Posten-Buchführung),
   – auf Datenträgern.

   In jedem Fall ist ein Kontenverzeichnis (Kontenplan) erforderlich. Aufeinanderfolgende Blätter und DV-Ausdrucke sind fortlaufend zu nummerieren. GoB

b) Die Buchungen und die sonst erforderlichen Aufzeichnungen sind in einer lebenden Sprache vorzunehmen. Die Bedeutung von Abkürzungen oder Symbolen muss einwandfrei festliegen. Bei fremdsprachlichen Aufzeichnungen kann die Finanzbehörde Übersetzungen verlangen. HGB § 239 (1) AO § 147 (3)

c) Keine Buchung ohne Beleg. Aufbewahrung der Bücher und Buchungsbelege 10 Jahre, der Handelsbriefe 6 Jahre. HGB § 257 AO § 147 (3)

HGB § 238 (1) AO § 145 (1)

d) Die Buchführung muss so beschaffen sein, dass sie einem sachverständigen Dritten einen Überblick über die Geschäftsvorfälle und über die Vermögenslage des Unternehmens vermitteln kann. Die Geschäftsvorfälle müssen sich in ihrer Entstehung und Abwicklung verfolgen lassen. Dies setzt voraus, dass die Übereinstimmung der Buchungen mit den Belegen leicht feststellbar ist.

GoB

e) Die Buchführung soll tagfertig sein (à-jour-Prinzip).

HGB § 239 (3) AO § 146 (4)

f) Eine Buchung oder Aufzeichnung darf nicht so verändert werden, dass der ursprüngliche Inhalt nicht mehr feststellbar ist. Wird dagegen verstoßen, verliert die Buchführung ihre Beweiskraft.

GoB

g) Konten sollen eindeutig und gleichbleibend benannt werden.

HGB § 239 (4)

h) Alle Unterlagen (mit Ausnahme der Bilanz) können unter bestimmten Voraussetzungen auf Datenträgern aufbewahrt werden.

► Überwiegend materielle Grundsätze

§ 239 (2) AO § 146 (1)

a) Buchungen und sonst erforderliche Aufzeichnungen sind vollständig, richtig, zeitgerecht und geordnet vorzunehmen. Kasseneinnahmen und -ausgaben sollen täglich festgehalten werden.

§§ 143 f.

b) Der Wareneingang und der Warenausgang müssen gesondert aufgezeichnet werden. Die Aufzeichnungen müssen enthalten: Tag des Warenein- oder -ausgangs bzw. Datum der Rechnung, Namen und Anschrift des Lieferanten oder Kunden, handelsübliche Bezeichnung der Ware, Preis der Ware und Hinweis auf den Beleg.

§ 146 (1) § 154 (1)

c) Die Buchführung darf keine Konten enthalten, die auf falsche oder erfundene Namen lauten (fingierte Konten). Die den Buchungen zugrundeliegenden Vorgänge müssen nachgewiesen werden können.

GoB

d) Der Inhalt der Konten soll dem Gegenstand nach immer der gleiche sein.

GoB

e) Bestands-, Aufwands- und Ertragsposten müssen klar erfasst und tief gegliedert dargestellt sein. Gemischte Konten sind möglichst zu vermeiden.

Grundsätze ordnungsmäßiger Bilanzierung

► Überwiegend formelle Grundsätze

HGB §§ 240, 242

a) Zu Beginn eines Handelsgewerbes sind ein Inventar und eine Eröffnungsbilanz aufzustellen.

§§ 240, 242, 264 GmbHG § 42 GenG § 33

b) Zum Schluss jedes Geschäftsjahres sind ein Inventar, der Jahresabschluss und bei Kapitalgesellschaften der Lagebericht aufzustellen. Bei großen und mittelgroßen Kapitalgesellschaften hat das innerhalb 3 Monaten, bei kleinen innerhalb 6 Monaten zu geschehen.

HGB § 257 AO § 147 (3)

c) Inventare, Bilanzen, Lagebericht und die ihnen zugrundeliegenden Belege (Inventurlisten, Kontoauszüge, Grundbuchauszüge usw.) sind geordnet 10 Jahre aufzubewahren.

d) Bilanzen und Gewinn- und Verlustrechnungen sind nach den gesetzlichen Vorschriften zu gliedern und im Anhang zu erläutern.

e) Bilanztabellen, Betriebsübersichten, Hauptabschlussübersichten sollen den Nachweis für den Zusammenhang zwischen Buchführung und Bilanz erbringen.

HGB § 244

f) Die Bilanzen sind in deutscher Sprache und in Euro aufzustellen.

§ 245

g) Der Jahresabschluss ist unter Angabe des Datums zu unterzeichnen

- bei Einzelunternehmen von dem Unternehmer selbst,
- bei Personengesellschaften von allen persönlich haftenden Gesellschaftern,
- bei Kapitalgesellschaften und Genossenschaften vom Vorstand bzw. den Geschäftsführern.

► Überwiegend materielle Grundsätze

HGB §§ 240 (1), 246 (1) AO § 146 (1)

a) Die Bestandsverzeichnisse (Inventare) und der Jahresabschluss müssen vollständig sein und den Tatsachen entsprechen.

HGB §§ 240, 252–256 EStG §§ 6 ff.

b) Die gesetzlichen Bewertungsvorschriften sind zu beachten.

HGB § 252 (1)

c) Der Zusammenhang aufeinanderfolgender Bilanzen soll nach Inhalt und Wertansätzen klar erkenntlich sein.

Aus diesen formellen und materiellen Grundsätzen lassen sich weitere Grundsätze ordnungsmäßiger Bilanzierung ableiten.

► Grundsatz der Sicherheit und Vorsicht

Dieser Grundsatz verlangt eine vorsichtige Bewertung des Vermögens, d. h.,

a) von zwei gesetzlich zulässigen Wertansätzen soll beim Vermögen der niedrigere, bei den Schulden der höhere gewählt werden,

Seite 528

b) noch nicht realisierte Gewinne **dürfen nicht** ausgewiesen werden,

c) noch nicht realisierte Verluste **müssen** ausgewiesen werden.

Die Beachtung dieses Grundsatzes dient in erster Linie dem Schutz der Gläubiger. Sie sollen sich ein zuverlässiges Urteil über den Grad der Sicherheit ihrer Kapitalanlage bilden können. Außerdem wird der Unternehmer vor einer zu optimistischen Beurteilung seiner wirtschaftlichen Lage bewahrt.

► Grundsatz der Klarheit

Diesem Grundsatz folgend, verlangen Vorschriften des HGB, dass

a) der Kaufmann sein Vermögen und seine Schulden einzeln angibt und bewertet, den Jahresabschluss klar und übersichtlich macht und Aufwendungen und Erträge gegenüberstellt, §§ 240, 242, 243, 252

b) Anlage- und Umlaufvermögen, Eigenkapital, Schulden sowie Rechnungsabgrenzungsposten getrennt aufgeführt werden, § 247 (1)

c) die Entwicklung der einzelnen Posten des Anlagevermögens als *Anlagenspiegel (»Anlagengitter«)* in der Bilanz oder im Anhang dargestellt wird, und zwar in folgender Reihenfolge: § 268 (2)

Beispiel (in Mio. EUR):

Anlagevermögen (Aufteilung nach der Bilanz)	Gesamte Anschaffungs- und Herstellungskosten	Zugänge	Abgänge	Umbuchungen	Zuschreibungen	kumulierte Abschreibungen	Schlussbestand des Geschäftsjahres	Schlussbestand des Vorjahres	Abschreibungen des Geschäftsjahres
		des Geschäftsjahres zu Anschaffungs- oder Herstellungskosten							
Fuhrpark	18,6	1,7	0,3			16,0	4,0	3,8	1,2

d) alle Forderungen mit einer Restlaufzeit von mehr als einem Jahr und alle Verbindlichkeiten mit einer Restlaufzeit bis zu einem Jahr bei den entsprechenden Positionen in der Bilanz oder im Anhang *(Verbindlichkeitenspiegel)* angegeben werden, § 268 (4), (5)

e) für alle Kapitalgesellschaften eine größenabhängige Gliederung der Bilanz sowie der Gewinn- und Verlustrechnung zwingend vorgenommen wird. §§ 266, 275

Die Missachtung dieses Grundsatzes führt zu **Bilanzverschleierungen** und ist in schwerwiegenden Fällen strafbar.

► Grundsatz der Vollständigkeit und Wahrheit

Die Rechnungslegung soll den Tatsachen entsprechen; sie soll nichts verschweigen und nichts vorgeben, was nicht vorhanden ist. Die Bilanz insbesondere, als wichtigster Teil der

Rechnungslegung, soll daher alle Vermögensteile und alle Schulden, keinesfalls aber fingierte Posten enthalten.

HGB §§ 246 ff. Der Grundsatz der Wahrheit muss auch hinsichtlich der Bewertung der Aktiv- und Passivposten gewahrt bleiben. Diese Forderung erscheint unerfüllbar. Wie der Abschnitt über die Bewertung zeigen wird, gibt es hier keine Wertfeststellung, deren Wahrheit nicht in irgendeiner Beziehung bezweifelt werden könnte. Objektiv wahr kann der Wert des Vermögens nicht ermittelt werden, sondern dies ist nur im Hinblick auf die vorhandenen gesetzlichen Bewertungsvorschriften möglich.

Seite 518

Wer wissentlich unvollständig bilanziert oder entgegen den gesetzlichen Bestimmungen bewertet, begeht eine **Bilanzfälschung.** Sie ist strafbar.

Der Grundsatz der Vollständigkeit und Wahrheit gilt auch für die Gewinn- und Verlustrechnung, um eine periodengerechte Erfolgsermittlung zu gewährleisten.

► Grundsatz der Kontinuität

§ 265 (1) Dieser Grundsatz verlangt, dass aufeinanderfolgende Bilanzen sowie Gewinn- und Verlustrechnungen nach Form und Inhalt gleichartig und somit vergleichbar sind. Der Gesetzgeber fordert die Kontinuität nur hinsichtlich der Bilanzen. Dennoch gilt alles, was hier verlangt wird, für eine geordnete Rechnungslegung insgesamt.

Der Grundsatz der *formellen* Kontinuität verlangt:

§§ 247, 265 f.

a) Die Bilanzen sowie Gewinn- und Verlustrechnung müssen gleich gegliedert sein.

§ 252 (1)

b) Die Eröffnungsbilanz eines Jahres muss mit der Schlussbilanz des vorangehenden Jahres übereinstimmen **(Bilanzidentität, Bilanzkongruenz).**

Der Grundsatz der *materiellen* Kontinuität verlangt:

a) Gleiche Positionen müssen den selben Inhalt haben.

   Beispiel: Gewinnen Aktien, die in einem Jahr als »Wertpapiere des Anlagevermögens« geführt wurden, den Charakter einer Beteiligung, und werden sie deshalb jetzt unter »Beteiligung« geführt, so ist dies in der Bilanz und im Anhang zu vermerken. Sonst würde der Vergleich beider Positionen zu falschen Schlüssen führen.

b) Die Aktiv- und Passivposten müssen jeweils nach den gleichen Grundsätzen bewertet sein.

   Beispiel: Wird von der geometrisch-degressiven Abschreibung zur linearen übergegangen, dann ist der abgeschriebene Gegenstand nach einem anderen Grundsatz bewertet und das Prinzip der materiellen Kontinuität durchbrochen worden. Das HGB verlangt daher die Erörterung derartiger Änderungen der Bewertungsmethoden im Anhang. (§ 284 (2))

EStG § 6 (1)

c) Die Wertansätze der Vermögensgegenstände in zwei aufeinanderfolgenden Bilanzen mit gleichem Stichtag müssen miteinander im Zusammenhang bleiben **(Wertzusammenhang).** Es ist jedoch in begründeten Fällen erlaubt, den Wertansatz in der neuen Bilanz bis zu den Anschaffungs- bzw. Herstellungskosten zu erhöhen, d. h. den Wertansatz der vorausgehenden Bilanz zu überschreiten. Diese Maßnahme ist im Anhang anzugeben.

   Dabei muss bei Wirtschaftsgütern des Anlagevermögens, die der Abnutzung unterliegen, die planmäßige AfA berücksichtigt werden. Die Bilanzkontinuität wird dadurch gewahrt, dass die Abschreibungsgrundsätze und die Teilwerte aus der planmäßigen AfA gleich bleiben.

   Sollte der Verkauf eines solchen Vermögensgegenstandes beabsichtigt sein, wird die Aufdeckung eventueller stiller Reserven im Zeitpunkt des Verkaufs hingenommen. Eine Übertragung auf Ersatzwirtschaftsgüter oder die Inanspruchnahme verminderter Steuersätze für Gewinne aus mehreren Jahren könnte die Steuerbelastung vermeiden bzw. vermindern.

14.1.3 Rechnungslegung und elektronische Datenverarbeitung

Gesetzliche Vorschriften über die lückenlose Darstellung und Dokumentation des rechnungsmäßigen Geschäftsablaufs führen zu einem großen Arbeits- und Beleganfall. Zur Bewältigung dieser Aufgabe werden die elektronische Datenverarbeitung und die Mikroverfilmung eingesetzt. Dies ist gesetzlich zulässig, wenn sichergestellt ist, dass die Daten vollständig erfasst, innerhalb der Aufbewahrungsfrist verfügbar und jederzeit lesbar gemacht werden können.

AO §§ 146, 147 HGB § 257

Unter diesen Bedingungen erlaubt der Gesetzgeber sowohl die Anfertigung von Mikrofilmen von den ausgedruckten Unterlagen (Rollenverfilmung) als auch von den druckfertigen Magnetbändern nach dem **COM**-Verfahren (**C**omputer **O**utput in **M**icrofilm).

AO § 147 EinfErl. 1977

Die Elektronische Datenverarbeitung und Mikroverfilmung können auch bei der Erstellung und Dokumentation des Inventars verwendet werden. Die Aufbewahrung einer Bilanz auf Mikrofilm ist jedoch nicht gestattet.

HGB § 257 (3)

14.1.4 Internationale Rechnungslegung nach IAS/IFRS

International gültige Rechnungslegungsstandards werden von dem International Accounting Standards Committee (IASC) entwickelt. Das IASC wurde 1973 gegründet und verfolgt zwei zentrale Ziele:

a) *Formales Ziel:* internationale Harmonisierung der Rechnungslegung.

b) *Inhaltliches Ziel:* Bereitstellung von entscheidungsrelevanten Informationen für den Investor.

Um diese Ziele zu erreichen, wurde ein **IAS-Regelwerk** erstellt.

Mit der Neustrukturierung der Organisation des IASC zum 1.4.2001 werden die neu erlassenen Standards als **IFRS** (**I**nternational **F**inancial **R**eporting **S**tandards) bezeichnet. Damit sollte deutlich gemacht werden, dass die Standards nicht mehr nur Bilanzierungsregeln, sondern die gesamte Finanzberichterstattung erfassen.

Ausgewählte Grundsätze der IAS/IFRS

Dabei sind die folgenden ausgewählten Grundsätze zu beachten.

▶ **Grundsatz der Periodenabgrenzung**	Nach diesem Grundsatz werden, wie im nationalen Handelsrecht auch, Aufwendungen und Erträge in der Periode erfasst, in der sie auftreten, unabhängig davon, wann die dazugehörigen Zahlungen erfolgen. Allerdings werden auch noch nicht realisierte Erträge mitberücksichtigt.
▶ **Grundsatz der Unternehmensfortführung**	Hier wird davon ausgegangen, dass das Unternehmen für einen absehbaren Prognosezeitraum (mind. 12 Monate nach Bilanzstichtag) weitergeführt wird. Beabsichtigt jedoch die Unternehmensleitung oder besteht die Notwendigkeit, die Geschäftstätigkeit einzustellen oder wesentlich einzuschränken, dann darf von dieser Annahme nicht ausgegangen werden. Dies hat Konsequenzen auf den Ansatz und die Bewertung der Aktiv- und Passivposten, sowie auf die Darstellung des Jahresabschlusses.
▶ **Grundsatz der Verständlichkeit von Informationen**	Als verständlich wird eine Information bezeichnet, wenn sie von einem sachverständigen Jahresabschlussadressaten verstanden wird. Allerdings darf auf komplexe Informationen nicht deshalb verzichtet werden, weil sie bestimmte Adressaten nicht verstehen.
▶ **Grundsatz der Relevanz von Information**	Eine Information gilt als relevant, wenn sie die wirtschaftliche Entscheidung von Jahresabschlussadressaten beeinflusst.

▶ **Grundsatz der Verlässlichkeit von Informationen**	Bei der Beurteilung, inwieweit Informationen als verlässlich bezeichnet werden können, werden die folgenden Merkmale herangezogen: – glaubwürdige Darstellung, – wirtschaftliche Betrachtungsweise, – Neutralität, – Vorsicht, – Vollständigkeit.
▶ **Grundsatz der Vergleichbarkeit von Informationen**	Die Vergleichbarkeit bezieht sich auf zwei Bereiche. Zum einen muss die Information mit *vorangegangenen Perioden* vergleichbar sein, zum anderen muss sie einen Vergleich *verschiedener Unternehmen* ermöglichen.
▶ **Grundsatz der Zeitnähe**	Informationen müssen den Adressaten innerhalb eines bestimmten Zeitraums zur Verfügung stehen. Dies ist gegeben, wenn der Jahresabschluss innerhalb von sechs Monaten nach dem Bilanzstichtag veröffentlicht wird.
▶ **Grundsatz der Abwägung von Nutzen und Kosten**	Hier werden die Kosten für die Bereitstellung der Information mit dem Nutzen aus dieser Information verglichen.

?

1. »Nicht realisierte Gewinne dürfen nicht ausgewiesen werden!« Beschreiben Sie mögliche Auswirkungen, die eintreten könnten, wenn von diesem Grundsatz abgewichen wird.
2. Inwieweit dient der Anlagenspiegel dem Prinzip der Klarheit?
3. Bei der Medizintechnik GmbH ist für folgende Vermögensgegenstände das Anlagengitter zu entwickeln:
   a) Panzerschrank, Nutzungsdauer 20 Jahre, ursprüngliche Anschaffungskosten 72.000 EUR, bisher sind die Abschreibungen für 12 Jahre bis zum 31. Dezember vorgenommen worden, insgesamt 43.200 EUR; die Abschreibung für dieses Geschäftsjahr ist mit 3.600 EUR anzusetzen.
   b) Eine bereits in den Vorjahren voll abgeschriebene Maschine (Anschaffungskosten 168.000 EUR) wird verschrottet.
   c) Erwerb eines Pkw am 15. April für 60.000 EUR netto. Abschreibung in diesem Geschäftsjahr 9.000 EUR.
   d) Inzahlunggabe eines gebrauchten Pkw am 28. Februar dieses Geschäftsjahres mit 8.000 EUR. Der Restbuchwert auf den 31. Dezember des vorhergehenden Geschäftsjahres beträgt 3.000 EUR. Ursprüngliche Anschaffungskosten 24.000 EUR, 4 Jahre Nutzungsdauer. Die anteilige Geschäftsjahresabschreibung beträgt für 2 Monate 1.000 EUR.
   e) Zugang an geringwertigen Wirtschaftsgütern mit insgesamt 7.300 EUR Anschaffungskosten. Sammelabschreibung nach § 6 (2a) 2 EStG.
   f) Eine vor Jahren für 480.000 EUR erworbene Beteiligung war in den Vorjahren außerplanmäßig mit 180.000 EUR abgeschrieben worden. In diesem Geschäftsjahr wird eine Zuschreibung in Höhe von 140.000 EUR vorgenommen.

14.2 Bewertung

Gewinne entstehen durch Vermehrung, Verluste durch Verminderung des Vermögens. Deshalb wirkt der Wertansatz für die einzelnen Vermögensteile unmittelbar auf das ausgewiesene Ergebnis. Jede *Unterbewertung* vermindert den buchmäßigen Gewinn, jede *Überbewertung* erhöht ihn. Soll also das Ergebnis nicht verfälscht werden, so muss die Bewertung möglichst zutreffend sein.

Der Maßstab für die Bewertung von wirtschaftlichen Gütern ist das Geld.

!

Bewerten heißt, **ein Gut mit einem Geldbetrag zu beziffern.**

Dies darf natürlich nicht aufgrund einer willkürlichen subjektiven Schätzung geschehen. Es ist dabei entweder von dem *Preis* auszugehen, der sich für das zu bewertende Gut auf seinem Markt gebildet hat, oder von den *Kosten*, die zu seiner Herstellung aufgewendet worden sind.

14.2.1 Abschreibungen als besonderes Bewertungsproblem

Im Rahmen der Bewertung ist das Abschreibungsproblem von besonderer Bedeutung.

Unter **Abschreibung** versteht man die rechnerische Erfassung einer **im Laufe einer Rechnungsperiode eingetretenen Wertminderung** eines Wirtschaftsgutes und ihre **Verrechnung als Aufwand bzw. Kosten.**

Die Abschreibung dient damit der **Feststellung**

a) des auf einen bestimmten Stichtag **fortgeschriebenen Wertes** eines Wirtschaftsgutes,

b) des Aufwandes, der durch die Wertminderung auf die betroffene Rechnungsperiode entfällt.

Abschreibungen sind insoweit Kosten, als die Wertminderung durch den betrieblichen Einsatz sowie durch voraussehbare wirtschaftliche Entwertung verursacht ist. Seite 302

Abschreibungen werden vornehmlich an den Wertansätzen des Anlagevermögens, aber auch einiger Gegenstände des Umlaufvermögens (Forderungen, Devisenguthaben auf Währungskonten bei Abwertung) vorgenommen.

Grundbegriffe der Abschreibung

Begriff	Erklärung	Beispiel:
Abschreibungs-grundwert	Es ist derjenige Betrag, von dem abgeschrieben wird (100%). Er kann der Anschaffungs- oder Herstellungswert, aber auch der jeweilige Buchwert sowie der Tages- oder Wiederbeschaffungswert sein.	Die Anschaffungskosten einer Maschine betragen 100.000 EUR **(= Abschreibungsgrundwert);**
Abschreibungs-satz	Es ist der Prozentsatz, der auf den Abschreibungsgrundwert angewendet wird.	der **Abschreibungssatz** wird auf 10% festgelegt;
Abschreibungs-betrag	Es ist der Betrag, der für die wertmäßige Vermögensminderung vom Abschreibungsgrundwert abgesetzt wird.	damit ergibt sich ein **Abschreibungsbetrag** von 10.000 EUR;
Abschreibungs-restwert	Es ist der Abschreibungsgrundwert abzüglich dem Abschreibungsbetrag.	und ein **Abschreibungsrestwert** von 90.000 EUR.

Ursachen der Abschreibung

Die Abschreibung kann verursacht werden durch
- Abnutzung (betriebsbedingter Verbrauch),
- Forderungsausfall (Insolvenz eines Kunden),
- Substanzverringerung (betriebsbedingter Verbrauch bei Abbaubetrieben),
- wirtschaftliche Überholung (technischer Fortschritt, veränderte Absatzverhältnisse),
- Umwelteinflüsse (Rost, Verwitterung),
- Preisschwankungen auf dem Markt (Preisrückgang für Anlagegüter),
- Zeitablauf bei befristeten Rechten (Konzessionen, Patente),
- Missverhältnisse zwischen Buchwert und Ertragswert (Abschreibung auf Rentabilitätsbasis im Zusammenhang mit Sanierungen), Seite 535
- bilanz- und finanzpolitische Zielsetzungen (Problem der stillen Rücklagen).

Arten der Abschreibung

Seite 302

HGB § 252 (1) § 240 (4)

§ 253

§ 253 (3), (4)

EStG § 7g (5)

<table>
<tr><th>Unterscheidungs-kriterien</th><th>Abschreibungsarten</th></tr>
<tr><td>▶ Zweck</td><td>a) Bilanzielle Abschreibung. Sie bezweckt die Feststellung der Buch- und Bilanzwerte und die Erfassung der Wertminderung als Aufwand.
b) Kalkulatorische Abschreibung. Sie bezweckt die Erfassung der einsatzbedingten Wertminderung, Einbeziehung des Werteverzehrs in die Selbstkosten, den Ersatz der Abschreibungskosten im Erlös und die Sicherung der Ersatzbeschaffung.</td></tr>
<tr><td>▶ Zahl und Art der abzuschreibenden Gegenstände</td><td>a) Einzelabschreibung.
b) Gruppenabschreibung. Sie erstreckt sich auf eine Gesamtheit gleichartiger Güter, z. B. beim beweglichen Vorratsvermögen.
c) Pauschalabschreibung. Sie erstreckt sich auf eine Gesamtheit verschiedenartiger Güter, z. B. bei Forderungen aus Lieferungen und Leistungen.</td></tr>
<tr><td>▶ Regelmäßigkeit der Abschreibung</td><td>a) Planmäßige Abschreibung, bestimmt durch die Höhe der Anschaffungs- oder Herstellungskosten und deren Verteilung auf die einzelnen Rechnungsperioden der voraussichtlichen Gesamtnutzungsdauer.
b) Außerplanmäßige Abschreibung bei nicht voraussehbaren Ereignissen, z.B. Brandschaden, Umstellung auf ein neues Fertigungsverfahren, übermäßigem Verschleiß sowie bei steuerlicher Vergünstigung, z. B. Umweltschutzanlagen.
c) Sonderabschreibung. Gewerbebetriebe mit einem Betriebsvermögen bis zu 235.000 EUR können bewegliche Wirtschaftsgüter im Jahr der Anschaffung und in den folgenden vier Jahren neben der regulären AfA mit zusätzlich bis zu 20 % vom Anschaffungswert abschreiben.
Beispiel: AW 60.000 EUR; ND 12 Jahre; lineare AfA
<table>
<tr><th></th><th>EUR</th><th></th><th>EUR</th></tr>
<tr><td>Anschaffungswert</td><td>60.000</td><td>lineare AfA</td><td>5.000</td></tr>
<tr><td>lineare AfA</td><td>5.000</td><td>20 % Sonderabschreibung</td><td>12.000</td></tr>
<tr><td>20 % Sonderabschreibung</td><td>12.000</td><td>Buchwert Ende 3. Jahr</td><td>9.000</td></tr>
<tr><td>Buchwert Ende 1. Jahr</td><td>43.000</td><td>lineare AfA</td><td>5.000</td></tr>
<tr><td>lineare AfA</td><td>5.000</td><td>Sonderabschreibung (Rest)</td><td>4.000</td></tr>
<tr><td>20 % Sonderabschreibung</td><td>12.000</td><td>Buchwert Ende 4. Jahr</td><td>0</td></tr>
<tr><td>Buchwert Ende 2. Jahr</td><td>26.000</td><td></td><td></td></tr>
</table></td></tr>
<tr><td>▶ Abschreibungsgrundwert</td><td>a) Abschreibungen vom Anschaffungs- oder Herstellungswert.
b) Abschreibung vom Buchwert (Abschreibungsrestwert).
c) Abschreibung vom Tages- oder Wiederbeschaffungswert. Sie wird damit begründet, dass die angesammelten Abschreibungsbeträge die Ersatzbeschaffung eines gleichartigen Gegenstandes sichern sollen.</td></tr>
<tr><td>▶ Buchungstechnik</td><td>a) Direkte Abschreibung.
Buchungssatz: Abschreibungen an Vermögenskonto.
Auf diese Weise wird auf der Aktivseite jeweils nur der Restwert des Gegenstandes ausgewiesen, sodass kein Schluss auf seinen Anschaffungswert gezogen werden kann.</td></tr>
</table>

Seite 525

<table>
<tr><th>Unterscheidungs-kriterien</th><th>Abschreibungsarten</th><th></th></tr>
<tr><td></td><td>
Beispiel: Eine Werkzeugmaschine soll abgeschrieben werden. Anschaffungswert 50.000 EUR; Nutzungsdauer 5 Jahre. Abschreibungsbetrag 10.000 EUR.
Buchungssatz bei direkter Abschreibung:
Abschreibungen auf Sachanlagen 10.000 EUR
an Werkzeugmaschinen 10.000 EUR

b) Indirekte Abschreibung.
Buchungssatz: Abschreibungen an Wertberichtigung.

Hier bleibt der Anschaffungswert eines Gegenstandes auf dem Aktivkonto so lange unverändert ausgewiesen, wie er sich im Vermögen des Unternehmens befindet.

Die indirekte Abschreibung gewährt so einen gewissen Einblick in den Umfang der Betriebsmittel des Unternehmens. Der Gesamtbetrag der summierten Wertberichtigungen ist das Spiegelbild des zeitweilig durch Abschreibungen freigesetzten Kapitals.

In der Bilanz muss der Betrag der indirekten Abschreibung aber bei den jeweiligen Vermögensposten abgesetzt werden.
Fortsetzung des obigen Beispiels: Die Werkzeugmaschine soll indirekt abgeschrieben werden.
Buchungssatz bei indirekter Abschreibung:
Abschreibungen auf Sachanlagen 10.000 EUR
an Wertberichtigung auf Werkzeugmaschinen 10.000 EUR
</td><td>HGB § 253 (3)</td></tr>
<tr><td>► rechnerisches Verfahren</td><td>
a) Lineare (konstante) Abschreibung. Bei ihr bleiben die Abschreibungsbeträge jährlich gleich.

$$\text{Abschreibungsbetrag} = \frac{\text{Anschaffungs- oder Herstellungswert}}{\text{Gesamtnutzungsdauer}}$$
b) Geometrisch-degressive Abschreibung. Bei ihr werden die Abschreibungsbeträge jährlich kleiner, da vom Buchwert mit gleichen Abschreibungssätzen abgeschrieben wird. Das Abschreibungsverfahren führt theoretisch nie zum Restwert 0 (unendliche Abschreibung).

c) Abschreibung nach der Beanspruchung oder Leistung. Der Abschreibungsbetrag richtet sich nach dem Ausmaß der Beanspruchung (Betriebsstunden, Fahrkilometer) oder den erzeugten Produktionseinheiten einer Leistungsperiode.

$$\text{Abschreibungsbetrag} = \frac{\text{Anschaffungswert} \cdot \text{jährliche Betriebsstunden}}{\text{Gesamtbetriebsstunden}}$$
d) Abschreibung für Substanzverringerung. Der Abschreibungsbetrag richtet sich nach dem Substanzabbau (Bergbau) der Rechnungsperiode.
</td><td>EStG § 7 (1)

§ 7 (1)</td></tr>
</table>

Abschreibung im Einkommensteuerrecht

Das Einkommensteuerrecht teilt zum Zwecke der Bewertung das Vermögen auf in

a) *Wirtschaftsgüter des Anlagevermögens, die der Abnutzung unterliegen:* Bauten, Maschinen und maschinelle Anlagen, Betriebs- und Geschäftsausstattung. § 6 (1) Zi. 1

b) *Wirtschaftsgüter des Anlagevermögens, die* **nicht** *der Abnutzung unterliegen:* Grundstücke, Beteiligungen, Wertpapiere des Anlagevermögens, Geschäfts- oder Firmenwert, gewerbliche Schutzrechte. § 6 (1) Zi. 2

c) *Wirtschaftsgüter des Umlaufvermögens:* Vorräte, Forderungen, Wertpapiere.

EStG § 6 (2), (2a) *d) Geringwertige Wirtschaftsgüter:* Bewegliche Wirtschaftsgüter des Anlagevermögens, die der Abnutzung unterliegen und die einer selbstständigen Bewertung und Nutzung fähig sind, wenn die Anschaffungs- oder Herstellungskosten für das einzelne Wirtschaftsgut 1.000 EUR (ohne Umsatzsteuer) nicht übersteigen.

§ 7 (1) Die Abschreibungen auf Wirtschaftsgüter, die technischer oder wirtschaftlicher Abnutzung unterliegen, werden im Steuerrecht **Absetzung für Abnutzung (AfA)** genannt.

§ 7 (6) Abschreibungen auf Grundstücke mit Rohstoffvorkommen, die abgebaut werden, heißen **Absetzungen für Substanzverringerung.** Das Wort »Abschreibung« wird im Steuerrecht nur dann verwendet, wenn der Wertansatz für ein Wirtschaftsgut auf den niedrigeren Teilwert herabgesetzt wird **(Abschreibung auf den Teilwert).**

Seite 527

► Grundsätzliche Regelung der Absetzung für Abnutzung (AfA)

§ 7 (1) Die Anschaffungs- und Herstellungskosten sind auf die Jahre der **betriebsgewöhnlichen Nutzungsdauer** zu verteilen. Bei Wirtschaftsgütern, die im Laufe eines Jahres angeschafft oder hergestellt werden, richtet sich die AfA des ersten Jahres nach der **tatsächlichen Nutzungszeit in diesem Jahr (zeitanteilige AfA),** wobei der Monat des Erwerbs mitzählt.

► Zulässige Verfahren der Absetzung für Abnutzung (AfA)

§ 7 (1) **a) AfA in gleichen Jahresbeträgen (lineare AfA)** bei **allen** Wirtschaftsgütern, die der Abnutzung unterliegen. Absetzungen für außergewöhnliche technische oder wirtschaftliche Abnutzung sind zugelassen.

Außergewöhnliche technische oder wirtschaftliche Abnutzung liegt vor, wenn Wirtschaftsgüter durch übermäßigen Verschleiß oder durch den technischen Fortschritt unwirtschaftlich werden.

§ 7 (2) **b) AfA in fallenden Jahresbeträgen (geometrisch-degressive AfA)** bei allen **beweglichen** Wirtschaftsgütern des Anlagevermögens, die der Abnutzung unterliegen. Der dabei anzuwendende Höchstsatz ist vom Jahr der Anschaffung abhängig:

Anschaffungsjahr	Hundertsatz	Maximalsatz
bis 2000	3 · linearer AfA-Satz	maximal 30%
2001 bis 2005	2 · linearer AfA-Satz	maximal 20%
2006 und 2007	3 · linearer AfA-Satz	maximal 30%
2008	keine geometrisch-degressive AfA erlaubt	
2009 und 2010	2,5 · linearer AfA-Satz	maximal 25%
seit 2011	keine geometrisch-degressive AfA erlaubt	

§ 7 (3) Ein **Wechsel des Verfahrens während der Nutzungsdauer** ist nur in der Weise erlaubt, dass **von der geometrisch-degressiven AfA auf die lineare AfA** übergegangen wird. Zweckmäßigerweise wird der Übergang dann vollzogen, wenn die Absetzungsbeträge bei künftig linearer Rest-AfA höher wären als bei weiterhin geometrisch-degressiver AfA.

Die AfA bemisst sich dann vom Zeitpunkt des Übergangs an nach dem noch vorhandenen Restwert und der Restnutzungsdauer des einzelnen Wirtschaftsgutes. Der Vorteil des Wechsels liegt darin, dass unzutreffende Restwerte, die infolge der Begrenzung der Hundertsätze bei geometrisch-degressiver AfA auftreten, vermieden werden.

Beispiel: Im Januar 2009 ist eine Maschine angeschafft und in Betrieb genommen worden: Anschaffungskosten 80.000 EUR, Nutzungsdauer 8 Jahre. Bei linearer AfA wäre der AfA-Satz 12 ½ % der Anschaffungskosten, bei geometrisch-degressiver AfA der Höchstsatz 25 % vom jeweiligen Restwert.

Jahr		Vergleichsrechnung des Abschreibungsverlaufs bei		
		linearer AfA (EUR)	geometrisch-degressiver AfA (EUR)	Übergang (EUR)
1. 2009		80.000	80.000	
	AfA	10.000	20.000	
2. 2010		70.000	60.000	
	AfA	10.000	15.000	
3. 2011		60.000	45.000	
	AfA	10.000	11.250	
4. 2012		50.000	33.750	
	AfA	10.000	8.438	
5. 2013		40.000	25.312	25.312
	AfA	10.000	6.328	6.328
6. 2014		30.000	18.984	18.984
	AfA	10.000	4.746	6.328
7. 2015		20.000	14.238	12.656
	AfA	10.000	3.560	6.328
8. 2016		10.000	10.678	6.328
	AfA	10.000	2.670	6.328
		0	8.008	0

Ergebnis: Zu Beginn des 5. Jahres ist der vom Restwert gerechnete Betrag der linearen Rest-AfA gleich dem Betrag der geometrisch-degressiven AfA. Ab hier ist der Übergang somit sinnvoll.

c) AfA mit fallenden Hundertsätzen. Sie wird angewandt bei Gebäuden. EStG § 7 (5)

Beispiel: Gebäude, die zum Betriebsvermögen gehören, nicht zu Wohnzwecken dienen und deren Bauantrag vor dem 1.1.1994 gestellt wurde, können in den ersten 4 Jahren mit jeweils 10 %, in den darauffolgenden 3 Jahren mit jeweils 5 % und danach 18 Jahre lang mit jeweils 2,5 % abgeschrieben werden.

d) AfA nach der Leistung bei beweglichen Wirtschaftsgütern des Anlagevermögens, die **stark schwankender Nutzung** unterliegen, wenn deren Leistung gemessen und nachgewiesen werden kann. § 7 (1)

Beispiele: Reiseomnibusse, Skilifte.

e) Volle Absetzung der Anschaffungskosten bei **geringwertigen Wirtschaftsgütern.** Betragen die Anschaffungskosten eines beweglichen und abnutzbaren Wirtschaftsgutes, das selbstständig nutzbar und bewertbar ist, bis zu 150 EUR, so sind die Anschaffungskosten im Jahr des Erwerbs in voller Höhe als Betriebsausgaben abzusetzen, also sofort voll abzuschreiben. § 6 (2)

Beispiel: Barkauf eines Tischrechners für netto 150 EUR.

f) Für Wirtschaftsgüter mit AHK über 150 EUR gelten seit 2010 nach dem Wachstumsbeschleunigungsgesetz folgende Wahlrechte: § 6 (2), (2a)

- Wirtschaftsgüter mit **AHK bis 410 EUR netto können** im Jahr der Anschaffung in voller Höhe als Betriebsausgaben (Aufwand) behandelt, also abgeschrieben werden.
- Für Wirtschaftsgüter mit **AHK über 150 EUR bis 1.000 EUR** besteht die Möglichkeit der **Poolabschreibung.** Dabei werden die Wirtschaftsgüter als jahrgangsbezogener **Sammelposten** erfasst und über 5 Jahre gleichmäßig abgeschrieben. Werden Wirtschaftsgüter während dieser Zeit veräußert oder in ihrem Wert gemindert, verändert dies den Sammelposten nicht.

  Beispiel: Das Büro wird neu eingerichtet. Dazu werden u. a. ein Schreibtisch für netto 725 EUR, ein Bürostuhl für netto 495 EUR, drei Besucherstühle für jeweils netto 198 EUR sowie ein Büroschrank für netto 535 EUR angeschafft. Die Anschaffungskosten dieser Wirtschaftsgüter werden als Sammelposten (2.349 EUR) zusammengefasst und mit 20 % (469,80 EUR) jährlich abgeschrieben.

Beurteilung der Abschreibungsverfahren

Vom betriebswirtschaftlichen Standpunkt aus wäre ein rechnerisches Verfahren wünschenswert, bei dem

- der Abschreibungsbetrag für die einzelne Rechnungsperiode der tatsächlichen Wertminderung entspräche,

– die Summe aller Abschreibungen die Anschaffungs- bzw. Herstellungskosten bei der Wiederbeschaffung ergäbe.

Keines der beschriebenen Verfahren genügt den betriebswirtschaftlichen Erfordernissen in vollem Maße:

a) die **lineare** Abschreibung nicht, weil sie ohne Rücksicht auf die tatsächlichen, in den einzelnen Rechnungsperioden meist *unterschiedlich eintretenden* Wertminderungen die Anschaffungs- bzw. Herstellungskosten gleichmäßig auf die Nutzungsdauer aufteilt;

b) die **geometrisch-degressive** Abschreibung nicht, weil sie zu wirklichkeitsfremden Restwerten am Ende der Nutzungsdauer führt;

c) die Abschreibung **nach der Leistung** nicht, weil
   – die Leistung vieler Wirtschaftsgüter nicht messbar ist,
   – die Veränderung des Eignungswertes nicht mit der Entwicklung des Marktwertes (Veräußerungswertes) übereinstimmt,
   – die Wiederbeschaffungs- bzw. Wiederherstellungskosten nach der herrschenden Gesetzgebung nicht in Betracht gezogen werden dürfen.

Am ehesten dürfte **die geometrisch-degressive Abschreibung mit dem Übergang auf die lineare** wirklichkeitsnah sein und den betriebswirtschaftlichen Anforderungen genügen, und zwar aus folgenden Gründen:

a) Sie ergibt in den ersten Abschnitten der Nutzungsdauer überdurchschnittliche Abschreibungsbeträge und trägt so der Tatsache Rechnung, dass in Gebrauch genommene Gegenstände anfänglich rasch an Wert verlieren.

b) Durch die Aufteilung des Buchwertes auf die im Zeitpunkt des Übergangs gegebene Restnutzungsdauer erreicht sie dann planmäßig die volle Abschreibung.

c) Vorausgesetzt, dass die anfänglich höheren Abschreibungsbeträge in den Erlösen zurückfließen, wird ein Teil des investierten Kapitals früher wieder freigesetzt als bei der linearen Abschreibung. Aufgenommenes Fremdkapital kann schneller getilgt werden. Beide Möglichkeiten erleichtern die Anpassung an etwaigen technischen Fortschritt und veränderte Marktlagen.

Auszug aus der AfA-Tabelle	
Lastkraftwagen	9 Jahre
Hochregallager	15 Jahre
Ladeneinrichtungen	8 Jahre
Bohrmaschinen, stationär	16 Jahre
Stromgeneratoren	19 Jahre

Von besonderer Bedeutung ist die richtige Schätzung der Nutzungsdauer. Die Steuergesetzgebung verlangt die Aufteilung der Anschaffungs- bzw. Herstellungskosten auf die **betriebsgewöhnliche Nutzungsdauer.** Das Bundesfinanzministerium gibt AfA-Tabellen für allgemein verwendbare Anlagegüter heraus. Sie enthalten Richtsätze für Wirtschaftsgüter, deren betriebsgewöhnliche Nutzungsdauer von der Verwendung in einem bestimmten Wirtschaftszweig unabhängig ist.

Betriebsbedingte Unterschreitungen müssen begründet werden.

Beispiel: Es ist leicht nachweisbar, dass bei einem zum Transport von Steinen und Erde eingesetzten Lkw die betriebsgewöhnliche Nutzungsdauer geringer ist als bei einem Lkw, der Getränke in Flaschenkörben zu befördern hat. Für Letzteren gilt der Richtsatz der AfA-Tabelle.

Seite 535

Sowohl bei zu kurz angesetzter Nutzungsdauer als auch bei geometrisch-degressiver Abschreibung entstehen in den ersten Jahren stille Rücklagen, die sich jedoch nach einiger Zeit unbemerkt wieder auflösen, weil vorgezogene erhöhte Gewinnkürzungen später durch entsprechend geringere oder ganz wegfallende Gewinnkürzungen wieder ausgeglichen werden.

14.2.2 Wichtige Wertarten

Eignungswert (Gebrauchswert)

Er ist der Wert, der einem Gut *nach dem Zweck* beizulegen ist, den es *im Betrieb* zu erfüllen vermag. Dieser dem Produktionspotenzial eines Gutes entsprechende Wert ist sehr schwer in einem Geldbetrag auszudrücken. Oft ist für ein Gut nur noch ein geringer Preis auf seinem Markt zu erzielen, obwohl es seinem betrieblichen Zweck noch vollkommen dient.

Beispiel: Ein gut gepflegter Mercedes Baujahr 1995 kann unter Umständen in einem Bauunternehmen dem Bauführer, der täglich verschiedene Baustellen zu besuchen hat, völlig den notwendigen Dienst erweisen, während auf dem Gebrauchtwagenmarkt für ihn kaum mehr als 1.000 EUR erlöst werden dürften.

Auch der umgekehrte Fall ist möglich.

Beispiel: Oft werden bei der Änderung der Fertigungsverfahren Maschinen für einen Betrieb völlig wertlos, während auf dem Gebrauchtmaschinenmarkt noch ansehnliche Preise für sie erzielt werden könnten.

Obwohl die Bewertung zum Eignungswert (Gebrauchswert) betriebswirtschaftlich richtig wäre, ist er doch für die Rechnungslegung unbrauchbar, weil es kein Verfahren gibt, ihn hinreichend genau zu ermitteln.

Anschaffungswert

Der Anschaffungswert bemisst sich *nach den Anschaffungskosten.* Sie bestehen aus dem Kaufpreis des Gegenstandes, vermindert um Abzüge (Rabatt, Skonto) und vermehrt um die zur Herstellung *eines betriebsbereiten Zustandes* aufgewendeten Nebenkosten. HGB § 255 (1)

Beispiele:

1. *Bebautes Grundstück*	EUR
Kaufpreis	120.000,00
Grunderwerbsteuer	4.200,00
Notariats- und Grundbuchgebühren	860,00
Maklergebühr	1.200,00
Anschaffungskosten	126.260,00
2. *Büroausstattung*	
Listenpreis	5.000,00
– 20% Rabatt	1.000,00
	4.000,00
– 3% Skonto	120,00
Anschaffungskosten	3.880,00
3. *Maschine*	
Kaufpreis ab Werk des Lieferanten	3.640,00
– 2% Skonto	72,80
	3.567,20
Fracht für den Transport	260,00
Transportversicherung	36,00
Demontage der alten Maschine	90,00
Instandsetzung und Anpassung des alten Fundaments	170,00
Montage	80,00
Anschaffungskosten	4.203,20
4. *Wollgewebe*	
Preis CIF EU-Grenze (Zollwert)	8.340,00
Abfertigungsgebühren an der Grenze	35,00
Transportversicherung	84,00
Fracht ab Grenze	350,00
Zollsatz 13% vom Zollwert	1.084,20
Kosten des Spediteurs	149,00
Anschaffungskosten	10.042,20

Herstellungswert

Der Herstellungswert bemisst sich nach den Herstellungskosten. Für den Begriff »Herstellungskosten« gibt es keine einheitliche Definition. Man unterscheidet Herstellungskosten nach Handelsrecht, nach Einkommensteuerrecht und nach den Kostenrechnungsrichtlinien (GRK).

HGB § 255 (2)

a) Das Handelsrecht versteht unter Herstellungskosten Aufwendungen, die durch den Verbrauch von Gütern und die Inanspruchnahme von Diensten für die *Herstellung eines* Vermögensgegenstands, seine Erweiterung oder für eine über den ursprünglichen Zustand hinausgehende *Verbesserung entstehen.*

Dazu gehören die Material- und Fertigungseinzelkosten und die Sondereinzelkosten der Fertigung. Hinzu kommen angemessene Teile der Materialgemeinkosten, der Fertigungsgemeinkosten und des Werteverzehrs des Anlagevermögens, soweit er durch die Fertigung veranlasst ist. Verwaltungskosten dürfen nur insoweit berücksichtigt werden, als sie auf den Zeitraum der Herstellung entfallen. Forschungs- und Vertriebskosten dürfen nicht in die Herstellungskosten einbezogen werden.

EStR Abschnitt 33

b) Das Einkommensteuerrecht gibt in den Einkommensteuerrichtlinien eine genaue Anweisung, was in die Herstellungskosten einzurechnen ist.

Die bislang vorhandenen Unterschiede zwischen der handels- und steuerrechtlichen Wertuntergrenze für Herstellungskosten sind im Wege der HGB-Reform weggefallen.

c) Die Kostenrechnungsrichtlinien unterscheiden sich von den handels- und steuerrechtlichen Bestimmungen dadurch, dass

1. in die Herstellungskosten noch *zusätzliche Kosten* (z. B. kalkulatorischer Unternehmerlohn, kalkulatorische Zinsen) eingerechnet werden,
2. bei der Berechnung der Gemeinkostenzuschlagssätze der *tatsächliche* Beschäftigungsgrad zugrunde gelegt wird.

In der Regel bedient sich die Praxis der vorhandenen Herstellungs-Kostenrechnung nach den Kostenrechnungsrichtlinien, gliedert aus ihr die Zusatzkosten aus und passt die Gemeinkostenzuschläge einem normalen Beschäftigungsgrad an.

Die Rechnung führt damit zur Bewertung nach den EStR und entspricht zugleich dem handelsrechtlichen Prinzip der Vorsicht.

Beispiel: In einem Unternehmen (GmbH), das elektrische Haushaltsgeräte herstellt, sind am Bilanzstichtag 120 Waschmaschinen auf Lager. Sie sind mit den Herstellungskosten zu bewerten. Obwohl bei normaler Ausnutzung der Kapazität 3.000 Stück hergestellt werden könnten, wurden nur 2.000 gefertigt. Die Kostenrechnungsabteilung erstellt folgende Nachkalkulation (in Tausend EUR):

	Gesamtkosten (Tsd. EUR)	Gemeinkostenzuschlagssatz	fixe Kosten (Tsd. EUR)	proportionale Kosten (Tsd. EUR)
Fertigungsmaterialeinsatz Materialgemeinkosten	400 20	 5%	 12	400 8
Materialkosten	420		12	408
Fertigungslöhne Fertigungsgemeinkosten	180 240	 $133^1/_3$%	 170	180 70
Fertigungskosten	420		170	250
Herstellungskosten – für 2.000 Stück – für 1 Stück	 840 420 EUR		 182 91 EUR	 658 329 EUR

In den Fertigungsgemeinkosten sind folgende Zusatzkosten enthalten:

20 Tsd. EUR	über die bilanzmäßigen Abschreibungen hinausgehende kalkulatorische Abschreibungen. Sie seien im vorliegenden Falle fix.
10 Tsd. EUR	Produktionswagniskosten (variabel)
30 Tsd. EUR	Zinsen des Eigenkapitals (fix)
60 Tsd. EUR	

Die um die Zusatzkosten bereinigte Kostenrechnung zeigt folgende Tabelle (in Tsd. EUR):

	Gesamtkosten (Tsd. EUR)	**Gemeinkostenzuschlagssatz**	**fixe Kosten (Tsd. EUR)**	**proportionale Kosten (Tsd. EUR)**
Fertigungsmaterialeinsatz Materialgemeinkosten	400 20	 5 %	 12	400 8
Materialkosten	420		12	408
Fertigungslöhne Fertigungsgemeinkosten (240 – 60)	180 180	 100 %	 120	180 60
Fertigungskosten	360		120	240
Herstellungskosten – für 2.000 Stück – für 1 Stück	 780 390 EUR		 132 66 EUR	 648 324 EUR

Der Bestand von 120 Stück ist nun noch so zu bewerten, als sei er ein Teil einer Normalproduktion von 3.000 Stück. Es ist also zu rechnen:

$$\text{Herstellungskosten je Stück} = \frac{\text{fixe Kosten}}{\text{Normalmenge}} + \text{proportionale Kosten je Stück}$$

$$= \frac{132.000 \text{ EUR}}{3.000 \text{ Stück}} + 324 \text{ EUR} = 44 \text{ EUR/Stück} + 324 \text{ EUR} = 368 \text{ EUR/Stück}$$

Eine Waschmaschine ist also mit 368 EUR zu bewerten.

Hätte man die Herstellungskosten nach der Kostenrechnung für das abgeschlossene Jahr angesetzt, so stünden in der Bilanz

	420 EUR/Stück · 120 Stück =	50.400 EUR
statt	368 EUR/Stück · 120 Stück =	44.160 EUR
höherer Bilanzausweis um		6.240 EUR

Tages- oder Zeitwert

Der Tages- oder Zeitwert bemisst sich nach dem Preis, der sich am *Bilanzstichtag an der Börse oder auf dem Markt* für ein Gut gebildet hat.

Wiederbeschaffungs- oder Wiederherstellungswert

Dieser Wert bemisst sich nach dem Preis, der am *Bewertungsstichtag für* die *Wiederbeschaffung* oder die Wiederherstellung des zu bewertenden Gutes zu bezahlen wäre. Er errechnet sich aus den Anschaffungs- oder Herstellungskosten eines Gutes gleicher Art und Güte am Bewertungsstichtag, vermindert um die Abschreibungen, die für die seitherige Nutzungsdauer hätten gemacht werden müssen.

Teilwert

Der Teilwert ist ein *rein steuerlicher* Wert. Er ist der Betrag, den ein Erwerber des ganzen Unternehmens im Rahmen des Gesamtkaufpreises für das einzelne Wirtschaftsgut ansetzen würde. Dabei ist davon auszugehen, dass der Erwerber das Unternehmen fortführt. BewG § 10 EStG § 6

Beispiel: Ein Bekleidungshaus hat noch zahlreiche Herrenhosen auf Lager, die im Vorjahr zu je 58 EUR gekauft worden waren. Diese Hosen, die inzwischen nicht mehr modisch sind, müssen richtig bewertet werden. Der Unternehmer geht dabei von der Überlegung aus, dass ein Käufer das gesamte Unternehmen kauft und den Betrieb weiterführen wird. Der Teilwert für die Hosen ist nun derjenige Wert, den der Käufer beim Kauf innerhalb des gesamten Kaufpreises für das Unternehmen bezahlen würde (z. B. 30 EUR).

Gemeiner Wert

BewG § 9 Der gemeine Wert wird durch den *Preis* bestimmt, der im gewöhnlichen Geschäftsverkehr nach der Beschaffenheit des Wirtschaftsgutes *bei einer Veräußerung* zu erzielen wäre. Dabei sind alle Umstände, die den Preis beeinflussen, zu berücksichtigen. Ungewöhnliche oder persönliche Verhältnisse (Liebhaberwerte) sind nicht zu berücksichtigen. Diese Wertart ist nur für die Besteuerung von Bedeutung.

Ertragswert

Der Ertragswert ist der *kapitalisierte durchschnittliche Jahresreinertrag* des zu bewertenden Gutes.

$$\textbf{Ertragswert} = \frac{\textbf{durchschnittlicher Jahresreinertrag}}{\textbf{Kapitalisierungszinssatz}} \cdot \textbf{100}$$

Seite 545

Er findet Anwendung bei der Bewertung von bebauten Grundstücken und bei der Bewertung eines Unternehmens im Ganzen.

Einheitswert

§§ 18 ff. Der Einheitswert ist ein *rein steuerlicher* Wertbegriff. Er ist der nach dem Bewertungsgesetz einheitlich festgesetzte Maßstab für schwer feststellbare Vermögenswerte, die mehreren Steuern zugrunde gelegt werden, damit man nicht in jedem Einzelfalle die schwierige Bewertung erneut durchführen muss. Der Einheitswert bildet so die einheitliche Bemessungsgrundlage für diejenigen Steuern, bei denen das Vermögen besteuert wird (Grund- und Erbschaft- bzw. Schenkungsteuer).

§ 19 (1) Er wird vor allem für folgende Vermögensarten festgesetzt:

a) Land- und forstwirtschaftliches Vermögen, b) Grundvermögen, c) Betriebsvermögen.

Im Einheitswert des Betriebsvermögens ist der Einheitswert des betrieblichen Grundvermögens enthalten.

Festgestellt wird der Einheitswert *durch das Finanzamt*, das ihn mittels des **Einheitswertbescheides** dem Steuerpflichtigen mitteilt.

14.2.3 Bewertungsgrundsätze

Realisationsprinzip

HGB § 252 (1) Oberster Grundsatz der Gesetzgebung für die Bewertung ist das **Realisationsprinzip**. Unter Realisation versteht man den Vorgang im betrieblichen Kreislauf, bei dem sich die betriebliche Leistung in einen *klagbaren Anspruch* auf *Geld* verwandelt.

Für den Ausweis von Gewinnen und Verlusten, die am Bilanzstichtag noch nicht realisiert sind, gelten folgende Grundsätze:

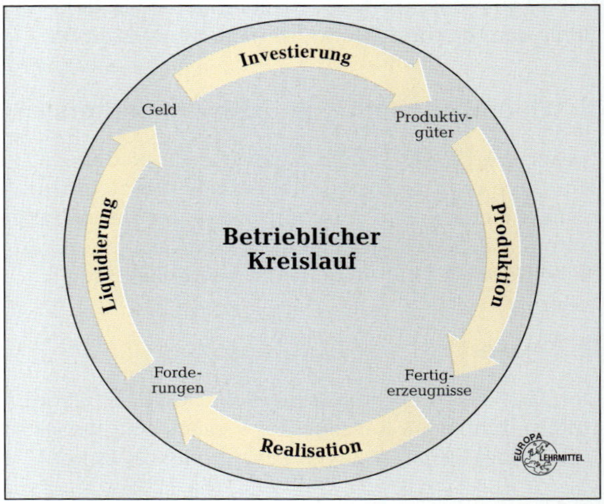

Nicht realisierte Gewinne dürfen **nicht ausgewiesen** werden; **nicht realisierte Verluste** sind **auszuweisen.**

Der mit der Entstehung von Forderungen realisierte Gewinn könnte durch Ausfälle geschmälert werden. Deshalb sind unsichere Forderungen durch Wertberichtigungen zu bereinigen.

Um das Realisationsprinzip zu verwirklichen, dürfen nach Handels- und Steuerrecht alle Teile des Vermögens höchstens zu Anschaffungs- oder Herstellungskosten bewertet werden, nicht aber mit einem am Bilanzstichtag vielleicht höheren Marktpreis. Hat sich jedoch der Wert der Vermögensteile gegenüber ihren Anschaffungs- bzw. Herstellungskosten vermindert, so werden sie mit dem verminderten Wert in die Bilanz aufgenommen. Das Realisationsprinzip dient so HGB § 253 (1)

- der *Substanzerhaltung,* weil der Ausweis und damit auch die Ausschüttung nicht realisierter Gewinne verhindert wird;
- dem *Gläubigerschutz,* weil die Bilanz keine unsicheren Werte enthält.

Tageswertprinzip

Dieses Prinzip verlangt die Bewertung der Vermögensteile zu dem Wert, der ihnen am *Bilanzstichtag beizumessen* ist. Würde man dieser Forderung auch dann folgen, wenn der Wert über den Anschaffungs- oder Herstellungskosten liegt, dann würden nicht realisierte Gewinne in der Bilanz erscheinen, was gegen das Realisationsprinzip verstoßen würde. Der Vorrang des Realisationsprinzips erzwingt zuweilen erhebliche stille Reserven. § 253 (3)

Seite 535

Beispiel: Im Laufe der letzten Jahre sind die Grundstückspreise erheblich gestiegen. Hat nun ein Unternehmen im Jahre 1960 ein unbebautes Grundstück für umgerechnet 10.000 EUR erworben, so kann der heutige Wert sehr wohl 300.000 EUR betragen, ohne dass zu fürchten wäre, dass dieser in absehbarer Zeit wieder auf die Anschaffungskosten zurücksinkt. Dennoch muss das Grundstück zum Werte von 10.000 EUR in die Bilanz aufgenommen werden.

Niederstwertprinzip

Dieses Prinzip ist vom Realisationsprinzip abgeleitet und fordert, dass beim Vergleich des **Anschaffungswertes** mit dem **Tageswert der niedrigere** von beiden zu verwenden ist. § 253 (3), (4)

Das **strenge Niederstwertprinzip** verlangt **zwingend,** dass beim Vergleich zwischen dem Anschaffungswert (Herstellungswert) und dem Tageswert am Bilanzstichtag unbedingt der niedrigere Wert anzusetzen ist.

Beispiel: Eine AG hat am 31. Dez. 20.. unfertige Erzeugnisse auf Lager, deren Herstellungskosten pro Stück mit 16.000 EUR angegeben sind. Für die fertigen Erzeugnisse, in die die unfertigen Erzeugnisse eingehen sollen, rechnet die AG mit einem voraussichtlichen Marktpreis von 30.000 EUR je Stück. Nach dem Grundsatz der verlustfreien Bewertung errechnet sich der beizulegende Wert wie folgt:

Voraussichtlicher Marktpreis je Stück		30.000 EUR
Bis zur Fertigstellung der unfertigen Erzeugnisse werden voraussichtlich folgende anteilige Kosten je Stück entstehen:		
Variable Herstellungskosten	10.000 EUR	
Fixe Herstellungskosten	2.000 EUR	
Verwaltungskosten	3.600 EUR	
Transportkosten	4.200 EUR	
Provision	2.400 EUR	
Fixe Vertriebskosten	1.600 EUR	
Zinsen und sonstige Finanzierungskosten	1.200 EUR	
Schätzung der voraussichtlich anteiligen Erlösschmälerungen (Rabatte, Skonti)	800 EUR	25.800 EUR
Beizulegender Wert		4.200 EUR

§ 253 (4)

Als beizulegender Wert wird jeder Wert angesehen, der verhindert, dass beim Absatz ein Verlust entsteht (verlustfreie Bewertung).

HGB § 253 (3) Das **gemilderte Niederstwertprinzip** stellt die Wahl des jeweils niedrigeren Wertes *frei,* sofern der Tageswert niedriger ist als der Anschaffungswert.

Die Milderung trägt der Möglichkeit Rechnung, dass der Tageswert einmal wieder auf die Höhe der Anschaffungs- oder Herstellungskosten steigt.

Das gemilderte Niederstwertprinzip ist *nur noch für Finanzanlagen* zulässig. Bei allen anderen Vermögensgegenständen des Anlagevermögens gilt bei nicht dauerhafter Wertminderung ein **Abschreibungsverbot**.

Beispiel:

Kauf von 1.000 Stück Aktien zum Kurs von 140	Kurswert	140.000 EUR
+ 1 % Spesen		1.400 EUR
Belastung auf dem Bankkonto am 12. Mai		141.400 EUR
Börsenkurs am 31. Dez. 120 EUR je Stück, daher	Kurswert	120.000 EUR
+ 1 % Spesen		1.200 EUR
Bilanzansatz zum 31. Dez. (strenges Niederstwertprinzip)		121.200 EUR

Wäre der Kurs am 31. Dez. auf 160 EUR je Stück gestiegen, dürfte nur der Anschaffungswert angesetzt werden, weil er niedriger ist.

Wertaufholung bei Kapitalgesellschaften

§ 280 § 253 (5) Die Wertaufholung bei einem Vermögensgegenstand ist dann geboten, wenn der Grund für eine Sonderabschreibung später wegfällt. Als *Obergrenze* gilt der *ursprüngliche Anschaffungswert, vermindert um die planmäßigen Abschreibungen. Nur bei einem entgeltlich erworbenen Geschäfts- oder Firmenwert ist der niedrigere Wertansatz beizubehalten.*

Höchstwertprinzip

§ 253 (1) Auch das Höchstwertprinzip ist vom Realisationsprinzip abgeleitet. Es verlangt, dass **Schulden** zum **Erfüllungsbetrag** bewertet werden. Damit dient auch dieses Prinzip der Vorsicht und dem Gläubigerschutz. Eine Ausnahme bilden die Rentenverpflichtungen, die zu ihrem Barwert am Bilanzstichtag anzusetzen sind.

Beispiele:

1. Ein Industrieunternehmen hat eine Anleihe mit einem Emissionskurs von 97 % und einem Rückzahlungskurs von 103 % ausgegeben. Die Anleihe ist zu 103 % in die Bilanz aufzunehmen, auch wenn der Rückkauf zu einem niedrigeren Kurs bereits beschlossen, aber noch nicht durchgeführt ist.
2. Die KÜHLsys GmbH bezieht ihre Kältemittelschläuche aus Fernost, die Fertigteile werden in USD fakturiert. Die Eingangsrechnung für die Dezemberlieferung lautet über 10.267,50 USD. Sie wurde mit dem Tageskurs von 1,3295 umgerechnet und mit 7.722,83 EUR gebucht. Am Bilanzstichtag notierte der USD mit 1,2972. Die Verbindlichkeit ist deshalb mit 7.915,12 EUR zu bewerten.

14.2.4 Bewertung in der Handels- und Steuerbilanz

Auswirkung der Bewertungsmethode auf den Wertansatz

Der Wertansatz hängt entscheidend von den angewandten Bewertungs- und Abschreibungsmethoden ab. Das gilt vor allem für das Anlage- und Vorratsvermögen. Auch die Vereinfachungsverfahren bei der Bewertung des Vorratsvermögens (z. B. Lifo, Fifo) können zu unterschiedlichen Wertansätzen führen (Bild, Seite 531).

Beispiele:

1. Die Maschinenfabriken A und B verwenden gleiche Drehbänke. Schon ein Jahr nach der Anschaffung sind sie mit verschiedenen Werten in der Bilanz angesetzt, wenn A linear, B geometrisch-degressiv abschreibt.
2. Die Metallhandlungen C und D verfahren bei der Umsetzung ihres Lagers unterschiedlich. C lässt die zuerst gekauften Barren auf Lager liegen und verkauft jeweils die zuletzt eingekaufte Ware (**Lifo** = **l**ast-**i**n-**f**irst-**o**ut-Verfahren). D verkauft die zuerst eingekaufte Ware auch wieder zuerst (**Fifo** = **f**irst-**i**n-**f**irst-**o**ut-Verfahren). HGB § 256 EStR Abschn. 36a

   C und D müssen zwar nach dem Niederstwertprinzip verfahren, aber C vergleicht bei Lifo den Preis am Abschlusstag mit dem **ersten** (niedrigeren) Einstandspreis, D bei Fifo mit dem **letzten** (höheren) Einstandspreis.

   Bei gestiegenen Preisen liegen also die Wertansätze für die gleiche Ware bei D (Fifo) höher als bei C (Lifo); bei gesunkenen Preisen umgekehrt.

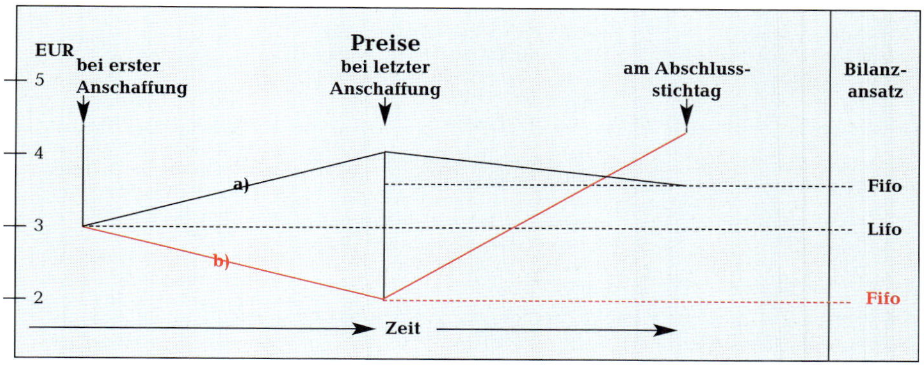

a) Die Preise steigen von der ersten Anschaffung bis zum Zeitpunkt der letzten Anschaffung, dann aber fallen sie, sodass der Wert am Abschlussstichtag unter dem Höchststand liegt.

b) Die Preise fallen von der ersten Anschaffung bis zum Zeitpunkt der letzten Anschaffung, dann aber steigen sie, sodass der Wert am Abschlussstichtag über dem Preis der ersten Anschaffung liegt.

3. Eine Mineralölgesellschaft bewertet den Heizölbestand zu Durchschnittswerten. Abschn. 36 (3)

	Menge l	Preis/100 l EUR	Gesamtwert EUR
Anfangsbestand	300.000	34,330	102.990,00
Zugang	120.000	32,670	39.204,00
Bestand	420.000	33,856	142.194,00
Abgang	184.502	33,856	62.465,00
Bestand	235.498	33,856	79.729,00
Zugang	230.050	33,542	77.163,37
Bestand	465.548	33,701	156.892,37
Abgang	310.240	33,701	104.553,98
Schlussbestand	155.308	33,700	52.338,39

Aufgrund der unterschiedlichen Preise beim Zugang ergeben sich entsprechende Preise für den Abgang und Schlussbestand. Differenzen entstehen bei der Rundung des Preises je Liter auf 3 Stellen nach dem Komma.

Die Wahl der Bewertungs- und Abschreibungsmethoden ist dem Kaufmann freigestellt. Kapitalgesellschaften müssen die gewählte Methode, wie auch jede Änderung, im Anhang darlegen. Dabei sind die Auswirkungen auf den Jahresüberschuss bzw. den Jahresfehlbetrag nachzuweisen. HGB §§ 256, 284, 285

Vergleich zwischen Handels- und Steuerbilanz

<table>
<tr><th colspan="3">Bewertung in der Handelsbilanz nach HGB §§ 248, 250, 252–256, 280, 309</th></tr>
<tr><th>Gegenstand</th><th>Obere Wertgrenze</th><th>Untere Wertgrenze</th></tr>
<tr><td>Immaterielle Anlagewerte, die entgeltlich erworben wurden

Sachanlagen mit zeitlich begrenzter Nutzung</td><td>Anschaffungs- oder Herstellungskosten (AHK), vermindert um planmäßige Abschreibungen.
Zugänge mit AHK.</td><td rowspan="4">AHK, vermindert um zusätzliche außerplanmäßige Abschreibungen.

Diese müssen vorgenommen werden bei voraussichtlich dauernder Wertminderung, um Gegenstände mit dem niedrigeren Wert, der ihnen am Abschlussstichtag beizulegen ist, anzusetzen.

Außerplanmäßige Abschreibungen dürfen mit Ausnahme der Finanzanlagen bei nicht dauerhafter Wertminderung nicht vorgenommen werden. Entfällt der Grund für die Abschreibung in späteren Jahren, gilt ein grundsätzliches Wertaufholungsgebot. Der niedrigere Wertansatz ist nur beim derivativen Geschäfts- oder Firmenwert beizubehalten.</td></tr>
<tr><td>Selbst geschaffene immaterielle Vermögensgegenstände des Anlagevermögens</td><td>HK der Entwicklungsphase ohne Forschungskosten (HGB 255 [2a]); für diese besteht ein Aktivierungswahlrecht.</td></tr>
<tr><td>Derivativer Geschäfts- oder Firmenwert</td><td>AHK, vermindert um planmäßige Abschreibungen über die voraussichtliche Nutzungsdauer. Beträgt die Nutzungsdauer mehr als 5 Jahre, ist eine Begründung im Anhang erforderlich (HGB 285 Nr. 13).</td></tr>
<tr><td>Sachanlagen mit zeitlich nicht begrenzter Nutzung (Grundstücke ohne Bauten)</td><td>AHK</td></tr>
<tr><td>Umlaufvermögen</td><td colspan="2">AHK. Sind diese höher als der Börsen- oder Marktpreis am Abschlussstichtag, so ist höchstens dieser Preis anzusetzen; mangels eines solchen, höchstens der Wert, der den Gegenständen am Abschlussstichtag beizulegen ist (Tageswert).
Strenges Niederstwertprinzip.
Fallen die Gründe für den niedrigeren Wertansatz weg, so gilt ein Wertaufholungsgebot.

Bei gleichartigen Gegenständen freie Wahl zwischen Lifo- und Fifo-Verfahren und gewogenem Durchschnitt (HGB § 240 [4]).</td></tr>
<tr><td>Verbindlichkeiten</td><td colspan="2">Erfüllungsbetrag (HGB § 253 (1).
Der Unterschiedsbetrag zwischen ihm und dem Ausgabebetrag darf unter den Rechnungsabgrenzungsposten aktiviert werden. Er muss während der Laufzeit planmäßig jährlich abgeschrieben werden.</td></tr>
<tr><td>Rentenverpflichtungen</td><td colspan="2">Barwert (HGB § 253 [2]).</td></tr>
<tr><td>Rückstellungen</td><td colspan="2">Wertansatz in Höhe des nach vernünftiger kaufmännischer Beurteilung notwendigen Erfüllungsbetrages (HGB § 253 [1]).</td></tr>
</table>

Bewertung in der Steuerbilanz nach EStG §§ 6 und 7		
Gegenstand	**Obere Wertgrenze**	**Untere Wertgrenze**
Wirtschaftsgüter des Anlagevermögens, die der Abnutzung unterliegen (Gebäude, Maschinen, maschinelle Anlagen, Werkzeuge, Betriebs- und Geschäftsausstattung)	AHK, vermindert um die Absetzung für Abnutzung (AfA).	Teilwert, wenn er niedriger ist als die AHK, vermindert um die AfA. Wertaufholung auch über den letzten Bilanzansatz hinaus bis zu den AHK, vermindert um planmäßige AfA, gestattet (EStG § 6 [1] 1). Geringwertige Wirtschaftsgüter müssen im Jahr der Anschaffung oder Herstellung in voller Höhe als Betriebsausgaben abgesetzt werden. Bei AHK zwischen 151 EUR und 410 EUR können sie in voller Höhe als Betriebsausgabe abgesetzt werden, bei AHK zwischen 151 EUR und 1.000 EUR können sie fünf Jahre linear abgeschrieben werden (Poolabschreibung) (EStG § 6 [2], [2a]).
Wirtschaftsgüter des Anlagevermögens, die der Abnutzung nicht unterliegen (Grund und Boden, Konzessionen, gewerbliche Schutzrechte, Lizenzen, Beteiligungen, Wertpapiere des Anlagevermögens)	AHK, Abschreibungen auf Grund und Boden grundsätzlich nicht erlaubt. Bei bebauten Grundstücken ist der Grund und Boden auszuscheiden und für sich zu bewerten.	Teilwert, wenn er niedriger ist als die Anschaffungskosten. Zwischenwerte sind erlaubt. Wertaufholung auch über den letzten Bilanzansatz hinaus bis zu den AHK geboten (EStG § 6 [1] 2).
Derivativer Geschäfts- oder Firmenwert	Das für seinen Erwerb entrichtete Entgelt. Planmäßige Abschreibungen innerhalb 15 Jahren (EStG § 7 [1] Satz 3).	Ein nachweislich niedrigerer Teilwert (EStG § 6 [1] 2).
Umlaufvermögen (Vorräte, Wertpapiere)	AHK. Wegen des Grundsatzes der Maßgeblichkeit der Handelsbilanz für die Steuerbilanz **muss** entgegen dem Wortlaut des EStG § 6 (1) 2 der Teilwert angesetzt werden, wenn er niedriger ist als die AHK.	Niedrigerer Teilwert. Wertaufholung auch über den letzten Bilanzansatz hinaus bis zu den AHK gestattet (EStG § 6 [1] 2).
Verbindlichkeiten	Rückzahlungsbetrag bei gleichzeitiger Aktivierung des Unterschiedsbetrags zwischen Rückzahlungs- und Verfügungsbetrag. Der Unterschiedsbetrag ist auf die Laufzeit zu verteilen (EStG §§ 5 [5], 6 [1] 3, EStR Abschnitt 37 [1 und 3]).	
Rentenverpflichtungen	Barwert (EStR Abschnitt 37, H 37).	
Rückstellungen	Teilwert, Pensionsverpflichtungen mit dem versicherungsmathematisch errechneten Gegenwartswert (EStG § 6a, EStR Abschnitt 41).	

Zweck der Bewertungsvorschriften

Da der Wertansatz von den Bewertungsmethoden abhängt, hat der Gesetzgeber Bewertungsvorschriften geschaffen. Durch sie wird eine gewisse Bewertungsstetigkeit erreicht und dem Prinzip der materiellen Bilanzkontinuität gedient.

▶ Bewertungsvorschriften nach Handelsrecht

Die Bewertungsvorschriften, die im Handelsrecht für die Handelsbilanz aufgestellt worden sind, sollen verhindern, dass

- den Gläubigern Werte vorgespiegelt werden, die im Notfalle nicht realisiert werden können,
- den Gläubigern durch Über- oder Unterbewertung ein falsches Bild von der tatsächlichen Lage des Unternehmens vermittelt wird,
- den Aktionären durch ungerechtfertigt niedrige Wertansätze Gewinn vorenthalten wird,
- durch willkürliche Bildung stiller Reserven der wirkliche Umfang des investierten Kapitals so verschleiert wird, dass Fehlinvestitionen und Kapitalfehlleitungen Vorschub geleistet wird.

Die Bewertungsvorschriften sollen so eine wahrheitsgemäße Rechnungslegung sichern und damit dem Gläubigerschutz und dem Aktionärschutz dienen sowie die Bereitschaft fördern, Ersparnisse in Aktien anzulegen.

▶ Bewertungsvorschriften nach Einkommensteuerrecht

Sie bezwecken

- die gerechte Besteuerung durch die Festsetzung von unteren Grenzen für die Bewertung des Vermögens und von oberen Grenzen für die Bewertung der Schulden (Rückstellungen),
- die Berücksichtigung wirtschafts- und sozialpolitischer Belange.

Zusammenhang zwischen Handels- und Steuerbilanz

Die nach den Grundsätzen des Handelsrechts erstellte Bilanz nennt man **Handelsbilanz.**

EStG § 5 (1) Für sie gelten die Bewertungsvorschriften des HGB, AktG, GmbHG und GenG. Sie ist maßgeblich für die steuerrechtliche Gewinnermittlung. Deshalb spricht man auch von der **Maßgeblichkeit der Handelsbilanz** für die **Steuerbilanz.**

Hat ein Kaufmann eine rechtsgültige Handelsbilanz erstellt, so ist er auch bei der Steuerermittlung an sie gebunden.

Beispiel: Werden in der Handelsbilanz Pensionsrückstellungen gebildet, so müssen sie auch in der Steuerbilanz ausgewiesen werden.

Umgekehrt gilt dieses Prinzip jedoch nicht. Es können steuerliche Wahlrechte geltend gemacht werden, ohne dass diese eine entsprechende Berücksichtigung in der Handelsbilanz finden.

Beispiele:

1. Eine Anlage zur Reinigung der Abluft kann nach § 7d EStG im Jahr der Anschaffung bis zu 60 % abgeschrieben werden. Die Abschreibung in der Handelsbilanz kann davon abweichen.
2. Kleine und mittlere Betriebe können bei abnutzbaren, beweglichen Wirtschaftsgütern des Anlagevermögens bis zu 40 % der Anschaffungs- oder Herstellungskosten gewinnmindernd abziehen (Investitionsabzugsbetrag). Voraussetzung für die unabhängige Ausübung steuerlicher Wahlrechte ist, dass diese Güter in einem gesonderten Verzeichnis geführt werden.

14.2.5 Stille Rücklagen

Durch die **Bildung stiller Rücklagen** werden tatsächlich erzielte Gewinnbeträge verdeckt, so vor möglichem Abfluss bewahrt und damit Finanzierungsmittel im Unternehmen zurückbehalten **(verdeckte Selbstfinanzierung).**

Stille (verborgene) Rücklagen sind **vorhandene, aber in der Bilanz nicht ausgewiesene Teile des Eigenkapitals.**

Man unterscheidet:

a) willkürlich angelegte stille Rücklagen. Ihre Bildung ist durch die gesetzliche Festlegung von oberen und unteren Wertgrenzen eingeengt. Seite 532

b) gesetzlich erzwungene stille Rücklagen. Die Gesetzgebung folgt dem Realisationsprinzip. Steigt der Wert von Vermögensgegenständen über ihren Anschaffungs- oder Herstellungswert hinaus bzw. fällt der Wert von Verbindlichkeiten unter den ursprünglich ausgewiesenen Rückzahlungsbetrag, so entstehen **nicht realisierte Gewinne,** die zwar das Eigenkapital vermehren, in der Bilanz aber nicht in Erscheinung treten dürfen und somit zwangsläufig stille Rücklagen sind. Seite 528

Entstehung stiller Rücklagen

Stille Rücklagen **entstehen** durch HGB §§ 255, 248

a) Nichtaktivierung von Vermögenswerten.

Beispiele:

Willkürlich: Nichtaktivierung selbstgeschaffener immaterieller Vermögensgegenstände; Nichtaktivierung von geringwertigen Wirtschaftsgütern.

Gesetzlich erzwungen: Verbot der Aktivierung des originären Geschäfts- oder Firmenwertes und bestimmter selbstgeschaffener immaterieller Vermögensgegenstände (z. B. Marken, Verlagsrechte).

b) Unterbewertung von Aktiva.

Beispiele:

Willkürlich: Bewertung von Stoffbeständen nach der Lifo-Methode bei steigenden Anschaffungskosten; § 256
Unterlassung gestatteter Wertaufholung; zeitweilige Unterbewertung durch Anwendung des geometrisch- § 254
degressiven Abschreibungsverfahrens und bei Ausnutzung gesetzlich zugelassener Sonderabschreibungen (Umweltschutzanlagen).

Gesetzlich erzwungen: Bei Grundstücken ohne Bauten, wenn sie in zurückliegenden Perioden erworben § 253 (5)
worden sind und ihr Verkehrswert inzwischen gestiegen ist; bei Bauten, wenn die Baukostensteigerung die Abschreibung übertroffen hat; bei Beteiligungen, wenn ihr Wert über die Anschaffungskosten gestiegen ist; bei Wertpapieren, wenn der Kurswert über den Anschaffungskosten liegt.

Bei Maschinen und maschinellen Anlagen sind infolge des technischen Fortschritts und der Veränderungen auf den Beschaffungs- und Absatzmärkten stille Rücklagen meist nur von begrenzter Lebensdauer. Das Gleiche gilt für das Vorratsvermögen, mit Ausnahme lange lagernder, nicht verderblicher Stoffe (Edelmetalle).

c) Überbewertung von Passiva.

Beispiele:

Willkürlich: Überhöhte Rückstellungen, die aus übertriebener Vorsicht gebildet worden sind. Dabei ist in § 249
manchen Fällen ein weiter Spielraum gegeben, wie etwa bei einer Rückstellung für Kosten und ungewisse Verbindlichkeiten in einem Schadensersatzprozess oder bei Rückstellungen für Gewährleistungsverpflichtungen.

Gesetzlich erzwungen: Bei Verbindlichkeiten in fremder Währung, wenn der Devisenkurs zurückgegangen ist. Das Realisationsprinzip verbietet den Ausweis von nicht realisierten Schuldnergewinnen.

Einer gegenüber dem tatsächlichen Wert niedrigeren Bewertung von Aktiva bzw. höheren Bewertung von Passiva entspricht in der Erfolgsrechnung ein **höherer** Aufwand (Gewinnkürzung).

Beispiele:

1. Der Schlussbestand wird mit 80 Tsd. EUR bewertet.

S	Waren (Tsd. EUR)		H
AB	60	SB	80
Zugang	300	GuV-Konto (Aufwand)	280
	360		360

Der Schlussbestand wird um 10 Tsd. EUR niedriger mit 70 Tsd. EUR bewertet.

S	Waren (Tsd. EUR)		H
AB	60	SB	70
Zugang	300	GuV-Konto (Aufwand)	290
	360		360

2. Rückstellung für unterlassene Instandhaltung (in Tsd. EUR).

S	Instandhaltungskosten		H
Zahlungen	40	GuV-Konto	46
Rückst. f. Instandh.	6		
	46		46

S	Rückstellungen für Instandhaltung		H
Bilanz	6	Instandhaltungskosten	6
	6		6

Je höher die Rückstellung, desto größer der Aufwand und umso niedriger der Gewinn. Rückstellungen, die die tatsächlich entstehende Verbindlichkeit übersteigen, enthalten somit stille Rücklagen.

Auflösung stiller Rücklagen

Stille Rücklagen **werden aufgelöst** bei

a) Verkauf unterbewerteter Vermögensgegenstände zu einem über dem Buchwert liegenden Preis;

b) Inanspruchnahme von Rückstellungen in geringerer Höhe als sie gebildet und ausgewiesen worden waren;

c) Bezahlung von Währungsverbindlichkeiten mit weniger EUR als ursprünglich ausgewiesen;

d) Absinken des tatsächlichen Wertes auf den Buchwert, der ursprünglich eine stille Rücklage enthielt;

e) Weiterverwendung völlig abgeschriebener Vermögensgegenstände, weil jenseits des Nullpunktes die Gewinnkürzung durch Abschreibung wegfällt.

Beispiel (Beträge in EUR):

AHK	ND 5 Jahre	AfA = Gewinnkürzung	ND 4 Jahre	AfA = Gewinnkürzung	stille Rücklage
10.000	1.	2.000	1.	2.500	500
	2.	2.000	2.	2.500	1.000
	3.	2.000	3.	2.500	1.500
	4.	2.000	4.	2.500	2.000
	5.	2.000	5.	0	Auflösung der stillen Rücklage
(AHK = Anschaffungs- oder Herstellungskosten, ND = Nutzungsdauer, AfA = Absetzung für Abnutzung).					

Durch den Ansatz einer nicht betriebsbedingten kürzeren Nutzungsdauer wird Gewinn auf spätere Rechnungsperioden verschoben (Gewinnmanipulation, Gewinnverlagerung).

Rolle der stillen Rücklagen in der Unternehmungspolitik

Obwohl bei den Unternehmensleitungen oft keine klare Übersicht über die Höhe, die Zu- und Abnahme der stillen Rücklagen besteht, werden sie in der Praxis, wo immer dies möglich ist, den offenen Rücklagen vorgezogen. Die Hauptgründe dafür sind:

a) Offene Rücklagen können nur aus dem versteuerten Gewinn gebildet werden, während stille Rücklagen aus nicht ausgewiesenem und somit zunächst nicht versteuertem Gewinn entstehen. Die Steuerlast wird auf die Periode verschoben, in der die Auflösung erfolgswirksam stattfindet.

Seite 458

b) Die Bildung stiller Rücklagen ist ein Mittel der verdeckten Selbstfinanzierung.

   Stille Rücklagen, die durch überhöhte Abschreibungen gebildet werden, bewirken nicht nur einen zeitweiligen Steuervorteil, sondern schaffen auch einen Zinsvorteil und erhöhen die Liquidität.

c) Vorsorge für etwaige Krisenzeiten.

Die Gefahren (geringerer Informationsgehalt der Abschlussrechnungen, mögliche Fehldispositionen) werden dabei in Kauf genommen. In gut geleiteten Unternehmen werden die stillen Rücklagen mittels interner Aufzeichnungen überwacht.

► Tatsächliche Rentabilität

Die verdeckte Selbstfinanzierung verschleiert häufig der Unternehmensleitung die **tatsächliche Rentabilität.**

1. Der wirkliche **Gewinn** wird teilweise oder ganz **verdeckt.** Die mögliche Wiederaufdeckung kann auch dann noch Gewinn erscheinen lassen, wenn überhaupt keiner mehr erzielt oder sogar mit Verlust gearbeitet wurde. Misserfolge können so verdeckt werden.
2. Der Rentabilitätsberechnung liegt nur das **ausgewiesene** und nicht das wirkliche **Eigenkapital** zugrunde.

Die Berechnung falscher Rentabilitätssätze kann ebenfalls zu Kapitalfehlleitungen führen.

► Wirkliches Eigenkapital

Es ist das ausgewiesene Eigenkapital zuzüglich der **stillen Rücklagen.**

Selten ist das wirkliche Eigenkapital kleiner als das ausgewiesene, da das Vermögen nicht überbewertet werden darf.

Eine **genaue** Feststellung des wirklichen Eigenkapitals, das also auch die stillen Rücklagen umfasst, ist bei allen Unternehmen nur durch Bewertung des Vermögens zu Zeitwerten oder bei der Liquidation möglich. Bei der AG kann es von Außenstehenden **annäherungsweise** festgestellt werden mithilfe des Börsenkurses und des gezeichneten Kapitals (1 % des gezeichneten Kapitals mal Börsenkurs für 100 EUR Nennwert).

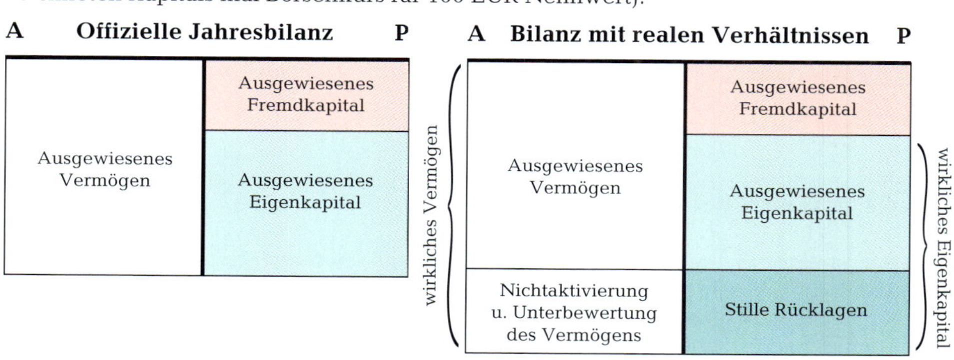

Die gesamte Kapitalkraft und die Sicherheit des Unternehmens lassen sich erst erkennen, wenn man neben dem ausgewiesenen Eigenkapital und den stillen Rücklagen auch das Rückgriffskapital und Haftungskapital einbezieht. Das **Rückgriffskapital** ist die Differenz zwischen vertraglichen Einzahlungsverpflichtungen und geleisteten Einzahlungen. Das

Haftungskapital umfasst neben dem ausgewiesenen Eigenkapital auch das Privatvermögen der persönlich haftenden Gesellschafter; bei Genossenschaften erstreckt sich das Haftungskapital auf die Geschäftsanteile und die Haftsumme.

14.2.6 Bilanzkurs und Börsenkurs

Kapitalanleger interessiert es, ob der von der Wertpapierbörse veröffentlichte Aktienkurs ein realistischer ist, d. h. ob er die Vermögens-, Schulden- und Gewinnsituation der Aktiengesellschaft widerspiegelt. So versucht man, sich über die Bilanz der Aktiengesellschaft an die Höhe des Aktienkurses »heranzutasten«.

Bilanzkurs

Ein Aktionär ist nicht nur am Grundkapital seiner AG, sondern auch an den Kapital- und Gewinnrücklagen sowie am Gewinnvortrag beteiligt. Die Rücklagen und der Gewinnvortrag sind Werte, auf deren Ausschüttung er kraft Gesetzes oder freiwillig verzichtet hat; rechtlich und damit rechnerisch gesehen stehen sie ihm aber zu. Folglich kann man ausrechnen, wie viel Prozent das ausgewiesene Eigenkapital im Verhältnis zum Grundkapital ausmacht. Diesen so errechneten Prozentsatz nennt man **Bilanzkurs.**

$$\textbf{Bilanzkurs} = \frac{\textbf{ausgewiesenes Eigenkapital}}{\textbf{Grundkapital}} \cdot \textbf{100}$$

Beispiel:

Grundkapital	100.000 EUR
Kapitalrücklage	10.000 EUR
Gewinnrücklagen	70.000 EUR
Gewinnvortrag	10.000 EUR
ausgewiesenes Eigenkapital	190.000 EUR

$$\text{Bilanzkurs} = \frac{190.000\ \text{EUR}}{100.000\ \text{EUR}} \cdot 100 = 190\ \%$$

Eine Aktie mit dem Mindestbetrag von 100 EUR ist nach diesem Bilanzkurs 190 EUR wert; eine Aktie im Nennwert von 1 EUR ist 1,90 EUR wert. Der aktuelle Börsenkurs kann jedoch ein ganz anderer sein.

Börsenkurs

Der Kurs einer Aktie entsteht durch das freie Spiel von Angebot und Nachfrage an der Börse. Viele Beweggründe beeinflussen Anbieter und Nachfrager. Es sind wirtschaftliche, politische und spekulative Gründe.

Liegt der Börsenkurs der Aktie bei 70 EUR und der Bilanzkurs bei 45 EUR, so kann auf stille Rücklagen und günstige Unternehmenslage geschlossen werden, sofern nicht andere Einflüsse wirksam sind.

14.2.7 Problem der Scheingewinne

In Zeiten steigender Preise stellt sich für die Unternehmen die Frage, ob aufgrund der kalkulatorischen Abschreibung über die Umsatzerlöse genügend Mittel zurückfließen, um die teurere Ersatzbeschaffung finanzieren zu können. Entsprechen die kalkulatorischen Abschreibungsrückflüsse den steuerlich zulässigen bilanziellen Abschreibungen vom Anschaffungs- oder Herstellungswert, so reichen sie zur Finanzierung des gestiegenen Wiederbeschaffungspreises nicht aus. Es müssen deswegen erwirtschaftete Gewinnanteile zur Restfinanzierung herangezogen werden. Damit erweisen sich diese Gewinnanteile als Scheingewinne, denn bei ihrer Entnahme und Versteuerung kann der Wiederbeschaffungspreis nur aus der Substanz des Unternehmens finanziert werden.

Beispiel:

Anschaffungswert	75.000 EUR	bilanzmäßige Abschreibung	75.000 EUR
Wiederbeschaffungswert	125.000 EUR	kalkulatorische Abschreibung	75.000 EUR
Der Fehlbetrag von	50.000 EUR		

ist aus Gewinn zu finanzieren; dieser Gewinnanteil ist also nur Scheingewinn.

Scheingewinne ergeben sich als **Differenz** *zwischen* **Wiederbeschaffungswert** und **Anschaffungswert** der zu ersetzenden Vermögenswerte.

Um Scheingewinne bzw. Substanzverluste zu vermeiden, müsste aus betriebswirtschaftlicher Sicht **vom Wiederbeschaffungswert abgeschrieben** werden. Aber selbst wenn die Unternehmen kalkulatorisch vom Wiederbeschaffungswert abschreiben und diese Beträge in den Umsatzerlösen zurückfließen, ergibt sich in der Gewinn- und Verlustrechnung ein Scheingewinn. Denn jetzt entsprechen zwar die Rückflüsse dem Wiederbeschaffungspreis, sie übersteigen jedoch die bilanziell (steuerlich) zulässige Höhe, und diese Differenz unterliegt der Besteuerung. Damit ist auch dieser Gewinn ein Scheingewinn, denn nach Abzug der Steuern reicht er zur Ersatzbeschaffung nicht aus.

Beispiel:

Anschaffungswert	75.000 EUR	bilanzmäßige Abschreibung	75.000 EUR
Wiederbeschaffungswert	125.000 EUR	kalkulatorische Abschreibung	125.000 EUR
Vor der Ersatzbeschaffung noch zu versteuern, und damit Scheingewinn in Höhe von			50.000 EUR

Um auch diesen Nachteil auszugleichen, müsste man bilanziell vom Wiederbeschaffungswert abschreiben. Das Steuerrecht hält jedoch am Anschaffungswert als Höchstwert fest und vertritt somit das Prinzip der nominellen Kapitalerhaltung. Problematisch ist diese Bewertungs- und Besteuerungspraxis und damit die Hinnahme von Scheingewinnen deswegen, weil Gewinnanteile ausgewiesen und besteuert werden, die gar keine echten Gewinne sind, sondern die man für den gestiegenen Wiederbeschaffungspreis einsetzen muss. Die Besteuerung und Ausschüttung der Scheingewinne greift somit die Substanz der Unternehmen an; sie kann investitionshemmend wirken und deshalb volks- und betriebswirtschaftlich schädlich sein.

EStG § 6 (1) S. 4

Beispiel: Bei einem zu versteuernden Scheingewinn von 50.000 EUR und einem angenommenen Steuersatz von 40 % verbleiben aus einem Gewinn bloß 30.000 EUR, sodass 20.000 EUR aus der Substanz des Unternehmens genommen werden müssen.

Die Abschreibung vom fiktiven Wiederbeschaffungswert wäre kaum nachprüfbar und würde die Problematik der steuerlichen Anerkennung von Abschreibungen erschweren. Scheingewinne werden damit als das kleinere Übel angesehen. Um sie ganz zu vermeiden, müsste man kalkulatorisch vom Wiederbeschaffungswert einschließlich der Steuer auf den Scheingewinn abschreiben.

Beispiel: Der Wert einer vergleichbaren neuen Maschine ist von ehemals 60.000 EUR auf 84.000 EUR gestiegen. Der Steuersatz auf den Scheingewinn beträgt 40 %.

Zusätzlich benötigte flüssige Mittel	60 %	24.000 EUR
Steuer auf den nominellen Scheingewinn	40 %	+ 16.000 EUR
Nomineller Scheingewinn	100 %	40.000 EUR
Betrag der gesamten bilanziellen Abschreibung		+ 60.000 EUR
Wiederbeschaffungswert einschließlich Steuer auf den Scheingewinn		100.000 EUR

?

1. Ein Lkw-Unternehmer setzt ein Fahrzeug ein, für das der Hersteller eine Fahrleistung von 600.000 km angibt. Der Anschaffungswert beträgt 180.000 EUR. Der Lkw-Unternehmer schätzt die Nutzungsdauer auf 6 Jahre. Fahrleistung im 1. Jahr 140.000 km; im 2. Jahr 90.000 km; im 3. Jahr 150.000 km.
   a) Errechnen Sie die jeweiligen Abschreibungsbeträge für die lineare und die leistungsabhängige Abschreibung der ersten drei Jahre.
   b) Zeichnen Sie ein Schaubild, das den Verlauf der Abschreibungsverfahren in den ersten drei Jahren zeigt.
   c) Bei welchem Abschreibungsverfahren erreicht der Lkw-Unternehmer den niedrigsten Gewinnausweis?
2. Welcher Unterschied besteht zwischen dem Teilwert und dem gemeinen Wert?
3. Welche der nachfolgend genannten Aufwendungen gehören zum Anschaffungswert eines Lkw: Überführungskosten, Aufwendungen für den Kfz-Brief, Zulassungskosten, Kaufpreis, Aufwendungen für die Montage eines Autoradios, Prämie für die Haftpflichtversicherung, Kraftfahrzeugsteuer?
4. Beim Kauf eines Lkw wird ein gebrauchter Pkw in Zahlung gegeben. Listenpreis des Lkw 144.500 EUR. Verhandlungspreis des Pkw 8.500 EUR; Restzahlung durch Banküberweisung 161.840 EUR einschließlich 19% Umsatzsteuer.

   Mit welchem Betrag muss der Lkw bilanziert werden?
5. Der Listenpreis der Büroausstattung beträgt 25.000 EUR. Darauf gewährt der Händler einen Rabatt in Höhe von 25 % und einen Barzahlungsnachlass von 3 %. Der Transport und die Montage durch einen Vertragsschreiner des Lieferanten kosten 595 EUR (einschließlich 19% Umsatzsteuer).
   a) Welcher Anschaffungswert ist anzusetzen?
   b) Wie ist der Wertansatz am Ende des 2. Jahres, wenn bei einer 10-jährigen Nutzungsdauer mit dem zweifachen linearen Satz geometrisch-degressiv abgeschrieben wird?
   c) Am Ende des 3. Jahres stellt man fest, dass die Listenpreise inzwischen um 30 % niedriger sind als zum Anschaffungszeitpunkt. Welchen Wertansatz schlagen Sie vor?
6. Beim Kauf eines Hauses im Oktober sind folgende Kosten entstanden: Kaufpreis 300.000 EUR; Maklergebühr 2,5 %; Bankgebühren, Rechtsanwaltskosten 500 EUR; Notariatsgebühr 550 EUR; Grundbucheintragungsgebühr 340 EUR; Reisekosten zur Besichtigung des Objektes 150 EUR. Grunderwerbsteuer 3,5 %.

   Wie wird aktiviert, wenn der Grund- und Bodenanteil am Kaufpreis 30 % beträgt?
7. Beim Kauf eines Pkw auf Ziel gewährt der Fahrzeughändler 10 % Rabatt. Listenpreis des Pkw 30.000 EUR. Welcher Betrag muss passiviert werden?
8. Die Herstellungskosten einer Maschine betragen 16.000 EUR; der voraussichtliche Verkaufserlös wird auf 25.000 EUR geschätzt.

   Mit welchem Wert muss die Maschine bilanziert werden, wenn die anteiligen Herstellungs-, Verwaltungs- und Vertriebskosten 19.000 EUR betragen?
9. Die Wertpapiere des Umlaufvermögens haben folgende Wertbewegung durchlaufen: Kaufpreis für 180 Stück am 15. Juni 36.000 EUR; Spesen 1%; Börsenkurs am 31. Dezember 169 EUR; Börsenkurs am 14. Juli 240 EUR; Börsenkurs am 31. Dezember des nächsten Jahres 309 EUR.
   a) Welche Wertansätze müssen/können zum jeweiligen Jahresende verwendet werden?
   b) Welche Bedeutung haben die Kurse während des laufenden Jahres?
   c) Mit welchem Wert müsste am 31. Dezember des Folgejahres bewertet werden, wenn am 15. August 100 Stück zum Kurs von 350 verkauft werden?
10. Ein Kaufmann erfährt im Januar, dass einer seiner Kunden die Eröffnung des Insolvenzverfahrens beantragt hat. Die Forderung beläuft sich auf 30.000 EUR.
    a) Nach welchem Bewertungsprinzip wird er vorgehen?
    b) Wie hoch könnte der Wertansatz sein?
11. Eine Aktiengesellschaft verpflichtet sich bei der Ausgabe einer Anleihe zur Rückzahlung nach 10 Jahren zu 102 %. Nominalwert 30 Mio. EUR.

    Die Ausgabe erfolgt zu 99 %.

    Wie muss diese Anleihe bilanziert werden?
12. Errechnen Sie den Bilanzansatz für den Heizölbestand in Beispiel 3, Seite 531.
    a) nach dem LIFO-Bewertungsverfahren und
    b) nach dem FIFO-Bewertungsverfahren.
13. Ein Schmuckwarenhersteller hat seine Goldvorräte nach dem Sinken des Goldpreises auf den niedrigeren Teilwert abgeschrieben. Nachdem der Goldpreis wieder gestiegen ist, behält er den niedrigeren Wert bei.
    a) Begründen Sie, ob diese Bewertung zulässig ist.
    b) Welche Vorteile hätte er durch diese Bewertung?

14. Bei der Herstellung einer Spezialmaschine für eigene Zwecke fallen folgende Kosten an:

Fertigungsmaterial	800.000 EUR
Fertigungslöhne	600.000 EUR
Sondereinzelkosten der Fertigung	20.000 EUR
Materialgemeinkostenzuschlagssatz	15 %
Fertigungsgemeinkostenzuschlagssatz	110 %
Verwaltungsgemeinkostenzuschlagssatz	20 %

Welcher Bilanzwert muss mindestens angesetzt werden?

15. Für eine Darlehensverbindlichkeit gelten folgende Bedingungen:

Darlehensbetrag	250.000 EUR
Laufzeit	5 Jahre
Zinssatz	8 %
Auszahlungstag	1. Juni 20..
Auszahlungskurs	95 %
Rückzahlungsaufgeld	2 %

Bestimmen und begründen Sie die Bilanzansätze in der Handelsbilanz und in der Steuerbilanz.

16. Nennen Sie Beispiele für willkürlich gebildete und gesetzlich erzwungene stille Rücklagen.

17. Ein Bauunternehmer verkauft ein 8.000 m² großes Grundstück zum Quadratmeterpreis von 450 EUR. Das Grundstück wurde 1952 zum Quadratmeterpreis von umgerechnet 3,50 EUR gekauft. Wie hoch sind die aufgedeckten stillen Rücklagen?

18. Entscheiden Sie, ob und inwieweit bei folgenden Tatbeständen stille Rücklagen gebildet werden:
   a) Am 10. Mai wurde ein Tischrechner für netto 145,50 EUR angeschafft. In der Jahresbilanz am 31. Dez. desselben Jahres ist dieser Posten nicht enthalten.
   b) Das Rohstoffkonto weist folgende Eintragungen auf:

Soll		
1. Jan.	Anfangsbestand	1.000 Stück zum Stückpreis von 45,00 EUR
30. April	Zugang	1.000 Stück zum Stückpreis von 58,00 EUR
Haben		
15. Febr.	Entnahme	300 Stück
30. Sept.	Entnahme	500 Stück

   Aufgrund der näheren Umstände des Betriebes können für die Ermittlung des Bilanzansatzes das Durchschnittswertverfahren, das LIFO-Verfahren und das FIFO-Verfahren angewendet werden.
   c) Das Konto »Wertpapiere des Umlaufvermögens« zeigt folgende Entwicklung:

Belastung für	1.000 Stück	am 15. Jan. mit 258.000 EUR;
Gutschrift für	500 Stück	am 20. Okt. mit 172.000 EUR;
Kurswert für	500 Stück	am 31. Dez. mit 154.000 EUR.

   d) Eine Importrechnung lautet über 154.000 CHF. Das Zahlungsziel liegt im neuen Geschäftsjahr. Kurs bei Rechnungseingang 1,6011; Kurs am 31. Dez. 1,5890.

19. Nennen Sie Vorteile und Nachteile, die sich aus der Bildung von stillen Rücklagen ergeben.

20. Von welchen Voraussetzungen hängen die Möglichkeit und die Höhe der Bildung stiller Rücklagen ab?

21. Berechnen Sie den Bilanzkurs bei einem Grundkapital von 2,5 Mio. EUR und einem ausgewiesenen Eigenkapital von 6,25 Mio. EUR.

22. Welche Schlüsse können Sie ziehen, wenn der Börsenkurs über oder unter dem errechneten Bilanzkurs liegt?

23. Welche Probleme sind mit der Abschreibung vom Wiederbeschaffungswert verbunden?

24. Ein Unternehmer befürchtet, dass der Wiederbeschaffungswert einer Maschine jährlich um 4 % steigt.
   a) Um wie viel EUR (volle Tausend) ist die Wiederbeschaffung nach vier Jahren bei einem Anschaffungswert von 100.000 EUR teurer?
   b) Wie hoch muss er den kalkulatorischen Wiederbeschaffungswert einschließlich Steuern in Höhe von 32% ansetzen, um nicht die Substanz des Unternehmens angreifen zu müssen?
   c) Um wie viel Prozent muss der Unternehmer im Jahresdurchschnitt rein rechnerisch die Preise erhöhen?

14.3 Jahresabschluss als Mittel der Rechnungslegung

Die handels- und steuerrechtlich vorgeschriebenen Mittel der Rechnungslegung eines Unternehmens sind die *Bilanz* und die *Gewinn- und Verlustrechnung*. Sie bilden den **Jahresabschluss.** Bei Kapitalgesellschaften enthält der Jahresabschluss auch einen erläuternden *Anhang*. Kapitalgesellschaften müssen außerdem einen **Lagebericht** erstellen. Diese Angaben können durch eine **Sozialbilanz** ergänzt werden. Kapitalmarktorientierte Kapitalgesellschaften, die nicht zur Aufstellung eines Konzernabschlusses verpflichtet sind, müssen den Jahresabschluss um eine Kapitalflussrechnung und einen Eigenkapitalspiegel erweitern.

HGB § 264

14.3.1 Bilanz

§ 247 Die **Bilanz** gibt Auskunft über die in Geld gemessene Größe, Art und Zusammensetzung des *Vermögens* eines Unternehmens in einem genau bestimmten Zeitpunkt und stellt fest, mit wie viel eigenem bzw. fremdem *Kapital* das Vermögen finanziert worden ist. Sie ist Anfangs- und Schlussrechnung der Buchführung einer Rechnungsperiode, die mindestens einen Tag und im Allgemeinen nicht länger als ein Jahr dauert. Als Schlussrechnung kann sie auch Auskunft über den in der Rechnungsperiode erzielten Erfolg geben.

Die Grundlage für die Jahresbilanz bildet eine körperliche Bestandsaufnahme des Vermögens und der Schulden, die **Inventur.** Die einzelnen Teile des Vermögens müssen dabei nach Art, Gattung und Menge ermittelt und bewertet sowie die Schulden nach Gläubiger, Höhe, Grund und Zeit ihrer Entstehung festgestellt werden. Der Bestand der Vermögensgegenstände kann auch mithilfe anerkannter und gleichwertiger mathematisch-statistischer Methoden aufgrund von Stichproben ermittelt werden.

§ 240, § 241

§ 240 Die mengen- und wertmäßige Zusammenstellung der Teile des Vermögens und der Schulden wird **Inventar** genannt. Die ihm zugrunde liegenden Urkunden bilden zusammen mit der Gesamtaufstellung die **Bilanzbelege,** ohne die eine Bilanz keine Beweiskraft hat. Besondere Beachtung verdient der Umstand, dass die Bilanz eine Augenblickaufnahme des Vermögens und des Kapitals im Zeitpunkt ihrer Feststellung ist.

Jahresbilanz der Kapitalgesellschaft

§ 266 Die Bilanz ist in Kontoform aufzustellen. Bezeichnung und Reihenfolge der Posten ist verbindlich vorgeschrieben. Für Kreditinstitute und Versicherungsgesellschaften gelten besondere Gliederungs- und Bezeichnungsvorschriften. Kleine Kapitalgesellschaften brauchen nur eine verkürzte Bilanz mit den Posten aufzustellen, die durch Buchstaben und römische Ziffern bezeichnet sind. Die mit arabischen Ziffern bezeichnete Untergliederung entfällt.

Beispiel: Unter »B.I. Vorräte« werden bei kleinen Kapitalgesellschaften Roh-, Hilfs- und Betriebsstoffe, unfertige und fertige Erzeugnisse und geleistete Anzahlungen zusammengefasst.

Die **Gliederung der Bilanz** für mittelgroße und große Kapitalgesellschaften ist auf der nächsten Seite dargestellt.

▶ Gliederung der Aktivseite

Das **Anlagevermögen** ist dazu bestimmt, langfristig der betrieblichen Leistungserstellung zu dienen und die technische Betriebsbereitschaft zu sichern. Mit Ausnahme von Grund und Boden werden die Sachanlagen durch ständige Teilnahme am Produktionsprozess abgenützt. Der ständige Verschleiß wird nur langsam in den Umsatzerlösen ersetzt.

Dem einzelnen Vermögensteil sieht man oft nicht an, ob er zum Anlage- oder Umlaufvermögen gehört; entscheidend ist die Art der Verwendung.

Bei Unternehmen, die mit Kraftfahrzeugen handeln, gehören die Kraftwagen nicht zum Anlagevermögen, weil sie Umsatzgüter sind; ein Abschleppwagen einer Autowerkstatt dagegen gehört zum Anlagevermögen.

Das Anlagevermögen besteht aus immateriellen Vermögensgegenständen, Sach- und Finanzanlagen. Es bestimmt die *technische Betriebskapazität.*

HGB
§ 266

Bilanz

Aktiva

A. Anlagevermögen:

I. Immaterielle Vermögensgegenstände:
1. Selbst geschaffene gewerbliche Schutzrechte und ähnliche Rechte und Werte;
2. entgeltlich erworbene Konzessionen, gewerbliche Schutzrechte und ähnliche Rechte und Werte sowie Lizenzen an solchen Rechten und Werten;
3. Geschäfts- oder Firmenwert;
4. geleistete Anzahlungen;

II. Sachanlagen:
1. Grundstücke, grundstücksgleiche Rechte und Bauten, einschließlich der Bauten auf fremden Grundstücken;
2. technische Anlagen und Maschinen;
3. andere Anlagen, Betriebs- und Geschäftsausstattung;
4. geleistete Anzahlungen und Anlagen im Bau;

III. Finanzanlagen:
1. Anteile an verbundenen Unternehmen;
2. Ausleihungen an verbundene Unternehmen;
3. Beteiligungen;
4. Ausleihungen an Unternehmen, mit denen ein Beteiligungsverhältnis besteht;
5. Wertpapiere des Anlagevermögens;
6. sonstige Ausleihungen.

B. Umlaufvermögen:

I. Vorräte:
1. Roh-, Hilfs- und Betriebsstoffe;
2. unfertige Erzeugnisse, unfertige Leistungen;
3. fertige Erzeugnisse und Waren;
4. geleistete Anzahlungen;

II. Forderungen und sonstige Vermögensgegenstände:
1. Forderungen aus Lieferungen und Leistungen;
2. Forderungen gegen verbundene Unternehmen;
3. Forderungen gegen Unternehmen, mit denen ein Beteiligungsverhältnis besteht;
4. sonstige Vermögensgegenstände;

III. Wertpapiere:
1. Anteile an verbundenen Unternehmen;
2. sonstige Wertpapiere;

IV. Kassenbestand, Bundesbankguthaben, Guthaben bei Kreditinstituten und Schecks.

C. Rechnungsabgrenzungsposten.

D. Aktive latente Steuern.

E. Aktiver Unterschiedsbetrag aus der Vermögensverrechnung.

Passiva

A. Eigenkapital:

I. Gezeichnetes Kapital;

II. Kapitalrücklage;

III. Gewinnrücklagen:
1. gesetzliche Rücklage;
2. Rücklage für Anteile an einem herrschenden oder mehrheitlich beteiligten Unternehmen;
3. satzungsmäßige Rücklagen;
4. andere Gewinnrücklagen;

IV. Gewinnvortrag/Verlustvortrag;

V. Jahresüberschuss/Jahresfehlbetrag.

B. Rückstellungen:
1. Rückstellungen für Pensionen und ähnliche Verpflichtungen;
2. Steuerrückstellungen;
3. sonstige Rückstellungen.

C. Verbindlichkeiten:
1. Anleihen, davon konvertibel;
2. Verbindlichkeiten gegenüber Kreditinstituten;
3. erhaltene Anzahlungen auf Bestellungen;
4. Verbindlichkeiten aus Lieferungen und Leistungen;
5. Verbindlichkeiten aus der Annahme gezogener Wechsel und der Ausstellung eigener Wechsel;
6. Verbindlichkeiten gegenüber verbundenen Unternehmen;
7. Verbindlichkeiten gegenüber Unternehmen, mit denen ein Beteiligungsverhältnis besteht;
8. sonstige Verbindlichkeiten, davon aus Steuern, davon im Rahmen der sozialen Sicherheit.

D. Rechnungsabgrenzungsposten.

E. Passive latente Steuern.

Das **Umlaufvermögen** ist keine einheitliche Vermögensmasse. Es umfasst die Vermögensteile, die nur kurz im Betrieb verbleiben, also möglichst oft eingesetzt werden sollen. Je kürzer der Umsatzprozess ist, umso öfter besteht die Gewinnchance und desto geringer ist die Zinsbelastung je umgesetzter Einheit (Lagerzinssatz).

Man unterscheidet Vorräte, Forderungen, Wertpapiere und Schecks, Kassenbestand, Bundesbankguthaben und Guthaben bei Kreditinstituten.

Das Vermögen des Unternehmens lässt sich in folgende Positionen gliedern:

Erläuterung zu einzelnen Posten:

HGB § 248 (2) – **A.I.1. Selbst geschaffene immaterielle Vermögensgegenstände des Anlagevermögens.** Für diese Werte besteht grundsätzlich ein Aktivierungswahlrecht. Für selbstgeschaffene Marken, Drucktitel, Verlagsrechte, Kundenlisten o.Ä. besteht ein Aktivierungsverbot. Maßgeblich für die Bewertung des selbst erstellten immateriellen Vermögensgegenstandes ist § 255 (2a) HGB. Danach können die Herstellungskosten der Entwicklungsphase aktiviert werden, für die Forschungskosten besteht ein Aktivierungsverbot.

Beispiel: Ein Unternehmen hat für seine Internetpräsenz eine eigene Software selbst entwickelt. Statt diese Entwicklungskosten als Aufwand zu erfassen, könnte das Unternehmen sie auch als immateriellen Vermögenswert bilanzieren. Dieser wäre dann über seine Nutzungsdauer abzuschreiben.

Steuerrechtlich sind selbst erstellte immaterielle Wirtschaftsgüter des Anlagevermögens jedoch wie bisher als Aufwand zu erfassen und dürfen nicht bilanziert werden. Dieses Aktivierungsverbot führt zur Bilanzierung latenter Steuern.

§ 246 (1) – **A.I.3. Geschäfts- oder Firmenwert** (goodwill). Er ist Inbegriff für alle sonstigen immateriellen, nicht genau wägbaren Faktoren eines Unternehmens wie günstige Geschäftslage, Ansehen eines Unternehmens, guter Kundenstamm, zuverlässiges Stammpersonal, gesundes Betriebsklima und nicht zuletzt zweckmäßige Organisation eines Unternehmens.

Von ihr sagte der amerikanische Stahlkönig Carnegie: »Take away all our factories, our trade, our avenues of transportation, our money; leave me only our organisation, and in four years I will have reestablished myself!«

Der *originäre*, selbst geschaffene Geschäftswert darf weder nach Handels- noch nach Steuerrecht aktiviert werden. Für den erworbenen, *derivativen* Geschäftswert besteht eine Aktivierungspflicht. Der derivative Firmenwert wird als abnutzbarer Vermögensgegenstand des Anlagevermögens angesehen.

Seite 481

Die Errechnung des Geschäftswertes setzt die Kenntnis folgender Wertbegriffe voraus:

SW = **Substanzwert** (Reproduktionswert) = Tageswert der Vermögensteile minus Schulden

$$EW = \textbf{Ertragswert} = \frac{\text{Durchschnittsertrag} \cdot 100}{\text{Kapitalisierungszinssatz}}$$

$$UW = \textbf{Unternehmenswert} = \frac{SW + EW}{2}$$

GW = **Geschäftswert** = a) UW – SW oder b) = EW – UW oder c) = (EW – SW) : 2

Beispiel: Durchschnittlicher Gewinn mehrerer Jahre, ohne extrem hohen oder niedrigen Gewinn einzelner Jahre = 480.000 EUR, Substanzwert = 2.500.000 EUR, Kapitalisierungszinssatz (einschließlich Risikozuschlag) = 16 %.

$$SW = \quad = 2.500.000 \text{ EUR}$$

$$EW = \frac{480.000 \text{ EUR} \cdot 100}{16} = 3.000.000 \text{ EUR}$$

$$UW = \frac{2.500.000 \text{ EUR} + 3.000.000 \text{ EUR}}{2} = 2.750.000 \text{ EUR}$$

$$GW = \text{a) } 2.750.000 \text{ EUR} - 2.500.000 \text{ EUR} = 250.000 \text{ EUR}$$

$$\text{b) } 3.000.000 \text{ EUR} - 2.750.000 \text{ EUR} = 250.000 \text{ EUR}$$

$$\text{c) } \frac{3.000.000 \text{ EUR} - 2.500.000 \text{ EUR}}{2} = 250.000 \text{ EUR}$$

Steuerrechtlich darf der erworbene Geschäftswert innerhalb von 15 Jahren linear abgeschrieben werden; *handelsrechtlich* ist er planmäßig auf die Jahre der voraussichtlichen Nutzung abzuschreiben. EStG § 7 HGB § 253 (3)

– **A.II.1** **Immobilien** sind Grundstücke und Bauten, z. B. Lagerplätze, Fabrik- und Geschäftsgebäude.

Grundstücksgleiche Rechte sind dingliche Rechte, die wie Grundstücke behandelt werden, z. B. Abbaurechte, Erbbaurechte.

– **A.II.2** **Mobilien** sind technische Anlagen und Maschinen, Betriebs- und Geschäftsausstattung.

– **A.III.** **Finanzanlagen** sind Anteile an verbundenen Unternehmen, Ausleihungen an verbundene Unternehmen, Beteiligungen und Wertpapiere des Anlagevermögens.

– **A.III.1** **Anteile an verbundenen Unternehmen.** Verbundene Unternehmen sind solche Unternehmen, die als Mutter- oder Tochterunternehmen in einem Konzern verbunden sind (mit mehr als 50 %). § 271 (2)

– **A.III.2** **Ausleihungen an verbundene Unternehmen.** Hierunter fallen z. B. Forderungen von Mutter- an Tochtergesellschaften mit Darlehenscharakter und Laufzeiten von mindestens vier Jahren.

– **A.III.3** **Beteiligungen** sind Kapitalanteile an anderen Unternehmen, die eine wirtschaftliche *Verflechtung* mit diesen bezwecken. Es handelt sich in der Regel um erworbene Aktien, GmbH-Anteile, Anteile an Personengesellschaften, die dazu bestimmt sind, dauernd oder jedenfalls langfristig dem Zweck des Unternehmens zu dienen. Sie sind besondere in den Bilanzen von Industriebetrieben und Banken bedeutsame Posten. Beteiligungen dienen vornehmlich der Einflussnahme und weniger der Geldanlage, in Industriebetrieben z. B. häufig der Sicherung des Bezuges von Werkstoffen oder des Absatzes der Erzeugnisse. Als Beteiligungen gelten im Zweifel Anteile an einer Kapitalgesellschaft, deren Nennbeträge insgesamt 20 % des Nennkapitals dieser Gesellschaft überschreiten. § 271 (1)

– **A.III.4** **Wertpapiere des Anlagevermögens** sind solche Wertpapiere, die einer dauernden *Kapitalanlage* dienen, ohne dass dabei von vornherein die Absicht einer wirtschaftlichen Verflechtung oder Einflussnahme besteht.

– **A.III.5** **Sonstige Ausleihungen.** Das sind Darlehensforderungen mit einer Laufzeit von mindestens vier Jahren. Sie sind oft durch Grundpfandrechte (Grundschuld, Hypothek) gesichert.

Finanzanlagen in Wertpapieren und langfristigen Ausleihungen können zweckgebunden sein (Fonds für Betriebserweiterung, Baudarlehen an Mitarbeiter) oder allgemein einer finanzwirtschaftlichen Vorsorge dienen.

– **B.I.** **Vorräte** sind die eigentlichen Umsatzgüter und sichern die Bereitschaft der Leistungserstellung. Im Handelsbetrieb sind es die Waren, im Industriebetrieb die Roh-, Hilfs- und Betriebsstoffe, Fremdbezugsteile und die unfertigen und fertigen Erzeugnisse.

– **B.II.** **Forderungen** sind Rechte, die sich aus Warenlieferungen und Leistungen ergeben. Sie beruhen auf kurzfristigen Krediten, die Kunden oder anderen Personen eingeräumt wurden. Sie sind noch keine flüssigen Mittel und deshalb mit dem Risiko des Verlustes belastet. § 268 (4)

Der Betrag der Forderungen mit einer Restlaufzeit von mehr als einem Jahr ist bei jedem gesondert ausgewiesenen Posten zu vermerken.

– **B.III.** **Wertpapiere** sind Anteile an verbundenen Unternehmen und sonstige Wertpapiere, die zur *kurzfristigen Anlage* angeschafft wurden. Eigene Anteile sind auf der Passivseite vom Eigenkapital abzusetzen. Sie dürfen nicht als Vermögensgegenstand ausgewiesen werden. § 272 (1a)

– **B.IV.** **Kassenbestand, Bundesbankguthaben, Guthaben bei Kreditinstituten und Schecks** gelten als **flüssige Mittel**, die jederzeit in eine andere Vermögensform umgewandelt werden können. Sie erfüllen Zahlungszwecke oder stellen Kaufkraft in neutraler Vermögensform dar.

HGB § 250 – **C.** **Rechnungsabgrenzungsposten** sind Erfolgsregulierungsposten. Sie bezwecken die periodisch gerechte Ermittlung des Unternehmensergebnisses verschiedener Geschäftsjahre. Als aktive Posten der Rechnungsabgrenzung dürfen nur **Ausgaben** vor dem Abschlussstichtag ausgewiesen werden, soweit sie Aufwand für eine bestimmte Zeit nach diesem Tag darstellen (transitorische Aktiva).

Erträge des laufenden Geschäftsjahres, die erst nach dem Abschlussstichtag Einnahmen werden (antizipative Aktiva), sind unter anderen Posten des Umlaufvermögens, z. B. unter »Sonstige Vermögensgegenstände« auszuweisen.

§ 274 – **D.** **Aktive latente Steuern** entstehen aus Bewertungsdifferenzen zwischen Handels- und Steuerbilanz. Wenn diese Differenzen in späteren Geschäftsjahren abnehmen und dadurch zu einer Steuerentlastung führen, **kann** diese Entlastung als aktive latente Steuer bilanziert werden.

Beispiel: Ein Unternehmen schreibt seinen derivativen Firmenwert handelsrechtlich über 4 Jahre ab, steuerrechtlich erfolgt die Abschreibung über 15 Jahre. Aufgrund der höheren Abschreibungsbeträge ist der Vermögensgegenstand in der Handelsbilanz geringer als in der Steuerbilanz angesetzt. Die reale Steuerschuld auf Basis der Steuerbilanz ist demnach höher als der fiktive Steueraufwand, der sich bei der Besteuerung des handelsbilanziellen Gewinns ergeben würde. Da sich in späteren Jahren dieser Unterschied voraussichtlich ausgleichen wird, können in Höhe der zukünftigen Steuerentlastung aktive latente Steuern bilanziert werden. Aktive latente Steuern stellen damit künftige Forderungen gegenüber den Finanzbehörden dar. Sie sind auch möglich für Steueransprüche aus bisher ungenutzten steuerlichen Verlustvorträgen, sofern die Verlustverrechnung innerhalb der nächsten fünf Jahre erfolgt.

– **E.** **Aktiver Unterschiedsbetrag aus der Vermögensverrechnung.** Vermögensgegenstände, die dazu dienen, Schulden aus Altersvorsorgeverpflichtungen zu decken, müssen mit den Rückstellungen saldiert werden. Übersteigt der Zeitwert dieser Vermögensgegenstände den Wertansatz der Rückstellungen, ist dieser als aktiver Unterschiedsbetrag aus der Vermögensverrechnung auszuweisen.

► Gliederung der Passivseite

Beim Kapital unterscheidet man Eigen- und Fremdkapital. Das **Eigenkapital** ist das *Beteiligungskapital der Eigentümer.* Das **Fremdkapital** ist der Teil des Gesamtkapitals, der dem Unternehmen von *Gläubigern als Kredit* überlassen wird; es sind die Schulden (Verbindlichkeiten) des Unternehmens.

Erläuterungen zu einzelnen Posten:

– **A. Eigenkapital.**

Bei **Personenunternehmen** umfasst das ausgewiesene Eigenkapital die Mittel, die die Unternehmer selbst dem Unternehmen zugeführt haben, vermehrt um die nicht entnommenen Gewinne und vermindert um die eingetretenen Verluste. Das in der Bilanz ausgewiesene Eigenkapital ist gleich dem Vermögen abzüglich Fremdkapital.

Bei **Kapitalgesellschaften** umfasst das Eigenkapital folgende Posten:

§ 272 (1) **I.** **Gezeichnetes Kapital** ist das *Grundkapital* der AG oder *Stammkapital* der GmbH, auf das sich die Haftung der Gesellschafter der Kapitalgesellschaft beschränkt. Wenn das gezeichnete Kapital nicht voll einbezahlt ist (ausstehende Einlagen), muss dies in der Bilanz angegeben werden. Dafür ist nach Handelsrecht folgende Möglichkeit vorgesehen:

Ausweis des eingeforderten Kapitals auf der Passivseite der Bilanz. Der Betrag ergibt sich aus der Verminderung des gezeichneten Kapitals um den Betrag der nicht eingeforderten ausstehenden Einlagen; außerdem Ausweis des Betrags der eingeforderten Einlagen unter den Forderungen.

Beispiel: Eine AG hat ein gezeichnetes Kapital von 2 Mio. EUR. Die ausstehenden Einlagen betragen 400.000 EUR, davon sind 50.000 EUR eingefordert.

Bilanzausweis:

Aktiva	Bilanz zum 31. Dezember 20.. (in EUR)			Passiva
B. II. 4. Forderungen aus eingeforderten ausstehenden Einlagen	50.000	**A.** Eigenkapital		
		I. Gezeichnetes Kapital	2.000.000	
		Nicht eingeforderte ausstehende Einlagen	350.000	
		Eingefordertes Kapital		1.650.000

II. Kapitalrücklage. Als solche sind auszuweisen HGB § 272 (2)

- Aufgeld bei der Ausgabe von Anteilen (Agio bei Aktienemission),
- Beträge, die bei der Ausgabe von Schuldverschreibungen für Wandlungs- und Optionsrechte zum Erwerb von Anteilen erzielt werden,
- Zuzahlungen, welche Gesellschafter (Aktionäre) gegen Gewährung eines Vorzugs für ihre Anteile leisten,
- Zuzahlungen, die Gesellschafter in das Eigenkapital leisten (Zuzahlungen bei Sanierungen, Nachschüsse bei der GmbH).

III. Gewinnrücklagen. Als solche sind Beträge auszuweisen, die *aus dem Ergebnis* gebildet worden sind. Dazu gehören: § 272 (3)

III.1 Gesetzliche Rücklage bei der AG. Ihr sind jährlich 5 % des um einen Verlustvortrag verminderten Jahresüberschusses solange zuzuführen, bis sie zusammen mit der Kapitalrücklage 10 % oder den in der Satzung bestimmten höheren Teil des Grundkapitals erreicht. Bei der GmbH gibt es keine gesetzliche Rücklage. AktG § 150

Die gesetzliche Rücklage dient zusammen mit der Kapitalrücklage als eiserne Reserve. Sie dürfen zum *Verlustausgleich* erst dann angegriffen werden, wenn ein vorhandener Gewinnvortrag verwendet und alle anderen Gewinnrücklagen aufgelöst wurden. Übersteigen sie den gesetzlichen oder satzungsmäßig höheren Teil, so kann der übersteigende Betrag vor anderen Gewinnrücklagen zum Verlustausgleich verwendet werden, aber nur, wenn nicht gleichzeitig andere Gewinnrücklagen zur Gewinnausschüttung aufgelöst werden. Der übersteigende Betrag kann auch *in Grundkapital umgewandelt* werden.

III.2 Anteile an herrschenden oder mit Mehrheit beteiligten Unternehmen. Für diese Anteile ist eine Rücklage zu bilden. In die Rücklage ist ein Betrag einzustellen, der dem auf der Aktivseite der Bilanz für diese Anteile entspricht. HGB § 272 (4)

III.3 Satzungsmäßige und andere Gewinnrücklagen. Wird die Rücklagenbildung durch die Satzung bestimmt, so handelt es sich um satzungsmäßige Rücklagen. Darüber hinaus kann die Hauptversammlung weitere Beträge als andere Gewinnrücklagen einstellen. AktG § 58

Die Arten der Gewinnrücklagen dienen der Sicherung und Erweiterung des Unternehmens, der Erhaltung des gezeichneten Kapitals (Ausbuchung von Verlust), der Erhöhung des gezeichneten Kapitals und bei der AG der Dividendenpolitik. Außerdem werden sie für beabsichtigte Neuinvestitionen oder Wohlfahrtseinrichtungen gebildet. GmbHG § 29 (2)

Die Umwandlung von Rücklagen in Grundkapital bei der AG nennt man **Kapitalerhöhung aus Gesellschaftsmitteln.**

IV. Gewinnvortrag/Verlustvortrag. Dies ist der Übertrag von Gewinn oder Verlust aus dem Vorjahr.

V. Jahresüberschuss/Jahresfehlbetrag. Er stellt das Jahresergebnis vor der Gewinnausschüttung dar.

HGB § 249 – **B. Rückstellungen müssen** von jedem Kaufmann gebildet werden für

- ungewisse Verbindlichkeiten, z.B. Pensionsverpflichtungen,
- drohende Verluste aus schwebenden Geschäften (im Einkommensteuerrecht nicht erlaubt),
- im Geschäftsjahr unterlassene Aufwendungen für Instandhaltungen, die im folgenden Geschäftsjahr innerhalb von 3 Monaten nachgeholt werden, oder Abraumbeseitigung, die im folgenden Geschäftsjahr nachgeholt wird,
- Gewährleistungen, die ohne rechtlichen Grund erbracht werden.

Für andere Zwecke dürfen Rückstellungen nicht gebildet werden.

Große und mittelgroße Kapitalgesellschaften haben die Rückstellungen wie folgt besonders **auszuweisen:**

1. Rückstellungen für Pensionen und ähnliche Verpflichtungen,
2. Steuerrückstellungen und
3. Sonstige Rückstellungen. Der hier angegebene Betrag muss im Anhang erläutert werden. (§ 285 Z.12)

§ 268 – **C. Verbindlichkeiten.** Bei jedem einzelnen Posten muss der Betrag der Verbindlichkeiten mit einer Restlaufzeit bis zu einem Jahr vermerkt werden. Außerdem müssen (§ 285) Verbindlichkeiten mit einer **Restlaufzeit** von mehr als 5 Jahren und **Pfandrechte** im Anhang angegeben werden. Erhaltene Anzahlungen auf Bestellungen können auch bei den Vorräten offen abgesetzt werden.

§ 251 Für besondere Haftungsverhältnisse aus Verbindlichkeiten ist ein Vermerk »unter der Bilanz« vorgeschrieben. Außerdem sind die Tatbestände im Anhang zu erläutern.

§ 250 – **D. Rechnungsabgrenzungsposten.** Als passive Posten der Rechnungsabgrenzung dürfen nur **Einnahmen** vor dem Abschlussstichtag, soweit sie Erträge für eine bestimmte Zeit nach diesem Tag darstellen, ausgewiesen werden (transitorische Passiva).

Aufwendungen des laufenden Geschäftsjahres, die erst nach dem Abschlussstichtag Ausgaben werden (antizipative Passiva) sind unter »Sonstige Verbindlichkeiten« aufzuführen.

§ 274 – **E. Passive latente Steuern** ergeben sich aus Bewertungsdifferenzen zwischen Handels- und Steuerbilanz. Wenn der spätere Abbau dieser Differenzen zu Steuerbelastungen führt, **müssen** diese als passive latente Steuern bilanziert werden.

Beispiel: Ein Unternehmen hat ein Patent für ein selbst entwickeltes Fertigungsverfahren mit 400.000 EUR als selbst erstellten immateriellen Vermögensgegenstand in der Handelsbilanz aktiviert. In der Steuerbilanz besteht hierfür ein Aktivierungsverbot. Der Ansatz führt in der Handelsbilanz zum Ausweis eines Mehrvermögens von 400.000 EUR, der den zukünftigen Nutzenzufluss zum Ausdruck bringt. Realisiert sich dieser erwartete Nutzen tatsächlich, entsteht in der Steuerbilanz ein um 400.000 EUR höherer Gewinn, der eine höhere Ertragsteuerschuld auslöst. Angenommen, der Ertragsteuersatz beträgt 25 %, würde die Steuerschuld 100.000 EUR betragen. Da in der Handelsbilanz diese Steuerschuld, die auf dem ausgewiesenen Mehrvermögen von 400.000 EUR beruht, noch nicht erfasst ist, **muss** eine passive latente Steuer in Höhe der voraussichtlichen Steuerschuld von 100.000 EUR in der Bilanz ausgewiesen werden.

Jahresbilanzen von Unternehmen anderer Rechtsform

Einzelunternehmen, Personengesellschaften und Genossenschaften haben in der Bilanz (§ 247) das Anlagevermögen, das Umlaufvermögen, das Eigenkapital, die Schulden und die Rechnungsabgrenzungsposten **vollständig** und hinreichend gegliedert anzugeben. Soweit Verbindlichkeiten, drohende Verluste aus schwebenden Geschäften, nachzuholende Instand- (§ 249) haltungen und Gewährleistungen vorliegen, sind Rückstellungen zu bilden.

Die Gliederungsvorschriften für die Bilanz von Kapitalgesellschaften sind für diese Unternehmen nicht verbindlich.

Seite 513

Die Weiterentwicklung der Bilanzierungs- und Bewertungsgrundsätze hat zur Aufstellung von Kontenrahmen für die einzelnen Wirtschaftszweige und damit gewissermaßen zu »genormten« Bilanzierungsgliederungen geführt, sodass die Rechtsform im Wesentlichen nur eine unterschiedliche Darstellung und Benennung des Eigenkapitals bedingt.

a) **Einzelunternehmen.** In ihrer Bilanz wird für den Eigentümer ein **variables** Eigenkapitalkonto geführt. Diesem werden Einlagen und Gewinne zugeschrieben und Entnahmen (private Sach- und Geldentnahmen) und Verluste abgeschrieben, sodass der Posten Eigenkapital den jeweiligen Stand am Ende der Rechnungsperiode ausweist.

b) **Personengesellschaften.** In der Bilanz der *OHG* wird für jeden Gesellschafter ein besonderes Eigenkapitalkonto geführt, das inhaltlich dem eines Einzelunternehmers entspricht. Die in der Bilanz ausgewiesenen Eigenkapitalanteile der Gesellschafter sind somit **variabel.** Da Vertragsfreiheit besteht, können jedoch die Kapitalanteile der Gesellschaft auch auf bestimmte Beträge festgelegt und zusätzliche Beträge anderweitig auf Sonderkonten (Gesellschafterdarlehen, Unternehmensrücklage) ausgewiesen werden. HGB § 120

Für die Eigenkapitalanteile der Vollhafter einer *KG* (Komplementäre) gelten die gleichen Regeln wie für die Gesellschafter der OHG. Die Kapitalanteile der Kommanditisten (Kommanditeinlagen) jedoch sind nur **beschränkt variabel** und können den im Gesellschaftsvertrag festgelegten Betrag nicht übersteigen. Soweit Gewinnanteile den Kommanditisten nicht ausbezahlt worden sind, werden sie als Verbindlichkeiten ausgewiesen. §§ 167 f.

Seite 558

Großunternehmen. Nach dem Gesetz über die Rechnungslegung von bestimmten Unternehmen und Konzernen (Publizitätsgesetz) vom 15. Aug. 1969 haben Großunternehmen ihre Bilanzen zwingend den Vorschriften des HGB für große Kapitalgesellschaften entsprechend aufzustellen und zu veröffentlichen, wenn für drei aufeinanderfolgende Abschlussstichtage jeweils **mindestens zwei** der drei nachstehenden Merkmale zutreffen: PublG §§ 1, 9, 11

1. Die **Bilanzsumme** übersteigt **65 Mio. EUR.**
2. Die **Umsatzerlöse** des Unternehmens übersteigen **130 Mio. EUR.**
3. Das Unternehmen hat im abgelaufenen Jahr **durchschnittlich mehr als 5.000 Arbeitnehmer** beschäftigt.

Sobald erstmals in einem Geschäftsjahr zwei der drei Merkmale eingetreten sind, haben dies die gesetzlichen Vertreter der Großunternehmen unverzüglich dem Handelsregister gegenüber zu erklären.

Großunternehmen, die Personengesellschaften oder Einzelunternehmen sind, können ihre Eigenkapitalkonten **variabel** führen, d. h. Gewinn- oder Verlustanteile sowie Privatentnahmen auf den Kapitalkonten buchen.

14.3.2 Gewinn- und Verlustrechnung

Die Gewinn- und Verlustrechnung gibt Auskunft über die Aufwendungen und Erträge einer Rechnungsperiode. Sie stellt dabei den in Geld gemessenen **laufenden** Einsatz von Vermögen sowie dessen Ersatz durch den Markt und das Ergebnis innerbetrieblicher Leistung dar. Während die Bilanz nur den Zustand des Unternehmens am Bilanzstichtag darstellt, zeigt die Erfolgsrechnung das *wirtschaftliche Geschehen,* das sich im Laufe eines Geschäftsjahres im Unternehmen vollzogen hat.

Gewinn- und Verlustrechnung der Kapitalgesellschaft

Kapitalgesellschaften haben die Gewinn- und Verlustrechnung in der Staffelform nach dem Gesamt- oder Umsatzkostenverfahren aufzustellen. Beim **Gesamtkostenverfahren** unterscheidet man das Brutto- und das Nettoprinzip. HGB § 275 (1)

a) Die Gewinn- und Verlustrechnung nach dem **Bruttoprinzip** zeigt folgendes Bild. *Große Kapitalgesellschaften müssen* die Gewinn- und Verlustrechnung mit dieser Mindestgliederung erstellen und veröffentlichen.

HGB § 275 (2)

Gliederung der Gewinn- und Verlustrechnung (nach dem Gesamtkostenverfahren)	
1. Umsatzerlöse 2. Erhöhung oder Verminderung des Bestandes an fertigen und unfertigen Erzeugnissen 3. andere aktivierte Eigenleistungen 4. sonstige betriebliche Erträge 5. Materialaufwand: a) Aufwendungen für Roh-, Hilfs- und Betriebsstoffe und für bezogene Waren b) Aufwendungen für bezogene Leistungen 6. Personalaufwand: a) Löhne und Gehälter b) soziale Abgaben und Aufwendungen für Altersversorgung und für Unterstützung, davon für Altersversorgung 7. Abschreibungen: a) auf immaterielle Vermögensgegenstände des Anlagevermögens und Sachanlagen b) auf Vermögensgegenstände des Umlaufvermögens, soweit diese die in der Kapitalgesellschaft üblichen Abschreibungen überschreiten 8. sonstige betriebliche Aufwendungen	BETRIEBSERGEBNIS
9. Erträge aus Beteiligungen, davon aus verbundenen Unternehmen 10. Erträge aus anderen Wertpapieren und Ausleihungen des Finanzanlagevermögens, davon aus verbundenen Unternehmen 11. sonstige Zinsen und ähnliche Erträge, davon aus verbundenen Unternehmen 12. Abschreibungen auf Finanzanlagen und auf Wertpapiere des Umlaufvermögens 13. Zinsen und ähnliche Aufwendungen, davon an verbundene Unternehmen	FINANZ-ERGEBNIS
14. Ergebnis der gewöhnlichen Geschäftstätigkeit	
15. außerordentliche Erträge 16. außerordentliche Aufwendungen	
17. außerordentliches Ergebnis	
18. Steuern vom Einkommen und vom Ertrag 19. sonstige Steuern	
20. Jahresüberschuss/Jahresfehlbetrag	

Erläuterungen zu einzelnen Posten:

§ 277

- **Umsatzerlöse** sind Erlöse aus dem Verkauf, der Vermietung und Verpachtung von Erzeugnissen, Waren und Dienstleistungen des gewöhnlichen Geschäftsbetriebs abzüglich der Erlösschmälerungen und der Umsatzsteuer. Die Erlöse aus Nebentätigkeiten sind unter sonstigen betrieblichen Erträgen auszuweisen.
- **Sonstige betriebliche Erträge** sind z. B. Erträge aus der Auflösung von Rückstellungen, aus Anlagenabgängen; Kursgewinne aus Zahlungsverkehr und Kurssicherung bei Auslandsgeschäften; Erlöse aus Nebengeschäften; Erlöse aus der Weiterbelastung von Kosten und Leistungen, Miet- und Pachterlöse, Lizenzerlöse, Investitionszulagen und Umsatzsteuervergütungen.
- **Abschreibungen.** Der Betrag stimmt mit dem Betrag im Anlagespiegel überein. Die darin enthaltenen außerplanmäßigen Abschreibungen sind gesondert auszuweisen oder im Anhang anzugeben.

- **Sonstige betriebliche Aufwendungen** enthalten Verluste aus dem Abgang von Gegenständen des Anlagevermögens, Aufwendungen aus anderen Geschäftsjahren, soweit sie der gewöhnlichen Geschäftstätigkeit zuzurechnen sind, u. a.
- **Außerordentliche Erträge und Aufwendungen** entstehen z. B. bei Sanierungen, Umwandlungen u. Ä. Soweit sie für die Beurteilung der Ertragslage nicht von untergeordneter Bedeutung sind, müssen sie im Anhang erläutert werden.
- **Steuern vom Einkommen und vom Ertrag** betreffen die Körperschaftsteuer und die Gewerbesteuer. Die Höhe hängt von der Gewinnverwendung ab, die erst nach der Beschlusslage der Hauptversammlung endgültig feststeht. Eine notwendige Korrektur erfolgt im Folgejahr. HGB § 278
- **Sonstige Steuern** beziehen sich auf die Grundsteuer und alle übrigen Steuern.

b) Bei der Gewinn- und Verlustrechnung nach dem **Nettoprinzip** werden die Umsatzerlöse nicht ausgewiesen, sondern vorweg zum *Rohergebnis* saldiert. § 276

Umsatzerlöse
+/– Bestandsveränderung der unfertigen und fertigen Erzeugnisse
+ andere aktivierte Eigenleistungen
+ sonstige betriebliche Erträge
– Materialaufwand (für Roh-, Hilfs- u. Betriebsstoffe sowie bezogene Leistungen)

Durch Saldieren von Erträgen mit Aufwendungen ist die Aussagekraft der GuV-Rechnung vermindert. Das Unternehmen gibt seine Umsatzerlöse nicht offen bekannt.

Nur *kleine und mittelgroße Kapitalgesellschaften dürfen* das Nettoprinzip bei der Erstellung der Gewinn- und Verlustrechnung anwenden.

Die Gewinn- und Verlustrechnung kann auch nach dem **Umsatzkostenverfahren** aufgestellt werden.

Gliederung der Gewinn- und Verlustrechnung (nach dem Umsatzkostenverfahren)
1. Umsatzerlöse 2. Herstellungskosten der zur Erzielung des Umsatzerlöses erbrachten Leistung
3. Bruttoergebnis vom Umsatz
4. Vertriebskosten 5. allgemeine Verwaltungskosten 6. sonstige betriebliche Erträge 7. sonstige betriebliche Aufwendungen 8. Erträge aus Beteiligungen, davon aus verbundenen Unternehmen 9. Erträge aus anderen Wertpapieren und Ausleihungen des Finanzanlagevermögens, davon aus verbundenen Unternehmen 10. sonstige Zinsen und ähnliche Erträge, davon aus verbundenen Unternehmen 11. Abschreibungen auf Finanzanlagen und auf Wertpapiere des Umlaufvermögens 12. Zinsen und ähnliche Aufwendungen, davon an verbundene Unternehmen
13. **Ergebnis der gewöhnlichen Geschäftstätigkeit**
14. außerordentliche Erträge 15. außerordentliche Aufwendungen
16. **außerordentliches Ergebnis**
17. Steuern vom Einkommen und vom Ertrag 18. sonstige Steuern
19. **Jahresüberschuss/Jahresfehlbetrag**

§ 275 (3)

Erläuterungen zu einzelnen Posten:

- **Vertriebskosten.** Hier sind alle in der Periode angefallenen Vertriebskosten aufzunehmen, auch wenn der Umsatz noch nicht realisiert wurde.

  Beispiele: Werbe-, Akquisitions-, Verpackungsmaterialkosten.

- **Verwaltungskosten.** Diese Position enthält alle nicht aktivierten und nicht in die Herstellungskosten einbezogenen Aufwendungen.

Beispiel:

Das Konto »Gesamtergebnis« einer großen Kapitalgesellschaft enthält folgende Angaben (in Mio. EUR)

Materialaufwand	120	Umsatzerlöse	320
Personalaufwand	92*)	Bestandserhöhungen	30
Abschreibungen	105	Sonstige betriebliche Erträge	20
Sonstige betriebliche Aufwendungen	60	Außerordentliche Erträge	12
Außerordentliche Aufwendungen	5	Aktivierte Eigenleistungen	40
Steuern vom Einkommen und Ertrag	17		
Sonstige Steuern	7		
Jahresüberschuss	16		

*) Im Personalaufwand sind 3 Mio. EUR Vertriebskosten und 11 Mio. EUR allgemeine Verwaltungskosten enthalten.

Daraus ergibt sich folgende Darstellung des Gesamtergebnisses nach dem Gesamtkostenverfahren und dem Umsatzkostenverfahren:

Gesamtergebnis (Gesamtkostenverfahren):	
Umsatzerlöse	320
Bestandserhöhung FE und UE	30
Aktivierte Eigenleistungen	40
sonstige betriebliche Erträge	20
Materialaufwand	120
Personalaufwand	92
Abschreibungen	105
sonstige betriebliche Aufwendungen	60
Ergebnis der gewöhnlichen Geschäftstätigkeit	33
außerordentliche Erträge	12
außerordentliche Aufwendungen	5
außerordentliches Ergebnis	7
Steuern vom Einkommen und Ertrag	17
sonstige Steuern	7
Jahresüberschuss	16

Gesamtergebnis (Umsatzkostenverfahren):	
Umsatzerlöse	320
Herstellungskosten der zur Erzielung des Umsatzerlöses erbrachten Leistung	233
Bruttoergebnis vom Umsatz	87
Vertriebskosten	3
allgemeine Verwaltungskosten	11
sonstige betriebliche Erträge	20
sonstige betriebliche Aufwendungen	60
Ergebnis der gewöhnlichen Geschäftstätigkeit	33
außerordentliche Erträge	12
außerordentliche Aufwendungen	5
außerordentliches Ergebnis	7
Steuern vom Einkommen und Ertrag	17
sonstige Steuern	7
Jahresüberschuss	16

Gewinn- und Verlustrechnung bei Aktiengesellschaften

AktG § 158 Bei Aktiengesellschaften ist die Staffel außerdem um Positionen der Gewinnverwendung erweitert. Damit wird die Verwendung des erzielten Gewinns übersichtlich dargestellt:

Jahresüberschuss/Jahresfehlbetrag

Seite 560

1. **Gewinnvortrag/Verlustvortrag** aus dem Vorjahr
2. **Entnahmen** aus der Kapitalrücklage
3. **Entnahmen** aus Gewinnrücklagen
   a) aus der gesetzlichen Rücklage
   b) aus der Rücklage für Anteile an einem herrschenden oder mehrheitlich beteiligten Unternehmen
   c) aus der satzungsmäßigen Rücklage
   d) aus anderen Gewinnrücklagen
4. **Einstellungen** in Gewinnrücklagen
   a) in die gesetzliche Rücklage
   b) in die Rücklagen für Anteile an einem herrschenden oder mehrheitlich beteiligten Unternehmen
   c) in satzungsmäßige Rücklagen
   d) in andere Gewinnrücklagen
5. **Bilanzgewinn/Bilanzverlust**

Erfolgsrechnung von Unternehmen anderer Rechtsform

a) **Einzelunternehmen.** Für ihre Erfolgsrechnungen bestehen keine Gliederungsvorschriften. In zunehmendem Maße richten sich die Unternehmen ebenfalls nach den Vorschriften des HGB und den von den Fachverbänden entwickelten Kontenrahmen.

b) **Personengesellschaften.** Auch für diese Unternehmen bestehen keine Gliederungsvorschriften, es sei denn, dass ausschließlich Kapitalgesellschaften persönlich haftende Gesellschafter sind. Es sind dann die Vorschriften des HGB zwingend anzuwenden. HGB § 264a

Großunternehmen. Für sie gelten die gleichen Gliederungsvorschriften wie für die große Kapitalgesellschaft.

Seite 512

14.3.3 Anhang zur Bilanz und GuV-Rechnung

Zur *Erläuterung der Bilanz sowie der Gewinn- und Verlustrechnung* ist für Kapitalgesellschaften ein Anhang gesetzlich vorgeschrieben. Für kleine und mittelgroße Kapitalgesellschaften sind Erleichterungen, für Aktiengesellschaften Erweiterungen vorgesehen. HGB §§ 284 f., 288

Beispiele:

1. Die Aufgliederung der Umsatzerlöse nach Tätigkeitsbereichen sowie nach geographisch bestimmten Märkten kann unterbleiben.
2. Im Anhang der Aktiengesellschaft müssen die Zahl, der auf die eigenen Aktien entfallende Betrag des Grundkapitals sowie deren Anteil am Grundkapital, der Zeitpunkt und die Gründe für den Erwerb angegeben werden. AktG § 160

Große Kapitalgesellschaften sind u. a. zu folgenden Angaben im Anhang gesetzlich verpflichtet:

1. Erläuterungen zu Posten der Bilanz sowie Gewinn- und Verlustrechnung.

   Beispiele:
   - Forderungen und Verbindlichkeiten von erheblichem Umfang, die erst nach dem Abschlussstichtag rechtlich entstehen;
   - Aufgliederung der Umsatzerlöse nach Tätigkeitsbereichen.
2. Angabe der Bilanzierungs- und Bewertungsmethoden sowie ihrer Änderung mit den sich daraus ergebenden Einflüssen auf die Vermögens-, Finanz- und Ertragslage.
3. Verbindlichkeiten mit einer Restlaufzeit von mehr als 5 Jahren sowie Art und Form der dafür eingesetzten Sicherheiten.
4. Steuerbelastung der gewöhnlichen Geschäftstätigkeit und des außerordentlichen Ergebnisses.

5. Gesamtbezüge, Vorschüsse und Kredite der Mitglieder des Geschäftsführungsorgans, eines Aufsichtsrats, eines Beirats oder einer ähnlichen Einrichtung sind ausführlich nach Personengruppen getrennt anzugeben.

Außerdem sind in Ausübung des **Wahlrechts** zwischen der Angabe in der Bilanz oder im Anhang die entsprechenden Erläuterungen im Anhang zu machen, wenn der Ausweis in der Bilanz unterbleibt.

Beispiele:

HGB § 280

1. Wenn die Gründe für eine außerplanmäßige Abschreibung in späteren Geschäftsjahren wegfallen, sind entsprechende Zuschreibungen vorzunehmen. Soweit der niedrigere Wertansatz bei der steuerlichen Gewinnermittlung beibehalten werden kann, gilt dies auch für die Handelsbilanz. In diesem Fall ist der Betrag der unterlassenen Zuschreibung im Anhang anzugeben, sofern er nicht in der Bilanz gemacht wird.
2. Wenn die Bewegung des Anlagevermögens (Anlagengitter) nicht in der Bilanz dargestellt wird, muss dies im Anhang geschehen.

Seite 515

14.3.4 Lagebericht

§§ 264, 289

Die gesetzlichen Vertreter einer Kapitalgesellschaft haben neben dem Jahresabschluss auch einen **Lagebericht** aufzustellen.

Der Lagebericht muss mindestens Angaben enthalten über

- den Geschäftsverlauf,
- die gegenwärtige Lage der Kapitalgesellschaft,
- Vorgänge von besonderer Bedeutung, die nach dem Schluss des Geschäftsjahres eingetreten sind,
- die voraussichtliche Entwicklung der Kapitalgesellschaft,
- den Bereich Forschung und Entwicklung,
- bestehende Zweigniederlassungen der Gesellschaft.

Mit dem Lagebericht sollen die Angaben des Jahresabschlusses, die sich nicht im Zahlenwerk niederschlagen, um die aktuellen Erkenntnisse und Absichten der Geschäftsleitung der Kapitalgesellschaft erweitert und ergänzt werden. Es soll auf diese Weise ein den tatsächlichen Verhältnissen entsprechendes Bild der Vermögens-, Finanz- und Ertragslage der Kapitalgesellschaft vermittelt werden.

14.3.5 Kapitalflussrechnung

§§ 264 (1)

Seite 574

Kapitalmarktorientierte Kapitalgesellschaften, die nicht zu einem Konzernabschluss verpflichtet sind, haben den Jahresabschluss um eine Kapitalflussrechnung (Cashflow Statement) zu erweitern. Die Kapitalflussrechnung soll Aufschluss über die Entwicklung der Liquidität eines Unternehmens geben.

14.3.6 Eigenkapitalspiegel

Der Eigenkapitalspiegel ist für kapitalmarktorientierte Unternehmen ein verpflichtender Bestandteil des Jahresabschlusses. Er zeigt die Veränderungen des Eigenkapitals zwischen zwei Bilanzstichtagen. Im Eigenkapitalspiegel müssen

- die einzelnen Eigenkapitalpositionen aufgeschlüsselt dargestellt werden,
- die Anfangsbestände und Endbestände der jeweiligen Eigenkapitalposition genannt werden,
- diejenigen Ereignisse dargestellt werden, die zu einer Veränderung der Positionen geführt haben.

Der Eigenkapitalspiegel soll die Kapitalstärke des Unternehmens darstellen.

14.3.7 Prüfung, Feststellung und Offenlegung des Jahresabschlusses

Prüfung der Rechnungslegung bei Kapitalgesellschaften

Abschlussprüfer. Bei mittleren und großen Kapitalgesellschaften ist die Prüfung der Buchführung, des Jahresabschlusses und des Lageberichts gesetzlich vorgeschrieben. HGB §§ 316 ff.

Dazu wählen die Gesellschafter vor Ablauf des zu prüfenden Geschäftsjahres einen **Abschlussprüfer;** bei Gesellschaften mit beschränkter Haftung kann der Gesellschaftsvertrag etwas anderes bestimmen.

Für die Durchführung der Prüfung haben die gesetzlichen Vertreter der Kapitalgesellschaft (Vorstand, Geschäftsführer) dem Abschlussprüfer

- alle Unterlagen unverzüglich vorzulegen,
- jeden geforderten Einblick zu gestatten und
- alle notwendigen Nachweise und Aufklärungen zu geben, die für eine sorgfältige Prüfung notwendig sind.

Prüfungsbericht. Das Ergebnis der Prüfung ist vom Abschlussprüfer in einem schriftlichen **Prüfungsbericht** ausführlich darzulegen. Der Prüfungsbericht muss insbesondere Angaben darüber enthalten, ob § 321

- die gesetzlichen Vorschriften eingehalten wurden,
- die gesetzlichen Vertreter die nötigen Aufklärungen und Nachweise gegeben haben,
- nachteilige, wesentliche Veränderungen der Vermögens-, Finanz- und Ertragslage das Jahresergebnis nicht wesentlich beeinflusst haben.

Der Abschlussprüfer hat im Prüfungsbericht seine Unabhängigkeit zu bestätigen.

Bestätigungsvermerk. Wenn keine Einwendungen erhoben werden, hat der Abschlussprüfer dies durch folgenden Vermerk zum Jahresabschluss, der wie der Jahresabschluss veröffentlicht wird, zu bestätigen: § 322

Beispiel: Die Buchführung und der Jahresabschluss entsprechen nach unserer pflichtgemäßen Prüfung den gesetzlichen Vorschriften. Der Jahresabschluss vermittelt unter Beachtung der Grundsätze ordnungsmäßiger Buchführung ein den tatsächlichen Verhältnissen entsprechendes Bild der Vermögens-, Finanz- und Ertragslage der Kapitalgesellschaft.

Der Lagebericht steht im Einklang mit dem Jahresabschluss.

Frankfurt (Main), im Mai 20..

Deutsche Treuhand-Gesellschaft
Dr. Hofmann — Braun
Wirtschaftsprüfer — Wirtschaftsprüfer

Vorlage an die Gesellschafter

Die **Feststellung des Jahresabschlusses** obliegt im Allgemeinen den Gesellschaftern der Kapitalgesellschaft. Nur bei der Aktiengesellschaft gilt der Jahresabschluss bereits als festgestellt, wenn ihn der Aufsichtsrat billigt. Vorstand und Aufsichtsrat können jedoch beschließen, dass die Feststellung an die Hauptversammlung verwiesen wird. Ist der Jahresabschluss festgestellt, darf er nicht mehr verändert werden. GmbHG § 42a AktG § 172

Offenlegung und Publizität

Die Offenlegung des Jahresabschlusses und weiterer Abschlussunterlagen ist unverzüglich nach der Vorlage an die Gesellschafter zu veranlassen. Dazu werden die Unterlagen beim Betreiber des elektronischen Bundesanzeigers eingereicht. Der Umfang und die Art der Veröffentlichung ist von der Größe der Kapitalgesellschaft abhängig. HGB §§ 325–328

Kapitalgesellschaft	Offenlegung					Veröffentlichungsfrist
	Jahresabschluss			Lagebericht	Einreichung bzw. Bekanntmachung	
	Bilanz	GuV	Anhang			
große	X	X	X	X	elektr. BA*	12 Monate
mittelgroße	X	X	X	X	elektr. BA	12 Monate
kleine	X	–	X	–	elektr. BA	12 Monate

* elektr. BA = elektronischer Bundesanzeiger

?

1. Welcher Zusammenhang und welcher Unterschied bestehen zwischen einer Bilanz und dem Inventar?
2. Inwieweit unterscheidet sich die Bilanz eines Einzelunternehmens von der einer Kapitalgesellschaft?
3. Die Getränkegeräte-GmbH hat ein gezeichnetes Kapital von 5 Mio. EUR. Die Gesellschafter haben noch 1,6 Mio. EUR einzuzahlen. Von diesem Betrag sind 400.000 EUR eingefordert.

   Stellen Sie diesen Sachverhalt in der Bilanz dar.
4. Nennen Sie die Positionen der GuV-Rechnung, die zum
   a) Betriebsergebnis, b) Finanzergebnis gehören.
5. In einer GuV-Rechnung ist das Betriebsergebnis kleiner als das Finanzergebnis. Wie beurteilen Sie diesen Sachverhalt?
6. Die ABC-Werke AG bereitet den Jahresabschluss 20.. vor. Folgende Unterlagen aus der Buchhaltung liegen Ihnen vor:

Soll — Zusammengefasstes vorläufiges GuV-Konto zum 31.12.20.. (Mio. EUR) — Haben

Soll		Haben	
Materialaufwand	24,8	Umsatzerlöse	98,4
Personalaufwand	41,9	Bestandsveränderungen an fertigen und unfertigen Erzeugnissen	1,1
Abschreibungen auf Gegenstände des Anlagevermögens	12,8	andere aktivierte Eigenleistungen	2,7
Abschreibungen auf Finanzanlagen	3,3	Erträge aus Beteiligungen	2,1
Zinsaufwand	0,8	sonstige betriebliche Erträge	2,3
Steuern v. Einkommen u. sonstige Steuern	8,8		
sonstige betriebliche Aufwendungen	8,0		
vorläufiger Jahresüberschuss	6,2		
	106,6		106,6

Aktiva — Zusammengefasste vorläufige Bilanz zum 31.12.20.. (Mio. EUR) — Passiva

Aktiva		Passiva	
A. Summe Anlagevermögen	56,2	A. Eigenkapital	
B. Summe Umlaufvermögen	41,9	I. Gezeichnetes Kapital	42,0
		II. Kapitalrücklage	0,5
		III. Gewinnrücklagen	
		1. gesetzliche Rücklage	3,6
		2. andere Gewinnrücklagen	7,9
		IV. Verlustvortrag	– 2,2
		V. vorläufiger Jahresüberschuss	6,2
		B. Rückstellungen	4,9
		C. Verbindlichkeiten	35,2
	98,1		98,1

a) Erstellen Sie die Gewinn- und Verlustrechnung in Staffelform gemäß § 275 HGB, und ermitteln Sie den Jahresüberschuss entsprechend den gesetzlichen Bestimmungen.

b) Der Jahresabschluss wird von Vorstand und Aufsichtsrat festgestellt. Aus Gründen der Dividendenkontinuität soll wie in den Vorjahren eine Dividende von 10 % ausgeschüttet werden. Außerdem soll die Belegschaft halb so viel Gewinnbeteiligung wie die Aktionäre erhalten. Sollte der Jahresgewinn dafür nicht ausreichen, so ist er notfalls aus den »anderen Gewinnrücklagen« auf die notwendige Höhe aufzufüllen.
   - Welcher Betrag wird – vorbehaltlich der Zustimmung der Hauptversammlung – an die Aktionäre und welcher an die Belegschaft ausgeschüttet?
   - Führen Sie unter diesen Bedingungen die Gewinn- und Verlustrechnung gemäß den gesetzlichen Bestimmungen des Aktiengesetzes fort, und ermitteln Sie den Bilanzgewinn.
   - Was spricht für, was gegen eine Dividendenkontinuität?
   - Ermitteln Sie die einzelnen Posten der Kapitalseite der Bilanz nach Feststellung des Jahresabschlusses entsprechend folgendem Muster:

Bilanzpositionen	Werte vor der Gewinnverteilung Mio. EUR	Wertzu-/ -abgänge Mio. EUR	Werte nach der Gewinnverteilung Mio. EUR

c) Nennen Sie je zwei Gründe, die dafür und dagegen sprechen, Gewinnrücklagen über das vom Gesetzgeber vorgeschriebene Maß hinaus zu bilden.

d) Erläutern Sie die Unterschiede zwischen den Posten »Kapitalrücklage«, »Gewinnrücklagen« und »Rückstellungen«.

e) Aufgrund welcher Rechtsgrundlage könnte die Belegschaft Gewinnanteile beanspruchen?

f) Ermitteln Sie den Bilanzkurs der Aktien nach der Gewinnausschüttung, und vergleichen Sie diesen Kurs mit dem gegenwärtigen Börsenkurs von 80 EUR/Stück.

g) Nennen Sie zwei mögliche Gründe für den Kursunterschied.

7. Suchen Sie nach Beispielen, in welchen Fällen die im Anhang gesetzlich vorgeschriebenen Angaben besondere Bedeutung haben werden.

8. Welche Gründe sprechen für die Darstellung des Anlagengitters im Anhang?

9. Welche Informationen liefern Ihnen folgende Angaben im Anhang einer Aktiengesellschaft?

a) Erworbene immaterielle Vermögensgegenstände werden aktiviert und planmäßig nach der Nutzungsdauer innerhalb 3 bis 15 Jahren abgeschrieben.

b) Im Geschäftsjahr wurden Wertaufholungen in Höhe von 30,5 Mio. EUR unterlassen. Die durch planmäßige oder außerplanmäßige Abschreibungen bedingte Verminderung des Jahresüberschusses beträgt 25,4 Mio. EUR.

c) Durch die Anwendung der LIFO-Methode bei der Bewertung von Vorräten ergibt sich ein Unterschiedsbetrag (LIFO-Reserve) von 10 Mio. EUR bei Rohstoffen und 60 Mio. EUR bei unfertigen und fertigen Erzeugnissen und Waren.

10. Welche Gesellschaften müssen veröffentlichen

a) die Bilanz, b) die GuV-Rechnung, c) den Lagebericht?

14.4 Gewinnverwendung

14.4.1 Gewinnausweis bei unterschiedlicher Rechtsform

Der im Jahresabschluss ausgewiesene Gewinn hat bei den verschiedenen Unternehmensformen unterschiedliche Inhalte und Bestandteile.

Unternehmen, die juristische Personen (AG, GmbH, KGaA, eG) sind, verrechnen

- die den Auftragsunternehmern (Vorstand, Geschäftsführer) und den Aufsichtsratsmitgliedern gezahlten Entgelte,
- die Steuern vom Einkommen

gewinnmindernd als Aufwand in der Erfolgsrechnung.

Bei **Einzelunternehmen und Personengesellschaften** dagegen sind die entsprechenden Belastungen Bestandteile des ausgewiesenen Gewinns. Sie müssen von ihm abgezogen werden, um zu dem Betrag zu gelangen, über dessen Verwendung entschieden werden kann.

Wie viel Einkommensteuer auf den Gewinnanteil eines einzelnen Gesellschafters einer Gesellschaft natürlicher Personen trifft, ist nur für jeden Einzelfall festzustellen; denn nicht die Gesellschaft wird zur ESt veranlagt, sondern jeder einzelne Gesellschafter für sich. Die Bilanz der Gesellschaft wird deshalb als das Bündel der Einzelbilanzen der Mitunternehmer angesehen **(Bilanzbündeltheorie)**. Sie ist lediglich Beleg für Gewinnanteile (Einkünfte aus Gewerbebetrieb) der einzelnen Gesellschafter. Jeder von ihnen kann aber noch andere Einkünfte haben, die zusammen mit den Einkünften aus Gewerbebetrieb in ihrer Gesamtheit zu versteuern sind.

Seite 284

14.4.2 Möglichkeiten der Gewinnverwendung

Grundsätzlich gibt es nur zwei Möglichkeiten, den **Gewinn zu verwenden,** nämlich

a) Einbehaltung im Unternehmen,

b) Ausschüttung an die Berechtigten.

Die Einbehaltung von Gewinnteilen (offene Selbstfinanzierung) soll dazu dienen, die Substanz des Unternehmens nicht nur zu erhalten, sondern sie der fortschreitenden technischen, organisatorischen und gesamtwirtschaftlichen Entwicklung anzupassen.

Im Einzelnen kann die Einbehaltung folgende Zwecke haben:

a) Bindung von Finanzmitteln
   1. für Anlagen- und Finanzinvestitionen,
   2. zur Stärkung der Liquidität;

b) Schaffung zusätzlichen Eigenkapitals
   1. zur Sicherung des Unternehmens bei späterem Verlust,
   2. zur Verbesserung des Verhältnisses zwischen Eigen- und Fremdkapital;

c) Ausgleich des Verlustvortrags.

14.4.3 Gewinnverwendung bei Personenunternehmen

Bei Einzelunternehmen und Personengesellschaften, die nicht wie Kapitalgesellschaften behandelt werden, wird der einbehaltene Teil des Gewinns dem Kapitalkonto des Unternehmers bzw. des einzelnen Gesellschafters gutgeschrieben. Eine Ausnahme bildet die Regelung bei der Kommanditgesellschaft, weil Gewinnanteile der Kommanditisten nicht in ihre Einlagenkonten eingestellt werden dürfen, wenn diese den im Gesellschaftsvertrag bestimmten Betrag ausweisen. Wenn jedoch Kommanditeinlagen durch vorangegangene Verluste gemindert sind, müssen Gewinnanteile der Kommanditisten zunächst zur Wiederauffüllung verwendet werden, bevor eine Auszahlung stattfinden kann.

HGB § 169

Sofern sich Kommanditisten bereit finden, einen Teil ihres Gewinnanteils im Unternehmen zu belassen, geschieht dies dadurch, dass sie

- entweder durch Änderung des Gesellschaftsvertrags ihre Kommanditeinlage erhöhen,
- oder den einzubehaltenden Teil ihrer Dividende des Unternehmens als Darlehen zur Verfügung stellen **(Schütt-aus-hol-zurück-Verfahren).**

Die Gewinnverwendung der KG wird heute, da die Vorschriften des HGB nicht praxisnah sind, wohl ausnahmslos durch Gesellschaftsvertrag geregelt. Dabei wird meist dem persönlich haftenden, geschäftsführenden Gesellschafter (Komplementär) vorab eine Arbeitsvergütung (Unternehmerlohn) zugestanden und der Rest als eine Art Dividende in einem Hundertsatz des jeweiligen Kapitalanteils ausgeschüttet. Oft erhält dabei der Komplementär eine Vordividende.

§ 168

Beispiele:

1. Aus dem Einzelunternehmen Fischer e.K. entstand durch die Aufnahme des Gesellschafters Hauser zu Beginn des Geschäftsjahres (1. Januar) die Fischer OHG. Hauser bringt von der vertraglich vereinbarten Einlage in Höhe von 400.000 EUR zum 1. Januar 240.000 EUR (Wert 31. Dez. des Vorjahres) und zum 30. Juni den Rest ein. Das Kapitalkonto Fischer weist in der Eröffnungsbilanz 900.000 EUR aus. Fischer entnimmt am 15. Febr. 6.000 EUR, am 30. April 8.000 EUR, am 28. Mai 10.000 EUR und am 30. Sept. 10.000 EUR. Laut Gesellschaftsvertrag sind Privatentnahmen und ausstehende Einlagen mit 5 % zu verzinsen.

   Der Reingewinn des Geschäftsjahres beträgt 135.051,39 EUR. Das eingebrachte Kapital wird zunächst mit 4 % verzinst. Fischer, der allein die Geschäftsführung ausübt, erhält eine Arbeitsvergütung von monatlich 4.000 EUR. Der verbleibende Restgewinn wird im Verhältnis 1 : 1 aufgeteilt.

Berechnung der Vordividende

Anteil Fischer:

4 % aus 900.000 EUR = 36.000,00 EUR

5 % Zins für Privatentnahmen

Betrag	Zinstage	Zinszahlen		
6.000 EUR	315	18.900		
8.000 EUR	240	19.200		
10.000 EUR	212	21.200		
10.000 EUR	90	9.000		
34.000 EUR		68.300 : 72 (Zinsdivisor) =	–	948,61 EUR
				35.051,39 EUR

Anteil Hauser:

4 % aus 240.000 EUR (12 Monate)	=	9.600,00 EUR
4 % aus 160.000 EUR (6 Monate)	=	3.200,00 EUR
		12.800,00 EUR
5 % aus 160.000 EUR (6 Monate) wegen ausstehender Einlage	=	– 4.000,00 EUR
		8.800,00 EUR

Kapitalanfangsbestand (in EUR)	4 % Vordividende (in EUR)	Arbeitsvergütung (in EUR)	Kopfanteil (in EUR)	Gesamtanteil (in EUR)	Privatentnahmen (in EUR)	Kapitalendbestand (in EUR)
Fischer: 900.000	35.051,39	48.000,00	21.600,00	104.651,39	34.000,00	970.651,39
Hauser: 240.000 bis 30. Juni 400.000 ab 30. Juni	8.800,00	–	21.600,00	30.400,00	–	430.400,00
	43.851,39	48.000,00	43.200,00	135.051,39	34.000,00	1.401.051,39

Stand der Kapitalkonten am 31. Dez.:

S	Kapital Fischer (in EUR)		H
Privat	34.000,00	AB	900.000,00
SB	970.651,39	GuV-Konto	104.651,39
	1.004.651,39		1.004.651,39

S	Kapital Hauser (in EUR)		H
SB	430.400,00	AB	240.000,00
		Zugang	160.000,00
		GuV-Konto	30.400,00
	430.400,00		430.400,00

2. Die Kommanditgesellschaft Schwarz & Co. KG besteht aus dem persönlich haftenden Gesellschafter Karl Schwarz und den Kommanditisten Ernst Schwarz und Irma Lutz, geb. Schwarz.

   a) Im Gesellschaftsvertrag sind Einnahmen, Einlagen und Gewinnverwendung wie folgt geregelt:

   Der Komplementär darf entnehmen

   1. ohne Zinsbelastung am Ende jedes Monats 4.000 EUR als **Arbeitsvergütung,**
   2. unter Belastung von 8 % Zins jeweils bis zum Jahresende, am 10. März, 10. Juni, 10. September und 10. Dezember den Betrag seiner **Einkommensteuer-Vorauszahlungen.**

   Gewinnverteilung. Der Jahresgewinn ist zunächst um die Arbeitsvergütung des Komplementärs zu kürzen. Sodann erhält der Komplementär eine **Vordividende** in Höhe von 2 % seines zu Beginn des Jahres vorhandenen Geschäftsanteils abzüglich der Zinsen für seine Entnahmen nach Ziffer 2. Der Rest wird als **Dividende** verteilt, die sich nach den Kapitalanteilen zu Beginn des Geschäftsjahres bemisst.

   Über Einbehaltungen beschließt die Gesellschafterversammlung nach Fertigstellung des Jahresabschlusses. Die Darlehen der Kommanditisten werden mit 8 % verzinst.

   b) Sachverhalt am Ende des Geschäftsjahres:

   1. Stand des Kapitalkontos Karl Schwarz am 1. Januar 20.. 320.000 EUR. Verzinsliche Entnahmen: 10. März, 10. Juni, 10. September je 6.800 EUR und 10. Dezember 9.770 EUR ESt-Vorauszahlungen einschließlich Nachzahlung für den vorangegangenen Veranlagungszeitraum. Die Arbeitsvergütung ist vertragsgemäß entnommen worden.
   2. Stand der Kommanditeinlagen:

      Ernst Schwarz 100.000 EUR
      Irma Lutz 100.000 EUR } voll eingezahlt und während des Jahres nicht verändert.
   3. Stand der Darlehenskonten der Kommanditisten:

      Ernst Schwarz 40.000 EUR
      Irma Lutz 50.000 EUR } während des Jahres nicht verändert.
      8% Zins sind ausbezahlt worden.
   4. Jahresgewinn: 115.850 EUR
   5. Gewinnverwendungsbeschluss: Es verpflichten sich, im Unternehmen zu belassen:

      Karl Schwarz den nicht entnommenen Rest, Ernst Schwarz und Irma Lutz je 3.000 EUR, die beiden Letzteren durch Erhöhung ihres Darlehens.

Lösung: Zinsrechnung

Betrag	Tage	Zinszahl
6.800 EUR	290	19.720
6.800 EUR	200	13.600
6.800 EUR	110	7.480
9.770 EUR	20	1.954
30.170 EUR		42.754 : 45 (Zinsdivisor) = 950 EUR Zins

(Beträge in EUR)	Karl Schwarz		Ernst Schwarz	Irma Lutz	Jahresgewinn
Jahresgewinn					115.850
Arbeitsvergütung		48.000			– 48.000
Vordividende 2 % aus 320.000 EUR	6.400				
– 8 % Entnahmezinsen lt. besonderer Zinsrechnung	950	5.450			– 5.450
		53.450			
Dividende $\frac{(115.800 - 53.450) \cdot 100}{520.000} = 12\%$		38.400	12.000	12.000	– 62.400
Gewinnanteile		91.850	12.000	12.000	–
– Entnahmen (48.000 + 30.170)		78.170			
Einbehaltungen		13.680	3.000	3.000	
Ausschüttung		–	9.000	9.000	

Nach Feststellung der Gewinnverwendung zeigt die Passivseite der Bilanz folgendes Bild:

		EUR	EUR
Eigenkapital			
Kapital Karl Schwarz	1. Januar	320.000	
	Entnahmen	78.170	
		241.830	
	Gewinnanteil	91.850	
	31. Dezember		333.680
Kommanditeinlage Ernst Schwarz			100.000
Kommanditeinlage Irma Lutz			100.000
Verbindlichkeiten			
Darlehen:	Ernst Schwarz 1. Januar	40.000	
	Erhöhung aus Gewinnanteil	3.000	
	31. Dezember		43.000
	Irma Lutz 1. Januar	50.000	
	Erhöhung aus Gewinnanteil	3.000	
	31. Dezember		53.000
Kurzfristige Verbindlichkeiten:			
	Ernst Schwarz		9.000
	Irma Lutz		9.000

In ihrer Einkommensteuererklärung müssen die Kommanditisten die Zinsen für ihre Gesellschafterdarlehen ihrem Gewinnanteil (Einkünfte aus Gewerbebetrieb) hinzurechnen, weil sie Mitunternehmer sind.

14.4.4 Gewinnverwendung bei Kapitalgesellschaften

(dargestellt am Beispiel der Aktiengesellschaft)

Ermittlung des Jahresergebnisses

Der Jahresabschluss einer AG vollzieht sich stufenweise. Zuerst wird der Bruttogewinn und dann der Jahresüberschuss ermittelt.

a) Bruttogewinn ist der Überschuss der Erträge über die Aufwendungen. Gewinnabhängige Steuern (Gewerbesteuer, Körperschaftsteuer) und die Tantiemen für den Vorstand und Aufsichtsrat sind dabei in den Aufwendungen nicht enthalten.

Seiten 290, 291

Die Gewerbesteuer beträgt bei einem Hebesatz von 400 % etwa 20 % des Bruttogewinns. Eine genaue Berechnung ist nur im Einzelfall möglich. GewStG §§ 11, 16

Die Körperschaftsteuer beträgt 15 % des zu versteuernden Einkommens. KStG § 23

Die Tantiemen für den Vorstand werden durch Satzung, Arbeitsvertrag oder Aufsichtsratsbeschluss, die Tantiemen für den Aufsichtsrat durch Satzung oder Beschluss der Hauptversammlung bestimmt.

Formeln für die Berechnung nach dem Aktiengesetz:

$$\text{Vorstandstantieme} = \frac{(\text{Jahresüberschuss}^{1)} - \text{etwaiger Verlustvortrag aus dem Vorjahr} - \text{Einstellung in die Gewinnrücklage}) \cdot \text{Hundertsatz}}{100}$$

$$\text{Aufsichtsratstantieme} = \frac{(\text{Bilanzgewinn} - 4\,\%\ \text{der auf den Nennbetrag der Aktien geleisteten Einlagen}) \cdot \text{Hundertsatz}}{100}$$

AktG § 113 (3)

Die Tantiemen können auch auf bestimmte Beträge festgelegt sein. Letzteres ist infolge der Schwierigkeit der Berechnung die Regel.

b) Jahresüberschuss. Er ist der zunächst um die Tantiemen, danach um die gewinnabhängigen Steuern verminderte Bruttogewinn[2].

Verwendung des Jahresüberschusses

Der **Jahresüberschuss** (Gewinn) ist wie folgt zu verwenden:

a) Einstellung in die *gesetzliche Rücklage:* § 150

5 % des um einen etwaigen Verlustvortrag aus dem Vorjahr geminderten Jahresüberschusses müssen ihr solange zugeführt werden, bis sie, einschließlich der Kapitalrücklage, den zehnten oder den in der Satzung bestimmten höheren Teil des Grundkapitals erreicht hat.

b) Einstellung in *andere Gewinnrücklagen:* § 58 (2)

Vorstand und AR können, sofern sie den Jahresabschluss feststellen, bis zur Hälfte des Jahresüberschusses, der nach Abzug des in die gesetzliche Rücklage eingestellten Betrages und eines eventuellen Verlustvortrages bleibt, den anderen Gewinnrücklagen zuführen. Die Satzung kann Vorstand und AR zur Einstellung eines größeren Teils ermächtigen.

Die HV kann im Beschluss über die Verwendung des **Bilanzgewinns** (restlicher Jahresüberschuss) weitere Beträge in die Gewinnrücklage einstellen. § 58 (3)

c) *Dividende:* Die HV beschließt über die Gewinnanteile der Aktionäre.

d) *Gewinnvortrag:* Der Gewinnrest wird auf neue Rechnung vorgetragen. § 174

Beispiel zur Verwendung des Jahresüberschusses:

Sachverhalt	EUR
Grundkapital	40.000.000
Gesetzliche Rücklage	3.600.000
Andere Gewinnrücklagen	5.000.000
Gewinnvortrag aus dem Vorjahr	1.400
Vorstandstantieme	100.000
Aufsichtsratstantieme	100.000
Bruttogewinn	8.820.000
Dividende 0,10 EUR je Aktie (Nennbetrag 1 EUR)	
Gewerbesteuer	
(5 % mal Hebesatz 400 ≙ $16^2/_3$ % v.H.)	
Körperschaftsteuersatz 15 %	

1) Abzüglich Tantieme, weil sie als Personalaufwand gebucht ist und somit den Jahresüberschuss vermindert.

2) Bei der Berechnung der Körperschaftsteuer darf die Vorstandstantieme ganz, die Aufsichtsratstantieme nur zur Hälfte abgezogen werden (§ 10 KStG).

Ermittlung der gewinnabhängigen Steuern, des Jahresüberschusses, der Rücklagen und des Bilanzgewinns:

	EUR
Bruttogewinn	8.820.000
abzüglich Tantiemen	200.000
Zwischenergebnis für Gewerbesteuer	8.620.000
abzüglich 16 $^{2}/_{3}$ % Gewerbesteuer	1.436.667
Zwischenergebnis	7.183.333
zuzüglich $^{1}/_{2}$ Aufsichtsratstantieme	50.000
Zwischenergebnis für Körperschaftsteuer*	7.233.333
15 % Körperschaftsteuer	1.085.000
Gewinn nach Steuer	6.148.333
= **Jahresüberschuss**	
+ Gewinnvortrag vom Vorjahr	1.400
– **Einstellung in die gesetzliche Rücklage** (5 % aus 6.148.333 EUR)	307.417
– **Einstellung in andere Gewinnrücklagen** (angenommen)	890.000
Bilanzgewinn	**4.952.316**
Dividende	4.000.000
Gewinnvortrag	952.316

Um den Jahresüberschuss feststellen zu können, werden die Aufwendungen für Tantiemen und, soweit die geleisteten Vorauszahlungen nicht ausreichen, die Steuern als Rückstellungen in die Bilanz aufgenommen.

* Aus Vereinfachungsgründen wird an dieser Stelle auf den Abzug des Solidaritätszuschlages verzichtet.

1. Die Gesellschafter Artet (A), Binger (B) und Caroli (C) betreiben ein Unternehmen in der Rechtsform der OHG.

   Im Gesellschaftsvertrag ist vereinbart, dass A eine Arbeitsvergütung von 48.000 EUR, B und C jeweils eine Arbeitsvergütung von 24.000 EUR erhalten. Außerdem wird aus dem Reingewinn eine Kapitalverzinsung von 6 % bezahlt. Im Übrigen gelten die gesetzlichen Gewinnverteilungsvorschriften. Kapitalanteil A 250.000 EUR; B 200.000 EUR; C 150.000 EUR. Jahresgewinn 208.000 EUR.

   Für private Zwecke haben entnommen:
   - A am 15. Mai und 15. Okt. je 5.000 EUR;
   - B am 15. Febr. und 15. Aug. je 3.000 EUR;
   - C am 15. Jan. und 15. Mai je 3.000 EUR.

   Die Privatentnahmen werden mit 6 % verzinst.

   a) Führen Sie die Gewinnverteilung durch.

   b) Ermitteln Sie den Stand der Kapitalkonten zum 31. Dezember.

2. Sachverhalt:

Komplementär:	Roth; Stand seiner Kapitaleinlage am 1. Januar 240.000 EUR.
Kommanditisten:	Einlagen, gemäß Gesellschaftsvertrag voll eingezahlt, jedoch durch Verluste in den Vorjahren gemindert
	Pauli 80.000 EUR, Stand 1. Januar 60.000 EUR;
	Holl 48.000 EUR, Stand 1. Januar 36.000 EUR.
Jahresgewinn:	65.000 EUR.
Gewinnverteilung:	Roth erhält eine Vordividende von 1 % seiner zu Beginn des Geschäftsjahres vorhandenen Kapitaleinlage und eine Arbeitsvergütung von 30.000 EUR. Von dem danach noch verbleibenden Rest erhält Roth 65 %, Pauli 22 % und Holl 13%. Die Entnahmen sind mit 6 % zu verzinsen und die Zinsen mit der Vordividende zu verrechnen.

   Roth hat am 15. jeden Monats 2.500 EUR entnommen.

   a) Erstellen Sie die Gewinnverteilung.

   b) Welches Bild zeigen die Kapitalkonten nach der Gewinnverteilung, wenn Roth den über seine Arbeitsvergütung hinausgehenden Gewinnanteil im Unternehmen belässt?

3. Für eine AG gelten folgende Werte:

   Grundkapital 50 Mio. EUR; gesetzliche Rücklage 4 Mio. EUR; andere Gewinnrücklagen 5 Mio. EUR; Gewinnvortrag 4.500 EUR; Tantieme des Vorstands 1,2 Mio. EUR; Tantieme des Aufsichtsrats 500.000 EUR; Bruttogewinn 12 Mio. EUR; Gewerbesteuer 20 %; Auffüllung der gesetzlichen Rücklage nach Gesetz.

   Errechnen Sie die mögliche Ausschüttung an die Aktionäre, wenn der Ausschüttungsbetrag volle Hunderttausend EUR betragen soll.

15 Auswertung des Jahresabschlusses

Bilanzen und Gewinn- und Verlustrechnungen sollen nicht nur Rechenschaft ablegen, sondern auch den interessierten Personenkreisen die Möglichkeit zur kritischen Beurteilung der wirtschaftlichen Verhältnisse geben und wertvolle Erkenntnisse für ihre zukünftigen Dispositionen vermitteln.

Schon die Betrachtung *einer einzelnen* Bilanz und Gewinn- und Verlustrechnung lässt Schwächen und Stärken eines Unternehmens erkennen. Noch aufschlussreicher ist der Vergleich mehrerer solcher Rechnungen.

Dies wird unterstützt durch die vom Gesetzgeber vorgeschriebenen Angaben im

- Anlagenspiegel,
- Anhang zur Bilanz und
- Lagebericht.

Unter den Möglichkeiten, mithilfe der Abschlussrechnungen das Unternehmen zu durchleuchten, ist der *Zeitvergleich* von besonderem Interesse.

Vergleichsmöglichkeiten	Ziele
a) Bilanzen und Erfolgsrechnungen **mehrerer** Unternehmen *(zwischenbetrieblicher Vergleich)* 1. verschiedener Produktionsstufen, z.B. Industrie, Großhandel, Einzelhandel, 2. verschiedener Produktionszweige, z.B. Möbelindustrie, Bekleidungsindustrie, 3. gleicher Produktionsstufen und -zweige, z.B. mehrere Hüttenwerke, Brauereien, Webereien.	Erkenntnisse typischer Merkmale und Unterschiede in der Vermögens- und Kapitalstruktur sowie der Aufwands- und der Ertragsverhältnisse. Ortung des eigenen Unternehmens im Gesamtgefüge der Wirtschaft **(Benchmarking).** Feststellung der Unterschiede des eigenen Unternehmens gegenüber dem Durchschnitt aller und gegenüber einzelnen Konkurrenten.
b) Bilanzen und Erfolgsrechnungen eines **einzelnen** Unternehmens *(innerbetrieblicher Zeitvergleich)* 1. zu periodisch wiederkehrenden Stichtagen (mehrere aufeinanderfolgende Jahresrechnungen), 2. zu kritischen Stichtagen (Bilanzen einer Konservenfabrik zur Zeit der Kampagne und zur Zeit der Geschäftsstille).	Einsicht in Stand und Entwicklung der Verhältnisse im eigenen Unternehmen. Gewinnung von Erfahrungen und Richtlinien für die Disposition.

15.1 Bereinigung und Aufbereitung der Bilanz

Die gesetzlichen Vorschriften über die Gliederung der Bilanz und Gewinn- und Verlustrechnung erleichtern die Analyse von Bilanzen. Trotzdem gibt es die vom Gesetzgeber zugelassenen Aufblähungen und Einschränkungen der tatsächlichen Werte. Somit ist es notwendig, die Bilanz zu bereinigen, um unternehmerische Entscheidungen vorbereiten zu können.

Bereinigung der Bilanz

Je nach Art und Größe der Unternehmen sowie des Unternehmenszwecks werden die Positionen einer Bilanz untersucht und gegebenenfalls korrigiert:

a) Positionen der Aktivseite:

- Stillgelegte Anlagen
- Reservegrundstücke
- Beteiligungen
- Erkennbare stille Reserven

} können mit Eigenkapital verrechnet werden.

- Anzahlungen an Lieferanten gelten zwar als Forderungen, werden aber den Vorräten zugeschlagen, weil sie für deren Beschaffung geleistet wurden.
- Anzahlungen von Kunden gelten zwar als Verbindlichkeiten, sollten aber bei den Erzeugnissen abgezogen werden, weil sie für diese bestimmt sind.
- Forderungen sind um die Pauschalwertberichtigungen zu kürzen. Es gilt zu prüfen, ob der angesetzte Abschlag gerechtfertigt ist.
- Aktive Posten der Rechnungsabgrenzung sind dem Umlaufvermögen zuzuschlagen.

b) Positionen der Passivseite:

- Rückstellungen sind in lang- und kurzfristige aufzuteilen und dem jeweiligen Fremdkapital zuzuschlagen.
- Passive Posten der Rechnungsabgrenzung gehören zum kurzfristigen Fremdkapital.

Bei Saldierungen verringert sich die Bilanzsumme; bei Aufdeckung stiller Reserven erhöht sich die Bilanzsumme.

Aufbereitung der Bilanz

Vor der eigentlichen Auswertung müssen die verfügbaren Unterlagen aufeinander abgestimmt werden.

a) Die **Bilanzen und Erfolgsrechnungen zweier oder mehrerer** aufeinanderfolgender **Perioden** (Jahre) werden **einander gegenübergestellt** (vgl. die Bilanz auf dem Faltblatt am Ende des Buches).

b) Ein geeigneter **Maßstab** für die Darstellung der Zahlen, z. B. Tausend EUR (Tsd. EUR) oder in Millionen EUR (Mio. EUR), wird gewählt.

c) Zusammengehörige Posten werden durch Zwischensummen zu **Gruppen zusammengefasst** (z. B. Vorratsvermögen, langfristiges Fremdkapital) und eine **Strukturbilanz** wird erstellt.

Beispiel: Strukturbilanz des Unternehmens zum 31. Dezember des Jahres I bzw. II (in Tsd. EUR)

AKTIVA — **STRUKTURBILANZ (Tsd. EUR)** — **PASSIVA**

BILANZ					BILANZ				
	II		I			II		I	
	Tsd. EUR	%	Tsd. EUR	%		Tsd. EUR	%	Tsd. EUR	%
Anlagevermögen					**Eigenkapital**				
Sachanlagen	8.041	36,3	7.966	35,8	Gezeichn. Kapital	4.200	18,9	4.200	18,8
Finanzanlagen	1.200	5,4	1.200	5,4	Rücklagen	5.342	24,1	4.832	21,7
Umlaufvermögen					**Fremdkapital**				
Vorräte	6.996	31,6	7.228	32,4	Langfristiges				
Forderungen	5.574	25,1	5.424	24,3	Fremdkapital	6.200	28,0	6.460	29,0
Flüssige Mittel	286	1,3	410	1,8	Kurzfristiges				
Übriges UV	72	0,3	64	0,3	Fremdkapital	6.427	29,0	6.800	30,5
	22.169	100	22.292	100		22.169	100	22.292	100

15.2 Bilanzkennzahlen für die Beurteilung eines Unternehmens

Grundlagen für die Beurteilung eines Unternehmens aufgrund der veröffentlichten Bilanz sind:

① **Vermögensstruktur (Konstitution),**

② **Kapitalstruktur (Finanzierung),**

③ **Anlagendeckung (Investierung),**

④ **Liquidität (Zahlungsbereitschaft).**

Diese Beurteilungskriterien ergeben sich aus folgendem Bilanzzusammenhang:

	Aktiva	BILANZ		Passiva
K	Anlagevermögen	← ③ INVESTIERUNG	Eigenkapital	F
O				I
N	– Sachanlagen		– Gezeichnetes Kapital	N
S	– Finanzanlagen		– Rücklagen	A
T				N
I	Umlaufvermögen		Fremdkapital	Z
T				I
U	– Vorräte		– langfristiges Fremdkapital	E
T	– Forderungen			R
I	– Flüssige Mittel	④ LIQUIDITÄT →	– kurzfristiges Fremdkapital	U
O	– Übriges UV			N
N	BILANZSUMME		BILANZSUMME	G
↑ ①				↑ ②

15.2.1 Vermögensstruktur

Unter **Vermögensstruktur (Konstitution)** versteht man die Darstellung der Aktivseite der Bilanz. Sie ergibt sich aus dem Verhältnis der Vermögensteile zueinander und zum Gesamtvermögen.

Dabei begnügt man sich in aller Regel mit der Darstellung der

Anlagenintensität $= \dfrac{\textbf{Anlagevermögen} \cdot \textbf{100}}{\textbf{Gesamtvermögen}}$	Eine *hohe Anlagenintensität* kann sich über hohe Fixkosten negativ auf den Gewinn auswirken. Sie signalisiert eine mangelhafte Ausnutzung der Kapazität, wenn gleichzeitig der Absatz stagniert oder zurückgeht.
Vorratsquote $= \dfrac{\textbf{Vorräte} \cdot \textbf{100}}{\textbf{Gesamtvermögen}}$	Eine *hohe Vorratsquote* kann je nach Konjunkturlage ein Vorteil (bei Aufschwung) oder ein Nachteil (bei Abschwung) sein. Bei weitergehender Aufschlüsselung der Vorräte in Rohstoffe, unfertige und fertige Erzeugnisse ergeben sich zusätzliche Informationen über Produktion und Absatzlage.

Forderungsquote $= \frac{\text{Forderungen} \cdot 100}{\text{Gesamtvermögen}}$	Eine *hohe Forderungsquote* kann Ausdruck der schwachen Stellung des Unternehmens am Markt, aber auch einer nachlässigen (großzügigen) Überwachung der Außenstände sein.
Zahlungsmittelquote $= \frac{\text{Zahlungsmittel} \cdot 100}{\text{Gesamtvermögen}}$	Ein *hoher Zahlungsmittelanteil* zeigt eine unwirtschaftliche Bereithaltung von »totem Kapital«, weil Geld im Kassenschrank oder auf einem Kontokorrentkonto keine oder wenig Zinsen bringt.

Beispiele: In der Bilanz eines Unternehmens sind u. a. enthalten

- 2.543 Tsd. EUR Anlagevermögen,
- 1.336 Tsd. EUR Umlaufvermögen,

davon sind 408 Tsd. EUR Vorräte,
320 Tsd. EUR Forderungen,
53 Tsd. EUR Zahlungsmittel.

Daraus errechnen sich die

Anlagenintensität $= \frac{\text{Anlagevermögen} \cdot 100}{\text{Gesamtvermögen}} = \frac{2.543 \text{ Tsd. EUR} \cdot 100}{3.879 \text{ Tsd. EUR}} = \mathbf{65{,}56\ \%}$

Vorratsquote $= \frac{\text{Vorräte} \cdot 100}{\text{Gesamtvermögen}} = \frac{408 \text{ Tsd. EUR} \cdot 100}{3.879 \text{ Tsd. EUR}} = \mathbf{10{,}52\ \%}$

Forderungsquote $= \frac{\text{Forderungen} \cdot 100}{\text{Gesamtvermögen}} = \frac{320 \text{ Tsd. EUR} \cdot 100}{3.879 \text{ Tsd. EUR}} = \mathbf{8{,}25\ \%}$

Zahlungsmittelquote $= \frac{\text{Zahlungsmittel} \cdot 100}{\text{Gesamtvermögen}} = \frac{53 \text{ Tsd. EUR} \cdot 100}{3.879 \text{ Tsd. EUR}} = \mathbf{1{,}37\ \%}$

Ergebnis: Nahezu alle Teile des Vermögens und das Vermögen im Ganzen unterliegen mehr oder minder großen Schwankungen. Deshalb vermitteln die oben errechneten Kennzahlen nur einen groben Überblick über den Aufbau des Vermögens. Exakte Vergleiche sind nicht möglich. Schlussfolgerungen können nur mit Vorbehalt gezogen werden.

15.2.2 Kapitalstruktur

Die **Kapitalstruktur (Finanzierung)** gibt Aufschluss über die **Herkunft** und **Zusammensetzung** der **Mittel,** die dem Unternehmen zur Verfügung stehen.

Damit wird auch die *Abhängigkeit von fremden Kapitalgebern* sichtbar.

Bei der Beurteilung der Finanzierung geht es um die

a) **Sicherheit,** ausgedrückt durch das Verhältnis Eigenkapital zu Gesamtkapital. Diese sogenannte **Eigenkapitalquote** zeigt den *Eigenfinanzierungsgrad*. Je höher dieser Prozentsatz liegt, desto sicherer steht das Unternehmen da. Bei der deutschen Industrie liegt die Eigenkapitalquote durchschnittlich bei 20 %.

Im Umkehrschluss zur Eigenkapitalquote steht die **Fremdkapitalquote.** Sie errechnet sich aus dem Verhältnis Fremdkapital zu Gesamtkapital. Je niedriger diese Quote, desto kreditwürdiger ist das Unternehmen.

b) **Solidität (Stabilität),** ausgedrückt durch das Verhältnis Rücklagen zu gezeichnetes Kapital (Stammkapital). Je höher die **Selbstfinanzierungsquote** ist, desto solider steht das Unternehmen da. *Hohe Rücklagen* zeigen die Vorsorge für Risiken und den Umfang eines möglichen Ausgleichs ohne Inanspruchnahme des Eigentümers bzw. nicht zulasten fremder Kapitalgeber.

Der **Verschuldungsgrad (Verschuldungsquote)** errechnet sich aus dem Verhältnis Fremdkapital zu Eigenkapital. Als ideal wird das Verhältnis 1:1 **(Goldene Finanzierungsregel)** angesehen.

Ein *hohes Eigenkapital* macht unabhängig von fremden Einflüssen, verkörpert ein hohes Maß an Sicherheit gegenüber Gläubigern, stellt den billigsten Betriebsmittelfonds dar (zinsfrei) und lässt einen großen Spielraum für unternehmerisches Wagnis.

Auch langfristiges Fremdkapital bietet eine gewisse Sicherheit, weil es nicht zu kurzfristigen Liquiditätsbelastungen kommt.

Ein *hoher Anteil langfristiger Verbindlichkeiten* an den gesamten Verbindlichkeiten signalisiert das Vertrauen der Kreditgeber in die langfristige Geschäftspolitik des Unternehmens.

Um diese Aussagen machen zu können, ermittelt man folgende **Kennzahlen:**

$$\text{Eigenkapitalquote} = \frac{\text{Eigenkapital} \cdot 100}{\text{Gesamtkapital}}$$

$$\text{Fremdkapitalquote} = \frac{\text{Fremdkapital} \cdot 100}{\text{Gesamtkapital}}$$

$$\text{Selbstfinanzierungsquote} = \frac{\text{Rücklagen} \cdot 100}{\text{Gezeichnetes Kapital}}$$

$$\text{Verschuldungsgrad} = \frac{\text{Fremdkapital}}{\text{Eigenkapital}}$$

Beispiel:

In einem Unternehmen betragen (in Tsd. EUR):

–	das Eigenkapital		4.356
	darin enthaltene Rücklagen		1.345
–	das langfristige Fremdkapital		2.888
–	das kurzfristige Fremdkapital		3.109
	bestehend aus:	Wechselkrediten	1.395
		noch abzuführenden Abgaben	240
		Lieferantenverbindlichkeiten	1.474

Daraus errechnen sich die Kennzahlen:

Eigenkapitalquote $= \frac{\text{EK} \cdot 100}{\text{Gesamtkapital}} = \frac{4.356 \text{ Tsd. EUR} \cdot 100}{10.353 \text{ Tsd. EUR}} = \mathbf{42{,}07\ \%}$

Fremdkapitalquote $= \frac{\text{FK} \cdot 100}{\text{Gesamtkapital}} = \frac{5.997 \text{ Tsd. EUR} \cdot 100}{10.353 \text{ Tsd. EUR}} = \mathbf{57{,}93\ \%}$

Selbstfinanzierungsquote $= \frac{\text{Rücklagen} \cdot 100}{\text{Gezeichnetes Kapital}} = \frac{1.345 \text{ Tsd. EUR} \cdot 100}{3.011 \text{ Tsd. EUR}} = \mathbf{44{,}67\ \%}$

Verschuldungsgrad $= \frac{\text{FK}}{\text{EK}} = \frac{5.997 \text{ Tsd. EUR}}{4.356 \text{ Tsd. EUR}} = \mathbf{1{,}38}$

Ergebnis:

1. Für die Gläubiger ist hinreichend Sicherheit gegeben, da knapp die Hälfte des Vermögens verloren gehen müsste, bevor für sie Verlustgefahr bestünde.
2. Auch die Fremdkapitalquote spricht für Sicherheit und Solidität.
3. Der Grad der Selbstfinanzierung lässt auf eine umsichtige Gewinnverwendung schließen.
4. Die im Verhältnis zur langfristigen Verschuldung relativ hohen kurzfristigen Verbindlichkeiten lassen vermuten, dass für eine bessere Schuldenkonsolidierung nicht die dazu erforderlichen Sicherheiten (Grundpfandrechte) zur Verfügung stehen. Allgemein gilt dies eher als negativ.

   Die stärkste Gläubigergruppe wird durch die Lieferanten gestellt. Das Verhältnis von durch Wechsel gesicherte und ungesicherte Verbindlichkeiten ist nahezu ausgeglichen, sodass Kreditwürdigkeit gegeben ist.

15.2.3 Anlagendeckung

> Die **Anlagendeckung (Investierung)** zeigt die *Kapitalverwendung im Anlagevermögen.* Als **Idealverhältnis** wird nach der »**goldenen Bilanzregel**« angesehen, wenn das Eigenkapital voll ausreicht, um das Anlagevermögen zu decken.

Dem Unternehmen steht damit für eine langfristige Investierung Kapital zur Verfügung, das nicht von fremden Einflüssen abhängig ist und weder einen betrieblichen Aufwand noch einen Mittelabfluss durch Zins- und Tilgungsdienst verursacht. Dieser Idealzustand ist in der Praxis kaum anzutreffen.

$$\textbf{Anlagendeckung I} = \frac{\textbf{Eigenkapital}}{\textbf{Anlagevermögen}}$$

Eine Erweiterung der Deckungsvorstellung bezieht zum einen das langfristige Fremdkapital, zum anderen das Vorratsvermögen ein. Das langfristige Fremdkapital kann dann herangezogen werden, wenn seine Rückzahlung mit dem Rücklauf verdienter Abschreibungen übereinstimmt.

$$\textbf{Anlagendeckung II} = \frac{\textbf{Eigenkapital + langfristiges Fremdkapital}}{\textbf{Anlagevermögen}}$$

Das Vorratsvermögen kann dann mit einbezogen werden, wenn im Unternehmen eine umfangreiche, langfristige Lagerhaltung notwendig ist.

Beispiele: Trocknen von Holz für den Instrumentenbau, Energievorräte durch gesetzliche Auflagen.

$$\textbf{Anlagendeckung III} = \frac{\textbf{Eigenkapital + langfristiges Fremdkapital}}{\textbf{Anlagevermögen + Vorratsvermögen}}$$

Beispiele:

In einem Unternehmen betragen

– das Anlagevermögen	1.540 Tsd. EUR
– das Vorratsvermögen	34 Tsd. EUR
– das Eigenkapital	1.268 Tsd. EUR
– das langfristige Fremdkapital	124 Tsd. EUR

Daraus errechnen sich die

$$\textbf{Anlagendeckung I} = \frac{1.268 \text{ Tsd. EUR}}{1.540 \text{ Tsd. EUR}} = \mathbf{0{,}82}$$

$$\textbf{Anlagendeckung II} = \frac{1.268 \text{ Tsd. EUR} + 124 \text{ Tsd. EUR}}{1.540 \text{ Tsd. EUR}} = \mathbf{0{,}90}$$

$$\textbf{Anlagendeckung III} = \frac{1.268 \text{ Tsd. EUR} + 124 \text{ Tsd. EUR}}{1.540 \text{ Tsd. EUR} + 34 \text{ Tsd. EUR}} = \mathbf{0{,}88}$$

Ergebnis: In allen Fällen reicht die Deckung nicht aus. Es bleibt eine Deckungslücke, die durch geeignete Maßnahmen geschlossen werden sollte. Solche Maßnahmen könnten sein:

Fall 1: Erhöhung des Eigenkapitals um 272 Tsd. EUR.
Fall 2: Erhöhung des Eigen- und langfristigen Fremdkapitals um 148 Tsd. EUR.
Fall 3: Erhöhung des Eigen- und langfristigen Fremdkapitals um 182 Tsd. EUR.

15.2.4 Liquidität

Jede Unternehmensleitung hat dafür zu sorgen, dass die finanziellen Verpflichtungen vertragsgemäß erfüllt werden. Die dafür erforderlichen Mittel sind so bereitzustellen, dass die Zahlungsziele eingehalten werden können. Diese **Zahlungsbereitschaft** nennt man **Liquidität.**

Die Liquidität (Zahlungsbereitschaft) ist das **Deckungsverhältnis** zwischen den zu einem bestimmten Zeitpunkt **verfügbaren Zahlungsmitteln** und den **kurzfristigen Verbindlichkeiten.**

Ist die Liquidität nicht vorhanden, verlangt ein Gläubiger also vergeblich die Begleichung einer fälligen Forderung, dann kommt das Unternehmen in Schwierigkeiten, die bei der Eröffnung des Insolvenzverfahrens sogar zur Auflösung führen können.

Die Zahlungsbereitschaft eines Unternehmens hängt ab von der Möglichkeit, liquide Mittel zu beschaffen. Die Unternehmensleitung sollte Zufluss und Abfluss liquider Mittel (Einnahmen und Ausgaben) dem betrieblichen Ablauf anpassen und möglichst in Übereinstimmung bringen **(optimale Liquidität).**

Es sind in aller Regel die **fälligen Verbindlichkeiten,** zu deren Ausgleich das Unternehmen die nötigen Deckungsmittel haben muss.

Je nach der Schnelligkeit, mit der sich **Vermögenswerte in flüssige Mittel** umwandeln lassen, unterscheidet man

- **Liquidität 1. Grades (Barliquidität):** Zu ihnen gehören Vermögensteile, die direkt als Zahlungsmittel verwendet werden können: Bargeld und Kontokorrentguthaben.
- **Liquidität 2. Grades (einzugsbedingte Liquidität):** Hierunter fallen die Barliquidität sowie schnell liquidierbare Vermögensteile wie kurzfristige Forderungen und Wertpapierbestände.
- **Liquidität 3. Grades (umsatzbedingte Liquidität):** Hierbei kommen zu den Bestandteilen der einzugsbedingten Liquidität noch solche Vermögensteile, die noch umgesetzt werden müssen, wie fertige, unfertige Erzeugnisse und Waren sowie Rohstoffe, die auf Märkten gehandelt werden (z.B. Baumwolle) und nicht unmittelbar für die Produktion benötigt werden.

Wenn diese liquiden Mittel zu den kurzfristigen Verbindlichkeiten in Beziehung gebracht werden, erhält man **Kennzahlen** zur Beurteilung der **Zahlungsbereitschaft.**

Es sind dies:

$$\textbf{Liquidität 1. Grades} = \frac{\textbf{liquide Mittel} \cdot 100}{\textbf{kurzfristige Verbindlichkeiten}}$$

$$\textbf{Liquidität 2. Grades} = \frac{\textbf{liquide und liquidierbare Mittel} \cdot 100}{\textbf{kurzfristige Verbindlichkeiten}}$$

$$\textbf{Liquidität 3. Grades} = \frac{\textbf{liquide, liquidierbare und umsetzbare Mittel} \cdot 100}{\textbf{kurzfristige Verbindlichkeiten}}$$

Beispiel: Der Liquiditätsstatus eines Unternehmens enthält folgende Angaben:

		EUR		EUR
Anlagevermögen		80.000	Eigenkapital und Rücklagen	90.000
Roh- und Hilfsstoffe	umsetzbare Mittel	20.000	Langfristige Verbindlichkeiten	30.000
Fertigerzeugnisse	umsetzbare Mittel	7.000	Kurzfristige Verbindlichkeiten (Lieferanten-, Wechselverbindlichkeiten) in 1–3 Monaten fällig	30.000
Unfertige Erzeugnisse	umsetzbare Mittel	3.000		
Kundenforderungen	liquidierbare Mittel	30.000	In den nächsten Tagen fällige Zahlungen (Lieferanten-, Wechselverbindlichkeiten)	20.000
Wechselforderungen	liquidierbare Mittel	10.000		
Wertpapiere	liquidierbare Mittel	5.000		
Bankguthaben	liquide Mittel	14.000		
Kassenbestand	liquide Mittel	1.000		

Daraus ergeben sich folgende Liquiditätsgrade:

– **Liquidität 1. Grades** $= \dfrac{15.000 \text{ EUR} \cdot 100}{50.000 \text{ EUR}} = \mathbf{30\ \%}$

– **Liquidität 2. Grades** $= \dfrac{60.000 \text{ EUR} \cdot 100}{50.000 \text{ EUR}} = \mathbf{120\ \%}$

– **Liquidität 3. Grades** $= \dfrac{90.000 \text{ EUR} \cdot 100}{50.000 \text{ EUR}} = \mathbf{180\ \%}$

Ergebnis: Die aus der Bilanz abgeleiteten Liquiditätskennzahlen erlauben nur eine **vergangenheitsbezogene Aussage über den Grad der Zahlungsbereitschaft.** Die Unternehmensleitung muss darüber hinaus berücksichtigen, dass **Zahlungsverpflichtungen aus der laufenden Betriebstätigkeit hinzukommen** (z. B. Lohn- und Lohnnebenkosten), für die ebenfalls Deckungsmittel vorhanden sein müssen. Die 30 %ige Barliquidität ist für sich betrachtet fast ohne Wert. Nur im innerbetrieblichen Zeitvergleich, besser noch im Branchenvergleich, sind Aussagen möglich.

Außerdem lassen die Angaben der Bilanz nicht erkennen, wann die Verbindlichkeiten fällig sind. Das kann zu Fehleinschätzungen führen, weil die durchschnittlichen Deckungsverhältnisse nichts aussagen über die tatsächliche Zahlungsbereitschaft. Auch hier muss die Unternehmensleitung die internen Daten zur richtigen Entscheidungsfindung heranziehen. Die 120 %ige einzugsbedingte Liquidität bzw. 180 %ige umsatzbedingte Liquidität signalisieren mehr als 100 %ige Zahlungsbereitschaft für die kurzfristigen Schulden. Die 20 % bzw. 80 % können aber auch als Überliquidität bzw. »totes Kapital« ausgelegt werden.

Zur Sicherung einer ausreichenden Zahlungsbereitschaft muss die Unternehmensleitung

- die am Stichtag bekannten Zahlungsverpflichtungen und den Bestand an liquiden Mitteln kennen;
- Liquiditätsreserven anlegen, z. B. Termingelder;
- die saisonale Lage des Unternehmens berücksichtigen und
- Konjunkturtendenzen beachten.

Eine weitere Möglichkeit zur besseren Übersicht über die Liquiditätsverhältnisse erhält die Unternehmensleitung durch die Ermittlung von **periodenbezogenen Kennzahlen** (Monat, Quartal) aus dem internen Zahlenmaterial.

Hier werden die in der betreffenden Periode **notwendigen Zahlungsausgänge den zu erwartenden Zahlungseingängen** gegenübergestellt.

Beispiel:
Im Monat März hat ein Industrieunternehmen mit folgenden Zahlungsausgängen zu rechnen (in EUR):

Umsatzsteuer	150.600
Körperschaftsteuer	260.000
Löhne und Gehälter	490.000
Abführung der Sozialversicherungsbeiträge	169.900
fällige Verbindlichkeiten	980.600
Zahlungsausgänge insgesamt	2.051.100

Folgende Zahlungseingänge werden erwartet (in EUR).

fällige Kundenzahlungen	477.000	
fällige Beteiligungserträge	155.000	632.000
Stand der fälligen Bankguthaben zum 1. März		277.300
übrige Bankguthaben (Termingelder)	807.000	
Kassenbestand zum 1. März		54.700
bundesbankfähige Wechsel		133.600
übrige Wechselforderungen	260.000	
übrige Forderungen	390.550	
zur Verfügung stehende liquide Mittel		1.097.600

Periodenliquidität (März) $\frac{1.097.600 \cdot 100}{2.051.100} = \mathbf{53{,}51\,\%}$

Ergebnis: Die im Monat März zur Verfügung stehenden Zahlungsmittel reichen nur zu 53,5 %, um die fälligen Zahlungen leisten zu können. Die Unternehmensleitung kann den Fehlbetrag durch entsprechende Zeitdisposition bei den übrigen Bankguthaben (807.000 EUR), Diskontierung der übrigen Wechsel (260.000 EUR), Verkauf der übrigen Forderungen (Factoring) mit 390.550 EUR oder Aufnahme eines Kredites ausgleichen.

?

1. Erläutern Sie, warum vor der Errechnung von Kennzahlen die vorliegenden Bilanzen bereinigt werden sollten.
2. Warum müssen die Rückstellungen in lang- und kurzfristige Rückstellungen aufgeteilt werden?
3. Beurteilen Sie die im Beispiel, Seite 566, errechneten Kennzahlen der Vermögensstruktur.
4. In der Statistik der betreffenden Branche werden für die Konstitution folgende Kennzahlen angegeben: Anlagenintensität 70 %; Vorratsquote 20 %; Zahlungsmittelquote 5 %. Vergleichen Sie die Angaben der Statistik mit den Kennzahlen des Beispieles auf Seite 566.
5. Welche Risiken liegen in einem zu hohen (zu niedrigen) Anlagevermögen?
6. Bei Kreditverhandlungen wird von der Bank beanstandet, dass der Anteil der Vorräte im Beispiel auf Seite 566, zu hoch ist. Eine Analyse zeigt, dass nur 30 % der Vorräte zur Betriebsbereitschaft nötig sind.
   Wie würde sich die Anlagenintensität ändern, wenn die Vorräte um 50 % vermindert werden könnten und die freigesetzten Mittel zu Anlageinvestitionen verwendet würden?
7. Geben Sie an, welche Gefahren in einem zu großen Anteil an Fremdkapital bestehen.
8. Erläutern Sie die Bedeutung des Verschuldungsgrades im Hinblick auf die Möglichkeiten, zusätzliches Fremdkapital aufzunehmen.
9. Stellen Sie dar, wie sich die im Beispiel auf Seite 569 genannten Fälle 1 und 2 der Kapitalerhöhung hinsichtlich
   a) Eigenkapital- bzw. Fremdkapitalquote und
   b) Verschuldungsgrad
   auswirken, wenn das kurzfristige Fremdkapital für die beiden Fälle 2.660 Tsd. EUR beträgt und die Erhöhungen bei Fall 2 sich allein auf die Aufnahme von langfristigem Fremdkapital beziehen.

10. Ein Industrieunternehmen legt folgende Bilanz vor (zusammengefasst):

Aktiva	Bilanz zum 31. Dez. 20.. (in EUR)				Passiva
Anlagevermögen		5.000.000	Eigenkapital		6.000.000
Umlaufvermögen		10.000.000	Fremdkapital		9.000.000
darin:			darin:		
Vorräte	7.000.000		langfristig	4.000.000	
Forderungen	2.000.000		kurzfristig	5.000.000	
Flüssige Mittel	1.000.000				
		15.000.000			15.000.000

a) Ermitteln Sie die Kapitalstruktur.

b) Berechnen Sie die Anlagendeckung und die einzugsbedingte Liquidität.

11. Die Bilanz eines Industrieunternehmens zeigt folgendes Bild (EUR):

Aktiva	Bilanz zum 31. Dez. 20..		Passiva
Grundstück	2.890.000	Stammkapital	3.890.000
Gebäude	5.900.000	Kapitalrücklage	560.000
Maschinen	256.000	Jahresüberschuss	89.000
Fuhrpark	455.000	Rückstellungen	950.000
Betriebs- und Geschäftsausstattung	150.800	Verbindlichkeiten	6.900.000
Vorräte	3.450.000	Sonstige Verbindlichkeiten	1.160.200
Forderungen	278.400		
Zahlungsmittel	169.000		
	13.549.200		13.549.200

a) Errechnen Sie die Anlagendeckung.

b) Beurteilen Sie Ihr Ergebnis, wenn im Branchendurchschnitt diese Kennzahl 55 % betragen würde.

c) Inwieweit sind Abweichungen von der »goldenen Bilanzregel« festzustellen?

d) Welche Untersuchungen müsste man noch anstellen, um die Finanzierung beurteilen zu können?

e) Wie wirkt sich die kalkulatorische Abschreibung in Höhe von 5 % auf Gebäude, 10 % auf Maschinen, 20 % auf Fuhrpark und 8 % auf Betriebs- und Geschäftsausstattung auf die Entscheidung für oder gegen eine Neuinvestition und die entsprechende Finanzierung aus?

12. Ein Unternehmen verfügt u. a. über folgende Vermögenswerte (in EUR):

Rohstoffe	690.000
Fertigerzeugnisse	450.000
Kassenbestand	23.000
Bankguthaben	413.900
Besitzwechsel	170.700
Forderungen	338.890

Dieses Unternehmen hat in der Periode folgende Verpflichtungen zu erfüllen (in EUR):

– Verbindlichkeiten aus Lieferungen insgesamt	380.000
– Löhne und Gehälter einschließlich Lohnnebenkosten	455.090
– Haftpflichtversicherungsbeiträge	49.000
– Umsatzsteuer	120.780

a) Errechnen Sie die einzugsbedingte Liquidität.

b) Welche Sicherheit bietet die umsatzbedingte Liquidität?

c) Beurteilen Sie die Angaben in Bezug auf die Periodenliquidität (rechnerischer Nachweis).

d) Beschreiben Sie Möglichkeiten, wie die Liquidität dieses Unternehmens verbessert werden kann.

15.3 Erfolgskennzahlen

Der Erfolg eines Unternehmens zeigt sich am erwirtschafteten Gewinn in tatsächlichen Zahlen und an dem Verhältnis des Gewinns zu anderen Größen (Eigenkapital, Umsatz, Cashflow). Der Vergleich mit Vorjahreszahlen und Branchenangaben erhöht die Aussagekraft und gibt der Geschäftsleitung die notwendigen Grundlagen für unternehmerische Entscheidungen:

Die wichtigsten Informationen zur Beurteilung des Erfolges liefern die **Rentabilität** und der **Cashflow.**

Neben diesen Verhältniszahlen werden vor allem beim Vergleich von Kapitalgesellschaften absolute Ertragskennzahlen zur Beurteilung eines Unternehmens herangezogen:

- das **EBIT** und
- das **EBITDA.**

Seite 575

15.3.1 Rentabilität

> Die **Rentabilität** ist das **Verhältnis des Reinertrags zum eingesetzten Kapital,** meist ausgedrückt in einem Prozentsatz.

Die *Grundformel* für die Errechnung dieser Kennzahl lautet

$$\textbf{Rentabilität} = \frac{\textbf{Reinertrag} \cdot \textbf{100}}{\textbf{Kapital}}$$

Rentabilität des Eigenkapitals

Grundwert kann dabei sein

- das Anfangskapital,
- das Anfangskapital + halber Jahresgewinn (Jahresüberschuss),
- der Durchschnitt von Anfangs- und Endkapital.

$$\textbf{Rentabilität des Eigenkapitals} = \frac{\textbf{Gewinn (Jahresüberschuss)} \cdot \textbf{100}}{\textbf{Eigenkapital}}$$

Beispiel: Das Stammkapital einer GmbH beträgt 4.200 Tsd. EUR, die Gewinnrücklagen betragen 1.820 Tsd. EUR. Im letzten Geschäftsjahr wurde ein Jahresüberschuss von 502 Tsd. EUR erwirtschaftet. Die Rentabilität des Eigenkapitals beträgt:

$$\frac{502 \text{ Tsd. EUR} \cdot 100}{6.020 \text{ Tsd. EUR}} = \textbf{8,3 \%}$$

Feststellung: Das Eigenkapital verzinst sich mit 8,3 %.

Ergebnis: Ob eine Verzinsung von 8,3 % als gut zu bezeichnen ist, hängt von mehreren Faktoren ab. Zu denken ist an das aktuelle Zinsniveau am Kapitalmarkt und an den Branchenwert.

Rentabilität des Gesamtkapitals

Das Gesamtkapital setzt sich aus dem Eigenkapital und dem Fremdkapital zusammen. Deshalb müssen dem Gesamtkapital der Jahresüberschuss und der Zinsaufwand für das Fremdkapital gegenübergestellt werden.

$$\textbf{Rentabilität des Gesamtkapitals} = \frac{\textbf{(Jahresüberschuss + Zinsaufwand für Fremdkapital)} \cdot \textbf{100}}{\textbf{durchschnittliches Gesamtkapital}}$$

Beispiel: Das Gesamtkapital einer GmbH beträgt durchschnittlich 6.020.000 EUR. Davon sind 4.020.000 EUR Fremdkapital zu einem Zinssatz von 7 %. Der Jahresüberschuss beträgt 502.000 EUR. Die Rentabilität des Gesamtkapitals beträgt:

$$\frac{(502.000 \text{ EUR} + 281.400 \text{ EUR}) \cdot 100}{6.020.000 \text{ EUR}} = \mathbf{13{,}01\ \%}$$

Feststellung: Das Gesamtkapital verzinst sich mit 13,01 %.

Ergebnis: Ob eine Verzinsung von 13,01 % als gut zu bezeichnen ist, hängt auch hier vom Zinsniveau am Kapitalmarkt und vom Branchenwert ab.

Vergleicht man aber die GmbH, für die die Eigenkapitalrentabilität errechnet wurde, mit dieser GmbH, ist Folgendes festzustellen:

Seite 500

Beiden Unternehmen steht gleich viel Gesamtkapital zur Verfügung (6.020.000 EUR). Beide erwirtschaften den gleichen Jahresüberschuss (502.000 EUR). Die GmbH, die mit Fremdkapital arbeitet, hat aber deswegen eine höhere Rentabilität, da sie trotz des Zinsaufwandes den gleichen Jahresüberschuss erzielt wie die andere GmbH. Sie arbeitet also weitaus rentabler. Ihren Fremdkapitalanteil sollte sie sogar ausbauen, da die Gesamtkapitalrentabilität mit 13,01 % höher liegt als der Fremdkapitalzinssatz mit 7 % **(Leverage-Effekt).**

Rentabilität des Umsatzes

Sie ist das Verhältnis des Jahresüberschusses zum Umsatz.

$$\textbf{Umsatzrentabilität} = \frac{\textbf{Jahresüberschuss} \cdot \textbf{100}}{\textbf{Umsatzerlöse}}$$

Beispiel: Gewinn 40.000 EUR
Verkaufserlöse 2.000.000 EUR

$$\text{Umsatzrentabilität} = \frac{40.000 \text{ EUR} \cdot 100}{2.000.000 \text{ EUR}} = \mathbf{2\ \%}$$

Ergebnis: Die Erkenntnis, wie viel Euro bei 100 EUR Umsatz übrig bleiben, ist relativ. Erst im Branchenvergleich ist sie aussagefähig.

15.3.2 Cashflow

Aus den *Umsatzerlösen* fließen dem Unternehmen ständig flüssige Mittel zu. Davon werden zunächst die sofort fälligen *ausgabewirksamen Aufwendungen* bestritten.

Sofort fällige Aufwendungen betreffen u. a. Aufwendungen für Personal, Material, Energie, Steuern und Abgaben, Zinsen, Verwaltung, Miete.

Wenn nach Abzug dieser ausgabewirksamen Aufwendungen von den Umsatzerlösen ein Rest übrig bleibt, nennt man diesen Kassenzufluss oder **Cashflow.**

Cashflow = Umsatzerlöse abzüglich der sofort fälligen ausgabewirksamen Aufwendungen

Der Cashflow kann verwendet werden für Schuldentilgung, Investitionen und/oder Gewinnausschüttung.

	Berichtsjahr (EUR)	Vorjahr (EUR)
Umsatzerlöse	1.235.600	1.344.563
– Materialaufwand	– 345.550	– 335.667
– Personalaufwand	– 445.677	– 399.870
– Sonst. betriebl. Aufwendungen	– 223.578	– 167.785
– Zinsen und ähnl. Aufwendungen	– 5.560	– 12.009
– Außerordentl. Aufwendungen	– 23.599	– 18.870
– Steuern	– 125.560	– 252.900
= Cashflow	= 66.076	= 157.462

Die Cashflow-Relation des Umsatzes lautet:

$\frac{66.076 \text{ EUR} \cdot 100}{1.235.600 \text{ EUR}} = \mathbf{5{,}35\ \%}$ (Berichtsjahr) $\frac{157.462 \text{ EUR} \cdot 100}{1.344.563 \text{ EUR}} = \mathbf{11{,}71\ \%}$ (Vorjahr)

Ergebnis: Im Beispiel zeigt sich die **Entwicklung vom Vorjahr zum Berichtsjahr.** Der Cashflow hat gewaltig abgenommen. Im Berichtsjahr stehen nur ca. 5 % vom Umsatzerlös gegenüber 11,7 % des Vorjahres für die Innenfinanzierung und Gewinnausschüttung zur Verfügung. Die Verschlechterung des Cashflow kann verschiedene Ursachen haben. Im Beispiel fallen die **gesunkenen Umsatzerlöse** und die **gestiegenen betrieblichen Aufwendungen** auf.

Die Cashflow-Kennzahl erlaubt also Aussagen über die Zahlungsfähigkeit, Ertragskraft und Selbstfinanzierungsmöglichkeiten eines Unternehmens.

Damit die Cashflow-Kennzahl auch für die externen Bilanzleser errechenbar bleibt, errechnet man den vereinfachten Cashflow wie folgt:

Cashflow = Jahresüberschuss + Abschreibungen ± Änderung der langfristigen Rückstellungen

Durch die Errechnung des Cashflow wird der Grad der Unabhängigkeit des Unternehmens, die Möglichkeit der Schuldentilgung und der Gewinnausschüttung ohne Beeinträchtigung der Substanz sichtbar.

15.3.3 EBIT

Seite 550

Bei der Ermittlung des Jahresüberschusses nach dem Gesamtkostenverfahren ergibt sich das **EBIT** (**E**arnings **b**efore **i**nterests and **t**axes) aus der Addition von Betriebsergebnis und Finanzergebnis ohne Berücksichtigung der Zinsen. Es wird also der *Jahresüberschuss vor Steuern, dem Zinsergebnis und dem außerordentlichem Ergebnis* betrachtet. Dadurch erhält man eine Aussage über die **operative Ertragskraft** eines Unternehmens. Die individuelle Kapitalstruktur bleibt dabei unberücksichtigt. Dadurch verbessert sich die Vergleichbarkeit von Unternehmen gegenüber der Kennzahl »Eigenkapitalquote«.

15.3.4 EBITDA

Bei dieser Kennzahl werden aus dem *Jahresüberschuss* neben den Steuern und den Zinsen *auch die Abschreibungen herausgerechnet.* Das **EBITDA** (**E**arnings **b**efore **i**nterests, **t**axes, **d**epreciation and **a**mortization) ist eine weltweit verbreitete Kennzahl. Beim Vergleich internationaler Unternehmen ist diese Kennzahl über die Ertragskraft aussagekräftiger als der Jahresüberschuss, der aufgrund unterschiedlicher nationaler gesetzlicher Vorschriften ermittelt wird, die erhebliche Ermessensspielräume zulassen.

1. Auszug aus dem Jahresabschluss der Industrie GmbH (in Mio. EUR):

	Berichtsjahr	Vorjahr
Eigenkapital	8.780	7.500
Langfristiges Fremdkapital	9.800	9.910
Kurzfristiges Fremdkapital	5.763	6.344
Einzugsbedingte Liquidität	7.620	6.035
Abschreibungen	3.250	4.560
Einstellung in Rückstellungen	498	350
Gewinn aus Anlagenabgang	2.199	3.400
Kursverluste	480	100
Einstellung in Rücklagen	490	290
Umsatzerlöse	37.000	42.000
Jahresüberschuss	875	980

a) Was versteht man unter Cashflow?

b) Errechnen und beurteilen Sie den vereinfachten Cashflow aus den obigen Jahresabschlüssen.

2. Die Anlagenbau AG legt folgende Bilanz (in Tsd. EUR) vor:

Aktiva	**Geschäftsjahr**	**Vorjahr**
A. Anlagevermögen	376.899	389.478
B. Umlaufvermögen		
I. Vorräte	17.444	13.971
II. Forderungen und sonstige Vermögensgegenstände		
1. Forderungen aus Lieferungen und Leistungen	42.390	47.790
2. Sonstige Vermögensgegenstände	20.399	19.844
III. Kassenbestand, Guthaben bei Kreditinstituten	38.713	41.615
C. Rechnungsabgrenzungsposten	782	782
	496.627	513.480

Passiva		
A. Eigenkapital		
I. Gezeichnetes Kapital	102.000	100.000
II. Kapitalrücklage	20.622	14.922
III. Gewinnrücklagen	47.851	46.974
IV. Jahresüberschuss	25.018	24.177
B. Rückstellungen		
1. Rückstellungen für Pensionen	19.335	20.883
2. Steuerrückstellungen	7.244	15.776
3. Sonstige Rückstellungen	41.118	30.618
C. Verbindlichkeiten		
1. Verbindlichkeiten gegenüber Kreditinstituten	94.887	120.174
2. Verbindlichkeiten aus Lieferungen und Leistungen	33.708	25.489
3. Sonstige Verbindlichkeiten	104.844	114.467
	496.627	513.480

a) Erstellen Sie die Strukturbilanz.
b) Ermitteln Sie die Kennzahlen der Kapitalstruktur.
c) Beurteilen Sie die Anlagendeckung.
d) Wie ist es mit der Liquidität des Unternehmens bestellt?
e) Aus der Erfolgsrechnung ergeben sich folgende Angaben:
Jahresüberschuss: Geschäftsjahr 25.018 Tsd. EUR; Vorjahr 24.177 Tsd. EUR
Fremdkapitalzinsen: Geschäftsjahr 7.449 Tsd. EUR; Vorjahr 7.388 Tsd. EUR
Errechnen und beurteilen Sie die Eigenkapital- und die Gesamtkapitalrentabilität.
f) Es ist eine Investition in Höhe von 5 Mio. EUR geplant, die eine Rendite von 13 % verspricht.
– Unter welchen Bedingungen könnte diese Investition mit Fremdkapital finanziert werden?
– Welche Auswirkung hätte dies auf die Rentabilität des Eigenkapitals?
g) Errechnen Sie den vereinfachten Cashflow.

3. Berechnen Sie mit den Zahlen aus dem Beispiel auf Seite 552 das EBIT und das EBITDA.

15.4 Auswertung einer Abschlussrechnung

Eine vollständige Lehre von der Analyse des Unternehmens kann hier nicht gegeben werden. Wohl aber kann man, wie an dem nachstehenden Beispiel aus der Kunststoffverarbeitung gezeigt wird, mittels ausgewählter Kennzahlen wichtige Tatsachen und Zusammenhänge erkennen. Die Zahlen beziehen sich auf das Beispiel im Faltblatt am Ende des Buches. Die Beträge sind jeweils in Tsd. EUR angegeben.

15.4.1 Finanzierung

Kapitalstruktur

Seite 566

▶ Jahresvergleich

	II		I	
Eigenkapital	9.038	40,8 %	8.528	38,2 %
Fremdkapital	9.041	40,8 %	9.942	44,6 %
Rückstellungen	3.580	16,1 %	3.314	14,9 %
Gewinnausschüttung und Rechnungsabgrenzung	510	2,3 %	508	2,3 %
Gesamtkapital	22.169	100,0 %	22.292	100,0 %

▶ **Aufgliederung** für das Geschäftsjahr II

	Bilanz II	Eigenkapital		Fremdkapital		Rückstellungen		sonstige Passiva	%
		von außen	von innen	langfristig	kurzfristig	langfristig	kurzfristig		
Gezeichnetes Kapital	4.200	4.200							
Rücklagen	4.832		4.832						
Gewinnvortrag[1)]	6		6						
Eigenkapital	9.038								40,8
Verbindlichkeiten gegenüber Kreditinstituten; davon durch Grundpfandrechte gesichert: 3.000	3.600			3.600					
aus Lieferungen und Leistungen	1.770				1.770				
gegenüber Kreditinstituten	3.059				3.059				
sonstige (von innen gebildet)	612				612				
Fremdkapital	9.041								40,8
Pensionsrückstellungen	2.600					2.400	200		
sonstige Rückstellungen	980						980		
Rückstellungen	3.580								16,1
Gewinnausschüttung	504							504	2,3
Rechnungsabgrenzung	6							6	
Gesamtkapital	22.169	4.200	4.838	3.600	5.441	2.400	1.180	510	
	100 %	18,9 %	21,9 %	16,2 %	24,6 %	10,8 %	5,3 %	2,3 %	100,0 %

1) Vortrag auf das folgende Jahr bei 12 % Dividende

Ergebnisse:

1. Das Eigenkapital beträgt 40,8 % des Gesamtkapitals.

2. Die Rücklagen zuzüglich Gewinnvortrag betragen

$$\frac{4.838 \cdot 100}{4.200} = 115{,}2 \text{ des Grundkapitals (Selbstfinanzierungsquote).}$$

Das Eigenkapital, in % des Grundkapitals gerechnet, ergibt den Bilanzkurs. Er beträgt

$$\frac{9.038 \cdot 100}{4.200} = 215{,}2\,\%.$$

Liegt der Börsenkurs über dem Bilanzkurs, dann kann auf stille Rücklagen und eine günstige Geschäftslage geschlossen werden, sofern nicht andere Einflüsse wirksam sind.

3. Das kurzfristige Fremdkapital, das zu 56,2 % aus Verbindlichkeiten gegenüber Kreditinstituten besteht, übersteigt das langfristige Fremdkapital.

4. Das von **außen** zugeflossene Fremdkapital

   (3.600 + 1.770 + 3.059 = 8.429) beträgt 38,0 % des Gesamtkapitals.

   Das von **innen gebildete** Fremdkapital ist

langfristig (Rückstellungen) mit	2.400	10,8 %	
kurzfristig mit (612 + 1.180 + 504)	2.296	10,4 %	
	4.696	21,2 %	des Gesamtkapitals.

5. Teilt man das Fremdkapital (Verbindlichkeiten + Rückstellungen) nach **Gläubigergruppen** auf, so ergibt sich folgende Übersicht:

Kreditinstitute (3.600 + 3.059)	6.659	50,8 %
Lieferanten	1.770	13,5 %
Belegschaftsangehörige	2.600	19,8 %
Staat, Sozialversicherung und sonstige nicht näher bestimmte Gruppen (612 + 980)	1.592	12,1 %
Aktionäre	504	3,8 %
	13.125	100,0 %

Folgerungen:

1. Für die Gläubiger ist hinreichend Sicherheit gegeben, da zuerst rund $^2/_5$ des Vermögens verloren gehen müssten, bevor für sie Verlustgefahr bestünde.
2. Der Grad der Selbstfinanzierung lässt auf eine vorsichtige Gewinnverwendung schließen.
3. Die im Verhältnis zur langfristigen Verschuldung hohen kurzfristigen Bankverbindlichkeiten lassen vermuten, dass für eine bessere Schuldenkonsolidierung nicht die dazu erforderlichen Sicherheiten (Grundpfandrechte) zur Verfügung stehen. Die Trendfaktoren deuten auf das Bemühen hin, die Verschuldung im Ganzen, besonders aber die kurzfristigen Verbindlichkeiten, abzubauen.
4. Die stärkste Gläubigergruppe wird durch die Kreditinstitute gestellt. Dies macht das Unternehmen empfindlich gegen kredit- und währungspolitische Maßnahmen.
5. Das Verhältnis des durch das Unternehmen selbst gebildeten Fremdkapitals (Rückstellungen) zu dem von außen zugeflossenen Fremdkapital kann auf das Bestreben hindeuten, möglichst viele Finanzmittel vor dem Abfluss aus dem Kapitalfonds des Unternehmens zu bewahren.
   Dass für die Bildung der relativ hohen Pensionsrückstellungen auch andere als finanztaktische Überlegungen maßgebend waren, ist selbstverständlich (Erhaltung eines leistungsfähigen Mitarbeiterstammes).

Finanzierungsvorgänge

Die Finanzierungsvorgänge im Jahre II lassen sich mithilfe folgender Berechnungen beobachten:

► Nettofinanzierungsbilanz

Sie bedient sich vornehmlich der Differenzen zwischen den Bilanzen I und II und zeigt die Mittelherkunft und Mittelverwendung (Bild, S. 579).

Die Nettofinanzierungsbilanz wird auch **Bewegungsbilanz** genannt, weil sie den Fluss der Finanzierungsmittel zwischen zwei Bilanzen zeigt.

BEWEGUNGSBILANZ			
Mittelverwendung		**Mittelherkunft**	
Vorgang	Betrag	Vorgang	Betrag
Vermehrung der Aktiva		Vermehrung der Passiva	
Investitionen in Sachanlagen	2.242	Einstellung in die Rücklagen (500 + 12)	512
im Vorratsvermögen:		Vermehrung	
– Roh-, Hilfs-, Betriebsstoffe	76	– der Rückstellungen (210 + 126)	336
– unfertige Erzeugnisse	152	– der Verbindlichkeiten	20
geleistete Anzahlungen	10	Rechnungsabgrenzung	2
Forderungen (134 + 26)	160		
Rechnungsabgrenzung	8		
Verminderung der Passiva		Verminderung der Aktiva (Umfinanzierung, Kapitalfreisetzung)	
Tilgung von Verbindlichkeiten gegenüber:			
– Lieferanten	214	Abschreibungen	2.114
– Kreditinstituten	707	Anlagenabgang	53
		Verminderung	
		– der fertigen Erzeugnisse	470
		– der flüssigen Mittel (8 + 116)	124
		– der sonst. Forderungen	10
Sonstige Abflüsse		Sonstige Zuflüsse	
laufende Pensionen	70	Bilanzgewinn (510 – 8)	502
Gewinnabflüsse	504		
	4.143		4.143

Ergebnisse:

1. Es erfolgte kein Zufluss von Finanzierungsmitteln aus Kapitalerhöhungen durch Einzahlung der Eigentümer (Eigenfinanzierung), aber ein Zufluss durch Erhöhung der Rücklagen (Selbstfinanzierung) um 512 Tsd. EUR.
2. Der Vermehrung der Verbindlichkeiten um 20 Tsd. EUR steht eine Tilgung von Verbindlichkeiten von 921 Tsd. EUR, insbesondere bei Kreditinstituten, gegenüber.
3. Investition in Sachanlagen von 2.242 Tsd. EUR bei gleichzeitigen Abschreibungen von 2.114 Tsd. EUR.
4. Ausweitung der Vorräte (RHB und UE) um 228 Tsd. EUR und Abbau der Lagerhaltung bei FE um 470 Tsd. EUR.
5. Verminderung der flüssigen Mittel um 124 Tsd. EUR.

Folgerungen:

1. Das Unternehmen hat die benötigten Mittel durch Nichtausschüttung von Gewinn (Rücklagen 512 Tsd. EUR), also durch Selbstfinanzierung aufgebracht. Daneben erfolgte eine beträchtliche Umfinanzierung (Abschreibungen, Anlagenabgang, Lagerabbau und Abbau der liquiden Mittel).
2. Es wurde kräftig investiert (2.242 Tsd. EUR), die Mittel stammen aus verdienten Abschreibungen (2.114 Tsd. EUR).
3. Die Tilgung der Verbindlichkeiten (921 Tsd. EUR) ist auf Kapitalfreisetzungen (Umfinanzierung) und Gewinnzurückhaltung (Selbstfinanzierung) zurückzuführen und zeigt eine vorsichtige Finanzplanung.

▶ Cashflow-Berechnung

Aus den Umsatzerlösen fließen dem Unternehmen ständig flüssige Mittel zu. Davon werden zunächst die sofort fälligen ausgabewirksamen Aufwendungen bestritten. Der darüber hinaus in den Umsatzerlösen zurückfließende Betrag kann zur Gewinnausschüttung, zur Schuldentilgung und für Investitionen verwendet werden. Diesen Betrag nennt man **Cashflow (Kassenzufluss).**

Der Cashflow wird im Allgemeinen aus dem Bilanzgewinn ermittelt, indem zum Bilanzgewinn die nicht ausgabewirksamen Aufwendungen hinzugezählt und die nicht einnahmewirksamen Erträge abgezogen werden. Auch die gezahlte Dividende wird als Kassenabfluss berücksichtigt.

Nicht ausgabewirksame Aufwendungen sind z. B. Abschreibungen, Einstellungen in die Rücklagen und langfristige Rückstellungen, Verluste aus Anlagenabgängen.

Nicht einnahmewirksame Erträge sind z. B. Erträge aus Anlagenabgängen, Erträge aus der Auflösung von langfristigen Rückstellungen, Kursgewinne bei Wertpapierverkäufen.

Die Cashflow-Kennzahl erlaubt Aussagen über die Zahlungsfähigkeit, Ertragskraft und Selbstfinanzierungsmöglichkeit eines Unternehmens. Im Vergleich mit vorherigen Kennzahlen und Branchenwerten zeigt der Cashflow die Entwicklungstendenz.

Durch die Berechnung von Beziehungszahlen wird der Grad der Unabhängigkeit des Unternehmens und die Möglichkeit der Schuldentilgung sowie der Gewinnausschüttung ohne Beeinträchtigung der Substanz sichtbar.

Es werden im Allgemeinen Beziehungen zu den Umsatzerlösen, zum Gesamtkapital, zum Eigenkapital und zu den Abschreibungen hergestellt.

Beispiel: Cashflow-Berechnung	II	I
Bilanzgewinn (ohne Gewinnvortrag)	502	508
+ Abschreibungen zum Anlage- und Umlaufvermögen	2.276	2.151
+ Einstellung in die Rücklagen	512	300
+ Erhöhung der langfristigen Rückstellungen	210	180*
+ außergewöhnlicher Aufwand	280	367
Cashflow (brutto)	3.780	3.506
– Dividende	504	504
Cashflow (netto)	3.276	3.002
– Erträge aus Anlagenabgang	12	4
– Erträge aus der Auflösung von Rückstellungen	18	16
– außerordentliche Erträge	6	8
betrieblich erwirtschafteter Cashflow	3.240	2.974
in % der Umsatzerlöse	8,6	8,3
in % des Gesamtkapitals	14,6	13,3
in % des Eigenkapitals	35,8	34,9
Abschreibung in % des Cashflow	70,2	72,3

*geschätzt

Ergebnisse:

1. Von jedem erzielten EUR Umsatzerlös bleiben im Jahre I 8,3 Cent und im Jahre II 8,6 Cent im Unternehmen zurück.
2. Der betrieblich erwirtschaftete Cashflow stieg von 13,3 auf 14,6 % des Gesamtkapitals und von 34,9 auf 35,8 % des Eigenkapitals an.
3. Der Anteil des aus den Abschreibungen erwirtschafteten Cashflow ging von 72,3 auf 70,2 % zurück.

Folgerungen:

Mit dem Cashflow konnten alle Zugänge im Anlagevermögen finanziert und ein Teil der Verbindlichkeiten getilgt werden. Die Zunahme des Anteils des betrieblich erwirtschafteten Cashflow am Umsatzerlös, Gesamtkapital und Eigenkapital zeigt eine zunehmende Ertragskraft des Unternehmens im Vergleich der beiden Geschäftsjahre. Die Abnahme des Anteils des aus den Abschreibungen erwirtschafteten Cashflow unterstreicht diese Tendenz.

Die ermittelten Kennzahlen stellen Erfahrungswerte dar, welche die Aufstellung von Planungsrechnungen erleichtern.

Verschuldungsgrenze

Fremdkapital ist in der Regel nur bis zur Höhe der Beleihbarkeit des Vermögens zu erhalten. In unserem Beispiel sind bei vorsichtiger Betrachtung *nicht beleihbar:*

a) Grundstücke mit Geschäfts- und Fabrikbauten (3.185), weil sie bereits durch Grundpfandschulden (3.000) stark belastet erscheinen;

b) Betriebs- und Geschäftsausstattung (1.004), weil sie großenteils schwer anderweitig verwertbar ist;

c) Roh-, Hilfs- und Betriebsstoffe (1.466), weil sie in der Regel unter Eigentumsvorbehalt geliefert sind und somit als Sicherheit für die Verbindlichkeiten aus Lieferungen und Leistungen (1.770) dienen;

d) ein großer Teil der Forderungen aus Lieferungen und Leistungen (4.674 + 880), weil zu vermuten ist, dass er zur Sicherung der kurzfristigen Bankverbindlichkeiten (3.059) herangezogen wird.

Danach bleiben aber als *beleihbar übrig*

– Maschinen und maschinelle Anlagen	3.852
– Beteiligungen	1.200
– Forderungen aus Lieferungen und Leistungen, soweit sie nicht schon zur Kreditsicherung verwendet worden sind (5.554 – 3.059[1])	2.495
vorhandenes beleihbares Vermögen	7.547

Unter der Voraussetzung, dass dieses Vermögen und auch das mit dem zusätzlichen Fremdkapital zu beschaffende Vermögen im Durchschnitt mit 60% beleihbar ist, lässt sich die **Verschuldungsgrenze** wie folgt ermitteln:

beleihbares Vermögen		**zusätzlich aufnehmbares Fremdkapital** (Beleihungssatz 60 %, q = 0,6)
vorhanden (a)	7.547	4.528
	4.528	2.717
	2.717	1.630
	1.630	usw.
	usw.	

Die Beträge bilden eine unendliche Reihe, in welcher der nachfolgende Betrag jeweils 60 % des vorangegangenen Betrages ausmacht. Die Summe dieser Reihe kann deshalb auch durch folgende Formel ermittelt werden:

$$s = \frac{a}{1-q} = \frac{7.547}{0,4} = 18.868$$

abzüglich des vorhandenen Vermögens	= 7.547
zusätzliches Fremdkapital	= 11.321

Ergebnisse:

Die Kapitalstruktur würde sich dann wie folgt ändern:

[1] Bankverbindlichkeiten

		jetzt	seither
Eigenkapital	9.038	27,4 %	41,7 %
bisheriges Fremdkapital einschl. Rückstellungen (3.580 + 9.041)	12.621		58,3 %
zusätzliches Fremdkapital	11.321		
Fremdkapital gesamt	(23.942)	72,6 %	
	32.980	100,0 %	100,0 %

Folgerung:

Das Unternehmen hat die Verschuldungsgrenze noch nicht erreicht und kann deshalb noch zusätzliches Fremdkapital aufnehmen.

Einfluss der Kapitalstruktur auf die Rentabilität des Eigenkapitals

Eine Kreditausweitung bis zur Verschuldungsgrenze erhöht die Rentabilität des Eigenkapitals, sofern der durch die zusätzlichen Investitionen erzielte Ertrag den Mehraufwand an Zinsen übersteigt. Trifft dies zu, dann erhöht sich die Rentabilität des Eigenkapitals, obwohl das Verhältnis Eigenkapital : Fremdkapital von 27 : 73 ungünstiger erscheint als das in der Bilanz ausgewiesene Verhältnis 42 : 58.

Trotzdem gebietet der Grundsatz der kaufmännischen Vorsicht, die auch mit Rückschlägen und Misserfolgen rechnen muss, nicht allzu dicht an die Verschuldungsgrenze heranzugehen. **Eine Richtkennzahl für ein Idealverhältnis von Eigenkapital : Fremdkapital kann nicht aufgestellt werden.**

15.4.2 Vermögensstruktur (Konstitution)

	II		I	
Sachanlagen	8.041	36,3 %	7.966	35,7 %
Beteiligungen	1.200	5,4 %	1.200	5,4 %
Vorräte	6.966	31,4 %	7.208	32,3 %
Forderungen + Anzahlungen + Rechnungsabgrenzung	5.676	25,6 %	5.508	24,7 %
flüssige Mittel	286	1,3 %	410	1,9 %
Gesamtvermögen	22.169	100,0 %	22.292	100,0 %

Nahezu alle Teile des Vermögens und das Vermögen im Ganzen unterliegen mehr oder minder großen Schwankungen. Deshalb vermitteln die oben errechneten Kennzahlen nur einen groben Überblick über den Aufbau des Vermögens. Exakte Vergleiche sind nicht möglich. Schlussfolgerungen können nur mit Vorbehalt gezogen werden.

Sachanlagenintensität

$$\frac{\text{Sachanlagevermögen} \cdot 100}{\text{Gesamtvermögen}} = \frac{8.041 \cdot 100}{22.169} = \mathbf{36{,}3\ \%}$$

Sie ist in hohem Maße von der Investitionsplanung, der Abschreibungspolitik und den angewandten Abschreibungsverfahren bestimmt.

Im Jahre II	Anfangsbestand	7.966	
	Zugang	2.242	
		10.208	= 100,0 %
	Abschreibungen	2.114	= 20,7 %
	Abgänge	53	= 0,5 %

Die Bilanzstatistik der Branche liefert für eine vergleichbare Rechnungsperiode folgende Durchschnittswerte:

Sachanlagenintensität 37,5 %, Abschreibungen von Anfangsbestand + Zugängen 17,3 %.

Ergebnis:

Das Unternehmen liegt mit seiner Sachanlagenintensität unter dem Durchschnitt, mit seinem Abschreibungssatz aber über ihm. Die Abgänge fallen nicht ins Gewicht.

Folgerungen:

1. Die Anlagenintensität ist branchenüblich.
2. Der Abschreibungssatz lässt darauf schließen, dass das Unternehmen eine rasche Amortisation der Investitionen anstrebt, vermutlich, um sich dem technischen Fortschritt und den sich schnell wandelnden Wünschen der Käufer anpassen zu können. Man vergleiche dazu auch Zugang und Abschreibungsbetrag bei Maschinen.

Vorratsquote

$$\frac{\text{Vorräte} \cdot 100}{\text{Gesamtvermögen}} = \frac{6.966 \cdot 100}{22.169} = \mathbf{31{,}4\ \%}$$

Ergebnisse:

1. Die Vorratsquote ist um 0,9 % zurückgegangen. Der Gesamtbetrag ist um 242 geringer.
2. Die Bestände der Roh-, Hilfs- und Betriebsstoffe (RHB) sind um 5,5 % = 76 und somit überproportional zum Aufwand (Trendfaktor [TF] 1,034) gestiegen.
3. Die in der Fertigungsphase befindlichen unfertigen Erzeugnisse haben um 11,2 % = 152 zugenommen.
4. Die Bestände an fertigen Erzeugnissen sind um 10,5 % = 470 zurückgegangen.
5. Von dem im Vorratsvermögen gebundenen Kapital wurden 3,4 % = 242 freigesetzt.

Folgerungen:

1. Die Beschaffung der RHB ist auf in der Zukunft steigenden Bedarf eingestellt.
2. Die starke Steigerung der Bestände an unfertigen Erzeugnissen deutet auf eine Verbesserung der Auftragslage hin.
3. Die Verminderung der Bestände an fertigen Erzeugnissen lässt auf gesteigerten Absatz schließen.

Forderungen

Ergebnisse:

1. Ein Vergleich der TF zeigt, dass die Forderungen (TF 1,030) in geringerem Maße zugenommen haben als die Umsatzerlöse (TF 1,050).
2. Die sonstigen Forderungen (20) sind unbedeutend.
3. Insgesamt sind $\frac{(4.674 + 880) \cdot 100}{22.169}$ = **25 %** des Gesamtkapitals in Forderungen nachhaltig gebunden.

Folgerungen:

1. Die Zahlungsweise der Kunden hat sich leicht verbessert. Wie sie im Hinblick auf die gegebenen Zahlungsbedingungen zu beurteilen ist, zeigt erst die Umschlagshäufigkeit.
2. Die relativ hohe Kapitalbindung in den Forderungen gibt Anlass, nach einer Verminderung dieses Bilanzpostens zu streben.

Flüssige Mittel

Ergebnisse:

Die flüssigen Mittel machen mit $\frac{(40 + 246) \cdot 100}{22.169} = 1{,}3\ \%$ einen relativ kleinen Teil des Gesamtvermögens aus. Da den Guthaben bei Kreditinstituten (246) kurzfristige Bankverbindlichkeiten (3.059) gegenüberstehen, ist zu vermuten, dass der Bestand auf das unerlässliche Mindestmaß beschränkt ist.

Folgerung:

Es ist kein »totes Kapital« vorhanden.

15.4.3 Anlagendeckung (Investierung)

Die Investierung gibt Auskunft über die **Kapitalverwendung.**

Ergebnisse:

Die Kennzahlen zur Messung der Investierung lauten:

1. $\frac{\text{Eigenkapital} \cdot 100}{\text{Anlagevermögen}} = \frac{9.038 \cdot 100}{9.241} = 97{,}8\ \%.$

2. $\frac{(\text{Eigenkapital} + \text{langfr. Verbindlichkeiten} + \text{langfr. Rückstellungen}) \cdot 100}{\text{Anlagevermögen} + \text{Vorräte}} =$

   $\frac{(9.038 + 3.600 + 2.400) \cdot 100}{9.241 + 6.966} = 92{,}8\ \%.$

3. $\frac{(\text{kurzfristige Verbindlichkeiten} + \text{kurzfristige Rückstellungen}) \cdot 100}{\text{andere Gegenstände des Umlaufvermögens}} =$

   $\frac{(5.441 + 1.180) \cdot 100}{5.890} = 112{,}4\ \%.$

Folgerungen:

1. Das Anlagevermögen erscheint nahezu vollständig durch Eigenkapital gedeckt; Unterdeckung (9.241 – 9.038) = 203.
2. Der Rest des Anlagevermögens, die RHB-Bestände und die unfertigen Erzeugnisse (203 + 1.466 + 1.510 = 3.179) sind durch langfristiges Fremdkapital (3.600) gedeckt; Überdeckung (3.600 – 3.179) = 421.

   Rechnet man die langfristigen Rückstellungen (2.400) dazu, so wird ersichtlich, dass auch die relativ geldwertnahen fertigen Erzeugnisse (3.990) größtenteils durch langfristig zur Verfügung stehendes Kapital gedeckt sind; Unterdeckung (3.990 – 2.821) = 1.169.

   Die Betriebsbereitschaft ist gesichert. Die Unternehmensleitung ist nicht von Gläubigereinflüssen eingeengt und hat somit weitgehende Entscheidungsfreiheit. Im Ganzen erscheinen Investierung und Finanzierung aufeinander abgestimmt.

Die Zuordnung des Eigenkapitals und des langfristigen Fremdkapitals zum Anlagevermögen und den Vorräten, bzw. des kurzfristigen Fremdkapitals zum Umlaufvermögen, ist anfechtbar. Zwar entspricht sie den Finanzierungs- und Investitionsvorgängen bei der Gründung und der Aufnahme zusätzlicher Fertigungszweige. Ist aber die Betriebsbereitschaft erst einmal hergestellt, dann kann es zweckmäßig sein, Anlageinvestitionen mit kurzfristigem Fremdkapital (Kontokorrentkredit) und Umlaufvermögen mit langfristigem Kapital zu finanzieren.

Wenn nämlich die Verkaufserlöse hohe Abschreibungsrückflüsse und Gewinne enthalten, können Kontokorrentkredite verhältnismäßig rasch abgebaut werden, während das fortlaufend zu ersetzende Umlaufvermögen dauernd Kapital in bestimmter, oft sogar in steigender Höhe bindet.

15.4.4 Umsatzprozess

Um Einblick in den zeitlichen Ablauf des Umsatzprozesses zu gewinnen, werden **Umschlagsrechnungen** durchgeführt. Man berechnet die Häufigkeit und die Dauer des Umschlages des **gesamten** Kapitals (Vermögens) und **einzelner** Vermögens- und Kapitalteile.

Es wäre besser, vom Vermögensumschlag zu sprechen, denn das Vermögen schlägt sich im Aufwand um, z. B. Material im Materialverbrauch, Maschinen in den Abschreibungen, Geld in Dienstleistungen.

Umschlag des Umlaufvermögens

In einem Konto zusammengefasst, zeigt das Umlaufvermögen folgende Entwicklung:

S **Umlaufvermögen** H

AB (7.208 + 5.854)	13.062	Einsatz:		
Zugänge[1]	34.279	Aufwand (19.442 + 17.157)		
			36.599	
		– Abschreibungen	2.114	34.485
		SB (6.966 + 5.890)		12.856
	47.341			47.341

Ergebnisse:

1. Durchschnittliches Umlaufvermögen $\triangleq \frac{13.062 + 12.856}{2} = 12.959$
2. Umschlagshäufigkeit $\triangleq \frac{34.485}{12.959} = 2{,}66$ (mal)
3. Durchschnittliche Laufzeit $\triangleq \frac{365 \text{ Tage}}{2{,}66} = 137$ (Tage)

$$\frac{\text{Umschlagshäufigkeit des Umlaufvermögens}}{\text{Umschlagshäufigkeit des beweglichen Sachanlagevermögens}} \triangleq \frac{2{,}66}{0{,}292} = 9{,}1 \text{ (mal)}$$

Das Umlaufvermögen schlägt sich 9,1-mal schneller um als das bewegliche Sachanlagevermögen.

Folgerungen:

1. Die kurze Durchlaufzeit verleiht Dispositionsfreiheit.
2. Bei einer nach Art, Menge, Güte, Kosten und Preisen gleichbleibenden Leistung und bei Verzicht auf Investitionen im Sachanlagevermögen wäre nach 9,1-maligem Umschlag des Umlaufvermögens das Unternehmungskapital bis auf die Grundstücke liquidiert.

Umschlag der Roh-, Hilfs- und Betriebsstoffe

S **Roh-, Hilfs- und Betriebsstoffe** H

AB	1.390	Einsatz laut GuV-Konto	19.442
Zugang	19.518	SB	1.466
	20.908		20.908

[1] durch Saldierung ermittelt

Ergebnisse:

1. Durchschnittlicher Lagerwert $\triangleq \frac{1.390 + 1.466}{2} = 1.428$
2. Umschlagshäufigkeit $\triangleq \frac{19.442}{1.428} = 13{,}6$ (mal)
3. Durchschnittliche Lagerdauer $\triangleq \frac{365 \text{ Tage}}{13{,}6} = 27$ Tage

Folgerungen:

Der rasche Umschlag der Stoffbestände deutet auf eine rationelle Lagerhaltung hin. Außerdem ist rasche Anpassung an sich verändernden Bedarf gewährleistet. Bei Verlängerung der Lieferfristen können allerdings Engpässe entstehen.

Forderungsumschlag

S	Forderungen aus Lieferungen und Leistungen			H
AB (4.540 + 854)		5.394	Zahlungseingänge	41.557
Umsatzerlöse	37.715		Forderungsverluste	
Erlöse aus Anlagen-			(GuV-Konto Nr. 7b)	162
abgang[1]	65		SB (4.674 + 880)	5.554
USt[2]	4.099	41.879		
		47.273		47.273

Ergebnisse:

1. Durchschnittlicher Forderungswert $\triangleq \frac{5.394 + 5.554}{2} = 5.474$
2. Umschlagshäufigkeit $\triangleq \frac{41.557}{5.474} = 7{,}6$ (mal)
3. Durchschnittliche Kreditdauer $\triangleq \frac{365 \text{ Tage}}{7{,}6} = 48$ (Tage)

Die Verluste an Außenständen betrugen 162 (GuV-Konto Nr. 7b) = 3 % des durchschnittlichen Wertes und 0,4 % der Zahlungseingänge.

Folgerungen:

Bei einem branchenüblichen Ziel von 60 Tagen wurde der Kundenkredit für einen großen Teil der Forderungen beansprucht und damit auch der in den Verkaufspreis eingerechnete Skonto eingenommen. Im Ganzen aber war die Zahlungsweise der Kunden normal. Die Zunahme der Forderungsausfälle um 21 ist bei einem Umsatzzuwachs von 1.807 kaum von Bedeutung.

Verbindlichkeitsumschlag

Auf dem Konto Verbindlichkeiten aus Lieferungen und Leistungen sind in der Regel Verbindlichkeiten gebucht, die aus folgenden Gründen entstehen:

1. Beschaffung von Roh-, Hilfs- und Betriebsstoffen,
2. Beschaffung von Gegenständen des Anlagevermögens,
3. Lieferungen und Leistungen, die in die sonstigen Aufwendungen eingehen wie Bürobedarfsartikel, Reparatur- und Verpackungsmaterial, Werbemittel, Fremdreparaturen, Rechtsschutzkosten, Transport- und Lagerkosten, Verbandsbeiträge[3]. Für all diese Lieferungen und Leistungen gehen Rechnungen ein, die meist auch dann auf dem Konto Verbindlichkeiten gebucht werden, wenn sie kurzfristig beglichen werden.

---

[1] Bilanzabgänge + Erträge aus Abgängen des AV
[2] 19 % vom Inlandsumsatz 21.573 Tsd. EUR
[3] nach Adler, Düring, Schmalz: Handkommentar

Dem rekonstruierten Konto kann deshalb der folgende Inhalt unterstellt werden:

S	**Verbindlichkeiten aus Lieferungen und Leistungen**		H
Zahlungsausgänge	28.132	AB	1.984
verrechnete Anzahlungen	20	Zugänge bei	
ARA I	64	RHB (19.442 + 76)	19.518
SB	1.770	beweglichen Sachanlagen – aktivierte Eigenleistungen (1.963 – 68)	1.895
		sonstigen Aufwendungen	2.727
		Vorsteuer[1]	3.862
	29.986		29.986

Ergebnisse:

1. Durchschnittlicher Wert $\triangleq \frac{1.984 + 1.770}{2} = 1.877$
2. Umschlagshäufigkeit $\triangleq \frac{26.378}{1.877} = 14{,}1$ (mal)
3. Durchschnittliche Kreditdauer $\triangleq \frac{365 \text{ Tage}}{14{,}1} = 26$ Tage

Die bei den Lieferanten in Anspruch genommenen Kreditfristen waren im Durchschnitt 23 Tage kürzer als die von den Kunden genutzten Fristen.

Stellt man den Eingang der Forderungen den Zahlungen an Lieferanten gegenüber, so ergibt sich

Forderungseingang (II)	41.557	100,0 %
Zahlungen an Lieferanten (II)	28.132	67,7 %

Von je 100 EUR Kundenzahlungen konnten 68 EUR zu Zahlungen an Lieferanten verwendet werden.

Folgerungen:

1. In Anbetracht des Umstandes, dass die von den Lieferanten gewährten Zahlungsfristen meist zwischen 10 und 90 Tagen liegen, kann auf pünktliche und zum großen Teil auf sofortige Zahlung mit Skontoausnutzung geschlossen werden.
2. Der im Durchschnitt reibungslose Zahlungsverkehr mit einem starken Überschuss der Forderungseingänge über die an die Lieferanten zu leistenden Zahlungen lässt auf stetige Zahlungsbereitschaft schließen.

Umschlag der unfertigen und fertigen Erzeugnisse

Die bisherigen Untersuchungen können von einem Außenstehenden anhand der Bilanzen und Erfolgsrechnungen vorgenommen werden. Die folgende Messung der Fertigungsdauer und der Lagerdauer der fertigen Erzeugnisse ist nur möglich, wenn der Aufbau der Kostenrechnung bekannt ist. Es sei angenommen, die Herstellungskosten der fertigen Erzeugnisse hätten 60 % der Umsatzerlöse ausgemacht. Die rekonstruierten Konten haben dann folgendes Aussehen:

S	**unfertige Erzeugnisse (Fertigung)**		H
AB	1.358	fertiggestellte Erzeugnisse	22.159
Herstellungsaufwand	22.311	SB	1.510
	23.669		23.669

S	**fertige Erzeugnisse**		H
AB	4.460	Verkauf 60 % aus 37.715	22.629
Fertigung	22.159	SB	3.990
	26.619		26.619

[1] Unter den RHB befinden sich Zugänge, die zum reduzierten USt-Satz bezogen wurden.

Ergebnis:

	unfertige Erzeugnisse (Fertigung)	**fertige Erzeugnisse**
1. Durchschnittlicher Wert	$\frac{1.358 + 1.510}{2} = 1.434$	$\frac{4.460 + 3.990}{2} = 4.225$
2. Umschlagshäufigkeit	$\frac{22.159}{1.434} = 15{,}5$ (mal)	$\frac{22.629}{4.225} = 5{,}4$ (mal)
3. Durchschnittliche Fertigungsdauer	$\frac{365 \text{ Tage}}{15{,}4} = 24$ Tage	
4. Durchschnittliche Lagerdauer der fertigen Erzeugnisse		$\frac{365 \text{ Tage}}{5{,}4} = 68$ Tage

Auffällig ist die im Verhältnis zur Fertigungsdauer lange Lagerdauer der fertigen Erzeugnisse.

Folgerungen:

Ursache kann die Notwendigkeit sein,

- ein breit sortiertes, räumlich weit gestreutes und ein auf Stoßgeschäft gerüstetes Verkaufslager zu unterhalten,
- die Fertigung ohne Rücksicht auf Absatzschwankungen konstant zu halten.

Es könnte aber auch die Fertigung nicht ausreichend auf den Absatz abgestimmt sein.

Gesamter Umsatzprozess

Aus den durchgeführten Einzelrechnungen ergibt sich für den ganzen Umsatzprozess die folgende Übersicht:

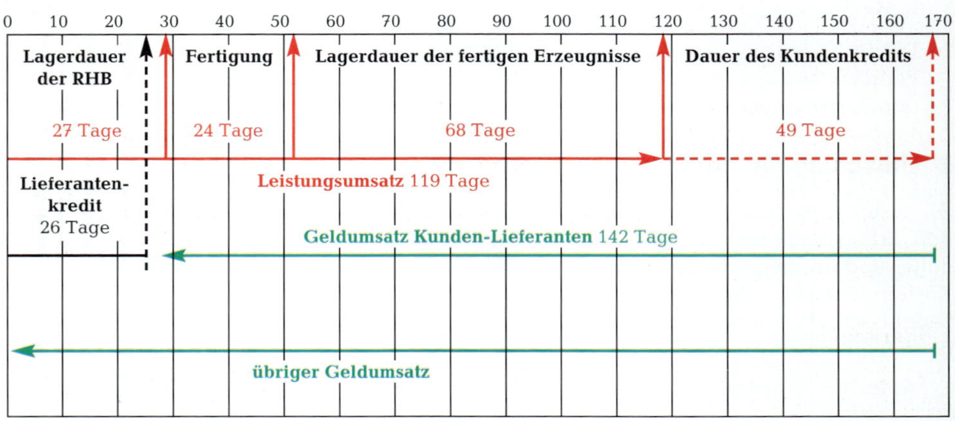

Durch den Vergleich mit vorausgegangenen Rechnungsperioden kann festgestellt werden, in welchem Ausmaß sich die Durchlaufzeiten im Ganzen und im Einzelnen verändert haben. Es ist dabei fortgesetzt nach einer Verkürzung der Durchlaufzeiten zu streben. Je mehr es gelingt, die Zeiten zu verkürzen, desto geringer ist der Kapitalbedarf, desto geringer der Fixkostenanteil je produzierter Einheit und desto größer die Anpassungsfähigkeit des Unternehmens an veränderte Verhältnisse.

15.4.5 Liquidität

Zu den kurzfristigen Verbindlichkeiten werden im vorliegenden Falle gerechnet:

Beispiel: Berechnung der kurzfristigen Verbindlichkeiten

	II	I
Verbindlichkeiten a.LL.	1.770	1.984
sonstige Verbindlichkeiten	612	592
Halbjahresbetrag der laufenden Pensionen (geschätzt)	35	34
kurzfristige Rückstellungen	980	854
Halbjahresbetrag der Tilgung an den langfristigen Verbindlichkeiten	200	200
kurzfristige Verbindlichkeiten insgesamt	3.597	3.664

Nicht berücksichtigt werden erhaltene Anzahlungen (hier nicht vorkommend), weil sie nicht Geldschulden, sondern Leistungsschulden darstellen, und kurzfristige Verbindlichkeiten gegenüber Kreditinstituten, weil sie zwar täglich kündbar, aber in der Regel nicht zur Rückzahlung fällig sind.

Es ergeben sich somit folgende Kennzahlen zur **Stichtagsliquidität:**

$$\text{Barliquidität (I)} = \frac{410 \cdot 100}{3.664} = 11{,}19\,\% \qquad \text{Barliquidität (II)} = \frac{286 \cdot 100}{3.597} = 7{,}95\,\%$$

$$\text{Einzugsbedingte Liquidität (I)} = \frac{(410 + 4.540 + 854 + 30) \cdot 100}{3.664} = 159{,}22\,\%$$

$$\text{Einzugsbedingte Liquidität (II)} = \frac{(286 + 4.674 + 880 + 20) \cdot 100}{3.597} = 162{,}91\,\%$$

Ergebnisse:

Die *Barliquidität* hat sich um 3,24 % verschlechtert. Falsch wäre es, aus dem geringen Satz von 11,19 % bzw. 7,95 % auf Zahlungsschwierigkeiten zu schließen, und zwar aus folgenden Gründen:

1. Die kurzfristigen Verbindlichkeiten sind sicher nur zu einem ganz kleinen Teil am Bilanzstichtag fällig. Bis sie aber fällig werden, sind bereits wieder Teile der kurzfristigen Forderungen eingegangen.
2. Es besteht noch ein beträchtlicher Kreditspielraum.

Die *einzugsbedingte Liquidität* hat sich um 3,69 % verbessert. Diese Kennzahlen geben ein treffenderes Bild, weil den Verbindlichkeiten auch die Forderungen gegenüberstehen, deren Eingang den Ausgleich der Verbindlichkeiten ermöglicht. Im Regelfall muss bei gleicher Kreditdauer gegenüber den Kunden und vonseiten der Lieferanten die Kennzahl über 100 liegen, da neben den Ausgaben für Materialien und fremde Dienstleistungen auch die Ausgaben für Personalaufwand, Steuern und sonstige Aufwendungen aus den Zahlungseingängen zu bestreiten sind.

Folgerungen:

Die Zahlungsbereitschaft ist gesichert, ohne dass »totes Kapital« gehalten wird. Dies wird auch durch die Nettofinanzierungsbilanz sowie durch den Forderungs- und den Verbindlichkeitsumschlag bewiesen. Es wäre somit auch falsch gewesen, aus der scheinbar geringen und etwas verschlechterten Barliquidität auf Zahlungsschwierigkeiten zu schließen. Seiten 578, 586

Die den Umsatzerlösen entsprechende Zunahme der RHB-Bestände (siehe Trendfaktoren) zeigt, dass auch nicht versucht wurde, durch Verschiebung der Beschaffung großer Stoffmengen auf den Anfang der nächsten Rechnungsperiode ein günstigeres Bild von der Liquidität vorzutäuschen (**window dressing**).

15.4.6 Struktur des Aufwands

Anteil der Aufwendungen am Gesamtaufwand

Um Einblick in die Zusammensetzung des Aufwands zu erhalten, setzt man die einzelnen Aufwandsarten zum Gesamtaufwand ins Verhältnis.

Arten	II		I	
Aufwendungen für RHB	19.442	53,1 %	18.802	53,2 %
Personalaufwand	10.498	28,7 %	9.845	27,8 %
Abschreibungen	2.114	5,8 %	2.010	5,7 %
Zinsen	428	1,2 %	404	1,1 %
Steuern	1.196	3,3 %	1.098	3,1 %
übrige Aufwendungen	2.901	7,9 %	3.227	9,1 %
Gesamtaufwand	36.579	100,0 %	35.386	100,0 %

Ergebnisse:

Das Unternehmen ist in erster Linie material-, in zweiter Linie lohnintensiv. Die anderen Aufwandsposten haben geringeres Gewicht. Auffallend ist lediglich die relative Verringerung der in einem Posten zusammengefassten übrigen Aufwendungen.

Folgerungen:

Das Unternehmen ist empfindlich gegen die Erhöhung der Materialpreise und Löhne. Sorgsame Disposition bei der Materialbeschaffung und rationelle, dem technischen Fortschritt angepasste, arbeitssparende Fertigung sind deshalb lebenswichtige Aufgaben. Die relative Verringerung der »übrigen Aufwendungen« lässt auf sorgsames Wirtschaften bei den zahlreichen kleinen Aufwendungen schließen.

Anteil des Aufwands am Umsatzerlös

In der Gewinn- und Verlustrechnung sind folgende Aufwendungen angegeben:

Arten	II		I	
Aufwand für RHB	19.442	51,55 %	18.802	52,37 %
Personalaufwand	10.498	27,89 %	9.845	27,46 %
Abschreibungen	2.114	5,61 %	2.010	5,60 %
Zinsen	428	1,13 %	404	1,13 %
Steuern	1.196	3,17 %	1.098	3,06 %
übrige Aufwendungen	2.901	7,69 %	3.227	8,99 %
Gesamtaufwand	36.579	97,04 %	35.386	98,61 %
Umsatzerlöse	37.715	100,00 %	35.908	100,00 %

Ergebnisse:

Der Anteil des Aufwands an Umsatzerlösen ist gesunken, und zwar der Aufwand für RHB im gleichen Verhältnis, die übrigen Aufwendungen stärker. Dagegen sind die Aufwendungen für die Steuern und für das Personal gestiegen.

Folgerungen:

Die Unternehmensleitung konnte durch geeignete Maßnahmen das Ergebnis verbessern. Im Personalbereich können steigende Kosten sicher nur durch stärkere Rationalisierungsinvestitionen aufgefangen werden. Die nicht so stark gestiegene Abschreibungsquote lässt noch Spielraum.

15.4.7 Struktur des Ergebnisses

Bei der Anwendung des Gesamtkostenverfahrens unterscheidet man das Ergebnis aus der gewöhnlichen Geschäftstätigkeit und das außerordentliche Ergebnis. Es handelt sich dabei jeweils um die Zusammenfassung von Erträgen und Aufwendungen.

	II		I		TF
	Tsd. EUR	%	Tsd. EUR	%	
Ergebnis aus der gewöhnlichen Geschäftstätigkeit	2.472	247	2.265	280	1,09
Außerordentliches Ergebnis	– 274	– 27	– 359	– 44	0,76
Steuern	– 1.196	– 120	– 1.098	– 136	1,09
Jahresüberschuss	1.002	100	808	100	1,24

Ergebnisse:

Das Ergebnis aus der gewöhnlichen Geschäftstätigkeit hat sich verbessert. Im gleichen Verhältnis sind die Steuern gestiegen. Der Aufwandsüberhang im außerordentlichen Ergebnis wurde um ca. $^1/_4$ verringert. Daraus resultiert eine gleiche Verbesserung des Jahresüberschusses.

Folgerung:

Das Unternehmen hat erfolgreich gearbeitet. Es ist gelungen, die außerordentlichen Aufwendungen zu verringern. Die Entwicklung des Unternehmens ist dadurch kalkulierbar geworden.

15.4.8 Rentabilität

Rentabilität des Grundkapitals

I	$\frac{808 \cdot 100}{4.200} = 19{,}2\,\%$	II	$\frac{1.002 \cdot 100}{4.200} = 23{,}9\,\%$

Ergebnis:

Die Rentabilität des Grundkapitals hat sich um 4,7 % erhöht.

Folgerungen:

Die Organe der Gesellschaft hätten eine Erhöhung der Dividende in Erwägung ziehen können. Offenbar wollte man jedoch bei dem Dividendensatz des Vorjahres bleiben. Das wurde erreicht, weil Vorstand und Aufsichtsrat von der im Aktiengesetz zugestandenen Möglichkeit der Einstellung in Rücklagen im Höchstmaß Gebrauch machten und rund 50 % des Jahresüberschusses in die anderen Gewinnrücklagen einstellten. AktG § 58 (2)

Eine Erhöhung des Grundkapitals aus Gesellschaftsmitteln könnte in Erwägung gezogen werden.

Für den Aktionär ist nicht die nominelle Rentabilität des Grundkapitals maßgebend, sondern die Rentabilität seines in Aktien angelegten Kapitals, die sich aus den Anschaffungskosten, der Dividende und Steuergutschriften ergibt.

Rentabilität des Eigenkapitals

Der Grundwert kann dabei sein

- das Anfangskapital (siehe Beispiel)
- das Anfangskapital + halber Jahresgewinn (Jahresüberschuss)
- der Durchschnitt von Anfangs- und Endkapital.

I	$\frac{808 \cdot 100}{8.220 + 4^{*)}} = 9{,}8\,\%$	II	$\frac{1.002 \cdot 100}{8.520 + 8} = 11{,}7\,\%$

*) Gewinnvortrag aus dem Vorjahr: 4 (angenommen)

Bemerkung: Am Ende des Jahres I waren in die Rücklagen lt. GuV 300 eingestellt worden. Das Eigenkapital betrug also Anfang I 8.520 – 300 = 8.220.

Ergebnis:

Die Rentabilität des Eigenkapitals hat sich um 1,9 % erhöht.

Folgerungen:

Es ist gelungen, durch rationelleren Einsatz der sachlichen und finanziellen Mittel die Ertragskraft des Unternehmens zu steigern. Dies wird auch durch den Vergleich folgender Trendfaktoren (TF) bewiesen:

$$\text{TF für Gesamtertrag} = \frac{37.601}{36.211} = 1{,}038$$

$$\text{TF für Einsatz des Eigenkapitals} = \frac{8.528}{8.224} = 1{,}037$$

$$\text{TF für Gesamtaufwand} = \frac{36.599}{35.403} = 1{,}034$$

Rentabilität des Gesamtkapitals

Das Gesamtkapital setzt sich aus dem Eigenkapital und dem Fremdkapital zusammen. Deshalb müssen dem Gesamtkapital der Jahresüberschuss und der Zinsaufwand für das Fremdkapital gegenübergestellt werden.

Der Grundwert, das durchschnittliche Gesamtkapital, ist aus Jahresbilanzen kaum zu ermitteln. Jede Wertbewegung, die eine Vermehrung oder Verminderung der Schulden oder auch des Eigenkapitals zur Folge hat, verändert die Bilanzsumme und damit das Gesamtkapital.

Beispiel: Anfang Dezember wird ein großer Posten Rohstoffe auf Ziel gekauft. Selbst wenn dies in jedem Jahr in gleicher Weise geschieht, ist die Höhe des Fremdkapitals verschieden, wenn einmal unter Abzug von Skonto **vor** dem Bilanzstichtag und ein anderes Mal **nach** diesem bezahlt wird.

Um einen hinreichend zutreffenden Grundwert zu erhalten, müssten mehrere Zwischenbilanzen zur Verfügung stehen, deren durchschnittliche Bilanzsumme annähernd dem durchschnittlichen Gesamtkapital entspricht. Die folgende Rechnung geht von der Voraussetzung aus, dass der verwendete Grundwert das durchschnittliche Gesamtkapital richtig darstellt:

Bilanzsumme		Rentabilität des Gesamtkapitals
1. Jan. II	22.292,0	$\frac{(1.002 + 428) \cdot 100}{22.230{,}5} = 6{,}43\,\%$
31. Dez. II	22.169,0	
Durchschnitt	22.230,5	

Verzinsung des durchschnittlichen offen verzinslichen Fremdkapitals:

Durchschnittliches Fremdkapital

- langfristig (4.000 + 3.600) : 2 = 3.800
- kurzfristig (3.366 + 3.059) : 2 = 3.213   7.013

$$\frac{428 \cdot 100}{7.013} = 6{,}1\,\%$$

Das Ergebnis dieser Rechnung muss mangelhaft bleiben, weil die in den Zahlungen an die Lieferanten verborgenen Zinsaufwendungen (einkalkulierte Skonti) mangels gesonderten Ausweises in der GuV nicht berücksichtigt werden können. Die errechnete Kennzahl lässt deshalb keine exakte Schlussfolgerung zu.

Wenn der Fremdkapitalzinssatz niedriger ist als die Gesamtkapitalrentabilität, ist die Finanzierung von zusätzlichen Investitionen mit Fremdkapital sinnvoll. Dabei ergibt sich u.U. sogar eine Steigerung der Eigenkapitalrentabilität **(Leverage-Effekt).** Die Verminderung des Verschuldungsgrades zeigt, dass Spielraum für eine weitere Aufnahme von Fremdkapital gegeben ist.

Seite 500

Jahr	Jahresüberschuss	Verschuldungsgrad	EK-Rentabilität
I	808	14.068 : 8.224 = 1,71	9,8 %
II	1.002	13.641 : 8.528 = 1,60	11,7 %

Gesamtkapital-Rentabilität 6,43 %; Fremdkapitalzinssatz 6,1 %.

Ergebnis:

Die Rentabilität des Gesamtkapitals liegt über dem Zinssatz für das Fremdkapital.

Folgerung:

Die Heranziehung von Fremdkapital war wirtschaftlich.

Umsatzrentabilität

Sie ist das Verhältnis des Reinertrages zum Umsatz.

I	$\frac{808 \cdot 100}{35.908} = 2{,}25\,\%$
II	$\frac{1.002 \cdot 100}{37.715} = 2{,}66\,\%$

Ergebnis:

Die Umsatzrentabilität hat sich um 0,41 % verbessert.

Folgerungen:

Im Rahmen des Gesamtumsatzes sind dem Unternehmen im Jahre II 0,41 % aus 37.715 = 155 mehr zugeflossen, über die frei verfügt werden konnte. Erfolgreiche Verkaufstätigkeit bei günstiger Entwicklung des Preis-Kosten-Verhältnisses ist zu vermuten.

Return on Investment

Einzelne Kennzahlen vermitteln nur begrenzte Einsichten in die Verhältnisse eines Unternehmens und sind zum Teil zusammenhanglos. Deshalb sind Kennzahlen-Systeme entwickelt worden, welche diese Nachteile beseitigen sollen. So zeigt zum Beispiel der »**Re**turn **o**n **I**nvestment« (**ROI**) den *Rückfluss des investierten Kapitals* in einer Kennzahl:

ROI = Umsatzrentabilität · Kapitalumschlag

$$\mathbf{ROI} = \frac{\textbf{Gewinn}}{\textbf{Umsatz}} \cdot \frac{\textbf{Umsatz}}{\textbf{investiertes Kapital}}$$

ROI_I	$\frac{808}{35.908} \cdot \frac{35.908}{22.292} \cdot 100 = 3{,}6\,\%$
ROI_{II}	$\frac{1.002}{37.715} \cdot \frac{37.715}{22.169} \cdot 100 = 4{,}5\,\%$

Ergebnis:

Der Rückfluss des investierten Kapitals erfolgt im Jahr II schneller aufgrund der Faktoren Gewinn + 24 % und Umsatz + 5 % bei leicht vermindertem eingesetztem Kapital – 0,6 %.

Folgerung:

Der Kapitaleinsatz war im Jahr II erfolgreicher.

15.4.9 Wirtschaftlichkeit

$$\textbf{Wirtschaftlichkeit} = \frac{\textbf{Erträge}}{\textbf{Aufwendungen}} \text{ bzw. } \frac{\textbf{Leistungen}}{\textbf{Kosten}}$$

I	$\frac{36.211}{35.403} = 1{,}0228$		II	$\frac{37.601}{36.599} = 1{,}0274$

Ergebnis:

Der Grad der Wirtschaftlichkeit ist gestiegen. Diese Feststellung entspricht den Folgerungen aus der Ermittlung der Rentabilität des Eigenkapitals und der Umsatzrentabilität.

Folgerung:

Die Umsatzsteigerung war von einer leichten Kostendegression begleitet.

1. Erläutern Sie, welche Bedeutung es für die Unternehmensleitung haben kann, wenn
   a) kurzfristige Verbindlichkeiten,
   b) langfristige Verbindlichkeiten
   überwiegen?
2. Auf welche Finanzierungsarten weisen folgende Bilanzposten hin:
   a) Gezeichnetes Kapital,
   b) Rücklagen,
   c) Rückstellungen?
3. Welche Rolle spielt bei der Cashflow-Berechnung der Verlustausweis in der Bilanz?
4. Erläutern Sie den Begriff »Verschuldungsgrenze«.
5. Führen Sie Kriterien an, welche die Geschäftsleitung bei der Kreditausweitung beachten sollte.
6. Geben Sie die Information an, die der Vergleich der Sachanlagenintensität zweier Geschäftsjahre liefert.
7. Der Geschäftsleitung ist die Vorratsquote zu hoch. Untersuchen Sie die Möglichkeiten und Konsequenzen, die mit der Verminderung der Vorräte verbunden sein können.
8. Suchen Sie nach Gründen, warum es für das Unternehmen grundsätzlich günstiger ist, wenn das Eigenkapital das Anlagevermögen deckt?
9. Nennen Sie Risiken, die entstehen können, wenn Stoffevorräte mit Lieferantenkrediten finanziert sind.
10. In einer Bilanz sind unter anderem folgende Teile des Umlaufvermögens angegeben:
    Waren, Wertpapiere, Schecks, Besitzwechsel, Bankguthaben, Forderungen aus Lieferungen und Leistungen, Kasse, Roh-, Hilfs- und Betriebsstoffe, unfertige Erzeugnisse, andere Wertpapiere, sonstige Vermögensgegenstände, Postbankguthaben, Forderungen gegenüber verbundenen Unternehmen.
    Ordnen Sie diese Positionen den Flüssigen Mitteln I. Ordnung (Barliquidität), II. Ordnung (einzugsbedingte Liqidität) und III. Ordnung (umsatzbedingte Liqidität) zu.
11. Weil ein Zweigwerk aus Konkurrenzgründen geschlossen werden muss, ist demnächst mit folgenden außerordentlichen Aufwendungen zu rechnen: 20 % weniger Personalaufwand, weil die nicht anderweitig einsetzbaren Arbeitnehmer entlassen werden; jedoch 3.200 Tsd. EUR Entschädigungszahlungen im Sinne des vereinbarten Sozialplans.
    Zeigen Sie die Auswirkungen auf die Struktur des Aufwands, wenn alle anderen Bedingungen gleich bleiben (Grundlage: Jahr II im Faltblatt am Ende des Lehrbuches).
12. Die Geschäftsleitung plant die Erweiterung der Aktivitäten im Ausland und erhofft sich eine Umsatzsteigerung um 15 %. Gleichzeitig wird damit gerechnet, dass sich das Währungsrisiko erhöht. Experten schätzen einen Verlust von 10 %.
    Wie ändert sich die Struktur des Ergebnisses, wenn im abgelaufenen Jahr Erzeugnisse für 12.097.000 EUR im Ausland abgesetzt wurden und davon 6 Mio. EUR in ausländischer Währung fakturiert werden mussten?

13. Analyse der aufbereiteten Bilanz der Baumaschinen GmbH:

Aktiva	Strukturbilanz der Baumaschinen GmbH in Tsd. EUR				Passiva
	Vorjahr	Geschäftsjahr		Vorjahr	Geschäftsjahr
Anlagevermögen			**Eigenkapital**		
Sachanlagen	7.250	6.880	Gezeichnetes Kapital	1.900	1.900
Finanzanlagen	370	370	Kapitalrücklage	1.255	1.255
			Gewinnrücklagen	460	605
Umlaufvermögen			**Fremdkapital**		
Vorräte	1.550	1.704	Langfristige		
Forderungen	3.870	4.910	Verbindlichkeiten	6.660	6.550
Flüssige			Kurzfristige		
Mittel	1.106	1.376	Verbindlichkeiten	3.871	4.930
Bilanzsumme	14.146	15.240	**Bilanzsumme**	14.146	15.240

a) Ermitteln und beurteilen Sie die Anlagendeckung I und II.
Die Branchenwerte werden mit 55 % bzw. 119 % für beide Jahre angegeben.

b) Ermitteln und beurteilen Sie die Barliquidität und die einzugsbedingte Liquidität. Die Branchenwerte werden für beide Jahre mit 35 % bzw. 105 % angegeben.

c) Erstellen Sie die Bewegungsbilanz (Nettofinanzierungsbilanz) aus den beiden vorliegenden Bilanzen. Die Bruttoinvestitionen betrugen im Geschäftsjahr 488 Tsd. EUR.

d) Welche Erkenntnisse können aus dieser Bewegungsbilanz gezogen werden?

e) Welche Fragen sind zu stellen, um die Ursachen auffälliger Bewegungen bei der Mittelverwendung und Mittelherkunft zu erkennen?

14. Folgende Angaben eines Industriebetriebes aus zwei aufeinanderfolgenden Geschäftsjahren liegen vor:

Auszug aus den Jahresabschlüssen	**Geschäftsjahr in Mio. EUR**	**Vorjahr in Mio. EUR**
Eigenkapital	3,5	3,2
Fremdkapital	5,9	6,3
Umsatzerlöse	33,5	30,4
Jahresüberschuss	0,905	0,770
Zinsaufwand	0,180	0,080

a) Errechnen und beurteilen Sie die Rentabilität
- des Eigenkapitals,
- des Gesamtkapitals und
- des Umsatzes.

b) Beschreiben Sie den Zusammenhang, der zwischen dem Verschuldungsgrad und dem Leverage-Effekt besteht.

c) Inwieweit hängt die Umsatzrentabilität mit der Art des Betriebes zusammen?

16 Grundlagen der Geschäftsprozessorientierung

16.1 Einführung in die Geschäftsprozessorientierung

In den Unternehmen kam man in den vergangenen Jahren zu der Einsicht, dass die Arbeitsorganisation an den betrieblichen Abläufen auszurichten ist. Ursache dafür war der Zwang zur Rationalisierung, um dem gestiegenen internationalen Wettbewerbsdruck standhalten zu können.

Für die Unternehmen gilt es, verschiedene Kriterien zu beachten, um gegenüber der nationalen und internationalen Konkurrenz bestehen zu können:

- Hohe Qualität der Produkte und Dienstleistungen, die bereits beim Kontakt mit dem Kunden beginnt und sämtliche Beratungs- und Dienstleistungsfunktionen einschließt;
- hohe Flexibilität im Umgang mit unterschiedlichen Kundenwünschen;
- möglichst geringer Zeitaufwand für die Umsetzung der Kundenwünsche;
- eine große Vielfalt unterschiedlicher Abläufe sind zu berücksichtigen, um betriebliche Leistungen erzielen zu können;
- möglichst niedrige Kosten für die Produktion und die damit verbundenen Abläufe innerhalb sämtlicher Organisationseinheiten im Unternehmen.

Aus diesen Anforderungen kann ein Spannungsfeld geschäftlicher Aktivitäten entstehen.

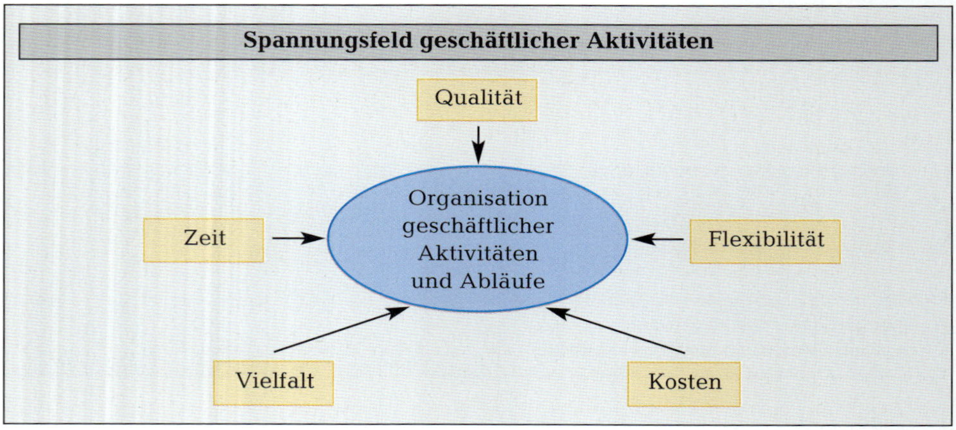

Dieses Spannungsfeld muss aufgelöst oder zumindest verringert werden. Es gilt, Abläufe zu vereinheitlichen (standardisieren) und als Geschäftsprozesse darzustellen.

Ein **Geschäftsprozess** stellt eine **Folge von Aktivitäten** dar, die
- in einem logischen Zusammenhang stehen,
- inhaltlich abgeschlossen sind und
- unter Zuhilfenahme von Ressourcen und Informationen
- durch Menschen und/oder Maschinen

im Hinblick auf ein Unternehmensziel ausgeführt werden.

Die **Geschäftsprozessmodellierung** ist eine Vorgehensweise, bei der betriebswirtschaftliche (kaufmännische) und technische Sachverhalte eines Unternehmens abgebildet werden. Mithilfe der DV werden diese Prozesse dargestellt und gleichzeitig auch mit Datenbanken verbunden.

Die Abbildung der Abläufe und Prozesse im Unternehmen erfolgt in zwei Schritten:

- **Aufnahme des Ist-Zustandes.** Es wird dargelegt, welche
  - Abläufe in Unternehmen erfolgen,
  - verantwortlichen Abteilungen eingebunden sind,
  - Tätigkeiten ausgeführt werden,
  - Informationsobjekte benötigt werden.
- **Grafische Darstellung** der Abläufe im Unternehmen. Dabei werden diese im Unternehmen als eine Abfolge von Funktionen aufgezeigt, die durch Ereignisse ausgelöst werden bzw. denen Ereignisse folgen. Verantwortungsbereiche und Informationsobjekte werden den Funktionen zugeordnet.

Die prozessorientierte Vorgehensweise hat für das Unternehmen mehrere **Vorteile:**

- Ganzheitliche Betrachtung der Abläufe;
- eindeutige Zuordnung von Verantwortung für die Aktivitäten;
- Einsparung von Kosten für die Dateneingabe;
- laufende Aktualisierung der Datenbestände;
- Fehlerverringerung in allen Phasen der Produktion und Kundenbetreuung.

Bei der geschäftsprozessorientierten Vorgehensweise lassen sich nach dem **ARIS**-Konzept (**AR**chitektur **I**ntegrierter **I**nformations**S**ysteme) vier Sichtweisen unterscheiden. Jede Sichtweise stellt dabei eine Möglichkeit dar, mit der man die umfassenden betrieblichen Zusammenhänge und Abläufe betrachten kann:

ARIS-Konzept	
Begriff und Inhalt	**Beispiel**
Datensicht: Die zur Ausführung notwendigen **Datenbestände** werden auf Datenträgern oder in Datenbanken gespeichert und zur Verfügung gestellt.	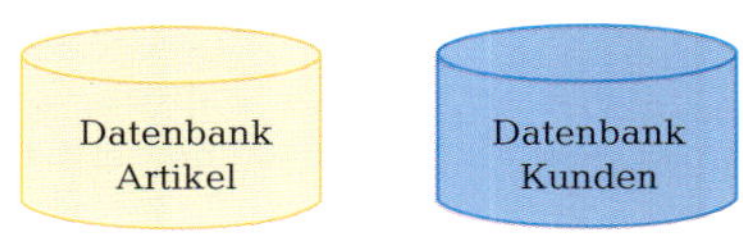
Organisationssicht: Der **Aufbau des Unternehmens** und die Beziehungen untereinander werden beschrieben und dargestellt.	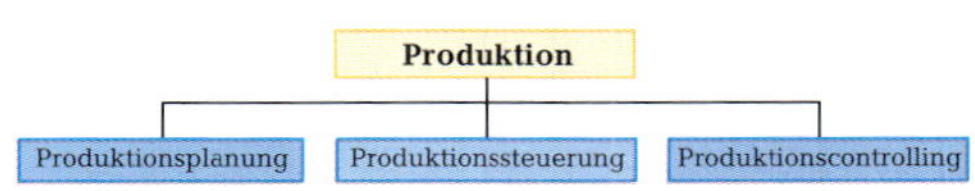
Funktionssicht: Die Funktionen oder **Aktivitäten,** die innerhalb eines Unternehmens ausgeführt werden, werden beschrieben und dargestellt.	
Steuerungssicht: Die **Zusammenhänge** und Abläufe zwischen Daten, Funktionen und Organisationseinheiten der drei anderen Sichtweisen werden dargestellt.	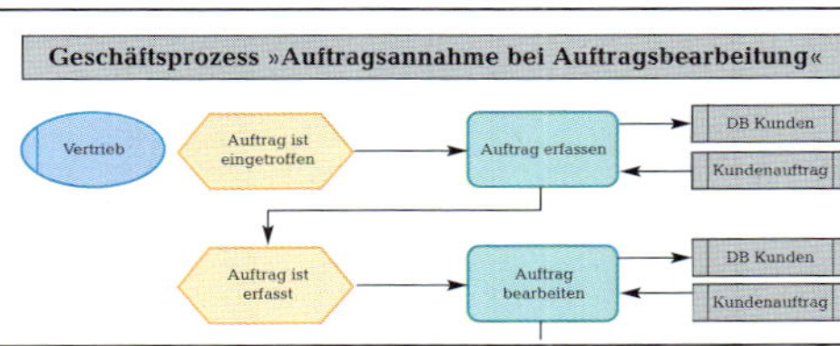

16.2 Darstellung von Geschäftsprozessen

Eine mögliche Darstellungsform von Geschäftsprozessen sind die ereignisgesteuerten Prozessketten. Sie zeigen die Ablaufstruktur aus Ereignissen und Funktionen.

16.2.1 Grundelemente

Folgende **Elemente** zur Darstellung von ereignisgesteuerten Prozessketten werden verwendet:

Element	Erklärung	Hinweis
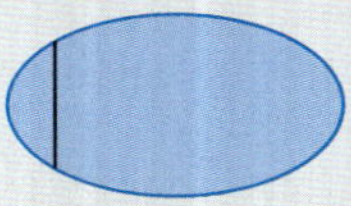	**Organisationseinheit:** Sie ist für das Bearbeiten von Funktionen verantwortlich. **Beispiele:** Vertrieb, Lagerleitung	Die Angabe der Abteilung oder der Arbeitsgruppe ist ausreichend.
	**Ereignis:** Es stößt eine Funktion an bzw. wird von einer Funktion erzeugt. **Beispiel:** Absatz ist eingebrochen	Verbale Formulierung in der Partizipialform.
	**Funktion:** Sie ist eine im Unternehmen anfallende Aufgabe, die von einer Organisationseinheit ausgeführt wird. **Beispiel:** Marktanalyse durchführen	Verbale Formulierung in der Grundform.
	**Informationsobjekt:** Es liefert Daten zur Ausführung einer Funktion und kann Daten aufnehmen. **Beispiel:** Kundenauftrag	Ist in der Regel ein Element einer Datenbank.
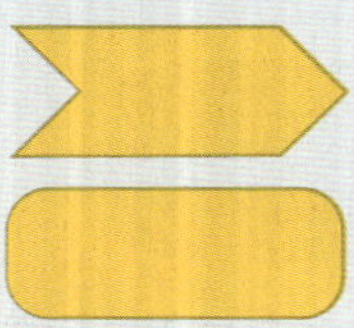	**Teilprozess:** Er wird aus einem größeren Geschäftsprozess ausgegliedert. **Beispiel:** Angebotskalkulation innerhalb der Angebotserstellung	Ermöglicht eine übersichtliche und verständliche Darstellung.

Konnektoren:
Verzweigungen innerhalb eines Geschäftsprozesses lassen sich mit **Konnektoren** darstellen.

Konnektor	Erklärung
xor	**xor (entweder oder):** Funktionen/Ereignisse schließen sich gegenseitig aus. **Beispiel: Entweder** Lieferschein ist vorhanden **oder** Lieferschein ist nicht vorhanden.
or	**or (oder):** Funktionen/Ereignisse können, müssen aber nicht parallel auftreten. **Beispiel:** Lieferschein liegt bei **oder** Rechnung liegt bei.
and	**and (und):** Funktionen/Ereignisse müssen parallel auftreten. **Beispiel:** Lieferschein liegt bei **und** Rechnung liegt bei.

16.2.2 Modellierungsregeln

Bei der Modellierung von Geschäftsprozessen müssen wichtige Regeln beachtet werden:

- Ein Geschäftsprozess beginnt immer mit einem oder mehreren Ereignissen.
- Ein Geschäftsprozess endet immer mit einem oder mehreren Ereignissen.
- Alle Ereignisse, Funktionen und Konnektoren müssen über Linien mit Pfeilrichtung verbunden werden.
- Ein Ereignis hat immer nur einen Eingangs- und einen Ausgangspfeil.
- Ereignisse können nicht direkt mit anderen Ereignissen verbunden werden.
- Eine Funktion hat immer nur einen Eingangs- und einen Ausgangspfeil; bei zugeordneten Informationsobjekten können es auch mehrere Eingangs- und/oder Ausgangspfeile sein.
- Funktionen können nicht direkt mit anderen Funktionen verbunden werden.
- Eine Funktion folgt einem oder mehreren Ereignissen und führt zu einem oder mehreren Ereignissen.
- Mit Konnektoren werden Verzweigungen innerhalb eines Geschäftsprozesses dargestellt. Sie werden im Anschluss an Ereignisse oder Funktionen eingesetzt.
- Verzweigungen können entweder im Anschluss an ein Ereignis oder an eine Funktion vorgenommen werden.
- Konnektoren können unmittelbar hintereinandergeschaltet werden.
- Organisationseinheiten werden Funktionen zugeordnet; aus Vereinfachungsgründen kann auf eine wiederholte Darstellung der Organisationseinheiten verzichtet werden.
- Informationsobjekte werden Funktionen zugeordnet. Dabei kann der Datenfluss zur Funktion hin ausgerichtet sein; eine Funktion kann aber auch das Schreiben von Daten in ein Informationsobjekt bewirken.

16.3 Beispiele von Geschäftsprozessen

Innerhalb von Unternehmen kann es unterschiedliche Geschäftsprozesse geben.

Da diese Prozesse sehr umfangreich sind, werden hier kleinere Prozesse aus dem betrieblichen Alltag gewählt. Dabei muss berücksichtigt werden, dass die Abläufe in jedem Unternehmen unterschiedlich strukturiert sein können.

1 Geschäftsprozess »Auftragsannahme bei Auftragsfertigung«

2 Geschäftsprozess »Angebotserstellung«

3 Geschäftsprozess »Prüfung einer Kundenreklamation wegen mangelhafter Lieferung (Schlechtleistung)«

1 Geschäftsprozess »Auftragsannahme bei Auftragsfertigung«

Seite 601

Im Vertrieb der Industrieanlagen GmbH geht ein Kundenauftrag ein. Dieser wird mittels DV erfasst und bearbeitet.

Enthält der Kundenauftrag nicht alle Informationen, die wir aufgrund unseres PPS (= Produktionsplanungs- und -steuerungssystem) benötigen, muss der Kunde befragt werden.

Sind die Informationen eingetroffen, wird der Auftrag in der Kundendatenbank und in den Kundenaufträgen ergänzt und die Auftragsannahme bestätigt. Ist kein Bedarf an weiteren

Informationen vorhanden gewesen, könnte der Auftrag sofort bestätigt werden und die Auftragsannahme wäre abgeschlossen.

Arbeitsauftrag:

Modellieren Sie einen Geschäftsprozess für die Auftragsannahme bei der Industrieanlagen GmbH.

Seite 602

2 Geschäftsprozess »Angebotserstellung«

Bei der Industrieanlagen GmbH geht im Verkauf eine Kundenanfrage ein. Diese Anfrage wird anhand unserer Offenen-Posten-Verwaltung, der Auftragsdisposition, des Terminplans und des Produktionsplans geprüft.

Wenn der Kundenwunsch nicht zu erfüllen ist, erhält der Kunde ein Absageschreiben.

Ist die Anfrage abgeändert realisierbar, nimmt die Industrieanlagen GmbH Kontakt mit dem Kunden auf.

Akzeptiert der Kunde jedoch die Änderung, stellt die Industrieanlagen GmbH die Angebotsinhalte anhand der Daten aus der Anfrage, den Zeichnungen, der Bestände, der Teile und der Produkte zusammen.

Die Termine und die Verfügbarkeit der einzelnen Komponenten werden in den zuständigen Abteilungen überprüft, um festzustellen, ob das Angebot abgegeben werden kann. Ist das nicht der Fall, erhält der Kunde eine Absage.

Ist das Angebot jedoch realisierbar, werden die Kalkulationsdaten anhand der Vorgaben, der Artikeldaten, der Arbeitspläne und der Betriebsmitteldaten ermittelt. Sind diese Daten komplett, wird eine Kalkulation durchgeführt und entschieden, ob ein Angebot abgegeben werden kann.

Arbeitsauftrag:

Modellieren Sie einen Geschäftsprozess für die Angebotserstellung bei der Industrieanlagen GmbH.

Seite 603

3 Geschäftsprozess »Prüfung einer Kundenreklamation wegen mangelhafter Lieferung (Schlechtleistung)«

Im Vertrieb der Industrieanlagen GmbH geht eine Mängelrüge eines Kunden ein. Alle Vorgänge werden durch die DV unterstützt.

Zur Bearbeitung werden die Rechnung und der Lieferschein benötigt, um Ansprüche des Kunden überprüfen zu können. Sollte keine Rechnung und kein Lieferschein vorhanden sein, müssen die Kundenansprüche schriftlich zurückgewiesen werden.

Ansonsten werden, wenn die gesetzliche Rügefrist eingehalten wurde, die erhobenen Gewährleistungsansprüche geprüft. Falls die Gewährleistungsfrist bereits abgelaufen ist oder die Gewährleistungsansprüche sich als nicht berechtigt herausstellen sollten, müssen zur Einstufung des Kunden weitere Informationen herangezogen werden, um eine Kulanzgewährung zu überprüfen.

Bei gewährter Kulanz oder bei berechtigtem Gewährleistungsanspruch wird dem Kunden schriftlich ein Vorschlag zur Mängelbehebung erstellt.

Arbeitsauftrag:

Modellieren Sie einen Geschäftsprozess für die Prüfung einer Kundenreklamation wegen mangelhafter Lieferung bei der Industrieanlagen GmbH.

1 Geschäftsprozess »Auftragsannahme bei Auftragsfertigung«

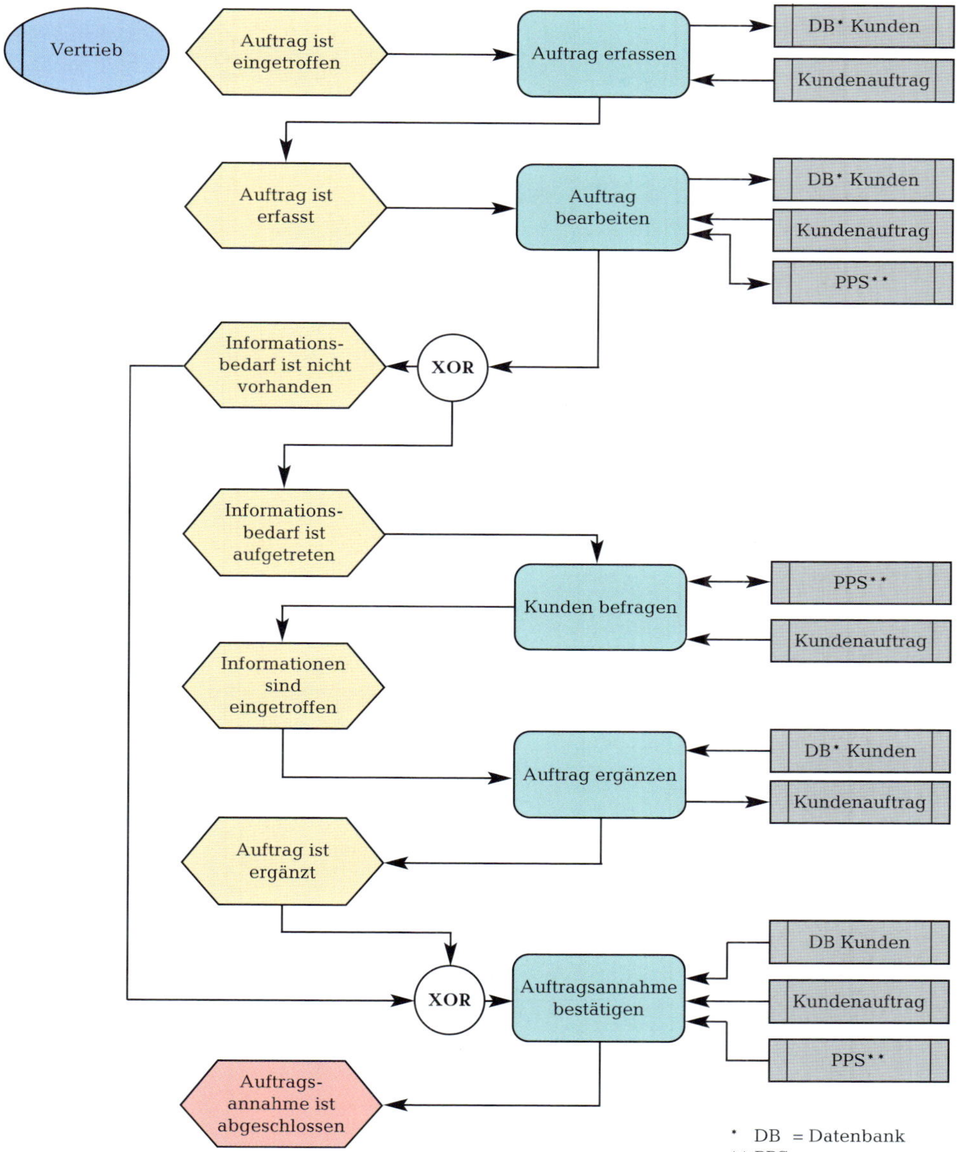

* DB = Datenbank
** PPS = Produktionsplanungs- und Steuerungssystem

2 Geschäftsprozess »Angebotserstellung«

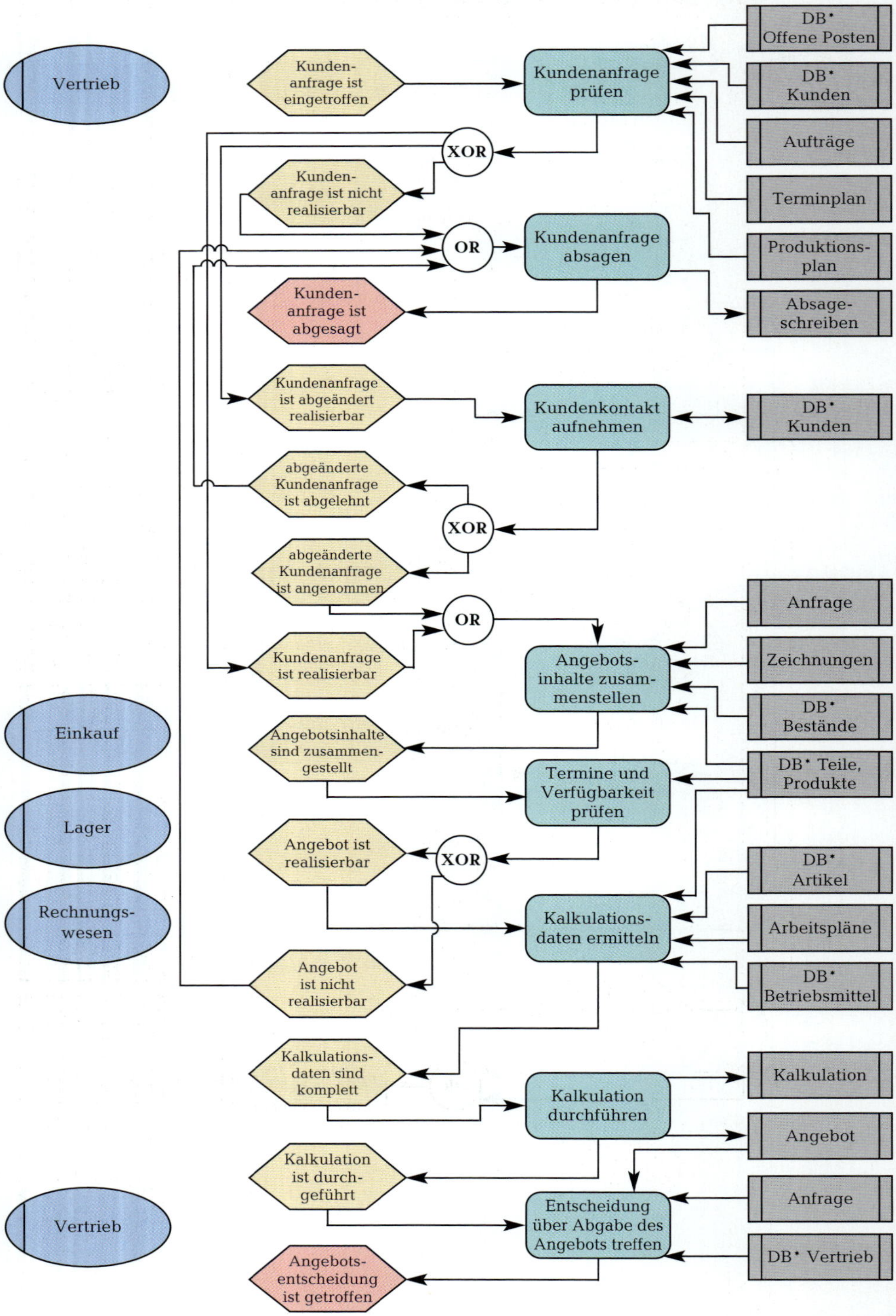

* DB = Datenbank

3 Geschäftsprozess »Prüfung einer Kundenreklamation wegen mangelhafter Lieferung (Schlechtleistung)«

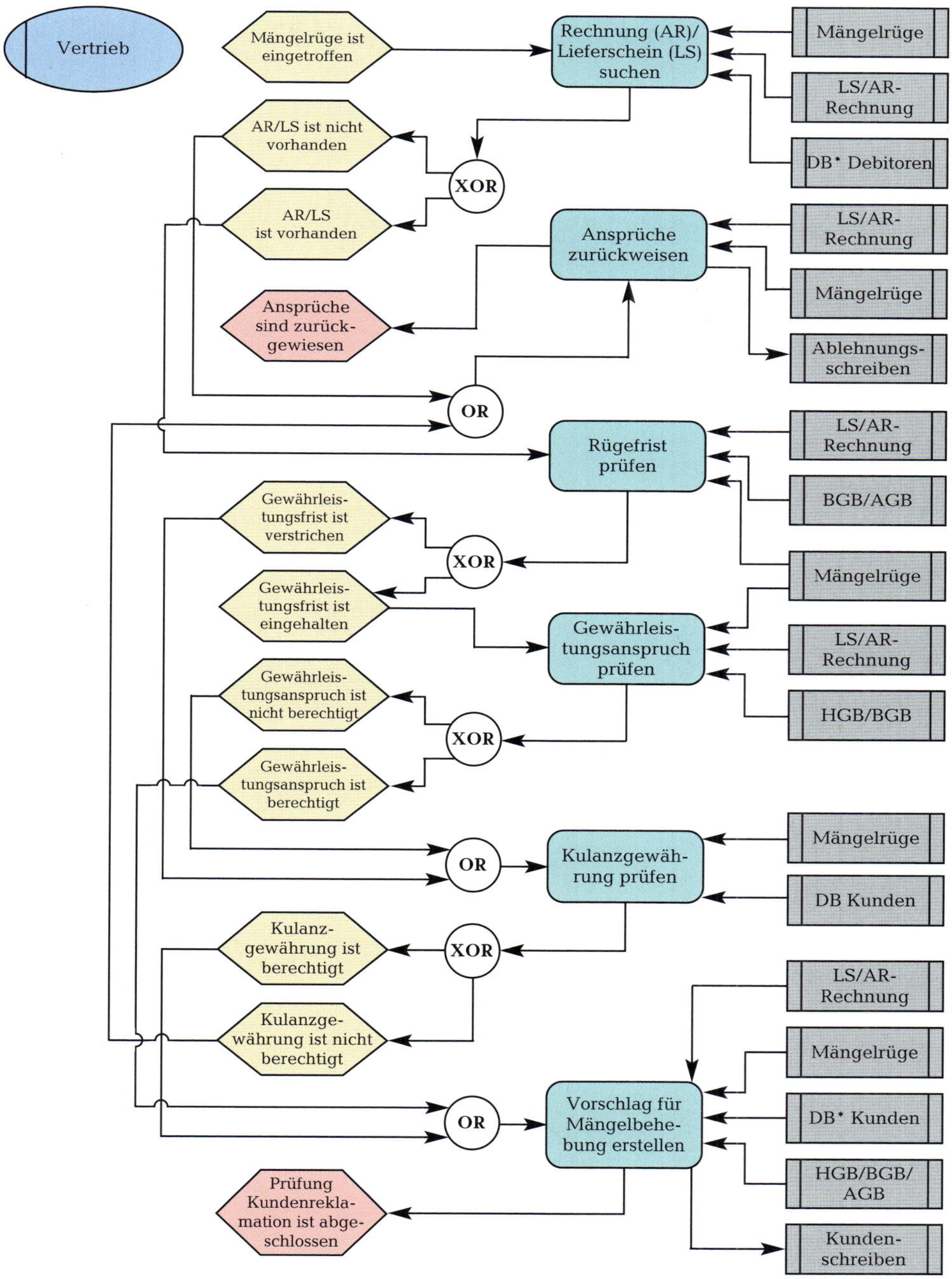

* DB = Datenbank

?

Modellieren Sie für die folgenden Sachverhalte jeweils einen Geschäftsprozess.

a) Bei der Industrieanlagen GmbH ist im Lager Handelsware eingetroffen. Die Ware wird hinsichtlich der Menge und ihrer Qualität kontrolliert. Alle Vorgänge werden mittels DV erfasst.

Ist die Handelsware mangelfrei, wird sie im Wareneingang gebucht. Hat die Ware allerdings Mängel, wird eine Mängelrüge nach den rechtlichen Möglichkeiten erstellt. Nach dem Vergleich der Bestellung mit dem Lieferschein ist entweder die Annahme der gelieferten Ware nicht möglich oder die Lieferung wird angenommen.

Wird die Lieferung angenommen, müssen die Wareneingangsdaten korrigiert und der Wareneingang entsprechend gebucht werden. Anschließend wird die Lieferantenrechnung geprüft und gebucht. Zum Schluss wird die eingegangene Ware eingelagert.

b) In der KÜHLsys GmbH soll die Zertifizierung nach der DIN EN ISO 9001 : 2008-Norm erfolgen. Um das Qualitätsmanagement-Handbuch erstellen zu können, müssen grundlegende Geschäftsprozesse dargestellt werden. Dazu gehört auch die Erstellung eines Geschäftsprozesses, der die betrieblichen Schulungsmaßnahmen abbildet. Die Schulungsmaßnahmen erfolgen nach folgendem vereinfachten Ablauf.

Die Personalabteilung und gegebenenfalls die jeweilige Fachabteilung prüfen, ob Schulungsmaßnahmen zu erfolgen haben. Dies geschieht aufgrund eines bestehenden Schulungsplanes oder weil neuer Schulungsbedarf entstanden ist.

Ist der bisherige Ausbildungsstand nicht erreicht, müssen Schulungsmaßnahmen geplant werden. Dabei gilt es, die Schulungsanforderungen zu ermitteln und die zuständigen internen oder externen Schulungsträger festzustellen. Beide Informationen sind im Unternehmen in Dateien erfasst.

Nach der Genehmigung der Maßnahme durch die Personalabteilung müssen die finanziellen Mittel bereitgestellt werden. Dazu wird der betriebliche Finanzplan (in der Abteilung Rechnungswesen vorhanden) sowie der Schulungsplan herangezogen. Die Prüfung der Maßnahme kann jedoch auch zu einer Ablehnung führen.

Anschließend ist die Schulungsmaßnahme zu organisieren. Es gilt, die Schulungsträger einzuladen, die Mitarbeiterdatei auf die möglichen Schulungskandidaten zu durchleuchten und den betrieblichen Schulungsplan zu aktualisieren. Dafür ist die Personalabteilung zuständig.

Die Durchführung der Maßnahme erfolgt anhand der erstellten Schulungsunterlagen.

Nach Abschluss der Schulungsmaßnahme müssen die Ergebnisse anhand der Schulungsunterlagen bzw. des Schulungsplanes festgehalten und überprüft werden. Mit dem Eintrag der durchgeführten Maßnahme in der Mitarbeiterdatei ist die Schulung abgeschlossen. Sofern jedoch die gewünschten Ergebnisse nicht erreicht wurden, muss der vorhandene Ausbildungsstand erneut überprüft werden.

Stichwortververzeichnis

C

D

E

F

G

H

I

N

O

P